Friedrich Prinz/Marita Krauss
München – Musenstadt mit Hinterhöfen

München – Musenstadt mit Hinterhöfen

Die Prinzregentenzeit 1886–1912

Herausgegeben von
Friedrich Prinz und Marita Krauss

Verlag C. H. Beck München

MÜNCHEN UM 1900

ein gemeinsames Forschungs- und Ausstellungsunternehmen

Lehrstuhl für Mittelalterliche und
Vergleichende Landesgeschichte
im Institut für Bayerische Geschichte
an der Universität München

Stadtarchiv München

Münchner Stadtmuseum

Mit 74 Abbildungen im Text

Cip-Titelaufnahme der Deutschen Bibliothek

München – Musenstadt mit Hinterhöfen ; d. Prinzregentenzeit
1886–1912 ; [München um 1900, e. gemeinsames Forschungs-
u. Ausstellungsunternehmen] / hrsg. von Friedrich Prinz u.
Marita Krauss. – München : Beck, 1988
ISBN 3-406-33395-8

NE: Prinz, Friedrich [Hrsg.]

ISBN 3 406 33395 8

© C.H. Beck'sche Verlagsbuchhandlung (Oscar Beck), München
und Münchner Stadtmuseum 1988
Umschlag: Bruno Schachtner, Dachau
Buchgestaltung: Tillmann Roeder, München
Satz und Druck: Appl, Wemding
Printed in Germany

Inhaltsverzeichnis

Vorwort 7

Annäherung an München. Postmoderne Rückblicke auf die Geburt einer Großstadt (Friedrich Prinz) ... 9

Banken, Sparer, Spekulanten. München als Finanzplatz (Marita Krauss) 26

Politische Positionen

Münchner Kommunalpolitik. Die Residenzstadt als expansive Metropole (Elisabeth Angermair) 36

Parteien, Wahlen, Arbeiterbewegung (Merith Niehuss) 44

Arbeitskämpfe der Jahrhundertwende. Zwischen polizeilicher Observierung und staatlichen Schlichtungsbemühungen (Elisabeth Jüngling) ... 54

Ausgreifende Großstadt

Großstadtwachstum und Eingemeindungen. Städtische Siedlungsplanung zwischen Vorsicht und Vorausschau (Dagmar Bäuml-Stosiek) 60

Münchens Westend. Fabrikgestank statt Bürgereleganz (Stephan Bleck) 69

Berg am Laim. Stadtrand und Spekulation (Erich Kasberger) 74

Bauen und Wohnen

Die Prinzregentenstraße. Moderne Stadtplanung zwischen Hof, Verwaltung und Terraininteressen (Stefan Fisch) 82

Bürgerliches Bauen in der Prinzregentenzeit (Dieter Klein) 90

›Altstadt‹ oder ›City‹? Stadtumbau um 1900 (Uli Walter) 98

Zweckbau als öffentliche Aufgabe. Die Stadt als Bauherr (Barbara Hartmann) 107

Zwischen Heimatstil und Funktionalismus. Fabrikbau in München (Uli Walter) 114

Königlich-bayerisch Wohnen? (Gerhard Neumeier) . 119

Wohnreform – mehr als Licht, Luft und Sonne. Die ersten Baugenossenschaften in München (Ruth Dörschel, Martin Kornacher, Ursula Stiglbrunner, Sabine Staebe) 124

Randgruppen, Arme und Dienende

Armenpflege und Fürsorge (Thomas Guttmann) ... 132

»Die vielen und excessiven Elemente ...«. Aspekte polizeilicher Tätigkeit (Eva Strauß) 142

»... meinem König Otto I. treu zu dienen ...«. Militärdienst in München (Markus Ingenlath) ... 146

Dienstboten und ihre Welt (Barbara Beck) 152

›Vermessene Frauen‹. Das Sozialprofil der Münchner Prostituierten (Sybille Leitner) 158

Industrie und Technik – Fortschritt mit Folgen

Münchens ›verdrängte‹ Industrie (Karl-Maria Haertle) 164

Industrielle Arbeitswelt in München um 1900. Der Wandel in Werkstätten und Fabriken (Manfred Döbereiner) 175

Konsumgenossenschaften zwischen ›Selbsthilfe‹ der kleinen Leute und Modernisierung des Handels (Bernhard Schoßig) 181

Elektrizität, Telephon, Großmarkthalle – innovativer Wandel einer Großstadt (Martin Strom) 183

Oskar von Miller und die Gründung des ›Deutschen Museums‹ (Otto Krätz) 188

Die ›Rauchplage‹. Großtechnologie und frühe Großstadtkritik (Arne Andersen, Reinhard Falter) .. 191

Selbstmord in der Großstadt (Thomas Guttmann) .. 195

Kirchen, Bildung und Erziehung

Die katholische Kirche (Hans-Jörg Nesner) 198

Die protestantische Gemeinde (Hugo Maser) 206

Pädagogik und Schule. Stadtschulrat Kerschensteiner (Irmgard Bock) 213

Volksbildung als demokratisches Programm
(Bernhard Schoßig) 220

Kunststadt, Kunsthandelsstadt, Ausstattungszentrum

München – die Kunststadt (Peter-Klaus Schuster) . . 226

Die traditionellen Kräfte des Kunstgewerbes
(Norbert Götz) 236

Der Anbruch der neuen angewandten Kunst
(Clementine Schack-Simitzis) 240

Das Plakat um 1900. Kunst und Werbung (Marie
Christine Gräfin Huyn) 244

Kunsthandel und Kunstexport. Ein Markt für
gehobene Schichten (Susanne von Möller) 248

Zwischen Historismus, ›Secession‹ und ›Jugend‹.
Georg Hirth, ein Kunstagitator der
Jahrhundertwende (Clelia Segieth) 253

Moderne Großstadtkultur

Zwischen Arkadien und Babylon. Münchner
Literatur in der Zeit des Prinzregenten Luitpold
(Wolfgang Frühwald) 258

Öffentlichkeit und Zensur. Literatur und Theater als
Provokation (Roger Engelmann) 267

›Die Elf Scharfrichter‹. Ein Kabarett in der
›Kunststadt‹ München (Walter Schmitz) 277

Musikstadt München. Konstanten und
Veränderungen (Franzpeter Messmer) 284

Ideologische Schlaglichter

Schwabingmythos und Bohemealltag. Eine Skizze
(Marita Krauss) 292

›Lebensreform‹ und ›Heimatschutz‹ (Arne
Andersen, Reinhard Falter) 295

Bayern – Deutschland – Vaterland. Zur
deutschnationalen Literatur nach 1870/71 (Boris
Heczko) 301

Die frühe politische Formierung des Antisemitismus
(Eva-Maria Tiedemann) 304

Der Verein. Ersatzheimat, Sportgemeinde,
Interessengemeinschaft (Hans Groß) 311

Das München-Bild und seine Vermarktung (Heidi
Karch) 316

Anhang

Anmerkungen 322

Glossar (bearbeitet von Markus Ingenlath) 370

Bibliographie 390

Abbildungsnachweis 414

Register 415

Vorwort

München um 1900 – die »Prinzregentenzeit« – das ist für unsere Postmoderne fast ein obligatorisches ›Kult-Thema‹: Die Ausstellungen ›Wien um 1900‹ und ›Berlin um 1900‹ beweisen es. Das Münchner Forschungs- und Ausstellungsprojekt hatte jedoch einen völlig anderen Ausgangspunkt, nämlich einen primär wissenschaftlich-methodischen. In einer Reihe von Forschungsseminaren meines Instituts an der Universität München ging es vor allem um gesellschaftliche, soziale und strukturgeschichtliche Aspekte dieser Epoche: also um Wirtschaft, Industrialisierung und Industriekritik, um Stadtplanung und Großstadtentwicklung, um Volksleben, Randgruppen und Armenfürsorge, also um jene Faktoren, die den viel zu wenig untersuchten Hintergrund des »leuchtenden München« bestimmten und mit ihm aufs engste verknüpft waren. Dank der intensiven Archivarbeit meiner Schüler und Mitarbeiter konnte diese bisher kaum beachtete Seite der »Musenstadt« erhellt werden. So entsteht ein neues, wahrheitsgetreueres Bild der Stadt: nicht dunkler als das bisherige, aber näher an der disparaten Realität, die in vielem doch ganz anders war als es schwelgerische Nostalgie aus Überdruß an der Gegenwart oft zu zeichnen beliebt.

Viele haben zum Gelingen des Gesamtprojektes – bestehend aus der Ausstellung des Stadtmuseums, dem Photoband des Stadtarchivs und dem wissenschaftlichen Forschungsunternehmen der Universität – wie zum erfolgreichen Abschluß dieses Aufsatzbandes beigetragen, und so ist an dieser Stelle vor allem Dank zu sagen: Zunächst Dr. Richard Bauer für seine Hilfe von seiten des Münchner Stadtarchivs, besonders aber auch Prof. Dr. Christoph Stölzl, damals Direktor des Münchner Stadtmuseums, jetzt des Deutschen Historischen Museums in Berlin, unter dessen Ägide der Arbeitsverbund mit meinem Institut ins Leben gerufen wurde. Seinem Nachfolger im Stadtmuseum, Dr. Wolfgang Till, danke ich sehr für die verständnisvolle und hilfreiche Fortführung der gemeinsamen Arbeit bis zum erfolgreichen Abschluß. Dr. Hermann-Josef Busley vom Bayerischen Hauptstaatsarchiv sei herzlich für die fundierte wissenschaftliche Betreuung der Doktoranden und Magistranden Dank gesagt, ebenso allen Projektmitarbeitern für ihre dichten wissenschaftlichen Beiträge und meinen Institutsmitgliedern für tatkräftige technische Hilfe.

Ideen und guter Wille allein reichen nicht aus, ein umfängliches Forschungsprojekt in Verbindung mit einer repräsentativen Ausstellung durchzuführen. Man braucht dafür, wie schon Feldmarschall Montecuccoli (gestorben 1680) für das Kriegführen bemerkte, dreierlei: erstens Geld, zweitens Geld und drittens wiederum sehr viel Geld. In bescheidenerem Maße gilt dies auch für das friedliche Projekt »Prinzregentenzeit«. Es wurde in erfreulicher und großzügiger Weise von der Universität München, der Münchner Universitätsgesellschaft, der Bayerischen Landesstiftung wie auch von der Münchner Wirtschaft und den Banken in der Stadt gefördert: verständnisvoll, unbürokratisch und effektiv. Von den Sponsoren seien hier besonders die Firma Siemens, die Gerda-Henkel-Stiftung, die Dresdner Bank, die Allianz-Versicherung, die Bayerische Vereinsbank und die Bayerische Landesanstalt für Aufbaufinanzierung genannt.

Last but not least sei dem Verlag C.H. Beck, besonders Wolfgang Beck, Dr. Ernst-Peter Wieckenberg und Dr. Karin Beth dafür gedankt, daß sie mit Gelassenheit ein überraschungsreiches Unternehmen zum erfolgreichen Ende bringen halfen: Habent sua fata libelli ...

München, im Juni 1988   *Friedrich Prinz*

Ein großes wissenschaftliches Ausstellungs-, Forschungs- und Publikationsunternehmen mit fast fünfzig Mitarbeitern gleicht einer aufregenden Expedition in unwegsame Wildnis: Keine technische Vorbereitung kann Überraschungen und Risiken, menschliches Versagen und Irrwege verhindern. Daher möchte ich allen danken, die mitgeholfen haben, daß die Expedition erfolgreich ihr Ziel erreichte. Zunächst den Leitern und Mitarbeitern der großen und kleinen Münchner Archive, die uns ihre Bestände erschlossen; an erster Stelle gilt dies für das Münchner Stadtarchiv, ebenso aber für das Bayerische Hauptstaatsarchiv, in dem Dr. Hermann-Josef Busley immer Rat und Hilfe gewährte und uns – ebenso wie Dr. Reinhard Weber und Dr. Eberhard Zorn im Staatsarchiv München – sachkundig durch den Archivdschungel begleitete. Auch in der Monacensia-Sammlung der Stadtbibliothek, der Universitätsbibliothek, der Bayerischen Staatsbibliothek sowie in der Bibliothek des Deutschen Museums fanden wir sachkundige ›Scouts‹ des Bibliothekswesens. Für die liebenswürdige und unbürokratische Hilfe von seiten des Münchner Stadtmuseums danke ich besonders Dr. Clementine Schack-Simitzis und Dr. Norbert Götz. Vor allem haben jedoch die Mitschreibenden – und manchmal auch Mitleidenden – unseres Projektes zum Gelingen beigetragen, die bis zum Schluß geduldig inhaltliche oder redaktionelle Wünsche erfüllten. Für die engagierte Mitarbeit bei der ›Buchwerdung‹ des Projektes danke ich stellvertretend Ursula Bölter, Markus Ingenlath, Maxi Stampf und Tillmann Roeder.

München, im Juni 1988   *Marita Krauss*

Die Herausgeber danken allen Firmen, die zum Gelingen unseres Projektes beigetragen haben, besonders der Allianz Versicherungs AG, der Bayerischen Landesbank für Aufbaufinanzierung, der Bayerischen Landesbank Girozentrale, der Bayerischen Rückversicherung AG, der Bayerischen Vereinsbank AG, der Bayerischen Versicherungsbank AG, der Deutschen Bank AG, der Dresdner Bank AG, der Gerda-Henkel-Stiftung, der Messerschmid-Bölkow-Blohm AG, der Siemens AG, der Vereinigten Krankenversicherung AG, der Vereinigten Versicherungsgruppe sowie der WWK.

Annäherung an München
Postmoderne Rückblicke auf die Geburt einer Großstadt
Von Friedrich Prinz

»Meine Bedenken gegen eine Generalversammlung (des Vereins für Socialpolitik) in München wurzeln wesentlich in der voraussichtlichen Teilnahmslosigkeit der Münchener. Abgesehen vom Bier ist hier höchstens lebhaftes Interesse für Theater und Kunst – und auch dies nur auf seiten der Eingewanderten und Fremden. Die einheimische Rasse ist etwas entschieden Kulturfeindliches, deshalb auch dem Untergang Geweihtes – ähnlich wie die Sioux in Nordamerika. Hier in München geht der Aufsaugungsprozeß durch einwandernde Franken, Schwaben u.a. sichtbar vor sich ...

Mehr als 20 bis 30 einheimische Teilnehmer werden nicht aufzutreiben sein – wenigstens bei den Sitzungen. Wenn es ... mir gelingen sollte, ein Kellerfest zu Ehren des Vereins zustande zu bringen, werden Sie dagegen ganz München sehen.«

Lujo Brentano (1894)

»Lassen Sie mich von der Stadt sprechen, in der ich lebe. Hat sie nicht immer zu den Städten gehört, um derentwillen Deutschland von der Welt geliebt worden ist? Hat sich nicht immer hier auf die natürlichste und liebenswürdigste Weise das Volkhafte, das Erd- und Echtbürtige mit dem Weltfreundlich-Weltgewinnenden, mit gastlicher Kunst und Festspiel verbunden? Oft habe ich mich gefragt – und wie heute in Deutschland die Gewichte sich verlagern und verändern, gewinnt diese Frage an Berechtigung: Ob nicht *München* einmal in den Augen der Welt die Rolle spielen könnte, die Goethe's Stadt spielte vor hundert Jahren, und ob es nicht kommen mag, daß sein heiter-stolzes Wort: ›Bin Weltbürger, bin Weimaraner‹, das Selbstgefühl kultivierten Münchnertums inmitten des großen Deutschland charakteristisch zum Ausdruck bringen könnte.

Die atmosphärischen Vorbedingungen dazu waren immer da und bleiben bestehen. Es ist eine Stadt der Menschlichkeit, des offenen Herzens, der künstlerischen Freiheit, es ist eine Stadt, in der man zwei Dinge auf einmal spüren kann: Volk und Welt. Es kann die Stätte sein oder werden, durch die Deutschland sich am besten, am glücklichsten mit der Welt verbinden und versöhnen mag – eine Weltstadt anderen Sinnes als Berlin, eine *weltdeutsche* Stadt, weltdeutsch wie Goethe es war und durch ihn einst Weimar. München als Zuflucht jener Freiheit und Heiterkeit, die in dem Worte Kunst sich gegen die Verdüsterungen und kranken Fanatismen der Zeit behauptet, München als Heimat einer deutscheuropäischen Klassik – ist das ein Traum? Kein ganz sinnleerer Traum, sollte ich meinen, und wer auf München hoffen will, dessen Hoffnungen müssen sich, glaube ich, in dieser Richtung bewegen.«

Thomas Mann (1932)

Die beiden Zitate, das eine von einem wortmächtigen Münchner Nationalökonomen und Kathedersozialisten, das andere vom verschämt idealistischen deutschen Großmeister sublimer Ironie stammend, zeigen etwas von der Spannweite möglicher Urteile über München – und nicht nur über das München der Prinzregentenzeit. Wir lassen absichtlich den Einwand beiseite, daß man ebensogut auch sehr böse Worte Thomas Manns über diese Stadt als Motto wählen könnte und vielleicht auch positive Äußerungen Brentanos; das Faktum einer chronischen Schizophrenie der Meinungen bleibt dasselbe. Auf jeden Fall aber begibt man sich mit Urteilen über »Isarathen« gleichsam auf vermintes Gelände und wird fast gezwungen, sich zu einem der zitatweise angedeuteten Heerlager als ideologischer Kombattant zu schlagen, denn wehe dem, der lau ist und nicht Farbe bekennen will! Handelt es sich doch um ein Lieblingsthema heftiger Münchner Selbstunterhaltung, zu dem das vorlaute, nach wie vor wachsende Korps der »Zugereisten« mit wohldotierten »Erkundungen« manches Neue beiträgt, oft aber auch Antiquiertes, das wegen Lokalunkenntnis für neu gehalten wird. Die Medien steuern das Ihre mehr oder weniger sachkundig bei, und so schreibt jede Generation ein neues Kapitel im Geisterkampf um Münchens Qualität hinzu; dies in der gewiß rührenden Absicht, damit nunmehr das unwiderruflich letzte Wort gesprochen zu haben.

Unsere Publikation hat ein bescheideneres Ziel und möchte gleichsam des Lesers »Haupt ins heilig nüchterne Wasser« tauchen (Hölderlin) und vom Ritual der München-Schelte wie des München-Lobs wegführen. Der Leser hat ein Anrecht, schon eingangs zu erfahren, was ihn mit diesem Band und der mit ihm verbundenen Ausstellung des Stadtmuseums erwartet: Auf jeden Fall kein selbstgefälliges Fortsetzungskapitel des bekannten »München leuchtete«-Genres, ebensowenig aber auch eine neue und inzwischen ebenso beliebte Variante dieses Themas, gewissermaßen dessen Verdunkelungs-Pendant und sauertöpfische Antithese: Das finstere München, wo es vom Prinzregenten zu Adolf Hitler gewissermaßen nur ein Stechschritt gewesen sei. Auch die tibetanische Gebetsmühle der »Kunststadt-Diskussion« wird weitgehend gemieden; ganz auszuschließen war sie nicht, schließlich ist dies ein Thema, das seinen ›Sitz im Leben‹ der Stadt hat und aus aktuellem Anlaß immer wieder fröhliche Urständ feiert. Ebensowenig will es dieses Buch mit dem »hellen Zauber« Münchens aufnehmen, der kürzlich, auf geistvolle Weise, und zwischen Lob und Tadel changierend, der Isar-Sphinx ums graue (aber dann doch wieder ewig junge) Haupt gesprüht wurde.[1] Und schon gar nicht soll ein partout »anderes München« kreiert werden, denn auch ein bewußtes, obendrein ideologisch fixiertes Gegenbild der Stadt unterwirft sich den thematischen Zwängen des attackierten (Glanz-)Urbildes. Vielmehr geht es um eine sachliche, manchmal detailversessene Bestandsaufnahme der polyphonen und widersprüchlichen Realität Münchens um 1900. Bestandsaufnahme – das soll keine ängstlich ausgewogene, mit allen Einzelheiten überladene Totalansicht sein; das wäre ohnehin unmöglich, ja sogar schrecklich, und liefe auf den Albtraum einer minutiösen Wiederholung aller Lebensäußerungen dieser Stadt hinaus, auf das Tableau einer absichtsvoll wiederhergestellten zweiten Realität. Vielmehr sollen an das Chaos von Materialien ordnende Aspekte angelegt und Schneisen in die versteinerten Wälder abgelebten Lebens geschlagen werden. Es versteht sich bei diesem Verfahren von selbst, daß eine ganze Reihe von Themen, die ansonsten für das Münchenbild fast schon obligatorisch sind, kaum oder gar nicht vorkommen. Wir haben den ›Mut zur Lücke‹ und möchten vor allem hundertmal Gesagtes nicht wiederholen. Dafür geht es uns um anderes: Etwa um Münchens schwierigen Weg zur Großstadt, den es streckenweise nur widerstrebend gegangen ist; es geht um das allmähliche Bewußtwerden dieses Vorgangs, der gleichermaßen mit Verlust und Gewinn befrachtet war, und damit auch um die krassen Widersprüche, die sich auftaten zwischen der rauhen Wirklichkeit des wirtschaftlichen und sozialen Lebens mit seinen oft bedrückenden Zwängen und der manchmal verkrampften, biedermeierlichen Selbststilisierung dieser Stadt als Ort monarchisch behüteter Kunst und phäakischen Lebensgenusses; letzteres als der »Capua-Komplex« dieser Stadt geläufig.

Auch der Vergleich mit anderen Metropolen spielt bei unserem Einstieg in das vielschichtige München der Jahrhundertwende eine Rolle; allerdings nicht der pauschale Vergleich, der alles und nichts aussagt und meist nur die jeweiligen Klischee-Vorstellungen konfrontiert. Damit soll nicht behauptet werden, daß generelle Vergleiche dessen, was man in Berlin, Wien oder München selbst von sich hielt, ohne Erkenntniswert wären: Etwa die mehr oder weniger kunstnahe »Münchner Gemütlichkeit«, das »Leben-und-leben-lassen« auf der einen Seite und auf der anderen der schneidig akzeptierte, als Positivum verkaufte parvenühafte »Amerikanismus«, den Walther Rathenau scharfsichtig als Essenz der neuen Weltstadt Berlin erkannte.[2] Das mag durchaus erhellend sein. Unser Vergleichsmaterial hingegen bezieht sich auf sehr verschiedene Gebiete und führt daher auch, wie zu zeigen sein wird, zu sehr unterschiedlichen Ergebnissen, die jedes En-bloc-Urteil und erst recht generelle Aperçus über den gegensätzlichen Charakter beider Städte fragwürdig machen. In jedem Falle wird wohl manche liebgewordene Pauschalmeinung in Scherben gehen; dies ist jedenfalls die Hoffnung der Autoren.

Das kulturelle München wird nicht ausgespart, doch steht es nicht allesbeherrschend im Vordergrund; zu oft und zu ausschließlich wurde dieses Thema abgehandelt, so daß es wohl an der Zeit ist, die Realfaktoren der Stadtentwicklung schärfer ins Auge zu fassen: Etwa die Initiativen der Stadtplaner, die Sozialentwicklung, die enge Verknüpfung des Kulturellen mit Geld und Spekulation, den Funktionswandel der Stadtverwaltung, das industrielle München und anderes mehr. Wer München nur als ›Kunststadt‹ behandelt, verfehlt auch dieses Thema und bleibt entweder in verbitterter Polemik oder sentimentalem Lob hängen: Ersteres gilt etwa für Oskar Panizzas (mit Recht) wütenden Abschied von der Stadt;[3] letzteres für die allzu ›besonnte Vergangenheit‹ in Hermann Heimpels Jugenderinnerungen[4] oder – wenn auch mit wesentlich realistischerem Gehalt – für Karl Alexander von Müllers Memoiren.[5] Damit soll nicht gesagt werden, daß dieses »leuchtende« München eine Fiktion gewesen ist. Selbst bayerische Sozialisten zeichneten für ihre gesamtdeutschen Genossen anläßlich des Münchner ›Parteitages der Deutschen Sozialdemokratie‹ im Jahre 1902 ein ebenso positives wie konventionelles Bild der Stadt und des klassenversöhnenden Oktoberfests,[6] und der Revolutionär Erich Mühsam lobte beinahe überschwenglich die Isarmetropole – auf Kosten Wiens.[7]

Um so notwendiger ist daher ein Blick auf die Totalität der Stadt, auf die Folgen der Bodenspekulation, auf die Rolle des Militärs in der Stadt,[8] auf das Gastarbeiterproblem in Haidhausen und in den Ziegeleien von Berg am Laim,[9] auf die Defizite der Armenfürsorge, die ein liberales, dem Manchestertum verpflichtetes Stadtregiment nicht sah oder nicht sehen wollte,[10] kurz, auf jene mehr und mehr normierte Wirklichkeit der Arbeits- und Lebenswelt der Lohnabhängigen, die August Kühn in seinem Familienroman mit dem beziehungsreichen Titel ›Zeit zum Aufstehn‹ plastisch geschildert hat.[11]

Bestandsaufnahme statt Polemik

Uns interessieren vor allem die realen Turbulenzen sozialer und mentaler Art, die Münchens Weg von einer imposanten Schaubühne monarchischen Wollens zur modernen Großstadt begleiteten, und somit ist uns anderes wichtig als längst erloschene Literaturstreitereien, an denen heute nur noch eins – vielleicht! – bemerkenswert sein könnte: Wie wenig die Tintenbataillen von einst vom wirklichen Wandel einer eher behäbigen Residenz zur Metropole Notiz nahmen. Seltsam genug: In der idyllischen Verkennung Münchens waren sich progressive Literaten und Künstler durchaus mit den ansonsten verachteten Bierspießern einig. Aber es geht weder um eine still-freudige Einvernahme aller wirklichen oder angeblichen Opfer Münchens noch um die Hochstilisierung jedes kritischen Schreibens an den Zuständen und dem Geist der Stadt zum ›Kulturmartyrium‹; schon die bissige gute Laune des ›Simplicissimus‹ verböte solch falsches Pathos. Es soll eher »phänomenologisch« zu Werke gegangen werden. Das gilt auch für das heißumstrittene Problem des »Modernismus«, nach wie vor die sowohl ethische wie ästhetische Meßlatte, an der Münchens Wert oder Unwert immer wieder streng gemessen wird.[12]

Modernismus

Über einen Modernismus zu streiten, der inzwischen fast hundert Jahre alt ist, könnte auf den ersten Blick so absurd wirken, wie wenn man sich etwa 1848 über die Modernität des Rokoko in die Haare geraten wäre. Und doch ist da ein entscheidender Unterschied, denn den Begriff der »Moderne« umgab von Anfang an eine Aura des Aufbruchs in allen Lebensbereichen, ein wissentlicher, ja lustvoller Bruch mit der Tradition, der kaum einen Vergleich mit anderen Epochenwechseln zuläßt – den »Sturm und Drang« vielleicht ausgenommen. »Postmoderne« als Sammelbegriff aus Verlegenheit ist zwar kein neuer Stil (aber muß es denn gleich immer einen neuen plakativen Sammelbegriff geben?), doch drückt sich darin genügend deutlich eine spürbare Distanz zur »Moderne« aus, – zu jener Moderne, über die man sich 1920/30, zur Blütezeit des ›Bauhauses‹, sicher leidenschaftlicher unterhalten konnte als heute. War diese Kunst- und Kulturbewegung damals doch eng mit dem tragisch gescheiterten politischen Modernisierungsversuch Deutschlands in der Weimarer Republik verbunden und damit scheinbar ein Hoffnungsträger des »besseren Deutschland«. Es ist zu betonen *scheinbar,* denn es bleibt bis heute ein ideologisches Ärgernis, daß etwa der italienische Faschismus die architektonische Revolution des Modernismus wenigstens teilweise adaptierte und auch das ›Bauhaus‹ geteilter Meinung darüber war, ob man sich der NS-Bewegung anschließen solle oder nicht;[13] wohingegen das »progressive« Sowjetrußland mit den dreißiger Jahren in die ausgetretenen Pfade eines grobschlächtigen Neoklassizismus ebenso zurückschwenkte wie die Kunst des ›Dritten Reiches‹.

Wir haben uns mit solchen Überlegungen keinesfalls vom Thema entfernt, denn es kann nicht bedeutungslos sein, ob etwa der Modernismus der Architektur, dessen Geburtsstunde um 1900 liegt, für uns heute noch jenes verheißungsvolle ästhetische Experiment ist, das – wie die moderne Reformkleidung – den »Neuen Menschen« formen, und damit ein unbezweifelbarer, fast absoluter Wert sein wollte; oder ob angesichts der heutigen Beton- und sonstigen Industriehöllen der Wert des Modernismus nicht doch kühler, sachlicher beurteilt und damit relativiert werden muß. Auf München heute angewendet heißt das: Die Devastierung von Teilen der Altstadt durch die pseudoprogressive Wahnidee der »autogerechten Stadt«, die ›Westwallarchitektur‹ des Kaufhofs am Marienplatz oder das kommunikationsfeindliche Treppengewirr des Kulturzentrums am Gasteig – es erinnert noch am ehesten an Piranesis Carceri-Visionen – das alles ist Lichtjahre von der zartgliedrigen Ästhetik und dem humanen Anliegen des ›Bauhauses‹ entfernt; und vom neuen, durch Architektur kreierten Menschen kann schon gar nicht die Rede sein. Modernismus ist heute kaum mehr ein ›Wert an sich‹ – falls es einen solchen Wert außerhalb der Religion überhaupt geben sollte – vor allem seit der Begriff »Moderne« mit seiner Verdinglichung in unserer Alltagsrealität auch den letzten Flaum lebensreformerischer Hoffnungen verloren hat. Schlimm genug, sogar im Trivialfilm ist das moderne Betonwohnsilo zur Metapher für Trostlosigkeit, ja zur beinah normalen Kulisse von Kriminalität verkommen. Selbst Jürgen Habermas, einst Herold einer fast undiskutierbaren Fortschritts- und Modernisierungsgläubigkeit, geht heute zum Phänomen der Moderne auf vorsichtige Distanz, wenn er (nicht zufällig über Münchner Architektur schreibend) konzediert: In der »Opposition zur Moderne steckt ein gutes Stück Wahrheit ...«; und, in anderem Zusammenhang: »Die 70er Jahre im Rücken, müssen wir uns aber eingestehen, daß der Modernismus heute kaum noch Resonanz findet.«[14] Diese Feststellung allein ist hier von Interesse, nicht jedoch des Autors seltsam antiquierte und vage Andeutungen, wie der Moderne wieder aufzuhelfen sei. Mit einer zeitlichen Fixierung von Anfang und Ende verurteilt man keineswegs die Moderne; dies wäre ein sinnloser Protest gegen offenbar notwendige Entwicklungstendenzen und gegen die erstickenden Stilmaskeraden des Historismus, deren Überwindung ein Verdienst der Moderne bleibt. Vielmehr ordnet man damit den Modernismus, das Feuerwerk seiner Ideen, in einen klar erkennbaren ideologiegeschichtlichen Zusammenhang ein, der auch für denjenigen einsehbar ist, der daraus keine handliche ›Wende-Ideologie‹ schneidern möchte. Einfacher ausgedrückt: Stahlbeton ist ebensowenig um seiner selbst willen schon etwas Gutes wie etwa Atomkraft. Münchens frühe ›grüne Phase‹, seine lebendige Lebensreformbewegung,[15] die schließlich auch ein geistig tragendes Element des Jugendstils war, erweisen sich heute als erste Signale einer grundsätzlichen Technikkritik im Zeitalter der höchsten Techikeuphorie; eine Kritik, die man ernst nehmen muß, auch wenn sie anfänglich eher ästhetisch motiviert auftrat.[16] Für den vergleichenden Historiker ist es jedenfalls ein bekanntes Phänomen, daß sich grundsätzliche Kritik anfangs oft zögernd und an scheinbar nebensächlichen Dingen entwickelt, ehe sie – gleichsam sich selbst erst auf den Begriff bringend – sich zu einer generellen Gegenposition ausweitet und verfestigt.

Großstadtbewußtsein

München als königliche Residenz, als Verwaltungszentrum Bayerns und als Stadt der Kunst und eines hochqualifizierten Kunstgewerbes, von dem 20000 bis 30000 Menschen lebten, – das sind allgemein bekannte Größen. Weniger bekannt ist, daß die Isarmetropole schon in den achtziger Jahren des vergangenen Jahrhunderts hinsichtlich der Arbeiterbevölkerung die traditionellen Vororte bayerischer Industrie, Augsburg und Nürnberg, überflügelt hatte. Prozentuell betrug der Anteil der Arbeiter an der Stadtbevölkerung Münchens 47 Prozent gegenüber 55 Prozent in Nürnberg; der Unterschied von acht Prozentpunkten ist dabei noch insofern zu relativieren, als sich bei einem Vergleich der Einwohnerzahlen von 1905 (München 539067, Nürnberg 294431) herausstellt, daß München ungeachtet des um acht Prozent niedrigeren Arbeiteranteils dennoch eine wesentlich größere Arbeiterbevölkerung hatte als die fränkische Industriemetropole. Aber auch die relativen Zahlenverhältnisse bedürfen der Interpretation. Bringt man nämlich im Falle Münchens den beträchtlichen Anteil der Bürokratie der Landeszentralbehörden in Anschlag und ebenso die 20 000 bis 30 000 Bewohner, die mittelbar oder unmittelbar vom königlichen Hof als Auftraggeber für Kunst und Kunsthandwerk sowie von den Bedürfnissen der »Kunststadt« beruflich abhängig waren – also zwei ›Sonderbevölkerungen‹ – dann schmilzt auch der Unterschied im jeweiligen prozentuellen Anteil der Arbeiterbevölkerung auf ein Minimum zusammen. Die ›Arbeiterstadt München‹ war gleichsam vom bürokratisch-residentiellen wie vom ›Kunstmünchen‹ verdeckt. So entstanden divergierende Bilder der Isar- wie der Pegnitz-Stadt, deren reale Divergenz bei weitem nicht so groß war, wie es den Anschein hatte.

So erklärt sich auch, daß München mit seiner zwar breitgefächerten, aber doch weitgehend mittelständischen Industrie, die in besonderer Weise Spezialindustrie war,[17] erst relativ spät ein spezifisches Großstadtbewußtsein entwickelte. Hier lag Berlin, das bereits zwei Weltfirmen hatte – ›Siemens & Halske‹ und ›AEG‹ – zweifellos an der Spitze und war sich dessen auch stolz bewußt. Walther Rathenau brachte den radikalen Bruch mit der kulturellen Vergangenheit auf die griffige Formel: »Spreeathen is tot und Spreechikago wächst heran.«[18] In ›Isarathen‹ hielt das allgemeine Bewußtsein hingegen sehr lang und zäh an einem schon damals nostalgischen Bilde der Haupt-, Residenz- und Kunststadt fest. Übrigens nicht nur aus den vielberufenen Gemütsgründen, sondern auch aus wohlbedachter ›Image-Pflege‹, spielte und spielt bis zum heutigen Tage doch der Nimbus der heiteren Musenstadt eine große Rolle für den Fremdenverkehr und besonders für die Anlockung eines finanzkräftigen Publikums, ein Gesichtspunkt, der die Baupolitik der Stadt wesentlich mitbestimmte und bis in die Planung und den Bau des Prinzregententheaters hineinwirkte – wollte man doch für die Sommerflaute mit den Wagner-Festspielen in diesem Theaterneubau eine empfindliche Lücke im Reigen geldschöpfender Münchner Jahresattraktionen schließen.[19] Der eher zögerliche Zugang zum ideologisch forcierten Modernismus, also zum ›bewußten Großstadtbewußtsein‹ – nur scheinbar eine Tautologie! – hatte auch seine guten Seiten, bewegte sich doch auf diese Weise der verkehrstechnisch nötige Umbau der Altstadt um 1900 sehr vorsichtig zwischen der Alternative einer konsequenten Konservierung der ›Altstadt‹ und einer radikal konzipierten neuen ›City‹: Man tat dann das unbedingt Nötige für den Verkehrsfluß, vermied aber die Kahlschlagkonzepte, die für eine ›City‹ erforderlich gewesen wären und die es andernorts ja tatsächlich in erschreckender Fülle gibt.[20]

Großstadtbewußtsein entwickelte sich aber ganz entschieden aus dem stadtplanerischen und ökonomischen Bereich, und zwar schon sehr konkret als zielbewußtes Handeln, ehe es ein ›Bewußt-Sein‹ im eigentlichen Sinne geworden ist. Das gilt etwa für die Eingemeindungspolitik der Stadt, die in *dem* Moment Planmäßigkeit und Zielstrebigkeit annahm, als die Stadtverwaltung selbst – relativ spät! – eine feste Vorstellung über die Gestaltung eines ›Großraums‹ München konzipierte, also Großstadtbewußtsein gleichsam antizipierend in ihre Entwicklungsstrategie einbrachte. Zuvor hatte man sich mit isolierten Lösungen von Fall zu Fall begnügt.[21] Man ging auf diesem erfolgreichen, pragmatischen Weg schon wesentlich weiter als in Berlin, wo es infolge gravierender Planungsdefizite zu riesigen slum-artigen Wohnungswüsteneien im industriellen Norden kam. Dort waren um die Jahrhundertwende 600 000 Menschen gezwungen, zu mehr als fünf Personen in einem Raum zu vegetieren, ein Zustand, der den sozialkritischen Zeichner Heinrich Zille zu der Feststellung veranlaßte: »Man kann mit einer Wohnung einen Menschen genausogut töten wie mit einer Axt.«[22] Wenn auch in München der geringere Anteil der Industrie Problemlösungen erleichterte: Die Zunahme der Bevölkerung, die zwischen 1880 und 1890 etwa 12 000 Menschen pro Jahr betrug, zwang hier ebenfalls zum Handeln. Ansätze zur Slum-Bildung gab es auch an der Isar und die große Wohnungsenquete, die zwischen 1904 und 1907 in München durchgeführt wurde – ein für Deutschland einmaliges Unternehmen, dem Wohnungsproblem wissenschaftlich fundiert zu Leibe zu gehen – enthüllte Zustände, die einer Großstadt alle (Un-)Ehre machten. Die Wohnungsfrage wurde in München wie auch in anderen Großstädten allzu lang nicht als Teil der sozialen Frage erkannt, erst diese Bestandsaufnahme brachte hier einen Bewußtseinswandel, wenn es auch noch lange dauern sollte, bis sozialer Wohnungsbau eine wichtige kommunale Aufgabe wurde. Die Terraingesellschaften, die ansonsten manches für die Entwicklung der Stadt geleistet haben, verhinderten dadurch, daß ihre kleinste Aktie 1000 Mark kostete, eine für den Massenwohnungsbau nötige Mobilisierung der kleinen Kapitalien. So machte sich auch in München eine soziale Segregation der einzelnen Stadtviertel negativ bemerkbar: In Giesing und in der Au hatte beispielsweise jeder 30. ein Bad, in Bogenhausen jeder vierte Bewohner. Das hinderte allerdings die Fremdenwerbung keineswegs, das jeder Hygiene hohnsprechende »malerische Elend« der Au als romantische Idylle zu deklarieren.[23] Auf jeden Fall trugen die Erkenntnisse aus der Enquete und die Konzeption einer mustergültigen Stadtplanung durch den Stadtbaumeister Theodor Fischer wesentlich dazu bei, Großstadtbewußtsein in der allerkonkretesten Form zu entwickeln und zu praktizieren: Die Stadt mußte, ob sie wollte oder nicht, die bequeme und wohl auch zweckdienliche Schimäre der heilen Welt einer Residenz- und Kunststadt aufgeben und handeln.[24]

Handlungsbedarf bestand schon deshalb, weil die ausufernde Bodenspekulation der Terraingesellschaften in München keine Schimäre, sondern wohl die realste weil unwiderlegbare Form ökonomisch bestimmten Großstadtbewußtseins war, dessen handfeste Folgen den Handlungsspielraum der Stadt einerseits empfindlich einzuengen begannen, sie aber andererseits auch dazu veranlaßten, die finanziellen und materiellen Angebote dieser Gesellschaften für kommunale Zwecke zu nutzen.[25] Infolge des Übergewichts liberaler großbürgerlicher Interessen im Stadtrat beschränkten sich allerdings die städtischen Initiativen, die auf ein wachsendes Großstadtbewußtsein, beziehungsweise auf ein sich daraus ergebendes konsequentes Handeln schließen lassen, nur auf bestimmte Bereiche. Man leistete Mustergültiges im pädagogisch modernen Schulbau, dies sicherlich unter dem Einfluß des Münchner Schulreformers Georg Kerschensteiner. Auch das ›Müller'sche Volksbad‹ verdankt seine Entstehung einem fortschrittsbeflügelten bürgerlichen Fürsorgebewußtsein für die Minderbemittelten. Überhaupt wurde die Stadtverwaltung bei technischen Innovationen zur treibenden Kraft: Bei der Elektrifizierung, dem Ausbau des Straßenbahnnetzes, bei der Einführung von Auto-Omnibussen wie beim Bau der neuen Großmarktanlagen war sie bestrebt, Versorgungseinrichtungen und öffentlichen Verkehr in städtischer Hand zu vereinigen, das heißt, sie entwickelte sich ganz offensichtlich zur modernen »Leistungsverwaltung« für die Allgemeinheit. Dabei geriet die innovative städtische Verwaltung durch das wachsende und immer mehr publik werdende Eigengewicht kommunaler Interessen aber auch in steigendem Maße mit privaten Wirtschaftsinteressen in Konflikt. Man hat diese Entwicklung schon damals klar diagnostiziert und in der Herausbildung einer eigenständigen, dem Gemeinwohl verpflichteten »Stadtorganisation« ein »charakteristisches Kulturergebnis« des ausgehenden Jahrhunderts gesehen, gleich bedeutsam wie die moderne Staatsorganisation und ebenso wirksam wie diese.[26]

Anders als in Hamburg oder Frankfurt hatte man aber im liberal geleiteten Münchner Rathaus die Notwendigkeit eines sozialen Wohnungsbaus noch nicht begriffen, sondern warf sich mehr auf den Bau von Luxuswohnungen, die den Zuzug reicher Rentiers aus ganz Deutschland fördern sollten.[27] Auch die Armenpflege brauchte vergleichsweise lang, bis sie als wichtige soziale Aufgabe, als Fürsorge*pflicht*, erkannt und dementsprechend institutionalisiert wurde. Dienstboten – und das waren in der Mehrzahl Dienstmädchen – blieben noch weitgehend auf das Wohlwollen ihrer Herrschaft angewiesen, sowohl was ihre Freizeit, ihre weiteren Berufschancen wie auch ihre Altersversorgung anbetraf. Frauenvereine nahmen sich dieser Berufsgruppe relativ spät und kaum in ausreichendem Maße an, obwohl München als Residenz und Metropole des höheren Beamtentums eine ausgesprochene ›Dienstbotenstadt‹ gewesen ist.[28] Dagegen war man mit dem Ausbau des Polizeiwesens, mit der Kontrolle der Prostitution[29] – allerdings ohne dieselbe zu kasernieren – und besonders mit der schärferen Beobachtung von Randgruppen der Gesellschaft, etwa der Zigeuner, schneller und aktiver als anderswo. Hier stand man Berlin kaum nach, sondern war in der Observierung der nicht Seßhaften sogar ›bahnbrechend‹. Man könnte in diesem Falle von einem rasch gewachsenen Großstadtbewußtsein ex negativo sprechen, insofern es die staatlichen Organe betraf. Ähnliches gilt für die Handhabung einer indirekten, nach 1900 sich verschärfenden Theaterzensur, die so gar nicht zum gern zitierten »Liberalitas«-Topos passen will.[30]

Eine andere Form der Reaktion auf die werdende Großstadt war das geradezu beängstigende Anschwellen des Vereinswesens: Es gab 1910 rund 4500 Vereine in der Stadt. Neben den offen oder versteckt wirtschaftlichen Interessengruppen – auch Franz von Lenbachs Geselligkeitsverein ›Allotria‹ gehörte in diese Kategorie – waren es vor allem zwei Arten von Vereinigungen, deren sprunghaftes Anwachsen als Antwort auf das neue Großstadtbewußtsein und als dessen Kompensierung gedeutet werden kann. Erstens die unzähligen Geselligkeitsvereine, die als Reaktion auf die steigende Isolierung des Menschen im großstädtischen Milieu entstanden. Ähnliches gilt für die Turn-, Wander- und Sportvereine, die aber auch aus der Lebensreformbewegung der Jahrhundertwende wesentliche Impulse bezogen. Sport und Wandern – das war mehr als ›Fitneßtraining‹ und erhöhte Sauerstoffzufuhr. Es steckte ein neues, in Ansätzen bereits großstadtfeindliches Bewußtsein dahinter, das sich mit der Jugendbewegung ein weit in die Arbeiterschaft hineinwirkendes und befeuerndes Lebensideal schuf; ein nicht ungefährliches, wie die weitere Entwicklung zeigen sollte.[31]

München bietet aber auch ein lehrreiches Beispiel dafür, wie eine großbürgerliche, auf Eleganz und Repräsentation abgestellte städtische Planungsidee von der Wirklichkeit verkehrstechnischer Erfordernisse überrollt wurde und ein großstädtisches Arbeiterviertel sozusagen gegen den Willen des Hofes wie des Stadtregiments entstand: Hier, nämlich im Westend, überwand gewissermaßen das Sein das Bewußtsein, konkret gesprochen: Durch den Sachzwang des umfangreichen Bahngeländes im Münchner Westend und seiner günstigen Transportanschlüsse bildete sich von selbst und entgegen der Stadtplanung ein kompaktes Industrieareal mit Arbeiterbevölkerung, das sich bis an die repräsentative Zone der Theresienwiese mit der »Bavaria« heranschob. Damit hätte sich auch optisch die Präsenz des ›industriellen München‹ im Herzen der Stadt stärker ins allgemeine Bewußtsein drängen müssen. Dem war aber nicht so.[32] Auch wenn man berücksichtigt, daß die Münchner Industrie anders strukturiert war als diejenige Nürnbergs und Augsburgs und daß hier der Nahrungs- und Genußmittelsektor, besonders die Großbrauereien, eine bedeutende Rolle spielten,[33] bleibt doch das Phänomen der bewußtseinsmäßigen Verweigerung gegenüber manchen großstädtischen Trends bemerkenswert.

Über diese Diskrepanz zwischen der Realität und deren bewußter Wahrnehmung kann auch der Bau des ›Deutschen Museums‹ im Jahre 1903 – des genuinsten Monuments bürgerlicher Kultur in München – nicht hinwegtäuschen, so folgenreich dessen Konzeption für Technikbewußtsein und Technikideologie in der ganzen Welt auch werden sollte.[34] Handelt es sich doch hier eher um die historisch-ästhetische Aneignung einer sich rasant entwickelnden technisch-industriellen Welt, also im Grunde um ein psychologisches Distanzphänomen. Nicht die technische Arbeitswelt an sich wird hier vorgeführt, sondern ein blinkendes Substrat oder sogar Surrogat des allgemeinen Fortschrittsoptimismus. Technik, dargeboten in musealer Stille, das heißt ohne die zwangsläufige Dimension des ohrenbetäubenden Lärms, erscheint hier entrealisiert und, weil verfremdet, sogar als Augenweide. Sie ist als Genuß und Belehrung vom bildungsbeflissenen Betrachter sehr weit entfernt – ungeachtet ihres zeitgenössischen Vorhandenseins. Die Maschine wird nicht in actu, nämlich als dröhnendes Arbeitsgerät, vorgeführt, sondern als glänzendes Beweisstück der Befreiung von körperlicher Mühsal, als Fortschrittsmarkierung. Das gilt auch für die ›Militärtechnik‹, deren grausame Realität erst 1914/18 ins allgemeine Bewußtsein gedonnert werden sollte. Eine solchermaßen dargebotene »brave new world« der Technik kann man kaum Menschen suggerieren, für die jene Arbeitswelt an der Maschine, die buchstäblich ihren Lebensrhythmus bestimmte, tagtäglich Realität war. So ist es sicher kein Zufall, daß in den großen Industrieregionen Deutschlands erst gegen Ende des 20. Jahrhunderts die technisch-industrielle Welt als museumswürdig erkannt worden ist, allerdings unter völlig geänderten und teilweise schon eindeutig industriekritischen Vorzeichen.

Innovationen

Hat man sich darüber verständigt, daß die Ausbildung eines spezifischen Großstadtbewußtseins nicht unbedingt vom Ausmaß und der Intensität tatsächlicher Innovationen abhängen muß, sondern daß es sogar zu wesentlichen technischen Neuerungen kommen kann, die im allgemeinen Bewußtsein entweder gar nicht oder erst spät wahrgenommen werden, dann ist es um so notwendiger, in den verschiedenartigsten Lebensbereichen das jeweils Neue genauer festzustellen, ganz gleich, ob es allgemein bewußt war oder nicht. Sicher lebte man in Berlin fortschrittsfreudiger und technikbewußter als in München. Vergleicht man aber die konkreten Neuerungen, so stand man an der Isar etwa in der Elektrifizierung kaum hinter der Spreemetropole zurück, im Ausbau des Telephonetzes lag man ungefähr auf derselben Linie und ebenso beim Ausbau von Ringbahn und Straßenbahn. In der großräumigen Stadtplanung mit der ›Staffelbauordnung‹ und der verkehrsmäßigen Anbindung der neuen Außenbezirke war man seit Theodor Fischer Berlin gegenüber ohnehin voraus, wenn auch nicht so weit wie in Wien.[35] Seit durch Max von Pettenkofers Initiativen das lange als »Pest-City« verschriene München eine mustergültige Trinkwasserversorgung und moderne Entsorgungssysteme erhalten hatte und zu einer der gesündesten Metropolen Europas geworden war; seit ferner die architektonisch moderne neue Großmarkthalle zu einem Vorbild für Zweckarchitektur dieser Art in und außerhalb Deutschlands avancierte, brauchte man auch auf diesem Gebiet den Vergleich mit Berlin nicht zu scheuen – eher mit dem Wien Otto Wagners und Adolf Loos'.[36] Zwar zeigte die Wohnungsenquete von 1904/07 krasse Unterschiede im hygienischen Standard des Hausbestandes, doch war dies geradezu typisch für den Prozeß der Vergroßstädterung, dem München mit allen anderen Metropolen des Reiches ausgeliefert war. Immerhin setzte das ›Müller'sche Volksbad‹ für die Zukunft neue Maßstäbe, und mit der ersten städtischen Lungenheilstätte in Harlaching ging München in Deutschland voran.[37] Der Bau der Prinzregentenstraße mit dem Nationalmuseum, der Schack-Galerie, dem Friedensengel – einem Erinnerungsmonument an den siegreichen Abschluß des Krieges von 1870/71 – und mit dem Prinzregententheater erwies, daß auch unter den Bedingungen profitorientierten Bauens ästhetisch ansprechende Architektur-Ensembles und verkehrstechnisch innovative Lösungen möglich waren. Theodor Fischers folgenreiche Münchner Tätigkeit und vor allem die Widerstände, die er als Stadtplaner gerade von seiten des wirtschaftlich vorandrängenden Großbürgertums erfahren mußte, in dessen Eigentumsrechte seine planerische Initiative zwangsläufig eingriff, veranschaulichen aber auch zugleich etwas sehr Wichtiges: Es gab keine klaren Fronten zwischen ›innovativ‹ und ›rückständig‹; fortschrittliche, auf das Gemeinwohl bedachte Stadtplanung konnte in schärfster Form mit den ›progressiven‹ Wirtschaftskreisen der Stadt in Konflikt geraten, wobei in diesem Falle der innovative Stadtplaner, der schon erste U-Bahnpläne für München entwickelt hatte, auf der Strecke blieb und gehen mußte: Er scheiterte am uneingeschränkten »liberalistischen Eigentumsverständnis«, nicht an altväterlichen Vorstellungen. Allerdings – und das macht ein Urteil so schwierig – spielten auf seiten der Industriellen auch zweckrationale Überlegungen eine Rolle. Die ›Staffelbauordnung‹ etwa, die insgesamt für München sehr positive Folgen hatte, hinderte zugleich die industrielle Expansion im Stadtbereich und die Modernisierung der Gebäudekomplexe. Jedenfalls sahen dies die Industriellen so, und daß dies nicht völlig abwegig war, geht schon daraus hervor, daß etwa die Firma ›Maffei‹ noch bis in die neunziger Jahre ohne Gleisanschluß mitten im Englischen Garten lag.[38]

Mit der schon erwähnten, 1910/11 erbauten Großmarkthalle, nach Winfried Nerdinger der »einzig wirklich moderne Bau im Sinne des Neuen Bauens« im Vorkriegs-München, ein Werk Richard Schachners, belegte die Isarstadt in der Geschichte modernen Bauens in Deutschland einen durchaus »ehrenvollen Platz«. Aber auch Max Littmanns Anatomie in der Pettenkoferstraße muß hier genannt werden, das erste Bauwerk der Stadt, das die konstruktiven und vor allem auch die ästhetischen Qualitäten des Eisenbetons voll ausschöpfte. Der Vergleich mit den beiden entsprechenden Schlüsselbauten Berlins: Peter Behrens ›AEG‹-Turbinenfabrik von 1909 und Alfred Messels Warenhaus Wertheim am Leipziger Platz um 1908 verbietet es geradezu, hier grundsätzliche Unterschiede zwischen München und der Reichshauptstadt hinsichtlich der Modernität zu konstruieren, mochte man sie an der Isar auch nicht ideologisch so

»auf den Begriff« bringen, wie dies an der Spree der Fall war.³⁹ Ebenso zeigt die Münchner Industriearchitektur vor 1914 im Technisch-Konstruktiven bereits Elemente moderner Sachlichkeit und Zweckmäßigkeit, mag auch traditionelles Dekor noch eine bedeutende Rolle spielen – nämlich als Moment der Anpassung an die Umgebung, gewissermaßen als ›aktiver Ensemble-Schutz‹.⁴⁰

Die in der Stadt seit langem beheimatete Präzisionstechnik entwickelte schließlich durch moderne Druck- und Reproduktionsverfahren wesentliche Voraussetzungen für die Graphik- und Plakatkunst des Jugendstils; München wurde damit ein Vorort dieser Kunstform in Deutschland, durchaus vergleichbar mit Wien und mindestens ebenbürtig zu Berlin. Es war dann Georg Hirth, der Verleger der programmatischen Zeitschrift ›Jugend‹ – sie vertrat vor allem in ihrer Frühzeit lebensreformerische Ideen –, der als Herausgeber der ›Münchner Neuesten Nachrichten‹ zugleich Protagonist national-liberaler Politik in der Stadt gewesen ist. Hirth wurde aber auch für das Kunstleben als aktiver Förderer wie als Ideologe bedeutsam: Seiner Initiative war 1892 die Gründung und finanzielle Stützung der Münchner modernen Künstlergruppe der ›Secession‹ zu verdanken, einer Kunstbewegung internationalen Charakters, des »Art Nouveau«; München ging hiermit in Deutschland zeitlich voran. Zum sensibel-eleganten Wiener Jugendstil, der auch in der Architektur und Gebrauchskunst der Millionenstadt eine verschwenderisch reiche Ausprägung fand, ergeben sich wichtige Unterschiede. In der Kaiserstadt war die neue Kunstform eine Art ›Gegenkunst‹ des deutsch-jüdischen Großbürgertums, einer Elite mit internationalen Lebens- und Kulturstandards. Als ›Gegenkunst‹ richtete sie sich vor allem gegen die offizielle Hofkunst des franzisko-josephinischen, historisierenden Reichsstils der Neuen Residenz, des Burgtheaters und der Oper. In München hingegen erscheint der Jugendstil, dessen Hauptvertreter Richard Riemerschmid war, eher als ästhetisches Pendant einer sehr lebendigen ›Lebensreform-Ideologie‹, zu der die Jugendbewegung ebenso gehörte wie die Anfänge einer Kritik am Fortschrittsdenken und an der naiven Verklärung von Technik und Industrie überhaupt. Sieht man den Jugendstil eingebettet in die lebensreformerische Aufbruchsbewegung der Jahrhundertwende, dann ist es falsch, ihn als Flucht vor der gesellschaftlichen Wirklichkeit ins Ästhetische abzutun; schon Riemerschmids soziale Ideen, die in seinem künstlerischen Oeuvre zutage treten, sprechen gegen eine solche Mißdeutung.⁴¹ Der Gartenstadt-Gedanke gehört ebenso zur Münchner wie zur Berliner Wirklichkeit um 1900, desgleichen der Kampf gegen die wachsende Luftverschmutzung. Schon damals gab es an der Isar regelmäßige Smog-Messungen, die aufgrund der gemessenen Werte zur Verlegung des Botanischen Gartens nach Nymphenburg führten. Doch war man ebenso besorgt, daß schlechte Luft den erwünschten Zuzug reicher Leute bremsen könnte. Desgleichen forderte man in scharfer Form die Reinerhaltung des Flusses und der Stadtbäche. Selbst wenn ästhetische und sogar kommerzielle Momente dabei eine Rolle spielten: Es waren doch Ansätze ›grüner Ideen‹, wie sie heute aus wesentlich dringenderen Gründen eine politisch organisierte Renaissance erleben. Auch der Eugenik-Gedanke war Teil der Münchner Lebensreform-Bewegung, die in Professor Max Gruber einen militanten Propagandisten fand; die bestialischen Folgerungen des NS-Regimes aus der Eugenik, nämlich die Vernichtung »unwerten Lebens«, sollte man den Lebensreformern dieser Epoche nicht anlasten; sie standen eher der Jugendbewegung nahe. Gruber spielte auch eine wichtige Rolle bei der Verwirklichung der Gartenstadt-Idee, ein Projekt, das aber infolge der riesigen spekulativen Landkäufe an der waldreichen Peripherie Münchens, welche die Terraingesellschaften und Bankiers wie Wilhelm Finck schon längst getätigt hatten, nur in sehr beschränktem Ausmaß von der Stadt verwirklicht werden konnte. Ähnliches gilt für die Wohnreformideen der Baugenossenschaften, die es hier schwerer hatten als in anderen deutschen Großstädten.⁴² »Jugendstil« bedeutete eben mehr als eine gebrauchsgraphische Neuerung und auch mehr als nur eine ästhetische Revolution; er war eingebettet in einen breiten Strom bewußtseinsmäßigen Wandels.

Teil dieses Wandels waren aber auch Neuerungen in der Wirtschaftswerbung, vor allem der Einsatz des großflächigen, künstlerisch anspruchsvollen Plakats, eine besondere Domäne der Jugendstilästhetik in München wie in Paris, London und Wien. Man nahm dabei sogar die unvermeidliche Diskrepanz zwischen dem formal oft hinreißend schönen Werbemittel und der Banalität des angepriesenen Produkts in Kauf: Reproduzierbare Kunst war eben auch eine in besonderer Weise kommerzielle, nämlich kauffördernde Kunst, die mit Plakatkünstlern wie Ludwig Hohlwein, Hanns Beatus Wieland und Ludwig Zumbusch hohes Niveau erreichte.

Das Moment der billigen Vervielfältigung von Kunstwerken brachte auch Gefahren mit sich, erzeugte es doch jene Hochflut von Reproduktionen wirklicher oder vermeintlicher ›Weltkunst‹, deren Entstehungsort vielfach München gewesen ist; die Firma Hanfstaengl war hier führend und wurde geradezu zum Symbol eines bestimmten ›Kunstwollens‹ dieser Stadt. Wer sich über diese neue Möglichkeit der Reproduzierbarkeit von Kunst im technischen Zeitalter mokiert, sollte aber eine wesentliche Motivation dieses Vorganges nicht vergessen, nämlich die »Kunst dem Volke« näherzubringen, ein Bildungsanliegen des liberalen, erziehungsfreudigen Bürgertums wie auch der Arbeiterbewegung, dessen Berechtigung nicht mit dem Hinweis auf den demagogischen Mißbrauch dieser Idee in der NS-Zeit bestritten werden sollte. Wer gegen Popularisierung von Kultur ist, muß dann auch konsequenterweise gegen die Popularisierung von Weltliteratur sein, wie sie der Verleger Anton Philipp Reclam in Leipzig so erfolgreich betrieb; beide Initiativen stammen aus demselben Bestreben, Kultur aus elitärer Isolierung herauszuheben und Bildung zu »demokratisieren«. Die Volksbildungsvereine der Epoche haben beide Bestrebungen positiv aufgenommen, ja, die Münchner Volksbildung suchte in Fragen der Kultur mit Eifer den Anschluß an akademische Standards; ob dies möglich war und gelingen konnte, steht auf einem anderen Blatt.[43]

War die massenweise Kunstreproduktion in München wie in der Druckerstadt Leipzig eher für ein breites als für ein kaufkräftiges Publikum bestimmt, so wandte sich der florierende Münchner Kunsthandel und Kunstexport vor allem an eine gehobene Schicht, der Kunstkenner ebenso zugehörten wie der vielkarikierte »nouveau riche«, für den Kunst eher Statussymbol als Genuß bedeutete. Es war auch dies ein Wirtschaftsfaktor ersten Ranges, denn vor dem Ersten Weltkrieg exportierte der Münchner Kunsthandel achtmal so viel nach dem neuen Absatz-Eldorado USA wie derjenige Berlins. Ähnliches gilt für die Buchantiquare der Isarmetropole, die teilweise noch von den Abgaben der Bayerischen Staatsbibliothek aus den angehäuften Schätzen der Säkularisation lebten.[44]

Die Irritationen der sozialen Frage

Unsere Publikation würde ihren Zweck, eine sachliche Bestandsaufnahme und einen realistischen Querschnitt durch das recht widersprüchliche ›Münchner Leben‹ zu bieten, gröblich verfehlen, träten nicht auch die fragwürdigen Seiten deutlich ins Bild. Manches davon ist schon erwähnt worden: Die bedrückende Wohnungssituation, die mit der Enquete von 1904/07 zutage kam, ebenso die politische Verschärfung der Randgruppen-Observation mit ihren diskriminierenden Folgen. Großstadt: Das war auch eine gewaltige Herausforderung für die Kirchen, der sie in recht unterschiedlicher Weise begegneten. In kulturellen Fragen wurde der Katholizismus durch einen angriffslustigen Kulturliberalismus ohnehin sehr in die Defensive gedrängt; die satirischen Rundschläge des ›Simplicissimus‹ waren nur die publikumswirksamsten Signale eines tiefgestaffelten Antiklerikalismus, dem sich auch die junge Arbeiterbewegung sehr entschieden anschloß – eine voraussehbare Folge der Defizite kirchlicher Arbeit auf dem neuen Felde der Großstadtseelsorge. Letztere war aber nicht wirksam zu organisieren, wenn man sich nicht mit Ernst und Leidenschaft der Arbeiterfrage stellte, sich also den neuen »Mühseligen und Beladenen« des zuendegehenden Jahrhunderts zuwandte. Mit Wohltätigkeit im traditionellen Sinn war hier nicht voranzukommen, es ging um die Rückgewinnung einer der Kirche mehr und mehr entfremdeten Bevölkerungsschicht, die mit der Industrialisierung rapid anwuchs.[45] Während die katholische Kirche, besonders unter Kardinal Franz von Bettinger, sich Anfang des 20. Jahrhunderts relativ spät, aber dann doch energisch den sozialen Problemen der Großstadt stellte[46] und in der Wirksamkeit kirchlich-sozialer Vereine für den ›kleinen Mann‹ ein wichtiges Mittel moderner Seelsorge erkannte, blieb die evangelische Kirche Münchens meist hinter den sozialen Herausforderungen der Zeit zurück. Dies hing wohl vornehmlich mit der bürgerlich-libe-

Münchener Kinder

»Du Muatta, i hab an Rausch.« – »Was? Schamst di net? Wegen oaner Maß Bier?« Zeichnung von Bruno Paul – Biergartenidyll und ›Münchner Gemütlichkeit‹ übertünchten Großstadtprobleme wie schlechte Ernährung, Kinderalkoholismus oder Wohnungselend. Simplicissimus Jg. 8, Nr. 21, S. 168

ralen Herkunft der Mehrzahl ihrer Mitglieder zusammen; und so, wie sich der »Rathaus-Liberalismus« nur widerstrebend den sozialen Problemen einer großstädtischen Kommune stellte,[47] blieb auch die lutherische Kirche Münchens auf diesem Felde weitgehend passiv: Soziale Probleme wurden eher palliativ als grundsätzlich angegangen – etwa durch ›Innere Mission‹ und ›Armenverein‹. Ein Handwerkerverein war noch das äußerste an sozialem Engagement, zu dem man sich durchrang. Dagegen waren repräsentative Kirchenbauten aus Mitteln der wohlhabenden Münchner Diaspora ein wichtiges Anliegen des durch Zuzug wachsenden evangelischen Bürgertums der Stadt. Man wollte der traditionellen Konfession gegenüber bewußt ein Zeichen setzen.[48]

Daß die soziale Frage, die sich in der Großstadt am schärfsten stellte, nicht als das Problem schlechthin erkannt, sondern von den in Staat und Gesellschaft Verantwortlichen eher als beklagenswerter Störfaktor angesehen wurde, hängt mit dem Gesamtzustand des Gemeinwesens zusammen, den man als ›postfeudale Herrschaftsstruktur‹ definiert hat. Es war dies im Kern eine Ministerherrschaft, die sich in der Prinzregentenzeit unter Johann von Lutz sowohl auf Kosten der Krone wie des Landtags etablieren konnte und einer zwar diskreten, nichtsdestoweniger nachdrücklichen ›Fernsteuerung‹ aus Berlin unterworfen war.[49]

Die politische ›Fernsteuerung‹ machte sich auch in dem Eifer bemerkbar, mit dem man aufgrund der Bismarckschen Sozialistengesetze in München Sozialdemokraten observierte und verfolgte. Das ging soweit, daß man bei Begräbnissen von Mitgliedern der Partei die Teilnehmer registrierte, die gehaltenen Reden notierte und sich etwa angesichts einer Totenfeier nicht entblödete, den sozialdemokratischen Redakteur Bruno Schoenlank aufzufordern, er solle eine rote Schleife am Kranz für den Toten abnehmen. Bei einem anderen Sozialistenbegräbnis wurde dem Grabredner bei den Worten: »Er war ein braver Arbeiter und treuer Sozialdemokrat« von der Polizei das Wort entzogen.[50]

Wie sehr man dabei vom Berliner ›Vorbild‹ abhing, zeigen die auffällig zahlreichen harten Gerichtsurteile gegen Sozialisten, die in Abschriften nach München geschickt worden sind, offensichtlich als Empfehlung zur Nachahmung. Jedenfalls wurden bestimmte Gaststätten, etwa das Gasthaus des späteren Reichstagsabgeordneten Georg Birk, das Wirtshaus zu den drei Fasanen in der Au, die Maximiliansbrauerei und andere Lokalitäten regelmäßig von Polizei in Zivil kontrolliert und der Agitation verdächtige Arbeiter des Landes verwiesen. Den Soldaten der Münchner Garnison war es nicht erlaubt, Gastwirtschaften zu besuchen, in denen Sozialdemokraten verkehrten; dadurch sollten auch die Wirte unter Druck gesetzt werden.[51] Diese negative Einstellung der staatstragenden Schicht zur Arbeiterbewegung überdauerte auch die Zeit der Sozialistenverfolgung: Die mehrheitlich liberal orientierte Münchner Stadtverwaltung versuchte auf staatlichen Druck hin mit allen Mitteln den Eintritt von Sozialdemokraten in ihre Gremien zu verzögern. Dabei operierte man auch mit der Forderung nach »wirtschaftlicher Unabhängigkeit« der Gemeindebevollmächtigten. In den Jahren vor dem Krieg verhärteten sich sogar die politischen Fronten; auch kam es zu einer schärferen Handhabung des Polizeiwesens.[52] Bei der eher indirekten Anwendung der Theater- und Pressezensur, die in München lange Zeit liberaler praktiziert worden war als in Berlin, kann man in den letzten Jahren der Prinzregentenzeit ebenfalls eine merkliche Verschärfung feststellen: Der »Fall Panizza« etwa und die sechswöchige Haft für den ›Simplicissimus‹-Mitarbeiter Ludwig Thoma waren keine Entgleisungen, sondern eher Symptome eines generellen Wandels,[53] in dessen Verlauf die Kluft zwischen der sozialen Bewegung und dem immer starrer werdenden politischen Establishment größer statt geringer wurde, mochten sich auch die parlamentarischen Gepflogenheiten und die Verfahrensweisen der Staatsorgane seit Ende der Sozialistenverfolgung gebessert haben. Anders als im zeitgenössischen England, wo es den Tories gelang, den rücksichtslosen Manchesterliberalismus durch die Favorisierung der Anfänge der Labour-Party gleichsam links zu überholen, konnte die Arbeiterbewegung in Deutschland nur unvollkommen in das parlamentarisch legitimierte, monarchische System integriert werden. Die Monarchie verließ damit ein bewährtes Erfolgsrezept, womit sie seit dem 17./18. Jahrhundert das gesamtstaatliche Interesse gegen ständische Partikularinteressen, etwa durch eine positive Bauernpolitik, erfolgreich vertreten und durchgesetzt hatte. Man hat daher von einer nachlassenden Integrationskraft der Monarchie und sogar von gesellschaftlichem Immobilismus gesprochen, eine Diagnose, die auch auf die letzten Jahre der Donaumonarchie und das Ministerestablishment um den Kaiser zutrifft.[54]

Hof und Stadt, Kunst und Kommerz

So verwundert es kaum, daß bei aller Leutseligkeit, die dem Prinzregenten wohl zu Recht nachgesagt worden ist, die Sicherheitsvorkehrungen in der Residenz und um Nymphenburg umfangreich und sorgfältig waren – und zwar nicht nur 1906 anläßlich des Kaiserbesuchs in München bei der Grundsteinlegung des ›Deutschen Museums‹.[55] Der Historiker Karl Alexander von Müller, nach seiner Herkunft wohlinformierter Insider des Residenzlebens der Prinzregentenzeit, hält »eine eigenartige Verbindung von volkstümlicher Natürlichkeit und prunkhafter Etikette« für einen typischen Zug der Persönlichkeit Luitpolds und spricht vom »kulthaften Tabu des abwehrend spanisch-burgundischen Zeremoniells«, »sodaß es damals als schwieriger galt, am Münchner als am Berliner Hof empfangen zu werden.«[56]

Stilisierte monarchische Selbstdarstellung und ebenso stilisierte Volkstümlichkeit standen unverbunden und widersprüchlich nebeneinander. Im Bereich der bildenden Künste griff der Prinzregent durch Ankäufe, finanzielle Hilfen und mit seinen berühmten Atelierbesuchen noch am weitesten in die Münchner ›Kulturszene‹ aus, wenn auch eher als ›Sponsor‹ denn als herrischer Initiator künstlerischen Wollens im Dienste der monarchischen Idee, wie dies sein Vater, König Ludwig I., getan hatte.[57] Es hing wohl mit dieser eher bürgerlich-privaten Form der Kunstförderung zusammen – die übrigens niemals zur ›Kunstleidenschaft‹ eskalierte – daß Luitpolds eigene Bildersammlung vorwiegend im Traditionellen angesiedelt war. Das hinderte ihn aber nicht, auch Richtungen zu fördern, die ihm selbst nicht zusagten, ein äußerst sympathischer Zug seiner Persönlichkeit. Auch seine Bilderkäufe aus karitativen Gründen passen zu seinem noblen Charakter. Man muß es deshalb um so höher einschätzen, daß unter Luitpold – wenn auch vornehmlich durch die Initiative des Kultusministeriums und des späteren Kronprinzen Rupprecht – der modernistische Museumsdirektor Hugo von Tschudi nach München geholt wurde; der Kaiser hatte dem hochqualifizierten Kenner der französischen Moderne Berlin verleidet. Diese Offenheit des Prinzregenten berührt um so positiver, als er sich zwar grobschlächtiger Ausfälle gegen die Moderne, wie sie Wilhelm II. mit dem Schimpfwort »Rinnstein-Kunst« inszenierte,[58] sorgfältig enthielt, aber auch kein Hehl daraus machte, daß ihm die Kunst der Münchner »Malerfürsten« Lenbach, Stuck, Kaulbach und Piloty näher stand als diejenige der ›Secession‹. Dennoch eröffnete er feierlich als ›Protektor der Künste‹ sowohl die Ausstellungen der traditionellen ›Münchner Künstlergenossenschaft‹ im Glaspalast wie auch diejenige der progressiven »Secessionisten« als sowohl ausgleichende wie legitimierende Instanz.⁵⁹

Mit der Herrschaft des »Malerfürsten« Lenbach in München, der – gleichsam ›von Fürst zu Fürst‹ – auch mit dem Prinzregenten befreundet war, öffnet sich der Blick auf eine breitgefächerte, im politisch-sozialen wie im künstlerischen Bereich polyphone, teilweise auch dissonante Wirklichkeit der Stadt, in der für Fragen der Kunst mit Lenbach ein Schrobenhausener Maurermeisterssohn den Ton angeben konnte.⁶⁰ In ihm konzentrierte sich auch personell jenes diffizile, von Rivalität und Wechselseitigkeit bestimmte Verhältnis zwischen München und Berlin, zwischen Bayern und Preußen, wie es damals immer wieder in der Literatur thematisiert wurde, etwa in Annette Kolbs Erinnerungsroman ›Die Schaukel‹, ein Verhältnis, das auch für den ›Simplicissimus‹ ein schier unerschöpfliches Thema war.⁶¹ Im Positiven wie im Hemmend-Negativen blieb die Symbolfigur Lenbach eng und substantiell mit dem stürmischen Aufschwung der Stadt am Jahrhundertende verknüpft, wobei es sowohl die monarchische wie die bürgerliche Stadt gewesen ist, deren kulturelles Szenarium er im Gegen- und Miteinander maßgeblich beeinflußt hat; manchmal übrigens sehr rabiat, wie sein Verhältnis zu Wilhelm Leibl zeigt, dem er München verleidete. Es ist aber falsch, Lenbach nur auf den konservativen Trend Münchner Kunst festzunageln, denn er hat andererseits auch dem modernen Kunsthandwerk den Zugang zu den wichtigen Glaspalast-Ausstellungen geebnet. Er wußte sich des gesellschaftlichen Kräftespiels ähnlich virtuos zu bedienen wie sein Freund Hans Makart in Wien. Makart öffnete Lenbach überdies die höfische wie die großbürgerliche deutsch-jüdische Gesellschaft Wiens, auch diese – wie in München – neben der offiziellen Hofgesellschaft eine »Zweite Gesellschaft«, aber als Geldaristokratie von noch größerem Einfluß und von kultureller Internationalität.⁶² Lenbach wurde dann der führende Mann in der ›Münchner Künstlergenossenschaft‹, er steigerte durch seine Beziehung zur Finanzwelt der Gründerzeit zielbewußt die Preise seiner Porträts, benützte dazu auch die langwährende Freundschaft mit dem Mäzen Baron Adolf Friedrich von Schack und mit dem Literaturlöwen der Epoche, Paul Heyse. Er öffnete sich den Münchner Wagnerkreis, über dessen einflußreiche Mitglieder er dann auch am Berliner Hof als Maler-Star Fuß fassen konnte. Dort ergaben sich für Lenbach wichtige Beziehungen zu Werner von Siemens, zu der Industriellenfamilie Borsig, zum einflußreichen preußischen Finanzminister Rudolf von Delbrück und schließlich zum Kaiserhaus und zur Familie Bismarck, deren »Hofmaler« er wurde. Die 1887 geschlossene Ehe mit der 24jährigen Magdalena Gräfin Moltke, einer Nichte des Feldmarschalls, führte den Fünfzigjährigen gleichsam ins Zentrum der neudeutschen Gesellschaft des Reiches. Lenbach-München, das war in vieler Hinsicht auch Bismarck-München.

Bismarck-Kult war aber keineswegs nur eine ›norddeutsche Angelegenheit‹, denn auch im kulturpolitisch einfluß-

›Lenbach als Puppenspieler‹. Tuschfederzeichnung von Friedrich August von Kaulbach – Franz von Lenbach – hier mit Bismarck als Handpuppe – war eine treibende Kraft des bayerischen Bismarck-Kults. Staatliche Graphische Sammlung München

reichen Münchner Gesellschaftsverein ›Allotria‹ wurde der Reichsgründer »der meist verehrte Mann und Heros«. Für Lenbach blieb dies keine unverbindliche Hurra-Begeisterung. Wer den mächtigen Bismarck-Turm auf der Rottmannhöhe am Starnberger See besteigt, weiß, daß Franz von Lenbach die treibende Kraft für die Entstehung dieses Monuments des Kanzler-Kults in Bayern gewesen ist, eines Kults, der zur politisch-gesellschaftlichen Wirklichkeit der Münchner Jahrhundertwende ebenso gehört wie der Prinzregent; ja, man sollte geradezu von einer ›prussophilen‹ Tendenz der damaligen Münchner Geld- und Kulturgesellschaft sprechen. Man konnte dabei aber auch des Guten zuviel tun, denn als eine Bürgerinitiative aus denselben Kreisen 1909 anregte, zur Erinnerung an den Besuch des Deutschen Kaisers im Rathaus eine Gedenktafel anzubringen, zeigte sich der Prinzregent »unangenehm berührt«; Dr. Wilhelm von Borscht versicherte damals als Erster Bürgermeister umgehend und beflissen, daß »von seiten der Stadt und ihrer Kollegien« in dieser Sache nichts beschlossen worden sei.⁶³

Der Vergleich des Prinzregenten mit seinem Vater König Ludwig I. zeigt übrigens, wie stark inzwischen der gesellschaftliche Wandel auch die Beziehung zwischen Hof und Stadt, Monarchie und nobilitierungssüchtiger großbürgerlicher Gesellschaft verändert hatte. War die Entstehung der Ludwigstraße und teilweise auch noch der Maximilianstraße weitgehend ein Werk monarchischen Willens, der sich auch gegen die Stadt, beziehungsweise auf deren Kosten durchzusetzen wußte, so bietet die Entstehung der Prinzregentenstraße ein ganz anderes Bild.[64] Der monarchische Name dieser neuen Verkehrsader darf nicht darüber hinwegtäuschen, daß ihr Zustandekommen weitgehend eine Sache der Stadt München war und daß ihre Planung sehr stark von privatwirtschaftlichen Interessen, etwa von der Firma Heilmann, beeinflußt wurde, mochten auch monarchische Repräsentationswünsche dabei eine gewisse Rolle spielen. Von einer Initiative des Prinzregenten kann aber kaum mehr die Rede sein, der Straßenname ist hier eher irreführend, denn er kaschierte lediglich den weitgehenden Rückzug des Regenten aus dem Münchner Baugeschehen. Aufschlußreich für jene schier unnachahmliche Melange von Krone, Geld und Kunst ist in diesem Zusammenhang auch der Bau des Prinzregententheaters und dessen Eröffnung am 20. August 1901, jenes geradezu frivol schönen und akustisch hervorragenden Theaterbaus, dessen kürzlich erfolgte Wiedereröffnung zu den großen Leistungen August Everdings für München zählt. Auch an der Wiege dieses eleganten Bauwerks – man sollte nicht meinen, daß es als ein Musentempel für die düster dräuende Kunstmythologie Richard Wagners geplant war! – stand Jakob Heilmanns Terraingesellschaft und damit eine durchaus riskante Bodenspekulation. Architekt war Max Littmann, Schwiegersohn und Teilhaber Heilmanns, der sich mit diesem Bau selbst das schönste Denkmal setzte.

Wirtschaftliches Kalkül spielte auch anderweitig eine Rolle, hatte doch die Stadt – wie schon erwähnt – ein lebhaftes Interesse daran, mit den Festspielen im Prinzregententheater finanzkräftige Gäste anzulocken und damit der Münchner Gastronomie helfend unter die Arme zu greifen, eine Spekulation, die genau ins Schwarze traf. Nicht umsonst war man in Bayreuth eifersüchtig auf den neuen Münchner Magneten des Wagner-Kults, auf die gefährliche Konkurrenz, die der berühmte Hoftheaterintendant Ernst von Possart nicht ohne hintergründiges Kalkül für sich selbst ins Leben gerufen hatte.

Der »Bauerndoktor« Georg Heim, Sprecher des linken Zentrumsflügels im Landtag, geißelte denn auch am 6. August 1902 in einer berühmt gewordenen Debatte über die Kunstpolitik Bayerns unter Hinweis auf die Münchner Kunstszene die »Verquickung der Kunst mit reinen Geschäftssachen« durch gewisse Komitees der »alleinseligmachenden Gewappelten. Da sitzen Künstler neben Terrainspekulanten, und wenn das nicht reicht, holt man sich von der Höhe jemand; ich erinnere nur an das Prinzregententheater, wo auch Terraingesellschaften und Künstler miteinander verquickt waren und wo man auch mit Staatsmitteln oder auch Mitteln höherer Herren arbeitet – die Folgen werden sich später zeigen...«[65]

Sie zeigten sich zwar damals noch nicht, jedenfalls nicht in der Form, wie sie Heim erwartete, aber seine Analyse legte doch eine charakteristische Signatur der Epoche bloß: die enge Verbindung von Kunst und Kommerz. Man konnte das allerdings auch ganz anders sehen. Jakob Heilmann, einer der rührigsten, kulturell interessierten Unternehmer Münchens, bezeichnete es nämlich als irrig, daß die Industrie die Kunst vertreibe; womit er zweifellos recht hatte.[66] Die Entstehungsgeschichte des Prinzregententheaters zeigt jedenfalls zur Genüge, wie sich Kunst und Kommerz im Industriezeitalter konkret aufeinander einspielten. Ohne scharfe Kritik blieb allerdings diese Entwicklung nicht. Es kritisierten keineswegs nur Georg Heim und das Zentrum, bei denen die grundsätzliche Aversion gegen den Kulturliberalismus aller Schattierungen ein verständliches Motiv war. Auch im engsten Freundeskreis Lenbachs erhoben sich kritische Stimmen; eher verhalten noch bei Adolf von Hildebrand, der selbst zu den arrivierten Künstlern der Epoche gehörte, ganz dezidiert jedoch bei Paul Heyse, dem sicherlich nicht der Neid die Feder in die Hand drückte. Er schrieb 1898 an den Historiker Alfred Dove in bemerkenswerter Unverblümtheit folgendes zur Münchner Kultur- und Geldszene:

»Wie schlecht es um das eingeschüchterte öffentliche Gewissen steht, erleben wir neuerdings durch das dumpfe Schweigen und Dulden gegenüber der Künstlergenossenschaft, über deren hochmütiges Gebaren, die exorbitanten Preise, die unsinnige Posse des arkadischen Zuschnitts alle Welt bis zu den höchsten Herrschaften hinauf empört ist, ohne daß in den Zeitungen ein energischer Protest laut werden darf. Ein Münchener Künstlerfest, zu dem die gesamte jüngere Künstlerschaft, der mittlere Bürgerstand, ja selbst die höhere Gesellschaft, wenn sie nicht sehr wohlhabend ist, keinen Zugang hat, sondern nur die Großbrauer, Banquiers, fremde reiche Vergnüglinge, und sonstige Millionäre, erscheint Allen als eine Schande für die Stadt und eine Entwürdigung der Künstler selbst, die aus dem Fest eine bloße Finanzspeculation machen. Lenbach aber ist dermaßen vom Größenwahn besessen und wird darin von seinen Anhängern so sehr bestärkt, daß jede Einrede von verständigen Warnern machtlos bleibt...«[67]

Die befeuernde Liaison von Kunst und Kommerz, wie sie sich beim Prinzregententheater in hauer ›Idealkonkurrenz‹ mit Bayreuth offenbarte, war also kein vereinzeltes Phänomen, sondern Signatur der Epoche. Dies tat der prunkvollen Eröffnung des neuen Musentempels keinen Abbruch, im Gegenteil, denn hier trat die Monarchie wiederum legitimierend in Erscheinung. Einweihen durfte das Theater der Prinzregent, denn erstens trug es seinen Namen und zweitens – was man nicht vergessen darf – unterstand die neue Bühne, wie alle Hoftheater, keinem Ministerium, sondern unmittelbar dem Königshaus; dies war gleichsam ein Rest barocker »Kunstsouveränität« und monarchischer Kulturautokratie, die der Stadt bislang ihr unverwechselbares architektonisches Gepräge gegeben hatte.

Vor dem Hintergrund dieser großen wittelsbachischen Tradition markiert der Bau des Prinzregententheaters um so nachdrücklicher einen empfindlichen Einschnitt: Er ist ein Beleg dafür, wie sehr der gesellschaftliche Wandel das Königshaus zum Rückzug aus seiner ursprünglichen Domäne der identischen Repräsentation von Staat und Kultur veranlaßt hatte. Ohne bürgerliches Mäzenatentum ging nun nichts mehr im großen Stil. Die Namengebung für das Theater war keine Selbstverständlichkeit mehr, sondern eher ein Akt gesellschaftlicher Courtoisie dem Königlichen Hause gegenüber. Solchem Geiste entsprach es auch, wenn die Stadt den Bildhauer Adolf von Hildebrand 1901 beauftragte, eine Reiterstatue des Prinzregenten zu schaffen. Das Standbild wurde dann 1913 vor Gabriel von Seidls Nationalmuseum aufgestellt, also nicht im monarchisch-repräsentativen Residenzbereich. Es gibt den geistigen Hintergrund sehr genau wieder: Luitpold sitzt eher zivil in Jagdkleidung zu Pferde, mehr seigneuraler Herrenreiter als Regent und damit dem bürgerlich-künstlerischen Ambiente der nach ihm benannten Straße durchaus angemessen.[68]

Hof und Bürgertum

Ein weiteres Detail mag das Vordringen ökonomischer Interessen gegenüber den Vorstellungen des Hofes belegen: Bei der Planung der Straßenbahn vom Max-II.-Denkmal durch das Lehel zur Ludwigstraße kam es zu einem Streit mit der königlichen Hofverwaltung, die mit einem Prozeß gegen die ›Münchener Trambahn AG‹ drohte. Finanzminister von Riedel legte in einem Schreiben vom 16. Juni 1884 dem königlichen Hofmarschallstab jedoch dringend die »Zweckmäßigkeit, ja Notwendigkeit einer vergleichsweisen Bereinigung der schwebenden Differenzen« nahe; es sollte zu keinem Prozeß kommen. Mit anderen Worten: Der Hof wich auf Drängen des Ministeriums sowohl vor den Erfordernissen des modernen Großstadtverkehrs wie vor den Kapitalinteressen der ›Münchener Trambahn AG‹ zurück. Dagegen setzte sich der Hof in einer anderen Frage durch: Es durften nämlich in der Nähe der Residenz keine elektrischen Oberleitungen für die Trambahn angebracht werden, sondern die Wagen mußten in diesem Bereich mit Akkumulatoren-Antrieb fahren; sicherlich nicht nur aus ästhetischen Gründen, sondern weil hier die technische Welt und ihre egalisierende Folge, der Massenverkehr, mit einer quasi sakrosankten höfischen Sphäre zusammenstießen.[69] Es war aber wiederum kein Widerspruch zu diesem Anspruch des Hofes, wenn der Prinzregent regelmäßig Industrieausstellungen eröffnete, etwa die ›Zweite Kraft- und Arbeitsmaschinen-Ausstellung‹ von 1898,[70] oder ein umfangreiches Festprogramm bei der Grundsteinlegung des technischen ›Deutschen Museums‹ am 13. November 1906 absolvierte.

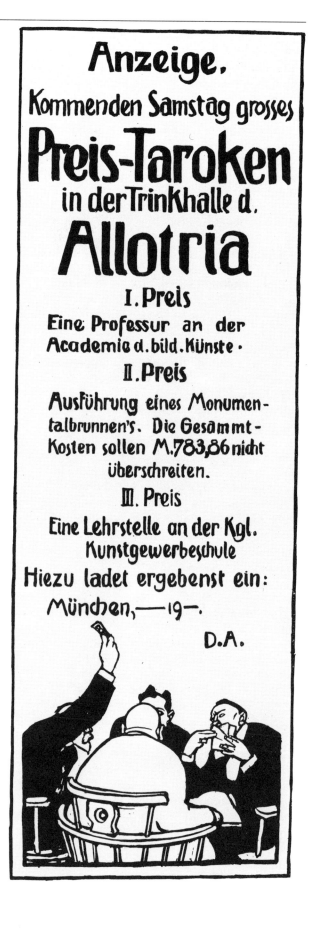

Zeichnung von Bruno Paul – Der kulturpolitische Einfluß des Gesellschaftsvereins ›Allotria‹ stieß auf heftige Kritik der Zeitgenossen. Simplicissimus Jg. 8, Nr. 10, S. 3

Die industrielle Welt sollte – wenn auch an ihrem Platze – in die monarchische Repräsentation einbezogen werden; dadurch wollte man Krone und Fortschritt fest verbinden.

Ebenso war es symptomatisch, daß Peter von Wiedenmann, Chef der Geheimkanzlei des Prinzregenten, gegenüber dem Münchner Ersten Bürgermeister von Borscht 1905 anmahnte, daß Straßenumbenennungen in der Stadt nur im Einvernehmen mit dem Prinzregenten vorgenommen werden durften; selbst in diesem eher ideellen Bereich war Luitpold offensichtlich in die Defensive geraten, obwohl ihm Fragen der Nomenklatur in der »Haupt- und Residenzstadt« wichtig sein mußten.[71] Die bürgerliche Welt, ihr Vorandrängen und die von ihr entfesselte Flut technischer und merkantiler Innovationen wurde zwar akzeptiert, man partizipierte sogar nach Möglichkeit von ihren Erfolgen, wollte dann aber bei Hofe, die Möglichkeiten des Hofzeremoniells ausschöpfend, doch gern unter sich sein, eine merkwürdige Schizophrenie gegenüber der sozialen Realität. Wie streng und geradezu hermetisch sich die Hofgesellschaft gegenüber der bürgerlich-kommerziellen Welt noch abzugrenzen suchte, erhellt etwa aus der ans Skurrile grenzenden Trennung der ersten und zweiten adeligen Hofrangklasse von der bürgerlichen Elite der dritten Hofrangklasse bei Hofbällen.[72] Wie weit dies ging, erscheint uns heute kaum glaublich, denn die dritte Hofrangklasse durfte sich weder am Tanz beteiligen, noch erhielten ihre Mitglieder Sitzplätze an der Hoftafel, sondern sie mußten sich stehend mit kaltem Buffet und alkoholfreien Getränken begnügen.

So konsequent hier die Trennung von Adelsgesellschaft und bürgerlicher Gesellschaft auch durchgehalten wurde: Die letztere – Geld, Kultur und Wissenschaft repräsentierend und oft bestrebt, durch Nobilitierung wenigstens in die zweite Hofrangklasse aufzusteigen – fand doch Mittel und Wege, ihre Unentbehrlichkeit zu demonstrieren. Oder – anders formuliert – der Hof wußte im ureigensten Interesse diese ›Zweite Gesellschaft‹ Münchens, deren Finanzkraft ein Politikum erster Ordnung war, an sich zu binden und in ihr Wurzeln zu schlagen. So war es nur scheinbar ein amüsantes Paradoxon, daß der Prinzregent 1898 dafür sorgte, daß der Münchner Bierbrauer Joseph Pschorr senior eine Marmorbüste in der Ruhmeshalle auf der Theresienwiese erhielt, eine Ehre, die ansonsten nur Persönlichkeiten aus Kunst und Wissenschaft widerfuhr.[73] Das geschah wohl kaum, weil das Königshaus gern die Pschorrschen Bier- und Kegelabende besuchte. Vielmehr gehörte dies zur systematischen und in gewisser Weise auch erfolgreichen Politik Luitpolds, in seine Geheimkanzlei und in die – nach Ludwigs II. Tod – zu sanierende Vermögensverwaltung des Königlichen Hauses Männer seines Vertrauens aus dem Wirtschaftsbürgertum und aus der Beamtenhierarchie zu berufen.[74] Peter Wiedenmann, ein protestantischer Schneiderssohn, war so im Dienste des Prinzregenten zum mächtigen Chef der Geheimkanzlei aufgestiegen und nobilitiert worden, ebenso der erfolgreiche private Vermögensverwalter Luitpolds, Ludwig Klug, eine schillernde Figur, erfahren in allen bürokratischen und kommerziellen Winkelzügen. Er nutzte sein Herrschaftswissen auch für eigene Spekulationsgeschäfte, etwa beim Bau der Prinzregentenstraße an der Isar-Hochterrasse, ein Faktum, das zu einem Sensationsprozeß gegen Klug führte, der dem Ansehen des Königlichen Hauses im liberalen Bürgertum um die ›Münchner Neuesten Nachrichten‹ zeitweise sehr abträglich gewesen ist. Georg Hirth und sein Schwager Thomas Knorr, die Verleger dieser Zeitung – der erstere auch der programmatischen, stilbildenden Zeitschrift ›Jugend‹ – waren eben nicht nur in ästhetischen Fragen meinungsbildend, sondern auch Protagonisten des industriellen Liberalismus; Klug hingegen stand als Vermögensberater Luitpolds und damit als wichtiges Mitglied eines inneren Hofkreises nicht nur als allzu cleverer Geschäftsmann vor Gericht.[75]

Es gehörten dem engsten bürgerlichen Kreise um den Prinzregenten jedoch auch sehr unabhängige und erfolgreiche Persönlichkeiten an wie der Erzgießer Ferdinand von Miller und der Pfälzer »Eisenbahnkönig« Jakob von Lavale; über gute Beziehungen zum Hof verfügten auch Oskar von Miller, der sich beim Aufbau der Energiewirtschaft große Verdienste erworben hatte, ferner die Bankiers Wilhelm von Finck und Theodor von Cramer-Klett und der Bauunternehmer Jakob Heilmann. Parallel dazu ging die sehr rasch sich vollziehende Verschwägerung von Blut- und Geldadel, die nicht wenig zur politischen Homogenität der tonangebenden Schicht Bayerns und Münchens beitrug.[76] Es war dies eine Gesellschaft, die man nur bedingt als bayerisch bezeichnen darf, die aber dennoch jenes städtische Fluidum bestimmte, das man in einem sehr spezifischen Sinne als ›gesamtdeutsch‹ charakterisieren kann.

Insofern ist es kein Zufall, daß der finanzkräftige Kreis um Franz von Lenbach dieser bürgerlich-adeligen Gesellschaft um den Prinzregenten sehr ähnlich und teilweise mit ihr identisch war.

Versuch einer Bilanz

München um 1900 als ›Totale‹ – es fällt schwer, ein Fazit zu ziehen, nicht nur deshalb, weil sich unsere Bestandsaufnahme mit den disparatesten Erscheinungen konfrontiert sah und sich mit Bedacht auch jener ›Dunkelzonen‹ anzunehmen suchte, die im knatternden Feuerwerk der obligaten »München-leuchtete«-Literatur bislang kaum erhellt worden sind. Der Vergleich mit anderen Städten des Bismarck-Reiches, der überall dort versucht wurde, wo dies möglich war, sollte München aus dem Entweder-Oder falscher Alternativen herausholen: »leuchtende Kunststadt« oder »eigentlich dumme Stadt« – so etwa Thomas Mann in polemischem Zorn zurückblickend.[77] Gewarnt sei auch davor, Einzelzüge der Entwicklung vorschnell zu verallgemeinern und etwa den Schwabinger gesellschaftskritischen Bänkelsang zum Sturmvogel der Revolution hochzustilisieren.[78] Ein angemessenes Bild der Münchner Wirklichkeit vor dem Ersten Weltkrieg, getreuer als es bisher möglich war, ist hoffentlich dabei herausgekommen, so unvollständig es im einzelnen sein mag. Ein Ziel war auch behutsame ›Entmythologisierung‹.

Unser Buch will überdies begründetes Mißtrauen gegenüber einem bis heute beliebten polemischen Trick wecken, womit man alles für München Negative, seine zweifellos vorhandenen Defizite, zum Zwecke genüßlicher Reflexion ins Zentrum des Geschehens rückt, wohingegen man gleichzeitig mit absichtsvoller Konsequenz alles Neue, Moderne, Aufregende voll heimlicher Genugtuung (»wir haben es gleich gewußt!«) als ›Randphänomen‹ und daher als atypisch – wenn nicht gar als puren Zufall – abzuqualifizieren sucht. Paradebeispiel eines solchen statischen und schon deshalb falschen Antagonismus ist die strikte Gegenüberstellung einer offiziellen Münchner »Lenbach-Kunst« und des angeblichen Randphänomens ›Blauer Reiter‹. Denn zum einen gibt es in jeder Gesellschaft und Kultur die ›Gleichzeitigkeit des Ungleichzeitigen‹, und zwar nicht als beliebiges Nebeneinander verschiedener kultureller Entwicklungsstadien, sondern als notwendigen, quasi dialektischen Begriff: Das jeweils Etablierte als kreative Herausforderung für das Neue, die »Hofkunst« als »challenge« für die »response« modernen Lebensgefühls und neuen Kunstwollens. Im Falle Münchens standen beide Extreme unter dem starken Zwang, sich miteinander auf hohem handwerklichen Standard auseinandersetzen zu müssen.[79] Zum anderen jedoch sollte man nicht vergessen, daß es hier schon früh ein breites Zwischenfeld neuerer Kunsttendenzen gab, dessen Existenz es einfach verbietet, »alte« und »neue Kunst« beziehungslos zu konfrontieren. Dies wäre eine schreckliche Vereinfachung. Denn die ›Secession‹ – nebenbei die früheste Künstlergruppe dieser Art in Deutschland – und mit ihr der Jugendstil waren gerade in dieser Stadt eindrucksvoll entfaltet und in der Kunst wie in der Ausstellungspraxis gab es zwischen diesen neuen Kräften und der extremen Moderne viele Querverbindungen, Übergänge und Gemeinsamkeiten.

Man nähert sich der Realität, der künstlerischen Vielgestaltigkeit Münchens noch am ehesten mit der Vorstellung eines Kontinuums künstlerischer Kräfte, das in ständiger Umgruppierung begriffen war und durch immer neue Abspaltungen seit der ersten ›Secession‹ von 1892 eine oft lautstarke Dynamik entwickelte, so daß – nach Lovis Corinth – in keiner Stadt Deutschlands Altes und Neues in so heftiger Form aufeinanderstießen.[80] Ein ansonsten eher herber Kritiker des Münchner Konservativismus konnte denn nicht umhin, die Bedeutung der ›Kunststadt‹ für Kandinsky fast widerwillig aber zutreffend folgendermaßen zu charakterisieren:

»So skeptisch, ja ablehnend Kandinsky schließlich der visuellen Kultur gegenüberstand, wie sie sich im offiziellen München manifestierte, so wichtig wurde die Stadt für die Entfaltung seiner eigenen Aktivitäten... Verglichen mit anderen Zentren bot diese Stadt trotz ihres insgesamt konservativen Charakters mit den Galerien, Ausstellungsmöglichkeiten, Museen, Verlagen und der international durchmischten Bohème eine Infrastruktur, die der Durchsetzung seiner eigenen Vorstellungen zumindest partiell dienstbar zu machen war, ohne daß das angestrebte Neue von Anfang an in Konkurrenz zu anderen avantgardistischen Tendenzen geraten konnte, wie etwa in Paris.«[81]

München als aktivierender, weil anregender Kampfplatz einer sich allmählich bewußt werdenden ästhetisch-lebensreformerischen ›Gegenkultur‹ – genau dies war die Rolle der Isar-Stadt: Also weder nur ›konservativ‹ oder nur ›progressiv‹. Auch Giorgio de Chirico empfing in München vom Klassizismus der Stadt und von den Bildern Arnold Böcklins in deren Museen stärkste Eindrücke für den albtraumartigen Surrealismus seiner »Pittura Metafisica«.[82]

Thomas Manns nostalgische Verklärungen der Münchner Prinzregentenzeit und die von ihm erhoffte Fähigkeit dieser Stadt, sich wie ein zweites Weimar ins »Weltdeutsche« als »Heimat einer deutsch-europäischen Klassik« zu erweitern, Verklärungen, die am Ende der spärlichen Sonnenjahre der Weimarer Republik geschrieben wurden, sollte man ebensowenig für bare Münze nehmen wie seine späteren ironisch-kalten Verurteilungen, die er im Exil einer Stadt zuteil werden ließ, in der er die Hälfte seines Lebens – gern! – zugebracht hat. Beides – die liebevollen wie die bittern Urteile – sind Widerspiegelungen seiner Biographie, aber nur sehr bedingt Münchens.[83]

Apropos Widerspiegelungen: Wenn man das linkshegelianisch-marxistische Basis-Überbau-Pattern einmal nicht dogmatisch zur Zwangssystematisierung sehr komplizierter gesellschaftlicher Wirklichkeit mißbraucht, sondern es als heuristisches Arbeitsprinzip anwendet, dann bietet sich manches klarer dar: Etwa beim Vergleich Münchens mit Berlin die Einsicht, daß manche Unterschiede weniger in einer völlig anders gearteten Wirklichkeit beider Städte begründet sind als im unterschiedlichen Bewußtsein von dieser Realität. Aber auch dies stiftet Wirklichkeit – weil es eben Wirkungen auslöst: Das positive Großstadtbewußtsein Berlins, der Stolz auf »Spreechicago«, unterscheidet sich in der Tat klar vom entschlossenen Wegblicken vieler Münchner von den offensichtlich unentrinnbaren Sachzwängen der Großstadtwerdung. Großstädtisches, so sehr es sich auch an der Isar in Industrie, Wirtschaft, Banken und Bodenspekulation aufdrängt, wurde hier oft als überaus beängstigend – und obendrein als »preußisch«, wenn nicht sogar als »typisch jüdisch« und damit als scheinbar ethnisches Problem empfunden und gleichzeitig verdrängt; nicht vom Großbürgertum als dem aktiven Träger dieser Trends, sondern vom Gros der Bevölkerung.[84] Und so entbehrt es nicht einer gewissen Ironie, daß Thomas Mann, nach Herkunft und Bewußtsein ein sympathisierender Außenseiter, angesichts eines vitalen, innovativen Münchens, das er um 1900 erlebt hatte, im nostalgischen Rückblick der Jahre 1925/26 – als es wieder einmal um die »Kunststadt« ging – gerade jenes realitätsverweigernde romantisierende München pries, das keine Großstadt sein wollte – ein verlorenes Paradies, wie es jetzt, 1926, einem etablierten Schriftsteller erscheinen mußte, der

»*Hier haben Sie soviele ›pommersche Grenadierknochen‹, als Sie wollen.*« Zeichnung von Wilhelm Schulz – Diese Formulierung bezieht sich auf eine Äußerung Bismarcks vor dem Reichstag im Zusammenhang mit der Balkankrise. Die Zeitgenossen empfanden die Abkehr von der Bismarckschen Bündnis- und Friedenspolitik bereits deutlich als ersten Schritt in den Krieg. Simplicissimus 1908, Nr. 52, S. 888

inzwischen durch die Katarakte von Krieg, Revolution, Konterrevolution und Hitlerputsch gegangen war. So ist denn vor allem von jener echt Münchner »Volkstümlichkeit« bei Mann die Rede, »auf deren gesunder, derber Krume das Eigentümlichste, Zarteste, Kühnste, exotische Pflanzen manchmal unter wahrhaft gutmütigen Bedingungen gedeihen konnte.«[85] Das ist ein sehr selektiver Rückblick auf die Prinzregentenzeit und man sollte bei solchen und ähnlichen wohlgemeinten Äußerungen auch das etwas herablassende Schulterklopfen nicht überhören, wobei die Autochthonen als gutmütig-rauhe Exoten, als farbiges Milieu und bierfröhliches Stimulans figurieren, wohlwollend betrachtet und ästhetisch registriert vom »gebildeten aber bildlosen« Teil Deutschlands, – um hier Goethes klassische Formel für norddeutsch-protestantische Mentalität zu gebrauchen. Kein Zufall auch, daß gerade diese Tendenz, München als pittoreske Aufführungsbühne für fremde Stücke scheinbar zu loben, aber in Wahrheit begönnernd in eine Statistenrolle zu verweisen, den kämpferischen Liberalen Ludwig Thoma in der Vorkriegszeit immer wieder in Harnisch brachte; solcher vermeintlicher und frisch-fröhlich propagierter »Kolonie-Status« entsprach eben durchaus nicht dem wirklichen Zustand der bayerischen Landeshauptstadt, – wir hoffen es bewiesen zu haben!

Bei dieser Gelegenheit muß auch ein anderer liebgewordener Gemeinplatz einer ideologiekritischen München-Literatur ›entmythologisiert‹ werden: der Topos von der permanenten kulturellen Abwanderung aus einem immer rückständiger werdenden München.[86] Für die Zeit nach 1919 war diese Flucht aus München und Bayern sicher eine harte Realität: Erzwungen von der brutalen Ausräumung der linken wie der linksliberalen Kulturszene nach der Niederschlagung der Revolution und damit auch erzwungen von den neuen politischen ›Gegebenheiten‹, die schließlich 1923 Hitlers ›Marsch zur Feldherrnhalle‹ ermöglichten. Dennoch wäre es falsch, geradlinig zurückzurechnen und damit fragwürdige Kausalitäten zu konstruieren: Denn, wenn man personengeschichtlich zu Werke geht, dann stellt sich für die Zeit vor 1914 etwas sehr Normales und auf den ersten Blick Einsichtiges als ein wesentliches Motiv für den schon damals beklagten Weggang von Künstlern und Schriftstellern heraus: Sie mußten als ›Kulturproduzenten‹ auch dem Gelde, den besseren ›Arbeitsmärkten‹ nachgehen, ob sie wollten oder nicht, – und das ›ganz große Geld‹ war eben doch jetzt weniger in München zu finden als in den neuen Großräumen von Industrie und Kommerz: In Berlin, den Rheinlanden und in Mitteldeutschland. Mit anklagendem Tremolo in der Stimme wird man der ökonomisch bedingten Mobilität kultureller Kräfte – drücken wir es ruhig so vornehm soziologisch aus – kaum gerecht, und mit einer partout zusammengestoppelten Negativbilanz Münchens nach 1900 kann man das Abwanderungsphänomen nicht erklären. Dabei soll nicht bestritten werden, daß auch der wachsende kulturpolitische Einfluß des Zentrums nach der Jahrhundertwende manchen progressiven Künstler und Schriftsteller veranlaßte, sich anderweitig umzusehen. Die Verschärfung des Zensurwesens, unter der etwa das Kabarett zu leiden hatte,[87] spricht hier eine deutliche Sprache. Doch vermag dies den sich anbahnenden Wandel der kulturellen Szene nicht hinreichend zu erklären. Wirtschaftliche Momente spielten auf jeden Fall eine Rolle, vor allem wenn man bedenkt, daß München nach 1900 von einer Wirtschaftskrise heimgesucht wurde, die auch die Zahl der Selbstmorde aus ökonomischen Gründen emporschnellen ließ.[88]

Eine eher kulturgeschichtliche Beobachtung drängt sich hier auf. Bekanntlich bahnen sich neue Entwicklungen zwar auf dem fruchtbaren Boden einer älteren, vielstimmig instrumentierten Zivilisation an, artikulieren sich hier im Pluralismus der Gruppen und Meinungen und kommen erst dadurch im Getriebe chaotischer Konkurrenz zu eigener Kraft, zu Selbstbewußtsein und Stimme. Voll ausbilden kann sich aber das Radikal-Neue oft erst in einem sozial und kulturell weniger ›vorbelasteten‹, weniger diffizil-pluralistischen Ambiente. Das gilt etwa für die Entfaltung einer hochindustrialisierten bürgerlichen Gesellschaft in den USA, die nur sehr selektiv europäische Traditionen übernehmen konnte und wollte: Hier hatte das Neue ganz andere Chancen zu voller Entwicklung als unter der Last einer – zugegebenermaßen – reichen und vielfältigen, aber eben auch sehr widersprüchlichen Tradition. Abwanderung von München war daher für die »Modernisten« auch eine große Chance zur Entfaltung. Gegen die kulturelle ›Polyphonie‹ der Stadt, von der sie ausgegangen waren, kann man aus ihrem Wegzug aber kaum ein generelles Verdikt gewinnen, jedenfalls nicht für die Zeit vor 1914.[89] Daß Max Slevogt und Lovis Corinth nach Berlin gingen, Wassily Kandinsky und Paul Klee an das ›Bauhaus‹ in Weimar, mag diesen Gedanken illustrieren. Hingegen gehört der Komponist Richard Strauss, mütterlicherseits der Münchner Brauerdynastie Pschorr entstammend, eher in die Kategorie des Propheten, der in seiner Heimat (lange Zeit) wenig gilt; dies soll aber kein Argument gegen den hohen Standard der Musikkultur Münchens sein. In seltsamer Parallele zum modernen Theater entwickelte sich die Stadt hier im ›Krebsgang‹ und wurde seit 1907 von einer ›Pfadfinderin‹ der »Neuen Musik« zu einer Hochburg des modernen Konzertbetriebs: Man holte jetzt in Konkurrenz zu Bayreuth begeistert Wagner nach, so wie man am Ende der Prinzregentenzeit endlich begann, Richard Strauss nachzuholen.[90]

Was nun die Münchner Literatur um 1900 anbetrifft, so ist sie im affirmativen wie im kritischen Sinne durchaus der Epoche des Wilhelminismus zuzuordnen: Sie repräsentiert letzteren einerseits und überwindet ihn gleichzeitig durch eine inzwischen schon klassisch gewordene Moderne. Zur wilhelminischen Gesellschaft und ihrer geistigen Enge und ›Reserveoffiziersmentalität‹ gehört als Antwort der radikale Ansturm einer neuen Generation und ihr Wille, aus diesem tabuisierten Bezirk auszubrechen: Entweder psychologisierend und ›freudianisch‹, wie dies in Wien Arthur Schnitzler als genialisch-melancholische Trauerarbeit geleistet hat, oder frontal und aggressiv wie in München Frank Wedekind, Schlüsselfigur einer kämpferischen Kulturszene. Protest und eine gleichsam gewerbsmäßige Enttabuisierung sind freilich kein Wert an sich; heute ist uns ›Lulu‹ und der Mythos des Geschlechterkampfes – ein großes Thema der Zeit – in die Ferne gerückt und ebenso Plüsch und Pathos der Epoche. Die bald darauf folgende radikale Katastrophe 1914/18 hat den Rausch der Meinungen auf grausame Weise entwirklicht. Auch München war seit 1914 nicht mehr „ein Arkadien zugleich und ein Babylon", wie es noch Wedekinds Marquis von Keith ironisch gepriesen hatte.[91] Der Blick zurück auf die Turbulenzen literarischer Fehden und auf das Schwabinger Panoptikum könnte einem nostalgischen Betrachter fast – aber eben nur fast! – den Kleinkinderglauben an eine ›gute alte Zeit‹ wiedergeben.[92]

Vom Stefan-George-Kreis und seinem Zentrum im Schwabinger Hause Karl Wolfskehls über die national-konservative Kulturzeitschrift ›Süddeutsche Monatshefte‹ (seit 1904) und die einer Epoche das Stichwort gebende Zeitschrift ›Jugend‹ bis hin zum ›Simplicissimus‹, dem satirischen, aggressiven, amüsanten Zerrspiegel der wilhelminischen Ära, spannt sich ein weiter Bogen; ebenso vom esoterischen Kunstwillen der »Kosmiker« und »Enormen« des George-Kreises – von der Gräfin Reventlow geistvollbissig karikiert – bis zum Kabarett der ›Elf Scharfrichter‹; desgleichen von Max Halbe, Henrik Ibsen und Rainer Maria Rilke bis zum provokanten Star der Kulturszene: Frank Wedekind.[93] Dazwischen, als ruhender Pol »in der Erscheinung Flucht«, die Gebrüder Mann; Thomas Mann, gleichsam in Idealkonkurrenz mit Gerhart Hauptmann in Berlin, sich auf das schwere Amt eines »Statthalter Goethes auf Erden« vorbereitend. Vom ›Simplicissimus‹ und dessen ironisch-kritischen Häuptern Ludwig Thoma, Olaf Gulbransson, Thomas Theodor Heine und Eduard Thöny bis zum George-Kreis, das ergab eine bemerkenswerte Bandbreite der Meinungen und Stile. Was als Unterschied zu Berlin auffällt, ist ein erstaunlicher Apolitismus, der selbst die erfolgreichen Münchner Ansätze eines naturalistischen, politisch engagierten Theaters wieder zum Versanden brachte; auch Wedekinds satirische, oft kolportagehafte Dramen, deren »Kompositionselemente« er »aus dem Schutthaufen der Ästhetik« des 19. Jahrhunderts entnahm, sind in hohem Maße apolitisch und eher Vorläufer des Surrealismus: Der kalkulierte Affront bleibt individualistisch und zielt aufs Moralische beziehungsweise Amoralische, nicht auf ›Systemkritik‹. Anders als in Berlin fehlte dem modernen Theater »Isar-Athens« die lebendige Verbindung zur Arbeiterbewegung; der sozialer Protest wurde hier eher konsumiert als diskutiert; schon 1900 konnte man hier offen vom »Ende der Moderne« schreiben.[94] Wie anders klingt, was Franz Marc im März des Jahres 1914, das den großen Krieg und ihm später den Tod vor Verdun bringen sollte, schrieb und bekannte: »Wir bewundern die Jünger des ersten Christentums, daß sie die Kraft zur inneren Stille fanden im tosenden Lärm jener Zeit. Um diese Stille flehen wir stündlich und streben nach ihr.«[95]

Was kam, war allerdings nicht die ersehnte nazarenische Stille, sondern der gigantische Völkermord, und mit ihm das völlig Neue, Andere, das Erfüllung wie Widerruf der Moderne in einem werden sollte. Lenin schrieb in München zwischen 1900 und 1902 wichtige Programmschriften seiner Revolution und Adolf Hitler betrat 1913, ein Jahr nach dem Tode des Prinzregenten Luitpold, die Stadt. Dies mag einem vielleicht allzu bunten Panorama ästhetischer Valeurs an der Isar dann doch einige Schwärze und beklemmende Tiefenschärfe verleihen.

Kehren wir zum Ausgangspunkt, nämlich zur Frage nach der Bedeutung Münchens in der Prinzregentenzeit, zurück. Zugegeben: Diese Epoche war eine Spätzeit, »fin de siècle« in einem doppelten Sinn; und insofern gilt für sie auch Hegels melancholisches Diktum, daß die Eule der Minerva erst in der Dämmerung ihren Flug beginne, die Blüte einer Kultur somit ein Nachspiel sei, wenn nämlich die großen politischen Entscheidungen schon gefallen sind. Aber ist Spätzeit darum etwas Bedenkliches oder gar mit einem fatalen Dekadenzbegriff Belastetes? Kann Spätzeit nicht auch, wie etwa die christliche Spätantike lehrt, zugleich eine große Inkubationszeit des Neuen, des Kommenden sein, das taubenfüßig in die Welt tritt und allmählich erst zu Kraft und Stimme kommt? Münchens Prinzregentenzeit in diesem Sinne betrachten heißt, der letzten großen Epoche bayerischer Kultur unter ausgleichender monarchischer Patronanz kritisch Gerechtigkeit widerfahren zu lassen.

Dies ist um so nötiger, als die unsäglichen Greuel zweier Weltkriege die lange Friedenszeit davor gleichsam entwirklicht haben – und sei es auch nur dadurch, daß uns bis heute vor allem ihre ästhetische Seite bewußt ist, daß sich im Rückblick oft Sentimentalität eingeschlichen hat und daher ein volles Menschenalter, seine pralle Fülle und seine Disharmonien, auf die bekannten Markenartikel ›Jugendstil‹, ›Schwabing‹ und ›Deutsches Museum‹ zusammenzuschnüren drohen. Gegen diesen schönen Schein aufklärend, aber nicht ideologisch-denunziatorisch anzugehen, soll eine wesentliche Aufgabe dieses Sammelwerks sein. Selbst wer nur genüßlich die Jahrgänge des ›Simplicissimus‹ durchgeht, wird erstaunen, wieviel Angst vor der heranrückenden Kriegsfurie durch die Blätter geistert, wie sich der Sog des Verhängnisses immer mehr verstärkt und wie machtlos Ironie und Satire dagegen anzugehen versuchten.[96] Es war vergeblich, wie wir wissen, und deshalb ist es auch so schwierig, eine von Fortschrittseuphorie und Fin-de-siècle-Schmerz vibrierende Epoche uns wieder nahezubringen, verständlich zu machen. Notwendig ist es dennoch, wenn wir unser eigenes Fin-de-siècle begreifen wollen. Sollte uns eine geheime Wahlverwandtschaft beider Epochen dieses Verständnis dennoch erleichtern?

Banken, Sparer, Spekulanten
München als Finanzplatz
Von Marita Krauss

»München hat eben, von anderen Vorzügen ganz abgesehen, die meisten Anlagen, sich noch einmal zu einem großen Geldplatz auszubilden. Gerade derartige im raschen Aufblühen begriffene Städte bieten aber für eine junge Bank die größten Chancen.«

Als Heinrich von Poschinger in seiner ›Bankgeschichte des Königreichs Bayern‹[1] der bayerischen Landeshauptstadt eine solch große Zukunft voraussagte, stand er damit relativ allein. Obwohl in München neben etlichen Privatbanken damals bereits vier große Aktienbanken tätig waren, galt es für die norddeutschen Großbanken als tiefe Provinz.[2] Noch heute zentriert sich der Blick der Bankhistoriker auf Frankfurt, Köln und vor allem auf Berlin.[3] Von dort begannen die vier großen »D« – ›Deutsche Bank‹, ›Disconto-Gesellschaft‹, ›Darmstädter Bank‹ und ›Dresdner Bank‹ sowie der ›Schaafhausen'sche Bankverein‹ ihren finanzpolitischen Siegeszug.[4] Deren Hauptinteresse galt von Anfang an eher in- und ausländischen Industriefinanzierungen sowie Auslandsgeschäften, die sich nach der Reichsgründung anboten, seien es nun die Eisenbahnen in der Türkei, in Venezuela und in China oder die elektrische Beleuchtung in Barcelona und St. Petersburg.[5] Auch die wichtigsten deutschen Bankiers ihrer Zeit, so Bismarcks ›Hofjude‹ Gerson Bleichröder,[6] Adolph von Hansemann[7] oder Gustav von Mevissen[8] interessierten sich neben Reichs- oder Staatsanleihen meist mehr für die lukrative Finanzierung der rheinischen und norddeutschen Industrie als für Probleme des Agrarkredits.[9]

›Entwicklungsland‹ Bayern

Bayern galt ihnen – wie übrigens auch Österreich[10] – als wirtschaftlich zurückgeblieben, fast als ›Entwicklungsland‹.[11] Bis zur Einführung der Gewerbefreiheit 1868 beherrschte dank der ›Bayerischen Bankengeometrie‹ die ›Königliche Bank‹ in Nürnberg den nördlichen, die ›Bayerische Hypotheken- und Wechselbank‹[12] den südlichen Teil des Landes. Deren Gelder waren statutengemäß streng gebunden,[13] und die Privatbanken konnten größere Industrieunternehmen kaum noch finanzieren.[14] Überdies war Bayern im 19. Jahrhundert in weiten Teilen ein Agrarland.[15] Mittelpunkte der Industrialisierung bildeten die Städte, zunächst Augsburg und Nürnberg, dann immer stärker München.[16] Jedoch verloren beispielsweise an der Münchner Börse erst 1890 die Eisenbahnobligationen den ersten Platz unter den gehandelten Industriewerten[17] – ähnlich wie in Österreich hielten sich die Banken aus mangelnder Risikobereitschaft immer noch weitgehend von großen Industrieinvestitionen fern.[18] Es überrascht daher nicht, daß bereits 1870 die ›Darmstädter Bank für Handel und Industrie‹, die ihren Wirkungskreis mit Billigung Bismarcks ganz bewußt in Konkurrenz zur pro-österreichischen Rothschild-Bank auf Süddeutschland ausdehnte,[19] in München eine Kommandite errichtete: das Bankhaus ›Merck, Christian & Co.‹, später in ›Merck, Finck & Co.‹ umbenannt; bereits 1871 beteiligte sie sich hoch an der neuentstehenden ›Süddeutschen Bodencreditbank‹.[20] Hinter diesen beiden Gründungen stand aber auch das persönliche Interesse eines der wichtigsten bayerischen Industriellen seiner Zeit: Theodor von Cramer-Klett, Besitzer der Maschinenfabrik ›Klett & Co.‹ in Nürnberg, die 1898 durch den Zusammenschluß mit der ›Maschinenfabrik Augsburg AG‹ zur ›MAN‹ wurde.[21] Cramer-Klett leistete hohe Einlagen in die beiden neuen Banken, von denen er sich zu Recht eine Belebung des bayerischen Marktes versprach. So gehörten zu den besten Kunden des Industriefinanziers ›Merck, Christian & Co.‹ neben Cramer-Klett selbst die 1837/38 und 1866 gegründeten Münchner Maschinen- und Lokomotivenfabriken ›J. A. Maffei‹ sowie ›Krauss & Co.‹.[22] Hier zeigt sich bereits deutlich die Verflechtung zwischen Industrie- und Bankinteressen, die sich dann in den folgenden Jahren immer stärker ausprägt: Unternehmer investieren Kapital in Banken, in denen sie auch im Aufsichtsrat oder in Aktionärsversammlungen ein gewichtiges Wort mitreden; Banken beteiligen sich wiederum an der Emission von Industrieaktien, geben Kredite zur Geschäftserweiterung, gründen aber auch selber zusammen mit interessierten Unternehmern Aktiengesellschaften, in denen sie ihr Kapital arbeiten lassen und deren Politik sie vehement mitbestimmen.[23] So gehörte beispielsweise die ›Darmstädter Bank‹ sowohl 1894 dem Gründergremium der Münchner ›Isarwerke‹ wie 1898 dem der Augsburger ›Allgemeinen Gesellschaft für Dieselmotoren AG‹ an.[24]

Auch andere norddeutsche Banken setzten sich nach und nach mit eigenen Filialen in München fest.[25] Eine Bestandsaufnahme des Jahres 1912[26] erlaubt hier einen aufschlußreichen Vergleich: Es gab nun in München 40 Bankinstitute, darunter 14 Aktienbanken; nur die ›Bayerische Hypotheken- und Wechselbank‹ unterhielt innerhalb Münchens neben der Hauptstelle drei Depositenkassen.

Ganz anders sah es in Berlin aus. Dort finden sich unter zwölf Bankinstituten neun Aktienbanken – diese unterhielten jedoch allein innerhalb Berlins 47 Wechselstuben und Depositenkassen: 23 besaß die ›Disconto-Gesellschaft‹, 24 die ›Dresdner Bank‹. In Berlin hatten die Banken sich also bereits anders organisiert als in München.[27] Die bayerischen Banken dehnten sich auch nur höchst vorsichtig auf das ganze Reichsgebiet aus – die ›Hypobank‹ wurde beispielsweise erst seit 1896 im übrigen Reich zum Hypothekengeschäft zugelassen[28] –, während von Norddeutschland und dem Rheinland aus in allen Reichsteilen ein heftiger Konzentrationsprozeß mit Beteiligungen, Übernahmen, Interessengemeinschaften und Fusionen stattfand, ein ständiges ›Fressen- und Gefressenwerden‹.

Glanz und Elend des wirtschaftlichen Aufstiegs

Dieses fast ungehemmte Wachstum war sicherlich vor allem ein Produkt des wirtschaftlichen Liberalismus, der dem Unternehmer und seiner Privatinitiative ungemein viel Spielraum ließ, der in staatlichen Kontrollmaßnahmen bereits Eingriffe in den ›natürlichen‹ Wirtschaftsprozeß sah und der eher die Förderung des Starken als den Schutz des Schwachen im Auge hatte.[29] Dem Tüchtigen gehörte die Welt, die Bezeichnung ›Spekulant‹ war nahezu ein Ehrentitel. Die unbestreitbaren Leistungen der deutschen Unternehmer, der Aufstieg des Deutschen Reiches zur wirtschaftlichen Großmacht,[30] die imperialistische Politik Wilhelms II., der seine Finanziers auf seinen Eroberungen mitnahm – all dies ließ den Preis vergessen, der dafür zu bezahlen war. So hatten beispielsweise in Bayern 1913 die sieben Millionen Einwohner ein jährliches Pro-Kopf-Einkommen von 625 Mark. 1700 Einkommen überschritten 50 000 Mark, und es gab 1400 Millionäre.[31] Drei Viertel aller Bayern verdienten jedoch weniger als 1500 Mark im Jahr.[32] In anderen Regionen des Deutschen Reiches lagen die Verhältnisse ähnlich, auch wenn beispielsweise in Hamburg und Berlin der Anteil der sehr Reichen das durchschnittliche Einkommen hob und in Ostdeutschland die Zahl der Armen diesen gedachten Durchschnittswert senkte.[33]

Die Kehrseite des wachsenden Wohlstands weniger war also die konstante Armut vieler. Auch die Bismarcksche Sozialgesetzgebung änderte hieran vorerst wenig. Betrachtet man beispielsweise in München den langen Kampf der Liberalen gegen eine Erhöhung der Armenunterstützung,[34] ihre kleinen Zugeständnisse, wenn es darum ging, kostengünstige Institutionen zu errichten, die im Grunde auch den Arbeitgebern zugute kamen – also ein Arbeitsamt oder ein Gewerbegericht –, so wundert man sich nicht mehr über den Aufstieg der Sozialdemokratie.[35] Die wachsende Angst der Besitzenden vor den Besitzlosen, der Ruf nach stärkerer polizeilicher Überwachung der Städte,[36] die Kriminalisierung der Armut und der Arbeitslosigkeit zeigen die Irritation der bürgerlich Etablierten gegenüber der durch die Eisenbahn mobilen Arbeiterschaft. Wenn 1902 in München vor dem Kloster St. Anton ein Handwerksbursche verhaftet und wegen Bettelns einer Armensuppe verurteilt wurde,[37] so macht dies deutlich, daß traditionelle soziale Bindungen an die Grundherrschaft oder an die Kirche zerschlagen waren; ein ›Sozialstaat‹ bestand aber trotz der Anfänge von Sozialfürsorge noch lange nicht. In diesem Vakuum mußten nun die kleinen Leute ihre ›freie‹ Armut überleben, zwischen Konjunktur und Krise, zwischen oft schlechtbezahlter Arbeit und lebensbedrohender Entlassung. Nicht ohne Grund gingen in wirtschaftlichen Krisenjahren die Zahlen der Streiks deutlich zurück, in einseitig industrialisierten Städten wie Nürnberg merkbar stärker als im vielseitigeren München.[38] Der innere Zusammenhang zwischen Krise oder vielmehr wirtschaftlicher Depression einerseits und Arbeitslosigkeit mit darauf folgender Verarmung andererseits wurde oft noch heftig bestritten.[39] Da man auf die ›Selbstheilungskräfte der Wirtschaft‹ vertraute, gab es kaum Möglichkeiten, den periodisch eintretenden Krisen steuernd entgegenzuwirken.[40]

Die einzige ›Steuerung‹ bestand oft in einer großen Entlassungswelle. Nicht ganz zufällig traf dies auch damals bereits die rechtlich und sozial Schwächsten; in München waren dies unter anderem die italienischen Gastarbeiter in den Ziegeleien, deren Zahl beispielsweise in der Krise von 1900/01 rapide absank.[41] Auch die kleinen Bauern und der gewerbliche Mittelstand wurden zunehmend in ihrer Existenz bedroht; die bäuerliche Verschuldung wuchs, und es kam zu immer mehr Zwangsversteigerungen. Dies führte zur Verarmung und Proletarisierung weiter Teile der Bevölkerung.[42]

An Versuchen, solchen Entwicklungen zumindest durch Hilfe zur Selbsthilfe entgegenzuwirken, hat es im 19. Jahrhundert nicht gefehlt. So entstand in Bayern nach einer großen Agrarkrise 1834/35 die ›Bayerische Hypotheken- und Wechselbank‹,[43] die vor allem den verarmenden Bauern und Grundbesitzern billige Hypotheken verschaffen sollte; die vorgeschriebene vierprozentige Tilgung entsprach der durchschnittlichen Gewinnerwartung einer Bauernstelle.[44] Außerdem bemühte sich der Staat bereits seit der Armenordnung von 1816 um die Gründung von Sparkassen, in denen die Armen einen Notgroschen zurücklegen konnten.[45] Dabei sorgte man sich jedoch fast noch mehr um die Moral, hoffte man doch, die Armen durch solche Sparmöglichkeiten von »Luxus und Sittenverderbnis« abzuhalten.[46] Nach etlichen Sparkassenzusammenbrüchen kam es dann durch die neuen genossenschaftlichen Organisationsformen von Hermann Schulze-Delitzsch und Friedrich Raiffeisen auch in Bayern zu gesicherteren Sparmöglichkeiten für den kleinen Mann;[47] die Zusammenarbeit mit der ›Bayerischen Hypotheken- und Wechselbank‹ sicherte auch die Liquidität.[48] Spektakuläre Zusammenbrüche gab es kaum noch; nur die ›Dachauer Bank‹ der Adele Spitzeder mußte 1872 erwartungsgemäß schließen, handelte es sich doch hier um ein phänomenales Schwindelunternehmen.[49]

Die Bemühungen des frühen Kaiserreiches, alle nur möglichen Geldquellen auszuschöpfen und der Wirtschaft zugänglich zu machen, kam auch den Sparkassen zugute.[50] Daher wuchsen die Einlagen bei den deutschen Sparkassen zwischen 1875 und 1910 von etwa 1,9 auf über 15 Milliarden Mark an.[51] Die Geldwirtschaft griff also auf den kleinen Sparer zurück, der damit immer stärker in die Wirtschaftsabläufe einbezogen wurde und Konjunktur und Krise deutlich zu spüren bekam.

Zufriedenheit

»Die sozialen Verhältnisse werden schlimmer und schlimmer. Finden Sie das nicht auch, Herr Hingerl?« – »Mir is wurscht, i hab mei Million scho.« Zeichnung von Bruno Paul. Simplicissimus Jg. 7 (1902), Nr. 24, S. 185

Konjunktur und Krise

An solchen konjunkturellen Schwankungen fehlte es keineswegs in den Jahren zwischen Reichsgründung und Erstem Weltkrieg.[52] Auf das stürmische Wachstum der Gründerjahre des Deutschen Reiches, wohl vor allem ausgelöst durch das Einströmen der französischen Reparationsgelder, folgte die schwere Krise des Jahres 1873; in Wien und Berlin spürte man sie jedoch weitaus stärker als in Bayern, waren doch zu diesem Zeitpunkt die weltwirtschaftlichen Anbindungen des Landes noch nicht so dicht.[53] Die darauf folgenden Jahre teilweiser Stagnation,[54] unterbrochen von zwei kleinen Hochphasen, endeten erst 1895 mit einem deutlichen Aufschwung, der sich bis etwa 1912 fortsetzte; auch diese Entwicklung war von mehreren heftigen, wenn auch kurzen Krisen unterbrochen. Diese Bewegung prägte sich jedoch in unterschiedlich strukturierten Gebieten auch sehr verschieden aus.

Die Konjunktur in einem Agrarland wie Bayern hing nach wie vor stark von guten Ernten ab, wohingegen außen- oder wirtschaftspolitische Erschütterungen hier nicht so zu spüren waren wie beispielsweise in Berlin,[55] das durch die intensiven Auslandsbeziehungen seiner Großbanken viel unmittelbarer in Konflikte einbezogen war und mehrere spektakuläre Bankzusammenbrüche erleben mußte. Auch zeigten sich generell Wirtschaftskrise oder -konjunktur in den Städten anders als auf dem Lande.

Dazu einige konkrete Beispiele: Da sich die bayerische Landwirtschaft von dem Abbau der Getreidezölle innerhalb des ›Deutschen Zollvereins‹ nicht mehr erholt hatte,[56] partizipierte Bayern auch kaum an den wirtschaftlichen Zwischenhochs der Jahre 1879 bis 1882,[57] im Gegenteil: Die Zwangsversteigerungen auf dem Lande erreichten einen Höchststand, da die Güter, oft zu überhöhten Preisen in den Gründerjahren erworben, nicht mehr genug Rendite abwarfen, um die Hypothekenzinsen zu erwirtschaften.[58] In München selbst waren solche Maßnahmen eindeutig seltener nötig. Die hohe Arbeitslosigkeit führte jedoch – besonders in den Arbeitersiedlungen an der Peripherie – zu Mietrückständen, die auch die Immobilienbesitzer in Schwierigkeiten brachten. Landwirtschaftskrisen, die Handel und Gewerbe zum Stocken brachten, wirkten sich also auch in der Stadt sichtbar aus. Die guten Ernten der folgenden Jahre führten dann jedoch im Vergleich zur Entwicklung des Deutschen Reiches zu einem antizyklischen, wenn auch langsamen Aufschwung.[59]

Die nächste nationale Hausse des Jahres 1890 vollzieht Bayern bereits mit: Die Spekulation und Gründertätigkeit nimmt auch hier zu.[60] Die Krise der Jahre 1900/01 wiederum trifft Bayern ebenso wie das Reich;[61] sie wirkte sich aber in München besonders verheerend aus, da sich hier – verstärkt durch das neue Hypothekenbankgesetz – der Baumarkt jahrelang nicht von den Einbrüchen erholte. Die Arbeitslosenzahlen schnellten in die Höhe, und auch die Selbstmordrate in konjunkturabhängigen Berufen stieg deutlich an.[62] Die reichsweite Konjunktur der Jahre 1906/07 und 1911/12 erlebt Bayern dann ebenso wie die Krisen der Jahre 1908 und 1912/13.[63]

Es läßt sich also ein deutlicher Wandel der Krisenauslöser feststellen: Die Bedeutung der Agrarkrisen nahm ab, die Wirksamkeit der internationalen oder nationalen Erschütterungen hingegen zu – Hungersnöte wurden durch Wirtschaftskrisen abgelöst.

Politische Störungen und wirtschaftliche Einschnitte wie die Caprivischen Handelsverträge von 1891, der Spanisch-Amerikanische Krieg und der Burenkrieg zur Jahrhundertwende, der Russisch-Japanische Krieg von 1904 und die Spannungen auf dem Balkan seit etwa 1909 – all dies wirkte ebenso wie inneramerikanische Krisen stark auf das internationale Wirtschaftsgefüge ein;[64] Bayern war nun zunehmend in dieses wirtschaftliche Kapillarsystem eingebunden. So beteiligte sich die ›Hypobank‹ beispielsweise 1890 neben den wichtigsten deutschen Banken an der Gründung der ›Deutsch-Asiatischen Bank‹.[65] Die deutsche Besetzung von Kiautschou 1897 wurde daher auch an der Münchner Börse günstig aufgenommen, »da die Hoffnung bestand, daß Deutschland dadurch ebenfalls wie die anderen Nationen die Interessen seines Handels und seiner Industrie auf die gleiche Weise verfolgen kann«.[66] Lokale Wirtschaftsinteressen, deutsche Kolonialpolitik und Außenwirtschaft fanden hier zu einer Interessengemeinschaft zusammen. Auch als im Zuge des Transvaal-Krieges englische Investoren ihre Gelder zurückzogen und sie lieber bei gestiegenen Zinssätzen zu Hause anlegten, verteuerte sich hier wie im übrigen Reich das Geld, und der kapitalintensive Baumarkt vor allem in München stagnierte.[67] Der Ausbruch der Cholera in Europa 1885 oder die Erhöhung der amerikanischen Einfuhrsteuern für Kunstwerke hielten wiederum die amerikanischen Kunstkäufer von einem Deutschlandbesuch ab; prompt gingen die Umsätze des Münchner Kunsthandels zurück.[68] In guten Jahren, so beispielsweise 1902 und 1907, war aber München mit 60 oder 70 Prozent an der gesamten deutschen Gemäldeausfuhr in die USA beteiligt – ein nicht unbedeutender Wirtschaftsfaktor für die Stadt.[69] Hier wie in anderen Fällen nivellierte jedoch die Wirtschaftsstruktur Münchens Problemfelder, die im hochindustrialisierten Nürnberg an der Tagesordnung waren.[70]

Die Zeit der unbegrenzten Möglichkeiten

Wirtschaftliche Einbrüche bestimmen jedoch das heutige Bild von der Prinzregentenzeit kaum; dies liegt wohl vor allem an dem über alle Rezessionen hinweg explosiven Wachstum der Industrie, des Handels und der Geldwirtschaft.[71] Es war die Zeit der soliden wie der unsoliden Unternehmensgründungen, der großen Erfindungen, der Technifizierung und Elektrifizierung. Geniale Neuerer und Techniker taten sich mit kapitalkräftigen Wirtschaftsleuten zusammen, alteingesessene Unternehmen wandelten sich zu Aktiengesellschaften, an denen sich wiederum – sei es persönlich, sei es als Untereinleger einer Bank – Industrielle, Adelige und Geldbürgertum beteiligten.

Vor allem der Bahnbau war das große Geschäft des 19. Jahrhunderts, erst im Inland, dann auch immer stärker im Ausland: Er wurde dort zum Mittel imperialistischer Außenpolitik und wirtschaftlicher Großspekulation. Private Gesellschaften erbauten auch die wichtigsten bayerischen Bahnen, so beispielsweise die Ostbahn.[72] Mit den großen Verstaatlichungswellen in Deutschland in den achtziger Jahren des 19. Jahrhunderts verloren jedoch solche Eisenbahngesellschaften hier immer mehr ihre privatwirtschaftliche Bedeutung.[73]

Innovative Industriezweige aus den Bereichen der Chemie oder Elektroindustrie lösten sie hierin ab.[74] Im bayerischen Trostberg entstand beispielsweise 1908 das erste große Kalkstickstoffwerk Deutschlands, wichtig für die Dungemittelproduktion, dessen Energiebedarf durch die Wasserkraft der Alz gedeckt wurde. Nach der ›Deutschen Bank‹ übernahm ›Merck, Finck & Co.‹ die höchste Beteiligung an diesem Unternehmen; während des Ersten Weltkrieges baute und betrieb die ›Bayerische Stickstoffwerk AG‹ dann im Reichsauftrag in Piesteritz an der Elbe die jahrelang größte Kalkstickstoffanlage der Welt.[75] Neben solchen Industrieunternehmen entwickelten Banken und Versicherungen selbst die größte wirtschaftliche Dynamik. Dies lag sicherlich auch daran, daß hier liquides großes Kapital vereint wirtschaftliche Interessen verfolgte.

Das Netz wirtschaftlicher und politischer Verflechtungen

Betrachtet man die Aktionäre oder das Management solcher Gesellschaften, so zeigen sich die vielfältigen Verbindungen zwischen Wirtschaft, Politik und Gesellschaft. Eine große Bedeutung haben hierfür die Mitglieder von Aufsichtsräten, waren doch im 19. Jahrhundert Aufsichtsrat und Besitzstruktur noch weitgehend identisch; oft vertraten jedoch bereits Banken oder deren Repräsentanten Stimmanteile, sei es im eigenen oder im fremden Auftrag und etwa jedes achte Aufsichtsratsmitglied in Bayern wurde von einer Bank gestellt.[76] Klarer wird daher das Bild, wenn man die Gründer eines Unternehmens, seinen Aufsichtsrat sowie sein Management betrachtet und die Vermögensverhältnisse der Betreffenden ebenfalls zu einem Vergleich heranzieht.[77] So zeigt sich beispielsweise, daß man von den zehn Personen, die in mehr als sieben Aufsichtsräten bayerischer Unternehmen vertreten waren, sechs einer Bank unmittelbar zuordnen kann.[78] Von den ganz Reichen Bayerns – er besaß ein Vermögen von etwa 45 Millionen Mark – nahm nur der Münchner Maschinenfabrikant Hugo Ritter von Maffei in elf Aufsichtsräten seine Interessen wahr;[79] allein vier seiner Aufsichtsratsposten gehörten wiederum zu Banken und Versicherungen. Unter den Aufsichtsratsmitgliedern, die Banken nahestanden, findet sich nur ein selbständiger Bankier, Paul von Schmid, der auch selbst über ein Vermögen von etwa zehn Millionen Mark verfügte.[80] Die übrigen waren nicht so sehr über eigene Beteiligung, sondern als Vertreter ihrer Banken in die Aufsichtsräte entsandt worden.[81] Auffallend hier vor allem der Rechtsanwalt Albert Gaenssler, der 1912 in 13 Aufsichtsräten vertreten war.[82]

Noch deutlicher werden die Zusammenhänge, betrachtet man einmal nur einige große Münchner Banken. War Simon von Eichthal 1835 mit über drei Millionen Mark zu fast einem Drittel am Gründungskapital der ›Bayerischen Hypotheken- und Wechselbank‹ beteiligt, so sein Sohn Carl 1869 an der Gründung der ›Bayerischen Vereinsbank‹.[83] Carl machte sich auch als Bauspekulant einen Namen.[84] Weitere Anteile der Familie lebten in den Aktienpaketen der Töchter Simon von Eichthals fort, die in den bayerischen Hochadel eingeheiratet hatten;[85] auf diese Weise geriet wohl auch Ernst Graf Moy unter die Aufsichtsräte der Bank.[86] ›Hypobank‹ und ›Bayerische Notenbank‹ bildeten von ihrer Gründungsgeschichte her eine Einheit, sichtbar unter anderem daran, daß Adolf von Auer und Hugo von Maffei beide Aufsichtsräte leiteten;[87] diese beiden Banken waren aber auch politisch und gesellschaftlich hervorragend vertreten: mit vier Reichsräten und einem Oberthofmeister.[88] Letzterer, Albrecht Graf von Seinsheim, war wiederum der Schwager des Aufsichtsratsvorsitzenden Adolf von Auer und des bayerischen Kultusministers Robert von Landmann.[89] Sein Vorgänger im Hofstaat des Prinzregenten und im Aufsichtsratsposten der Bank, Ludwig Freiherr von Malsen, gehörte viele Jahre zu den Vermögensverwaltern des geisteskranken Königs Otto I.[90]

Noch bessere Beziehungen zum politischen Establishment pflegte die ›Süddeutsche Bodencreditbank‹: Mit Albrecht Fürst zu Oettingen-Spielberg, Hans Graf zu Törring-Jettenbach, Friedrich Karl Fürst zu Castell-Castell und Bertram Fürst Quadt zu Wykradt und Isny – übrigens auch Mitglied des engeren Kabinetts[91] – hatte sich höchster bayerischer Adel zu bürgerlichen Bankgeschäften zusammengetan; Partner waren Geldaristokraten wie Gustav von Mevissen und Theodor von Cramer-Klett oder Großbanken wie die ›Darmstädter Bank‹ und die ›Österreichische Creditanstalt‹. Unter den Gründern befanden sich weitere interessante Persönlichkeiten aus Wirtschaft und Politik, so beispielsweise die ›Graue Eminenz‹ des Hofes, der zwielichtige ›Roßober‹ Ludwigs II., Max Graf von Holnstein. Woher Holnstein 1871, ein Jahr nach seiner Vermittlertätigkeit bei der Reichsgründung, sein Investitionskapital nahm, kann man nur vermuten; es dürften dabei jedoch seine Provisionen für Bismarcks Welfenfondszahlungen an Ludwig II. eine wesentliche Rolle gespielt haben.[92] Etliche Aufsichtsratsmitglieder gehörten der Nationalliberalen Partei in Bayern oder im Reich an, und im Gremium der zwölf Aufsichtsräte wirkten 1912 sechs Reichsräte sowie der Berliner Reichstagspräsident Johannes Kaempf, früher Vorstandsmitglied der ›Darmstädter Bank‹.[93] Unter den Aufsichtsräten der ›Bayerischen Handelsbank‹ findet sich 1912 Reichsrat Clemens Graf von Schönborn-Wiesentheid, einer der Revisoren der ›Bayerischen Vereinsbank‹ war jahrelang der einflußreiche Hofrat Ludwig von Klug und ihr Aufsichtsratspräsident wurde 1905 der langjährige bayerische Ministerpräsident Krafft Graf Crailsheim.[94]

Diese Beispiele zeigen, daß sich kapitalkräftige Männer der höheren Gesellschaftsschichten inzwischen am Bankgeschäft beteiligten, das dadurch zunehmend über gesellschaftliche und politische Beziehungen verfügte.[95] Dies wirkte sich wiederum überaus vorteilhaft auf die Geschäfte aus, sei es durch rechtzeitige Information oder durch unmittelbare Bevorzugung. So war es sicher kein Zufall, daß 1884 neben der ›Königlichen Bank‹ und der ›Hypobank‹ nur die ›Süddeutsche Bodencreditbank‹ an der Siebeneinhalb-Millionen-Anleihe Ludwig II. beteiligt wurde.[96] Auch der Weg zur lukrativen Teilnahme an Konsortien, die staatliche Anleihen, wichtige Auslandsgeschäfte oder große Industriegründungen finanzierten, wurde durch gute Beziehungen geebnet. Bei Geldgeschäften verlor also der geniale Einzelunternehmer immer mehr an Boden zugunsten des risikoverringernden und kapitalkräftigen Kollegiums; Bismarcks Bankier Gerson Bleichröder ist hier die Ausnahme, die die Regel bestätigt, erhielt er doch seine Vorrangstellung fast ausschließlich durch Bismarcks Gunst.[97]

Gleichzeitig und scheinbar gegenläufig zu dieser immer stärkeren Beteiligung Bankfremder läßt sich die wachsende Bedeutung sowohl der Bankmanager wie der Juristen nachweisen:[98] 1912 saßen Bankdirektoren wie Carl Brauser von der ›Hypobank‹ und Karl Eswein von der ›Pfälzischen Bank‹ in acht oder neun Aufsichtsräten allein der bayerischen Aktiengesellschaften, Justizräte wie Eduard Brinz oder Albert Gaenssler in sieben oder sogar in 13.[99] Theodor von Cramer-Kletts Rechtsanwälte Heinrich Merck und Hermann von Pemsel waren wichtige Vertrauenspersonen in vielen Geschäften: So findet man Pemsel beispielsweise im Aufsichtsrat der ›MAN‹, der ›Allgemeinen Gesellschaft für Dieselmotoren AG‹, der ›Bayerischen Vereinsbank‹, der ›Münchener Rückversicherung‹ sowie der ›Allianz‹.[100] Diese Fachleute übernahmen also immer mehr Aufgaben der Geldeinleger, sie waren Stellvertreter, Berater und Organisatoren, kurz: Es entwickelte sich bereits professionelle Vermögensverwaltung im heutigen Sinne.

Das Beispiel Wilhelm von Finck

Dies bot jedoch für begabte Topmanager hervorragende Aufstiegsmöglichkeiten. Ein Beispiel dafür ist Wilhelm Finck, Protegé der ›Darmstädter Bank‹ und Theodor von Cramer-Kletts, der sich binnen weniger Jahre zu dem wohl einflußreichsten Privatbankier Bayerns emporarbeiten konnte;[101] er wurde geadelt und in den Reichsrat aufgenommen, stieg in die zweite Hofrangklasse auf und stand damit der ›ersten Gesellschaft‹ Bayerns so nahe, daß sich eine deutliche Kluft zum Bürgertum ergab.[102] Durch Heirat wurde er der Schwiegersohn des damaligen Justizministers Johann Nepomuk von Fäustle, der als überzeugter Nationalliberaler die juristische Eingliederung Bayerns in das Deutsche Reich vorangetrieben hatte, und Schwager des späteren Justizministers Heinrich Ritter von Thelemann.[103] Unter den 1400 bayerischen Millionären konnte er sich bis 1912 bereits an die 21. Stelle vorschieben.[104] Durch Landkäufe und Bodenspekulation[105] wurde er auch zum Großgrundbesitzer: Bei seinem Tod dehnte sich sein Hauptbesitz im Münchner Osten fast geschlossen über 20 Kilometer zwischen Perlach und Zorneding aus.[106] Trotz mehrerer Versuche, ihn nach Frankfurt, Köln, Berlin oder Wien abzuwerben, blieb er schließlich doch in München und trug wesentlich dazu bei, daß sich dessen Bedeutung als wichtiger Finanzplatz vergrößerte. In einigen Fällen wurde er auch zum Mittler zwischen Wiener und Berliner Wirtschaftsinteressen.[107] Bei allen neuen Geschäften war Finck dabei, sei es als Teilhaber und Leiter des Bankhauses ›Merck, Finck & Co.‹, als Aufsichtsratsvorsitzender der ›Süddeutschen Bodencreditbank‹, der ›Münchener Rückversicherung‹ und der ›Allianz-Versicherungs-AG‹ oder als Privatmann. In seiner Hand liefen daher viele Fäden zusammen, seine wirtschaftliche Potenz sicherte ihm Macht und Einfluß weit über Bayern hinaus.

Eisenbahn-, Staats- und Stadtanleihen, Brauereien, Bodenspekulation, Trambahn, Wasserkraftnutzung und Elektrifizierung, Dieselmotoren und Düngemittel – alles das interessierte Finck brennend.[108] So wurde er beispielsweise zum Gründer der ›Münchener Trambahn AG‹: Bis 1882 führte ein belgisches Unternehmen über einen Strohmann die Münchner Straßenbahngeschäfte. Finck kaufte nun bei Pariser Banken, die finanzielle Probleme hatten, Aktien des belgischen Unternehmens auf und konnte so die neue ›Münchener Trambahn AG‹ gründen, in der die Anteile des Belgiers aufgingen. Eine 25-Jahre-Konzession der Stadt sicherte die Rendite, und die Wagen wurden nicht mehr in Belgien, sondern nun bei Cramer-Klett, bei ›Krauss‹ oder ›Maffei‹ gebaut. 1907 ging die Bahnanlage vertragsgemäß unentgeltlich in Gemeindebesitz über.[109] Finanzierungsschwierigkeiten führten dazu, daß Münchens Straßenbahnnetz in diesen Jahren hinter dem anderer Städte zurückblieb,[110] was seine Entwicklung nicht unerheblich beeinträchtigte. Dennoch entsprach diese Betriebsform genau Fincks Vorstellung von der bestmöglichen Zusammenarbeit zwischen der Privatindustrie und Staat oder Stadt. Er stand damit ganz in liberaler Tradition, wollte er doch die Privatwirtschaft gleichberechtigt neben den staatlichen Wirtschaftsinteressen vertreten sehen.[111]

Sein Credo war neben der Abwägung von wirtschaftlichem Nutzen und finanziellem Ertrag[112] immer der Ausbau, die Modernisierung und Technifizierung der Industrie und des öffentlichen Lebens. Die schon damals oft diskutierte Frage nach den Risiken industriellen Fortschritts stellte er sich nicht.[113] Die Isarregulierung und den Bau der Isarwerke beispielsweise setzte er durch, auch wenn der ›Isartalverein‹, hochkarätig besetzt mit dem Innenminister, fast der gesamten Stadtspitze Münchens sowie zahlreichen Münchner Künstlern,[114] gegen seine Pläne Sturm lief: »Es bedurfte aller Furchtlosigkeit Wilhelm Fincks, um sich mit seinem Werk durchzusetzen ... Aber er mußte seine ganze Energie aufwenden, um allen Widerständen zum Trotz die Gesellschaft zu fördern«, schreibt sein Biograph.[115] Es gelang auch wirklich, den ›Isartalverein‹ zu einem Verschönerungsverein zu domestizieren und der Elektrizitätswirtschaft zu einem Sieg zu verhelfen – im Sinne des Fortschritts und der Industrialisierung. Wie eng dies mit Fincks Interessen verbunden war, zeigt die Vorgeschichte: Finck und der Münchner ›Baulöwe‹ Jakob Heilmann, bereits in den achtziger Jahren Fincks Verhandlungspartner beim Kauf der Münchner ›Brauerei zum Zenger‹, die Heilmanns Schwiegermutter gehörte, sicherten sich »durch großen Länderankauf ... die Gesamtwasserkraft der Isar von Baierbrunn bis Großhesselohe«.[116] Neben dem Bau der Wasserkraftwerke finanzierten Finck und Heilmann auch zu gleichen Teilen die Erschließung des elektrisch versorgten Industrieviertels am Sendlinger Oberfeld und in Höllriegelskreuth.[117]

Noch über den Ersten Weltkrieg hinaus kämpfte Finck darum, die Stromerzeugung und -verteilung wenigstens teilweise der Privatwirtschaft zu erhalten. Sein Widersacher war hier Oskar von Miller, dessen Walchensee-Projekt Finck auch durch seinen Einsatz im Reichsrat über zehn Jahre zu verzögern verstand, hatte von Miller doch nichts gegen eine staatliche oder gemischtwirtschaftliche Trägerschaft einzuwenden; Finck jedoch sah darin eine bedrohliche Konkurrenz seiner ›Isarwerke‹ und ihres Absatzmarktes.[118] Es ging ihm bei diesen Fragen nicht um momentane Dividenden, er kämpfte vielmehr um die private Beherrschung eines überaus zukunftsträchtigen Wirtschaftszweiges – Oskar von Miller dagegen hatte als Techniker und Organisator andere Ziele.[119] Finck war damit ein typischer Unternehmer seiner Zeit: fortschrittsbesessen und innovationsfreudig, geschäftstüchtig und gewinnorientiert, industriegläubig und ein überzeugter Anhänger des wirtschaftlichen Liberalismus.

›Hoffentlich Allianz-versichert‹

Zu seinen größten und für München wichtigsten Unternehmungen gehört zweifellos die Gründung der beiden Versicherungskonzerne ›Münchener Rückversicherung‹ und ›Allianz-Versicherungs-AG‹: So war die 1880 entstandene ›Münchener Rück‹ bereits vor dem Beginn des Ersten Weltkrieges der größte Rückversicherer der Erde.[120] Die ›Allianz‹, vielfach verflochten mit weiteren in- und ausländischen Gesellschaften, gilt heute als das größte Erstversicherungsunternehmen Europas. Sie verlegte zwar bald nach ihrer Gründung ihren Hauptsitz und einen Teil der Direktion nach Berlin, kehrte jedoch 1945 nach München zurück.[121] München gehört damit heute zu den größten Versicherungsplätzen der Welt; so machte 1985 der Gesamtumsatz der Münchner Brauereien mit über 900 Millionen Mark nur knapp drei Prozent des Beitragsaufkommens der Münchner Versicherungen aus.[122]

München mauserte sich jedoch erst relativ spät zur Versicherungsmetropole; sehr früh konnten hier zwar die Versicherungen gegen Brand, Hagelschlag und Tierseuchen, also gegen landwirtschaftliche Gefahren, Fuß fassen, innovative Zweige wie die Waren- oder Transportversicherung fanden jedoch erst langsam Eingang. Über genossenschaftliche Zusammenschlüsse und gesellige Vorsorgevereine war das private Versicherungswesen nicht hinausgediehen, als 1834 die ›Aachener-Münchener Feuerversicherungs-Gesellschaft‹ und 1835 die Versicherungsanstalten der ›Bayerischen Hypotheken- und Wechselbank‹ in München ihre Tätigkeit aufnahmen.[123] Die Verbindung von Bank und Versicherung bot sich damals schon deshalb an, weil die hypothekarisch beliehenen Werte gegen Feuer versichert werden mußten.[124] 1905, bei der Verselbständigung dieser Bankabteilung zur ›Bayerischen Versicherungsbank‹, machte allein das gegen Feuer versicherte Kapital – darunter Schloß Hohenschwangau und ein Großteil der anderen bayerischen Schlösser – über vier Milliarden Mark aus.[125] Auch Münchner öffentliche Gebäude waren feuerversichert: 1908 beispielsweise der Hauptbahnhof für elf Millionen, die Residenz für sieben Millionen Mark.[126] Aus Begräbnisvereinen und Selbsthilfeeinrichtungen von Bediensteten der öffentlichen Hand waren während der zweiten Jahrhunderthälfte dann auch weitere Lebens- und Unfallversicherer entstanden, die den wachsenden Versicherungswünschen entgegenkamen.[127]

Alle diese Unternehmen hatten das Bedürfnis, ihr eigenes Risiko zu verringern, indem sie sich selbst rückversicherten. Der Schwerpunkt solcher Rückversicherungen lag jedoch bei englischen Gesellschaften, und allein durch eine Berliner

Vertrag der ›Münchener Rückversicherung‹ mit der russischen Unfall-Versicherungs-Gesellschaft ›Pomoschtsch‹ (›Hilfe‹) vom 9. April 1894

Agentur wurden jährlich 20 bis 25 Millionen deutsche Prämiengelder nach England weitergegeben.[128] Um diese Gelder im Lande zu halten, war die Gründung einer soliden neuen Rückversicherungsgesellschaft nötig; mit diesem Vorschlag wandte sich der Münchner Generalagent der ›Thuringia-Versicherung‹, Carl Thieme, 1879 an Theodor von Cramer-Klett. Teilhaber der neuen Gesellschaft wurden dann neben Cramer-Klett und dessen Rechtsanwalt Pemsel ›Merck, Finck & Co.‹ sowie die ›Darmstädter Bank‹.[129] Wilhelm von Finck als Aufsichtsratsvorsitzender und Carl Thieme als Generaldirektor bestimmten die Geschicke des Unternehmens 44 Jahre lang; im Aufsichtsrat wirkten neben Finck Hugo von Maffei, der Aufsichtsratsvorsitzende der ›Thuringia‹ und Vertreter der ›Darmstädter Bank‹, also wichtige Industrielle und Finanzinstitute.

Mit der ›Allianz‹, von den Teilhabern der ›Münchener Rück‹ weitgehend finanziert, entstand dann auch eine Tochtergesellschaft im Direktversicherungsgeschäft, der man immer mehr neue und interessante Versicherungsarten angliederte, so beispielsweise die Reisegepäckversicherung oder auch die Maschinenversicherung.[130] Beide Unternehmen dehnten sich nun auch ins Ausland aus, gründeten Agenturen oder Tochtergesellschaften, beispielsweise in England, Frankreich, Rußland, Skandinavien, in den USA, Argentinien und China, Ägypten oder der Türkei.[131] Das vergrößerte nicht nur die Breite des Geschäftsgebietes: In den Jahren der Inflation und Währungskrise verfügten die Versicherungen so über laufende Einnahmen in Devisen, die sie von der heimischen Währung nahezu unabhängig machten. Daher konnten sie sich bereits um die Jahrhundertwende, vor allem aber in den Jahren nach dem Ersten Weltkrieg, immer mehr Gesellschaften angliedern; die ›Bayerische Versicherungsbank‹ wurde beispielsweise zur bayerischen Vertretung der ›Allianz‹.[132] Der Konzentrationsprozeß im Versicherungswesen war also nicht weniger heftig als der im Bankwesen.

Wie sicher die ›Münchener Rück‹ stand, zeigt ihre Dividendenentwicklung nach den zwei großen Katastrophen des beginnenden 20. Jahrhunderts: dem Brand von Baltimore von 1904 und dem Erdbeben von San Francisco 1906; ersterer kostete die Gesellschaft vier, die Zerstörungen in San Francisco elf Millionen Mark. Dies beeinflußte jedoch die Dividendenausschüttung kaum: Sie sank zwar ein Jahr von 25 auf 15 Prozent, nur um danach bis 1911/12 bereits auf über 37 Prozent anzusteigen.[133] Ein Vergleich mit Hypothekenbankdividenden dieser Jahre zeigt, wie ungewöhnlich solche Sätze waren: Nimmt man die Jahre 1898/99 als Maßstab, so bezahlte selbst die höchst rentable ›Bayerische Hypotheken- und Wechselbank‹ nur knapp 13 Prozent, die ›Süddeutsche Bodencreditbank‹ nur siebeneinhalb Prozent Dividende.[134]

Nicht nur hier traten die Versicherungen mit den Hypothekenbanken in Konkurrenz: Da sie ihr Geld auch in Hypotheken anlegten und im Gegensatz zu den Banken die Objekte nicht nur zur Hälfte ihres Wertes, sondern zu sechs Zehnteln beleihen konnten,[135] ging so manches lukrative Geschäft nun an die Versicherung. Ihr Hauptinvestitionsgebiet wurde das städtische Mietshaus.[136] Auch das Grundstücks- und Hypothekengeschäft behielt also seinen Reiz, machten doch Hypotheken und Pfandbriefe immer noch einen wesentlichen Teil des bayerischen Bankgeschäftes aus. So stellten 1906 die bayerischen Aktiengesellschaften zwar nur insgesamt etwas über sechs Prozent des deutschen Aktienkapitals, es entfiel jedoch etwa ein Drittel des Reichspfandbriefumlaufs auf die bayerischen Hypothekenbanken.[137]

Die Hypothekenbanken

»Bayern bildete in den Hypothekenbanknöten des vorigen Jahrhunderts eine glückliche Insel. Die Mainlinie wirkte wie eine schützende Deckung«, schreibt der Bankhistoriker Erich Achterberg in seiner Festschrift für die ›Süddeutsche Bodencreditbank‹.[138] Keine Hypothekenbankzusammenbrüche erschütterten im 19. Jahrhundert die bayerische Wirtschaft; Umsatz und Dividende der Banken stiegen. Mit der ›Bayerischen Hypotheken- und Wechselbank‹ hatte hier die erste deutsche Hypothekenbank ihren Sitz.[139] Die Hypothek war damals jedoch immer noch an das Kapital der Bank gebunden;[140] erst die Einführung des Pfandbriefs nach dem Vorbild des Pariser ›Crédit mobilier‹ löste diese Einengung, reichsweit 1862, in Bayern 1864:[141] Dem ›Gläubiger‹, also dem Pfandbriefkäufer, wurden Arbeit und Risiko, die mit einer direkten Hypothekenübernahme verbunden sind, durch die Bank abgenommen. Er erhielt seinen garantierten jährlichen Gewinn, konnte die Pfandbriefe beliebig veräußern und hatte die Sicherheit, daß nicht nur das beliehene Grundstück, sondern auch das Bankvermögen seine Einlage verbürgten.[142] Zwar war jetzt noch immer die maximale Umlaufgrenze der Pfandbriefe festgelegt, meist als ein Vielfaches des eingezahlten Aktienkapitals;[143] durch den Pfandbrief erschloß man jedoch dem Hypothekengeschäft unter Verteilung des Risikos neue Gelder.[144]

Erst dieses System ermöglichte auch gemeindliche Anleihen; knapp 30 Jahre vorher stand man solchen Fragen noch recht hilflos gegenüber und verlangte von den Gemeindevorständen die persönliche Haftung für Gemeindedarlehen.[145] Der stürmische Ausbau der kommunalen Aufgaben im 19. Jahrhundert konnte so natürlich nicht zuwege gebracht werden.[146] Pfandbrief und Kommunalobligation brachten hier einen Umschwung.

Der Pfandbrief wurde in den folgenden Jahren zu einem der beliebtesten Anlagepapiere, vor allem, als nach der Gründerkrise das Mißtrauen des Publikums gegenüber Aktien stieg.[147] In Jahren des niedrigen Zinses zogen die Pfandbriefe nach.[148] 1909 überschritt der Pfandbriefumlauf der ›Bayerischen Hypotheken- und Wechselbank‹ die Milliardengrenze, und sie erhöhte 1910 ihr Aktienkapital auf 60 Millionen Mark – ›Siemens-Schuckert‹, das kapitalkräftigste bayerische Wirtschaftsunternehmen, verzeichnete nur 42 Millionen.[149] In Krisenjahren gefährdeten jedoch Zwangsversteigerungen die Liquidität der Banken, vor allem wenn sich kein Käufer für die Objekte fand und sie der Bank zugeschlagen werden mußten;[150] dies gilt besonders für die Jahre 1876 bis 1887 und die Krise von 1900/01. So gerieten um die Jahrhundertwende von den 40 privaten deutschen Hypothekenbanken immerhin neun in ernsthafte Schwierigkeiten, mit vieren mußte sich die Staatsanwaltschaft beschäftigen.[151] Dies war eine Folge riskanter Spekulationen der vorangegangenen Jahre, die besonders den städtischen Bereich betroffen hatten.[152]

Auch den Münchner Bau- und Bodenmarkt beherrschten ›Terraingesellschaften‹, in deren Vorständen wichtige Vertreter überwiegend norddeutscher Großbanken das Wort führten.[153] Das explosive Wachstum der Städte hatte diese Kapitalkonzentration hervorgerufen, konnten doch Einzelunternehmer die notwendigen Summen kaum noch aufbringen.

Auch der Immobilienbesitz sammelte sich daher zunehmend in wenigen Händen – die kleinen Leute, die beispielsweise im Münchner Westend noch um die Jahrhundertmitte den Großteil der Häuser besessen hatten,[154] mußten dieser Entwicklung weichen. Der städtische Besitz wechselte immer schneller den Besitzer[155] und wurde zur Handelsware, zum Kauf- und Verkaufsobjekt. Erst etwa seit 1908 fanden sich dann in München Banken bereit, als Hypothekengläubiger auch an die zweite Rangstelle zu gehen, wenn die Stadt durch eine Bürgschaft das Risiko abdeckte; so konnten dann endlich mehr unrentable aber dringend benötigte Kleinwohnungen gebaut werden.[156] Auch bei den Münchner Banken wuchs die Bedeutung der städtischen Darlehen; im Reichsdurchschnitt machten die ländlichen Hypotheken 1911 nur noch elf Prozent des Gesamtbestandes der privaten Hypothekenbanken aus. Eine umgekehrte Entwicklung kann man jedoch bei den öffentlich-rechtlichen Hypothekenkreditinstituten und bei den Sparkassen feststellen.[157] So entstanden in den achtziger und neunziger Jahren mit der ›Bayerischen Landeskulturrentenanstalt‹, der ›Bayerischen Landwirtschaftsbank‹, der ›Pfälzischen Hypothekenbank‹ und der ›Bayerischen Bodenkreditanstalt‹ neue Institute für den langfristigen Kredit.

Eine neue Zinsknechtschaft?

Der Aufstieg der Städte ging zu Lasten der Landwirtschaft. Billige Auslandskonkurrenz, aber steigende Kosten und deutlicher Kapitalmangel führten am Ende des 19. Jahrhunderts zu einer starken Verschuldung der Bauern;[158] daher rückten auch die Hypothekenbanken, besonders aber das Annuitätensystem, das dem Schuldner vier Prozent Zinsen und Tilgung abverlangte und eine langfristige Abzahlung voraussetzte, wieder stärker in den Mittelpunkt der Kritik. Es wurden Vorwürfe laut, die Hypothekenbanken verführten die Betroffenen zu weiterem Schuldenmachen, verteuerten unnötig den Kredit und trügen damit zur Verschuldung des Landes bei. Begriffe wie »Zinsknechtschaft« und »Wiedereinführung der Grundrente« erhitzten die Diskussion; mit die schärfste Formulierung ist wohl die, daß »die Hypothekenbanken Geiern zu vergleichen seien, die darauf warten, die Überreste des Grundvermögens als Dividende zu verspeisen«.[159] Der dem linken Zentrumsflügel angehörende Landtagsabgeordnete Eugen Jäger schildert 1884 die Lage auf dem Lande so:

»Auch in Bayern ... wächst jährlich die Zahl der Bauern, welche nur noch dem Namen nach Eigentümer ihrer Heimstätten sind und von der Gnade des Gläubigers, der sie vorteilhafter noch für sich fronen läßt, abhängen ... Dazu kommen noch die von weniger nachsichtigen Geldverleihern zu Hunderten und Tausenden von Haus und Hof vertriebenen Gütler, Söldner und Bauern, sie ziehen in der Regel ab, ohne irgendeinen namhaften Wertbetrag zu retten, denn sie sind nicht in der Kunst des Spekulationsbankerotts bewandert ... Die vergantetet Güter werden gewöhnlich weit unter ihrem Schätzungspreise und Verkehrswerte von einem Großwucherer oder einer Hypothekenbank erstanden, dann zertrümmert und in Parzellen verpachtet, oft auch (von den Banken) im ganzen durch Verwalter oder Pächter bewirtschaftet ... Die Anwesen werden in der dem Zwangsverkaufe unmittelbar vorausgehenden Zeit fast regelmäßig ausgesogen, verwüstet und in rücksichtslosestem Raubbau betrieben ...«[160]

Vor allem der mittlere bäuerliche Grundbesitz nahm so ständig ab, und »Gütermetzgerei« war an der Tagesordnung.[161] Existenzangst und Proletarisierung der Bauern führten daher in den neunziger Jahren zu ihrer Politisierung.[162] Die bayerischen Banken waren jedenfalls nicht in der Lage gewesen, die dringendsten Kapitalbedürfnisse dieser Schicht zu befriedigen, setzte dies doch wohl auch eine stärkere staatliche Lenkung voraus. Die Anzahl der Klein- und Kleinstdarlehen nahm ab, die der Großdarlehen über 100 000 Mark stieg an;[163] daher wirkte die vorsichtige Verleihungspolitik, auf die die Banken immer wieder stolz hinwiesen, nicht korrigierend, sie verstärkte vielmehr die strukturelle Krise.

Die ›Selbstheilungskräfte der Wirtschaft‹ hatten also versagt. Expansion und technischer Fortschritt führten zwar zu beachtlichen wirtschaftlichen Erfolgen, der ›kleine Mann‹ hatte jedoch kaum mehr Möglichkeiten als früher, daran zu partizipieren. Als Einleger bei einer Sparkasse oder sogar als Besitzer eines Pfandbriefs konnte er aber zumindest in bescheidenem Rahmen sein Geld vermehren. Den Beginn eines sozialen Netzes boten dann die Versicherungen, die in ihrer heutigen Bedeutung eine Erfindung des 19. Jahrhunderts darstellen. Viele alltägliche Katastrophen waren nun zumindest finanziell abzusichern.

All diese Einrichtungen kamen jedoch auch der gesamten Wirtschaft zugute, die sich so neue Finanzquellen erschloß. Viel weniger geneigt waren beispielsweise die Banken, wenn es um die Finanzierung unrentabler oder sogar risikoreicher Unternehmen für die sozial Schwächeren ging, wie die Stockungen im Kleinwohnungsbau oder der Rückgang der Kleinstdarlehen zeigen. Einzelinteressen mußten hinter wirtschaftlichem Erfolgsdenken zurücktreten. Der insgesamt heftige Konzentrationsprozeß, sei es bei Banken, Versicherungen oder auf dem Immobilienmarkt, förderte dies durch den Rückzug auf ein – nach außen weitgehend anonymes – Kollegium von Entscheidungsträgern. Diese Konzeption stellte die Unternehmen jedoch auf eine breite finanzielle, gesellschaftliche und politische Basis.

Münchens Rolle als Haupt- und Residenzstadt hatte daher eine große Bedeutung für seinen wirtschaftlichen Aufstieg, mit dem es Nürnberg und auch Augsburg als Finanzplätze weit hinter sich ließ. Auch wenn die außerbayerischen Unternehmungen der Münchner Banken erst langsam anwuchsen, so zeigen sich doch enge wirtschaftliche Beziehungen zu Berlin, vor allem aber zum Habsburgerreich. Exporte in die ganze Welt ließen auch etliche Münchner Industrien aufblühen.[164] Die größte Bedeutung für den expandierenden Finanzplatz und Geldmarkt München hatte aber sicherlich die Gründung der Versicherungskonzerne ›Münchener Rück‹ und ›Allianz‹.

»Gute, alte Zeit« mit sozialen Gegensätzen, mit wirtschaftlicher Expansion und großer Armut – bei genauerem Hinsehen zeigt sich ein neues Bild dieses vielbeschworenen ›Goldenen Zeitalters‹, in dem »das Bier noch dunkel«, »die Menschen noch freundlich« und »die Welt noch in Ordnung« waren. Ein Bild, das jenseits des oft und gerne besungenen Klischees eine Großstadt zeigt, die – manchmal gegen ihren Willen – an der wirtschaftlichen Entwicklung teilnimmt und daher auch Licht- und Schattenseiten der Industrialisierungsepoche erfährt.

POLITISCHE POSITIONEN

Münchner Kommunalpolitik
Die Residenzstadt als expansive Metropole
Von Elisabeth Angermair

Das neue Rathaus am Marienplatz bezeugt heute noch den Bürgerstolz des ausgehenden 19. Jahrhunderts. Dem repräsentativen Bau im Zentrum der Stadt, der dem größeren Raumbedarf des wachsenden Verwaltungsapparates dienen sollte, mußten stattliche Landschaftshäuser[1] weichen, die bis dahin dem Platz einen spätmittelalterlichen Charakter erhalten hatten. In drei Bauphasen wurde das Rathaus von 1867 bis 1908 nach den Plänen des Architekten Georg Hauberrisser in neugotischem Stil errichtet,[2] wodurch man den Bezug zu einer früheren Epoche ausgeprägten bürgerlichen Selbstbewußtseins herstellte. In der zweiten Bauphase dagegen betonte der Magistrat durch den Figurenschmuck an der Hauptfassade die enge Verknüpfung mit dem in unmittelbarer Nähe residierenden bayerischen Fürstenhaus.

In diesen Jahrzehnten vor dem Ersten Weltkrieg erreichten die sich gegenseitig bedingenden Prozesse der Industrialisierung und Urbanisierung, die das traditionelle Stadtleben in allen Bereichen umformten, ihren Höhepunkt.[3] Die Urbanisierung schlug sich primär in einem quantitativen Anwachsen der Stadt nieder. In den Jahren zwischen 1885 und 1913 verdreifachte sich die Gesamteinwohnerzahl Münchens beinahe, während sich die Burgfriedensfläche verdoppelte.[4] Die Industrialisierung strukturierte das Erwerbsleben um, beeinflußte das Sozialgefüge und veränderte den Lebensrhythmus eines großen Teils der Stadtbevölkerung.

Neue Anforderungen stellten diese und andere Strukturveränderungen nicht zuletzt an den Stadtmagistrat und die Verwaltungsorgane. Hatte sich ihr Aufgabengebiet bisher im wesentlichen auf die Verwaltung bestehender schulischer und sozialer Einrichtungen sowie des Gemeindevermögens beschränkt, so erforderten die modernen Errungenschaften, wie im Bereich der Hygiene zum Beispiel Wasserversorgung und Kanalisation, auf verkehrstechnischem Gebiet die Straßenbahn oder im sozialen Bereich Krankenhausbau und Versicherungswesen, ein planerisches und organisatorisches Gesamtkonzept. Daher läßt sich in der Kommunalpolitik ein schrittweiser Übergang von der reinen ›Hoheits- und Vermögensverwaltung‹ zur ›kommunalen Leistungsverwaltung‹ im heutigen Sinne feststellen.[5] In München standen den Neuerungen des Industriezeitalters jahrhundertelang gewachsene Strukturen gegenüber, so daß sich die Entwicklung in ständiger Auseinandersetzung mit den Traditionen der Stadt als Haupt- und Residenzstadt und ihrem Image als Kunststadt vollzog.

Die gesetzlichen Voraussetzungen waren durch den Erlaß der neuen Bayerischen Gemeindeordnung aus dem Jahr 1869 gegeben, die das eingeschränkte Selbstverwaltungsrecht für die Kommunen[6] festschrieb. Gegenüber den revidierten Gemeindeedikten von 1818 und 1834, die nach ihrer Vorlage aus der Reformzeit unter Montgelas das staatliche Aufsichtsrecht noch stark in den Vordergrund gestellt hatten, bedeutete das einen beachtlichen, wenn auch nicht unbegrenzten Kompetenzzuwachs für die Gemeindebehörden. Ihre Zuständigkeit umfaßte jetzt alle Verwaltungsgeschäfte, »soweit man sie ihnen nicht durch Gesetze oder gesetzmäßige Verordnungen entzogen hatte«.[7]

Die Zusammensetzung des Stadtmagistrats

Die städtischen Selbstverwaltungsorgane bestanden aus zwei Kammern: aus dem Magistrat mit besoldeten und ehrenamtlichen Mitgliedern und dem Kollegium der Gemeindebevollmächtigten mit direkt gewählten Abgeordneten.[8] Der Magistrat leitete die städtischen Verwaltungsbehörden; er faßte seine Beschlüsse nach dem Mehrheitsprinzip. Als berufsmäßige Mitglieder gehörten diesem Gremium zwei Bürgermeister, außerdem bis 1895 zehn, dann zwölf Juristen als Rechtsräte, sowie ein Stadtschulrat und ein Stadtbaurat an. Die letztgenannten Fachbeamten besaßen nur innerhalb ihrer Verwaltungssparten das Stimmrecht. Die Wahlen für die besoldeten Ratsstellen aus dem Kreis der meist nicht ortsansässigen Bewerber erfolgten im Gemeindekollegium,[9] bedurften aber der Bestätigung durch die staatliche Behörde. Die Ernennung dieser Räte auf Lebenszeit, mit den Rechten eines staatlichen Beamten nach einer Wiederwahl am Ende der dreijährigen provisorischen Amtszeit, sicherte dem Magistrat hohe personelle Kontinuität.[10]

Für ihre Auswahl sollte die fachliche Qualifikation dieser ›unpolitischen Beamten‹ maßgebend sein,[11] wie die gesetzlichen Bestimmungen und amtlichen Veröffentlichungen hervorhoben; letztendlich dokumentieren jedoch die in der Parteipresse kommentierten häufigen Streitigkeiten anläßlich der Wahlen, daß auch die politische Anschauung der Kandidaten eine entscheidende Rolle spielte.[12] Fast alle Personen, die während dieses Zeitraums eine Rechtsrat- oder Bürgermeisterstelle innehatten, lassen sich als Kandidaten einer bestimmten Partei ausmachen. Die Anzahl der Liberalen insgesamt überwog aufgrund ihrer Mehrheit in der zweiten Kammer aber auch dann noch, als sie in der ersten die absolute Mehrheit verloren hatten.[13] Eher eine Ausnahme bildete vor diesem Hintergrund die Wahl des langjährigen Ersten Bürgermeisters Dr. Wilhelm von Borscht, die er selbst auf eine »eigenartige Rathausparteikonstellation und das Zusammentreffen glücklicher Zufälle«[14] zurückführte. Als Zentrumskandidat wurde er 1888 zum Zweiten Bürgermeister gewählt – zu einem Zeitpunkt, als die Liberalen

»Unter den gothischen Figuren des Rathausneubaus ist es soeben wegen Überfüllung zu einer Rauferei um den Platz gekommen. Vor Zuzug weiterer gothischer Figuren wird deshalb dringend gewarnt. – Der Magistrat der kgl. Haupt= und Residenzstadt München.« Zeichnung von Adolf Münzer – Die überladene Fassadengestaltung des Neuen Rathauses erregte den Spott der Zeitgenossen. Jugend 1905/I, Nr. 10, S. 179

vorübergehend die Mehrheit im Stadtmagistrat verloren hatten.[15] Nach dem Tod des liberal gesinnten Ersten Bürgermeisters Dr. Johannes von Widenmayer 1893 trugen beide Parteien die Wahl von Borschts zu dessen Nachfolger,[16] da er sich als sachlich qualifizierter Verwaltungsleiter und als Politiker, der die überparteilichen Interessen im Auge behielt, allerseits Anerkennung verschafft hatte. Der langsam aufstrebenden Sozialdemokratie gelang es bis 1919 nicht, einen Kandidaten für die Stelle eines leitenden Beamten durchzusetzen.[17] Hierfür wäre nämlich eine staatliche Bestätigung erforderlich gewesen; diese hätte jedoch dem Willen der Landesregierung widersprochen, die führende Beamtenschaft weitgehend von SPD-Mitgliedern freizuhalten.[18]

Dem Magistrat gehörten ferner 20 ehrenamtlich tätige bürgerliche Magistratsräte an, die ebenfalls von den Gemeindebevollmächtigten, oft aus deren eigenen Reihen, für eine sechsjährige Amtszeit gewählt wurden.¹⁹ Die ehrenamtliche Tätigkeit setzte eine weitgehende Unabhängigkeit von täglicher zeitgebundener Lohnarbeit voraus. Die Aufgliederung nach Berufen zeigt einen entsprechend hohen Anteil an selbständigen Kaufleuten und Händlern, einen etwas niedrigeren an Fabrikanten und Geschäftsinhabern. Der Einfluß der Handwerker, die vor allem unter der Zentrumsmehrheit bis 1890 dominiert hatten, ging später deutlich zurück, ebenso die Zahl der Privatiers und Rentiers. Nach 1903 stieg allmählich der Anteil der Vertreter akademischer Berufe wie Apotheker, Ärzte und Architekten. Die parteipolitische Zusammensetzung entsprach in etwa der des Gemeindekollegiums mit einer leichten Überproportionierung der Liberalen. Der erste Sozialdemokrat in diesem Gremium war Eduard Schmid, Redakteur der parteinahen Zeitung ›Münchener Post‹ und in den zwanziger Jahren Münchner Bürgermeister. Seine Wahl in den Magistrat erfolgte 1899 – zu einem Zeitpunkt, als seine Partei bereits drei Mitglieder in die zweite Kammer entsandte und bei der Wählerschaft über einen Stimmenanteil von fast einem Viertel verfügte.²⁰

Die zweite Kammer

Das Kollegium der Gemeindebevollmächtigten besaß als direkt gewählte zweite Kammer das Prüfungs- und Abänderungsrecht für die magistratischen Beschlüsse sowie das Recht, selbständig Anträge zu stellen.²¹ In den häufig aus Mitgliedern beider Kollegien zusammengesetzten Ausschüssen und Kommissionen nahmen Gemeindebevollmächtigte auch direkt an Vorberatungen teil, in denen die Beschlußanträge formuliert wurden.²² Die einzelnen Bevollmächtigten wurden, bis zur Wahlrechtsreform von 1908, direkt als Vertreter eines bestimmten Bezirks nach dem einfachen Mehrheitsprinzip für eine Amtsdauer von neun Jahren gewählt.²³ Dieses Verfahren rückte das persönliche Ansehen und die gesellschaftliche Position des Kandidaten in den Vordergrund. Die Kandidaten, die für die ehrenamtliche Tätigkeit in den einzelnen Bezirken von den parteinahen Wahlvereinen aufgestellt wurden, entstammten zum größten Teil einer angesehenen, wirtschaftlich gut gestellten Bürgerschicht. Die überwiegende Mehrheit gehörte der haus- und grundbesitzenden Klasse an.²⁴ Die bedeutendsten Münchner Wirtschaftszweige – das Brauereiwesen und der Maschinenbau – entsandten in das Kollegium ebenso ihre Vertreter wie die große Zahl klein- und mittelständischer Handwerksbetriebe und die für München wichtigen Händler und Kaufleute.²⁵ Arbeiter fanden sich nicht unter den Kollegiumsmitgliedern.

Die absolute Mehrheit im Gemeindebevollmächtigtenkollegium besaßen von 1891 bis 1911 die Vertreter der liberalen Vereine.²⁶ Die Zentrumspolitiker hatten nach der Einführung der neuen Gemeindeordnung nur zweimal die Wahlen gewinnen können, nämlich 1878 und 1881, als die Liberalen infolge des Kulturkampfs große Einbrüche in der Wählergunst erlitten. Das geltende Zensuswahlrecht benachteiligte vor allem die einkommensschwachen Bevölkerungsklassen. Die erleichterten Zulassungsbedingungen bei Landtags- und Reichstagswahlen vergrößerten den Kreis der Wahlberechtigten erheblich und hatten dort ein deutlich stärkeres Votum für das Zentrum und die Sozialdemokratie zur Folge.²⁷ Im Gemeindebevollmächtigtenkollegium dagegen gewann die SPD, seitdem sie 1894 erstmals mit dem Gastwirt Georg Birk einen Vertreter dorthin entsandt hatte, nur langsam an Einfluß.²⁸

Erst die Einführung des Verhältniswahlrechts für die Kommunalwahlen in Bayern im Jahr 1908²⁹ bewirkte eine langsame Verschiebung des Kräfteverhältnisses zugunsten der bisher Benachteiligten. Da nicht mehr einzelne Personen, sondern von den Parteien aufgestellte Listen gewählt wurden, gewannen gegenüber dem Ansehen des Kandidaten jetzt die Zusammensetzung der Listen mit Vertretern aus möglichst unterschiedlichen sozialen Schichten und Interessenverbänden³⁰ sowie die politische Aussage der Gesamtpartei an Bedeutung. Die Kommunalwahl von 1911 beendete dann die Ära der liberalen Mehrheit im Gemeindebevollmächtigtenkollegium.

Das Parteienspektrum im Münchner Rathaus

Parteipolitik in Kommunalparlamenten blieb lange Zeit öffentlich verpönt. Hier sollte die ›Realpolitik‹ herrschen. Noch 1887 lautete eine der liberalen Wahlparolen:

»Hinweg mit der Politik aus Gemeindedingen! Politik gehört in den Landtag und in den Reichstag, in der Gemeinde hat sie nichts zu suchen. Das einzige Gebiet, wo grundsätzlich politische Meinungsverschiedenheiten auch in Gemeindedingen Platz greifen, ist das der Schule.«³¹

Diese Aussage läßt ahnen, daß gerade der Streit um den Einfluß der Konfessionen im Schulwesen politische Auseinandersetzungen herbeiführte. Auch für München gilt, was sich allgemein feststellen läßt: In gemischtkonfessionellen Städten wirkten sich Parteigegensätze früher und deutlicher aus.³² Bis 1911 hatten die Liberalen dann eine grundsätzliche Kehrtwendung vollzogen und meinten nun, es könne »die ›Politik‹ – und wenn noch so viele ›parteilose‹ Spekulanten in das Rathaus einziehen – niemals aus dem Gemeindeleben ausgeschaltet werden«.³³

Die liberalen Vereine · Die Liberalen traten traditonsgemäß mit dem Anspruch einer Partei des ›Fortschritts‹ auf. Ihre Wahlerfolge beruhten nicht zuletzt darauf, daß es in München gelang, die unterschiedlichen Tendenzen vom Nationalliberalismus bis zum Linksliberalismus zusammenzufassen und alle Kandidaten auf ein gemeinsames Kommunalwahlprogramm zu verpflichten,³⁴ wobei August N. Vecchioni, Mitbegründer des liberalen Vereins ›Frei-München‹ und langjähriger Chefredakteur der ›Münchner Neuesten Nachrichten‹ eine führende Rolle spielte.³⁵ Die gemeinsame Gegnerschaft gegen den auf politischer Ebene durch das Zentrum vertretenen »Klerikalismus« wirkte dabei als Integrationsfaktor. Der Gegensatz kulminierte im Streit um die

›Simultanschulen‹, wobei sich die Liberalen nach ihren Wahlniederlagen von 1878 und 1881 Zurückhaltung auferlegen mußten und lange Zeit nur eine Beibehaltung der bestehenden zwei ›Simultanschulen‹ forderten.³⁶ Die Schaffung von hygienischen und verkehrstechnischen Versorgungseinrichtungen erkannten sie nach und nach als eine wichtige kommunale Aufgabe an, die nicht dem freien Spiel der Kräfte und dem sich selbst regulierenden Markt überlassen werden konnte. Damit wichen sie von den Theorien des Manchester-Wirtschaftsliberalismus ab. In der Frage des Wohnungsbaus – vor allem an Kleinwohnungen für Arbeiterfamilien bestand zeitweise ein großer Mangel – vollzogen sie diesen Schritt allerdings nicht konsequent, sondern nahmen Rücksicht auf die Interessen der Haus- und Grundbesitzer.³⁷ Den aktuellen sozialen Problemen widmeten sich die Liberalen erstmals ausführlicher in ihrem deutlich erweiterten Wahlprogramm von 1905. Zu den bisher sehr allgemein formulierten Wahlversprechen, die Armenfürsorge und die Arbeiterschutzgesetzgebung zu verbessern, kam, als Reaktion auf die Forderungen der Sozialdemokratie und der Jungliberalen, jetzt zumindest im Wahlprogramm die Formulierung hinzu, man werde die sozialen Einrichtungen ausbauen und Präventivmaßnahmen gegen mögliche Notsituationen einführen.

Der 1896 vereinbarte Wahlkompromiß mit dem Zentrum, der einen weiteren Mandatgewinn der Sozialdemokraten verhindern sollte,³⁸ also die Abgrenzung der »staatserhaltenden Parteien« gegen die revolutionären Elemente, blieb ein Einzelfall. Nach der Jahrhundertwende läßt sich eine deutliche Linkstendenz bei den Liberalen feststellen. Sie formulierten ihre Wahlprogramme gemeinsam mit der kleineren Gruppe der Demokraten³⁹ und schlossen 1905 ein Wahlbündnis mit der SPD mit dem Argument, daß eine Zunahme dieser Partei im Gemeindeparlament wenig Nachteile brächte, »weil mit der praktischen Tätigkeit der Sozialdemokraten in den Kommunen nur die revisionistische Richtung innerhalb der Sozialdemokratie gefördert würde«.⁴⁰

Das Zentrum als Oppositionspartei · Das Zentrum, die katholisch-konservative Partei, sprach sich in seinen Wahlprogrammen⁴¹ in erster Linie für eine stärkere Einbeziehung der Kirche in gesellschaftliche und politische Belange aus. Die »religiös-sittliche Erziehung und Festigung« sollte »der Gesamtheit, dem Staat und der Gemeinde« zugute kommen. Gerade deshalb waren die Zentrumsanhänger nicht bereit, Zugeständnisse in Fragen der Konfessionsschulen und der geistlichen Schulaufsicht zu machen. Da ihre Wähler vorwiegend dem Mittelstand angehörten, kleine Gewerbebetriebe und kleine bis mittlere Handwerksbetriebe besaßen oder in solchen arbeiteten, forderten sie den besonderen Schutz dieser Wirtschaftsstruktur durch gesetzliche Maßnahmen und die Förderung einheimischer Unternehmen. Ein großes Problem sahen die Zentrumspolitiker in der wachsenden Verschuldung der Stadt, bedingt durch den raschen Auf- und Ausbau der Versorgungsbetriebe und durch die zahlreichen neuen Aufgaben der wachsenden Großstadt. Nach der Jahrhundertwende näherten sie sich den Antisemiten und verbündeten sich zeitweise mit deren politischer Vertretung, der Christlich-sozialen Partei.⁴² Entsprechend oft verwiesen sie auf die kommunalpolitischen Leistungen im Wiener Rathaus, wo Dr. Karl Lueger eine christlich-konservative Politik mit stark antisemitischer Tendenz betrieb.⁴³

Als stärkste Bedrohung für das bestehende politische System empfanden die Zentrumspolitiker die sozialdemokratische Bewegung, die sehr viele Stimmen auf ihre Kosten gewann;⁴⁴ allerdings konnte diejenige Gruppe innerhalb des Münchner Zentrums, die sich um den Arbeitersekretär Heinrich Königbauer scharte und durch die Schaffung einer eigenen katholischen Interessenvertretung für Arbeiter eine Schwächung der Sozialdemokratie herbeiführen wollte, nur geringen Einfluß gewinnen.⁴⁵ Nach 1890 gelang es dem Zentrum nicht mehr, die Gemeindepolitik maßgeblich zu beeinflussen; dennoch war es so stark in der Bürgerschaft verankert, daß die Liberalen gewisse Grundforderungen des Zentrums, beispielsweise in der Frage der Simultanschulen, nicht übergehen konnten.

Die Münchner Sozialdemokratie auf revisionistischem Kurs · Am stärksten wurde die Machtzunahme der Sozialdemokraten durch das bestehende Wahlrecht behindert. Daher setzte sich besonders die SPD gegenüber Staat und Gemeinde für die Demokratisierung des Wahlrechts ein.⁴⁶ Da sie hier wenig Aussicht auf baldigen Erfolg sah, stellte sie einerseits schrittweise Minimalforderungen auf,⁴⁷ ohne den politischen Gegner über ihr eigentliches Ziel im unklaren zu lassen, und bemühte sich andererseits, den für sie negativen Bestimmungen praktisch entgegenzuwirken, indem sie beispielsweise durch Arbeitersparvereine den Erwerb des Bürgerrechts zu erleichtern suchte.⁴⁸ Ihr eindeutiges Bekenntnis zur Interessenvertretung nur einer Bevölkerungsschicht grenzte sie von den anderen Parteien ab und legte als Schwerpunkt ihrer Kommunalwahlprogramme die Sozialpolitik und die Verbesserung der Arbeitsverhältnisse fest. Sie forderte zwar nicht die durchgreifende Änderung der Besitzverhältnisse, verlangte aber die weitestgehende Kommunalisierung aller Versorgungsbetriebe, bis hin zur Versorgung der Bevölkerung mit Grundnahrungsmitteln durch gemeindlich betriebene Lebensmittelläden. Daneben war das Schul- und Bildungswesen den Sozialdemokraten ein wichtiges Anliegen. Ihre Reformbestrebungen zielten auf Maßnahmen zur Hebung der Bildungsmöglichkeiten für die sozial Schwächeren und auf Abschaffung der Bildungsprivilegien für das finanzstärkere Bürgertum.

Die reformistische Politik der Münchner Sozialdemokraten, die sich auf ein Wirken zugunsten der nächstliegenden Ziele und Möglichkeiten konzentrierte, fand ihren Rückhalt in der Haltung des Führers der gesamtbayerischen SPD, Georg von Vollmar, und konnte sich darüber hinaus gerade auf kommunalpolitischem Gebiet ungehindert entwickeln, da die eher radikale Parteiführung in Berlin lange Zeit kein Interesse für diese Belange zeigte.[49]

Die Lobby der Haus- und Grundbesitzer · Ein bedeutender wirtschaftlicher Machtfaktor in München war die als Verein organisierte Interessengemeinschaft der Haus- und Grundbesitzer. Aus ihrem hohen Anteil am Steueraufkommen[50] leiteten sie ihr Recht ab, maßgeblich Einfluß auf die Magistratspolitik zu nehmen. Lange Zeit bemühten sie sich bei den Liberalen und beim Zentrum um Wahlversprechen in Bezug auf Bodenpolitik, Steuerrecht und Baugenehmigungsverfahren und gaben ihren Mitgliedern entsprechende Wahlempfehlungen.[51] Je mehr sich diese Parteien vor allem nach der Jahrhundertwende auch den besitzlosen Bevölkerungsschichten öffneten, auf sozialpolitische Forderungen eingingen und durch Eingriffe in das krisengeschüttelte Wohnungswesen die elementarsten Interessen der Haus- und Grundbesitzer berührten, desto radikaler trugen diese ihre Forderungen vor.[52] Schließlich strebten sie eine eigene politische Vertretung im Rathaus an, um die Parteipolitik daraus zu verdrängen und durch wirtschaftliche Interessenpolitik zu ersetzen.[53] Bei den Wahlen 1908 und 1911 stellten sie Kandidatenlisten auf, von denen jeweils ein Vertreter gewählt wurde.

Im Münchner Stadtmagistrat hat sich, in den Jahrzehnten vor und nach der Jahrhundertwende, eine Entwicklung hin zur Politisierung der parlamentarischen Arbeit vollzogen, die auch in anderen deutschen Kommunalparlamenten nachweisbar ist.[54] Vor allem die Sozialdemokraten förderten durch ihr klares Bekenntnis zur eng umrissenen Interessenvertretung für die Lohnabhängigen entscheidend die Entwicklung des politischen Bewußtseins auch in kommunalen Fragen. Die Parteien formulierten ihre Gemeindewahlprogramme ausführlicher und nahmen darin nicht nur Bezug auf die lokalen Gegebenheiten, sondern auch auf die allgemeinen Interessenkonflikte und politischen Zielsetzungen.

Zentrale Aspekte der Münchner Kommunalpolitik

Eine der zentralen Aufgaben des Stadtmagistrats bildete die Aufstellung des jährlichen Gemeindeetats,[55] die Planung also, wie die voraussichtlichen Einnahmen aus Steuern und Abgaben zu verwenden seien. Hierbei wurden die Grundtendenzen der Kommunalpolitik festgelegt, wobei man die gesetzlich zugewiesenen Aufgaben[56] zu erfüllen und den städtebaulichen, gesundheitspolizeilichen oder ähnlichen Anforderungen zu genügen hatte; daneben blieb aber auch ein gewisser Spielraum für politische Schwerpunkte. Die jährlichen Etatberatungen zeigen die Quintessenz der grundsätzlichen politischen Meinungsverschiedenheiten.[57]

Schon die absoluten und relativen Zahlen des Haushaltsvolumens in den Jahren zwischen 1886 und 1912 weisen Wachstum und Intensivierung der kommunalpolitischen Aufgaben nach. Die Bilanzsumme der Haushaltspläne stieg um 834 Prozent, bei einem gleichzeitigen Einwohnerwachstum um 237 Prozent. Das bedeutete für das Jahr 1886 eine Pro-Kopf-Ausgabe von etwa 40 Mark, für das Jahr 1912 schon über 140 Mark. Daneben wuchs die Schuldenlast der Stadt um mehr als das Zehnfache, von 39,5 Millionen auf über 401 Millionen.[58]

Die Stadtverwaltung als öffentlicher Unternehmer · Eine der grundlegenden Neuheiten auf kommunalpolitischer Ebene bildete das Hineinwachsen der Gemeinde in die Rolle eines öffentlichen Unternehmers. Sie bezog in zunehmendem Maße einen Teil ihrer Einkünfte aus gewerblichen und gewerbeähnlichen Betrieben, die sie in eigener Regie führte. Dieser Prozeß vollzog sich allerdings auf Umwegen. Als man erstmals dem technisch-wissenschaftlichen Fortschritt Rechnung trug und die in den städtischen Aufgabenbereich der öffentlichen Sicherheit gehörende Straßenbeleuchtung auf die moderneren und helleren Gaslampen umstellen wollte, wurde die Konzession für das Unternehmen 1848 und 1863 zunächst an eine private Gesellschaft übergeben.[59] Diese Vorgehensweise entsprach zwar den Wirtschaftstheorien des Liberalismus, bewährte sich jedoch auf Dauer nicht. Vor allem die Einsicht, daß man sich die großen finanziellen Gewinne hätte selbst sichern können, löste starke Unzufriedenheit aus.[60] Außerdem verzögerte der Monopolanspruch der Gesellschaft die Elektrifizierung der Straßenbeleuchtung. Deshalb entschied die Stadtverwaltung in den neunziger Jahren, den Konzessionsvertrag nicht mehr zu verlängern, sondern die Anlagen 1899 in eigene Regie zu übernehmen. Die erhofften Gewinne blieben dann auch nicht aus, und der wachsende Verbrauch machte bald den Bau neuer Werke notwendig.[61]

Diese Erfahrungen veranlaßten zwar die Stadtväter, sich bei weiteren Unternehmungen einen stärkeren Zugriff zu sichern, aber immer noch schöpften sie ihre Möglichkeiten nicht aus. Auch die Konzessionen für das innerstädtische Verkehrswesen vergaben sie zunächst an Privatunternehmen, allerdings mit kürzeren Vertragslaufzeiten und vorsichtigerer Handhabe der Monopolgewährung, so daß sie sich bei jedem neuen Abschluß einen höheren Anteil an den Bruttoeinnahmen und größeren Einfluß auf die Linienführung sichern konnten.[62] Schon 1892 kamen eigene, gemeindlich betriebene Trambahnlinien dazu, die dann auch 1895 als erste elektrifiziert wurden. Erst 1907 jedoch wurde die private ›Münchener Trambahn AG‹ endgültig liquidiert und dieses Verkehrsmittel ganz in kommunale Regie übernommen. Zu diesem Entschluß bewog die Stadtverwaltung nicht mehr nur der zu erwartende finanzielle Gewinn, sondern auch die sozialpolitische und stadtplanerische Bedeutung des Unternehmens.[63] Inwieweit allerdings diese Aufgaben Vorrang gegenüber der Rentabilität beanspruchen konnten, blieb in den folgenden Jahren ein Streitpunkt der Parteien, sowohl wenn es um die Tarifgestaltung ging, als auch wenn der Ausbau der Linien in weniger bevorzugte Wohngebiete diskutiert wurde.

Die Stromversorgung sollte dagegen von Anfang an unter kommunaler Regie laufen. Umstritten waren eigentlich nur Größe und angestrebte Leistung der ersten Anlagen. Die dadurch bedingten Verzögerungen führten dazu, daß man die gewinnträchtige und kostengünstige Ausnützung der Wasserkräfte an der Isar zunächst dem Privatunternehmen ›Heilmann & Littmann‹ überließ.[64] Die Stadt schuf sich so einen Konkurrenten, der sie im Preis unterbieten konnte, was später oftmals bedauert wurde.[65] Als 1904 der Bau eines größeren Kraftwerks an der Isar nördlich der Menterschwaige und die dazu notwendige Isarkanalisierung zwischen Großhesseloher Brücke und Schinderbrücke geplant wurde, hatte die Stadt schon gegen zahlreiche Proteste von Natur- und Landschaftsschützern anzukämpfen, so beispielsweise gegen die prominenten Vertreter des ›Isartalvereins‹.[66]

Die nun kommunal geführten gewerblichen Betriebe verhalfen der Stadt neben einer Fülle neuer Aufgaben zu einem beträchtlichen regelmäßigen Einkommen. Immer deutlicher wurde neben dem finanziellen Aspekt auch der Anspruch, alle Bevölkerungsgruppen gleichmäßig zu versorgen und den Wirkungsbereich der Betriebe nicht nur nach wirtschaftlichen Gesichtspunkten auszudehnen. Andererseits relativierte die Stadtverwaltung dies wieder dadurch, daß sie bald von den Anwohnern Garantiesummen für Leitungslegungen forderte, an denen sie selbst kein Interesse hatte.[67] Das anfängliche Zögern und schließlich die schrittweise Übernahme der Versorgungsbetriebe entsprachen jedoch durchaus dem üblichen Verhalten deutscher Stadtmagistrate,[68] ohne daß man der Stadt München eine ausgesprochene Vorreiter- oder Nachzüglerrolle zuweisen könnte.

Erziehungs- und Bildungswesen · Auf der Ausgabenseite des städtischen Haushaltsplans beanspruchte das Erziehungs- und Bildungswesen kontinuierlich den höchsten Anteil. Allein die Aufwendungen für das Volksschulwesen, eine der zentralen Aufgaben der Stadtverwaltung,[69] stiegen zwischen 1886 und 1912 um fast 600 Prozent, während gleichzeitig die Schülerzahl um 267 Prozent zunahm.[70] Die Münchner Gemeindekollegien bemühten sich aber nicht nur um eine durch das Bevölkerungswachstum notwendig gewordene quantitative Mehrung des Ausbildungsangebots, sondern auch um eine qualitative Verbesserung: Man verringerte die Klassenstärken und baute zusätzliche Einrichtungen für den praktischen Anschauungsunterricht in die Schulgebäude ein.[71]

Die Reformen auf diesem Gebiet trieb in München der 1895 zum Stadtschulrat gewählte Studienrat Dr. Georg Kerschensteiner voran. Der national und international anerkannte Pädagoge machte sich ebenso um den Aufbau des fachlich gegliederten Berufschulwesens verdient und schuf hier auch für andere deutsche Städte vorbildliche Einrichtungen.[72] Umstritten und immer wieder neu diskutiert blieb die Einführung der ›Simultanschulen‹ auf Kosten der Konfessionsschulen.[73] Obwohl sich Liberale und Sozialdemokraten dafür einsetzten, verhinderte der starke Einfluß der katholischen Bevölkerungsmehrheit und der kirchlichen Hierarchie eine entsprechende Beschlußfassung.[74] In zunehmendem Maße förderte man auch die weiterführende Ausbildung für Mädchen, etwa durch die Übernahme der Riemerschmidschen Handelsschule als städtische Schule. Relativ gering, vor allem im Vergleich zu anderen deutschen Städten, fielen dagegen die Unterstützungen für das Volksbildungs- und das Bibliothekswesen aus,[75] bei einer liberalen Mehrheit im Stadtrat besonders verwunderlich.

Der Übergang von der Armenfürsorge zur Sozialpolitik · Die Ausgaben im Etat für Wohltätigkeit und soziale Wohlfahrtspflege stiegen im gleichen Zeitraum um fast 700 Prozent an. Die Gesamtsumme teilte sich jedoch 1886 anders auf als 1912. Der Zuschuß an die Lokalarmenpflege, also die direkt ausbezahlten Unterstützungen, gingen anteilmäßig von annähernd 90 auf unter 60 Prozent zurück, während der unterstützungsbedürftige Kreis von 1,9 auf 2,7 Prozent der Bevölkerung wuchs.[76] Andere Städte gaben allerdings – laut der nicht immer unproblematischen zeitgenössischen Statistik – mehr für ihre Armen und Bedürftigen aus.[77] Der größere Anteil am Ausgabenwachstum kam den gemeindlichen Krankenanstalten und Heimen zugute: Als Musteranlage galt beispielsweise das 1910 eröffnete neue Schwabinger Krankenhaus. Mit dem Sanatorium Harlaching schuf München als eine der ersten deutschen Großstädte eine Heilanstalt für Lungenkranke.[78] Auch die vom Kindergartenverein unterhaltenen und von der Stadt unterstützten Kindergärten wurden 1907 ganz in städtische Regie übernommen und erforderten seither ein starkes finanzielles Engagement.[79]

Aus taktisch-politischen Gründen setzten sich nach 1900 zwar auch die Liberalen für sozialpolitische Maßnahmen ein, soweit diese den Etat nicht zu sehr belasteten und auch der Arbeitgeberseite zugute kamen; so entstanden beispielsweise das Gewerbe- und das Kaufmannsgericht oder das Arbeitsamt.[80] Um die Erhöhung der Monatsalmosen wurde hingegen jahrelang gerungen, hoffte man doch, so den Zuzug Bedürftiger[81] und damit die Belastung des städtischen Armenetats zu verringern.

Hygienemaßnahmen in der Stadt Pettenkofers · Ganz erheblich stiegen auch die Ausgaben für öffentliche Reinlichkeit und Gesundheitspflege. Noch in den siebziger Jahren des vorigen Jahrhunderts war der Ruf Münchens in hygienischer Hinsicht so schlecht gewesen, daß im März 1875 das in Philadelphia erscheinende ›Lippicotts Magazine‹ einen Artikel unter dem Titel ›Munich as a Pest-City‹ veröffentlichte.[82] Vor allem die Choleraepidemie von 1873/74 und die Forschungsergebnisse des in München lehrenden Hygienefachmanns Max Pettenkofer wirkten dann als Anstoß, die Lösung des Problems in die Hand zu nehmen. Zu den ersten Maßnahmen zählte der Bau eines zentralen Schlacht- und Viehhofes mit geordneter Entwässerung und Abfallbeseitigung, der mehr als 800 über die Stadt verteilte Schlachtplätze – potentielle Seuchenherde – überflüssig machte,[83] ferner

41

seit 1882 die Einführung eines einheitlichen Kanalisationssystems, allerdings noch ohne Fäkalabschwemmung,[84] und schließlich die Eröffnung der Hochquell-Wasserleitung aus dem Mangfalltal 1883.[85] Die hygienische Sanierung Münchens wurde seit 1893 dann durch die obligatorische Einführung der Schwemmkanalisation vervollständigt.[86] Warfen Schlachthof und Wasserleitung noch Gewinne ab, die zumindest die Verzinsung und Tilgung der Anlagekosten deckten, so erfüllte sich diese Erwartung beim Kanalisationsunternehmen nicht.[87] Schließlich wurde 1897 das lange hinausgezögerte Problem der Hausunratbeseitigung zufriedenstellend gelöst. Der Abtransport erfolgte seither unter städtischer Regie, durch die eigens dafür konstruierten »Harritschwägen«;[88] das Weitere überließ man einer privaten Gesellschaft, die vertraglich eng an die Stadt gebunden war und den Müll zum größten Teil einer landwirtschaftlichen Verwertung zuführte.[89] Aus der langen Liste der städtischen Maßnahmen zur Verbesserung der hygienischen Verhältnisse seien noch die Verlegung und vorausplanende Neuanlage großer Friedhöfe in den Stadtrandgebieten im Norden, Süden, Westen und Osten der Stadt erwähnt, die Errichtung öffentlicher Bäder und Bedürfnisanstalten sowie die endgültige Regelung der Straßenreinigung. Von den Stadtvätern als wichtigstes Investitionsgebiet neben dem Bildungsetat anerkannt,[90] entwickelte sich dieser Aufgabenbereich bald zu einem Aushängeschild für die »Stadt Pettenkofers«.

Kunststadt oder Industriestadt? · Obwohl die Ratskollegien München gerne mit dem Ehrentitel ›Kunststadt‹ schmückten,[91] findet man in den städtischen Haushaltsplänen nur relativ geringe Summen, die speziell für Kunstförderung ausgegeben wurden. Das Kunst- und Kulturwesen galt nach wie vor als staatliche Domäne; so hatte man schon bei der lange hinausgezögerten Übernahme der Graphik-Sammlung des Kunsthändlers Maillinger 1876 und bei der Gründung des ›Historischen Stadtmuseums‹ 1888 argumentiert.[92] Ähnliche Beobachtungen lassen sich für Berlin anstellen, während andere Städte, die keine landesherrliche Residenz beherbergten, wie etwa Nürnberg, Leipzig, Breslau, Königsberg, Altona oder Mannheim, wesentlich größere Summen ausgaben, teilweise sogar schon eigene Theater finanzierten.[93] Lediglich im Bereich der großen öffentlichen Bauten wirkte sich der Anspruch, eine Kunststadt zu vertreten, auch finanziell aus.[94] Hier wurde auch mit staatlichen Ämtern zusammengearbeitet. Auf Anregung des Prinzregenten entstand die Monumentalbaukommission, in der staatliche und städtische Vertreter beispielsweise Bauvorhaben in der Altstadt gemeinsam planten.[95]

Die Bedeutung Münchens als Industriestadt wurde dagegen von kommunaler Seite wenig gefördert. Kritik an dieser Einstellung erhob sich erst nach der Wirtschaftskrise in den ersten Jahren des 20. Jahrhunderts. In einer liberalen Zeitung hieß es:

»Schlimmer ist es schon, daß auch die Regierung, daß insbesondere die Stadtverwaltung lange Zeit über die kulturelle Bedeutung der Kunst, die wirtschaftliche Bedeutung der Industrie übersehen, oder diese scheel angesehen haben, weil sie von der irrigen Meinung ausgingen, daß Kunst- und Großindustrie zwei Dinge seien, die sich nicht vereinigen ließen, daß der Kapitalismus den Künstler vertreibe.«[96]

Erst 1904 wurde ein Ausschuß für industrielle Fragen eingesetzt, der einen gewissen Sinneswandel einleitete. Die Stadtvertretung warb jetzt für München als geeignetes Feld industrieller und gewerblicher Unternehmungen, errichtete eine Auskunftsstelle für industrielle Fragen, führte Verhandlungen über die Ansiedelung einzelner industrieller Betriebe und wandte sich an die Reichsregierung mit der Bitte, sie möge München als Produktionsstandort für die Kriegsindustrie stärker in Betracht ziehen.[97] Auch die Errichtung des Ausstellungsparks auf der Theresienhöhe ist in diesem Zusammenhang zu nennen. Sie ging auf eine Anregung des Prinzen Ludwig, des späteren König Ludwig III., zurück.[98] Bezeichnenderweise widmete man die Eröffnungsausstellung ›München 1908‹ dem städtischen Kulturleben, insbesondere dem kunstgewerblichen Schaffen, galt dieses doch immer noch als der für München besonders geeignete Industriezweig.[99] Von städtischer Seite wurde München nie als Industriezentrum betrachtet, wie Aussagen des Oberbürgermeisters noch 1912 verdeutlichen, obwohl die industrielle Wirklichkeit der Stadt diese Einschätzung bereits überholt hatte.[100]

Die Folgen der wachsenden Aufgaben für die Finanzen · Diese Fülle von neuen Anforderungen stellte die Stadtverwaltung vor finanzielle Probleme, da die gesetzliche Grundlage für die Einnahmen der Kommunen lange Zeit unverändert blieb.[101] Den größten Teil der Ausgaben bestritt die Stadt aus einer direkten Steuer, der sogenannten Gemeindeumlage, die als Aufschlag zur staatlichen Steuer von den staatlichen Rentämtern eingezogen wurde.[102] Der zunehmende Finanzbedarf führte dazu, daß die Gemeindeumlage von ungefähr 100 Prozent des Staatssteuersolls in den Jahren vor 1901 bis auf 165 Prozent im Jahr 1910 angehoben werden mußte. Die Erhöhung war lange Zeit hinausgezögert worden, konnte aber nach der Wirtschaftskrise in den ersten Jahren des 20. Jahrhunderts nicht mehr aufgeschoben werden.[103]

Eine weitere wichtige Einnahmequelle der Stadt war politisch stark umstritten: Der Magistrat erhob indirekte Steuern auf Malz, Bier, Fleisch, Wildbret und Mehl. Dabei schöpfte er die ihm gesetzlich zustehenden Möglichkeiten weitestgehend aus, stärker als die meisten anderen bayerischen Städte;[104] die außerbayerischen Städte bezogen ohnehin nur einen sehr geringen Teil ihrer Einnahmen aus indirekten Steuern.[105] Vor allem die Sozialdemokraten protestierten immer wieder gegen die Erhebungspraxis, da der Zuschlag auf Grundnahrungsmittel sich als starker Steuerdruck auf die unteren Einkommensschichten auswirkte.[106] Freiwillig diese Steuern zu beschränken hatten die Liberalen nur vor 1890, in ihrer Oppositionszeit im Rathaus, gefordert;[107] als sie die Mehrheit stellten, änderten sie jedoch nichts. Erst das im Reichstag beschlossene Zolltarifgesetz verbot schließlich ab April 1910, Abgaben auf tägliche Bedarfsgüter zu erheben.[108]

Da mit solchen Einnahmequellen die innovatorischen Leistungen nicht zu bewältigen waren, blieb der Ausweg, die finanziellen Lasten auf künftige Generationen zu verteilen, indem man Kredite aufnahm und Amortisationspläne erstellte, die bis in die vierziger und fünfziger Jahre des 20. Jahrhunderts hineinreichten.[109] Die jeweiligen Unternehmungen verteuerte man um die entsprechenden Zinszahlungen. Die hohe Verschuldung der Kommunen, ein Novum der Industrialisierungs- und Urbanisierungsphase, blieb nicht auf München beschränkt, sondern war eine typische Begleiterscheinung und zwangsläufige Folge des Übergangs von der reinen ›Hoheits- und Vermögensverwaltung‹ zur modernen ›Leistungsverwaltung‹. Die Zeit von der Reichsgründung bis zum Ersten Weltkrieg gilt geradezu als »Epoche der liberalen Schuldenwirtschaft«.[110] Widerstand gegen diese Finanzpolitik, die vor allem durch den dauerhaften Wert der damit geschaffenen Anlagen ihre Rechtfertigung fand, leisteten im Münchner Rathaus die Zentrumsmitglieder, die eher eine Erhöhung der Gemeindeumlage und einen langsameren Ausbau der Infrastruktur befürworteten. Diese Vorgehensweise war besonders in Jahren wirtschaftlicher Rezession umstritten, als die liberale Mehrheit dazu überging, auch Einrichtungen, die keinen Gewinn eintrugen, wie etwa Schulhausbauten oder die Straßenpflasterung, teilweise durch Schuldenaufnahme zu finanzieren.[111]

Selbstverwaltungsrecht und Interventionsstaat

Gab die Gemeindeordnung von 1869 den Kommunen einerseits erheblich mehr Entscheidungsspielraum, so machte sich andererseits gerade um die Jahrhundertwende auf staatlicher Seite die Neigung bemerkbar, immer mehr Lebensbereiche des Einzelnen zu reglementieren und die neu erwachsenen Aufgaben teilweise mit genauen Vorschriften und den daraus entstehenden finanziellen Belastungen an die Gemeinden zu delegieren. Die zunehmenden staatlichen Interventionen waren schon bei der Einführung des Sozialversicherungswesens deutlich geworden;[112] sie seien hier am Beispiel der Wohnungspolitik aufgezeigt. Immer wieder kam es vor allem für Arbeiter- und Kleinbürgerfamilien zu akuten Notständen, da Kleinwohnungen fehlten und hygienische Mißstände überhandnahmen. Schon 1888 erließ das Innenministerium eine Entschließung zur »Beseitigung von Gesundheitsschädlichkeiten in Bezug auf Wohnungen« mit dem Auftrag an den Magistrat, über die Fortschritte regelmäßig Bericht zu erstatten.[113] Die Verordnung vom Februar 1901 gab dann schon konkretere Maßnahmen vor: Die Gemeinden hatten eine regelmäßige Wohnungsaufsicht zu organisieren, eine Wohnungskommission zu bilden sowie eine komplette Erhebung der Wohnsituation durchzuführen.[114] Der Verwirklichung gingen jedoch lange Diskussionen voran, bei denen die Zuständigkeit der Kommune in Frage gestellt und eine stärkere finanzielle Beteiligung des Staates gefordert wurde. Am stärksten divergierten dabei die Interessen der Haus- und Grundbesitzer, die den kommunalen Wohnungsbau als Konkurrenz fürchteten, und die Vorstellungen der Sozialdemokraten, die ein weitestgehendes Engagement der öffentlichen Hand befürworteten. Die daraufhin durchgeführte Wohnungsenquete der Jahre 1904 bis 1907 dokumentiert heute umfassend die Wohnsituation[115] in einer deutschen Großstadt während des Höhepunkts der Urbanisierungsphase. Als Konsequenz formulierte man die Bedingungen, unter denen gemeinnützige Wohnungsbaugesellschaften durch Darlehen oder günstige Baugrundabtretung zu unterstützen seien, errichtete ein Wohnungsamt als Zentralinstitution für die Wohnungsaufsicht[116] und baute aus gemeindlichen Mitteln eine Kleinwohnungsanlage für städtische Bedienstete.[117]

Schließlich veranlaßte auch die am Beispiel Münchens erkennbare zunehmende Intervention des Staates die Städte zu einer stärkeren Solidarität untereinander, wie die Gründung der ›Städtetage‹ um die Jahrhundertwende beweist. Für die Entstehung des ›Bayerischen Städtetages‹ im Jahr 1896[118] hatte sich vor allem Münchens Erster Bürgermeister von Borscht eingesetzt.

Zusammenfassung

»Sie wissen, daß München in den Reihen der deutschen Städte mit an erster Stelle steht. Sie wissen, daß München gerade durch unsere gemeinsame Arbeit eine schöne und gesunde Stadt ist, und Sie wissen auch, daß dadurch wohlhabende Familien nach München verziehen, aber genauso muß Ihnen bekannt sein, daß wir nicht aufhören dürfen, auf diesem Weg weiter zu arbeiten...«[119]

Mit diesen Worten umriß der Gemeindebevollmächtigte Ignaz Schön bei der Etatberatung 1908 die Ziele der liberalen Kommunalpolitik. München sollte eine attraktive Stadt werden, attraktiv nicht primär durch ein pulsierendes Industrie- und Wirtschaftsleben, sondern interessant für reiche Leute, die sich aufgrund der gebotenen Annehmlichkeiten und des kulturellen Glanzes gerne in der Stadt aufhalten sollten. In diesem Zusammenhang ist beispielsweise die Durchführung hygienischer Maßnahmen zu sehen, ebenso wie die Zurückhaltung gegenüber der fortschreitenden Industrialisierung der Isarmetropole. Die Münchner Stadtväter schlossen sich dennoch dem allgemeinen Trend der Urbanisierung an:[120] Sie intensivierten die Kommunalpolitik und integrierten neue Aufgabenbereiche, teils gezwungenermaßen durch staatliche Auflagen, teils aus Eigeninitiative. Manche Projekte wurden allerdings lange hinausgezögert oder erst nach umständlichen Anfragen in anderen Städten verwirklicht.[121] Das Zusammenspiel der Parteien im Münchner Rathaus ließ die führende Rolle der liberalen Majorität deutlich werden. Aber auch die Interessen der anderen Parteien, die ebenfalls eine breite Anhängerschaft hinter sich wußten, kamen schließlich zum Tragen und mußten mehr und mehr berücksichtigt werden.

Parteien, Wahlen, Arbeiterbewegung

Von Merith Niehuss

München war nie eine typische Arbeiterstadt. Die Berufszählung von 1895 weist aus, daß der Anteil der Arbeiter an allen Erwerbstätigen nur etwa 47 Prozent betrug.[1] Insbesondere fehlten in München industrielle Großbetriebe. Dafür verfügte die Stadt über eine größere Vielfalt an Industriezweigen, über Qualitätsindustrien, die »allen Standortschwierigkeiten zum Trotz«[2] zur Wirtschaftsblüte Münchens erheblich beitrugen, gefördert auch durch die zentralistischen Tendenzen des bayerischen Staates. Neben der industrie- und traditionsreichen Arbeiterstadt Nürnberg entwickelte sich München daher während der beiden Jahrzehnte um die Jahrhundertwende, trotz des relativ geringeren Gewichts der Arbeiterschaft, zum Zentrum der bayerischen Arbeiterbewegung.

Im ganzen Reich gewann zu dieser Zeit die parteipolitische wie die gewerkschaftliche Arbeiterbewegung an Bedeutung. Der Fall des Sozialistengesetzes ermöglichte nicht nur der Sozialdemokratischen Partei durch die wiedergewonnene Versammlungsfreiheit großen Handlungsspielraum. Die 1898/99 folgende Änderung der Vereinsgesetze machte auch eine Umorganisation der Partei möglich, die es ihr erlaubte, auf die neuen politischen Bedingungen und die Flut von neuen Mitgliedern adäquat zu reagieren.

Die Jahre nach 1890 läuteten dann »das Jahrzehnt der Gewerkschaften«[3] ein. Die ›Freien Gewerkschaften‹ steigerten ihre Mitgliederzahl zwischen 1890 und 1913 im Reich von etwa 300 000 auf über zweieinhalb Millionen Mitglieder. Die christliche Gewerkschaftsbewegung, die um 1890 erst allmählich einsetzte, stellte bereits um die Jahrhundertwende in ihren örtlichen Schwerpunkten ein beachtliches Machtpotential dar, wenngleich sie mit insgesamt 340 000 Mitgliedern 1913 noch um mehr als ein Drittel allein vom freigewerkschaftlichen Metallarbeiterverband übertroffen wurde.[4]

Ein Abriß über die Geschichte der Arbeiterbewegung in München muß zwei Spezifika besondere Bedeutung zumessen.[5] Einmal ist es die landespolitische Agitation der Sozialdemokraten, unter Führung der in der Parteigeschichte herausragenden Person Georg von Vollmars,[6] mit einem klar reformistischen Parteikurs. Dieser programmatische Kurs fand in der Landeshauptstadt besonderen Widerhall, tagte hier doch das bayerische Abgeordnetenhaus und war sie doch Wohnsitz und Agitationsbezirk der wichtigsten Parteifunktionäre. Zum zweiten gilt München als eine Wiege der christlichen Arbeiterbewegung – neben der zahlenmäßig allerdings weit stärkeren westdeutschen Organisation –, was auf die besondere personelle Konstellation vor allem der Diözese zurückzuführen ist.

Wahltaktik und Wahlerfolge der Sozialdemokraten in München

Entsprechend der heterogenen gewerblichen Struktur der Stadt schien auch die soziale Schichtung der sozialdemokratischen Parteimitglieder auf einer breiteren Basis zu beruhen als andernorts.[7] »Den Kern unseres Heeres in München bilden selbstverständlich die Industriearbeiter, wie überall, sowie Kleinbürger. Aber von den übrigen Schichten der Bevölkerung, bis zu den ziemlich wohlsituierten, beteiligten sich nicht wenige an unserer Arbeit. Bei den Wahlen hört fast jeder Standes- und Klassenunterschied auf«, schrieb Georg von Vollmar an Franz Mehring.[8] Lediglich 77 Prozent der Mitglieder waren 1906 als Lohnarbeiter ausgewiesen (gegenüber etwa 88 Prozent in Nürnberg), 22 Prozent als Kleinbürgertum (etwa neun Prozent in Nürnberg) und ein Prozent (63 Mitglieder) als »Akademiker und andere Bourgeois«. Insgesamt besaß München mit 6700 Parteimitgliedern etwa ebensoviel wie Nürnberg – bei erheblich größerer Bevölkerungszahl.

Die Münchner Parteimitglieder aus der Lohnarbeiterschaft rekrutierten sich 1906 vorwiegend aus fünf großen Gewerbezweigen: aus dem Baugewerbe 1710, aus dem Metallgewerbe 1134, aus dem Holzgewerbe 1074, aus dem Textilgewerbe 610 und aus dem Polygraphischen Gewerbe 352. Die Parteimitglieder aus dem Kleinbürgertum waren vorwiegend (kleine) Selbständige und Gastwirte, Handlungsgehilfen und Verwaltungsbeamte, insgesamt eine Gruppe von 1450 Mitgliedern. Unter den 63 eingetragenen Akademikern und Großbürgerlichen gab es dreißig Schriftsteller, neun Ärzte und Apotheker, zehn Architekten und Baumeister sowie 14 Gutsbesitzer und größere Fabrikanten. Das für eine Lokalorganisation relativ starke Gewicht des Kleinbürgertums begründete sich vor allem auf der großen Gruppe ganz kleiner Selbständiger, die bezüglich ihres Einkommens und ihrer Lebenshaltung der Lohnarbeiterschaft sehr nahe kamen.[9] Wie wir den Wahlkreiseinteilungen entnehmen können, lebten sie offenbar vorwiegend in Arbeiterquartieren.

Eine formelle Mitgliedschaft in der Sozialdemokratischen Partei gab es in den neunziger Jahren noch nicht. Das Ende der Sozialistengesetze war zwar auch das Ende aller staatlichen Verfolgung sozialistischer Tendenzen, doch behinderte das bayerische Vereinsgesetz bis 1898 weiterhin eine überregionale Verbindung politischer Vereine. Für die Mitgliederorganisation bedeutete dies, daß örtliche Wahlvereine als Basis beibehalten und über Vertrauensleute koordiniert wurden.[10] Auch der erste – vereinsrechtlich inoffizielle – Parteitag der bayerischen Sozialdemokratie 1892 in Regensburg stand ganz im Zeichen des Wählergewinns und Mandatszuwachses im Reich und im bayerischen Landtag. Das hier beschlossene Landtagswahlprogramm bestimmte fortan die Agitation der Partei. An erster Stelle stand die Forderung nach einer Änderung des bestehenden Landtagswahlrechts.[11]

Reichstagswahlen und Landtagswahlen

Das bayerische Landtagswahlgesetz[12] hatte mit dem Wahlmodus zum Reichstag seine Form als absolutes Mehrheitswahlrecht gemeinsam; wenn im ersten Wahlgang nicht ein Abgeordneter die erforderliche absolute Mehrheit mit über fünfzig Prozent der Stimmen erhielt, wurde eine Stichwahl zwischen den beiden bestplazierten Kandidaten nötig. Im Unterschied zum Reichstagswahlrecht war das bayerische Wahlverfahren aber indirekt – der Abgeordnete wurde nicht unmittelbar vom Wähler bestimmt, sondern über Wahlmänner.

In den Reichstagswahlen von 1878 und 1881 lagen die beiden Münchner Wahlkreise fest in Zentrumshand. Um diese Vorherrschaft zu brechen, ging Georg von Vollmar, der 1884 erstmals in seiner Heimatstadt zum Kandidaten für den Reichstag aufgestellt wurde,[13] ein noch informelles Stichwahlbündnis mit den liberalen Parteien ein, das ihnen im Wahlkreis München I die sozialdemokratische Unterstützung in der Stichwahl gegen den Zentrumskandidaten zusicherte und das umgekehrt, ohne daß es noch explizit eine Absprache gegeben hätte, der Sozialdemokratie im Wahlkreis München II die liberalen Wahlmänner zukommen ließ.[14] Den Wahlkampf der folgenden Reichstagswahl 1887 verfolgte Vollmar aus dem Gefängnis; ein Stichwahlbündnis mit den Liberalen kam durch die Gegensätze dieser ›Septennatswahlen‹ ohnehin nicht in Frage. So büßte er sein Mandat gegen den Zentrumskandidaten ein. 1890 erreichten die Sozialdemokraten reichsweit mit knapp zwanzig Prozent den größten Stimmanteil – allerdings wegen des Mehrheitswahlrechts bei weitem nicht den größten Mandatsanteil – und konnten auch in Bayern erstmals drei Reichstagsmandate erringen. So zogen neben Karl Grillenberger für Nürnberg Georg Birk und Georg von Vollmar für die beiden Münchner Wahlkreise in den Reichstag ein. Sein Mandat für München II errang Vollmar fortan bis 1912 souverän im ersten Wahlgang. Georg Birk war in München I weniger erfolgreich. Er gewann hier lediglich 1893 und 1903; die Partei verlor das Mandat in allen übrigen Wahlen an den liberalen Kandidaten.[15]

Sowohl im Reichstags- wie im Landtagswahlrecht war die Wahlkreiseinteilung nach einer Volkszählung im Jahr 1864 beziehungsweise 1875 getroffen worden, wobei auf jeden Reichstagswahlkreis etwa 100000 Einwohner, auf jeden zu wählenden Abgeordneten im Landtag je 31500 Einwohner fielen.[16] Bis in die neunziger Jahre fanden erhebliche Bevölkerungsverschiebungen, vor allem vom Land in die Städte, und damit ein starkes Wachstum der städtischen Wahlkreise statt. Der Reichstagswahlkreis München II umfaßte im wesentlichen die rasch wachsenden Arbeitervorstädte und war bis zum Jahr 1900 auf das Vierfache der ursprünglich vorgesehenen Einwohnerzahl angewachsen; München I bestand mit »nur« 150000 Einwohnern aus der Innenstadt mit vorwiegend bürgerlicher Wählerschaft. Im Wahlkreis München II waren zur Wahl von 1903 26 Prozent wahlberechtigt, in München I sogar nur 23 Prozent. Wahlberechtigt zur Reichstagswahl war jeder männliche Deutsche ab 25 Jahren mit Ausnahme von aktiven Soldaten, Entmündigten, Personen, die Armenunterstützung aus öffentlichen Mitteln bezogen, und solchen, über die ein Konkursverfahren eröffnet war, sowie Personen, denen die staatsbürgerlichen Rechte aberkannt worden waren. Für die Landtagswahlen war die Wahlberechtigung nochmals reduziert: Zusätzlich mußte man die bayerische Staatsangehörigkeit seit mindestens einem halben Jahr besitzen und während dieses Zeitraums dem Staat eine direkte Steuer bezahlt haben. Diese Einschränkung traf die finanziell minderbemittelte, aber sehr mobile Arbeiterschaft doppelt, da diese Schicht über weniger Steuerzahler als andere Bevölkerungsgruppen, aber gleichzeitig über mehr »Zugereiste« verfügte, die noch nicht ein halbes Jahr in der Stadt lebten. Allerdings besaß man in Bayern für die Landtagswahlen bereits mit 21 Jahren das aktive Wahlrecht, statt erst mit 25 wie für die Reichstagswahlen.

Die bayerische Landtagswahlgesetzgebung sah im Gegensatz zum Reichstagswahlrecht eine Korrektur der Wahlkreiseinteilungen vor, um allzu starke Bevölkerungsverschiebungen zu kompensieren. In der Praxis allerdings führte dies zu einer deutlichen Manipulation der Wahlkreisgrenzen seitens der liberalen Regierung zugunsten liberaler Minderheiten.[17] An der Übervölkerung einzelner Wahlkreise änderte sich nichts. Diese sogenannte Wahlkreisgeometrie, die sich anfangs in erster Linie gegen das Zentrum richtete, wirkte sich bereits im Verlauf der achtziger Jahre zunehmend zugunsten dieser Partei aus, die in die bäuerlichen Regionen Eingang gefunden hatte und benachteiligte nun die Sozialdemokraten, die vor allem in den aus allen Nähten platzenden städtischen Wahlkreisen agitierten. Sogar noch vor den Landtagswahlen 1905, als die Reform des Wahlgesetzes unmittelbar vor der Tür stand, versuchte die – immer noch liberale Regierung eine Wahlkreisänderung.

So schrieb ein zeitgenössischer Beobachter: »Man wollte den Sozialdemokraten zwei oder drei Sitze, dem Bauernbund einen Sitz nehmen, damit das Zentrum einigermaßen kompensiert werde und künftig weniger über die ungerechte Wahlkreiseinteilung zu klagen habe und damit die Liberalen auch ferner die Vorteile der zu ihren Gunsten früher geschaffenen Wahlkreisabgrenzung weiter genießen können.«[18]

In München wuchs die Bevölkerung der Landtagswahlkreise ähnlich an wie die der Reichstagswahlkreise. In München I – das die Innenstadtbezirke links der Isar umfaßte – wurden fünf Abgeordnete gewählt, in München II, also den

Arbeitervorstädten rechts der Isar, nur ein Abgeordneter. Hier traf auf einen Abgeordneten mehr als das Vierfache der ursprünglich vorgesehenen 31500 Einwohner, in München I noch bis zum Doppelten.¹⁹

Das Verfahren der indirekten Wahl von fünf Abgeordneten in einem Wahlkreis führte für die Sozialdemokratische Partei zu sehr ungünstigen Konstellationen im Wahlkreis München I: 1893 wurden 214 liberale Wahlmänner gewählt, 82 der Sozialdemokratie und 44 des Zentrums. Letztere traten angesichts der Aussichtslosigkeit der Abgeordnetenwahl zu dieser nicht mehr an; gewählt wurden fünf liberale Kandidaten. 1899 erhielten die Liberalen in diesem Wahlkreis 87 Wahlmänner, das Zentrum 91 Wahlmänner und die Sozialdemokraten 166 Wahlmänner. Eine Absprache auf Wahlmännerebene zwischen Zentrum und Liberalen hätte die SPD trotz der mehr als doppelt so großen Wählerzahl alle fünf Mandate kosten können. Dieser Eventualität war Vollmar zuvorgekommen, indem er mit dem Zentrumspolitiker Heim eine Wahlabsprache vereinbarte, die der Sozialdemokratie drei und dem Zentrum zwei Abgeordnetenmandate zusicherte. Die SPD, die erstmals 1893 mit fünf Abgeordneten – darunter Vollmar für München II – in den Landtag eingezogen war, erreichte nun elf Mandate im Bayerischen Abgeordnetenhaus, mit Georg Birk, Adolf Müller und Franz Schmitt für München I, Vollmar für München II. Das Zentrum allerdings erhielt auf diese Weise die absolute Mehrheit im Landtag. Dieses Wahlbündnis, das in ähnlicher Form für einige andere bayerische Wahlkreise mit mehreren Abgeordneten getroffen wurde, wiederholten beide Parteien in derselben Konstellation 1905. Im Wahlkreis München II, der im wesentlichen Haidhausen und Giesing umfaßte, hatten die Sozialdemokraten keine vergleichbaren Schwierigkeiten. Vollmar gewann 1899 und 1905 so eindeutig die Wahlmännermehrheit, daß er bei beiden Wahlen ohne Gegenkandidaten zum Abgeordneten für München II gewählt wurde.

Das Landtagswahlrecht von 1906

Dieses taktische Zusammengehen mit dem Zentrum 1899 und 1905 stieß nicht nur in der sozialdemokratischen Parteizentrale in Berlin auf teilweise herbe Kritik,²⁰ sondern auch beim rechten Zentrumsflügel, vor allem bei Georg von Hertling und Georg von Orterer, zumal sich inhaltliche Übereinstimmung zwischen beiden Parteien erst langsam herauszubilden begannen.

Im bayerischen Zentrum entstand in den neunziger Jahren ein ›Arbeiterflügel‹, nachdem bereits in den frühen neunziger Jahren der ›Bauernflügel‹, vertreten durch Georg Heim, für vehemente politische Kurskorrekturen gesorgt hatte. Bei der Landtagswahl 1899 zog in München I mit Karl Schirmer erstmals ein Arbeitervertreter für das Zentrum ins Abgeordnetenhaus ein.²¹ Zwischen den beiden Landtagswahlen 1893 und 1899 fand ein Umdenken innerhalb der Partei statt, nachdem sich auch in der Landbevölkerung allmählich Proteste gegen das bestehende Wahlrecht äußerten, dessen Bestimmungen dafür sorgten, daß es zum Beispiel 1893 in 240 ländlichen Gemeinden allein in Oberfranken gar keinen oder nur einen einzigen Urwähler gab.²² Doch noch 1899 sah Orterer durch ein neues Wahlgesetz die Interessen der Landbevölkerung zugunsten des Proletariats gefährdet.²³

Den Kampf für ein neues Wahlgesetz hatte die sozialdemokratische Fraktion seit ihrem Bestehen (1893 mit dem Einzug ins Abgeordnetenhaus) zuoberst auf ihre Fahne geschrieben. Nach einer Reihe abgelehnter Anträge²⁴ ließ sich bereits vor der Landtagswahl 1899 eine Zentrumsunterstützung absehen; dennoch gelang es beiden Parteien erst 1906, die nötige gesetzgeberische Mehrheit für den neuen Entwurf zu erreichen. Die turnusgemäß 1905 gewählten Abge-

»Herr von Vollmar trifft die Vorbereitungen zu den Landtagswahlen.« Zeichnung von Bruno Paul – Georg von Vollmars Wahlabsprachen mit dem ideologischen und politischen Gegenpart der SPD, dem katholischen Zentrum, waren der Arbeiterschaft nicht immer leicht zu vermitteln. Beiblatt des Simplicissimus 1905, Nr. 4, S. 45

ordneten sollten das neue Wahlrecht beraten, den Landtag auflösen und für 1907 eine Neuwahl nach dem neuen Wahlgesetz anberaumen.

Indirekt waren die Wahlrechtsforderungen der Sozialdemokratie durch das Wahlabkommen 1899 mit dem Zentrum allerdings wesentlich beeinflußt worden. Die Tatsache, daß man Kooperationsbereitschaft mit dem sonst so heftig bekämpften Gegner zeigte, schwächte einerseits das »kämpferische Klassenbewußtsein«.[25] Die Freude über die Verdoppelung der Mandatszahl 1899 wurde zugleich getrübt durch die »Selbstverständlichkeit«, mit der »die eigenen Leute auf diese rein wahltaktisch-opportunistische Zusammenarbeit mit dem Zentrum eingegangen seien.«[26] Andererseits stärkte das Wahlabkommen in erster Linie das Zentrum, das mit der absoluten Mehrheit der Mandate ins Abgeordnetenhaus einziehen konnte. Diese überwältigende Zentrumsmehrheit beeinflußte auch die Diskussion um das neue Wahlrecht, das nun der Sozialdemokratie zwar die beiden wichtigsten Forderungen erfüllte, nämlich die Einführung der direkten Wahl der Abgeordneten und die Änderung der Wahlkreiseinteilung, das aber gleichzeitig die Wahlberechtigung einschränkte, indem das Mindestalter für die (aktive) Wahl von 21 auf 25 Jahre heraufgesetzt und der Zeitraum, in dem der Wahlberechtigte im Staate Bayern gelebt und eine direkte Steuer entrichtet haben mußte, von einem halben auf ein Jahr erhöht wurde. Im bayerischen Durchschnitt bedeutete dies eine Senkung des Anteils der Wahlberechtigten um etwa ein Prozent, in München noch um etwas mehr.

Trotz der Einschränkungen stimmten die Sozialdemokraten für die Einführung des neuen Wahlrechts.[27] Auch die sozialdemokratischen Wähler in München hielten sich mit großer Disziplin an die Abmachung mit dem Zentrum, wie sich den amtlichen Ergebnissen entnehmen läßt: für die Wahl von 1905 waren Absprachen zwischen beiden Parteien bereits auf der Urwählerebene getroffen worden.

Für die erste Wahl unter dem neuen Wahlgesetz hatte es keinerlei Wahlabsprachen gegeben. Trotz der geringeren Zahl Wahlberechtigter war der Erfolg für die Sozialdemokraten groß, die jetzt mit zwanzig statt bisher zwölf Abgeordneten in den Landtag ziehen konnten. Das Zentrum hatte sich mit seiner Zustimmung zum Wahlrecht allerdings auch nicht verkalkuliert, die Partei verlor lediglich vier Sitze und konnte mit 98 von insgesamt 163 Mandaten die absolute Mehrheit behaupten. Die Liberalen waren mit 25 Abgeordneten vertreten. In München allerdings war das Zentrum eindeutiger Verlierer. Nach dem neuen Wahlrecht war die Stadt in zwölf Einmann-Wahlkreise eingeteilt worden, von denen die SPD acht gewann und die Liberalen vier. Liberal wählten die Viertel um die Ludwigstraße, Sendlinger Straße, die Theresienwiese, den Königsplatz und die eigentliche Innenstadt um den Promenadeplatz, sozialdemokratisch dagegen waren die Vororte Au, Giesing, Thalkirchen und Westend. Zusätzlich zu den bisherigen Münchner Sozialdemokraten Vollmar, Franz Schmitt, Eduard Schmid, Adolf Müller zogen 1907 ebenso wie 1912 Ludwig Pickelmann, Albert Roßhaupter, Johannes Timm und Erhard Auer für die Stadt in den Landtag ein.

Die Übermacht des Zentrums im Landtag, mit dem die sozialdemokratischen Abgeordneten, von der Wahlreform abgesehen, keine gemeinsame Politik betrieben, führte bereits 1906 zu tastenden Annäherungen an den linken liberalen Flügel, mit dem man eine gemeinsame Politik vor allem im Schul- und Hochschulbereich anvisierte. 1907 verhinderte noch die Reichstagspolitik der Liberalen eine nähere Verbindung, doch waren durch die Annäherung beider Parteien im Reich 1912 auch in Bayern die Weichen für ein gemeinsames Vorgehen bei Wahlen gestellt, nunmehr um die Zentrumsvormacht zu brechen. Zudem entbrannte um die gewerkschaftliche Vertretung der Eisenbahnarbeiter in Bayern ein heftiger Streit zwischen Zentrum und SPD. Zunächst erhielten die Sozialdemokraten 1908 aber noch die Unterstützung des Zentrums bei der Einführung eines neuen Gemeindewahlrechts.

Gemeindewahlen

Auch im Kollegium der Gemeindebevollmächtigten und im Magistrat der Stadt München galt es, die liberale Vorherrschaft zu brechen. Die Wahlberechtigung zur Kommunalwahl war an das Heimatrecht und das Bürgerrecht gebunden.[28] Allerdings waren die Kosten hierfür erheblich,[29] sie lagen etwa bei einem halben durchschnittlichen Monatslohn eines Arbeiters. Die Zahl der Wahlberechtigten in München umfaßte 1893 bei der Reichstagswahl 106800, bei der Landtagswahl 56100 und bei der Gemeindewahl 19300 Personen.[30]

München war für die Wahl der Gemeindebevollmächtigten in 20 Wahlbezirke unterteilt, von denen jeder einen Bevollmächtigten stellte, der mit einfacher Mehrheit gewählt wurde. Für die Magistratsräte galt die absolute Mehrheitswahl.[31] Die Einteilung der Wahlkreise und die Auswahl der Wahlberechtigten bevorzugte die Liberalen und benachteiligte das Zentrum, das beispielsweise mit der annähernd gleichen Stimmenzahl 1902 nur fünf gegenüber den zwölf liberalen Kandidaten durchbrachte, und vor allem die Sozialdemokraten, die erst 1893 mit Georg Birk ihren ersten Gemeindebevollmächtigten entsenden konnten – und das bei 22 Prozent der Stimmen. Doch bis 1905, der letzten Wahl vor der Wahlrechtsänderung, wurden noch weitere zehn sozialistische Gemeindebevollmächtigte in München gewählt, und ihren ersten Magistratsrat erhielten die Sozialdemokraten bereits 1899 mit Eduard Schmid, zwischen 1919 und 1924 dann Münchner Bürgermeister. Schmid wurde 1905 nach Ablauf seiner Amtszeit erneut in den Magistrat gewählt, in den jetzt noch zwei weitere SPD-Männer Eingang fanden. 1905 bestand das Gemeindebevollmächtigten-Kollegium aus 34 Liberalen, einem Demokraten, 16 Zentrumsabgeordneten und neun Sozialdemokraten.[32]

Die sozialdemokratische Landtagsfraktion forderte seit Anbeginn eine Herabsetzung der Bürgerrechtsgebühren, deren Höhe den Gemeinden rechtlich nicht bindend vorgeschrieben war und die innerhalb Bayerns erheblich schwankte. Nach 1896, als man die Gebühren für Arbeiter halbiert hatte, verlegte sich die Partei darauf, ein Proportionalwahlrecht zu propagieren, mit dem eine Änderung der Wahlbezirksgrenzen für die Städte einhergehen sollte. Sie erhielt in dieser Sache massive Unterstützung des Zentrums.[33] In den ländlichen katholischen Gemeinden profitierte das Zentrum sowohl von der Wahlkreiseinteilung als auch vom Mehrheitswahlrecht und hatte sich der dortigen Konkurrenz des Bauernbundes in den späten neunziger Jahren sehr wohl zu erwehren gewußt. Doch in den städtischen Gemeinden stand die Partei zwischen den Liberalen, mit denen sie um die Gunst des Bürgertums kämpfte, und den Sozialdemokraten, die jedoch immer noch ein Monopol auf die Stimmen der Arbeiterschaft beanspruchten. Zudem mangelte es der Partei vor allem in den Großstädten an Flexibilität. Die katholische Arbeiterschaft wurde in München noch um die Jahrhundertwende vom Zentrum so gut wie gar nicht angesprochen, und auch bei der Werbung um die Gunst der gehobenen und mittleren Bürgerschichten versagte das Zentrum fast gänzlich, was wohl mit der in Großstädten eher antiklerikalen Haltung des Bürgertums zusammenhing.[34] So fiel dem Zentrum in München die Rolle des ewigen Zweiten zu. Die Einführung des Proportionalwahlrechts in Gemeinden mit mehr als 4000 Einwohnern erwies sich für die katholische Partei daher als überaus günstig, sicherte es doch die ländlichen Pfründen durch das bestehende Mehrheitswahlrecht und ermöglichte zugleich, auch als ewig zweite Partei zu einer adäquaten Mandatszahl in Stadtgemeinden zu gelangen!

In der Sozialdemokratie war der Kampf um das Verhältniswahlsystem um die Jahrhundertwende schon lange Bestandteil der Parteiprogramme.[35] Dort, wo vor dem Ersten Weltkrieg die Proportionalwahl zur Anwendung kam, wurde sie meist eingesetzt, um bestehende sozialdemokratische Mehrheiten abzubauen, wie zum Beispiel beim Bürgerschaftswahlrecht in Hamburg. Insofern war ein uneingeschränktes Eintreten für dieses Wahlrecht durchaus nicht selbstverständlich, wenn es sich auch in München zunächst positiv für die Partei auswirkte, da die bestehenden Wahlkreisgrenzen es den sozialdemokratischen Kandidaten sehr schwer gemacht hatten, zu Mehrheiten zu gelangen. Die Reform des Gemeindewahlrechts hatte, ebenso wie die des Landtagswahlrechts, in Süddeutschland aber durchaus Parallelen.[36]

Der Kompromiß, die Verhältniswahl nur in größeren Gemeinden durchzuführen, wurde von der Sozialdemokratie akzeptiert; das ist zum einen wiederum typisch für ihre ›Politik der kleinen Schritte‹. Andererseits aber spielte sich die gesamte Wahltätigkeit in diesen größeren bayerischen Gemeinden ab, obwohl es sich hier nur um 115 von 8000 Gemeindeverbänden handelte.[37] Über 93 Prozent aller Stimmen wurden in Gemeinden mit mehr als 4000 Einwohnern abgegeben.[38]

Das eigentliche Wahlverfahren zur Wahl der Gemeindebevollmächtigten war recht kompliziert; hier soll nur auf die wichtigsten Elemente dieser Listenwahl hingewiesen werden:[39] Die Parteien stellten Listen auf, die, wegen der Wahl von Ersatzmännern, das Eineinhalbfache der Zahl von zu wählenden Gemeindebevollmächtigten enthalten konnten. Ein Name durfte bis zu dreimal auf der Liste stehen. Der Wähler allerdings war in keiner Weise an die Liste gebunden. Er konnte Namen aus verschiedenen Listen ankreuzen und auch eigene Kandidaten vorschlagen; er durfte ebenfalls bis zum Eineinhalbfachen der zu wählenden Kandidaten Namen nennen. Es spricht für das Einverständnis der sozialdemokratischen Wähler mit den aufgestellten Kandidaten der Partei, daß in München 1911 lediglich drei Prozent der Wahlzettel Veränderungen innerhalb der Kandidatenreihung aufwiesen. Beim Zentrum waren es immerhin 21 Prozent und bei den Liberalen gar 59 Prozent.[40] Bei hoher Wahlbeteiligung erreichte die Münchner SPD einen Sitz mehr als 1905, das Zentrum dagegen konnte seine Zahl der neugewählten Kandidaten verdoppeln. Die Liberalen verloren erwartungsgemäß: es fielen jetzt nur noch sieben von 20 Kandidaten auf die Liberalen. Bei der folgenden Gemeindewahl 1911 verbuchte die SPD erstmals den größten Wahlerfolg und schickte acht neue Kandidaten ins Rathaus gegenüber fünf vom Zentrum und sechs von den Liberalen. Sie stellte jetzt mit 19 von 60 die größte Fraktion unter den Gemeindebevollmächtigten. 1914 konnte sie ihre Position noch ausbauen; das Kollegium bestand nun aus 22 Sozialdemokraten, 18 Liberalen und 17 Bevollmächtigten des Zentrums sowie drei Sonstigen.[41]

Das erste Münchner Gemeindewahlprogramm entstand nach der Wahl des ersten sozialdemokratischen Gemeindebevollmächtigten 1893 im Jahre 1896. »Andere Orte Bayerns folgten, doch geschah dies ohne gegenseitige Verständigung, ohne jegliche Fühlungnahme.«[42] Das Münchner Programm war zweigeteilt und beinhaltete, nach längerer Diskussion, auch Forderungen »an Reich und Staat«, wobei zuoberst die nach der Selbstverwaltung der Gemeinde standen. Im zweiten Teil, den Forderungen an die Gemeinde, nahm den ersten Platz die Forderung nach »Vornahme der Gemeindewahlen an einem Sonn- oder Feiertage« ein.[43] Die politische Praxis stand auch im Münchner Rathaus weit stärker im Vordergrund als in der Landtags- oder gar Reichstagspolitik der Partei, ließen sich doch – nicht nur durch die Vertreter in Armen- und Waisenräten, bei Kaufmanns- und Gewerbegerichten – ganz konkrete Besserungen in der Sozialpolitik erreichen; so waren 1911 in der Münchner Armenpflege bereits 167 Genossinnen und Genossen tätig. Im Münchner Rathaus war deshalb die Zustimmung der Sozialdemokraten zum Gemeindebudget gar kein Problem, im Gegensatz zur Landespolitik, in der die Etatberatungen noch 1908 zu heftigen Kontroversen mit der Parteizentrale geführt hatten.[44]

Die praktische Arbeit der Genossen im Münchner Rathaus bedingte auch eine weit engere Einbindung in die bürgerliche Rathausgesellschaft, was von den gegnerischen Parteien belächelt und von den Münchner Sozialdemokraten umständlich und nicht ohne Kopfzerbrechen gerechtfertigt wurde. So brachte es die zunehmende Stärke der Rathausfraktion mit sich, daß nach zähem Ringen der Genosse Witti 1911 den Posten des zweiten Vorstandes im Gemeindebevollmächtigtenkollegium erhielt, womit in erster Linie Repräsentationspflichten verbunden waren. Anläßlich eines Besuchs von Kaiser und Kaiserin in München wurde Witti zu einem Galadiner geladen und in ein »Gespräch gezogen«; darüber erregte sich die Zentrumspresse so sehr, daß Witti gerichtlich gegen sie vorgehen mußte.[45] Auch innerhalb der Partei war solche Repräsentation nicht unumstritten; so meinte ein anderer Genosse:

»Überlegen Sie doch, was für ein komisches Bild es gibt, wenn ein Sozialdemokrat in Kniehosen, Wadlstrümpfen und mit der Angströhre zu Hofe pilgert und glaubt, dadurch für die Arbeiterklasse praktische Arbeit zu leisten.«[46]

Diese Repräsentationspflichten, deren Erfolg von den Münchner Genossen überwiegend akzeptiert wurden, stellten das Höchstmaß sozialdemokratischer Integration im Vorkriegsmünchen dar.

Der Aufstieg der christlichen Arbeiterbewegung in München

Die Stoßrichtung sozialdemokratischer Politik im Münchner Rathaus, wie auch im Landtag und im Reichstag, war hauptsächlich durch den Kampf um die Verbesserung der Lage der untersten sozialen Schichten, vornehmlich der Arbeiterschaft, bestimmt; dem Zentrum gelang es jedoch auch im ausgehenden Kaiserreich nicht, seinen Vertretungsanspruch für alle christlichen Bevölkerungsschichten glaubhaft auf die Arbeiterschaft auszudehnen. »Die zunehmende Divergenz zwischen der Politik der Reichstagsfraktion und der Grundstimmung eines großen Teils ihrer Wähler, der katholischen Arbeiter«[47] zeigte sich in einer lediglich punktuellen, programmatisch in keiner Weise ausgearbeiteten Arbeiterpolitik und dem lange verhinderten Eintritt von Arbeitervertretern in die politischen Gremien; diese waren überdies oft eher »harmlose Konzessionsschulzen«.[48] Daß der Schlosser Karl Schirmer 1899 als erster Arbeiterkandidat durch das Wahlbündnis mit der SPD ein Abgeordnetenmandat des Zentrums im Landtag erhielt, beleuchtet die besondere Rolle Münchens innerhalb der christlichen Arbeiterbewegung. Die Arbeiterkandidaten des Zentrums standen vor dem Problem, daß sie sich in Arbeiterwahlkreisen gegen die sozialdemokratische Konkurrenz nicht durchsetzen konnten und in sicheren Zentrumswahlkreisen in der Regel kaum Arbeiterwähler vorhanden waren.

So war bereits das Aufstellen eines Arbeiterkandidaten innerhalb der Partei äußerst umstritten, wurde aber von den Arbeiterwahlvereinen, von denen noch zu sprechen sein wird, mit großer Energie verfochten.[49] Der Erfolg blieb nicht aus: nach der Landtagswahl 1907 zogen von 98 Zentrumsabgeordneten fünf Arbeitervertreter in den Landtag ein, und Karl Schirmer wurde als erster Arbeiterkandidat im selben Jahr in den Reichstag gewählt.

Das Zentrum verfügte – anders als die Sozialdemokratie – über keinen Organisationsaufbau, der von lokalen Ortsgruppen über Landes- und Reichsparteitage die Politik hätte festlegen können. Es gab keine Parteimitglieder – die Organisation wurde von der katholischen Kirche übernommen, deren Einfluß allerdings den aller politischen Vereine übertraf.[50] Die Funktion des Parteitages übernahmen die jährlichen Katholikentage,[51] regionale Untergruppen waren in Diözesanverbänden organisiert. In keiner Partei des wilhelminischen Deutschland war der Einfluß der Geistlichen so stark wie in dieser. Im bayerischen Landtag bestand die Zentrumsfraktion jeweils zu einem Fünftel aus Geistlichen. Auch der Beginn einer Organisation katholischer Arbeiter innerhalb und außerhalb des Zentrums ging auf die Initiative Geistlicher zurück, der »roten Kapläne«.[52]

Der Arbeiterwahlverein · Ende der achtziger Jahre begannen sich in den Münchner Arbeitervororten, erstmals in Bayern, unter der Leitung der dortigen Geistlichen neben den schon bestehenden Gesellenvereinen katholische Arbeitervereine zu konstituieren. Sie erreichten relativ schnell eine recht beachtliche Mitgliederzahl, die aber bereits zu Beginn der neunziger Jahre stagnierte. 1891 gab es in München sechs Vereine mit fast 1300 Mitgliedern.[53] Die Vereine waren zunächst unpolitisch, manche schienen »fast ausschließlich Arbeitergesangvereine« gewesen zu sein.[54] Ihr weiterer Aufstieg in München und die Entwicklung christlicher Gewerkschaften war im wesentlichen das Werk eines Mannes, des Monsignore Lorenz Huber.[55]

Für die Münchner Gewerbegerichtswahl 1891, die nach dem Verhältniswahlsystem vorgenommen wurde, und an der die Sozialdemokraten sich äußerst erfolgreich beteiligten, organisierte Huber in München auch eine Liste der katholischen Arbeiter, die allerdings nur von einem Drittel ihrer Mitglieder gewählt wurde und kläglich scheiterte.[56] Nach Meinung Hubers und seines Schützlings Schirmer war dies vor allem darauf zurückzuführen, daß keine nach Berufsgruppen gegliederten ›Fachsektionen‹ bestanden, entsprechend dem Vorbild der ›Freien Gewerkschaften‹.[57] Doch brachte der Versuch einer solchen Umorganisation keine weiteren Mitglieder, worauf Huber einen eher gewerkschaftlich orientierten ›Verein Arbeiterschutz‹ gründete.

Seine Politisierung der Münchner Arbeitervereine stieß jedoch auf dem Verbandstag der süddeutschen katholischen Arbeitervereine in München 1892 auf Kritik von allen Seiten. Huber verfolgte seine Ziele dennoch beharrlich: »Der Arbeiter ist Wähler; wählen ist seine Pflicht« meinte er und beklagte ferner, daß die »Christliche Arbeiterschaft im bayerischen Zentrum nicht zu Worte komme«.[58] Dahinter stand – zumal in München – die Furcht, die katholische Arbeiterschaft zunehmend als Wähler an die Sozialdemokratie und in ihrer Berufsvertretung an die ›Freien Gewerkschaften‹ zu verlieren. Es war wiederum Hubers Initiative zu verdanken, daß in München im Gasthaus Bögner im Tal Schulungsunterricht für die geistlichen Arbeitervereinsleiter und für interessierte Mitglieder angeboten wurde. Dieser ›Bögner Club‹, der in München auf lebhafte Resonanz stieß, wurde rechtzeitig zur nächsten Gewerbegerichtswahl und mit Rücksicht auf die vereinsrechtlichen Bestimmungen zum ›Arbeiterwahlverein der Zentrumspartei‹ umgebildet. Er hatte die Aufgabe, die politischen Interessen der christlichen Arbeiterschaft zu vertreten.[59] Organisatorisch bedeutsam war die Herauslösung aus der kirchlichen Verwaltung: Die Vorstandschaft bestand ausschließlich aus Arbeitern. Nachdem die ersten Versammlungen von Sozialdemokraten gesprengt worden waren, ging der Arbeiterwahlverein zum Gegenangriff über. Versammlungen auf beiden Seiten endeten nun regelmäßig mit »Tumult und Hinauswurf«; doch schließlich gelang es dem Zentrumswahlverein, sich in München zu etablieren. Auf dem katholisch-sozialen Programm von 1892 fußend, also der zwei Jahre später offiziell verabschiedeten kirchlichen Stellungnahme zur sozialen Frage,[60] forderte der Verein vor allem sozialpolitische Maßnahmen, die Änderung des Landtagswahlrechts sowie des Bürger- und Heimatrechts. Als Presseorgan des Wahlvereins fungierte das katholische Blatt ›Der Arbeiter‹, gegründet, redigiert und im politischen Teil geschrieben sowie wesentlich finanziert von Lorenz Huber.[61] Mitte der neunziger Jahre wurde es etwa von der Hälfte der Münchner Arbeitervereinsmitglieder abonniert.

1894, bei der Einrichtung eines öffentlichen Arbeitsamtes, berief Oberbürgermeister Wilhelm von Borscht als Arbeitervertreter dann Karl Schirmer »aus der Werkstatt heraus zur Mitberatung der Satzungen in die Rathauskommission, ein bisher nie dagewesener Vorgang«.[62] Auf dem Katholikentag 1895 in München war Schirmer »Erster Arbeiterredner«, und im Wahljahr 1899 setzte der Arbeiterwahlverein die Kandidatur und schließlich die Wahl Schirmers im Wahlkreis München I als Landtagsabgeordneter des Zentrums durch.

Anfang 1905 gestand schließlich der Parteitag des bayerischen Zentrums der christlichen Arbeiterschaft eine entsprechende Vertretung im Landtag zu, worauf die anwesenden Arbeiterdelegierten ein »Aktionskommitee für Wahlen« in München gründeten, um Arbeiterkandidaturen gezielt fördern zu können.[63] Die Durchsetzungsmöglichkeiten einer dezidierten Arbeiterpolitik innerhalb des Zentrums blieben aber bis zum Ende des Weltkrieges gering. Schirmer selbst stieß offenbar in Fraktionssitzungen immer wieder auf Gelächter der Parteigenossen, wenn er versuchte, sich für die Sache der Arbeiterbewegung einzusetzen, was ihn so enttäuschte, daß er 1903 äußerte, an Fraktionssitzungen künftig nicht mehr teilnehmen zu wollen.[64]

Die christliche Gewerkschaftsbewegung · Parallel zur zentrumsnahen politischen Bewegung der katholischen Arbeitervereine entwickelten sich gewerkschaftliche Organisationsformen. Auch sie gehen, mit der Gründung des ›Vereins Arbeiterschutz‹ 1895, unmittelbar auf die Initiative des süddeutschen katholischen Arbeiterverbandspräses Lorenz Huber zurück. Nachdem frühere Organisationsversuche scheiterten, rief er eine Art örtliches Gewerkschaftskartell ins Leben, eben den ›Verein Arbeiterschutz‹. Huber ließ sich bei der Gründung dieser älteren Vorform christlicher Gewerkschaften von einer Reihe sehr differenzierter Überlegungen leiten: unübersehbar war der Aufschwung der sozialdemokratischen ›Freien Gewerkschaften‹ in München. Sie wuchsen zwischen Mai 1894 und August 1895 von 4900 auf fast 8000 Mitglieder.[65] Das Ziel von Hubers Gewerkschaftsgründung war zunächst nicht der Versuch, mit den ›Freien Gewerkschaften‹ in Konkurrenz zu treten, er wollte vielmehr als Ergänzung dieser Organisation fungieren und jene Teile der Arbeiterschaft einbeziehen, die sich bisher einer Organisation in den ›Freien Gewerkschaften‹ widersetzt hatten. Bewußt beschränkte er sich auch nicht auf die katholischen Arbeiter, sondern versuchte, alle christlich gesinnten Arbeiter anzusprechen. Grundgedanke war dabei, in näherer Zukunft die christlichen mit den ›Freien Gewerkschaften‹ zu vereinen, wobei er voraussetzte, daß die ›Freien Gewerkschaften‹ sich von der ideologischen Anlehnung an die SPD loslösen würden und somit die berufsständische Vertretung der Arbeiterschaft in einer einzigen Gewerkschaft stattfinden könnte.

Laut seinen Statuten, die Huber und Schirmer erarbeitet hatten, sollte der ›Verein Arbeiterschutz‹ die materiellen Interessen seiner Mitgliedern fördern und schützen, sie informieren, gegen Mißstände am Arbeitsplatz vorgehen, den Mitgliedern in Rechtsstreitigkeiten beistehen, die Gründung von Berufsfachsektionen betreiben und nach Möglichkeit Unterstützungseinrichtungen schaffen. Er sollte »das Verhältnis zwischen Arbeitgebern und Arbeitnehmern auf den Boden des christlichen Rechts und der Liebe stellen«.[66] Zu diesem Zweck gab sich der Verein schon relativ bald ein Streikreglement; um eine Verbesserung der Löhne oder Verkürzung der Arbeitszeit zu erreichen, beschloß man angesichts der geringen Mitgliederzahl, in vielen Fällen »Hand in Hand« mit den sozialdemokratischen ›Freien Gewerkschaften‹ zu gehen.[67] Doch waren die finanziellen Mittel des Verbandes so gering, daß Streiks vorläufig kaum in Frage kamen. Die Akten der Polizeidirektion München weisen für den Zeitraum von 1896 bis 1903 fast 50 Streiks und Aussperrungen aus, wobei die christlichen Gewerkschaften zweimal als Streikbrecher und sechsmal in untergeordneter Rolle am Streik beteiligt waren.[68] Bis zur Neukonstituierung des Verbandes und Gründung einer formellen christlichen Gewerkschaft im Jahre 1899 hatten sich bereits in München etliche Fachsektionen gebildet, unter ihnen die der Hafner, Schreiner und Metallarbeiter.

Ohne daß er seinen Sitz in München hat, wird man auch den von dem Münchner Arbeiter Moritz Schmid 1896 gegründeten ›Süddeutschen Eisenbahnverband‹ hierzu rechnen müssen. Die junge Gewerkschaft hatte mit vielen Problemen zu kämpfen: Der chronische Geldmangel wurde

»Welche Mühe haben wir uns gegeben, den christlichen Arbeiterverein ins Leben zu rufen, und jetzt, wo der Ausstand beginnen soll, fordern die Kerls ebenso Lohnerhöhung, wie die anderen. Ja, was denken sich denn die Leute unter ›christlich‹?« Zeichnung von C. Schnebel – Die christlichen Gewerkschaften hatten zwischen den Arbeitgebern und den ›Freien Gewerkschaften‹ keinen leichten Stand. Simplicissimus 1899, Nr. 2, S. 11

durch den selbstlosen Einsatz weniger Idealisten in vieler Hinsicht wettgemacht. Die geringen Mitgliederbeiträge (fünf Pfennig im Monat) reichten kaum für die laufenden Kosten; eine Erhöhung der Beiträge 1907, auf 20 Pfennige im Monat, kostete die Gewerkschaft aber zehn Prozent ihrer Mitglieder.[69] Immer wieder griff Lorenz Huber dem Verband finanziell unter die Arme oder fand kirchliche Spender.[70] Neben der feindlichen Haltung der Arbeitgeber gegenüber Gewerkschaftsgrundungen auch von christlicher Seite hatte man die Reaktion der Mitglieder sozialistischer ›Freier Gewerkschaften‹ in den Betrieben zu fürchten. Nachdem die christlichen Gewerkschaften im Hafner-Streik 1897 als Streikbrecher aufgetreten waren, nahmen Übergriffe von seiten freigewerkschaftlicher Mitglieder derart überhand, daß der ›Verein Arbeiterschutz‹ 1899 beabsichtigte, eine Unterstützungskasse für Mitglieder einzurichten, die an sozialdemokratischen Übergriffen zu leiden hatten.[71]

Es fällt auf, daß in München 1904 die Zahl der Arbeitervereinsmitglieder dreimal stärker war als die der Mitglieder in christlichen Gewerkschaften: Große Teile der katholischen Arbeiterschaft wurden von ihnen nicht erreicht. Auch bestand zwischen beiden Organisationen ein gewisses Konkurrenzdenken, da die Arbeitervereine auch die Funktion der Berufsvertretung für sich in Anspruch nahmen.[72]

Das Unterstützungswesen der christlichen Gewerkschaften blieb entsprechend ihren bescheidenen finanziellen Mitteln relativ gering. Die Arbeitervereinssterbe- und Krankenkassen arbeiteten mit dem Verfahren, die Kosten auf ihre Mitglieder umzulegen, und die Gewerkschaftsunterstützung blieb, bis auf die Streikgelder, weit hinter den Beiträgen der ›Freien Gewerkschaften‹ zurück. Die Streikunterstützung entsprach der der ›Freien Gewerkschaften‹, wurde allerdings durch die geringe Streikteilnahme der christlichen kompensiert,[73] die auch programmatisch begründet war, da Streik nur als letztes Mittel »und wenn Erfolg verheißend« eingesetzt werden durfte.[74]

Im März 1900 fand in München der erste bayerische christliche Gewerkschaftskongreß statt, der ein bayerisches

Gewerkschaftskartell mit Sitz in München konstituierte, um die Gründung gewerkschaftlicher Organisationen in Bayern zu forcieren.[75] Man stellte Hans Braun als ersten bezahlten Gewerkschaftssekretär ein. Obwohl es sich um eine regionale Gewerkschaftsgründung handelte, entstanden unter der Führung des Kartells schon früh etliche Zentralverbände christlicher Gewerkschaften für das gesamte Reich. Der erste hierunter war 1899 der ›Christliche Holzarbeiterverband für Deutschland‹ unter Leitung von Adam Stegerwald, der 1903 bereits das Generalsekretariat der christlichen Gewerkschaften Deutschlands übernahm und dieses Amt bis 1929 innehatte. Mit dem Fortschreiten der Zentralverbandsgründungen traten immer mehr Verbände aus dem bayerischen Gewerkschaftskartell aus, das sich schließlich im April 1904 ganz auflöste.

Die sozialdemokratische Arbeiterbewegung und die ›Freien Gewerkschaften‹ in München

Regionale und überregionale Koordination sowie eine funktionierende Organisation der Verbandstätigkeit, wie sie die christlichen Gewerkschaften erst nach der Jahrhundertwende erreichten, bestanden bei den sozialistischen ›Freien Gewerkschaften‹ schon lange vorher. Obwohl die Zentralisierung der Bewegung bereits 1890 mit der Gründung der ›Generalkommission der Gewerkschaften Deutschlands‹ eingeleitet wurde, erforderte die sozialpolitische Tätigkeit der Gewerkschaften, so die Regelung des Herbergswesens oder die Organisation des Rechtsschutzes und der Bildungsarbeit, nach wie vor starke lokale Verbände. Vor allem die großen Gewerkschaftskartelle in Frankfurt und München drängten hierbei nach mehr Selbständigkeit und versuchten zunehmend auch die Leitung der lokalen Lohnkämpfe an sich zu ziehen.[76] Letztere jedoch waren ohne die vom Zentralverband geleisteten Streikgelder kaum zu finanzieren, was letztlich deren Macht begründete und den lokalen Gewerkschaftskartellen nur mehr eine bescheidene Entscheidungsbefugnis beließ.[77] Ihre Aufgaben bestanden in München im wesentlichen im Betreiben der Arbeitersekretariate und der Arbeit in verschiedenen Kommissionen, zum Beispiel der Bauarbeiterschutzkommission.[78]

Der relativ hohe Organisationsgrad in München rührt von der spezifischen, stark diversifizierten und qualitativ hochstehenden Berufsstruktur her, in der besonders jene Berufe vertreten waren, die traditionell sehr stark organisiert sind. Der größte Verband in München war um die Jahrhundertwende mit Abstand der der Metallarbeiter mit über 4000 Mitgliedern, es folgten die Holzarbeiter mit 2600, die Schneider mit 1700 und die Buchdrucker mit 1200 sowie die Maurer und Brauer mit knapp je 1000 Mitgliedern. Insgesamt bestanden 40 Gewerkschaftsverbände, die zusammen 64 Berufe vertraten.[79] Die Mobilität innerhalb des Gewerkschaftsverbandes war außerordentlich hoch. In einem normalen Jahr, wie 1898, traten in München knapp 11000 Mitglieder neu ein, gleichzeitig verließen die Gewerkschaften knapp 8000.[80] Das gleiche gilt für die christlichen Gewerkschaften; von den Mitgliedern ihres Gründungsjahrs 1899 gehörten 1908 noch 0,7 Prozent der Gewerkschaft an.[81] Die meisten Austritte in allen Verbänden waren durch unbezahlte Beiträge verursacht. Seit 1898 gingen deshalb einzelne Verbände dazu über, besoldete Kassierer zu beschäftigen oder Arbeiter prozentual an den eingesammelten Beiträgen zu beteiligen. Während so zwischen 1899 und 1900 eine Mitgliederzunahme von sechs Prozent erfolgte, erreichte man Mehreinnahmen von 37 Prozent.[82]

Die Streiktätigkeit des Münchner Kartells war erheblich, vor allem in der wirtschaftlichen Wachstumsphase bis zum Jahre 1900. In den folgenden Jahren der Wirtschaftseinbrüche operierte man verhalten, reduzierte die Zahl der Streiks, konnte aber doch Mitgliederzahlen und auch Unterstützungsleistungen beibehalten.[83] Schwerpunkt gewerkschaftlicher Forderungen bei Streiks war die nach Verkürzung der Arbeitszeit, gefolgt von Lohnforderungen beziehungsweise Forderungen nach Erhöhung der Minimallöhne oder der Überstundenbezahlung. Die Finanzierung der organisierten Streiks erfolgte zum größten Teil über die Verbände, später über den Zentralverband. Im Jahre 1898 waren in München zum Beispiel Streikkosten in Höhe von rund 100000 Mark angefallen.[84]

Nach der Erholung der Wirtschaft und der Wiederaufnahme normaler Bautätigkeit führten Lohnkämpfe immer häufiger zu Tarifverträgen. Es handelte sich fast ausschließlich um lokale Tarife; in der Großindustrie der Metallgewerbe und in der Baubranche zeichnete sich etwa 1907/08 ab, daß nur eine reichseinheitliche Regelung letztlich für beide Seiten befriedigend ausfallen könnte. Als Tarifamt bei Schlichtungen und als Einigungsamt fungierte das Münchner Gewerbegericht.[85]

Organisatorisch bedeuteten Streiks in verschiedener Hinsicht eine Belastungsprobe für die Gewerkschaften. Erfolgreiche Streiks konnten aber auch außerordentlich werbewirksam sein: Der große Schreinerstreik in München 1898 erhöhte die Mitgliederzahl des Holzarbeiterverbandes um fast 40 Prozent. Um Mitglieder zu halten, richtete man Unterstützungsfonds, Rechtsschutz- und Reiseunterstützung ein; aber nur neun von 40 Organisationen verfügten über Krankenunterstützung, 13 bezahlten Sterbegelder und sieben Umzugsgelder.[86]

Am schwierigsten war zweifellos die Einführung der Arbeitslosenunterstützung. In München bezahlten 1898 elf Gewerkschaften Arbeitslosenunterstützung, vier weitere bewilligten solche in besonderen Fällen. 1908 leisteten bereits 30 von 53 Organisationen Arbeitslosenunterstützung; zu diesem Zeitpunkt hatten sich von den großen Münchner Verbänden lediglich die Gewerkschaften, die vorwiegend Saisonarbeiter vertraten, noch nicht zu einer solchen Unterstützung durchringen können. Die christlichen Gewerkschaften konnten bis zu diesem Zeitpunkt erst für Metallarbeiter und den Holzarbeiterverband Arbeitslosengelder bezahlen. Die Summe, die die Münchner Gewerkschaften für diese Unterstützung ausgaben, stieg von 32 700 Mark im Jahr 1900 auf 188 000 Mark 1908.[87]

Die Tätigkeit der Gewerkschaft in einer Kommission, die am städtischen Arbeitsamt bestand, erhielt dabei zentrale Bedeutung, konnte diese sich doch weigern, bei bestreikten Betrieben Arbeitskräfte zu vermitteln.[88] Dank der erfolgreichen Tätigkeit des Arbeitsamtes schränkten die Gewerkschaften nach und nach ihre Leistungen eigener Stellenvermittlung ein und verwiesen ihre Mitglieder an das städtische Arbeitsamt.[89]

Arbeitersekretariate

Als in den achtziger Jahren die Bismarcksche Sozialgesetzgebung die Kranken-, Unfall-, Renten- und Invalidenversicherung einführte, stellten sich so viele Fragen, daß die Beratung über die Versicherungsgesetzgebung ganz in den Vordergrund gewerkschaftlicher Tätigkeit rückte. Den Anfang machten in München, wiederum auf Initiative von Lorenz Huber, die katholischen Arbeitervereine. Bereits 1894 gründeten sie in München das erste Volksbüro,[90] »dessen Zweck es ist, den Angehörigen der arbeitenden Stände, Bediensteten, kleinen Gewerbetreibenden, Dienstboten etc. Rat und Auskunft in Rechtsangelegenheiten, Versicherungs-, Unterstützungs-, Heimat-, Straf-, Steuer- etc. -sachen zu erteilen sowie die hierzu nötigen Eingaben und Schreiben anzufertigen«.[91]

Zur Finanzierung des Büros, das einen hauptamtlichen Sekretär beschäftigte, wurde ein ›Volksbüroverein München‹ gegründet, der seinen Mitgliedern gegen 50 Pfennig Jahresbeitrag die kostenlose Inanspruchnahme der Einrichtung ermöglichte. Von Nichtorganisierten wurden geringe Gebühren erhoben. Die Münchner katholischen Arbeitervereine schlossen sich schon bald organisatorisch dem ›Volksbüro‹ an.[92] Bereits 1896 nahm die Arbeit im ›Volksbüro‹ so überhand, daß ein zweiter Sekretär angestellt werden mußte.[93] Es wurde jedoch »vielmehr von Kleinbürgern, die über Erbschafts-, Alimentenangelegenheiten, Schuldforderungen und überhaupt Fragen des bürgerlichen Rechtes, denn von Arbeitern, die über die soziale Gesetzgebung Auskunft fordern, aufgesucht«.[94]

Das 1898 in München eingerichtete sozialistische ›Arbeitersekretariat‹[95] konnte sowohl organisatorisch wie finanziell auf ganz andere Gegebenheiten zurückgreifen als die weit minder gut organisierten katholischen Arbeitervereine. Das Sekretariat wurde, ähnlich wie das ›Volksbüro‹, sofort von der Bevölkerung angenommen: 1899 kamen etwa 30 Besucher pro Tag, im ›Volksbüro‹ 47 pro Tag.[96] Im Unterschied aber zum katholischen ›Volksbüro‹ wurde es vorwiegend von Arbeitern aufgesucht, obwohl es satzungsgemäß kostenlose Auskunft an jedermann erteilte. 1899 waren fünf Prozent Selbständige (meist sehr kleine Selbständige) und 94 Prozent Arbeiter, der Rest hausgewerbliches Personal unter den Besuchern. Von den Arbeitern waren die meisten, 56 Prozent, gewerkschaftlich organisiert.[97]

Befriedigt konstatierten die Arbeitersekretäre bereits im ersten Jahresbericht zunehmende Unterstützung durch die städtischen Behörden und beantworteten auch bereitwillig Anfragen von Unternehmern, auswärtigen Gemeinden und einigen städtischen Stellen.[98]

Es zeigte sich, daß die Arbeiterbewegung um die Jahrhundertwende in München stark durch die besonderen wirtschaftlichen Gegebenheiten und die große Diversifikation der Arbeiterschaft geprägt war. Der politische Reformkurs der Sozialdemokraten, den Vollmar mit seinen »Eldoradoreden« 1891 eingeläutet hatte, fand seine kommunale Entsprechung in der stark pragmatisch orientierten Gemeindepolitik und Wahltaktik der Partei, die sich sowohl in den Wahlbündnissen mit dem Zentrum wie in der bereitwilligen Übernahme von Repräsentationspflichten seiner Gemeindevertreter äußerte. Den christlichen Gewerkschaften, deren Wiege nach Matthias Erzberger in München stand, gelang es trotz des Zweifrontenkampfes gegen die arbeiterfeindliche Haltung in Zentrumskreisen und gegen die übermächtigen ›Freien Gewerkschaften‹, ein gewisses festes Kontingent katholischer Arbeiter zu halten und einen ihrer Größe entsprechenden Machtfaktor in München zu bilden.

Arbeitskämpfe der Jahrhundertwende
Zwischen polizeilicher Observierung und staatlichen Schlichtungsbemühungen
Von Elisabeth Jüngling

Die Stadtchronik von München berichtet zum 23. Oktober 1886: »Die Schäfflergehilfen waren am 21. Oktober in Streik getreten. Jetzt faßten sie den Beschluß, während der Dauer der Arbeitseinstellung hervorragende Sehenswürdigkeiten Münchens in corpore zu besichtigen und machten heute mit dem Panorama in der Theatinerstraße den Anfang.«[1]

Als 1886 die Münchner Schäffler in den Ausstand traten, hatten in den frühindustrialisierten Regionen Bayerns längst Industriearbeiter in Streiks ihre Proteste artikuliert: Zuerst die Textilarbeiter in Lambrecht in der Pfalz 1859 und 1872,[2] in Augsburg 1868/69 und 1882,[3] in Kottern 1873,[4] außerdem in Augsburg 1869 die Eisengießer,[5] und 1876 Arbeiter einer Tabakfabrik.[6] In Münchner Industriebetrieben wurde erstmals 1900 gestreikt: in den Maschinenwerken Sendling und der Waggonfabrik Rathgeber, wobei der letztgenannte Streik mit einem gleichzeitigen Handwerkerausstand zusammenhing.[7]

Rahmenbedingungen Münchner Streiks

Münchner Streiks in der Prinzregentenzeit spielten sich zunächst ausschließlich im Handwerk ab.[8] Die Schäffler beispielsweise wußten sich zu organisieren und ihre Interessen zu artikulieren. Als zahlenmäßig starke Gruppe verfügten sie bereits um 1886 in München über einen Fachverein, der offensichtlich unter dem Sozialistengesetz zu überleben verstanden hatte.[9]

1857 schreckten die ersten »Nachrichten über Arbeitseinstellungen in Gewerbe und Industrie des benachbarten Auslands« die Polizei auf. Gegen Arbeiter oder Gesellen, welche »aus Trotz oder Ungehorsam gegen die Obrigkeit oder um irgendeine Forderung zu erzwingen, sich zur Einstellung der Arbeit verabreden ...« war strafrechtliche Untersuchung beziehungsweise »unnachsichtige strafpolizeiliche Einschreitung zu veranlassen.«[10] Obwohl 1869 Streiks als legales Mittel der Arbeiter anerkannt wurden, mußten seit 1872 die Distriktpolizeibehörden, in München die Königliche Polizeidirektion, »Notizen über Arbeitseinstellungen und Aussperrungen« sammeln und bis 1905 an das Innenministerium, danach an das Ministerium des Königlichen Hauses und des Äußern weiterleiten; 1898 wurde die bayerische Streikstatistik auf die für das gesamte Reich beschlossene Arbeitskampfstatistik umgestellt. Arbeitseinstellungen waren darin auf Konflikte im gewerblichen Sektor beschränkt.[11]

Die Reichsgewerbeordnung, die Koalition und Arbeitseinstellung erlaubte, schützte gleichzeitig den Arbeitswilligen, der von einer solchen Koalition zurücktrat.[12] Der Streikende war daher in ständiger Gefahr, straffällig zu werden, etwa wenn er jemanden zur Erfüllung seiner Koalitionspflichten bewegen wollte. Streikführern und Streikenden drohten ferner Anklagen wegen Landfriedensbruch; nach allen großen bayerischen Streikunruhen kam es zu solchen Prozessen.[13]

Die ausführliche bayerische Streikstatistik erlaubt eine vergleichende Einordnung des Münchner Streikgeschehens in gesamtbayerische Entwicklungen bis zum Ersten Weltkrieg. 1889 setzen die bayerischen Streikbewegungen mit Nachdruck ein, gehen bis 1893 wieder zurück und erreichen dann um 1900 mit 93 Streiks pro Jahr einen ersten Höhepunkt. Die Krise von 1900/01 führt bis 1902 zu einem Rückgang, bis 1906 schnellt dann die Zahl der Arbeitseinstellungen wieder auf 360 empor. 1908 zählt man nur noch 162, 1911 wieder 262 Streiks, bis 1914 fällt ihre Zahl auf rund 110 zurück.

Die Streikstatistik für Oberbayern folgt dieser gesamtbayerischen Wellenbewegung. Zwischen 1889 und 1904 spielt sich oberbayerisches Streikgeschehen fast ausschließlich in München ab; die Streikzahlen Münchens und des Regierungsbezirks nähern sich auch wieder 1908 und 1914 an. Stellt man ihnen die Anzahl der Streiks in den drei am stärksten industrialisierten Regierungsbezirken des Königreichs gegenüber, so ergibt sich überraschenderweise, daß Oberbayern 1901 und 1908 Mittelfranken übertrifft und 1906/07 nur wenig zurückbleibt, andererseits lediglich 1897, 1902 und 1914 von der Pfalz überrundet wird.[14] Ein Vergleich zwischen Nürnberg und München zeigt, daß in München 1900 häufiger, 1908 und 1914 etwa genauso oft gestreikt wurde wie in Nürnberg; 1904, 1906, 1910 und 1912 fanden in der fränkischen Industriestadt allerdings um ein Drittel bis nahezu doppelt so viele Streiks statt wie in der Residenzstadt.[15] Dies lag wohl daran, daß die konjunkturellen Schwankungen in Nürnberg unmittelbarer zu spüren waren als in München, dessen differenzierte Industriestruktur vieles auffangen konnte. Drohende Entlassung erwies sich also schon damals als probates Mittel zur Disziplinierung der Arbeiterschaft.

Organisation und Streik

Streiks waren Movens und Erprobungsfeld der Selbstorganisation, Ausdruck drängender Notlage, aber auch Folge eines gestärkten Arbeiterbewußtseins. Anfang 1887 bestanden in München, neben dem der Schäffler, Fachvereine der Maler, Maurer, Metallarbeiter, Schreiner, Wagenbauer und der Vereinigten Zimmerleute sowie die Filiale des Unterstützungsvereins der Schuhmacher. Mit Ausnahme der Interessenvertretung der Schäffler wurden sie alle im März und Mai 1887 unter den Sozialistengesetzen durch die Kreisregierung verboten.[16]

Die Schäffler · Die tragende Rolle des Fachvereins der Schäffler, aber auch die Grenzen dieser frühen Arbeiterorganisation zeigen deutlich Ausbruch und Verlauf des Streiks der 400 von 500 Münchner Schäfflergehilfen vom Oktober 1887. Ihre Lohnkommission hatte von den Arbeitgebern vergebens höhere Löhne und Zuschläge für Sonntagsarbeit und Überstunden, auch höheren Bierbezug, gefordert. Da nicht alle Schäffler streikten, konnten die Meister ihre Betriebe weiterführen, anfänglich zum Teil mit Soldaten Münchner Regimenter; diese bekamen sie auf Anforderung so lange abgestellt, bis das Kriegsministerium dies nach einem Protest der Streikenden verbot. Es war typisch für eine junge Organisation, daß die Streikenden uneinig und ungeduldig wurden. Bis 9. November kehrten 250 Streikende an ihre Arbeitsplätze zurück, ohne daß die Meister eingelenkt hätten. Fünf Tage später zählte man noch immer 70 Ausständige ohne Arbeit in der Schäfflerherberge im ›Kreuzbräu‹.[17]

Zehn Jahre später, bei einem weiteren erfolglosen Streik, litt die Schäfflerorganisation noch deutlicher unter Uneinigkeit: Die Löwenbrauerei, die wie die Salvator- und Franziskanerbrauerei eine eigene Schäfflerei unterhielt, hatte organisierte Schäffler entlassen. Verhandlungen mit dem Arbeitgeber blieben erfolglos, ebenso ein Vermittlungsversuch des Gewerkschaftsvereins. So beschlossen die Gehilfen für den 24. April 1896 den Streik. Die Arbeitgeber hatten inzwischen auswärtige Schäffler, Taglöhner und auch bereits Maschinen eingesetzt und kamen daher den Streikenden in nichts entgegen. Der Streikfonds von über 30 000 Mark für Streikunterstützung war bald erschöpft, Geldsammlungen unterband die Polizei. So stimmten die wenigen Streikenden, die sich am 12. Juni 1896 nochmals zusammenfanden, für die Wiederaufnahme der Arbeit zu den alten Bedingungen. Anfang September entluden sich Enttäuschung und Verbitterung über den erfolglosen Arbeitskampf in heftigen Angriffen auf die Verbandsführung, die die gefährliche Konkurrenz der Hilfsarbeiter und die Unnachgiebigkeit der Meister falsch eingeschätzt habe.[18] Der Hauptvorstand des zentralen Böttcherverbandes kritisierte hingegen in der Deutschen Böttcherzeitung die Münchner Kollegen, besonders wegen der Eilfertigkeit, mit der sie bereits vom ersten Streiktag an Streikunterstützung kassierten, obwohl das Streikreglement dies erst für die dritte Streikwoche vorsähe.[19]

Die so geschwächte Position der Schäffler ist auch ein Spiegelbild der Veränderungen im Produktionsprozeß. Die Schäffler galten damals als qualifizierte Arbeiter, aber während des Ausstandes übernahmen Maschinen und Hilfsarbeiter einen Teil ihrer Arbeit, sie waren also ersetzbar geworden. Um diese Konkurrenz ging es daher nicht von ungefähr bei den Diskussionen nach dem Ende des Streiks.

Diese Entwicklungen beeinträchtigten das Selbstverständnis der Schäffler und verstärkten das Konfliktpotential.[20]

Konsumentenboykott · In einem Streik der Münchner Brauereigehilfen von 1901 ging es um einen geeigneten Pausenraum für die Arbeiter. Die Direktion der Klosterbrauerei St. Anna in der Liebigstraße lehnte zunächst ab, bis Ende Juni 1901 über die Hälfte der insgesamt 47 Beschäftigten die Arbeit einstellten. Gehilfen aus anderen Brauereien und Schäfflereien halfen jedoch, den Brauereibetrieb weiterzuführen,[21] und die Brauerei weigerte sich, alle Streikenden wieder zu beschäftigen.[22]

Anfang Juli stellte die Polizei erstmals am Gasthaus ›Zur Unterfahrt‹ in der Berg-am-Laim-Straße nicht genehmigte Zettel mit der Aufforderung »Trinkt kein Klosterbräu St. Annabier« sicher, die in den nächsten Wochen in allen Stadtteilen auftauchten. So wird in München nachvollzogen, was bereits zwölf Jahre zuvor in Berlin[23] und fünf Jahre früher in Speyer[24] geschehen war: der Einsatz der umstrittenen Waffe des Konsumentenboykotts als flankierende Maßnahme des Streiks. Fand der boykottierte Betrieb jedoch durch Lieferabsprachen oder Personalaustausch Unterstützung bei anderen Brauereien, dann waren die Leidtragenden in erster Linie die Wirte.[25] Obwohl auch der ›Deutsche Brauerbund‹ diesem Streik große Bedeutung beimaß,[26] endete er am 14. September ohne Erfolg: Der dreimonatige Ausstand in Solidarität mit den Entlassenen hatte sich also kaum gelohnt.[27] Weitere Arbeitsstreitigkeiten wurden offenbar durch Tarifverträge im Vorfeld des Konflikts bereinigt; 1908 weist die Reichsstatistik den Bereich Nahrungs- und Genußmittel in Bayern als den tarifintensivsten nach dem Baugewerbe aus.[28]

Neues Selbstbewußtsein nach Aufhebung der Sozialistengesetze 1889 ist in die frühe Organisationsgeschichte der Arbeiter- und Gewerkschaftsbewegung als ein Jahr eingegangen, in dem die bevorstehende Aufhebung der Sozialistengesetze das Selbstbewußtsein der Arbeiter stärkte. So kam es zu einer Welle von Wieder- und Neubegründungen unterschiedlichster Interessenvertretungen auch in Bayern. Wie in Nürnberg,[29] legten auch in München in jenem Jahr vor allem Handwerksgesellen die Arbeit nieder und forderten, angeführt von Fachvereinen ihrer jeweiligen Berufe, den Zehnstundentag und Lohnerhöhungen: 1889 streikten die Hafner,[30] die Spengler, die Feilenhauer,[31] 1890 die Kundenschuhmacher,[32] 1898 das holzverarbeitende Gewerbe,[33] 1899 auch die Bäckergehilfen[34] und die Herrenschneidergehilfen.[35] Ebenfalls 1899 war die Münchner Handschuhfabrik Holste Schauplatz eines Streiks: In den Münchner Handschuhfabriken Roeckl und Holste[36] wurden zwar alle Herstellungsvorgänge an einem Ort verrichtet, die Produktion war also bei noch immer handwerklicher Berufsdifferenzierung bereits industriell organisiert. Auch verfügten die verschiedenen Handwerkergruppen schon über eine gemeinsame Interessenvertretung: den 1869 gegründeten Verband

Die Streikenden beim Arbeitgeber

»*Was will denn das Gesindel?*« – »*Wir möchten nur bei Ihnen lernen, Herr Geheimrat, wie man das macht, wenn man den ganzen Tag nicht arbeitet.*«
Zeichnung von Olaf Gulbransson. Simplicissimus 1904, Nr. 5, S. 450

der Handschuhmacher Deutschlands. Diese Anachronismen zeigten sich auch im Ablauf des Streiks, stellten doch nach und nach zwischen Anfang Mai und Mitte Juni alle unterschiedlichen Gruppen die Arbeit ein, verlangten bessere Bezahlung und eine verlängerte Mittagspause. In Vermittlungsgesprächen mit der Firmenleitung erreichte der aus Stuttgart angereiste Vorsitzende des Verbandes der Handschuhmacher Lohnaufbesserung und eine teilweise verlängerte Mittagspause. Ende Juni 1899 war der Streik beendet.[37]

Alle diese Ausstände wurden von Verbänden organisiert. Es ging durchweg um die Durchsetzung von Forderungen nach höheren Löhnen und kürzerer Arbeitszeit. Dabei spielte die rechtzeitige Vermittlung zur Streikbeendigung durch Funktionäre oder Verbandsvorsitzende eine wichtige Rolle, bedeutete das Ende eines Streiks für den Verband doch das Ende der finanziellen Belastung. Streikgeschichte war also immer Organisationsgeschichte. Dagegen halfen auch heftige Maßnahmen der Arbeitgeberseite nichts: So sperrten 1905 der Arbeitgeberverband des Baugewerbes und die freie Innung der Bau-, Maurer-, Steinmetz- und Zimmerermeister alle die Arbeiter aus, die nicht schriftlich erklärten, keiner Organisation anzugehören. Nur wenige Arbeiter beugten sich diesem Angriff auf die Koalitionsfreiheit.[38] Der Vorsitzende des Gewerbegerichts Dr. Max Prenner leitete dann die Vermittlung zwischen den Gewerkschaftsführern und den Arbeitgebern, die schließlich im August 1905 zu einem Tarifvertrag führte.[39] Die Arbeitgeber mußten sich also gegenüber den Arbeiterorganisationen immer öfter auf Kompromisse einlassen; das Kampfmittel Aussperrung hatte damit einen Teil seiner Schrecken verloren.

Konfliktregulierung und Verhalten der Konfliktparteien

Diese Art von Konfliktregulierung lag ganz im Sinne der Staatsregierung, die erfolgreich vermittelnde Beamte durch Ordensverleihungen oder besondere Anerkennung auszeichnete.[40] Bis zur Jahrhundertwende begegnen uns in erster Linie Verbandsführer als Vermittler, später immer häufiger das Einigungsamt des Münchner Gewerbegerichts.[41] Auch staatliche Instanzen schalteten sich in große Arbeitskämpfe ein: Erfolgreich vermittelte beispielsweise der Minister des Königlichen Hauses und des Äußern, der Vorsitzende des Ministerrats Clemens von Podewils 1905 bei der von Münchner Betrieben ausgehenden Flächenaussperrung in der Metallindustrie Bayerns; damals beabsichtigten die Arbeitervertreter, nach Ablauf des alten Tarifvertrages bei ›Maffei‹, ›Krauss‹, ›Rathgeber‹ und ›Landes‹ feste Akkordzeiten, kürzere Arbeitszeit und höhere Löhne durchzusetzen. Mit Ausnahme von ›Krauss‹ lehnten die Firmen jedoch ab und wollten nur über höhere Löhne mit sich reden lassen. Daraufhin traten die Arbeiter in den Streik. Nach einem gescheiterten Vermittlungsversuch vor dem Gewerbegericht ordnete der ›Verband Bayerischer Metallindustrieller‹ die Schließung seiner neun Münchner Mitgliedsfirmen an. Als die Arbeiter, unter ihnen inzwischen mitstreikende Nürnberger Kollegen, bis zu einer gesetzten Frist die geringfügigen Zugeständnisse der Unternehmer nicht akzeptiert hatten, wurde die Aussperrung auf Nürnberg und Augsburg ausgedehnt, woraufhin die Gewerkschaften die Regierung um Vermittlung baten.[42] 1909 bestätigte von Podewils dann in der Kammer der Abgeordneten, daß die Staatsbehörden bei Arbeitskämpfen auch unaufgefordert zu vermitteln hätten, ein Auftrag, der intern schon vor 1905 ergangen war.[43]

Das gleiche starke staatliche Engagement galt der Einführung von Tarifverträgen. Spätestens ab 1905 nutzte die Staatsregierung jede sich bietende Gelegenheit, Tarifgemeinschaften zu propagieren.[44] Die Vorreiterrolle Münchens würdigte die Zeitschrift ›Soziale Praxis‹ Anfang 1908, als sie die Residenzstadt als »klassischen Boden« für Arbeitstarifverträge bezeichnete, die mit 205 Tarifgemeinschaften Berlin mehr und mehr den Rang ablaufe.[45]

Der Tarifvertrag, abgeschlossen zwischen den Vertreterorganisationen der Arbeiter und Arbeitgeber, setzte die Anerkennung von Gewerkschaften voraus. Diese war bei Münchner Arbeitskämpfen jedoch nur selten umstritten, so etwa beim zweiten Schäfflerstreik, als man gegen organisierte Arbeiter mit Entlassungen vorging. Im übrigen begegnet

»Was tuast denn du im Winter, Kari?« – »Nix. Im Winter bin i ganz oafach Maurer der Reserve.« Zeichnung von Bruno Paul. Simplicissimus 1904, Nr. 32, S. 318

uns ein unkomplizierter Umgang zwischen den Konfliktparteien, besonders zwischen Meistern und Lohnkommissionen.[46] Ab der Jahrhundertwende wird ein härterer Ton spürbar; Arbeitgeberverband und Innungen des Baugewerbes verlangten 1905 von ihren Arbeitern Revers über Nichtzugehörigkeit zur Organisation und gingen rigoros gegen ›schwarze Schafe‹ aus den eigenen Reihen mit Lieferboykott für Baumaterialien vor.[47]

Der Kaufboykott war dagegen eine Waffe Streikender gegen den nicht bewilligenden Arbeitgeber. Er begegnet uns in München 1902 als Bierboykott und bereits 1899 als Brotboykott. Neben der Schädigung des Konfliktgegners beabsichtigten die Streikführer eine Solidarisierung mit den Ausständigen. Der Kaufboykott war jedoch nur bei verderblichen Nahrungsmitteln des täglichen Gebrauchs wirksam.

Eine ruhige Zeit?

Ein ambivalentes Beispiel soll das Bild vom Münchner Streikgeschehen abrunden. Im September und Oktober 1907 streikten 240 Transportarbeiter und Möbelpacker in der Stadt um höhere Löhne und kürzere Arbeitszeit. Längere Verhandlungen vor dem Gewerbegericht führten schließlich zu einer Einigung. Während des Streiks verfügte die Königliche Polizeidirektion gegen die zahlreichen »gewalttätigen Streikposten« ein Verbot des Streikpostenstehens, ein in bayerischen Streikakten sonst nirgendwo nachgewiesener Vorgang.[48] Der Polizeidirektor rechtfertigte die Maßnahme mit dem »Interesse des Verkehrs« und dem »Schutz von Publikum und Eigentum«.[49] Daraufhin brachte der SPD-Abgeordnete Eduard Schmid in der Kammer der Abgeordneten im Dezember 1907 eine Interpellation ein. In seiner Antwort bekannte sich Innenminister Friedrich von Brettreich zwar ausdrücklich zum Koalitionsrecht; er anerkannte jedoch nicht das Recht auf uneingeschränktes Streikpostenstehen, hinter dem jedes behördliche Anordnungsrecht zurückzutreten hätte.[50] 1909 tadelte er im Zusammenhang mit Anfragen zu den Nürnberger Streikunruhen die wochenlange Duldung ordnungswidriger Zustände in der fränkischen Industriemetropole.[51] Dem Oberbürgermeister der Stadt Johann Georg von Schuh bedeutete er, daß die Königliche Polizeidirektion München »bezüglich des Vorgehens bei Streiks weniger zurückhaltend« sei. Allerdings verknüpfte er damit hier wie auch schon im Landtag die Aufforderung, mit den Führern der Arbeiterschaft Kontakt aufzunehmen, damit auch sie einen Beitrag zur Aufrechterhaltung von Ruhe und Ordnung leisten könnten.[52]

Die Arbeitskämpfe im München der Prinzregentenzeit bieten ein insgesamt ruhiges Bild. Es begegnen uns vor allem stadtweite Handwerkerstreiks mit hohen Beteiligungszahlen. Arbeitskonflikte in Münchner Industrieunternehmen, wie der von 1905, sind selten, dann aber vehement. Der industrielle Großbetrieb erwies sich dabei durch die auf alle Unternehmen der Branche landesweit ausdehnbare Aussperrung jeglicher gewerkschaftlichen Taktik überlegen.

Das Verbot des Streikpostenstehens und seine Absegnung durch den Innenminister sind Teil einer Strategie der Konfliktbewältigung, die das Risiko für die öffentliche Sicherheit möglichst gering halten sollte. Tarifverträge und staatliche Schlichtungsbemühungen ergänzten diese Politik. Sie war ebenso systemstabilisierend wie die Maßnahme, die Gewerkschaften als Interessenvertretung der Arbeiterschaft in den Prozeß der Konfliktregulierung einzubinden.

Äußerlichen Erfolg kann man dieser Strategie nicht absprechen. Die Ursachen von Konfliktsituationen im Arbeitsbereich waren aber so nicht zu beseitigen. Heftige Arbeitskämpfe 1908 auf der Maxhütte, 1909 in Nürnberg, 1911 in Ludwigshafen oder die reichsweite, auch München erfassende Bauarbeiteraussperrung 1910 zeigten die zunehmende Polarisierung der beteiligten gesellschaftlichen Gruppen und die Sensibilisierung für die sich abzeichnenden zwangsläufigen Veränderungen in den Beziehungen zwischen Arbeit und Kapital. Insofern war die ausgehende Prinzregentenzeit keine ruhige Zeit.

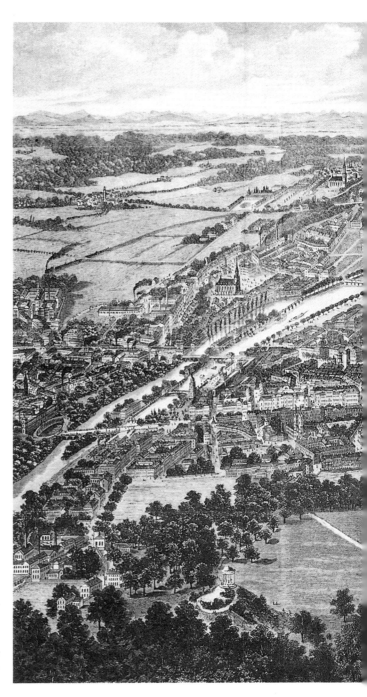

›Panorama 1888 – München aus der Vogelschau, vom Siegestor in südlicher Richtung gesehen.‹ Holzschnitt von Adolf Eltzner. Münchner Stadtmuseum

AUSGREIFENDE GROSSSTADT

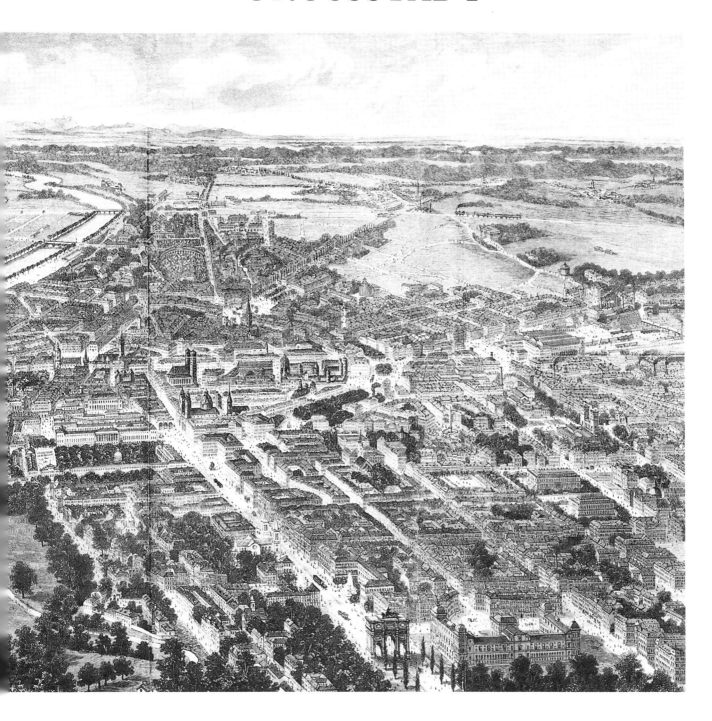

Großstadtwachstum und Eingemeindungen
Städtische Siedlungsplanung zwischen Vorsicht und Vorausschau
Von Dagmar Bäuml-Stosiek

»Ich habe in meiner Jugend noch so viel von der lieben alten Zeit gesehen, daß ich mich ärgern darf über die protzigen Kaffee- und Bierpaläste, über die Gotik des Rathauses und über so vieles andere, was unserem München seine Eigenart genommen hat, um es als Schablonengroßstadt herzurichten.«
Ludwig Thoma

Bitterkeit klingt aus diesen rückblickenden Worten des alten Ludwig Thoma.[1] Er mochte sich nicht abfinden mit dem neuen Stadtbild, das im Verlauf der Urbanisierung seit dem ausgehenden 19. Jahrhundert entstanden war. Thoma war unmittelbarer Zeuge dieses Wandlungsprozesses, er erlebte und vermerkte ihn als eine Veränderung seiner räumlichen Umwelt:

»Seit Mitte der achtziger Jahre haben Gründer und Bauschwindler ihr Unwesen treiben dürfen, haben ganze Stadtviertel von schlecht gebauten, häßlichen Häusern errichtet, und keine vorausschauende Politik hat sie daran gehindert. In meiner Schulzeit lag vor dem Siegestor ein behäbiges Dorf mit einer netten Kirche; heute dehnen sich dort fade Straßen in die Länge, die genauso aussehen wie überall, wo sich das Emporblühen der Geschmacklosigkeit ausdrückt.«

Der urbane Lebensraum wurde durch das explosionsartige Wachstum der Städte im letzten Viertel des vorigen Jahrhunderts tiefgreifend verändert. Die Bevölkerungszunahme, ein vergrößertes Stadtgebiet, die industrielle Wirtschaftsstruktur, der Verkehrsausbau und andere Faktoren ließen die Lebensbereiche Arbeiten, Wohnen sowie Erholung und Freizeit auch räumlich auseinandertreten. Diese funktionale Trennung verlief zunächst eher zufällig – auch Ludwig Thoma kritisierte ja den Mangel an vorausschauender Politik –, bald aber erkannte man die Notwendigkeit einer ordnenden Instanz.

Städtebauliche Planung durfte sich nicht mehr nur auf baulich-ästhetische Gesichtspunkte beschränken. Grundsätzliche Fragen einer einheitlichen Verkehrsplanung wie auch einer systematischen Anordnung unterschiedlich genutzter Siedlungskomplexe – zum Beispiel für Wohn-, Gewerbe-, Erholungs- und Verwaltungszwecke – im Bereich größerer Ballungsgebiete und Stadtregionen rückten in den Vordergrund. Heute sind Raumordnung und Landesplanung selbstverständliche Bestandteile staatlicher und kommunaler Daseinsvorsorge und Siedlungspolitik geworden. Raumordnung bezeichnet dabei den »Zusammenhang zwischen Sozialstruktur und räumlichen Gegebenheiten«, deren Bezüge sich nicht von selbst optimal ergeben, sondern stets der Gestaltung bedürfen.[2] Großstadtentwicklung bedeutet daher bereits beginnende kommunale Raumordnung.

Verstädterung, Großstadtwachstum, Citybildung

Die Verstädterung, die – eng zusammenhängend mit der fortschreitenden Industrialisierung – in der zweiten Hälfte des 19. Jahrhunderts das Siedlungsgefüge innerhalb der deutschen Staaten entscheidend veränderte, prägte auch die Entwicklung im Königreich Bayern, einem überwiegend agrarisch strukturierten Land. Während etwa im Jahr 1855 hier noch knapp 80 Prozent der Bevölkerung in Landgemeinden mit höchstens 2000 Einwohnern lebten und nur etwa drei Prozent in Städten mit über 100 000 Einwohnern, zählte man 1905 nurmehr etwas über die Hälfte der Bevölkerung in Landgemeinden dieser Größenklasse, aber immerhin rund 13 Prozent in den Großstädten. München war dabei bis zum Jahr 1880 die einzige bayerische Großstadt, erst zu diesem Zeitpunkt erreichte Nürnberg und noch etwas später – nämlich 1908 – Augsburg die statistische Großstadtgrenze von 100 000 Einwohnern.[3] Verstädterung, also eine »starke räumliche Verdichtung der Bevölkerung« und damit einhergehend die »Herausbildung von Großstädten neuen Typs und von agglomerierten Räumen«[4] fand – wenn auch in viel bescheidenerem Maßstabe als in den Industrieregionen – in Bayern ebenfalls statt. Auch die innere Struktur der Städte veränderte sich: Auf dem ältesten Boden der Stadt bildete sich die sogenannte City, die Kernstadt mit dem Geschäftszentrum, während an den Burgfriedensgrenzen eine dichtere Besiedlung das Hineinwachsen der ›Stadtregion‹ ins Umland bewirkte.[5] Dieser Wandel war unter anderem von der Höhe des Bodenpreises in einzelnen Stadtbezirken, vom Verkehrsausbau und von einer günstigen Relation zwischen Fahrpreis und Zeitaufwand für den Weg zwischen Arbeitsplatz und Wohnort abhängig.

In München läßt sich seit den achtziger Jahren des vorigen Jahrhunderts deutlich ein extensives, über die Stadtgrenzen ausgreifendes Siedlungs- und Einwohnerwachstum beobachten. Bis dahin verhinderte ein gleichzeitig fortschreitendes intensives Städtewachstum, also die zunehmend dichtere Bebauung und höhere Bevölkerungskonzentration im altstadtnahen Gebiet, ein merkliches Übergewicht extensiver Verstädterung.[6] In den letzten zehn Jahren vor der Jahrhundertwende wuchs die Einwohnerschaft im alten Stadtkern und seinen frühen Erweiterungsgebieten – in der Max-, Ludwigs-, St. Anna- und Isarvorstadt – nur noch um knappe 20 Prozent. Die Zuwachsrate im wesentlich größeren Stadtgebiet von 1913, das die seit 1854 eingemeindeten Vororte umschloß, betrug dagegen mehr als das Doppelte. Diese Tendenz setzte sich nach der Jahrhundertwende fort, auch wenn der Zuwandererstrom in die Städte insgesamt allmählich spärlicher floß. Absolut gesehen stieg die Einwohnerzahl in der Kernstadt zwar bis zum Jahr 1910 an, aber zu dieser Zeit hatte schon längst der Prozeß der sogenannten Citybildung begonnen: In den vier Bezirken der Altstadt – Max-Joseph-Platz, Angerviertel, Sendlinger Straße, Promenadeplatz – verringerte sich die Wohnbevölkerung seit 1870; bis zum Jahr 1910 sank die Zahl der dort lebenden Menschen um ein Fünftel. Lediglich das Angerviertel blieb vom Einwohnerrückgang unberührt, weil dort der Umbau von Wohnhäusern für Geschäftszwecke zunächst auf Rosental und Rindermarkt beschränkt war.[7] Eine nahezu vollständige Umstrukturierung erfuhr jedoch der vierte Stadtbezirk mit dem ›Stachus‹, der Neuhauser, Kaufinger-, Theatiner- und Weinstraße, mit dem Lenbach- und Promenadeplatz: Hier entstand das eigentliche Geschäfts- und Handelszentrum Münchens, hier wurden auch die ersten großen Kaufhäuser der Stadt, Tietz und Oberpollinger, errichtet.[8]

In den frühen Stadterweiterungsgebieten verdoppelte sich die Einwohnerschaft von 91 000 im Jahr 1871 auf 238 000 im Jahr 1910.[9] Wesentlich höhere Wachstumsraten verzeichneten häufig – je nach Lage und Entfernung zur Stadt – die Münchner Vororte: In Sendling und Neuhausen schnellte die Einwohnerzahl schon zwischen 1852 und 1875 um das Sechs- beziehungsweise Neuneinhalbfache, in Schwabing um das Vierfache empor. Im Zeitraum zwischen 1875 und 1890 betrug die Zunahme in Sendling immerhin noch etwa 250 Prozent, was auf den Ausbau dieses seit 1877 eingemeindeten Dorfes als Industriestandort zurückzuführen ist. Die meisten übrigen Vororte wiesen zu dieser Zeit noch zweistellige Zuwachsraten auf, bis dann zwischen 1890 und 1910 Laim einen beachtlichen Schub erlebte. Hier schoß die Bevölkerungszahl wegen des Rangierbahnhofbaus um ganze 1817 Prozent in die Höhe. Aber auch die Bevölkerung in Thalkirchen und Milbertshofen nahm zur gleichen Zeit um über 800 Prozent zu. Zum Vergleich hier die entsprechende Zuwachsrate in der Stadt München selbst: Sie betrug zwischen 1890 und 1910 ›nur‹ etwa 70 Prozent.[10]

Straßenbahnen und Eisenbahnanlagen

Der Verkehrsausbau bestimmte nicht nur den Grad, sondern auch die Qualität der städtischen Siedlungsausdehnung. Straßenbahnen als Personentransport- und Nahverkehrsmittel förderten das Entstehen dezentraler Wohngebiete, wenngleich sie bis zur Jahrhundertwende nicht die entscheidenden Impulse für die Siedlungsentwicklung gaben. Die Trambahnunternehmen waren nämlich in fast allen deutschen Städten bis in die ersten Jahre des 20. Jahrhunderts hinein privat, Gewinnerwartungen bestimmten den Linienausbau. Die ersten Pferdebahnen führten daher auch in München nur in bereits dicht bevölkerte Stadtteile und Vororte – so beispielsweise nach Schwabing und Nymphenburg –, da nur dort eine hohe Verkehrsfrequenz gewährleistet schien.[11] In beiden Orten lebten genug wohlhabende Bürger, die sich eine Fahrt mit dem »weiß und blau gestrichenen Wägelchen«[12] leisten konnten. Da die Durchschnittsgeschwindigkeit einer Pferdebahn nur wenig über der eines Fußgängers lag, diente sie mehr der Bequemlichkeit als einem schnelleren Vorwärtskommen; die relativ hohen Fahrpreise – in München galt bis 1897 der Teilstreckentarif von zehn Pfennig für einen Kilometer – ermöglichten zunächst nur den Besserverdienenden die Benutzung.[13]

Erst mit der Elektrifizierung wurde die Straßenbahn zum innerstädtischen Massenverkehrsmittel. In München führte die Umstellung der Pferde- oder Dampfbahn auf elektrischen Betrieb in den letzten fünf Jahren des 19. Jahrhunderts zu einer erheblichen Verkehrsverdichtung und -beschleunigung. Nun zeigten sich auch Einflüsse der Linienführung auf die Ausdehnung der städtischen Besiedlung: Seit 1897 betrieb und finanzierte die Stadt die Trambahn allein; 1907 wurde sie dann endgültig in kommunale Regie übernommen.[14] Da die Stadt auch für die höheren Kosten durch die Elektrifizierung aufkommen mußte, machte der Magistrat den weiteren Linienausbau von der materiellen Unterstützung durch private Interessenten abhängig. Man richtete sogenannte Garantielinien ein, vor deren Bau sich Immobilienspekulanten, Terraingesellschaften, aber auch die Gemeindeverwaltungen einiger Vororte zur Deckung eines möglicherweise entstehenden Betriebsdefizits verpflichteten. So konnten private und kommunale Interessenten beträchtlichen Einfluß auf die Erweiterung des Straßenbahnnetzes gewinnen.[15]

Garantielinien wurden etwa 1904 nach Milbertshofen, 1908 nach Pasing und 1910 nach Grünwald eröffnet; an der Finanzierung dieser drei Linien waren Terraingesellschaften maßgeblich beteiligt. Die Pasinger Strecke sicherte die ›Terraingesellschaft Neu-Westend‹ mit 72 Prozent der Garantieleistung. Daneben garantierten auch die ›Terraingesellschaft München-Friedenheim‹ und die ›Pasinger Terrain-Aktiengesellschaft‹ für die möglicherweise entstehenden Betriebsdefizite. Die ›Immobilien- und Baugesellschaft München‹, die ›Prinzregentenplatz-Aktiengesellschaft‹ und nicht zuletzt die ›Heilmann'sche Immobiliengesellschaft‹ gaben finanzielle Sicherheiten für den Bau der Grünwalder Linie.[16] Der Garantievertrag für den Bau und Betrieb der Milbertshofener Strecke wurde zwar mit der Gemeinde Milbertshofen abgeschlossen, jedoch sorgte auch hier eine Terraingesellschaft für das Zustandekommen des Vertrages. Die ›Petuel'sche Terraingesellschaft‹, deren Vorsitzender August Kurz bald darauf Bürgermeister in Milbertshofen wurde, übernahm die Hälfte der Garantieleistung. Die restliche Garantieverpflichtung war durch eine Kautionshypothek auf den Immobiliarbesitz der Gemeinde gedeckt.[17] Kurz nützte hier seine Stellung als Gemeindeausschußmitglied im Interesse der Terraingesellschaft, deren Vorsitzender er war. Als Bürgermeister mußte er sich später nachsagen lassen, er habe bei der Beurteilung gemeindlicher Angelegenheiten öfter erklärt: »Als Bürgermeister bin ich dafür, als Terraindirektor aber dagegen.«[18]

Die Garantielinien erschlossen brachliegendes Bauland am Stadtrand und gaben der städtischen Siedlungsentwicklung neue Impulse, hatten doch die Immobilienspekulanten und Terraingesellschaften ein wesentliches Interesse an der Wertsteigerung ihres Baugrundes – und diese war durch den Straßenbahnanschluß mehr als gewährleistet. Dabei versteht von selbst, daß Angehörige des Mittel- und Arbeiterstandes bei dieser privaten Siedlungserschließung oft auf der Strecke blieben. Die in den attraktiven, verkehrsgünstigen Vorortlagen gebauten Villen waren nur für wohlhabende Bürger erschwinglich.

Die Lage der Eisenbahnlinien, die die Möglichkeit schnellen und billigen Gütertransports boten, entschied über die Standorte der Industrie- und Gewerbeunternehmen: Abgesehen vom östlichen Stadtrand und den daran anschließenden Nachbargemeinden, wo wegen des lehmigen Bodens die Ziegelproduktion dominierte und die Sozialstruktur dieser Orte entscheidend prägte, lagen die in München vorherrschenden Klein- und Mittelbetriebe über das ganze Stadtgebiet verteilt. Allerdings gab es deutliche Schwerpunkte in der Ludwigsvorstadt, im West- und Ostend. In der Nähe der Bahnanlagen entstanden auch in Laim und auf dem Sendlinger Oberfeld Gewerbegebiete.[19]

Erst allmählich etablierte sich nach der Jahrhundertwende im nördlichen und östlichen Vorortbereich ein größeres Gewerbe- und Industrierevier. Dort bot der Anschluß an Bahnhöfe und teilweise erst geplante Eisenbahnlinien gleichfalls die Möglichkeit zu erleichterter Zu- und Abfuhr von Rohstoffen und Fertigwaren. Dieses neue Industriegebiet im Norden und Osten Münchens war übrigens weniger willkürlich entstanden als die anderen südwestlich und im Innern der Stadt gelegenen Gewerbeviertel: Es war das erste gewerbliche und industrielle Zentrum, das nach dem Willen der Stadtväter auch dort entstehen sollte. Der Plan zu einer engeren Verkehrsanbindung des Münchner Nordens bestand ja seit der Eingemeindung Schwabings im Jahr 1890, als verschiedene Fabrikunternehmer – allen voran die Direktion der ›Maschinen- und Lokomotivfabrik Maffei‹ in der Hirschau – die Anlage eines Industriegleises zum Münchner Hauptbahnhof gefordert hatten. Die städtischen Kollegien strebten daraufhin nach dem Berliner Vorbild die Einrichtung einer Bahn auf Staatskosten an – einer Bahn, die als Ringbahn um die Stadt ausbaufähig sein sollte.[20] Es dauerte aber noch zehn Jahre bis zum Baubeginn des ersten Ringbahnteilstücks – der Lokalbahn Moosach-Schwabing – und weitere sieben Jahre, bis die Linie im Osten über Milbertshofen, Freimann und Johanneskirchen zum Ostbahnhof fortgesetzt werden konnte. Erst im Jahr 1909 wurde der Betrieb des gesamten, vorerst nur für den Güterverkehr eingerichteten nordöstlichen Ringbahnteilstücks eröffnet.[21] Die im Süden bereits bestehenden Bahnlinien vom Zentralbahnhof bis zum Ostbahnhof, vom Zentralbahnhof zum Nymphenburger Park und ein Teilstück der Landshuter Strecke bis nach Moosach schlossen die Ringbahn im Südwesten.

Die sozialräumliche Gliederung

In München vollzog sich ein ungleichmäßiges ›sektorales‹ Siedlungswachstum: Um den Stadtkern lagerten sich unterschiedlich ausgeprägte Stadtteile keilförmig in Sektoren an.[22] Auch im inneren Stadtbereich gab es um die Jahrhundertwende neben Arbeiterwohngebieten und den sich hier ausbreitenden Geschäftszentren noch exklusive Wohngegenden, die ausschließlich gutsituierten Kreisen vorbehalten waren. Sie befanden sich etwa am Promenadeplatz, in der Universitätsgegend und am rechten Isarufer in Bogenhausen.[23] Stadtviertel mit relativ hohem Arbeiteranteil wurden das äußere Westend, Neuhausen, Sendling, Laim, Thalkirchen, Harlaching, Giesing, Haidhausen, die Au und Ramersdorf.[24] Der gesamte Süden der Stadt wies also eine dichtere Arbeiterbevölkerung auf als der Norden. Nymphenburg und Gern mit den Schloßanlagen, mehr noch das östliche Schwabing nahe des Englischen Gartens, waren zu den bevorzugten Wohngegenden des Bürgertums und der Aristokratie geworden.[25] Mit dem Ringbahnbau nahm im nördlichen und östlichen Vorortbereich, besonders in den Gemeinden Moosach, Milbertshofen und Berg am Laim die Arbeiterbevölkerung beträchtlich zu. Sie folgte den Industriebetrieben, die sich in der Nähe der nur für den Güterverkehr eingerichteten Bahn niedergelassen hatten. In Milbertshofen beispielsweise gehörten einschließlich der landwirtschaftlichen Taglöhner und Dienstboten 1910 nahezu drei Viertel der Gemeindebewohner dem Arbeiterstand an.[26]

Im südlichen und westlichen Umland prägten dagegen die Villenviertel städtischer Ober- und Mittelschichten das Bild der an die Stadt angrenzenden Gemeinden. Vielfach waren diese ›Villen-Colonien‹ von Terrain- und Baugesellschaften erschlossen, mit Straßenbahnanschluß versehen und schließlich als Ganzes errichtet worden.[27]

Seit den neunziger Jahren des ausgehenden Jahrhunderts begann man, funktionelle Gesichtspunkte in den Bauordnungen und in den Debatten über die Stadterweiterung zu berücksichtigen: Die Unterteilung des Stadtgebietes in verschiedene Flächennutzungen, in Geschäfts-, Gewerbe- und Wohnviertel, war in den Grundzügen bereits moderne Stadtplanung.[28] Während aber beispielsweise in Wien schon im Bauzonenplan von 1893 eine gewisse Ausgliederung von Gebieten mit vorwiegender Wohn- und Industrienutzung und im Generalregulierungsplan von 1898 außerdem eine Aufteilung der Fläche in sozial abgestufte Wohnviertel angelegt war, zog das kleinere München erst einige Jahre später mit der Staffelbauordnung von 1900/04 nach.[29] Hierin wurden neun verschiedene Bebauungsklassen festgelegt, die für das Stadtgebiet so angeordnet waren, daß sich die Bebauungsdichte, vor allem die Stockwerkszahl der Häuser, gegen die Peripherie hin verminderte. Den ästhetischen, landschaftlichen und topographischen Verhältnissen trug man insofern Rechnung, als man die Neubauten dem Charakter der benachbarten Siedlungsviertel anzupassen suchte.[30] Eigene Gewerbegebiete wies die Münchner Staffelbauordnung nicht aus, und auch eine spezielle Baustaffel für Fabrikviertel war nicht vorgesehen. Allerdings galt die Bestimmung, in bevorzugten Wohnlagen störende Gewerbebetriebe nicht zuzulassen, und – dies ist die entscheidende Neuerung – man bezeichnete gewisse Stadtviertel für die Anlage von Fabriken als besonders geeignet. Dort versprach man die Baugenehmigung zu erleichtern. Dies galt namentlich für den Bereich des Ost-, des Giesinger, des Haupt- und des Schwabinger Bahnhofes.[31]

Mit dieser Staffelbauordnung nahm der Münchner Magistrat, wenn auch relativ spät, eine gewisse ordnende Funktion bei der Ausdehnung von Gewerbegebieten wahr. Gleichzeitig schuf der Ringbahnbau im nordöstlichen Vorortbereich, dort, wo Bauten und Bahnanlagen nicht durch Flußläufe und Höhenunterschiede behindert wurden, gute Standortbedingungen für die Industrie. Erst nach der Jahrhundertwende versuchte die Stadt also, Gewerbe und Industrie überwiegend auf ein bestimmtes, stadtplanerisch günstiges Gelände festzulegen.

Lange Zeit konnte der Magistrat eine nach verschiedenen Nutzungen differenzierte Siedlungsausdehnung im Stadtraum nicht steuern und wollte es wohl auch nicht. Dazu war in gewisser Weise ein ›Schlüsselerlebnis‹ erforderlich. Denn erst als im Südwesten der Stadt ein Industrie- und Gewerbeviertel auf private Unternehmerinitiative hin entstanden war, begann man auf die Durchsetzung umfassenderer städtischer Planungsprinzipien zu dringen. Auf dem Sendlinger Oberfeld, in der Nähe des Bahnhofes Mittersendling, hatte der Bauunternehmer Jakob Heilmann nämlich ein Industriegebiet geschaffen, dessen Schadstoffausstoß durch den in München vorherrschenden Südwestwind in die Stadt hineingetragen und damit für die städtische Bevölkerung zu einer unangenehmen Belastung wurde.

Heilmann faßte schon zu Beginn der neunziger Jahre den Plan, die Wasserkraft der Isar für die Elektrizitätserzeugung zu nutzen. In Zusammenarbeit mit dem Bankier und späteren Reichsrat Wilhelm von Finck begründete er die Isarwerke, deren erste Wasserkraftanlage, die Zentrale I bei Höllriegelskreuth, Ende 1894 fertiggestellt werden konnte. Auf der Suche nach Abnehmern für den von den Isarwerken erzeugten Strom nahm Heilmann mit der Stadt München Kontakt auf, stieß aber dort auf Ablehnung, da dem Magistrat die Wasserkraft der Isar für die Energiegewinnung nicht zuverlässig erschien.[32] Heilmann zog die Konsequenzen:

»Vor die Notwendigkeit gestellt, einen anderen Absatz unserer Krafterzeugung zu suchen, kam ich auf den Gedanken, in Obersendling ein eigenes Industrieviertel zu schaffen. Wir kauften 300 Tagwerk Grund und Boden, die sich an den Bahnhof Mittersendling anschlossen, steckten große Fabrikvierecke ab, zogen Straßen und Schienengleise und schafften das für eine Fabrikansiedlung nötige Wasser heran.«[33]

Nach und nach fand Heilmann verschiedene Interessenten, die sich auf dem von ihm begründeten ›Reißbrett-Fabrikviertel‹ niederließen, und bis zur Jahrhundertwende war hier ein ausgedehntes Gewerbegebiet emporgewachsen. Befürchtungen wurden nun im Magistrat laut,

»daß ein ohne Beschränkungen im Westen und Südwesten zugelassenes Industrieviertel später durch Rauch und Ruß die nächste als Wohnanlage besonders qualifizierte Nachbarschaft ... und nicht zuletzt die Stadt selbst in erheblichem Maße schädigen könne.«[34]

In der Staffelbauordnung versuchten die städtischen Verwaltungsbehörden dem entgegenzuwirken: Zwar wurde auch hier das Sendlinger Oberfeld weiterhin als Industrieviertel ausgewiesen, jedoch mit der Auflage, daß dort keine neuen Anlagen mit Schadstoffausstoß zu genehmigen seien.[35] Dagegen sollten hauptsächlich im Norden und Osten Münchens an der teilweise schon fertiggestellten Ringbahn, Gewerbe- und Industrierevierentstehen. Die Stadt wollte hier auch Teile ihres Grundbesitzes als »Bauplätze für industrielle Etablissements« in Erbpacht abgeben und bot damit weitere Anreize für die Ansiedlung gewerblicher Betriebe.[36]

Münchner Eingemeindungspolitik bis zur Jahrhundertwende: Zögerndes Vorgehen ohne raumplanerische Absichten

Ebenfalls erst nach der Jahrhundertwende wurde den Münchner Kollegien vollends bewußt, daß die Eingemeindungspolitik – wie in Wien – einen wichtigen Bestandteil der beginnenden kommunalen ›Raumordnungspolitik‹ bilden konnte. In der österreichischen Metropole war nämlich im Jahr 1904 ein großes, weitgehend unbebautes Gebiet auf dem linken Donauufer in den Wiener Burgfrieden integriert worden. Seitdem bildeten der Wienerwald und die Donauauen einen festen Bestandteil der Grüngürtelkonzeption des Wiener Gemeinderates.[37] Dieses Vorgehen schien auch einzelnen Mitgliedern des Münchner Magistrats beispielhaft: Durch die Aufnahme von wenig überbauten Vorortsbezirken in den Stadtbereich konnten endlich genügend Erholungs- und Freizeitflächen am Stadtrand bereitgestellt und erhalten werden.

München war eine der ersten deutschen Großstädte, die in der Mitte des vorigen Jahrhunderts durch großangelegte Gebietserweiterungen ihre wachsende Siedlungsgestalt in einem neuen, vorläufig einheitlichen Verwaltungsraum zusammenschlossen.[38] Durch die Eingemeindung Haidhausens, Giesings und der Au im Jahr 1854 verdoppelte sich die Burgfriedensfläche der bayerischen Hauptstadt: In der Au auf dem rechten Isarufer herrschte schon um die Jahrhundertmitte dichtgedrängtes Vorstadttreiben auf engem Raum. Großen Gebietszuwachs brachte dagegen Giesing.[39] Weite unbebaute Äcker und Wiesen standen hier rund um die ehemaligen Gutshöfe und Viehschwaigen Harlaching, Hellabrunn, Siebenbrunn und Harthausen bereit. Ihre Einwohnerzahl blieb lange konstant; erst als die Firma Jakob Heilmanns 1908 mit dem Bau der Gartenstadt in Harlaching begann, stieg sie geringfügig.[40] Hauptsächlich Haidhausen wurde von der fortschreitenden städtischen Besiedlung erfaßt. Der Bau des Ostbahnhofes[41] und die gleichzeitige Anlage des ›Franzosenviertels‹ durch den Baron Eichthal[42] ließen die Einwohnerzahl des Ostends, einschließlich des 1864 eingemeindeten kleinen Ortes Ramersdorf, zwischen 1871 und 1910 um das Vierfache emporschnellen.[43]

Insgesamt entsprechen die Münchner Eingemeindungen der generellen Entwicklung in den deutschen Städten: Nach einer Anfangsphase in den Jahren 1850 bis 1885, in der sich die moderne Eingemeindungsform durchsetzte, lagen auch der Münchner Eingemeindungspolitik bis zur Jahrhundertwende keine wachstumspolitischen, raumgestaltenden Konzepte zugrunde. Im Gegenteil, man paßte den städtischen Verwaltungsraum mit »nachvollziehenden Eingemeindungen« nur sehr zögernd dem vergrößerten städtischen Wirtschafts- und Siedlungsgebiet an.[44] Das Widerstreben, Mehrkosten für das Polizei-, Armen-, Straßenbau- und Schulwesen zu tragen, verhinderte zunächst eine zügige Integration der Vororte, wenn diese auch seit der Jahrhundertmitte auf allen Ebenen kommunalen und sozialen Lebens mehr oder weniger mit der Stadt verflochten waren.

Nach der »Einverleibung« Sendlings im Jahr 1877 gipfelte die Entwicklung in einer Welle längst überfälliger Eingemeindungen zwischen 1885 und 1890 – in München betraf dies die tatsächlich schon sehr lange anstehenden Eingemeindungen von Neuhausen und Schwabing. Beide Orte wollten dem anschwellenden Verwaltungs- und Finanzaufwand entkommen, den die Bevölkerungszunahme auf jeweils über 10 000 Einwohner mit sich brachte, und suchten den Anschluß an die Haupt- und Residenzstadt. In Neuhausen war die Einwohnerschaft schon in den zehn Jahren zwischen 1861 und 1871 wegen des Kasernenbaus und der Verkehrsausdehnung am Hauptbahnhof um das Vierfache gewachsen. Georg Krauss hatte 1866 im südöstlichen Ortsteil seine Lokomotivenfabrik gegründet, und auch die seit 1872/75 bestehenden Zentralwerkstätten der staatlichen Eisenbahn zogen zahlreiche Arbeiter nach Neuhausen.[45] Schon im Jahr 1878 klagte dort die Gemeindeverwaltung über die wachsende Arbeiterbevölkerung, die für die Gemeinde eine große Belastung bedeute: So mußten beispielsweise in der Schule des Ortes, statt der 95 Kinder im Jahr 1867, zehn Jahre später schon 450 Kinder unterrichtet werden, ein Tatbestand, der die Einstellung von allein vier neuen Lehrkräften notwendig machte, ganz abgesehen von einem noch ausstehenden Schulhausneubau. Die Kosten dafür, so gab die Gemeindeverwaltung an, seien aber für den Ort um so schwerer zu tragen, da die Arbeiterschaft, die »gewiß vier Fünfteile der hiesigen Bevölkerung« ausmache, wegen ihres zu geringen Verdienstes kaum zu höherer Steuerleistung herangezogen werden könne.[46] Als Neuhausen und Schwabing, deren Eingemeindung seit 1863 diskutiert worden war,[47] endlich in den Stadtverband Münchens aufgenommen wurden, war die Besiedlung auf beiden Seiten bereits so weit fortgeschritten, daß man die Gemeindegrenzen an manchen Stellen kaum mehr erkennen konnte. Besonders in Schwabing, dem späteren Prunkviertel der Stadt, lebten auch zahlreiche vermögende Bürger, die sich infolge des frühzeitig erfolgten Pferdebahnanschlusses hier niedergelassen hatten und beruflich sowie gesellschaftlich fast ausschließlich nach München orientiert waren.[48] Die Eingemeindung der beiden Orte brachte der Stadt nicht nur großen Bevölkerungszuwachs – fast ein Drittel des Gesamtzuwachses zwischen 1885 und 1890 –,[49] sondern zwei wichtige steuerzahlende Großbetriebe: die Maschinen- und Lokomotivenfabriken ›Krauss‹ in Neuhausen und ›Maffei‹ in Schwabing.

Weniger spektakulär waren die beiden weiteren noch in den neunziger Jahren des vorigen Jahrhunderts vollzogenen Eingemeindungen Bogenhausens und Nymphenburgs, konnte die Stadt dadurch doch keinen großen Bevölkerungsgewinn verbuchen. Auch hier bestand aber – wenn auch weniger deutlich als im Falle Neuhausens und Schwabings – bereits eine wirtschaftliche Verflechtung zwischen der Großstadt und ihren beiden Nachbarorten. Drei Viertel der Grundstücke und Ziegeleien im Bogenhauser Gemeindegebiet gehörten laut Auskunft der Gemeindebehörde schon im Jahr 1865 Münchner Bürgern.[50] Den aktuellen Anlaß für die Vereinigung Bogenhausens mit München im Jahr 1892 gab allerdings der Plan, die Prinzregentenstraße auf dem rechten Isarufer durch ein Gebiet fortzusetzen, in dem damals eine Villensiedlung entstehen sollte. Um zu verhindern, daß diese Anlage die von den städtischen Behörden geplante Fortführung der Prinzregentenstraße später erschweren könnte, erschien die Eingemeindung zweckmäßig. Nur so erwarben sich die Münchner Stadtverordneten ein entscheidendes Mitspracherecht bei der Baugestaltung der Villenkolonie.[51]

Als Nymphenburg im Jahr 1899 zum Stadtgebiet kam, lagen die Verhältnisse an den Burgfriedensgrenzen ähnlich wie im Falle der Eingemeindung Neuhausens und Schwabings. Die Bebauung an der Hirschgarten- und Nibelungenstraße ließ keine Gemeindegrenzen mehr erkennen, die Ausdehnung der Kanalisation im Westen und Nordwesten der Stadt legte eine gemeinsame Verwaltung nahe.[52] Ausschlaggebend war schließlich auch die Tatsache, daß steuerkräftige Münchner Bürger, welche »städtischen Komfort mit landschaftlichem Reize zu vereinigen« wünschten, mit ihrem Fortzug in die Gemeinde Nymphenburg der Stadt spürbare steuerliche Einbußen verursachten.[53] Im Nymphenburger Ortsteil Gern hatte die Baufirma ›Heilmann & Littmann‹ eine ausgedehnte Kleinhausanlage errichtet, die Einwohnerdichte in dem neuen Stadtteil war jedoch noch 1910 mit zwölf Personen pro Hektar gering, während nebenan in Neuhausen schon durchschnittlich 98 Menschen auf einem Hektar lebten.[54]

Bei anhaltendem Zustrom städtischer Bürgerfamilien in die Nähe des Nymphenburger Schlosses drohte der Hauptstadt »eine Art Konkurrenzentwicklung«[55] in der Nachbargemeinde, die mittlerweile rund 4000 Einwohner zählte und allmählich zum Aufbau einer eigenen Infrastruktur gezwungen war. Das Nebeneinander zweier selbständiger, möglicherweise inkompatibler Infrastrukturen hatten die

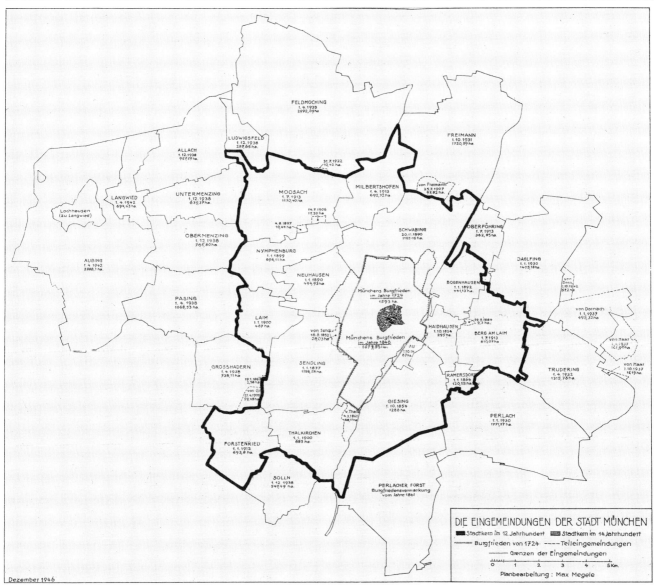

Plan der Münchner Eingemeindungen 1854 bis 1942, schwarz umrahmt die Eingemeindungen der Jahre 1854 bis 1913. Zu den Eingemeindungsdaten und Gebietserweiterungen vgl. »Eingemeindungen« im Glossar der vorliegenden Publikation.

städtischen Kollegien schon im Falle einer unabhängigen Weiterentwicklung Schwabings befürchtet:[56] Bei einer späteren Eingemeindung konnten solche Einrichtungen in den Vororten den geordneten Ausbau einer städtischen Leistungsverwaltung behindern.

Die Eingemeindungen der Jahrhundertwende

Das Argument einer systematischen Ausdehnung der städtischen Ver- und Entsorgungsleistungen, das seit den neunziger Jahren von seiten der Magistratsmitglieder und Gemeindebevollmächtigten immer wieder für die Eingemeindung ins Treffen geführt wurde, gründete bereits auf zukunftsorientierten Überlegungen. An die Möglichkeit aber, mit der Eingemeindungspolitik in einem größeren städtischen Lebensraum Wohn-, Gewerbe- und Erholungsflächen sinnvoll aufzuteilen, dachte man bis kurz vor der Jahrhundertwende noch nicht. Erst bei den Eingemeindungsverhandlungen mit Thalkirchen und Laim begannen derartige Motive eine Rolle zu spielen. Seitdem Laim durch den neuen Rangierbahnhof zum Eisenbahnvorort mit dem höchsten Arbeiteranteil aller Münchner Bezirke geworden war,[57] hatten die gemeindlichen Aufgaben an Umfang erheblich zugenommen. Straßenbau und Straßenbeleuchtung, Wasserversorgung und Abfallbeseitigung trieben die Kosten für die Gemeindeverwaltung in die Höhe. Es herrschte hier in den Jahren vor 1900 ein reger Grundstücksverkehr: Allein fünf Immobiliengesellschaften wirtschafteten im Gemeindebezirk, und bei der intensiven Bautätigkeit war auch weiterhin eine stattliche Bevölkerungszunahme zu erwarten.[58] Insbesondere gegen das Bauprojekt des ›Bau- und Sparvereins des bayerischen Eisenbahnverbandes‹, das die Errichtung von dreistöckigen Mietskasernen mit insgesamt 381 Wohnungen für etwa 2000 Personen vorsah, hegte die Gemeindeverwaltung Laim erhebliche Bedenken. Man fürchtete, »daß die plötzlich an uns herantretenden Lasten den finanziellen Ruin der Gemeinde zur notwendigen Folge haben müßten«.[59]

Auch in Thalkirchen verursachte das Bevölkerungswachstum einige Probleme, hatte sich doch durch die Existenz der Isarwerke die Dorfstruktur entscheidend verändert. Diesem von Jakob Heilmann begründeten Elektrizitätsunternehmen war im Vertrag von 1893 das Energieversorgungsmonopol für den im Süden Münchens liegenden Ort zugesichert worden.[60] Auf dem Sendlinger Oberfeld war eben jenes für die Stadt wenig günstig gelegene, aber wirtschaftlich interessante Industriegebiet entstanden, dessen Arbeitsplatzangebot wesentlich mehr Arbeiter nach Thalkirchen lockte als in den Jahren vor 1885. Ein Ausbau der gemeindlichen Daseinsvorsorge schien immer dringlicher. Die Bergstraßen, die in Thalkirchen die an der Isar liegende Siedlung mit dem Sendlinger Oberfeld verbanden, mußten in absehbarer Zeit reguliert werden. Auch die Schulverhältnisse Thalkirchens lagen im argen: 1899 unterrichteten vier Lehrkräfte in Klassen mit durchschnittlich über 100 Schülern. Statt der vorhandenen vier wären mindestens sieben Lehrer nötig gewesen, ein Ausbau der Schule stand an.[61] Die wachsende Arbeiterbevölkerung Thalkirchens drängte auf Eingemeindung nach München, da sie den Anschluß an das in München seit einigen Jahren bestehende Gewerbegericht suchte. Dieses Gericht, das bei gewerblichen Streitigkeiten zwischen Arbeitnehmern und Arbeitgebern entschied, war bei entsprechenden Differenzen im Münchner Stadtgebiet zuständig.[62]

Der Münchner Magistrat hatte die Eingemeindung eines Teilgebietes von Thalkirchen seit längerer Zeit aus sehr naheliegenden Gründen angestrebt, war aber mit diesem Vorhaben bei der Gemeindeverwaltung des Nachbarortes auf Widerstand gestoßen:[63] Auf einem etwa 40 Tagwerk großen Gelände oberhalb Maria Einsiedel sollte nämlich die neue Zentrallände der Stadt entstehen – die Verkehrsverhältnisse an der alten Hauptlände in der inneren Stadt waren unerträglich geworden –, und aus Gründen der Verwaltungsvereinfachung wollte man dieses Gebiet der großstädtischen Administration unterstellen.[64]

Seit die Isarwerke bestanden, hatten die Münchner Kollegien aber noch weitere gewichtige Gründe für die Eingemeindung Thalkirchens: Man hoffte, die Staffelbauordnung dann auch auf diese Vororte ausdehnen zu können. Die Stadt war dadurch in der Lage, eine weitere Ausdehnung des Industrierevieres auf dem Sendlinger Oberfeld und das Emporwachsen neuer Mietskasernen in Laim zu verhindern.[65] Auf diese Vorteile hatte im wesentlichen der seit April 1898 dem Magistrat angehörende liberale[66] Rechtsrat Heinrich Schlicht hingewiesen. Er sah offenbar die Eingemeindungen bereits bewußt im Kontext städtischer, über die Burgfriedensgrenzen hinausgreifender Wachstumspolitik, denn nur in einem größeren auf die Stadt bezogenen und von ihr verwalteten Wirtschaftsraum konnte die Bebauung für Gewerbe-, Wohn- oder Erholungszwecke sinnvoller unterteilt werden.

Die Diskussion, die im Magistrat um die Eingemeindung Thalkirchens und Laims geführt wurde, zeigt freilich, daß Schlicht mit dem von ihm in Ansätzen entwickelten Konzept noch ziemlich allein stand.[67] Zehn Jahre später faßte er alle Ansätze, die die Eingemeindungen in den Kontext einer städtischen ›Raumordnungspolitik‹ miteinbezogen, zu einem geschlossenen Programm zusammen, das er 1911 in der Denkschrift ›Gedanken über Groß-München‹ festhielt.[68] Seine Vorschläge sollten bei den Eingemeindungsverhandlungen mit Moosach, Milbertshofen, Oberföhring, Berg am Laim, Daglfing, Perlach und Freimann eine nicht unbedeutende Rolle spielen.

Anfänge kommunaler Siedlungsplanung in München. Groß-Berlin als Negativ-Beispiel

Heinrich Schlicht hatte sich seit Beginn seiner Ratstätigkeit auf kommunalpolitische Fragen konzentriert; dabei ging es um die Ausdehnung der städtischen Leistungsverwaltung bis in die Vororte und um eine systematische Erweiterung der von der Großstadt genutzen Flächen auch außerhalb der Burgfriedensgrenzen. Seit 1898 stand Schlicht dem südlichen Kommunalreferat vor, in dessen Zuständigkeitsbereich alle besonderen Gemeindeangelegenheiten im Stadterweiterungsgebiet und in den südlichen Vororten fielen.[69] In dieser Eigenschaft war er besonders stark mit der Eingemeindungsfrage konfrontiert, ebenso mit der Frage einer bewußten und gezielten kommunalen Wachstumspolitik, durch die man die in den letzten 20 Jahren des 19. Jahrhunderts stark ausgreifende Großstadt unter Kontrolle bekommen wollte.

Schlicht war in seiner Denkschrift davon ausgegangen, daß das Wirtschaftsgebiet jeder Großstadt über deren politische Grenzen hinausreichte und damit vielfach Mißstände aus einer uneinheitlichen Handhabung des Steuer-, Verkehrs-, Krankenkassen-, Schul- und Bauwesens durch die Großstadt oder die Vororte entstünden.[70] Am Beispiel der Berliner Entwicklung, wo seit 1860 keine Eingemeindung von vielfach bereits zu eigenständigen Vorstädten herangewachsenen Vororten mehr erfolgte, führte der Münchner Magistratsrat die gravierenden Nachteile eines solchen Zustandes vor Augen: Die meist privaten Verkehrsgesellschaften mußten für den Betrieb ihrer Bahnen und Omnibusse lediglich mit den einzelnen, jeweils betroffenen Gemeinden Verträge über die Benutzung ihrer Straßen abschließen. Eine einheitliche Verkehrspolitik war dadurch unmöglich. Ebenso machtlos war der Berliner Stadtrat gegen die zunehmende Verbauung und Abholzung der Wälder um Berlin.[71] Als nun zu Beginn des Jahres 1911 die preußische Regierung dieses

Verwaltungsdesaster in und um Berlin mit der Einrichtung eines Zweckverbandes Groß-Berlin beenden wollte,[72] nahm Schlicht das als Warnung für eine entsprechende Münchner Kommunalpolitik. Dem Berliner Zweckverband, der ein einheitliches Vorgehen in Verkehrs- und Bauordnungsfragen wie auch die Erhaltung eines Wald- und Wiesengürtels gewährleisten sollte,[73] gehörten neben der Stadt Berlin und ihren unmittelbaren Vororten und Vorstädten auch zahlreiche kleine Landgemeinden und über 100 Gutsbezirke an, die vorher kaum etwas vom städtischen Einfluß verspürt hatten. Ihre Aufnahme verschob aber das Einflußgewicht innerhalb des Verbandes, da bei Beschlüssen die Zweidrittelmehrheit entschied; das hätte für Berlin zwar bei geschlossener und eindeutiger Stimmabgabe stets die Mehrheit bedeutet. Schlicht stellte dies jedoch für die Zukunft in Frage, da keine Gewähr bestehe, »daß die Berliner Stimmen infolge Spaltung der politischen Parteien des Rathauses geschlossen abgegeben werden«.[74]

Der Groß-Berliner Zweckverband diente ihm daher als abschreckendes Beispiel dafür, wie man gegen offenbare Mißstände, die sich aus dem räumlichen Wachstum der Stadt ergaben, nicht vorgehen sollte. Demgegenüber schlug er eine großzügige Eingemeindungspolitik vor: ›Groß-München‹ sollte seiner Ansicht nach über den Burgfrieden von 1911 hinaus auch die Gemeinden Forstenried, Solln, Pullach, Grünwald, Perlach und den Perlacher Forstbezirk, Berg am Laim, Daglfing, Oberföhring, Freimann, Milbertshofen, Moosach und Großhadern umfassen.[75] Das Stadtgebiet, das 1911 8872 Hektar betrug, wäre damit um weit mehr als das Doppelte auf fast 22 000 Hektar angewachsen.[76]

Eingemeindung als Raumplanung

Eine so umfassende Erweiterung der städtischen Grenzen hätte die ausgedehnten Waldbezirke im Süden Münchens – etwa im Perlacher Forst und in Forstenried – unter die Verwaltungshoheit der Stadt München gebracht. Überhaupt wäre der Magistrat damit in der Lage gewesen, die Erhaltung eines Wald- und Wiesenhalbgürtels nach dem Wiener Beispiel besonders im Süden und im Westen Münchens zu überwachen. Das Staatsministerium des Innern unterstützte zwar diese Pläne der Stadt und räumte dem Münchner Magistrat ein Mitspracherecht bei Bauliniengenehmigungen in den Isartalgemeinden bis hinauf nach Wolfratshausen ein; dennoch blieb der städtische Einfluß hier begrenzt. Schlicht sah deshalb in der Eingemeindung der betreffenden Gebiete die beste Chance, weitgehende Kompetenzen bei Baulinienfestsetzungen zu erlangen.[77] Die von ihm vorgeschlagenen Eingemeindungen sollten es der Stadt ermöglichen, seine damit verbundenen kommunalen Wachstums- und ›Raumordnungspläne‹ zu verwirklichen: Um das bisherige Stadtgebiet war für die Industrie in einem nordöstlichen Halbring genügend Nutzungsraum vorgesehen, während in einem südwestlich daran anschließenden Wald- und Wiesengürtel Erholungs- und Freizeitflächen erhalten blieben.[78]

München, die »Metropole des Südens«,[79] dürfe sich nicht wie Berlin von einem Kranz selbständiger Gemeinwesen umringen und dadurch seiner dominierenden Stellung berauben lassen.

Schlichts Vorschläge wurden nur zum Teil verwirklicht: Forstenried, ein kleines Bauerndorf im Südwesten Münchens, das vom Einfluß der Großstadt nahezu unberührt geblieben war, kam im Jahr 1912 unter städtische Verwaltung, da der Magistrat zur Erweiterung des Waldfriedhofs nach Südwesten hier große Areale angekauft hatte und diese auch unter städtische Verwaltung bringen wollte.[80] Es war dies die erste in gewisser Hinsicht ›antizipatorische‹, also vorwegnehmende Eingemeindung für die bayerische Haupt- und Residenzstadt.[81] Das große Waldgebiet im Südwesten der Stadt sollte im Sinne Schlichts erhalten bleiben und teilweise als Friedhofsgelände genutzt werden. Städtische Gebietserweiterungen vollzogen sich nun allmählich im Rahmen kommunaler Wachstumspolitik, die in einem vergrößerten Wirtschafts- und Verwaltungsraum Wohn-, Gewerbe- und Erholungsflächen angemessen bereitzustellen suchte.[82]

Milbertshofen, Moosach, Oberföhring und Berg am Laim

Etwas vom Einfluß Heinrich Schlichts ist auch bei den im Jahr 1913 folgenden Eingemeindungen von Milbertshofen, Moosach, Oberföhring und Berg am Laim spürbar, obwohl diese Vorgänge nicht in seinen Kompetenzbereich fielen, sondern in den des Rechtsrates August Steinhauser, der dem nördlichen Kommunalreferat vorstand. Steinhauser nahm im Gegensatz zu Schlicht eine pragmatischere Haltung in der Eingemeindungsfrage ein; er plädierte vor allem für die Integration von Milbertshofen und Berg am Laim nach München. Bei beiden Orten sah er eine starke wirtschaftliche Verflechtung mit der Großstadt bereits gegeben, der Fortbestand zweier begrenzter Verwaltungen hatte deshalb seiner Ansicht nach keinen Sinn mehr. Die Eingemeindung von Moosach befürwortete er wegen des dort beginnenden Ausbaus eines Industrie- und Gewerbegebiets, wenn ihm der Zeitpunkt auch verfrüht erschien. Eine Vereinigung Oberföhrings mit München lehnte er jedoch ab, weil das Dorf »nicht in Connex mit der städtischen Entwicklung« stehe.[83] Steinhauser entschied also die Eingemeindungsfrage von Fall zu Fall, Burgfriedenserweiterungen hielt er nur für nötig, wenn die Stadt ihre Vororte bereits in wirtschaftliche Abhängigkeit gezogen hatte. Schlicht dagegen wollte keine Einzelmaßnahmen, die nur die vom Großstadtwachstum bereits direkt erfaßten Vororte betrafen, sondern eine Eingemeindungspolitik, die zugleich eine städtische Wachstums- und Raumordnungspolitik war.

Seit den »Einverleibungen« im letzten Jahrzehnt des vorigen Jahrhunderts wiesen die Münchner Kollegien immer wieder auf eine der städtischen Entwicklung angepaßte Bauweise in den Umlandgemeinden hin. Ihr Ziel war eine einheitliche, geordnete und mit der Entfaltung der nächsten Vororte in Einklang stehende Ausdehnung der Großstadt.

Viele der Eingemeindungen auch nach der Jahrhundertwende wurden jedoch in dieser Hinsicht zu spät vollzogen, nämlich erst dann, als die Besiedlung mancher Gemeinden schon zu weit fortgeschritten war und die Häuser dort höher und dichter emporwuchsen, als dies die Münchner Staffelbauordnung erlaubt hätte.[84] Einige Jahre nach der Jahrhundertwende läßt sich jedoch insgesamt nicht nur eine routiniertere und entschlossenere Haltung der Stadtväter in der Eingemeindungsfrage erkennen, sondern auch die Zielvorstellungen ändern sich: Die im nordöstlichen Halbkreis um die Stadt gelegenen Orte waren vor allem steuerschwache Industrie- und Arbeitergemeinden. Durch ihre Integration vollzog die bayerische Kunst- und Fremdenverkehrsstadt eine, wenn auch späte, Wendung zur Förderung industrieller Betriebe in einem dafür bereitgestellten städtischen Raum.[85] Diese letzten Eingemeindungen vor dem Ausbruch des Ersten Weltkriegs brachten München auf lange Sicht wenig finanzielle Vorteile. Sie wurden aber dennoch unter dem Gesichtspunkt einer beginnenden städtischen Raumplanung durchgeführt. Die Aufnahme der Stadt Milbertshofen, einer Stadt mit denkbar schlechten Finanzverhältnissen,[86] in den Münchner Burgfrieden bietet hierfür ein gutes Beispiel.

Das Fatale an dieser wachstumsorientierten Eingemeindungspolitik war, daß nun, als die Stadt sich zu einem großzügigeren Vorgehen entschlossen hatte, gerade die im südlichen Vorortbereich gelegenen Gemeinden entschieden ihre Selbständigkeit verteidigten und sich von einer Eingemeindung nach München keine Vorteile mehr versprachen.[87] In Grünwald etwa hatte durch den Bau der Straßenbahn eine Bodenwertsteigerung eingesetzt.[88] Reichere Münchner Bürger – angelockt durch die landschaftlich schöne Lage und die niedrigen Gemeindesteuern – ließen sich hier nieder und konnten doch weiterhin infolge der guten Verkehrsverbindungen »die Annehmlichkeiten von München genießen«.[89] Die Eingemeindung versprach solchen Orten daher keine Vorteile mehr.

Zusammenfassung

In München wie in anderen deutschen Großstädten ging um die Jahrhundertwende die räumliche Expansion des Wirtschaftsgebietes einer Ausdehnung des städtischen Verwaltungsbezirks voraus. Erst zu Beginn des 20. Jahrhunderts läßt sich eine gewisse Einflußnahme der Münchner Kollegien auf die Siedlungsentwicklung der Stadt feststellen. Die sozialräumliche Gliederung hatte sich bis zu diesem Zeitpunkt nahezu ausschließlich analog der Standortentscheidungen der privaten Unternehmen vollzogen. So war es auch ein privater Unternehmer, nämlich Jakob Heilmann, der im Südwesten der Stadt ein Industriegebiet mit teils sehr unangenehmem Schadstoffausstoß erschloß.

Der Magistrat versuchte erstmals das Großstadtwachstum Münchens zu beeinflussen, als er sich in den späten neunziger Jahren um eine größere Mitsprache beim Verkehrsausbau in und um München bemühte. Diese Bestrebungen erwiesen sich jedoch bald als zu wenig effektiv: Beim Bau der Ringbahn etwa mußte die Stadt in langwierigen Verhandlungen zwischen der Staatseisenbahn, privaten Grundstücksbesitzern und den betroffenen Vorortgemeinden vermitteln und konnte dabei kaum eigene Vorstellungen verwirklichen.[90] Daß die Eingemeindungspolitik im Rahmen städtischer Siedlungsplanung eine zentrale Rolle spielte, suchte Rechtsrat Heinrich Schlicht seit der Jahrhundertwende immer wieder im Magistrat deutlich zu machen. Er wollte für Industrie und Gewerbe vor allem am nordöstlichen Stadtrand große Nutzflächen bereitstellen, im Süden und Westen dagegen sollten Freizeit- und Erholungsräume dominieren. Ein solches Raumkonzept setzte großzügige Stadtgebietserweiterungen voraus. Schlicht wies im Münchner Magistrat als erster nachdrücklich darauf hin, daß sich ein optimales Verhältnis zwischen städtischer Gesellschaft, Wirtschaft und Stadtraum nicht von selbst ergebe, und daß den städtischen Kollegien hier eine wichtige Funktion zukomme.

Mit der Integration der Ringbahngemeinden gelang es schließlich erstmals, für die Industrie im Norden Münchens einen geeigneteren Standort bereitzustellen. Schadstoffausstoßende Betriebe durften fortan im Süden und Westen Münchens nicht mehr errichtet werden.

Der Übergang zur modernen kommunalen Leistungsverwaltung verband sich im beginnenden 20. Jahrhundert mit Ansätzen einer städtischen ›Raumordnungspolitik‹. Es war dies neben all ihren positiven Folgeerscheinungen aber auch eine Entwicklung, die München zu dem werden ließ, was der Schriftsteller Ernst Augustin 1981 pointiert als ein »über fast hundert Kilometer ausgedehntes Schnellverkehrsnetz« bezeichnete, »das sich von einer aufgegebenen Dorflandschaft im Norden bis zu harten Freizeitzentren am Alpenrand erstreckt«.[91]

Münchens Westend
Fabrikgestank statt Bürgereleganz
Von Stephan Bleek

»Die Kurzsichtigkeit früherer Zeit hat der Stadtentwicklung eine Richtung gegeben, die man anderwärts entschieden perhorresziert hätte. Man ... hat den Südwesten, das idealste Terrain für einen Cottagestadtteil, in ein Industrieviertel verwandeln lassen und nahezu das ganze Terrain von der Landsberger Straße bis nach Untersendling auf der aussichts- und reineluftreichen Theresienhöhe jahrelang in der Entwicklung fast lahmgelegt.«¹
Josef Kirchner

In der Tat – das Münchner Westend fällt aus dem Rahmen. Nicht ein elegantes Viertel der Oberklassen, wie es das Londoner, Frankfurter oder Berliner Westend darstellen, findet sich an der Theresienhöhe, sondern ein Viertel mit tristen Mietskasernen. Warum entstand hier auf einem topographisch hervorragend gelegenen Gelände ein ›Glasscherbenviertel‹? Warum ein Arbeiterviertel dort, wo sich in der unmittelbaren Nachbarschaft an der Ruhmeshalle der Lieblingsaufenthalt König Ludwig I. befand? Am Beispiel des Münchner Westends läßt sich zeigen, aufgrund welcher Faktoren sich im 19. Jahrhundert der Raum der heranwachsenden Großstadt in bevorzugte und benachteiligte Lagen differenzierte.²

Das Gebiet der ›Sendlinger Haide‹, auf einem Hügelrücken westlich der Stadt gelegen, wurde im letzten Viertel des 19. Jahrhunderts von der großräumigen Besiedlung erfaßt. Damals entstand ein typisches Mietskasernenviertel der Gründerzeit mit einer engen, hochverdichteten, ungesunden Bausubstanz. Die ersten Häuser in diesem Gebiet befanden sich an der Landsberger Chaussee, eines dieser Gebäude, die Gastwirtschaft ›Postfranzl‹, ist heute noch erhalten.³ Die Eisenbahnlinie München-Augsburg, seit 1842 entlang dieser Straße geführt, wies der Landsberger Straße eine Randlage zu. Die 1854 in Richtung Sendling gebaute Abzweigung der Holzkirchener Bahnlinie verlief über die heutige Schrenkstraße und die Ganghoferstraße. Diese mit den Bahnlinien gelegten räumlichen Begrenzungen waren für die spätere Entwicklung des Stadtviertels ausschlaggebend; außerdem trennten die Gleise zuvor zusammenhängende Flächen wie Gräben oder Flüsse voneinander ab. Die im Halbkreis um das Westend herumgeführten Bahngleise bildeten also den Rahmen für das Quartier, noch bevor es von der Stadtentwicklung erfaßt wurde: Auf der zur Stadt gewandten Seite begrenzte mit der Theresienhöhe eine topographische Linie das Westendviertel, die seitlichen und äußeren Grenzen setzte die Bahn. Schon vor der Bebauung waren damit räumliche Bedingungen gegeben, die mit dem sozialökologischen Begriff eines ›Natural area‹ bezeichnet werden können.⁴

Die soziale Vorprägung des Viertels

Entlang der Landsberger Straße entwickelte sich in dem zum Münchner Burgfrieden gehörenden Gebiet die früheste Wohnbebauung des Viertels. Bereits im Urkataster 1808/09 sind neben dem hier angelegten Butlerkeller fünf weitere bebaute Anwesen verzeichnet. Die unbebauten Flurstücke befanden sich 1808 zum Großteil in der Hand Münchner Grundeigentümer. Die Grundstücke wurden zum Teil als Sandgruben, sonst als Wiesengelände und zu einem kleinen Teil als Ackerland genutzt.

Zwei für die zukünftige Entwicklung des Quartiers wichtige Faktoren erscheinen bereits zu Anfang des 19. Jahrhunderts: Das Gelände des Westends war zur Anlage von Bierkellern geeignet, und der Grunderwerb durch Brauer stellte die Weichen dafür, daß das spätere Stadtviertel Standort von zwei Großbrauereien – dem ›Augustinerbräu‹ und der ›Hakker-Pschorr-Brauerei‹ – wurde, die beide auf dem Areal vormaliger Bierkeller entstanden. Den anderen prägenden Faktor bildete eine Gruppe kleiner Grundstücksparzellen an der Landsberger Straße, die in der Hand einer spezifischen Eigentümerschicht lagen: Bis 1850 entstand hier ein kleines vorstädtisches Wohngebiet der Unterklassen; dies war eine wesentliche Weichenstellung für die Zukunft des späteren Stadtviertels. Der Wengg-Plan von 1850 verzeichnet als Hausbesitzer entlang der Landsberger Straße und dem südlich parallel verlaufenden Hadererweg, der späteren Westendstraße, vorwiegend Handwerker, Milchleute, Gärtner, Fuhrleute und Taglöhner. Diese Besitzstruktur veränderte sich bis 1875 nicht grundlegend. Damals gehörten 62 von 114 bebauten Anwesen in der Landsberger Straße, dem Hadererweg, der Schwanthalerhöhe und der Holzapfelstraße Besitzern aus der Unterschicht.⁵ Es waren kleine, ebenerdige Einzelgebäude, die Siedlung hatte mehr dörflichen als städtischen Charakter.

Aufgrund der Art der Besiedlung unterließ es die Stadt, die Infrastruktur zu verbessern. Als 1861 der von einer Sandgrube eingeengte Teil des Hadererwegs verbreitert werden sollte, lehnte das Gemeindekollegium die Ausgaben mit der Begründung ab, daß »an letztgenannten Wegen nur Taglöhner, Zimmerleute usw.« wohnten.⁶

Ökologie eines Stadtviertels

Für die Verfestigung der sozialen Charakteristik des werdenden Stadtviertels waren dann vor allem das Wachsen der Bahnanlagen und die Errichtung von Industriebetrieben ausschlaggebend. Nach dem Bau des Hauptbahnhofs entstanden entlang der Landsberger Straße Lokomotivdepots, Wartungshallen, Kohlenbunker, Rangieranlagen, Abstellgeleise, Güterhallen und ein großes, kohlebefeuertes Elektrizitäts- und Fernheizwerk. Die Gegend wurde immer mehr vom Lärm der Züge und Rangierbewegungen geprägt, außerdem konnte man die Nähe der Bahn riechen. Standorte mit Gleisanschluß waren ideal für Industriebetriebe, sofern sie nicht zu nah an das eigentliche Personenbahnhofsviertel mit seinen hohen Bodenpreisen angrenzten.[7] So entstanden auf der dem Westend gegenüberliegenden Seite der Bahnanlagen nach 1850 verschiedene Großbetriebe, wie die Maschinenfabrik ›Krauss‹, die Waggonfabrik ›Rathgeber‹ und die ›Central-Werkstätte‹ der bayerischen Staatsbahn.

Die Bahnanlagen wirkten damit nicht nur raumstrukturierend. Lärm und Schmutzemissionen minderten die Wohnqualität angrenzender Gebiete, die zahlreichen Beschäftigten der Bahn und der benachbarten Industriebetriebe bildeten eine bestimmte soziale Mieterschicht, die möglichst in der Nähe ihrer Arbeitsplätze unterzukommen suchte. Alle diese Faktoren wirkten im Westen Münchens auf den Raumbereich ein, dessen nördlichen Abschnitt der industriereiche achte Bezirk und das Viertel Neuhausen bildeten und dessen südlichen Bereich das Westend, Laim und das Sendlinger Oberfeld darstellten.

Einige der im Westend ansässigen Industriebetriebe hatten besonders belastenden Charakter: Die Schwefelsäurefabrik ›Buchner‹ in der Landsberger Straße legte einen atemberaubenden Säurenebel über das Quartier; in der Landsberger Straße starben die Alleebäume ab, die in den Boden eindringenden Schadstoffe verseuchten das Grundwasser und gefährdeten die Trinkwasserbrunnen der anliegenden Häuser. Die Straßen- und Sanitätspolizei der Bezirksinspektion ließ daher durch Max Pettenkofer in den siebziger Jahren Wasseruntersuchungen vornehmen.[8] Nachdem Schwefelverbindungen im Wasser von benachbarten Trinkwasserbrunnen nachgewiesen waren, wurde der Betrieb geschlossen.

Die an der Westendstraße entstandene Gummifabrik ›Metzeler‹, die sich bald zu einem Großbetrieb mit 1000 Arbeitsplätzen entwickelte, und eine Teerpappenfabrik belasteten die Umgebung ebenfalls mit Rauchemissionen. Die Eisenbahndepots und die Fabriken lagen nördlich und westlich der Wohnstraßen, also in der Hauptwindrichtung. Dies führte im Magistrat zu Auseinandersetzungen. Ein erstes Baugesuch des Kommerzienrates Metzeler für eine neue Produktionsstätte an der Westendstraße wurde 1886 von der Lokalbaukommission, auf Anraten des Gesundheitsrates, dem Magistrat zur Ablehnung empfohlen. Die Kommission stützte sich formal auf das Argument, daß die Größe des geplanten Gebäudes einer für das Areal gültigen Bauvorschrift widerspreche.[9] In einer Magistratssitzung wurden dann auch Hintergründe der Empfehlung offengelegt:

»Bürgermeister Dr. v. Erhardt bemerkt, der Gesundheitsrat sage nicht, daß überhaupt kein Etablissement dort entstehen dürfe. ... Im allgemeinen sei es richtig, daß die Zufuhr der Luft für die Stadt München von der Westseite herrühre und wenn man diese großen Gebäude zuließe, würden da voraussichtlich an Stelle gesunder und luftiger Quartiere, solche mit Fabrikanlagen entstehen und das würde der Gesundheitsrat nicht im Interesse der Gesundheit gelegen erachten, vielmehr würden die Fabrikviertel, wenn wirklich solche hier entstehen am besten im Osten oder Süden der Stadt entstehen können.«[10]

Dennoch konnte Metzeler den Bau der Fabrik durchsetzen. Die während der Planung aufgestellte Behauptung, die Gummifabrikation sei eine »reinliche« und keineswegs »übelriechende« Angelegenheit, sollte sich rasch als völlige Fehlbeurteilung erweisen. Die von Bürgermeister Erhardt vorgetragenen, aus dem Blickwinkel der Raumordnung grundsätzlichen Bedenken gegen Fabrikanlagen im Westen der Stadt waren im Magistrat zu dieser Zeit, die für die Quartiersentwicklung die entscheidende war, nicht mehrheitsfähig.[11] Die ungestörte Gewerbeausübung und die Ansiedlung oder Erweiterung von Industriebetrieben behielten Vorrang vor Anliegerinteressen und auch vor den Verwertungsinteressen der benachbarten Grundstückseigner.

Das Viertel und seine Bauherren

Als die Beschäftigtenzahlen in den Industriebetrieben und bei der Bahn immer schneller wuchsen, begann im Westend ein Bauboom. Die Phasen intensiver Bautätigkeit fielen mit den Phasen der Errichtung der Industrie- und Bahnanlagen genau zusammen.[12] Davor stand zunächst jedoch eine Mobilisierung des Bodens: Die alten Kleinbesitzer verkauften. Die entscheidende Phase der Verkäufe von kleinen Vorstadthäuschen lag zwischen 1870 und 1885, die Neubauten der Miethäuser im Viertel folgten jeweils kurz darauf.

Die kleine und von den Straßenfluchten nach rückwärts verschachtelte Parzellierung der Grundstücke behinderte jedoch eine geschlossene Mietshausbebauung. Für die früh bebauten Anwesen im Bereich der Landsberger und Holzapfelstraße weisen die Umschreibhefte des Katasters München zahlreiche Tauschaktionen kleiner Parzellenteile zwischen den Grundeignern aus,[13] da die Besitzer versuchten, größere Parzellen für den Bau eines Mietshauses zusammenzubekommen.

Im Zuge der Bodenmobilisierung verschwand die zuvor dominierende Schicht von Hausbesitzern aus den Unterklassen. Die Besitzwechsel liefen nach einem klaren Muster ab: Der Aufkauf des Grundes erfolgte durch einen Bauhandwerker, der auf eigene Rechnung und mit der Absicht des Weiterverkaufs als Spekulationsobjekt das Mietsgebäude errichtete. Dann folgte eine etwa zehn bis 15 Jahre dauernde Phase häufiger Besitztransaktionen, in der mit dem Objekt fast ausschließlich von nicht in München ansässigen Eignern spekuliert wurde.[14] Die daraufhin sich etablierenden Dauerbesitzer stammten meist aus der seit den neunziger Jahren im Viertel dominierenden kleinbürgerlichen Besitzerschicht, die sich aus Handwerksmeistern, Kaufleuten, Krämern und

Wirtsleuten zusammensetzte. Die Bodenständigkeit dieser Besitzer beruhte zumeist darauf, daß sie selbst Teile des Mietshausanwesens gewerblich oder geschäftlich nutzten.[15]

Die unbebauten Grundstücke südlich der Landsberger Straße und westlich der Theresienhöhe befanden sich laut den Klassifikationsplänen der Kataster München und Sendling[16] schon zum Zeitpunkt der Uraufnahme 1808 und 1809 im Besitz von Münchner Grundeigentümern. Die alteingesessenen Bauern der Gemeinde Untersendling spielten bei der Umwandlung der Ländereien in Baugrundstücke keine Rolle: Sie hatten ihren Grund bereits verkauft, lange bevor die Baulandspekulation begann. Die Gruppe der Spekulanten bestand aus Privatpersonen – Terraingesellschaften und Banken waren im Westend noch nicht beteiligt.

Die Bebauung der Wiesengrundstücke mit größeren Mietshäusern begann nach der Eingemeindung von Sendling im Bereich zwischen der Westendstraße und der Schwanthalerhöhe. In dieser Phase explodierten die Bodenpreise im Viertel; das Westend war auch aufgrund seiner Nähe zur City keineswegs mehr ein Gebiet niedriger Bodenpreise,[17] da es durch öffentliche Verkehrsmittel noch besser von der Altstadt erreichbar wurde. Die Trambahnlinie von Schwabing zur Landsberger Straße wurde 1877 in Betrieb genommen.[18] Im Vergleich der Münchner Stadtbezirke nahm das Westend einen Spitzenplatz in der Bodenwertsteigerung ein: Sie lag zwischen 1862 und 1900 bei 8,8 Prozent jährlich, in der Altstadt bei nur 2,2 Prozent.

Die rasche Steigerung der Bodenpreise führte zu einer hohen baulichen Verdichtung, mit der die Nutzung der Grundstücke intensiviert wurde. 1875 waren im Westend die meisten Häuser noch ebenerdig angelegt, die ersten neugebauten Mietshäuser hatten beim Hauptgebäude zumeist ein Erdgeschoß und zwei Stockwerke.[19] Seit 1885 umfaßten die Hauptgebäude der Neubauten überwiegend Erdgeschoß mit drei Stockwerken, und 1895 hatten die meisten Hauptgebäude bereits vier Geschosse, die seitdem charakteristische Bauhöhe der Straßenfronten im Westend. Die rückwärtigen Nebengebäude blieben zu einem großen Teil erst eingeschossig; bei diesen Gebäuden handelte es sich zumeist um unbewohnte Stallungen, Schuppen, Werkstätten und ähnliches. Die bewohnten Nebengebäude bestanden meistens aus drei Stockwerken, der maximal zulässigen Geschoßzahl bei den Rückgebäuden. Die Verdichtung der rückwärtigen Bereiche der Anwesen war 1895 jedoch noch nicht abgeschlossen, bis 1900 wurden noch zahlreiche derartige Wohnrückgebäude erstellt.

Ein gebräuchlicher Index für die Dichte der Bebauung sind Blockgeschoßflächenziffern. Die Bebauungsdichte im Westend liegt nach diesen Ziffern doppelt bis dreimal so hoch wie in vornehmen Wohngegenden; der Grad der Ausnutzung des Grundstücks sicherte einen dem Bodenwert angemessenen Ertrag.[20] Dies wird auch an der Dichte der Bewohnung deutlich. Während etwa 1875 in der Schwanthalerstraße mehr als 23 Einwohner auf ein Anwesen, also ein bebautes Grundstück, trafen, waren es 1910 fast 49 Einwohner, also mehr als doppelt so viele. Der Höhepunkt dieser Entwicklung war 1895 erreicht, als über 53 Menschen in einem Anwesen wohnten. Die Straßen, in denen die Bebauung nach 1886 relativ spät begann, hatten eine noch weitaus höhere Wohndichte. In der Gollierstraße und der Kazmairstraße wurden 1895 85 Einwohner pro Anwesen gezählt, sie gehörten damit zu den am dichtesten bewohnten Straßen in München. Beide Straßen waren in offener Bauweise errichtet worden. Die Wohndichte wurde also durch das offene Bausystem nicht vermindert, es war eher das Gegenteil üblich.[21] Der Randbereich des Viertels an der Theresienhöhe blieb deutlich vom inneren Bereich unterschieden; so zählte man hier 1895 nur 14 Einwohner pro Anwesen.

Trotz der dichtgestaffelten Bebauung mit Mietshäusern, die vor allem auf Arbeitermieter abzielten, errichteten die Bauherren keine Wohnungen, die auf Arbeiter zugeschnitten waren; die Wohnhäuser hatten in den Vordergebäuden Drei- und Vierzimmerwohnungen. Arbeiter konnten solche Wohnungen nicht bezahlen. Die Folge war, daß die Wohnungen geteilt wurden, wodurch für die betroffenen Mieter ausgesprochen ungünstige Wohnbedingungen entstanden. Die Hauptursache für diesen verfehlten Wohnungszuschnitt waren die wesentlich höheren Baukosten für Kleinwohnungen.

Bei der Bildung des sozialen Milieus des Münchner Westends verschränkten sich im wesentlichen drei Hauptelemente miteinander: Es bestand zunächst eine soziale Vorprägung des Raumes durch die Siedlung von Kleineigentümern aus den Unterklassen. Außerdem hatte die Nutzungsspezialisierung durch Bahn- und Industrieanlagen ökologische Auswirkungen, die den Wohnwert des Geländes erheblich reduzierten und zugleich den Zustrom von Wohninteressenten aus den unteren Gesellschaftsklassen steigerten. Dabei führten die Mechanismen des Bodenmarktes zu einer drastischen Verteuerung des Grundes und zu einer hohen Verdichtung der Baumasse – die Mietskaserne wurde zum charakteristischen Gebäude des Westends.

Die steuernde öffentliche Hand

Wie verhielten sich nun die städtischen Behörden zu diesen Entwicklungen? Aufgrund der von Natur aus günstigen Lage des Geländes waren an der Theresienhöhe mit der Ruhmeshalle und der Bavaria repräsentative Bauten entstanden. Als die Stadtentwicklung diesen Bereich zu erfassen begann, stellte sich den Behörden die Frage, ob und in welcher Form die privaten Grundstücke bebaut werden sollten.

Nach einer Ministerialentschließung von 1840 war die Umgebung der Ruhmeshalle von der Bebauung ausgeschlossen worden.[22] 1873 wurde das Bauverbot durch die Oberste Baubehörde revidiert und für den Bereich der Theresienhöhe eine Pavillonbauweise mit Baumpflanzungen in den Gebäudezwischenräumen vorgeschrieben.[23] Dieser Entscheidung lag die Befürchtung zugrunde, daß die Grundbesitzer bei einem Festhalten am Bauverbot den inzwischen im Wert steigenden Grund möglicherweise einer störenden gewerblichen Nutzung als Lagerfläche oder ähnlichem zuführen würden.[24]

Dieser von der topographischen Lage her wertvolle und in seiner symbolischen Funktion bedeutende Abschnitt des Stadtviertelraumes wurde also von Anfang an genau überwacht; mit der Aufhebung des Bauverbots mußte die Stadt dann jedoch präzise planerische Vorstellungen entwickeln.[25] Ein erster, 1874 von Hofgartendirektor Josef Effner ausgearbeiteter Plan sah, im Zuge der Gestaltung eines Stadtparks Theresienwiese, für den Bereich der Theresienhöhe eine Vergrößerung des Parks im Rücken der Ruhmeshalle und der Schießstätte vor. Entlang der Nordgrenze der Schießstätte, also für den Bereich der heutigen Heimeran- und Kazmairstraße, war eine Bebauung mit »Familienhäusern nach englischem System«, also eine Villensiedlung, vorgesehen.[26] Diese Vorstellung wurde später durch den Architekten Georg Hauberrisser aufgegriffen, der 1878 das Projekt einer Villenanlage auf der Theresienhöhe vorlegte. Im Rahmen dieser städtebaulichen Diskussion meldete sich 1878 auch Jakob Heilmann zu Wort, der Inhaber der größten Münchner Baufirma:

»Auch hier [im Westend, d. Verf.] zeigt sich wie notwendig es ist, daß eine Stadterweiterung nicht von Straße zu Straße, sondern mit großen, weitsehenden Gedanken im Hinblick auf die voraussichtliche Bedeutung ganzer Stadtteile und unter Berücksichtigung möglichst direkter Zugänge zum Zentrum projectiert werde. Die hier in Betracht kommende Straße ist eine der schönsten Münchens, die Schwanthalerstraße, aber wie unglücklich ist sie in ihrer Fortsetzung zum Sendlinger Oberfeld in der Schwanthalerhöhe ausgefallen! – Dieses hoch, frei und gesund gelegene Terrain, welches auch noch den schönsten Ausblick auf das Gebirge gewährt, erscheint besonders geeignet für die Erbauung von Einfamilien- und Vorstadthäusern (Cottage-System) und wären wir der Meinung, daß unsere Stadt die Möglichkeit einer solchen Anlage nicht abschneiden sollte, indem sie die Fortsetzung der jetzigen Bauweise in der dortigen Gegend gestattet.«[27]

Das von der Stadt 1882 festgelegte Alignement beschränkte sich ausschließlich auf die Theresienwiese und die Randbebauung der Theresienhöhe. Der rückwärtige, an den damals schon bebauten Teil des Westends (an der Landsberger Straße) angrenzende Bereich blieb ausgespart.[28] Der unmittelbar an die Schießstätte schließende Grund gehörte dem Brauereibesitzer und Gemeindebevollmächtigten Matthias Pschorr, den nördlich angrenzenden Bereich hatte der Bankier und Gemeindebevollmächtigte Josef Ruederer erworben. Für das gesamte Gebiet zwischen Theresienhöhe und Ganghoferstraße wurde 1881 auf Anraten des Gesundheitsrats die offene Bauweise vorgeschrieben. Die Mindestabstände zwischen den Gebäuden legte man mit fünf bis sieben Metern fest; sie waren also nur halb so groß wie im Bereich der Theresienwiese.[29] Vorstellungen im Magistrat und bei den beiden Grundbesitzern, die Bebauung zwischen Schießstätt-, Park-, Kazmair- und Gollierstraße auf zwei Stockwerke zu begrenzen, wurden 1884 fallengelassen.[30]

Eine klare städtebauliche Konzeption für das Gebiet der Theresienhöhe war zu diesem Zeitpunkt trotz dieser Planungen nicht vorhanden. Die Stadt beschränkte sich darauf, die Vorschrift zur offenen Bauweise zu verteidigen, gegen die verschiedene Grundbesitzer an der Westend- und Parkstraße mehrfach vorgingen.[31] Eine hohe Bebauungsdichte wurde mit den engen Gebäudezwischenräumen und der Bebauung der Hinterhöfe dennoch hingenommen. Die Stadt konnte sich also nicht einmal im Verein mit auf die Reputation ihres Besitzes achtenden Grundeignern zu einer steuernden Haltung aufraffen. Der Erfolg weitergehender Bauauflagen wäre auch – bei Einhaltung marktwirtschaftlicher Spielregeln – äußerst fraglich gewesen. Denn beim Zusammentreffen relativ hoher Bodenpreise mit einer schlechten ökologischen Position ist kaum anzunehmen, daß sich Interessenten für eine Bebauung mit Einfamilienhäusern gefunden hätten. So realisierte sich schließlich im Münchner Westend weder die bürgerliche Vorstellung einer standesgemäßen Einfamiliensiedlung, noch wurden Wohnungen eines Zuschnitts gebaut, die die Wohnbedürfnisse von Arbeitern hätten befriedigen können. Häuser mit kleinen Arbeiterwohnungen entstanden erst nach der Jahrhundertwende, als sich die Betroffenen zu Baugenossenschaften zusammenschlossen und mit nur geringer öffentlicher Hilfe ihre ›eigenen‹ Bauten errichteten.

Der Ausstellungspark als Pufferzone

Der Staat wiederum beschränkte sich darauf, den engeren Bereich der Ruhmeshalle von störenden Einflüssen abzuschirmen. Die Baulinie an der Theresienhöhe blieb derjenigen des Wiesenviertels angeglichen. Der topographisch beste Bereich, mit einem besonders bei Föhn reizvollen Gebirgsblick, erlaubte eine solche Haltung, da die negativen Einflüsse des Arbeiterviertels im Rücken durch diese Faktoren mehr als ausgeglichen wurden. Die ausgedehnten Biergärten stellten hier zusätzlich einen gewissen Abstand zu dem eher proletarischen Quartier her. Als die Mietskasernen nach 1890 die Ruhmeshalle seitlich und im Rücken zu umfassen begannen, wurden die Behörden jedoch aktiv.

Es entstand das Projekt, den Bavariapark und das Gelände der Schießstätte zu einem Ausstellungspark umzugestalten. Die Gründe dafür stellte Bürgermeister Wilhelm von Borscht in einer Denkschrift so dar:

»Bereits zu Beginn des Jahres 1892 wies Seine Königliche Hoheit [Prinz Ludwig von Bayern, d. Verf.] in einer Besprechung mit Herrn Bürgermeister Dr. von Widenmayer auf die Tatsache hin, daß die Überbauung der Gründe auf der Theresienwiese immer stärkere Fortschritte mache, hinter dem Bavariapark bereits eine größere Anzahl von Häusern in einer das architektonische Gesamtbild der Ruhmeshalle und ihrer Umgebung gefährdenden Höhe gebaut sei und daß es daher unbedingt geboten erscheine, die Grundstücke nördlich und südlich des Bavariaparkes von der Bebauung mit Wohngebäuden auszuschließen«.³²

Die Stadt verfolgte das Projekt gerade aufgrund der ›allerhöchsten‹ Intervention mit Engagement und finanziellem Einsatz. Dieser wurde aber auch ganz einfach deswegen aufgewandt, weil man den Wert eines Ausstellungsgeländes in der wirtschaftlichen Konkurrenz der Großstädte erkannt hatte. Gabriel von Seidl entwarf schließlich die Pläne für die Heimeranstraße und den Matthias-Pschorr-Ring. Der 1908 feierlich eröffnete Ausstellungspark bildete die südliche Begrenzung des Westendquartiers und wertete als einzige größere öffentliche Baumaßnahme dessen Randbereich erheblich auf. Er war damals, wenn gerade keine Ausstellung mit Eintrittspreisen veranstaltet wurde, noch ein wirklicher, allen offenstehender Volkspark und kein hermetisch abgeriegeltes, kommerzialisiertes Messegelände.

Die Stadtentwicklung an der Theresienhöhe zeigt exemplarisch, daß man in einem Bereich, der aufgrund seiner sozialökologischen Position negativ besetzt war, keine durchgreifenden Verfügungsbeschränkungen für das Grundeigentum durchsetzte. Derartige Eigentumsbeschränkungen wurden in der damaligen Zeit in München nur dort erlassen, wo es galt, begünstigte Wohnlagen von schädlichen Einflüssen freizuhalten.³³ Im Falle des Westends ist die Stadtverwaltung auch dann nicht auf Eigentumsbeschränkungen eingegangen, wenn sie von einzelnen Grundbesitzern selbst angeboten wurden. Die einzige durchgesetzte Beschränkung, die offene Bauweise, verhinderte nicht, daß gerade jene wohnungshygienischen Zustände eintraten, gegen die sie sich richtete. Weitergehende Bauauflagen hätten möglicherweise den Verkehrswert der Grundstücke gedrückt und die Realisierung adäquater Grundrenten behindert. Die negative Bewertung des Gebietes, die im Westend nicht durch von Natur aus ungünstige Verhältnisse, sondern durch Bahnanlagen und Fabriken zustande gekommen war, dämpfte den Willen zur planerischen Gestaltung. Der Ausstellungspark arrondierte schließlich den abrupten Übergang vom Proletarierviertel zu den Prunkbauten an der Theresienhöhe.

Die sozialräumliche Gliederung der heranwachsenden Großstadt München unterlag einem ganzen Bündel von Einflußfaktoren. Ob eine Wohnlage als bevorzugt angesehen wurde, entschied sich oft auch durch kulturelle Einflüsse. So entstand schon in der ersten Hälfte des 19. Jahrhunderts durch die städtebaulichen Aktivitäten König Ludwigs I. ein vornehmes Viertel nördlich der Residenz in Richtung Schwabing. Der Süden Münchens und das bayerische Oberland wurden erst viel später zu einem Orientierungspunkt der Stadtentwicklung. Eine solche kulturelle Umorientierung erfolgte dann nach dem Rückzug des Hofes aus der städtebaulichen Entwicklung. Sie offenbart sich mit der bereits erwähnten Schrift Heilmanns, der den Süden Münchens als das gegenüber dem Norden viel reizvollere Terrain beschreibt. Das bürgerliche München begann sich allmählich – in größerem Umfang allerdings erst im 20. Jahrhundert – aus seinem Zentrum Schwabing abzuwenden und orientierte sich südwärts. Vielleicht ist die Gründung des ›Isartalvereins‹, dessen oft prominente Mitglieder sich um den Erhalt des Isartals bemühten, auch als ein Ausdruck einer solchen gewandelten Werthaltung gegenüber dem engeren Wohnbereich und der weiteren Umwelt anzusehen. Für das Münchner Westend, das südliche Isartal und Sendling kam diese Umorientierung zu spät. Die Anlagen der Bahn, die Fabriken, der Schlachthof und andere belastende Einrichtungen verhinderten, daß in München ein Westend von der bürgerlichen Eleganz des Londoner Vorbilds entstand.

Berg am Laim
Stadtrand und Spekulation
Von Erich Kasberger

»Man muß beim Ausbau einer Stadt gleichwie im Hausbau für jede Wohnung überlegen und wissen, wohin man den Empfangsraum, die Wohnräume, den Verkaufsladen, die Küche, die Werktätigen usw. zu legen hat und dementsprechend insbesondere auch hinsichtlich der Lage von Fabriken verfügen.«[1]

Mit diesem anschaulichen Bild bestätigte der Münchner Baurat Hans Grässel 1917 nur, wo man das 1913 eingemeindete Stadtviertel Berg am Laim, dessen Lehmvorkommen seinen Charakter als Ziegeldorf prägten, seit nahezu 50 Jahren zu suchen hatte: im rauchigen ›Heizungskeller‹ der Stadt München. Fabriken wollte die Fremdenstadt München nämlich weitmöglichst aus der Innenstadt abdrängen;[2] deshalb bemühte man sich darum, Versorgungsbetriebe und Industrieanlagen in den Stadtrandgebieten anzusiedeln, wo es noch verfügbaren Grund und Boden gab, und rauchende Schornsteine das sorgsam gepflegte Bild einer von Industrie unbeeinträchtigten Kunststadt nicht störten. Dieses Phänomen ist jedoch nicht nur für München typisch; andere europäische Großstädte machten eine ähnliche Entwicklung durch: In Wien beispielsweise setzte dieser Prozeß bereits zu Beginn der sechziger Jahre des vorigen Jahrhunderts ein, als größere gewerbliche Betriebe wie Ziegeleien und Brauereien in Vororte abwanderten.[3]

Neben räumlichen Gründen spielten bereits Überlegungen zum Schadstoffausstoß solcher Betriebe eine Rolle: So errichtete 1882 die Regierung von Oberbayern eine Gasfilialanstalt im Münchner Osten, in Berg am Laim, da dank des in München meist herrschenden Westwinds die Verbrennung von einer halben Million Zentner Koks im Jahr die Stadt hier weniger belastete.[4] Die Hälfte dieses Betriebs lag jedoch auf dem Gebiet der selbständigen Steuergemeinde Berg am Laim. Somit entging der Stadt München der ›Pflasterzoll‹, eine Art Wegegebühr für den dorthin gelieferten Koks, weshalb sie sich 1884 durch einen Machtspruch des Innenministeriums das Areal der Gasfabrik einfach einverleibte.[5] Diese auch vom Oberlandesgericht München sanktionierte Form der Landnahme zeigt, mit welcher Willkür die Stadt auf das östliche Stadtrandgebiet Einfluß nehmen konnte, ohne die finanziellen Folgelasten einer echten Eingemeindung tragen zu müssen.

Lehmboden – Grund genug . . .

Es waren jedoch vor allem Besitzstruktur und Nutzungsart des Berg am Laimer Gebiets, die solche Zugriffe möglich machten: Ziegelgründe, von denen die wertvolle Lehmschicht abgetragen, abgeziegelt, war und die nicht rekultiviert wurden, konnte man als brachliegendes Land für andere Zwecke leicht nutzbar machen. Bis zum Beginn unseres Jahrhunderts verfügten die östlichen Gebiete Münchens über ausreichende Lehmbestände.[6] In einer Dicke bis zu drei Metern erstreckte sich die Lehmzunge in nordöstlicher Richtung etwa von Ramersdorf bis Unterföhring. Sie deckte seit dem Mittelalter den Ziegelbedarf der Stadt München,[7] der bis zur Mitte des vorigen Jahrhunderts noch mit traditionellen Produktionsformen befriedigt werden konnte. Die Ziegel wurden von Hand ›geschlagen‹, das heißt in Holzmodeln in die richtige Form gebracht und in einfachen Feldbrandöfen[8] gehärtet. Dieses Verfahren erlaubte je Ziegelei die Erzeugung von etwa 60 000 Ziegelsteinen im Jahr, da die Zahl der Brände für den Pächter eines Ziegelofens limitiert war.

Mit der Bevölkerungsexplosion und dem Stadtwachstum der Jahrhundertmitte stieg auch der Ziegelbedarf ganz außerordentlich, zumal aus Gründen des Feuerschutzes die Ziegelbauweise in den Städten Holzbauten immer mehr verdrängte. Technische Innovationen ermöglichten nun auch rationellere Produktionsformen: 1856 erfand der Berliner Baumeister Friedrich Hoffmann den sogenannten Ringofen,[9] der einen kontinuierlichen Brennvorgang und damit eine erhebliche Produktionssteigerung erlaubte. Ziegeleien schossen wie Pilze aus dem Boden – allein in Bayern gab es 1861 nahezu 4000, fast viermal soviel wie 25 Jahre früher – und veränderten mit den für das neue Verfahren typischen hoch aufragenden Schornsteinen das Antlitz der Ziegeldörfer. Der goldfarbene Lehm avancierte zu einem erstrangigen Spekulationsobjekt; auf Kosten gewachsener bäuerlicher Besitzungen kauften sich daher Münchner Großspekulanten wie der Ziegelfabrikant Johann Sedlmayer oder der Unternehmer Hugo von Maffei in Berg am Laim ein, um die Ziegelgründe möglichst gewinnbringend auszubeuten.[10] Während es auf diese Weise in Berg am Laim viele »Ziegelbarone« gab, wie man sie im Volksmund nannte, hatte sich in Wien das Imperium eines einzelnen ›Ziegelzaren‹ herausgebildet: Der Großindustrielle Heinrich Drasche machte durch systematische Ankäufe in und um Wien und später im gesamten Reich die ›Wienerberger Ziegelfabriks- und Baugesellschaft‹, kurz ›Wienerberger‹, zum größten Ziegelkonzern Europas.[11]

Im Gegensatz zu München, wo Spekulanten von der Stadt auf die Vororte ausgriffen, ging der Zugriff in Wien genau umgekehrt: Die ›Wienerberger‹ eroberten sich rasch ein Monopol für die Ziegelherstellung, steuerten über eigene Baugesellschaften Baumarkt und Ziegelpreise und prägten durch Terrainspekulationen und Repräsentationsbauten in der City das Stadtbild Wiens erheblich mit.[12] Die schier unerschöpflichen Vorkommen, die das Zehn- bis Zwanzigfache der Münchner Lehmschicht ausmachten, lieferten für solche Unternehmungen das nötige Kapital.

Die Ziegelindustrie – ein Stadtrandphänomen

Wie sehr die nun immer mehr zurückgehende Ziegelindustrie das Bild des Stadtrandes bestimmt hatte, beschreibt im Jahre 1910 die Chronik der Gemeinde Berg am Laim:
»Die auffallendste Änderung war aber, daß von den vielen Ziegeleien, die den Ort von drei Seiten umgaben, schon mehrere verschwunden sind, weil der Lehm abgeziegelt ist. Die langen Dächer der Ziegelstadel und die hohen Fabrikschlote gaben dem Ort ein langweiliges Aussehen. Jetzt ist der Blick wieder freier und schönes Wiesengrün erfreut statt der garstigen Fabrikgebäude den Blick.«[13]

Man spürt die Erleichterung des Chronisten, daß in den Jahren nach der Jahrhundertwende die ersten Ziegeleien abgerissen wurden; die nahezu 20 Fabrikanlagen mit ihren qualmenden Schloten hatten in einem damals noch ungewohnten Kontrast zu den Zwiebeltürmen der barocken Hofkirche St. Michael Berg am Laim gestanden.

Die Ziegeleien wanderten mit dem Abbau der Lehmlager von Ramersdorf und Haidhausen im Südwesten über Berg am Laim nach Norden und wurden zudem von der wachsenden Stadt durch die bebauten Flächen nach außen gedrängt. Zurück blieben die nackten Lehmäcker, überragt von den Dämmen der ausgesparten Straßen und Wege, auf denen man mit Pferdefuhrwerken das Baumaterial in die nahe gelegene Stadt transportiert hatte.

Im Zuge wachsender Verstädterung traten dann um 1900 in Berg am Laim nahezu ein Dutzend professionelle Lohnfuhrwerksbetriebe in Erscheinung,[14] die zeigen, daß sich mit den mehr und mehr industriell produzierenden Ziegeleien die Gewerbestruktur zu verschieben begann. Die zunehmenden Arbeiterzahlen machten überdies die Einrichtung von betrieblichen Kantinen notwendig, außerdem wurde das Flaschenbier – eine städtische Erfindung – eingeführt. Die Stadtrandgemeinden, ehemals selbständige Dörfer, wurden also zunehmend in Verstädterungsprozesse einbezogen und durch wechselseitige Lieferbeziehungen immer enger mit der Stadt verbunden.

Der ›Bergamese‹ und der ›Ziegelböhm‹

Eine überaus einschneidende, das soziale Gefüge der ländlichen Gemeinde verändernde Umschichtung brachte bereits in den siebziger Jahren die Anwerbung von italienischen Gastarbeitern, die ebenso wie die Eisenbahnarbeiter als Industrieproletariat in Berg am Laim lebten. Das Bezirksamt München sah die Arbeiter in den Ziegeleien als einen nicht unbedeutenden sozialen Unruheherd an:
»... so erscheint doch die Beibehaltung der Verstärkung der Gendarmeriestation Berg am Laim nicht überflüssig, vielmehr dringend nötig, denn zur Zeit treibt sich zahlreiches Gesindel im Gemeindebezirke in den Ziegelstädeln umher, das einer ständigen Kontrolle bedarf.«[15]

Arbeitsbedingungen · Die südländische Fremdheit und die große Zahl der Gastarbeiter[16] förderten dieses Mißtrauen nicht unbeträchtlich: 900 Italiener verdienten im Jahr 1895 in Berg am Laim ihren hart erarbeiteten Lohn; über die Zahl der Deutschen ist nichts bekannt. So viele Ziegelarbeiter, die zudem nur für die Sommermonate angeworben waren, konnten in eine bäuerliche Gemeinde in keiner Weise mehr integriert werden und standen als isolierte soziale Gruppe den etwas mehr als 1350 Einwohnern gegenüber.[17] ›Bergamesen‹ nannten die einheimischen Berg am Laimer etwas verächtlich die in den Gebieten Venetien, Friaul und Bergamo angeworbenen italienischen Arbeitskräfte, als ›Ziegelböhm‹ klassifizierten die Wiener die gastarbeitenden Ziegler aus Böhmen, aus Norditalien und aus der Steiermark.[18] Da häufig auch gleich Frauen und Kinder als billige Arbeitskräfte mitkamen, wurde auf dem Gelände der ›Wienerberger‹ Ziegelfabrik auch eine Schule eingerichtet;[19] in Berg am Laim gab es nichts Vergleichbares.

Mit der Anwerbung der italienischen Gastarbeiter beauftragten die Ziegeleibesitzer italienische ›Akkordanten‹. Diese schlossen mit den Unternehmern einen Vertrag über die Zahl der zur Verfügung gestellten Arbeitskräfte und über den Akkordlohn für die gesamte Produktion.[20] Dennoch stellte das Bezirksamt ausdrücklich fest, daß für Verstöße die Ziegeleibesitzer »persönlich verantwortlich gemacht werden und daß es nicht zulässig erscheint, ihre Verantwortung auf andere (z. B. Akkordanten, Vorarbeiter ff.) abzuwälzen.«[21]

Die eigentlichen arbeitsrechtlichen Bestimmungen zwischen den Ziegelarbeitern und dem Ziegeleibesitzer waren in eigenen Arbeitsordnungen festgelegt, gedruckt in Italienisch und Deutsch, in Wien auch noch in Tschechisch.[22] Diese Arbeitsordnungen galten in Bayern als Arbeitsvertrag;[23] bis zur Einführung des Bürgerlichen Gesetzbuches im Jahre 1900 formulierten sie aber vornehmlich die Rechte des Arbeitgebers. Für die Arbeitnehmer enthielten sie zum Beispiel die Festlegung einer fünfzehnstündigen Arbeitszeit, die – bei zwei Stunden Pause – von morgens früh um vier Uhr bis nachts um 21 Uhr dauerte. So lange Arbeitszeiten konnte man allerdings Frauen und Kindern nicht zumuten, zumal die Tätigkeiten in einer Ziegelei körperlich außerordentlich anstrengend waren. Deshalb wurden Art und Dauer der Arbeitsbelastungen für jugendliche Arbeiter und für Arbeiterinnen nochmals genau geregelt, vor allem aber die Einhaltung der Arbeitszeiten, obwohl bereits die Reichsgewerbeordnung von 1878 entsprechende Bestimmungen enthielt.[24] Gleichzeitig hatte man zur Überwachung der Betriebe staatliche Fabrikinspektoren aufgestellt, und auch das Königliche Bezirksamt schaltete sich zunehmend als Kontrollinstanz ein.

In Wien blieben offenbar trotz äußerst bedrückender Verhältnisse solche Kontrollen ergebnislos.[25] Allerdings hatten sich die Ziegelarbeiter hier organisiert, wie eine handschrift-

Arbeitsordnung einer Ziegelei – für die italienischen Ziegeleiarbeiter in Deutsch und Italienisch. Stadtarchiv München

lich verfaßte Resolution der Ziegelbrenner aus dem Jahre 1901 zeigt: »Die Arbeitszeit der Ziegelbrenner darf wöchentlich nicht 72 Stunden überschreiten und soll der Lohn vom Beginn bis zum Ende der Brenndauer der gleiche bleiben.«[26] In Wien fanden auch bereits seit 1899 in den Ziegeleien heftige Streiks statt. Im Münchner Raum sind Arbeitskämpfe von Zieglern oder gar von Gastarbeitern nicht bekannt.

Kontrollen wären jedoch sehr notwendig gewesen; sie wurden aber allein schon dadurch erschwert, daß man sich nicht darüber einigte, ab welcher Größe man Ziegeleien als Fabriken anzusehen hatte und welche sich als Gemeindebetriebe den Kontrollen entziehen konnten.[27] Außerdem waren Überwachungen schwer durchführbar; daher kam es von seiten der Fabrikbesitzer ständig zu Verstößen. So zeigte im Jahre 1908 der Vizewachtmeister der Gendarmeriestation Berg am Laim beim Bezirksamt an, »daß bei einer heute früh in der v. Maffei'schen Ziegelei dahier vorgenommenen Arbeiterkontrolle um 5 Uhr 5 Minuten schon 5 jugendliche Arbeiter mit Wegtragen frisch geschlagener Ziegelsteine beschäftigt betroffen wurden«.[28]

Allerdings entzogen sich die jugendlichen Arbeiter immer wieder selbst der ungeliebten Kontrolle durch staatliche Stellen, konnten sie doch, besonders wenn sie nicht das vorgeschriebene Arbeitsalter hatten, ihre Arbeitsstelle verlieren und ausgewiesen werden.[29] Ein Fabrikinspektor schildert daher auch die Einstellung gegenüber den Inspektoren sowie die Arbeitsmoral der italienischen Ziegelarbeiter durchaus in negativer, sicher auch von Vorurteilen geprägter Weise:

»Die Controle ist nicht mehr zu fürchten, denn sobald der Controlierende signalisiert wird, oder in Sicht kommt, braucht sich der Jugendliche nur neben der Bank auf den Boden zu setzen um jedermann ad oculos zu demonstrieren, daß er seine Ruhepause in echt italienischer Weise feiert ... Mitwirkung bei der Controle ist seitens der Arbeitgeber selbstverständlich nicht zu erwarten ... Die Arbeiter selbst bringen den Schutzbestimmungen ein sehr geringes Interesse entgegen. Regelmäßige Arbeit ist ihnen fremd. Bei schlechter Witterung wird den ganzen Tag gefeiert, gutes Wetter wird dagegen nach Möglichkeit ausgenützt. So stehen sie gegenüber der Controle, sobald sie nur wissen, um was es sich handelt, auf Seite des Arbeitgebers.«[30]

Wohnen und Ernährung · Besonders die Wohnverhältnisse der Italiener waren erbärmlich und forderten immer wieder Rügen des Bezirksamtes heraus: Häufig dienten der Wärme wegen die Ringofenanlagen als Massenquartiere; manchmal kamen die Arbeiter auch im Dachboden eines Hauses unter, wo eine Strohunterlage als Schlaflager ausreichen mußte;[31] solche Zustände galten allerdings für die Ziegeleien in ganz Bayern.[32] Erst 1901 verfügte das Bezirksamt, daß in allen Ziegeleien für die Ziegelarbeiter Wohnräume zu errichten seien[33] und für bessere hygienische Verhältnisse gesorgt werden solle.[34]

In der Wienerberger Ziegelei scheinen aber noch ganz andere Verhältnisse geherrscht zu haben. Bereits 1850 war dort ein kleines Zieglerdorf für nahezu 3000 Arbeiter mit 34 Wohngebäuden, Arbeiterkasernen und Stallungen für 300 Pferde entstanden. Dies war zum einen eine soziale Maßnahme, zum anderen sollten die Ziegelarbeiter an ihre Arbeitsstätte und an die Vorarbeiter gebunden werden.[35]

Der ehemalige Gewerbeinspektor und spätere führende Sozialist Viktor Adler, der sich nachts heimlich in das Werk am Wienerberg eingeschlichen hatte, um das Elend des Arbeiterproletariats zu studieren, kritisierte neben den Wohnverhältnissen auch, daß Löhne nicht in bar ausbezahlt wurden, sondern in Form von Blechmarken. Nur damit konnten die Ziegler in den Kantinen des Werksgeländes ihre vom Wirt eingeräumten Kredite abbezahlen; dies wies sie, wie es Viktor Adler nennt, »einem besonderen Kantinenwirt als Bewucherungsobjekt« zu.[36]

Eine so extreme Form der Ausbeutung hat es in den Ziegeleien um München nicht gegeben. Zwar sorgten die ›Akkordanten‹ hier für die Verpflegung der von ihnen angeheuerten Gastarbeiter und schufen so eine gewisse Abhängigkeit, aber bereits in den neunziger Jahren standen in nahezu allen Ziegeleien Kantinen, in denen sich die Arbeiter von ihren Lohngeldern Mahlzeiten kaufen konnten.[37]

Auch wenn die Zustände in den bayerischen Ziegeleien also insgesamt erträglicher waren als in Wien, so baute man hier doch auch mit Hilfe der billigen Arbeitskraft der Gastarbeiter ganz bewußt einen Konkurrenzdruck gegenüber den ansässigen Ziegelarbeitern auf. Bruno Schoenlank, ein auch in München sehr aktiver Sozialist, sieht das so:

»Die Herren Ziegelbrenner lassen sich, um den einheimischen Arbeitern die Lebenshaltung noch tiefer als sie bereits steht, herabzudrücken, beständig neue Waggonladungen italienischer Kulis von ihren Lieferanten aus dem Lande kommen, wo die Citronen und die Schmutzconkurrenz blüh'n.«[38]

In den Ziegeleien des 19. Jahrhunderts wurde somit der Typus des Gastarbeiters geprägt, der genau dem schnellebigen und profitorientierten Ziegelgeschäft entsprach.

Ziegeleien: ein konjunkturabhängiges Geschäft

Um 1880 waren in den Ziegeleien des Münchner Ostens mehrere tausend Gastarbeiter beschäftigt. Allein dieses Phänomen belegt die damalige Hochkonjunktur im Baubereich. 19 Berg am Laimer Ziegeleien produzierten damals zusammen etwa 40 Millionen Ziegelsteine jährlich. In Wien dagegen kamen die ›Wienerberger‹ in nur zehn Ziegeleien zu einem Produktionsausstoß von 200 Millionen Ziegeln.[39] Diese Unterschiede erklären sich zum einen aus der höheren Technisierung der Wiener, zum anderen hatten die ›Wienerberger‹ natürlich auch einen ungleich umfangreicheren Absatzmarkt in Wien wie auch in Oberösterreich, Böhmen, Mähren, Tirol und Ungarn, ja selbst im Ausland.[40] Die Ziegelfabriken aus Berg am Laim hingegen lieferten ausschließlich nach München – im Vergleich zu den ›Wienerbergern‹ waren sie provinziell.

Da Wien früher und intensiver als München in internationale Handelsbeziehungen eingebunden war, bekam es auch eher internationale und nationale Konjunkturschwankungen zu spüren. In den Krisen von 1885, 1888 und 1900 zeigte sich, daß die Ziegelindustrie hier fast seismographisch auf Stagnationen in der Bautätigkeit, auf die politische Unsicherheit in den Jahren vor der zweiten Eingemeindungswelle im Jahre 1890 oder schwierige Kreditsituationen und einen stockenden Immobilienmarkt im Jahre 1900 reagierte.

Gerade die letzte Krise, deren Beginn sich in Wien bereits ein Jahr zuvor andeutete,[41] kommt in München erst in der Baukrise von 1901 zum Tragen. Diese machte sich auch bei den Beschäftigtenzahlen in den Ziegeleien bemerkbar.[42] So ging im Krisenjahr der Bedarf an jugendlichen Arbeitern in Berg am Laim von 400 Personen schlagartig auf etwa 260 zurück und nahm bis 1904 nochmals um die Hälfte ab. Schließlich mußte die ›Generalversammlung für die im Münchner Ziegelei-Verein‹ organisierten Betriebe die Brennmenge auf 1,4 Millionen Steine je Betrieb begrenzen, um dem »Rückgang ihres Gewerbes Schranken zu setzen«.[43] Zugleich stellten bis auf etwa ein halbes Dutzend Ziegeleien alle anderen Betriebe die Produktion ein. Dies zog eine deutliche Umwertung des Bodens nach sich: In Berg am Laim waren mehr und mehr die Ziegelgründe erschöpft, überdies ließen die fallenden Ziegelpreise auch den Wert eines Lehmackers sinken. So wandelten zahlreiche Ziegeleibesitzer ihre Gründe in Gärtnereien um, von denen es um 1910 schließlich insgesamt 17 gab:[44] Die Nähe der Großstadt bot einen guten Absatzmarkt, und man konnte abgeziegelte Flächen so einer kurzfristigen Nutzung zuführen, die anderen Interessen nicht entgegenstand, wurde doch die Nachfrage nach industriell nutzbaren Grundstücken im

Ausgreifende Grossstadt

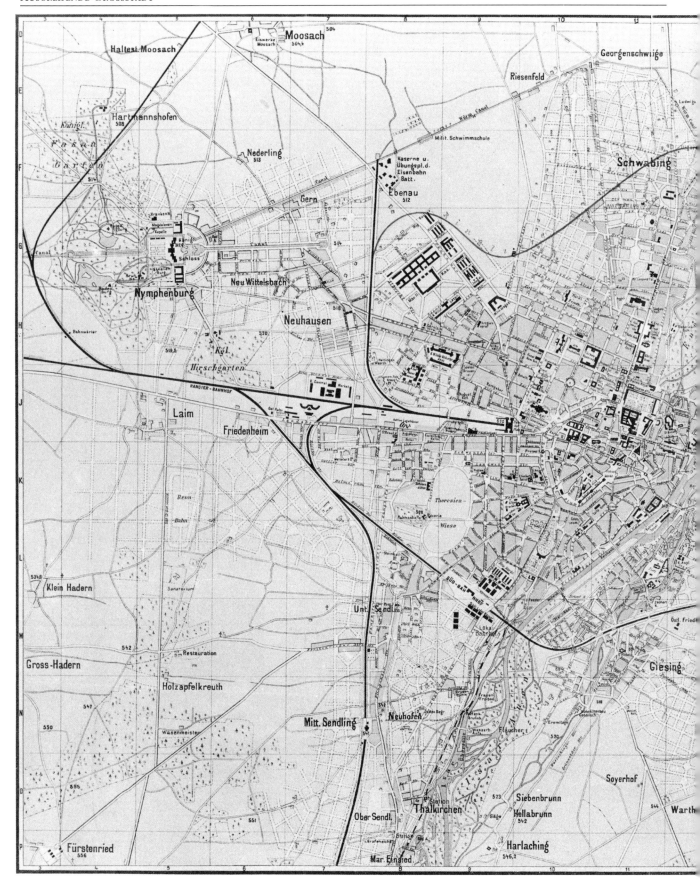

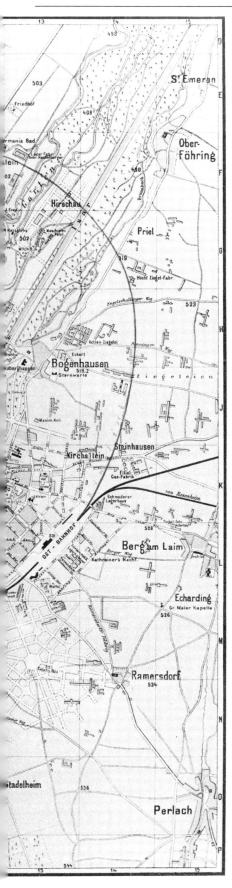

Sehr früher Plan der Münchner Ringbahn, undatiert (wohl 1888), aus der ›Graphischen Kunst- und Verlagsanstalt München, Ludwig Wengg‹ – Die eingezeichneten geometrischen Alignements zeigen, wie München ohne Theodor Fischers ganz anders geartete Stadtplanungen wohl ausgesehen hätte. Einen Vergleich ermöglicht der Staffelbauplan S. 171. Verkehrsmuseum Nürnberg

Münchner Osten wegen des Ausbaus des Münchner Rangierbahnhofs und der Projektierung der Münchner Ringbahn immer größer. Gärtnereien waren problemlos in Spekulationsgrundstücke zu verwandeln.

In der Gemeinde Berg am Laim spielten hierbei jedoch – im Gegensatz zu anderen Stadtvierteln Münchens – Baugenossenschaften oder Terraingesellschaften nur eine untergeordnete Rolle,[45] da außer einigen Wohnblocks für Eisenbahnbedienstete kaum etwas gebaut wurde. Diese Häuser, »mit Parterre und vier Obergeschossen im geschlossenen System« errichtet, und die wenigen im Inneren der Ortschaft entstandenen Neubauten zeigten allerdings überwiegend städtischen Baucharakter.[46] In seinem Ortskern veränderte sich das dörfliche Berg am Laim jedoch nur wenig. Die eigentliche Verstädterung und die Umwertung des Bodens vollzogen sich im Bereich der Bahn, entlang des Ostbahnhofs und der Bahnlinie München-Simbach: Hier erwarb das ›Königliche Eisenbahnärar‹, also die Eisenbahndirektion, von Privatbesitzern zum Bau der Ringbahn umfangreiche Grundstücksflächen.[47] Als genialer Grundstücksmakler wirkte hier vor allem der Münchner Bankier und Wirtschaftsmagnat Wilhelm Finck, Gründer der ›Münchener Rückversicherung‹. Erst um 1910, wenige Jahre vor der Eingemeindung, erwarb auch die Stadt München größere Flächen, um beim später notwendigen Bau von Versorgungseinrichtungen nicht spekulativ überhöhte Grundstückspreise bezahlen zu müssen.

Eisenbahngrund als Spekulationsobjekt

»Vor etwa 11 Jahren, zur Zeit der Münchner Hochkonjunktur im Terrainmarkt, setzte ... hier ... die Spekulation ein ... es war ein allgemeiner Taumel, ein Wettrennen, das goldene Zeitalter war angebrochen. Der simple Kartoffelacker war zum Spekulationsterrain, zum Bauplatz geworden, auch wenn in 50 Jahren noch keine Aussicht bestand, daß er es werden könnte.«[48]

Auch in diesem Schreiben eines Rechtsanwalts aus dem Jahre 1907 ging es um den Wert von Lehmäckern oder bereits abgeziegelten Grundstücken im Münchner Osten. Der Bau einer Rangieranlage beim Ostbahnhof im Jahre 1896, die Erweiterungspläne schon wenige Jahre später und vor allem die Anschlußstrecken der Münchner Ringbahn zum Ostbahnhof nährten hier die Spekulationsfreude und ließen die Grundstückspreise in die Höhe schnellen. Im Jahre 1904 hatte der Landtag die Erbauung der Ringbahnteilstrecke Freimann-Unterföhring-Johanneskirchen-Ostbahnhof genehmigt, und 1907 waren die Grunderwerbungen soweit abgeschlossen, daß mit dem Bau begonnen werden konnte.[49] Dies brachte eine bedeutende Wertsteigerung, wie es in einem Rechtsanwaltschreiben gegen den Eisenbahnfiskus hieß, »namentlich für die Gründe, die unmittelbar an die Bahnhöfe mit Gleisanschluß zu liegen kommen; solche Gründe können 3–5000 Mark pro Tagwerk wert sein ...«.[50] In der Regel taxierten amtliche Schätzer Lehmgründe auf etwa 2000 Mark pro Tagwerk, also für 3400 Quadratmeter, ausgeziegelte Grundstücke aber nur noch auf die Hälfte. Häufig waren die Gerichte aufgerufen, zwischen den oftmals überzogenen Forderungen einzelner Grundstücksbesitzer und den im Zwangsenteignungsverfahren von der Staatsbahn gebotenen Preisen einen Ausgleich zu finden. In einem Streitfall, der sich bis zum Jahre 1913 hinzog, rechnete ein Ziegeleibesitzer dem Gericht genau vor, daß aus einem Tagwerk Lehm bei einer Lehmdicke von knapp zwei Metern drei Millionen Ziegelsteine zu gewinnen seien; darüber hinaus sei das Grundstück »wegen seiner Lage an der Straße, der geringen Entfernung von München und der Tauglichkeit zur Anlage einer Fabrik oder einer Gärtnerei besonders wertvoll gewesen«.[51] Das Gericht gestand dem Grundstück, unter Berücksichtigung des Spekulationsgewinns, jedoch nur einen Wert von 4000 Mark zu. Der Kläger hatte 7000 Mark gefordert, obwohl er beim Kauf des Grundstückes im Jahre 1895 nur 1700 Mark bezahlt hatte.[52]

Um wenigstens eine annähernde Objektivierung der Preise zu erreichen, legten die Gerichte ausführliche Verzeichnisse von Vergleichsgrundstücken an und beobachteten genau den Verkauf von Grundstücken »an Spekulanten, die mit der Ringbahnerbauung sicher rechneten« oder eine bestimmte Trassierung vermuteten.[53] Allerdings gingen Prozesse auch manchmal zugunsten der zwangsenteigneten Grundstücksbesitzer aus. So konnte der ehemalige Ziegeleibesitzer Obermayer aus Berg am Laim, dessen Grundstück durch den Ringbahnbau in Mitleidenschaft gezogen worden war, über die Entschädigung hinaus noch 50 000 Mark erstreiten, unter anderem wegen der Rauchbelästigung.[54]

Am Fall Obermayer wird deutlich, daß die Stadt München ihren Tribut für technische Neuerungen zu leisten hatte; die private Entschädigung wog natürlich nicht die Folgen für Berg am Laim selbst auf: Der Bahnbau zerschnitt die Gemeinde in zwei Teile und unterbrach alte Wegeverbindungen. Deshalb kämpfte die Gemeindeverwaltung um eine Bahnunterführung, wie manch andere von der Ringbahn geschädigte Gemeinde, aber ohne Erfolg.

Der Bahnbau stellte für die Gemeinden auch in anderer Hinsicht eine enorme Belastung dar. Nach dem Lokalbahngesetz waren sie verpflichtet, für den Bau der Bahn Grundstücke von den Eigentümern zu erwerben und sie kostenlos der Staatsbahn zur Verfügung zu stellen oder sich mit Bargeld freizukaufen. Da sich allerdings beim Bau des Ringbahnabschnittes Ostbahnhof-Schwabing Gemeinden wie Freimann und Berg am Laim heftig wehrten,[55] beschlossen die Kollegien der Stadt München im Jahre 1903, die fraglichen Zahlungen erst einmal selber zu leisten und sie dann ihrerseits von den betroffenen Gemeinden einzufordern.[56]

Auch die eigens gegründete Vereinigung für die Münchner Ringbahn spendete noch 65 000 Mark. In dieser Vereinigung saßen neben allen Bürgermeistern jener Vororte, die sich mit der Lokalbahn befassen mußten, namhafte Industrielle und Großgrundbesitzer, konnten doch an der Ringbahn – ursprünglich für den Güterverkehr, aber auch für militärische Zwecke eingerichtet – Industriegeleise angelegt werden. So versprach auch die Pschorrbrauerei dem ›Comité für den Bau der Lokalbahn München Ostbahnhof – Ismaning‹ ein Geldgeschenk über 5000 Mark, falls die Bahn nahe am eigenen Industriegebiet vorbeigeführt oder ein Haltepunkt eingerichtet werde.[57]

Ein bemerkenswertes Beispiel solcher Verflechtungen bilden auch die Vorgänge um die Grunderwerbungen in Berg am Laim. Die Generaldirektion der Staatseisenbahn beschränkte hier die Verpflichtungen der Stadt München beim Grunderwerb auf die Flächen der ehemaligen Ziegeleibesitzersfamilie Obermayer. Als Äquivalent für diese »Einräumungen und Zugeständnisse« in Berg am Laim und Freimann ersuchte die Eisenbahndirektion nun die Stadt München um die »Zustimmung zur Änderung der Baulinie in der Nymphenburgerstraße …«.[58] Konkret bedeutete dies, daß die Eisenbahnverwaltung, die alle in Berg am Laim in Frage kommenden Grundstücke 1905 von Wilhelm von Finck für den ungewöhnlichen Betrag von über viereinhalb Millionen Mark erworben hatte,[59] der Stadt dafür noch weitere Zugeständnisse entlocken wollte. Diese Kaufsumme machte den Löwenanteil der sechseinhalb Millionen Mark aus, die der Staat im selben Jahr für den Ausbau des Rangierbahnhofs und für die Verlegung zweier Eisenbahnteilstrecken zum Ostbahnhof veranschlagt hatte.[60]

Baron von Finck, der – Zufall oder nicht – im nämlichen Jahre 1905 in den Reichsrat berufen worden war,[61] hatte seit 1898 in Berg am Laim systematisch Grundstücke aufgekauft, insgesamt 880 000 Quadratmeter für knapp dreieinhalb Millionen Mark.[62] Beim Verkauf im Jahre 1905 konnte er für 770 000 Quadratmeter viereinhalb Millionen Mark erzielen. Das entspricht einem durchschnittlichen Erlös von etwa 20 000 Mark pro Tagwerk, wohingegen die Eisenbahnverwaltung andere Grundstücke nur mit 6000 Mark pro Tagwerk entschädigte. Wilhelm von Finck war offenbar bestens über alle Eisenbahnpläne informiert gewesen, denn die von ihm erworbenen Grundstücke lagen genau in den projektierten Eisenbahntrassen.

Noch stärker als im unmittelbaren Münchner Stadtgebiet zeigte sich am Stadtrand, im ›uninteressanten‹ Münchner Osten, wie ungeniert sich Spekulanten, aber auch die Stadt selbst, über gewachsene Strukturen hinwegsetzten. Ohne großen Widerstand von Privatpersonen oder von Institutionen befürchten zu müssen, griff man zu, sobald eine spekulative Chance oder ein finanzieller Vorteil winkten. Im Gegensatz zum dicht bebauten und kleinteiliger parzellierten Stadtgebiet wechselten hier auch große Flächen oft innerhalb weniger Jahre mehrfach den Besitzer.

So wurde eine kleine Stadtrandgemeinde wie Berg am Laim zum Spekulationsfeld für Münchner Großkapital: Auf die erfolgreiche Ausbeutung der Lehmvorkommen folgte die Vermarktung von Grund und Boden als Bahnbaugebiet. Auch die italienischen ›Arbeitskulis‹ vollzogen diese Entwicklung mit, denn etliche von ihnen fanden nun eine Arbeit beim Bau der Ringbahn.[63]

BAUEN UND WOHNEN

Die Prinzregentenstraße
Moderne Stadtplanung zwischen Hof, Verwaltung und Terraininteressen
Von Stefan Fisch

Eigentumsrechte und Planungsideen in München bis zur Einrichtung des Stadterweiterungsbüros 1893

Die Neuregelung des Bodeneigentums im Zuge der Bauernbefreiung hatte auch in Bayern im 19. Jahrhundert die römisch-rechtliche Auffassung vom (Grund-)Eigentum und der (fast) absoluten Verfügungsmacht des Eigentümers Recht und Gesetz werden lassen.[1] Ohne Anpassung an dieses Eigentumsverständnis waren nun alle Arten absolutistisch-monarchischer Stadtplanung zum Scheitern verurteilt. Unter Anspannung jedes nur denkbaren Spezialetats und Sonderfonds gelang König Ludwig I. nur noch die Anlage eines einzigen Straßenzuges, der Ludwigstraße.[2] Eine ganze Stadt nach seinem Willen zu planen, in der Art Erlangens oder Karlsruhes etwa, war unter den veränderten Strukturbedingungen der Bürger- und Eigentümergesellschaft des 19. Jahrhunderts einem regierenden Fürsten nicht mehr möglich.

›Planung‹ verfiel so immer mehr zum Zufallsergebnis der Bauentscheidungen einzelner Grundbesitzer. Erst im Laufe der zweiten Hälfte des 19. Jahrhunderts entstand wieder eine umfassende Planung des städtischen Bauens durch den Zwang zur Vernetzung privater Bauvorhaben mit den wachsenden öffentlichen Infrastrukturmaßnahmen, wie der Anlage neuer Straßen und dem Bau von Wasserleitung und Kanalisation. Allmählich erwuchs daraus eine bewußte, auch künstlerisch geleitete Gestaltung des Stadtbildes durch städtische Behörden. Einzelne Schritte auf diesem Weg zur Herausbildung moderner kommunaler Stadtplanungsverfahren am Ende des 19. Jahrhunderts sollen hier am Beispiel der Prinzregentenstraße und ihrer Umgebung dargestellt werden.

In München war es ein interessierter Groß-Bauunternehmer, Jakob Heilmann, der 1881 und nochmals 1889 in Vorlagen an Magistrat und Öffentlichkeit das neue Bedürfnis nach einer intensiveren Lenkung der städtischen Bebauung ausdrückte.[3] Er wollte sozialreformerisch (Ein-)»Familienhäuser« bauen und so die Idylle seines unterfränkischen Heimatdorfes in die hohen und engen Wohnviertel der beständig wachsenden Großstadt zurückholen. Heilmann strebte aber auch in der Tradition des verkehrsorientierten ›geometrischen‹ Städtebaues die Festlegung einer Ringbahn und dreier Ringstraßen an – nach den damals modernsten und fortschrittlichsten Vorbildern von Paris, Wien und Köln.[4] Heilmanns Planzeichnung von 1889 nahm mit einer geradlinig geführten Ausfallstraße vom ›Palais Royal‹ (Prinz-Carl-Palais) nach Osten ein 1885 vorgelegtes Projekt der Landesbank auf. Weil Teile des Königlichen Holzhofes und ein Zipfel des Englischen Gartens in diesen Straßenzug fielen, stimmte das Finanzministerium erst im Mai 1888 nach langen Verhandlungen einem Grundstückstausch mit der Stadt zu. Dabei brachte es geschickt den Namen ›Prinzregentenstraße‹ ins Spiel, obwohl der Fiskus selbst gar nicht baute.[5] In einer Art von verdecktem Spekulationsgeschäft »trat« er vielmehr die von der Stadt eingetauschten Grundstücke einem bauwilligen Anlieger »ab«. Dieser hatte nicht nur eine Abstandssumme von 23 550 Mark zu bezahlen, sondern mußte auch für sich und alle seine Besitznachfolger privatrechtlichen, als Servitut im Grundbuch eingetragenen Baubeschränkungen zustimmen, die Dach- und Kellerwohnungen selbst für Hausmeister untersagten und die Fassadenpläne »Allerhöchster Genehmigung« unterwarfen.[6] Das war damals noch immer das einzige Instrument einer ästhetisch orientierten Baupolizei; was König Ludwig I. zum Schutze monarchischer Monumentalbauten wie Residenz, Siegestor oder Ruhmeshalle eingeführt hatte, galt nun auch für die Bauten einer neu anzulegenden Straße – jedoch nur, weil die Bauherren sich freiwillig derartigen Kaufverträgen unterwarfen.

Die Zustimmung der Betroffenen zu solchen Gestaltungsvorschriften wie auch zu einem vorgesehenen Aufteilungsmuster für ein größeres Areal war erheblich schwieriger zu erreichen, wenn sie ihre Baugrundstücke schon besaßen und kein Vertrag mehr mit Staat oder Stadt abgeschlossen werden mußte. Bei der Fortsetzung der Prinzregentenstraße jenseits der Isar standen die ersten Pläne noch ganz in der Tradition des ›geometrischen‹ Städtebaues.[7] Nur wenige Kreisplätze unterbrachen das gitterartige Muster kilometerlanger Straßen in rechtwinklig-geradliniger Anordnung. Die Problematik solcher Planbilder ist augenfällig: das Schema nahm keinerlei Rücksicht auf die Terrainverhältnisse, weder auf die natürliche Höhenlage noch auf die gewachsenen Wegenetze und Flurgrenzen.

Derartig weitgehende Planungen ›vom grünen Tisch aus‹ mußten in einem Land wie Bayern bloßes Papier bleiben; denn hier war noch nicht einmal eine Enteignung, gegen Entschädigung natürlich, mit dem Ziel der Anlage neuer städtischer Straßen rechtlich zulässig – das bayerische Enteignungsgesetz stammte noch aus der Zeit König Ludwigs I. und war nicht an die Probleme des Urbanisierungszeitalters angepaßt worden. Die Anlage von Straßen und Plätzen konnte daher in der Praxis nicht den schönen Plänen folgen. Vielmehr mußte die Stadt abwarten, bis ein Bauantrag gestellt wurde, und dann die Grundabtretung im Verhandlungswege zu erreichen versuchen. Die geometrischen Planmuster ließen sich dabei nur ganz selten durchsetzen, weil sie kaum mit den Flurgrenzen und den Besitzverhältnissen übereinstimmten.

Aus der Rückschau betrachtet, hatte diese Kollision mit den Interessen der beteiligten Grundbesitzer das Gute, daß sie die Verwirklichung der ›geometrischen‹ Pläne verzögerte und so der Stadt Zeit ließ. Die Jahre um 1890 fielen nämlich in eine Zeit des Umbruchs, für das Münchner Bauwesen wie für den Städtebau im deutschen Sprachraum überhaupt. 1891 starb der alte Oberbaurat Arnold von Zenetti; sein Nachfolger an der Spitze des Stadtbauamtes, Wilhelm Rettig, war ein Mann der neuen Generation, aus der Schule des Berliner Reichstagsbaues unter Paul Wallot. Außerdem war 1889 ein epochemachendes Buch erschienen: ›Der Städtebau nach seinen künstlerischen Grundsätzen‹, verfaßt von dem Wiener Architekten und Kunstgewerbeschuldirektor Camillo Sitte.[8] Er wollte als erster in historischer Rückwendung Lehren aus den »schönen« Städtebildern vergangener Zeiten ziehen, aus dem unregelmäßigen Straßennetz des mittelalterlichen Rothenburg ob der Tauber ebenso wie aus der raffinierten Regelhaftigkeit der barocken Platzgruppe rund um den Salzburger Dom. Sittes Buch fand begeisterte Aufnahme bei der jungen, aus dem Architekturfach kommenden Generation von künstlerischen Städtebauern wie Wilhelm Rettig, Theodor Fischer und Fritz Schumacher, stieß jedoch auf maßvolle bis scharfe Kritik bei den etablierten, vor allem verkehrsplanerisch orientierten ›Autoritäten‹ des Fachs wie Reinhard Baumeister und Joseph Stübben, die vom (Eisenbahn-)Bauingenieurfach herkamen.

Im Münchner Stadterweiterungswettbewerb von 1891/93, den Heilmann mit einer Spende angeregt hatte, stießen die alte und die neue Richtung des Städtebaues aufeinander.[9] In der Jury saßen nämlich neben Baumeister und Stübben auch Sitte und Rettig. Da man sich nicht einigen konnte, wurden vier gleichrangige erste Preise vergeben. Die traditionelle verkehrsorientierte Planung wird aus dem Entwurf des Hannoveraner Stadtbauinspektors Gerhard Aengeneydt deutlich: Bei der Gasfabrik, etwa am heutigen Straßenbahnhof am Leuchtenbergring, sollten sich mehrere radiale Ausfallstraßen mit zwei Ringstraßen treffen – doch ohne daß für die Verteilung der Verkehrsströme entsprechende Platzflächen vorgesehen waren. Ungünstig waren auch die vielen dreieckigen Bauparzellen mit spitzem Winkel.

Ganz anderen Zielen folgt der Entwurf des Aachener Professors Karl Henrici, der die Ideen Camillo Sittes umsetzte; er erhielt bei der Auszeichnung als einziger zwei Gegenstimmen. Mit verkehrstechnischen Fragen gab sich Henrici als Architekt gar nicht lange ab. Er ließ die Hauptstraßenzüge allesamt bereits bestehenden Feldwegen folgen; dadurch erhielten sie von alleine die gekrümmte Richtung, die dem Fußgänger das von Sitte propagierte Erlebnis einer abwechslungsreichen Folge von Straßenräumen bietet. Die Plätze legte Henrici nicht mehr als Verkehrsmittelpunkte an, sondern er verschob sie an den Rand der Hauptverkehrslinien: ›Verkehrsberuhigung‹ durch seitliche Anlage und zugleich symbolträchtige Betonung der Plätze als soziale Räume durch Schulen, Kirchen, Märkte. Ihm schwebte – und das führte Sittes Ideen selbständig weiter – eine Dezentralisierung der Großstadt durch derartige kleinere Stadtteilzentren vor.

Grundsätzlich bemerkenswert unter den zum Wettbewerb eingereichten Plänen ist schließlich noch das Projekt von Georg Hauberrisser, dem Architekten des Münchner Rathauses. Zwar war darin das Straßennetz noch ziemlich konventionell aufgeteilt, aber die vorgesehene Bebauungsdichte nahm von der Stadtmitte nach außen hin immer mehr ab. Entlang der äußersten Ringstraße waren nur noch einzeln stehende Villen mit großen Gärten vorgesehen. Eine solche ringförmige Abstufung der Bebauung nach Höhe und Dichte war als konzentrische ›Zonung‹ des Stadtgebietes, als Einteilung in ›Zonen‹ unterschiedlicher maximal erlaubter Bebauung, ein Ziel der Wohnungsreformbewegung um den Nationalökonomen Rudolf Eberstadt, und von Oberbürgermeister Franz Adickes in Altona und dann in Frankfurt am Main erstmals praktisch erprobt worden.[10]

Eine wichtige Vorentscheidung darüber, wie diese höchst unterschiedlichen Ergebnisse des Wettbewerbs für München nutzbar gemacht werden sollten, fiel 1893 mit der Berufung des gerade 31 Jahre alten Architekten Theodor Fischer zum Leiter des neugeschaffenen Stadterweiterungsbüros. Der neue Oberbaurat Rettig hatte ihn vorgeschlagen; beide Männer kannten sich von der Arbeit am Reichstagsbau und versuchten nun, ihre Überzeugung vom künstlerischen Städtebau in der Nachfolge Sittes für München fruchtbar zu machen.

Ästhetische Platzraumgestaltung als Element moderner Stadtplanung: Das Forum vor dem Nationalmuseum und der Prinzregentenplatz

Ein nicht unerwünschter Nebeneffekt der Namensgebung ›Prinzregentenstraße‹ war sicherlich die Erwartung, auf diese Weise die diversen als Eigentümer oder auf Grund von Nachbarrechten beteiligten Hof- und Staatsbehörden zur »Mitwirkung« geneigter zu stimmen, damit die neue Straße »etwas Originelles, Neues, Bedeutsames biete [und, d. Verf.] des Namens, den sie tragen soll, wie auch der Stadt München ... würdig sei«.[11] Aus diesen Worten des Ersten Bürgermeisters Johannes von Widenmayer wird die Verknüpfung des monarchischen Repräsentationsbedürfnisses mit dem städtischen deutlich. Es sollte eine mindestens dreißig Meter breite, natürlich geradlinig geführte Prachtstraße mit einem bis zu hundert Meter breiten »Forum« entstehen. Die Umgestaltung dieses Forumsplans – nach dem Entscheid des Prinzregenten zum Brückenschlag über die Isar 1891 und nach dem Beschluß zum Neubau des Nationalmuseums 1892[12] – bietet ein hervorragendes Beispiel für den Wandel der städtebaulichen Auffassungen seit dem Erscheinen von Sittes revolutionärem Buch und seit dem Generationswechsel bei den städtischen Stellen. Ursprünglich dachte man sich das Forum als eine platzartige Erweiterung des Straßenverlaufs in rechteckig-symmetrischer Form, mit halbkreisförmig gerundeten Ecken. Das konnte Theodor Fischer, dem neuen Mann an der Spitze des Stadterweiterungsreferats, nicht gefallen; »axial und symmetrisch« waren für ihn »frühere, mehr papierene Auffassungen«.[13] Vor der Hauptfront des Museums plante Fischer eine etwa einen Meter tiefer gelegte gärtnerische Anlage, die er bewußt aus der Symmetrieachse der Straße herausnahm. Der Verkehrsstrom sollte südlich an ihr vorbeifließen, gewissermaßen kanalisiert durch eine einzelne, also wiederum unsymmetrische Reihe von Alleebäumen auf der Nordseite des westlichen Straßenanschlusses. An die Stelle der langweilig-gleichmäßigen halbrunden Platzecken setzte Fischer rechteckige Abgrenzungen, die unterschiedlich weit von der Straßenlinie zurücksprangen. Der Verzicht auf Symmetrien und Achsenbeziehungen sollte das neue Platzbild malerisch gestalten, »Monotonie der Straßenflucht vermeiden und den Platz vollkommen geschlossen erscheinen lassen«.[14] Diese an Sittes Lehren aus dem Mittelalter geschulte Konzeption richtete sich an den Fußgänger, den ›Flaneur‹ – ihm sollte sich eine ganze Reihe abwechslungsreicher Blickpunkte bieten. Zugleich entging Fischer dem Hauptfehler der älteren Grünanlagen, in der Mitte eines Kreis- oder Sternplatzes dem Fußgänger keine wirkliche Zuflucht vor Lärm und Hektik des Verkehrs und keinen echten Schutz vor dem aufgewirbelten Straßenstaub zu bieten.

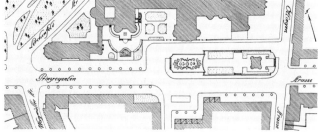

Forum vor dem Nationalmuseum. Alte Baulinien (gestrichelt) und Umplanung Theodor Fischers (1895)

Freier in der künstlerischen Gestaltung war Theodor Fischer bei der zweiten großen Platzanlage im Zuge der Prinzregentenstraße, die jenseits der Isar, ein Stück nach dem Friedensengel-Rondell[15] zu liegen kam. Auf diesen ›Prinzregentenplatz‹ münden heute, wie damals geplant, neun Straßen. Statt eines Sternplatzes oder einer Kreisverkehrslösung schuf Fischer hier eine »Platzgruppe«, die er durch ein von Süden in die Platzfläche hineinragendes »öffentliches Gebäude« teilte. Die von Sitte propagierte »Geschlossenheit« des Raumeindrucks förderte er weiter durch den Kunstgriff, Straßen wie die Mühlbauer- und die Zumpestraße mit einer leichten Krümmung auf den Platz münden zu lassen. Der Blick des Fußgängers verlor sich so nicht mehr in die Ferne; der Platz erschien abgeschlossen, durch die geschwungenen Fassadenwände auch an den Einmündungen. Die Lage der neuen Platzgruppe gerade an dieser Stelle war ebenfalls nicht zufällig, oder – wie früher üblich – aus dem Zwang eines geometrischen Schemas geboren. Vielmehr sah Fischer die »Gelegenheit zu einer freien Platzgruppe«[16] an der Stelle, wo sich das Gelände im Laufe der äußeren Prinzregentenstraße, zum zweiten Male nach dem Steilanstieg am Isarufer, um rund fünf Meter anhob. Die neue ästhetische Konzeption der Unregelmäßigkeit und Abwechslung hatte jetzt nämlich auch den Blick für die Eigentümlichkeiten des Geländes geschärft.

Alle diese neuen Elemente der Platzgestaltung – ästhetisch abwechslungsreiches, »malerisches« Platzbild durch Asymmetrien, abknickende Einmündungen und aus dem Zentrum herausgerückte Grünanlagen – entstanden aus einer Anwendung der Regeln, die Camillo Sitte aus der Analyse mittelalterlicher, für ihn schöner Plätze gewonnen hatte. Fischers Ideen kann man als eine bewußte und regelgeleitete Stadtplanung charakterisieren, die planlos, unsystematisch und naturangepaßt erscheinen will und damit den Charakter des Geplanten zu vermeiden sucht.

Raumästhetik, Planungsverfahren und funktionale Differenzierung bei der Anlage moderner Straßen und Straßennetze: Äußere Prinzregentenstraße und Bogenhausen

Mit ähnlichen Mitteln wie bei den Platzanlagen konnte Theodor Fischer auch bei neuen Straßenzügen den modernen Auffassungen Sittes zum Durchbruch verhelfen: eine leichte Krümmung der Straße läßt eine Reihe von Fassadenbildern vor das Auge des betrachtenden Fußgängers treten; ähnliches erreicht ein deutlicher Knick. Bei der äußeren Prinzregentenstraße verband Fischer beide Kunstgriffe; nach einem Knick in Höhe des Platzes ist im weiteren Verlauf eine leichte Krümmung nach Norden zu bemerken – der Sieg der neuen, ›romantischen‹, mittelalter-nostalgischen Prinzipien des Städtebaus erscheint vollkommen.

Ein Blick auf die Grundstücksgrenzen zeigt, daß unter den gegebenen Besitzverhältnissen die Prinzregentenstraße gerade durch diesen Knick dem Gelände folgte und die bestehenden Bauten der ›Aktienziegelei‹ schonte. Diese pragmatische Lösung erleichterte die Abtretung des Straßengrundes für die Nebenstraßen an die Stadt erheblich, weil nun diese Straßen an Flurgrenzen zu liegen kamen und damit die Anlieger an beiden Seiten gleichmäßig – und damit gerecht – herangezogen werden konnten. Der Erfolg von Sittes ›künstlerischem Städtebau‹ in der Münchner Praxis war also auch eine Konsequenz aus dem System der Flurformen im Vorfeld Münchens, in denen unregelmäßige vorindustrielle Strukturen konserviert waren.

Aus den Bedingungen der Praxis ergab sich eine andere Eigentümlichkeit von Fischers Planung: sie ließ sich durchaus noch variieren und im Laufe des Planungsprozesses an veränderte Bedingungen anpassen. Diese erhöhte Flexibilität erwuchs daraus, daß Fischer zwei Phasen der Planung voneinander trennte. Zunächst ging es ihm darum, »nur die Linien der Hauptverkehrsstraßen und die Plätze festzusetzen«; die konkrete Ausarbeitung aller Baulinien eines Areals erfolgte unter Umständen erst sehr viel später. Diese Zweistufigkeit des Planens ist heute allgemein verbreitet; das Bundesbaugesetz von 1960 schreibt umfassende Flächennutzungspläne und darauf aufbauend konkrete Bebauungspläne vor. Unter Theodor Fischers Leitung war München eine der ersten Städte in Deutschland, die dieses moderne Verfahren praktizierte – schon vor der Jahrhundertwende.

Dem ästhetisch-baukünstlerischen Programm Camillo Sittes warfen seine Gegner immer wieder vor, praktische Fragen wie die des Verkehrs nicht genügend zu berücksichtigen. Für Sittes Buch mag dies zutreffen, so wie es 1889 erschienen war; doch hatte er bei seinem frühen Tod 1903 bereits das Manuskript eines zweiten Bandes ausgearbeitet, der nun nach den künstlerischen die »wirtschaftlichen Grundsätze« des Städtebaues behandelte. Noch weniger trifft diese Kritik die Praxis der neuen Generation von Städtebauern, die sich Sittes Ideen verpflichtet fühlten. Fischer beschäftigte sich von Anfang an auch mit der Ableitung des schweren Lastenverkehrs aus Wohngebieten; und er hatte schon im September 1895 ein zusammenhängendes Konzept für den Personenverkehr mit Straßen- und sogar Untergrundbahnlinien entworfen.[17] Darin sollte eine äußere Ringlinie der Straßenbahn durch den Englischen Garten zur alten Bogenhausener Kirche und weiter an der Sternwarte vorbei nach Süden zum Prinzregentenplatz und dann zum Ostbahnhof führen. An der äußeren Wiener Straße (heute Einsteinstraße)/Flurstraße kreuzte sie eine der zwei geplanten Untergrundbahnlinien, die vom Hauptbahnhof südlich am Friedensengel vorbei zum heutigen Leuchtenbergring führte und dort Anschluß an die Staatseisenbahn fand. Solche Pläne zeigen ein Selbstverständnis Fischers vom Stadtplaner und seinen Aufgaben, das in die Zukunft wies. Er versuchte verschiedene vom Prozeß der Industrialisierung und Urbanisierung ausgelöste Wandlungsvorgänge in seine Planungsarbeit einzubeziehen. So war ihm der öffentliche Nahverkehr ebenso wichtig wie die Trennung naturbelasteter Industriegebiete von naturnäheren Wohnvierteln im Grünen.

Die von Fischer wesentlich mitgestaltete ›Staffelbauordnung‹ der Stadt München vom Jahre 1904 bietet das beste Beispiel dafür, wie es Fischer gelang, höchst unterschiedliche Anforderungen an die Planung einer modernen Großstadt zu einem geschlossenen Planwerk zu verschmelzen.[18] Er griff darin umfassend den Grundgedanken der ›Zonung‹ auf, wie ihn Hauberrisser 1893 in seinem Wettbewerbsprojekt verfolgt hatte. Er löste sich dabei aber von der Vorstellung, die Zonen abnehmender Bebauungsdichte und -höhe müßten sich starr am Modell konzentrischer Ringe orientieren. Fischer sah vielmehr deutlich, daß es auch in den Außenbezirken der Großstädte starke Verkehrsbelastungen gab. Diese mußten möglichst stark gebündelt werden, um sie von den ›Wohnstraßen‹ fernzuhalten. Bei zweckmäßiger Führung solcher (Haupt-)›Verkehrsstraßen‹ sprach aber nichts mehr dagegen, dort auch eine dichtere und höhere, innenstadtartige Bebauung zuzulassen. Diesem Ziel diente die ›Staffelbauordnung‹, indem sie nicht schematisch für ganze Ringzonen, sondern differenziert für jeden Baublock die Höchstwerte der Bebauung nach neun, später zehn ›Staffeln‹ (Stufen) festsetzte. Entlang der Prinzregentenstraße, aber auch der Mühlbauerstraße und der Effnerstraße, war eine besonders großstädtisch verdichtete, hohe Bebauung erlaubt, während rund um die Sternwarte und die Flächen des heutigen Shakespeare- und Böhmerwaldplatzes eine besonders aufgelockerte, villenartige Bebauung geplant war.

Die mit der Staffelbauordnung abgeschlossene Leistung der stadtplanerischen Tätigkeit Theodor Fischers für München in den Jahren 1893 bis 1901 kann man als Synthese der verschiedenen Städtebaurichtungen verstehen, die im Wettbewerb 1893 noch gegeneinander gestanden hatten: Verkehrsplanung mit Ring- und Radialstraßen, Trennung von Wohn- und Verkehrsstraßen, Netzplanung für die öffentlichen Verkehrsmittel; Zonung als Differenzierung des Stadtbildes nach Straßen mit hoher, dichter, großstädtischer und niedrigerer, aufgelockerterer, mehr villenartiger Bebauung und schließlich abwechslungsreiches ästhetisches Erscheinungsbild, verbunden mit einer gewissen Dezentralisierung durch herausgehobene Bauten wie das »öffentliche Gebäude« am Prinzregentenplatz, auch an der Peripherie der Großstadt; personalisiert könnte man Fischers Leistung als Verknüpfung der Ideen von Aengeneydt, Hauberrisser und Henrici interpretieren, ohne daß eine dieser Konzeptionen ein Übergewicht gewonnen hätte.

Der Niedergang monarchischer Stadtgestaltung zugunsten privater Vorteile: die Grundstücksaffäre Klug

Hofrat Klug, der vom Theaterkassier zum Vertrauten König Ludwigs II. aufgestiegen war und auch in der Thronkrise von 1886 seine einflußreiche Position in unmittelbarer Nähe der Krone behalten hatte, kaufte 1887 ein Grundstück an der heutigen Maria-Theresia-Straße, das recht bald durch die Fortsetzung der Prinzregentenstraße über die Isar erheblich im Wert stieg. 1893 wurde diese Transaktion Klugs, der sich dort inzwischen eine Villa gebaut hatte, durch Berichte der ›Münchner Neuesten Nachrichten‹ aufgedeckt.[19] Die liberale Öffentlichkeit war von der Frage bewegt, ob Klug, als Person aus der engsten Umgebung des Prinzregenten, amtliche Kenntnisse über die geplanten Straßenanlagen zu seinem Vorteil genutzt und dank seines ›Insider‹-Wissens einer ahnungslosen Witwe – noch dazu mit Hilfe des Bogenhausener Pfarrers – »Acker und Wiese mit Kiesgrube bei den Anlagen [am Isarufer, d. Verf.]«[20] abgekauft habe, als sie schon zu Bauland geworden waren.

Wenn man die in den beiden anschließenden Beleidigungsprozessen[21] nur am Rande behandelte Geschichte der Bebauungsplanung für dieses Areal verfolgt, erscheint die Affäre freilich eher grau-in-grau als schwarz-weiß gefärbt. Für das gesamte Gebiet zwischen den Isaranlagen und der Ismaninger Straße war nämlich schon seit dem 21. Februar

1884 bei der Stadt München ein Bauprojekt eingereicht. Es stieß freilich auf Schwierigkeiten, denn seit 1827 durfte im Umkreis von 300 Fuß um das Hofbrunnwerk Brunnthal, das die Wasserversorgung der Residenz sicherte, »keine Anlage errichtet werden, durch welche eine Verunreinigung der Quellen entstehen könnte«[22] – was die Zeitung als »Bauverbot« interpretierte. Da bei der Bearbeitung von Bauprojekten in der ›Instruktion‹ immer auch die Nachbarn befragt wurden, ist nicht anzunehmen,[23] daß die Pläne unter den Grundbesitzern der Gegend drei Jahre lang unbekannt geblieben sein sollten. Die Frau war aber wohl mehr mit der Pflege ihres damals todkranken Mannes beschäftigt. Als sie in Geldfragen den Pfarrer um Rat fragte, brachte der sie mit Klug ins Geschäft, den er als früherer Hofprediger gut kannte. Der Pfarrer gab dabei kein Angebot ab, sondern wartete den Vorschlag der unerfahrenen Frau ab. Sie wurde so ein Opfer ihrer Nicht-Angepaßtheit an die Usancen der Marktgesellschaft. Sie ahnte nicht, daß der Pfarrer nur noch in den modernen Kategorien von Angebot und Nachfrage dachte und keinen Garanten mehr für die alte Idee eines ›gerechten Preises‹ abgab – und der Pfarrer unternahm nichts zugunsten der Frau.

Was Hofrat Klug angeht, so konnte er die ihm von der Presse unterstellte amtliche Kenntnis von der vorgesehenen Aufhebung des »Bauverbotes« zum Kaufzeitpunkt, also am 24. September 1887, noch gar nicht haben, denn der Entscheid des Prinzregenten erging formell erst am 30. April 1888.[24] Dennoch war Klug auch nicht völlig ahnungslos, hatte er doch schon am 15. September 1887, als kurzzeitiger Vorstand der Privatfideikommißverwaltung Maximilians II., deren Besitz von den Bauplänen mit betroffen war, seine Zustimmung zur vorgesehenen Entschärfung des »Bauverbotes« gegeben.[25] Allerdings war Klugs Vorteil, selbst wenn er sein ›Insiderwissen‹ beim Grundstückskauf einsetzte, nicht allein dadurch schon gewährleistet. Zum Zeitpunkt des Kaufes bestand für ihn nicht nur ein gewisses Risiko, weil der Prinzregent das »Bauverbot« noch nicht wirklich aufgehoben hatte, sondern auch das Problem, daß damit noch lange keine Baugenehmigung erteilt war. Gerade bei diesem Vorgang – der niemals Gegenstand öffentlicher Diskussion war – häuften sich nun aber die Abweichungen vom gewöhnlichen Geschäftsgang. Verfasser der Baupläne für ein »Villenquartier« zwischen Isaranlagen und Ismaninger Straße war Klugs Freund, der Hofgärteninspektor Jakob Möhl. Als die Pläne zur Regierung von Oberbayern kamen, ließ ihr Präsident Siegmund von Pfeufer im eigenen Hause einen Gegenplan erstellen – ein äußerst ungewöhnliches Vorgehen; gewöhnlich beschränkte sich die Regierung auf wenige ihre Ablehnung erklärende Sätze und gab die Pläne einfach zurück.

Erst im Januar 1890 erfuhr der Leiter des Bezirksamts München I durch eine Anfrage der Regierung von den Bauplänen, obwohl doch die Gemarkung Bogenhausen in seinem Amtsbezirk lag. Die Regierung legte schließlich Anfang Februar 1890 mit einem außergewöhnlich umfangreichen Bericht (im Konzept 22 Blatt!) dem Innenministerium beide Pläne zur Entscheidung vor und kritisierte darin den Möhlschen Plan, weil er »das Terrain finanziell auszunutzen« suche – mit der Folge, daß die Villenbesitzer »sich gegenseitig in die Schüsseln sehen«. Besonders beanstandete die Regierung ferner, daß vom Oberthofmeisterstab ein Signat vom Juni 1888 mit einer Art Vorabgenehmigung des Prinzregenten in das noch laufende Beratungsverfahren eingeführt wurde. Diese »Allerhöchste Emanation« – eine Begriffsbildung, die sich bemüht, ihr die öffentlich-rechtliche Wirkung etwa einer ›Genehmigung‹ abzusprechen – könne sich »nur ad res interiores« beziehen. Die leitenden Juristen der Regierung von Oberbayern stellten so den bürokratisch geordneten Rechtsstaat vorsichtig über »Allerhöchste Willensäußerungen«, solange diese nur der für sie unmaßgeblichen Hofsphäre entsprungen und nicht durch ein geordnetes Verwaltungsverfahren gedeckt waren.

Das Ministerium entschied anders;[26] es genehmigte im Mai 1890 unverändert die Möhlschen Pläne und bezog sich bei diesem Verwaltungsakt ausdrücklich auf ein Schreiben aus dem Umkreis des Hofes. Darin hatte die Verwaltung des Privatfideikommisses von König Maximilian II. dem Oberthofmeisterstab dargelegt, daß jede Änderung der Pläne neue langwierige Verhandlungen erfordere und es überhaupt im »allseitigen Interesse« liege, bald mit dem Bauen zu beginnen, »damit die neue Prinzregentenstraße nicht auf lange Jahre hinaus in einer Wüste endet«.[27]

Bei diesem Bauprojekt zwischen Isaranlagen und Ismaninger Straße waren also Abweichungen vom normalen, regelgerechten Ablauf eines Genehmigungsverfahrens in vielfacher Weise festzustellen, seit Hofrat Klug 1887 ein davon mitbetroffenes Grundstück gekauft hatte. Bei der Aufsichtsbehörde, der Regierung von Oberbayern, stießen die Versuche nicht-verantwortlicher Hofkreise, einen dort geäußerten, aber nicht von den zuständigen Behörden gedeckten ›Willen‹ des Prinzregenten für geschäftliche Interessen einzusetzen, auf massive Kritik. Mit der Erstellung eines Gegenprojektes ging sie weit über das übliche hinaus, konnte aber dennoch beim vorgesetzten Innenministerium nichts erreichen.

Wie ein rechtsstaatlich geordneter Rekurs an das Staatsoberhaupt eigentlich zu verlaufen hatte, zeigt eine Eingabe des Herzogs Carl von Bayern an den Prinzregenten im Jahre 1897. Der Herzog wollte sein Terrain in Bogenhausen, den späteren ›Herzogpark‹, durch einen Appell an den »Chef des königlichen Gesamthauses« vor der »Entwertung« durch ein Ringbahnprojekt bewahren. Auf dem Dienstweg gelangte die Eingabe an das Ministerium des Äußeren und des Königlichen Hauses und von dort an die Generaldirektion der Verkehrsanstalten als planende Behörde und dann mit den amtlichen Stellungnahmen zurück an den Prinzregenten. Der Meinung seines Außenministers Friedrich Krafft von Crailsheim, »es würden gewichtige anderweitige Interessen, welche wohl eine größere Bedeutung und Berechtigung beanspruchen dürfen, erheblich beeinträchtigt werden«, schloß sich Prinzregent Luitpold – nach einigem Bedenken, wie es scheint, denn ein Monat war inzwischen vergangen – an und ließ sich von seiner Zustimmung zur geplanten Ringbahn auch aus Familienrücksichten nicht mehr abbringen.[28]

Dieses kontrastierend geschilderte Beispiel verstärkt nun erheblich den Eindruck, der Prinzregent sei unwissentlich von seinem Hofrat Klug, der stets im Hintergrund blieb und keine Spuren seines Namens in den Akten hinterließ, wohl aber einen außergewöhnlichen Widerstand zu mobilisieren vermochte, zum Instrument gemacht worden. Das Problematische an Klugs Stellung und Einfluß war weniger der im Prozeß von 1893 thematisierte Mißbrauch amtlicher Kenntnisse von dem, was bereits beschlossen war, sondern vielmehr sein offenbar an verschiedensten Hebelpunkten ansetzender Einfluß auf das, was erst noch beschlossen werden sollte.

Zwei Generationen nach König Ludwigs I. spätabsolutistischen Versuchen, der Stadt München sein Stadtplanungskonzept überzustülpen – das auf die Anlage eines Straßenzuges beschränkt bleiben mußte, weil die Bedingungen des Verfassungsstaates selbst einem König keine Eingriffe in das Eigentum mehr gestatteten – war die ›Affäre Klug‹ die letzte Manifestation eines degenerierten ›Höflings-Absolutismus‹. Er wirkte am Hofe auf die Bildung eines monarchischen ›Willens‹ ein, dessen er sich dann im rechtsstaatlichen Verwaltungsverfahren bediente, um ein nicht-öffentliches Projekt zu fördern – keine städtebaulich prachtvolle Straßenanlage mehr, sondern nur noch eine private Villa. Die ›Affäre Klug‹ markiert so einen End- und Tiefpunkt monarchischer Stadtplanung in einer Umbruchszeit, in der die moderne Terrain- und Bauspekulation an Bedeutung gewann, die mit anderen Methoden operierte.

Marktorientierte Spekulation und gemeinwohlorientierte Stadtplanung: Praktische Aspekte der Terrainverwertung in der Umgebung von Prinzregentenplatz und Sternwarte

Die moderne gewerbliche Bodenspekulation wurde in ganz anderem, größerem Maßstab betrieben. Sie stellte ohne Auftrag oder Bestellung dem Markt Bauterrains zur Verfügung und erwartete ihren raschen Umschlag. Die Voraussetzungen für diese Spekulation waren im Nordosten Münchens besonders günstig, weil hier schon vor dem ›Boom‹ im Terraingeschäft die Ziegeleien für eine Arrondierung des Grundbesitzes in wenigen Händen gesorgt hatten.

Dem Stadtplaner war so einerseits freiere Hand gegeben, weil er relativ wenige Grundstücksgrenzen zu berücksichtigen hatte, andererseits traf er in den Ziegeleibesitzern und später Grundstücksgesellschaften auf kämpferische Gegner, denn sie betrieben – gestützt auf ihre Marktmacht – eine Art Stadtplanung auf eigene Faust. Die Terraingesellschaften arrondierten ihren Besitz regelmäßig um noch fehlende Randgrundstücke und versuchten dann in den ›Instruktions‹-Verhandlungen ihre Vorstellungen von einem zweckmäßigen Straßennetz und Aufteilungsschema gegen die Stadt durchzusetzen. Dabei mußten sie die Straßen- und Platzflächen an die Stadt abtreten und zudem noch als Kaution die Kosten der künftigen Straßenbefestigung vorstrecken. Danach erst war eine Parzellierung des Restgeländes in Bauplätze möglich, mit deren Verkauf dann die ersten Geschäftseinnahmen verbucht werden konnten. Die ›Aufschließung‹ von Grundstücken für die Bebauung war damit zu einer so komplizierten Aktion geworden und erforderte einen so hohen vorausgehenden Kapitaleinsatz, daß sie in einer Art Arbeitsteilung an die Terraingesellschaften übergegangen war.[29] 1910 besaßen diese über ein Fünftel des Baulandes in München – mehr als die Stadtgemeinde selbst.[30]

Diese Konzentration läßt sich als Indiz für Intensivierung und Rationalisierung des privaten ›Aufschließungsprozesses‹ auch im Nordosten Münchens beobachten. Im Mai 1898 schlossen sich drei Terraingesellschaften zu einem Konsortium zusammen, um »die Durchführung der Prinzregentenstraße rechts der Isar zu fördern«.[31] Schon Ende Juli 1898 reichte als erste beteiligte Gesellschaft die ›Bayerische Terrain-A.-G.‹ einen Bebauungsplan ein, der Fischers inzwischen genehmigtem Alignementplan für die Prinzregentenstraße mit Knick und Platzgruppe folgte – nur war aus Fischers »öffentlichem Gebäude« ein höchst rentabler Wohnblock geworden. Seine 17 Parzellen wollte man hoch – Erdgeschoß und drei Stockwerke, dazu Dachaufbauten – und dicht – in geschlossener Bauweise, Brandmauer an Brandmauer – bebauen und die fünf größten sollten auch noch Rückgebäude aufnehmen. In ihren Erläuterungen kaschierte die Terraingesellschaft ihr Bauvorhaben mit der sozial verbrämten Leerformel von der »Herstellung billiger gesunder Wohnungen in guter Ausstattung für den Mittelstand, um mäßigen Preis«.[32] Theodor Fischer lehnte diesen Plan in seinem Gutachten grundsätzlich ab, denn »die ganze Bewegung zugunsten einer weiträumigen Bebauung in den äußeren Stadtteilen würde dadurch durchkreuzt«.[33] Als eigentliches Feld des Konflikts zwischen Stadtplanung und Terrainverwertung erwies sich so weniger die Anlage des Straßennetzes als vielmehr die Art der beabsichtigten Bebauung – und da griff die Idee Fischers, das Stadtgebiet durch die Baustaffeln der Staffelbauordnung zu ›zonen‹, erheblich in das Verfügungsrecht der Grundbesitzer über ihr Eigentum ein.

Weshalb aber scheiterte Fischer damit nicht? Die Terraingesellschaften konnten mit ihrem umfangreichen Besitz ein einzelnes ›Opfer‹ leichter verkraften, wenn es ihnen möglicherweise bei der Grundstücksverwertung danach noch reichen Gewinn eintrug. Eine neue, rein wirtschaftliche Sicht auf die Eigentumsrechte lehrte, daß für manche Einschränkung der Verfügungsfreiheit sogar höhere Preise bezahlt wurden, wenn sie die Nachbarn in gleicher Weise betraf und so einem weiteren Areal einen bestimmten erwünschten Charakter verlieh. Am Beispiel des »öffentlichen Gebäudes« am Prinzregentenplatz läßt sich verdeutlichen, wie sich solche ›Opfer‹ auszahlten. Nur auf den ersten Blick erscheint es unökonomisch und mäzenatisch gedacht, wenn das Kon-

Verkaufsanzeige der ›Prinzregentenplatz AG‹ von 1908. 33 der insgesamt 46 Parzellen standen noch zum Verkauf. Die schwarzen Flächen waren verkauft und bebaut, die schraffierten verkauft aber unbebaut.

sortium im Juli 1899 eine Anregung des Generalintendanten Ernst von Possart aufgriff und anstelle des Miethausblocks auf eigene Rechnung ein Theater, ein Richard-Wagner-Festspielhaus, errichtete, das als zusätzliche Spielstätte für die Hoftheater zu einem viel zu niedrigen Zins langfristig an die Königliche Zivilliste verpachtet wurde. Die Rechnung des Konsortiums ging über die isolierte Betrachtung der Investitionen in das Theater hinaus; in einer ›Mischkalkulation‹ rechnete man auf einen insgesamt höheren Geschäftsertrag nach der Fertigstellung des Theaters im Jahre 1901, wertete es doch die ganze Gegend auf. »Trotz des Zusammenwirkens unterschiedlichster Motive – von Bodenspekulation und Baupolitik, Kapitalverwendungsbedürfnis, Intendantennöten, Sensationstrieb und nebenbei auch Kunstinteressen –« konstatierte ein scharfer Kritiker, werde das Theater zum »Kristallisationspunkt eines neuen Viertels« werden.[34] Das Konsortium gründete eine eigene ›Prinzregentenplatz AG‹, in deren Aufsichtsrat neben dem liberalen Gemeindebevollmächtigten Dr. Karl Dürck auch der Ingenieur Rudolf Diesel saß,[35] der einen Teil seiner Patenteinnahmen nun im Grundstücksgeschäft angelegt hatte. Ob das allerdings nach 1900, nach dem Einsetzen der Immobilienkrise, wirklich noch eine gute Anlage war, ist zu bezweifeln. Mit Jahresbeginn 1900 war ein neues Hypothekenbankgesetz in Kraft getreten, das die Baufinanzierung durch Reduktion des Beleihungsrahmens erheblich erschwerte, um ›Schwindelbauten‹ auf Kosten der beteiligten Handwerker und der Bauqualität zu verhindern. Seitdem sackte das Terraingeschäft und mit ihm der Häusermarkt wegen der beträchtlichen Liquiditätsverknappung zusammen.[36] Noch 1908 standen von den 46 Parzellen der ›Prinzregentenplatz AG‹ nicht weniger als 33 zum Verkauf. Inzwischen hatte sich der Theaterarchitekt Max Littmann mit seinem Nachbarn Diesel, der aber auch Aufsichtsrat seiner Firma war, über einen Garagenbau heillos zerstritten;[37] Diesel verarmte übrigens bald darauf und nahm sich 1913 das Leben.

Während das Privatunternehmen ›Prinzregententheater‹ schnell zustande kam und ohne die Immobilienkrise der Jahre seit 1900 auch sehr bald mit einem positiven Betrag in die Gesamtkalkulation der Gesellschaft eingegangen wäre, war es schwieriger, eine gemeinwohlorientierte, hygienisch motivierte Verbesserung der Wohnverhältnisse durch öffentliche, bepflanzte ›Anlageplätze‹ von den Terraingesellschaften zugestanden zu bekommen. Auch im Viertel zwischen Prinzregentenstraße und Sternwarte gab es Überlegungen, durch Verzicht auf die Überbauung bestimmter Flächen eine Werterhöhung beim übrigen bebaubaren Terrain zu erreichen. Allerdings gestalteten sich die Verhandlungen kompliziert, denn der ›Heilmann'schen Immobiliengesellschaft‹ war bereits im Juli 1898 vom Innenministerium ein Teilparzellierungsplan ohne Grünanlagen genehmigt worden.[38] Zwar hatte Theodor Fischer schon während der Instruktionsverhandlungen die Notwendigkeit, »im Nordosten einen öffentlichen Park anzulegen« erkannt, zugleich aber gesehen, daß es nicht angehe, »eine derartige Fläche auf dem Plan einfach aus Privatbesitz herauszuschneiden«.[39] Stattdessen setzte er seine Hoffnungen auf eine städtische Grundankaufspolitik mit dem Ziel einer Vermehrung der Grünflächen und Parks in der Stadt München; angesichts stetig steigender Grundstückspreise und chronisch stark beanspruchter Stadtfinanzen war dies allerdings keine erfolgversprechende Haltung. Die entscheidende Wende kam hier ›von oben‹, durch eine Ministerial-Entschließung vom November 1898, mit der eine verwaltungsinterne, nicht vom Gesetz gedeckte Änderung des Verfahrens und damit auch der Rechtspositionen einherging. Das Innenministerium erklärte sich nämlich für die Zukunft nur noch dann zur Genehmigung größerer Alignementspläne bereit, wenn fünf Prozent ihrer Gesamtfläche von den beteiligten Grundbesitzern kostenlos an die Stadt für ›Anlageplätze‹ abgetreten würden. An die Stelle einer förmlichen Novellierung des Enteignungsgesetzes trat eine verwaltungsinterne Verfahrensvorschrift mit Erpressungscharakter.

Nun hatte das Stadterweiterungsbüro eine stärkere Verhandlungsposition. Mit dem bemerkenswert offen ausgesprochenen Kalkül, der »Entgang des Kaufpreises für die Anlagefläche [könne, d. Verf.] durch Erhöhung desselben für die benachbarten Flächen wieder ausgeglichen werden«, und natürlich dem Hinweis auf die veränderte Position des Ministeriums erreichte die Stadt von der ›Heilmann'schen Immobiliengesellschaft‹ ziemlich schnell die kostenlose Abtretung des Holbeinplatzes, des heutigen Shakespeareplatzes.[40] Bald darauf aber ging ein – formal an sich verspäteter – Einspruch des Direktors der Sternwarte gegen die bereits genehmigten Pläne ein; ihm schienen Häuser mit 18 Meter Höhe, dazu noch mit Dachaufbauten, in unmittelbarer Nähe die wissenschaftliche Arbeit seines Instituts zu gefährden. Da er sich geschickt auf eine in der Praxis längst in Vergessenheit geratene Bestimmung berief, wonach auch alle Neubauten rund um die Sternwarte von ›Allerhöchster Stelle‹ zu genehmigen seien, mußte wegen dieses Formfehlers der gesamte Vorgang neu aufgerollt werden. Nun begannen zähe Verhandlungen, als deren Ergebnis die ›Heilmann'sche Immobiliengesellschaft‹ nicht nur weitere Grünanlagenflächen – etwa ein Drittel der bereits abgetretenen Platzfläche für den Holbeinplatz – an die Stadt abgeben mußte, sondern auch eine Reduktion der höchstzulässigen Bebauungshöhe und -dichte im Umkreis von 150 Metern um die Sternwarte hinzunehmen hatte. Alle nun auch aus Ärger über die weitere Verzögerung des Baubeginns vorgebrachten Vorbehalte, daß dies »eine gesetzlich nirgends begründete neue Gemeindesteuer« sei, fruchteten nichts; es kam nur zu immer neuen Verzögerungen. Erst 1906 war das Bauprojekt genehmigt, und im Juli 1907 erschien der Verkaufsprospekt für das »neuerschlossene Villenquartier Bogenhausen«.[41] Das beträchtliche Risiko und der über Jahre hinweg ausbleibende Liquiditätszufluß haben sich anscheinend aber doch gelohnt, denn trotz des allgemeinen Konjunktureinbruchs im Baugewerbe seit 1900 verkauften sich gerade die aufgelockert angelegten Villenbauplätze in Bogenhausen ziemlich schnell: Von den 56 bis Februar 1911 vom Prinzregenten genehmigten Wohnhausbauten im »300-Meter-Rayon« um die Sternwarte waren 34 von der ›Heilmann'schen Immobiliengesellschaft‹ geplant.[42]

Verdeckter Funktionsverlust des Prinzregenten

Insgesamt erscheint nun die Prinzregentenstraße – anders als ein halbes Jahrhundert vorher die Ludwigstraße – losgelöst von monarchischem Bauwollen als Werk städtischer und staatlicher Verwaltungsapparate und gut organisierter privater Interessen. Ein persönlicher Beitrag des Prinzregenten wurde nur noch dadurch greifbar, daß er 1891, und nochmals 1899, nach dem zerstörerischen Isarhochwasser, den Bau der Luitpoldbrücke finanzierte, und 1897 durch einen Beitrag von 33 000 Mark einen toten Punkt bei den festgefahrenen Verhandlungen um die Gestaltung des Forums vor dem Nationalmuseum zu überwinden half.[43] Doch kein einziger der vielen dem Prinzen vorzulegenden Fassadenpläne und Grundrisse scheiterte an seinem Widerspruch; wohl aber verweigerten die Fachleute untergeordneter Dienststellen hin und wieder mit Erfolg ihr empfehlendes Gutachten.

Der Prinzregent war also der Staatsnotar, der die laufenden Geschäfte seiner Verwaltung abschließend beglaubigte, und der hin und wieder, aber nicht in institutionalisiert-regelhafter Weise, aus diesem von Selbstbeschränkung geprägten Verständnis seiner Rolle herausschlüpfte, um eine umständliche, sich selbst blockierende Bürokratie als eine Art ›Ombudsmann‹ des Gemeinwohls wieder auf den rechten Weg zu bringen.

Schärfer formuliert, verwaltete der Prinzregent im Glauben an seine Pflicht für das ›gemeine Beste‹ nur noch den Mythos einer von ihm nicht mehr ausgefüllten Rolle, den andere sich – von ihm unbemerkt – zur Förderung ihrer Interessen nutzbar machten.

So gesehen bleibt die ›Affäre Klug‹ als Entgleisung ein Einzelfall. Durchaus noch traditionell spielte Klug selbstsüchtig-intrigant seine besondere Nähe zum Hof aus. Der modernen Spekulation in großem Maßstab genügte es dagegen, Worthülsen wie ›Prinzregenten‹straße, -platz und -theater für ihre Gewinnabsichten zu instrumentalisieren. Zunehmend wichtiger als die so vermittelte Teilhabe am Herrschermythos der alten Welt wurde für das Terraingewerbe jedoch die rationale Kalkulation der Ausnutzbarkeit von Bauplätzen und die nüchterne Bewertung ihres Umfeldes.

Als neuer ebenbürtiger Gegner, aber auch Partner des organisierten Terraininteresses hatte sich am Ende des 19. Jahrhunderts die städtische Verwaltung etabliert. Besonders ihr Stadterweiterungsreferat verhalf als Vorgänger der modernen Stadtplanungsämter neuen künstlerisch wie hygienisch motivierten Forderungen zum Durchbruch und erreichte durch einen differenzierten, überlegten und umfassenden Planungsprozeß einiges über die Anforderungen des »schönen« Städtebildes hinaus auch für ein gesundes und ruhiges Wohnen.

Unbemerkt von der breiten Öffentlichkeit wie auch der Mehrheit der Fachwelt kam es so im Gefolge der Urbanisierung am Ende des 19. Jahrhunderts zu einem fundamentalen Wandel, den der Architekt Fritz Schumacher, ein Sitte-Anhänger und Freund Theodor Fischers, schon 1904 pointiert beschrieb:

»Als ein charakteristisches Kulturergebnis tritt uns in Deutschland am Schlusse des 19. Jahrhunderts neben der Staatenorganisation das immer schärfere Herausbilden der Stadtorganisation entgegen. Wir haben hier wieder ein großes, kulturelles Machtzentrum gewonnen.«[44]

Bürgerliches Bauen in der Prinzregentenzeit

Von Dieter Klein

»Wir Münchner sind heute ganz Deutschland in unserer Architektur voraus.« So selbstbewußt charakterisierte ein Münchner Kunstkritiker zu Beginn dieses Jahrhunderts die Situation der zeitgenössischen Baukunst.[1] Die Bezeichnung ›Münchner Architekt‹ war damals ein Qualitätsbegriff, der auch im Ausland einen guten Klang hatte. In München bauten um 1900 nur wenige auswärtige Architekten, bekannte Namen finden sich in keinem Fall; die Münchner Architekten arbeiteten hingegen überall in Deutschland, von Bremen bis Augsburg, von Wiesbaden über Berlin bis Posen. Besonders erfolgreich waren sie in den an Bayern angrenzenden, österreichischen Gebieten; vereinzelt finden sich ihre Bauten aber auch in Böhmen, Ungarn, Bulgarien, Italien, Luxemburg, Spanien und der Türkei. Außerhalb Europas sind Arbeiten für Mexiko und die USA nachweisbar; sogar der Kaiserpalast von Siam soll nach Plänen eines Münchner Architekten entstanden sein.[2]

Speziell zwei Gebäudetypen wurden zu einem beliebten ›Exportartikel‹ der Münchner Architektur: das Schulhaus und der Bierpalast. Kennzeichnend für die großen Münchner Bierhallen war ein sogenannter Konzertsaal, um den sich die übrigen Gast- und Wirtschaftsräume gruppierten, oft in Verbindung mit einem Biergarten. Eine kleine Grünanlage gab es bei den Münchner Schulhäusern nach Möglichkeit auch: den sogenannten Schulgarten; als neuartig begrüßt wurde auch der Einbau von Duschen, von Werkstätten und Schulküchen. Die äußere Bauform der Schulen ergab sich dadurch, daß man Jungen- und Mädchentrakte L-förmig aneinander schob, wobei an der Gelenkstelle in der Regel zwei übereinanderliegende Turnsäle entstanden.[3] Beispiele dieses Gebäudetyps stehen in verschiedenen Städten Mittel- und Osteuropas, in Bozen, Linz, Wien, Budapest und an vielen anderen Orten.

Begründet war Münchens Ruf als Kunststadt von Rang durch die städteplanerischen Leistungen und die Einzelbauten der Architekten Karl von Fischer, Leo von Klenze und Friedrich von Gärtner. Als einzige Stadt Europas hatte München bereits in der ersten Hälfte des 19. Jahrhunderts bedeutende planmäßige Stadterweiterungen durchgeführt. Anderswo sollten die großen Leistungen des Städtebaues jener Epoche erst später folgen; so war Georges Eugène Haussmann, unter dessen Ägide das ›moderne‹ Paris entstand, 1853 zum Präfekten der Stadt gewählt worden. Vier Jahre danach, 1857, entschloß man sich in Wien zum Bau der Ringstraße, für deren endgültige Planung übrigens ein gebürtiger Bayreuther verantwortlich zeichnete, der in München und Wien studiert hatte: Ludwig Förster.[4] Für ein modernes München wollte Max II., Ludwigs I. Sohn und Nachfolger, einen eigenen Stil schaffen, der »die gesamte Kulturgeschichte spiegeln« sollte – eine Maxime, die auch für die darauffolgende Epoche des Eklektizismus Gültigkeit besaß. Nach Maximilians Tod 1864 tat man die »königlichen Stilergebnisse« als »beschämendes Denkmal der künstlerischen Anarchie ... und als wildes Formenragout« ab.[5] Ein neues »sittliches Ideal« entdeckte man nun im humanistischen Denken des Renaissancezeitalters,[6] das man auch auf die künstlerischen Bestrebungen übertrug. Damit kam eine vorerst noch um historische Richtigkeit bemühte, italianisierende Neurenaissance in Mode, deren Münchner Hauptvertreter in der Architektur Gottfried von Neureuther war. Für München schuf er seine beiden Hauptwerke, das Polytechnikum und die Akademie der Bildenden Künste.[7]

Diese Stilrichtung wurde schon bald durch die ›Deutsche Renaissance‹ abgelöst, die sich später allmählich zur offiziellen Kunstrichtung der Prinzregentenzeit entwickeln sollte. Nach dem Krieg von 1870/71 hatte sich in ganz Deutschland ein überschwenglicher Nationalismus entwickelt, der alles überbewertete, was mit dem Prädikat ›deutsch‹ in Verbindung gebracht werden konnte. Der bis dahin vornehmlich der Neugotik zugeordnete Begriff ›altdeutsch‹ wurde in zunehmendem Maße nunmehr auf die ›Deutsche Renaissance‹ übertragen. Anders als während der Neugotik rezipierten die fortschrittlichen unter den jungen Architekten jetzt die historischen Vorbilder sehr frei; sie wandelten sie subjektiv nach ihrem persönlichen Geschmack ab und standen einem bloßen Kopieren alter Bauten ebenso fern wie Generationen zuvor die Renaissancekünstler, die ja auch keine originalgetreuen Kopien der Antike schaffen wollten.[8]

Wichtigster Repräsentant der ›Deutschen Renaissance‹, die fast zwei Jahrzehnte das Baugeschehen in Süddeutschland beherrschen sollte, war der Neureuther-Schüler Gabriel von Seidl, der auch mit dem Prinzregenten in regem gesellschaftlichen Kontakt stand.[9] Seidls erste bekannte Arbeit war das ›Deutsche Zimmer‹, das er 1876 auf der von Lorenz Gedon veranstalteten Ausstellung ›Unserer Väter Werke‹ zeigte. Es entsprach den »bürgerlichen Vorstellungen von Häuslichkeit, welche die Renaissancebewegung zu verwirklichen trachtet...«,[10] in so vollkommener Weise, daß sich Seidl um Aufträge Zeit seines Lebens keine Sorgen mehr zu machen brauchte.

Diese Ausstellung von 1876 hatte wesentlich dazu beigetragen, München den Ruf der führenden ›Kunststadt‹ Deutschlands einzubringen, präsentierte sie doch hauptsächlich in Deutschland geschaffene Arbeiten: »Endlich ist der Bann der Vorurteile gebrochen, wonach alles, was auf künstlerischen Geschmack Anspruch erhebt, nur aus Paris bezogen

Der ›Münchner Kindlbräukeller‹ nach dem Umbau durch Friedrich von Thiersch. Perspektivische Ansicht von der Rosenheimer Straße. Feder über Bleistift, aquarelliert auf Zeichenkarton. Architektursammlung der Technischen Universität München

werden könne ...«[11] schrieb ein begeisterter Besucher. Seidl propagierte darüberhinaus eine Erneuerung der Architektur durch bodenständige bayerische und tirolerische Elemente; sein erstes Bauwerk wurde 1879/80 errichtet: die Gastwirtschaft ›Deutsches Haus‹ an der Sophienstraße.[12] In der Folgezeit konnte man an den Münchner Fassaden in zunehmendem Maße Motive der Tiroler Ansitzarchitektur[13] mit deren Erkern, Türmchen, malerischen Fenstergruppen und einer ausgewogenen Asymmetrie finden, daneben aber auch Details von Augsburger und Nürnberger Bauten des 16. und 17. Jahrhunderts.

Allgemein erwies sich die ›Deutsche Renaissance‹ als robuster Gebrauchstil, der für alle neuartigen Bauaufgaben modifiziert werden konnte und eine Vermischung mit Elementen der übrigen Neostile, später sogar mit dem Jugendstil, ohne weiteres vertrug: Die Asymmetrie gestattete funktionellere Grundrißlösungen als die vorangegangenen, auf Fassadensymmetrie ausgerichteten Stilarten.

›Menschliche‹ Stadtplanung im München der Prinzregentenzeit

Die rapide Bevölkerungszunahme Münchens zwischen 1870 und 1914[14] machte Planungen zur Stadtentwicklung dringend erforderlich. Bis in die neunziger Jahre waren die Stadterweiterungspläne von geometrisch gestalteten ›Alignements‹ geprägt. Der Straßenraster wurde durch streng geometrische Figuren gebildet, die allerdings nur auf dem Papier oder aus der Vogelperspektive erkennbar sind: So zum Beispiel beim Franzosenviertel, dem Gärtnerplatz oder der Ludwigsvorstadt. Auf geographische Gegebenheiten oder bestehende Wegführungen nahm man dabei ebensowenig Rücksicht wie auf vorhandene Bauten oder Bäume.[15] Ab 1893 wurde in München die ›geometrische‹ von der ›malerischen‹ Städteplanung abgelöst,[16] wobei man trotz unregelmäßig geschwungener Straßenführungen auf möglichst rechtwinkelige Parzellen achtete.

Auch in den Planungsbüros der einflußreichen Münchner Terraingesellschaften sorgten die Architekten dafür, daß solche Prinzipien beachtet wurden, zum Beispiel in der ›Heilmann'schen Immobiliengesellschaft‹ und der ›Prinzregentenplatz AG‹ Jakob Heilmann und sein Schwiegersohn Max Littmann, in der ›München-Pasinger Terraingesellschaft‹ August Exter oder in der Terraingesellschaft ›Herzogpark-Gern‹ Martin Dülfer.[17] Über ihre Bautätigkeit hinaus beteiligten sich diese Gesellschaften aus wohlüberlegten Geschäftsinteressen finanziell am Bau von Straßen und Plätzen innerhalb ihres Grundbesitzes, an Parkanlagen wie dem Herzogpark, aber auch an den Kosten neuer Trambahnlinien wie im Falle Laim, Pasing oder Grünwald.[18]

Hervorzuheben ist: Auch solche Gesellschaften bauten in München im Gegensatz zu anderen europäischen Großstädten kaum ungesunde Wohnungen und schon gar keine ›Slums‹. Letztere waren in Form der sogenannten Herbergen längst vorhanden: kleine, oft malerische Häuschen in anteiligem Privatbesitz, die meist nicht einmal über die einfachsten sanitären Einrichtungen verfügten. Auch rein spekulative Neubauten boten nur selten finstere Hinterhofwohnungen – dafür sorgte die für weite Stadtgebiete vorgeschriebene ›Pavillon-Bauweise‹, die nach jedem zweiten oder dritten Haus, jedenfalls aber nach höchstens 45 Metern, zwei nebeneinanderliegende Einfahrtswege vorschrieb.[19]

Weniger strenge Bauvorschriften, wie sie beispielsweise in Berlin, Wien oder Budapest herrschten, gestatteten eine wesentlich intensivere Ausnutzung der Grundstücke; davon machten die Spekulanten dort auch reichlich Gebrauch. In Berlin zum Beispiel durften die Hofabmessungen auf 5,34 Meter im Quadrat reduziert werden, bedingt durch den Wenderadius der damaligen Feuerspritzen. Überdies war dort die fünfeinhalbfache Überbauung der Grundstücke gestattet, in München hingegen nur die dreifache.[20] Daß es auch in München zu Überbelegungen kam, ist angesichts der finanziellen Situation vieler Arbeiter nicht weiter verwunderlich; mit der Qualität der Bauweise haben solche Maßstäbe allerdings nichts zu tun.

Im Gegensatz zu solchen großstädtischen Auswüchsen war das München der Prinzregentenzeit insgesamt durch einen ›Hang zur Kleinstadt‹ geprägt, den die ungebrochenen Beziehungen zwischen Stadt und Umland noch verstärkten. Der bekannte Wiener Architekt Adolf Loos beklagte »... die neue Sucht, im Stile von ... München-Dachau zu arbeiten« als verwerfliche »Münchnerei«. Auch in München selbst wurden vereinzelt die Bestrebungen kritisiert, »aus einem Gebäude, welches einem gewissen Zwecke zu dienen hat, immer ein ganzes Landschaftsbild zu machen ...«[21] So legte man auf ›gemütliche‹, malerisch gestaltete Straßenbilder großen Wert; blockhafte Monumentalbauten paßten dazu nicht, sie blieben auf die Innenstadt beschränkt. Wichtigste Beispiele dafür bilden der Justizpalast, das Armeemuseum und das ehemalige Verkehrsministerium, die drei großen profanen Kuppelbauten Münchens; diese machten die wenigen Reservatrechte, deren Verwaltung nach dem weitgehenden Verlust der Eigenständigkeit beim bayerischen Staat verblieben waren, auch im Stadtbild sichtbar.

Ähnlich üppig wurden einige Bankpaläste und Geschäftshäuser gestaltet; heute erscheinen uns diese Bauten durchaus originell, wobei nicht übersehen werden darf, daß sie sowohl durch ihren reichen Schmuck wie auch durch ihre Dimensionen der Nachbarbebauung gegenüber auch eine schwere Beeinträchtigung darstellten. Ein besonders aufwendiger Gründerzeit-Palazzo von geradezu ›berlinischem‹ Äußeren steht in der Kardinal-Faulhaber-Straße, eingezwängt zwischen zwei dagegen beinahe ›bescheiden‹ wirkenden Barockpalais: die ›Bayerische Hypotheken- und Wechselbank‹; tatsächlich stammt der Entwurf von einem Berliner Architekten.[22] ›Münchnerische‹ Großbauten waren in der Regel als Gruppenanlagen gestaltet, so etwa Gabriel von Seidls Nationalmuseum oder seine Ruffinihäuser am Rindermarkt. Obwohl in einem Zuge erbaut, entsteht doch bei beiden Bauten der Eindruck des ›historisch Gewachsenen‹, den die Verwendung verschiedener Stilrichtungen noch unterstreicht. Gerade der Fassadenschmuck des Ruffiniblocks ist als »Gang durch die Geschichte der Renaissance bis zum Zopf [-stil, d. Verf.]«, als »Gang durch die Welt des Bürgers, des Patriziats und des Adels« zu verstehen.[23]

Die wohl wichtigsten Repräsentanten der ›kleinstädtischen Ideale‹ waren Gabriel von Seidl und Theodor Fischer, der in seiner Anfangszeit übrigens in Seidls Atelier arbeitete. In ihrer Nachfolge standen August Zeh[24] und der Herausgeber der ›Süddeutschen Bauzeitung‹, Franz Zell.[25] Auch Jakob Heilmann und Max Littmann sind in diesem Zusammenhang zu nennen: Sogar die ›großstädtischen‹ unter den Münchner Architekten gestalteten ihre Bauten mitunter so, daß durch verschiedenartigen Dekor ebenso wie durch unterschiedliche Höhe der aneinanderstoßenden Gebäudeteile ein »historisch gewachsenes Ensemble« vorgetäuscht wurde.[26] Als Beispiel seien Martin Dülfers Häusergruppe Franz-Joseph-Straße 7 bis 13 genannt, wo die gleichzeitig erbauten Wohnhäuser verschieden hohe Anschlußmauern zeigen, oder Littmanns Platzl-Bebauung. ›Großstädtisch‹ wirkende Münchner Straßen- und Platzräume blieben hauptsächlich auf die Umgebung des Lenbachplatzes, auf das linke Isarufer mit seiner Kaibebauung zwischen Wittelsbacher- und Tivolibrücke sowie den Mariannenplatz, auf die Prinzregentenstraße und den Prinzregentenplatz oder die Umgebung des Siegestores konzentriert. Die Zusammenfassung gleichzeitig erbauter Wohnhäuser durch niedrige Verbindungsbauten dürfte auf Martin Dülfer, den bedeutendsten Münchner Jugendstilarchitekten, zurückgehen. Diese Bauweise ist wohl erstmals 1895 an seinem Wohnblock Leopoldstraße vier bis sechs zu finden.[27] Die wenig später entstandenen Jugendstilbauten sind mit ihren malerischen Stimmungswerten von hoher Qualität; sie versuchten aber nur vereinzelt, den oben genannten ›kleinstädtischen‹ Eindruck zu erwecken, der manchmal durch die Anlage kleiner Vorgärten noch verstärkt wurde.

Rückblickend kann gesagt werden, daß der verdienstvollste Beitrag Münchens zum Städtebau des späten 19. Jahrhunderts darin bestand, »die modernsten und menschlichsten Ideen der Zeit in ... städtebaulicher Gestalt zum Ausdruck gebracht zu haben«.[28]

Historisierende Stilrichtungen in der zweiten Hälfte des 19. Jahrhunderts

Der in zeitgenössischen Fachzeitschriften immer wieder gerühmte »Münchner Stilton«[29] war weitgehend identisch mit der von Gabriel von Seidl entwickelten Formensprache und wurde im gesamten deutschsprachigen Alpenraum verwendet: Die Tiroler und Salzburger Architekten oder Baumeister, die in der Regel ihre Ausbildung an den Münchner Hochschulen erfuhren, konnten sozusagen ihre eigene, bodenständige Bauweise verjüngt und verstädtert wieder importieren. Seidls Art zu bauen war durchaus nicht unumstritten: »Wenn man vergißt, daß die Welt 400 Jahre älter geworden ist, hat man von [seinen; d. Verf.] Bauten den rechten Genuß«,[30] lautete ein besonders bissiger Kommentar um 1900.

Es bauten in München zu dieser Zeit aber auch andere Architekten, die sich den neueren Strömungen, vor allem den historisierenden Neostilen, aufgeschlossener zeigten. So auch Gabriel von Seidls jüngerer Bruder Emanuel, der am Lenbachplatz Nummer 5 und 6 elegante Jugendstilbauten entwarf, bevor er sich einem dem Heimatstil nahestehenden Neubarock zuwandte.[31] Ähnlich auch der gebürtige Chemnitzer Max Littmann, der zusammen mit seinem Schwiegervater Jakob Heilmann 1892 die Firma ›Heilmann & Littmann‹ gründete. Nach ihren Plänen entstanden neben vielen Wohn- und Geschäftshäusern nicht nur das Hofbräuhaus, sondern auch das Prinzregententheater, das 1901 den Ruf der Firma als erfolgreichstes deutsches Theaterbauunternehmen begründen sollte.[32] Ein weiterer Vertreter der Neostile war der gebürtige Grazer Georg Hauberrisser, einziger einflußreicher Neugotiker des späten Historismus in München, der für die Stadt unter anderem das Rathaus und die Paulskirche schuf.[33]

Gegen Ende der achtziger Jahre hatten die Münchner Architekten dann den Neubarock entdeckt, der in anderen Städten wie Berlin oder Wien längst ›modern‹ war. Einen wichtigen Anstoß dafür gaben Cornelius Gurlitts seit 1887 erschienene Veröffentlichungen über die Barockarchitektur.[34] Erstes repräsentatives Beispiel dieser Bauweise dürfte die ab 1887 durch Martin Dülfer gestaltete ›Bernheimer-Fassade‹ am Lenbachplatz gewesen sein. Ungewöhnlich war neben den neubarocken Formen dort auch die erstmalige Verwendung von unverkleidet belassenen Eisenkonstruktionen, die bis dahin im süddeutschen Raum nicht nachweisbar ist.[35] Das Haus Bernheimer galt als »künstlerisch bedeutendster Privatbau Münchens« und fand international Beachtung.[36] Als federführender Architekt dieses Prachtbaues zeichnete Dülfers Lehrer Friedrich von Thiersch verantwortlich, dem München unter anderem den Justizpalast verdankt; er war zu seiner Zeit einer der wichtigsten und beliebtesten Professoren an der Münchner Technischen Hochschule.[37] Thierschs Bauten waren gleichermaßen von der ›Stuttgarter Schule‹ Christian Friedrich Leins wie von der Wiener Ringstraßenarchitektur beeinflußt.[38] Als besonders üppiges Beispiel der neubarocken Stilrichtung ist überdies das Deutsche Theater zu nennen, das als Bestandteil einer großzügig geplanten Passagenanlage zwischen Hauptbahnhof und Sendlinger-Tor-Platz 1895/97 nach Entwürfen von Josef Rank entstand. Die Passage selbst wurde nur zwischen Schwanthaler- und Landwehrstraße ausgeführt.[39]

Eine originelle Mischung zwischen Barock- und Jugendstilelementen kennzeichnete die Werke des Neureuther-Schülers Carl Hocheder,[40] der den neuartigen Münchner Schulhaustyp in den späten neunziger Jahren entwickelt hatte. Er schuf auch das Verkehrsministerium, die Münchner Hauptfeuerwache und das Müller'sche Volksbad, das für viele andere Bäder vorbildhaft werden sollte. Eine zusätzliche Bedeutung für die Entwicklung der Münchner Architektur ergab sich durch Hocheders Stellung als städtischer Bauamtmann, die ihm die Einflußnahme auf alle eingereichten Baupläne ermöglichte. Viele Fassadenentwürfe korrigierte er nach seinen Vorstellungen, wobei seine Wertschätzung des Giebels auffällt. Ähnlich stilbildend – vor allem für die städtischen Bauten – wirkte auch Wilhelm Rettig, der den Dekor auf die Portalzonen konzentrierte.[41]

Neben den bisher genannten Stilrichtungen hielt sich bis zur Jahrhundertwende in den traditionellen Arbeitervierteln Maxvorstadt, Haidhausen und Westend ein schlichter Spätklassizismus, dessen Massengliederung sich an den Wohnhäusern der Maximilianszeit orientierte. Typisch waren relativ breite Mauerpfeiler zwischen den Fenstern, gleiche Stockwerkhöhen und weitgehender Verzicht auf Stuckteile. Die Fassaden wurden durch Ausbildung flacher Eck- und Seitenrisalite rhythmisiert, die horizontale Wirkung durch flache Simse unterstrichen. Als Fensterbekrönungen verwendete man ebenfalls Simse oder bestenfalls Dreiecksgiebel, die auf Konsolen ruhten.

Ausladender Fassadenschmuck war in der Münchner Architektur nur selten zu finden. Der Putz wurde, seiner Eigenschaft als haftendes Material gemäß, zum Überzug und zum Schutz des Mauerwerks verwendet; die aufwendige Imitation von Steinformen beispielsweise, die für großstädtische Spekulationsbauten der Gründerzeit anderswo beinahe die Regel war, findet man hier nur in sehr zurückhaltender Art.[42] In der Epoche des Jugend- und des Heimatstils verzichtete man dann noch mehr auf Steinformen-Imitationen. Die Münchner materialgerechte Bauweise fand daher viele zeitgenössische Bewunderer:

»Kalk- und Zementmörtel werden zu Surrogaten herabgewürdigt, wenn man mit ihnen Quaderarchitektur nachahmt oder sie zu bildnerischem Schmuck verwendet, der die Meinung hervorruft, er sei mit dem Meißel aus besserem Material gefertigt. Der anständige Architekt weiß mit diesen Stoffen so umzugehen, daß sie nicht als Surrogate auftreten, sondern entwickelt die Formen aus ihrer eigenen materiellen Eigenart ohne zu täuschen ... Mit solchen Mitteln ist in München Hocherfreuliches geschaffen worden, dort ... hat sich ein ganz eigenartiger Putz- oder Betonstil herausgebildet und ist in Weiterentwicklung begriffen ...«

Immer wieder wurde München in der Fachliteratur vor dem Ersten Weltkrieg daher als ein »Zentrum der Putzarchitektur« positiv hervorgehoben,[43] eine Tatsache, die in der Architekturgeschichtsschreibung bisher weitgehend unbeachtet geblieben ist.

Jugendstil und Anfänge der Sachlichkeit

Das hohe Niveau der historisierenden Bauweise trug zum Ruf Münchens als ›erste deutsche Kunststadt‹ ganz wesentlich bei. Kunstschaffende aller Sparten zogen in die bayerische Metropole, gleichermaßen angelockt durch die relativ liberale Atmosphäre wie durch hervorragende Lehranstalten. Die ›Secession‹ oder die ›Luitpoldgruppe‹ waren hier für die weitere Entwicklung von ähnlich großer Bedeutung wie die überragenden Künstlerpersönlichkeiten August Endell, Hermann Obrist, Richard Riemerschmid, Bernhard Pankok oder Bruno Paul, die aus der bildenden Kunst kamen, bevor sie – teils als Autodidakten – auch als Architekten arbeiteten.[44] Nicht zufällig erschien gerade in München ab 1896 die Zeitschrift ›Jugend‹, die in ihren Abbildungen eine bislang nicht bekannte Dynamik zeigte: die später so populäre, elegant geschwungene ›Schlangenlinie‹ dominierte. Deshalb entstand zuerst in München der Begriff ›Jugendstil‹, wenn auch zunächst von Kritikern in abwertendem Sinne gebraucht. Auch in der Architektur schien der ›Siegeszug der Moderne‹ jedenfalls vorerst kaum aufzuhalten.

Die Treppe zum ersten Stock im Photoatelier Elvira. Entwurf August Endell, Geländer geschmiedet von J. Müller (1897) – ein wichtiges Beispiel der Jugendstilinnenarchitektur. Photomuseum im Münchner Stadtmuseum

Ohne die ›VII. Internationale Kunstausstellung‹ von 1897 im Münchner Glaspalast wäre der Erfolg der neuen Strömungen wohl weniger überzeugend ausgefallen. Dort schufen Theodor Fischer und Martin Dülfer in Zusammenarbeit mit der ›Münchner Künstlergenossenschaft‹ und der ›Luitpoldgruppe‹ zwei Räume für das Kunstgewerbe, die als »Kinderstuben der modernen dekorativen Kunst« in die Fachliteratur eingingen.[45] »Das wegen seiner Altertümelei oft verlästerte München« vermochte sich »in kürzester Zeit an die Spitze der jüngsten fortschrittlichen Bewegung ... zu stellen«, hieß es dazu in ›Kunst und Handwerk‹.[46]

Das heißt aber nicht, daß alle progressiven Münchner Architekten nunmehr den neuen Formenidealen huldigten; Theodor Fischer zum Beispiel blieb von allen Modeströmungen unbeeindruckt: weder ließ er sich von der ›Deutschen Renaissance‹ beeinflussen, noch von den avantgardistischen Werken eines Martin Dülfer oder eines August Endell.[47] Er wandelte die einheimischen Bautraditionen frei ab und verschmolz sie manchmal mit Jugendstilelementen. Kennzeichnend für seine Arbeiten waren weißgekalkte Mauerflächen, die er teilweise mit Schablonenornamentik verzierte.[48]

›Großstädtischer‹ dachte zweifelsohne Dülfer, der nicht nur zwei Neostile nach München brachte, sondern 1898 auch eines der ersten Jugendstil-Häuser in Deutschland schuf, die Villa Bechtolsheim in der Münchner Maria-Theresia-Straße 27. Merkwürdigerweise findet sich in der Fachliteratur bisher keine Nennung eines ersten deutschen Baus dieser Stilrichtung; die meisten bekannten Gebäude dieser Richtung entstanden überdies in der zweiten Hälfte 1898, während die genannte Villa bereits im Mai 1898 bezugsfertig war.[49]

Neuartig an Dülfers Fassaden waren eine starke Horizontalgliederung durch verdachte Simse und breite Stuckfriese in Höhe der Balkonlagen; allgemein bewunderten die Fachleute neben der gleichzeitigen Verwendung verschiedenartiger Putzsorten als künstlerisches Ausdrucksmittel seine »sehr ungenierte Farbgebung«, die allerdings mitunter doch etwas befremdet registriert wurde.[50]

Dülfer brachte Farbe in die städtische Architektur der Prinzregentenzeit; Fassadenbemalung war seit dem Klassizismus von den ›Gebildeten‹ als ›Bauernmalerei‹ abgewertet und als ›Lüftlmalerei‹ in den ländlichen Raum zurückgedrängt worden.[51] Bei Gabriel von Seidl zum Beispiel beschränkte sich die Polychromie auf partielle, gemäldehafte Darstellungen, Dülfer und seine Nachfolger gestalteten hingegen die Fassaden in ihrer Gesamtheit farbig. Dülfers Bürohaus der ›Allgemeinen Zeitung‹ in der Bayerstraße 57 war in »satten Gelb-, Blau- und Grüntönen neben blauschwarzem Grund mit reichlicher Verwendung von vergoldeten Details«[52] gehalten. »Von diesem Bau aus hat die Moderne ihren siegreichen Einzug in München gehalten...«, hieß es rückblickend 1925.[53] In diesem Zusammenhang ist auch Franz Ranks Kaufhaus Schneider am Maximiliansplatz 18 zu nennen; es zeigte – ebenfalls in Verbindung mit reicher Vergoldung – »kräftige Rot- und Blautöne.« Ranks Villa Strobelberger an der Wolfratshauser Straße 80 blieb jedoch auf »Ocker, Grün und Grünblau auf weißgetünchten Grund bei vollkommener Vermeidung von roten Tönen« beschränkt.[54]

Offenbar »zu bunt« trieben es nach Ansicht vieler Zeitgenossen Henry Helbig und Ernst Haiger; ihre auffallenden Mietshausfassaden Ainmillerstraße 22 und Römerstraße 11 wurden erst kürzlich originalgetreu wiederhergestellt. Dieses Architektenteam hatte, wie viele andere damals auch, Elemente der modernen amerikanischen Architektur importiert.

Bürgerliches Bauen

Ein Beispiel für Landhausarchitektur des Jugendstils – die Villa Hugo Schmidt – heute Ludwigshöher Straße 12 – von Martin Dülfer. Er baute sie 1898, im selben Jahr wie die Villa Bechtolsheim in der Münchner Maria-Theresia-Straße 27.

Das war in diesem Falle besonders naheliegend, stammte doch Helbig selbst aus den USA.[55]

Das ›amerikanische Vorbild‹ bekam für die deutsche Architektur der Jahrhundertwende auch anderswo große Bedeutung; besonders wichtig scheinen die Werke Henry Hobson Richardsons und Louis Sullivans[56] gewesen zu sein. Richardsons typische Massengliederung und Sullivans eigenartig ›krautiges‹ Ornament wurden gleichzeitig in den späten neunziger Jahren importiert; unter anderem findet es sich in Riemerschmids Dekor.[57]

Riemerschmid, eine Zentralfigur der neuen Kunstbestrebungen, hatte als Maler und Kunstgewerbler begonnen, bevor er zur Architektur fand und die Pläne zu seinem eigenen Wohnhaus in München-Pasing, Lützowstraße 1, schuf. Kurz darauf entwarf er die Innenausstattung des Schauspielhauses an der Maximilianstraße, für das die ausführende Baufirma ›Heilmann & Littmann‹ bereits konventionellere Gestaltungspläne ausgearbeitet hatte.[58] Bedeutsam für die Gartenstadtbewegung sollte dann seine »Minimal-Reihenhaussiedlung für zufriedene Arbeiter« in Dresden-Hellerau werden, an der auch der in München bei Thiersch und Dülfer ausgebildete Heinrich Tessenow beteiligt war.[59]

Schon einige Jahre vorher hatte in Pasing August Exter Vergleichbares, sozusagen für zufriedene Angestellte und kleinere Beamte gebaut. Die beiden Pasinger Villenkolonien mit ihren Ein- und Zweifamilienhäusern inmitten kleiner Gärten gehörten sicher zu den attraktivsten Wohngebieten der wachsenden Großstadt, auch wenn sie damals noch relativ weit ›vor den Toren der Stadt‹ gelegen waren.[60] Stilistisch stehen diese Bauten den schlichten, englischen Landhäusern nahe; die ›Modernität‹ zeigte sich vor allem in der Funktionalität und in der Grundrißgestaltung, während auf ›modernen‹ Dekor in Jugendstilmanier weitgehend verzichtet wurde.

Der sogenannte belgische Linienkult eines Victor Horta oder eines Henry van de Velde[61] konnte sich in München ohnehin nur vereinzelt durchsetzen. Die Münchner Fassadendekoration erinnert eher an Buchschmuckgraphik; beliebt war die gleichzeitige Verwendung von floralem Rankenwerk neben geometrischen Verzierungen. Außerdem finden sich immer wieder Reminiszenzen der Barockarchitektur wie überkuppelte Mittelrisalite, geschwungene Aediculen oder Kartuschenfelder, oft in Verbindung mit bodenständigen ›regional-romantischen‹ Heimatstil-Elementen.

Aus diesen Gründen verweigern manche Architekturhistoriker der damaligen modernen Architektur Münchens die Bezeichnung ›Jugendstil‹, wobei übersehen wird, daß zum Beispiel auch die ›Norddeutsche Weserrenaissance‹ der italienischen Renaissance nur mittelbar vergleichbar ist. Belgischer oder französischer ›Art-Nouveau‹ sind ebenso eigenständige Stilrichtungen wie der ›Wiener Secessionsstil‹, der italienische ›Liberty‹ oder die ungarische ›Szecesszió‹. Mit der Münchner Variante wurde man, zumindest zeitweise, allen Forderungen der progressiven Architekturtheorien gerecht: materialgerechtes Bauen ohne Vortäuschen von teuren Baustoffen durch Surrogate, sichtbare Konstruktion, funktionelle Grundrisse, die an den Fassaden durch verschiedene Fenstergrößen und -formen ablesbar waren, Vermeidung von ›schablonenhaften Bauten‹, die man bis dahin oft mehrmals nach einem einzigen Plan errichtet hatte.

Natürlich blieben diese Bestrebungen nicht unangefochten. Mit welchen Schwierigkeiten mitunter die ›Modernen‹ während der Prinzregentenzeit zu rechnen hatten, zeigt das Beispiel Riemerschmids; dessen Arbeit in der Redaktion der Zeitschrift ›Kunst und Handwerk‹, die vom Münchner Kunstverein herausgegeben wurde, führte zu einem vorübergehenden Austritt Gabriel von Seidls aus dem Verein. Da man auf ihn, den damals wohl »mächtigsten Architekten in München« aber keinesfalls verzichten wollte, mußte Riemerschmid als »Exponent der neuen Bewegung« den Platz räumen.[62] Sogar Friedrich Thiersch, in dessen Werk sich durchaus Jugendstilformen finden – Beispiele dafür sind das Haus für Handel und Gewerbe oder der Münchner Kindl-Keller nach dem Umbau –, sprach sich 1904 erbittert gegen den »mißverstandenen Jugendstil mit seinem entsetzlichen Liniengeschlängel« aus.[63] Schon bald nach der Jahrhundertwende wurde der Münchner Jugendstil dann von einer schlicht-klassizisierenden Bauweise abgelöst, die auf Stuckdekor weitgehend verzichtete oder ihn auf die Portalzonen konzentrierte.[64]

Als Hauptvertreter der neuen Richtung sind Paul Ludwig Troost sowie das Architektenteam Heinrich Stengel und Paul Hofer zu nennen, als prominentestes erhaltenes Hauptwerk aber wohl die vom Bauherrn selbst entworfene Villa Stuck.[65]

Troost war zusammen mit Dülfer, Heinrich Vogeler und Rudolf Alexander Schröder an der Einrichtung der berühmten Wohnung des Verlegers Alfred Walther Heymel in der Münchner Leopoldstraße beteiligt, die 1901 entstand und als »erstes Zeugnis der Abkehr vom Jugendstil« gilt.[66] Diese neuartige, betont schlichte Gestaltung führte zum sogenannten Neo-Biedermeier, der ungefähr ab 1905 die Werke Bruno Pauls, Richard Riemerschmids oder auch Hermann Muthesius prägte und die Architektur in ganz Deutschland beeinflußte.

Heimatstil oder Regionalromantik

Gleichzeitig verstärkten sich die Tendenzen eines malerischen Heimatstils, der lokale bäuerliche Vorbilder aufgriff und mit barocken oder klassizistischen Details verschmolz. Das Bemühen um einen unverwechselbaren Regionalstil wurde um die Jahrhundertwende in allen Ländern stärker – ein Phänomen, das man besonders bei kleineren Nationen beobachten konnte, die in größere Staatenverbände eingegliedert waren und die ihre nationale Selbständigkeit gerade in der Architektur für jeden sichtbar demonstrieren wollten.[67]

Eine wichtige Rolle spielte hierfür in München der ›Bayerische Verein für Volkskunst und Volkskunde‹, der heutige ›Bayerische Landesverein für Heimatpflege‹, der zu Anfang unseres Jahrhunderts entstanden war. Zu seinen Gründungsmitgliedern gehörten eine Reihe bedeutender Münchner Architekten, so Friedrich und sein Bruder August Thiersch, Hans Grässel, Franz Zell, später auch Gabriel von Seidl, Theodor Fischer und Richard Berndl.[68] Seine Zielsetzungen waren an den Idealen des in England bereits einige Jahrzehnte zuvor entstandenen Morris-Kreises orientiert: man wollte das gesamte Leben reformieren, Wohnkultur ebenso wie Kleidung und Architektur. Außerdem stellte man die schon damals nicht unumstrittene Forderung auf, Neubauten dem »Charakter der ortsüblichen Bauweise« anzupassen.[69]

In der Folgezeit wurden die verwendeten historisierenden Formen weiter vereinfacht und eher zitatartig verwendet. Eine besonders eigenwillige Mischung aus Heimatstil und reduzierten historisierenden Elementen zeigen die Bauten von Otho Orlando Kurz und Edmund Herbert,[70] die beispielsweise das Bild der Tengstraße in Schwabing prägen. Ähnliche Wirkung erzielten auch die späteren Werke von ›Heilmann & Littmann‹, so die Kaufhäuser Hermann Tietz und Oberpollinger oder das Gebäude der ›Münchner Neuesten Nachrichten‹, heute des ›Süddeutschen Verlags‹.

Viele der damals entstandenen Genossenschaftsbauten wurden ebenfalls in diesem Geschmack gestaltet, der sich allmählich zum ›Münchner Regionalstil‹ entwickelte und gleichermaßen für Landhäuser wie für städtische Wohn- oder Geschäftsbauten Verwendung fand.[71] Sogar Industriebauten wie Gas- und Elektrizitätswerke, Fabriken oder Brauereien jener Zeit zeigen malerische Elemente; in diesem Zusammenhang sind vor allem die Bauten der Gebrüder Rank zu nennen, die sich immer mehr auf den Industriebau spezialisiert hatten.[72]

Die ›modernen‹ Architekten der Prinzregentenzeit bemühten sich nach der Jahrhundertwende verstärkt um einen der Landschaft und den bodenständigen Architekturtraditionen angepaßten Stil. Dafür waren die überlieferten bäuerlichen Bauformen gründlich erforscht und nach zeitgemäßen

Plakat zur Ausstellung ›München 1908‹ von Julius Diez.
Münchner Stadtmuseum

Bedürfnissen umgeformt worden – ähnlich, wie man eine Generation zuvor die historischen Stilformen gründlich studiert hatte. Auch für diese Stilvariante kam einer Ausstellung Signalwirkung zu; sie fand unter dem Titel ›München 1908‹ auf dem Messegelände statt und umfaßte Werke der meisten damals in München lebenden, bedeutenden Architekten.[73] Wie stark diese Formensprache im gesamten Alpenraum Verbreitung fand, zeigt das Beispiel der aus Brünn stammenden Gebrüder Aloys und Gustav Ludwig, die zeitweise gleich drei Baubüros betrieben: in Wien, München und Meran.[74]

Der Niedergang Münchens als Kunststadt

Bis in die Zwischenkriegszeit entstanden zwar noch viele Bauten der ›Münchner Prägung‹, neue Impulse gingen von ihnen jedoch nicht mehr aus. Die ›ganz große Zeit‹ Münchens als eines Zentrums der europäischen Architektur hatte in den ersten fünf Jahren des neuen Jahrhunderts ein Ende gefunden; bekannte Architekten wie Theodor Fischer, August Endell oder Martin Dülfer waren in andere Orte gezogen, an Universitäten berufen worden, die mit größerem künstlerischen Spielraum oder einfach mit lukrativen Angeboten lockten:

»Wie sehr sich jetzt die Verhältnisse in München einer Krisis nähern, [zeigt, d. Verf.] ... daß eine führende Persönlichkeit nach der anderen die Kunststadt an der Isar verläßt, um ... in Berlin, Dresden, Darmstadt, Karlsruhe unter günstigeren Verhältnissen zu schaffen« hieß es bereits 1899.[75] Sozusagen als »Reverenz an die ehemalige Wirkungsstätte der progressiven Künstler« wurde nachträglich die Tatsache gewertet, daß die Gründung des ›Werkbundes‹ 1907 in München erfolgte. Die damals neugewählten Vorsitzenden Theodor Fischer, Fritz Schumacher (er hatte in München studiert) und Bruno Paul lebten und wirkten längst in anderen Städten.[76]

Das Schlagwort vom »Niedergang Münchens als Kunststadt« war erstmals 1901 in der ›Berliner Zeitung‹ gefallen; fast überflüssig zu sagen, daß diese Kritik in Bayern als »Berliner Neid und preußische Mißgunst« abgetan wurde.[77] Tatsächlich bekamen zu jener Zeit die konservativen Künstler und Kunstkritiker wieder die Oberhand; da war die Rede von »künstlicher Mache«, von »Architektur, die dem Leben ebenso fern steht als die historische Stilmanier, im Kampf gegen die sie entstanden ist. Sie ist nicht von der Schönheit des Lebens befruchtet«.[78] 1915 wurden die Mitglieder der ›Neuen Secession‹ schließlich als »Jugendverderber, Unratsverbreiter ... als Verräter am deutschen Geiste« diffamiert.[79] Auch wenn dieses Zitat nicht unmittelbar auf die Architektur zielte – es zeigte deutlich, wie wenig von der ohnehin nur begrenzten Weltoffenheit der Prinzregentenzeit übriggeblieben war.

›Altstadt‹ oder ›City‹?
Stadtumbau um 1900
Von Uli Walter

»Mächtig pulsiert das Leben des Verkehrs durch die Straßen einer großen Stadt. Die alten Bestände, dem intimen Sinne der Vorfahren und dem verhältnismäßig geringen Verkehr zur Zeit der Anlage des alten Straßennetzes entsprechend traulich und behaglich zusammengerückt, vermögen dem flutenden Strom des modernen Lebens, dessen Forderung nach freier, ungehemmter, individueller Bewegung, nach Licht und Luft in unbeschränkter Fülle, nicht mehr zu genügen. Das alte Kleid wird zu enge und muß geweitet werden. Die Verkehrseinrichtungen verlangen neue Bahnen oft mitten durch bebaute Quartiere zum schlanken Anschlusse an jenseits der letzteren weiterführende Straßenzüge, es müssen Verkehrswege verbreitert, Ecken beseitigt, Plätze verändert oder neugeschaffen werden .... So ändern sich fortwährend die Bilder in buntem Wechsel; wo Straßen und Plätze sich dehnten, erheben sich ragende Gebäude, und Gebäude fallen, um Straßen und Plätzen Raum zu machen.«[1]

Die einleitende Passage des städtischen Verwaltungsberichts für das Jahr 1894 umschreibt eine neue Planungs- und Bauaufgabe, vor die sich die Münchner Gemeindebehörden im letzten Viertel des 19. Jahrhunderts gestellt sahen. Im Zuge der Großstadtbildung war nämlich auch der Teil des Gemeinwesens einem wachsenden Veränderungsdruck ausgesetzt, der seine städtebauliche Gestalt seit Jahrhunderten im wesentlichen bewahrt hatte: die Altstadt. Die Sanierungsmaßnahmen aus der Zeit des Klassizismus hatten hier zwar zu der Anlage von größeren Plätzen geführt,[2] enge Straßen waren aber nur ausnahmsweise erweitert worden.[3] Der in seiner Grundstruktur mittelalterliche Stadtgrundriß blieb bis in die zweite Hälfte des 19. Jahrhunderts weitgehend unangetastet. Die Aufgabe bestand darin, die Altstadt den Erfordernissen des ›modernen Lebens‹ anzupassen, eine Aufgabe, die aus verkehrstechnischen, stadthygienischen und kommerziellen Motiven notwendig erschien. Dazu standen im Prinzip zwei Möglichkeiten offen: entweder man verwandelte die historische Stadt in eine moderne ›Stadtmitte‹, oder man bewahrte den städtebaulichen Charakter einer ›Altstadt‹. In anderen europäischen Städten hatte dies zu einer rigorosen Überformung des Altstadtgefüges im Sinne der Vorstellungen des 19. Jahrhunderts geführt. Erinnert sei in diesem Zusammenhang nur an den Stadtumbau in Paris, Brüssel oder London, wo mit Hilfe von Straßendurchbrüchen ganze Stadtviertel umstrukturiert worden waren, so daß man sich aus dem heutigen Stadtbild die ursprüngliche Form der Altstadt erst mühsam rekonstruieren muß.

In München betrachtete man die Erschließung der Altstadt erst in den Jahren nach 1871 als kommunale Bauaufgabe. Die forcierte Expansion der Stadt nach außen machte auch eine ›innere Stadterweiterung‹ notwendig.[4] In erster Linie mußte man für den stetig wachsenden Verkehr in der Innenstadt geeignete Zirkulationswege schaffen: Die engen Gassen mit ihren unregelmäßigen Baufluchten sowie die vor- und zurückspringenden Gebäude standen einem reibungslosen Verkehrsablauf entgegen. Rangierende oder zu weit ausladende Fuhrwerke verursachten in den teilweise nicht mehr als fünf Meter breiten Straßen Stauungen oder Behinderungen für den Fußgänger- und Wagenverkehr. Ganze Stadtviertel oder Plätze wie das Angerviertel oder der Frauenplatz waren dem Verkehr nur unzureichend erschlossen. Mit Hilfe von Straßenverbreiterungen und -durchbrüchen versuchte man dem abzuhelfen. Gleichzeitig ermöglichten die Verbreiterungen auch eine bessere Durchlüftung der Altstadt, die nach den Vorstellungen Max von Pettenkofers zu einer Forderung moderner Stadthygiene geworden war. Breite Straßen voll »Licht und Luft« – ein ständig wiederkehrender Topos in den Verhandlungen zur Sanierung der inneren Stadt – galten als Synonym für gesunde Straßen.

Hinter dem Stadtumbau standen aber auch finanzielle Interessen. Breite Straßen erhöhten die Attraktivität für Läden und Geschäfte und sicherten den Anliegern eine bessere Rendite: Die Grundstücke an belebten Geschäftsstraßen waren manchmal bis zu fünfmal mehr wert als diejenigen an engen Wohnstraßen.[5]

Erste Ansätze des Stadtumbaus nach 1871

Der Umbau der Münchner Altstadt wurde nach keinem einheitlichen Planungskonzept in Angriff genommen:[6] pragmatisch führte man zunächst nur die dringendsten Erschließungsmaßnahmen durch. Dazu gehörte vor allem die Beseitigung der letzten Reste der mittelalterlichen Befestigung, die sich am Südrand der Altstadt bis ins letzte Drittel des 19. Jahrhunderts erhalten hatten. Von 1869 bis 1873 fielen das Angertor und die westlich daran anschließende Stadtmauer bis zum Sendlinger Tor. Jenseits des Sendlinger Tores wurde die Stadtmauer zwischen 1879 und 1884 abgebrochen. Entgegen früheren Planungen sah man nach der Überwölbung des Stadtgrabenbaches und nach der Einebnung des Terrains davon ab, dieses städtebaulich sehr interessante Gebiet für eine Bebauung nutzbar zu machen;[7] nach dem Entwurf von Oberbaurat Arnold von Zenetti entstand vielmehr eine zusammenhängende Grünanlage, die die Zäsur zwischen der Altstadt und den Neubaugebieten kenntlich machte.

An der Rückseite des Hofbräuhauses konnte auf der Fläche der abgebrochenen Stadtmauer die Neuturmstaße angelegt werden. Nach dem Abbruch des Kosttores und des Neuturmes im Jahr 1872 schuf sie eine Verkehrsverbindung zur Hochbrückenstraße, die ihrerseits im Jahr 1870 durch Tieferlegung und Überwölbung des Einschütt-Baches entstanden war. Auch hier gingen umfangreiche Abrißmaßnahmen voraus: Die Hochbrücke im Tal, die dazugehörige Mühle, das Bruderschaftshaus und zwei kleinere Gebäude am ehemaligen Stadtbach fielen der neuen Straße zum Opfer.

Die Praxis, durch sogenannte Demolierungen im engen Stadtkern ›Platz‹ zu schaffen, ist symptomatisch für die erste Phase des Stadtumbaus in München. So wurde beispielsweise der Viktualienmarkt durch mehrere Abbrüche auf die heutige Größe erweitert, ebenso wie man zuvor den Frauenplatz durch den Abbruch des sogenannten Dechant-Hofes vergrößert hatte.[8]

Daneben stand die Verbreiterung wichtiger Verkehrswege im Mittelpunkt. Durch großen finanziellen Einsatz der Stadtgemeinde wurden der Färbergraben und die Maffeistraße verbreitert, die ein Nadelöhr für den Verkehr vom Karlsplatz zum Viktualienmarkt beziehungsweise vom Max-Joseph-Platz zum Promenadeplatz darstellten. Aber auch in kleineren Straßen setzte man nach oft langen Verhandlungen mit den Hausbesitzern die Baulinie zurück, um auf Kosten der Grundfläche der Häuser mehr Straßenfläche zu gewinnen. Die neue Straßenbreite ließ eine höhere Bebauung zu, die von den Bauherren meist bis an die Grenze des Erlaubten ausgenutzt wurde. An vielen Stellen der Altstadt ersetzten profitable, gründerzeitliche Neubauten die kleinmaßstäbliche, oft noch mittelalterliche Bausubstanz.[9] Bei der Gestaltung der neuen Baulinien wandte man ein gängiges Regulierungsschema an: Konvexe oder konkave Häuserfluchten wurden begradigt und divergierende Straßenwandungen parallel geführt. Dadurch verschwanden einige signifikante Straßenbilder des mittelalterlichen und barocken München, wie beispielsweise die zackenartig vorspringenden Privathäuser am Altheimer Eck oder die trichterförmigen Verengungen in vielen der kleineren Gassen.

Straßendurchbrüche spielten in der Diskussion um den Stadtumbau zunächst nur in zwei Fällen eine Rolle: Als Alternative zur Verbreiterung der Maffeistraße beabsichtigte der Magistrat die geradlinige Verlängerung der Perusastraße zur Promenadestraße (heute: Kardinal-Faulhaber-Straße) mittels eines Durchbruches durch die Anwesen der Königlichen Kommandantschaft und des Gasthofes ›Zum Kapplerbräu‹. Aber ebenso wie beim geplanten Durchbruch von der Brunnstraße zur Sendlinger Straße durch das Radspieler-Anwesen waren finanzielle Erwägungen für die Ablehnung dieser städtebaulichen Sanierungsmaßnahme ausschlaggebend.[10]

Nicht verkehrstechnische oder stadthygienische, sondern stadtbaukünstlerische Aspekte lagen zwei Abrißmaßnahmen zugrunde, die der teilweisen Freilegung von Kirchenbauten galten. Nachdem schon 1870 die ›Untere Fleischbank‹ am Viktualienmarkt abgerissen worden war, folgte im Jahr 1880 die darüberliegende Häuserzeile am Petersberg, in deren Bauverband sich die alte Wieskirche befand.[11] Durch die im Anschluß daran erbaute niedrige Terassenanlage wurde der Blick frei auf die malerische Baugruppe, die von dem monumentalen Chor der Peterskirche, dem neugotischen Standesamt und dem Alten Rathausturm im Hintergrund gebildet wurde.

Unter dem Druck der öffentlichen Meinung setzte sich der Magistrat überdies im Jahre 1888 für eine Blickschneise auf die Frauenkirche ein, die durch den Abbruch der beiden Anwesen Kaufingerstraße 24 und Frauenplatz 3 eröffnet wurde. Die Abfindung der Besitzerin ermöglichte es, statt einen Neubau zu errichten, an dieser Stelle die Liebfrauenstraße von fünf auf 17 Meter zu verbreitern.[12]

Die baurechtlichen Bestimmungen

In ihrem Bemühen, die notwendigen Erschließungsmaßnahmen zu realisieren, waren die Stadtvertretung und ihre Planungsbehörden in nicht geringem Maße vom Entgegenkommen der Hausbesitzer abhängig. Im Gegensatz zu den übrigen deutschen Staaten wurde den Gemeinden in Bayern kein Enteignungsrecht für die Anlage oder Verbreiterung von Ortsstraßen zugestanden.[13] Der Stadtumbau konnte nur in dem Rahmen erfolgen, der durch die Münchner Bauordnung vorgegeben war, das heißt: das Innenministerium genehmigte einen Baulinienplan, der eine Straßenverbreiterung oder einen Durchbruch vorsah, in der Regel erst dann, wenn zwischen dem Magistrat und den beteiligten Anwesenbesitzern ein Übereinkommen erzielt worden war. Die Bauordnung schrieb vor, daß der für die Straßenverbreiterung nötige Grundstreifen unentgeltlich an die Stadt zu gehen habe.[14] Nur selten wurde ein Barzuschuß oder ein teilweiser Dispens gewährt. Außer in Fällen, in denen sich der Magistrat zum Ankauf des gesamten Anwesens entschloß, führte diese Regelung zu jahrelangen, oft jahrzehntelangen Verhandlungen mit den einzelnen Hausbesitzern, die dadurch ihr Recht auf Eigentum eingeschränkt sahen. In ihren Augen kam es einer teilweisen Enteignung gleich, wenn sie einen Teil ihres Grundes ohne finanzielle Entschädigung abtreten mußten.

Der Magistrat wies dagegen auf die Wertsteigerung der Anwesen hin, die mit einer Straßenverbreiterung verbunden war: An breiten Straßen könne höher gebaut werden, überdies steige mit der Breite auch das Ansehen einer Straße.[15] Eine zusätzliche Steuererleichterung wie in Wien wurde in München jedoch nicht erwogen.[16]

Größere städtebauliche Sanierungsversuche, die über Einzelmaßnahmen hinausgingen, waren deshalb ohne einen umfangreichen finanziellen Aufwand der Stadtgemeinde überaus schwierig, wenn nicht unmöglich. Dies um so mehr, als die Hausbesitzer damit spekulierten, durch ihr Veto zur geplanten Baulinie den Magistrat zu einer hohen Ablösezahlung zu bewegen oder andernfalls – wenn sich ihr Haus in gutem baulichen Zustand befand – von einem Neubau abzusehen. Wichtige Straßenverbreiterungen konnten so auf längere Zeit blockiert werden.[17]

Der Stadterweiterungswettbewerb 1892/93

Zeit stand dem Magistrat aber nicht unbegrenzt zur Verfügung. Angesichts der Gesamtentwicklung Münchens mußten auch für die Innenstadt grundsätzliche Lösungen gefunden werden, die dem Verkehrsaufkommen gerecht wurden. Im ersten deutschsprachigen Handbuch des Städtebaues forderte Joseph Stübben eine systematische Bearbeitung auch der Altstädte und erklärte gelegentliche und pragmatische Regulierungen ohne Berücksichtigung der Stadtstruktur für zufällig und kurzsichtig.[18] Den Umbau des Stadtkerns stellte er als gleichberechtigte Bauaufgabe neben die der Stadterweiterung.[19]

In München diente der Stadterweiterungswettbewerb von 1892/93 dazu, systematische Lösungen für den Stadtumbau zu finden. Die Altstadt war ausdrücklich als Gegenstand der einzureichenden Entwürfe miteinbezogen.[20] Dabei standen nicht konkrete, sachlich begrenzte Aufgaben zur Diskussion, sondern die Forderung nach städtebaulichen Ideen zur Generalsanierung der Altstadt. Trotz der geringen Beteiligung boten die einlaufenden 13 Entwürfe dem Magistrat ein breites Spektrum an Lösungsmöglichkeiten.

Ein Teil der Beiträge strebte bewußt die Verwandlung der Altstadt zur ›City‹ an.[21] So ließ sich der Verfasser des Entwurfes mit dem Motto ›Ländlich-sittlich‹ von dem Gedanken einer völligen Durchlässigkeit der Innenstadt leiten. Wo irgend möglich plante er Straßendurchbrüche durch größere Häuserblocks und bestehende Gärten, so auch durch den Alten Hof und den Hofgarten. Die Theatinerkirche sollte auf der Südseite freigelegt werden, ebenso die Michaelskirche, bei der der Plan eine neue Straße durch die Gebäudegruppe der ›Alten Akademie‹ vorsah. Das Kontroll- und Sicherheitsdenken des Verfassers gipfelte in dem Vorschlag eines »Übersichts- und Wachtturmes« in Verlängerung der Prinzregentenstraße.

Der Entwurf von Bezirks-Ingenieur Heindl aus München, eingereicht unter dem Motto: ›München im 20. Jahrhundert‹, basierte auf ähnlichen Ideen. Er schlug für das Gebiet der bebauten Stadt allein 74 Erweiterungen sowie 57 Durchbrüche vor.

Im Entwurf ›Endlich‹ eines unbekannt gebliebenen Verfassers war ein innerster Ring angelegt, der im wesentlichen die Grenzen der ›Heinrichsstadt‹ umschrieb.[22] Er sollte mit Hilfe von Erweiterungen und Durchbrüchen zu einer Verkehrsstraße ausgebaut werden.

Straßendurchbrüche galten im Stadterweiterungswettbewerb als zweckmäßiges städtebauliches Mittel der Altstadtsanierung. Sie griffen in die Struktur der Stadt ein und schufen dort Verbindungen, wo dies für den Verkehr notwendig erschien. Auf die bereits einsetzende Kritik an den Durchbruchs- und Verbreiterungsmaßnahmen gingen die oben skizzierten Entwürfe nicht ein. Besonders Camillo Sitte hatte in seinem 1889 erschienenen Buch ›Der Städtebau nach seinen künstlerischen Grundsätzen‹ auf die nivellierende Wirkung der schematischen Verbreiterungen hingewiesen. In einer rigorosen »Begradigungswut«, die selbst vor historisch oder architektonisch wertvoller Bausubstanz nicht haltmache, sah er zu Recht einen Hauptgrund für die Zerstörung des »Charakters« vieler Altstädte.[23]

Daß ein für den historischen Baubestand so radikal erscheinendes Mittel wie der Straßendurchbruch aber auch eingesetzt werden konnte, um aktive Stadtbildpflege zu betreiben, belegte der Beitrag Karl Henricis im Stadterweiterungswettbewerb.[24] Er trug dem Gedanken Camillo Sittes unmittelbar Rechnung, nicht nur in den neu zu bebauenden Gebieten Städtebilder nach »malerischen« Gesichtspunkten zu entwerfen, sondern auch die bereits bestehenden tunlichst zu erhalten. Henrici betonte zunächst die »hervorragende malerische Schönheit« der Münchner Altstadt mit ihrem Reichtum an »schönen Perspektiven«, wie sie sich vor allem am Marienplatz, am Rindermarkt, in der Kaufingerstraße und im Tal böten. Diese Straßenbilder dürften nicht einer übertriebenen Begradigungswut aus Verkehrsgründen zum Opfer fallen. Um sie zu erhalten, schlug er die Anlage mehrerer Parallelstraßen vor, die den größten Verkehr aufnehmen und somit die Hauptachsen entlasten sollten. In Nord-Süd-Richtung beispielsweise wollte Henrici eine westliche Parallele zur Achse Sendlinger Straße-Marienplatz-Theatinerstraße schaffen, und zwar durch mehrere Durchbrüche von der Sendlinger Straße über den Frauenplatz zur Promenadestraße. Das Ziel war hierbei wiederum, die Geschlossenheit des Marienplatzes und die Linie der auf ihn zuführenden Straßen zu erhalten.

Die Vorschläge Henricis gewannen vor allem deshalb an Bedeutung, weil sie im Rahmen eines *Konzeptes* zusammenhängende Maßnahmen anboten, die nicht nur dem Verkehrsinteresse entgegenkamen, sondern auch den Vorstellungen einer konservatorischen Stadtbildpflege entsprachen. Darin wurden sie von keinem Mitkonkurrenten übertroffen, ja man kann sagen, daß erst mit Henrici in München das Bewußtsein einsetzte, auch mit städtebaulichen Mitteln Denkmalpflege betreiben zu können. Die »Pietät im Umgang mit gewachsenen Städtebildern« war von nun an eine oft wiederkehrende Forderung, die an die Entwerfer von Baulinienplänen gerichtet wurde.

Drei Großprojekte

Durch den Stadterweiterungswettbewerb erhielt der Stadtumbau in München neue Impulse. In den Jahren nach 1893 wurden drei städtebauliche Großprojekte in Angriff genommen, die jeweils weitreichende Bedeutung für die Baugestalt der Altstadt haben sollten. Das erste dieser Großprojekte betraf das Angerviertel, das in einer verkehrsungünstigen Lage zu den innerstädtischen Zentren Marienplatz und Viktualienmarkt lag. Die Querverbindungen zur Sendlinger Straße bildeten kleine, zum Teil weniger als fünf Meter

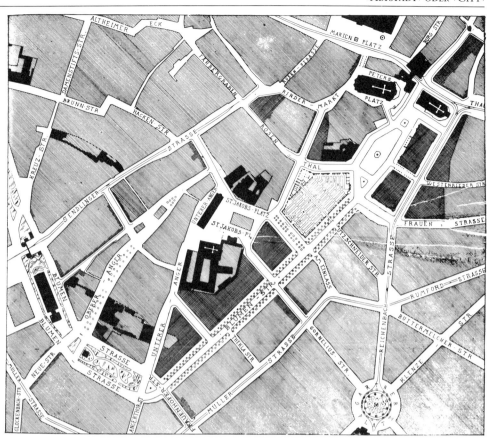

Plan von Oberbaurat Wilhelm Rettig zur Neugestaltung des Angerviertels (1893)

breite Gassen, die keinen größeren Verkehr aufnehmen konnten. Nach Osten hin stellte die Schrannenhalle einen Riegel dar, der den Unteren Anger vom Viktualienmarkt trennte. Bereits 1892 war deshalb ein privates ›Comité zur Aufschließung des Angerviertels‹ gegründet worden, um beim Magistrat mit einem Straßenprojekt vorstellig zu werden: Durch die beiden Häuserblocks zwischen Rindermarkt und Oberanger sollte eine neue Straße gebrochen werden, die das Angerviertel an die Rosenstraße und damit an den Marienplatz angebunden hätte. Die Eingabe des Komitees beim Magistrat deutet an, daß nicht nur verkehrstechnische Gesichtspunkte bei diesem Vorschlag maßgebend waren, sondern daß man sich davon auch eine Verbesserung der sanitären Verhältnisse und eine lukrativere Verwendung der Anwesen zu Geschäftszwecken versprach.[25] Die Anlieger beabsichtigten damit eine Aufwertung des Stadtteils, der bis dahin vor allem als Wohngegend genutzt wurde.

Das Vorhaben erhielt eine unerwartete Brisanz durch ein Projekt des Oberbaurats Wilhelm Rettig, das dieser im März 1893 als privaten Konkurrenzentwurf zu einem Markthallenprojekt von Bauamtmann Hartwig Eggers vorlegte.[26] Rettig, der schon als Stadtbaumeister in Dresden die Pläne zur dortigen Markthalle gefertigt hatte, schlug den Neubau einer Zentralmarkthalle vor, der durch seine über 8000 Quadratmeter große Grundfläche geeignet gewesen wäre, sowohl den Groß- als auch den Detailmarkt aufzunehmen. Darüber hinaus beabsichtigte er, durch die Plazierung der Markthalle auf dem Gelände des abzureißenden Baublocks zwischen Rosental und Sebastiansplatz auch das Angerviertel mit der neuen Platzanlage zu ›verklammern‹, die anstelle des alten Viktualienmarktes entstehen sollte. Die dort freiwerdende Fläche wäre groß genug gewesen, sowohl um die Reichenbachstraße entweder westlich oder östlich der Heiliggeistkirche zum Tal zu führen, als auch um den Platz durch zwei repräsentative Verwaltungsgebäude zu rahmen.

Daß dies den alten Viktualienmarkt in einen Platz von großstädtischem Zuschnitt verwandelt hätte, vor dem Hintergrund der Heiliggeistkirche und des Chores von St. Peter ein abwechslungsreicher Kontrast, wurde in den Gemeindekollegien bald erkannt.[27] Ebenso würdigte man in beiden Gremien die hervorragende städtebauliche Konzeption, die durch eine Markthalle im Schnittpunkt zweier Platzanlagen, des Jakobsplatzes und der ehemaligen Marktfläche, gegeben wäre.[28] Auch die Markthalle selbst, in den »Formen süddeutscher Barockarchitektur« gedacht und mit »Gliederungen in Ziegelrohbau und einzelnen bemalten Flächen« versehen, sowie durch Giebelaufbauten, einen Turm und eine Terrasse in ihrer Baumasse aufgelockert, fand durchaus Anerkennung.[29] Die Kritik entzündete sich dann auch nicht an der künstlerischen Qualität des Entwurfes, sondern daran, daß mit seiner Durchführung das »malerische Treiben« auf dem Viktualienmarkt verschwunden wäre. Die Tradition des offenen Marktes behielt also über die Neukonzeption die

Oberhand. Dieser Standpunkt wurde sogar als Grundsatz formuliert: »Möglichst wenig ohne Not an dem bewährten Bestehenden zu ändern, die erforderlichen Verbesserungen zu erstreben unter tunlichster Schonung und Erhaltung des Vorhandenen.«[30] Nicht so sehr die inhaltlichen Argumentationen für oder gegen die Errichtung einer Zentralmarkthalle führten also zur Ablehnung des Rettig-Projektes, sondern die Gefährdung des offenen Viktualienmarktes als einer Alt-Münchner Institution. In dieser zugespitzten Form scheint das Projekt auch zum Gegenstand des Wahlkampfes anläßlich der Gemeindewahlen im Jahr 1893 gemacht worden zu sein.[31]

Zur verkehrsmäßigen Erschließung des Angerviertels hatte Rettig einige grundlegende Änderungen vorgeschlagen, deren für das Stadtbild wichtigste wohl die Ersetzung der Schrannenhalle durch einen mit Bäumen geschmückten Boulevard war. Straßendurchbrüche und -verbreiterungen vor allem in Ost-West-Richtung hätten die Durchlässigkeit des Viertels erhöht. Auch nach der Ablehnung des Rettig-Projektes waren es diese Umbaupläne, die das Stadtbauamt in der Folgezeit als maßgebend verfolgte: Die Verlängerung des Gänsebühels zur Blumenstraße wurde 1894 genehmigt, 1896 legte man die Pestalozzistraße als Fortführung der Glockenbachstraße an und begann mit den Verhandlungen zur Verbreiterung der Dultstraße.

In der Frage einer neuen Straße vom Anger zum Rindermarkt schloß sich der Magistrat den Forderungen der Anlieger an. Die »chinesische Mauer, welche uns seit Jahrhunderten vom verkehrsreichen Innern der Stadt trennt«,[32] sollte endlich durchbrochen werden. Unter mehreren möglichen Varianten entschloß man sich dann für eine Verbindung vom alten Zeughaus zur Rosenstraße. Die architektonische Ausgestaltung der neuen ›Pettenbeckstraße‹, wie sie ab 1899 genannt wurde, begann jedoch erst im frühen 20. Jahrhundert. Den Wettbewerb zur Bebauung des inzwischen von der Stadt angekauften Ruffini-Areals entschied Gabriel von Seidl mit seinem Entwurf ›Drei Häuser‹ für sich. Auch hier legte man Wert darauf, dem »Charakter« der altstädtischen Umgebung Rechnung zu tragen: »Man kann eben nicht mit Gewalt alles auf das sogenannte ›Großstädtische‹ hinauf schrauben, es würde vielmehr bei vielen unserer Neubauten vorteilhafter sein, wenn man bescheidener und einfacher bliebe, ohne daß damit die gesunden Anforderungen der Neuzeit und die Errungenschaften der Technik hintangesetzt zu werden brauchten.«[33]

Mit der Anlage der Pettenbeckstraße war jedoch nur ein Teil der notwendigen Umbaumaßnahmen zur Erschließung des Angerviertels realisiert worden. Weitere Initiativen in dieser Richtung stammen von Theodor Fischer und Franz Rank aus den Jahren 1898 und 1911. Beide entwarfen eine neue Ost-West-Achse durch das Angerviertel, um eine bessere Anbindung des innerstädtischen Straßengefüges an die südöstlichen Vororte Au und Haidhausen zu schaffen.[34] Dieser Gedanke wurde aber erst in den dreißiger Jahren und nach den Zerstörungen des Zweiten Weltkrieges ansatzweise verwirklicht, als man die Cornelius- und Fraunhoferstraße bis auf die Höhe der Blumenstraße verlängerte.

Das Durchbruchsprojekt an der Prannerstraße

Unmittelbar nach dem Stadterweiterungswettbewerb bot sich die Gelegenheit, einen Durchbruch von der Prannerstraße zur Theatinerstraße zu verwirklichen. Die ›Bayerische Hypotheken- und Wechselbank‹ hatte, nach dem Erwerb der Anwesen Nummer 9 bis 11 an der Promenadenstraße sowie Nummer 11 bis 13 an der Theatinerstraße, Pläne zur Errichtung eines neuen Bankgebäudes bei der Lokalbaukommission eingereicht. Die städtischen Behörden stellten das Baugesuch zunächst zurück und traten in Verhandlungen über eine Neufestsetzung der Baulinien ein. Der Gedanke, die Prannerstraße mindestens bis zur Theatinerstraße durchzuführen, war im Wettbewerb von verschiedenen Teilnehmern wie Georg Hauberrisser und Gerhard Aengeneyndt geäußert worden, geht aber im Ansatz bis in die Zeit Max I. Joseph zurück.[35] Schon damals hatte man die Bedeutung des Durchbruchs für die Anbindung der Maxvorstadt an eines der Zentren der Altstadt erkannt, ohne daß es aber zu konkreten Planungen gekommen wäre. In den Jahren um 1871 schlug ein unter dem Pseudonym ›Urbis Phantasus‹ agierender Planverfasser diesen Durchbruch ebenfalls vor.[36] Die Radikalität, mit der er nach dem Vorbild der Pariser Achsenschläge seine Vorstellungen äußerte, macht es jedoch unwahrscheinlich, daß sein Entwurf jemals ernsthaft diskutiert wurde.

Ganz anders als im Sinne solcher Utopien wurde dann im Jahr 1893 das Durchbruchsvorhaben in Angriff genommen. Es war den Beteiligten klar, daß ein Neubau an dieser Stelle einen für die Stadtgestaltung so wichtigen Straßendurchbruch auf Jahrzehnte hinaus verhindern würde. In dieser schwierigen Situation mußten sich die Argumente der Stadtplanungsbehörden bewähren, wenn die im Stadterweiterungswettbewerb gesammelten Ideen nicht Makulatur werden sollten. Neben dem Markthallenprojekt von Oberbaurat Rettig war dies das erste Projekt, das Durchbruchsmaßnahmen von größerer Bedeutung vorsah.

Grundlage der Verhandlungen mit den Verantwortlichen der Hypobank waren zunächst drei Entwürfe von Wilhelm Rettig, die eine geradlinige Verlängerung der Prannerstraße zum Max-Joseph-Platz vorsahen.[37] Im dritten zog er die Summe seiner Vorstellungen zur Gestaltung des Max-Joseph-Platzes: die Eckhäuser beiderseits des neuen Straßendurchbruches waren in den Platz hereingezogen und mit Arkaden versehen, um der von Norden kommenden Residenzstraße einen optischen Abschluß zu geben. Gänzlich verlegt werden sollte die Perusastraße. Sie mündete als Verlängerung der Maffeistraße in schräger Führung in der Südwest-Ecke des Platzes ein. Um eine zu starke Aufsplitterung der Baublöcke zu vermeiden, schlug Rettig an dieser Stelle eine Überbauung der Einmündung vor. Die Platzwirkung wäre dadurch erhalten geblieben. Einen besonderen ästheti-

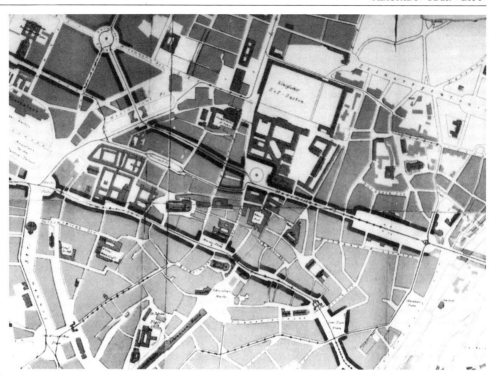

Plan von Wilhelm Rettig und Stadtbaurat Theodor Fischer zum Durchbruchsprojekt an der Prannerstraße (1893). Stadtarchiv München

schen Vorteil seiner Entwürfe sah Rettig darin, daß der Platz eine klar ausgesprochene Richtung erhalten hätte, deren Ausgangspunkt das Denkmal Max Josephs war. Die in die Ferne weisende Armhaltung des Herrschers fände ihren Sinn in einer monumentalen Straßen- und Platzfolge, die man sich bis zum Königsplatz und darüber hinaus fortgesetzt denken könne. Diese Vorstellung illustriert der Plan vom November 1893, den Rettig zusammen mit Theodor Fischer, dem Leiter des neu gegründeten Stadterweiterungsbüros, vorlegte.[38] In dem Gutachten zu diesem Plan – einem der Schlüsseltexte in der Diskussion um das Projekt – wird von beiden neben der stadtbaukünstlerischen Bedeutung auch die verkehrstechnische Dringlichkeit der neu zu schaffenden West-Ost-Achse betont: Der Durchbruch böte die Möglichkeit, neben dem traditionellen West-Ost-Zug des »mittelalterlich-bürgerlichen Münchens« (Neuhauser Straße – Tal) einen zweiten anzulegen, der »mehr neuzeitliches Gepräge« tragen und »die Stadt der Könige« vorführen würde.[39]

Indirekt sollte das Projekt auch Auswirkungen auf den Baubestand der Altstadt zeitigen: Durch die Verkehrsentlastung hätten die alten Straßenzüge unverbreitert bleiben und somit ihre bestehende Eigenart und die zum Teil »unvergleichlich schönen Städtebilder« behalten können.

Zur Unterstützung des Magistrats in dieser Frage bildete sich ein privates Konsortium, bestehend aus 74 Anliegern der umgebenden Straßen. Es hatte vor allem die Steigerung des Geschäftslebens durch die neue Straße im Sinn. Seine Haltung war aber insofern ambivalent, als die Mehrheit der Mitglieder die Minimallösung, also den Durchbruch nur bis zur Theatinerstraße bevorzugte, um die Anwesen zwischen Theatiner- und Residenzstraße zu schonen. Als die Verhandlungen des Magistrats mit der Hypobank ihren Höhepunkt erreicht hatten, führten diese Meinungsverschiedenheiten zur Auflösung des Konsortiums. Dadurch blieb dem Magistrat eine großzügige finanzielle Unterstützung versagt, die ihm gegenüber der Bank den nötigen Rückhalt hätte geben können.[40] Denn die Geschäftsleitung der Hypobank hatte in den Verhandlungen eine starre Position bezogen. Sie stand der Durchführung des Straßenprojektes insgesamt grundsätzlich ablehnend gegenüber, sei es in Form einer gedeckten Passage oder einer Straße von geringerer Breite mit oder ohne Überbauung der Straßenenden. Auch der Plan, eine Straßenseite unter Arkaden zu legen, fand keine Zustimmung, da die Bank auch in diesem Fall den Ertrag ihres Gebäudes geschmälert sah. Sie bestand auf einem zusammenhängenden Neubau, der ruhige und vom Verkehrslärm unbehelligte Büroräume ermöglichte.

Die Mittel des Stadtmagistrats zu einem gütlichen Übereinkommen mit der Hypobank waren somit erschöpft. Letzte und entschließende Instanz in Baulinienfragen war das Königliche Staatsministerium des Innern. In einem Gutachten vom Januar 1894 machte es gegen Rettigs Projekt vor allem ästhetische Bedenken geltend.[41] Die gewählte Führung der Straßenachse auf die Mitte der Hoftheaterfassade rufe einen ähnlichen ästhetischen Mißstand hervor, wie er sich beim Blick von der Amalienstraße auf das Akademiegebäude eröffne. Diese Bedenken versuchte Architekt Otto Lasne mit einem Entwurf zu entkräften, den er im Auftrag von Anliegern ausarbeitete und mit dem er im März 1894 an die Öffentlichkeit trat.[42] Unter Einhaltung der Besitzgrenzen sollte die Straße eine leicht gekrümmte Führung und wech-

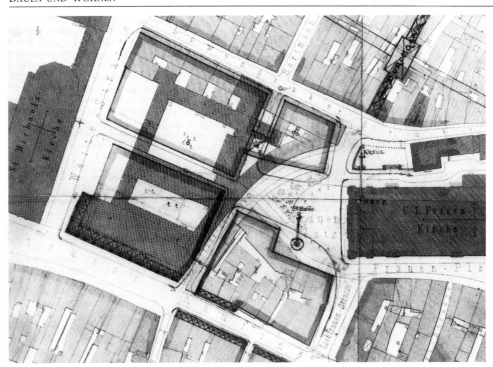

Plan von Theodor Fischer zur Neugestaltung des Augustinerstocks (1896). Stadtarchiv München

selnde Breiten erhalten und somit der Auffassung von ›gewachsenen‹ Straßen entsprechen, wie sie von Camillo Sitte formuliert worden war. Anstelle der monumentalen Lösung in Ausrichtung auf das Hoftheater tritt in seinem Projekt eine weniger spektakuläre, eher ›malerisch‹ zu nennende Straßenführung. Aber weder dieser Vorschlag noch sein Appell an den guten Willen der Hypobank, dieses die Stadtgestalt auf Generationen hinaus bestimmende Projekt zu verwirklichen, fanden Gehör. Nach dem endgültigen Nein der Bank im Mai 1894 und nach dem Verfahren zur förmlichen Festsetzung der Baulinien begannen im Frühjahr 1895 die Abbrucharbeiten für den Neubau des Bankgebäudes.[43]

Projekte zur Bebauung des Augustinerstockes

Nach dem Scheitern der beiden ersten Großprojekte geriet der Baublock des sogenannten Augustinerstockes, begrenzt durch die Ett-, Neuhauser, Augustinerstraße und die Löwengrube, ins Gespräch. Seit den siebziger Jahren hatte er gesteigertes Interesse erfahren, als das Vorhaben des Königlichen Justizministeriums, auf dem Gelände den Neubau eines Justizgebäudes zu errichten, diskutiert, jedoch mit der Entscheidung für den Bauplatz an der Elisenstraße hinfällig geworden war. In der Folgezeit wurden von verschiedenen Seiten Überlegungen angestellt, wie das Terrain, dem an Fläche in der Innenstadt nichts Vergleichbares gegenüberstand, städtebaulich genützt werden könne. In der Tat stellte es durch die Nähe zur Frauenkirche und durch die verkehrsmäßige Bedeutung als ›Gelenk‹ des Straßengefüges ein potentiell hochwertiges Baugelände dar, das der städtebaulichen Phantasie manchen Anreiz bot. Leitmotiv dieser Überlegungen bildete seit dem Ende des 18. Jahrhunderts die Idee der ›Domfreiheit‹, also einer Freilegung der Frauenkirche von den sie umgebenden Gebäuden.[44] Auch die Verbreiterung der Liebfrauenstraße von fünf auf 17 Meter im Jahr 1888 war von diesem Gedanken geleitet.

Mit dem Beitrag Georg Hauberrissers im Stadterweiterungswettbewerb von 1892/93 beginnt in den neunziger Jahren die Reihe der Vorschläge zur Umgestaltung des in schlechtem baulichen Zustand befindlichen Augustinerstockes. Ohne wesentliche Baulinienänderung wollte er ihn in einen »Bazar« umwandeln. Dieser Vorschlag fand seine monumentale Steigerung in dem Projekt des Bauunternehmers Eugen Geist vom Oktober 1895.[45] Anstelle des Augustinerstockes, der Augustinerkirche und des zwischen Liebfrauenstraße und Augustinerstraße gelegenen Gebäudekomplexes wollte er ein kommerzielles Zentrum entstehen lassen, das München insgesamt anziehender machen sollte. Kernstück der Anlage war eine neue Straße, die von der Ecke der Michaelskirche frontal auf das Hauptportal der Frauenkirche zuführte mit dem Ziel, »die schöne Fassade dem Blick des Beschauers auf große Distanz freizulegen«. Zwei weitere Straßen von der Karmeliterstraße und vom Promenadeplatz her sollten dem halbkreisförmig gestalteten Frauenplatz eine zentralisierende Wirkung geben, wie sie kaum eine andere Stadt aufzuweisen hätte. Den Aufriß der Neubauten dachte er sich in den »monumentalen Formen der Renaissance«. Die Baublöcke waren von Passagen durchzogen, die in ihrer architektonischen Ausstattung ihr Vorbild, die Galleria Vittorio Emanuele in Mailand, weit übertreffen sollten. Im Schnittpunkt der Passagen des symmetrischen Mittelbaues war eine imposante Rotunde vorgesehen.

Die Antwort von Theodor Fischer, dem als Leiter des Stadterweiterungsbüros auch alle Anträge auf Baulinienänderungen in der Innenstadt zuliefen, ließ nicht lange auf sich warten. Natürlich hatte das Projekt von Eugen Geist schon aus rein technischen Gründen keine Aussicht auf Verwirklichung, denn die spitzwinklig zugeschnittenen Baublöcke in der Höhe einer Galleria Vittorio Emanuele widersprachen den Anforderungen der Statik. Aber immerhin provozierte es einen Gegenentwurf von Theodor Fischer, der die Gestaltungsmittel des ›malerischen‹ Städtebaues deutlich veranschaulicht.[46]

Fischers Straße lief nicht frontal auf die Domfassade zu, sondern visierte in leicht spitzem Winkel den südlichen Turm der Kirche an. Der Grundriß des Frauenplatzes war unregelmäßig gehalten. Niveauunterschiede wurden nicht ausgeglichen. Verkehrstechnisch war die Anbindung des Färbergrabens an die Hartmannstraße vorgesehen, wobei die Ausmündung am Frauenplatz über der Durchfahrt bebaut werden konnte. Kaum eine Bauflucht fand an den Ecken eine geradlinige Fortsetzung an der gegenüberliegenden Straßenseite, was den Plan von der symmetrischen Härte des Geistschen Projektes unterschied. Die alte Augustinerkirche blieb im Entwurf Fischers erhalten, wenn auch zweckentfremdet: Im südlichen Seitenschiff wollte er hinter den Arkaden Verkaufsläden einrichten, im Obergeschoß war die Möglichkeit gegeben, eine 72 Meter lange und neun Meter breite Galerie einzurichten. Den verwinkelten Fußgängerdurchgang von der Löwengrube zum Promenadeplatz ersetzte Fischer durch eine gedeckte Passage mit innenhofartiger Erweiterung; Eugen Geist hatte hier den Durchbruch einer Straße vorgesehen.

Die Reaktion des städtischen Bauamtes auf den Entwurf von Eugen Geist zeigt klar, daß man solchen maßstabsprengenden Bauvorhaben in der Altstadt mit Skepsis begegnete. Prophylaktisch wurde deshalb der Gegenentwurf Theodor Fischers in einer Bauausschußsitzung vom Mai 1899 gebilligt, obwohl von staatlicher Seite noch keine Entscheidung über die künftige Verwendung des Augustinerstockes gefallen war.

Nicht zuletzt zur Klärung dieser Frage setzte Prinzregent Luitpold im Jahre 1901 eine staatliche Monumentalbaukommission ein.[47] Nachdem durchgesickert war, daß diese Kommission die Erhaltung und Restaurierung der Augustinerkirche in Erwägung zog, veröffentlichte der Gemeindebevollmächtigte Karl Stierstorfer eine Broschüre, die die Diskussion der folgenden Jahre mitbestimmen sollte.[48] Ein beigefügter Plan illustrierte seine Vorstellungen. Ähnlich dem Projekt Geists sah Stierstorfer eine Diagonalstraße von der Kaufinger- zur Theatinerstraße vor. Von den rahmenden Neubauten erhoffte er sich die Möglichkeit zu einer »umfassenden Gestaltung des Straßenbildes« unter Einbeziehung der »perspektivischen Wirkung des Domes«.[49]

Sein Ziel war es, durch ein neues Verkehrszentrum an der Frauenkirche die traditionellen Nord-Süd- und West-Ost-Achsen zu entlasten. Die massiven Eingriffe in den Baubestand der Anwesen an der Schäffler- und Schrammerstraße hielt er durch die Wertsteigerung der Restgrundstücke als Baugrund in erster Geschäftslage für mehr als hinreichend ausgeglichen.

Dieser bis dahin radikalste Vorschlag zur Gestaltung einer ›Domfreiheit‹ rief alsbald Gegner auf den Plan, die sich mit einer für das frühe 20. Jahrhundert bezeichnenden Argumentation in die Diskussion einschalteten. Denn es wurden nicht die verkehrstechnischen Nachteile des Stierstorfer-Planes betont, sondern der Verlust, den der Abriß der Augustinerkirche für das Straßenbild an der Kaufingerstraße bedeutet hätte. Unter der Kategorie des »Straßen- oder Platzbildes« stellte man stadtbildpflegerische Überlegungen an, die sich dann viel später im modernen Ensembleschutzgedanken niederschlugen.[50]

Entschiedenster Befürworter der Erhaltung der Kirche war Gabriel von Seidl, Mitglied der Monumentalbaukommission, der 1905 eine Denkschrift zur Augustinerkirche veröffentlichte.[51] Seiner Initiative und seinem Einfluß ist es zu verdanken, daß sich in der Öffentlichkeit die Meinung zugunsten einer Erhaltung und Wiederverwendung der Kirche wandelte.

Im August 1907 nahmen die Staatsministerien des Innern und der Finanzen die Verwendung des Areals für ein neues Polizeidirektionsgebäude in Aussicht, ohne daß über die Gestaltung des Terrains ein Konsens bestanden hätte. Im November 1908 wurde daraufhin von der bayerischen Staatsregierung ein öffentlicher Wettbewerb unter den deutschen Architekten ausgeschrieben.[52] Den Bewerbern war es freigestellt, die ehemalige Augustinerkirche zu erhalten und für die Zwecke der Polizeidirektion zu verwenden oder durch einen vollständigen Neubau zu ersetzen. Die Besetzung des Preisgerichts deutete aber schon an, welcher Lösung der Vorzug gegeben werden sollte: unter den 14 Preisrichtern befanden sich allein sechs Mitglieder der Monumentalbaukommission und drei weitere Juroren, die sich bereits öffentlich für die Erhaltung der Kirche ausgesprochen hatten.[53]

Von den insgesamt 80 einlaufenden Entwürfen sahen denn auch 54 eine künftige Wiederverwendung des Gebäudes vor. Von den sechs zu vergebenden Preisen fiel nur ein dritter Platz auf eine andersgeartete Lösung. In den Pressereaktionen über den Ausgang des Wettbewerbs hieß es teils befriedigt, teils lamentierend, daß damit die »künstlerischste« Lösung zur Ausführung bestimmt worden war und nicht etwa die »praktischste«, wie sie die Anhänger der ›Domfreiheit‹ gefordert hatten.[54]

Im Anschluß an den Wettbewerb übertrug man Theodor Fischer die Aufgabe, die prämierten Entwürfe zu einem neuen Bauplan auszuarbeiten. Sein Neubau lehnte sich im wesentlichen an die Gesamtdisposition des alten Augustinerstockes an; eine Veränderung ergab sich nur für die begrenzenden Straßen Löwengrube und Augustinerstraße: Sie wurden auf eine dem Verkehr angemessene Breite von circa 15 Meter gebracht.

Resümee

Der euphorische, aus heutiger Sicht naive Fortschrittsoptimismus, der aus der eingangs zitierten Passage des Verwaltungsberichts von 1894 spricht, ist für die Stimmung bezeichnend, mit der man den Stadtumbau nach dem Stadterweiterungswettbewerb in Angriff nahm. Von den drei Großprojekten zur Erschließung der Altstadt hat jedoch nur die Bebauung des Augustinerstockes zu einer konkreten Lösung geführt. Hier wurde die Integration eines Neubaues in die historische Umgebung ohne einschneidende Maßnahmen für das Straßengefüge vollzogen. Aber auch an anderen entscheidenden Stellen hat sich die Baugestalt der Münchner Altstadt nicht wesentlich verändert. Spätestens nach dem Durchbruchsprojekt an der Prannerstraße mußte den Stadtplanungsbehörden klar werden, daß größere städtebauliche Maßnahmen zur strukturellen Sanierung der Innenstadt nicht so leicht durchsetzbar waren. Die faszinierende Idee einer ›Königsstraße‹ vom Maximilianeum zum Königsplatz scheiterte am Widerstand der Hypobank, die trotz intensiver Verhandlungen des Magistrats nicht zu einem Kompromiß bereit war. Das Projekt von Wilhelm Rettig wurde schließlich deshalb nicht verwirklicht, weil es den traditionell offenen Viktualienmarkt in eine ›großstädtische‹ Markthalle verlegt hätte, wie sie zur gleichen Zeit in anderen Städten errichtet wurde.

Verglichen mit anderen europäischen Ländern, beispielsweise Italien, Frankreich oder Belgien, besaßen in Deutschland die Gemeinden nur wenige Möglichkeiten, das Zwangsenteignungsrecht für Straßenverbreiterungen und -durchbrüche anzuwenden.[55] Schon von legislativer Seite her war also ein rigoroser Stadtumbau ausgeschlossen, wie er in vielen europäischen Städten zu einem ›Verschwinden‹ des Stadtkernes geführt hatte. Aber selbst wenn man diese Hindernisse berücksichtigt, so bleibt immer noch die Frage, ob in München die Realisierung von strukturell in das Altstadtgefüge einschneidenden Projekten möglich gewesen wäre. Die Ansätze zu einem effizienten Stadtumbau waren vorhanden, doch zeigt gerade das Beispiel des Zentralmarkthallenprojektes, daß die Stadtplanungsbehörden mit einem vielleich typisch münchnerischen Beharrungsvermögen rechnen mußten. Bei Oberbaurat Wilhelm Rettig führte dies zur Resignation. Er sah sein Engagement in den Verhandlungen zum Stadtumbau durch den fehlenden Mut zu Veränderungen schlecht entlohnt.[56] Seine Kritik an den »Münchner Verhältnissen« führte dazu, daß sein dreijähriger Dienstvertrag im Frühjahr 1895 nicht verlängert wurde, obwohl sich circa 120 Münchner Künstler und Architekten in einem Kommuniqué an den Magistrat für den Verbleib Rettigs in München ausgesprochen hatten.[57]

Ein zweites kommt hinzu: in München erhob sich seit den neunziger Jahren eine immer lauter werdende Kritik an der nivellierenden Wirkung schematischer Regulierungsmaßnahmen, die mit den meisten Neu- oder Umbauten in der Altstadt verbunden waren. Der hohe Anteil (spät-)historistischer Architektur in der Innenstadt belegt, daß sich hier das Erscheinungsbild mancher Straßen innerhalb weniger Jahrzehnte grundlegend änderte.

Mit Theodor Fischer wurde ein Mann mit der Leitung des Stadterweiterungsbüros betraut, der dieser Entwicklung kritisch gegenüberstand:

»Mit der Unerbittlichkeit von Naturereignissen scheint sich in den Großstädten die Umwandlung des Stadtkernes zur reinen Geschäftsstadt, zur City zu vollziehen. Die Frage ist nur, ob und wie weit im besonderen Falle Münchens diese Entwicklung notwendig mitgemacht werden muß ..., ist es doch als eine Lebensfrage unseres Gemeinwesens anzusehen, daß [seine; d. Verf.] Besonderheit nicht verwischt wird, daß nicht jener wenn auch imponierende, so doch kulturell etwas indifferente und ... im Gange der Entwicklung etwas unvornehme Zug auch hier sich bemerkbar mache, der das gemeinsame Merkmal der Handels- und Industriestädte in Deutschland zu sein scheint.«[58]

Je mehr sich die Tendenzen einer bewahrenden Stadtbildpflege und einer Auffassung der Altstadt als Ensemble bemerkbar machten, um so mehr mußten Straßenverbreiterungen und -durchbrüche diskreditiert werden, da sie die ›gewachsene‹ Struktur der Altstadt durch einheitliche und funktional dem Verkehrsaufkommen angepaßte Baulinien zu regulieren suchten.

Zweckbau als öffentliche Aufgabe
Die Stadt als Bauherr
Von Barbara Hartmann

In der ersten Hälfte des 19. Jahrhunderts war Münchens Architektur in großem Umfang durch einzelne Herrscherpersönlichkeiten geprägt worden; in den siebziger und achtziger Jahren löste sich die Stadtentwicklung dann jedoch sowohl vom Einfluß des Hofes als auch von dem der Staatsregierung.[1] Das um die Mitte des Jahrhunderts einsetzende großstädtische Wachstum hatte auch die öffentlichen Bauaufgaben erweitert. Ihre Lösung fiel nun in besonderem Maße der Stadtgemeinde zu.[2]

Das Stadtbauamt übernahm die Leitung des gesamten Bauwesens der Gemeinde, einschließlich der Bauten städtischer Stiftungen,[3] sowie die Projektierung nicht gemeindlicher Bauten, die im Interesse der Kommune lagen.[4] Als die Stadt nach der dritten Choleraepidemie 1874 den Bau einer modernen Wasserversorgung und Kanalisation endlich energisch in Angriff nahm,[5] erweiterten sich auch die Arbeiten des Tiefbaus;[6] der Ausbau der Infrastruktur wurde damit zur bedeutendsten Aufgabe des städtischen Bauwesens.[7] Das Wachstum der Stadt erforderte aber auch im Hochbaubereich eine stetige Vergrößerung des Personalstamms;[8] so wuchs die Belegschaft beider Bereiche zwischen 1882 und 1897 um das Zehnfache.[9]

Planung und Leitung aller städtischen Baumaßnahmen waren Aufgabe städtischer Baubeamter,[10] deren Tätigkeit jedoch jeweils durch die Bauausschüsse, den Magistrat und die Gemeindebevollmächtigten genehmigt werden mußte. So war das Verhältnis zwischen der Gemeindevertretung und dem Stadtbauamt keineswegs immer ungetrübt. Die Mehrheit der Gemeindebevollmächtigten stand sowohl dem Stadterweiterungsbüro als auch der Arbeit der übrigen Hochbauabteilungen mißtrauisch und kritisch gegenüber,[11] da man sich zu einer reinen »Geldbewilligungsmaschine« degradiert fühlte.[12] Der Magistrat unterstützte jedoch das Stadtbauamt in seinen Bemühungen um künstlerische Unabhängigkeit. Forderungen des Gemeindekollegiums nach Wettbewerben oder Alternativentwürfen zweiter Architekten überging man oder unterstützte massiv die Erstprojekte.[13]

Im Januar 1886 beklagte sich daher eine Gruppe Münchner Privatarchitekten beim Magistrat:

»In anderen großen Städten werden die Pläne zu baukünstlerischen Aufgaben ... häufig auf dem Wege des öffentlichen Wettbewerbes beschafft. In München ist das Gegentheil fast zum Prinzip geworden ....«[14]

Hier gingen nämlich fast alle gemeindlichen Projekte zur Ausarbeitung automatisch an das Stadtbauamt, während andere deutsche Städte in der Regel umfangreiche Wettbewerbe für ihre Baumaßnahmen ausschrieben.[15] Nur in zwei Fällen veranstaltete die Gemeinde München Wettbewerbe für öffentliche Bauten: Zum Neuen Rathaus und zum Ausstellungspark auf der Theresienhöhe, und auch in diesen beiden Fällen, für die bereits Entwürfe des Stadtbauamts vorlagen, wurden Wettbewerbe erst nach Protesten der Gemeindebevollmächtigten[16] beziehungsweise der Münchner Architektenschaft[17] durchgeführt.

Entgegen den Bemühungen der Gemeindebevollmächtigten[18] verwahrten sich die leitenden Hochbaubeamten immer wieder entschieden gegen eine Vermehrung der Wettbewerbe, da ihnen dadurch die künstlerisch interessantesten Aufgaben entzogen worden wären.[19] Dies dürfte für die im 19. Jahrhundert untypische Zurückhaltung der Stadt gegenüber dem Wettbewerbswesen ausschlaggebend gewesen sein. Regelmäßig veranstaltete die Gemeinde jedoch Konkurrenzen zur Ausschmückung ihrer Bauten mit Skulptur und Malerei sowie zu Brunnen- und Denkmalprojekten.[20] Dies galt als wesentlicher Bestandteil der städtischen Kunstförderung und blieb daher strikt auf in München ansässige Künstler beschränkt.[21] Diese München-Zentriertheit führte fast zwangsläufig zu enttäuschenden Wettbewerbsergebnissen.[22] So erhielt man für den Wittelsbacherbrunnen auch nach zweimaliger Ausschreibung noch keine befriedigenden Entwürfe; ausgeführt wurde daraufhin der von den Kollegien favorisierte Entwurf des Jurymitglieds Adolf von Hildebrand, der deshalb eigens von Florenz nach München übersiedelte.[23] Solche Selbstbeschränkungen dürften schließlich auch zum Abbröckeln von Münchens Ruf als Kunststadt des Reiches beigetragen haben.

Bauaufgaben der Gemeinde

Die Ausstattung Münchens mit allen Einrichtungen der großstädtischen Daseinsvorsorge erfolgte in den letzten zehn bis 15 Jahren des 19. Jahrhunderts.[24] Einen Großteil der dadurch entstehenden Bauaufgaben hatte die Stadtgemeinde, also das Hochbauamt, zu übernehmen. Neben städtischen Verwaltungsbauten waren dies vor allem Schulen, Bauten für sanitäre und wohltätige Zwecke, für das Feuerlöschwesen, für Handel und Marktverkehr sowie technische Versorgungsbetriebe.

Schulen · Die bedeutendsten Anforderungen an das städtische Bauwesen stellte zweifellos der Schulhausbau.[25] Zwischen 1886 und 1912 errichtete die Gemeinde 33 Volksschulen, zwei Handelsschulen, eine höhere Töchterschule und fünf Gewerbeschulen für die von Georg Kerschensteiner 1900 eingeführte fachlich gegliederte Berufsschule.[26]

Die finanzielle Belastung hierdurch war groß;[27] dennoch bemühte sich die Gemeinde, ihre Schulhäuser mit allen modernen Errungenschaften auszustatten. So sah das Schulhausprogramm des Jahres 1874 für alle Neubauten Turnsäle und Räume für Kindergärten vor;[28] 1887 beschlossen die Kollegien, die neuen Schulen zusätzlich mit Brausebädern auszustatten.[29] Daneben versuchte man in den folgenden Jahren, auch die älteren Schulbauten diesem Standard anzupassen.[30]

Ebenso wurden nach der Eingemeindung die Schulen der ehemaligen Vororte möglichst rasch mit allen in München üblichen Einrichtungen versehen.[31] Bei der Eingemeindung Bogenhausens verzichtete man jedoch zunächst darauf mit der Begründung, daß dort noch längere Zeit mit ländlichen Verhältnissen zu rechnen sei.[32] Es gab also in diesem Bereich eine Art großstädtisches Bewußtsein, mit dem man sich gegenüber den Vororten absetzte. Ein modernes, gut ausgebautes Bildungswesen wurde dabei offenbar als spezifisch städtischer Vorzug betrachtet.

1895 löste Georg Kerschensteiner Wilhelm Rohmeder als Stadtschulrat ab.[33] Sein Konzept der Arbeitsschule wirkte sich auf die Ausstattung der Schulen aus. Als 1897/98 der Volksschullehrplan für ›Realien‹ auf seine Initiative hin reformiert wurde und der Anschauungsunterricht in den Vordergrund trat,[34] mußte man dafür zum Beispiel Schulgärten anlegen. Des weiteren führte Kerschensteiner, neben dem bereits 1894/95 eingerichteten freiwilligen achten Schuljahr für Knaben 1896, auch ein solches für Mädchen ein.[35] Dieses zusätzliche Schuljahr diente als Vorbereitung auf die gewerbliche Fortbildungsschule oder als Übergang zu einer Tätigkeit im Haushalt[36] und war rein praktisch ausgerichtet. Daher mußten nun in den Mädchenabteilungen Schulküchen[37] und in den Knabenabteilungen Schülerwerkstätten eingerichtet werden. Obwohl die Kreisregierung den ›Handfertigkeitsunterricht‹, der aus Unterweisung in Holz- und Metallverarbeitung bestand und Freude an der manuellen gewerblichen Arbeit vermitteln sollte,[38] erst 1900 genehmigte,[39] plante man auf Wunsch Kerschensteiners bereits 1897/98 in der Schule an der Haimhauser Straße die ersten Schülerwerkstätten.[40] Dementsprechend wurde das Schulhausprogramm 1898 grundlegend revidiert: Turnsaalanbauten, Schulgärten und Brausebäder waren nun fester Bestandteil jedes Münchner Volksschulhauses, je nach Bedarf kamen Schulküchen, Schülerwerkstätten und Räume für Knaben- und Mädchenhorte hinzu.[41]

Auch für die architektonische Gestaltung der Volksschulen entwickelte München in der Prinzregentenzeit neue, fortschrittliche Ideen. In den achtziger Jahren waren Schulen in München wie andernorts in großen, geschlossenen Baublöcken untergebracht, die sich nur durch die Fensterform und -anordnung von der übrigen Bebauung unterschieden. Imitierte Hausteinfassaden im Stil der italienischen oder der ›Deutschen Renaissance‹ bestimmten diese Phase des sogenannten Palastbaustils. Die Turnhallen waren noch innerhalb der Hauptgebäude oder in eigenen schmucklosen Bauten auf

Die Schule an der Columbusstraße von Carl Hocheder (1893 bis 1897) – das erste Beispiel des später so berühmten ›Münchner Schulhauses‹

dem Hof untergebracht.[42] Anfang der neunziger Jahre begann man dann neue architektonische Formen für den Volksschulbau zu entwickeln: Zunächst wurden die Baumassen der Großstadtschulen stärker gegliedert, und zum ersten Mal errichtete man die für die Münchner Schulen charakteristischen Uhrtürme. Für die Turnhallen entstanden zweigeschossige Anbauten an der Straßenseite.[43] Schließlich entwickelte Carl Hocheder ab 1893 für die Schule an der Columbusstraße eine völlig neuartige architektonische Lösung. Vielleicht angeregt durch den unregelmäßigen Zuschnitt des Grundstücks, das für eine geschlossene Bebauung schlecht geeignet war, gliederte Hocheder die Schule in einzelne Baukörper, die er dann zu einem wohl ausgewogenen Gruppenbau vereinte. Zum ersten Mal verwandte er hier die für das ›Münchner Schulhaus‹ später so typische Turnsaalterrasse und stellte sie an die Ecke des spitzwinkeligen Grundstücks. Als Gegengewicht zu dem breit gelagerten Komplex entstand über dem Haupttreppenhaus der schlanke Uhrturm.[44] Hocheder orientierte sich für diese neuartige Gestaltung an süddeutschen Kloster- und Stiftsbauten der ersten

Hälfte des 18. Jahrhunderts. Von diesen leitete er auch die Behandlung der Fassaden ab und löste die stark plastische Gliederung der bisher üblichen Hausteinimitation durch eine materialgerechte Putzbehandlung mit nur flachem Relief ab.[45]

In seinen folgenden Schulhausbauten entwickelte Hocheder dieses neue Konzept weiter. Im Bau an der Stielerstraße, der zwischen 1897 und 1899 entstand, war schließlich der Typus des ›Münchner Schulhauses‹ zum ersten Mal voll ausgeprägt;[46] in der zwischen 1898 und 1900 gebauten Schule an der Weilerstraße trat er noch klarer hervor: Die Turnhallenterrasse an der Ecke des Grundstücks teilt die stark gegliederte Baugruppe klar in einen Knaben- und einen Mädchenflügel. Der charakteristische Uhrturm kontrastiert wirkungsvoll die breitgelagerten Baumassen der großzügigen Anlage.[47] Dieser Bau war der erste, der auf der Grundlage des Schulhausprogramms von 1898 geplant worden war.[48] Hocheder nutzte dessen neue Elemente jedoch nicht als Motiv der Gestaltung, sondern brachte Brausebäder, Werkstätten und Knabenhorte im Keller und die Schulküche in Sälen des Erdgeschosses unter. Das erweiterte Programm erforderte also eine maximale Ausnutzung der Kellergeschosse. Zur besseren Beleuchtung und Belüftung mußte daher das Niveau des Kellerbodens angehoben werden.[49]

Auf der Grundlage der Hochederschen Schulbauten entwickelten Theodor Fischer und Hans Grässel den Typus weiter, strebten jedoch nach einer Vereinfachung und Versachlichung des Volksschulbaus.[50] Die bei Hocheder aus ästhetischen Gründen eingeführten hohen Dächer und Uhrtürme nutzten sie praktisch zur Unterbringung von Zeichensälen und als Abzugskanäle für die Ventilation.[51]

Die neue architektonische Form für die Volksschule war zwar bereits 1893 mit dem Entwurf zur Columbusschule und damit noch vor der Reorganisation des Schulwesens durch Georg Kerschensteiner gefunden worden. Erst die Kombination von Form und Programm ließ jedoch das ›Münchner Schulhaus‹ zu einem international anerkannten Vorbild werden.[52]

Die Diskussion über die ein- oder doppelreihige Anlage von Schulhäusern in den achtziger und neunziger Jahren zeigt jedoch, daß Münchens Schulen nicht in jeder Beziehung vorbildlich waren. Das Stadtbauamt propagierte zwar die hygienisch mustergültige Lösung, bei der Räume nur auf einer Seite der Gänge lagen. Diese lehnten die Gemeindebevollmächtigten aber aus Ersparnisgründen ab.[53] So blieben die finanziell günstigeren, zweireihigen Bauten mit wenigen Ausnahmen in der Prinzregentenzeit die Regel.

Es waren jedoch Gebäude für sanitäre Zwecke, die finanziell den größten Anteil am Bauvolumen der Stadt beanspruchten: neben Kanalisation und Wasserversorgung ging es dabei vor allem um die Modernisierung und Erweiterung der Krankenanstalten, um die Verlegung und Vergrößerung der Friedhöfe und den Ausbau eines modernen Badewesens.[54]

Krankenhäuser · Die Gemeinde war bestrebt, ihre Krankenhäuser zu den modernsten Deutschlands auszubauen. Besonders das Krankenhaus links der Isar, das in enger Verbindung mit der Universitätsklinik stand, sollte – um dem Ruf der medizinischen Fakultät zu entsprechen – mustergültig modernisiert werden. Damit versuchte man auch eine Abwanderung von Studenten zu verhindern,[55] war die Universität doch ein wirtschaftlich nicht unbedeutender Faktor. Das städtische Sanatorium in Harlaching wurde 1896 bis 1899 gebaut; mit dieser relativ neuen Bauaufgabe wollte sich die Gemeinde ebenfalls an die Spitze der Entwicklung stellen,[56] war das Sanatorium doch vor allem als Wohltätigkeitsanstalt für mittellose Erholungsbedürftige und Lungenkranke gedacht, deren Wohnverhältnisse eine Ausheilung unmöglich machten.[57] Aus Rentabilitätsgründen sah man allerdings bereits Einzelzimmer für Privatpatienten vor.[58] Dies entsprach einer allgemeinen Entwicklung: Durch die veränderte Familienstruktur und den medizinischen Fortschritt nahm die häusliche Pflege in der Mittel- und Oberschicht ab. Da die städtischen Krankenhäuser meist einen höheren Standard medizinischer Versorgung als Privatkliniken boten, wandelten sie sich von Einrichtungen der Armenversorgung zu Zentren der öffentlichen Gesundheitsfürsorge.[59]

Bäder · Wie in England war auch in Deutschland die Entwicklung des Volksbadewesens eng mit der Seuchenbekämpfung verbunden. Als die zweite europäische Choleraepidemie in den fünfziger Jahren Deutschland erreichte, entstanden in Hamburg und in Berlin, auf der Basis gemeinnütziger Aktiengesellschaften, die ersten deutschen Arbeiterbade- und Waschanstalten.[60] Die Stadt München errichtete auf Empfehlung der Staatsregierung 1855 das erste städtische Freibad in den Auen rechts der Isar, um der Bevölkerung die Möglichkeit zu kostenlosen Bädern zu bieten.[61]

Zwischen 1880 und 1890 nahm der Bau von Volksbädern im Deutschen Reich sprunghaft zu und wurde nun auch zunehmend als Aufgabe der Kommunen begriffen.[62] Führend auf dem Gebiet des Volksbäderbaus waren Berlin, Westfalen, die Rheinprovinzen und Sachsen, also die am stärksten industrialisierten Gebiete Deutschlands.[63] Obwohl München durch das Wirken Max von Pettenkofers zu einem Zentrum der Hygieneforschung geworden war,[64] blieb die Gemeinde hinter dieser Entwicklung zurück. Zwar bildete sich 1883 unter der Leitung des Königlichen Oberbauinspektors Hugo Marggraff ein Komitee zur Errichtung einer gemeinnützigen Badeanstalt mit Schwimmbad,[65] das Projekt scheiterte aber an der unzureichenden finanziellen Beteiligung der Münchner Bürgerschaft.[66]

Zwischen 1886 und 1891 beschäftigte sich auch die Stadtgemeinde mit solchen Planungen, man scheiterte aber an Finanzierungsschwierigkeiten und an der Bauplatzfrage.[67] Zwischenzeitlich hatte sich die Stadt 1889 entschlossen, das Stadtgebiet mit einer Reihe kleiner, dezentraler Volksbrause- und Wannenbäder zu versorgen. Ziel war es, jedem Viertel

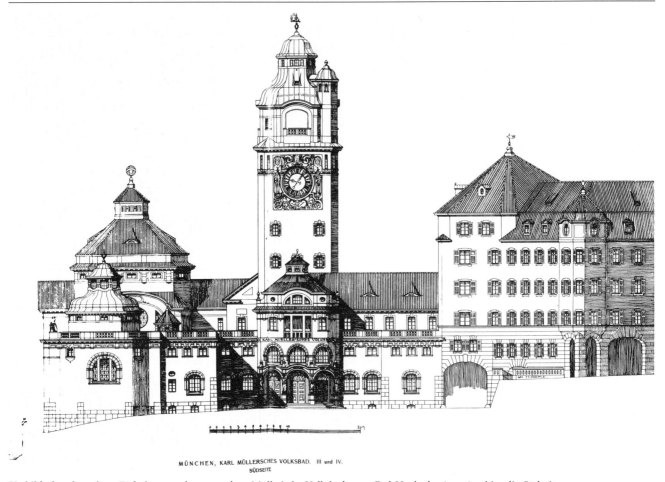

MÜNCHEN, KARL MÜLLERSCHES VOLKSBAD. III und IV.
SÜDSEITE

Vorbild des deutschen Bäderbaus nach 1900: das ›Müller'sche Volksbad‹ von Carl Hocheder (1901) – hier die Südseite

eine billige Badegelegenheit zu verschaffen; die Arbeiterviertel wurden dabei bevorzugt und auch die Eintrittspreise waren so gehalten, daß sich jeder Arbeiter einmal wöchentlich ein Bad leisten konnte.[68] Die Gemeinde errichtete nun in rascher Folge elf derartige Bäder,[69] die alle trotz niedrigster Preise – zehn Pfennige für ein Brausebad und 30 Pfennige für ein Wannenbad – kostendeckend arbeiteten.[70] Typisch für München war ihre Verbindung mit Bezirksfeuerhäusern und anderen Gemeindeeinrichtungen, durch die man den Baugrund möglichst rationell zu nutzen suchte.[71]

Die Unentschlossenheit der Gemeinde, ob man die verfügbaren Mittel auf den Bau eines großzügig ausgestatteten Zentralbads konzentrieren oder den Bädermangel sofort durch die Errichtung kleiner, einfacher Bäder bekämpfen sollte, war typisch für die Situation im deutschen Bäderbau um 1890.[72]

In München entschied man sich zunächst klar für den Typus des Reinigungsbads vor allem für die Arbeiterbevölkerung und gegen den zukunftsweisenden Typus des Regenerationsbads für alle Schichten und alle Badeformen, der bereits unseren heutigen Badeanstalten ähnelte.

Zu einem großen Volksbad mit Schwimmhalle kam München daher erst, als Karl Müller 1894 für diesen Zweck eine großzügige Schenkung machte.[73] Bei der Wahl des Bauplatzes trug die Gemeinde den Wünschen der Bevölkerung nach einem Standort in der Nähe der Arbeiterviertel Rechnung und entschied sich 1895 für die Erbauung des Volksbads auf der Kalkinsel, unmittelbar am östlichen Ende der Ludwigsbrücke.[74]

Trotz völlig andersartiger Vorstellungen des Stifters zur baulichen Gestaltung gelang es Carl Hocheder mit Hilfe des Magistrats, sein neuartiges Konzept für den Bäderbau durchzusetzen:[75] Statt der bisher üblichen blockhaft geschlossenen, symmetrischen Anlage entwickelte er die Gestaltung des Bades aus der Funktion der einzelnen Abteilungen und dem Ablauf des Bädergebrauchs. Er wies jeder Teilfunktion eigene charakteristisch gestaltete Baukörper zu und verband diese zu einem asymmetrischen, auf die städtebauliche Situation an der Ludwigsbrücke bezogenen Gruppenbau. Das 1897 bis 1901 erbaute Müller'sche Volksbad wurde dank dieser völlig neuen architektonischen Konzeption und der sorgfältigen künstlerischen Gestaltung seiner Innenräume zum Vorbild des deutschen Bäderbaus nach 1900.[76]

Friedhöfe · Das Wachstum der Stadt machte auch die Verlegung und Vergrößerung der Münchner Friedhöfe unabdingbar. Bei der Standortwahl für die neuen Anlagen nahm man, wie beim Volksbad, Rücksicht auf die Wünsche der Bevölkerung.[77] Ziel der Stadt war es, mit der Neuanlage der Friedhöfe ein sanitäres und ethisches Werk für Jahrhunderte zu schaffen;[78] dies machte sich vor allem in der äußerst sorgfältigen künstlerischen Gestaltung bemerkbar. Hans Grässel bekämpfte von Anfang an energisch den Gründerprunk in der Grabmalskunst, den für das 19. Jahrhundert so typischen »pompe funèbre«.[79] Überdies unterlagen die Grabmäler und der Pflanzenschmuck ab 1910 der Genehmigung durch den Magistrat. Dieser nicht unerhebliche Eingriff in Privatbelange lag im Interesse der angestrebten künstlerischen Gesamtwirkung der Anlagen.[80]

Verwaltungsbauten · Die Ausgaben der Gemeinde für Verwaltungsbauten waren insgesamt relativ gering, obwohl sie die enormen Kosten für die Rathauserweiterung enthielten.[81] Meist adaptierte man zunächst für neue administrative Aufgaben vorhandene Räumlichkeiten.[82] Das Anwachsen der Verwaltungsaufgaben machte aber bereits 1865 einen Rathausneubau nötig.[83] Die Planungsphase war durch heftige Auseinandersetzungen über den Stil bestimmt; der Gemeindebevollmächtigte Ferdinand von Miller setzte schließlich durch, daß der gotische Entwurf Georg Hauberrissers ausgeführt wurde.[84] Mit der schon 1897 erforderlichen Rathauserweiterung betraute man dann ohne Wettbewerb denselben Architekten.[85]

Durch den Abbruch des Pölthauses für die Rathauserweiterung mußte man auch für die Städtische Sparkasse 1898/99 einen Neubau errichten.[86] In engem baulichen Zusammenhang damit entstand 1906 bis 1908 auch ein Neubau für das Stadtbauamt. Erst nach 1910 erhielten andere Bereiche der städtischen Verwaltung eigene Häuser, so das Arbeitsamt, die Ortskrankenkasse, das Wehramt und die Direktion der Elektrizitäts-, Gas- und Wasserwerke.[87]

Armenspitäler · Die städtischen Aufwendungen für Baumaßnahmen der sozialen Wohlfahrtspflege waren insgesamt erstaunlich gering. Die Gemeinde konnte in diesem Aufgabenbereich zudem auf Stiftungsmittel zurückgreifen.[88] So stand auch die Erweiterung der Kapazitäten der Armenversorgungshäuser[89] in keinem Verhältnis zum Bevölkerungswachstum. Als letzter Bau war 1860 das Armenversorgungshaus am Gasteig errichtet worden. Zwischen 1860 und 1890 hatte man die Plätze in den Armenspitälern lediglich um 198 auf 1298 vermehrt.[90] Seit 1885 reichten die Unterbringungsmöglichkeiten aber nicht mehr aus, Neubaumaßnahmen waren dringend erforderlich, zumal man auch das veraltete Nockherspital aufgeben wollte.[91] Von 1890 bis 1910 erbaute die Gemeinde dann zwei Spitäler für 1256 Personen:[92] Als erstes 1892 bis 1894 das Armenversorgungshaus St. Martin in Giesing. Carl Hocheder hatte es zunächst wesentlich großzügiger geplant, als es dann genehmigt wurde.[93] Gegenüber früher errichteten Anstalten enthielt die Anlage jedoch noch einige Verbesserungen.[94]

Auch das seit 1813 im säkularisierten Kloster und Krankenhaus der Elisabethinerinnen an der Mathildenstraße untergebrachte[95] Hl. Geist-Spital entsprach in den neunziger Jahren nicht mehr den hygienischen und humanitären Anforderungen: Bis zu 17 Personen lebten in Sälen, die gleichzeitig als Eß-, Wohn- und Schlafräume dienten. Auch konnten Ehepaare wegen der rigorosen Geschlechtertrennung nicht zusammenwohnen.[96] Die Gemeinde entschloß sich daher 1899 zu einem Neubau.[97] Erklärtes Ziel war es, von der bisherigen Art der Unterbringung, die man als »Kasernierung« und »Zusammenpferchen« bezeichnen mußte, zu einem System des ›Wohnens‹ zu kommen.[98] Entstanden ist dann ein Bau mit Zimmern für ein bis fünf Personen sowie Speise- und Unterhaltungsräumen.[99] Die Finanzierung des Neubaus in den Jahren 1904 bis 1907 erfolgte, wie schon beim Bau des städtischen Waisenhauses einige Jahre vorher, durch den Verkauf der wertvollen Grundstücke an der Mathildenstraße und durch die Verlegung des Spitals auf billige städtische Bauplätze in Nymphenburg.[100] Entsprechend der auch heute vertretenen Auffassung wandten sich schon damals einige Mitglieder der Kollegien dagegen, die alten Leute aus ihrer gewohnten Umgebung herauszureißen. Die Mehrheit war aber der Ansicht, daß die hygienischen und humanitären Verbesserungen, die nur durch eine Verlegung zu finanzieren waren, diese Härte rechtfertigten.[101]

In den neunziger Jahren hatten sich also die Motive für Neubaumaßnahmen im sozialen Bereich verändert: Während es beim Bau des St. Martin-Spitals noch hauptsächlich um die Vergrößerung der Kapazitäten ging, führten beim Hl. Geist-Spital vor allem hygienische und humanitäre Erwägungen zu einem Neubau.

Neue soziale Bauaufgaben · In der Prinzregentenzeit stellten sich der Gemeinde aber auch völlig neue soziale Aufgaben, die mit der gesetzlich geregelten Armenpflege nicht vereinbar waren: etwa der Bau von Bürgerheimen oder Pensionaten. Diese dienten als Altersheime für Angehörige des Kleinbürgerstands, die nicht armenfürsorgeberechtigt waren, da sie noch über eigene Mittel verfügten.[102] Diese Heime schlossen damit eine Lücke in der Armenversorgung;[103] in ihnen deutete sich auch bereits die Entwicklung vom Armenhaus zum modernen Altersheim für alle Schichten an.

Am Ende des 19. Jahrhunderts begriffen die Gemeinden soziale Aufgaben nicht mehr nur als Maßnahmen der Armenpflege, sondern auch als Wohlfahrtspflege für den Mittelstand; das Angebot verlor dadurch den diskriminierenden Charakter. So entstanden nun Bildungs-, Sozial- und Hygieneeinrichtungen für alle und nicht mehr nur für die Unterschichten.[104] In den Münchner Gemeindekollegien sah man dies jedoch nicht als Aufgabe von Staat und Stadt an,[105] sondern griff lieber auf großzügige Stiftungen durch Bürger zurück.[106] Auf der Basis freiwilliger Leistungen war die Gemeinde allerdings bereit, die Aufgaben eines Bauherrn zu übernehmen und Baugrund zur Verfügung zu stellen. So fungierte die Stadt für den Erweiterungsbau des Mathildenspitals 1895/96 als Bauherr.[107] Den Bau eines weiteren Bürgerheims betrachtete der Magistrat jedoch nicht als städtische Aufgabe.[108] Daher konnte dieses Projekt erst verwirklicht werden, als Heinrich von Dall'Armi 1910 eine großzügige Schenkung für diesen Zweck zur Verfügung stellte.[109]

Die Bauaufgaben des sozialen Bereichs waren von der Veränderung der sozialen Verhältnisse durch Industrialisierung und Großstadtentwicklung bestimmt. Dreh- und Angelpunkt wurde dabei der Mangel an billigen Wohnungen, eine Situation, die in den Großstädten zur Entstehung der Kleinfamilie beitrug. Daher mußte die Gemeinde nun mehr Raum für Aufgaben zur Verfügung stellen, die früher überwiegend durch die Großfamilie wahrgenommen worden waren, konnten Kinder doch wegen der hohen Mieten ihre Eltern und Großeltern nicht mehr bei sich in der Wohnung versorgen. Das war auch einer der Gründe für die Überbelegung der Armenversorgungshäuser in München.[110] Die Frauenarbeit außer Haus und die Auflösung größerer Familien machte überdies Kleinkinderbewahranstalten erforderlich.[111]

Die Gemeindevertreter erkannten diese Zusammenhänge sehr wohl.[112] Um einer Wohnungsnot wie in Berlin vorzubeugen, ließ das Kollegium 1891 die Möglichkeit städtischen sozialen Wohnungsbaus überprüfen.[113] Die Stadt selbst errichtete jedoch nur zwischen 1908 und 1910 eine Wohnanlage mit 177 Wohnungen für städtische Bedienstete und Arbeiter an der Thalkirchnerstraße.[114] Weitere Eingriffe in die Privatwirtschaft blieben aber nicht nur in München die Ausnahme, da sie dem Wirtschaftsliberalismus der Zeit widersprachen.[115]

Ein großes Problem für die Gemeinde war es, den Bedarf an Räumen für die städtischen Bauaufgaben richtig zu ermitteln. Die Gemeinde baute in fast allen Bereichen immer zu spät, zu klein und zu wenig, ein Zeichen dafür, daß sich ein großstädtisches Bewußtsein in den zentralen Gremien nur sehr langsam durchsetzte.[116]

Kunststadtprobleme

Neben diesen organisatorischen und sachlichen Problemen warf die umfangreiche Bautätigkeit der Stadt auch eine Reihe künstlerischer Fragen auf. So strebte das Stadtbauamt ab 1892 verstärkt eine umfassende künstlerische Gestaltung aller städtischen Bauten an, stieß damit aber teilweise auf heftigen Widerstand im Gemeindekollegium. Völlig unumstritten war der künstlerische Anspruch bei der Anlage der Friedhöfe,[117] den Verwaltungsbauten dagegen billigte man nicht immer den gleichen repräsentativen Aufwand zu; beim Erweiterungsbau des Neuen Rathauses nahm man die hohen Kosten aus Repräsentationsgründen allerdings klaglos hin.[118] Auch für den Bau der Städtischen Sparkasse wünschte der Magistrat ursprünglich ein repräsentatives Äußeres;[119] Hans Grässel entwarf daher Hausteinfassaden im Stil der ›Deutschen Renaissance‹. Die für städtische Bauten ungewöhnliche Materialwahl macht deutlich, daß man sich hier an zeitgenössischen Bankpalästen orientierte. Die Gemeindebevollmächtigten fanden diesen aufwendigen Typus jedoch zu teuer und setzten schließlich ihre Forderung nach einem Putzbau durch.[120]

Die Frage, ob Schulen als reine Zweckbauten oder als repräsentative Monumentalbauten zu betrachten seien, erhielt so besondere Bedeutung. Um dem leidigen Problem einer angemessenen Fassadengestaltung aus dem Weg zu gehen, empfahlen daher die Gemeindebevollmächtigten, nach dem Vorbild von Berlin und Paris auch in München Schulen auf Rückgrundstücken zu errichten.[121] Das Stadtbauamt dagegen sah, wohl beeinflußt durch Camillo Sittes Ideen eines künstlerischen Städtebaus, in dieser Bauaufgabe eine Chance, in den mit öden Mietskasernen bebauten Außenbezirken architektonische Akzente zu setzen.[122] Auch der Magistrat betrachtete gerade den Schulhausbau als eine der wenigen Möglichkeiten architektonischer Repräsentation der Gemeinde.[123] So konnte das Stadtbauamt, unterstützt vom Magistrat,[124] seine Vorstellungen vom Schulhausbau als Mittel städtebaulicher Gestaltung und als Repräsentationsaufgabe des bürgerlichen Gemeinwesens weitgehend durchsetzen.

Lag ein Projekt städtebaulich an markanter Stelle, waren die Kollegien insgesamt eher geneigt, einer aufwendigen künstlerischen Gestaltung zuzustimmen.[125] Neben der Theresienwiese[126] galt dies vor allem für den Marienplatz.[127] Die Bestrebungen der Gemeinde muß man jedoch eher als Versuche zur ›Stadtbildpflege‹ betrachten, nicht aber als Maßnahmen im Sinne eines modernen Ensembleschutzes.[128]

Da in der Münchner Bauordnung ein Plangenehmigungsrecht in ästhetischen Fragen allein für den Staat, nicht aber für die Stadt vorgesehen war, versuchte die Gemeinde durch Einzelvereinbarungen auch Kontrolle über die künstlerische Ausführung privater Projekte zu erlangen.[129] Sie schlug dabei einen neuen Weg ein: Auf Anregung Wilhelm Rettigs erstellte das Stadtbauamt ab 1892 kostenlos Skizzen für private Bauträger, um eine Gestaltung der Fassaden im Sinne der Gemeinde zu gewährleisten.[130] Die Gemeindebevollmächtigten lehnten jedoch dieses Vorgehen des Stadtbauamts aus stilistischen und wirtschaftlichen Gründen als unzulässig ab.[131] Einige der privaten Bauherrn scheinen aber diese städtischen Vorleistungen gern angenommen zu haben, da sie so zu künstlerisch interessanten Fassadenentwürfen kamen, ohne Architektenhonorare bezahlen zu müssen.[132] In anderen Fällen wehrten sich die Betroffenen erbittert.[133] Daher beschloß der Magistrat 1896, keine Fassadenentwürfe mehr für Private durch das Stadtbauamt anfertigen und die umstrittenen Pläne nur noch durch die Künstlerkommission begutachten zu lassen.[134]

Die Berufung Wilhelm Rettigs zum Oberbaurat 1891 dürfte der Anstoß für die Durchsetzung des ›bürgerlichen Barocks‹ im Stadtbauamt gewesen sein.[135] Die Architekturauffassung Rettigs, der bereits in Dresden eine Gestaltung in einfachen heimischen Barockformen propagiert hatte,[136] traf sich mit den Intentionen Carl Hocheders, der nach neuen architektonischen Möglichkeiten suchte und das St. Martin-Spital als den Bau bezeichnete, bei dem es ihm zum ersten Mal gelungen sei, vom üblichen Fassadenschema abzukommen.[137] Dies, sowie die Gruppenbauten Gabriel von Seidls, waren wohl Vorbild für den ›Stadtbauamtstil‹ der Prinzregentenzeit mit seinen malerischen, häufig asymmetrischen ›Agglomerationsbauten‹ im Putzbaustil.

Da die ungewohnte Erscheinung der Bauten Hocheders gegenüber dem gängigen ›Palastbaustil‹ zu Beginn der neunziger Jahre besonders ins Auge fiel, zogen sie zunächst die Kritik der Gemeindebevollmächtigten auf sich.[138] In dem Maße, in dem Ende der neunziger Jahre der süddeutsche bürgerliche Barock auch von anderen Architekten vertreten wurde, nahm die Anerkennung des Hochederstils im Kollegium zu. Anstelle Hocheders geriet nun Theodor Fischer mit seinen noch sachlicheren Entwürfen für die Schulen an der Haimhauser-, Guldein- und Luisenstraße in die Schußlinie des Kollegiums. Während seine Grundrißlösungen allgemein Anklang fanden, kritisierte man die zu große Nüchternheit und Sachlichkeit der Fassaden und die zu aufwendige Dachgestaltung.[139]

Die Gemeindebevollmächtigten nahmen also durchaus Einfluß auf die Architektur städtischer Bauten; so mußte Hocheder seine Entwürfe, vor allem die Dachformen, vereinfachen und Fischer seine Fassaden durch dekorative Elemente bereichern.[140] In dieser Kritik ist eine mehrheitlich konservative Kunstauffassung zu spüren; man vermißte im Stil des Stadtbauamts die »klassischen Formen«.[141] Dennoch konnte das Amt sein künstlerisches Konzept für den Zweckbau verwirklichen.[142] Auch wenn seine Mitglieder also durchaus eigenständige architektonische Handschriften entwickelten, so hoben sich die städtischen Projekte in den neunziger Jahren, zweifellos durch ihre Orientierung an der schlichten bürgerlichen Putzbauweise Süddeutschlands, vom Gros der gleichzeitigen Profanbauten ab. Es hat also tatsächlich eine Art ›städtischen Baustil‹ gegeben.

Daher überrascht es nicht, daß die Gemeindebevollmächtigten, aber auch Teile der Münchner Privatarchitekten und Bauhandwerker gegen das Stadtbauamt den Vorwurf erhoben, es versuche ganz München seine Architekturauffassung aufzuoktroyieren,[143] indem es den süddeutschen Bürgerstil zur »tyrannisierenden Mode« erhebe und alle anderen Stilarten als »geistloses Ablinieren« diffamiere.[144] Im Gegensatz zu den Kollegien vertrat das Amt klare künstlerische Vorstellungen, wie die Architektur der Stadt aussehen sollte.[145]

Resümee

Ludwig I. war es noch möglich gewesen, der ganzen Stadt seine Architekturauffassung aufzuzwingen. Die Monarchie hatte jedoch nach Max II. keinen wesentlichen Einfluß mehr auf das bauliche Geschehen in München ausgeübt.[146] Die »starke kunstverständige Willenskraft Einzelner«, die München seinen bedeutenden Ruf gesichert hatte, war in individuelle »Willensbäche« zersplittert.[147] Das demokratisch-bürokratisch verfaßte Gemeinwesen mußte daher bei der Aufstellung ästhetischer Richtlinien für die eigene Bautätigkeit und bei künstlerisch motivierten Eingriffen in den privatwirtschaftlichen Bereich unweigerlich in Schwierigkeiten geraten.

Die gewählte Gemeindevertretung bezeichnete sich oft als in künstlerischen Fragen nicht kompetent[148] und fühlte sich verpflichtet, bei Entscheidungen dem Geschmack der Bevölkerung Rechnung zu tragen. Daher führten die Gemeindebevollmächtigten gegen mißliebige Entwürfe des Stadtbauamts das »gesunde Volksempfinden« ins Feld; dies mit der Begründung, städtische Bauten sollten »nicht allein den Architekten, sondern der Mehrheit der Bürgerschaft gefallen, die sich noch einen natürlichen, guten Geschmack für das wirklich Schöne« bewahrt habe.[149]

Dieses Argument führte zwangsläufig zur Ablehnung neuer, ungewohnter Strömungen und zu einer insgesamt eher konservativen Haltung in Kunstfragen.[150] Da man aber andererseits nicht bereit und in der Lage war, ästhetische Richtlinien aufzustellen, mußte man dem Stadtbauamt die programmatischen Entscheidungen in architektonischen Fragen schließlich doch überlassen oder sich dem Urteil allgemein anerkannter Architekten unterwerfen. Dadurch beschränkte sich der Einfluß des städtischen Auftraggebers fast ausschließlich auf die Berufung von Fachleuten.

Zur Entwicklung des ›Münchner Stils‹ trug das Stadtbauamt somit wesentliches bei, eine Tatsache, die die Kollegien zunächst widerwillig hinnahmen. Als sich der Stil nach 1900 etabliert hatte, wurde er jedoch als ›offizieller‹ Stil der Stadt akzeptiert; er bestimmt bis heute weitgehend das Münchner Stadtbild.

Zwischen Heimatstil und Funktionalismus
Fabrikbau in München
Von Uli Walter

Als im Dezember 1858 der Kunstblumenhersteller Joseph Asen aus München an die Regierung von Oberbayern das Gesuch richtete, für seinen Betrieb die Bezeichnung ›Fabrik‹ führen zu dürfen, war diese Erlaubnis an einige, allerdings recht vage Voraussetzungen gebunden: Ein Fabrikant mußte eine »namhafte Zahl von Gehilfen« beschäftigen, über »nicht unbedeutende Geschäfts-Vor- und Einrichtungen« verfügen, weiterhin einen »bedeutenden Absatz seiner Produkte« in den Geschäftsbüchern nachweisen und schließlich den Anschein expandierender Prosperität seines Unternehmens vermitteln.[1]

Noch um die Jahrhundertwende war die Verwendung des Begriffs »Fabrik« nach dieser schwammigen Definition geläufig. Gerade mittelständische Unternehmer bedienten sich in Geschäftsbriefen oder in Annoncen dieser Bezeichnung, um auf die Modernität ihrer Betriebe infolge maschineller und unter Umständen arbeitsteiliger Produktion hinzuweisen. Rückschlüsse auf die tatsächliche Größenordnung läßt diese Definition jedoch kaum zu. In der Mehrzahl handelte es sich um Kleinbetriebe, die an keinen bestimmten Bautypus oder Standort gebunden waren.[2] Im Gegensatz zur Großindustrie benötigten sie keine allzu spezialisierten Räumlichkeiten für die Produktion. Man richtete sie beispielsweise in Wohnhäusern, beziehungsweise deren Rückgebäuden, in ehemaligen Gasthäusern oder Kasernen ein, die man durch Umbauten der veränderten Nutzung anpaßte.[3] Im Stadtbild waren diese Fabriken in adaptierten Gebäuden allenfalls an den rückseitig gelegenen Kaminen zu erkennen.

Aber auch neu erbaute Fabrikgebäude gliederte man in den Straßenzusammenhang ein. Ähnlich, jedoch nicht so prägnant wie in Berlin, bildete sich in München der ›Fabrikhof‹ heraus, bei dem sich die Fabrikations- oder Lagerräume um einen oder mehrere Innenhöfe lagerten.[4] Zur Straße hin unterschieden sie sich von Miets- oder Geschäftshäusern nur durch die größeren Fenster, die oftmals mit Metallrahmen eingefaßt waren. Im Gegensatz zur Stilarchitektur der Frontseite konnten die Fassaden der Rückgebäude ganz »sachlich« gehalten sein. Die spezifischen Anforderungen, die man um 1900 an ein Fabrikgebäude dieser Größe stellte – nämlich Feuersicherheit, gute Beleuchtung und gute Belüftung – führten hier zu einer Baugestalt, die aus der Rückschau erstaunlich modern erscheint. Das Fabrikgebäude im Hinterhof des Anwesens Schwanthalerstraße 53 beispielsweise stand zur neubarocken Fassade des Vorderhauses in scharfem Kontrast. Frei von jedem Baudekor veranschaulichte es am Außenbau seine innere Struktur. Die Eisenkonstruktion ermöglichte es, die Wand zwischen den tragenden Teilen in Fensterflächen aufzulösen, so daß die Baumasse nur durch die horizontale und vertikale Reihung der Fenster gegliedert erscheint.[5] Ebenso ›modern‹ ist die Disposition des Grundrisses. Die Skelettbauweise kam der Entwicklung im Industriebau entgegen, funktionsunabhängige und variable Innenräume auszubilden, die – weitgehend ohne Zwischenwände – eine optimale Nutzung versprachen.[6]

Die Tendenz, technische Strukturen sichtbar zu machen, sowie das spezifische Raumprogramm für industrielle Bauten hatten im Verlauf des 19. Jahrhunderts jedoch nicht zu einer gestalterischen Emanzipation des Fabrikbaus geführt. Gegenüber anderen Bauaufgaben besaß der Industriebau einen denkbar geringen Stellenwert.[7] Erst gegen Ende des Jahrhunderts beschäftigten sich vermehrt Architekten und nicht mehr Maurermeister oder Ingenieure mit dem Fabrikbau. Daran hatte auch die gründerzeitliche Maskierung von Industriebauten im Typus des sogenannten Fabrikschlosses nichts geändert, von dem auch München mit der ›Handschuhfabrik Roeckl‹ ein charakteristisches Beispiel besaß.[8] Der sozio-ökonomische und technische Wandel um 1900 leitete die Entwicklung des autonomen Industriebaus ein. Die zunehmende Verlagerung der Produktionsstätten an den Stadtrand und die Bereitstellung neuer Baustoffe für eine Rationalisierung des Bauvorgangs schufen wichtige Grundlagen für die Loslösung von Baukonventionen, die sich im Industriebau dann konsequenter als bei anderen Bauten vollzog.

Die Frage nach der Eigenständigkeit des Fabrikbaus ist daher für München von besonderem Belang. Hatte das Selbstverständnis als ›Kunststadt‹ Einfluß auf die Gestaltung von Industriebauten oder war die Bauweise in erster Linie eine Standortfrage? Leisteten die Münchner Fabriken einen eigenen Beitrag zur Diskussion um die adäquate Form von Industriebauten?

Fabrikbau und Bauordnung

Die von offizieller und auch von publizistischer Seite geäußerten Ressentiments gegen die ungeliebte Industrie[9] könnten erwarten lassen, daß die baurechtlichen Bestimmungen den Industriebau in München stark reglementierten. Dies trifft jedoch nicht zu. In den frühen neunziger Jahren hatte sich der spätere Bürgermeister Wilhelm Borscht – damals Vorstand der Lokalbaukommission – sogar dafür eingesetzt, industrielle Bauten weitgehend von der Bauordnung zu dispensieren. Da die meisten Fabriken sowieso in den neueren Stadtteilen entstünden und sich die Münchner Industrie erfreulicherweise im Stadium eines wirtschaftlichen Aufschwungs befinde, sei es – so Borscht – nicht geboten, diesen Aufschwung durch baupolizeiliche Schranken zu schwächen.¹⁰ Keinesfalls dürften die Bestimmungen der Bauordnung die Konkurrenzfähigkeit gegenüber der inner- und außerbayerischen Industrie beeinträchtigen.

Die 1895 verabschiedete revidierte Fassung der Bauordnung blieb hinter solchen Forderungen zurück. Sie unterwarf Industriebauten den gleichen Vorschriften wie andere Bauvorhaben. Einen Unterschied bildeten nur die schärferen Bestimmungen zur Feuersicherheit und Abwasserentsorgung. Wie in anderen Städten waren damit in München die Fabrikanlagen an die Blockeinteilung und das Bausystem der Erweiterungsgebiete gebunden. Die für Berlin typischen »Industrieblocks« entstanden in München jedoch nicht, da die Großindustrie den Sprung über die Stadtgrenze bevorzugte: Dort war sie nicht mehr an die Münchner Bauordnung gebunden und die Ringbahn gewährleistete den Anschluß an das Schienennetz. Aber auch die kleineren Betriebe im Stadtgebiet gerieten zunehmend unter Druck. So kündigte die Bauordnung von 1895 die Verlegung der Industrie aus der Umgebung des Englischen Gartens an,¹¹ eine Maßnahme, die in der Staffelbauordnung aus dem Jahr 1904 noch auf »bevorzugte Wohnanlagen« ausgedehnt wurde.¹²

Interessant ist das Verhältnis der Bauordnung zu dem neuen Baustoff Eisenbeton, der ab 1900 zunehmend Verwendung fand.¹³ 1895 ließ man vorfabrizierte Eisenbetonkonstruktionen wie Treppen nur mit Sondergenehmigung zu, was angesichts des frühen Entwicklungsstadiums dieser Technik noch verständlich erscheint. Zwanzig Jahre später jedoch war der Eisenbeton statisch und feuerpolizeilich bewährt und wurde dennoch nicht gleichwertig mit der Massivbauweise behandelt – ein Beleg für das Mißtrauen, das man, eigentlich wider besseres Wissen, dem revolutionären Konstruktionsverfahren des Eisenbetons entgegenbrachte.¹⁴

Industriebau und Eisenbeton

Dennoch zeigte sich München in Deutschland als eines der Zentren für die Weiterentwicklung des Eisenbetonbaus. Der Eisenbeton war von den Materialien, die sich um 1900 im Erprobungsstadium befanden, das fortschrittlichste: Er war preiswert in der Herstellung, erlaubte kurze Bauzeiten und bot bis dahin unbekannte Gestaltungsmöglichkeiten. Es war nun möglich, Einzelelemente wie Treppen oder Decken seriell vorzufertigen, das Traggerippe großer Lager- oder Geschäftsbauten dank des Steincharakters des Eisenbetons quasi im ›Stecksystem‹ zu errichten, stützenlose Hallenräume durch eine Abfolge von querverstrebten Rahmenelementen zu gliedern oder riesige Kuppelkonstruktionen zu bauen, die, von sogenannten Meridianrippen getragen, ohne wesentlichen Seitenschub aufsaßen. Besonders die Kragkonstruktionen am Innen- und Außenbau erweiterten die Sehgewohnheiten der Zeitgenossen.¹⁵

Träger der Entwicklung in München waren die großen Bauunternehmen, die die neue Technik früh in ihr Programm aufnahmen.¹⁶ Im Jahr 1902 beispielsweise wurde die Baufirma der Gebrüder Rank Lizenznehmer von François Hennebique aus Paris,¹⁷ der seit 1892 mehrere Patente für Eisenbetonprodukte besaß – darunter den armierten Plattenbalken, der zum Muster vieler Deckenkonstruktionen wurde.¹⁸ Die Karlsruher Firma ›Dyckerhoff & Widmann‹, die seit 1903 mit Eisenbeton arbeitete, unterhielt eine Münchner Niederlassung, und auch die jüngeren Baugeschäfte ›Karl Stöhr‹ oder ›Leonhard Moll‹ bauten bald in Eisenbeton.¹⁹

Die größte und innovativste Baufirma in Bayern, ›Heilmann & Littmann‹, hatte sich ihre Marktposition durch einen geschickten Zusammenschluß mit der ›Wayss & Freytag A.-G.‹ gefestigt, die durch die praktische und theoretische Erforschung des neuen Baustoffs bekannt geworden war.²⁰ Im Mai 1903 entstand die ›Eisenbeton-Gesellschaft‹, die die ersten größeren Bauten in Eisenbeton errichtete: die Kuppel des Armeemuseums – eine doppelte Schalenkonstruktion²¹ –, den Malzsilo der Löwenbrauerei, das Warenhaus Tietz und die Isarbrücke bei Grünwald.²² Der Tätigkeitsbereich dieser Gesellschaft war auf München und einen Umkreis von 30 Kilometern beschränkt, um eine Konkurrenz zu den bayerischen Niederlassungen der beiden Schwesterfirmen zu vermeiden. Dennoch führte dieser Konflikt im Jahr 1908 zum Bruch. ›Wayss & Freytag‹ zog sich zurück, die Nachfolge trat die ›Tiefbau- und Eisenbetongesellschaft m.b.H. München‹ an, die allein ›Heilmann & Littmann‹ unterstand.²³

Es ist spannend zu verfolgen, wie der Eisenbeton begann, die traditionellen Baumaterialien am Außen- und Innenbau zu ersetzen. Im Industriebau geschah dies zwar nicht früher, aber in größerem Umfang als bei anderen Bauaufgaben. Ein spezifischer Vorteil des Eisenbetons war seine Feuersicherheit. Dies prädestinierte ihn geradezu für Fabrik- und Lagergebäude sowie für öffentliche oder kommerzielle Bauten, die mit viel Publikumsverkehr rechnen mußten. So wurde bereits 1903 das Volkstheater eröffnet, dessen Traggerüst bis ins Dachgebälk aus Eisenbeton bestand.²⁴ Im gleichen Jahr entwarf Michael Dosch für die Kirche St. Margaret in Sendling ein dekoratives Eisenbetongewölbe, das auf das Ziegelmauerwerk aufgesetzt wurde.²⁵

Für Max Littmann war das amphitheatralische Auditorium der Psychiatrischen Klinik an der Nußbaumstraße – zwischen 1902 und 1904 gebaut – eine erste Möglichkeit, die konstruktiven Eigenschaften des Eisenbetons zu erproben.²⁶ Auch seine Geschäftshausbauten aus den Jahren 1904 und 1905, die Warenhäuser Tietz und Oberpollinger, besaßen Traggerüste aus Beton, denen allerdings Fassaden aus Muschelkalk vorgeblendet wurden. Mit seinem epochemachenden Bau der Anatomie an der Pettenkoferstraße – von 1905 bis 1907 entstanden – brach Littmann jedoch mit dieser Praxis: Den gesamten Mittelbau mit den apsidenförmigen Anbauten und dem Hörsaal-Trakt errichtete er in unverputztem Eisenbeton, der nach außen und innen sichtbar war. In der Haupteingangshalle hatte man die betonierte

Kassettendecke mit farbiger Dekormalerei versehen. Obwohl er in Fachkreisen auf große Resonanz stieß, blieb dieser Bau in München ohne direkte Nachfolge. Erst der Ausstellungsbau des Deutschen Museums wurde wieder fast vollständig aus Eisenbeton errichtet. Der Abschied von den traditionellen Baumaterialien fiel aber auch an diesem Gebäude schwer: Die repräsentativen Portalvorbauten im Norden und Süden waren in Hausteinen aus Muschelkalk und Tuffstein ausgeführt. Charakteristisch ist auch der Versuch, die Oberflächenwirkung des Betons zu steigern, indem man den Kies durch ein Muschelkalkkleingeschläge ersetzte.[27] Im Innern wurde das Deutsche Museum »so projektiert, daß die architektonische Ausgestaltung sich den technischen Bedürfnissen vollkommen anpaßt«.[28] Für die großen und schweren Ausstellungsstücke schuf man eigens die zentrale, dreigeteilte Hallenanlage. Aber auch in den Umfassungsflügeln wurden zum Teil Exponate gezeigt, die man in Betrieb setzen konnte.

Im Normalfall bemühte man sich aber, den Beton nicht am Außenbau sichtbar zu machen. Es war üblich, die Fassaden mit dem berühmt-berüchtigten Muschelkalk oder einem abgetönten Putz zu »entschärfen«. Hausfronten, die über das Sockelgeschoß hinaus unverputzten Beton zeigten, waren selten.[29] Die Industriebauten, die im städtischen Ambiente errichtet wurden, bildeten hierin keine Ausnahme. Die Front des Malzsilos auf dem Betriebsgelände der Löwenbrauerei zeigte lediglich die Eisenbetonzwischenwände, während man die eigentlichen Wandflächen mit Backsteinen ausmauerte und verputzte. Im Innern dagegen blieben die Sichtflächen des Betons unverputzt.[30]

Eine reine Eisenbetonfassade erhielt das Gerstenhaus der selben Brauerei im Jahr 1910. Da es von der Nymphenburger Straße aus sichtbar war, »erschien es angezeigt, dem Industriebau eine sorgfältige architektonische Durchbildung angedeihen zu lassen«.[31] Damit waren in erster Linie die historisierenden Anklänge gemeint: Die Fensterbrüstungen wurden in einem neuen Betongußverfahren ornamentiert und die Pfeiler erhielten durch die Verwendung vorfabrizierter Hohlblöcke den Charakter von Mauerwerk. Trotz modernster Technik erzeugte das Fassadenrelief und die aufwendige Dachform mit Spitzgiebelerkern den Eindruck traditioneller Bauformen.

Freistehende Industriebauten

Ein architektonisch neuer Typus entwickelte sich in den ausgewiesenen Industriegebieten. Es handelte sich um freistehende Geschoßbauten, die nur in lockerem städtebaulichen Bezug zueinander standen; für die Emanzipation des Fabrikbaus war dies eine wichtige Voraussetzung. So entstanden Fassaden, die im Stadtgebiet nur in Hinterhöfen oder Rückgebäuden möglich gewesen wären. Für das Fabrikgebäude der Firma ›Deckel, Präzisionsmechanik‹ verwendete man als Fassadengliederung lediglich eine einzige Fensterform mit farbig abgesetzter Brüstung. Durchlaufende Wandpfeiler faßten jeweils zwei Fenster zu einem Joch zusammen und veranschaulichten so das Skelett der Baukonstruktion. Besonders modern erscheint heute das nur leicht geneigte Flachdach mit Eisenbalustrade. Der Vorteil derartiger Bauten lag darin, daß sie leicht zu erweitern waren. So wurde die Fabrik von Friedrich Deckel allein in den Jahren zwischen 1911 und 1918 auf das Vierfache vergrößert, wobei jeder Anbau das Konstruktions- und Gestaltungsprinzip des ursprünglichen Werks fortsetzte.[32]

Fabrikgebäude der Firma ›Deckel, Präzisionsmechanik‹ (erbaut 1910/11) – leicht erweiterbar dank der einheitlichen Fassadengestaltung und des Flachdachs; hier bereits nach der ersten Erweiterung, 1913

Sobald jedoch stadtbildpflegerische Gesichtspunkte ins Spiel kamen, schlug das Münchner Ressentiment gegen Fabrikbauten durch: Der Neubau der ›Zigarettenfabrik G. Zuban‹ in der Plinganserstraße 130 erhielt schon deshalb eine am Heimatstil orientierte Außengestalt, weil er von den südlichen Isarbrücken aus deutlich zu sehen war. Die stadtzugewandte Seite mit dem barockisierenden Risalit signalisierte, daß hier – nach Meinung des entwerfenden Architekten Stefan Wollmann – ein »Markstein Münchner Baukunst« entstanden war. Auf der Rückseite befanden sich die Treppen- und Aufzuganlagen. Dementsprechend war auch die Straßenfront reicher ausgestaltet als der dahinterliegende Fabrikflügel. Das eigentlich Moderne blieb hinter dieser Oberfläche verborgen: Jedes Geschoß umfaßte lediglich zwei große Fabrikationsräume. Das Skelettgerüst machte nur eine Stützenreihe notwendig, die Treppen und Aufzüge befanden sich platzsparend in den Ecken des jeweiligen Raums.[33]

Die Diskrepanz zwischen dem funktionalen Innern und dem historisierenden Außenbau empfand man am Beginn des 20. Jahrhunderts zunehmend als Widerspruch. Dennoch forderten die Vertreter der Heimatschutzbewegung, die Fabriken architektonisch in die Landschaft oder in das Stadtbild zu integrieren, was durch die Anpassung der Fabrikbauten an die regionalen Bautraditionen gewährleistet werden sollte. Die Reformer des Industriebaus aus dem Umkreis des Deutschen Werkbundes strebten dagegen die gestalterische

Emanzipation der Bauten durch technikorientierte Bauformen an. Auch sie bezogen die Spannung zwischen Bauwerk und Umgebung in ihre programmatischen Überlegungen mit ein: Sie sollte im Sinne einer neuen »Charakteristik« nutzbar gemacht werden;³⁴ hierin ist der Industriebau jedoch nicht von der allgemeinen zeitgenössischen Stildiskussion zu trennen. Auch im ersten Jahrgang der Zeitschrift ›Der Industriebau‹ von 1910 stehen die konträren Positionen unvermittelt nebeneinander.³⁵

Relativ selten sind in München Industriebauten, die moderne Bautechnologie mit einem adäquaten Äußeren in Einklang bringen: Die Silhouette des Fabrik- und Lagerhauses der Gebrüder Rank an der Lindwurmstraße stellt zwar noch Bezüge zur historischen Architektur her, in der Binnengliederung sind solche Anklänge aber weitgehend vermieden. Der beinahe dekorlose Bau war ganz in Eisenbeton ausgeführt. Vorgefertigte Betonhohlsteine machten das zeitaufwendige Einschalen überflüssig. Die Zwischenwände im Innern waren versetzbar, um jedem Mieter genau die benötigte Lager- oder Fabrikationsfläche zur Verfügung stellen zu können.³⁶

Die Industrieanlagen

Die Verlagerung der Produktionsstätten ins Umland im Zuge der ›zweiten Randwanderung‹ änderte auch ihren städtebaulichen Charakter. Hier konnte das ausreichend und kostengünstig zur Verfügung stehende Terrain mit ausgedehnten Industrieanlagen bebaut werden, was besonders den Firmen zugute kam, die wegen großer Maschinen oder Werkstücke auf übereinanderliegende Stockwerke verzichten mußten. Für die Betriebe bedeutete dies oft nicht nur eine äußere, sondern auch eine strukturelle Veränderung: Man errichtete die Gebäude nun so, daß sie den strafferen Organisationsstrukturen und dem mechanisierten, arbeitsteiligen Fabrikationsprozeß entsprachen. Allerdings gibt es in München Beispiele dafür, daß man weiterhin die baulichen Akzente auf einige wenige, meist am Eingangsbereich liegende Gebäude beschränkte und die eigentlichen Fabrikationshallen als »ungestaltete« Nutzbauten in der Auffassung des 19. Jahrhunderts dahinter lagerte. Dadurch entstand ein eigenartiger Kontrast: Die Bauten am Eingang der Waggonfabrik ›Rathgeber‹ beispielsweise – ein Verwaltungsgebäude und eine Kantine – erinnerten an die zeitgenössische Landhaus- und Villenarchitektur, hier jedoch um einen kleinen Vorplatz gruppiert.³⁷ Den Eingang zur Fabrik betonte ein säulengetragenes Satteldach mit ausgebildetem Giebel und Uhrturm. Die Werkstätten dagegen befanden sich in zehn Flachbauten von je 65 Meter Länge und 27 Meter Breite. Im Gegensatz zur Ziegelputzarchitektur der Eingangsbauten waren die Werkstätten mit Hilfe von dreistieligen Rahmenbindern³⁸ aus Eisenbeton konstruiert. Ihre Beleuchtung erfolgte durch aufgesetzte eiserne Oberlichter, die sogenannten Laternensheds.³⁹ Dadurch entstanden helle und für eine variable Nutzung geeignete Innenräume mit nur einer Stützenreihe. Aber auch für die Gesamtanlage wurde der standardisierte Rahmenbinder maßgebend. Die Flachbauten sind in ein Raster eingepaßt, das prinzipiell nach allen Seiten hin ausbaufähig war. In den Achsen des Rasters befanden sich die Gleisanschlüsse zum Moosacher Bahnhof.

Diese Rationalisierung beim Bau der Gesamtanlage wie der Einzelhalle stellt die große Neuerung des Industriebaus um 1900 dar. Was die Außengestalt der Fabrikgebäude anbetrifft, gab es jedoch auch gegenläufige Tendenzen. Das Gaswerk an der Dachauer Straße ist ein Beleg dafür, daß die malerische Gruppierung – bei der Waggonfabrik ›Rathgeber‹ auf den Eingangsbereich beschränkt – auch zum Ordnungsprinzip riesiger Industrieanlagen werden konnte, ohne den rationellen Fabrikationsablauf zu beeinträchtigen.⁴⁰ Zeitgenössische Photographien geben den Eindruck des dörflichen Charakters wider, der durch die Staffelung der Baumassen und durch die Anlehnung an regionale Bauformen hervorgerufen wurde. Eines der Leitmotive bei der Gestaltung der Anlage war die Anpassung an die »bodenständige Bauweise«, womit vor allem der Fassadenputz und die vielgestaltigen Dachformen und Dachaufbauten gemeint waren.⁴¹ Im Innern der Bauten verwendete man jedoch in größerem Umfang Eisenbetonkonstruktionen, die auch als solche sichtbar blieben. Das Gebäude für die Ammoniakverarbeitung nimmt mit dem spitzbogigen Rahmenbinder aus Eisenbeton ein wesentliches Gestaltungsmittel der Großmarkthalle von Richard Schachner vorweg – ohne jedoch diese Neuerung auch auf den Außenbau zu projezieren.⁴²

Der Industriebau befand sich also in München am Beginn des 20. Jahrhunderts in einer zwiespältigen Situation. Die bautechnischen Fortschritte, insbesondere auf dem Gebiet der Eisenbetontechnik, verlangten ihre adäquate Umsetzung in architektonische Formen. Doch damit tat man sich in München schwer. Auch die eindeutig ›funktionale‹ Großmarkthalle von Richard Schachner war in ein ›malerisches‹

Eiserne Oberlichter, die ›Laternensheds‹, ermöglichten der Firma ›Rathgeber‹ (erbaut 1908 bis 1912) variable Innenräume mit nur einer Stützenreihe

›Malerische Stadtplanung‹ und regionale Bauformen bestimmten den Bau des Gaswerks an der Dachauer Straße (1906 bis 1908).

Ensemble eingebettet. Die Gebäudegruppe am Eingang an der Valleystraße gestaltete man in ›traditioneller Weise‹, oder besser: in einer Bauweise, die man dafür hielt. Giebel, Walmdächer und die Umfriedung mit kleinen Pavillons sind Requisiten, die die Gesamtanlage in die Nähe des Heimatstils rücken.

Auch die Architektur des Ausstellungsparks auf der Theresienhöhe – eigentlich eine Demonstration moderner Bautechnologie[43] – wurde an diesem traditionellen Maßstab gemessen, obwohl sie vor dem Hintergrund von »Sachlichkeit« und »Materialgerechtigkeit« konzipiert worden war. Walter Riezler beispielsweise vermißte die spezifisch münchnerische Eigenart:

»Es fehlt ihnen jenes leicht dekorative, malerisch temperamentvolle Element, das man wohl als neuen Münchener Barock zu bezeichnen gewohnt ist. Gerade durch die Existenz dieser Bauart unterscheidet sich aber München wesentlich von anderen deutschen Städten, in denen von einem Anknüpfen an gute Tradition wenig zu spüren ist.«[44]

Für die selbständige Entwicklung von Industriebauten schuf diese Erwartungshaltung keine geeigneten Grundlagen. Die Fabrikbauten in München – sofern man sie überhaupt zur Kenntnis nahm – wurden zunächst an ihrem Beitrag zur Münchner Architekturentwicklung gemessen. Es schien, als wollte man die eigentliche baukünstlerische Qualität auf diesen einen ideologischen Aspekt reduzieren.

Königlich-bayerisch Wohnen?

Von Gerhard Neumeier

»Die Concentration der wachsenden Bevölkerung durch das unsichtbare eherne Band, das die Peripherie vom flachen Lande trennt, führt aber nicht nur zu einer Überbevölkerung wirklicher Wohnräume, sondern weiterhin zur Ausnutzung jedes nur irgendwie zur Beherbergung eines Menschen geeigneten Raumes. Keine Statistik kann die grotesken Dinge erfassen, ... keine Phantasie sich die merkwürdigen Einzelfälle ausmalen, die in den wachsenden Städten zu finden sind ... Mitglieder wohlhabender Familien brauchen sich nur danach umzusehen, wie ihre Dienstmädchen und die befreundeter Familien untergebracht sind, um die ganze Kasuistik einer von weiser Sparsamkeit geleiteten Raumausnutzung zu erfassen, – mit dem Unterschied, daß in den Armeleut-Häusern der Wirt solche Gelasse, Verschläge und Winkel als Zimmer vermietet. Die erscheinen dann in der Statistik als Wohnungen mit nur einem heizbaren Zimmer, und nicht selten als von sechs und mehr Personen occupiert.«[1]   *Hans Kurella*

Auch in München mußte der Wohnungsmarkt zwischen 1885 und 1910 fast 300 000 Menschen neu aufnehmen.[2] Die Wohnungsversorgung der Bevölkerung hing dabei größtenteils davon ab, ob die Wohnungswirtschaft – damals in keiner Weise vom Staat gelenkt oder unterstützt – die Nachfrage vor allem der weniger Wohlhabenden nach kleinen und mittleren Wohnungen befriedigen konnte.[3] Dies war jedoch in hohem Grade konjunkturabhängig; der für den Münchner Arbeitsmarkt so wichtige Baubereich wurde dabei selbst zum bestimmenden Element des bayerischen Wirtschaftslebens.[4]

In der ersten Phase der Baukonjunktur, zwischen 1885 und 1895, hielten sich Wohnungsbau und Bevölkerungswachstum in etwa die Waage;[5] zwischen 1895 und 1902, der nächsten Konjunkturphase, entstanden in München dann in schnellem Tempo über 31 000 Wohnungen,[6] allein im Jahr 1900 mehr als 6000. Die starke Nachfrage konnte nun gut befriedigt werden, und auch der Anteil der Kleinwohnungen stieg von knapp einem Drittel im Jahr 1897 auf über die Hälfte der neuerstellten Wohnungen 1901[7] – es war also offenbar zu dieser Zeit durchaus lukrativ, kleine Wohnungen zu bauen. Die reichsweite schwere Wirtschaftskrise von 1900/01 schlug sich dann jedoch auch im Münchner Baugewerbe stark nieder: Obwohl die Bevölkerung immerhin noch um etwa 60 000 Einwohner wuchs, entstanden zwischen 1903 und 1909 nur etwas mehr als 6000 Wohnungen.

Vor allem München war von dieser Krise betroffen;[8] während sich andere deutsche Großstädte in diesen Jahren wieder erholten,[9] folgte hier dem Angebotsüberhang der Boomphase ein spürbares Defizit. Immobilienanleger, die in der Krise gerade mit Anwesen in der Stadt große Verluste erlitten hatten,[10] hielten sich nun zurück. Die Wohnungsnot stieg, und immer mehr Personen mußten sich in einer Wohnung zusammendrängen.[11] Auch in der Altstadt wohnten 1910 wieder mehr Menschen als fünf Jahre vorher[12] – ein im Gesamtzeitraum völlig untypischer Vorgang, hatte die ›Citybildung‹ hier doch, wie in anderen Städten, die Wohnbevölkerung zu großen Teilen aus der Altstadt verdrängt. So schreibt ein Zeitgenosse:

»... die einfache Inspection der Häuserfronten, ein paar Jahrgänge des Adreß-Buches und gelegentliche Visiten in den dem Prozesse am meisten unterworfenen Häusern geben ein deutliches Bild von der interessanten Umwandlung centraler Stadtteile in einen einzigen Markt, dessen Plätze sich ziemlich gleichmäßig zwischen Engros-Handel, einschließlich der Banken, und elegantem Detail-Handel verteilen.«[13]

So sahen es viele als das bessere Geschäft an, in solche Bauten zu investieren, als in Kleinwohnungen, die nur wenig Miete einbrachten; einzig die große Mietskaserne war wieder lohnend. Daher entsprachen die immerhin 70 000 neuen Wohnungen, die zwischen 1885 und 1910 entstanden, kaum den Bedürfnissen der weniger Bemittelten:[14] 1908 waren über vier Fünftel dieser Wohnungen zu groß und daher unerschwinglich.[15] Mit Ausnahme der Jahre 1885 bis 1902 wurde also aus Gewinnstreben am realen Bedarf ›vorbeigebaut‹.[16]

Da die immer noch niedrigen Bodenpreise viele Zuwanderer in die schnell wachsenden Viertel Neuhausen, Westend, Schwabing, Laim, Thalkirchen und Nymphenburg zogen, in denen auch am meisten gebaut wurde, stiegen in diesen Vierteln die Preise stark an: zwischen sieben und zehn Prozent für bebauten Grund,[17] etwas mehr noch bei unbebautem Boden.[18] Eine ebenfalls stark ansteigende Tendenz zeigten die Preise der ›besseren‹ oder landschaftlich reizvollen Wohngegenden wie des Universitätsviertels und Bogenhausens.[19]

Bei den absoluten Preisen stand jedoch die Altstadt weit an der Spitze.[20] Vor allem das von der ›Citybildung‹ am stärksten erfaßte Kreuzviertel um den Promenade- oder Lenbachplatz, in dem der Quadratmeter Boden bei bebauten Anwesen durchschnittlich 820 Mark kostete,[21] fällt hier auf, aber auch andere Altstadtgebiete standen dem nicht viel nach.[22] In Thalkirchen hingegen konnte man 1900 einen Quadratmeter überbauten Grund noch für durchschnittlich 61 Mark erstehen, in Laim oder Nymphenburg für 54 Mark;[23] aber auch das waren bereits horrende Preise, wenn man bedenkt, daß ein durchschnittlicher Lohnarbeiter zwischen 75 und 100 Mark monatlich verdiente, eine Summe, von der man sicher kaum etwas sparen konnte.

Die Wohnraumversorgung 1904 bis 1907

»Ein neuer Mietsbau im Lehel ragt wie ein Symbol moderner Ungemütlichkeit und plumper Spekulationsbauerei über das romantisch hölzerne Winkelwerk des armseligen Stadtviertels, das sich planlos, von Mühlbächen und ungepflasterten Wegen durchzogen, an die Isar nördlich der Maximiliansbrücke herandrückt, – eine Ansiedelei von armen Teufeln, die instinktiv zusammenrücken, um sich warm zu halten ...«[24]

So schildert ein zeitgenössischer Romanautor die Wohnsituation in einem alten Münchner Stadtviertel. Um eine statistische Grundlage für eine Reform solcher Verhältnisse zu gewinnen, regte der Nachfolger Max von Pettenkofers auf dem Münchner Lehrstuhl für Hygiene, Professor Hans Buchner, erstmals 1896 beim Innenministerium eine große Wohnungsuntersuchung an, deren Ergebnisse seiner Meinung nach bei der öffentlichen Gesundheitspflege eine große Rolle spielen sollten.[25] Eine erweiterte statistische Kommission, die sich aus Mitgliedern des Magistrats und des Gemeindebevollmächtigtenkollegiums, also der zwei Kammern der Münchner Kommunalverwaltung, zusammensetzte, sprach 1897/98 die Empfehlung aus, eine Wohnungsuntersuchung in Teilen der Stadt durchzuführen,[26] und auch der Magistrat stimmte 1898 einem ähnlichen Entwurf des in der Wohnungsfrage durchaus engagierten Ersten Bürgermeisters Wilhelm von Borscht zu.[27] Obwohl das Innenministerium versprach, die Hälfte der Kosten zu übernehmen, entschied sich das von den Liberalen beherrschte Gemeindebevollmächtigtenkollegium sogar gegen die geplante »kleine« Wohnungsenquete, mit der Begründung, in München seien bisher keine besonderen Mißstände hervorgetreten und außerdem sei kein praktisches Resultat zu erwarten.[28] Die Enquete paßte eben nicht in das stadt- und staatsfreie liberale Wirtschaftskonzept.

Die Wohnungsfrage blieb jedoch ein Thema, das nicht mehr zu unterdrücken war: Die christlichen Gewerkschaften veranstalteten 1898 eine »private« Wohnungserhebung, die zum Teil katastrophale Wohnverhältnisse aufdeckte;[29] Bürgermeister von Borscht und vor allem die Sozialdemokraten versuchten, den Magistrat zu aktivieren;[30] 1901 forderte außerdem eine königliche Verordnung erstmals – wenn auch bescheidene – Mindestmaße für den individuellen Wohnraum.[31] Dies stärkte den Befürwortern der Wohnungserhebung den Rücken. Der Magistrat wandte sich schließlich im Juli 1902 an das Innenministerium mit der Bitte, die Hälfte der Kosten dafür zu übernehmen.[32] Dem stimmte das Innenministerium unter gewissen Auflagen zu.[33] Zentrum und SPD wollten die Enquete zwar von zwölf Kommissionen durchführen lassen, das Gemeindebevollmächtigtenkollegium setzte jedoch, wie auch vom Innenministerium gefordert, fünf »Wohnungsinspektoren, tüchtige Bautechniker, nebst einem Hilfsarbeiter« durch.[34] Diese untersuchten 1904 bis 1907, in Einzelfällen sogar noch länger, jede einzelne Wohnung. Die Wohnungsinspektoren hatten dabei einen Hausbogen für das ganze Gebäude auszufüllen, auf dem in vorgedruckten Spalten Name und Beruf des Hausbesitzers, die Anzahl der Wohnungen, das Baujahr, die Bebauungsart, die baulichen und sanitären Verhältnisse des Anwesens, die Existenz von Gas und Elektrizität sowie festgestellte Mängel[35] eingetragen wurden. In den Wohnungen vermaßen die Inspektoren jedes einzelne Zimmer, erkundeten die berufliche Stellung des Haushaltungsvorstandes, aber auch die Anzahl der in der Wohnung lebenden Personen und erfaßten so bestehende Untermieterverhältnisse. Die bauliche und technische Ausstattung war für die Untersuchenden ebenso interessant wie die Frage, ob die Wohnung zusätzlich gewerblich genutzt wurde. Einen wichtigen Aspekt bildete die genaue Feststellung der Miethöhe, wollte man doch einen Überblick über das allgemeine Mietniveau bekommen.

Eine mögliche Fehlerquelle lag in der Rubrik »Beanstandungen«, denn diese blieb der Urteilskraft der Inspektoren überlassen. Sowohl bei eventuellen baulichen Schäden als auch bei der Frage, wann eine Wohnung »vernachlässigt« sei, ergaben sich für die Inspektoren Beurteilungsspielräume; den Beurteilungsrahmen hatte jedoch die Stadtverwaltung möglichst genau abzustecken versucht. Die Stadt gewann mit Hilfe dieser Untersuchung detaillierte Einblicke in die Wohn- und Lebensverhältnisse ihrer Bewohner und es entstand eine Quelle von hoher sozialgeschichtlicher Bedeutung: Die Erhebung umfaßte etwa 135 000 Wohnungen. Stichprobenartig wurden für die vorliegende Untersuchung nun rund 5000 Wohnungen analysiert; der sozialstrukturelle Bezug stand dabei im Vordergrund, also die Frage, in welchen Stadtvierteln, unter welchen räumlichen und sanitären Verhältnissen sowie mit welchen finanziellen Belastungen die verschiedenen Bevölkerungsschichten lebten.

Es ist sicherlich problematisch, die in sich sehr heterogene Mittel- und Unterschicht hier als geschlossene Gruppen zu behandeln;[36] bereits ein Vergleich der individuellen Wohnfläche, die jedem Einzelnen zur Verfügung stand, zeigt jedoch kraß soziale Ungleichheit: Die der Oberschicht zuzurechnenden Personen wie Industrielle, Großkaufleute und Akademiker, die etwa sieben bis acht Prozent der Gesamtbevölkerung ausmachten,[37] hatten durchschnittlich 30 Quadratmeter pro Person zur Verfügung.[38] Die Mitglieder dieser im Durchschnitt dreiköpfigen Familien[39] besaßen also exakt gleichviel Wohnraum wie heute der Durchschnitt der Bevölkerung in der Bundesrepublik Deutschland. Als die ›Wohnkönige‹ Münchens können die freiberuflichen Akademiker, also beispielsweise Rechtsanwälte, Ärzte oder Architekten betrachtet werden, die zwischen 40 und 50 Quadratmeter pro Person beanspruchten.[40] Wichtig ist dabei eine Differenzierung nach Stadtvierteln: Der individuelle Wohnraum dieser finanzkräftigen Schicht betrug in der Altstadt fast das Doppelte wie in den östlichen Stadtvierteln Haidhausen und Giesing,[41] wo sich die Oberschicht auch nur selten niederließ.[42] Bevorzugte Wohngebiete waren Bogenhausen, die Altstadt und Straßenzüge in der Nähe der Altstadt;[43] in diesen Gebieten lagen auch mit Abstand die meisten Wohnungen mit mehr als 76 Quadratmetern Wohnfläche.[44]

Die Mittelschicht, in München ungefähr 35 bis 40 Prozent der Gesamtbevölkerung,[45] mußte schon mit viel kleineren Wohnungen vorliebnehmen; ihr standen 45 bis 50 Quadratmeter[46] zur Verfügung. Mitglieder der oberen Mittelschicht, also Kleinkaufleute, mittlere Beamte und Angestellte sowie kleinere Unternehmer, deren Familien durchschnittlich zwischen drei und vier Personen umfaßten,[47] lebten in allen Teilen der Stadt auf etwa 15 bis 18 Quadratmetern Wohnfläche.[48] Die durchschnittlich etwas größeren vierköpfigen Familien[49] der unteren Mittelschicht, also der Handwerksmeister und Heimgewerbetreibenden, verfügten dagegen nur noch über acht bis zwölf Quadratmeter individuellen Wohnraum.[50]

Angehörige der Unterschicht lebten im Durchschnitt auf sieben Quadratmetern Wohnfläche pro Person;[51] zumindest aus heutiger Sicht würde man die Wohnverhältnisse von mehr als der Hälfte der damaligen Einwohnerschaft[52] schon allein deshalb als katastrophal und menschenunwürdig bezeichnen. Vierköpfige Arbeiterfamilien mußten in den östlichen Stadtteilen Haidhausen, Au und Giesing mit knapp 24 Quadratmeter großen Wohnungen vorlieb nehmen; in den anderen Stadtteilen verhielt es sich kaum besser.[53]

Auch die Entfaltungsmöglichkeiten der Kinder wurden durch so beengte Wohnverhältnisse erheblich eingeschränkt, denn für ein eigenes Kinderzimmer reichte es besonders bei der Unterschicht selten. In deren kleinen Wohnungen lebten überdies mehr Kinder als in den großen der Oberschicht;[54] der Kinderanteil lag daher in den von der Unterschicht dominierten Gebieten im Westen und Osten der Stadt weitaus am höchsten.[55] Von der Altersstruktur her gab es also auf der einen Seite die jungen, ärmeren Wohngebiete der Peripherie, auf der anderen Seite die überalterten Oberschichtenviertel Innenstadt und Bogenhausen.[56]

Die Kosten

Die durchschnittlichen Mietausgaben der Oberschicht lagen in Wohnungen, die nicht mehr als fünf Zimmer umfaßten, bei etwa 60 bis 80 Mark pro Monat.[57] Die Mittelschicht wendete im Durchschnitt knapp 30 Mark monatlich für die Miete auf, die mittleren Beamten und Angestellten sowie Kaufleute etwas mehr, die Handwerksmeister etwas weniger.[58] Die monatlichen Ausgaben der Unterschicht betrugen etwa 15 bis 20 Mark.[59] Läßt man die niedrigen Einnahmen der mitverdienenden Frauen und die Einkünfte aus der Untervermietung unberücksichtigt, so verschlang die Miete durchschnittlich ein Viertel des Einkommens;[60] diese Miete-Einkommen-Relation galt gleichermaßen für die Mittel- und Unterschicht.[61] Fast jeder fünfte Münchner Mieterhaushalt mußte mehr als 40 Prozent seines Verdienstes für die Wohnung aufbringen.[62] Zu diesen Ärmsten der Armen gehörten Wäscherinnen, Büglerinnen oder Näherinnen, die häufig allein wohnten.

Eine Möglichkeit, die Kosten für die Wohnung zu dämpfen, bestand für viele Familien in der Aufnahme von Untermietern, Zimmermietern und Schlafgängern.[63] Vor allem diejenigen, bei denen die Miete durchschnittlich 40 Prozent des Einkommens beanspruchte, da sie keine entsprechend kleine Wohnung fanden, machten von dieser Möglichkeit Gebrauch. Die aus der Weitervermietung erzielten Einnahmen stellten oft ein Viertel des Gesamteinkommens dar.[64] Die Bedeutung zentral gelegener Wohnungen zeigt sich daran, daß in jedem dritten Haushalt des Stadtzentrums, in dem der Hauptmieter zur Mittel- oder Unterschicht gehörte, untervermietet wurde.[65] Oft wohnten in den selbständigen Haushalten der Unterschicht mehr familienfremde Personen als Familienangehörige.[66] Die Zimmermieter mußten dabei einen deutlich höheren Quadratmeterpreis bezahlen als die Hauptmieter.[67]

Diese Mietkosten pro Quadratmeter wiesen innerhalb der unterschiedlichen Stadtbezirke durchaus Schwankungen auf, doch mit der Ausnahme Bogenhausens, wo die Quadratmeterpreise erheblich höher lagen, hielten sich die Kosten pro Quadratmeter überall sehr nah am Durchschnittswert;[68] es gab also kaum Möglichkeiten, wesentlich billiger zu mieten.[69] Für die Ärmeren war es auch nur dann lohnend, an der Peripherie zu wohnen, wenn sie weiterhin zu Fuß zur Arbeit gehen konnten, da die Kosten für regelmäßige Trambahnbenutzung die etwas geringeren Mieten in den Außenbezirken wieder wettmachten.[70]

Da in den einzelnen Vierteln Wohnungen unterschiedlicher Größe dominierten, differierte auch die Höhe der durchschnittlichen Gesamtmiete. Das trug sicherlich zur schichtenspezifischen Struktur der einzelnen Stadtviertel bei. Während die Mittelschicht sich relativ gleichmäßig, von einer gewissen Konzentration in der Altstadt abgesehen, über die ganze Stadt verteilte, gab es deutliche Oberschichtenviertel wie Bogenhausen, die Nähe der Altstadt und einige Straßen in Schwabing. Aber auch die Ausprägung von Unterschichtenbezirken in Haidhausen oder Giesing, in denen beispielsweise jeder siebente Haushaltungsvorstand Taglöhner war,[71] sowie im Westen Münchens, also in Laim und im Westend, gehörte zur sozialen Realität.

Die Wohnqualität

Die Industrialisierung und ihre neuen Technologien wirkten sich auch auf die Ausstattung der Wohnhäuser aus. Elektrizität besaßen in der Altstadt 1907 zwei Drittel der Wohnungen, in Schwabing die Hälfte, in Haidhausen und Giesing aber nur jeder dritte Haushalt.[72] Besonders in der Altstadt profitierte die Ausstattung der Wohnungen trotz der alten Bausubstanz von den vielen Gewerbebetrieben. In Bogenhausen, in den westlichen Stadtgebieten sowie in Sendling, also in Gegenden, deren Bebauung relativ neu war, wurde hingegen die Elektrizität fast automatisch installiert.

Von wenigen Ausnahmen, meist sehr alten Gebäuden, abgesehen, waren die Häuser zum Zeitpunkt der Enquete an das städtische Schwemmkanalsystem angeschlossen und insofern hygienisch einwandfrei. Aber nur die Hälfte der Haushalte hatte einen eigenen Abort, ein Viertel teilte die Toilette mit einer anderen Partei, die restlichen sogar mit mehreren.[73] Im ganzen östlichen Stadtgebiet verfügte nur ein Drittel der Haushalte über einen eigenen Abort,[74] aber auch in den meisten anderen Stadtteilen befanden sich die ›Etagenklos‹ außerhalb der Wohnungen auf dem Gang. Durchschnittlich mußten fünf Personen mit einer Toilette auskommen,[75] in ›besseren‹ Gegenden und in neu erbauten Häusern waren die Verhältnisse jedoch insgesamt annehmbarer. In etwa acht Prozent der Wohnungen war auch ein Bad installiert[76] – eine Luxuseinrichtung, die seit der Jahrhundertwende modern geworden war. Obwohl es bei alten Häusern sicherlich einen großen finanziellen Aufwand bedeutete, Bäder einzubauen, besaßen in der Nähe der Altstadt und in Bogenhausen immerhin ein Viertel bis ein Drittel aller Wohnungen ein Bad.[77]

Bei 50 Prozent der Münchner Wohnungen beanstandeten die Inspektoren der Wohnungsenquete mangelnde Beleuchtung, Lage oder Beschaffenheit des Aborts oder schlechte Belüftungsmöglichkeiten;[78] in der Altstadt sowie in den östlichen Stadtteilen Haidhausen, Au und Giesing betrafen die Mängelrügen sogar zwei Drittel aller Wohnungen.[79] Bauliche Schäden wie beispielsweise Fußbodenfugen oder Feuchtigkeit wies in München jede vierte Wohnung auf, in der Altstadt sogar jede dritte Wohnung;[80] man kann daher zumindest von einem partiellen Verfall des Wohnungsbestands in der Altstadt sprechen, denn mehr als ein Fünftel der Wohnungen war in einem miserablen Zustand. Im Stadtzentrum ergänzten sich also bauliche Mißstände und die Überbevölkerung in den Wohnungen auf beängstigende Weise. So klagt ein Betroffener:

»Unsere Wohnung liegt an einem Hofe, der sehr klein und ungesund ist, zudem den ganzen Tag voll Staub und Ruß. Auch haben wir das ganze Jahr, Sommer wie Winter, nie Sonnenschein, auch keinen Platz, um im Sommer die Betten zu lüften.«[81]

Gesundheitsbelastend war das Wohnen vor allem in den Wohnungen, in denen zusätzlich noch gearbeitet wurde. Dies betraf in München immerhin sieben Prozent der Haushalte.[82] Obwohl die Heimarbeiterfamilien in der Regel sehr klein waren,[83] beeinträchtigten die Maschinen, der Staub und der Abfall, beispielsweise bei Schreinern, die Wohnqualität doch ganz erheblich. Solche Heimarbeiterwohnungen konzentrierten sich vor allem in der Altstadt[84] – ein Indiz für die Abhängigkeit des Heimgewerbes von bestimmten Abnehmern und von einer zentralen Lage.

Fast ein Drittel aller Münchner Wohnungen wiesen ›Mängel‹ auf.[85] Neben den erwähnten baulichen oder hygienischen Zuständen registrierten die Inspektoren auch »moralische« Schäden: So wurde das Zusammenleben einer Witwe mit einem Zimmermieter als »Konkubinat« unter die Mängel eingestuft. Schwer zuzuordnen ist es, daß bei Mietern jüdischen Glaubens das Wort »Israelit« ebenfalls als ›Mangel‹ eingetragen wurde; behördlicher Antisemitismus?[86]

Ein Problem für die Wohnqualität war auch das »Teilwohnungssystem«: So machte man aus zwei großen Wohnungen beispielsweise neun kleinere Wohnungen;[87] dadurch verfügten dann sieben Wohnungen nur noch über improvisierte Notküchen. Jede vierte Münchner Wohnung hatte also »Teilwohnungscharakter«, bei den Kleinwohnungen fast die Hälfte.[88] In manchen Straßen des Münchner Ostens waren sogar 70 bis 80 Prozent der Wohnungen Teilwohnungen.[89]

Die Anzahl der Wohnungen pro Haus stieg in neuerbauten Stadtteilen generell stark an; dies waren meist auch die ärmeren Gegenden, lehnte es die Ober- und Mittelschicht doch ab, in diesen neuen Mietskasernen zu leben. In den östlichen Stadtteilen hatte daher jedes Haus im Durchschnitt 15 Wohnungen.[90] Hier lebten dichtgedrängt etwa 50 Menschen.[91] In vielen kleinen Wohnungen nutzten die Bewohner einen Raum drei- oder vierfach als Küche, als Wohnzimmer, als Schlafzimmer und vielleicht noch als Werkstätte.[92] Nur knapp ein Prozent der Münchner Bevölkerung lebte in Einfamilienhäusern.[93] Dies zeigt, wie utopisch die Vorstellungen der Gartenstadtbewegung, die für jede Familie ein Kleinhaus im Grünen forderte, im damaligen München wirken mußten – aber auch wie nötig eine solche Reform gewesen wäre. Wohneigentum oder Hausbesitz blieb jedoch für große Teile der Mittelschicht, vor allem für mittlere Beamte und Angestellte,[94] sowie für die ganze Unterschicht meist finanziell unerschwinglich.

Die Mobilität der Mieter

Die Quellen zeigen, daß man damals überaus häufig umzog; dies konnte die verschiedensten Ursachen haben: Beendigung der Ausbildung, Arbeitsplatzwechsel, wirtschaftliche Hausse oder Baisse, vor allem aber die Veränderung durch Heirat, Geburt von Kindern oder durch deren Wegzug aus der elterlichen Wohnung.

In der bayerischen Hauptstadt lag die Mietermobilität in den Jahren 1885 und 1895 höher als im Jahr 1905.[95] Zwischen 1904 und 1907, also in der Zeit größerer ›Seßhaftigkeit‹, sah dies nach den Ergebnissen der Enquete so aus: Die Durchschnittsmietdauer betrug vier Jahre,[96] ähnlich wie in Hamburg.[97] Bei Familien mit zwei Kindern unter 14 Jahren beispielsweise zogen etwa 40 Prozent innerhalb von nur einem Jahr wieder um,[98] nahezu ein weiteres Drittel blieb maximal drei Jahre in einer Wohnung;[99] über zehn Jahre hingegen lebten nicht einmal zehn Prozent der Mieter in einer Wohnung.[100] Das Ausmaß der Mobilität innerhalb der ersten drei Jahre hing offensichtlich nur begrenzt von der Familiengröße ab, denn die Werte für Alleinlebende, kinderlose Ehepaare oder Eltern mit fünf Kindern bewegten sich auf ähnlichem Niveau:[101] Ein Vergleich der absoluten Zahlen zeigt jedoch, daß Alleinlebende und kinderlose Ehepaare etwa viereinhalb Jahre in einer Wohnung lebten, während Familien mit zwei oder fünf Kindern bereits nach drei Jahren wieder einen Wohnungswechsel vornahmen.[102]

Unabhängig vom Familienstand wechselte jedoch die Unterschicht am häufigsten und die Oberschicht am seltensten die Wohnung, während die Mittelschicht statistisch dazwischen lag.[103] Die Gesellschaftsgliederung spiegelt sich also auch in verschiedenen Mobilitätsraten wider. So blieben beispielsweise Angehörige der Oberschicht, soweit sie allein lebten, oder Ehepaare ohne Kinder, mit sechs bis sieben Jahren doppelt so lang in einer Wohnung wie vergleichbare Unterschichtenhaushalte.[104] Es gab auch noch ein weiteres Mobilitätsphänomen: In den ›jungen‹ neuerbauten Stadtteilen im Westen und Osten der Stadt war die Mietdauer wesentlich kürzer als in der Altstadt, und zwar unabhängig davon, ob die Mieter ein höheres oder ein niedrigeres Einkommen bezogen.[105]

Längere Mietzeiten blieben die Ausnahme: nur ein Fünftel der Oberschicht, die sich im allgemeinen ihre Wohngegend aussuchen konnte, logierte mehr als zehn Jahre am selben Ort, ein Zehntel der Mittelschicht und sogar nur ein Zwanzigstel der Unterschicht.[106]

Die Verbesserungsversuche

Wie reagierten nun die staatlichen und städtischen Behörden auf die Verhältnisse im Wohnungswesen? Wesentliche Eingriffe in den Baubereich erfolgten durch die seit 1863 für München aufgestellten und mehrmals modifizierten Bauordnungen;[107] vor allem die Bestimmungen über die Feuersicherheit und über die Stabilität der Gebäude beeinflußten die Art und Weise der Bebauung. Die Festlegung der Höhe von Wohn-, Arbeits- und Schlafräumen sowie die Anordnung, daß die Beleuchtung und Belüftung durch »ins Freie führende Fenster«[108] erfolgen müsse, zeigt den Willen der städtischen Verwaltung, durch gesundheitspolizeiliche Vorschriften auf administrativem Weg die Wohnqualität wenigstens teilweise zu verbessern; die Bestimmungen galten jedoch nur für Neubauten.

Einen weiteren Problembereich bildeten die Fragen der ›Sittlichkeit‹. So sahen Zeitgenossen auch in der Untervermietung beträchtliche Gefahren, nachdem man beispielsweise »in München 1890 nicht weniger als 414 alleinstehende Männer gefunden« hatte, »die ein oder mehrere Schlafmädchen beherbergten«.[109] Solchen Zuständen suchte man entgegenzuwirken.

Die Verordnung vom Februar 1901 stellte jedoch neben ›sittlichen‹ auch gesundheitliche Mindestnormen auf; so durften beispielsweise »in Wohn- und Schlafräumen keine Schweine und Ziegen ... gehalten werden«.[110] Das Zurückdrängen ländlicher Lebensgewohnheiten war also Teil der Versuche, die Wohnqualität zu heben. Entscheidend wirkte jedoch die nach der Jahrhundertwende verordnete Wohnungsaufsicht und Wohnungsinspektion. Durch die Anstellung eines bayerischen Zentralwohnungsinspektors im Jahr 1907, der unter anderem die Aufgabe hatte, die auf Wohnungsbeschaffung gerichteten Bestrebungen zu fördern,[111] wurde die Wohnungsfrage institutionell angebunden. Die Wohnungsaufsicht, die Ergebnisse der Wohnungsenquete und die Bemühungen einer 1908 eingesetzten staatlichen Wohnungskommission[112] ebneten schließlich den Weg zu einer Einrichtung, der auch heute noch eine große Bedeutung zukommt: Im Jahr 1911 wurde das Münchner Wohnungsamt gegründet. Die ersten Aufgaben des Wohnungsamtes bestanden in der Wohnungsaufsicht, in der Wohnungsvermittlung und in der Wohnungsstatistik. Außerdem mußten dem Wohnungsamt alle leerstehenden Wohnungen gemeldet werden; die Stadt wollte also den vorhandenen Wohnraum optimal ausnutzen. Überdies konnte das Wohnungsamt von sich aus Vorschläge machen, wie die Überfüllung von Wohnungen zu verhindern oder zu beseitigen sei.

In den Wohnungsbau selbst griffen Staat und Stadt nur in speziellen Bereichen ein und zwar dann, wenn es um die Bereitstellung von Wohnungen für Beamte sowie für andere staatliche Bedienstete ging. So ließ beispielsweise das Kriegsministerium ab 1901 auf dem Gelände der Artillerie-Werkstätten an der äußeren Dachauer Straße für verheiratete Zivilarbeiter Arbeiterwohnhäuser bauen[113] und die Stadt errichtete 1909 einen Baublock mit 175 Wohnungen für Gemeindebedienstete und Arbeiter.[114] Indirekt wollte die Stadt München jedoch auch durch eine Steuerbefreiung für Kleinwohnungsbauten[115] den Wohnungsbau ankurbeln, sollte so doch in der Krisenzeit von 1908/09 die Investitionsbereitschaft gefördert werden. Über die Landeskulturrentenanstalt wurden außerdem Kredite für den Kleinwohnungsbau vergeben; dies war Teil der städtischen Politik, in erster Linie durch das Steuer- und Kreditwesen den Wohnungsmarkt zu beeinflussen.

Wie kontrovers die Vorstellungen waren, zeigen die Ideen der SPD und die Forderungen des Hausbesitzervereins. Die SPD befürwortete »ein Wohnungsgesetz ..., die Erweiterung des Enteignungsrechts der Gemeinde zur Schaffung von Wohnungen ... und eine wirksame Beaufsichtigung der Wohnungen, der Bautätigkeit und der Bodenpreisbewegung«.[116] Sie erkannte also die Dringlichkeit der Wohnungsfrage und versuchte sie mit dirigistischen Mitteln, die die Spekulation dämpfen sollten, zu lösen. Der zweite Vorsitzende des Haus- und Grundbesitzervereins, Josef Humar, wehrte sich sogar gegen eine Unterstützung der Baugenossenschaften, da dies Wettbewerbsverzerrungen zur Folge haben könne.[117] Bei jeder weiteren steuerlichen Belastung werde sich das Privatkapital vom Wohnungsmarkt fernhalten.[118]

Alle Bemühungen, ob von städtischer, staatlicher oder sonstiger Seite, änderten jedoch nichts daran, daß in der Prinzregentenzeit die großstädtische Entwicklung Münchens auf dem Wohnungssektor Probleme schuf, die nur unzureichend gelöst werden konnten. Der überwiegende Teil der Bevölkerung mußte in Wohnungen leben, in denen Verhältnisse herrschten, die mit unserer Vorstellung von der ›guten alten Zeit‹ unvereinbar sind.

Wohnreform – mehr als Licht, Luft und Sonne
Die ersten Baugenossenschaften in München
Von Ruth Dörschel, Martin Kornacher, Ursula Stiglbrunner, Sabine Staebe

Städte, die von arbeitssuchenden Menschen überfüllt waren, unvorstellbare Wohnungsnot, ein Lebensstandard am Existenzminimum – das alles kennzeichnete die Situation um die Jahrhundertwende. Mancher Fabrikbesitzer versuchte Abhilfe zu schaffen, indem er mit dem Bau von Werkswohnungen die Lebensverhältnisse verbesserte, die ›eigene‹ Arbeiterschaft gesund und leistungsfähig erhielt und ein loyales Verhalten förderte. Mit einem weniger paternalistischen Lösungsansatz wollte Robert Owen[1] zu einer neuen sozialistischen Gesellschaftsordnung beitragen: Er propagierte eine autonome Gemeinschaftssiedlung von Arbeitern.

Ab Mitte des 19. Jahrhunderts entstanden erste Initiativen der betroffenen Arbeiterschaft,[2] innerhalb des bestehenden Systems die eigenen Angelegenheiten selbst in die Hand zu nehmen. So schloß man sich in Genossenschaften zusammen, um die Gewinnspanne des Unternehmers auszuschalten und die eigenen Bedürfnisse angemessen zu befriedigen. Daneben entbrannte die Diskussion um eine genossenschaftlich organisierte Wirtschaftsform im Wohnungswesen. Da Wohnungsbau jedoch kapital- und zeitintensiver war, entstanden hier größere Probleme als bei den erfolgreichen Konsum- und Produktionsgenossenschaften. Man war prinzipiell auf Hilfe von außen angewiesen. Spezielle Institutionen zur Vergabe günstiger Darlehen gab es jedoch nicht. Daher hatte die Idee, sich solidarisch in einer Baugenossenschaft zusammenzuschließen, vor allem im agrarisch strukturierten Bayern zunächst wenig Realisierungschancen.

Die erste Gründung

Im Jahre 1871, als infolge der reichsweiten Hochkonjunkturperiode und der damit einhergehenden Urbanisierungswelle auch in München große Wohnungsnot herrschte, entstand jedoch die ›Bau- und Spargenossenschaft Arbeiterheim‹, heute ›Baugenossenschaft München von 1871‹ genannt.[3] Die Idee zur Gründung tauchte bereits 1856 im ›Arbeiterbildungsverein‹ auf.[4] Durch den Zusammenschluß finanzschwacher Teile der Bevölkerung sollten, nach den sozialliberalen Ideen des deutschen Genossenschaftspioniers Hermann Schulze-Delitzsch,[5] ohne strukturverändernde Eingriffe in den Wohnungsmarkt neue Wohnungen geschaffen werden, deren Mieter und zugleich gemeinsame und gleichberechtigte Eigentümer die Wohnungsbedürftigen waren.[6] Rechtliche Voraussetzungen hierzu gab es ab 1871, als das preußische Genossenschaftsgesetz reichsweite Gültigkeit erhielt.[7] Dennoch blieb die Gründung ein mutiges Unterfangen, haftete doch damals noch jeder Genosse im Konkursfalle mit seinem gesamten Vermögen.[8] Es konstituierte sich daher ein Vorschußverein, dessen alleiniger Zweck in der Finanzierung der Bauvorhaben bestand.[9] Auf diese Weise mußten finanzkräftige Förderer nicht Mitglieder der Genossenschaft werden und waren daher auch nicht haftbar.[10] Spenden kamen aus Kreisen der Hochfinanz, der Industrie, des Adels und des Bildungsbürgertums. Als Förderer sind unter anderen genannt: Bürgermeister Dr. von Erhart, Direktor Ruhwandel von der ›Bayerischen Hypotheken- und Wechselbank‹, Ritter Hugo von Maffei, Herzog Max in Bayern. Sogar König Ludwig II. gab über 3000 Mark.[11] Quasi am Modellfall überprüfte man hier, ob es möglich sei, die ursprünglich sozialistisch konzipierte Genossenschaft einzusetzen, um die Arbeiter durch eine – wenn auch geringe – Verbesserung ihrer Lebensverhältnisse zu befriedigen und sie über das gemeinsame Wohnungseigentum in die Gesellschaftsordnung einzubinden.

Die ersten Bauten dieser Genossenschaft konnten am 1. Mai 1873 den Mitgliedern übergeben werden.[12] Es handelte sich dabei um acht zweigeschossige Häuser mit zwei Dreizimmerwohnungen pro Stockwerk. Auffällig ist, daß man es beim Bau dieser Wohnungen im Gegensatz zu den meisten späteren Genossenschaftsbauten Münchens vermied, bürgerliche Wohnformen zu imitieren. So fehlten zum Beispiel die Flure – im bürgerlichen Wohnbau obligates Mittel zur Trennung des halböffentlichen Treppenhauses vom privaten Wohnraum.[13] Diese weniger strikte Trennung von öffentlichem und privatem Raum entsprach einer Wohnvorstellung, bei der mehr das Miteinander der Hausparteien im Vordergrund stand. Bemerkenswert ist bei diesen frühen Bauten auch die Fassadengestaltung, die ohne die eklektischen Schmuckelemente auskam, die für den gründerzeitlichen Repräsentationsstil sonst unerläßlich waren. Straßen- und Rückansichten waren ähnlich gestaltet,[14] um den sozial deklassierenden Hinterhauseffekt zu vermeiden.

Schon die folgenden Bauten, die 1874 an der Lindwurmstraße fertiggestellt wurden,[15] lassen ganz andere Planungsprinzipien erkennen: unterschiedliche Grundrisse, Eingangsflure, und deutliche formale Trennung in Vorder- und Rückhäuser machen kenntlich, daß konventionelle bürgerliche Wohnvorstellungen inzwischen wichtiger geworden waren als die genossenschaftliche Prämisse, gleichwertige Wohnungen für alle zu schaffen.

Die finanzielle und rechtliche Unterstützung der Genossenschaften

Die Finanzierung weiterer baugenossenschaftlicher Aktivitäten stellte in den achtziger Jahren zunächst noch ein fast unlösbares Problem dar. So kam es auch nur zu einer einzigen Neugründung. Schon seit Mitte der neunziger Jahre entstand jedoch die Grundlage für den allmählichen Aufschwung: als Folge der Bismarckschen Sozialgesetzgebung wurden Versicherungsanstalten eingerichtet, die sich mit ihren schnell angesammelten Kapitalien bald zur entscheidenden Finanzquelle der Genossenschaften entwickelten. Diese Darlehensvergabe bot den Versicherungen eine gute Möglichkeit, ihr Kapital langfristig sicher anzulegen. Die Baugenossenschaft verpflichtete sich ihrerseits, gemeinnützig zu handeln, das heißt, billige Kleinwohnungen für die finanzschwachen Teile der Bevölkerung zu bauen und die Gewinnausschüttung auf vier Prozent der Einlagen zu begrenzen;[16] die Gemeinnützigkeit, damals noch kein rechtlicher Begriff, mußte im Einzelfall ausgehandelt werden. Eine weitere rechtliche Verbesserung stellte die 1889 reichsweit eingeführte Möglichkeit dar, eine Genossenschaft mit beschränkter Haftung zu gründen. Damit verminderte sich das finanzielle Risiko der Mitglieder auf eine festgelegte Haftsumme.

In München blieben diese Neuerungen, abgesehen von der Gründung der ›Baugenossenschaft Familienheim‹ 1896, vorerst ohne Folgen. Aufgrund des relativ liberalen bayerischen Vereinsrechts wählten im Gegensatz zum übrigen Reich die wenigen neuen Bauvereinigungen die Rechtsform des Bau-Vereins.[17] Auch hier galt das genossenschaftliche Demokratieprinzip: jedes Mitglied besaß eine Stimme, unabhängig vom eingebrachten Kapital.

Die katholischen Arbeitervereine

Die seit 1887 von der katholischen Kirche gegründeten Arbeitervereine spielten eine besondere Rolle bei der Entwicklung baugenossenschaftlicher Initiativen in München. Sie standen damals in enger Verbindung zum linken Zentrumsflügel, der zu dieser Zeit, unter dem »Bauerndoktor« Heim,[18] noch erhebliches Gewicht innerhalb der Partei besaß, sowie zu Teilen des niederen Klerus, die in München als die »roten Kapläne« verschrien waren.[19] Die Arbeitervereine beschäftigten sich in den neunziger Jahren immer stärker mit der Wohnungsfrage. So traten die Zentrumsabgeordneten Karl Schirmer und Eugen Jäger immer wieder als Redner bei sozial- und wohnungspolitischen Veranstaltungen der Arbeitervereine auf.[20]

Lorenz Huber, einer der »roten Kapläne« war der erste Verbandspräses der Münchner Arbeitervereine und ebenso wie Alois Gilg, Prediger der Gemeinde St. Peter und Gründungsmitglied des ›Arbeitervereins München-West‹, zeitweise auch Verleger der Wochenzeitschrift ›Der Arbeiter‹, des Presseorgans der Organisation.[21] Zur Lösung der Wohnungsfrage forderte ›Der Arbeiter‹ nicht nur die Initiative der Stadt, sondern versuchte mit Aufrufen zur Neugründung von Baugenossenschaften die Betroffenen zur Selbsthilfe anzuspornen.[22] Dieses Vorgehen betrachtete die Münchner SPD vorerst mit großer Skepsis und Kritik, da nach ihrer Meinung solche Aktionen nur an der Oberfläche des Problems kratzten, die eigentlichen Ursachen der permanenten Wohnungsnot aber nicht beseitigten.[23] Die SPD wollte dagegen mit ihrer Arbeiterbildungsorganisation ›Vorwärts‹, die ein vergleichbares kulturelles Leben wie die Arbeitervereine entfaltete, die geistige Vorbereitung zum Übergang in den Sozialismus schaffen.

Einer der größten katholischen Arbeitervereine entstand 1888 in München-West aus dem ›Krankenunterstützungsverein Friedenheim‹, den man als ›kleine Krankenkasse‹ bezeichnen könnte. Solche Vereine waren für die Arbeiter seit den 1871 geltenden Sozialistengesetzen eine der wenigen Möglichkeiten, sich zu organisieren.[24] Die 59 Gründungsmitglieder standen unter der Leitung des Stadtpfarrers Alois Gilg.[25] Interessant ist dieser ›Katholische Arbeiterverein München-West‹, weil er neben dem üblichen Angebot wie Bibliothek, Kranken- und Sterbekasse sowie einem Sängerchor für seine Mitglieder 80 »schöne und billige Familienwohnungen«[26] erstellte, um die drückende Wohnungsnot zu lindern; 1893 waren die fünf Häuser an der Ganghofer-/ Ecke Tulbeckstraße dann fertiggestellt.

Gleichzeitig mit den Wohnhäusern entstand das ›Arbeiterheim‹, ein großer Saalbau, in dem alle gesellschaftlichen Aktivitäten des Arbeitervereines stattfanden. Dieser Bau stellte in München eines der ganz wenigen architektonischen Symbole der Genossenschaftskultur dar. Als sich 1918 aus dem Verein die ›Baugenossenschaft Rupertusheim‹ gründete, wurde das ›Arbeiterheim‹, jetzt ›Rupertusheim‹ genannt, übernommen.[27]

Die Bautätigkeit des ›Arbeitervereins München-West‹ fand nur einen Nachfolger: 1896 errichtete der Arbeiterverein in der Au an der Pöppel- und Auerkirchhofstraße, der heutigen Regerstraße, viergeschossige Zeilenbauten mit insgesamt 120 Wohnungen.[28] Nachdem sich aus beiden Projekten keine kontinuierliche Bautätigkeit entwickeln konnte, müssen diese Bauten für München als ein Sonderfall angesehen werden.

Die selbstorganisierte Wohnungsenquete von 1898

Im Jahr 1898 stieg die Wohnungsnot in München erneut an, doch die Forderung des Bayerischen Innenministers Max von Feilitzsch, eine Umfrage über die Wohnungsverhältnisse in München vorzunehmen, wurde von beiden Kammern der Stadt, auf die der Haus- und Grundbesitzerverein starken Einfluß hatte, abgelehnt.[29] Diese Haltung brachte den ›Arbeiterwahlverein für das Zentrum‹, die katholischen Arbeitervereine und den gewerkschaftlichen Verein ›Arbeiterschutz‹ zu dem Entschluß, eine selbstorganisierte Wohnungsenquete durchzuführen. Karl Schirmer wurde die treibende Kraft dieser Aktion. Ziel der Enquete war es, ein möglichst umfassendes Bild der Münchner Wohnungssituation zu ermitteln, um endlich die Wohnungsnot anhand von Fakten belegen und damit die Stadt zum Handeln zwingen zu können.[30] Leider konnten nur 1000 der 4000 Fragebögen ausgewertet werden.³¹ Die Beschreibung der katastrophalen Zustände³² erzeugte aber einen starken moralischen Druck, wodurch das Thema ›Wohnungsnot‹ wieder stärker in den politischen Gremien der Stadt diskutiert wurde. Mit der städtischen Wohnungsenquete von 1904/07 konnten diese Ergebnisse schließlich repräsentativ erhoben und ausgewertet werden.

Die Gründung des ›Wohnungsvereins‹

Auf Betreiben von Bürgermeister Wilhelm von Borscht richteten Gemeindekollegium und Magistrat nun eine ›Wohnungskommission‹ ein.³³ Diese wurde zum Kristallisationspunkt für ein Bündnis zwischen linkem Zentrumsflügel, bürgerlichen Sozialreformern und städtischen Honoratioren, unter ihnen Bürgermeister von Borscht. Hier entstand der Gedanke, eine Baugenossenschaft zu gründen, um für die Wohnungsnot praktische Abhilfe zu schaffen. Erneut ergriff Karl Schirmer die Initiative und sammelte Interessenten, die Anfang Juli 1899 den ›Verein zur Verbesserung der Wohnungsverhältnisse‹ konstituierten.³⁴ Schirmers Kandidatur für die bevorstehenden Reichstagswahlen spielte bei diesem Engagement sicher eine Rolle.³⁵ Bürgermeister Wilhelm von Borscht wiederum erhoffte sich von der Tätigkeit des Vereins eine Harmonisierung der sozialen Gegensätze in der Stadt.³⁶ Demgemäß sollten nicht allein die Wohnungssuchenden, sondern auch philantropische Mäzene aus dem Bürgertum Mitglieder werden können. An den Berufsbezeichnungen einiger Gründungsmitglieder läßt sich dieses Bestreben deutlich ablesen: Paketbote, Bankier, Steinmetz, Zimmermann, Redakteur, Major, Arbeitersekretär. Auch die Wohnungsreformer waren durch ihre Münchner Exponenten Lujo Brentano, Karl Singer, Max von Gruber und Paul Busching stark vertreten. Dem Gremium gehörten überraschenderweise auch zwei Frauen an: Fr. Wright, Kaufmannsgattin, und Ika Freudenberg, Vorsitzende des konservativen ›Vereins für Naueninteressen‹.³⁷ Eine Besonderheit bildete ferner die weitgehende demokratische Selbstverwaltung des sogenannten Wohnungsvereins, waren doch andere politische Gremien der damaligen Zeit keineswegs demokratisch strukturiert.

Der ›Wohnungsverein‹ machte überdies den Versuch, einen »modernen Ersatz der Herbergen«³⁸ zu entwickeln; diese in München traditionelle Form des Wohnungseigentums hatte ärmeren Schichten die Möglichkeit geboten, langfristig unkündbar zu wohnen. Diese Kündigungssicherheit stellte für die gemeinschaftlichen Eigentümer der geplanten Wohnungen einen bedeutenden Vorteil dar, da es damals keinerlei Mieterschutzgesetze gab.

In den Augen seiner Initiatoren erfüllte der ›Wohnungsverein‹ zudem eine erzieherische Aufgabe:³⁹ Er sollte durch seine Bauten Einfluß auf die Lebensform der Arbeiterschaft nehmen. Entsprechend ausführlich wurden deshalb die Grundrisse des ersten 1904 fertiggestellten Wohnblocks an der Daiserstraße in der vom Verein herausgegebenen ›Zeit-

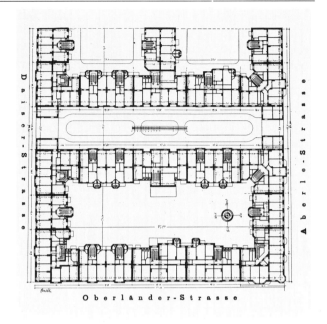

Die Wohnanlage des ›Vereins zur Verbesserung der Wohnungsverhältnisse in München‹ an der Daiserstraße (1904) – Sie verwirklicht die Vorstellungen der bürgerlichen Wohnungsreformer.

schrift für das Wohnungswesen‹ vorgestellt. Für die Wohnungsreformer war die räumliche Trennung von Öffentlichkeit und Privatheit ein entscheidendes Kriterium guten Wohnens. Sie übertrugen hier das aus ihrem bürgerlichen Lebensraum gewohnte Ideal des zurückgezogenen Privatlebens auf den Arbeiterwohnungsbau; dabei nahmen sie auch auf die angelsächsische Vorstellung »my home is my castle« Bezug.⁴⁰

Besonders deutlich wird dieses Bestreben im Wohnungsgrundriß: Während man die Wohnungen der Baugenossenschaft von 1871 noch unmittelbar über die Wohnküche betrat, hielten die bürgerlichen Wohnungsreformer gerade den Vorraum für das entscheidende Element, welches wie eine Pufferzone den öffentlichen und den privaten Raum auseinanderhalten sollte; auch bei der von ihnen mitinitiierten, städtischen Wohnungsenquete von 1904/07 wurde das Fehlen des Vorraums als Mangel eingestuft.⁴¹ Jedoch besitzt die über die damals übliche Parzellengröße hinausgehende Gestaltung eines ganzen Straßengeviertes nicht mehr die gewohnte soziale Hierarchie von Vorder- und Hinterhaus. Sie zeigt vielmehr eine deutliche Abstufung vom öffentlichen Charakter des Straßenraums über den halböffentlichen blockinternen Weg, der von der Straße jeweils mit einem Torbau abgegrenzt wird, bis hin zur abgeschlossenen Einzelwohnung.⁴²

Das Engagement der Wohnungsreformer zumal in solchen Detailfragen wurde von seiten der SPD als »kleinbürgerliche Quacksalberei«⁴³ bezeichnet, wobei sie jedoch nicht voraussah, wie zukunftsweisend diese Bemühungen werden sollten: Noch heute ist jede Sozialwohnung mit einem Vorraum ausgestattet.

Die Eisenbahnerbaugenossenschaften – gemeinschaftliches Eigentum prägt die Wohnform

Nahezu zeitgleich mit der Gründung des ›Wohnungsvereins‹ griffen auch die Eisenbahner, eine der größten Arbeitergruppen in München, zur genossenschaftlichen Selbsthilfe. So entstanden 1898 und 1899 vier Eisenbahnerbaugenossenschaften, da die Eisenbahnbediensteten mit ihrem relativ geringen, aber langfristig sicheren Einkommen ein gutes Potential für baugenossenschaftliche Organisation darstellten. Wenn sich die wohnungssuchenden Eisenbahner selbst zu einer Genossenschaft zusammenfanden, bekamen sie von der Eisenbahnverwaltung überdies Unterstützung durch ein Baudarlehen;[44] diese Förderungsform steht im Gegensatz zur heutigen, individualisierten Förderung im sozialen Wohnungsbau, die kollektiver Selbsthilfe wenig Anreize bietet.

Anders als beim ›Wohnungsverein‹ bildeten der gemeinsame berufliche Bezug und der christlich-gewerkschaftliche Hintergrund das Rückgrat dieser Genossenschaften: Aufbauend auf der christlichen Gewerkschaft ›Arbeiterschutz‹, die Mitte der neunziger Jahre von dem linken Zentrumsabgeordneten Karl Schirmer mitbegründet wurde, entstand 1896 die christlich-nationale Gewerkschaft des ›Bayerischen Eisenbahnerverbandes‹.[45] Diese rief 1898 die ›Baugenossenschaft des Bayerischen Eisenbahnerverbandes‹ ins Leben, die bald darauf ihren ersten Bau an der Camerloherstraße in Laim vor den Toren Münchens ausführte: Einen Wohnblock, der aus der Laimer Villenlandschaft herausragte. Stolz verwiesen seine Bewohner darauf, daß ihr sehr großer, begrünter Blockinnenhof doppelt so groß sei wie der Münchner Promenadeplatz.[46] Diese selbstbewußte Haltung baute auf dem Bewußtsein auf, daß die eigene genossenschaftliche Wohnform eine Alternative zum privaten Hausbesitz darstellte. Deshalb wurde der dauerhafte gemeinschaftliche Besitz von Haus und Grund auch in der Satzung festgelegt.[47] Hier zeigte sich erstmals in München eine Richtung, die sich ausdrücklich von den sogenannten Erwerbshausgenossenschaften absetzte; diese sahen nämlich die Privatisierung der Einzelhäuser nach Beendigung der Bauphase vor.[48] Auch die umfassende gemeinschaftliche Infrastruktur der Eisenbahnerwohnanlagen, wie die genossenschaftseigenen Gaststätten und Läden, ein Bauhof, die genossenschaftliche Kohleverteilungsstelle und das Dampfbad, sind Zeichen einer weitgehenden reformerischen Grundidee dieser Genossenschaft.[49]

Die Gründungswelle ab 1908

Nachdem einzelne Gründungsinitiativen den Gedanken der Baugenossenschaft in München bekannt gemacht hatten, kam es 1908 bis 1910 zur ersten großen Gründungswelle: Innerhalb dieser drei Jahre entstanden über 20 Baugenossenschaften. Hauptsächlich finanziell schlechtergestellte Bevölkerungsgruppen kämpften zu dieser Zeit mit der zunehmenden Wohnungsnot und mit Mietsteigerungen, die oft bis zu 50 Prozent betrugen. Der allgemeine Unmut über diese Wohnungssituation fand im Mai 1908 seinen Ausdruck in zwei kurz aufeinanderfolgenden Mieterprotestversammlungen, die von den Sozialdemokraten und dem Mieterverein initiiert worden waren.

Es gab verschiedene Ansätze, dauerhaft die Finanzierung des Kleinwohnungsbaus sicherzustellen. Zwar konnte die Idee einer eigenen Kapitalversorgung der Baugenossenschaften durch eine ›Volkshypothekenbank‹[50] – bereits 1903 in der ›Zeitschrift für Wohnungswesen‹ diskutiert – noch nicht verwirklicht werden; von staatlicher Seite wurde jedoch langsam die Förderung des gemeinnützigen Wohnungsbaus institutionalisiert, da sich dieser nach dem Vorbild des ›Wohnungsvereins‹ als probates Mittel zur Wohnungsbeschaffung für die einkommensschwache Bevölkerung erwiesen hatte. Die staatliche Unterstützung bestand vor allem aus Steuererleichterungen[51] und der Gewährung günstiger Darlehen an gemeinnützige Baugesellschaften, Bauvereine und Baugenossenschaften. Der Modus zur Anerkennung der Gemeinnützigkeit blieb allerdings noch bis 1930 ohne gesetzliche Regelung.[52] Um die Spekulation mit solchen öffentlichen Geldern zu unterbinden, durften seit 1895 die gemeinnützigen Darlehensnehmer ihre Mitgliederanteile nur noch zu vier Prozent verzinsen und bei Konkurs den Anteilsinhabern nicht mehr als die Einlage ausbezahlen. Die staatlichen Darlehen wurden von der 1884 ursprünglich nur für den landwirtschaftlichen Bereich gegründeten Landeskulturrentenanstalt vergeben.[53]

Diese Förderung und die Gelder der Landerversicherungsanstalt, die vornehmlich an den Münchner ›Wohnungsverein‹ flossen, lösten Klagen der Münchner Hausbesitzer aus, die sich über die ungleichen Marktchancen und den angeblichen Wettbewerbsdruck durch die Subventionen beschwerten. Dies war um so weniger berechtigt, als die Grund- und Hausbesitzer auch zu Zeiten eines Wohnungsüberangebots nie den tatsächlichen Marktanforderungen nach Kleinwohnungen für ärmere Schichten entsprochen hatten.[54]

Die städtische Förderung des Kleinwohnungsbaus dagegen zeigt in der Verteilung der Darlehen die starke Lobby der Hausbesitzer in der Münchner Stadtpolitik: Nur ein Sechstel der Gelder floß in die Kassen der Baugenossenschaften.[55] Auch läßt sich direkte Einflußnahme der Hausbesitzer in genossenschaftlichen Angelegenheiten nachweisen; so wurde um 1913 auf ihren Druck hin der Antrag der ›Kleinwohnungsbaugenossenschaft Pasing‹ an die Gemeinde Pasing, die zweite Hypothekengarantie zu übernehmen, vom Gemeinderat abgelehnt.[56] Der Einspruch beim Bayerischen Verwaltungsgerichtshof durch den Genossenschaftsvorsitzenden, den Sozialdemokraten Hans Nimmerfall, führte dann jedoch zu einem Präzedenzurteil: Alle bayerischen Gemeinden wurden verpflichtet, bei anerkannt bestehender Wohnungsnot die Bürgschaft für solche zweiten Hypotheken zu übernehmen.[57]

Aufbau einer genossenschaftlichen Lobby

Die zunehmende Bedeutung der Genossenschaften als wirtschaftlicher und gesellschaftlicher Faktor im Wohnungsbau führte 1909 zur Gründung des ›Bayerischen Landesvereins zur Förderung des Wohnungswesens‹.[58] Nach dem Vorbild des rheinischen und des westfälischen Zentralvereins war es sein Ziel, Beratertätigkeit zu leisten und nach außen für den gemeinnützigen Kleinwohnungsbau zu werben. Unter der Leitung des Innenministers Friedrich von Brettreich fanden sich sozialreformerische Kräfte aus staatlichen Institutionen, engagiertes Bürgertum, Architekten, Bankiers und Industrielle wie Georg Pschorr im Gründungskomitee zusammen.[59]

Aus den unterschiedlichen Ansätzen genossenschaftlicher Selbsthilfe bildeten sich zudem Fraktionen, die in den verschiedenen Revisionsverbänden[60] zum Ausdruck kamen. Die jährliche Revision der Buchführung, eine Einrichtung des Genossenschaftsgesetzes von 1889, und die Vermittlung von finanz- und bautechnischem Wissen durch diese Verbände war für die jungen und unerfahrenen Bauvereinigungen sehr wertvoll. Als erster wurde der ›Revisionsverband der Baugenossenschaften des Bayerischen Verkehrspersonals‹ gegründet. Als zweiten rief man 1909, direkt im Anschluß an die Gründung des Landesvereins, den ›Verband für Bayerische Baugesellschaften, -Genossenschaften und -Vereine‹ ins Leben. Hier führte man den wohnungsreformerischen Ansatz aus dem Wohnungsverein fort[61] und übernahm später die ›Zeitschrift für Wohnungswesen in Bayern‹ als Verbandsorgan. Um Darlehen von der Landeskulturrentenanstalt zu erhalten, mußte eine Bauvereinigung Mitglied in diesem Verband werden. Deshalb war hier der größte Mitgliederzuwachs zu verzeichnen – bis 1911 traten 55 Genossenschaften bei.[62] Die Baugenossenschaften christlicher Ausrichtung wiederum wurden Mitglieder des ›Bayerischen Genossenschaftskartells‹, des Sammelpunkts der katholischen Arbeiterbewegung.[63] Überdies entstand der ›Landesverband Bayerischer Beamtenbaugenossenschaften‹.

Zu Beginn dieser parteilichen Zusammenschlüsse von Baugenossenschaften in je einer Dachorganisation gab es noch kaum Unterstützung der baugenossenschaftlichen Aktivitäten durch die Münchner Sozialdemokratie. Mit dem Machtverlust des linken Flügels der Zentrumspartei[64] nach 1905/06 entstand jedoch in der Frage der politischen Stärkung der baugenossenschaftlichen Bewegung ein Vakuum. Dies gab der Sozialdemokratie als früherem Bündnispartner der Zentrumslinken die Möglichkeit, diese Aktivitäten zu übernehmen. In der Tageszeitung ›Münchener Post‹, dem sozialdemokratischen Sprachrohr, kann man dies an der zunehmend wohlwollenderen Berichterstattung zu Baugenossenschaftsgründungen ablesen.[65] Die bisherigen Vorbehalte begründete man mit dem Wirken der bürgerlichen Wohnungsreformer, an dem man eine systemstabilisierende Befriedung der Arbeiter kritisierte. Unabhängig von Parteilinien hatten sich jedoch sehr früh Sozialdemokraten bei der Gründung von Baugenossenschaften engagiert, beispielsweise 1899 im ›Wohnungsverein‹, und sich damit der herben Kritik ihres Parteivorstandes ausgesetzt.[66] Eindeutig sozialdemokratisch ausgerichtete Genossenschaftsgründungen lassen sich dann erst ab 1909 nachweisen, so die ›Baugenossenschaft Ludwigsvorstadt‹ und die ›Baugenossenschaft Freiland‹ deren Namen noch heute in den jeweiligen SPD-Ortsvereinen weiterleben. Im Zuge der Revisionismusdiskussion wurde schließlich auf dem Parteitag der SPD in Magdeburg offiziell die Unterstützung von Baugenossenschaften beschlossen.[67]

Wohnungsideale – Wunschträume und Wirklichkeit

Um die Jahrhundertwende war in England und Deutschland quer durch alle gesellschaftlichen und politischen Gruppierungen ein neues, altes Wohnungsideal anzutreffen – die Gartenstadt. Während das gehobene Münchner Bürgertum dieses in Projekten wie der Villenkolonie I und II in Pasing bedingt realisieren konnte,[68] mußten sich die ärmeren Schichten weiterhin mit dem Geschoßwohnungsbau zufriedengeben. Die Genossenschaften und Bauvereine blieben jedoch von der Diskussion über neue und bessere Wohnformen nicht unberührt und wandten sich je nach ihrer politischen Ausrichtung unterschiedlichen Modellen zu. So vertrat 1908 in einer Versammlung des mittelständisch orientierten Mietervereins zur geplanten Gartenstadt Perlach Max von Gruber eine völkische Version der Gartenstadt nach den Theorien von Theodor Fritsch.[69] Die ›Baugenossenschaft Freiland‹ dagegen lud zu ihrer Gründungsversammlung 1909 den Generalsekretär der Deutschen Gartenstadtgesellschaft, den Sozialisten Hans Kampffmeyer ein,[70] der aus seiner Sicht über Gartenstadt und Genossenschaft referierte. Diese Baugenossenschaft mit dem symbolkräftigen Namen[71] hatte es sich zur Aufgabe gestellt, eine Arbeitergartenstadt zu schaffen.[72] Sie gab Richard Riemerschmid, dem Architekten der Gartenstadt Hellerau bei Dresden, einen Planungsauftrag, dessen Verwirklichung aber wie das Gartenstadtprojekt der Wohnungsreformer in München-Perlach aus finanziellen Gründen scheiterte.[73]

Auch die ›Baugenossenschaft Ludwigsvorstadt‹ entstand 1911, um sich vom »Druck der Hausagrarier zu befreien« und sich mit einer Gartenstadt am westlichen Stadtrand »die eigene Scholle zu verschaffen«. Dies wurde zwar ohne ausführlichere Planung wegen »ungünstiger Geldaussichten und der Entfernung von den Arbeitsstätten« bald verworfen,[74] ihrer Wunschvorstellung vom Einfamilienhaus gaben die Baugenossenschafter aus dem Westend aber in ihrem Emblem Ausdruck: der Genossenschafter wendet sich dem kleinen Häuschen im Vordergrund zu, während das viergeschossige Wohnhaus nur im Hintergrund erscheint. Den realen Möglichkeiten entsprechend, nahm man dann jedoch eine Blockrandbebauung auf der Schwanthalerhöhe in Angriff, bei der man versuchte, der Vorstellung vom Inselcharakter gemeinschaftlicher Wohn- und Lebensform im

›Meer‹ der umliegenden Mietskasernen gerecht zu werden: Im Gegensatz zu den straßenseitig zugänglichen Wohnblöcken der Umgebung kann man die Genossenschaftshäuser nur über den gemeinsamen Blockinnenhof betreten. Diese besondere Betonung der Gemeinschaft zeigte sich auch in den vielen Versorgungseinrichtungen, die den Ansatz zu einem kleinen autonomen Wirtschaftskreislauf bildeten. So führte die ›Baugenossenschaft München-West‹ drei Jahre nach ihrer Gründung bereits sechs Läden »in Regie«, und rief in jeder Mitgliederversammlung dazu auf, »die Geschäfte der Genossenschaft durch regen Einkauf zu unterstützen und nicht durch Einkauf beim Milchwagen dem Großkapital in die Höhe zu helfen«.[75]

Resümee

Die Baugenossenschaften, die in München allein in den Jahren von 1909 bis 1911 einen Anteil von 55 Prozent am Bauvolumen im Kleinwohnungsbau inne hatten,[76] trugen insgesamt erheblich dazu bei, die Wohnungsnot zu lindern und die Wohnungsqualität zu heben. Wie im ganzen Deutschen Reich dienten sie auch in München gleichzeitig den verschiedenen wirtschaftlichen und politischen Gruppierungen als Instrument, um ihre sozialpolitischen Ziele durchzusetzen: Die bürgerlichen Wohnungsreformer wollten durch die Genossenschaften »die verderblichen Folgen für die Allgemeinheit"[77] bekämpfen, die durch die unerträgliche Überbelegung der Wohnungen für Sitte und Hygiene entstanden; die christliche Genossenschaftsbewegung legte anfangs in ihren Initiativen noch ein starkes Gewicht auf Demokratisierung und Selbstverwaltung der Arbeiterschaft, während nach dem Sieg des konservativen Zentrumsflügels bald nur noch der Gedanke der Familienfürsorge im Vordergrund stand;[78] in sozialistischen Kreisen dagegen sah man nach anfänglicher Ablehnung des ›Verbürgerlichungs-Syndroms‹ doch allmählich in dem Aufbau von Baugenossenschaften einen Beitrag zur Lösung der Sozialen Frage. Vor allem die bayerische Sozialdemokratie unter der Führung Georg von Vollmars bekannte sich dazu, den sozialistischen Veränderungsprozeß auch durch Aktionen innerhalb der bestehenden Gesellschaft voranzutreiben;[79] dies kam dem Genossenschaftsgedanken zugute.

In der kurzen Zeit der Räterepubliken nach dem Ersten Weltkrieg führte die Euphorie der Stunde dann sogar zu der Forderung nach Selbstverwaltungskörperschaften im Wohnungswesen.[80] Bereits 1919 brachen jedoch die Hoffnungen auf eine zentrale Reform wieder in sich zusammen; eine während des Krieges eingeführte Lenkung des Wohnungsmarktes, beispielsweise durch Mietbindung, wurde auch nach dem Sturz der Monarchie beibehalten und bildete den Übergang von indirekter finanzieller Unterstützung zu einer direkten Wohnungsbauförderung des Staates, die die Baugenossenschaften als zentrales Element des ›sozialen Wohnungsbaues‹ einplante.

Nicht realisierter Entwurf von Richard Riemerschmid für die Kleinwohnungsbaugenossenschaft Pasing (undatiert)

RANDGRUPPEN, ARME UND DIENENDE

›*Volksauflauf, Andrang im Biergarten*‹. Gemälde von Carl Strahtmann. Münchner Stadtmuseum

Armenpflege und Fürsorge

Von Thomas Guttmann

Gerne und häufig betrachtet man das München der Prinzregentenzeit unter kulturellen und politischen Aspekten. Immer noch rudimentär sind dagegen unsere Kenntnisse über die sozialen und wirtschaftlichen Verhältnisse, die, hinter dem ›hellen Zauber‹ der Theater-, Literatur- und Kunstmetropole verborgen, die Wirklichkeit dieser Epoche bestimmten. Dies gilt vor allem für die soziale Fürsorge und ihr wichtigstes Organ, das Armenreferat; es wurde damals in steigendem Maße mit neuen Problemen belastet. So gab es während der fast dreißigjährigen Regierungszeit des Prinzregenten drei Konjunktureinbrüche;[1] diese überforderten den Sozialetat der Stadt, da Arbeitsmangel, Preissteigerungen und sehr hohe Mieten den täglichen Existenzkampf der nur wenig und oft unregelmäßig verdienenden Unterschichten drastisch verschärften.

Doch auch in wirtschaftlich stabileren Zeiten fielen zumeist alte und nicht mehr arbeitsfähige Personen durch das noch sehr weitmaschige Netz der Bismarckschen Sozialgesetzgebung. Häufig bürdeten Krankheit, Invalidität, Arbeitslosigkeit oder gar der Tod des Familienernährers so unüberwindbare wirtschaftliche Belastungen auf, daß – um die Versorgung der Familie mit dem Allernotwendigsten zu sichern – der mit vielerlei rechtlichen Nachteilen und Unannehmlichkeiten verbundene Gang zu städtischen oder privaten Wohltätigkeitseinrichtungen unvermeidlich war.

Rechtliche Grundlagen der Armenpflege

Die wichtigste und zugleich kostenintensivste soziale Einrichtung Münchens war die städtische Armenpflege. Sie orientierte sich organisatorisch seit den sechziger Jahren des 19. Jahrhunderts an einem System kommunaler Armenbetreuung, das 1857 erstmals in der Industriestadt Elberfeld im Ruhrgebiet angewandt und wegen seiner Einsparungserfolge im Unterstützungswesen von nahezu allen Großstädten Deutschlands übernommen wurde.[2]

Die Organisation der Armenpflege – und zum Leidwesen der größten Städte und Gemeinden Bayerns auch die Finanzierung – hatte der Gesetzgeber mit dem bayerischen Armengesetz von 1869[3] erneut ausschließlich den Kommunen anvertraut. Diese mußten daher besonders in konjunkturschwachen Jahren mit einem bedrohlichen Anstieg ihres Armenetats kämpfen. Mit der bayerischen Heimatgesetzgebung stand allerdings vor allem Kommunen mit hohen Zuwanderungsraten ein Regulativ zur Verfügung, mit dem sie die finanzielle Belastung durch die Armut in erträglichen Grenzen halten konnten. Die Gemeinden waren nämlich nur dann verpflichtet, »ganz oder teilweise arbeitsunfähigen Personen, die zur Erhaltung des Lebens unentbehrliche Nahrung, Kleidung, Heizung und Pflege zu gewähren«,[4] wenn diese in München heimatberechtigt waren. So hatten Verarmte, die schon seit Jahren, manchmal sogar Jahrzehnten in München lebten, die aber – oft aus finanziellen Gründen – das Heimatrecht nicht erwerben konnten, gleichsam als Ortsfremde keinen rechtlichen Anspruch auf eine länger befristete Unterstützung. Entschloß sich die Münchner Armenpflege dennoch, solchen Leuten aus humanitären Gründen in einer akuten Notlage kurzfristig zu helfen, so war sie berechtigt, ihre Unkosten bei der entsprechenden Heimatgemeinde wieder einzutreiben.[5] Entscheidend für die quantitative Erfassung der Armut in München ist dabei die Tatsache, daß dieser Personenkreis – der in der Regel von der privaten Wohltätigkeit versorgt werden mußte – in den amtlichen Armenstatistiken Münchens nie erscheint. Denn als offiziell arm wurde nur registriert, wer für sich und seine Familie ein städtisches Almosen erhalten hatte.[6] Zuvor mußte der Bedürftige nachgewiesen haben, daß seine desolate wirtschaftliche Situation dem entsprach, was das bayerische Armengesetz für die Gewährung des Armenrechts vorsah. Demnach galt jemand als arm, der sich mangels »eigener Mittel und Kräfte« oder infolge »eines besonderen Notstandes das zur Erhaltung des Lebens oder der Gesundheit Unentbehrliche nicht zu verschaffen vermag.«[7]

Die Höhe einer städtischen Unterstützung,[8] die weit unter dem ortsüblichen Taglohn eines Arbeiters lag, orientierte sich an der wirtschaftlichen Situation des Bittstellers sowie seiner Angehörigen und dem Grad seiner krankheits- oder altersbedingten Arbeitsunfähigkeit, die von einem Armenarzt attestiert werden mußte. Wichtig ist im Hinblick auf das nicht nur in München immer akuter werdende Problem der Arbeitslosigkeit, daß die Armenpflege an sich für die Linderung materieller Not, die infolge saisonal oder konjunkturell bedingten Arbeitsmangels bestand, nicht zuständig war. In dieser heiklen sozialpolitischen Frage bildete das bayerische Armengesetz die Rechtsgrundlage für eine Armenpflege, die sich nicht als eine indirekte städtische Arbeitslosenfürsorge mißbrauchen lassen wollte. Im bayerischen Armengesetz war festgelegt, daß »in Fällen dringender Noth« auch arbeitsfähigen Personen im »Interesse der öffentlichen Sicherheit und Sittlichkeit«[9] eine – rechtlich nicht einklagbare – Unterstützung zu gewähren sei.

Das Odium der Armenfürsorge

Der Kontrolle des unentbehrlichen Lebensbedarfes diente der regelmäßige, unangemeldete Besuch eines ehrenamtli-

»Jö, da schaug'n S'hin, Frau Huber, wia dö Meierischen aufdrahn; die hob'n gar no a Bett zum versetzen, dö Knallprotz'n!« Zeichnung von Josef Benedikt Engl. Beiblatt des Simplicissimus 1899, Nr. 36, o. S.

chen Armenpflegers in der Wohnung seines »Pfleglings«. Zwar waren die Armenpfleger nach den Statuten des Münchner Armenwesens gehalten, bei ihren Visiten »eine taktvolle Zurückhaltung zu beachten«,[10] vor allem bei Personen in einer vorübergehenden Notlage, aber schon allein die Anwesenheit dieser im Stadtbezirk allgemein bekannten Persönlichkeit dürfte für den Armen und seine Familie sozial stigmatisierend gewesen sein, ließen sich doch diese peinlichen Kontrollbesuche vor den Mitbewohnern kaum verheimlichen. Dazu kam, daß die Armenpfleger Erkundigungen über den Lebenswandel ihrer Klienten auch bei deren Nachbarn einzuholen pflegten. So berichtete ein Armenpfleger dem Armenpflegschaftsrat, er habe sich bei den Nachbarsleuten über die Lebensweise der Familie erkundigt und erfahren müssen, daß der Bierkrug ziemlich oft die Stiege hinauf- und heruntergewandert [sei, d. Verf.], daß der Mann sich auch viel im Wirtshaus aufhält«.[11]

Wie gut die Überwachung des Einzelnen durch seine Mitbewohner funktionierte, und wie schwer es deshalb auch war, das Odium armenpflegerischer Betreuung zu ertragen, zeigt eindringlich folgender Fall: Ein Arbeiter brachte 1905 seine Arbeitslosenfürsorge, die vier Mark betragen hatte, in das Rathaus zurück; den staunenden Angestellten im Armenreferat erklärte er, von seinen Nachbarn so lange wegen dieser angeblich erschlichenen Unterstützung drangsaliert worden zu sein, daß er sich kurzerhand entschloß, sie ›freiwillig‹ wieder zurückzugeben.[12]

Daß der Gang zum städtischen Armenreferat im Münchner Rathaus für viele Notleidende damals unangenehm war, weil er ihr Ehrgefühl und auch ihren Stolz verletzte, zeigt eine Diskussion des Gemeindekollegiums von 1903. Demnach ließen nicht wenige erwerbslose Arbeiter ihre karge Fürsorge – nur ein Drittel des normalen Taglohnes – wohl deshalb von ihren Frauen im Rathaus abholen, um selbst in der Öffentlichkeit nicht als Kostgänger der Armenpflege dazustehen.[13] Zum üblen Odium der Armenfürsorge trug ferner bei, daß ein Bittsteller zunächst von Amts wegen und auch im sozialen Mikrokosmos der Nachbarschaft latent oder offen verdächtigt wurde, sich auf Kosten der Steuerzahler und zum Nachteil der wirklich Bedürftigen einem geregelten Erwerbsleben zu entziehen. Einerseits tauchten tatsächlich verschiedentlich krasse Fälle von Unterstützungsbetrug auf, andererseits darf man die hohe Dunkelziffer der sogenannten verschämten Armen nicht übersehen, die – durchaus unterstützungsbedürftig – das Armenreferat mieden. So existierte neben der amtlich registrierten »offiziellen« Armut[14] das facettenreiche Phänomen der ›Restarmut‹, deren Ausmaß nicht einmal geschätzt werden kann. Die Bewertung von Armut, oder genauer die Fixierung dessen, was ein Mensch zum Existieren wirklich brauchte, war sowohl den subjektiven materiellen Ansprüchen des Armen, als auch dem sich ständig wandelnden Lebensstandard einer Gesellschaft unterworfen, die in unserem Falle durch die oft gut situierten Armenpfleger[15] repräsentiert wurde. Daraus ergibt sich ein durchaus relativer Begriff von Armut, der eine genaue quantitative Bestimmung des besagten verborgenen Elends nicht ermöglicht. Während sich die Frage nach dem prozentualen Verhältnis von Restarmut und amtlich registrierter Not nicht beantworten läßt, besitzen wir zumindest für die städtischen Kostgänger, die über längere Zeit unterstützt wurden, quantitative und mit der 1908 erschienenen Armenstatistik erstmals auch qualitative Strukturdaten.

Der Armenpfleger

»Donnerwetter, Herr Meier! Sie haben ja gar Überschuß im Pflegegeld und Ihr Vorgänger hatte immer Defizit; da scheint mir endlich der rechte Mann am rechten Platze zu sein. Wie haben Sie das nur gemacht?« – »Ganz einfach. Ich hab' sie alle hinaus geschmissen!« Zeichnung von Josef Benedikt Engl – Die meist wohlsituierten Armenpfleger befanden sich den Armen gegenüber in einer fast uneingeschränkten Machtposition. Dagegen wehrte sich seit 1898 vor allem die sozialdemokratische Presse. Simplicissimus 1898, Nr. 38, S. 302

Demnach erhielten 1906, im Erhebungsjahr der Armenstatistik, circa 15 000 Münchner aller Altersstufen längerfristige Zuwendungen in Form von Monatsalmosen, Naturalien oder Miet- beziehungsweise Erziehungsbeiträgen, die fast die Hälfte des Armenetats in Höhe von 2,3 Millionen Mark verschlangen.[16] Die andere Hälfte der Ausgaben beanspruchten, neben der ärztlichen Versorgung der Armen und dem Unterhalt der drei städtischen Armenspitäler, die sogenannten einmaligen Unterstützungen. Sie sollten primär der Überbrückung augenblicklicher Notlagen dienen und wurden deshalb besonders in Krisenmonaten auch von an sich nicht unterstützungsberechtigten Arbeitslosen notgedrungen als Ersatz für eine fehlende Arbeitslosenunterstützung in Anspruch genommen. Die Zahl dieser kurzfristigen Unterstützungsempfänger sucht man in den städtischen Statistiken allerdings vergeblich. Dennoch bietet die Ausgabenentwicklung in diesem Bereich, der in Krisenzeiten überproportionale Steigerungsraten aufwies,[17] wertvolle Hinweise zur Analyse konjunkturbedingter Notlagen in der Münchner Bevölkerung.

Zum Kreis der armen Bevölkerung muß zusätzlich das Heer der Notleidenden gerechnet werden, die von den über 250 nichtstädtischen Wohltätigkeitsvereinen[18] in mannigfaltiger Weise unterstützt wurden. Hier seien aus Gründen der Vergleichbarkeit mit der städtischen Armenpflege nur die mit Abstand größten Vereine hervorgehoben: Der ›Verein für freiwillige Armenpflege‹ versorgte 1906 circa 3000, der ›Vinzenz-Verein‹ fast 2500 und die ›Innere Mission‹ etwa 700 Bedürftige ständig mit Dauerunterstützungen,[19] so daß insgesamt wohl über 21 000 Personen, also etwa vier Prozent der Münchner, im Jahre 1906 offiziell als arm galten.

Rechtliche Nachteile der Armut

Daß viele durchaus unterstützungswürdige Notleidende einen Bogen um die Büros der städtischen Armenpflege machten und die private Wohltätigkeit vorzogen, hatte besondere Gründe. Wer nicht umhin konnte, städtische Hilfe in Anspruch zu nehmen, geriet zwangsläufig in ein starkes Abhängigkeitsverhältnis zu einem Armenpfleger; dieser wiederum gehörte meist dem wirtschaftlich bedrohten Mittelstand an, der besonders allergisch auf jede Erhöhung der Gemeindesteuern reagierte, die zum Ausgleich des chronisch defizitären Armenhaushalts notwendig war.[20]

Inwiefern der Gegensatz der sozialen Lebenswelten die Beziehung zwischen den beiden Parteien belastete, läßt sich nicht genau sagen; allerdings tauchten immer wieder Beschwerden von armen Leuten auf, die sich von Armenpflegern ungerecht behandelt, ja sogar unterdrückt fühlten.[21] Daß sich mitunter Auseinandersetzungen und Handgreiflichkeiten nicht vermeiden ließen, zeigen die Überlegungen im Armenpflegschaftsrat, weiblichen Armenpflegerinnen einen Besuch bei den nicht selten rabiaten Unterstützungsempfängern lieber nicht zuzumuten. Der Armenpfleger, der dem Armen ein »liebevoller Berater und ernster Warner«[22] sein sollte, befand sich ihm gegenüber in einer Machtposition: Er beurteilte die wirtschaftliche Situation des Armen und schlug dem Armenpflegschaftsrat Art und Höhe des Almosens vor, über dessen Verwendung der Notleidende ihm Rechenschaft schuldete. Darüberhinaus war ein arbeitsfähiger Bittsteller verpflichtet, die ihm von seinem zuständigen Armenpfleger vermittelte zumutbare Arbeit sofort anzutreten. Einen besonders gravierenden Eingriff in die Persön-

ARMENPFLEGE UND FÜRSORGE

»Erfroren! – Schauderhaft; glücklicherweise hat er noch die leere Schnapsflasche in der Hand! Sonst hieß es gleich: ›Wieder ein Opfer unsres sozialen Elends.‹« »Geln S', Herr Amtmann, dös war schlau von mir, daß i eahm mei Butell'n in d'Hand druckt hab'!« Zeichnung von Josef Benedikt Engl. Simplicissimus 1899, Nr. 48, S. 330

lichkeitsrechte stellte, neben den ständigen Kontrollbesuchen, der mit dem Armenstatus verbundene Verlust des aktiven und passiven Wahlrechts dar. Riskant war die Inanspruchnahme der städtischen Armenpflege auch für diejenigen Münchner, die hier noch nicht das Heimatrecht besaßen. Denn ganz gleich, ob man eine dauernde oder eine vorübergehende Unterstützung, Mietzinsbeihilfe oder Erziehungsbeiträge, ja sogar für seine Kinder unentgeltliche Schulspeisung oder Lehrmittelfreiheit beantragt hatte – die Wartezeit für den Heimatrechtserwerb begann von neuem, da in dieser Frist, die 1896 von zehn auf sieben Jahre reduziert wurde, keine Armenunterstützung in Anspruch genommen werden durfte.[23]

Die Vorstellung, als Almosenempfänger zu sterben und zu wissen, wie die Armenpflege die ›letzten Dinge‹ zu regeln pflegte, war vor allem für strenggläubige Arme überaus deprimierend: Am Ende seines Lebens in einen billigen Fichtensarg gebettet zu werden, der im Volksmund wegen seiner geringen Höhe ›Nasenquetscher‹ genannt wurde, stellte eine letzte Bloßstellung der Armut dar.[24] Hinzu kam, daß der Sarg auf einem offenen Leichenwagen, mit dem man auch verstorbene Zuchthäusler abholte, durch die Stadt zu einem den Armen vorbehaltenen Teil des Friedhofs gefahren wurde. Dort beerdigte man den Betreffenden auf einfachste Weise, da die Gemeinde zur Zahlung von Begräbnisfeierlichkeiten nicht verpflichtet war.

Überlebensmöglichkeiten für Arme

Noch einschneidender als die Herabsetzung von Armen zu Personen minderen Rechts und zu Objekten gesellschaftlicher Geringschätzung war besonders für die alten und meist gebrechlichen Notleidenden der tägliche Kampf ums nackte Überleben. Unter welch schwierigen materiellen Umständen arme alte Münchner – die übrigens das Gros der Almosenempfänger stellten –[25] ihren Lebensabend mit völlig unzureichenden Unterstützungen fristen mußten, brachte erstmals 1893 eine öffentliche Sitzung des Armenpflegschaftsrates ans Licht.[26] Dort beschuldigte der liberale Armenpflegschaftsrat Karl Holzer seine Kollegen, vor dem Hintergrund einer sich seit 1890 ständig verschärfenden wirtschaftlichen Rezession, hoher Arbeitslosigkeit und stark gestiegener Lebenshaltungskosten, die finanziell äußerst angespannte Lage vieler Almosenempfänger schon seit längerem völlig zu ignorieren.

In seiner Philippika gegen den Armenpflegschaftsrat, der seine internen Streitigkeiten bis 1903, also bis zum Eintritt der Sozialdemokraten in dieses Gremium, zumeist in geheimen Sitzungen austrug, wies Holzer der Münchner Armenpflege mit Blick auf die längst überfällige Anhebung der Almosen, weniger eine lebenserhaltende als vielmehr eine »lebensverkürzende« Funktion zu:

»Es werden vielleicht Stimmen laut werden, welche sagen, warum denn plötzlich diese Erhöhung? Die Leute haben bis jetzt gelebt, ohne daß eigentliche Klagen laut wurden. Ja, diese armen Leute haben bis jetzt gelebt, aber: Wie? Und die Klagen solch armer Leute bleiben in enge Kreise beschränkt. Aber meine Kollegen haben sie immer gehört und Ihnen können es die hochwürdigen Herren bestätigen. Sie sind es ja vor allem, welche in die dürftigen Stuben eintreten und den letzten Trost spenden, die letzten Seufzer hören und diesen armen, von der Welt verlassenen Wesen die

Augen zudrücken. Erlöst? Erlöst von allem Jammer und Elend! Wenn Tags darauf der Leichenbeschauer seines Amtes waltet, notiert er Altersgebrechlichkeit und Entkräftung. Wenn er ›verhungert‹ gesagt hätte, er würde nicht viel geirrt haben.«[27]

Ob Holzer zu Recht von den »Schatten des Todes« sprach und ob das Armenreferat damals tatsächlich verarmte Münchner verkommen ließ, können wir heute nicht mehr genau nachprüfen; es fand jedoch bis dahin so gut wie keine Erhöhung der Monatsalmosen statt. So wurde bereits 1890 im Armenpflegschaftsrat festgestellt, daß ein Rentnerehepaar zusammen von 35 Mark im Monat oder 83 Pfennigen pro Tag unmöglich leben könne;[28] wie sollte da eine Person mit zehn Mark monatlich eine wenn auch noch so bescheidene Existenz fristen?

Ein Blick auf die Lebensmittelpreise des Jahres 1893[29] zeigt, wie kärglich da wohl die tägliche Mahlzeit ausfiel. Beispielsweise kostete ein Pfund Butter 62 Pfennig; ein Frühstücksei zu fünf Pfennigen stand ebenso wie ein gehaltvolles Glas Milch – der Liter schlug mit 19 Pfennigen zu Buche – vermutlich selten auf dem Tisch. Fast unnötig zu erwähnen, daß Fleisch – das Pfund Schweinefleisch kostete 40 Pfennig – für einen städtischen Kostgänger eine Luxusspeise darstellte. Auffallend günstig waren mit vier Pfennigen pro Kilogramm die Kartoffeln, die deshalb – zusammen mit billigem Malzkaffee – das Hauptnahrungsmittel armer Leute darstellten.

Das finanzielle Endergebnis der besagten Armenpflegschaftsratsitzung war jedenfalls eine fünfzigprozentige Erhöhung der Monatsalmosen für völlig arbeitsunfähige Personen im Rentenalter – das damals erst mit 70 begann – und damit eine Mehrbelastung des Armenetats um 30 000 Mark; der Kommentar des damaligen Sozialreferenten Wilhelm Steinhäußer war typisch für das Selbstverständnis dieser Kreise, die eine zunehmende Notlage der Unterschichten zu verschleiern wußten, indem sie sich auf Zahlenvergleiche zurückzogen: So betonte Steinhäußer – wohl um die Steuerzahler zu beruhigen –, daß München im nationalen Vergleich die »billigste Armenpflege«[30] habe. Um nicht als hartherzig zu gelten, wies er dann auch darauf hin, daß die Höhe der Unterstützungen in München immerhin den siebten Rang unter den 50 größten Städten des Reiches einnähme;[31] verglichen mit den Mietpreisen und den sonstigen Lebenshaltungskosten stellte dies aber kein Ruhmesblatt dar.

Insgesamt gesehen waren die immer noch kärglichst bemessenen Monatsalmosen auch für die sparsamsten unter den Armenräten akzeptabel. Sie hatten nämlich bereits einkalkuliert, daß nicht wenige arme alte Personen aufgrund ihrer wirtschaftlichen Besserstellung von einem Aufnahmegesuch in eines der drei ständig überfüllten, aber dennoch begehrten Armenspitäler absehen würden. Man muß dazu sagen, daß ein armer ›Pfründner‹ – so hießen die Spitalbewohner – den Steuerzahler im Jahr mit 400 Mark belastete, während ein gleichaltriger Almosenempfänger höchstens mit 150 bis 180 Mark jährlich zu Buche schlug.

Wer in München einen der raren Plätze im Kreuz-, Gasteig- oder Heilig Geist-Spital nach oft jahrelangen Wartezeiten zugewiesen bekommen hatte, war gegenüber seinen Leidensgenossen in der ›offenen Armenpflege‹ endlich der täglichen Nahrungssorgen ledig und überdies finanziell besser gestellt. Ein ›Pfründner‹ mußte zwar die Privatsphäre seiner eigenen Wohnung gegen einen Schlafsaal mit zehn bis 15 Betten vertauschen, erhielt dafür aber ein Frühstück[32] und zwei Mahlzeiten am Tag. Zusätzlich gewährte die Armenpflege jedem Spitalbewohner ein tägliches Taschengeld von zwölf Pfennigen – eine Summe, mit der ein Almosenempfänger der offenen Fürsorge seine gesamten Lebenshaltungskosten einschließlich der Miete zu finanzieren hatte. Dieser mußte allerdings nicht schon um fünf Uhr morgens aufstehen, hatte nicht unter – vor allem in älteren Spitälern immer wieder monierten – unhygienischen Zuständen zu leiden[33] und ersparte sich eine manchmal recht rüde Behandlung durch das Pflegepersonal.[34]

Die ständigen Beschwerden über Verpflegung, schlechte hygienische Verhältnisse und lange Wartezeiten trafen das Selbstverständnis der Münchner Sozialpolitiker besonders hart, da die Anstaltsfürsorge mit ihrem ›Flagschiff‹, dem 1893 eröffneten Martinsspital, als der sichtbare Ausdruck des immer wieder beschworenen »goldenen Münchner Herzens« für die Armen der Stadt galt.[35] Nach der Jahrhundertwende mußte der Armenpflegschaftsrat, der bislang gerne Kommissionen anderer Städte das Martinsspital als Beispiel einer in Deutschland unerreichten Anstaltsfürsorge vorgeführt hatte, nunmehr neidvoll nach Wien blicken, das mit seinen mustergültigen Anstalten das Interesse internationaler Sozialpolitiker auf sich zog.[36] Um die desolate Situation in den Spitälern zu verbessern, beschloß man 1909 den Bau einer neuen Anstalt, die allerdings erst nach dem Ersten Weltkrieg fertiggestellt wurde.[37]

Einsparungsmöglichkeiten und soziale Vergünstigungen

Für jemanden, der buchstäblich jeden Pfennig umdrehen mußte, war es unerläßlich, alle nur erdenklichen Möglichkeiten auszuschöpfen, um zu sparen und um alle in München vorhandenen sozialen Vergünstigungen zu nützen. Dazu zählte in erster Linie der unentgeltliche Bezug von Holz und Kohle, also des ›Armenholzes‹, das der 1853 gegründete Verein für Brennmaterialien[38] zur Verfügung stellte. Kostenlos waren auch der Besuch des Armenarztes, die Krankenhauspflege und die notwendigen Medikamente. Einige Notleidende hatten zudem das Glück, auf eine wohlhabende Privatperson als ihren Wohltäter zählen zu können, die ihnen regelmäßig Geld oder Sachgeschenke, beispielsweise Suppenbillette, zukommen ließ. Für diesen Essensgutschein erhielt man in sechs städtischen und einer privaten Suppenanstalt eine warme Mahlzeit, die etwa 20 Pfennige kostete.

Regen Zulauf der Armen und Minderbemittelten fand die 1902 von Privatleuten ins Leben gerufene Münchner ›Brockensammlung‹ in einer alten ausgedienten Halle auf der Museumsinsel. Sie war ein ›Trödelmarkt‹, dem wohlhabende Bürger ihre ausgedienten oder aus der Mode gekommenen Möbel und Dinge des täglichen Bedarfs kostenlos zur Verfügung stellten; diese wurden hier dann zu kleinsten Preisen oder umsonst an Bedürftige weitergegeben.[39]

Für Familien gab es verschiedene Möglichkeiten zu sparen. So erhielten Eltern, die »nicht imstande waren, den zu ihrem Haushalt gehörenden Kindern den unentbehrlichen Lebensbedarf zu gewähren«,[40] einen Erziehungsbeitrag, der in der Regel für jedes Kind zwischen vier und zehn Mark im Monat lag. Manchmal gab man überdies ein oder mehrere Kinder bei Familien auf dem Lande als Kostkinder für längere Zeit gegen Geld in Obhut, damit auch die Mutter zum Lebensunterhalt der Familie beitragen konnte. Auch verköstigten einige wohlhabende Bürger Sprößlinge armer Leute zusammen mit ihren eigenen.

Viele Kinder waren aber dennoch auf die Schulspeisung angewiesen. Diese sollte primär dem Nachwuchs von Eltern mit Armenstatus zugute kommen, wurde jedoch in Notzeiten immer stärker auch von Kindern aus Arbeiterfamilien in Anspruch genommen; das führte besonders für die nichtheimatberechtigten Väter zu Nachteilen, da die Schulspeisung wie der kostenlose Empfang von Lehrmitteln laut Entscheidung des königlichen Verwaltungsgerichts[41] als Armenunterstützung galten. Seit 1911 durften dann alle Kinder ohne armenrechtliche Bedenken wenigstens ein Schulfrühstück einnehmen; Ursache dafür war ein Skandal: Der in einem Münchner Krankenhaus tätige Arzt Dr. Karl Oppenheimer hatte nach jahrelangen Untersuchungen an Schulkindern die aufsehenerregende These aufgestellt, daß Kinder aus den traditionellen Arbeitervierteln, in denen auch die Armenziffer überproportional hoch lag,[42] ein geringeres Körpergewicht aufwiesen als die Kinder, die in gutbürgerlichen Stadtteilen wie etwa der Innenstadt aufwuchsen. Flugs erschien dann auch ein Gegengutachten, so daß wissenschaftliche Aussage gegen wissenschaftliche Aussage stand. Das Gemeindebevollmächtigtenkollegium war nun genötigt, die peinliche Diskussion zu entschärfen, und so kam man überein, ›generös‹ alle Schulkinder auf Kosten der Allgemeinheit morgens zu stärken.[43]

Klöster und private Wohltätigkeit als Stützen des sozialen Systems

Die letzte Anlaufstelle für diejenigen, die weder von der städtischen Armenpflege noch von der privaten Wohltätigkeit ein Almosen erhielten, waren seit alters her die Münchner Klöster,[44] auch wenn diese ›nur‹ eine Suppe mit einem Stück Brot auftischen konnten. Allerdings wurde einigen Mittellosen die Klostersuppe gründlich versalzen, da die Münchner Polizei im Rahmen von Razzien im Milieu der Bettler, Landstreicher und Arbeitsscheuen ihr Augenmerk neben den beiden Obdachlosenasylen – der Herberge zur Heimat und dem Herzogspital – auch auf die Hungerleider vor den Klosterpforten richtete.[45] Der Münchner Polizeidirektion waren diese uralten elementaren Überlebenshilfen seit jeher ein Dorn im Auge, war man doch der Meinung, daß durch sie nicht nur ständig neue »sicherheitsgefährdende Elemente« in die Stadt gelockt, sondern auch noch mit der Klostersuppe über Wasser gehalten würden. Daß Polizei und Justiz im Krisenwinter des Jahres 1902 mit der Verhaftung eines arbeitslosen Handwerksburschen vor dem Kapuzinerkloster St. Anton und mit dessen anschließender Verurteilung wegen Erbettelns einer Klostersuppe in ihrer Bemühung zu weit gegangen waren, den Zulauf von Notleidenden zu den Klöstern zu stoppen, zeigen die empörten Kommentare in allen großen Münchner Zeitungen und in den Kollegien.[46] Einhellig verurteilte man die Vorgehensweise von Polizei und Justiz, so daß deren Versuch, künftig alle Notleidenden vor den Klöstern zu Bettlern abzustempeln, umgehend ad acta gelegt wurde. Die klerikal-konservative ›Münchner Zeitung‹ ging sogar noch darüber hinaus; sie vermutete hinter dieser Aktion politische Kräfte, »die nur den weltlichen, nicht aber den geistlichen Wohlthätigkeitseinrichtungen eine Berechtigung zugestehen« und die der »christlichen Caritas einen Schlag versetzen wollen«.[47]

Die Welle der Empörung machte auch vor dem Gemeindekollegium nicht halt, in dem diese Angelegenheit eigentlich laut Tagesordnung gar nicht diskutiert werden sollte. Dessen ungeachtet berichtete Johann Bräutigam vom Zentrum dort entrüstet, daß sich durch diese Affäre viele Notleidende verunsichert fühlten und aus Angst vor Bestrafung trotz größter Armut die private Wohltätigkeit mieden.[48] Gleichzeitig appellierte er an die Stadt und an die in diese Angelegenheit involvierten Behörden, weitere Übergriffe der Polizei auf die private Wohltätigkeit auszuschließen.

Im Gegensatz zur breiten Öffentlichkeit, der man diese Tatsache vermutlich noch nahebringen mußte, war dem mit der Münchner Sozialpolitik vertrauten Kreis längst klar, daß ohne das personelle und finanzielle Engagement der meist christlichen Wohltätigkeitsvereine das soziale System zusammengebrochen wäre. Es ist kaum zu glauben, daß neben den 900 000 Mark, welche die Stadt 1890 für ihre Armenpflege aufwandte, die drei größten Wohltätigkeitsvereine – der Vinzenz-Verein mit 323 000 Mark, der Verein für freiwillige Armenpflege mit 80 000 Mark und die protestantische ›Innere Mission‹ mit 54 000 Mark – fast die Hälfte dieser Summe zusätzlich durch Spenden und Mitgliedsbeiträge beibrachten.[49]

Besonders in Notzeiten waren die Vereine gezwungen, Notleidende wegen fehlender Mittel wegzuschicken.[50] So warteten an einem Frühlingstag des Jahres 1902 – also nicht mehr auf dem Höhepunkt der saisonalen Arbeitslosigkeit – über 1400 (!) Personen vor der Klosterpforte in St. Anton.[51]

Die Auswirkungen der Heimatgesetznovelle von 1896 auf die Münchner Armenpflege

Eine spürbare Verschärfung löste die Novelle zum bayerischen Heimatgesetz vom 23. Juli 1896 aus.[52] Als Folge dieser Novelle mußten die großen bayerischen Städte einen Anstieg ihrer Armenlasten erwarten, da der Gesetzgeber die für den Erwerb der Heimat notwendige Aufenthaltsdauer von zehn auf sieben Jahre gesenkt hatte.[53] Dazu kam, daß Landgemeinden oft das Heimatrecht für ihre in München verarmten ehemaligen Gemeindemitglieder von sich aus beantragten und dafür liebend gern die von der Stadt München verlangten 45 Mark bezahlten.

Die Zahl dieser Anträge stieg nach 1896 in München zwar tatsächlich um das Vierfache[54] an; der von der Stadt erwartete drastische Anstieg der Armenlasten bestätigte sich jedoch weder im Bereich der Unterstützungen noch bei den Krankenhauskosten.[55] Dies hielt viele Vertreter der Stadt, vor allem den Sozialreferenten, in den darauffolgenden Jahren jedoch nicht davon ab, immer wieder die finanziell nachteiligen Auswirkungen der Gesetzesnovelle als primäre Ursache für den ständigen Ausgabenanstieg zu kolportieren.[56] Zwar betonte im Jahre 1907 der für die einzige Münchner Armenstatistik zuständige, sozial sehr engagierte Karl Singer durchaus zu Recht, daß in den meisten Fällen, in denen das Heimatrecht auf Antrag der auswärtigen Gemeinden verliehen wurde, tatsächlich die Münchner Armenpflege aktiv werden mußte;[57] er verschwieg allerdings, daß die Anträge auswärtiger Gemeinden nach 1897 drastisch zurückgingen und sich zudem die nur knapp zur Hälfte genehmigten Anträge keineswegs so gravierend auf den Armenetat auswirkten, wie dies ständig betont wurde.[58]

Gegenmaßnahmen der Stadt

Bevor die Stadtväter diesen beruhigenden Trend anerkennen mußten, unternahmen sie erst einmal hektische Bemühungen, arme ortsfremde Münchner loszuwerden, bevor sie das Heimatrecht erhielten und der Stadt zur Last fielen. Dem Magistrat stand dafür das bereits gegenüber Bettlern und Landstreichern praktizierte rechtliche Mittel der Ausweisung[59] zur Verfügung. Dabei ergab sich allerdings das Problem, daß die Armenpflege den besagten Personenkreis ihren Statuten gemäß zunächst an die private Wohltätigkeit verweisen mußte. Deshalb wandte sich der Magistrat an die privaten Wohltätigkeitsvereine mit dem Appell,[60] allen in München nicht heimatberechtigten Unterstützungsempfängern die Zuwendungen zu sperren, damit diese ebenso wie erst nach München zuziehende Arme gezwungen waren, sich, von der Not getrieben, an die städtische Armenpflege zu wenden. In deren Büros erwartete sie aber neben dem Armenpfleger mitunter auch ein Polizist, der den Bittsteller der Staatsanwaltschaft übergab, die letztlich über eine Ausweisung zu entscheiden hatte. Um das Verfahren abzukürzen, machte man den Betroffenen manchmal auch den Vorschlag, der Ausweisung durch rechtzeitigen »freiwilligen« Aufenthaltswechsel zu entgehen.[61]

Das Echo der verschiedenen Unterstützungsvereine[62] auf diese Aufforderung des Bürgermeisters, derart an der Entlastung des städtischen Armenetats mitzuwirken, war zwiespältig. Wenig motiviert zeigte sich der Vorstand des Vinzenz-Vereins, der seinen zahlreichen Münchner Sektionen, den sogenannten Konferenzen, nahelegte, niemanden zurückzuweisen, nur weil er hier nicht heimatberechtigt war.[63] Einzelne Konferenzen waren aber dennoch bereit, bislang von ihnen unterstützte Familien an die öffentliche Armenpflege zu überweisen. Der zweitgrößte Verein, die ›Freiwillige Armenpflege‹, war da schon kooperationsfreudiger, was nicht zuletzt auf seine enge organisatorische Verknüpfung mit der städtischen Armenpflege zurückzuführen ist.[64] Aber auch er behielt sich in besonders krassen Fällen vor, Humanität vor Recht ergehen zu lassen und gerade erst in München aufgetauchten Mittellosen zu helfen. Dies bestätigt ein Blick in die Unterstützungsstatistik dieses Vereins.[65]

Auch die ›Münchner Neuesten Nachrichten‹ beteiligten sich an der Kampagne gegen die Leidtragenden der Heimatgesetznovelle.[66] Den Mitgliedern der Wohltätigkeitsvereine hielt die Zeitung vor, daß sie mit einer unkritischen Almosenvergabe nicht nur den »Schmarotzern«, wie sie die Notleidenden nannte, den Sprung in das soziale Netz der Armenpflege erleichterten, sondern sich auch mit der daraus resultierenden Steigerung der Armenlasten als Steuerzahler ins eigene Fleisch schnitten.

In diesem Zusammenhang forderte Bürgermeister Wilhelm von Borscht die Münchner Polizeidirektion auf,[67] mit »thunlichster Beschleunigung« in »denjenigen Fällen, in welchen neuzuziehende Personen nachweisbar oder offenkundig nicht hinreichende Kräfte besitzen, um sich und ihren nicht arbeitsfähigen Angehörigen den nothdürftigen Lebensunterhalt zu verschaffen und solchen aus eigenem Vermögen nicht bestreiten können« kein Pardon zu geben, sondern diese auszuweisen. Der vom Magistrat dahingehend instruierte Polizeichef berichtete, daß seit 1892 von der Ausweisungsbefugnis bereits »der ausgiebigste Gebrauch«[68] gemacht worden sei. Demgegenüber zeigen die Rechenschaftsberichte der Polizeidirektion München eine deutliche Abnahme der Ausweisungen seit 1896, also seit dem Inkrafttreten der Heimatgesetznovelle.[69] Vermutlich wurde die von der Stadt erhoffte Ausweisungsoffensive durch die damit letztendlich befaßte Staatsanwaltschaft blockiert, die nicht den Interessen der Stadt allein, sondern über ihre oberste Dienststelle – das Justizministerium – primär den Zielen der Staatsregierung verpflichtet war. Und in deren Sinne lag es wohl kaum, das eigentliche Ziel der Heimatgesetznovelle – die finanzielle Entlastung der ländlichen Gemeinden – durch eine rigide städtische Ausweisungspraxis, die zudem den Staatssäckel mit »Verschubungskosten« belastete, ad absurdum zu führen, indem man die städtische Armut in die ländlichen Gebiete im wahrsten Sinne des Wortes ›zurücktransportierte‹.

Die Reorganisation des Münchner Armenwesens

Ein Blick auf die Entwicklung der einzelnen Armenetats seit 1890 zeigt bis zur Jahrhundertwende einen vier- bis fünfprozentigen Anstieg der Armenlasten jährlich.[70] Hatte das 20. Jahrhundert wegen eines seit zehn Jahren nicht mehr dagewesenen Ausgabenrückgangs noch hoffnungsvoll begonnen, so sah sich der im November 1901 zur Beratung des kommenden Armenetats zusammengetretene Armenpflegschaftsrat einem explosiven Anstieg der Armenlasten gegenüber. Verantwortlich dafür war ein seit 1900 in München spürbarer Konjunktureinbruch,[71] der zu einer Verschärfung der wirtschaftlichen Situation der Unterschichten führte. So wirkten sich Lohnkürzungen, steigende Arbeitslosigkeit und Preissteigerungen besonders kraß auf die Ausgaben im Bereich der vorübergehenden und der Naturalunterstützungen aus. Hier lag der Mehraufwand bei nahezu 100 000 Mark, was einer Zuwachsrate von 17 Prozent gegenüber einer sechsprozentigen des Vorjahres entsprach.[72]

Interessant ist nun die erste offizielle Stellungnahme des Armenpflegschaftsrates zu dieser Entwicklung. Der Sozialreferent Wilhelm Steinhäusser führte die ständig steigenden Ausgaben auf die nachteiligen Folgen der Heimatgesetznovelle, auf die Verbesserung der Lebensqualität der Armen – durch angebliche Erhöhung der Almosen –, auf höhere Forderungen der Münchner Armenanstalten und den nicht aufzuhaltenden Zuzug Minderbemittelter zurück.[73] Nach Steinhäussers Ansicht waren nicht »eine zu Bedenken Anlaß gebende Verarmung der Bevölkerung«, sondern »natürliche« Ursachen für die rapide Erhöhung des Armenetats verantwortlich.[74] Die seit 1900 immens gewachsene Arbeitslosigkeit, die in erster Linie die fast hundertprozentige Steigerung im Bereich der vorübergehenden Unterstützungen verursachte, erwähnte Steinhäusser nur am Rande. Tatsächlich waren der Sozialreferent und seine Kollegen schon seit längerem über die starke Ausweitung der materiellen Not informiert, hatte doch bereits im Mai des Jahres 1900, als sich der beginnende Konjunktureinbruch im Münchner Baugewerbe abzeichnete, Bürgermeister von Borscht alle Bezirksarmenpfleger aufgefordert, sich von nun an allwöchentlich zu treffen, um die Genehmigung von Unterstützungen wegen der allgemeinen Notlage zu beschleunigen.[75] Auch bei den zwei größten privaten Wohltätigkeitsvereinen waren bereits 1899 die Ausgaben drastisch angestiegen.[76]

Entscheidend ist nun, daß man von seiten der öffentlichen Armenpflege über das wirkliche Ausmaß der Verelendung, speziell über Konjunkturkrisen und Arbeitslosigkeit als Ursachen strukturell bedingter Notlagen, auch deshalb wenig mitteilte, um der linken Opposition im Gemeindebevollmächtigtenkollegium keine Argumente gegen die Effizienz der bürgerlichen Wirtschafts- und Sozialpolitik zu liefern. Einen konkreten Hinweis darauf gibt auch der im Magistrat für soziale Fragen zuständige Rechtsrat Oskar Feierabend in der erwähnten Debatte; er resümiert, »daß der von einer bestimmten politischen Richtung anerkannte Lehrsatz, wonach die stetige Verarmung und Verelendung der Massen Fortschritte macht, gleich wie in Wien beim letzten Sozialisten-Kongreß konstatiert wurde, hier in München erfreulicherweise keine Bestätigung findet«.[77]

So ist es auch nicht verwunderlich, daß die bürgerlichen Armenräte den seit 1894 im Gemeindekollegium vertretenen Sozialdemokraten fast ein Jahrzehnt lang die Mitarbeit verweigerten. Daß man in den Reihen der oft schon über zwanzig Jahre tätigen Armenräte diese Mitarbeit zu Recht fürchtete, zeigte die weitere, in erster Linie von den Sozialdemokraten vorwärtsgetriebene Entwicklung des Münchner Armenwesens.

Krisenanzeichen

Erste Hinweise auf organisatorische Mängel in der Armenfürsorge tauchten um die Jahrhundertwende auf. So monierte die ›Münchener Post‹, das Parteiorgan der Münchner Sozialdemokratie, bereits seit 1898 die Rückständigkeit des städtischen Armenwesens, dessen Effizienz man in erster Linie durch die viel zu geringe Zahl von Bezirksarmenpflegern in Frage gestellt sah.[78] Eine sublime Kritik an ihrer selbstherrlichen Arbeitsweise mußten sich die Armenräte im selben Jahr auch von dem Gemeindebevollmächtigten Ludwig Quidde gefallen lassen. Er appellierte an sie, ihre Haushaltsentwürfe künftig der Etatkommission des Kollegiums so rechtzeitig vorzulegen, daß man über einzelne Etatposten noch diskutieren und sie verändern könne.[79] Als einen Affront dürften die Armenräte einen weiteren Vorschlag Quiddes gewertet haben, jeweils einen Vertreter des Kollegiums und des Magistrats – quasi als kritische Beobachter – an ihren geheimen Haushaltsberatungen teilnehmen zu lassen.[80]

Die Geheimniskrämerei der liberalen und konservativen Armenräte, die sich gemäß ihrer Devise, stets überparteilich und nur zum Wohle der Armen zu arbeiten, ›Freie Vereinigung‹ nannten, nahm dann jedoch erst 1903 ein Ende, da die Sozialdemokraten wegen ihrer hohen Wahlerfolge bei den Gemeindewahlen auch in den Armenpflegschaftsrat aufgenommen werden mußten.[81] Den »alten Herren«, wie die ›Münchener Post‹ 1909 respektlos die Armenräte nannte,[82] waren die neuen Mitglieder zunächst suspekt; doch blieb ihnen trotz aller Versuche, sich gegen Neuerungen zu sperren, unter dem Druck steigender Armenlasten und einer mittlerweile interessierteren Öffentlichkeit nichts anderes übrig, als sich den Forderungen der Sozialdemokraten anzuschließen. Es waren dies besonders folgende: Humanisierung der Armenpflege, etwa durch Anpassung der Unterstützungen an die veränderten Lebenshaltungskosten, Beteiligung des Staates, genauer der staatlichen Versicherungsanstalten, an den Lasten der Armenpflege und schließlich Zulassung von Frauen zum Armenpflegeramt.[83] Die bereits seit der Jahrhundertwende diskutierte Forderung, Frauen, die sich bereits als Waisenpflegerinnen bewährt hatten, nun auch als Armenpflegerinnen zu beschäftigen, hatten die bürgerlichen Armenräte fast zehn Jahre lang abgeblockt. Durch Mitarbeit sozial engagierter Frauen hofften die Sozialdemokraten, dem Personalmangel in der Armenpflege abzuhelfen, der dem Mißbrauch und der Erschleichung von Almosen Tür und Tor öffnete. Die Konservativen sahen dies anders: So wollte Armenrat Johann Abel vom Zentrum den Frauen, deren »Mildthätigkeit« im Umgang mit den Armen ihn Schlimmstes für den Armenetat fürchten ließ, nur ein Betätigungsfeld in der privaten Wohltätigkeit oder in der Waisenpflege zugestehen.[84] Erst nachdem der ›Verein für Fraueninteressen‹, dessen Anliegen von den Sozialdemokraten unterstützt wurde, sowie die Staatsregierung ebenfalls deren Mitarbeit gefordert hatten,[85] durften sie seit 1910, allerdings nicht stimmberechtigt, in den Bezirkskommissionen mitarbeiten. München bildete in dieser Hinsicht das Schlußlicht im nationalen Vergleich.[86]

Ähnliche Schwierigkeiten bereitete man dem sozialdemokratischen Armenpflegschaftsrat Anton Raith, der 1904 eine politisch brisante statistische Erfassung der großstädtischen Armut forderte; diese sollte primär die finanziellen Auswirkungen der anhaltenden Arbeitslosigkeit auf den Armenetat beleuchten. Die bürgerlichen Armenpflegschaftsräte lehnten dies mit dem Argument ab, man könne die zeitlich überforderten Armenpfleger nicht auch noch mit Statistiken behelligen.[87] In Wirklichkeit fürchtete man jedoch die Offenlegung der immer wieder vertuschten Zusammenhänge zwischen Arbeitslosigkeit und Armenkosten.

Die ›Auskunftsstelle für Wohlthätigkeit‹

Von einschneidender Bedeutung für die Münchner Armen und vor allem für den Münchner Armenetat war die ›Auskunftsstelle für Wohlthätigkeit‹, die nach Verhandlungen der städtischen mit der privaten Fürsorge[88] 1908 ihre überaus erfolgreiche Arbeit im Münchner Rathaus aufnehmen konnte. Ziel dieser Sammlung von Daten über alle Unterstützungsfälle in einer Auskunftsdatei, die jede Wohltätigkeitsorganisation sowie jede als Wohltäter auftretende Privatperson per Telefon abrufen konnte, war die Entlastung des Armenetats durch den Wegfall von Doppelunterstützungen und die »Ausmerzung«, so ein Armenrat, der »unverschämten Armen« zugunsten der wirklich Bedürftigen. Lediglich der Vinzenz-Verein stand diesem von allen Parteien befürworteten Vorhaben[89] skeptisch gegenüber, da er die Veröffentlichung eigentlich geheim zu haltender Unterstützungsfälle fürchtete.[90] Die Arbeit der Auskunftsstelle war dadurch aber nicht in Frage gestellt. Bereits im ersten Berichtsjahr konnte die Verwaltung dieses sozialen ›Informationspools‹ 18 000 vermittelte Almosen vermelden, was unter anderem durch die schärfere Kontrolle der Bittgesuche zum Rückgang der Armenlasten beitrug.[91]

Die Entwicklung des Armenwesens in den Vorkriegsjahren

Vor der Einrichtung dieser Auskunftsstelle stieg der Armenetat allerdings ständig an. Nach dem Krisenjahr 1908 mußte für den Armenhaushalt 1909 ein Mehrbedarf von 130 000 Mark – eine ungewöhnlich hohe Summe – veranschlagt werden.[92] Erstmals begann sich nun auch die Münchner Presse kritisch mit dem Armenhaushalt und der Organisation der Armenfürsorge zu befassen. Die Diskussion im Gemeindekollegium über die Zuwachsrate ergab, daß allein 40 000 Mark für Monatsalmosen eingeplant werden sollten, die im Laufe des Jahres den Dauerunterstützten zusätzlich »zugeschossen« werden mußten.[93] Dies war notwendig, da die bereits 1875 festgelegten und nur geringfügig veränderten Unterstützungsklassen den gewandelten Verhältnissen im Bereich der Mieten und vor allem der Lebensmittelpreise immer weniger gerecht wurden. Nachdem durch die Haushaltsdebatte erstmals einer breiteren Öffentlichkeit klar wurde, wie lange die Mehrheit der Armenräte die Aufstockung der obsoleten Monatsalmosen vor sich hergeschoben hatte – diesbezügliche Ausschüsse waren seit Jahren nicht mehr einberufen worden –, ergriff die ›Freie Vereinigung‹ die Flucht nach vorne und beantragte die Erhöhung der Monatsalmosen.[94] Die wesentlichen Impulse jedoch gingen von den Sozialdemokraten[95] und dem liberalen Sozialreferenten Andreas Grieser aus, der sich 1910 von den Bezirkskommissionen über die finanzielle Lage der städtischen Almosenempfänger informieren ließ; da die Ergebnisse bestürzend waren,[96] plädierte er für eine sofortige Erhöhung der Unterstützungen. Daraufhin wurden drei Ausschüsse gebildet, die sich mit den akuten Problemen der Armenfürsorge beschäftigen sollten. Neben den Monatsalmosen waren dies die restlos überfüllten Armenanstalten, die viele Bedürftige abweisen mußten. Auch das städtische Obdachlosenasyl konnte das seit 1908 immens gestiegene Heer der Obdachlosen[97] nicht mehr aufnehmen, so daß die naheliegenden Polizeistationen aus Sicherheitsgründen manchmal 30 bis 40 Personen in ihren Räumen nächtigen lassen mußten.

Dennoch plädierten die bürgerlichen Armenräte in einer geheimen Sitzung[98] des für die Monatsalmosen zuständigen Ausschusses für den alten Vergabemodus, während Karl Deininger von den Sozialdemokraten eine Anhebung der wichtigsten Unterstützungsklasse Ia von 15 auf bis zu 25 Mark und die Fixierung eines Existenzminimums forderte. Eine Mehrheit fand indes nur die Anhebung; die Idee des Existenzminimums mußte zurückstehen hinter der bewährten Praxis, den Bezirksarmenpfleger die Höhe des Almosens nach seinem Gutdünken festsetzen zu lassen.

Während die Ausschüsse tagten, sorgte ein Skandal im Rathaus dafür, daß sich die Zeitungen wiederum mit der Armenpflege beschäftigten: Ein Angestellter des Sozialreferats hatte mit gefälschten Unterschriften seinen ›notleidenden‹ Komplizen einige hundert Mark an Unterstützungen zukommen lassen.[99] Empört riefen die Zeitungen nach einer schärferen Kontrolle der Vergabepraxis, vor allem in Hinblick auf den mittlerweile auf 3,5 Millionen Mark angewachsenen Sozialetat. Fast gleichzeitig brachten die Sozialdemokraten erneut die von ihnen seit 1902 geforderte städtische Arbeitslosenversicherung im Gemeindekollegium zur Sprache,[100] die sie als die wichtigste Maßnahme ansahen, um Verarmung und rechtliche Diskriminierung der potentiellen Unterstützungsempfänger zu verhindern. Diskussionsgrundlage zu dieser Frage war in allen großen Kollegiumsdebatten die erstmals 1904 von Karl Singer vorgetragene Konzeption einer kommunalen Arbeitslosenversicherung, die sich am ›Genter System‹ orientierte.[101] Finanzieren sollten dies die Arbeitgeber, die gewerkschaftlich organisierten Arbeitnehmer und die Stadt. Im Mittelpunkt der Auseinandersetzungen stand immer die Frage, ob eine Arbeitslosenversicherung mit Zuschüssen der Stadt, des bayerischen Staates oder des Reiches finanziert werden sollte. Für die bürgerliche Mehrheit im Stadtrat und im Magistrat kam ein finanzieller Alleingang der Stadt nicht in Frage;[102] vor allem wollte man verhindern, daß die Stadt hier die Initiative ergriff, da dann die Finanzierung der Arbeitslosenversicherung an ihr und den Arbeitgebern hängenbleiben würde.[103]

Trotz dieser ergebnislosen Debatten blieb die Stadt nicht untätig. Um dem Arbeitsmangel abzuhelfen und so die soziale Konfliktlage zu entschärfen, entschlossen sich Stadt und Staat, in Krisenjahren kostspielige Notstandsarbeiten[104] durchzuführen, die allerdings primär Arbeitern aus dem Bausektor zugute kamen. Nicht zuletzt unter dem Druck der Straße – genauer gesagt zweier, natürlich verbotener Spontandemonstrationen mehrerer hundert Arbeitsloser[105] – entschloß sich das Gemeindekollegium überdies, für die Zeit des schlimmsten Notstandes in den Jahren 1905, 1908, 1912/13 den unverschuldet in Erwerbslosigkeit geratenen Arbeitern, unter der Regie der Gewerkschaften, eine tägliche Arbeitslosenfürsorge auszubezahlen.[106] Die Finanzierung dieses Projekts garantierten ein Zuschuß der Stadt, ferner der 1898 gegründete ›Münchner Hilfsfonds‹, der Arbeitern die Wartezeit bis zur Klärung ihrer strittigen Versorgungsansprüche aus der Reichssozialversicherung überbrücken half,[107] sowie Spenden aus der Bevölkerung.

Nachdem die Zahl der Armen 1909 vorerst ihren Höhepunkt erreicht hatte, sank sie in den beiden darauffolgenden Jahren zunächst um 20, ein Jahr später sogar um 30 Prozent, was natürlich erhebliche Einsparungen zur Folge hatte. Der Sozialreferent führte dies auf günstigere Bedingungen auf dem Arbeitsmarkt, auf die gestiegene Zahl der Armenpfleger sowie auf deren bessere Schulung zurück.[108] Um so größer war die Enttäuschung, als die Armenlasten besonders in Folge der Arbeitslosigkeit 1912 und 1913 wieder überproportional anwuchsen. Bemerkenswert ist in diesem Zusammenhang der bereits seit 1908 feststellbare, 1912 erschreckend deutliche Anstieg der Erziehungsbeiträge für Kinder, die wegen der Notlage der Familien entweder als Kostgänger auf dem Land oder in Erziehungsanstalten der Stadt untergebracht werden mußten.[109] Das Krisenjahr 1912/13 führte den Münchner Sozialpolitikern so noch einmal deutlich vor Augen, daß ohne eine von wem auch immer finanzierte Arbeitslosenversicherung – die mittlerweile auch in den Reihen der eher konservativen Armenpflegschaftsräte gefordert wurde – eine finanziell geordnete Armenpflege kaum mehr möglich war.[110]

Schlußbetrachtung

Ein besonderes Merkmal der Münchner Armenpflege war die offensichtliche Diskrepanz zwischen einer lange Zeit als vorbildlich gepriesenen Anstaltsfürsorge und einem völlig rückständigen Unterstützungswesen, das erst nach dem Eintritt der Sozialdemokraten in den ›inner circle‹ der bürgerlichen Armenräte und nach zähen Verhandlungen den stark gewandelten wirtschaftlichen Verhältnissen angepaßt werden konnte. Vor dieser zähneknirschend geduldeten Mitarbeit der Sozialdemokraten, denen die humanitären Verbesserungen im Münchner Armenwesen nach der Jahrhundertwende zuzuschreiben sind, wagte sich der Armenpflegschaftsrat nur sehr selten auf sozialpolitisches Neuland – und auch dann nur, wenn ihm Informationen über Neuerungen aus anderen Städten bereits vorlagen. Allein die Tatsache der über 35 Jahre nur unwesentlich veränderten Monatsalmosen spricht nicht gerade für ein beherztes innovatorisches Vorgehen, sie zeigt vielmehr einen deutlichen Mangel an Großstadtbewußtsein und eine Unwissenheit über die Ursachen struktureller Armut.

Als nach der Jahrhundertwende die Anstaltsfürsorge ihren einst auf dem Martinsspital beruhenden guten Ruf an die Stadt Wien abtreten mußte, war das wahrscheinlich noch das geringste Übel für die Münchner Sozialpolitik. Vor dieser türmten sich nämlich in den letzten Jahren vor dem Ersten Weltkrieg die weitaus gravierenderen Probleme von Wohnungsnot, von Verwahrlosung der Großstadtjugend, von Obdach- und Arbeitslosigkeit auf; besonders unter den Folgelasten der Arbeitslosigkeit wäre die Münchner Armenpflege ohne den finanziellen und personellen Beitrag der Privatwohltätigkeit vermutlich zusammengebrochen. An dieser Stelle ließe sich spekulieren, ob für einige Münchner Kommunalpolitiker die Einführung einer Arbeitslosenversicherung unter anderem auch deshalb noch nicht drängend erschien, weil das soziale Sicherungssystem von Armenpflege und Privatwohltätigkeit trotz neuartiger finanzieller Belastungen noch immer funktionierte. Die Einführung einer kommunalen Arbeitslosenversicherung, deren programmatische Vorarbeit Karl Singer bereits 1904 geleistet und dem Magistrat vorgelegt hatte, hätte jedoch dazu beitragen können, München eine größere sozialpolitische Bedeutung für die Prinzregentenzeit und darüber hinaus zu sichern.

»Die vielen und excessiven Elemente...«
Aspekte polizeilicher Tätigkeit
Von Eva Strauß

Die Entstehung einer Großstadtpolizei

Spezialisierung und Arbeitsteilung fanden im Zuge des Urbanisierungsschubs um die Jahrhundertwende ihren Niederschlag auch bei der Verbrechensbekämpfung. Die wesentlichen strukturellen Veränderungen bei der staatlichen Polizeidirektion München lassen sich mit den Stichworten Modernisierung, Professionalisierung, innerstädtische Dezentralisation und landesweite Zentralisation charakterisieren. Auf dem Gebiete des Erkennungsdienstes führte man die Photographie, die Bertillonsche Körpermessung und das Fingerabdruckverfahren ein.[1] Die innere Organisation suchte man zu straffen, indem man die hauptstädtische Gendarmerie in eine Schutzmannschaft umwandelte, um sie enger an die Polizeidirektion anzubinden.[2] Außerdem wurde die Ausbildung durch die Errichtung einer Gendarmerie- und Polizeischule verbessert. Die Beamten unterwarf man einem Uniformzwang; hierdurch sollte ihnen standesgemäßes Verhalten anerzogen und zugleich der Öffentlichkeit eine dauernde Präsenz demonstriert werden.[3]

Die Modernisierung und Professionalisierung der Stadtpolizei führte aber auch dazu, daß die Trennung zwischen der Stadt und ihrer ländlichen Umgebung immer deutlicher wurde. Tatsächlich gelang es der Münchner Polizei in ihrem Vorgehen gegen die Bettler und Landstreicher, diese in die Orte außerhalb Münchens zurückzudrängen und durch die Errichtung von Gendarmeriestationen in den Randbezirken einen Schutzgürtel um München zu legen; damit erschwerte man in der Tat das Eindringen der sogenannten sicherheitsgefährlichen Elemente.[4] Darüber hinaus versuchte man seit 1883, den ungehinderten Zuzug durch systematische Kontrollen und Meldepflichten einzudämmen, um bereits frühzeitig der Niederlassung von ›zweifelhaften Elementen‹ vorzubeugen. Ausweisungen aus der Stadt erstreckten sich jedoch auch auf die nahegelegenen Vororte. So waren deshalb 1912 im Landgericht München II die Verurteilungen wegen Bettelns und Landstreicherei mehr als dreimal so hoch wie im Bezirk München I, der die Stadt selbst umfaßte.[5]

Die Dezentralisierung der Münchner Polizei beruhte zum einen auf der Anpassung an die neuen großstädtischen Verhältnisse, überlastete doch die Personalvermehrung bei der Schutzmannschaft die Zentrale; außerdem machte die räumliche Ausdehnung der Stadt den täglichen Besuch der Polizisten auf der Polizeidirektion unverhältnismäßig zeitaufwendig. Zum anderen spielte auch eine ideologisch begründete, konservative Besorgnis eine Rolle: Bestärkt durch die Sozialistengesetze schenkte die Polizei insbesondere den Arbeitervierteln ihre Aufmerksamkeit. Hier zeigten sich Vorurteile und selektive Wahrnehmung von Polizei und Justiz vor allem in ihrem Mißtrauen gegen bestimmte Bevölkerungsgruppen.

Neben der innerstädtischen Dezentralisation wurde die Münchner Polizeidirektion zu einer Landeskriminalpolizei ausgebaut. Gerade die verkehrsmäßige Erschließung Bayerns durch die Eisenbahn und die damit verbundene engere Anbindung des Landes an die Hauptstadt erweckten bei der Polizei den Eindruck einer zunehmenden Mobilität der Straftäter, den einzelne spektakuläre Fälle noch unterstützten.[6] Überdies hatte die Modernisierung der Polizeitechniken zur Folge, daß man zentrale Registraturen anlegte, die nur auf bestimmte Straftaten spezialisierte Beamte verwenden konnten. Im Lauf der Zeit entstanden so bei der Polizeidirektion München Zentralen zur Verfolgung der Zigeuner, zur Bekämpfung des Saccharinschmuggels und der Münzfälschungen sowie eine Sammelstelle für die 1911 landesweit eingeführte Daktyloskopie.[7]

Die im Jahre 1899 eingerichtete Zigeunerzentrale ließ die Motive und Intentionen polizeilicher Tätigkeit in dieser Zeit offen zu Tage treten, konnte auf diesem Gebiet doch ohne öffentlichen Widerstand agiert werden: Im Kern ging es darum, die Zigeuner allgemein zu erfassen, wie es das sogenannte Zigeunerbuch, in dem alle amtsbekannten Zigeuner namentlich erfaßt waren, beweist; auch ging es um ihre ständige Überwachung, die durch die Zigeunerkonferenz auch reichsweit abgesichert werden sollte,[8] sowie um die aktive Bekämpfung. Davon legt das bayerische ›Zigeuner- und Arbeitsscheuengesetz‹ von 1926 Zeugnis ab,[9] das eine Voraussetzung für den ›Holocaust‹ an Zigeunern im Dritten Reich bildete. Zugleich spiegelte das Vorgehen gegen die Zigeuner einen allgemeinen Trend wider, das Polizeiwesen in den einzelnen Staaten zu zentralisieren und über die bundesstaatlichen Grenzen hinaus zu reichsweit gültigen Vereinbarungen zu gelangen.[10]

Polizeiliche Observanz als soziale Kontrolle

Die Hauptaufgabe der polizeilichen Arbeit vor Ort bestand in der Verhütung von Straftaten; laut Dienstvorschrift der Schutzmannschaft[11] waren vornehmlich umherziehende Gewerbetreibende sowie Zigeuner, Bettler und Landstreicher zu überwachen. Besonders neuralgische Punkte wie die ›Herberge zur Heimat‹, ein Übernachtungsheim der ›Inneren Mission‹, die Obdachlosenasyle sowie »Wirtschaften minderer Gattung«, das Arbeitsamt und die Wärmestuben, die man wegen der dort anwesenden »unsicheren Elemente«[12] für gefährlich hielt, wurden im Auge behalten. Dem-

Der Schutzmann

»Herr Gendarm, kommen's schnell, da haben's grad einen totgeschlagen.« – *»So, dann will ich mal die Sanitätskolonne benachrichtigen.«* Zeichnung von Wilhelm Schulz – Die Präsenz der Polizisten sollte in den Arbeitervierteln eine einschüchternde Wirkung haben. Die Ausbildung der Schutzleute ließ aber zu wünschen übrig.
Simplicissimus Jg. 9, Nr. 2, S. 25

entsprechend häufig führte man hier Razzien durch, ebenso wie in der anderen Problemzone, den Ziegel- und Heustadeln am Rande der Stadt.

Die Änderung des Heimatrechts 1896 erschwerte das allgemein restriktive polizeiliche Vorgehen, da es die Aufenthaltsdauer zur Erlangung des Heimatrechts senkte. Weil man jedoch befürchtete, es könnten nun wegen der verstärkten Zuwanderung Minderbemittelter weitaus mehr Menschen der Armenpflege zur Last fallen, reagierte die Polizei mit einem noch schärferen Vorgehen. Dies zeigte sich vor allem an der hohen Quote von Festnahmen in den Jahren 1896 und 1897. Da die Bettler und Landstreicher sich aus der Unterschicht rekrutierten,[13] kam es auch zu einer ständigen scharfen Überwachung der Arbeiterviertel, in denen man den Hort der Kriminalität sah. Hier äußerte sich die bürgerliche Angst um den eigenen Besitz, den man insbesondere durch die ›Habenichtse‹ gefährdet sah; Armut deutete man demzufolge in potentielle Kriminalität um und betrachtete die Übertretungen wegen Bettelns und Landstreicherei als einen Angriff auf das Eigentum anderer: »Das bloße Begehen dieses neuen Stadtviertels durch die Schutzmannschaft … kann mit Rücksicht auf dessen starke Bevölkerung, auf die vielen excessiven und zweifelhaften Elemente unter denselben … und auf den schon jetzt bedeutenden dortigen Wirtschaftsbetrieb den polizeilichen Bedürfnissen nicht genügen, vielmehr erscheint die ständige Anwesenheit der Polizeimannschaft in Mitten des Viertels zur Aufrechterhaltung geordneter Verhältnisse unbedingt notwendig.«[14]

Ziel dieser Maßnahmen war es also, die Arbeiterbevölkerung zu Ruhe und Ordnung zu zwingen; aus Angst vor Maßlosigkeit und Ausschreitungen wurden deshalb sogar verschiedentlich öffentliche Tanzmusiken in Wirtschaften untersagt.[15] Bereits die sichtbaren Folgen der Gründerkrise, die erst Ende der siebziger Jahre spürbar wurden und das Heer der Arbeitslosen anschwellen ließen, hatten den Argwohn der Polizei erweckt und die Polizeidirektion zu der Mahnung veranlaßt, daß »… in neuerer Zeit sehr viele Arbeiter mittellos hier ankommen, nirgends Unterkommen zu finden vermögen, dennoch mehrere Tage hier bleiben und den Lebensunterhalt durch Bettel zu erwerben suchen. Da mit diesem Bettel gar häufig Sicherheitsstörungen verbunden sind, so ergeht hiemit die Weisung, auf solche zu- und durchreisende Arbeiter ein besonderes Augenmerk zu lenken und zu diesem Behufe die bekannten Unterschlupfstätten der strengsten Controle zu unterstellen.«[16]

Die Verschärfung der polizeilichen Kontrollen ließ sich bei späteren Krisen ebenfalls beobachten. So stiegen Anfang der neunziger Jahre neben den Verhaftungen wegen Bettelns, Landstreichens und Arbeitslosigkeit die Ausweisungen aus der Stadt, dem Land und dem Reich, ebenso während des Konjunkturtiefs um 1901/02 sowie mit Abstrichen im Jahr 1908, das ebenfalls im Zeichen der Rezession stand.[17]

Es waren jedoch vor allem die Eigentumsdelikte, die die Kriminalstatistik bestimmten. Einen Hauptanteil daran hatte das Diebstahlsdelikt, das in unmittelbarer Beziehung zur wirtschaftlichen Entwicklung stand. In Zeiten konjunktureller Tiefstpunkte stiegen die Zahlen, so beispielsweise 1891/92, ebenso 1901/02 und mit Einschränkungen auch 1908.[18] Hingegen zeigte die Rate der Roheitsdelikte, namentlich die der Körperverletzungen, die in München unter dem Landesdurchschnitt lag, während der Krisenzeiten eine absteigende Tendenz, um gerade im Jahr der konjunkturellen Besserung wieder hochzuschnellen.[19] Diese Beobachtung läßt sich sozialpsychologisch erklären: die in den Krisenzeiten erfahrenen Enttäuschungen und materiellen Einschränkungen entladen sich erst zu einem späteren Zeitpunkt.

Die Rolle der Sozialdemokratie

Der Verstädterungsprozeß, insbesondere die Eingemeindungen von Orten mit einem hohen Arbeiteranteil wie Laim oder Thalkirchen, hatte nach Ansicht der Polizei eine ›Qualitätsverschlechterung‹ der Bevölkerung zur Folge. In solchen Äußerungen spiegelte sich deutlich die Angst vor möglichen sozialen Konflikten, namentlich in der polizeilichen Bewertung der Sozialdemokratie, der man unterstellte, sie untergrübe die Moral und provoziere somit kriminelles Verhalten.[20] Dieser Vorwurf offenbarte, daß die Polizei auch nach der Aufhebung der Sozialistengesetze die politische Linke weiterhin observierte, zu der neben den Sozialdemokraten auch Anarchisten und aus Rußland geflüchtete Sozialisten zählten.[21]

Allerdings geriet die Polizei hierbei sehr bald in Konflikt mit der SPD, die vor allem das polizeiliche Vorgehen gegen die Arbeitslosen nachdrücklich verurteilte. Die Polizei zerstreute nämlich jede Ansammlung von Arbeitslosen und suchte sie durch straßenpolizeiliche Verordnungen von stark frequentierten Plätzen, wie etwa dem Marienplatz, fernzuhalten, um die Not nach Möglichkeit nicht öffentlich werden zu lassen.[22] Von der Polizei aufgegriffene Arbeitslose erhielten darüber hinaus den Auftrag, sich innerhalb von acht Tagen eine Arbeit zu suchen, andernfalls drohten weitere Sanktionen, wie die Verhaftung und Verurteilung wegen Arbeitsscheu[23] oder die Ausweisung.

In der sozialdemokratischen ›Münchener Post‹ wurden solche Fälle aufgegriffen und scharf verurteilt:

»In München lungern zur fröhlichen Karnevalszeit Zehntausende und Stadtverwaltung und Regierung rühren keinen Finger. Oder doch: sie schicken berittene Schutzleute hinaus, damit unter den Hufen ihrer Rosse das Elend zertreten werde; ihre Polizei berichtet die Not auf die einfachste Weise aus der Welt, indem sie keck die Arbeitslosen für Lumpen und Vagabunden erklärt.«[24]

Polizei und Justiz suchten soziale Not somit als Übertretung der bürgerlichen Ordnung umzudeuten und dadurch zu kriminalisieren. Freilich forderte selbst die SPD von den Arbeitslosen ein diszipliniertes Auftreten. Arbeitslosendemonstrationen wurden, soweit sie nicht unter sozialdemokratischer Obhut stattfanden, als »planlos« kritisiert.[25] Auf diese Weise unterstützte also auch die SPD den Disziplinierungsprozeß der Arbeiterschaft. Immerhin trug die sozialdemokratische Agitation Früchte: In zunehmendem Maße wurde selbst die bürgerlich-liberale Öffentlichkeit für die soziale Not sensibilisiert: Regierung und Stadt führten nach 1900 in Krisenzeiten Notstandsarbeiten durch. Infolgedessen mußte die Polizei zu Zeiten besonders hoher Arbeitslosigkeit, beispielsweise im Winter, manchmal auf allgemeine Razzien verzichten,[26] um keine Eskalation hervorzurufen. Folglich konnte Arbeitslosigkeit immer weniger mit eigenem Verschulden oder ›Arbeitsscheu‹ erklärt werden, es wuchs vielmehr das Bewußtsein, daß Erwerbslosigkeit auf schlechte wirtschaftliche Verhältnisse zurückzuführen war. Neben solchen Problemen bestand eine weitere Ursache für die Auseinandersetzungen zwischen der Polizei und der SPD darin, daß die Polizei bei Streiks eingriff und für ›Ordnung‹ sorgte, indem sie Streikende verhaftete.[27]

Fürsorge und Kriminalpolitik als neue polizeiliche Aufgaben

Zur Entlastung der Überwachungsarbeit traf die Polizei Vereinbarungen mit verschiedenen Einrichtungen, wie etwa dem Vorstand der ›Herberge zur Heimat‹, in der viele durchreisende und stellensuchende Handwerker und Arbeiter übernachteten, oder dem ›Asylverein für Obdachlose‹, daß diese ihre Besucher selbst stärker kontrollieren sollten.[28]

Andererseits engagierte sich die Polizeidirektion mit der Einstellung einer Polizeipflegerin im Jahre 1907 auch in der Fürsorgearbeit.[29] Dies bedeutete in der Konsequenz eine ›Polizierung‹ der Fürsorge, also eine zunehmende Reglementierung und Einmischung in das Leben zumeist der unteren Bevölkerungsschichten. Die Arbeit dieser Polizeipflegerin, die mit der städtischen Armenpflege zusammenarbeitete, führte damit die eingeleitete Verflechtung von Polizei- und Fürsorgewesen fort. So verlautete alsbald aus der Polizeidirektion:

»Bei allen Jugendlichen ... die wegen leichter Vergehen (Diebstahl, Hehlerei, Unterschlagung) oder wegen erstmaligen Bettels vorläufig festgenommen werden, und bei all den jugendlichen Obdachlosen ... kommt eine Tätigkeit des Jugendgerichts zunächst nicht in Frage. Gerade unter diesen Jugendlichen befindet sich eine nicht unbeträchtliche Anzahl, bei denen eine tatkräftige Fürsorge besonderen Wert haben könnte.«[30]

Damit räumte die Polizei den Betroffenen die Möglichkeit einer Besserung ein und machte zugleich das Eingeständnis, daß die begangenen Delikte ihre Ursache nicht allein im Charakter des Delinquenten hatten, sondern daß hier auch soziale Ursachen eine Rolle spielen könnten.

Die enger werdende Verbindung von Polizei- und Fürsorgearbeit stellte gewissermaßen die lokale Erscheinung einer Entwicklung dar, die auf allgemein gesellschaftspolitischer Ebene in der Diskussion um die Reform des Strafrechts ihren aktuellen Ausdruck fand. Im Laufe des 19. Jahrhunderts wandelten sich, unter dem Eindruck der Industrialisierung und ihrer gesellschaftlichen Folgen, liberal-staatliche zu sozialrechtlichen Auffassungen; diese prägten die Strafrechtsdiskussion. Die Entwicklung einer Kriminalpolitik war damit eng verknüpft, da Sozialpolitik – wie der führende Kriminalpolitiker Franz von Liszt formulierte – »zugleich die beste und wirksamste Kriminalpolitik« sei.[31]

Ansatzweise begann man gesellschaftlich bedingte Ursachen des Verbrechens zu erforschen, so beispielsweise den Alkoholismus, der dann wiederum in den entsprechenden Anstalten behandelt werden sollte.[32] Strafe drückte sich nun nicht mehr allein in äquivalenter Vergeltung für eine Straftat aus, sie wurde vielmehr in Beziehung zum Straftäter und seiner Situation gesetzt. Demzufolge verdrängte die Geldstrafe zunehmend die kurze Haftstrafe,[33] die den ›Gesetzesbrecher‹ öffentlich stigmatisierte und während der Haftzeit von der Gesellschaft absonderte. In Bayern führte man für Straftäter die bedingte Begnadigung ein;[34] konkret bedeutete dies, daß die Betroffenen nicht in jedem Fall sofort in ein Arbeitshaus überwiesen wurden, sondern in eine – privat geführte – ›Arbeiterkolonie‹; auf diese Weise wollte man ihnen das Stigma des Arbeitshausaufenthaltes ersparen.

Gleichzeitig hatten die Milderungen des Strafrechts zur Folge, daß die Straftäter in verschiedene Kategorien eingeteilt wurden. Neben dem ›Affekttäter‹ gab es noch die große Gruppe der ›Gewohnheitsverbrecher‹, die zum Teil als besserungsfähig, zum Teil als unverbesserlich angesehen wurden. Die Naturwissenschaften wie Medizin, Psychologie und Biologie sollten hierfür die jeweiligen Merkmale ausarbeiten. Diese Bemühungen mündeten schließlich in der Pathologisierung von Bettlern und Landstreichern,[35] wobei allerdings eine Verwechslung von Ursache und Wirkung stattfand. Nicht mehr die Sozialisten, sondern die ›psychopathologischen‹ Bettler und Landstreicher bedrohten nun am meisten die öffentliche Sicherheit und Ordnung. Dieser Wandel wirkte sich besonders kraß bei den Zigeunern aus, deren Schicksal sich eng mit dem der ›Großstadtzigeuner‹, der sogenannten Arbeitsscheuen, verband.

Resümee

In München erfolgte um die Jahrhundertwende der Um- und Ausbau der Polizei zu einer schlagkräftigen und effizienten Organisation, wobei ihr der Einsatz neuer technischer Mittel zugute kam. Diese Umstrukturierung stellte einerseits eine Antwort auf gesellschaftliche und politische Veränderungen, vor allem auf die Urbanisierung und das Anwachsen der Arbeiterbevölkerung dar, andererseits war sie Motor und teilweise Vorbild für reichsweite Entwicklungen auf kriminalpolizeilichem Gebiet.

In der konkreten polizeilichen Arbeit unterlagen vor allem die Unterschichten einer intensiven Observation und der steten Gefahr der Kriminalisierung. Zeitweise versuchte man eine Abschottung der Stadt nach außen, um den Zuzug von Minderbemittelten zu verhindern. Da die Bedeutung der SPD wuchs und selbst die bürgerliche Öffentlichkeit zunehmend für soziale Probleme sensibilisiert wurde, fand eine immer dichter werdende Verflechtung von Polizei- und Fürsorgetätigkeit statt.

Darüber hinaus diskutierte man über eine Reform des Strafrechts, wobei neue Verbrechensformen definiert wurden. Die Polizei ließ sich in ihrem Handeln nicht nur von traditionellen Vorstellungen von Kriminalität leiten; neu aufkommende Ideologien veränderten vielmehr die Ansichten darüber, welche Güter für schützenswert erachtet wurden und welche Sanktionen bei Verstößen hiergegen drohen sollten. Ideologische Vorbehalte prägten also entscheidend das neue Konzept aktiver Verbrechensbekämpfung; allerdings setzte die Kritik aus der Öffentlichkeit dem Handeln der Polizei oft Grenzen. Bei isolierten Randgruppen der damaligen Gesellschaft jedoch konnte die Polizei, wie etwa die Münchner Polizeidirektion bei der Verfolgung der Zigeuner, ungehindert scharf vorgehen.

»... meinem König Otto I. treu zu dienen ...«
Militärdienst in München

Von Markus Ingenlath

Lobgesänge auf das Soldatenleben finden sich in der Literatur aller Zeiten und Länder. Den Alltag des Soldaten mit den Problemen des Dienstes und der Einschränkung der persönlichen Freiheit verdrängen die davon Betroffenen meist durch selbstbewußtes Säbelrasseln und oft etwas bärbeißigen Humor; im Rückblick des Reservistendaseins wird die Militärzeit bisweilen auch anekdotenreich verklärt. Im Zeichen zunehmender Heeresrüstung[1] und allgemeiner Militarisierung[2] wurde diese Geisteshaltung im Deutschen Reich nach 1890 immer mehr zu einem Grundbestandteil des gesellschaftlichen Bewußtseins.

Träger dieser Entwicklung war vor allem Preußen; von dort aus breitete sich dieser Geist auch nach Bayern aus, das – trotz immer wieder betonter »Reservatrechte«[3] in der Reichsverfassung – weitgehend von Preußen abhängig war.[4] Dies verstärkte sich noch nach der zwangsweisen Einführung der ›Reichsmilitärstrafgerichtsordnung‹ 1898, die einen wichtigen Teil bayerischer Militärhoheit nach Berlin delegierte.[5] Vielen bayerischen Offizieren war diese Entwicklung jedoch durchaus recht, hatten doch Preußen und seine Armee seit dem Sieg von 1870/71 Vorbildcharakter bekommen;[6] der Alltag des gewöhnlichen Soldaten, des sogenannten Gemeinen, veränderte sich durch solche Umstrukturierungen jedoch nur wenig.[7]

Die Münchner Garnison

Seit der Integration der bayerischen Armee in das Reichsheer gab es in Bayern zwei Armeekorps. Das Generalkommando des I. Korps sowie der Stab der dazugehörigen Ersten Division waren in München stationiert. Daher kam es hier zu einer Konzentration von Truppenteilen und Einheiten, die zugleich die Staatsspitze und die Zentralbehörden schützten;[8] Eliteeinheiten wie das ›Infanterie-Leibregiment‹ hatten überdies höfische Repräsentationsaufgaben zu erfüllen. Da sie den Armeestäben unmittelbar zugeordnet waren, standen hier jedoch auch viele hochmoderne Truppen, also Telegraphen-, Luftschiffer- und Kraftfahrabteilungen, später sogar Fliegertruppen. Die Tradition wurde durch leichte und schwere Kavallerieverbände verkörpert;[9] den Anachronismus solcher Truppen in einer technisierten Zeit[10] zeigt eine militärpolizeiliche Standortvorschrift, die die Soldaten ermahnt, »beim Durchreiten von Straßen, in welchen die Straßenbahn fährt, wegen der elektrischen Oberleitung die Lanzen in die Lende zu nehmen« und »wegen der Gefahr des Berührens« beispielsweise den Weg durch die Dachauer Straße zu meiden.[11] Neben den aktiven Truppenteilen gehörten auch die sogenannten Militärbildungsanstalten zur Münchner Garnison. Das für angehende Offiziere bestimmte ›Königlich Bayerische Kadettenkorps‹, die Inspektion der Kavallerie mit der Militärreitschule und der Militärlehrschmiede oder die Artillerie- und Ingenieur-Schule, sogenannte immobile Einheiten, waren Ausbildungsort für Absolventen aus ganz Bayern, die hier mehrmonatige oder mehrjährige Lehrgänge absolvierten. Überdies saß in München die zentrale Militärverwaltung, also das Bayerische Kriegsministerium und die für die Wehrpflicht wichtige Verwaltung des Ersten Armeekorpsbezirks sowie die Intendanturbehörden.[12] Eine Erhöhung der Präsenzstärke der bayerischen Armee machte dann Kasernen-Neubauten auf dem Oberwiesen- und Marsfeld nötig.[13] Insgesamt waren in München 1890 jedoch nur drei Prozent der Bevölkerung,[14] also etwa 10 000 Personen,[15] aktive Soldaten; in Landsberg machten sie ungefähr zehn Prozent und in Ingolstadt sogar fast 25 Prozent aus.[16]

Dennoch spielte das Militär im öffentlichen Leben der Stadt keine unbedeutende Rolle: Ehrenkompanien kamen bei der Einweihung öffentlicher Gebäude zum Einsatz,[17] beim Besuch ›Kaiserlicher Hoheiten‹ fand manchmal sogar eine Parade sämtlicher Truppen der Garnison statt.[18] Als Kulisse dafür diente das »Forum der Maximilianstraße«, die Straßenverbreiterung vor dem Nationalmuseum.[19] Auch bei anderen Gelegenheiten kam es zu Paraden, allerdings in kleinerem Umfang und meist innerhalb militärischen Geländes; so gab es nach der Jahrhundertwende bei einigen Einheiten »Centenarfeiern«:[20] Die Reorganisation der bayerischen Armee unter König Max I. Joseph war gerade 100 Jahre alt. Zusätzlich boten Gedenkfeiern an den Krieg 1870/71, bei denen auch Veteranen und Reservisten geladen waren, einen willkommenen Anlaß für mehrtägige Regimentsfeierlichkeiten.[21]

Jeden Sonn- und Feiertag fanden Militärgottesdienste statt;[22] die Mannschaften mußten die Gottesdienste geschlossen unter der Aufsicht eines »Offiziers vom Kirchendienst« besuchen, der »für die Aufrechterhaltung der Ordnung vor, während und nach dem Gottesdienst« verantwortlich war.[23] Der Kirchenbesuch galt als Pflicht.[24] Darüberhinaus gab es an »Allerhöchsten« Geburts- und Namensfesten nach dem Gottesdienst – etwa in der Neuhauser Straße – besondere Kirchenparaden.[25]

Einen weiteren Höhepunkt militärischer Repräsentation bildeten jeweils am Vorabend einer großen Prinzregentenfeier die festlich illuminierten Serenaden oder Zapfenstreiche an der Feldherrnhalle und am Max-Joseph-Platz.[26] Die Regimentsmusiken und Musikkorps fielen auch sonst in der Öffentlichkeit auf, waren sie doch der publikumswirksamste

»Lieutenant: ›Ich bitte mir in der Kirche eine schneidige Haltung aus; daß mir keiner schläft, lacht, schwätzt, betet oder dergleichen.‹« Zeichnung von Eduard Thöny. Simplicissimus 3. Jg., Nr. 35, S. 277

Teil militärischer Repräsentation: Militärkapellen spielten regelmäßig zu bestimmten Wochentagen an bekannten Orten.[27] Die Regimentsmusiken bildeten aber auch eine beliebte Umrahmung gesellschaftlicher Ereignisse oder Festzüge.[28] So erbat der Organisationsausschuß des 15. Deutschen Bundesschießens 1906 vom Kriegsministerium »die Beteiligung sämtlicher hiesiger Militärmusikkorps« in Uniform.[29] Das Ministerium genehmigte dies unter der Bedingung, daß sämtliche Ausgaben vom Festausschuß übernommen würden[30] – ein deutliches Beispiel dafür, daß militärische und städtische Repräsentation sich manchmal gegenseitig ergänzten. Aber wie sah das Leben jenseits dieses offiziellen Festglanzes aus?

Die Wehrpflicht

»Jeder Deutsche ist wehrpflichtig und kann sich in Ausübung dieser Pflicht nicht vertreten lassen«, heißt es 1914 in der Bayerischen Wehrordnung.[31] Bis zum Inkrafttreten des Wehrgesetzes von 1868[32] war es jedoch vor allem Angehörigen mittlerer und höherer Einkommensklassen noch möglich gewesen, sich gegen Geld im Wehrdienst vertreten zu lassen.[33] Das neue Wehrgesetz legte nun die allgemeine Wehrpflicht für alle Bürger vom vollendeten 17. bis zum vollendeten 45. Lebensjahr fest.[34] Grund dafür war jedoch nicht das Bemühen um soziale Gleichbehandlung, vielmehr gaben die im Krieg von 1866 deutlich hervorgetretenen Mängel der Bayerischen Armee dabei den Ausschlag.[35] Nun versuchten die Verantwortlichen in den folgenden Jahren, sich den als besser erkannten preußischen Verhältnissen möglichst rasch anzupassen.[36]

Mit der Verlängerung und Erweiterung der Dienstpflicht wollte das Kriegsministerium unter Siegmund von Pranckh eine Erhöhung der Präsenzstärke und eine bessere Ausbildung der Soldaten erreichen. So mußten nun beispielsweise die berittenen Truppen erst die Reitschule passieren.[37] Schon bei der Musterung[38] traf man eine Vorauswahl für die einzelnen Truppenteile.[39] Abiturienten, die sogenannten Einjährig-Freiwilligen, durften sich ihr Regiment selbst heraussuchen; sie dienten nur ein Jahr, mußten dafür aber mehr Wehrübungen absolvieren.

Eine Umgehung der Wehrpflicht war so gut wie ausgeschlossen. Deshalb suchten Wehrpflichtige manchmal einen Ausweg durch Auswanderung oder Flucht. Auswanderungswillige kamen dabei nicht mit dem Gesetz in Konflikt, wenn die Ersatzbehörden[40] ihnen eine »Entlassung aus dem Staatsverband« ausstellten. Hierfür mußte nur die zuständige Gemeinde bestätigen, daß sich der Dienstpflichtige dadurch nicht der Wehrpflicht entziehen wollte – eine Bestätigung, die man mit guten Beziehungen zum Bürgermeister wohl leicht bekam.[41] Kehrte ein solcher Militärpflichtiger nach mehrjährigem Auslandsaufenthalt zurück, hatte er jedoch automatisch die bayerische Staatsangehörigkeit verloren.[42] Wenn er aufgrund seines Alters den Dienst nicht mehr nachholen konnte,[43] mußte er mit seiner Ausweisung rechnen.[44] Härter noch traf es diejenigen, die nicht »bona fide«, sondern in »offenbarer Absicht« ausgewandert waren;[45] ihnen drohte eine Gefängnis- und Geldstrafe.[46]

Unnachgiebig ging man auch gegen diejenigen vor, die sich der Einberufung durch Flucht entzogen oder die einfach nicht zum Dienst antraten. Sie wurden, wenn man sie faßte oder selbst wenn sie sich freiwillig stellten, als »Unsichere Heerespflichtige« behandelt und durch Unteroffiziere oder Gendarmerie zum nächstbesten Infanterietruppenteil überführt.[47] Noch schwerwiegendere Folgen hatte es, daß die reguläre Dienstzeit von Soldaten, die man kurz nach ihrem regulären Dienstzeitbeginn als »Unsichere« eingereiht hatte, manchmal erst vom Dienstzeitbeginn des darauffolgenden Jahres ab gerechnet wurde;[48] sie dienten dann faktisch drei Jahre.[49]

München hatte einen selbständigen Aushebungsbezirk und griff darüberhinaus noch auf Reserven aus dem Ersten Armeekorpsbereich zurück.[50] Da dieser fast ganz Südbayern bis zur Donaugrenze umfaßte, fanden sich in Münchner Kasernen Bauernsöhne aus dem Oberland neben Arbeitersöhnen aus der Stadt.

Dienstbeginn

Für einen zukünftigen Soldaten war vor Dienstantritt gewiß nicht unwichtig, welchem Regiment er zugeteilt wurde, erfreuten sich doch die einzelnen Waffengattungen unterschiedlicher Beliebtheit. Hoch im Kurs stand in München das ›Infanterie-Leibregiment‹. Seine Angehörigen stammten aus allen Teilen Bayerns, da die Körpermaße der ›Leiber‹ festgelegt waren.[51] Deutlich offenbarte sich das Ansehen des Regiments in der Sitzordnung für Militärgottesdienste in der St. Michaels-Hofkirche. Demnach durften die ›Leiber‹ die vordersten zwölf Bänke des Hauptschiffes sowie das rechte Kreuzschiff benutzen.[52]

Noch eindeutiger ist die Beliebtheit der Regimenter bei den Einjährig-Freiwilligen zu ermitteln; hier kommen klar

147

die Wertvorstellungen des Offizierskorps zum Vorschein. Hauptkriterium war dabei das »Berittensein« der Truppe.[53] Schon in der Möglichkeit der Einjährig-Freiwilligen, ihr Regiment wählen und auch Reserveoffizier werden zu können, lag Konfliktstoff. Besonders Unteroffiziere fühlten sich benachteiligt, konnten sie doch »selbst nach 30 Dienstjahren nicht damit rechnen, in den ›gottähnlichen Rang eines Offiziers‹ aufzusteigen«.[54] Auch die Bezeichnungen der Soldatensprache für die Einjährigen wie »Einhaariger«, »Einspänner« oder, nach der Beförderung zum Unteroffizier, »Starenhäuptling« lassen Spannungen und Neid zwischen den Soldaten erahnen.[55]

Die gewöhnlichen Wehrpflichtigen begannen offenbar den Tag ihres Einrückens mit ausführlichen Zechtouren.[56] Ihre erste Begegnung mit der Welt der Soldaten verlief daher oft recht unsanft, demonstrierten die Unteroffiziere hier doch gleich ihre Machtstellung; der Umgangston in den Kasernen vergröberte sich zunehmend.[57] Die meisten Unteroffiziere hätten es verlernt, ruhig zu sprechen, alles werde »herausgeschnauzt«, berichtet Herrmann Schlittgen über seine Dienstzeit in der Hofgartenkaserne.[58]

Stuben und sanitäre Einrichtungen

»Lieg i nachts am Strohsack drobn, stinkt er mir scho glei, kloane Viecherl gibt's da drobn und noch mancherlei!«, hieß es in einem zeitgenössischen Soldatenlied. Die Wohnverhältnisse in den Kasernen ließen teilweise sehr zu wünschen übrig. Dies zeigen die »hygienisch-statistischen Beschreibungen« der verantwortlichen Truppenärzte für das Kriegsministerium.[59] Demnach lebten in den Mannschaftsstuben zwischen zwölf[60] und 60[61] Soldaten. Der Bewegungsraum, der jedem zustand, errechnete sich aus dem Durchschnittswert an Luftkubikmetern pro Person; einfacher ausgedrückt: Es kamen auf einen Stubenbewohner fünf bis sechs Quadratmeter Platz.[62] Die Einrichtung dieser Räume war militärisch einfach – ein Tisch, Pritschengestelle mit Strohsäcken und einheitlichen Decken.[63] Hier hielten sich wohl auch die ›Mitbewohner‹ der Kasernenstuben auf, die in keiner offiziellen Statistik auftauchen, von deren Vorhandensein aber Anekdoten und Soldatenlieder beredtes Zeugnis ablegen – die Wanzen und Flöhe.[64] Der Fußboden bestand aus Holz,[65] als Beleuchtung dienten bis wenige Jahre vor dem Krieg Petroleumlampen, und im Winter heizten die sogenannten Kasernsäulenöfen.

Nachts herrschten oft unerträgliche Zustände in den voll belegten Räumen.[66] Im Soldatenlied ist daher von den »Kameraden« die Rede, die »fürs Parfüm« sorgen. Das Gesichtwaschen wurde noch im November zur Abhärtung im Kasernenhof abgehalten; dies fanden schon die Beteiligten »hygienisch nicht richtig«,[67] einer umfassenden Körperpflege diente es in keinem Fall.

Die sanitären Einrichtungen waren oft mangelhaft: Erst 1894 wurde in der Max-II-Kaserne mit dem Bau einer neuen Badeanstalt begonnen;[68] vorher hatte es für die dort sta-

»... Und weiter möchte ich dem Vorredner zu bedenken geben, daß gerade die ärmeren Schichten der Bevölkerung in hervorragender Weise ihr Brot den Garnisonen verdanken.« Zeichnung von Josef Benedikt Engl – Zur Aufbesserung ihrer Finanzen verkauften die Soldaten oft überschüssiges Komißbrot an Zivilisten. Simplicissimus 1. Jg., Nr. 41, S. 6

tionierten zwei Feld-Artillerie-Regimenter, das Train-Bataillon und die Reitschule – also für mehrere hundert Leute – eine gemeinsame Bademöglichkeit mit genau vier Wannen und ebensovielen Brausen gegeben! Nach der Einweihung des Neubaus mit immerhin 20 Brausen und 24 Umkleidekabinen stellte der Regimentsarzt des Ersten Feld-Artillerie-Regimentes 1896 zufrieden fest, »daß auch während der Wintermonate jeder Mann wenigstens zweimal monatlich ein warmes Brausebad erhalten kann, was meiner ärztlichen Ansicht nach vollkommen genügt«.[69]

Wenn auch dieser Bestand an Waschmöglichkeiten noch nicht ausreichend erscheint und in späteren Jahren immer wieder Mängel auftraten,[70] so bahnten sich doch, ähnlich wie bei den Toilettenräumen,[71] hygienische Verbesserungen an. Sie waren zum einen auf den steten Ausbau der Münchner Kanalisation und der städtischen Trinkwasserleitungen zurückzuführen, ohne die beispielsweise die vielen Kasernenneubauten auf dem Oberwiesenfeld nicht durchführbar gewesen wären. Zum anderen war man auch beim Militär sensibler geworden. Man hielt die Truppenärzte verstärkt zur Kontrolle der Wasserversorgungs-, Kanal- und Abortanlagen an und empfahl dringend eine Zusammenarbeit zwischen Sanitätsoffizieren und Baubeamten.[72] Hauptgrund für diese Maßnahmen war das Bestreben, die immer wieder auftretenden schweren Epidemien wie Typhus, Cholera oder Scharlach einzudämmen.[73]

Die Verpflegung

Quantität und Qualität der Soldatennahrung waren immer wieder umstritten:[74] Während manche Truppenärzte sie kategorisch für »gut und reichlich« erklärten[75] oder diffizile

Nährwertberechnungen anstellten, klagten die Soldaten bisweilen über zu wenig Essen.[76] Nur Kommißbrot gab es genug, so daß Militärpersonen, obwohl es verboten war,[77] Brot an Zivilisten verkauften; dies führte wiederholt zu Beschwerden der Münchner Bäckerinnung wegen »Gewerbsbeeinträchtigung«.[78]

Zwar hatten die Mannschaften ein formales Mitspracherecht; die Verpflegung war dennoch oft schlecht. Die Ursachen dafür lagen unter anderem darin, daß Offiziere es mit der Aufsicht nicht so genau nahmen[79] und Küchenunteroffiziere sowie Köche Nahrungsmittel unterschlugen oder mit zivilen Zulieferern zusammenarbeiteten;[80] manchmal nutzten diese das lukrative Geschäft mit der Armee, bestachen das Küchenpersonal und lieferten minderwertige Lebensmittel.[81] Die vielen Erkrankungen rückten die »Soldatenmenage« mehr und mehr in den Mittelpunkt öffentlicher Diskussion;[82] da man um die Schlagkraft der Armee fürchtete, wurden einige Mängel abgestellt. Die Zustände blieben jedoch höchst unbefriedigend; so fügte der Train-Bataillonsarzt seinem hygienisch-statistischen Bericht von 1896 an:

»Im Erdgeschoß ist ... gleichfalls eine Wasserauslaufstelle für Trinkwasser angebracht, woselbst einige Mannschaften der Trainkompanien im Winter ihre Eßgeschirre reinigen. Nachdem in diesem Durchgange ein Abort und das meist benützte Pissoir und außerdem, nur durch eine Bretterwand getrennt, der Aufbewahrungsort für die Küchenabfälle sich befindet, so dürfte schon aus ästhetischen Gründen der Wasserausfluß nicht am rechten Platz sein ...«[83]

Obwohl Kriegsminister Adolph von Asch 1903 in einem Bericht an den Prinzregenten über die Gesundheitsverhältnisse der Armee nur Positives zu berichten wußte, lag also in Wirklichkeit noch vieles im argen.[84]

Der Dienst

In Friedenszeiten bestand der Soldatenalltag aus »Innerem Dienst«, »Äußerem Dienst« und Wachtdienst.[85] Spätestens seit dem Beginn der zweijährigen aktiven Dienstpflicht für die Infanterie 1893 bemühte man sich verstärkt,[86] den Wachtdienst »zugunsten der kriegsmäßigen Ausbildung« einzuschränken.

Nach Auflösung der Hauptwache am Rathaus gab es 1906 nur noch vier Ehren- und Sicherheitsposten.[87] Für die Residenzbewachung war einzig das ›Infanterie-Leib-Regiment‹ zuständig. Das Postenstehen scheint besonders nachts nicht immer angenehm gewesen zu sein: »Man wurde oft von allerlei Nachtschwärmern verulkt und auch angepöbelt. Das München von damals nahm das Militär nicht sehr ernst. Man nannte das den ›Simplicissimus-Geist‹«, schreibt Herrmann Sinsheimer.[88] 1907 nahmen Posten an der Residenz mehrmals Studenten der Münchner Hochschulen fest, »weil sie Unfug verübten oder den Posten beleidigten«.[89] Insgesamt sind jedoch nur wenige tätliche Angriffe auf Posten vorgekommen.[90]

Für seine sonstigen Aufgaben blieb der Soldat meist im Bereich der Kasernen und Übungsgelände. Hauptaufgabe des »Äußeren Dienstes« war die Ausbildung. Bei der Infanterie nahm dabei das Exerzieren zur »Schulung und Vorbereitung der Führer und Mannschaften auf den Krieg«[91] viel Zeit in Anspruch. Das Ziel war bedingungslose Unterordnung – die »Subordination«; dies führte aber zu einer Vernachlässigung der Gefechtsausbildung und konnte letztlich die militärische Schlagkraft vermindern.[92] Die berittenen Truppenteile verrichteten ihren Außendienst auf der Reitbahn und vor allem im Stall – eine gewiß nicht immer angenehme Aufgabe.[93] Während der wärmeren Jahreszeit rückten die Einheiten zu Übungen ins Gelände aus; der Englische Garten oder städtische Anlagen waren hierfür jedoch tabu.[94] Mißachtungen solcher Vorschriften führten zu scharfen Protesten des Magistrats, der Abgeordneten oder der Presse beim Kriegsministerium.[95]

Der »Innere Dienst« galt der Erziehung der Soldaten zu Reinlichkeit, Sparsamkeit, Ordnung und Pünktlichkeit[96] durch endlose Reinigungsarbeiten und zahlreiche Appelle, von den Soldaten »Lumpenparaden«[97] genannt. Insgesamt wirkte also der seit den Befreiungskriegen übliche Begriff von der Armee als »Erziehungsschule der Nation« fort.[98]

Die Vorgesetzten

Der militärische Dienstalltag brachte in jeder Einheit eine Fülle von Disziplinarstrafen mit sich, die manchmal recht schikanös verteilt wurden. Den Vorgesetzten stand durch die Disziplinarordnung eine breite Palette von Strafmaßnahmen zur Verfügung,[99] von der »Auferlegung gewisser Dienstverrichtungen außer der Reihe« wie Strafexerzieren oder -wachen bis zur Einstellung in die Arbeiterabteilung. Schwere Delikte wie Raufhändel und Diebstahl wurden von Militärgerichten geahndet.[100] Der gerichtlich bestrafte Soldat mußte ein Strafmaß von mehr als sechs Wochen Dauer bei der Truppe nachdienen.[101]

Auflehnung half hier nicht viel. In der Praxis verhinderte die Angst der Soldaten vor Bestrafung[102] wohl so manche Kritik. Der komplizierte Beschwerdeweg richtete weitere psychologische Schwellen auf: So mußte der Betroffene immer mündlich und unmittelbar vor dem Kompaniechef Meldung machen[103] – für einen ungebildeten Arbeiter- oder Bauernsohn Auge in Auge mit einem Hauptmann oder Rittmeister ein großes Problem. Franz Carl Endres meinte 1927 rückblickend, daß es kaum Mannschaften gegeben habe, die während ihrer Dienstzeit nicht wenigstens einmal vorschriftswidrig behandelt worden seien und daß die zahlreichen Soldatenselbstmorde vielfach als Folge der Mißhandlungen angesehen werden müßten.[104] So schieden die Selbstmörder, meist Gefreite oder Gemeine im ersten oder zweiten Dienstjahr, häufig aus »Furcht vor Strafe« aus dem Leben.[105]

Die offiziell gemeldeten Fälle »vorschriftswidriger Behandlung Untergebener« erreichten im Korps und in der

Garnison 1893 ihren Höhepunkt. 1893 ist auch das Jahr massivster öffentlicher Proteste.[106] Später wurden die Vorgesetzten offensichtlich vorsichtiger. Angeklagt waren überwiegend Unteroffiziere, die mit den Mannschaften am häufigsten in Berührung kamen;[107] im Laufe der Jahre wurden immer weniger Verfahren eingestellt und ein einmal angeklagter Vorgesetzter mußte nun fast sicher mit Bestrafung rechnen – ein Offizier mit Stubenarrest, ein Unteroffizier mit Gefängnis.[108] Nach der Jahrhundertwende häuften sich auch die Anzeigen, ein Zeichen dafür, daß die Soldaten inzwischen mehr Selbstbewußtsein entwickelten.[109] Auch war der Rückhalt in der Öffentlichkeit, insbesondere bei Landtag und Presse, deutlich gewachsen.[110] Wortführer war die sozialdemokratische ›Münchener Post‹, die immer wieder Einzelheiten aus dem Militärischen ›Innenleben‹ an die Öffentlichkeit brachte. Zu jedem Artikel mußten die Regimentskommandeure beim Kriegsministerium eine Stellungnahme abgeben und somit den Fall genau untersuchen lassen.[111]

Nach Dienstschluß

Zwar füllte der Dienstbetrieb vom morgendlichen Wecken bis zum gemeinsamen Abendessen[112] die Zeit der Soldaten weitgehend aus, bis zum Zapfenstreich um 21 oder 22 Uhr gab es aber noch kleine private Freiräume. Das Geld reichte jedoch meist nicht dazu, teureren Vergnügungen nachzugehen: 1900 erhielt ein unberittener Gemeiner alle zehn Tage zwei Mark zwanzig, von denen er auch Putz-, Näh- und Waschzeug sowie die »Reinigung persönlicher Sachen« bezahlen mußte.[113] Bis 1912 hatte sich die Löhnung auf drei Mark erhöht,[114] wovon aber sicher nicht viel für die Sparkasse übrig blieb. Ein Teil des Geldes wurde oft in Alkohol angelegt.[115]

Bis zur Jahrhundertwende ignorierten die Militärbehörden das Alkoholproblem weitgehend.[116] Nach etlichen Bemühungen der Mäßigkeitsvereine griff man dann erst im September 1902 das Problem auf: Durch eine Untersuchung wollte man zumindest einen Überblick über den Schnapsverbrauch in den Kantinen der Kasernen[117] und über seine Bedeutung für Disziplin und Gesundheitszustand der Soldaten gewinnen.[118] Das Bier, das in Bayern als Nahrungsmittel galt, spielte in der Statistik ›nur‹ als Ursache für Bestrafungen eine Rolle, hier aber entscheidend: Der weitaus größte Teil der Disziplinverstöße unter Alkoholeinfluß war auf vorangegangenen Biergenuß zurückzuführen.[119] Betrachtet man die Zahl der gerichtlichen Bestrafungen insgesamt, so war immer noch bei einem Fünftel aller Fälle Alkohol im Spiel.

Der Alkoholumsatz zeigte eine insgesamt ansteigende Tendenz. Nur in der Kantine des ›Ersten Schwere-Reiter-Regiments‹ wurde jedoch der Verkauf von Spirituosen nach Negativrekorden eingestellt. Bei diesem Regiment konnte man daraufhin eine deutliche Verringerung der Straftaten feststellen.[120] Dennoch begnügte sich das Kriegsministerium ansonsten damit, 1904 ein Alkohol-Merkblatt in den Mannschaftszimmern der Kasernen und den Krankensälen der Lazarette aufhängen zu lassen.[121] Man war sich aber darüber im Klaren, daß die Zahlen über den Alkoholverbrauch in den Kantinen für den realen Konsum kaum Annäherungswerte liefern konnten, verließen die Soldaten doch häufig nach Dienstschluß die Kasernen, um in Wirtshäusern einzukehren.[122] Die Wirtshausverbote, die im Verlauf der neunziger Jahre auch in München verhängt wurden, sind aber weniger auf solche Probleme als auf den Kampf gegen die Sozialdemokratie zurückzuführen.[123]

Politisch motivierte »Militärverbote« – also die Sperrung für alle Militärangehörigen – wurden über jede Wirtschaft ausgesprochen, in der jemals eine sozialdemokratische Versammlung stattgefunden hatte.[124] Das bedeutete eine empfindliche Schädigung des Wirts und sollte diesen daher wirtschaftlich unter Druck setzen. Bekämpfte man innerhalb der Kasernen sozialistisches Gedankengut durch »Vaterländischen Unterricht«,[125] so durften Soldaten nicht einmal in Zivilkleidern politische Vereine und Versammlungen besuchen.[126] Diese Verordnung wurde auch dann noch strikt befolgt, als das Kriegsministerium, dem Beispiel Preußens folgend, 1905 das Wirtshausverbot auf die Tage einschränkte, an denen sozialistische Versammlungen in einem Lokal stattfanden.[127] Damit war unter anderem dem massiven Drängen des ›Bayerischen Gastwirteverbandes‹ entsprochen worden. Er hatte seit 1901, also seit der Aufhebung der Sozialistengesetze, unter Hinweis auf »existenzgefährdende Umsatzeinbußen« das Verbot als »unzeitgemäß« kritisiert, da – so wörtlich – die Soldaten in ihrer Freizeit bekanntlich dem »dolce far niente« anhingen, für Politik nicht zu haben wären und somit der »schädigende Einfluß der Sozialdemokratie« gering sei.[128] Das Ministerium verschanzte sich aber hinter »militärdienstlichen Interessen«, worunter man auch verstand, die Soldaten vor »schlechtem Umgang« zu bewahren.[129] Schlechten Einfluß sah man zum Beispiel dann gegeben, wenn »bei Controle übelbeleumundeter Frauenzimmer die anwesenden Soldaten für letztere meist noch mehr Partei nehmen als die anwesenden Gäste«.[130] Dieser unpolitische Grund für Wirtshausverbote rührte wohl auch von der Zunahme der »venerischen« oder Geschlechtskrankheiten her.[131]

Allein die Untersuchung der im Herbst eingezogenen Mannschaften zeigte, daß München eine »ganz unverhältnismäßig hohe Zahl« an Erkrankten aufwies.[132] Geschlechtskranke sonderte man nach Möglichkeit schon bei der Musterung aus.[133] Maßnahmen wie »Belehrung der Mannschaften« oder »verpflichtende Mitteilung der Ansteckungsquelle an die Polizeibehörde« sollten helfen, eine Ausbreitung vor allem der Syphilis zu verhindern; sie hatten aber nicht die erwünschte Wirkung, da die Krankheit im allgemeinen »zu leicht« genommen wurde.[134] Den monatlichen »Gesundheitsbesichtigungen« durch die Truppenärzte konnte man sich leicht entziehen.[135] So forderte das Kriegsministerium 1913 erneut die Zusammenarbeit der jeweiligen Garnisonsverwaltung mit den Polizeibehörden und besondere Aufmerksamkeit für die Bekämpfung der Straßendirnen und Animierkneipen.[136] Außerdem sollte die Schrift ›Hütet Euch vor Ausschweifungen‹[137] die Soldaten im Sinne der Erhaltung der Wehrkraft vor den negativen Auswirkungen ihrer ›Freizeitbeschäftigungen‹ warnen.

Der Reservist – Gedanken zum Schluß

War die aktive Dienstzeit zu Ende, so folgte die Beurlaubung in den Reservestand.[138] Jetzt mußte sich der Reservist nur regelmäßig zu den Kontrollversammlungen seines Wehrbezirks einfinden und konnte in bestimmten Abständen mit einer Reserveübung, dem Aufenthalt in der »Ferienkolonie«, rechnen.[139] Vielen scheint der Abschied verständlicherweise nicht schwergefallen zu sein, obwohl die Zeit im Rückblick meist glorifiziert wurde. Das lag wohl auch daran, daß allein das Tragen der Uniform die Möglichkeit bot, in einer mehr und mehr militarisierten Umwelt am militärischen Glanz zu partizipieren und dadurch gesellschaftlich aufzusteigen. Die in Teilen abgeleistete Dienstpflicht im Einjährigen-System wirkte auf weite Bevölkerungskreise integrierend.[140] Der erste Kontakt mit der Großstadt während ihrer Dienstzeit war außerdem für viele junge Leute vom Land eine wichtige Erfahrung, nicht wenige blieben in München.[141]

Die Armee wurde »Volksheer« genannt, war aber im wesentlichen ein »dynastisches Instrument«:[142] »Die Aufgabe des Kriegsheeres ... ist, den Gesetzen Kraft und Nachdruck ... zu verschaffen. Nur wenn der Monarch über eine kräftige Armee verfügt, kann seine Politik eine Selbstbewußte sein« – so wurde den Mannschaften zur Prinzregentenzeit der Zweck der Armee definiert.[143] Der formalistische und disziplinäre Charakter des Dienstbetriebs bewirkte jedoch den Rückzug der Soldaten auf humoristische »Frozzeleien« und auf apolitisches Verhalten in der Freizeit. Mehr oder weniger subtil vermittelte man ihnen in den Kasernen Opferbereitschaft, Gehorsam und Kameradschaftsdenken. Die Folgen solcher Erziehung spiegeln sich im ›Militärischen Schnadahüpferl‹:[144]

»Gibt's net bald ein Krieg, was i tu, weiß i schon, Kauf mir a Kanon und fang selber oan an.«

Erinnerungsblatt an den Kampf zwischen Rautenhelm und Pickelhaube, Phototypie (1889). Münchner Stadtmuseum

Dienstboten und ihre Welt

Von Barbara Beck

»Dienen ist ein hartes Loos. Nicht deswegen, weil dienen ein Leben voller Arbeit bedeutet, denn Arbeit ist Segen ... Wohl aber deswegen, weil der Dienstbote das ganze eigene Leben dem Wohle eines anderen zu eigen macht. Aber wenn der Dienst mit der Herzenswärme eines guten Menschen gegeben und empfangen wird, hört die Herrschaft auf, dem Dienstboten fremd zu sein, Glück und Unglück der Herrschaft ist Glück und Unglück des Dieners und sein Wohl und Wehe wird von der Herrschaft wie das eigene empfunden.«[1]

Entspricht dieses von dem Münchner Bürgermeister Dr. Johannes von Widenmayer in seiner Festansprache anläßlich der Verteilung der Dienstbotenmedaillen im Jahre 1892 gezeichnete Bild des häuslichen Dienstverhältnisses mit seinen patriarchalisch-gemütvollen Anklängen der Wirklichkeit? Wie sah das Leben der Münchner Dienstboten um 1900 tatsächlich aus? Wer waren überhaupt die Dienstboten, deren Anteil an der Münchner Gesamtbevölkerung im Jahre 1907 immerhin 4,4 Prozent betrug?[2]

Unter die Dienstboten zählte der Bayerische Oberste Gerichtshof diejenigen Personen, »die ihre Arbeitskraft zu häuslichen oder minderen landwirtschaftlichen Verrichtungen auf längere Zeit gegen einen vorausbestimmten Lohn verdingen, mit dem in der Regel die unentgeltliche Gewährung der Wohnung und Kost verbunden ist«.[3]

In einer Dienstanweisung der Königlichen Polizeidirektion München von 1899, die die häusliche Gemeinschaft mit der Dienstherrschaft als besonderes Merkmal des Dienstboten hervorhob, wurden als Dienstboten bezeichnet: »Köchinnen, Stuben-, Haus- und Kindermädchen, Bediente und Herrschaftskutscher, Knechte und Mägde; auch Hausmeister, soferne obige Voraussetzungen gegeben sind.«[4] Da in kleineren Geschäftsbetrieben und Haushaltungen »häufig dieselben Personen teilweise für gewerbliche oder kaufmännische Arbeit und teilweise für hauswirtschaftliche Tätigkeit verwendet«[5] wurden, läßt sich der Begriff ›Dienstbote‹ nicht eindeutig begrenzen.

Mehr Konturen gewinnt das Bild vom ›Dienstboten‹, wenn man sich vor Augen hält, daß es fast ausschließlich Frauen waren, die um die Jahrhundertwende den Dienstbotenberuf ausübten. Im Jahre 1907 gehörten in München beispielsweise 98 Prozent der 23 587 Dienstboten dem weiblichen Geschlecht an.[6] Der Dienstbotenberuf war aber nicht nur ein ausgesprochener Frauenberuf, er zählte damals auch, trotz rückläufiger Tendenz, zu den wichtigsten Berufsmöglichkeiten für Frauen überhaupt. In München machten die Dienstmädchen, die im Jahre 1882 etwas mehr als ein Drittel der fast 40 000 weiblichen Erwerbstätigen stellten, im Jahre 1907 immerhin noch etwa ein Viertel der nahezu 100 000 berufstätigen Frauen aus.[7] Für die überwiegende Mehrheit der Dienstmädchen war es kein Lebensberuf; dies lag neben der im häuslichen Dienst geforderten dauernden Arbeitsbereitschaft wohl auch an der Aufnahme in die Wohngemeinschaft des Arbeitgebers, die kaum Raum für ein Privatleben ließ. Auf seiten der Herrschaften war das Interesse an älteren Dienstmädchen ebenfalls gering, sahen sie die Arbeitsleistung bei diesen doch nicht mehr in vollem Umfang gegeben und befürchteten wohl auch, den älteren Mädchen nichts mehr sagen zu können.[8] So waren im Jahre 1907 nur etwa 29 Prozent des weiblichen Hauspersonals in München über 30 Jahre alt.[9] Die meisten Dienstmädchen schieden vorher durch Heirat und Gründung eines eigenen Haushalts oder durch Berufswechsel aus dem Dienst. Als berufliche Alternativen boten sich ihnen die Berufe der Fabrikarbeiterin, der Verkäuferin, der Näherin, der Kellnerin oder der Wasch- und Zugehfrau.[10] Die Arbeit als Dienstmädchen im großstädtischen Haushalt stellte also für diese Frauen nur einen Jugend- und Übergangsberuf dar. Woher bezog nun aber der häusliche Dienst seinen ständig benötigten Nachschub?

Herkunft und Ausbildung

Wie andere deutsche Großstädte[11] konnte auch München seinen großen Bedarf an häuslichem Dienstpersonal nicht aus der eigenen Bevölkerung decken. Nur etwa zehn Prozent der Münchner Dienstboten waren im Jahre 1907 gebürtige Münchner. Die meisten Dienstboten kamen aus anderen oberbayerischen Gemeinden, aus Niederbayern, der Oberpfalz und Schwaben.[12] Unter den Zugezogenen dominierten dabei – um die Jahrhundertwende geradezu ein Kennzeichen des großstädtischen Hauspersonals – die Dienstboten ländlicher Herkunft. Laut der Berufszählung von 1907 stammten 64 Prozent der Münchner Dienstboten vom Land, das heißt aus Orten bis zu 2000 Einwohnern.[13] Es war die Sehnsucht vieler Landmädchen, in die Stadt zu kommen, mit der sie viele Hoffnungen verbanden; so schreibt auch Lena Christ in ihren ›Erinnerungen‹: »Froh sollst sein, daß d'eini derfst in d'Stadt, wo's d'was Feins werden kunntst!«[14] Sie versprachen sich eine Verbesserung ihrer Heiratschancen und dadurch höheres soziales Ansehen. Der häusliche Dienst in der Stadt bot eine willkommene Erleichterung für die Gewöhnung an die fremde Umgebung, zumal später die Möglichkeit zu einem Berufswechsel bestand.[15] Oft war wohl die ungünstige wirtschaftliche Situation kleiner bäuerlicher und Handwerksbetriebe mit großer Kinderzahl – in erster Linie rekrutierten sich die Münchner Dienstmädchen nach der Dienstbotenerhebung von 1914 aus den Kreisen ländlicher Handwerker und Bauern[16] – ein Motiv für den Zug in die Stadt. Auch eine unverschuldete Notlage durch frühzeitigen Tod der Eltern konnte sie zum Eintritt in den Dienst zwingen. Als Beispiel kann hier der Lebenslauf der Köchin Klara Wagenhäußer dienen:

»Ich bin geboren zu Richelbach Bezirksamt Miltenberg am 12. August 1865 katholisch als Tochter des Schullehrers Leopold Wagenhäußer ... Nach dem frühzeitigen Tode meiner beider Eltern war ich mit meinen drei unmündigen, völlig vermögenslosen Schwestern gezwungen, möglichst bald nach Entlassung aus der Volksschule in einen Dienst zu treten, und so fand ich zunächst eine Stelle als Kindermädchen bei Verwandten in Klingenberg. Mit 17 Jahren kam ich nach München in die Familie des Herrn Bahninspektors Reuß daselbst zur Stütze der Hausfrau und dann als Köchin ...«[17]

Ein so früher Eintritt in den häuslichen Dienst war keineswegs außergewöhnlich, wie die Dienstbotenerhebung von 1914 zeigt, nach der drei Viertel der befragten Münchner Dienstmädchen ihre erste Stellung im Alter zwischen 13 und 18 Jahren angetreten hatten.[18] Es kann daher kaum überraschen, daß diese Mädchen den Anforderungen, die ihr Beruf an hauswirtschaftliches Können und Wissen stellte, häufig nicht genügten. Zwar waren sie im elterlichen Haushalt zur Mithilfe herangezogen worden, doch konnte diese Mithilfe nur ausnahmsweise als geeignete hauswirtschaftliche Vorbereitung auf die gesteigerten Ansprüche der städtisch-bürgerlichen Haushalte gelten.[19] In der Regel wurden ungelernte Dienstmädchen daher durch die Hausfrau selbst angelernt.

Um dieses ›Lehrverhältnis‹ auf eine geregelte und zeitgemäße Grundlage zu stellen, hatte sich in München im Frühjahr 1901 die ›Kommission zur Heranbildung weiblicher Dienstboten‹ gebildet, die sich aus Damen des Münchner Bürgertums und Adels zusammensetzte.[20] Sie vermittelte werktagsschulentlassenen Mädchen Lehrstellen bei Hausfrauen. Die Lehrzeit dauerte für 14jährige Mädchen zwei Jahre, für 15- bis 17jährige ein Jahr.[21] Die Kommission setzte, je nach Alter und Ausbildung des Lehrmädchens, einen Monatslohn von sechs bis acht Mark fest, über den das Mädchen aber nicht frei verfügen konnte. »Um das Mädchen an richtige Einteilung und Berechnung seiner Einnahmen zu gewöhnen, unterstehen alle persönlichen Ausgaben desselben (worüber es Buch zu führen hat) der Kontrolle der Lehrfrau.«[22] Weniger diese Bevormundung als vielmehr der niedere Lohnsatz erregte die Kritik der Gegner dieser Ausbildungsmethode; so sah darin beispielsweise der Berliner Privatdozent Oscar Stillich vor allem den Versuch, diese Mädchen »als Lohndrücker auf den Arbeitsmarkt loszulassen«.[23] Dem hielt die Kommission entgegen, daß Lehrlinge in anderen Berufen oft sogar noch Lehrgeld zu bezahlen hätten.[24] Der Erfolg dieser Münchner Einrichtung war jedoch nur begrenzt; im Durchschnitt wurde pro Jahr fast ein Drittel der Lehrverhältnisse wegen Berufswechsels, andauernder Erkrankung oder schlechter Führung beziehungsweise Nichteignung der Mädchen wieder aufgelöst.[25] Auch in anderen Städten fanden derartige Ausbildungsmöglichkeiten wenig Anklang bei den Mädchen, da sich diese nicht so lange an eine Stelle binden und dafür einen niedrigeren Lohn als andere ungelernte Dienstmädchen in Kauf nehmen wollten.[26]

Um qualifizierte, besser bezahlte Stellen annehmen zu können, suchten viele Dienstmädchen entweder vor ihrem ersten Dienst oder während ihrer Dienstzeit die Ergänzung der bereits vorhandenen Kenntnisse durch eine gründlichere Ausbildung in einzelnen hauswirtschaftlichen Fertigkeiten. In München gaben 1914 etwa 30 Prozent der befragten Dienstboten an, Nähen, Kochen, Bügeln, Servieren oder Frisieren gelernt zu haben.[27] Auf diesem Gebiet wurden vor allem gemeinnützige und karitative Anstalten und Vereine aktiv und boten den Dienstmädchen entweder unentgeltlich oder sehr preiswert Kurse zur Verbesserung ihrer Kenntnisse an.[28] Am meisten bevorzugten die Dienstmädchen die Fachausbildung im Nähen.[29] Wie günstig sich gute Nähkenntnisse zur Erlangung besser bezahlter Stellen als Jungfer oder Zimmermädchen auswirkten, zeigt die Münchner Erhebung von 1914: 69 Prozent der Jungfern und 38 Prozent der Zimmermädchen hatten Nähunterricht genommen.[30]

Obwohl sich der Besuch einer Haushaltungsschule für das berufliche Fortkommen der Mädchen auszahlte, blieb die hauswirtschaftliche Vorbildung an einer Haushaltungsschule selten. Nur etwa fünf Prozent der von der Erhebung von 1914 erfaßten Münchner Dienstmädchen hatten eine solche Schule absolviert.[31] Vor allem die hohen Kosten standen dieser Ausbildung entgegen; denn die Mädchen entstammten meist finanziell schwächeren Bevölkerungskreisen. Zu den wenigen Haushaltungsschulen in München, die ausdrücklich die speziellen beruflichen Bedürfnisse und finanziellen Möglichkeiten von Dienstboten berücksichtigten, gehörte die im Jahre 1856 von dem damaligen Stadtpfarrprediger Josef Weis gegründete ›Marienanstalt für weibliche Dienstboten in München‹, seit 1888 mit einer Filiale in Warnberg bei Solln in der Nähe Münchens.[32] Die Ausbildung kostete einen monatlichen Pensionsbetrag von 20 Mark,[33] später von 24 Mark.[34] Stiftungsgemäß gab es in der Münchner Anstalt sechs Freiplätze für minderbemittelte Mädchen;[35] tatsächlich räumte die Anstalt aber mehr Freiplätze ein. In die Erziehungsanstalt nahm man Mädchen katholischer Religion vom sechsten bis zum sechzehnten Lebensjahr auf, die »zu einem religiösen, gottesfürchtigen Leben angeleitet, für das Hauswesen und den Dienstbotenstand erzogen und besonders an Einfachheit und Arbeitsamkeit gewöhnt werden«[36] sollten. Unterrichtet wurden sie in den als nützlich angesehenen weiblichen Handarbeiten wie Nähen, Kochen, Waschen und Bügeln.[37] Wie für kirchliche Haushaltungsschulen verständlich, richtete die Marienanstalt ihr besonderes Augenmerk auf die religiöse Erziehung der

Mädchen.[38] Inwieweit ein religiös verbrämtes Berufsethos von den Dienstmädchen wirklich verinnerlicht wurde, muß offenbleiben; ebenso, ob nicht derartige Erziehungsprogramme, die mit einer berufsbezogenen Ausbildung nur wenig zu tun hatten, Mädchen vom Besuch konfessionell geprägter Schulen und Anstalten sogar abhielten.

Letztlich blieb die Frage einer speziellen hauswirtschaftlichen Ausbildung nur von untergeordneter Bedeutung; denn die meisten Münchner Haushalte um 1900 beschäftigten nur einen Dienstboten[39] und waren folglich nicht an einer spezialisierten teuren Fachkraft, sondern an einem Mädchen interessiert, das die gesamte Arbeit erledigte – eben ein ›Mädchen für alles‹. Obwohl in solchen Haushalten die Hausfrauen normalerweise mithalfen, waren die Anforderungen an die Arbeitskraft dieser Dienstmädchen am größten.

Arbeit und Freizeit

Für die Arbeitsbedingungen der Dienstboten ist charakteristisch, daß sie sich mit einem Dienstverhältnis zu einer Arbeitsleistung bereiterklärten, die nach Art, Menge und Zeitdauer unbemessen war. Die Gesindeordnungen verpflichteten sie zu einer dauernden Arbeitsbereitschaft und zu Gehorsam gegenüber den Anordnungen der Dienstherrschaft.[40] Allerdings lagen in mehreren deutschen Städten, darunter auch in München, Entwürfe für Dienstverträge vor, die eine gewisse Arbeitszeitregelung vorsahen;[41] diese waren jedoch nicht rechtsverbindlich.

Eine Arbeitszeit im eigentlichen Sinn kannte der häusliche Dienst um die Jahrhundertwende nicht. Die Arbeitsbereitschaft reichte vom Aufstehen am Morgen bis zum Schlafengehen am Abend.[42] Die typische Aufstehzeit der Münchner Dienstmädchen lag werktags wie sonntags zwischen halb sechs und sechs Uhr. Ihr Ende fand die tägliche Arbeitszeit meist zwischen acht und neun Uhr abends, nicht selten aber auch erst nach neun Uhr oder gar nach zehn Uhr abends.[43] Ein Münchner Dienstmädchen hatte also einen 14- bis 15stündigen Arbeitstag, in dem Arbeitspausen rar waren.

Wie sich ein solcher Arbeitstag um die Jahrhundertwende im einzelnen gestaltete, richtete sich natürlich in erster Linie nach den speziellen Bedürfnissen eines jeden Haushalts. Einen Eindruck von den wichtigsten Arbeiten eines ›Mädchens für alles‹ im einfachen bürgerlichen Haushalt vermittelt Emy Gordons oft aufgelegtes Buch über ›Die Pflichten eines Dienstmädchens‹.[44] Da heißt es:

»1. Holz und Kohlen oder anderes Feuerungsmaterial in die Küche schaffen und dort im Herde das Feuer anzünden, ebenso in der kalten Jahreszeit in einem oder mehreren Zimmern.

2. Bei Bereitung des Frühstücks, Mittagessens und Nachtessens der Hausfrau helfen, ihr die gröbern Arbeiten abnehmen, oder selbständig kochen, je nach stattgefundener Vereinbarung beim Dingen.

3. Den Hausflur, die Treppe und die Zimmer, die Betten machen, putzen, abwischen (in einer größern Haushaltung und wenn das Mädchen die Küche allein besorgt, übernimmt meist die Hausfrau oder die Tochter des Hauses das Abwischen der Möbel); Fenster reinigen, Schuhe und Stiefel putzen usw.

4. Waschen, oder wenigstens beim Waschen der Wäscherin helfen; Wäsche einschlagen, glatte Wäsche bügeln. Wo in einem größern Haushalt nur ein Mädchen gehalten wird, fällt das Bügeln der Stärkwäsche oder solcher mit Garnierungen gewöhnlich diesem nicht zu.

5. In einem Hause, in welchem es kleine Kinder gibt, teilweise Wartung oder Beaufsichtigung derselben.«

Ein Anrecht auf geregelte Freizeit besaßen die Dienstboten nach den Gesindeordnungen nicht.[45] In welchem Maße sie außerhalb des Haushalts ihres Arbeitgebers, in dessen Hausgemeinschaft sie lebten, ein Privatleben führen konnten, stand ganz im Ermessen der Herrschaft, die damit weitgehend über die rein persönliche Lebensgestaltung ihrer Bediensteten entschied.

Der sogenannte Ausgang galt als die eigentliche Freizeit der Dienstmädchen. An Wochentagen scheint dies in München kaum üblich gewesen zu sein, da dieser Ausgang nach der Dienstbotenerhebung von 1909 nur für etwa ein Drittel der Dienstmädchen in Betracht kam, und dann auch nur unregelmäßig.[46] Etwas über die Hälfte der Münchner Dienstmädchen hatte dafür an jedem Sonntag Ausgang, die übrigen mußten sich – mit wenigen Ausnahmen – mit einem freien Sonntagnachmittag in vierzehntägigem Abstand zufriedengeben.[47]

Der Beginn des Sonntagsausgangs fiel meistens in die Zeit zwischen halb drei und drei Uhr, das Ende zwischen sechs und sieben Uhr. Selten wurde er bis zehn Uhr oder noch später ausgedehnt.[48] Der Wunsch nach mehr Unabhängigkeit stieß bei den Hausfrauen oft auf Verständnislosigkeit und Empörung, wie dies aus der Schilderung einer Hausfrau über ihre Erfahrungen bei der Suche nach einem »besseren« Dienstmädchen hervorgeht:

»Nummer 2 präsentierte sich wieder als besseres Mädchen: ›Aber darum müssen Sie auch Vertrauen zu mir haben. Ich lasse mich in keiner Weise kontrollieren. An meinem Ausgehsonntag verlange ich den Hausschlüssel und bleibe aus, so lange es mir paßt. In der Woche muß ich auch abends ausgehen können, wenn meine Arbeit fertig ist.‹ Ich versicherte sie meines vollen Vertrauens, aber mein Haus werde jeden Tag, auch Sonntags, punkt 10 Uhr geschlossen und so würde bei mir wohl nicht die passende Stelle für sie sein.«[49]

Dies war jedoch keine Ausnahme: es gab sogar Stimmen, die aus Sorge um Moral und Sittlichkeit der Dienstmädchen eine über die zeitliche Begrenzung hinausgehende Einflußnahme der Herrschaften auf die Freizeit der Dienstmädchen wünschten. So forderte beispielsweise Wilhelm Liese, Verfasser eines ›Handbuchs des Mädchenschutzes‹:

»Auch von sonstigen schlimmen Gelegenheiten, wie schlechten Tanzvergnügungen, leichtsinnigen oder aussichtslosen Bekanntschaften, sollen sie die Mädchen durch liebevolle Warnung nach Möglichkeit fernzuhalten suchen.«⁵⁰

Selbst wenn derartige Reglementierungsversuche nicht unbedingt in die Praxis umgesetzt wurden, bleibt festzustellen, daß die Beeinträchtigung der Bewegungsfreiheit der Dienstmädchen erheblich war. Bei einer Freizeit von allenfalls vier bis fünf Stunden pro Woche gab es für die Mädchen nur wenig Gelegenheit, Kontakte anzuknüpfen oder zu pflegen und damit ihrem Hauptziel, der Ehe, näherzukommen. So ist es verständlich, daß das Interesse der Mädchen nur gering war, den häuslichen Dienst zum Lebensberuf zu machen.

Entlohnung und Unterbringung

Im Unterschied zu anderen Berufstätigen erhielt die Mehrzahl der Dienstboten nur einen Teil ihres Lohnes in Geld ausbezahlt, der andere Teil der Entlohnung erfolgte in Naturalien – in Kost und Wohnung. Der Arbeitslohn konnte noch eine Ergänzung durch unregelmäßige Bezüge wie Trinkgelder und Geschenke erfahren.

Wegen der unterschiedlichen Verpflegung in den einzelnen Haushalten ist es kaum möglich, die Beköstigung der Dienstboten zu beurteilen. Im allgemeinen dürften sie die gleiche Kost wie die Herrschaft erhalten haben, Delikatessen ausgenommen. Dies bot sich schon aus ökonomischen Überlegungen an, da eine getrennte Küche für den normalen Familienhaushalt zu teuer und aufwendig gewesen wäre. Dennoch neigte wohl manche Hausfrau dazu, um die Haushaltskasse zu schonen, am Essen ihres Personals zu sparen.

Eine besondere Art der Verpflegungsregelung war das Kostgeld. So wurde in München einem Teil der Dienstmädchen anstatt eines Abendessens ein Abendessengeld bezahlt.⁵¹ Inwieweit diesen mit ihrem jeweiligen Abendessengeld von zumeist 20 bis 24 Pfennigen⁵² eine befriedigende und ihrer Leistung entsprechende Ernährung möglich war, ist schwer zu beantworten. Ein solches Abendessen der Dienstboten dürfte jedoch dem in Münchner Arbeiterkreisen üblichen entsprochen haben, das sich nach einer Untersuchung von 1910 in den meisten Fällen neben Brot aus »Schweinmetzgerwaren wie Leberkäs, Pressack, Leoni, Zungenwurst, wovon man für 20 Pfg. etwa 100 g bekommt«,⁵³ zusammensetzte. Wenn das Kostgeld nicht zu niedrig bemessen war, ermöglichte es dem Dienstboten immerhin am Abend eine gewisse Freiheit, wenn auch von ausschweifenden Vergnügungen sicher keine Rede sein konnte.

Die Wohnverhältnisse der Dienstboten wurden von Zeitgenossen oft als der »wundeste Punkt in der Entlohnung der Dienstmädchen«⁵⁴ bezeichnet. Das im Jahre 1900 in Kraft tretende ›Bürgerliche Gesetzbuch‹ bestimmte, die Wohn- und Schlafräume der Dienstboten so einzurichten, wie sie »mit Rücksicht auf die Gesundheit, die Sittlichkeit und Religion des Verpflichteten erforderlich«⁵⁵ seien; in der Realität jedoch zeigte sich, daß diese Vorschrift zu allgemein gehalten war.

In München schliefen die meisten Dienstmädchen in der Wohnung ihres Dienstgebers, andere hatten ihre Schlafräume auf dem Speicher oder im Hinterhaus.⁵⁶ Während die Wohnverhältnisse der Dienstboten in Berlin wegen der Unterbringung in sogenannten Hängeböden als besonders schlecht galten,⁵⁷ verfügten nach der Erhebung von 1909 drei Viertel der Münchner Dienstmädchen über einen eigenen Schlafraum, die übrigen teilten ihn mit anderen Personen, meist Mitdienstboten. Etwa zehn Prozent der Räume dienten tagsüber als Näh-, Bügel-, Koch-, Bade- und Wohnzimmer oder wurden als Aufbewahrungsräume benutzt.⁵⁸ In solchen Fällen konnte von einem eigentlichen Schlafraum nicht mehr die Rede sein. Allerdings hatten fast 90 Prozent der Münchner Dienstboten einen Schlafraum mit einem Fenster ins Freie.⁵⁹ Eine andere Erhebung über die Wohnverhältnisse in München aus den Jahren 1904 bis 1907 erbrachte dagegen, daß mehr als ein Achtel der Dienstboten indirekt belichtete Räume als Schlafzimmer benützen mußten.⁶⁰ Für das Ostend findet sich im Zusammenhang mit den Abortverhältnissen der Wohnungen ein besonders krasses Beispiel für einen solchen indirekt belichteten Schlafraum: »In einer Wohnung ist der Abort zugänglich durch den Schlafraum des Dienstboten. Dieser Raum ist auch indirekt belichtet durch den Abort.«⁶¹ Derartige Wohnverhältnisse standen jenseits aller humanitären und sittlichen Gebote; nicht einmal nachts wurde den hart arbeitenden Dienstboten eine angemessene Ruhe und ein Minimum an Privatleben gegönnt: wie ein geschlechtsloses Wesen hatten sie allzeit verfügbar zu sein und keinerlei Ansprüche zu stellen. Wie Regina Schulte in ihrer Untersuchung über die Dienstboten bemerkt, hätte ihnen so »die Deklassierung und Einordnung als reines Arbeitswerkzeug eigentlich um so tiefer bewußt werden müssen«.⁶²

Wesentlich besser als Kost und Wohnung läßt sich der beim Abschluß des Dienstvertrages vereinbarte Barlohn erfassen, bei dem eine Differenzierung nach Berufssparten stattfand. Legt man den am häufigsten bezahlten Lohnsatz zugrunde, erzielten nach der Münchner Erhebung von 1909 Kinderfräulein und Kammerjungfern die höchsten Monatslöhne mit über 30 Mark; ihnen folgten die Haushälterinnen und Wirtschafterinnen mit Löhnen von 25 bis 30 Mark und 20 bis 25 Mark, Köchinnen, Zimmermädchen und Kindermädchen wurden mit 20 bis 25 Mark entlohnt. An letzter Stelle standen die Dienstmädchen, Mädchen für alles und Hausmädchen mit einem Lohn zwischen 15 und 20 Mark.⁶³ Männliches Hauspersonal scheint besser bezahlt worden zu sein, da nach einem München-Ratgeber um 1911 beispielsweise Diener 30 bis 60 Mark monatlich erhielten.⁶⁴ Etwa 60 Prozent der Münchner Dienstmädchen bekamen jedoch nur einen Monatslohn von 15 bis 25 Mark,⁶⁵ da die meisten Münchner Dienstmädchen nur als Mädchen für alles, Köchinnen und Zimmermädchen arbeiteten.⁶⁶ Eine Differenzierung der Löhne machte sich in Haushalten mit mehreren Dienstboten bemerkbar: so arbeiteten Dienstmädchen mit über 30 Mark Monatslohn überwiegend bei Herrschaften

155

mit mindestens zwei Dienstboten.⁶⁷ Offensichtlich wurde in Haushalten, die sich mehr als einen Dienstboten leisten konnten, größerer Wert auf die Qualität der Arbeitsleistung gelegt und deshalb entsprechend höher bezahltes Personal eingestellt. Ein weiteres Kriterium für die Höhe des Lohnes war das Alter der Dienstboten. Während sich nach der Erhebung von 1909 die Monatslöhne der Dienstmädchen unter 20 Jahren noch größtenteils unter 25 Mark bewegten, stieg der Lohn mit zunehmendem Alter; in der Altersstufe von 36 bis 40 Jahren erhielt mehr als die Hälfte der Münchner Dienstmädchen einen Monatslohn über 25 Mark. Bei den 41 und mehr Jahre alten Dienstboten verringerte sich jedoch der Anteil der so hoch bezahlten Personen; in dieser Altersgruppe kamen sogar Löhne unter und bis zu 15 Mark häufiger vor als in den mittleren Altersstufen.⁶⁸ Auch dies mag mit ein Grund für den geringen Anteil älterer Dienstmädchen an der Gesamtzahl der Dienstboten gewesen sein.

Außer dem Barlohn bezogen die Dienstboten meist noch weitere Zuwendungen, oft in Form von Sachgeschenken. Unter den Nebeneinnahmen stellte das Weihnachtsgeschenk den größten Posten dar. Nach der Erhebung von 1909 entsprach bei circa 43 Prozent der Münchner Dienstmädchen das Weihnachtsgeschenk ungefähr einem Monatslohn, nicht selten lag es auch darüber. Trinkgelder konnten gleichfalls eine deutliche Ergänzung des Lohnes ausmachen.⁶⁹ Relikte des alten patriarchalischen Dienstverhältnisses waren Geschenke, die die Dienstboten von ihren Dienstgebern zu ihren Geburts- und Namenstagen erhielten. Die Gepflogenheit vieler Hausfrauen, ihren Mädchen abgelegte Kleidungsstücke zu überlassen, ist oft als etwas Herabwürdigendes kritisiert worden, obwohl, wie Bruno Steinbrecht betont, die wirtschaftlichen Vorteile, die die Dienstmädchen daraus zogen, sicher nicht von der Hand zu weisen waren.⁷⁰

Im Vergleich zu anderen Berufsgruppen läßt sich die tatsächliche Entlohnung der Dienstboten also nicht genau ermitteln. Sie waren in finanzieller Hinsicht stärker als andere Berufstätige von ihrem jeweiligen Arbeitgeber abhängig: sie mußten sich in den Haushalt des Arbeitgebers einfügen, und ihr eigenes Wohlverhalten und die Willkür der Herrschaft entschieden über die Höhe der unregelmäßigen Nebeneinnahmen.

Altersversorgung

In die Sozialgesetzgebung des Deutschen Reiches waren die Dienstboten zunächst nur durch die 1889 eingeführte Invaliditäts- und Altersversicherung integriert. Bis zu diesem Zeitpunkt blieben die Dienstboten in ihrer Altersversorgung, wenn sie nicht der öffentlichen Armenfürsorge anheimfallen wollten, auf die freiwillige Unterstützung durch ihre Herrschaft oder durch Verwandte angewiesen oder mußten sich auf eigene Ersparnisse verlassen.

Mit gewisser Skepsis ist der in der zeitgenössischen Literatur gelegentlich vertretenen Ansicht zu begegnen, daß es Dienstmädchen mehr als anderen weiblichen Berufstätigen möglich gewesen sei, nennenswerte Ersparnisse zu bilden.⁷¹ Hier liegt der Verdacht nahe, »daß bei der Höhe der Sparsummen übertrieben wurde, um die Attraktivität des Berufs zu beweisen«.⁷² Sicherlich konnten freie Kost und Logis im Hause der Herrschaft den Dienstmädchen ermöglichen, einen Teil ihres Geldlohnes zu sparen. In den Jahren zwischen 1880 und 1909 machten daher die Dienstboten einen relativ hohen Prozentsatz – ungefähr 16 Prozent – der Sparer an der Städtischen Sparkasse aus.⁷³ Über die Höhe der Einlagen liegen allerdings keine Zahlen vor. Da die Dienstmädchen jedoch oft nicht nur Ausgaben für ihre Kleidung und Freizeitvergnügungen hatten, sondern von ihrem Gehalt auch Angehörige mit unterstützen mußten, war es ihnen sicher nicht möglich, große Teile ihres Geldlohnes zu sparen.⁷⁴ So berichtet die Kammerjungfer Therese Walter:

»Von Hause aus völlig vermögenslos, war es mir trotz größter Sparsamkeit bei den geringen Bezügen eines Dienstboten nicht möglich Ersparniße zurückzulegen, welche auch bei bescheidenster Lebensweise zum Lebensunterhalte selbst nur annähernd hinreichend wären.«⁷⁵

Seit Beginn des 19. Jahrhunderts entstanden in verschiedenen Städten Gesindebelohnungsfonds, die langgedienten treuen Dienstboten eine Altersversorgung durch die Aufnahme in ein Spital gewährten. Eine derartige Form der Altersversorgung wurde auch in München ins Leben gerufen, wo der Stadtmagistrat auf Anregung des Königlichen Generalkontrollers Andreas Michael von Dall'Armi im Jahre 1828 die Errichtung einer städtischen Dienstbotenmedaillen-Stiftung beschloß.⁷⁶ Gemäß den Stiftungsbestimmungen von 1829 konnten sich Dienstboten, oder ihre Herrschaft für sie, alljährlich beim Magistrat um die fünf Gold- und zehn Silbermedaillen bewerben;⁷⁷ im Lauf des 19. Jahrhunderts erhöhte sich deren Zahl wegen der Zunahme an Bewerbern. Silbermedaillen wurden an Dienstboten und Gesellen verliehen, die mindestens 20 Jahre, Goldmedaillen an diejenigen, die mindestens 30 Jahre ununterbrochen bei einem einzigen Dienstherrn in München im Dienst gestanden, während der ganzen Dienstzeit hindurch bei ihrer Herrschaft gewohnt und Verpflegung erhalten hatten. Mit einer goldenen Medaille erwarben sich die Dienstboten den Anspruch auf einen Platz in einem der Münchner Spitäler. Auf die Inhaber der silbernen Medaille sollte im Bedarfsfall bei der Unterbringung Rücksicht genommen werden.⁷⁸

Für Dienstboten, die trotz eines ununterbrochenen, langjährigen Dienstverhältnisses nicht in den Genuß der städtischen Ehrungen gekommen waren, gab es noch drei andere Medaillen, die auf Stiftungen Münchner Bürger zurückgingen. Durch die ›Sabina von Schmitt'schen Medaillen‹ konnten sich Dienstboten von Beamten- oder Offiziersfamilien, die ihr Dienstverhältnis trotz der Versetzung ihrer Herrschaft auswärts fortgesetzt hatten, einen Anspruch auf einen Freiplatz in einem Spital oder auf eine lebenslängliche Präbende erwerben.⁷⁹ Um die Medaillen aus der ›A.G. Mascher'schen Dienstboten- und Arbeiterstiftung‹ durften sich Dienstboten bewerben, die nicht bei der Herrschaft wohnten und beköstigt wurden; mit diesen Medaillen war eine Geldprämie verbunden.⁸⁰ Die ›Mathilde von Boyen-Medaille‹, für die dieselben Bestimmungen wie für die städtischen Silbermedaillen galten, sicherte dem Inhaber den Anspruch auf kostenlose Verpflegung in einem Separatzimmer des Heiliggeistspitals.⁸¹

Von dieser Prämierung langjähriger Dienste versprach man sich einen Ansporn zu treuer Pflichterfüllung, wie der öffentliche Charakter der Auszeichnungen zeigt. In der ›Münchener Gemeindezeitung‹ berichtete man über die feierliche Verleihung im Rathaus und veröffentlichte die Namen der Ausgezeichneten.⁸² Die ›bessernde Wirkung‹ derartiger Auszeichnungen auf die Dienstboten wurde jedoch beträchtlich überschätzt. Es stellt sich auch die Frage, inwieweit diese Medaillen einen echten Anreiz für einen Dienstboten darstellen konnten. Für ihn bedeutete es immerhin, daß er sich mit der doch recht ungewissen Aussicht auf eine Altersversorgung jahrzehntelang an eine einzige Herrschaft binden mußte und sich von deren Wohlwollen – weitgehend auf Kosten seines Privatlebens – abhängig machte. Dasselbe gilt letztlich auch für die Anforderungen der Altersversorgungsanstalten von Vereinen und Stiftungen.⁸³ Auch nach der Einführung der Invaliditäts- und Altersversicherung im Jahre 1889 bestanden derartige Einrichtungen und Stiftungen fort.

Auf eine Einbeziehung der häuslichen Dienstboten in die Krankenversicherungsregelungen von 1883 war verzichtet worden. Bayern, das die Krankenhilfe bereits mit dem Gesetz vom 29. April 1869 über die öffentliche Armen- und Krankenpflege geregelt hatte, ging wie Baden, Württemberg, Sachsen und Hessen über die reichsgesetzlichen Vorschriften hinaus und dehnte in seinen Ausführungsgesetzen zum Reichsgesetz von 1883/92 die Krankenversicherung auf die Dienstboten aus.

Erst die Reichsversicherungsordnung von 1911 brachte den Versicherungszwang für die Dienstboten kraft Reichsgesetz, der für sie aber erst am 1. Januar 1914 wirksam wurde. Von der Unfallversicherung blieben die Dienstboten dagegen bis zum Ende des Kaiserreichs ausgeschlossen.⁸⁴ Im Grunde genommen bekamen sie die »Vorteile der sozialpolitischen Gesetze erst zu spüren, wenn diese für die übrigen Arbeitnehmer längst zur Selbstverständlichkeit geworden waren« und die Zeit an ihnen »nun einfach nicht mehr vorbeigehen konnte«.⁸⁵

Die Untersuchung der Arbeits- und Lebenswelt der Münchner Dienstboten um 1900 zeigt, daß die Verhältnisse des Münchner Dienstbotenwesens mit denen anderer deutscher Großstädte bis auf gewisse lokale Unterschiede vergleichbar waren. Innerhalb der damaligen Gesellschaft zählten die Dienstboten zu einer sozial und rechtlich benachteiligten Bevölkerungsgruppe. Die Einschränkungen, denen sich die Dienstboten noch um 1900 in starkem Maße ausgesetzt sahen, konnten erst im Zuge der großen sozialen Umwälzungen der nächsten Jahrzehnte Schritt für Schritt abgebaut werden.

›Vermessene Frauen‹
Das Sozialprofil der Münchner Prostituierten
Von Sybille Leitner

Am 18. Juli 1889 notierte Frank Wedekind in sein Tagebuch:

»Im Hofgarten Konzert, wobei mir der häßliche Typus der Münchnerinnen auffällt. Alle haben skrophulöse Physiognomien, dicke Nasen, unschöne Hälse, schlechte Zähne und lederfarbene Haut. Wenn in München nicht alle Schneppen hübsch sind, so sind doch alle hübschen Mädchen Prostituierte.«[1]

Dieser vollmundige Gegenentwurf zum Klischee der ›schönen Münchnerin‹ bietet einen pointierten Einblick in zeitgenössische Männerphantasien. Zumindest ist diese Tagebuchnotiz eine lokale – wenn auch nicht gerade originelle – Variante im Kanon des traditionsreichen Gegensatzes zwischen ›anständiger Frau‹ und Hure.[2]

Es gibt wohl kaum eine Gruppe von Frauen, die mit so zahlreichen vorweggenommenen Werturteilen und bizarren Spekulationen bedacht wurde und wird wie die der Prostituierten. Um die Jahrhundertwende reichte das Meinungsspektrum vom literarischen Topos der männermordenden Bestie bis zur ideologischen Stilisierung als Opferlamm des Kapitalismus: Prostituierte seien »Instrumente des Teufels«,[3] »arme Geschöpfe«[4] oder »verirrte Schwestern«,[5] sie rekrutierten sich aus »moralisch idiotischen Menschen«,[6] »geistig minderwertigen psychopathischen Elementen«[7] oder »ausgebeuteten, unbeschützten und verführten Mädchen«[8] und wurden als »degenerierte Weiber«[9] oder als »Parasiten am sozialen Körper«[10] bezeichnet.

Im Zeitalter der vergleichenden Anatomie erregte damals in Deutschland auch die Lehre von der »geborenen Prostituierten« des italienischen Kriminalanthropologen Caesare Lombroso großes Aufsehen. Mittels anthropometrischer Untersuchungen wurden Hunderte von Prostituierten genauestens ›vermessen‹, um ihre moralische ›Entartung‹ auch in körperlichen ›Degenerationserscheinungen‹ wie Zahnanomalien, Abnormitäten der Behaarung, Henkelohren, Gesichtsasymmetrien, dicken Waden, kurzen Fingern und ähnlichem nachzuweisen.[11]

Auf diese Weise entstanden extreme Zerrbilder, die damals wie heute den Blick auf diese Frauen mehr verstellen als erhellen. Deshalb soll nun vornehmlich anhand konkreter sozialstatistischer Quellen das Sozialprofil der Münchner Prostituierten um 1900 rekonstruiert werden, um zu einem vorurteilsfreieren Bild zu kommen.

Das Ausmaß der ›öffentlichen Unzucht‹

München, so meinte damals ein Zeitgenosse, biete für die Prostitution keine günstige Geschäftsgrundlage:

»Diese Stadt erinnere einigermaßen an Sparta, wo durch eine Laune des Lykurg, der nur auf die Abhärtung der jungen Männer achtgegeben hatte, die jungen Mädchen in einer so üppigen Ausgelassenheit hinlebten, daß käufliche Dirnen einfach nichts zu verdienen fanden.«[12]

Diese Sicht entsprang wohl dem Reich der ›unfrommen Wünsche‹, denn ab der zweiten Hälfte des 19. Jahrhunderts wurden zunehmend Stimmen laut, die vor allem in den Großstädten auf ein erschreckendes Wachstum der Prostitution hinwiesen. Auch in München vermehrten sich die Klagen über eine angeblich massenhafte Verbreitung der ›öffentlichen Unzucht‹. Stellvertretend sei hier eine anonyme Schrift mit dem vielversprechenden Titel ›Die Geheimnisse von München‹ zitiert:

»Die Neuhauser, Kaufingerstraße und der Marienplatz zeichnen sich besonders aus. Alle vier bis sechs Schritte hat man hier das Vergnügen, einer Prostituierten zu begegnen oder ihr auszuweichen. Wird man nicht mit einem leisen ›Komm mit!‹ oder derartigem angeredet, so blicken sie den vorübergehenden Männern herausfordernd in das Gesicht oder zupfen ihn rasch an einem Kleidungsstücke, damit man sicher weiß, daß eine Begleitung nicht abgeschlagen wird.«[13]

Waren dies nur Schreckensvisionen eines empfindsamen Moralapostels, oder gab es damals tatsächlich so viele Prostituierte in München?

Gesicherte Zahlen liegen lediglich über die von der Sittenpolizei registrierten Frauen vor. Das waren jene ›öffentlichen‹ Prostituierten, die gleichsam eine Lizenz für ihr Gewerbe erworben hatten. Laut Reichsstrafgesetzbuch war nämlich »gewerbsmäßige Unzucht« ohne eine polizeiliche Registrierung verboten und wurde mit Haft bestraft.[14] Die sittenpolizeiliche Kontrolle differierte in den einzelnen Städten allein aufgrund unterschiedlicher landesrechtlicher Bestimmungen. Ihr gemeinsames Kennzeichen war, daß die Prostituierten, die in die Listen der örtlichen ›Sitte‹ eingeschrieben wurden, konkrete Verhaltensanweisungen zu befolgen hatten, die ihrer Struktur nach mit den heutigen Sperrgebietsverordnungen vergleichbar sind. Außerdem wurden in einem »Kontrollbuch«, das jede offizielle Prostituierte vorzuweisen hatte, neben persönlichen Daten und polizeilichen Vermerken vor allem die Ergebnisse der ein- bis zweiwöchigen polizeiärztlichen Untersuchungen festgehalten. In München hießen die registrierten Frauen deshalb auch »Kartendamen«. Während der Prinzregentenzeit schwankte ihre Zahl zwischen 107 im Jahre 1908 und maximal 275 im Jahre 1888.[15]

Eine exakte Quantifizierung scheitert jedoch allein schon an den unterschiedlichen Formen von Prostitution, die sich

»Geh, geng' ma hoam, Seraphina, grad hat's zwoa g'schlagn!« – »Na, wart a bissl. Es lauf'n um die Zeit oft no Berliner rum und wenn mir nachher nimmer da wärn, dann hoaßerts glei, München wär koa Großstadt nöt!«
Zeichnung von Josef Benedikt Engl. Simplicissimus Jg. 8, Nr. 10, S. 7

überdies schwer voneinander abgrenzen lassen. Hinzu kommt, daß sich auch damals ein Großteil dieses Gewerbes im Geheimen abgespielt hat und sich eben deshalb der genauen Überprüfung entzieht. Nach der Jahrhundertwende kursierten in Münchner Zeitungen völlig ungesicherte Schätzungen von maximal 12 000 heimlichen Prostituierten, im Polizeijargon ›Schwarzfahrerinnen‹ genannt. Für 1910 gibt es jedoch zumindest grobe Anhaltspunkte: In jenem Jahr wurden die Münchner registrierten Frauen befragt, wie hoch sie die Zahl ihrer heimlichen Kolleginnen einschätzten. Die Mehrzahl gab »mindestens 2000« an.[16] Auch die Sittenpolizei bezifferte damals die heimliche Prostitution mit rund 2100.[17] Unter Einschluß der Registrierten und in Relation zur weiblichen Bevölkerung würde das bedeuten, daß im Jahre 1910 jede 125. Frau in München verdächtigt wurde, der Prostitution nachzugehen!

Das Sozialprofil der ›Kartendamen‹

Statistisch gesicherte Aussagen zur Altersstruktur, zu den Familienverhältnissen, zur regionalen, sozialen und beruflichen Herkunft können nur für die von der Sittenpolizei registrierten Frauen getroffen werden. Mit etwa zehn Prozent des geschätzten Gesamtumfangs bilden sie gewissermaßen den professionellen ›harten Kern‹ des Gewerbes. Ob ihr Sozialprofil auch für die Mehrzahl der geheimen Prostituierten repräsentativ war – insbesondere für die vielfältigen Formen der Gelegenheits- und der ›gehobenen‹ Prostitution – ist fraglich, kann aber aufgrund mangelnder Quellen nicht zweifelsfrei geklärt werden.

Gerade die sogenannten Luxusdirnen kamen mit dem Gesetz nur in den seltensten Fällen in Konflikt. Einerseits achteten diese Frauen selbst auf absolute Diskretion im Umgang mit ihren Kunden, andererseits zeigte auch die Sittenpolizei keine besondere Neigung, diese Art der Prostitution zu verfolgen. Abraham Flexner, ein von der amerikanischen Regierung zum Studium der europäischen Prostitution entsandter Experte, beobachtete hierzu:

»Der Agent darf die arme und schutzlose Straßengängerin festnehmen, ohne Gefahr, daß er feindliche Kritik dadurch erregt; aber aus verschiedenen Gründen wagt er die raffinierteren Formen der Prostitution nicht anzurühren. Der Beweis ist schwerer; die Frau hat Freunde; das Publikum duldet keine Störung der persönlichen Freiheit.«[18]

Während die ›gehobene‹ Prostituierte deshalb kaum aktenkundig wurde, lassen sich für die registrierten Frauen am Beispiel des Jahres 1909 etliche soziale Charakteristika ermitteln.

Das Alter

Von den 140 Prostituierten, die in jenem Jahr in München registriert wurden, war keine jünger als 21 Jahre. 75 Frauen, also 53 Prozent, befanden sich in einem Alter bis zu 30 Jahren. Zwischen 30 und 40 Jahren betrug die Zahl 50, also 36 Prozent, und älter als 40 Jahre waren 15 Prostituierte, also elf Prozent.[19] Mit durchschnittlich rund 31 Jahren waren die Münchner im Vergleich zu den 1907 in Hamburg registrierten Prostituierten, deren Durchschnittsalter bei 26 Jahren lag, relativ alt.[20]

Diese Differenz in der Altersstruktur resultierte aus der unterschiedlichen Handhabung der sittenpolizeilichen Kontrolle in den einzelnen Städten. In München wurden im Gegensatz zu vielen anderen deutschen Großstädten Frauen unter 21 Jahren seit Mitte der neunziger Jahre grundsätzlich nicht mehr registriert. Minderjährige, die der ›Gewerbsunzucht‹ überführt waren, kamen in der Regel in klösterlich geleitete Erziehungsheime, in sogenannte Rettungsanstalten für gefallene Mädchen.

Die Prostitution sehr junger Mädchen kam jedoch keineswegs selten vor. Allein im Jahre 1909 wurden in München 156 jugendgerichtliche Strafverfahren wegen unerlaubter Prostitution eingeleitet: zehn Mädchen waren dabei 14 Jahre, 14 erst 15jährig, 50 Prostituierte 16jährig und 82 Mädchen 17 Jahre alt. Ein Jugendstaatsanwalt erklärte dazu in seinem Erfahrungsbericht:

»Es ist bezeichnend für die geringe Wertung ihrer menschlichen Würde, aber auch für die Geschäftsunerfahrenheit, wenn man so sagen darf, und die oft unsagbar drückende Verlassenheit und Notlage der Dirnen dieses Alters, daß sie überwiegend um geradezu unglaublich niedrige Gegenleistungen ihren Körper prostituieren. Oft war es nur die Zeche in einem minderen Gasthause, die als Entgelt diente; um 25 Pfg. und 50 Pfg. schon gewährten andere ihre Gunst; in 45 Fällen konnte erhoben werden, daß die Entschädigung zwischen 1 M und 3 M schwankte; nur 34 Mädchen verlangten höhere Bezahlung.«[21]

Die Familienverhältnisse

Von den 140 registrierten Prostituierten gaben 132 an, ledig zu sein, sieben waren verwitwet und eine Frau war geschieden.[22] Wenn auch aus den Polizeistatistiken anderer Großstädte hervorgeht, daß die Mehrzahl der ›öffentlichen‹ Prostituierten unverheiratet war[23] – was nicht zuletzt in der Art dieses Gewerbes begründet ist –, so fehlen in den Münchner Kontrollisten die verheirateten Frauen deshalb, weil sie hier grundsätzlich von der Registrierung ausgeschlossen waren. Das bedeutete, daß sie ebenso wie alle jugendlichen und ›heimlichen‹ Prostituierten stets von einer Strafverfolgung bedroht waren.

Aufschlußreicher als der Familienstand sind jedoch die familiären Verhältnisse, aus denen diese Frauen stammten: Von den im Jahre 1909 Registrierten waren 23 Prozent unehelich geboren, 40 Prozent Halbwaisen oder Waisen und nur 37 Prozent kamen aus vollständigen Familien.[24] Zum Zeitpunkt der Geburt dieser Frauen lag die Zahl der unehelichen Kinder in Bayern bei rund 13 Prozent,[25] und die Prostituierten aus diesen Familienverhältnissen waren somit deutlich überrepräsentiert. Auch bei den Halbwaisen und Waisen lag der prozentuale Anteil der registrierten Prostituierten wohl überdurchschnittlich hoch.[26] Zwar läßt das Fehlen beziehungsweise der Verlust eines oder beider Elternteile allein noch keine Rückschlüsse auf die konkreten Sozialisationsbedingungen, also auf die Art des Familienlebens zu. Es konnte jedoch für eine junge Frau in wirtschaftlichen oder persönlichen Krisen bedeutsam sein, ob sie finanziellen wie emotionalen Rückhalt bei einer Familie fand.

Einen präziseren Hinweis auf die familiären Lebensumstände enthält dagegen eine zeitgenössische Untersuchung von 88 Mädchen, die in den Jahren 1909 bis 1911 vom Jugendgericht in München wegen ›Gewerbsunzucht‹ verurteilt worden waren: Nur 26 Prozent von ihnen kamen aus »geordneten Verhältnissen« und hatten eine »gute Erziehung« genossen (was immer auch der Autor darunter verstanden haben mochte). Die Familienverhältnisse der anderen Mädchen wurden so charakterisiert: »mangelnde Aufsicht: Eltern früh gestorben oder viel auf Arbeit auswärts«, »Eltern sittlich verkommen, Vater oder Mutter Trinker«, »frühzeitige Verwahrlosung, Streunen«, »Tochter frühzeitig aus dem Elternhaus bei fremden Leuten zur Erziehung oder zum Erwerb« oder »ärmliche Verhältnisse, Wohnungselend«.[27] Abgesehen von der Frage, nach welchen konkreten Wertmaßstäben hier die Familienverhältnisse beurteilt wurden, ist doch ersichtlich, daß sehr viele dieser Mädchen wohl eine äußerst schwierige Kindheit gehabt hatten. Inwieweit diese Lebensumstände für die Mehrzahl der damaligen Prostituierten verallgemeinerbar sind, muß zunächst offen bleiben.

Die regionale Herkunft

Klarere Aussagen läßt eine Analyse des Geburtsortes jener registrierten Frauen zu: 51 Prozent stammten aus München, 36 Prozent aus Bayern, zehn Prozent kamen aus dem übrigen Deutschen Reich und drei Prozent aus dem Ausland.[28] Da im Jahre 1907 rund 41 Prozent der Münchner Bevölkerung auch hier geboren war, nahmen die Münchnerinnen unter den ›Kartendamen‹ einen überdurchschnittlich hohen Anteil ein. Wie ungewöhnlich dies war, läßt sich jedoch erst ermessen, wenn man das entsprechende Rekrutierungsmuster in anderen deutschen Städten betrachtet: In Stuttgart waren 13 Prozent, in Hamburg elf Prozent, in Augsburg fünf Prozent und in Karlsruhe gar nur drei Prozent der registrierten Prostituierten in der jeweiligen Stadt auch geboren.[29] Anton Otto Neher, der nach der Jahrhundertwende die Prostitution in einigen süddeutschen Städten untersucht hatte, erklärte die unterschiedliche regionale Herkunft mit der Größe der einzelnen Städte:

»Je kleiner die Stadt, desto größer die Scheu, in der Heimat auf das Niveau einer Gewerbsunzüchtigen herunterzurücken, und umgekehrt, je größer der Ort, desto größer die Bewegungsfreiheit, desto mehr vermag man sich gehen zu lassen, ohne Gefahr laufen zu müssen, von Bekannten und Verwandten ertappt und erkannt zu werden.«[30]

Natürlich wuchs mit der Größe einer Stadt auch deren Anonymität und Unüberschaubarkeit; die damit verbundenen schwächeren sozialen Kontrollmöglichkeiten von Verwandten, Freunden oder Nachbarn begünstigten sicherlich gerade die Ausbreitung der Prostitution in den Großstädten. Doch kann dies allein noch nicht die entscheidende Ursache für jene regionalen Unterschiede sein. In Hamburg, das damals knapp doppelt so viele Einwohner wie München zählte, wären somit wesentlich mehr einheimische Prostituierte zu erwarten. Geht man davon aus, daß keine plausiblen Gründe dafür sprechen, daß ausgerechnet das »weibliche Element in München einer sittlichen Dekadence verfallen«[31] war, so ist nach strukturellen Erklärungen zu suchen.

Im Gegensatz zu den meisten deutschen Städten herrschte damals in München ein striktes Bordellverbot. Dort, wo die Sittenpolizei versuchte, die Prostitution in Bordellen zu konzentrieren – wie beispielsweise in Hamburg –, war die Mehrzahl der registrierten Frauen auch in jenen Häusern untergebracht. Diese Organisation des Prostitutionsgewerbes hatte jedoch weitreichende Folgen:

»Schon nach 8–14 Tagen ist hier die ›Ware‹ nicht mehr frisch genug und bedarf der Ablösung, die ohne einen organisierten Kuppler- und Agentendienst unmöglich so glatt und rasch sich vollziehen vermöchte, wie dies in den Bordellen und öffentlichen Schandhäusern meist der Fall ist... die meisten öffentlichen Prostituierten [verlassen, d. Verf.] ihr ›Haus‹ noch im ersten Quartal ihres... Aufenthalts, sehr viele, etwa die Hälfte schon während des 1. oder 2. Monats. Freilich kehren manche, nachdem sie in mehreren anderen Bordellen abgeschoben worden waren, wieder... zurück, wo sich inzwischen die ›Kundschaft‹ verjüngt hat.«[32]

Diese Schilderung des Geschäftsgebarens jener Betriebe deckt sich mit einer Reihe weiterer zeitgenössischer Quellen.[33] Daß solch ein enormer Wechsel des ›Angebots‹ selbst in einer Großstadt wie Hamburg nur zu einem Bruchteil mit einheimischen Frauen möglich war, ist einleuchtend.

Der soziale Hintergrund

Zum Beruf der Eltern enthält die Statistik der Münchner Sittenpolizei folgende Aussagen: Von den im Jahre 1909 registrierten Prostituierten waren zehn Prozent Töchter aus dem »Bauernstand«, bei 57 Prozent stammten die Eltern aus den Bereichen Handel und Gewerbe, 22 Prozent kamen aus dem »Arbeiterstand« und sieben Prozent aus Beamtenfamilien. Vier Prozent entfielen auf die Rubrik »aus anderen Ständen«.[34] Daß relativ wenig Frauen aus dem ländlich-agrarischen Bereich kamen, entspricht auch weitgehend den Angaben zur regionalen Herkunft. Der vielbemühte Topos des »unschuldigen Mädchens vom Lande«, das in der Großstadt auf die »schiefe Bahn« gerät, entspricht also bei der Mehrzahl der damals in München registrierten Prostituierten nicht der Wirklichkeit.

Es mag zunächst überraschen, daß in mehr als der Hälfte aller Fälle die Eltern dem »Handels- und Gewerbestand« angehörten. Leider führen die Akten der Münchner Sittenpolizei diese beiden Bereiche nicht gesondert auf, denn in Statistiken von anderen Großstädten wird immer wieder die große Zahl von Prostituierten deutlich, die aus Handwerkerfamilien stammten: In Berlin waren im Jahre 1874 beispielsweise 48 Prozent der Registrierten Töchter von Handwerkern, dagegen kamen nur rund zehn Prozent der Eltern aus dem Bereich »Handel und Verkehr«.[35] Angesichts der damaligen Münchner Wirtschaftsstruktur, die stark vom Kleingewerbe sowie von Klein- und Mittelbetrieben geprägt war, wird auch der relativ geringe Anteil von Arbeiterkindern unter den registrierten Prostituierten verständlich.

Für weiterreichende Aussagen zur sozialen Herkunft – vor allem in Hinblick auf die konkrete wirtschaftliche Situation dieser »Stände« – sind jedoch die polizeistatistischen Angaben viel zu ungenau: Zum »Arbeiterstand« konnten beispielsweise sowohl Tagelöhner als auch Facharbeiter gerechnet werden, mit jeweils sehr unterschiedlichen Einkommens- und Vermögensverhältnissen. Festzuhalten bleibt, daß rund zwei Drittel der registrierten Münchner Prostituierten aus der Unterschicht beziehungsweise aus der unteren Mittelschicht stammten.

Der frühere Beruf

Um die klassischen Konturen eines Sozialprofils zu vermessen, muß schließlich noch die berufliche Herkunft berücksichtigt werden. Von den 140 registrierten Frauen arbeiteten früher als Kellnerin 29 Prozent, als (Fabrik-)Arbeiterin 20 Prozent, als Dienstmädchen 19 Prozent, als Näherin oder Stickerin elf Prozent, als Sängerin fünf Prozent, als Modell vier Prozent, als Ladnerin drei Prozent, als Wäscherin zwei Prozent und als Blumenmacherin ein Prozent. Ohne Beruf waren acht Prostituierte, also sechs Prozent.[36]

Auffallend ist die große Zahl von Kellnerinnen unter den Registrierten. Im Gegensatz zu Frauen, die beispielsweise im Haushalt oder in der Fabrik arbeiteten, konnten Kellnerinnen wesentlich leichter mit dem ›Milieu‹ in Berührung kommen. Zuhälter und deren Umfeld galten stets als Stammgäste in einschlägigen Wirtschaften. Vor allem aber war die Grenze zwischen bestimmten Nachtlokalen und Animierkneipen fließend, obwohl nicht alle dort tätigen Bedienungen gleichzeitig auch der Prostitution nachgingen. Fritz Terfz, der im Jahre 1899 eine volkswirtschaftliche Studie über das Wirtsgewerbe in München verfaßte, rückte die Kellnerinnen aufgrund der hohen Einnahmen, die sie bisweilen mit Trinkgeldern erzielen konnten, in die Nähe der Prostitution:

»Abgesehen von zahlreichen anderen Verlockungen, die der Verkehr in öffentlichen Lokalen stets im Gefolge hat, scheint mir gerade das ... Trinkgeldersystem mit den häufig damit verbundenen unverhältnismäßig hohen Einnahmen die Quelle des immer tiefer sich ausprägenden halbweltlerischen Charakters der Kellnerinnen in München zu sein.«[37]

Andererseits geht jedoch aus einer Vielzahl von Quellen hervor, daß damals in München die Bedienungen selten einen Grundlohn erhielten und deshalb ausschließlich auf Trinkgelder angewiesen waren, wobei natürlich »die Subtilität der Form, in der Kellnerinnen ihre Weiblichkeit einsetzten«,[38] mit der Seriosität der Lokale wechselte.

Nur auf den ersten Blick scheinen relativ häufig (Fabrik-)Arbeiterinnen, Dienstmädchen, Näherinnen und Stickerinnen bei den registrierten Prostituierten vertreten zu sein. Ein Vergleich mit dem Anteil dieser Berufe an der damaligen weiblichen Erwerbstätigkeit zeigt jedoch, daß diese Frauen keineswegs überdurchschnittlich stark an der Prostitution beteiligt waren: Weit mehr als die Hälfte aller berufstätigen Frauen arbeitete zu jener Zeit in der Fabrik und im Textilgewerbe oder ging als Dienstmädchen »in Stellung«.[39] Abgesehen von den Kellnerinnen und möglicherweise auch von den ›Modellen‹, die jedoch in der Berufszählung von 1907 nicht berücksichtigt wurden, lassen sich somit keine Anhaltspunkte für eine besondere ›Prädisposition‹ bestimmter Berufe finden, die den Schritt in die Prostitution zumindest begünstigt hätte. Bemerkenswert ist jedoch, daß fast alle dieser registrierten Prostituierten früher einmal berufstätig waren, und zwar in Sparten, die traditionell äußerst schlecht entlohnt wurden. Die Frage nach der beruflichen Herkunft führt somit zu den Gründen, die diese Frauen veranlaßt haben könnten, sich zu prostituieren.

Die Motive der Prostituierten

Zeitgenossen führten ein ganzes Sammelsurium von verschiedenen Ursachen für den Schritt in die Prostitution an, wobei gerade dieses Thema ein unerschöpfliches Feld für stereotype Vorurteile und moralisierende Vorhaltungen bot: das Meinungsspektrum reichte von »Neigung zu Luxus, Putz und Müßiggang«,[40] »Faulheit, Leichtsinn ... Mangel an

Willenskraft«,[41] »Gier nach Seide und Hermelin«,[42] »Genußsucht«,[43] »Unfähigkeit, sich im Leben auf schmaler, entbehrungsreicher Bahn zu halten«,[44] bis hin zu einem »Mangel an hauswirtschaftlichen Kenntnissen«[45] und dem »Verlangen nach einem neuen Hut«.[46]

Authentische, ungefilterte Aussagen von damaligen Prostituierten, die über ihre Beweggründe Auskunft geben könnten, sind kaum mehr vorhanden. Von den bereits erwähnten 88 Mädchen, die wegen ›Gewerbsunzucht‹ vom Jugendgericht München zwischen 1909 und 1911 verurteilt wurden, gaben 17 an, von einer Freundin und 18 von einem Geliebten »verführt« worden zu sein. 26 Mädchen nannten »Not und Arbeitslosigkeit« als Ursachen und bei 26 war »Liederlichkeit« angegeben.[47] Allein die letzte Kategorie zeigt deutlich, daß sich hier die Ergebnisse der Befragung mit der moralischen Bewertung des Autors vermischt haben. Nicht zu klären sind letztlich auch psychische Aspekte wie Verdrängung und Exkulpation.

»Weshalb nennt man uns eigentlich Freudenmädchen?« Zeichnung von Thomas Theodor Heine. Simplicissimus 1906, Nr. 36, S. 585

Ökonomische Gründe waren wohl ein prinzipieller Anlaß für den Schritt in die Prostitution.[48] So berichtete beispielsweise die ›Münchener Post‹ im Jahre 1889 von einer Frauenversammlung, in der eine Arbeiterin eine detaillierte Aufstellung ihres Haushaltsbudgets vorlegte. Den jährlichen Einnahmen von 364 Mark standen Ausgaben in Höhe von 438 Mark und 36 Pfennigen gegenüber. Auf die Frage, wie sie dieses Defizit ausgleiche, habe diese Arbeiterin geantwortet: »Durch Prostitution, und das sei doch sehr schändlich.«[49] Ein Blick auf die Einschreibungslisten der Sittenpolizei läßt ebenfalls entsprechende Rückschlüsse zu: Am Anfang des Jahres 1898 gab es beispielsweise 265 registrierte Prostituierte in München. Im Laufe des Jahres kamen 178 neue hinzu, also mehr als die Hälfte, während fast genauso viele Frauen, nämlich 172, wieder aus der sittenpolizeilichen Kontrolle entlassen wurden. Als Gründe für diese starke Fluktuation gab man an: Eintritt in ein Arbeits- und Dienstverhältnis, Fortzug aus München, Verbüßung längerer Freiheitsstrafen, Heirat, Krankheit und Tod.[50] Leider läßt sich für München der prozentuale Anteil der Entlassungsgründe nicht mehr ermitteln. Aber aus den Akten der Berliner Sittenpolizei geht hervor, daß ein Großteil dieser Frauen wegen »Eintritt in ein Arbeits- und Dienstverhältnis« von den Kontrollisten gestrichen wurde.[51] Dies deutet darauf hin, daß für viele Frauen die Prostitution nur ein Durchgangsstadium war.

Angesichts der extrem niedrigen Frauenlöhne im Kaiserreich, die bei einem Existenzminimum von etwa neun bis zehn Mark pro Woche zu rund 55 Prozent unter dieser Hungergrenze lagen,[52] stellte die Prostitution insbesondere für alleinstehende Frauen, die beispielsweise in Krisenzeiten keinen Rückhalt in einer Familie finden konnten, mitunter den einzigen Ausweg dar. Nicht nur von seiten der Sozialdemokratie und der Frauenbewegung wurde schon damals auf den Zusammenhang zwischen Lohnniveau und Prostitution hingewiesen. Auch der Staatswissenschaftler und Sozialpolitiker Kuno Frankenstein räumte ein, daß »der gering bezahlten Arbeiterin, welche nicht verkümmern oder verhungern will ... häufig nur ein Mittel [bleibt, d. Verf.], ihre materielle Lage zu ›verbessern‹ – die Prostitution«.[53] Dennoch ist zu sehen, daß sich bei vergleichbaren Lebens- und Arbeitsbedingungen nur ein Bruchteil dieser Frauen prostituiert hatte. Der Schritt in die Prostitution erfolgte somit nicht generell und zwangsläufig. Nicht zuletzt fehlen, wie eingangs erwähnt, konkrete Hinweise auf die Lebensumstände von sogenannten gehobenen Prostituierten, und es bleibt die Frage, ob sich deren Motive wesentlich vom Werdegang durchschnittlicher ›Kartendamen‹ unterschieden haben.

Es würde hier zu weit führen, wollte man alle Gründe diskutieren, die eine Frau damals veranlaßt haben könnten, sich zu prostituieren. Dieses Phänomen ist geradezu ein klassisches Beispiel für das Zusammenwirken zahlreicher Aspekte auf ökonomischer, sozial- wie individualpsychologischer Ebene. Jenseits der religiös motivierten Sicht der Prostituierten als Inkarnation der Sünde lassen sich in der zeitgenössischen Diskussion drei wesentliche Erklärungsmuster finden: biologische Prädispositionen in der Tradition von Caesare Lombroso, individuelles Unvermögen beziehungsweise »sittliche Labilität« und sozialökonomische Ursachen.[54] Neuere Untersuchungen zur heutigen Prostitution betonen dagegen vor allem psychische Faktoren während der primären Sozialisation, insbesondere ödipale Konflikte.[55]

Die ›Vermessung‹ des Sozialprofils der Münchner Prostituierten um 1900 sollte nur Eckdaten im Leben dieser Frauen markieren, um sie ein wenig aus der Anonymität zu heben, in die sie selbstgerechte Moralvorstellungen der bürgerlichen Gesellschaft verbannten.[56]

INDUSTRIE UND TECHNIK
FORTSCHRITT MIT FOLGEN

Münchens ›verdrängte‹ Industrie

Von Karl-Maria Haertle

München gilt »seit der Jahrhundertwende in Nachfolge Nürnbergs als größte bayerische Handels-, Industrie- und Verkehrsstadt«.[1] Diese Feststellung des Historikers Wolfgang Zorn wirft einige Fragen auf, so zum Beispiel die, welche Rolle die Industrie unter diesen drei wichtigsten Säulen der Münchner Wirtschaft spielte, wie ihre Entwicklung verlief und aus welchen Produktionszweigen sie sich hauptsächlich zusammensetzte. Zu untersuchen sind aber auch die besonderen Bedingungen, die die Funktion Münchens als Haupt- und Residenzstadt seiner aufstrebenden Industrie auferlegte, die Haltung, die der Magistrat ihr gegenüber einnahm, sowie die Entstehung und Tätigkeit industrieller Vereinigungen in München mit ihren Beziehungen zu einflußreichen Stellen. Zunächst jedoch ist zu klären, wie die Münchner Industrie in der Literatur bewertet wird.

Münchens Industrie im Widerstreit der Meinungen

Die wenigen Autoren der Prinzregentenzeit, die sich mit der Münchner Industrie intensiver befaßten, bemühten sich unverkennbar darum, deren ihrer Meinung nach verkannte und unterschätzte Bedeutung ins rechte Licht zu rücken; in ihre Untersuchungen bezogen sie aber auch meist den Handel mit ein. So suchte der Sekretär der ›Handels- und Gewerbekammer für Oberbayern‹, Julius Kahn, im Jahre 1891 mit seinem Sammelband ›Münchens Großindustrie und Großhandel‹ die Bedeutung Münchens auf diesen Gebieten herauszustreichen, da sie bisher nicht genügend gewürdigt worden sei.[2] Damit stand er nicht allein, denn auch andere Autoren wie A. F. Rohmeder[3] und Carl Fritz[4] steuerten dasselbe Ziel an. Rohmeder meinte: »München hat eine größere Industrie als Augsburg, und diese Industrie blüht hier ebenso wie dort. Die Behauptung: ›München habe keine Industrie‹ wird – wie ich hoffe – nunmehr endgültig von der Bildfläche verschwinden.«[5]

Während den einheimischen Zeitgenossen, abgesehen von einigen Fachleuten, der Rang der Münchner Industrie noch nicht gebührend ins Bewußtsein gelangt war, scheint er aufmerksamen Beobachtern außerhalb Bayerns schon eher aufgefallen zu sein. Rohmeder hat die diesbezüglichen Meinungen gesammelt und im Jahre 1905 zum Lobe der Münchner Industrie zusammengestellt:

»Man ... ist geradezu erstaunt, wenn man erfährt, daß in außerbayerischen Schulen gelehrt wird, ›München ist die wichtigste Handels- und Industriestadt des südöstlichen Deutschlands‹.... Neuerdings hat auch Prof. Dr. Gruber[6] ... auf die Bedeutung Münchens als hervorragendste Industriestadt Südbayerns nachdrücklichst hingewiesen.«[7]

Auch das bekannte ›Meyer'sche Konversationslexikon‹ widmet 1897 der Münchner Industrie, von der es meint, daß sie »in manchen Zweigen vorzüglich vertreten« sei, immerhin eine halbe Spalte und zählt die einzelnen Sparten nahezu vollständig auf, wobei es zwar die Brauereien hervorhebt, aber seltsamerweise mit keinem Wort die damals schon weltbekannten Lokomotivfabriken ›Krauss‹ und ›Maffei‹ erwähnt.[8]

In der Zeit zwischen den beiden Weltkriegen sahen sich manche Autoren immer noch genötigt, der Meinung entgegenzutreten, daß München keine Industriestadt sei, einer Meinung, die übrigens in der Fachliteratur bis dahin anscheinend kaum Niederschlag gefunden hatte und die wohl eher als ›öffentliche Meinung‹ bezeichnet werden muß.[9]

Die Literatur der jüngsten Zeit nimmt wieder weniger Notiz vom Vorhandensein einer ausgeprägten Münchner Industrie schon in der Zeit vor dem Ersten Weltkrieg, zumal sie sich mehr mit der gesamtbayerischen Wirtschaft beschäftigt; regionale Untersuchungen konzentrieren sich vor allem auf die Städte Augsburg und Nürnberg. Die ausführlichsten Hinweise finden sich immer noch in der ›Kleinen Wirtschafts- und Sozialgeschichte Bayerns 1806 bis 1933‹ von Wolfgang Zorn, obwohl auch hier nur die Firmen ›Krauss‹ und ›Maffei‹, Brauereien, Papier-, Farben- und optische Industrie erwähnt werden.[10] Der damit erweckte Eindruck, dem traditionell-klischeehaften Bild von der Industrie Münchens verhaftet, bleibt aber auch hier weit hinter dem zurück, den schon 1897 das ›Meyer'sche Konversationslexikon‹ zu vermitteln wußte.[11] Bei aller Vorsicht gegenüber Statistiken zeigen doch die folgenden Zahlen, daß München auch in einer bayerischen Wirtschaftsgeschichte etwas mehr Aufmerksamkeit verdient hätte. Denn nach dem ›Statistischen Jahrbuch deutscher Städte‹ gab es schon im Jahre 1882 an mittleren und Großbetrieben – in diese Gruppe zählte man nach der damaligen Definition solche mit mehr als fünf Mitarbeitern – in München immerhin 1130, in Nürnberg fast 750, in Augsburg 280, in Berlin über 7500, in Dresden etwa 1500 und in Hamburg 2350; unter den Städten des Deutschen Reiches stand München mit diesem Ergebnis an sechster Stelle, in Bayern aber an erster.[12]

Im ›Handbuch der bayerischen Geschichte‹ sind für den Zeitraum von 1871 bis 1918 unter den Industriezweigen Münchens nur die Brauereien und die optisch-feinmechanische Industrie erwähnt.[13] Dabei gab es zum Beispiel im Jahre 1913 durchaus erwähnenswerte Fabriken in der Landeshauptstadt, wie etwa die Firma ›Metzeler‹ mit durchschnittlich 1400 Arbeitskräften, die Bürstenfabrik ›Pensberger‹ mit etwa 1000 Arbeitnehmern, die ›Kleiderfabrik Isidor Bach‹

mit etwa 750 Beschäftigten und die Eisengießerei ›Sugg & Comp.‹ mit nahezu 1000 Lohnempfängern, um nur einige zu nennen.[14] Immerhin zählte man schon im Jahre 1907 unter der Industrie Münchens etwa 70 Betriebe, von denen jeder mindestens 200 Arbeiter beschäftigte.[15] Und dennoch bringt eine Durchsicht der Werke, die sich mit der deutschen Wirtschaftsgeschichte insgesamt beschäftigen, keine oder nur sehr spärliche Aufschlüsse über die Münchner Industrie. Es bleibt im allgemeinen bei Hinweisen auf die Brauereien, die Firmen ›Krauss‹ und ›Maffei‹ und bestenfalls noch auf die altbekannte optische Industrie.[16] Wie sah es nun wirklich aus?

Die Entwicklung der Münchner Industriestruktur 1815–1871

Bedingt durch die Rolle Münchens als Haupt- und Residenzstadt und durch seine geographische Lage nahm die Entwicklung der Münchner Industrie von Anfang an einen Verlauf, der von dem ›normalen‹ Entstehungsprozeß deutscher Industriestädte abwich. Während der Regierungszeit König Ludwigs I. wurde die Gründung neuer Industriebetriebe nur wenig gefördert, da man die damit verbundenen sozialen und politischen Probleme fürchtete, die in der Hauptstadt durch den Zuzug von Arbeitern hätten entstehen können.[17] Dennoch befanden sich zwischen 1815 und 1840 von den 62 gewerblichen Betrieben mit mehr als 50 Beschäftigten, wie sie für das rechtsrheinische Bayern errechnet wurden, allein zehn in München, nur sechs dagegen in Augsburg und vier in Nürnberg.[18] Damals umfaßte das Spektrum der Münchner Industrie neben den Brauereien und Druckereien das 1837 gegründete Eisenwerk von ›Maffei‹, die ›Mannhardt'sche Turmuhrenfabrik‹, die ›Nymphenburger Porzellanmanufaktur‹, das ›Astronomisch-mathematische Institut Traugott Ertel & Sohn‹, die ›Königliche Erzgießerei‹, die ›Erste Schul-Wandtafelfabrik Deutschlands‹, außerdem Leder- und Handschuh-, Papier- und Farbenfabriken, Essig-, Spiritus- sowie Likörproduktionen und schließlich die ›Ludwigs-Walzmühle‹ für die Mehlversorgung.[19]

Diese bei weitem nicht vollständige Aufzählung zeigt schon in Ansätzen einige für die spätere Münchner Industrie typische Merkmale: die Herstellung von Ge- und Verbrauchsgütern für Stadt und Umland sowie die Ausrichtung auf künstlerische Produkte im weitesten Sinne, wozu auch das graphische Gewerbe zu rechnen ist; letzteres läßt sich zum großen Teil auf königlichen Einfluß zurückführen. Auch eine verstärkte Verwertung neuer Technologien und Erfindungen zeichnete sich ab, außerdem entfaltete sich eine Veredelungsindustrie, die von Rohstoffen weitgehend unabhängig war oder diese aus dem Umland beziehen konnte.

Wie überall war der erste industrielle Aufschwung auch in München eine Folge des Eisenbahnbaus. Schon 1841 lieferte ›Maffei‹ für die Privatbahn München–Augsburg seine erste Lokomotive, den ›Münchener‹, und 1844 wurde auch die Strecke Nürnberg–Bamberg mit einer seiner Lokomotiven eröffnet; 1847 beschäftigte ›Maffei‹ bereits an die 500 Arbeiter.[20] Eine Konjunktur erfuhr auch die Papierindustrie durch die seit 1852 beziehungsweise 1859 maschinell produzierenden Papiermühlen in der Au und in Dachau, die sich 1862 zur ›München-Dachauer A.-G. für Maschinenpapierfabrikation‹ zusammenschlossen und damit den Grundstock für eines der wichtigsten Unternehmen dieser Branche im späteren Deutschen Reich legten.[21]

Industrie einer Kunststadt · Bis zur Reichsgründung entstanden in München Fabrikationsbetriebe der verschiedensten Art, die insgesamt auf einen vielleicht langsamen, aber stetigen Aufschwung schließen lassen. Darunter befanden sich zum Beispiel auf dem Möbel- und Ausstattungssektor die bekannte ›Königlich bayerische Hof-Vergolderwaren- und Möbelfabrik F. Radspieler & Cie.‹, gegründet 1840, die Firma ›Möbelfabrik und Tapezieretablissement Philip Dümler‹, entstanden 1867, die größere Privathäuser und Hotels einrichtete, oder die ›Bauschreinerei, Meubel- und Parquett-Fabrik Johann Wachter‹, die seit 1864 produzierte. Künstlerischen Ruf erwarb sich bei der Ausgestaltung von Villen und Schlössern die ›Königlich bayerische Hof-Marmorwarenfabrik Gebr. Pfister‹, gegründet 1846, mit ihren Postamenten, Säulen und Bassins; diese Firma war es auch, die den Auftrag für das Schloß Linderhof erhielt.[22]

Weltweit bekannt wurde für ihre Kirchenausstattungen die 1847 entstandene ›Königliche Mayer'sche Hofkunstanstalt‹; sie gründete 1865 eine Filiale in London und 1888 eine in New York. Dabei exportierte sie bis nach Südamerika, Asien, Afrika sowie Australien und trug viel zum Ruf Münchens als Stadt der Kunst oder zumindest des künstlerischen Gewerbes bei. Schon 1891 beschäftigte sie etwa 300 Arbeiter. Wie diese betrieb auch die ›Königlich bayerische Hofglasmalerei F. X. Zettler‹ internationalen Export; sie war von König Ludwig I. gegründet worden und stattete Kirchen, Banken, Schlösser und auch den Neubau des Münchner Rathauses aus.[23]

Aufschwung erfuhren ebenso Zulieferbetriebe für Kunst und Kunsthandwerk wie etwa die ›Farbenfabrik Michael Huber‹, deren Ursprünge bis 1767 zurückreichen; 1842 verlegte sie ihre Produktionsstätten in die Gegend des späteren Ostbahnhofes und erweiterte sie beträchtlich. Mit ihr exportierte die ›Metallpapier- und Bronzewarenfabrik Leo Haenle‹, gegründet 1846, in fast alle Länder der Erde. Am Rande des Kunsthandwerks lieferte seit 1847 die ›Königlich bayerische Hofblumenfabrik Josef v. Heckel‹ in alle Welt, vor allem aber nach Nord- und Südamerika; sie beschäftigte 1891 etwa 400 Arbeiter.[24]

Unter den vielen Druckereien und Verlagen, die im prosperierenden Geschäftsklima Münchens mit seinem Kunstleben, der Universität und den Verwaltungsbehörden aufblühten, erwarb sich unter anderen die ›Verlagsbuchhandlung, Buchdruckerei, Buchbinderei, Anstalt für Stereotypie und Galvanoplastik, Papier- und Schreibmaterialienhandlung en gros R.Oldenbourg‹ einen guten Ruf. Entstanden 1858, zählt sie heute zu den großen Verlagen Münchens.²⁵

Die Münchner Industrie – spezialisiert und vielseitig · Neben diesen Zweigen entwickelte sich auch schon die Gebrauchsgüterindustrie. Erwähnt seien hier vor allem die ›Handschuhfabrik Jakob Roeckl‹, die aus einer 1838 gegründeten Säcklerei entstand, und seit 1858 die ›Lederhandschuhfabrik T.Holste & Cie.‹. Beide produzierten bald überwiegend für den Auslandsexport.²⁶

Metallverarbeitung in größerem Rahmen betrieb neben den älteren Firmen ›Krauss‹ und ›Maffei‹ seit 1856 die ›Maschinen- und Kesselfabrik, Eisen- und Metallgießerei J.G.Landes‹, deren Produktpalette von einfachen Blechen über Turbinen, Dampfmaschinen, Aufzüge bis zu allen möglichen Fabrikeinrichtungen reichte, während seit 1854 die ›Werkzeugmaschinenfabrik J.Neuhöfer‹ Drehbänke, Fräsmaschinen und Stanzen herstellte. Die 1851 gegründete ›Waggonfabrik Joseph Rathgeber‹ dagegen wurde bekannt durch ihre Eisenbahnwagen, Straßenbahnen und Militärfahrzeuge, lieferte aber auch Dachstühle und – nebenbei bemerkt – die Salonwagen für den Orientexpreß.²⁷

Auf dem Nahrungs- und Genußmittelsektor prägten vor allem die bekannten Brauereien das Bild von der Münchner Industrie; um 1900 produzierten hier noch 27 Unternehmen, darunter ›Löwenbräu‹, ›Spatenbräu‹, ›Franziskanerbräu‹, ›Augustinerbräu‹, ›Pschorrbräu‹, ›Hackerbräu‹, die Weißbierbrauerei ›G.Schneider & Sohn‹, das ›Königliche Hofbräuhaus‹ sowie die Brauerei ›Schmederer‹ etwa 3,4 Millionen Hektoliter Bier jährlich, davon nicht ganz die Hälfte für den Export. Daneben ist die 1866 entstandene erste bayerische Zigarettenfabrik ›W.F.Grathwohl‹ zu erwähnen sowie die seit 1868 produzierende ›Fruchtsäfte und Conservenfabrik Joh.Eckart‹ aus der sich das ›Pfanni‹-Werk entwickeln sollte. Als Zulieferindustrie für die Brauereien entstanden 1842 die ›Münchener Mechanische Faßfabrik Jos.Dorn‹, die 1913 ein Viertel ihrer Produktion exportierte und sich auch auf die Einrichtung von Spiritusbrennereien und chemischen Fabriken verlegt hatte, wie auch 1862 die ›Faßfabrik Joh.Drexler‹, die schon 1909 zur bedeutendsten Faßfabrik für den österreichisch-ungarischen Markt und 1926 mit ihrem ›Patent-Drexler-Faß‹ zur größten Bierfaßfabrik Europas aufsteigen sollte.²⁸

Um die Darstellung des schon vor der Gründerzeit entstandenen breiten Spektrums der Münchner Industrie abzurunden, seien hier noch die ›Aktienziegelei München‹, gegründet 1867, und die ›Gyps- und Zementfabrik, Mahl- und Sägemühle Martin Walser‹, entstanden 1851, erwähnt; nicht vergessen werden sollte auch das ›Optische und astronomische Institut C.A.Steinheil Söhne‹, das seit 1855 seine Periskope, Prismen, Objektive und Fernrohre in alle Länder verkaufte.²⁹

Diese Aufzählung ist keineswegs vollständig, doch sie dürfte einen Eindruck von der Art der Firmen vermitteln, die den Grundstock der Münchner Industrie bis zum Ersten Weltkrieg – und teilweise auch darüber hinaus – bildeten. Sie bestätigt den spezifischen Charakter der Münchner Industrielandschaft und erweitert das Bild um einige Gesichtspunkte, die bis zum Ende der Prinzregentenzeit ihre Gültigkeit behielten: Zunächst fehlen, von wenigen Ausnahmen wie ›Krauss‹, ›Maffei‹ oder ›Roeckl‹ abgesehen, im Vergleich zu den eigentlichen Industriestädten die ›Riesenbetriebe‹ mit mehr als 1000 Beschäftigten. Der Schwerpunkt liegt vielmehr auf den mittelgroßen Betrieben, die auch den Bedürfnissen der Kunst- und Qualitätsindustrie am besten entsprachen und sich nicht allzu auffällig und störend in das Bild der Stadt einfügten.³⁰

Des weiteren bildeten sich aus den traditionellen Handwerkszweigen, vor allem aber aus dem Kunsthandwerk, neue Industriebetriebe, die zunächst den Bedarf Münchens in seiner Funktion als Haupt- und Residenzstadt deckten, später aber dank einer qualitätsorientierten Produktion auch auf den Weltmarkt gehen konnten. Eine wichtige Rolle spielten in diesem Zusammenhang die Aufträge König Ludwigs II. für die Ausstattung seiner Schlösser, die unter anderem die Grundlage für die bedeutende Möbelindustrie und die Herstellung von Kunst- und Einrichtungsgegenständen legten.³¹ Dazu kam, daß die Stadt München Monumente und Repräsentationsbauten in Auftrag gab, bei deren Ausführung nicht gespart werden mußte.

Qualitätsorientiert war die Münchner Industrie aber auch im technologischen Bereich, dazu aufgeschlossen für Innovationen und bestrebt, sich zu spezialisieren. Dies zeigt sich auch bei den größeren Firmen, denn ›Krauss‹ und ›Maffei‹ bauten vor allem Speziallokomotiven für sehr unterschiedliche Interessenten wie Bergbahnen, Bauunternehmungen oder Industriebetriebe; auch die Waggonfabrik ›Rathgeber‹ stellte neben Militärfahrzeugen Sonderanfertigungen für Spezialtransporte her, die hauptsächlich ins Ausland exportiert wurden. Auch die optische Firma ›Steinheil‹ erwarb sich ihren Weltruf durch Qualität, Innovationen und Spezialisierung.

So gehörte zu den besonderen Kennzeichen der Münchner Industrie vor allem ihre außerordentliche Vielseitigkeit, mit der sie im Gegensatz zu vielen anderen Industriestädten stand, in denen einzelne große Branchen mehr oder weniger überwogen.³² Dies sicherte der gesamten Münchner Wirtschaft eine erhöhte Unabhängigkeit von konjunkturellen Schwankungen und verstärkte ihre Widerstandsfähigkeit.

Industrialisierung des Handwerks und technologische Innovation: Von der Gründerzeit bis zum Ersten Weltkrieg

Da sich Gesellschaft und Wirtschaft zunehmend nach der Industrie ausrichteten, kam es zu einer Reihe industrieller Betriebsgründungen, die entweder aus dem Handwerk erwuchsen oder neu geschaffen wurden, um ehemals handwerkliche Produktionszweige zu übernehmen. Diese Entwicklung hatte in München zwar schon vor der Reichsgründung eingesetzt, ging aber nun schneller vonstatten. Einen

Schwerpunkt bildete hier neben der Verbrauchsgüter-, Nahrungs- und Genußmittelindustrie die Kunstindustrie.[33]

Einige Beispiele mögen diese Veränderungen im Münchner Wirtschaftsleben verdeutlichen. Aus einer 1798 gegründeten Seilerei enstand 1888 ›Jos. Schwaiger's Wwe, mechanische Hanf- und Drahtseilfabrik‹, die so florierte, daß sie 1912 in die Peripherie verlegt und vergrößert werden mußte. Die ›Holzwaren und Möbelfabrik München Riesenfeld GmbH‹ dagegen bildete sich aus einem erst 1905 gegründeten Zwei-Mann-Betrieb und rückte bis 1912 in der Produktion von Massenmöbeln an die dritte Stelle in Deutschland vor. Im kunsthandwerklichen Bereich entwickelte sich aus einer seit etwa 1579 bestehenden Wachszieherei die ›Königlich bayerische Hof-Wachswarenfabrik und Wachsbleiche Joseph Gautsch‹ mit rund 170 Beschäftigten im Jahre 1913. Auch die erst 1901 gegründeten ›Deutschen Werkstätten für Handwerkskunst GmbH‹ arbeiteten nach zehn Jahren bereits mit 110 Mitarbeitern.[34]

Diese Entwicklung wurde ergänzt durch die industrielle Verwertung neuer Erfindungen und Technologien und veränderte nahezu jeden Produktionszweig. Hier profitierte die Münchner Industrie davon, daß schon unter König Max II. eine Konzentration wissenschaftlicher Kräfte in München stattgefunden hatte, die auch den Bereich der Technik mit einschloß. Hinzu kamen im Jahre 1868 der Neubau des Polytechnikums, aus dem die Technische Hochschule hervorging, und die Gründung einer Industrieschule. Überdies lehrten in München naturwissenschaftlich-technische Koryphäen wie Justus von Liebig, Arnold Sommerfeld, Wilhelm Roentgen, Adolf von Baeyer, Richard Willstätter und Carl von Linde.[35] Bei solchen Voraussetzungen und dem optimistischen Selbstverständnis des beginnenden Industriezeitalters kam es dann auch im Jahre 1903 zur spektakulären Gründung des ersten Industrie- und Technikmuseums: Des ›Deutschen Museums‹ in München.

In diesem industriefreundlichen Klima gediehen zum Beispiel auf dem graphischen und kunstreproduzierenden Sektor damals weltbekannte Unternehmen wie die 1878 gegründete ›Kunstanstalt für Autotypie, Zinkographie, Chromotypie, Photolithographie und Metallätzerei G. Meisenbach & Cie.‹, oder ›E. Mühlthalers Buch- und Kunstdruckerei GmbH‹, die 1884 zur Großdruckerei und 1899 zu einer Aktiengesellschaft wurde. Der Erfolg dieser Betriebe beruhte auf der industriellen Auswertung einer Erfindung Georg Meisenbachs, die von München aus das Druckereiwesen revolutionierte: Die Autotypie oder der Rasterdruck. Auch die Firma ›Münchener Kunst- und Verlagsanstalt Dr. E. Albert & Cie.‹ trug viel zum Ruhm Münchens auf dem Gebiet des Kunstdruckwesens bei. Eugen Albert hatte durch seine Erfindungen das photomechanische Farbdruckverfahren verbessern können und stellte Klischees her. Besonders zu erwähnen ist der ›Kunstverlag Franz Hanfstaengl‹, der mit den jeweils neuesten Verfahren hervorragende Kunstdrucke herstellte und um 1890 an die 100 Arbeiter beschäftigte; auch Hanfstaengl errang Weltruf.[36]

Carl von Linde, der Begründer der Kältetechnik, setzte seine Erkenntnisse in der 1880 gegründeten ›Linde's Eisfabrik in München AG‹ um, aus der sich später die Kühlschrankfirma ›Linde AG‹ entwickelte. Weitere Beispiele für die innovative Dynamik der Münchner Industrie bilden die 1908 entstandene ›Therma GmbH, Fabrik von elektrischen Heiz- und Kochapparaten‹, die ›Elektrochemischen Werke München‹, oder die erste bayerische ›Filmfabrikationsfirma Münchener Kunstfilm, Peter Ostermayr‹, gegründet 1907, die mit der ›Filmfabrik Martin Kopp‹ zu den Pionieren des deutschen Filmwesens gehört. Für die Photografie arbeiteten seit 1871 die ›Trockenplattenfabrik Otto Perutz‹ und seit 1896 die Firma A. Heinrich Rietzschel, die Photoapparate herstellte; aus diesen beiden Unternehmen erwuchs die ›Agfa-Gevaert GmbH‹.[37]

Zusammenfassend läßt sich sagen, daß die Entwicklung der Münchner Industrie in der Zeit nach der Reichsgründung hauptsächlich von zwei Faktoren geprägt wurde: Zum einen nahm die Industrialisierung des traditionellen Handwerks rapide zu und zum anderen wurde eine Flut neuer Erfindungen und Technologien industriell verwertet, wobei man auch völlig neue Produktionszweige erschloß. München bot einer Innovationen gegenüber sehr aufgeschlossenen Industrie offensichtlich gute Voraussetzungen.

Expansion und Rückgang: Münchens Industrie in Krise und Konjunktur

Zahlenmäßige Aussagen über die frühe Entwicklung der Münchner Industrie fußen auf problematischem statistischen Material, da in die ersten Gewerbezählungen von 1875, 1882 und 1895 auch die kleinsten Handwerks- und Gewerbebetriebe aufgenommen wurden. Somit lassen sich an diesen Enqueten lediglich allgemeinwirtschaftliche konjunkturelle Veränderungen ablesen. Vorsichtige Rückschlüsse auf die Industrie selbst sind nur bei einigen Branchen möglich.

1875 gab es zum Beispiel im Maschinen-, Werkzeug-, Instrumente- und Apparatebau etwas über 300 Hauptbetriebe, 1882 waren es etwa ein Viertel mehr mit über 2500 Beschäftigten; 1895 aber zählte man bereits über 700 Hauptbetriebe mit fast 9000 Beschäftigten.[38] Insgesamt läßt sich auch bei anderen Gewerbegruppen für diesen Zeitraum ein ähnlicher Aufschwung feststellen: Abgesehen von der kleinsten Sparte Bergbau- und Hüttenwesen, die mit sechs Hauptbetrieben unverändert blieb, hatten sich alle vergrößert. Pauschal betrachtet kann man also für die Jahre 1875 bis 1882 einen langsamen Anstieg, für die Zeitspanne zwischen 1882 und 1895 jedoch eine Verdreifachung des Wachstumstempos erkennen.

Von 1898 an fanden bis 1914 nicht nur jährliche Zählungen der Gewerbebetriebe, sondern gesondert auch solche der Fabriken statt. Dabei galt bis 1910 ein Unternehmen als Fabrik, wenn es von der Gewerbeaufsicht nach wirtschaftlichen Kriterien wie Arbeitsteilung, Arbeiterzahl, Motorenverwendung und ähnlichem ausdrücklich als solche bezeichnet wurde; ab 1911 zählte der Einfachheit halber jedes Unternehmen mit zehn und mehr Arbeitern als Fabrik.³⁹ Mit diesen Daten lassen sich nun die Konjunktur und ihre Wechselwirkung auf die Industrie besser erfassen: Aus der Aufstellung der Gewerbeaufsicht geht hervor, daß sich die sogenannte Jahrhundertwendekrise 1900 bis 1904⁴⁰ auch auf die Münchner Industrie auswirkte. Wurden für das Jahr 1900 noch nahezu 600 Fabrikbetriebe verzeichnet, blieben 1901 nur knapp 570 und 1902 etwa 550 übrig; dabei verändern sich in dieser Statistik die Zahlen über die Beschäftigten analog zu denen über die Betriebe, so daß andere Faktoren wie etwa Betriebszusammenlegungen als unbedeutend auszuschließen sind. In den Jahren 1900 und 1901 endete also der bis dahin konstante Aufschwung, von nun an folgte eine Periode konjunktureller Schwankungen, die bis Kriegsbeginn andauerte. Mit einem kurzen Boom im Jahre 1903 wurde zwar der Stand des Jahres 1900 wieder überschritten, doch nur, um ab 1904 abermals darunter zu sinken. Erst ab 1907 verbesserte sich die Lage, so daß die Folgen der ›Jahrhundertwendekrise‹ endgültig überwunden werden konnten. Weitere geringfügige Aufschwünge erfolgten noch 1912 und 1914, allerdings nicht ohne vorhergehende leichte Rezessionen in den Jahren 1910 und 1913.⁴¹

Diese Beobachtungen zeigen, daß die Münchner Konjunkturentwicklung ziemlich genau der des Deutschen Reiches entsprach: In der allgemeinen Entwicklung war ebenfalls ab 1903 die akute Krise überwunden, in den Jahren 1907, 1911 und 1912 erlebte auch das Reich einen kurzen Boom und mußte 1913 einen Abschwung verzeichnen.⁴² Damit war mindestens schon seit 1900 die Münchner Industrie eng mit der großräumigen Wirtschaft verflochten oder von ihr abhängig. Dem entsprach die wachsende Verknüpfung der bayerischen Banken mit dem deutschen und internationalen Bankwesen. Allerdings wurden einige industrielle Produktionszweige nicht von den allgemeinen Auf- und Abschwüngen betroffen, sondern blieben konstant, wie etwa das polygraphische Gewerbe, die Produktion elektrischer Maschinen und Geräte sowie die Gummiindustrie.⁴³ Die Münchner Industrie konnte sich jedoch auch von 1900 bis 1914 – wenn auch langsamer – weiterentwickeln.

Notwendig, aber ungeliebt: Die Stadt und ihre Industrie

Die Krise nach der Jahrhundertwende, die ja nicht nur die Industrie aufschreckte, zeitigte allerdings für diese wenigstens ein erfreuliches Ergebnis: Die Stadt München sah sich nun veranlaßt, wirkungsvolle Maßnahmen zur Unterstützung der Industrie zu überdenken. Die Gründe für diesen Entschluß dürften wohl in der Verminderung der Steuereinnahmen, der verstärkten Arbeitslosigkeit und den angestiegenen Kosten für die Armenunterstützung zu suchen sein.

Der Industrieausschuß · Die beiden Gemeindekollegien beschlossen zunächst im August beziehungsweise im November 1904, einen ›Ausschuß zur Förderung der Industrie in München‹ einzusetzen. Dieser trat schon Ende November zum ersten Mal zusammen und arbeitete einige Vorschläge aus. So wurde unter anderem eine Verbesserung des Verkehrsnetzes in den Industrierealen empfohlen, die Gemeinde sollte Gas und Elektrizität billig zur Verfügung stellen und die Frachtkosten für Rohmaterialien ermäßigen, preisgünstigen Gemeindegrund für Industrieansiedlungen anbieten und schließlich das gewerbliche Fortbildungswesen fördern sowie die Anzahl der Feiertage verringern.⁴⁴

Da der Ausschuß eng mit der ›Handels- und Gewerbekammer für Oberbayern‹ und dem ›Industriellenverband‹ zusammenarbeiten sollte, unterrichtete er diese beiden Institutionen schriftlich über die von ihm ins Auge gefaßten Maßnahmen. In seiner Antwort darauf nutzte der ›Industriellenverband‹ diese Gelegenheit und ließ einem offensichtlich lange angestauten Unmut freien Lauf, denn in seinem Gutachten zu den Vorschlägen des Industrieausschusses kritisierte er freimütig die städtische Handhabung der baupolizeilichen Bestimmungen, die drückenden Steuern und Abgaben sowie die allgemein schlechten Voraussetzungen für die Industrie.⁴⁵ Obwohl die ›Handels- und Gewerbekammer‹ im Ton etwas moderater war, übte auch sie weitgehend dieselbe Kritik.⁴⁶

Der Ausschuß reagierte darauf erst gegen Ende des Jahres 1905 mit einer Einladung zur nächsten Konferenz. Obwohl ihm in den folgenden Jahren auch Delegierte der Handelskammer und des ›Industriellenverbandes‹ angehörten, blieb als Resultat seiner Tätigkeit lediglich eine 1906 gegründete ›Magistratische Auskunftsstelle für industrielle Fragen‹, die als Verbindungsstelle zwischen Vertretern der Industrie und dem Magistrat fungieren sollte.⁴⁷ Diese wie auch der Ausschuß selbst führten »ein sehr stilles Dasein« und wurden »außerordentlich selten« zu Sitzungen einberufen, so daß sich die Verbände wiederholt mit Bitten an ihre Mitglieder wandten, der Verbindungsstelle oder ihnen selbst Wünsche und Anträge zu unterbreiten.⁴⁸ Im Jahre 1912 ersuchte sogar der Stadtmagistrat selbst die Handelskammer, dem sogenannten Industrieausschuß Vorschläge zu machen, dabei erhielt er jedoch die Antwort, daß man sich hier von positiven Maßnahmen, die sich doch nur in engem Rahmen bewegen könnten, keinen durchgreifenden Erfolg verspreche.⁴⁹

Städtische Probleme im Umgang mit der Industrie · Die Vertreter der Industrie waren eben nie ganz mit der städtischen Wirtschaftspolitik zufrieden. Das lag – unter anderem – an der spezifischen Situation Münchens, die es der Stadt schwer machte, deren Forderungen nachzukommen; sie hatte schließlich andere Prioritäten zu setzen. In einer Denkschrift von 1906 betont der Magistrat, München sei für ihn »hauptsächlich Kunst- und Fremdenstadt und nicht in erster Linie Industriestadt«; weiter heißt es hier:

»Die Stadtverwaltung beabsichtigt auch keineswegs, an diesem Verhältnisse etwas zu ändern, um sich den Ruhm einer ausgesprochenen Industriestadt zu verschaffen. Warum sollte aber in einer Stadt wie München die Industrie neben der Kunst keinen Platz finden? Gerade die Kunststadt München ist der günstigste Nährboden für die Kunstindustrie, vor allem für die angewandte Kunst.«[50]

Obwohl diese Haltung nicht ganz der tatsächlich durchgeführten Industriepolitik entsprach, stimmte sie um so mehr mit den von der Öffentlichkeit gerne gehörten Verlautbarungen überein, wie sie Oberbürgermeister Wilhelm von Borscht wiederholt machte: Borscht betonte, daß die Wahrung des althergebrachten Grundcharakters des geistigkünstlerischen, vornehmen und schönen München trotz der stärkeren Ausgestaltung der Industrie dringendes Gebot und durchaus möglich sei.[51]

Die Stadtverwaltung steckte in der fatalen Zwangslage, daß sie nicht auf die für eine Großstadt unabdingbare Industrie als Wirtschaftsfaktor verzichten konnte, andererseits aber ebensowenig das überaus vorteilhafte Image einer Kunst- und Fremdenstadt verlieren durfte, wenn sie sich nicht der Kritik einer breiten Öffentlichkeit aussetzen wollte. Immerhin war ja auch der Fremdenverkehr ein bedeutender Wirtschaftsfaktor; außerdem lebte in München eine große Anzahl einflußreicher Beamter, Professoren und Privatiers, die sehr auf die Erhaltung angenehmer Lebensqualität bedacht waren. Schon als im Rathaus darüber beraten wurde, wie man der Industrie aus der Krise nach der Jahrhundertwende heraushelfen könne, meldeten sich besorgte Stimmen zu Wort. Sogar der Kommerzienrat Adolph Brougier, der mit der Firma ›Franz Kathreiner's Nachfolger‹ assoziiert war, fragte: »Welche Gründe sprechen dafür, aus der Musenstadt in Zukunft eine durch Rauch und Ruß geschwärzte Industrieniederlassung zu machen?«[52]

Unter solchen Umständen konnte der Magistrat nicht über die öffentliche Meinung hinweggehen, die München das Schicksal der reinen Industriestädte ersparen wollte. Außerdem hatte er sein städtebauliches Konzept einzuhalten. Diese beiden Gesichtspunkte zeigen sich gut am Beispiel der Lokomotivfabrik ›Maffei‹, die noch in den neunziger Jahren ohne Gleisanschluß mitten im Englischen Garten lag. Der Versuch Hugo von Maffeis, bei der Stadt den Bau einer Gleisanlage durch die Isarauen durchzusetzen, blieb trotz seines Einflusses als Reichsrat erfolglos.[53]

Bei solchem Interessenkonflikt war für den Magistrat schon die Tatsache ein Problem, daß sich im Jahre 1905 bereits über 200 »industrielle Großbetriebe« – wie sie damals genannt wurden – mit mehr als 50 Arbeitern weit gestreut in allen Stadtbezirken befanden.[54] Einige davon saßen nicht nur in vorhandenen oder geplanten vornehmen Wohnsiedlungen, sondern auch in der Nähe der fremdenverkehrswichtigen Sehenswürdigkeiten und des seit 1903 geplanten Ausstellungsgeländes auf der Theresienhöhe. So produzierten im neunten Bezirk, dem Wiesenviertel, 18 Betriebe dieser Größenordnung, in der Altstadt aber insgesamt sogar 45. Von diesen umgaben im ersten Bezirk, dem Graggenauerviertel, immerhin acht Fabriken in nächster Nähe die Residenz; fast ein Viertel der Münchner Großbetriebe beeinträchtigte also mitten im Zentrum der Stadt nicht nur das

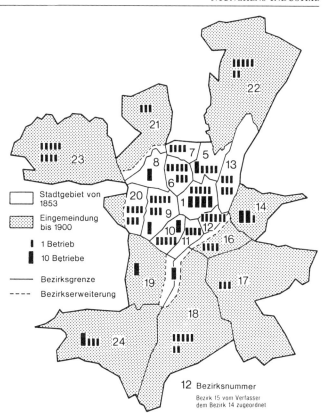

Die Verteilung der Großbetriebe mit mehr als 50 Arbeitern über die einzelnen Stadtbezirke Münchens (Stand ca. 1905)
Die Häufung von Fabriken in Wohn- oder Fremdenverkehrsgebieten bereitete dem Magistrat Kopfzerbrechen. Institut für Vergleichende Landesgeschichte, Universität München

gewünschte Image als Kunst- und Fremdenverkehrsort, sondern auch die Luftverhältnisse.

Der Versuch eines Kompromisses: Die ›Staffelbauordnung‹ · In der ›Staffelbauordnung‹ vom April 1904 schlug sich das Bewußtsein für diese schwierige Situation nieder, denn in ihr wurden erstmals vier besondere Industrieviertel ausgewiesen, in die zwar nicht, wie der Magistrat in einer Denkschrift vorsorglich beteuerte, sämtliche gewerblichen Anlagen »unter Ausschluß aus anderen Gebieten der Stadt« verbannt werden sollten. Vielmehr lag es angeblich in der Absicht der Stadt, daß »allenthalben im Burgfrieden industrielle Betriebe ihre Stätte finden können, abgesehen von den bestimmt umgrenzten Villenvierteln und sonstigen qualifizierten Wohnlagen, in welchen störende gewerbliche Anlagen verboten« waren. Dennoch erschwerten die baupolizeilichen Vorschriften eine Ansiedlung neuer Betriebe außerhalb der Fabrikviertel beträchtlich. So versuchte man, die in bestimmten Bezirken unerwünschten altansässigen Betriebe aus denselben herauszulocken, indem die ›Staffelbauordnung‹ für die vorgesehenen Industrieareale günstigere Bedingungen anbot.[55]

Die von der ›Staffelbauordnung‹ vorgegebenen Fabrikviertel befanden sich in Schwabing, Giesing, an der Landsberger Straße und im Sendlinger Oberfeld. Für letzteres galt trotz der Einsprüche der Industrievertreter eine Sondervorschrift, die letztlich nur umweltfreundliche Produktionszweige und eine Deckung des Energiebedarfs allein durch Elektrizität zuließ, also durch »saubere Energie«.[56]

Weder der ›Industriellenverband‹ noch die ›Handels- und Gewerbekammer‹ waren mit der ›Staffelbauordnung‹ zufrieden. Nach ihrer Meinung sollte diese nur in ganz besonders gelagerten Einzelfällen ein Hindernis für die Anlage einer Fabrik bilden dürfen.[57] Dennoch war sie kein schlechter Kompromiß, zumal die Verteilung auf mehrere Gebiete eine einseitige Industriekonzentration verhinderte und das Bild einer Kunst- und Residenzstadt daher nicht zu sehr gefährdet wurde; außerdem lagen die Industrieareale relativ weit von der kunsthistorisch bedeutsamen Innenstadt entfernt. Die Industrie dagegen hatte den Vorteil, daß jedes der Fabrikviertel an einer Gleisstrecke lag. Es darf wohl auch als Zugeständnis der Stadt angesehen werden, wenn eines dieser Gebiete sich entlang der Bahnlinie erstreckte, die zum Hauptbahnhof führte und auf der die meisten Besucher München erreichten. Allerdings wurde zum Teil damit auch nur ein bestehender Zustand festgeschrieben, denn dort hatten sich bereits vor der Jahrhundertwende die großen Brauereien angesiedelt. Jedenfalls verhinderte die ›Staffelbauordnung‹ einen industriellen Wildwuchs oder unterbrach ihn da, wo er schon begonnen hatte. Dadurch konnte noch viel von dem in Jahrhunderten gewachsenen urbanen Charakter Münchens gerettet werden.[58]

Ohne Verbindungen geht es nicht: Industrielle in den Kollegien
Obwohl also die Stadtväter, vor allem nach der Jahrhundertwende, die Ausbreitung vorhandener Fabrikanlagen einzugrenzen und die Ansiedlung neuer zu steuern versuchten, waren sie doch im allgemeinen der Industrie gegenüber keineswegs negativ eingestellt; dies bestätigte sogar der ›Industriellenverband‹, der »dankbar anerkannte«, daß der »Stadtmagistrat München sich in den verschiedenen Fällen entgegenkommend gezeigt hat und des guten Willens nicht ermangelte«.[59]

Ein gut Teil dieses Entgegenkommens dürfte wohl an der Zusammensetzung der Gemeindegremien gelegen haben, denn im Magistrat wurden die sogenannten bürgerlichen Ratsstellen hauptsächlich von Geschäftsleuten, Handwerkern, Privatiers, Kommerzienräten und Fabrikanten eingenommen. So befanden sich unter den zwanzig bürgerlichen Magistratsräten von 1893 aus einer Möbelfabrikantenfamilie der Privatier Joseph Radspieler, der dem Kollegium von 1888 bis 1899 angehörte, dazu vier weitere Fabrikanten, sechs Kaufleute und zwei Großhändler. Entsprechend sah auch die Liste der Gemeindebevollmächtigten aus, die die Finanzen der Stadt kontrollierten und sowohl die bürgerlichen, wie auch die rechtskundigen Magistratsräte wählten. Unter den Gemeindebevollmächtigten finden sich ebenfalls bedeutende Namen der Münchner Wirtschaft, wie etwa der Landtagsabgeordnete, Kommerzienrat und Fabrikbesitzer Friedrich Haenle, der Brauereibesitzer Karl Sedlmayr, der Kaufmann Heinrich von Dall'Armi, der Kommerzienrat und Maschinenfabrikant Johann G. Landes und der Fabrikant Robert Friedrich Metzeler. Auch der Reichsrat und Erzgießer Ferdinand von Miller gehörte zwischen 1897 und 1905 diesem Kollegium an und war in der Wahlperiode ab 1888 sogar dessen zweiter Vorstand; erwähnt sei auch noch der Kommerzienrat August Pschorr, der von 1894 bis 1920 als Gemeindebevollmächtigter fungierte.[60]

Durch diese Vertreter in den Münchner Gemeindekollegien waren Wirtschaft und Industrie ein gewichtiges Mitspracherecht gesichert. Allerdings läßt sich hier eine absteigende Tendenz feststellen, denn in der Wahlperiode von 1888 bis 1893 stammten die Magistratsmitglieder zwar noch überwiegend aus den oben genannten Kreisen, doch nach der Wahl von 1905 drängten auch Angehörige anderer Interessengruppen vermehrt in die Gemeindekollegien: Neben den Zentrumsangehörigen waren dies vor allem Sozialdemokraten, die die Probleme der Industrie von einer ganz anderen Warte aus betrachteten.[61]

Gewerblich-industrielle Vereinigungen in München
Gemeinsam mit anderen Gewerbetreibenden versuchten die Münchner Industriellen nicht nur, sich im Magistrat den nötigen Einfluß zu sichern; sie verstärkten ihre Position auch dadurch, daß sie sich in verschiedenen Vereinigungen zusammenschlossen.

Der ›Polytechnische Verein‹ · Der älteste Verband dieser Art war der 1815 zur »Förderung des vaterländischen Kunst- und Gewerbefleißes« geschaffene ›Polytechnische Verein‹.[62] Er setzte sich hauptsächlich aus Professoren, Ingenieuren und Beamten zusammen und bildete gewissermaßen den wissenschaftlichen und technokratischen Überbau; in seiner Führungsspitze saßen aber auch einflußreiche Fabrikanten wie Max Kustermann, Gabriel Sedlmayr oder Siegmund Riefler. Ohne direkt die Interessen von Industrie und Gewerbe zu vertreten, sah der ›Polytechnische Verein‹ seine Hauptaufgabe doch darin, diese zu unterstützen und bessere Voraussetzungen für Industriegründungen zu schaffen. Seine Domäne war die Ausarbeitung von technischen Gutachten und – bis zur Eröffnung des deutschen Patentamtes 1877 – die Beurteilung von ›Privilegien‹, wie damals die Patente bezeichnet wurden.

Neben seiner Beteiligung an sämtlichen Industrieausstellungen errichtete und betrieb er von 1876 bis 1898 in München eine Heizversuchsstation, zwischen 1885 und 1902 eine elektrotechnische Versuchsstation, dazu von 1888 bis 1898 eine Versuchsstation für Kältemaschinen und schließlich von 1898 bis 1905 ein physikalisch-chemisches Institut; all dies stand der Industrie zur Verfügung.[63]

Die Staffelbauordnung von 1904 sah spezielle Fabrikviertel vor (hier schwarz umrandet). Vergleiche auch den Plan S. 78/79

MÜNCHENS INDUSTRIE

Staffelbauplan der K. Haupt- und Residenzstadt München 1904, ergänzt bis 1912

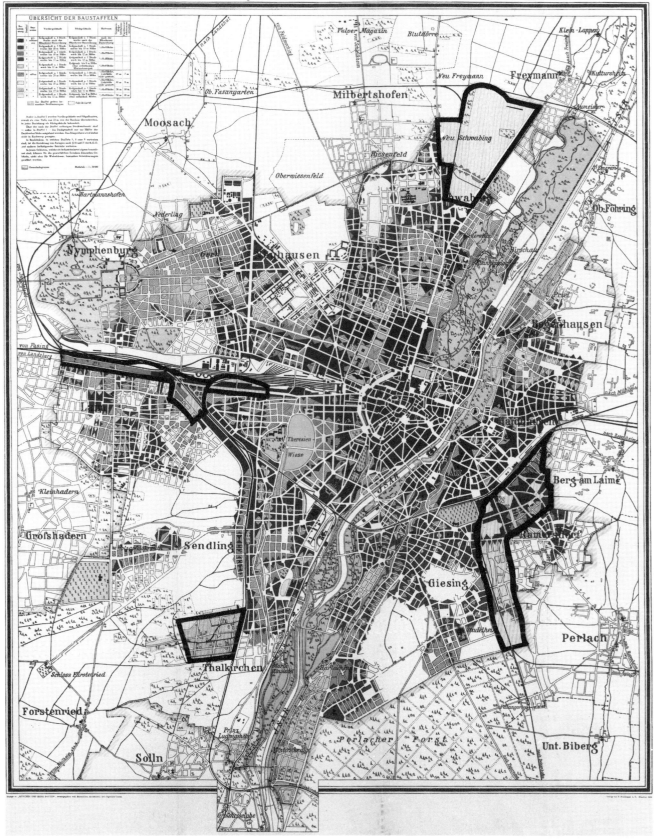

Von Bedeutung für die Industrie war auch das ›Bayerische Industrie- und Gewerbeblatt‹, das der ›Polytechnische Verein‹ seit dem Jahre 1868 herausgab, bis er es 1932 einstellte. Im übrigen fungierte er als wichtiges Bindeglied zu den staatlichen Stellen, da er über beste Beziehungen verfügte: Im Jahre 1911 konnte er die siebzigjährige Mitgliedschaft »Seiner Königlichen Hoheit, des Prinzregenten« feiern; bedeutender war allerdings, daß drei Jahre vorher »Seine Köngliche Hoheit, Prinz Ludwig«, der spätere König Ludwig III., das Protektorat über den Verein übernommen hatte, denn dieser war dafür bekannt, daß er sich sehr für wirtschaftliche und industrielle Belange interessierte.[64]

Der Bayerische Industriellenverband · Das rasche Anwachsen der Industrie erforderte mit der Zeit eine eigenständige Interessenvertretung. So kam es 1902 zur Gründung des ›Bayerischen Industriellenverbandes e.V.‹, nachdem sich schon vorher einzelne Industriezweige zusammengeschlossen hatten, wie etwa der ›Ortsverband der Brauereien von München und Umgebung‹. Eine kurze Liaison mit dem gesamtdeutschen ›Bund der Industriellen‹ hatte sich vorher zerschlagen. Der ›Industriellenverband‹ hatte sich zum Ziel gesetzt, »einen wirksamen Zusammenschluß sämtlicher bayerischer Industriellen in allen speziell die bayerische Industrie angehenden Fragen (z.B. Verbesserung von Verkehrswegen, kommunale Angelegenheiten, Frachtentarife usw.) herbeizuführen«.[65]

Der Verband bestand aus den beiden Sektionen Nürnberg–Fürth und München, in den folgenden Jahren kamen noch die Sektionen Würzburg–Aschaffenburg und Augsburg hinzu. Dadurch verloren die Münchner ihren übermächtigen Einfluß, den sie nur bis Ende 1902 ausüben konnten.[66]

Der ›Industriellenverband‹ gehörte zu den kämpferischsten Münchner Verbänden aus dem Bereich der Wirtschaft. Er vertrat sehr energisch seine Interessen gegenüber der Regierung, der Stadt und auch der Kirche – gegenüber dieser vor allem beim Problem der Sonntagsruhe. So verhandelte er zum Beispiel mit dem Magistrat über eine Neuregelung des gemeindlichen ›Submissionswesens‹, wie damals die öffentlichen Ausschreibungen genannt wurden, um dabei eine größere Beteiligung der heimischen Industrie zu erreichen; außerdem drängte er auf eine Reform des ›Pflasterzollwesens‹, denn dies kostete in München den Handel und die Industrie jährlich über eine Million Mark, während in anderen Städten gar keiner oder ein wesentlich geringerer ›Pflasterzoll‹ erhoben wurde.

Aus diesem Grunde wandte er sich auch mit einer Eingabe unmittelbar an die Regierung von Oberbayern.[67] Desgleichen bemühte sich der Verband um eine Verbesserung des Verkehrsnetzes, indem er sich für den Ausbau der Ringbahn einsetzte und gegen den »notorischen Wagenmangel der Bayerischen Staatsbahnen« kämpfte; er setzte sich jedoch auch intensiv für das Ausstellungswesen ein, das er vor allem organisatorisch unterstützte.[68]

Das größte Aufsehen allerdings erregte in der Öffentlichkeit der Kampf des ›Industriellenverbandes‹ um die Verringerung der kirchlichen Feiertage. Diesen begann er schon 1903 gemeinsam mit anderen wirtschaftlichen Korporationen. Nach der Reichsgewerbeordnung waren für ein Jahr 58 Sonn- und Feiertage festgelegt, in den größeren Städten Preußens gab es deren im Durchschnitt etwa 60, während München mit 73 an der Spitze lag. Darin sah die Industrie eine erhebliche Beeinträchtigung ihrer Wettbewerbsfähigkeit, unter anderem deswegen, weil ein großer Teil der Angestellten und Arbeiter schon in Wochen- oder Monatslöhnen bezahlt wurde. Obwohl die Bemühungen des ›Industriellenverbandes‹ vom Wirtschaftsministerium unterstützt wurden, scheiterten sie lange Zeit am Widerstand des Kultusministeriums und der Diözese. Erst als im Jahre 1911 Papst Pius X. in den Streit eingriff und einige Feiertage aufhob oder auf Sonntage verschob, konnte das Münchner Erwerbsleben mit fünf zusätzlichen Arbeitstagen rechnen.

Gleichwohl hielten die Differenzen zwischen dem bayerischen Episkopat und den Vertretern von Industrie und Handel an, denn kaum war die neue Verordnung im Mai 1912 in Kraft getreten, forderte Kardinal Franziskus von Bettinger, daß nun die bisher nichtgesetzlichen Feiertage ›Peter und Paul‹ und ›Mariä unbefleckte Empfängnis‹ zu gesetzlichen Feiertagen erhoben werden sollten.[69]

Die ›Handels- und Gewerbekammer München‹ · Ähnliche, wenn nicht gar dieselben Ziele wie der ›Industriellenverband‹ verfolgte die ›Handels- und Gewerbekammer München‹, die häufig sehr eng mit diesem zusammenarbeitete. Sie wurde Ende Dezember 1868 durch eine königliche Verordnung ins Leben gerufen und sollte Handel, Gewerbe und Industrie gegenüber den Behörden vertreten.[70] Dieser Aufgabe kam sie auch dadurch nach, daß sie sich zum Beispiel gegen die in der ›Staffelbauordnung‹ geplante Größenbeschränkung von Industriegebäuden wandte, daß sie um bessere Straßenbahnverbindungen zu den Fabrikgebieten in Sendling und Schwabing kämpfte oder sich – wenn auch vergeblich – für das Fortbestehen der städtischen Lagerhäuser einsetzte.[71]

Die Handelskammer war wiederum eng mit den Münchner Industriespitzen verflochten, denn in der von ihr und dem ›Münchener Handelsverein‹ 1898 gegründeten Aktiengesellschaft ›Haus für Handel und Gewerbe‹ saßen im Aufsichtsrat bedeutende Industrielle wie Gabriel Sedlmayr, Karl Riemerschmid und Franz Radspieler.[72]

Zwanzig Jahre vor der ›Handels- und Gewerbekammer‹ war der ›Allgemeine Gewerbe-Verein‹ gegründet worden, zwei Jahre später folgte ihm 1850 der ›Bayerische Kunstgewerbe-Verein in München‹.[73] Beide waren für die Industrie insofern von Bedeutung, als sie Ausstellungen und Messen initiierten und unterstützten. Der Vereinsfreudigkeit der damaligen Zeit entsprechend existierten außer den erwähnten großen Verbänden noch elf Fabrikantenvereine für verschiedene Branchen, so ein ›Verein der Mineralwasserfabrikanten‹ und ein ›Verein der Kleiderfabrikanten‹, um nur zwei zu nennen.[74]

Gemeinsames Ziel der Wirtschaftsverbände: Ausstellungen und Messen · Ein Charakteristikum der Münchner Industrie- und Gewerbeverbände bildeten die Bemühungen um Ausstellungen. Schon 1870 planten der ›Allgemeine Gewerbe-Verein‹, der ›Polytechnische Verein‹, der ›Kunstgewerbe-Verein‹ und der ›Architecten- und Ingenieurverein‹ gemeinsam die Errichtung einer ›Industriehalle‹ in München. Zu diesem Zwecke wurde sogar eine Aktiengesellschaft gegründet.

Freilich scheiterte das Projekt am »Interesse des öffentlichen Gesundheitswohles der Stadt München«, wie es offiziell hieß, da als Bauplatz die Eschenanlagen am Maximiliansplatz vorgesehen waren und die Regierung dem Magistrat die Abtretung dieses Grundstückes an die Aktiengesellschaft untersagte.[75] Die Bäume, die für die Industriehalle hätten gefällt werden müssen, blieben so mit den Grünanlagen des Platzes zur Erholung der Münchner Bürger und zur Luftverbesserung erhalten – erste zaghafte Ansätze natur- und umweltschützerischen Denkens.

Der ›Allgemeine Gewerbe-Verein‹ ließ sich jedoch dadurch nicht entmutigen und errichtete 1888 seine eigene Gewerbehalle.[76] Ausstellungspläne größeren Stils realisierten sich erst durch die Initiative des Prinzen Ludwig von Bayern, der im Jahre 1892 den Bürgermeister Johannes von Widenmayer auf die Möglichkeit eines großen Ausstellungsplatzes auf der Theresienhöhe hinwies. So kam es Ende Oktober 1903 zur Gründung des ›Vereins Ausstellungspark‹, und im Jahre 1904 genehmigten die städtischen Kollegien den Ankauf des fast 227 000 Quadratmeter großen Geländes, für das die Stadt sechs Millionen Goldmark bezahlte. Schon vier Jahre später konnte dort die erste Ausstellung ›München 1908 – Kunsthandwerks-, Industrie-, Gewerbe- und Handelsausstellung‹ stattfinden.[77]

Die gewerblichen und industriellen Vereinigungen trugen einen großen Teil dazu bei, daß München noch vor Ausbruch des Ersten Weltkrieges ein international bekannter Ausstellungsort werden konnte; bei der letzten Ausstellung vor dem Krieg über ›Das Gas‹ beteiligten sich Amerika, England, Frankreich, Holland, Italien, Norwegen, Österreich-Ungarn und die Schweiz.[78]

Vorteile und Nachteile: Die spezifischen Voraussetzungen Münchens für seine Industrie

München konnte durch seine verschiedenartigen Funktionen als Haupt- und Residenz-, Kunst- und Fremdenverkehrsstadt sowie als Verwaltungs- und Universitätssitz der Industrie nicht die Voraussetzungen bieten, wie sie für typische Industriestädte gelten. So sollte sich vor allem nicht der Rhythmus und die Ausdehnung der Stadt nach der Industrie richten, man wollte vielmehr die Industrie in das geplante Wachstum der Stadt mit einbinden. Doch gerade diese Umstände trugen dazu bei, daß sich hier spezielle Industriezweige besonders gut entwickelten; dies zeigt das Beispiel des graphischen Gewerbes, das den Bedürfnissen Münchens so sehr entsprach, daß von 1882 bis 1912 die Anzahl der Druckereien von rund 80 auf etwa 200 anstieg. Darunter befanden sich zwölf Großbetriebe, die über 200 Zeitungen und Zeitschriften, dazu Kunstlithographien, Postkarten, Kalender und Formulare nach dem jeweils neuesten Stand der Drucktechnik produzierten.[79]

Dank der Nachfrage einer schnell wachsenden Großstadt, deren Bevölkerung mit den Dingen des täglichen Bedarfs versorgt werden mußte, blühten Industriezweige auf wie die stark expandierende Produktion von Qualitäts- und Massenmöbeln, die Leder- und Bekleidungsbranche oder die Zigarettenherstellung, in der sich München übrigens vor allem durch die Firma ›Zuban‹ zum bayerischen Zentrum aufschwingen konnte.[80]

Gleiches gilt für Zulieferbetriebe des Bauwesens sowie der Raum- und Wohnungsausstattung.[81] Hier entwickelte sich in der Herd-, Ofen- und Zentralheizungsfabrikation München neben Augsburg und Nürnberg ebenfalls zu einem der bayerischen Zentren.[82] Auch ein großer Teil der Kunstgewerbeindustrie diente diesen Zwecken mit der Herstellung von Metalleuchtern, Lampen, Eisentoren und Geländern, während gleichzeitig ein weltweiter Export für Luxusinnen- und -außenausstattungen einsetzte, speziell auch für Überseeschiffe.

Dieser Bereich orientierte sich also an der Nachfrage einer Haupt- und Residenzstadt mit ihren öffentlichen Bauten und herrschaftlichen Villen, griff jedoch bald weit über die Grenzen Münchens hinaus. Die florierende Nahrungsmittelindustrie hingegen versorgte die rasch anwachsende Bevölkerung der Stadt und des Umlandes. Neben den allseits bekannten Brauereien, die hier nicht weiter betrachtet werden sollen, erfuhren vor allem die Kunstmühlen einen großen Aufschwung.[83]

Die besonderen Gegebenheiten Münchens als Verwaltungsstadt mit Behördennähe und gut ausgebauten Nachrichtenverbindungen zogen mitunter auch auswärtige Firmen hierher. Dies zeigt das Beispiel der ›Optischen Werke S. Rodenstock‹, die 1883 aus Würzburg nach München übersiedelten, oder der Heilbronner ›Pianofabrik Berdux AG‹, die 1894 nach München zog und in dem neuen Geschäftsklima zur größten Firma Bayerns auf ihrem Gebiet wurde.[84]

Diese beiden Beispiele beweisen auch, daß München gerade für hochqualifizierte Industriezweige einen guten Standort bildete – wenn sie sich den örtlichen Gegebenheiten anpassen konnten. Anpassungsfähig mußten auch die Betriebe sein, die sich in der Innenstadt oder in der Nähe der touristischen Attraktionen befanden, soweit es das architektonische Äußere ihrer gewerblichen Anlagen betraf, denn in der Regel unterschieden sie sich von den übrigen Bürger- und Handelshäusern nur durch den im Hintergrund aufsteigenden Schornstein.

München – eine heimliche Industriestadt?

Das München der Prinzregentenzeit kann gewiß nicht als eigentliche, gewissermaßen ›homogene‹ Industriestadt bezeichnet werden, da seine Wirtschaft nicht überwiegend von der Industrie bestimmt wurde. Zwar zeigen die Zahlen des ›Statistischen Jahrbuches deutscher Städte‹, daß München schon 1882 mit seinen Gewerbebetrieben und Beschäftigten vor Augsburg und Nürnberg lag, doch im Gegensatz zu diesen Städten machte der Anteil der Arbeiter unter den Erwerbstätigen nicht einmal die Hälfte aus.[85] Neben diesem Umstand erleichterten die vielen Klein- und Mittelbetriebe der Stadt die Imagepflege als Kunst-, Residenz- und Fremdenstadt.

Dieses Image lag der Stadt wohl mehr am Herzen als die Industrieentwicklung, auch wenn sie auf letztere keineswegs verzichten wollte, zumal in den Jahren vor dem Ersten Weltkrieg etwa zwei Drittel der Münchner direkt oder als Familienangehörige indirekt von der Industrie lebten.[86] So mußte immer wieder nach einem Kompromiß gesucht werden; man versuchte zum Beispiel, die typischen häßlichen ›Shedhallenfabriken‹[87] aus dem Stadtbild zu verdrängen und statt dessen innovativen und durchaus ebenso einträglichen Spezialindustrien im Bereich der Klein- und Mittelbetriebe Raum zu geben. Ausgenommen davon waren eigentlich nur die Großbrauereien, wohl weil sie in das Klischee des Bier-Bayern und des Oktoberfestes paßten.

Es lag nicht zuletzt an dieser Politik, daß sich die Öffentlichkeit mitunter auch heute noch ein falsches Bild von der ökonomischen Struktur Münchens macht. Das Herunterspielen oder Verschweigen einer durchaus bemerkenswerten Münchner Industrie wird deren historischer Bedeutung für das Wirtschaftsleben nicht gerecht und entspricht nicht dem Rang Münchens unter den bayerischen und deutschen Städten.

Auch in der ›guten alten‹ Prinzregentenzeit gab es in München trotz Gemütlichkeit, Kunst und Bier Geschäftsleute, Industrielle und rauchende Schlote.

›Bierverladung in München‹. Nach einer Zeichnung von Walther Püttner (1890)

Industrielle Arbeitswelt in München um 1900
Der Wandel in Werkstätten und Fabriken
Von Manfred Döbereiner

München wuchs zwischen 1870 und dem Ersten Weltkrieg zur größten Stadt Süddeutschlands. Geprägt durch Verwaltungs- und Kulturfunktionen entwickelte es sich auch zum bedeutenden Handelsplatz und etablierte sich als die Regionalmetropole im noch weitgehend ländlichen Bayern.[1]

Metropolstädte wie München besitzen eine verhältnismäßig ausgeglichene Berufsstruktur: Die Berufsarten, die vor allem lokalen und regionalen Bedürfnissen dienen, so das Baugewerbe, aber auch Klempner, Bäcker, Fleischer und Uhrmacher, sind hier proportional zur Stadtgröße vertreten; Berufe in den auch überregional ausstrahlenden Gewerben Presse, Druckereien, Verlage, Buchhandel, Banken, Kunst und Wissenschaft erscheinen hingegen deutlich überrepräsentiert.[2] Daneben traten in München als für eine Metropole charakteristische Berufsarten das Bekleidungsgewerbe, die Elektrotechnik und die Feinmechanik. Im Zuge der Industrialisierung verzeichneten in der Zeit vor dem Ersten Weltkrieg die Ballungsregionen Nürnberg, München und Augsburg die höchsten Zuwachsraten. In München betraf dies – zumindest bis zur Jahrhundertwende – vor allem den industriell-gewerblichen Bereich; zunächst aber nur als Ergänzung des ansässigen Handwerks und der Kleinindustrie.[3] Dies zeigte auch die Entwicklung der Betriebe: kleine und mittelgroße Gewerbebetriebe vergrößerten sich und die Zahl der Großbetriebe wuchs ständig an.[4]

Vergleicht man die Ausstattung der Produktionsstätten, so wird der tiefgreifende Wandel gegenüber den handwerklich arbeitenden Gewerbzweigen – Kleinbetrieb mit ›altem Handwerk‹, Manufaktur – sichtbar: Konsequente Arbeitsteilung, präzise Arbeitsvorschriften und knapp kalkulierte Zeitvorgaben, dampf-, gas- und elektrobetriebene Arbeitsmaschinen, auch noch Transmissionen, hochspezialisierte Arbeits- und Werkzeugmaschinen, differenzierte Belegschaftsstrukturen und neu geschaffene Planungs- und Kontrollfunktionen, neue Werkstoffe und, last but not least, Massenfertigung kennzeichnen die typischen Produktionsstätten der industriellen Arbeitswelt, die Fabriken. In München findet sich dies vornehmlich im Bereich der Investitionsgüterindustrie, nämlich dem Maschinenbau, der Metallverarbeitung und der Elektrotechnik sowie in geringerem Maße in der Konsumgüterindustrie, also der Nahrungsmittel- und der Holzindustrie sowie im Ledergewerbe.[5] Mit der Entwicklung der industriellen Arbeitswelt änderte sich auch die innerbetriebliche Organisation und der Prozeß zunehmender betrieblicher Konzentration führte zu spezifischen Umschichtungen in Münchens Wirtschaft und Gesellschaft.[6]

Da deutlich weniger als die Hälfte aller Erwerbstätigen[7] in Industrie und Handwerk tätig war, umfaßte Münchens

›An der Nährtrommel.‹ Tuschpinselzeichnung von M. Ebersberger – Teilansicht eines Arbeitsraumes der ›Handschuhfabrik Holste‹ um 1900. Münchner Stadtmuseum

industrielle Arbeitswelt nur einen Teil des Münchner Wirtschaftslebens, zu dem auch das Handwerk, das vorindustrielle Hausgewerbe, der Handel, die Banken und der Verkehr gehörten.[8] Die Bedeutung des industriellen Sektors gerät in München leicht aus dem Blickfeld, da hier wie sonst nirgendwo im Königreich Bayern – vor allem nicht in dieser Größenordnung – eine differenzierte klein- und mittelgewerbliche Produktion sowie ein starker Dienstleistungs- und Verwaltungsbereich im Vordergrund stehen.[9] Gerade in den Innenbezirken finden sich Standorte vieler kleiner und mittlerer Dienstleistungsbetriebe und besonders der Großarbeitgeber Staatsverwaltung.

Das beschleunigte wirtschaftliche Wachstum der Prinzregentenzeit betraf vornehmlich Industrie und Handwerk, daneben aber, in zumindest gleichem Maße, Handel und Verkehr. So heben sich in dieser Zeit vor dem Ersten Weltkrieg zwei Perioden ab: Etwa 1895 erreichte Münchens Industrie den Höhepunkt des gewerblich-industriellen Wachstums, danach schwächten sich die Zuwachsraten und Beschäftigungszahlen deutlich ab. Dagegen wuchs der Sektor Handel und Verkehr über den gesamten Zeitraum – 1870/71 bis 1914 – kontinuierlich weiter.[10] Auch die beiden als Gesamtbetriebe größten Einzelarbeitgeber – die Königlich-bayerische Eisenbahn mit rund 6000 Beschäftigten sowie die Post- und Telegraphengesellschaft mit etwa 3850 Mitarbeitern – sind diesem ungeschwächt prosperierenden Wirtschaftssektor zuzurechnen.[11]

Münchens Industrie – Beginn hierarchischer Spezialisierung

Doch auch gewisse Industriebereiche entwickelten sich kontinuierlich weiter und veränderten in München das Erscheinungsbild der industriellen Arbeitswelt. Immer häufiger entstanden in der Stadt oder am Stadtrand »moderne« Großbetriebe. In diesen Fabrikhallen und Fabrikkomplexen, die im Gegensatz zu Handwerk und »Mechanischen Werkstätten« an den gewaltigen Hallenbauten erkennbar sind, wurde nach neuen Fertigungsmethoden und Betriebsorganisationen produziert.[12] Die Statistik beweist das rapide Wachstum solcher Betriebe: 1882 arbeiteten hier etwa zwölf Prozent, 1907 bereits rund 32 Prozent aller Münchner Erwerbstätigen; in Augsburg und Nürnberg waren es allerdings weit über 50 Prozent.[13] Einige Branchen der Investitionsgüterindustrie besaßen bereits 1907 großbetrieblichen Charakter, so die Maschinenindustrie und die »forstlichen Nebengewerbe« wie Gasanstalt oder Wachsherstellung, das heißt, es arbeiteten in diesen Branchen mehr als 50 Prozent der Erwerbstätigen in »Großbetrieben« mit mindestens 50 Beschäftigten.

Dagegen war die 1907 neben dem Baugewerbe größte Branche des Industriesektors, das Bekleidungsgewerbe, fast ausschließlich kleingewerblich strukturiert. Zwei Drittel der dort Beschäftigten verdienten mehr schlecht als recht ihren Lebensunterhalt in Kleinbetrieben. Dazu mag die Nähmaschine einen nicht unbeträchtlichen Teil beigetragen haben, da diese Maschine dezentral einsetzbar war und durch Ratenkäufe für viele Familien erschwinglich wurde.[14]

Mit der Vergrößerung der Betriebe veränderte sich auch die Zusammensetzung der Arbeiterschaft. Noch in der Mitte des 19. Jahrhunderts waren auch in den größten Betrieben die Berufe nur wenig differenziert; es gab Meister, Aufseher, gelernte Arbeiter, Gehilfen, Tagelöhner. Das Zerlegen der Arbeitsprozesse schuf dann neue Berufe wie beispielsweise Werkzeugmacher, ›Anreißer‹ – die die Werkstücke zur Bearbeitung kennzeichneten, Revisoren oder Zeichner; der vermehrte Einsatz von Spezial- und Hilfsmaschinen wie Revolverdrehmaschinen oder Zahnradfräsmaschinen machte den Typus des »angelernten« Arbeiters immer wichtiger. Dieser Arbeiter mußte in bestimmten Produktionssegmenten an einer Spezialmaschine die dafür nötigen Handgriffe erlernen und war somit nur bedingt innerhalb der Fabrik einsetzbar; wurde er anderweitig gebraucht, so hatte man ihn – schon um der Unfallgefahr vorzubeugen – für die neue Maschine erneut anzulernen. Sein immer häufigerer Einsatz kann als Indiz für ›fabrikmäßige‹ Herstellung gelten; doch erwies sich dies nur bei Serienproduktion als rentabel.[15]

Daneben wurde in verschiedenen Industriebereichen die weibliche Arbeitskraft immer wichtiger; dies lag vor allem daran, daß die Löhne für Frauen immer unter denen männlicher ungelernter Arbeiter lagen. ›Frauenindustrien‹ mit einem Frauenanteil von über 50 Prozent waren in München 1907 das Bekleidungs-, Reinigungs-, Nahrungs- und das polygraphische Gewerbe. Nach Meinung einiger Unternehmer wären einzelne Bereiche ohne die billige Frauenarbeit nicht mehr konkurrenzfähig gewesen: dazu gehörten beispielsweise die Spielwaren-, Textil- und Bekleidungsherstellung. Andere sahen sie gar als eine gesamtvolkswirtschaftliche Notwendigkeit an.[16]

Mit der Fabrikindustrie wuchs aber auch die Angestelltenschaft erheblich an, benötigte der Großbetrieb wegen der sich ändernden Führungsfunktionen und Arbeitsprozesse doch immer mehr »Fabrikbeamte«. Dadurch entwickelte sich eine zuvor nicht gegebene scharfe Trennung in Leitungs-, Verwaltungs- und technisches Angestelltenpersonal, wobei ebenfalls neue Berufe entstanden: in der Maschinenfabrik Maffei waren es Konstrukteure, Ingenieure, Laborberufe, Obermeister (Werkführer), Schreibmaschinenschreiber, Kontoristen, Kalkulatoren. Mit nun nötigen Spezifizierungen entstanden neue Abteilungen in der Fabrik, so die Arbeitsvorbereitung, die Vor- und Nachkalkulation oder das Labor.[17]

Größe allein macht jedoch noch keine Fabrik. Fabriken sind vielmehr Orte industrieller Produktion. Sie waren zu dieser Zeit bereits mechanisiert und arbeitsteilig konzipiert und oft durch den Einsatz der neuen Arbeitsform »Akkordarbeit« rationell geplant; sie erzwungen eine sich immer mehr verzweigende hierarchische Beschäftigtenstruktur.

Es sollen nun vier Bereiche des Gewerbesektors dargestellt werden, die unterschiedliche Arbeitswelten repräsentieren: Die vorindustriellen Arbeitswelten der kleinbetrieblichen Handwerke und der zumeist nebengewerblich betriebenen Heimarbeit oder des Hausgewerbes, dann die im Umbruch befindliche ›halbindustrielle‹ Arbeitswelt der Mittelbetriebe und schließlich die industrielle Arbeitswelt der Großbetriebe.[18]

Arbeitswelt Handwerk

Die Mehrzahl der Münchner Handwerker und Arbeiter war in handwerklichen Klein- und Mittelbetrieben beschäftigt. Unter den Bedingungen der fortschreitenden Industrialisierung im 19. Jahrhundert hatten sich die einzelnen Handwerkszweige unterschiedlich entwickelt; die wirtschaftlichen und sozialen Traditionen des ›alten Handwerks‹ waren auf verschiedene Weise abgebaut und modifiziert worden oder blieben in anderer Form erhalten.

In einigen Branchen fanden die Handwerker in der Reparatur von Fabrikerzeugnissen, beispielsweise der Nähmaschinen und Fahrräder, eine relativ sichere Verdienstbasis. In anderen standen sich jedoch Fabrik und Handwerk als Konkurrenten gegenüber: dies war in den Lebensmittelhandwerken, so bei den Metzgern und Bäckern, der Fall, die sich nur durch niedrigste Löhne und überlange Arbeitszeiten behaupten konnten.[19] Immer weniger Gesellen arbeiteten deshalb bei einem Meister für Kost und Logis; freiwerdende Arbeitsstellen wurden fast ausschließlich mit Lehrlingen »besetzt«. Man sprach von »Lehrlingszüchterei«, die soweit führte, daß einzelne kleine Betriebe nur Lehrlinge beschäftigten, daß aber jeder ausgelernte Lehrling entlassen und durch einen neuen ersetzt wurde.[20]

Die Produktionsformen der handwerksmäßigen Klein- und Mittelbetriebe basierten noch auf den überkommenen, zum Teil durch das ehemalige Zunftstatut normierten Arbeitsbedingungen und Herstellungsrichtlinien. In den Kleinbetrieben standen dem Handwerker selten Maschinen zur Verfügung und wenn, dann nur einfache ›Universalmaschinen‹ wie Bohr- und Drehmaschinen. Alle im Betrieb Beschäftigten, ob Meister, Geselle oder Lehrling, mußten das Arbeitsgebiet der Werkstatt so beherrschen, daß sie nach Maßgabe oder Zeichnung des Meisters das Werkstück selbständig anfertigen konnten, wobei die manuelle die maschinelle Arbeit überwog. Der Handwerker bediente jede vorhandene Arbeitsmaschine, ging mit jeder Vorrichtung oder jedem Hilfswerkzeug um, unabhängig davon, wie geschickt er diese handhabte. Der Handwerksbetrieb mußte so billig wie möglich produzieren, konnte aber noch jeden Wunsch des Kunden berücksichtigen. Daher sind es besonders die Bereiche der Luxusgüter, der Optik und der Präzisionsmechanik, der Bekleidung – beispielsweise bei Maßschuhen und Maßkleidung – in denen die Handwerkskunst konkurrenzfähig blieb.[21]

Manuelle Fertigkeiten des Handwerks kamen in München besonders in den hochqualifizierten und fortschrittlichen feinmechanisch-optischen Werkstätten des 19. Jahrhunderts zur Geltung, die mit den Namen der Münchner Naturwissenschaftler und Mechaniker Carl A. Steinheil, Joseph von Fraunhofer, Carl von Linde und Johann Mannhardt verbunden sind; in einem Bereich also, der Münchens technologischen Ruf seit der Mitte des 19. Jahrhunderts begründete.[22]

›Mechanische Werkstätten‹

Die technologische Entwicklung begünstigte das Wachstum neuer, innovationsfreudiger Gewerbe, denen die Großstadt sowohl mit ihrem reichen und differenzierten Arbeitskräfteangebot, als auch als Absatzmarkt für die industriell gefertigten Massenprodukte beträchtliche Standortvorteile bot. Besonders die ›Mechanischen Werkstätten‹ wandten sich der industriellen Arbeitsweise zu.

Die Meister beschäftigten ihre Gesellen zunehmend im Stücklohn und setzten bereits Spezialmaschinen ein, beispielsweise Revolverdrehbänke. Zumindest in Münchens größeren Tischlerbetrieben, die sich auf die Fertigung von Kisten, Parkett, Möbeln und anderem spezialisiert hatten, wurden entsprechend konstruierte Sonder-Arbeitsmaschinen wie Kopier-, Fräs-, Abrichtmaschinen eingesetzt, jedoch besaßen sie keine so differenzierte Produktionsstruktur wie die Großbetriebe.[23]

Hier zeigt sich, daß ein bestimmter Grad von Arbeitsteilung notwendig ist, damit Werkzeugmaschinen betriebswirtschaftlich sinnvoll angewendet werden können. Spezialmaschinen, die nur einen bestimmten Arbeitsschritt ausführen können, so beispielsweise der Schraubenautomat oder die Schlitzmaschine, finden sich wegen der hohen Amortisationskosten in Mittelbetrieben selten.[24] Bei der zunehmenden Spezialisierung der mittelgroßen Werkstätten in Feinmechanik und Optik – also der ›Optischen Werke S. Rodenstock‹ im Bereich Optik und der ›Maschinenfabrik J. Ungerer‹ bei physikalischen Instrumenten – spielte die Arbeitsteilung zwar eine beträchtliche Rolle, doch konnten hier ungelernte, also unqualifizierte Arbeiter nur in sehr geringem Umfang eingesetzt werden, erforderten doch die komplizierten Mechanismen der herzustellenden Gegenstände Feinheit, Genauigkeit, handwerkliches Können und die Fähigkeit, mit kleinen Universalwerkzeugmaschinen gut umzugehen. Das durch Lehre und Wanderschaft erworbene Erfahrungswissen eines Handwerkers floß bei der Herstellung beispielsweise einer Feinwaage in die Konstruktion ein. Das Produktionswissen, personen- und prozeßgebunden, wurde durch Demonstration weitergegeben. Welche der eventuell vorhandenen Maschinen in welcher Reihenfolge der Arbeitsschritte benutzt wurde, bestimmte der jeweilige Bearbeiter des Werkstückes selbst.[25]

Die mittelgroßen spezialisierten Werkstätten, beispielsweise Parkettbetriebe, beschäftigten demgegenüber für die Spezialwerkzeugmaschinen überwiegend angelernte Arbeiter, die nur die ihnen gezeigten Vorrichtungen bedienen oder Handgriffe ausführen konnten. Der Arbeiter war dabei Bediensteter der Spezialmaschine geworden und verrichtete tagaus, tagein dieselbe Teilarbeit; bei der Massenproduktion nahm er oft nur eine einzige Operation am Werkstück vor: er prüfte die Fertigungsmaße mit Hilfe von Meßwerkzeugen. Die qualifizierten Arbeiter – sogenannte Einrichter – richteten die Maschine vorher ein, sie stellten die Werkzeuge her, schliffen sie, befestigten diese im Werkzeughalter, legten die Reihenfolge der Bearbeitungsschritte fest und griffen nur dann ein, wenn etwas nicht in Ordnung war.[26]

Arbeitswelt Heimarbeit

Für viele Handwerksmeister, die sich eine notwendige Werkstatterweiterung nicht leisten konnten, lohnte es sich,

Heimarbeit zu vergeben.²⁷ Die in der vom ›Verleger‹ gewünschten Qualität und Abmessung gefertigten Teilfabrikate wurden dann in der Regel in eigenen oder Werkstätten von Zwischenmeistern fertiggestellt. Diese dezentrale Herstellungsweise ergab für Fabriken, beispielsweise die ›Handschuhfabrik J.Roeckl‹, eklatante Produktionsvorteile, mußte doch kein Kapital für neue Grundstücke, Gebäude, Werkzeuge bereitgestellt werden; ein permanenter Arbeiterstamm, der hohe Lohnkosten verursachte, war nur bedingt nötig. Dies erhöhte die Konkurrenzfähigkeit der Fabrikanten, denn sie ließen auf der Basis von Werk- und Stückverträgen arbeiten, also in einer Art »Akkordlohn«.²⁸

Wegen des geringen Lohnes mußten meist alle Familienangehörigen mitarbeiten; soziale Absicherung gab es nicht, und auch Sonntags- und Nachtarbeit wurde nicht gesondert bezahlt. Die ›Arbeitszettel‹, auf denen man Art und Menge des Rohmaterials und den Lohn für fertige Stücke notierte, sind der traurige Nachweis für diese Praktiken.²⁹

Hausindustrie

»Mutter muß fleißig Kinder kriegen, damit Vater billige Arbeitskräfte hat.«
Zeichnung von Karl Arnold. Simplicissimus 1908, Nr. 4, S. 71

Eine besondere Problematik der Heimarbeit bildet das System der Zwischenmeister oder ›Sweater‹, das auch in der Bekleidungs- und Holzbranche Münchens zu finden war. Der ›Sweater‹ vergab Teilarbeiten an billige, ungelernte Kräfte; die gutbezahlten Qualitätsarbeiten wie Zuschneiden wurden jedoch ausschließlich in seiner Werkstatt ausgeführt. Die anfallenden Unkosten wälzten die meisten ›Sweater‹ auf die Heimarbeiter ab, indem sie Mehrleistungen ohne Entschädigung verlangten.³⁰

Im zweiten wichtigen Heimarbeitsbereich, dem Holzgewerbe, widmeten sich viele Meister der Verlagsarbeit, indem sie Schreinerarbeiten im Auftrag von Möbelhandlungen oder Tapezierern durchführten beziehungsweise für ›Magazine‹ arbeiteten, also Verlagsarbeit für Möbellager verrichteten. Die meisten dieser Schreiner stellten jedoch »geringe« Verlagsarbeit her, eine Massenware von schlechter Qualität, die zudem nur wenig Gewinn abwarf.³¹

Arbeitswelt Großgewerbe

In den Spezialwerkstätten der Mittelbetriebe prägten sich bereits erste Formen einer fabrikmäßigen Organisation aus, für die unter Münchens Großbetrieben besonders die Maschinenindustrie prädestiniert war, die aber – im Gegensatz zur Metall-, Brau- und Textilindustrie, deren Herstellungsvorgang sich in scharf getrennte Bereiche der Arbeitsvorbereitung und Stoffnachbehandlung unterteilen ließ – durch eine weitgehende Arbeitsteilung gekennzeichnet war. Die Maschinenindustriebetriebe, deren Produktionsstätten als weite Areale überdeckende Großbetriebe nicht zu übersehen waren, hatten sich durch die Werkstättenorganisation zu den klassischen Arbeitsorten der Industrialisierung entwickelt: den Fabriken. Wie das Beispiel der Lokomotivfabrik ›Krauss & Co.‹ zeigt, sind sie grob gegliedert in Modellbau, Schmiede, Härterei, Schlosserei, Dreherei, Hoblerei, Montage.³²

Aber selbst Großbetriebe produzierten in bestimmten Fertigungsbereichen nach handwerklichen Herstellungsverfahren, beispielsweise im Modellbau und in der Montage. Ein deutliches Zeichen dafür, daß das Handwerk in Firmen wie ›Krauss & Co.‹ unentbehrlich blieb, war es, daß ausgebildete Gesellen die Änderungswünsche der Kunden von Hand in die Lokomotive einarbeiteten. Für Textilmaschinen und im Eisenbahnbereich forderte man nun auswechselbare Teile, die zudem standardisiert und typisiert wurden; es durfte nicht mehr wie vorher zu jeder Schraube nur eine ganz bestimmte Schraubenmutter passen. Deswegen normte man fabrikintern die Kleineisenteile wie Schrauben und Nieten, legte Fertigungsgenauigkeiten für die spanabhebende Bearbeitung beim Bohren, Drehen oder Fräsen fest und standardisierte bewährte Konstruktionen wie die Krauss'schen Kastenrahmen oder Drehgestelle.³³

Vor Beginn des Ersten Weltkrieges waren sowohl ›Krauss‹ wie ›Maffei‹ zur Reihen- oder Serienfertigung der Lokomotiven übergegangen; die Art der Werkstättenorganisation und die hohe Zahl von Spezialwerkzeugmaschinen zeigen dies deutlich. Dennoch konnte man sie nicht streng durchführen, weil die Sonderwünsche der Kunden die Arbeitsteilung hemmten. Nur wenn die Kunden die Vorteile der Normalmaschine – billig, bewährte Konstruktion, austauschbare Teile – nutzten, wie im Nähmaschinen- und

Fahrradbereich, war Massenfertigung möglich. Die Herstellung komplexer Maschinen erforderte eine hochdifferenzierte Arbeitsteilung; da der persönliche Kontakt zwischen Arbeiter und Konstrukteur nicht mehr möglich war, mußten die Fertigungsschritte präzis geplant und vorbereitet werden. Viele Maschinenteile konnten unabhängig von anderen hergestellt werden. Dadurch gelang es, die Teile auf eine große Zahl von Arbeitern zu verteilen und dies so zu organisieren, daß alle Werkstücke zur rechten Zeit am geeigneten Ort waren und mit geringstem Aufwand an Zeit, Kosten und Material angefertigt werden konnten.³⁴

Beispiele für Massenherstellung, dieses letzte Zeichen der Fabrikorganisation, finden sich in Münchens Großbetrieben bei Brauereien, Gießereien, Druckereien, bei der Herstellung einfacher Holzwaren und in den Faßfabriken. Dies sind Betriebe mit einer ähnlichen Struktur wie die vorstehend beschriebenen spezialisierten Mittelbetriebe, jedoch wesentlich komplexer organisiert: Beim Großbetrieb wurde die vom herzustellenden Produkt diktierte Werkstättenorganisation ergänzt durch Verwaltungs- und technische Büros, Arbeitsvorbereitungs- und Konstruktionsbereiche sowie Revisionsabteilungen.³⁵

Daneben gab es auch in München Großbetriebe, die überwiegend in herkömmlichen handwerklichen Formen arbeiteten: die Bauunternehmen. Die zeitgenössische Literatur schreibt jedoch denjenigen Bauunternehmen einen fabrikmäßigen Charakter zu, die sich mit der Herstellung von Bauten in Eisenbeton befaßten, weil dies Spezialmaschinen, besondere Hilfsmittel, viele Arbeitskräfte und einen hohen Kapitaleinsatz erforderte.³⁶

Durch den umfangreichen Einsatz von Werkzeugmaschinen wurden also nicht nur der Produktionsprozeß, sondern auch die beruflichen Anforderungen und die sozialen Strukturen in den Betrieben grundsätzlich verändert. Der Blick in eine der großen Maschinenfabriken Münchens soll nun deren innere Struktur noch präziser erfaßbar machen.

Die innere Struktur einer Münchner Maschinenfabrik

Gerade bei der fabrikmäßigen Herstellung komplexer Aggregate, wie der Lokomotiven, Dampfmaschinen, Dampfschiffe und Werkzeugmaschinen der Firma ›J. A. Maffei‹, führten, anders als beispielsweise im Textilbereich, nur mehr massive Veränderungen der Arbeitsorganisation und der Arbeitsteilung zu Qualitäts- und Preisvorteilen. Bereits ein Blick auf die Werksanlagen läßt erkennen, daß deren Anordnung nicht nur vom Herstellungsobjekt, sondern mehr noch von der Aufteilung der Arbeitsprozesse bestimmt wurde; man hatte sogar Grob- und Feinarbeiten getrennt, als das Werk 1896/1908 praktisch neu entstand.³⁷

So kamen bei ›Maffei‹ Produktionsmethoden zur Anwendung, die die neuen technischen Möglichkeiten für die Arbeitsteilung in vollem Umfang nutzten. Denn der Ablauf des Produktionsprozesses, seine Geschwindigkeit und seine Aufteilung in Detailfunktionen richtete sich nach der Art der Maschinen und dem Grad ihrer Spezialisierung. Die Präzision der Maschine setzte das Maß der Qualitätsnorm. Nicht mehr der ›Facharbeiter‹, der das handgeführte Werkzeug betätigte, stand daher im Mittelpunkt des Produktionsprozesses, sondern der ›angelernte Arbeiter‹, der seine Spezialwerkzeugmaschine bediente, ihr Rohstoffe zuführte und die Werkstücke vorkontrollierte, jedoch nicht mehr selbst Werkzeuge einrichtete, Haltevorrichtungen anbrachte oder sogar die Maschine reparierte. Dieser Grad der Abhängigkeit des Arbeiters von der Maschine ergab zugleich seine soziale Einstufung innerhalb der Fabrikhierarchie. Die Fabrik zeigt sich, so gesehen, nicht nur als technologische, sondern auch als sozial-ökonomisch strukturierende Institution.³⁸

Der umfassend ausgebildete Geselle wurde, weil Maffeis Lokomotiven nun streng typisiert waren, nur mehr am Anfang und am Ende der maschinellen Bearbeitung eingesetzt: Beim sogenannten ›Anreißen‹ war dies der Techniker oder Schlosser, beim Einspannen und Einrichten der Arbeitsstücke und Werkzeuge in die Spezialmaschinen der ›Einrichter‹, bei der Endkontrolle der Revisor, beim Nacharbeiten oder Einpassen der Schlosser oder Mechaniker, beim Zusammenfügen der Monteur. Weitere gelernte Arbeiter wurden in Gießerei und Schmiede beschäftigt, Former, Modelltischler, Schmied, Lackierer und wenige andere Berufe. Zu den vielen in der Fabrik neu entstandenen Berufen zählen Dreher, Fräser, ›Anzeichner‹, Revolverdreher, Revisor.³⁹

Die Arbeiter in den Maschinenhallen waren nun zu Bediensteten der Maschinen geworden, besonders der Spezialmaschinen wie der Revolverdrehbänke oder der ›Automaten‹, die vor allem bei der Schrauben- und Nietenherstellung gebraucht wurden. Die Verwendung von Bohrlehren oder Kopierschablonen vereinfachte die Bearbeitung auch komplizierter Werkstücke, so daß sogar ›angelernte Arbeiter‹ mehrere Maschinen gleichzeitig bedienten. Die an den Spezialmaschinen beschäftigten ›angelernten Arbeiter‹ der Firma ›Maffei‹ beherrschten nur dieses winzige Arbeitsfeld und hatten ihr »Spezialkönnen« in wenigen Wochen erlernt.

›Ungelernte‹ Arbeiter verrichteten ausschließlich Hilfsarbeiten: Transport der Werkstücke von Maschine zu Maschine, Handreichungen beim Einspannen schwerer Werkstücke, Abfälle und Späne entfernen, auf- und abladen der Gußstücke, bedienen der Krane und Aufzüge, besorgen von Werkzeugen und Halbfabrikaten aus den Lagern der Magazine.⁴⁰

Eine bestellte Lokomotive entstand bei ›Maffei‹ auf einem streng formalen Weg:⁴¹ Die Bestellungen wurden in der Buchhaltung registriert und ins technische Büro weitergeleitet. Im technischen Büro bereitete man die Bestellungen ›werkstättengerecht‹ auf, fertigte Zeichnungen oder holte sie aus dem ›Archiv‹, wenn ein öfter bestellter Lokomotivtyp, wie die für die badische Staatsbahn entwickelte Schnellzuglokomotive, verlangt wurde. Die Zeichnungen gaben die gesamte Lokomotive im Grundriß, in der Seiten- und Oberansicht wieder, mit der Bezeichnung und Positionierung aller Bestandteile, deren ›Positionsnummer‹ gleichzeitig die Nummer der Teilezeichnung war. Sie kamen ins

Betriebsbüro; hier wurde das Material bestellt, im Einvernehmen mit den Werkführern die Arbeit auf die einzelnen Werkstätten verteilt und festgelegt, welche Teile andere Firmen billiger liefern konnten.

Darauf lief der Produktionsprozeß an: In der Gießerei stellte man nach den Holzmodellen, die die Modelltischler angefertigt hatten, die Gußteile wie beispielsweise Antriebsräder her; die Schmiede formten die Kessel und im Walzwerk entstand das Stangen- und Profilmaterial für Achsen, Rahmen, Bolzen und Schrauben. Die gegossenen, geschmiedeten, gewalzten und gezogenen Rohwerkstücke wurden in die Maschinensäle transportiert, wo sie an den Werkzeugmaschinen ihre auf den Teilezeichnungen vorgegebenen Formen erhielten. Die Meister legten fest, welche Stücke an welchen Maschinen bearbeitet wurden, welche Akkordvorgaben dieselben bekamen und in welcher Reihenfolge die Arbeitsschritte erfolgen sollten, also zum Beispiel Drehen – Bohren – Fräsen – Hobeln – Härten – Schleifen einer Schubstange. Die Arbeitsschritte am Werkstück wurden nicht nur an verschiedenen Maschinen, sondern auch von verschiedenen Arbeitern durchgeführt. Dabei standen an den Universalmaschinen diejenigen Arbeiter, die Werkzeugeinsatz, Werkzeugwechsel, Drehgeschwindigkeit, Vorschub, Spanleistung selbständig regeln konnten, die also einen der neu geschaffenen qualifizierten Berufe ausübten, zum Beispiel als Dreher oder Fräser. Bei größeren Stückzahlen wurden Spezialmaschinen eingesetzt wie Revolverdrehmaschinen für Achsen und Bolzen sowie ›Automaten‹ für Schrauben und Nieten. Die fertigen Teile wurden in die Montagewerkstatt geliefert und dort von den Monteuren und Schlossern zusammengebaut, wenn nötig nachgearbeitet und eingepaßt. Die Revisoren überprüften die fertigen Teile und Maschinen. Danach wurde die Lokomotive mit Rostschutzfarbe grundiert und lackiert. Nach einer Probefahrt bekam sie der Kunde geliefert. Auf der gleichen differenzierten Arbeitsteilung fußt alle Fabrikarbeit, gleichgültig ob eine Lokomotive, ein Wohnschrank oder ein Fernrohr produziert wird.

Zusammenfassung

Arbeiteten in einem Mittelbetrieb oder einer Fabrik der ersten Hälfte des 19. Jahrhunderts in München noch zum größten Teil gelernte Handwerker, so erforderte die vermehrte Einführung von Maschinenarbeit und von Spezialmaschinen eine Veränderung der Belegschaftsstruktur. Nicht nur ›Fabrikbeamte‹ fanden nunmehr in den Großbetrieben ihren Platz, sondern auch immer mehr angelernte Arbeiter und Frauen wurden beschäftigt. Auch der Münchner Großbetrieb war immer bestrebt, die von teuren Handwerkern auszuführende, zumeist sehr zeitaufwendige Arbeit auf ein Minimum zu reduzieren. Deshalb wurden die Fertigungsschritte so weit in Teiloperationen zerlegt, daß der jeweilige Arbeitsschritt auch von billigen un- oder angelernten Kräften[42] ausgeführt werden konnte. Anlaß dafür war oft ein billigerer Konkurrent oder ein Streik der gelernten Arbeiter. Von Unternehmerseite wurde überdies geklagt, es gebe zu wenig ausgebildete Handwerker.[43]

Der weltweite Ruf der beiden größten Fabriken Münchens gründete aber nicht auf ihrer bis ins Detail durchrationalisierten Fertigungsplanung, sondern auf einem Produktionsmodus, der die gröberen Vorarbeiten maschinell durchführen ließ, die Feinarbeiten – also Einpassen, Montage – jedoch weiterhin in handwerklich geprägten Arbeitsschritten den Schlossern vorbehielt;[44] daher wurden die ›Maffei‹- und ›Krauss‹-Mitarbeiter als »Industriehandwerker« bezeichnet. Die in diesen Fertigungsbereichen sichtbar gepflegte Handarbeit war für das sehr hohe Qualitätsniveau der Lokomotiven verantwortlich;[45] anders als im amerikanischen Fertigungssystem, das sich in der Feinbearbeitungs- und Endphase stark auf die Maschinenarbeit stützte, favorisierte man hier die solide handwerkliche Schlußüberarbeitung.

Industrielle Arbeit veränderte also Können und Stellung der Arbeiter einschneidend. Ihre Arbeitswelt war daher prägend für die Entwicklung ihres Bewußtseins und für ihr Selbstverständnis.

Konsumgenossenschaften zwischen ›Selbsthilfe‹ der kleinen Leute und Modernisierung des Handels

Von Bernhard Schoßig

Konsumgenossenschaften waren auch in München keine sozialistische Erfindung. Bereits seit 1864 existierte der ›Consum-Verein von 1864‹,[1] eine Vereinigung, zu der sich Angehörige des Bürgertums zusammengeschlossen hatten, um für sich günstigere Einkaufsmöglichkeiten zu schaffen.[2] Obwohl er nach anfänglichen Erfolgen eine rückläufige Entwicklung erlebte,[3] konnte er 1886 zwölf Läden, einen Holzplatz, einen Umsatz von nahezu 650 000 Mark und knapp 1000 Mitglieder vorweisen.[4] Da er sich jedoch entgegen den Wünschen der Arbeiterschaft weigerte, im Arbeitervorort Sendling eine Filiale zu eröffnen,[5] entstand 1886 ein zweiter Verein, dessen Mitglieder hauptsächlich Arbeiter waren;[6] der Arbeiteranteil im ›Consum-Verein von 1864‹ hingegen blieb außerordentlich gering.[7] Binnen weniger Jahrzehnte entwickelte sich die bescheidene Sendlinger Gründung dann zu einer der modernsten und fortschrittlichsten Handelsorganisationen Münchens die auch für ganz andere Unternehmen richtungsweisend wurde.

Die Stagnation der beiden Münchner Konsumgenossenschaften[8] in den ersten Jahren der Prinzregenten-Epoche lag jedoch nicht nur an der durch die Sendlinger Neugründung entstandenen Konkurrenzsituation; vor allem das Genossenschaftsrecht, das die unbegrenzte Haftung der Mitglieder vorschrieb,[9] hielt viele Interessenten von einem Beitritt ab. Erst mit der Gesetzesnovelle von 1889, die die Errichtung von Genossenschaften mit begrenzter Haftung ermöglichte, wurde dieser Hemmschuh beseitigt.[10]

Erheblichen Widerstand gegen die Konsumgenossenschaften gab es jedoch auch von seiten der kleinen Geschäftsinhaber, die immer wieder versuchten, die Behörden mit dem Hinweis auf die Bedeutung des »gesunden Mittelstandes« zum Vorgehen gegen die Konsumgenossenschaften zu bewegen. So erhoben sie beispielsweise die Forderung, Angehörigen des öffentlichen Dienstes die Mitgliedschaft in den Genossenschaften und den Einkauf in deren Läden zu verbieten.[11]

Der Aufschwung der Konsumgenossenschaften

Um die Jahrhundertwende begann dann der Siegeszug der Konsumgenossenschaften. Vor allem die rasche Bevölkerungszunahme hatte dazu geführt, daß der Detailhandel nicht mehr in der Lage war, die notwendige Warenversorgung und -verteilung zu garantieren. Andere Vertriebsformen und -organisationen wie Konsumgenossenschaften und Warenhäuser erwiesen sich als effizienter und waren besser in der Lage, das Distributionsproblem zu lösen und zugleich preisregulierend zu wirken.[12]

Bis zum Ersten Weltkrieg erlebten die beiden Konsumgenossenschaften dann eine stürmische Entwicklung. Während der ›Consum-Verein von 1864‹ 1886 weniger als 1000 Mitglieder zählte, waren es um die Jahrhundertwende bereits über 2000, im Jahr 1914 über 10 000.[13] Im Rahmen der geschäftlichen Expansion erwarb er 1902 in der Au ein größeres Grundstück mit Bahngleis-Anschluß, auf dem er ein Verwaltungsgebäude mit zusätzlichen Privatwohnungen, das Zentrallager, einen Holz- und Kohlenhof sowie eine eigene Großbäckerei errichtete. Im Jahr 1914 unterhielt die Genossenschaft 25 Läden und beschäftigte etwa 160 Arbeiter und Angestellte. Der Umsatz betrug zwei Jahre zuvor knapp zweieinhalb Millionen Mark.[14]

Noch beeindruckender als der ›Consum-Verein von 1864‹ wuchs der ›Konsum-Verein Sendling-München‹. Zehn Jahre nach seiner Gründung hatte er erst 239 Mitglieder; um die Jahrhundertwende waren es jedoch bereits über 1000, und im Jahr 1901 überflügelte er den ›Consum-Verein von 1864‹. Ende des Jahres 1905 hatten sich bereits mehr als 8000 Genossen dem Sendlinger Verein angeschlossen, Mitte des Jahres 1910 über 21 000 und unmittelbar vor dem Ausbruch des Ersten Weltkrieges über 38 000.[15] Auch die 50 Filialen des Jahres 1914 und die 630 Beschäftigten sowie die zehn Millionen Mark Umsatz des Jahres 1915 illustrieren die Erfolgsgeschichte dieser Konsumgenossenschaft. Sie hatte ab 1902 größere Areale in der Boschetsriederstraße erworben, auf denen sie in den Jahren vor dem Ersten Weltkrieg das Zentrallager, einen Holz- und Kohlenplatz, eine Großbäckerei, eine Limonadenfabrik, einen Weinkeller und mehrere Wohnhäuser errichtete. Ab 1905 gab sie für die Genossen auch eine eigene Zeitung heraus.[16]

Ein Teil der angebotenen Waren stammte aus der Eigenproduktion der Genossenschaft, andere Teile wurden über die ›Großeinkaufsgesellschaft deutscher Konsumgenossenschaften mbH‹ (GEG) beschafft.[17] In den Genossenschaftsläden konnten aufgrund gesetzlicher Bestimmungen nur Genossenschaftsmitglieder Waren beziehen.[18] Einen gewissen Prozentsatz des Rechnungswertes erstattete man ihnen dann nach dem Einkauf zurück, 1908 beispielsweise acht Prozent.[19] Wenn man die Mitglieder beider Konsumvereine zusammennimmt, waren 1903 etwa drei Prozent und 1915 etwa ein Drittel der Münchner Bevölkerung konsumgenossenschaftlich versorgt.[20]

Diese Entwicklung setzte sich in den zwanziger Jahren fort.[21] Allerdings muß man hinzufügen, daß der Aufschwung der Konsumgenossenschaften vor dem Ersten Weltkrieg keine Münchner Besonderheit darstellte, sondern in vielen Orten Deutschlands Parallelen hatte.[22]

Betrieblicher Fortschritt und ideelle Stagnation

Die Probleme der Genossenschaften werden an zwei Ereignissen in diesen Jahren deutlich: Im Jahr 1907 schaffte der ›Konsum-Verein Sendling-München‹ den ersten Lastkraftwagen für den Fuhrpark an, mit dem man die Warenverteilung modernisierte und beschleunigte.[23] Hier zeigt sich auch bei den Genossenschaften die Tendenz zu verstärkter Rationalisierung und Produktivitätssteigerung, die einem Grundzug privatkapitalistischer Großhandelsunternehmen entspricht.[24] Gleichzeitig ging das demokratische Moment in der Genossenschaft zurück, das vor allem darin bestanden hatte, daß die Genossen unmittelbar an der Beschlußfassung über die Belange der gesamten Organisation beteiligt gewesen waren. Vor dem Hintergrund zweier Entwicklungen – der stark angewachsenen Mitgliederzahl und der geringen Beteiligung der Mitglieder an den Generalversammlungen – richtete der ›Konsum-Verein Sendling-München‹ 1911 einen Genossenschaftsrat ein, in den die Genossen Delegierte entsandten und der als Bindeglied zwischen der Verwaltung und der Generalversammlung dienen sollte. Dabei wurden auch wesentliche Entscheidungen in dieses Gremium verlagert.[25]

Arbeiterschaft und Konsumverein

Die zwischen den beiden Münchner Konsumgenossenschaften seit Beginn bestehende Distanz hatte sich im Laufe der Zeit zu einer nicht mehr überbrückbaren Gegnerschaft verdichtet, die jegliche Zusammenarbeit ausschloß.[26] Während der ›Consum-Verein von 1864‹ aufgrund seiner sozialen Zusammensetzung eine bürgerliche Organisation war, die gelegentlich auch als ›Schwarzer Konsum-Verein‹ tituliert wurde,[27] wandte sich die Sendlinger Genossenschaft der um 1900 entstehenden sozialdemokratisch-gewerkschaftlich orientierten Konsumgenossenschaftsbewegung zu, der ›Dritten Säule der Arbeiterbewegung‹:[28] Sie war der ›Rote Konsumverein‹,[29] wenngleich unmittelbare organisatorische Verbindungen zwischen der Konsumgenossenschaft auf der einen Seite und der SPD und den Gewerkschaften auf der anderen Seite nicht nachgewiesen werden können. Die Einbindung ergibt sich hier nicht aus organisatorischen Zusammenhängen, sondern aus dem Bezug auf das gemeinsame Lebensmilieu, auf die Arbeiterkultur.[30]

So waren auch die Arbeitsbedingungen für die Mitarbeiter des Sendlinger Konsum-Vereins vorbildlich: Er schloß mit den zuständigen Gewerkschaften Tarifverträge ab[31] und richtete beispielsweise auch einen besonderen Fonds für die Fortbildung seiner Beschäftigten ein.[32] Die Verwurzelung in der Arbeiterbewegung wird überdies daran ersichtlich, daß der ›Konsum-Verein Sendling-München‹ Notstandsunterstützungen an von Arbeitskämpfen oder Arbeitslosigkeit betroffene Mitglieder bezahlte.[33]

Für den einzelnen Arbeiterhaushalt bedeutete Versorgung durch den Konsumverein, daß ihm bessere Qualitäten zu günstigeren Preisen geliefert wurden. Das war gleichbedeutend mit einer Realeinkommenssteigerung.[34] Das von den Konsumvereinen verfolgte Prinzip der Barzahlung hatte auch noch andere Nebenwirkungen: Zum einen schaltete man das im Klein- und Detailhandel übliche Kredit- und Anschreibwesen aus, zum anderen wurden dadurch die Arbeiterfamilien und vornehmlich die Arbeiterfrauen zu einer wirtschaftlichen Haushaltsführung erzogen.[35] Allerdings konnten gerade ärmere Personen und Familien diese Vorgabe oft nicht erfüllen und mußten sich deshalb wieder bei Kleinhändlern versorgen, die ihnen Kredit einräumten.[36]

Wenn man die Bedeutung der Konsumvereine für die Arbeiterschaft auch nicht verkennen darf, so bestand ihre wesentliche Leistung doch in der Umstrukturierung und Modernisierung des Handels. In diesem Erfolg lag aber auch bereits der Keim späteren Scheiterns: Gerade die von den Konsumgenossenschaften ausgelösten und vorangetriebenen Entwicklungen, wie die Rationalisierung und die Anwendung großbetrieblicher Prinzipien im Handel, stellen Muster wirtschaftlichen Handelns dar, die später noch weit erfolgreicher von der Konkurrenz, von privatkapitalistischen Handelsunternehmen, angewendet werden sollten.[37]

Elektrizität, Telephon, Großmarkthalle –
innovativer Wandel einer Großstadt
Von Martin Strom

Zukunftsweisende Erfindungen eröffneten seit dem 19. Jahrhundert ungeahnte Möglichkeiten. Die Städte veränderten ihr Aussehen: Kanalisation und Wasserversorgung machten das Leben in den großen Städten gesünder, elektrische Straßenbeleuchtung vermittelte ein großstädtisches Flair, elektrische Straßenbahnen, Motoromnibusse, Motorwagen[1] und Motorräder[2] belebten die Straßen, das Telephon änderte die Formen der Kommunikation, die Warenhäuser, der Schlacht- und Viehhof und die Markthalle erleichterten die Versorgung der ständig wachsenden Bevölkerung.

Viele standen diesen Neuerungen zwiespältig gegenüber. In unterschiedlichem Maße wehrten sich konservative Kräfte innerhalb der verschiedenen Gesellschaftsschichten gegen solche Innovationen,[3] deren Verbreitungsgeschwindigkeit davon maßgeblich bestimmt wurde. Ablehnung oder Zustimmung hingen vor allem von den wirtschaftlichen Eigeninteressen der Betroffenen ab. Besonders aufgeschlossen für die Anwendung neuer Erfindungen zeigten sich neben den Unternehmern vor allem die Kommunen. Ablehnend verhielten sich private Unternehmen, deren Geschäftsgrundlage durch die Innovationen gefährdet schien. Ein überzeugendes Beispiel hierfür bilden die Bemühungen um die Einführung der elektrischen Beleuchtung.

Elektrisches Licht als Modernitätssymbol

Am Ende des 19. Jahrhunderts war in den werdenden deutschen Großstädten die elektrische Straßenbeleuchtung das Symbol der ›Modernität‹. Auch München konnte sich dieser Entwicklung nicht entziehen, schlug dabei aber teilweise einen eigenen Weg ein.

Voraussetzung für die Elektrifizierung war die Erfindung der Bogenlampe und deren Versorgung durch die Dynamomaschine, konstruiert von Werner von Siemens;[4] weitere technische Verbesserungen ermöglichten es dann, auch mehrere Bogenlampen durch einen zentralen Dynamo zu speisen.

Diese Erfindung gab den Ausschlag für die Einführung des elektrischen Straßenlichts in den Städten, war doch die Bogenlampe als große Lichtquelle dem damals üblichen Gaslicht überlegen. Paris und London richteten als erste europäische Großstädte elektrische Beleuchtungen ein, gaben sie aber bald wegen zu hoher Kosten wieder auf.[5]

In Bayern versuchte um 1876 die Firma ›Schuckert & Co.‹ zum ersten Mal, die Kaiserstraße in Nürnberg mit einer Bogenlampe auszuleuchten;[6] sechs Jahre später verfügte Nürnberg als erste bayerische Stadt über eine fest installierte elektrische Beleuchtung in der Kaiserstraße und am Josephsplatz.

In der Reichshauptstadt Berlin erstrahlten der Pariser Platz und das Konferenzzimmer des Rathauses im Bogen- beziehungsweise Glühlampenlicht.[7]

München konnte zu dieser Zeit noch keine derartigen Fortschritte aufweisen, obwohl hier 1882, dank der Initiative Oskar von Millers, die erste deutsche Elektrizitätsausstellung im Glaspalast eröffnet wurde; diese Ausstellung und das Wirken von Millers sollten München bald zur führenden deutschen Stadt auf dem Gebiet der Elektrotechnik machen.[8] Im Glaspalast konnte die Bevölkerung bereits die Anwendung von Dynamo, Glühlampe und Bogenlampe kennenlernen. Der Magistrat stellte überdies bereitwillig die Brienner-, die Arcis-, die Karl- und die Sophienstraße zur Verfügung, um die neue Straßenbeleuchtung wirkungsvoll vorzuführen.[9] Den Höhepunkt der Ausstellung bildete jedoch eine Stromübertragung von Miesbach nach München: Mit Hilfe von zwei Drähten übertrug man die elektrische Energie einer Dynamomaschine für den Antrieb eines Elektromotors, der eine Pumpe betätigte und dadurch einen Wasserfall speiste.[10] Dieser Versuch eilte dem damaligen Stand der Technik und der Anwendung der Elektrizität so weit voraus, daß sein Wert und seine Bedeutung für die Zukunft von der damaligen Fachwelt in Frage gestellt wurden.[11] Neben solchen Experimenten zeigte die Ausstellung jedoch auch populäre Attraktionen wie die Beleuchtung der Frauentürme durch Scheinwerfer.[12]

Die Münchner waren von diesen neuen Möglichkeiten begeistert. So beteuerte Bürgermeister Dr. Johannes von Widenmayer: »Von den vielen Ausstellungen, die München sah, hat keine die Geister so tief ergriffen, wie die elektrische. Sie hat uns in lauter Sprache eine neue Zeit verkündet.«[13] In unmittelbarer Folge der Ausstellung errichtete daher der ›Polytechnische Verein‹ eine elektrische Versuchsstation im Brunnenhaus an der Blumenstraße. Mit Hilfe dieser Versuchsstation wollte man »in elektrotechnischen Fragen sowohl dem produzierenden Techniker, als auch dem konsumierenden Laien mit sicherem fachmännischen Rat an die Hand gehen«.[14]

Es sollten jedoch noch einige Jahre vergehen, bis das elektrische Licht in der Königlichen Haupt- und Residenzstadt Einzug hielt. Bereits vor der großen Ausstellung versuchte eine Magistratskommission zu klären, inwieweit sich eine elektrische Beleuchtung für München eigne.[15] Motiviert durch die Ausstellung arbeitete man dann ein Programm aus, um die Wasserkraft der Isar dafür auszunützen. Im Juni 1883 legte die Kommission den Plan einer von Wasserkraft getriebenen Elektrizitätsstation vor, der jedoch nicht verwirklicht wurde. Aber schon ein Jahr später beschloß der Magistrat auf Antrag des ›Polytechnischen Vereins‹, die Altstadt probeweise zu beleuchten. Die Verhandlungen mit der Firma ›Schuckert & Co.‹ scheiterten jedoch am Protest der ›Privaten Münchner Gasgesellschaft‹, die sich auf ihre vertraglich gesicherte Monopolstellung berief: Bis 1899 habe sie allein das Recht, alle öffentlichen Straßen und Plätze mit Gaslicht zu beleuchten. Eine gerichtliche Entscheidung bestätigte diese Rechtsposition.

Der Siegeszug des elektrischen Lichts war dennoch nicht mehr aufzuhalten. So ging man nun daran, durch elektrische Privatanlagen entweder einzelne Gebäude oder sogar ganze Häuserblocks mit Strom zu versorgen. Schon 1883 hatte das königliche München zur allgemeinen Überraschung die Bühne seines Residenztheaters durch die ›Edisongesellschaft‹ für einen Zeitraum von neun Monaten beleuchten lassen.[16] Aufgrund der positiven Erfahrungen und der größeren Feuersicherheit[17] errichtete die Königliche Intendanz dann auch im Hoftheater eine elektrische Beleuchtungsanlage. Das Beispiel der beiden Theater machte Schule: So erstrahlten bald das Landtagsgebäude, das Odeon, zahlreiche Vergnügungsstätten und Restaurants im Glühlampenlicht.[18] Damit hatte München nach Berlin in Fragen der Beleuchtung eine führende Stellung erreicht.[19] Dies demonstrierte man 1885 auch auf dem Oktoberfest: Dort standen 16 Bogenlampen, von denen acht die ganze Nacht hindurch brannten.[20]

Mit ganz konkreten Vorstellungen nahm im November 1886 der ›Exekutiv-Ausschuß der Kommission für elektrotechnische Versuche des polytechnischen Vereins‹ auch den Gedanken einer »elektrischen Beleuchtungsanlage für die Stadt München« wieder auf.[21] Daneben wurde der Ruf Münchner Bürger, vor allem der Geschäftsleute, nach dem »neuen Licht« immer lauter.[22] So verlangte als einer der ersten Oskar von Miller vom Magistrat, die neue Beleuchtungsart einzuführen; gleichzeitig wurde im Rat der Gemeindebevollmächtigten Kritik am Zustand der Gaslampen laut.[23] Die Stadt versuchte daher, der Gasgesellschaft doch noch die Erlaubnis zur Installation von Bogenlampen im Zentrum abzuringen. Im Mai 1891 gelang dann endlich ein Kompromiß.[24] Außerdem reihte man die Beleuchtung in die Kategorie der »gemeinnützigen, den allgemeinen Interessen dienenden Einrichtungen« ein,[25] die ausschließlich der Gemeinde unterstanden. Ähnliche Maßnahmen ergriff die Stadt, als sie 1858 den Ausbau der städtischen Kanalisation forcierte und 1878 unter eigener Regie den Schlacht- und Viehhof eröffnete. So versuchte man, die städtische Versorgung unabhängiger zu machen und sich überdies neue Geldquellen zu eröffnen, die dringend für die Stadterweiterung benötigt wurden.

Im August 1893 genehmigten die städtischen Kollegien dann nach langen Diskussionen den Plan der Firma ›Schuckert & Co.‹, der die Straßenbeleuchtung des inneren Stadtkerns zwischen Hauptbahnhof und Maximilianeum, dem Odeonsplatz und dem Sendlinger Tor sowie die Ausstattung des Rathauses und des Rosentalschulhauses mit Glühlampen vorsah.[26] Gespeist werden sollten die Lampen durch die beiden ersten Elektrizitätswerke an der Westenriederstraße – im Brunnenhaus am Katzenbach – und an der Zweibrückenstraße im Muffat-Brunnenhaus am Auer Mühlbach. Nach einer zweimonatigen Bauzeit brannten ab dem 25. November 1893 in den Straßen und auf den Plätzen der Münchner Altstadt jeden Abend die Bogenlampen. Zuständig war dafür ab März 1895 das neugegründete »Beleuchtungsamt«.[27] Als 1899 der Vertrag mit der Gasgesellschaft ablief, baute man für die Stromversorgung ein Dampfwerk an der Isartalstraße. Jedoch schon um 1905 waren die vorhandenen Werke überlastet. Daher entschloß sich der Magistrat im selben Jahr, ein bereits konzessioniertes, 52 Kilometer isarabwärts bei Moosburg liegendes Wasserkraftwerk von der ehemaligen Elektrizitätsgesellschaft ›Helios‹ zu erwerben.[28] Dem nach seinem ersten Leiter benannten ›Uppenbornkraftwerk‹ folgten 1907 das ›Südwerk‹ und 1910 das ›Werk Schwabing‹.

Wer zählte nun in München zu den Stromabnehmern? Der weitaus größte Teil der elektrischen Energie floß um 1900 noch in die öffentliche Straßenbeleuchtung und in den Antrieb der elektrischen Straßenbahn.[29] Verstärkt schloß die Stadt jedoch ab 1899 auch Private an das öffentliche Netz an: Ende 1899 waren es bereits 2000.[30] Sieben Jahre später flossen bereits 40 Prozent des erzeugten Stroms in nichtöffentlichen Gebäuden.[31]

Aufgrund des relativ hohen Strompreises konnten sich dies aber nur wenige wohlhabende Münchner leisten. Zu diesen gehörten die Warenhäuser Tietz und Oberpollinger, die ihre Personen- und Lastenaufzüge mit Strom betrieben und ihre Schaufenster elektrisch beleuchteten. Auch Restaurants wie der ›Bürgerbräu‹ oder der ›Domhof‹, Cafés wie das ›Orlando di Lasso‹, und Hotels wie der ›Deutsche Kaiser‹ gehörten zu den Stromkunden.

Die Elektrizität hatte sich also dank der Initiative der Stadtverwaltung in München letztendlich durchsetzen können. Dies zeigte auch das neue Selbstverständnis der werdenden Großstadt: Die Kommune versorgte ihre Bürger selbst mit Licht und Strom.

Das Telephon – ein zeitgemäßes Kommunikationsmittel

Auf der ersten deutschen Elektrizitätsausstellung in München konnte man neben Bogenlampen, Glühlampen und Dynamos eine weitere technische Errungenschaft bewundern: das Telephon. Dieses neuartige Kommunikationsmittel, das in München großen Anklang fand, zählte bald zu den wichtigsten Einrichtungen der Städte und der werdenden Großstädte.

Es begann 1861 mit der Erfindung des Telephons durch Philipp Reis; fünfzehn Jahre später entwickelte Graham Bell ein elektromagnetisches Telephon. Im Herbst 1877 kamen die ersten Bellschen Telephone nach Deutschland und wurden hier bald von Firmen wie ›Siemens & Halske‹ nachgebaut, da sie im Deutschen Reich nicht patentrechtlich geschützt waren. Werner von Siemens, der frühzeitig die Bedeutung des Telephons erkannt hatte, verbesserte die Bellschen Apparate wesentlich.[32] Wie richtig er die Entwicklung eingeschätzt hatte, zeigte sich bald an der Nachfrage.[33]

In München begann der Bau einer Telephonanlage aber erst im Juli 1882.[34] Noch zwei Jahre zuvor hatte der bayerische Staat der ›Bell-Telephone-Company‹ nicht erlaubt, in München und in Nürnberg eine Ortssprechanlage aufzustellen,[35] da er von Anfang an das Telephonwesen unter seiner eigenen Aufsicht wissen wollte. Auch jetzt hatte die Generaldirektion der ›Königlichen Verkehrsanstalt‹, die mit der Aufstellung beauftragt wurde, noch Bedenken: So behielt sie sich das Recht vor, die gesamte Anlage nach zwei Jahren wieder aufzulösen.[36] Dazu kam es aber nicht, da die bis Mitte August 1882 eingegangenen Anmeldungen bereits die Attraktivität der neuen Kommunikationsform bewiesen hatten. Die erste Bestellung kam von dem Verleger und Schriftsteller Dr. Georg Hirth;[37] ihm folgten weitere Geschäftsleute. Im März 1883 konnten die Münchner Telephonabonnenten dann probeweise zum erstenmal mit 118 Anschlüssen telephonieren. Zwei Monate später, am 1. Mai, wurde die Telephonanlage ihrer Bestimmung übergeben; sie umfaßte inzwischen 145 Teilnehmer.[38] Die große Nachfrage führte anfangs noch zu Engpässen; später entwickelte sich das Telephonnetz kontinuierlich weiter.[39]

Ab 1895 stellte das ›Fräulein vom Amt‹ die Verbindungen her. 14 Jahre später löste das erste vollselbsttätige Großstadtwählamt Europas, das seinen Sitz in Schwabing hatte, viele Vermittlungsbeamtinnen ab, und ein Teil der Münchner Abonnenten konnte jetzt ohne Vermittlung die gewünschte Verbindung wählen. Ab 1922 telephonierte man in München nur noch mit Selbstwahl.

Anhand des Telephons läßt sich beispielhaft zeigen, wie unterschiedlich die Bevölkerungsreaktionen aussahen: neben echter Begeisterung für die neue Technik kam es auch zu Schwierigkeiten und Widerständen. So weigerten sich beispielsweise manche Hausbesitzer, Leitungsstützpunkte auf ihren Hausdächern errichten zu lassen,[40] und die Aufstellung eines Telephonmastes auf dem Sendlinger-Tor-Platz führte zu heftigen Protesten bei den Anwohnern. Im Gegensatz dazu lobten sowohl Handelskammer wie Magistrat die Anlage als mustergültig.[41] Nachdem sich die Abonnenten an den gut funktionierenden Handvermittlungsdienst gewöhnt hatten, führte die Eröffnung des Selbstwahlamts 1909 erneut zu Protesten.[42] So äußerte ein Münchner Arzt damals gutachtlich, »daß durch das Wählen die Fernsprechteilnehmer eine Schädigung ihres Nervensystems erfahren würden«.[43] Die Aufregung der Telephonbenützer legte sich jedoch, als sie die Vorteile des Selbstwählens erkannten.

Modernisierung der öffentlichen Verkehrsmittel

Zwei weitere wichtige großstädtische Innovationen betrafen den öffentlichen Straßenverkehr: die elektrische Straßenbahn und der Autoomnibus; beide Verkehrsmittel prägen seit ihrer Erfindung das Stadtbild und das städtische Leben europäischer Großstädte. Diesem Modernisierungstrend, der um die Jahrhundertwende einsetzte, konnte sich auch München nicht entziehen.

Dennoch betrachteten es die Münchner noch mit Skepsis, als im Juni 1895 zwischen Färbergraben und Isartalbahnhof die erste ›Elektrische‹ fuhr, die weder von Pferden gezogen, noch von Dampfkraft getrieben wurde.[44] 1879 hatte Werner von Siemens auf der Berliner Gewerbeausstellung erstmals einen elektrisch betriebenen Wagen vorgestellt.[45] Bis 1890 scheiterten jedoch die Versuche an den Fragen der Stromführung. Eine der wenigen damals vorhandenen elektrischen Straßenbahnen, die zwischen Ungererbad und Schwabing fuhr, gehörte dem Badbesitzer Ungerer selbst.[46] Erst mit der Erfindung des Bügelstromabnehmers begann die Elektrifizierung in größerem Umfang. Immer wieder gab es aber um die Führung der Oberleitungen Probleme.[47] München konnte daher erst nach langwierigen Verhandlungen mit Hof, Staatsregierung und privaten Besitzern den Fahrbetrieb in der Altstadt aufnehmen.[48]

Bald funktionierte die ›Elektrische‹ jedoch zur Zufriedenheit aller und auch die zweite gemeindliche Linie zwischen Bahnhofsplatz und Giesing stellte auf Elektrizität um. Nun bestanden auch einzelne Stadtbezirke in Petitionen darauf, das gesamte Liniennetz zu elektrifizieren und bereits fünf Jahre später, im August 1900, nahmen die Münchner von ihrer letzten Pferdebahn Abschied, die zwischen dem Promenadeplatz und der Hohenzollernstraße verkehrte.[49] Auf Anweisung des Magistrats mußte die ›Münchener Trambahn AG‹ jedoch auf Münchner Prachtplätzen auf eine Oberleitung verzichten und die Wagen mit Akkumulatorenlokomotiven ziehen. Grund dafür war der Protest einheimischer Künstler, Architekten und Ingenieure, unter ihnen Lenbach und Thiersch, gegen den »Drahtverhau«, der das Stadtbild der Kunststadt München verschandle.[50] Solche Einwände hielten aber den technischen Fortschritt nicht auf.

Wie schnell eine technische Innovation zum politischen Zankapfel werden konnte, zeigt der Streit um die Trägerschaft der ›Münchener Trambahn AG‹ und um die Höhe der Straßenbahntarife. 25 Jahre nach Gründung des Unternehmens war die Stadt der alleinige Eigentümer geworden; für die weitere Fortführung unter städtischer Regie setzten sich in den Gemeindekollegien im Gegensatz zu den Liberalen vor allem die Sozialdemokraten ein. Sie sahen darin die Möglichkeit, die Straßenbahn zu einem volksnahen und preisgünstigen Verkehrsmittel zu machen; daher stritt man auch um die Höhe der Fahrpreise: In den »Straßenbahntarif-Kämpfen« ging es um die Entscheidung zwischen Zehnpfennig-Einheitstarif oder Sektionstarif. Der eingeführte Sektionstarif schloß die weniger Bemittelten weitgehend von der Benutzung dieses Verkehrsmittels aus, da es in München keine ermäßigte Arbeiterkarte wie in anderen deutschen Städten gab.[51] Dennoch entwickelte sich die Münchner Tram zu einem beliebten Verkehrsmittel: Im Jahre 1911 beförderte sie weit über 115 Millionen Fahrgäste.[52]

Gleichzeitig mit der Straßenbahn entwickelte sich der Autoomnibus; so richtete der Magistrat im November 1906 zwischen Promenadeplatz und Odeonsplatz eine Buslinie ein, auf der vier dunkelgrün und goldgelb lackierte Autobusse verkehrten,⁵³ und bemühte sich in Zusammenarbeit mit der beauftragten Firma ›Büssing‹ und der süddeutschen Automobilfabrik ›Gaggenau‹ darum, den Motorbus für die Stadt auch ›selbst‹ zu bauen.⁵⁴ Man lehnte sich dabei eng an den Omnibustyp an, der in Wien bereits erfolgreich verkehrte.⁵⁵

Mit Straßenbahn und Motoromnibus hatte München einen weiteren wichtigen Schritt zur Großstadt gewagt: Durch Eingemeindung und Verstädterung wuchs das Stadtgebiet; die Verbesserung der öffentlichen Verkehrsmittel band nun auch die Außenbezirke wieder mehr in die Stadt ein.

»*Vorschlag der ›Geißel‹ zu einem wirklich praktischen Münchner Stadt-Omnibus*«. Zeichnung von E. Vaube (Eugen von Baumgarten). Die Geißel Jg. 1 (1895), Nr. 18

Die Großmarkthalle – ein Beispiel städtebaulicher Innovation

Zu den großstädtischen Innovationen zählen auch die Großbauten, die eine Versorgung der Großstadt mit lebensnotwendigen Produkten erleichtern sollten. Neben Privatunternehmen trat hier auch die Stadt verstärkt als Bauherr auf. Schon vor der Prinzregentenzeit trieb der Magistrat beispielsweise den Ausbau der Kanalisation energisch voran und sorgte durch Fassung der Mangfallquellen für einwandfreies Wasser. Der Schlacht- und Viehhof, eröffnet 1878, bildete ein weiteres hygienisches Großprojekt der Stadt. So beseitigte man eine der Hauptursachen der Bodenverunreinigung, nämlich die privaten Schlachtungen,⁵⁶ und erzielte damit Fortschritte im Kampf gegen die Tuberkulose. Die städtische Lebensmittelversorgung sicherte man dann durch das Projekt ›Großmarkthalle‹.

Mitte des letzten Jahrhunderts wurde in Paris zum erstenmal die Idee verwirklicht, den gesamten Markt in einem geschlossenen Areal zu zentralisieren. Dies fand auch in Deutschland Anklang; so baute Berlin als erste deutsche Stadt zwischen 1883 und 1886 vier Markthallen und ebnete damit den Weg für eine Neuordnung der Wochenmärkte.⁵⁷ Um die Jahrhundertwende trug sich dann auch die Stadt München mit dem Gedanken, die Lebensmittelversorgung neu zu organisieren. Die 1807 erbaute Schrannenhalle in der Blumenstraße war ihrer Aufgabe nicht mehr gewachsen, hatte sich München doch im Laufe des 19. Jahrhunderts zu einem der größten Umschlagplätze für südländische Früchte entwickelt, der Teile Süd- und Westdeutschlands, aber auch Städte wie Berlin und Hamburg versorgte. Eine Studienkommission des Magistrats holte sich daher in Berlin und Leipzig 1893 und 1903 Anregungen und Informationen über die neuen Markthallen.⁵⁸

Hitzige Debatten entbrannten nun jedoch darüber, ob man in München eine Markthalle oder einen offenen Markt errichten solle,⁵⁹ außerdem war man sich über die Standortfrage uneins. Eine der wichtigsten Voraussetzungen für eine reibungslose Warenlieferung war dabei der direkte Bahnanschluß und die Möglichkeit, die bei ausländischen Produkten erforderliche Verzollung an Ort und Stelle vornehmen zu können. Nach langen Diskussionen entschied sich der Magistrat im August 1903 aus klimatischen Gründen für eine geschlossene Markthalle, die in der Nähe des Südbahnhofes gebaut werden sollte.⁶⁰ Gegen diesen Beschluß erhoben sich erneut Proteste aus den Kreisen der Obst- und Gemüsehändler, deren Arbeit mit der Schrannenhalle in der Blumenstraße verbunden war.⁶¹ Die Händler, die dort ihre Verkaufsstände erworben hatten, sahen sich durch die geplante Verlegung in ihrer Existenz bedroht. Sie forderten deswegen von den Stadtvätern eine Verbesserung und Vergrößerung der alten Halle.

Nachdem in langwierigen Auseinandersetzungen diese Einwände beseitigt worden waren, entstand im Jahre 1908 ein neues Problem: die bayerische Zollverwaltung zog plötzlich ihre Genehmigung für eine Zollabfertigung in der neuen Halle zurück und wollte selbst eine Obstabfertigungshalle an der Donnersberger Brücke errichten. Die Gemeinde mußte nun rasch die Initiative ergreifen und bot der Zollverwaltung an, auf dem Gelände der Großmarkthalle eine gleichwertige Anlage zu bauen; im selben Jahr noch konnten die Bauarbeiten für die neue Zollabfertigungshalle anlaufen.⁶² Mit dem Bau der eigentlichen Markthalle begann man dann erst im Dezember 1909.

Die nach Plänen von Richard Schachner erbaute Großmarkthalle wurde im Februar 1912 eröffnet.[63] Die 9000 Quadratmeter umfassende Anlage, zwischen Thalkirchner/Tumblinger Straße und Lagerhaus-/Valleystraße gelegen, enthielt die Großmarkthalle, die Zollabfertigungsanlage, einen Freiladehof sowie Gleisanlagen. Die an der Valleystraße angrenzenden Gebäude hatte man mit Wohnungen, Amtsräumen, einer Gastwirtschaft, einer Bank und einem Postamt ausgestattet.[64] Um die leicht verderblichen Nahrungsmittel längere Zeit aufbewahren zu können, legte man auch Kühlkammern an. Die von der Münchner Firma Linde installierte Gefrier- und Kühlanlage stellte damals »eine der technisch vollendetsten und mit modernstem Raffinement« eingerichteten Kälteanlagen dar.[65]

Die Reaktionen auf die fertiggestellte Großmarkthalle, die aus heutiger Sicht einen wirklich modernen Bau im Sinne des ›Neuen Bauens‹ in München vor 1914 darstellte, waren recht unterschiedlicher Art. Im belgischen ›Bulletin Commerçial‹ zum Beispiel wurde die städtebauliche Vorreiterrolle der Stadt München gewürdigt.[66] Aus Frankfurt am Main und aus Triest kündigten sich beim Stadtmagistrat Besuche an. Selbst der bayerische Prinzregent ließ es sich nicht nehmen, im März 1912 die neue Markthalle zu besichtigen, und auch die Münchner Bevölkerung zeigte sich interessiert.[67] Der Vorbildcharakter der Halle für nachfolgende Projekte wird aus Zuschriften an den Magistrat deutlich. So erbat das Stadtoberhaupt der russischen Stadt Wladikawkas die Zusendung von Materialien und Plänen der Großmarkthalle, da dort der Bau einer vergleichbaren Einrichtung geplant war.[68] Ähnliches kann man dem Schreiben der amerikanischen Stadt Boston entnehmen, wo man viel von der Münchner Halle gehört hatte.[69] Auch Nürnberg bekundete 1914 sein Interesse an dem Münchner Bauwerk und erbat einen Erfahrungsbericht. Allerdings wurden auch Enttäuschung und Beschwerden laut; besonders scharf kritisierte der Interessenschutzverband der Früchtegroßhändler die ungünstige Lage des Gebäudes, die ungerechte Betriebsordnung und die Preispolitik der Stadt. In seinen Augen stellte die Großmarkthalle den bislang unzweckmäßigsten Bau dieser Art dar.[70]

Mit seinen großen Zweckbauten folgte München einer neuen Entwicklung des Markt- und Handelswesens in Europa und Amerika. Die Industrialisierung mit ihrer rapid ansteigenden Produktion erforderte neue Formen des Transports und des Warenumschlags. Dieser Situation mußte man auch die Bauten anpassen, damit eine reibungslose Abwicklung gewährleistet war.

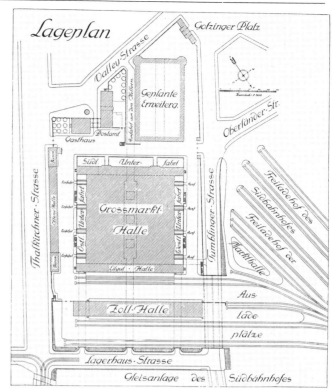

Lageplan der Münchner Großmarkthalle (1912)

Resümee

Der Hauptinitiator technischer und städtebaulicher Neuerungen war in München eindeutig die Stadtverwaltung: Ihre Initiativen verhalfen der Stadt zu elektrischem Licht, zur Straßenbahn sowie zum Autoomnibus; sie realisierte auch die Großmarkthalle. Dies entsprach der allgemeinen Entwicklung, Versorgungseinrichtungen und öffentliche Verkehrsmittel weitgehend unter städtischer Regie zu betreiben, um damit von Privatversorgern unabhängig zu werden und auch stadtplanerische Gesichtspunkte berücksichtigen zu können; außerdem versprach man sich davon hohe Einnahmen.

Der bayerische Staat errichtete zwar das Telephonnetz, und der Hof ließ seine Theater elektrisch beleuchten; beide Instanzen waren jedoch keineswegs so aufgeschlossen wie die Stadtverwaltung. Widerstände gegen Neuerungen verzögerten zwar manchmal deren Realisierung – verhindern konnten sie diese aber nicht mehr.

Oskar von Miller und die Gründung des ›Deutschen Museums‹

Von Otto Krätz

»... Wenn ich von Oskar von Miller rede, so geschieht dies mit einem leichten Unterton von Zärtlichkeit, wenn ein Mann dieser massiven Erscheinung so etwas verträgt ... ich habe ihn nie gesprochen, ich habe ihn öfter gesehen, in Gemeinschaften, und der ungeheuer eindrucksvolle Kopf mit dem dichten Bart und den großen, immer sehr direkt blickenden Augen ist für jeden unvergeßlich geblieben – eine herrscherliche und eine heitere Natur, vielleicht darf man sagen, der höchste Entwicklungsgrad des Münchner Bürgers, wo er in das Seigneurale übergeht. Dieses Seigneurale hat bei bei ihm auch sehr autoritative Züge gehabt ...[1]« So beschrieb Bundespräsident Theodor Heuss am 7. Mai 1950 auf der Festsitzung des ›Deutschen Museums‹ seine Erinnerungen an den Gründer. Das ›Deutsche Museum‹ feiert übrigens heute noch seine Jahresfeste an diesem Tag – bei dem es sich, entsprechend dem oben geschilderten seigneuralen Stil, um Millers Geburtstag handelt – wohl seigneural, aber nicht unbedingt bescheiden. Er selbst hatte diese Tradition begründet.

Trotz vieler Zeugnisse über ihn, trotz der Berichte, Bekenntnisse und Briefe von ihm, ist es allemal schwer, Oskar von Miller ungeachtet seiner gewiß konturenreichen Gestalt zu zeichnen.[2] Dies liegt nicht zuletzt an ihm selbst. Wenigen Menschen war es vergönnt, sich in einer selbstgewählten Rolle so voll auszuleben, wie es ihm gegeben war – aber eben doch in einer durchaus bewußt gewählten, gespielten und inszenierten Rolle. So wurde er bis heute zu seiner eigenen Legende, eine Legende, die sein inszenatorisches und man muß auch sagen schauspielerisches Geschick in vielen Zügen wohl selbst gestaltet hatte. Neben seinen beträchtlichen Kenntnissen und seiner ungeheuren Wissensgier, bildeten ein Gutteil Gerissenheit und Schläue die Grundzüge seines Charakters.

Oskar von Miller war der zehnte Sohn des Erzgießers Ferdinand von Miller und entstammte damit, was für sein Leben sehr entscheidend werden sollte, einem technischen Betrieb, der darüber hinaus in dem legendären Guß der Bavaria und dank des steten Interesses des Herrscherhauses über gute Beziehungen verfügte. König Ludwig I. selbst hatte sich in die Ausbildungspläne der Millerschen Söhne eingemischt, um den technischen Nachwuchs für seine geliebte Erzgießerei sicherzustellen. Die älteren Brüder wurden Erzgießer, Oskar sollte Ingenieur werden. Auf das Realgymnasium folgte am Polytechnikum München ein Studium in Eisenbahn-, Wasser- und Brückenbau. 1878 trat er als Baupraktikant in den Staatsdienst ein. Seine ersten dienstlichen Aufgaben hatten vor allem, wenn auch in einem eher bescheidenen Rahmen, mit dem Eisenbahnbau zu tun – damals noch Spitzentechnologie, in der sich bewährt zu haben schon etwas bedeutete. Doch Miller interessierte sich daneben für andere technisch-naturwissenschaftliche Bereiche. So besuchte er 1881 als bayerischer Regierungskommissar eine elektrotechnische Ausstellung in Paris.[3] Angesichts der ihm völlig unbekannten Glühlampen, Elektromotoren und Telephone empfand er schmerzlich seine eigene elektrotechnische Unwissenheit. Auf der Ausstellung erwarb er erste Grundkenntnisse und knüpfte wichtige Beziehungen an. Außerdem hatte er das ›Conservatoire des Arts et Metiers‹ besucht und sich an den ausgestellten historischen und technischen Apparaturen begeistert. Damals muß der erste Gedanke für das spätere ›Deutsche Museum‹ in ihm aufgekeimt sein. Nach München zurückgekehrt, plante er eine große Elektrizitätsausstellung, die schon viele jener Organisations- und Gestaltungselemente vorwegnahm, die Miller später beim Aufbau des ›Deutschen Museums‹ zur Perfektion entwickeln sollte. Nun wagte man, erstmalig in München, eine elektrische Straßenbeleuchtung; Miller brachte außerdem eine Opernsängerin dazu, dem Prinzen Luitpold am Telephon eine Arie darzubieten. Er hatte die Rolle seines Lebens als Elektrotechniker, aber auch als Intendant und Regisseur technischer Zukunftsvisionen gefunden und wählte damit auch jene Bühne, die ihm selbst die angemessenste Entfaltungsmöglichkeit bot.

Es folgte eine reiche Reisetätigkeit, die von einem Industriekonsortium finanziert wurde und die ihn wieder nach Frankreich, England und in die USA führte. Thomas A. Edison schenkte ihm einen kleinen Elektromotor zum Andenken, ohne zu ahnen, daß dies das erste, von Miller selbst erworbene Exponat eines viel später entstehenden Museums sein sollte. 1883 bot Emil Rathenau ihm eine Stelle in der ›Deutschen Edison Gesellschaft‹ in Berlin, der späteren ›AEG‹, an.[4] Trotz des Angebotes einer Vorstandsposition blieb er nur für sechs Jahre in Berlin, kehrte dann wieder nach München zurück und gründete dort ein freies Ingenieurbüro, das erste dieser Art in seiner Heimatstadt.

Hier entfaltete von Miller eine ausgedehnte Tätigkeit als Pionier der Elektrotechnik. Das technische Büro Oskar von Millers projektierte 1889 eine elektrische Zentrale für die Stadt Heilbronn, die durch Wasserkraft bei Lauffen am Neckar betrieben werden sollte; die Stadt Frankfurt bestellte Miller zum technischen Leiter einer internationalen Elektrizitätsausstellung. Miller verknüpfte nun beide Projekte: Von Lauffen am Neckar wurde über eine Entfernung von rund 178 Kilometern Drehstrom von 25 Kilovolt auf drei Kupferdrähten von vier Millimeter Durchmesser bei einem Wirkungsgrad von 74 Prozent übertragen. Damit war erstmalig bewiesen, daß eine solche Fernleitung wirtschaftlich und Drehstrom die geeignete Stromart war.⁵ Besonders wichtig erschien Miller überdies die Zusammenfassung der Wasserkräfte eines Landes zur Versorgung mit elektrischer Energie. Bereits 1903 unternahm er zum ersten Mal einen Versuch zur vollständigen Erfassung aller bayerischen Wasserkräfte, wobei er von der Möglichkeit des vollständigen Ausbaues ganzer Flußsysteme ausging – eine technische Utopie der Prinzregentenzeit. Miller regte 1911 beim Bayerischen Staatsministerium des Innern an, daß durch die Oberste Baubehörde, Abteilung für Wasserkraftausnützung und Elektrizitätsversorgung, ein Generalplan für den Ausbau der bayerischen Wasserkräfte aufgestellt werden sollte. Frucht dieser Bemühungen war die Idee, das gesamte Königreich Bayern mit einem einzigen, einheitlichen Stromnetz zu versorgen, dem sogenannten Bayernwerk, das aber ebenso wie sein Kernstück, das Walchenseekraftwerk, erst nach dem Sturz der Monarchie Wirklichkeit werden sollte.

Wenden wir uns nun dem zweiten Hauptwerk Millers zu, der Gründung des ›Deutschen Museums‹.⁶ Schon der 23jährige Baupraktikant hatte sich eine Reise nach London zusammengespart und dort das ›Kensington-Museum‹ besucht. Später hatte das ›Conservatoire des Arts et Metiers‹ in Paris großen Eindruck auf ihn gemacht. Auch kamen Anregungen der ›Urania‹ in Berlin hinzu, also einer Gesellschaft, die sich die Popularisierung der Technik zum Ziel gesetzt hatte. Für den Juni 1903 war die Jahresversammlung des ›Vereins Deutscher Ingenieure‹ nach München einberufen worden, dessen bayerischer Bezirksverein von Miller geleitet wurde. Ihn hatte man mit der Vorbereitung beauftragt und er nutzte umgehend die Gelegenheit, seinen Plan eines technischen Museums, den er wahrscheinlich schon Jahrzehnte mit sich herumgetragen hatte, in die Wirklichkeit umzusetzen. Es galt, Ingenieure und die Technik als wesentlichen Bestandteil der Kultur herauszustellen. Er selbst führte aus:

»Es besteht wohl kaum ein Zweifel, daß die Industrie und die technischen Wissenschaften für die ganze Welt eine stets wachsende Bedeutung gewinnen, und daß ihr Einfluß auf allen Kulturgebieten immer mehr und mehr zur Geltung kommt. Es dürfte daher wohl zu erwägen sein, ob nicht, wie für Meisterwerke der Kunst und des Gewerbes, auch für die Meisterwerke der Wissenschaft und Technik eine Sammlung in Deutschland angelegt werden sollte...«⁷

Diesem Ziel entsprach auch sein psychologisch äußerst geschickt formulierter Vorschlag für den Namen: ›Deutsches Museum von Meisterwerken der Naturwissenschaft und Technik‹. Überspitzt könnte man dies als eine Art ›Walhalla der Technik‹ bezeichnen. Dementsprechend gab es schon bei der provisorischen Eröffnung 1906 einen ›Ehrensaal‹, der 1925 in den Mitteltrakt des Museumsneubaues als dessen Herzstück eingefügt wurde. Zudem hatte jede einzelne Abteilung ihre eigenen Ehrenräume, wenigstens aber eine Ehrenwand, wo die ›Denkmalwürdigkeit‹ von Naturwissenschaftlern und Technikern deutlich demonstriert wurde. Der gleichen Zielsetzung diente auch das Bemühen Millers, beim Bau des ›Deutschen Museums‹ führende Architekten und bildende Künstler zu beteiligen. Es wurde nicht nach einem nur rein zweckmäßigen Bau gestrebt, sondern man versuchte, künstlerisch ansprechende – monumentale – Baulichkeiten zu errichten.

Es mindert die Leistung Millers keineswegs, wenn man erkennt, daß er auch bei seinem Museumsprojekt die Gunst des Zufalles entscheidend ausnützte. Im September 1899 hatte ein verheerendes Hochwasser zwei der Isarbrücken zerstört und die restlichen schwer beschädigt. Die auf der Kohleninsel befindlichen Ausstellungs- und Kasernenbauten wurden dabei zum größten Teil vernichtet. Die Stadt München befestigte nunmehr in einem finanziellen Kraftakt die Isarufer mit Betonbauten, wobei auch die Uferbefestigung der Kohleninsel nach dem Vorbild der ›Île de la Cité‹ in Paris erneuert wurde.

Nun hatte man zwar viel Geld ausgegeben, aber andererseits standen auf der Insel keinerlei repräsentative Bauwerke. Die Idee, an dieser Stelle kleinere Museumsprojekte zu realisieren, hatte man allerdings bereits diskutiert; somit war der Boden schon ein wenig vorbereitet. Zunächst gründete man ein provisorisches Komitee, in dem Miller und der Rektor der Technischen Hochschule, Walther von Dyck, den Vorsitz übernahmen. In den noch bis zur Hauptversammlung des ›Vereins Deutscher Ingenieure‹ verbleibenden zwei Monaten wollte man das Museumskonzept bereits so weit vorbereiten, daß man Konkreteres vorlegen könnte. Es gelang, die Sammlung historisch-naturwissenschaftlicher Geräte der Bayerischen Akademie der Wissenschaften zu erwerben sowie erste private Stiftungen zu erhalten; dies machte die Regierung zur Bedingung für die Überlassung der freien Räume im alten Nationalmuseum. Der Fabrikant Georg Krauss stiftete als erster 100 000 Mark und eine Lokomotive. Carl von Linde gab 25 000 Mark. Die Zustimmung des Prinzregenten holte eine Delegation des vorläufigen Komitees ein, das gleichzeitig den Sohn des Regenten, den späteren König Ludwig III., bat, das Protektorat zu übernehmen. Im Festsaal der Bayerischen Akademie der Wissenschaften wurde die Gründungssitzung am 28. Juni 1903 durch Prinz Ludwig mit einer Rede eröffnet. Durch Akklamation bestätigte sie Oskar von Miller, Walther von Dyck und Carl von Linde als Mitglieder des Vorstandes.

Anfänglich wurde das ›Deutsche Museum‹ durch ein Triumvirat geleitet, doch Miller riß dank seiner zupackenden Art das Steuer an sich und entwickelte einen durchaus eigenwilligen Führungsstil. Daneben wurden noch ein Vorstandsrat, ein Verwaltungsrat und ein Ausschuß gegründet. Sinn dieser Gremien war es, möglichst viele, wenn nicht alle, Naturwissenschaftler und Techniker in Deutschland an die Museumsidee zu binden. Kein geringerer als der erste Träger des Nobelpreises für Physik, Wilhelm Conrad Röntgen, trug zusammen mit Adolf Slaby die Idee einer Museumsgründung an Kaiser Wilhelm II. heran. Der Prinzregent bestätigte das ›Deutsche Museum‹ als Anstalt des öffentlichen Rechtes. Das bayerische Innenministerium schlug aus »bundesfreundlichen Rücksichten« vor, die Reichsregierung von der Satzung in Kenntnis zu setzen. So erhielt das Museum ab 1904, nachdem der Prinzregent den Antrag zuvor genehmigt hatte, einen jährlichen staatlichen Zuschuß von 50 000 Mark und in der gleichen Höhe eine Finanzhilfe vom Deutschen Reich. Die Regierung von Oberbayern gab 6000 Mark, die Stadt München 15 000 Mark.

Bereits 1903 entwickelte Miller zusammen mit H. Neu die ersten Ideen für den Bau. 1905 beauftragte eine Kommission Gabriel von Seidl mit der Ausarbeitung eines Modells. Auf Grund massiven Druckes konkurrierender Architekten wurde 1906 ein Wettbewerb ausgeschrieben, den Seidl – vielleicht nicht ganz zufällig – mit seiner unter dem Motto ›D.M.‹ eingereichten Arbeit gewann. Grundidee war eine große Mittelhalle mit seitlichen Oberlichtern, die von zwei niedrigeren Seitenhallen basilikaartig flankiert wurden. Doch während des Baues modifizierte man die Planung und nahm sich bei der Gestaltung der Hauptfassade das von Zar Nikolaus I. in Pulkowa errichtete Observatorium zum Vorbild.[8] Nikolaus hatte seinerzeit eine Art ›Versailles der Astronomie‹ in Auftrag gegeben. Dementsprechend wurden nun aus den Spitzen der seitlichen Treppentürme Observatorien mit Kuppeln. In der zentralen Hauptkuppel brachte man die astronomische Sammlung unter. Ende Juli des Jahres 1909 begann man mit den Fundamentierungsarbeiten, wobei insgesamt 1600 Stahlbetonpfähle im Flußbett niedergebracht wurden. Der Neubau entwickelte sich zu einer der ersten wirklich großen Stahlbetonbaustellen Deutschlands.

Am 13. November 1906 legte man feierlich den Grundstein. Es sollte eines der letzten ganz großen Feste der Monarchie in München werden. Neben einer Militärparade gab es einen Zug der Ehrengäste zur Museumsinsel. Künstler hatten die Stadt dekoriert, die Schäffler tanzten, die Metzger boten am Fischbrunnen den Metzgersprung, die Bäcker jubelten vom Isartor. Während eines feierlichen, von Musik und Festspiel umrahmten Festaktes beklopfte Wilhelm II. mit einem eigens für diesen Zweck geschaffenen, künstlerisch gestalteten und heute noch für dergleichen Zwecke verwendeten Hammer den Grundstein. Durch Millers Geschick im Einwerben von Exponaten wurde die Fläche im alten Nationalmuseum bald zu klein, und das Kriegsministerium gab die Erlaubnis, auch die Schwere-Reiter-Kaserne bei der Kohleninsel als Zweigmuseum einzurichten.

Trotz der zahlreichen, eher hymnischen Würdigungen Millers ist über seine politische Grundhaltung wenig bekannt. Zwar steht hinter dem ›Deutschen Museum‹ eine eher antisozialistische Gründungsidee, die Hoffnung, man könne durch eine naturwissenschaftlich-technische Bildungsstätte, die wirklich allen offen stünde, ein weiteres Abgleiten der arbeitenden Schichten nach links verhindern. Andererseits ist aber bekannt, daß bei Millers Ernennung zum Reichsrat das Gegenargument aufkam, er würde zuweilen ›demokratische‹ Gedanken äußern.[9] Der Prinzregent ließ diesen Einwand jedoch nicht gelten. Dies könnte jedoch ein Hinweis darauf sein, warum es ihm schließlich leicht fiel, nach dem Sturz der Monarchie als Kommissar in den Dienst einer republikanischen Regierung zu treten.

Die ›Rauchplage‹
Großtechnologie und frühe Großstadtkritik
Von Arne Andersen und Reinhard Falter

»Durch Unterstützung des Schularztes muß den Kindern das richtige Atmen gelehrt, dem zukünftigen Staatsbürger bedeutet werden, daß nicht durch den Mund die zum Leben notwendige Luft erwärmt, gereinigt vom Staub zugeführt werden soll, sondern durch die Nase, und nicht allein die unteren Stände sind es, welchen dies beizubringen nötig wäre. Atmen ist Leben! ... Zum Reinigen hat der große Schöpfer aller Dinge die Nase bestimmt.«[1]

John H. Mertens

Die zunehmende Industrialisierung und der Übergang von der Holz- zur Kohlefeuerung hatten dafür gesorgt, daß in den Städten des Deutschen Reiches seit Mitte des 19. Jahrhunderts die Luft immer schlechter wurde. Auf eine vom Deutschen Verein für öffentliche Gesundheitspflege um 1900 veranstaltete Rundfrage hin antworteten von 307 Städten 60, daß sie unter der ›Rauchplage‹ litten. Dies ist nicht verwunderlich, denn in einem Zeitraum von hundert Jahren hatte der Kohlenverbrauch um das fünfzigfache zugenommen.[2]

Mit der Verschlechterung der Luft war jedoch auch eine Klimaverschlechterung verbunden: In den Städten sank die Sonnenscheindauer und die Nebeltage nahmen zu. So gab es in München zwischen 1891 und 1895 im Durchschnitt 59 Nebeltage pro Jahr, 1901 bis 1905 waren es schon 80.[3] Einige Hygieniker und Ärzte meinten nachweisen zu können, daß überdies in Städten mit »massenhaften Steinkohlefeuerungen« die Sterblichkeit höher läge als in anderen Städten; eine Nebelkatastrophe in London führte im Jahr 1880 dazu, daß die Sterblichkeit dort auf das Doppelte hochschnellte.[4]

Doch nicht nur die gesundheitlichen Folgen der ›Rauchplage‹ wurden zur Kenntnis genommen, gleichzeitig ging man auch davon aus, daß durch die Abnahme der Sonnenscheindauer die menschliche Psyche nicht unwesentlich beeinträchtigt würde: »Ein anregender, unsere Gemütsstimmung beeinflussender Reiz wird abgeschwächt und die Energie des Stoffwechsels, insbesondere, was die Atmung anbetrifft, verringert.«[5]

Wie sich die ›Rauchplage‹ für die Bewohner einer Großstadt darstellte, ging aus einer zeitgenössischen Schilderung in der Zeitschrift ›Gesundheit‹ hervor:

»Hausbewohner werden gegen ihren Willen gezwungen, ihre Fenster zu schließen und selbst dann dringt die Plage noch durch die Fugen und Spalten ein. Städte erhalten ein düsteres, schmutziges Aussehen; Architekturen, Gärten und Anlagen verlieren wesentlich unter dem Einfluß des Rauches und Russes.«[6]

Ohne Staub gibt es keinen blauen Himmel

Dieses Problem war auch in München nicht unbekannt; München ging kurz vor dem Ersten Weltkrieg sogar der Ruf voraus, die konsequentesten Bestimmungen gegen die ›Rauchplage‹ erlassen zu haben. Dazu war aber ein deutlicher Bewußtseinswandel nötig gewesen: Als nämlich 1878 Augsburg eine Verordnung gegen die Belästigungen durch Rauch und Ruß erlassen hatte, reagierte der Münchner Magistrat noch mit Zurückhaltung und mit der Versicherung, so etwas sei in München nicht nötig.[7] Da die Verschlechterung der Münchner Luft jedoch immer weniger zu übersehen war, unternahm der ›Polytechnische Verein‹ 1886 eine Initiative, um eine Verordnung gegen die zunehmende Luftverschmutzung zu erreichen.[8] Es dauerte weitere fünf Jahre, bevor 1896 eine Polizeiverordnung erlassen wurde. Sie war sehr allgemein gehalten und ließ vieles offen. So mußte der Rauch nach Paragraph eins dieser Verordnung nur »so vollkommen als möglich« verzehrt werden. Genauere Ausführungsbestimmungen wurden dazu nicht erlassen. Als das technisch Mögliche galt das bereits Vorhandene, Verschärfungen, die Innovationen bedingt hätten, waren nicht vorgesehen; im Gegenteil, in der Debatte wurde ausdrücklich betont, daß es nicht darum gehe, der Industrie das Leben schwer zu machen, sondern ihr einen möglichst weiten Handlungsspielraum bei der Rauchverminderung zu lassen. Bürgermeister Johannes von Widenmayer versicherte den Industrievertretern ausdrücklich, »daß der Vollzug der ortspolizeilichen Vorschriften, der von der bürgerlichen Behörde geübt wird, nicht rücksichtslos gegenüber der Industrie vor sich gehen wird«.[9]

So überrascht es nicht, daß die ›Rauchplage‹ in München trotz staatlicher Bemühungen weiter zunahm.[10]

In den Jahren vor der Jahrhundertwende beschäftigte sich der ›Polytechnische Verein‹ in einigen Vorträgen mit diesem Thema. Obwohl man einerseits den mangelnden Erfolg beklagte, schätzte beispielsweise Professor Rudolf Emmerich in seinem Vortrag über Staub und Stadtnebel die Schuld der Industrie gering ein: »In München ist die Industrie sicherlich nicht in erster Linie an dem Rauch- und Staubgehalt der Stadtluft schuld.«[11]

Als Beweis für seine Behauptung verglich er die Rauch- und Staubteilchen pro Kubikzentimeter Luft an Sonn- und Feiertagen einerseits und an Werktagen andererseits. Da die Ergebnisse kaum voneinander abwichen, die Industrie an Sonntagen jedoch zumeist ruhte, schienen der Hausbrand und die Eisenbahn als Hauptverursacher der ›Rauchplage‹ erkannt zu sein. Als durchschnittliche Berechnung mag dies zutreffend sein, Emmerich verkannte jedoch die Tatsache, daß die industriellen Belastungen gerade lokal besonders wirkten, wohingegen der Hausbrand sich großflächig in der ganzen Stadt verteilte – die Rauchschadensexperten sprachen hier von einer »diffusen Rauchplage«.

Wie belastet die Münchner Luft war, zeigten seine Vergleiche mit der Staubbelastung in ländlichen Gebieten:[12]

Datum	Ort der Untersuchung	Zahl der Staubteilchen pro 1 ccm Luft
26.6.1896	München	30 000
26.6.1896	Josefsthal (b. Schliersee)	1 078
29.6.1896	Brecherspitze (1687 m)	650
25.12.1896	München	88 000
25.12.1896	Tegernsee	6 500
25.12.1896	Hirschberghaus (1671 m)	1 000.

Obwohl Emmerich einerseits von der »Rauchkalamität« sprach, so beruhigte er andererseits seine Zuhörer mit dem Hinweis: »Ohne Staub gäbe es keinen blauen Himmel.« Denn Staub reflektiere die Sonnenstrahlen, ohne ihn wäre der Himmel schwarz.

Entsprechend optimistisch ging man im Münchner Verwaltungsbericht des gleichen Jahres davon aus, daß durch rauchverzehrende Anlagen

»... in nicht allzuferner Zeit die vielen und zum Teil sehr berechtigten Klagen über Rauch und Rußbelästigung namentlich durch größere industrielle Betriebe innerhalb des Weichbildes der Stadt, wenn nicht ganz aufhören, so doch auf das mögliche Mindestmaß beschränkt werden.«[13]

Diese Einschätzung war falsch, wie die Zunahme der Nebeltage bald bewies. 1906 erließ München eine neue Polizeiverordnung »zur Verhütung von Belästigungen und Gesundheitsgefährdungen durch Rauch, Staub und übelriechende Gase«. Demnach durfte der Rauch »gewöhnlich nur in durchsichtiger Form entweichen«, die »Entwicklung von andauerndem undurchsichtigen Rauch« war bei Strafe verboten.[14]

Die Stadt beließ es jetzt jedoch nicht nur wie 1891 bei dieser einschränkenden Vorschrift, sie gründete auch eine entsprechende Abteilung im Stadtbauamt, die die Einhaltung überwachte und jederzeit ohne vorherige Anmeldung die Heizungen industrieller Anlagen überprüfen durfte. Außerdem richtete die Stadt im Turm der Peterskirche ein Überwachungszimmer mit Telephon ein, in dem durch Beobachtungen der einzelnen Schornsteine bei Verstößen sofortiger Kontakt zum Betrieb möglich war. Diese Einrichtung sollte bei der Industrie das »Gefühl, dauernd überwacht zu sein«, hervorrufen.[15]

München war hiermit durchaus führend in Deutschland geworden. In anderen Städten, insbesondere in den preußischen Industriebezirken wie Bochum, Köln, Essen und Kattowitz, gab es keine auf die ›Rauchplage‹ gerichteten Polizeivorschriften.[16] Lediglich Hannover und Nürnberg hatten ähnliche Bestimmungen, die zugleich auch eine Überwachung vorsahen.

In einem Vortrag, von 1915/16 behauptete der zuständige städtische Beamte Karl Hauser, daß es »einwandfreie Nachweise« gebe, daß sich in München die Luftverschmutzung verringert habe.[17] Von den im Durchschnitt 1912 und 1913 in München verbrauchten 775 000 Tonnen Kohle entfielen demnach 57 Prozent auf Hausbrand und 43 Prozent auf die Industrie. Es müsse also der Hausbrandfeuerung mindestens die gleiche Schuld an der Verschlechterung der Luft zugeschrieben werden wie der Industrie. Eine Senkung des Schadstoffausstoßes bei den privaten Haushalten war seiner Meinung nach nur durch die verstärkte Nutzung von Gas für Koch- und Heizzwecke – die Zunahme des Gasverbrauchs bis 1914 verminderte die Rauchschäden schon um 14 Prozent – und Ausdehnung der Zentralheizung zu erreichen. Ferner sollten mehr »rauchschwache Brennstoffe« – wie Kohle mit geringem Wasser- und Schwefelgehalt – verwendet werden sowie Öfen, die eine bessere Verbrennung gewährleisteten.

Der Beamte gab allerdings zu:

»Das alles nun mag manchen als Ganzes herzlich wenig erscheinen und entbehrt ja auch jeder großzügigen Lösung, die mit einem Schlag die Verhältnisse von Grund aus verändern könnte, vielleicht gilt aber auch hier wie anderwärts, daß das unscheinbare Mittel nicht auch gleichzeitig wirkungslos oder gar minderwertig zu sein braucht, vielmehr kleine Erfolge an sich, an vielen Stellen nur errungen, schließlich doch zu einem großen, durchgreifenden Erfolg sich steigern können, und darum brauchen wir bei der Lösung der Rauch- und Rußfrage die Mitarbeit aller.«[18]

Rokokofiguren zerfallen zu Pulver

Weitergehende Konzeptionen zog das Stadtbauamt also nicht ins Kalkül. Die kleinen Schritte und scheinbar vorhandenen Erfolge reichten der Behörde aus. Mögliche Alternativen wie Fernwärme oder auch abseitig anmutende Vorschläge wie eine zentrale Rauchgasbeseitigung wurden nicht einmal diskutiert. Obwohl die ›Rauchplage‹ abnahm, verbesserte sich die Situation nur scheinbar. Denn waren die sichtbaren Bestandteile des Rauchs auch verschwunden, gegen die unsichtbaren, wie Schwefeldioxid, wurde der Kampf garnicht erst richtig aufgenommen, obwohl die Gefahr bekannt war. Das Stadtbauamt nahm noch 1908 systematische Luftuntersuchungen auf Ruß- und Schwefelsäuregehalt vor, die angeblich nur hinsichtlich des Rußgehalts zu verwertbaren Ergebnissen führten. Dabei waren die Gefährdungen durch Schwefeldioxid schon über 50 Jahre wissenschaftlich nachgewiesen: 1850 hatte in Sachsen der Agrarchemiker Adolph Stöckhardt Schäden in der Nähe eines Hüttenwerkes untersucht und dabei festgestellt, daß für krankes Vieh und kahle Stellen in sonst saftigen Wiesen Schwefeldioxidimmissionen verantwortlich zu machen waren.[19]

Die gleiche Erscheinung war schon vorher in England mit dem Namen ›acid rain‹ – ›Saurer Regen‹ – belegt worden, in Deutschland bürgerte sich die unverfänglichere Bezeichnung ›Hüttenrauch‹ ein. Sie war jedoch nicht umfassend genug, denn nicht nur schwefelhaltiges Erz verursachte beim Abrösten Schwefeldioxid-Emissionen, auch der Abbrand von Kohle, die einen Schwefelgehalt von etwa zwei Prozent hatte, trug besonders in den Städten zu Schädigungen bei. Die Verantwortlichen in den Städten verdrängten das Problem. Sie widmeten sich, wie erwähnt, den sichtbaren Bestandteilen des Rauchs, mit dem Ergebnis, daß die ›Rauchplage‹ Ende des 19. Jahrhunderts allgemein diskutiert wurde, die unsichtbaren sauren Gase jedoch kein Thema waren.

Dabei nahm man sie durchaus wahr. Betrafen sie in Sachsen zuerst die Landwirtschaft, so mußte die Kunststadt München als erstes Schädigungen an Bauwerken und Denkmälern feststellen.[20] Dies führte 1885/86 zu ersten Schwefelgehaltsmessungen und zu einem Aufsatz mit dem Untertitel ›Erfordert das deutsche Klima einen Schutz der Marmorstatuen während des Winters?‹[21] Nicht die in diesem Fall verantwortlichen Industrieabgase einer in der Nähe gelegenen Steinkohlengasfabrik wurden hier für den Schaden verantwortlich gemacht, sondern »das deutsche Klima«. Dies habe dazu geführt, daß die Marmorstatuen von Roman Boos im Südfriedhof, an denen Mitte des Jahrhunderts noch der »Schmelz des Marmors« gerühmt wurde, 40 Jahre später stark »verwittert« seien. Über die Nymphenburger Parkfiguren hieß es an gleicher Stelle: »Außer den steil nach unten gerichteten Flächen ... gleicht ihre Epidermis durchaus der eines stark von Blattern heimgesuchten Gewesenen.«[22]

Da man die Ursache nicht bekämpfte, war der ›Saure Regen‹ unabwendbar. Man deckte die wichtigsten Marmorfiguren im Winter ab, da der Schnee, der sich auf sie legte, besonders verhängnisvoll wirkte. Wer heute im Winter den Nymphenburger Schloßpark besucht, denkt angesichts der eingeschalten Figuren kaum an Umweltprobleme, die einen Schutz der Figuren erzwingen, sondern nur an die harte Witterung.

Doch auch die Schäden in der Natur wurden zur gleichen Zeit zumindest konstatiert. In einem Vortrag vor der bayerischen Gartenbaugesellschaft wies Professor Ernst Ebermayer darauf hin, »... daß innerhalb der Stadt München die meisten Koniferen (mit Ausnahme von Thuien Juniperusarten) durch die schwefelige Säure des Steinkohlerauches getötet werden. Es kann dies auch im hiesigen Botanischen Garten und an anderen Orten konstatiert werden!«[23]

Zwanzig Jahre später reagierte man auf das weiter wachsende Problem mit der Verlegung des Botanischen Gartens in den Westen der Stadt. Zur Eröffnung der Neuanlage ist von einer »höchst unzweckmäßigen Lage in mitten der Stadt« bei der Altanlage die Rede:

»Denn eine moderne Stadt erzeugt ... eine Atmosphäre, die mit ihrem starken Gehalt an schwefliger Säure außerordentlich schädigend auf das Gedeihen der Pflanzenwelt einwirkt. Der alte Botanische Garten litt darunter besonders schwer, in Folge der Nähe des Bahnhofs, dessen starker Rauchentwicklung er schutzlos ausgesetzt war ... Wintergrüne Pflanzen konnten seit Jahren nicht mehr gehalten werden.«[24]

Die Schadensursache war also auch außerhalb der Fachkreise bekannt, angegangen aber wurde sie nicht. Noch konnte man ja glauben, ihr einfach ausweichen zu können, noch war ›Saurer Regen‹ ein regional begrenztes Phänomen, kein globales Problem.[25] Lösungsvorschläge wurden daher lediglich für großtechnische Anlagen wie Hütten entwickelt. Doch auch dort kamen beispielsweise Rauchgaswäschen zunächst nicht zum Einsatz, da ihre betriebswirtschaftlichen Kosten zu hoch lagen. Um eine Tonne Schwefel zu absorbieren, benötigte man etwa 1,75 Tonnen Kalk.[26]

Zur Bekämpfung des ›Sauren Regens‹ tat sich also nichts und resignierend stellte Dr. Wilhelm Buddeus 1907 fest, daß die »Wirkungen des Schwefeldioxyds auf hiesige Anpflanzungen den Fachleuten zur Genüge bekannt«,[27] und der kümmerliche Wuchs »der in der Nähe großer Kamine in Windrichtung liegenden Pflanzungen« selbst von Laien unschwer zu erkennen seien. Er schätzte den täglichen Schwefeldioxidausstoß in München auf hunderttausend Kilogramm,[28] was vor allem auch vom hohen Schwefelgehalt der bayerischen Pechkohle herrührte.[29]

Waren in den achtziger Jahren die Schäden durch saure Gase noch direkt dem Schädiger zuzuordnen, da jeweils noch einzelne Schlote für die Immissionen verantwortlich gemacht werden konnten, mußte Buddeus 1907 das Szenario schon allgemeiner beschreiben:

»Da fast die gesamten Industriekamine Münchens sowie der Hauptbahnhof im Westen der Stadt liegen und an 280 Tagen im Jahr Westwind herrscht, zeigen sich die Schädigungen in einem von Westen nach Osten gerade über den schönsten Teil Münchens führenden Strich.«[30]

Als besonders eklatantes Beispiel verwies Buddeus auf in einem Garten an der Luisenstraße aufgestellte Rokokofiguren aus Sandstein, die 150 Jahre den Einflüssen der Witterung ohne jegliche Beeinträchtigung standgehalten hatten: »Jetzt, nach 20 Jahren sind dieselben teilweise zu Pulver zerfallen.«

Er stellte nun angesichts der nachgewiesenen schädigenden Wirkung von sauren Gasen bei Pflanze, Tier sowie Bau- und Kunstwerken die Vermutung an, daß es auch schädliche Auswirkungen bei den Menschen geben müsse, ohne dies jedoch quantifizieren zu können. Die Sterblichkeitsstatistiken waren zu mangelhaft, als daß ein eindeutiger Gefährdungsnachweis hätte geführt werden können. Die rauchenden Schornsteine sowie die damit verbundene industrielle Produktion sicherten scheinbar die Lebensqualität. Daß saubere Luft ein Teil der Lebensqualität sein könnte, war weitgehend aus dem öffentlichen Bewußtsein verdrängt, denn viele merkten »den Unterschied einer reinen säurefreien Luft und der Stadtluft nicht mehr«, außer, »wenn sie einmal draußen einige Zeit reine Gebirgsluft geatmet haben und dann in die Stadt« zurückkommen.³¹ Daher trug besonders die Wanderbewegung zur Sensibilisierung für solche Phänomene bei. In einem Wanderführer der Naturfreundejugend, deren erste reichsdeutsche Ortsgruppe 1905 in München gegründet wurde, erschien das Verlassen der Stadt als eine Offenbarung: »In Rauch und Nebel liegt die Stadt, aber schon in Laim wird die Luft klarer, in Pasing strahlt sieghaft die Sonne vom blauen Morgenhimmel.«³²

Hoffnungen, fromme Wünsche, Alternativen und Realität

Die Lösungen, die Buddeus anzubieten hatte, waren unzureichend. Einzig die Forderung nach dem Verbrennungsverbot der stark schwefelhaltigen Pechkohle schien vernünftig, enthielt jedoch keine grundsätzliche Alternative. So mußte auch sein Apell an die Stadtverwaltung ein frommer Wunsch bleiben:

»Der Ruf Münchens als rauchfreie Stadt ... würde den Fremdenzuzug und die Ansiedlung wohlhabender Leute in großartiger Weise vermehren, woraus nicht zuletzt die Industrie und voran die Brauereien den größten Nutzen ziehen.«³³

Den sauren Gasen schenkte man also staatlicherseits keine Beachtung, man konzentrierte sich darauf, München optisch rauchfrei zu machen. Dies ging man allerdings sehr konsequent an. So verschärfte man die Überwachung, verbesserte die Ausbildung der Heizer, da 75 Prozent der industriellen Rauchentwicklung auf unaufmerksame Feuerungsbedienung zurückzuführen war, ordnete eine Hochführung der Schornsteine an, experimentierte mit verschiedenen Ofenkonstruktionen und Brennmaterialien.³⁴ Die Stadt war sich dabei bewußt, daß ihre Lösungsvorschläge das Problem verminderten, aber nicht beseitigten. So verlagerte man Industrien in den Osten und Norden oder verlegte rauchanfällige Objekte wie den Botanischen Garten 1909 aus der Innenstadt in den Westen. Damit folgte München der zeitgenössischen städtebaulichen Politik.³⁵

Liefmann bezeichnete 1908 die ›Rauch- und Rußplage‹ als ein »modernes Übel, da sie mit der gesamten Kulturentwicklung unserer Zeit aufs allerengste verknüpft ist«.³⁶ Zwei Entwicklungsstränge führten dazu, daß man der wachsenden Luftverschmutzung, von der Industrie noch einmal ganz abgesehen, in Deutschland nicht Herr wurde. Zum einen war das Deutsche Reich mit seiner Kohlebasis zu keinem Zeitpunkt wirtschaftlich gezwungen, sich Gedanken über andere Energieträger zu machen. Da mit dem Kohlebergbau Deutschlands Reichtum verknüpft schien, standen natürliche, regenerative Energiequellen, die frei von Rückständen gewesen wären, kaum zur Debatte. Die einsetzende Konzentration der Energieversorgungsunternehmen, die eine Zentralisation der Energieversorgung propagierten, verhinderten dezentrale Lösungen; selbst dort, wo sie auf regenerative Energien wie Wasser zurückgriffen, führte die Gigantomanie wie beispielsweise beim Walchenseekraftwerk zu schwerwiegenden ökologischen Folgen. An Kraftwerken, die die Abwärme in einem Fernheizsystem genutzt hätten, bestand bei den Energieversorgungsunternehmen kaum Interesse. Für sie war es das große Geschäft, die scheinbar saubere Energie Elektrizität zu verkaufen. Der verstärkte Bau von Großkraftwerken, die ihre Energie auch an Privathaushalte abgaben, führte in den Städten zu einem blauen Himmel und scheinbar klarerer Luft. Ihre Filter verminderten einerseits den Rußausstoß erheblich, durch die hohen Schornsteine trugen die Kraftwerke jedoch andererseits mit dazu bei, die Schwefeldioxidimmissionen flächendeckend zu streuen.

Die Faszination der Technik und ihre Fortschritte ließen alles denkbar werden; die Lösungen schienen in der Großtechnologie zu liegen. Denkbare technische Alternativen konnten sich bei dieser Geisteshaltung kaum entwickeln. Demgegenüber blieb die Technikkritik reaktiv und hilflos; so schrieb Werner Sombart:

»Wozu brauchen wir soviel Licht in der Welt? Wozu brauchen wir in der Luft herumzufliegen? Was brauchen wir das Telephon, welchen Sinn hat die Erfindung des Grammophons? ... Um unser Wohlbefinden kümmert sich der Dämon Erfindungsgeist nicht, er liefert uns bloß den Lärm und Gestank und – da er materielle Güter schafft, die wieder zur Bevölkerungszunahme führt, liefert er uns die Masse ... Nichts hat die moderne Kultur für unser inneres Leben, für unser Glück, unsere Zufriedenheit, unsere Tiefe geleistet.«³⁷

Damit verzichtete die Technik- und Industriekritik darauf, verändernd in den Prozeß der Technisierung und weiteren Industrialisierung einzugreifen.

Von dieser Kritik kaum berührt zog die Karawane des technischen Fortschritts unbeirrt weiter, der Zustimmung der Mehrheit gewiß. Zum einen, weil sich sichtbar etwas verbesserte, so beispielsweise die ›Rauchplage‹; die unsichtbaren Schadstoffe traten demgegenüber im Bewußtsein der Bevölkerung zurück. Zum anderen, weil niemand mehr auf bestimmte Annehmlichkeiten – wie beispielsweise elektrische Beleuchtung, deren Erzeugung ohne Großtechnologie nicht vorstellbar war – verzichten wollte.

Selbstmord in der Großstadt

Von Thomas Guttmann

»Unter den großen Zeitübeln der Gegenwart ist der Selbstmord die hervorstechendste Erscheinung. Die Häufigkeit der Selbstmordfälle wirft auf unser gepriesenes Kulturleben düstere Schatten und ist eine wuchtige Anklage gegen den geistigen Gehalt unserer Gesamtkultur. Für das Freudendefizit der modernen Menschheit ist die Selbstmordhäufigkeit der klarste Beweis. In den 30 Jahren von 1881–1910 sind im Deutschen Reiche rund 340 000 Menschen dem Selbstmorde zum Opfer gefallen. Ausgesprochene Herde des Selbstmordes sind die *Städte*. In denselben ist die Selbstmordfrequenz etwa zwei- bis dreimal so groß als auf dem platten Lande. Die Städtebewohner tragen eine große Differenzierung ihrer Lebensform zur Schau; der Kampf ums Dasein zeigt in den Städten für viele Tausende von Menschen sehr harte Formen. Wohnungsnot, Arbeitslosigkeit, Unehelichkeit, Prostitution, Alkoholismus, Nervosität sind die Schrecken und die Quälgeister vieler Stadtbewohner ... Da nun in den Städten ein tiefgreifender Geist der Unzufriedenheit, der inneren Haltlosigkeit und des materiellen und seelischen Elends herrscht, so bilden sie auch einen üppigen Nährboden für den Selbstmord.«[1]

Hans Rost

In diesen großstadtkritischen Sätzen klingen soziale Hintergründe des Selbstmords an, für die sich die Soziologie neben der Psychologie vor allem seit dem Erscheinen von Emile Durkheims berühmtem Werk ›Le suicide‹[2] immer stärker interessierte; in dieser breit angelegten statistischen Analyse werden die vielfältigen sozialen Strukturen untersucht, welche die Selbstmordziffern verschiedener Länder und Regionen beeinflussen können. Mittlerweile zählt der Selbstmord mit zu den bestuntersuchten menschlichen Verhaltensweisen.[3] Speziell für das München der Prinzregentenzeit informiert eine Untersuchung über Alter, Familienstand, Tötungsart sowie über Geschlechts- und Konfessionszugehörigkeit der Selbstmörder und – methodisch jedoch bedenklich – über Ursachen der Suizide;[4] die Frage nach dem Zusammenhang von Selbstmord und Beruf, die Aufschlüsse über schichtenspezifische Selbstmordaffinitäten vermitteln kann, bleibt allerdings offen. Sicherlich bilden die berufliche Situation und die eng mit ihr verbundenen Aspekte Arbeitslosigkeit, wirtschaftliche Notlage oder gar Verarmung nur eine, wenn auch sehr wichtige, aber niemals isoliert wirkende Komponente in einer Kette sozialer und individualpsychologischer Motive, welche die Entscheidung des Einzelnen zum Suizid auslösen können. So gesehen geht es hier nicht um eine umfassende Ausleuchtung des sozialen Phänomens ›Selbstmord in München‹ oder die Darstellung des ›typischen‹ Münchner Selbstmörders, denn dazu wäre eine Faktorenanalyse aller sozialen Daten nötig. Dennoch zeigt die Untersuchung von über 5500 Münchner Selbstmordfällen, die in den Jahren 1875 bis 1914 in der Münchner Polizeidirektion registriert wurden,[5] zwar keine Kausalitäten, aber doch klare Selbstmordhäufigkeiten in bestimmten konjunkturabhängigen Berufen und Berufsgruppen.[6]

Betrachtet man zunächst die Selbstmordquoten in einem ersten Untersuchungszeitraum,[7] der die Jahre 1878 bis 1886 – eine Zeit wirtschaftlicher Stagnation nach der Gründerkrise – umfaßt, so zeigt sich eine, gemessen an der Durchschnittsselbstmordrate aller 16 erfaßten Berufsgruppen, sehr geringe Selbstmordneigung in den staatlich abgesicherten Unternehmen Bahn und Post, sowie im Unterrichts- und Erziehungswesen, ebenso in einigen Bereichen der Bedarfsgüterversorgung, so im Schneider- und im Bäckerhandwerk.[8] Etwas höher lag die Suizidneigung bei den von der Kaufkraft des Publikums sowie vom Baumarkt abhängigen Schreinern, Tischlern und Schlossern, ebenso bei Berufen, die durch die Mechanisierung immer mehr in wirtschaftliche Bedrängnis gerieten, so beispielsweise bei den Schuhmachern. Hinzu kamen die Studenten, die Brauereiangestellten und die Beschäftigten in der Gastronomie.[9] Überdurchschnittlich häufig, etwa dreimal so oft wie in der erstgenannten Gruppe, tritt der Selbstmord in der Branche Waren- und Produktenhandel, bei den Metzgern und schließlich bei den in München stationierten Soldaten auf.[10] Welche Zusammenhänge letztendlich zwischen Konjunkturverlauf und Suizidgefährdung in den einzelnen Berufssparten bestehen, läßt sich für diesen Zeitraum nicht sagen, da Angaben zu Arbeitsmarktsituation und Arbeitslosigkeit fehlen. Ganz offensichtlich ist aber, daß die Beschäftigten in krisensicheren, konjunkturunabhängigeren Branchen wie Post, Bahn oder im Erziehungswesen die niedrigste Selbstmordrate aufweisen.

Dies gilt – mit leichten Modifikationen – im wesentlichen auch für den zweiten, die Jahre 1892 bis 1898 betreffenden Untersuchungszeitraum, der noch Ausläufer der Depression, aber auch bereits die Zeit des Konjunkturaufschwungs seit 1895 umfaßt.[11] Hier sind erneut die Beschäftigten des Waren- und Produktenhandels überdurchschnittlich, mittlerweile aber auch die Schlosser und Schneider ebenso wie die Studenten stärker suizidgefährdet.[12] Eine mittlere Selbstmordrate weisen die Bäcker, Maler und Maurer auf, ebenso die Schuhmacher,[13] die Beschäftigten der Gastronomie und die Metzger.[14] Sehr gering ist auch in diesem Zeitraum wiederum die Selbstmordneigung bei den Bediensteten von Post und Bahn, mittlerweile auch bei den

Angestellten der Brauereien, den Tischlern und Schreinern sowie bei den Beschäftigten im Erziehungs- und Unterrichtswesen;[15] dies wiederholt sich – mit Ausnahme der Schreiner und Tischler – im dritten Untersuchungszeitraum, der sich über die Jahre 1903 bis 1911 erstreckt. In dieser Zeitspanne sind zur Gruppe mit einer mittleren Selbstmordrate die Beschäftigten der Gastronomie, des Bäckerhandwerks, die Schreiner und Tischler und – auffälligerweise – wiederum die Soldaten zu rechnen, welche allgemein zur am stärksten selbstmordgefährdeten Bevölkerungsgruppe zählen.[16] Überproportional gefährdet sind die Schlosser, Maurer und Maler, die Metzger, die Schuhmacher, die Beschäftigten des Waren- und Produktenhandels sowie die Studenten.[17]

Bevor man mögliche konjunkturelle Hintergründe untersucht, ist es lohnend, die Summe von Selbstmorden und Selbstmordversuchen – letztere wurden erst seit 1905 von der Münchner Polizei registriert[18] – näher zu betrachten; hier zeigen sich neue und noch signifikantere Affinitäten: Überdurchschnittlich stark gefährdet sind nun die Beschäftigten des Malerhandwerks, also Vertreter des vor allem in München besonders krisenanfälligen Baugewerbes. Sie weisen gegenüber den konstant niederen Quoten bei Angestellten von Bahn und Post eine fast zehnmal höhere Selbstmordrate auf.[19] Ähnliche Suizidzahlen zeigen die Schlosser, gefolgt von Schuhmachern und Maurern, Berufe also, die stark den Schwankungen des Arbeitsmarktes unterlagen.[20] Eine mittlere Quote findet man bei den zuvor überproportional selbstmordgefährdeten Beschäftigten des Waren- und Produktenhandels; sie entspricht in etwa den Zahlen im Bereich Gastronomie, im Tischler- und Schreinereigewerbe, bei den Studenten und den Soldaten.[21] Eine schon fast typisch zu nennende ›Immunität‹ gegenüber dem Selbstmord kennzeichnet erneut die Bediensteten von Bahn und Post, die im Erziehungs- und Unterrichtswesen Tätigen sowie die Angestellten im Brauereigewerbe.[22]

Noch unterschiedlicher verteilt sich das Selbstmordrisiko bei den Frauen. So kristallisieren sich aus den sechs höchstbesetzten Berufsgruppen zwei heraus, deren Quoten extreme Unterschiede zeigen: Während man im Zeitraum von 1903 bis 1911 bei den weiblichen Beschäftigten im Waren- und Produktenhandel, im Gastronomiegewerbe sowie bei Schneiderinnen und Wäscherinnen eine annähernd gleiche und insgesamt betrachtet relativ geringe Suizidrate beobachten kann, liegt sie bei den Dienstmädchen und Näherinnen deutlich höher, nämlich um das Dreieinhalbfache.[23]

Vergleicht man nun die Werte von Selbstmord- und Selbstmordversuchsquoten, dann treten diese signifikanten Beziehungen noch deutlich stärker hervor. So versuchten beispielsweise doppelt so viele Dienstmädchen wie Näherinnen Selbstmord zu begehen, fast dreißigmal (!) so viele wie Schneiderinnen und Angestellte im Gastronomiegewerbe.[24] Selbstmord und Selbstmordversuche addiert ergeben ein ähnlich schlüssiges Bild. Auch hier finden sich vor allem Dienstmädchen, deren Werte eineinhalbmal höher liegen als die der Näherinnen; die der anderen Erwerbszweige übersteigen sie sogar um das Zehnfache.[25]

Ohne Berücksichtigung zusätzlicher Faktoren wie etwa des Alters und des Familienstandes kann man also folgendes feststellen: Die Suizidrate liegt in denjenigen Berufen überdurchschnittlich hoch, die am stärksten konjunkturellen Schwankungen ausgesetzt waren und in denen sich höhere Arbeitslosenquoten nachweisen lassen. So ist es sicherlich kein Zufall, daß just im Jahre 1900, das den Beginn der Baurezession in München markiert,[26] die Selbstmordrate der Maurer überproportional ansteigt. Demgegenüber bleiben die Zahlen bei Angestellten von Bahn und Post auffallend niedrig – beide sind relativ krisensichere, staatseigene Unternehmen. Noch deutlicher wird der Zusammenhang zwischen Selbstmord sowie Selbstmordversuch und negativem Konjunkturverlauf am Beispiel der Schlosser. Deren Selbstmordrate verdoppelt sich im Vergleich zu den Vorjahren in den Krisenzeiten 1912/13, die Zahl der Selbstmordversuche vervierfacht sich. Dies erstaunt nicht, da zu diesem Zeitpunkt im metallverarbeitenden Gewerbe – neben dem Bausektor und dem Waren- und Produktenhandel – die meisten Arbeitslosen zu verzeichnen sind.[27] Am gravierendsten schlägt sich die Arbeitsmarktsituation auf die Selbstmordrate der Taglöhner nieder: Deren absolute Selbstmordversuchszahlen sind im konjunkturschwachen Jahr 1908 dreimal so hoch wie in den Vorjahren, in den Krisenjahren 1912/13 vervierfachen sie sich sogar.[28]

Auch ein Blick auf die Entwicklung der allgemeinen Selbstmordziffer in München zeigt eine deutliche Zunahme der Selbstmorde in den Jahren, die sich durch eine ungünstige Konjunkturlage und durch hohe Arbeitslosigkeit auszeichnen. So steigt die seit 1885 deutlich fallende Selbstmordziffer im Krisenjahr 1891 um 30, und 1892 nochmals um 16 Prozent, während sie in der konjunkturellen Aufwärtsperiode von 1894 bis 1899 ständig abnimmt; um die Jahrhundertwende steigt sie drastisch um 65, und 1902 sogar um 90 Prozent. In den Krisenjahren 1908 und 1912/13 ist ebenfalls ein – wenn auch nicht mehr so deutlicher – Anstieg der Selbstmordziffer zu beobachten. Noch ausgeprägter zeigt sich die Abhängigkeit von der wirtschaftlichen Entwicklung bei den Selbstmordversuchen: Deren Durchschnittszahlen liegen in den Krisenjahren 1912/13/14 gegenüber den Vorjahren 1909 bis 1911 annähernd doppelt so hoch.[29]

Zusammenfassend kann man sagen, daß neben den vielfältigen individuellen Gründen sehr wohl soziale und ökonomische Hintergründe die Entscheidung eines Einzelnen zum Suizid beeinflussen können. Selbstmord- und Selbstmordversuchszahlen sind deshalb auch konkrete Hinweise auf konjunkturelle Schwankungen. Vergleicht man die Selbstmordziffern Münchens mit denen anderer Städte und Gemeinden Bayerns, so wird allerdings deutlich, daß die Suizidgefährdung in der Isarmetropole auffallend gering war;[30] über die Gründe lassen sich jedoch nur Mutmaßungen anstellen.

KIRCHEN, BILDUNG UND ERZIEHUNG

Die katholische Kirche

Von Hans-Jörg Nesner

Die Lage der katholischen Kirche in Bayern in der zweiten Hälfte des 19. Jahrhunderts ist gekennzeichnet durch Aufbruch und Abwehr, Aktivität und Isolation. Der ›schleichende Kulturkampf‹, der, wenn auch in prinzipieller Schärfe, in Bayern nicht so offen ausgetragen wurde wie in Preußen, bestimmte das kirchenpolitische Klima bis ins 20. Jahrhundert hinein und konzentrierte sich insbesondere auf das Thema Schulaufsicht sowie die Altkatholiken- und Jesuitenfrage; an diesen Streitpunkten sollten sich Einfluß und Stellung der katholischen Kirche im staatlichen System messen lassen.[1] Als ärgsten Widersacher betrachtete die Kirche den ›herrschenden Zeitgeist‹, der gerade in der Haupt- und Residenzstadt München zunehmend antikirchliche und antireligiöse Züge annahm; als erste Repräsentanten galten der Liberalismus in allen seinen Schattierungen und die in der Gunst der breiten Bevölkerung wachsende Sozialdemokratie.[2]

Die katholische Sache ging zwar gestärkt aus den Auseinandersetzungen zwischen Kirche und Staat hervor,[3] doch beschränkte sich die Kirche in der Folgezeit in ihrer Haltung gegenüber fortschreitend heftiger sich gestaltenden liberalen, freidenkerisch-monistischen und sozialistischen Angriffen, die nun auf anderen Ebenen geführt wurden, nämlich in der Presse, der Literatur und in den Vereinen, zumeist auf apologetisches Verharren:

»Und auch in Bayern war es der Kirche nicht gelungen, die seit den siebziger Jahren rasch wachsenden Städte zu durchdringen, den neu sich bildenden vierten Stand zu gewinnen, die intellektuelle Oberschicht festzuhalten. Man wehrte nur noch ab, stieß nirgends mehr durch. Die Kirche nicht mehr als Lebensmacht, sondern als die große belagerte Festung: das war die Situation«,[4] so Benno Hubensteiner.

Andererseits kann man gerade in der zweiten Hälfte des 19. Jahrhunderts eine erstaunliche Aktivität von seiten der Kirche beobachten: Katholische Vereine, Bruderschaften und Marianische Kongregationen belebten zusehends die religiöse Landschaft. Allerdings muß man einschränken, daß im Zuge der Organisation der Katholiken eigentlich nur diejenigen erfaßt wurden, die sich ohnehin zum treuen Kirchenvolk rechneten; schwankende oder gleichgültige Kreise, ob in der Arbeiterschaft oder im Bürgertum, konnten selten gewonnen werden. Lohnarbeiter und kleine Handwerker versprachen sich mehr von den ›freien Gewerkschaften‹, wenn es um die Durchsetzung materieller Besserstellung ging. Die Kirche geriet in Verdacht, Gott zu einem »Dieu exploiteur et réactionnaire«[5] gemacht zu haben. Die Zahl der ›Namenschristen‹ stieg in den unteren Schichten, in der Stadt schneller als auf dem Land, beträchtlich. In erster Linie die Jugend zeigte sich mehr und mehr gleichgültig gegenüber kirchlichem Anspruch.[6]

Glaubenspraxis und Seelsorge

Besonders verheerend auf die religiöse Einstellung der Bevölkerung des Münchner Umlandes wirkten sich die Eingemeindungen der umliegenden Ortschaften nach München aus: Dörfer wurden Vorstädte und kamen in den Einflußbereich des Großstadtlebens; Industrialisierung und technischer Fortschritt forderten ihren Tribut. Die Anpassung des Landvolkes an die neuen Gegebenheiten glückte oft nicht oder nur unzureichend: Zerstörung der Familie, Vereinsamung, sittlicher Indifferentismus, Alkoholismus und Kriminalität waren die Folgen.[7]

»Während etwa bis zum Jahre 1880 die überragende Mehrheit der Giesinger Bevölkerung, noch immer gläubig gesinnt, am kirchlichen Leben regen Anteil nahm, ist um das Jahr 1900 wohl schon die Mehrheit der Pfarrangehörigen der Kirche entfremdet oder doch gleichgültig gegen sie, wenn dabei auch die Zahl der pflichtbewußten Christen gleichfalls gestiegen ist«,[8] liest man in den Seelsorgeberichten der Giesinger Pfarrei.

Im katholischen München, wie auch im übrigen Bayern, zeichnete sich eine Polarisierung unter den Katholiken ab: Eine große Zahl organisierte sich in Vereinen und Kongregationen, viele ergriffen geistliche Berufe in Orden oder als Weltpriester, aber gleichzeitig wuchs die Gleichgültigkeit gegenüber dem kirchlichen Leben. Die Reduzierung der religiösen Praxis auf kirchliche ›Dienstleistungen‹ und Brauchtum, also Taufen, Trauungen, Beerdigungen und Kirchenfeste, die allein keine qualifizierten Aussagen über religiöse Einstellungen erlauben,[9] erstreckte sich in fortschreitendem Maße auch auf das sogenannte Bildungsbürgertum. Der katholische Historiker Karl Alexander von Müller bezeugt diese Entwicklung in seinen Lebenserinnerungen:

»Wir genossen mit Freude alle sinnlich lebendigen Sitten unseres Glaubens: Wir besuchten an Weihnachten alle Krippen und an Ostern alle heiligen Gräber der Stadt; wir ließen uns an Mariae Lichtmeß in der Kirche gegen Halsweh ›blaseln‹ und am Aschermittwoch mit dem Memento mori ›einäschern‹; wir feierten jedesmal mit Geschrei den Palmesel und das stinkige Osterei und den Pfingstlümmel; Morgen-, Abend- und die Tischgebete waren so selbstverständlich wie die sonntägliche Kirche. Das alles lief in den einfachen, fraglosen Bahnen des täglichen Lebens.«[10]

Er fällt dann ein resignierendes Urteil über die Früchte des Religionsunterrichts:

»Es ist nicht anders gewesen: die meisten von uns, bei denen nicht ein besonders gläubiges Elternhaus vielleicht noch die Waage hielt, verließen das Gymnasium gleichgültig, wenn nicht feindlich gegen die Religion. Und jene waren sehr wenige, und der Strom der Zeit lief gegen sie ... Die Schule hatte teil an dieser Wandlung, indem das heidnische Element, das trotz aller Umhüllung wie eine Hefe aus dem Stoff der klassischen Bildung arbeitete, dazu beitrug, die christliche Grundlage weiter zu zersetzen, und indem ihr dürrer und äußerlicher Zwang die jugendliche Auflehnung nur um so leidenschaftlicher aufrief.«[11]

In den Vordergrund der Seelsorge rückte die Bewahrung der Gläubigen vor der Sünde und vor der Gelegenheit zur Sünde, eine vorwiegend negative Haltung also, merklich verschieden von der Frohbotschaft christlichen Lebens.[12] Um den Eifer der Kirchenglieder zu wecken, suchte man Gottesdienst, Predigt und Kirchenmusik möglichst anregend zu gestalten, dem Volk die bequemste Zeit zum Besuch der Sonntagsmesse und zum Empfang der Sakramente anzubieten, ferner die Schulgottesdienste mehr auszugestalten und besonders beliebte Andachten wie die Maiandacht zu fördern; dafür mußten althergebrachte Übungen, beispielsweise Bittgänge in den einzelnen Pfarreien, zurücktreten. Dieses Entgegenkommen der Kirche zielte auf die regelmäßige Praxis, vernachlässigte jedoch die religiösen Bedürfnisse des einzelnen in einer sich verändernden sozialen Umwelt.

Kirche und moderne Welt

So wie sich die Kirche nach außen hin, also gegenüber gesellschaftlichen Gegebenheiten und kulturellen Umwälzungen, abschottete, so tat sie dies auch im innerkirchlichen Bereich. Das Lehramt wachte seit dem Ersten Vatikanischen Konzil streng über die theologische Forschung. Reformkatholizismus und Modernismus wurden über einen Kamm geschoren und pauschal verurteilt; ersterer versuchte in durchaus redlicher Absicht, die katholische Theologie mit dem modernen Geistesleben zu verbinden. Der als Modernist verdächtigte Professor für Dogmengeschichte, Symbolik und Pädagogik an der Münchner Ludwig-Maximilians-Universität, Joseph Schnitzer, wurde 1908 kirchlicherseits suspendiert und staatlicherseits beurlaubt, schließlich 1913 in den einstweiligen Ruhestand versetzt und gleichzeitig zum Honorarprofessor in der Philosophischen Fakultät ernannt.[13] Erst mit Beginn des 20. Jahrhunderts, verstärkt nach dem Ersten Weltkrieg, zeigten sich Ansätze zu einer inneren und äußeren Erneuerung des katholischen Lebens, getragen durch Männer wie Carl Muth, Begründer und seit 1903 Herausgeber der Monatsschrift ›Hochland‹, oder Romano Guardini.[14] Die Universität errang insgesamt ab der zweiten Hälfte des 19. Jahrhunderts internationales Ansehen; es fand eine Entwicklung zum wissenschaftlichen Großbetrieb mit Gelehrten von Weltruf statt.[15] Die Theologische Fakultät war allerdings – mit Ausnahme der Professoren Otto Bardenhewer für Biblische Hermeneutik, neutestamentliche Einleitung und Exegese, Alois Knöpfler für Kirchengeschichte und mit Joseph Schnitzer – um die Jahrhundertwende bis zum Ende des Ersten Weltkrieges wissenschaftlich eher schwach besetzt. Die Hauptursache lag in dem Umstand, daß viele Bischöfe nach dem »Döllinger- und Friedrichschock«[16] und nach der Abspaltung der Altkatholiken ihre Theologen aus München abgezogen hatten, die Theologische Fakultät deshalb in ihrer Existenz gefährdet und gerade zur Zeit der Modernismuskrise auf eine nicht anzuzweifelnde Orthodoxie bei ihren Vorschlägen für Berufungslisten bedacht war.[17]

Die Münchner Erzbischöfe in der Prinzregentenzeit – Antonius von Steichele, Antonius von Thoma, Franz Joseph von Stein und Franziskus von Bettinger – verhielten sich gegenüber der bayerischen Regierung in der Regel loyal und kompromißbereit. Sie konzentrierten sich vornehmlich auf die praktische Seelsorge und übten gegenüber dem politischen Katholizismus Zurückhaltung; ihre Reaktionen auf liberale, freidenkerische und sozialistische Anfeindungen gingen zumeist nicht über formelle öffentliche Proteste in mündlicher oder schriftlicher Form, also über Presseinitiativen oder Hirtenschreiben, hinaus, eine hinreichende geistige Auseinandersetzung fand nicht statt.[18] Der erste in München residierende Kardinal, Erzbischof Franziskus von Bettinger, erhob zwar entschiedener als seine Vorgänger die Stimme gegen Forderungen nach Trennung von Kirche und Staat, Aufhebung der geistlichen Schulaufsicht oder freireligiösem Sittenunterricht, fand sich jedoch ebensowenig zu einer grundlegenden und offenen Diskussion bereit.[19] Obwohl Bettinger und Georg Graf von Hertling, seit 1912 Ministerratsvorsitzender, in kirchenpolitischen Belangen ähnliche Interessen verfolgten, verband sie in privater Hinsicht wenig; Hertling bevorzugte als Gesprächspartner den weltgewandten und bei Hof beliebten Speyerer Bischof Michael von Faulhaber. Das katholische Vereinswesen förderte der Episkopat nachdrücklich.

Hof und Hofgesellschaft

Am Hof und in der Hofgesellschaft galten Glaube und Religion als unverbrüchliche Stützen des monarchischen Systems. Prinzregent Luitpold, persönlich tief religiös und ein überzeugter Katholik, stellte der Kirchenpolitik der Regierung keine Hindernisse in den Weg. Der Einfluß der Hofgeistlichen war nicht gering. Karl Möckl schreibt dazu:

»Ihr Interesse galt den Entwicklungen in der katholischen Kirche und im politischen Katholizismus. Aus ihrer Mitte kamen wichtige Anregungen zur reformkatholischen Bewegung. Durch das Nominationsrecht des bayerischen Königs lenkten sie die Personalpolitik zur Besetzung der höchsten kirchlichen Ämter im Sinne der liberalen Regierungstätigkeit. Die Kluft zwischen hoher und niederer Geistlichkeit wurde deutlich.«[20]

Zu den Hofgeistlichen gehörten neben anderen der Universitätsprofessor Ignaz von Döllinger, der Stiftspropst bei St. Kajetan Jakob von Türk, der Legationsrat und Ehrenkanonikus bei St. Kajetan Dr. Ludwig Trost sowie der Hofkaplan und Universitätsprofessor Dr. Joseph Schönfelder; von Türk und Trost waren Beichtväter des Prinzregenten. Die enge Verbindung von Thron und Altar wurde alljährlich sinnenfällig bei der Fronleichnamsprozession. »Dieses kirchliche Hauptfest galt der Einheit und der Versöhnung von Monarchie, Kirche und Staat, von Hof und Münchner Bürgertum ...«,[21] wie sich Möckl ausdrückt. Die Fronleichnamsprozession war jedoch im öffentlichen Leben, vor allem in aufstrebenden bürgerlichen Kreisen, nicht unumstritten: Der Augsburger Magistrat hatte dem Münchner mitgeteilt, er werde sich nicht mehr offiziell an kirchlichen Prozessionen beteiligen. Der zweite Bürgermeister Münchens benützte diese Stellungnahme zu der Bemerkung, er unterstütze diese Haltung, »wer beten wolle, könne das im stillen Kämmerlein tun«. Das katholisch-konservative Magistratsmitglied Joseph Radspieler konnte wenigstens erreichen, daß darüber von Fall zu Fall entschieden wurde.[22]

Pfarreien und Kirchenbau

Im letzten Drittel des 19. Jahrhunderts erlebte München einen rasanten Bevölkerungszuwachs: 1886 wohnten 221 341, 1900 421 000 und 1912 489 342 Katholiken im Stadtgebiet; im Jahr 1900 war die Grenze von 50 000 Gläubigen in einigen Pfarrsprengeln überschritten, so beispielsweise in St. Peter mit 53 000, in St. Johann Baptist mit ungefähr 50 000 und in St. Bonifaz mit ungefähr 60 000.[23] Zu Beginn der Prinzregentenzeit bestanden in München zehn Pfarreien: St. Peter, die Dompfarrei zu Unserer Lieben Frau, Hl. Geist, St. Anna im Lehel, St. Ludwig, St. Bonifaz, Maria-Hilf in der Au, Hl. Kreuz-Giesing, St. Johann Baptist-Haidhausen und St. Margaret-Sendling; letztere Pfarrei war 1877 durch die Eingemeindung Sendlings nach München gekommen.[24] Die Seelsorgenot war groß: die Zahl der Gläubigen stieg drastisch, die Geistlichen mußten sich in ungewöhnlich kurzer Zeit auf die veränderten sozialen Gegebenheiten der Großstadt sowie den mentalen Wandel in der breiten Bevölkerung einstellen, und die aufstrebende katholische Vereinsbewegung schuf für den Klerus zusätzliche Verwaltungs- und Organisationsaufgaben, die, vor allem von älteren Priestern, oft als lästig empfunden wurden.[25]

Die kirchliche Oberbehörde versuchte nun, die Probleme durch vermehrte Anstellung von Hilfsgeistlichen, also Kooperatoren oder Kaplänen, und durch Hinzuziehung von Ordensgeistlichen wie Benediktinern, Franziskanern oder Kapuzinern zu lindern. Außerdem wollte man die Neuerrichtung von Stadtpfarreien erst dann endgültig beschließen, wenn einige in den achtziger und neunziger Jahren begonnene Kirchenbauprojekte fertiggestellt worden waren. Von

›Fronleichnamszug‹. Gouache-Grisaille von G. Franz (um 1890). Münchner Stadtmuseum

1895 bis 1913 wurden schließlich sieben Pfarreien neu errichtet. Außerdem kamen seit 1890 durch Eingemeindungen acht Pfarreien nach München. Zwar konnten immerhin 15 neue Sprengel zum Stadtgebiet gerechnet werden, die Seelenzahl in den Altstadt-Pfarreien wuchs jedoch verhältnismäßig rasch und beständig weiter; die eingemeindeten Pfarreien wiesen, zumindest zum Zeitpunkt der Eingemeindung, als locker besiedelte Vorstädte eine relativ geringe Anzahl von Katholiken auf.[26] Einige der neu hinzugekommenen Vorstadt-Pfarreien, etwa Mariä Himmelfahrt in Neuhausen (1890: 8500, 1913: 26291 Katholiken) oder St. Ursula in Schwabing (1890: 8000, 1913: 31650 Katholiken), wuchsen indes schnell zu Großstadtsprengeln heran.[27] Durch die ständige, aber notwendige Aufteilung der alten Stadtpfarreien sowie die Einrichtung von Exposituren, also Filialkirchengemeinden, und Pfarrkuratien um die Jahrhundertwende kam Unruhe in die Pfarrgemeinden, Vertrautes, wie alte Dorfkirchen und -friedhöfe, verschwand aus dem Stadtbild, liebgewonnene religiöse Gewohnheiten mußten den neuen Erfordernissen weichen. Allerorts wurden Kirchenbauvereine gegründet. Da einige Kirchenbauten nicht schnell genug fertig wurden, mußten Notkirchen aufgestellt werden, so etwa 1892 in der Pfarrei Hl. Geist und im Jahr 1900 an der Orleansstraße, Pfarrei St. Johann Baptist.[28] Wenngleich die Bettelorden oftmals liberaler Kritik ausgesetzt waren – sie seien für die Großstadtpastoral zu wenig (aus)gebildet –, blieben sie doch unabkömmlich; 1913 wurde den Kapuzinern die Pfarrei St. Joseph übertragen.[29]

Nach Heinrich Habel ist das späte 19. Jahrhundert »die Zeit der großen Pfarrkirchen, die in ihren Abmessungen und dem aufgewendeten Formenapparat nach mit Domen und Stiftskirchen der Vergangenheit wetteifern. Träger dieser Art von Baukultur ist nun aber nicht mehr der Monarch, sondern das finanzstarke gehobene Bürgertum, wenn auch im Einzelfall fürstliche oder adelige Munifizienz ergänzend hinzutreten kann ... Die Sakralbauten dieser Zeit sind denn auch in ihrer historisch-theatralischen Bild-, ja Kulissenhaftigkeit von derselben Geisteshaltung geprägt wie die übrigen privaten und öffentlichen Bauten des Großbürgertums – sie sind bühnenbildhafte Schauplätze des privaten und gesellschaftlichen Lebens, welche die unästhetisch gewordene, sozial rückständige industrielle Arbeitswelt und deren Probleme verleugnen und die harte Realität eines auf Produktion und Profit eingestellten Alltags verschleiern. Es haftet denn auch all diesen meist überdimensionierten Pfarrkirchen etwas Irreales an, ein Mangel von Bindung an das Volk, eine Diskrepanz zu den realen Bedürfnissen«.[30]

Daß im Zuge der wachsenden Bemühungen um eine ausreichende Seelsorge, die stets von antikirchlicher Propaganda begleitet waren, Kirchenbauprojekte wegen überzogener Vorstellungen, unbedachter Eilfertigkeit und Planungsfehlern nahe am Scheitern waren, zeigt das Beispiel der Pfarrkirche St. Margaret in München-Sendling.[31] Da die alte Sendlinger Kirche nur 300 Besuchern Platz bot, die Bevölkerung aber stetig zunahm, wurde 1892 von 73 Sendlinger Bürgern der ›Kirchenbauverein Sendling‹ ins Leben gerufen; ihm schlossen sich innerhalb von neun Monaten weitere 527 Bürger an. Durch Sammlungen und Kollekten wie auch durch Schenkungen der Sendlinger Bauern Stemmer, Kafler und Berger war der Kirchenbauverein in der Lage, 1897 die Planungsarbeiten für die neue Kirche, die 4000 Besuchern Platz bieten sollte, zu vergeben. Der erste Entwurf wurde wegen zu hoher Kosten – zwei Millionen Mark – von der Kreisregierung abgelehnt, der zweite Bauplan nach zahlreichen Abänderungen dann genehmigt. Die Baukosten sollten sich nach diesem Plan auf eine Million Mark zuzüglich 100 000 Mark für die Einrichtung belaufen. Da der Kirchenbauverein über Werte in Höhe von 1,5 Millionen Mark verfügen konnte, wurde 1902 die feierliche Grundsteinlegung durchgeführt und 1904 das Richtfest gefeiert. Aufgrund fehlender Bauüberwachung und durch die Schuld des Architekten wuchsen die Baukosten derart, daß 1904 die Kirchenverwaltung die Einführung der Kirchensteuer zu ›Fünfzehn von Hundert‹ beschließen mußte und die Kirchenbauarbeiten ins Stocken gerieten. Diese Kirchensteuer war nicht nur neu und ungewohnt, sondern wie alle Steuern auch unbeliebt, so daß daraus ein Politikum wurde.

Insbesondere die Sozialdemokraten, mit dem Redakteur der ›Münchener Post‹, Martin Gruber, und dem Landtagsabgeordneten Erhard Auer an der Spitze, zogen gegen die Steuer und den Kirchenbau zu Felde. Die Sozialdemokraten ließen sich in die Kirchenverwaltung wählen, in der sie nach Ergänzungswahlen über die absolute Mehrheit verfügten. Ihr Ziel war es, den Kirchenbau zu stoppen und den schon erstellten Bau unter Umständen sogar in eine Sängerhalle umzuwandeln. Diese Verhältnisse machten einen Wechsel in der Leitung der Pfarrei notwendig, da der amtierende Pfarrer Marinus Reiner dem Ganzen hilflos gegenüberstand. An die Stelle Reiners trat Pfarrer Alois Gilg, der die Finanzen ordnete und begann, den Bau wieder voranzutreiben. Die Schwierigkeiten, die ihm die Kirchenverwaltung bereitete, ließ er zum Teil durch das Gericht, zum Teil durch die Kreisregierung aus dem Weg räumen, wobei er immer wieder eine gewisse Schlitzohrigkeit zeigte. Am 16. November 1913, vier Jahre nach der Amtsübernahme durch Pfarrer Gilg, konnte die Pfarrkirche St. Margaret von Erzbischof Franziskus von Bettinger im Beisein Ludwigs III., seiner Gemahlin sowie des gesamten Hofes eingeweiht werden.

Im Zeitraum von 1887 bis 1913 wurden in München und der unmittelbaren Umgebung nicht weniger als 18 katholische Kirchen und Kapellen von durchwegs renommierten Architekten, überwiegend im Stil des ›dogmatischen Historismus‹, erbaut.[32] In die Zeit der Jahrhundertwende fällt auch der Bau der großen Friedhofshallen: 1899 am Nordfriedhof sowie am Westfriedhof und 1900 am Ostfriedhof.[33]

Orden und Klöster

Neben Seelsorge und Verkündigung bildeten katholische Karitas und Erziehung eine vordringliche Aufgabe der Kirche; im Wirken der Ordensleute vereinigten sich alle genannten Bereiche. Die Aufbruchstimmung innerhalb der katholischen Kirche hatte insbesondere die Orden und Klöster erfaßt. Nach Beendigung des Kulturkampfes, der die Ausbreitung der Klöster gehemmt hatte, setzte ab 1886 eine Phase von Neugründungen ein, die um 1910 ihr Ende fand.[34] Das liberal geführte Kultusministerium, insbesondere unter Eugen von Knilling, verhinderte die Zulassung neuer Orden, ohne allerdings die Entwicklung bestehender Niederlassungen zu beschränken. Ausgehend von bayerischen Heimatklöstern kam es zu zahlreichen Klostergründungen im Ausland; so ließen sich beispielsweise Englische Fräulein aus München-Nymphenburg in England, Rumänien und Italien nieder.[35] In München waren die Ordensleute auf vielen Gebieten tätig: Seelsorge, Karitas, Volksmissionen, Erziehung, Unterricht und Wissenschaft.[36]

Bei St. Joseph wurde eine Niederlassung der Kapuziner neu errichtet, 1910 das Franziskanerkloster St. Anton an der Stelle des alten Gebäudes neu erbaut; außerdem eröffnete man eine große Zahl von Niederlassungen bei Krankenhäusern oder anderen Pflegestätten. Das liberale Kultusministerium hegte stets ein Mißtrauen gegenüber Orden, die sich nicht auf seelsorgerliche oder karitative Aufgaben beschränken wollten; insbesondere volksmissionarische Tätigkeit blieb verdächtig, politische Beeinflussung wurde unterstellt. Von 1881 bis 1913 waren alle 25 Gesuche um Zulassung neuer Orden in Bayern abgelehnt worden.[37] Kultusminister Eugen von Knilling befürchtete eine Art Sogwirkung, außerdem spielten wohl finanzielle Überlegungen eine Rolle:[38]

»Die Zahl der jungen Leute beiderlei Geschlechts, die auf diese Weise in den letzten Jahren dem Inland, insbesondere den landwirtschaftlichen Kreisen, entzogen werden, ist zwar zahlenmäßig nicht ohne weiteres nachweisbar, nach begründeter Annahme aber bereits zurzeit nicht ganz unerheblich und nimmt außerdem jährlich zu...«[39]

Die männlichen Orden in München – Benediktiner, Franziskaner und Kapuziner – waren nicht von Sorgen um den Nachwuchs geplagt.[40] Die Benediktiner von St. Bonifaz widmeten sich neben der anstrengenden Pfarrseelsorge dem Unterricht, dem Vereinswesen und der Wissenschaft. 1906 wurde durch die Errichtung der Filialkirchengemeinde St. Benedikt und der Stadtpfarrei St. Rupert die angespannte Seelsorgslage im Zentrum Münchens etwas entschärft.[41] Neben die Großstadtseelsorge in der Pfarrei St. Anna trat bei den Franziskanern in München die Erziehung der eigenen Ordenskleriker. Von 1868 bis 1889 war die Philosophisch-Theologische Hochschule der bayerischen Franziskanerprovinz im St. Anna-Kloster, wurde dann nach Tölz verlegt, um 1910 wieder in das neuerbaute Kloster zurückzukehren – daraus erklärt sich die große Zahl der Ordensmitglieder nach 1910 in München.[42] Die Kapuziner arbeiteten in der Großstadtpastoral, seit 1898 bei St. Joseph – bis 1913 Filialbezirk von St. Ludwig, dann Stadtpfarrei – und bei St. Anton, dem Filialbezirk von St. Peter; darüberhinaus versahen einige Patres von St. Anton priesterliche Aufgaben in der Strafgefangenenanstalt Stadelheim und im Untersuchungsgefängnis Neudeck.[43] Von den Benediktinern waren in der Landeshauptstadt zwei Studienkollegien eingerichtet worden, das Scheyerer-Kolleg in der Veterinärstraße 10 und das Ottilien-Kolleg in der Königinstraße 75; letzteres gehörte der Benediktus-Missionsgesellschaft von St. Ottilien an.

Bei den weiblichen Orden und Kongregationen in München erfolgte zwar keine eigentliche Klosterneugründung, aber die Zahl der Niederlassungen bei Krankenhäusern, Altenheimen und anderen Pflegeeinrichtungen erhöhte sich erheblich. Zählt man 1886 noch 17 Einsatzorte der Barmherzigen Schwestern, deren Mutterhaus sich seit 1837 an der Nußbaumstraße in München-Altstadt – in Verbindung zum Allgemeinen Krankenhaus links der Isar – befindet, so waren es 1912 bereits 24. Die Niederlassungen der Mallersdorfer Schwestern in München verdreifachten sich sogar im gleichen Zeitraum![44] Die Barmherzigen Schwestern eröffneten 1911 an der Blumenstraße 46 eine Ordensschule, die den Nachwuchs auf die Arbeit in der Krankenpflege vorbereiten sollte.[45] Die Franziskanerinnen aus dem Mutterhaus Maria Stern in Augsburg und die Schwestern vom Allerheiligsten Heiland, letztere sind seit 1857 in der Residenzstadt ansässig, sorgten ebenfalls für Kranke, alte Leute und Kinder.[46]

Auf dem weiten Gebiet der Erziehung und des Unterrichts waren die Englischen Fräulein, die Armen Schulschwestern von Unserer Lieben Frau, die Frauen vom Guten Hirten und die Servitinnen tätig. Dem Lokal- und Stammprovinzhaus der Englischen Fräulein in München-Nymphenburg (seit 1835) war eine Höhere Töchterschule angeschlossen, die allseits hohes Ansehen genoß; des weiteren unterhielten sie zwei Pensionen für studierende Mädchen und Beamtinnen, das Herz Jesu-Haus und das St. Elisabeth-Haus.[47] Die Armen Schulschwestern boten aszetisch-pädagogische und wissenschaftlich-technische Ausbildungsstätten an; das Hauptaugenmerk lag aber stets auf dem Volksschulwesen. In der Prinzregentenzeit bestanden neben dem Hauptmutterkloster St. Jakob am Anger noch zwei weitere Niederlassungen. Die Zahl der Ordensmitglieder stieg ständig.[48] Dem seit 1840 in München existierenden Provinzialhaus der Frauen vom Guten Hirten (mit Noviziat) waren eine hauswirtschaftliche Berufsfortbildungsschule, ein Übergangsheim, ein Heim für Strafentlassene, ein Sonntagsheim und eine staatlich anerkannte Wohlfahrtsschule angeschlossen; 1909 wurde zusätzlich eine Anstalt für Fürsorgezöglinge eröffnet.[49] Dem Kloster der vornehmlich beschaulich lebenden Servitinnen an der Herzogspitalkirche war eine Höhere Mädchenschule angegliedert.[50]

Katholisches Vereinswesen

Um die Mitte des 19. Jahrhunderts ist aus der Vereinsbereitschaft der Bürger eine Art Vereinsleidenschaft geworden. Viele Vereinsgründungen standen mit dem wirtschaftlichindustriellen Aufschwung seit 1840 in Zusammenhang.[51] Die veränderte gesellschaftliche Situation des anbrechenden Industriezeitalters, insbesondere seit den achtziger Jahren, die vielfach, gerade in den größeren Städten, eine Verschlechterung der sozialen Verhältnisse des Volkes mit sich führte, war eine Hauptursache für die rasche Ausbreitung sozial-karitativer und ständischer Vereinigungen.[52] Die katholische Kirche übernahm als traditionelle soziale Macht die Vereinsidee, sie mußte in einer fortschreitend säkularisierten Welt volkstümlicher werden, um das Volk für kirchliche Ansprüche gewinnen und sich im öffentlichen Leben weiterhin behaupten zu können. Nach 1848 nahm daher die katholische Vereinsbewegung einen großen Aufschwung.[53] Allerdings waren nach dem bayerischen Vereinsgesetz vom 26. Februar 1850 Zusammenschlüsse, wenn sie sich mit öffentlichen Angelegenheiten beschäftigten, Beschränkungen und der Aufsicht staatlicher Organe unterworfen. Erst das Reichsvereinsgesetz vom 15. Mai 1908 ermöglichte Frauen und Jugendlichen über 18 Jahren die Vereinsmitgliedschaft und die Teilnahme an Versammlungen.[54]

Während die ständischen Vereine in ihren Statuten berufs- und arbeitsfördernde Hilfsmaßnahmen sowie Unterstützung für Mitglieder im Ruhe- oder Krankenstand verankerten, also ähnlich der katholischen ›Caritas‹ soziale Hilfe anboten, beschränkte sich die sogenannte Kasinobewegung seit etwa 1864 vornehmlich auf die Pflege katholischer Geselligkeit. Zu Beginn des 20. Jahrhunderts wurden die Standes- und sozial-karitativen Vereine vom politischen Katholizismus zunehmend mit der Aufgabe bedacht, ihre Mitglieder, insbesondere die Jugendlichen, vor sittlichen und glaubensbedrohenden Gefahren zu bewahren. Als besondere Bedrohung wurden vor allem der atheistische Sozialismus, der freidenkerische Liberalismus sowie die Gefahren der modernen Unterhaltungskultur mit Alkoholmißbrauch und allgemeinem Sittenverfall empfunden.[55]

Seit der Jahrhundertwende setzten sich allmählich die Laien im katholischen Vereinswesen durch. Die Geistlichen waren mit Seelsorge- und Verwaltungsaufgaben überhäuft, und so verbreitete sich auch im Klerus die Ansicht, daß die kirchlichen Organe davon abgehen sollten, das gesamte Vereinswesen direkt der kirchlichen Autorität unterordnen zu wollen. Die Laien sollten mehr als bisher beigezogen werden. Im übrigen schränkte eine Verordnung der Konsistorialkongregation vom 18. November 1910 das Engagement des Klerus in Vereinen erheblich ein: Es wurde für Geistliche das Verbot erlassen, weltliche Geschäfte zu führen, insbesondere Ämter zu übernehmen oder beizubehalten, welche die Sorgen, Verpflichtungen und Gefahren der Verwaltung von Geldgeschäften mit sich bringen, also die Ämter eines Vorstandsmitglieds, Aufsichtsrats, Schriftführers oder Kassiers bei Depositen- und Wechselgeschäften, landwirtschaftlichen Kassen, Sparvereinen, sozialen Einrichtungen zum Nutzen der Gläubigen, um deren Gründung, Erhaltung und Förderung sich der Klerus aber bemühen sollte; allerdings wurde diese Anordnung durch Übergangsbestimmungen und Ausnahmeregelungen für den Bereich des Deutschen Reiches gemildert.[56]

In Bayern, gerade auch in der Residenzstadt München, stieg in der Prinzregentenzeit die Zahl der Vereine und der Mitglieder beständig an. Die verwirrende Vielfalt des katholischen Vereinswesens erschwerte allerdings die notwendige Koordination und hemmte die Wirksamkeit.[57] Von seiten der kirchlichen Oberbehörden erfuhr die Vereinstätigkeit wohlwollende Unterstützung; besonders die Erzbischöfe Steichele und Bettinger taten sich dabei hervor: Erzbischof Franziskus von Bettinger war persönlich an der Gründung und Förderung zahlreicher Vereine beteiligt; er erkannte die Zeichen der Zeit, als er Gesellen-, katholische Arbeitervereine und die Christlichen Gewerkschaften gleichermaßen unterstützte, um die zahlenmäßig ständig wachsende Arbeiterschaft, deren politischer Einfluß auf die Dauer nicht mehr unterschätzt werden durfte, der Kirche zu erhalten – diese kirchlichen Versuche erwiesen sich jedoch als immer weniger erfolgreich.

Der starke Zulauf zu Marianischen Kongregationen und Bruderschaften, wie etwa Gebets- und Armenpflegebruderschaften, Paramenten- und Exerzitienvereinen, zeigt, daß viele Katholiken, nicht zuletzt aufgrund einer intensivierten katholischen Werbetätigkeit, angesichts der sozialen und gesellschaftspolitischen Veränderungen, die bei nicht wenigen eine Orientierungslosigkeit auslösten, Zuflucht in gemeinsamer religiöser Praxis suchten. Hier zeigt sich wiederum die bereits angesprochene fortschreitende Polarisierung innerhalb der katholischen Bevölkerung.[58]

Die im engeren Sinne religiösen Vereine, deren Zwecke auf die innere und äußere Mission, die Priesterbildung und die gemeinschaftliche religiöse Praxis ausgerichtet waren – karitative Zielsetzungen eingeschlossen –, entfalteten seit der Mitte des 19. Jahrhunderts in München eine rege Tätigkeit. Der ›Bayerische Priesterverein für die Diaspora e.V.‹ widmete sich vor allem der Unterstützung der Diaspora-Seelsorge in Bayern, aber auch im gesamten Deutschen Reich.[59] In das Jahr 1838 fällt die Gründung des ›Ludwig-Missionsvereins‹ in München, eines rein weltlichen Vereins mit religiösen Zwecken. Zunächst beschränkte sich der Verein, der in allen bayerischen Diözesen beheimatet war, auf die Auslandsmission, weitete später seine Tätigkeit aber auf die innere Mission aus.[60] Seit dem 9. Juli 1844 war der Verein gegenüber dem Zentralrat in Lyon selbständig und erhielt eine eigene Verwaltung; mit dem 5. Mai 1862 wurden ihm die Rechte einer öffentlichen Korporation zuerkannt.[61]

Ähnliche Interessen verfolgte der ›St. Bonifatiusverein‹, der jedoch in München erst seit 1914 durch die Initiative Erzbischof Bettingers richtig Fuß fassen konnte.[62] Der ›Verein der heiligen Kindheit Jesu‹, der allgemein sehr beliebt war, hatte sich seit seiner Gründung 1843 in Paris der Heidenmission, vornehmlich bei Kindern, verschrieben und trug wesentlich zum Aufschwung des Missionswesens im 19. Jahrhundert bei; der bayerische Zweig existierte seit 1859. Hauptinitiator der Gründung des ›St. Korbiniansvereins‹ im Jahr 1859 war Erzbischof Gregor von Scherr, der sich durch den besorgniserregenden Priestermangel dazu gedrängt fühlte. Mit den Geldbeiträgen sollten Seminarien für die Knaben errichtet werden, die Tugend und Neigung zum Priesterberuf hatten, deren Eltern jedoch das Studium nicht oder nur zum Teil finanzieren konnten. Gegen Ende des 19. Jahrhunderts mußte der ›St. Korbiniansverein‹ wegen »besonders ungünstiger Zeitverhältnisse«[63] schwere Rückschläge hinnehmen. Erzbischof Antonius von Steichele wurde zum Restaurator des Vereins und rief in einem Hirtenbrief vom 19. März 1884 zur Unterstützung auf – rasche finanzielle Erfolge waren das Ergebnis, großzügige Umbauten bei den Knabenseminarien der Erzdiözese konnten durchgeführt werden. Von 1901 bis Ende 1909 wurden 456 Priester geweiht, davon waren circa vier Fünftel aus dem erzbischöflichen Seminar hervorgegangen.[64] Unter der Amtsführung Bettingers wurde der Verein weiter fortgeführt und erwarb 1912 die Rechte eines eingetragenen Vereins.[65]

Mit der Gründung des ›Katholischen Caritasverbandes‹ München am 6. Dezember 1899 sollten sämtliche sozial-karitativen Organisationen und Einzelpersonen in einem Verband, der die Hilfsmaßnahmen koordinieren und Verwaltungsaufgaben übernehmen konnte, vereinigt werden. Das Grundanliegen war, »die Werke der christlichen Nächstenliebe unter Gutheißung der kirchlichen Autorität planmäßig zu pflegen und zu fördern, ein geordnetes Zusammenwirken aller auf caritativem Gebiete tätigen Kräfte herbeizuführen und die Interessen der katholischen Caritas bei den Behörden und nicht katholischen Wohlfahrtseinrichtungen zu vertreten.«[66]

Die bereits bestehenden einzelnen karitativen Anstalten und Organisationen schlossen sich allerdings erst nach und nach, teilweise unter Aufforderung durch die kirchliche Oberbehörde, dem Verband an, da sich viele mit einer Einmischung und Bevormundung durch den Dachverband nicht gerne anfreunden wollten. Der Münchner Verband wirkte auf manchen Gebieten bahnbrechend, beispielsweise im Bereich des Aus- und Fortbildungswesens oder im Nachhilfeunterricht für bedürftige Studenten. Die Arten der Einrichtungen waren außerordentlich vielfältig: Säuglingsheime, Kindergärten, Erziehungsanstalten, Studenten- und Erholungsheime, Krankenhäuser, Altenheime, Pflegeanstalten und vieles mehr. Auf der Ebene der Pfarrkaritas machten sich insbesondere der ›Vincentius-‹ und der ›Elisabethenverein‹ um die Armenfürsorge verdient.[67]

Ein besonderes Interesse der katholischen Kirche lag auf dem Gebiet der Kinder- und Jugendfürsorge, da die heranwachsende Jugend frühzeitig in das kirchlich-religiöse Leben eingebunden und vor freidenkerischen und sozialistischen Einflüssen bewahrt werden sollte. Die Vereine für Kleinkinderbewahranstalten, gegründet 1833, zur ›Betreuung gefährdeter Jugend e.V.‹ von 1852, für Lehrlingsschutz von 1885, zur ›Fürsorge für Mädchen, Frauen und Kinder e.V.‹ von 1906, der ›Marianische Mädchenschutzverein‹, gegründet 1895, das ›Seraphische Liebeswerk‹ und der ›Katholische Jugendfürsorgeverein‹ von 1910 setzten sich für eine katholische Erziehung, materielle Besserstellung, berufliche Ausbildung und Schutz vor sittlichen Gefahren jeglicher Art ein, die gerade in der stetig wachsenden Großstadt München drohten.[68]

Die katholischen Standesvereine versuchten vor allem, die schnell wachsende Lohnarbeiterschaft, aber auch Angestellte und Beamte, zu organisieren und sie gegen eine antikirchliche Einflußnahme zu immunisieren. Anläßlich des 17. Stiftungsfestes des ›Vereins katholischer Handelsgehilfinnen und Beamtinnen Maria Stella‹ faßt Erzbischof Bettinger einen Teil der Zielsetzungen zusammen:

»Viele von denen, auf die wir nach ihrer Erziehung und Gesinnung zählen dürfen, möchten sich in der Folge in vermehrter Zahl dem Vereine anschließen. Besonders dürfen wir das hoffen jetzt in einer Zeit, in der alles beruflichen Anschluß und Zusammenschluß sucht, in der insbesondere in Großstädten bei dem bunten Menschengewühl die einzelnen doch in ihren beruflichen Nöten sich vereinsamt fühlen, denen darum das Herz auftaut, wenn sie freundschaftlich und fröhlich mit denen verkehren können, die von den gleichen Nöten gedrückt sind, deren Wünsche und Bestrebungen die gleichen Ursachen haben und in der gleichen Richtung sich bewegen ... Ein beruflicher Zusammenschluß ist aber heutzutage doppeltes Bedürfnis, um solche, die noch in jugendlichem Alter stehen, gegen die vielerlei religiösen und sittlichen Gefahren zu schützen, die sie umgeben.«[69]

Neben berufsfördernde, karitative und apologetische Maßnahmen traten gemeinsame religiöse Unternehmungen wie Gottesdienste, Wallfahrten und Exerzitien.

Seit der Mitte des 19. Jahrhunderts nahmen auch die Standesvereine in München im Hinblick auf Vereinsgründungen und Mitgliederzahlen einen beachtlichen Aufschwung. Die verschiedenen Vereine wie Gesellen-, Burschen-, Arbeiter(innen)-, Dienstmädchen-, Frauen-, Männer- und Jugendvereine blockierten sich jedoch gegenseitig aus eigennützigen Motiven in ihrer Entfaltung, und so wurde die Ausbildung einer durchsetzungsfähigen katholischen Arbeiterbewegung auf lange Sicht verhindert.[70] Die Geistlichen waren als Präsides ihrer Aufgabe oft nicht voll gewachsen. Die Zersplitterung des Vereinswesens, insbesondere in den Städten, hatte eine Arbeitsüberlastung des Klerus zur Folge, der zumeist das Engagement in den Arbeitervereinen, die bei der Geistlichkeit selten beliebt waren, zum Opfer fiel.

In München wirkten darüberhinaus Vereine, die der katholischen Bevölkerung einen höheren Anteil an allen Kulturgütern zu vermitteln und sie vor religions- und kirchenfeindlichen Einflüssen zu bewahren suchten. Hierzu gehörten ebenso die allgemeine Volksbildung und die Förderung von Kunst und Wissenschaft wie der Kampf gegen Alkoholismus und Unsittlichkeit. Zu nennen sind: die ›Görresgesellschaft zur Pflege der Wissenschaft im katholischen

Deutschland‹, Ortsgruppe München, gegründet 1876, – Mitglieder waren in erster Linie katholische Priester, Frauen waren nur wenige vertreten;[71] die ›Deutsche Gesellschaft für christliche Kunst‹, gegründet 1892, verpflichtete ihre Mitglieder, selbständige Originale im christlichen Sinn zu schaffen, gegen die geistlose Imitations- und Reproduktionssucht um die Mitte des 19. Jahrhunderts; der 1907 in München errichtete ›Verein für christliche Erziehungswissenschaft‹, der ›Willmannbund‹; die ›Calderon-Gesellschaft zur Pflege des christlichen Theaters‹ von 1906; der ›Albertus Magnus-Verein zur Unterstützung bedürftiger Studenten‹, 1901; der ›Katholische Preßverein für Bayern zur Förderung des katholischen Zeitungswesens‹, gegründet ebenfalls 1901, der einen rasanten Aufschwung erlebte.[72] Schöpfungen des beginnenden 20. Jahrhunderts waren die Männervereine zur Bekämpfung der öffentlichen Unsittlichkeit, also der Prostitution, jugendgefährdender Schriften und Filme sowie die Abstinenz- und Mäßigkeitsvereine; beide Gruppen entfalteten gerade in München eine rege Tätigkeit, gaben sich allerdings durch übertrieben moralisierende Stellungnahmen zuweilen der Lächerlichkeit preis.[73]

Rückschauend kann man festhalten, daß sich die katholische Kirche zur Prinzregentenzeit auf vielen Gebieten durch eine tatkräftige Lebendigkeit auszeichnet, so bei der allgemeinen Seelsorge und Karitas, im Kirchenbau, in Vereinen und Klöstern. Als mittelbare und auch direkte Ursachen sind, insbesondere in München, die sich verändernden sozialen und wirtschaftlichen Verhältnisse sowie der fortschreitend antikirchliche und antireligiöse ›Zeitgeist‹ zu benennen – beide Einflußfaktoren können voneinander unterschieden, aber nicht getrennt werden. Da die kirchlichen Bemühungen, gleichermaßen getragen vom Klerus und von engagierten Laien, auf dem Hintergrund einer päpstlichen und bischöflichen Haltung geführt wurden, die eine hinreichende geistige Auseinandersetzung mit der gesellschaftlichen Wirklichkeit nicht erlaubte, entwickelte sich innerhalb der katholischen Bevölkerung eine gewisse Polarisierung: kirchennahe Katholiken ließen sich fester binden, schwankende oder gleichgültige Katholiken gingen, gerade im städtischen Bereich, zunehmend der Kirche verloren. Der Erfolg der gesteigerten seelsorgerlichen Anstrengungen auf der Ebene der Pfarreien wurde angesichts der isolierenden, abwehrenden Einstellung in gesellschaftlichen und kulturellen Belangen in nicht unerheblichem Maß gemindert. Wenngleich die Zahl der sogenannten Namenschristen wuchs, blieb die Kirche bis zum Ende des Zweiten Weltkriegs in religiösen, moralischen und politisch-weltanschaulichen Fragen beim Volk in hohem Ansehen, respektiert auch von den Gegnern.

Die protestantische Gemeinde

Von Hugo Maser

Die Prinzregentenzeit ist für die ›Protestantische Gemeinde in München‹[1] keine Epoche spektakulärer Ereignisse, aber eine Zeit tiefgreifender Wandlungen. Manches änderte sich zum Positiven: Es gelang endlich, die räumlichen und personellen Voraussetzungen für die Aufgliederung einer einzigen Münchner Mammutgemeinde in überschaubare Pfarrbezirke zu schaffen. Ein aufblühendes evangelisches Vereinsleben ergänzte die beschränkten Möglichkeiten der Staatskirche durch Gemeinschaftspflege und diakonische Dienste. Der Ausbau der südbayerischen Diaspora überbrückte die räumliche Distanz zu den altevangelischen Kerngebieten und befreite die Münchner Gemeinde aus einer gewissen Isolation. Außerdem war das vertrauensvolle Verhältnis zwischen dem Prinzregenten als dem ›Summus Episcopus‹ und der Landeskirche für die Gemeinde der Residenzstadt von Vorteil.

Der parochiale Ausbau des evangelischen Kirchenwesens in München

Seit Beginn des 19. Jahrhunderts, nach dem Ende der »ausschließlichen Katholizität Bayerns«, zog ein stetig anschwellender Strom Evangelischer nach München. Zu Beginn der Prinzregentenzeit gab es in der Stadt 36 000 evangelische Gemeindeglieder; jährlich wuchs ihre Zahl um etwa 2000.[2] Es war schwierig, die aus verschiedenartigen Traditionen kommenden Protestanten kirchlich neu zu beheimaten und zu integrieren. Es war doppelt schwer, weil die von den altevangelischen Gebieten örtlich getrennte Diasporagemeinde in München von Anfang an unter unzureichenden äußeren Bedingungen zu leiden hatte:[3] Im Jahre 1886 besaß die Gemeinde nur zwei Kirchen am Stachus und an der Gabelsberger Straße mit 2300 Plätzen. Die Personalnot war nicht geringer: Vier Pfarrer und ein Militärgeistlicher sollten zusammen mit fünf Hilfsgeistlichen die weitverstreute Gemeinde sammeln, predigen, Religionsunterricht erteilen, taufen, trauen, beerdigen und für die Armen sorgen. Die Raumfrage und das Personalproblem mußten daher gelöst werden, wollte man nicht von vornherein vor dem unverminderten Zustrom neuer Gemeindeglieder kapitulieren.

Letztlich spitzte es sich auf das Finanzproblem zu. Bis zu den Geldentwertungen des 20. Jahrhunderts wurde nämlich der Finanzbedarf der evangelischen wie der katholischen Kirchengemeinden durch die im Laufe der Jahrhunderte entstandenen Kirchen- oder Pfründestiftungen gedeckt, deren Einnahmen aus Kapitalerträgen, Pachteinnahmen, Dotationen, Klingelbeuteleinlagen und freien Gaben bestand. Als der Staat 1848 durch die ersatzlose Streichung der Grundlasten vielen Pfründestiftungen die wichtigste Einnahmequelle genommen hatte, verpflichtete er sich für die bestehenden und für die künftig mit seiner Genehmigung entstehenden Pfarrstellen zu Ausgleichsbeträgen.[4] Deshalb errichtete er aus fiskalischen Gründen nur in seltenen Fällen neue Pfarrstellen.

Regelmäßige Kirchensteuern waren bis 1910 unbekannt. Die Opferbereitschaft der Gemeindeglieder galt nach alten Traditionen vor allem diakonischen und neuerdings missionarischen Aufgaben; bei besonderen Gelegenheiten wurden wertvolle Gegenstände zum Schmuck des Gotteshauses gestiftet. Regelmäßige Leistungen für laufende Ausgaben der Kirchengemeinden waren in der Regel nicht nötig, dafür waren die Stiftungen da. Die Münchner Gemeinde besaß aber keinerlei Stiftungen und Rechte aus der alten Zeit. Sie war arm, ganz auf die Gaben der Gemeinde angewiesen. Trotz allem mußten nun Mittel und Wege gefunden werden, um die parochialen Strukturen auszubauen, wenn die evangelische Kirche in München nicht im Winkel verkümmern wollte.

Diese Großpfarrei sollte nun in überschaubare Gemeindebezirke aufgeteilt werden. Dazu waren Kirchen und Pfarrhäuser als örtliche Mittelpunkte in den einzelnen Stadtteilen unentbehrlich. Wie schwierig aber der Bau evangelischer Kirchen in München war, hatte die mittellose Gemeinde von Anfang an leidvoll erfahren: Erst 1833 konnte für die inzwischen 6000 Mitglieder zählende Gemeinde die später St. Matthäus genannte Kirche am Stachus mit 1500 Sitzplätzen fertiggestellt werden. Die zweite, später St. Markus genannte Kirche an der Gabelsbergerstraße mit 800 Plätzen, wurde 1877 eingeweiht. Schon bald zeigte sich, daß die beiden Kirchen mit 2300 Plätzen für die 25 000 Evangelischen nicht ausreichten. Die Gottesdienste waren stets überfüllt; an Festtagen fanden viele Besucher keinen Einlaß.

Der Bau einer neuen Kirche, möglichst im Osten der Stadt, war unumgänglich. Im Jahre 1882 begann man mit der Planung. Die Stadtverwaltung München bot nun an der Isar, gegenüber dem Maximilianeum, einen attraktiven Bauplatz zu außerordentlich günstigen Bedingungen an, allerdings mit der Auflage, an dieser Stelle ein »würdiges monumentales Gotteshaus« zu bauen.[5]

Die Erkenntnis, daß die finanziellen Kräfte des Dekanats durch so einen Prachtbau nun auf Jahre gebunden waren, aktivierte die Gläubigen in den rasch wachsenden anderen Stadtteilen. Sie griffen zur Selbsthilfe. Man konnte nicht mehr warten: Die Zahl der Evangelischen stieg von 28 530 im Jahre 1880 auf 48 104 im Jahre 1890 und auf 57 478 im Jahre 1895. In Haidhausen, Neuhausen und Schwabing bildeten sich Kirchbauvereine. Sie luden die Evangelischen zu Vereinsabenden ein, bemühten sich um Gottesdienste in Schulsälen, suchten nach Bauplätzen und sammelten Geld für den Kirchbau. So bezogen die Haidhauser im Herbst 1889 wenigstens eine Notkirche; im Frühjahr 1916 wurde dann die Johanneskirche mit 1400 Plätzen fertig.⁶ Schon zu Weihnachten 1900 konnte zur Freude der Neuhauser auch die Christuskirche ihrer Bestimmung übergeben werden.⁷ Fast gleichzeitig gelang den Schwabingern der Kirchenbau: Im Oktober 1901 wurde die Erlöserkirche zwischen Ungerer- und Germaniastraße eingeweiht.

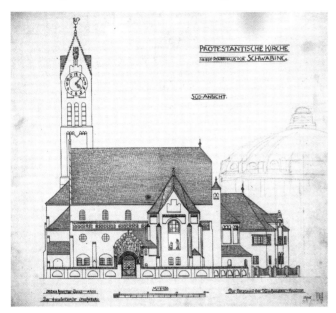

Fassadenaufriß der evangelischen Erlöserkirche, erbaut von Theodor Fischer, Vorprojekt (1901). Architektursammlung der Technischen Universität München

Ein Vergleich zwischen der Lukaskirche und der etwa zehn Jahre später geplanten Erlöserkirche läßt tiefgreifende Wandlungen, nicht nur im ästhetischen Bereich, erahnen. Theodor Fischer, ihr bedeutender Architekt, deutete etwas vom neuen Lebensgefühl an, als er bei der Schlüsselübergabe der Erlöserkirche von drei ihn leitenden Gesichtspunkten sprach. Es sei eine bewußt bayerische Kirche: »Nachdem unser evangelischer Glaube in diesem Lande Boden gefaßt und Wurzeln geschlagen hat, sollte auch sein Haus keinen fremdländischen Eindruck machen«; zum zweiten sei sie »eine echt protestantische Kirche ... in erster Linie ein Predigtsaal, in dem das Wort lebendig werde« und endlich »ein Haus, in dem die gläubige Gemeinde sich wohl und heimisch fühlen möge«.⁸

In Bezirken mit sozial schwächerer Bevölkerung, die sich nicht selber helfen konnte – so im Westend und in Sendling –, ergriff der 1884 gegründete ›Verein für Innere Mission in München‹ auch bei der Gemeindebildung die Initiative.⁹ Zur Jahrhundertwende waren dann endlich so viele kirchliche Zentren vorhanden oder im Entstehen, daß die Bildung eigener Pfarreien organisatorisch möglich wurde. Die gemeinsamen Schulden aber und das nur der einen Münchner Gemeinde zugestandene Umlagerecht machten jedoch die rechtliche Teilung unmöglich. Man mußte sich mit einem Notbehelf begnügen: Der Prinzregent genehmigte zum 1. Januar 1900 die Aufteilung der Münchner Pfarrei in vier Bezirke mit den nach den vier Evangelisten benannten Kirchen als Mittelpunkten. Im Jahre 1907 wurden dann auch der Schwabinger Bezirk Erlöserkirche und 1910 der Neuhauser Bezirk Christuskirche selbständig. Das Ende der Prinzregentenzeit brachte zwei wichtige Staatsgesetze, die vor allem die Organisation der Münchner Gemeinde erleichterten: Das im Jahre 1908 beschlossene und 1910 in Kraft getretene Kirchensteuergesetz sicherte die Kontinuität der notwendigen Einnahmen.¹⁰ Die staatliche Kirchengemeindeordnung von 1912 ermöglichte die Bildung selbständiger Pfarreien im Verbund einer Gesamtkirchengemeinde. Der Ausbruch des Krieges verzögerte jedoch die vorgesehene Teilung bis Anfang 1920.¹¹

Auch personell ging es aufwärts. Die Zahl der Gemeindepfarrstellen stieg während der Prinzregentenzeit von vier auf zehn. Zu diesen Gemeindepfarrern kamen 1912 neun Hilfsgeistliche, ein Vereinsgeistlicher, ein Militärpfarrer und zehn hauptamtliche Religionslehrer. Bei dieser Verdoppelung auf 31 Theologenstellen waren mancherlei Schwierigkeiten zu überwinden. So hatte es 1896 im Landtag bei der Genehmigung des Staatszuschusses für eine Pfarrstelle bei St. Lukas kritische Rückfragen gegeben. Minister Landmann mußte persönlich eingreifen:

»In München stehen 120 katholische Priester für die Seelsorge zur Verfügung, dagegen nur 12 protestantische, so daß auf einen katholischen Geistlichen 2600 Seelen, auf einen protestantischen 4580 Seelen treffen. Die protestantische Seelsorge ist ohnehin dadurch erschwert, daß die Protestanten über die ganze Stadt zerstreut sind«.¹²

Die Gemeindeglieder behielten vor allem diejenigen Pfarrer in dankbarer Erinnerung, die Jahrzehnte hindurch an der gleichen Kirche tätig waren, Kontinuität verkörperten und die einzelnen auf langen Wegstrecken ihres Lebens begleiten konnten.¹³ Für das Münchner evangelische Kirchenwesen waren während dieses Zeitabschnitts vor allem die Dekane prägend: Konrad Fikenscher¹⁴ von 1885 bis 1892, Julius Kelber¹⁵ von 1892 bis 1896, Adolf Kahl¹⁶ von 1896 bis 1905 und Friedrich Veit¹⁷ von 1906 bis 1915. Fikenscher war ein impulsiver, vor allem von den jungen Geistlichen wegen seiner Menschlichkeit verehrter Mann. An Kelber wird die Besonnenheit und Beharrlichkeit gerühmt. Kahl war ein bedeutender Prediger, aber auch ein erfolgreicher Organisator, vor allem im Bereich der Inneren Mission. Dekan Veit, der spätere Kirchenpräsident, strahlte Würde und Festigkeit aus. Er hatte gute Beziehungen zum Hof und war längere Zeit Religionslehrer am königlichen Kadettenkorps. Die meist umfassend gebildeten Münchner Pfarrer spielten im Bürgertum der Stadt, im Bildungsbürgertum wie bei den Kleinbürgern, eine wichtige Rolle. Sie engagierten sich nach

Kräften für die Linderung sozialer Nöte.[18] Mit dem Bürgertum teilten sie eine gewisse Hilflosigkeit in der Beurteilung der mit der Industrialisierung verbundenen sozialen und gesellschaftlichen Veränderungen.

Im Personalstand von 1892 sind bei der Pfarrei München nach den in der Stadt tätigen zehn Geistlichen fünf »ständige Vikariate« in Brunnenreuth, Feldkirchen, Kemmoden, Perlach, Rosenheim und drei Reisepredigerstellen mit Arbeitsbereichen von München bis Garmisch, Tegernsee, Burghausen und Laufen aufgeführt.[19] Die Münchner Pfarrei umfaßte damals weite Teile Oberbayerns. Der genaue Umfang war staatlicherseits jahrzehntelang in der Schwebe gehalten worden. Das Gründungsreskript der Pfarrei hatte 1806 bestimmt, der Sprengel der Münchner Pfarrei umfasse neben den in der Stadt wohnenden Protestanten »alle diejenigen aus der angrenzenden Gegend, die einer protestantischen Kolonie-Pfarrei[20] nicht näher sind«. Genauere Bestimmungen wurden nie getroffen.

Seit Beginn der vierziger Jahre ließen sich nun in fast allen größeren Orten Oberbayerns Evangelische nieder, meist Beamte, Kaufleute, Handwerker und Soldaten. Es lag nahe, daß sie sich in kirchlichen Fragen an das Münchner Pfarramt wandten. Die Münchner Pfarrer halfen nach Kräften. Auf die Dauer konnten sie jedoch den erbetenen Dienst nicht leisten. Trotz etlicher Widerstände[21] wurde daher 1849 ein der Münchner Pfarrei zugeordneter Reiseprediger für die »zerstreut lebenden Protestanten« in Oberbayern angestellt; 1860 kam ein zweiter hinzu.[22] Durch den Dienst dieser Pfarrer entstanden in den fünfziger und sechziger Jahren Gemeindegruppen; am Ende der Prinzregentenzeit war mit München als Zentrum ein lebendiges oberbayerisches Kirchenwesen entstanden, dessen Eigenprägung manchen neuen Akzent für die gesamte bayerische Landeskirche setzte.[23] Die geographische Isolation Münchens zu den evangelischen Kerngebieten hatte man dadurch überwunden.[24]

Die Vikare des Münchner Predigerseminars

Im Jahre 1833 hatte König Ludwig I. als Stiftung ein protestantisches Predigerseminar in München errichtet. Die drei besten Predigtamtskandidaten jedes Prüfungsjahrgangs sollten zwei Jahre lang unter Anleitung der Oberkonsistorialräte ihre theologische Bildung in Konfrontation mit der Praxis vertiefen, die Möglichkeiten des kulturellen und wissenschaftlichen Lebens in München nutzen und der Münchner Pfarrei zur Mitarbeit zur Verfügung stehen.[25]

Nicht nur die Vikare,[26] auch die Münchner Gemeinde profitierte vom Seminar. Die Seminaristen waren meist tüchtige Leute, die mit dem Schwung der Jugend und hohem Engagement ihren Dienst begannen und neue Impulse einbrachten. Sie übernahmen umfangreiche Vertretungen in Gottesdiensten und Schulstuben sowohl in Münchens Neubaugebieten als auch in den wachsenden Diasporagemeinden. Für das Leben der evangelischen Vereine waren sie unentbehrlich. Dekan Karl Buchrucker bekannte: »Ohne Seminar müßten Pfarramt und Dekanat München den Bankrott erklären.«[27] Die aus den lutherischen Traditionsgemeinden Frankens kommenden Seminaristen, die in der Regel nach der Seminarzeit als Stadtvikare im Dekanat München blieben, um dann als Pfarrer in ihre Heimatregionen zurückzukehren, wurden eine wichtige Klammer für das Zusammenwachsen der einzelnen Kirchengebiete innerhalb der Landeskirche.

Endlich war die Begegnung mit dem theologischen Nachwuchs auch für die Männer der Kirchenleitung ein Gewinn. Sie mußten sich als Vertreter der Vätergeneration in Rede und Gegenrede mit den theologischen Söhnen auseinandersetzen, bereit, auch Neues in das überkommene Erbe einfließen zu lassen. So diskutierte man leidenschaftlich etwa über Naumanns Sozialismusgedanken oder über Fragen der Quellenscheidung in biblischen Schriften.[28] In klug gewährter Freiheit entstand weithin eine Einheit in Vielfalt, die für den Weg der Landeskirche in der sich wandelnden Welt wichtig wurde.

Das Königliche Protestantische Oberkonsistorium zu München in seinem Verhältnis zum Bayerischen Staat

In der Residenzstadt München hatte als Oberbehörde für ›die Protestantische Kirche in Bayern rechts des Rheins‹ das Königliche Oberkonsistorium seinen Sitz. Der bayerische König übte durch diese, dem Staatsministerium des Innern für Kirchen- und Schulangelegenheiten unmittelbar untergeordnete Kollegialbehörde das Summepiskopat über die evangelische Kirche aus. Gemeinsam mit der katholischen Kirche unterstand die protestantische Kirche der im Religionsedikt von 1818 festgelegten Staatskirchenhoheit. Zusätzlich galt für sie das Protestantenedikt, das sie zur abhängigen Staatskirche machte. Im Ringen um mehr Freiheit und Eigenständigkeit war es von Anfang an und vor allem unter Ludwig I. zu Spannungen zwischen den Repräsentanten der protestantischen Kirche und der Staatsregierung gekommen.

Auch Adolf Harleß[29], der von 1852 bis 1879 Oberkonsistorialpräsident war, hatte mit der Staatsregierung Probleme. Als zu Beginn des Kulturkampfes in evangelischen Kreisen erneut die Forderung nach Lockerungen im landesherrlichen Kirchenregiment laut wurde und die Generalsynode von 1873 einstimmig größere verfassungsmäßige Eigenständigkeit forderte, war dies ganz im Sinne von Harleß. Dennoch zog sich das Oberkonsistorium angesichts von Forderungen aus dem liberalen Bürgertum schließlich wieder zurück und schlug bei der Entscheidung über die synodalen Forderungen dem König lediglich erweiterte Zustimmungsrechte für die Generalsynode vor. Diese wurden 1881 gewährt und 1887 zusätzlich die Bildung eines ständigen Synodalausschusses genehmigt.[30]

Ein Repräsentant der Wende war Adolf Stählin.[31] Er wird als wissenschaftlich hochgebildeter Mann und eindrucksvoller Prediger, als irenisch, mit »liebenswürdigem Optimismus«, geschildert. Theologisch war er ein überzeugter Vertreter der neulutherischen Erlanger Schule. Von einer staatsfreien Kirche befürchtete er geistige Verengung und einen allzu sehr auf die Praxis gerichteten Betrieb. Deshalb verteidigte er eifrig die eng mit dem Staat verbundene Volkskirche. Was bisher oft als drückende Herrschaft der Staatsgewalt empfunden wurde, das sah Stählin als hilfreiche Fürsorge an. Im Blick auf die Person des Prinzregenten hatte er offensichtlich nicht unrecht. Der Prinzregent, der nie vergaß, daß er der Sohn einer bewußt evangelischen Mutter war, griff kaum in die Interna der protestantischen Kirche ein. Er verstand sich vor allem als Schirmherr, der ihr Bestes wollte. Auch die große Zahl der von ihm ernannten protestantischen Minister und hohen Beamten, wie zum Beispiel Friedrich von Crailsheim, Emil von Riedel, Hermann Pfaff, Max von Feilitzsch und Peter Wiedenmann, nahm den Evangelischen das Gefühl einer nur geduldeten Minderheit. Es ist daher nicht verwunderlich, daß Präsident Stählin als Reichsrat der Krone Bayerns in der Schlußphase des Kulturkampfes auf seiten von Minister Lutz stand. So verteidigte er im Februar 1890 in den Sitzungen der Kammer der Reichsräte das königliche Placet für die Verkündung päpstlicher Verlautbarungen durch die katholischen Bischöfe. Er äußerte auch Bedenken gegen die Wiederzulassung der Redemptoristen. Die Stellung der protestantischen Kirche im Staat bezeichnete er im Blick auf die letzten 20 Jahre als zufriedenstellend.[32] Stählins und seiner Freunde Entscheidung für den verläßlichen Regenten und seine Distanz zu Parlamenten und Synoden hatte für den Augenblick viel für sich; sie war aber in einer Zeit unaufhaltsamer Wandlungen eine Entscheidung, die sich den Problemen der Zukunft entzog.

Eine Richtungsänderung war nicht zu erwarten, als 1897 der Prinzregent letztmalig einen Juristen, Alexander von Schneider,[33] an die Spitze der Landeskirche berief. Schneider, ehemaliger Kabinettssekretär Ludwigs II. und Ministerialrat im Finanzministerium, war ein persönlich frommer und um das lutherische Bekenntnis seiner Kirche redlich besorgter Mann. Als erfahrener Verwaltungsjurist vertrat er mit Geschick die Belange der Kirche bei der dringend notwendigen Errichtung von Pfarrstellen oder bei der Aufbesserung der unzureichenden Pfarrbesoldung. Von 1897 bis 1909 übte er das Präsidentenamt aus. Er konnte gut verwalten, war aber keine Führerpersönlichkeit.

Stählins Hoffnung auf eine ruhige und friedliche Entwicklung in der Landeskirche ging nicht in Erfüllung. In Bayern hatte seit den fünfziger Jahren der theologische Liberalismus im Bildungsbürgertum Anhänger gefunden; in der bayerischen Pfarrerschaft jedoch blieb, im Gegensatz zu Norddeutschland, weiterhin das an der Erlanger Universität vertretene Neuluthertum dominierend. Es verknüpfte Gottes objektive Heilsgeschichte mit der subjektiven Heilserfahrung des Glaubenden. Erst um 1890 machte sich eine junge Theologengeneration bemerkbar, die neuere theologische Entwürfe vertrat, und um die Jahrhundertwende sammelte sich eine Gruppe, die einen theologischen Liberalismus spezifisch bayerischer Art pflegte. Ihre Repräsentanten waren die Nürnberger Pfarrer Christian Geyer und Friedrich Rittelmeyer.[34] Zwischen diesen Vertretern der »freier gerichteten Geistlichen« und dem ›Ansbacher Ausschuß‹, einer Vereinigung theologisch-orthodoxer Lutheraner, kam es 1906 zu ernsthaften, in den nächsten Jahren eskalierenden Auseinandersetzungen, die die Einheit der Landeskirche vor allem in Franken erheblich belasteten. In dieser kritischen Situation starb Präsident Schneider.

Als Nachfolger ernannte der Prinzregent zur Überraschung vieler ein prominentes Mitglied des ›Ansbacher Ausschusses‹, den Rektor der Neuendettelsauer Diakonissenanstalt Hermann Bezzel.[35] Er war von 1909 bis 1917 Präsident des Oberkonsistoriums. In einem vielbeachteten Hirtenbrief[36] bestritt Bezzel die Gleichberechtigung der neuprotestantischen Lehrmeinungen mit dem überlieferten Bekenntnis der lutherischen Reformation. Präsident Bezzel litt tief unter den geistlichen Schäden der Kirche. Er beurteilte die Lage düster. »Er sah die Möglichkeit der Revolution voraus und erwartete für die Kirche Zeiten der Prüfung und Sichtung. Darauf wollte er die Gemeinde vorbereiten, sie wachrufen.«[37] Rastlos war er deshalb als Prediger und Seelsorger tätig.

Neben den Präsidenten spielten die Oberkonsistorialräte des Königlichen Oberkonsistoriums, jeweils drei Theologen und ein Jurist, für die Münchner Gemeinde eine wichtige Rolle. Ihr Dienstbereich erstreckte sich zwar auf das ganze rechtsrheinische Bayern, sie waren jedoch fest in ihrer Münchner Gemeinde verankert und jederzeit zum Predigtdienst und zu Vorträgen bereit. Das galt vor allem für die ehemaligen Münchner Dekane unter ihnen, die Oberkonsistorialräte Buchrucker,[38] Kelber und Kahl, aber auch für Karl Burger[39] und Gustav Prinzing.[40] Für uns Heutige verbinden charakteristische Gemeinsamkeiten die damalige Führungsgruppe der Landeskirche. Fast alle hatten eines der bewußt vom Neuhumanismus geprägten Gymnasien in Ansbach, Augsburg, Bayreuth, Erlangen oder Nürnberg besucht. Anschließend hatte sie Erlangen zu eindrucksvollen Vertretern des Neuluthertums geformt.

Anmerkungen zur sozialen und weltanschaulichen Situation der Münchner Protestanten

Münchens evangelische Bevölkerung, die 1913 mit über 86 000 angegeben wird,[41] bestand großenteils aus Neuzugezogenen. Der soziale Status der Protestanten lag deutlich über dem Durchschnitt; viele gehörten der geistigen und finanziellen Oberschicht an.[42] Dazu kamen jedoch viele Angehörige der Unterschicht, die vor allem im ersten Jahrzehnt der Prinzregentenzeit aus wirtschaftlicher Not vom Land in die Stadt zogen. Die Mehrzahl der nachgeborenen Söhne und Töchter von Bauern aus den evangelischen Gebieten Frankens ging allerdings nach Nürnberg oder Frankfurt; die Rieser bevorzugten Augsburg.

Die starken sozialen Unterschiede wirkten sich auch im kirchlichen Leben aus. Von Dekan Buchrucker heißt es: »Als

Prediger steht er einer nicht leicht zu befriedigenden Zuhörerschaft gegenüber. In seinem Konfirmandenunterricht hat er die Kinder der höchsten und der geringsten Stände vor sich.«[43] Buchrucker selbst berichtete 1883, die Münchner Gemeinde sei zum großen Teil gut situiert; jetzt aber bräuchten Tausende der »armen, gedankenlosen Leute vom Land«, die in der Großstadt vergeblich ihr Glück versuchten, entscheidende Hilfen an Leib und Seele. Pfarrer Schick ergänzte, daß etwa 800 bis 900 Namen in den Armenlisten des Pfarramts stünden. Viele von ihnen »seien durch ihre Armut einem kirchlichen oder religiösen Indifferentismus verfallen; man hat sie nicht beachtet«. Beide beklagten, daß die Kirche dem Zustrom nicht gewachsen sei, so daß nur etwa ein Drittel der in München wohnenden Evangelischen »in mehr oder minder lebendiger Berührung mit der Kirche« stehe.[44] Viele wohlhabende Protestanten waren jedoch karitativ tätig: Von den 1246 Mitgliedern des ›Vereins für Innere Mission‹ in München gehörten laut katholischer Analyse »56 dem Adel, 170 dem höheren Beamtenstand, 60 dem Professorenstand an«, unter den übrigen waren »46 Künstler, 41 Ärzte, 27 Lehrer, 167 Kaufleute, 17 Hoteliers, 99 Privatiers und 97 Handwerker«.[45] Dem Brauch der Zeit entsprechend bestand der Kirchenvorstand überwiegend aus Honoratioren: Es finden sich Berufsangaben wie ›Präsident des Verwaltungsgerichtshofs‹, ›Professor am Kadettenkorps‹, ›Hofschlossermeister‹, ›Senatspräsident‹, ›Kommerzienrat‹, ›Regierungsrat‹, ›Bezirksarzt‹, ›Rentier‹, ›Universitätsprofessor‹, ›TH-Professor‹, ›Bauamtsassessor‹. Erst unter den Ersatzleuten dominieren die Handwerksmeister.[46]

Die soziale Schichtung manifestierte sich auch im verschiedenartigen Charakter der einzelnen Pfarrbezirke. Im südlichen Schwabing dominierten die Herrschaften des Hofs, die höheren Beamten, die Professoren, die Bildungsbürger; St. Markus war deshalb insgesamt großbürgerlich geprägt. In Sendling und im Westend entstanden dagegen Arbeitergemeinden. »Durch den Zuzug von mehreren tausend Arbeiterfamilien, die von der Hand in den Mund leben, hat unsere Münchner Gemeinde ein von der früheren Art sehr abweichendes Gepräge erhalten«, heißt es im Gemeindeblatt von 1894.[47] Wichtig war, daß die Gemeinde auch ein Stück Gemeinschaft und Heimat vermitteln konnte; daher wurden die Gemeindehäuser wichtig.[48] Sozial gemischt zeigte sich der Neuhauser Bezirk, dessen alteingesessenes Bürgertum weithin katholisch war. Unter den Evangelischen gab es viele »kleine und mittlere Beamte« bei Eisenbahn, Trambahn und Post. Ein ausgesprochenes Arbeiterviertel entstand im Heideck. In Gern und Nymphenburg hingegen lebte eine verhältnismäßig große Anzahl hoher Beamter und Künstler.[49]

Um die Jahrhundertwende spitzten sich die weltanschaulichen Auseinandersetzungen erheblich zu. Die Münchner evangelische Gemeinde wurde sichtbar vor allem von zwei Konflikten betroffen: Von der Verschlechterung des Verhältnisses zum Katholizismus und von den Angriffen des Monismus und verwandter Fortschrittsideologien auf den christlichen Glauben. Die ›Canisius Enzyklika‹ des Jahres 1897[50] bot in München den Anlaß, im Jahre 1899 eine Ortsgruppe des seit 1886 bestehenden ›Evangelischen Bundes‹ zu gründen. Ein Chefredakteur und ein Justizrat waren die Initiatoren. Der ›Evangelische Bund‹ hatte sich ursprünglich drei Aufgaben gestellt, nämlich den Kampf gegen den Materialismus, gegen die regionale Zersplitterung des Protestantismus und »gegen eine romanistische und jesuitische Richtung innerhalb der katholischen Kirche«. Im Laufe der Jahre wurde er vor allem die protestantische Speerspitze in der Auseinandersetzung mit dem Katholizismus. Im Bayerischen Landtag fand 1899 eine mehrtägige erregte konfessionspolitische Debatte statt, die sich mit »Beschimpfungen« des ›Evangelischen Bundes‹, aber auch mit einem beleidigenden Artikel des ›Osservatore Romano‹ befaßte.[51] In München selbst ging es im einzelnen um die Frage der Mischehe und der Kindererziehung, um ein Flugblatt der ›Treu-zu-Rom-Bewegung‹, Denifles Lutherdeutung, die ›Canisius Enzyklika‹ und die ›Borromäus Enzyklika‹ 1910.[52] Es waren keine für München spezifischen Streitpunkte. Das zeigen die damals gebrauchten Schlagworte von einem im Kulturkampf erstarkten ›machthungrigen Ultramontanismus‹ und andererseits von der ›idealen Verbindung von Deutschtum und Protestantismus‹ unter dem deutsch-protestantischen Kaisertum in Berlin. Die Art der Verknüpfung von Patriotismus und Religion aus evangelischem Mund war zuweilen nicht ungefährlich. Ton und Inhalt der Auseinandersetzung kann man nachträglich nur bedauern.

Großes Interesse fanden bei vielen die leidenschaftlich geführten Auseinandersetzungen mit dem ›Monistenbund‹ und der ›freireligiösen Gemeinde‹ in den Jahren 1910 bis 1912. Der Führer der Freireligiösen, Dr. Ernst Horneffer, der wie sein Bruder August unter dem Einfluß Nietzsches stand, wollte München zum Vorort einer neuen religiösen Bewegung machen. Er hielt »Sonntagsfeiern für freie Menschen«, predigte über Schiller und Goethe, richtete freireligiösen Religionsunterricht ein und suchte eine Kirchenaustrittsbewegung in Gang zu bringen.[53] Auch die evangelische Gemeinde lud zu Vortragsabenden ein. Auf einer Veranstaltung am 11. Januar 1911 im Bürgerbräukeller sprachen für den ›Monistenbund‹ ihr damaliger Führer, der Leipziger Professor Wilhelm Ostwald sowie Dr. Johann Unold aus München und Dr. Ernst Horneffer. Auf der Gegenseite standen Dr. Sachs und Dr. med. Hauser aus Berlin für den 1907 von Eberhard Dennert gegründeten ›Keplerbund‹, der sich die »Förderung der Naturerkenntnis in der Gesamtheit unseres Volkes bei vorurteilsfreier Erforschung der Natur«, vornehmlich in Auseinandersetzung mit »dem in materialistischem Dogma befangenen Monismus«, zum Ziel gesetzt hatte.[54] An alle diese Vorträge schlossen sich Diskussionen an, an denen sich auch die Münchner Pfarrer beteiligten und die oft bis nach Mitternacht dauerten. Im Jahre 1912 veranlaßte ein ›Komitee konfessionslos‹ eine öffentliche Plakataktion, in der zum Kirchenaustritt aufgefordert wurde.[55]

Die evangelische Gemeinde als Verein

Im christlichen Ständestaat war das religiöse Leben in das gesamte Leben der Gemeinschaft organisch eingebettet. Als sich im 19. Jahrhundert die Beziehungen zwischen Bürgergemeinde und Christengemeinde lockerten, mußte sich die Kirche um ein eigenständiges Gemeinschaftsleben bemühen. Diese Aufgaben waren in der anonymer werdenden Großstadt München doppelt wichtig und doppelt schwer. Unter den Neubürgern bedurften viele der Hilfe, um wieder Anschluß in einer Gemeinschaft zu finden. Was der unterentwickelten staatskirchlichen Organisation der Münchner Parochie unmöglich war, das konnten kirchliche Vereine in Angriff nehmen; mit dem Erlaß eines liberalen Vereinsrechts im Jahre 1848 begann daher das ›Vereinszeitalter der Kirche‹. Die evangelische Kirche lebte nun in der Gestalt der Parochie und in der Gestalt des Vereins. Das Institut der sogenannten Damenkomitees eröffnete auch Frauen in karitativen Vereinen Betätigungsbereiche, die ihnen in der bürgerlichen Gesellschaft damals noch weithin verschlossen waren. Die Verbindung zwischen Verein und Parochie wurde in der Regel dadurch hergestellt, daß man den zuständigen Gemeindepfarrer in das Leitungsgremium wählte. Drei Grundformen sind zu erkennen: Vereine, die vor allem die christliche Gemeinschaft pflegten, Vereine, die soziale oder diakonische Aufgaben wahrnahmen und Vereine, die missionarische Ziele verfolgten.[56]

Da durch die Auflösung der alten Zünfte viele Handwerker auch ihren gesellschaftlichen Mittelpunkt verloren hatten, gründeten 1848 bewußt evangelische Handwerker einen ›Evangelischen Handwerkerverein in München‹.[57] Zu Beginn der Prinzregentenzeit war er der größte evangelische Verein in der Stadt mit Hunderten von Mitgliedern und vielen Unterabteilungen. Er wollte ein Sammelpunkt für Handwerker sein, »welche sich im Glauben einig wissen, am monarchischen Sinn festhalten, an ihrer Fortbildung arbeiten und christliche Geselligkeit pflegen«. In eigenen Häusern am ›Protestantischen Eck‹ in der Landwehr- und Mathildenstraße kam man zu religiösen Veranstaltungen wie Bibelabenden und zu geselligen Festen zusammen, oder hielt Vorträge über religiöse wie über allgemein bildende Themen. Hier übten Turner, Sänger, Orchestermitglieder und Laienspieler. Für die berufliche Fortbildung veranstaltete der Verein Lehrkurse in Buchhaltung, Rechnen, Deutsch, Französisch, Stenographie, Konstruktions- wie Ornamentzeichnen. Bereits in den fünfziger Jahren hatte man eine vereinsinterne Krankenkasse und eine Sparkasse gegründet. Für die Handwerksgesellen auf Wanderschaft errichtete der Verein eine ›Herberge zur Heimat‹ mit siebzig Betten.[58] Die Lehrlinge konnten sich im ›Lehrlingshort‹ treffen.

Um die Jahrhundertwende machte sich ein Wandel bemerkbar: Berufliche Bildung wurde unter Stadtschulrat Georg Kerschensteiner teilweise von der Stadt übernommen, die Reichsversicherungen machten private Initiativen überflüssig, die ständischen Schichtungen verwischten sich.

Der Verein mußte daher über neue Ziele nachdenken. Da er im Gegensatz zu vergleichbaren Vereinen in Bayern kaum Industriearbeiter, aber viele Handwerksmeister in seinen Reihen hatte, wollte er in sozialpolitischen Fragen neutral bleiben und »auf dem Boden des evangelischen Glaubens christliche Sitte und Bildung pflegen und hegen«. Er wurde daher »die gesellige Vertretung des religiös gesinnten Mittelstandes unserer Gemeinde, dem auch ihre höchstgestellten Mitglieder nicht ferne blieben«.

Der 1886 von einem Münchner Arzt gegründete Münchner ›Christliche Verein junger Männer‹ wandte sich zunächst vor allem an die vielen zugewanderten, alleinstehenden jungen Männer. Der Professor für Orientalistik, Dr. Fritz Hommel, der Bankdirektor Freiherr Eduard von Pechmann und die Gräfin von Castell-Castell als Vorsitzende des ›Damenkomitees‹ förderten den jungen Verein. Berühmte Gastredner wie Pfarrer Christoph Blumhardt, Bad Boll, Oberhofprediger Adolf Stöcker oder Präsident Bezzel machten ihn bekannt. Als der ›CVJM‹ 1906 in sein eigenes Haus in der Glückstraße nahe der Markuskirche einziehen konnte, zählte er etwa 1200 aktive und fördernde Mitglieder.[59]

Ein 1894 gegründeter ›Evangelischer Jungfrauenverein‹ wandte sich vor allem an Berufstätige: »Buchhalterinnen, Büroarbeiterinnen, Näherinnen, Strickerinnen, Ladnerinnen und Konfektionsarbeiterinnen.« 1910 besaß er 250 Mitglieder.[60]

Auch Gymnasiasten wollten sich in christlicher Gemeinschaft zusammenschließen. Da ihnen in der Schulordnung Mitgliedschaft in Vereinen verboten, nur in ›literarischen Kränzchen‹ erlaubt war, mußte der merkwürdige Name ›Bibelkränzchen‹ gewählt werden. Seit 1892 gründeten Schüler am Max-Gymnasium mehrere solcher ›Kränzchen‹. Ein großer dauerhafter Kreis, dessen wichtigste Epoche allerdings erst in die Zwischenkriegszeit fiel, entstand 1907. Religiöses Leben wurde hier mit Lebensformen der aufstrebenden Jugendbewegung verbunden.[61]

Daneben gab es überörtliche Vereine wie den ›Deutsch-Evangelischen Frauenbund‹, den ›Verein der Freundinnen junger Mädchen‹, den ›Evangelischen Bund‹ und den ›Gustav-Adolf-Verein‹ sowie Vereine, die sich für die Aufgaben der Mission oder der Bibelverbreitung engagierten.

Ausführlicher sei die wichtige Gruppe der Vereine mit diakonischen Aufgaben vorgestellt. Die Etats der bayerischen ›Wohltätigkeitsvereine‹ zusammengenommen waren zur Prinzregentenzeit höher als die Sozialetats der öffentlichen Hand. Sie erhielten keine nennenswerten Zuschüsse von seiten des Staates, sondern mußten, abgesehen von meist geringen Eigenleistungen der Betreuten, ihre Arbeit im wesentlichen aus freiwilligen Spenden, Mitgliederbeiträgen, Erbschaften, Vermächtnissen, zinslosen Darlehen, Kollekten, Erträgen aus den von den Damenkomitees veranstalteten Bazaren und aus Überschüssen bei Wohltätigkeitsveranstaltungen finanzieren. Der ›Verein für Innere Mission‹ in München erhielt zum Beispiel im Rechnungsjahr 1909/10 107 000 Mark an freiwilligen Gaben, zur gleichen Zeit bezahlte er seinen 24 Mitarbeitern im Jahr 17 000 Mark an Gehältern.

Der älteste dieser Vereine war der mit dem ›Verein für Innere Mission‹ verbundene, bereits 1838 gegründete ›Protestantische Armenverein München‹.[62] Er unterstützte etwa 900 hilfsbedürftige Familien nach dem ›Elberfelder Modell‹. Als Hospiz, Pensionat, Pfründe, Haushaltungsschule und Herberge mit Stellenvermittlung für weibliche Dienstboten betrieben Neuendettelsauer Diakonissen in der Theresienstraße das ›Maria-Martha-Stift‹. In der Arcisstraße befand sich das von Johann Löhe selbst gegründete Krankenhaus mit 79 Betten und einem Altenpensionat. Ein 1867 gegründeter ›Magdalenenverein‹ betrieb seit 1873 in der Kaulbachstraße, ab 1890 in der Blutenburgstraße 162 und von 1899 bis 1934 in der der Magdalenenstraße ein Asyl für Prostituierte, das in späteren Jahren in eine Erziehungsanstalt umgewandelt wurde.[63] Der ›Blau-Kreuz-Verein‹ kümmerte sich um Alkoholiker. Bereits seit 1852 bestand in Feldkirchen eine ›Evangelische Erziehungs- und Rettungsanstalt‹, die 120 Kinder aufnehmen konnte; war doch angesichts der ungenügenden sozialen Absicherung der städtischen Unterschichten die Zahl verwahrloster Kinder hoch. Im Haus des ›Evangelischen Waisenhausvereins‹ wohnten 44 Kinder.

Beachtliche Eigeninitiativen entwickelten die Haidhauser. Im Jahre 1897 baute der ›Protestantische Kirchenbauverein‹ an der Wörthstraße 20 eine Kinderbewahranstalt für 200 Kinder. Um den Kapitaldienst zu erleichtern, wurden Mietwohnungen eingebaut. Der prominenteste Mieter war der Komponist Max Reger. 1906 bildete sich ein eigener ›Protestantischer Krankenpflegeverein München-Ost‹, dessen zweiter Vorsitzender Geheimrat Dr. Wilhelm Roentgen war. Auch Rudolf Diesel arbeitete im Vorstand mit.[64]

Diese Vereine und Anstalten erfüllten wichtige Einzelaufgaben. Sie genügten jedoch den diakonischen Notwendigkeiten in dem sich zur Großstadt entwickelnden München nur zum Teil. Es war notwendig, eine Gesamtstrategie zu entwickeln, das Bewußtsein für die Notwendigkeit eines ständigen planmäßigen Dienstes der barmherzigen Liebe in der ganzen Gemeinde zu wecken, die bestehenden Aktivitäten zu koordinieren und neu entstehende Notstände rechtzeitig anzupacken. Zu diesem Zweck gründete Dekan Buchrucker 1884 nach Johann Heinrich Wicherns Konzeption den ›Verein für Innere Mission in München‹ als Stadtdiakonie.[65] Zum Vorsitzenden des Vereins wurde stets ein Gemeindeglied und kein Pfarrer berufen, um Diakonie als Sache der Gemeinde deutlich zu machen. Die ersten in dieser Reihe waren Oberlandesgerichtsrat Freiherr von Hermann, Professor Carl von Linde, Oberstleutnant a. D. Freiherr von Lupin. Die Zahl der ehrenamtlichen aktiven Mitarbeiter ist beeindruckend, es bestanden allein sechs rührige Damenkomitees für die einzelnen Arbeitszweige. Unermüdliche Helferinnen waren die beiden Gräfinnen Henriette und Fanny von Ysenburg-Philippseich.[66] Als Koordinator arbeitete ein eigener Vereinsgeistlicher.[67]

Die vordringlichste diakonische Aufgabe sah man in der Fürsorge für Kinder, da diese am meisten unter sozial unzureichenden Lebensbedingungen litten. Deshalb entstanden die Kinderkrippen, Kindergärten und Kinderhorte in Neuhausen, Sendling und im Westend. Als mustergültige Anlage für 200 Kinder konnte 1912 das Löhehaus an der Landshuter Allee in Betrieb genommen werden.[68] Es nahm auch das Sendlinger Knabenheim auf. Für kränkliche Kinder wurden jährlich in Bad Tölz, Bad Kissingen, Meran und an der Nordsee Kuren eingerichtet. Als vielgenutztes Erholungsheim erwarb man 1898 den Lindenhof bei Grafenaschau.[69] Die Kaufsumme stammte weithin aus Gaben der Kinder des Kindergottesdienstes von St. Markus. Neben der ausgedehnten Kindererholung begann man auf dem Lindenhof auch mit Erholungsaufenthalten für Mütter, in der Erkenntnis, daß erholte Mütter die beste Hilfe für Kinder sind. Ein 1889 errichtetes Evangelisches Arbeiterinnenheim wurde 1901 erweitert, von der Herrnstraße an den Annaplatz verlegt und dem etwas veränderten Zweck entsprechend in ›Töchterheim‹ umbenannt.

Armut und Krankheit hießen die Hauptnöte. In Verbindung mit dem ›Armenverein‹, dem ›Handwerkerverein‹ und den Diakonissenhäusern kümmerten sich Diakone, Diakonissen und Ehrenamtliche um die Hilfsbedürftigen. Zentrale Bedeutung gewann der ambulante Krankenpflegedienst. Außer Pensionsplätzen für alleinstehende ältere Damen benötigte man in begrenztem Umfang Altenheimplätze für arme Alte. Altenheime heutiger Art waren noch kaum gefragt, da etwas Wohlhabendere sich eigenes Personal leisten konnten. Der Betrieb der ›Herberge zur Heimat‹ wurde schwieriger; anstelle der wandernden Handwerksgesellen kamen aus der Bahn geworfene Obdachlose der Großstadt. Erklärtes Ziel der Arbeit war es, die Ursachen der Not aufzuspüren und ihr aktiv entgegenzutreten.

Über den Fortschritten im Aufbau der Gemeinde dürfen jedoch die Defizite und Verluste nicht übersehen werden: Die Münchner evangelische Gemeinde war theologisch und soziologisch vom Bürgertum geprägt. Die ungelernten Arbeiter spielten mehr als Objekte der Diakonie denn als aktive Gemeindeglieder eine Rolle. Zwischen 1875 und 1912 stieg die Zahl der Evangelischen in München von 21 000 auf 87 000; trotz vieler Bemühungen konnte nur ein Bruchteil von ihnen in das kirchliche Leben integriert werden. Die unaufhaltsam fortschreitende Säkularisation ergriff in erster Linie die kirchlich Heimatlosen. Leider verschlechterte sich nach dem Ende des Kulturkampfes um die Jahrhundertwende das Verhältnis zur katholischen Kirche. Um 1910 kam es dann auch zu teilweise emotional aufgeheizten Auseinandersetzungen mit Vertretern neuer Weltanschauungen, die durch umfassende Systeme Geist und Materie versöhnen, dem Fortschritt dienen und die Welträtsel lösen wollten. So war die Prinzregentenzeit kirchlich tatsächlich eine Zeit ohne spektakuläre Ereignisse, für die Münchner Evangelischen aber eine Epoche tiefgreifender Wandlungen.

Pädagogik und Schule
Stadtschulrat Kerschensteiner
Von Irmgard Bock

Ämter und Aufgaben

Als Georg Kerschensteiner, der wohl berühmteste Schulrat, den die Stadt München je in ihrem Dienst hatte, 1895 sein Amt antrat, war das eher einer Reihe von Zufällen zu verdanken,[1] als dem Wissen um die außergewöhnlichen Qualitäten dieses Mannes, die sich wohl auch erst entfalten konnten, als er einen angemessenen Wirkungskreis erhielt.[2] Er war nun zuständig für die Werktags- und Feiertagsschulen, die ›Städtische Handelsschule‹, die ›Höhere Töchterschule‹ und einen Teil der Fortbildungsschulen, nicht jedoch für das staatliche und private Schulwesen.[3] Einige Zahlen zeigen den Aufschwung, den das städtische Schulwesen während Kerschensteiners Amtszeit, also zwischen 1895 und 1919, genommen hat: 1895 wurden in den Werktagsschulen mehr als 36000 Kinder unterrichtet, in den Feiertagsschulen über 11000; 1913/14 unterrichtete man dagegen in 116 Werktagsschulen über 76000 Kinder und in 52 Sonntagsschulen über 6000.[4] Neben solchen quantitativen Veränderungen war jedoch das Schulwesen – wie bereits die Abnahme der Sonntagsschüler zeigt – auch qualitativ grundlegend umgestaltet worden.

Kerschensteiner ist im allgemeinen Bewußtsein als der ›Vater der Berufsschule‹ lebendig geblieben. Seine Verdienste um die anderen Schularten sind aber nicht geringer. Kindergärten, Kinderhorte, Mittelschulen und Einrichtungen des tertiären Bereichs, also Einrichtungen für Schüler, die nicht mehr der Schulpflicht unterstanden, erfuhren ebenfalls seine Fürsorge. Es liegt im Ansatz von Kerschensteiners Bildungsverständnis begründet, daß er vor allem das Pflichtschulwesen umgestaltete. Daß die Gymnasien in München staatliche oder private Einrichtungen waren, mag zu diesem Schwerpunkt auch ›von Amts wegen‹ beigetragen haben.[5]

Für die Stadtväter hatte Kerschensteiner bei seiner Berufung zwei Vorzüge: Er war katholisch, wenn auch nicht eng kirchlich und er kannte die verschiedenen Schularten aus der Praxis.[6] Mit seinem Amt war das des ›Königlichen Schulkommissärs‹ verbunden; das bedeutete nicht nur direktes Vortragsrecht bei der Regierung, als Mitglied der ›Lokalschulkommission‹ hatte er auch die oberste staatliche Schulaufsicht inne.[7] Kerschensteiner wußte diese Machtfülle zu nutzen, ohne daß dies für ihn zu besonderen Konflikten geführt hätte. Dennoch zeichnete sich 1908 eine Schwierigkeit ab: Die Regierung bestand nämlich verstärkt auf ihrem Recht auf Schulaufsicht, trotz des garantierten Sonderstatus von München, und betonte,

»daß die Kgl. Lokalschulkommission der Stadt München nicht ein Organ der gemeindlichen Selbstverwaltung, sondern eine staatliche (distriktive) Schulbehörde und als solche der Kgl. Regierung, Kammer des Innern, untergeordnet« sei.[8] Solche Differenzen hinderten Kerschensteiner jedoch nicht, seine Bildungskonzeption in den städtischen Schulen zu verwirklichen.[9]

Kerschensteiners Bildungsverständnis

Für Kerschensteiner stand das Bemühen im Vordergrund, dem großen, praktisch begabten Teil der Bevölkerung, der keine höhere Schule besuchte, sondern sofort einen Beruf ergriff, über die Schule das Rüstzeug zur Lebensbewältigung sowie charakterliche Formung und aktive Teilhabe am bürgerlichen Leben durch Bildung zu vermitteln.

Die Verbindung von Theorie und Praxis · Dies hoffte er durch eine intensive Verbindung von Theorie und Praxis zu bewältigen. Da er das eigentliche Interesse der jungen Leute bei ihrem Beruf vermutete, suchte Kerschensteiner die schulische Bildung darauf abzustimmen: Da sich seiner Meinung nach die theoretischen Interessen nach den praktischen entwickeln, wollte er nicht nur bestimmte Fähigkeiten einüben oder Wissen durch Erfahrung anbahnen: »Nur durch praktische, auf ein wohlumgrenztes Gebiet beschränkte Arbeit, die den Fähigkeiten des einzelnen entspricht, gelangt der Mensch zu wertvoller Bildung«,[10] schreibt er 1907. Ziel seiner Pädagogik ist zugleich eine staatsbürgerliche Erziehung, aber nicht als Erziehung zur Arbeit, sondern als Bildung durch Arbeit. Kerschensteiner wollte damit Bildung aus einer elitären Möglichkeit für wenige, zu der sie im Laufe des 19. Jahrhunderts im Gegensatz zum ursprünglichen Konzept des Neuhumanismus geworden war, zu einer Chance für alle werden lassen. Wissen ist für ihn aber nur dann Bildungswissen, wenn es in praktisches Tun umgesetzt wird· »Gebildete Menschlichkeit beruht nicht allein auf dem, was einer *kennt*, sondern vor allem darauf, was einer *kann*.«[11]

Damit wird der Humboldtsche Bildungsbegriff[12] aufgegeben. Es kommen dafür aber die Besonderheiten der Einzelnen und ihr Zusammenwirken in der Gemeinschaft in den Blick. Kerschensteiners Bildungsdenken hat damit eine ausgesprochen soziale und politische Ausrichtung; dies trug dazu bei, daß er, der Liberale, in den städtischen Gremien zeitweise von den Sozialdemokraten stärkere Unterstützung erfuhr als von einigen Vertretern seiner eigenen Couleur.[13]

Charakterbildung als soziale und politische Bildung · Kerschensteiner erstrebte aber keine theoretische Bildung zur Gemeinschaft, sondern eine solche in Gemeinschaft, die den

»Sie kennen nicht einmal jenen wenn auch seltenen, so doch berühmten Versfuß, den Proceleusmatikus? Und Sie wollen in einigen Wochen das Gymnasium verlassen und in das praktische Leben hinaustreten?« Zeichnung von Rudolf Wilke – Vor allem der mangelnde Praxisbezug der alten Schule erregte die Kritik des Stadtschulrates Georg Kerschensteiner. Simplicissimus 1901, Nr. 33, S. 261

Gemeinsinn zu wecken vermag. Letztes Ziel ist die Formung des Charakters:

»Darin liegt das charakteristische Merkmal der Schulreformpläne, die seit zwei Jahrzehnten mein Herz erfüllen, nämlich die Stätten des rechten Erwerbs von Kulturwerten auch in Stätten des rechten Gebrauchs umzuwandeln. Das ist der Sinn meines ›Begriffs der Arbeitsschule‹, also der Schule, welcher alles an der Charakterbildung liegt.«[14]

Charakter ist nach Kerschensteiner die Übernahme von Werten. Sie ist an die Struktur des Seelenlebens gebunden.[15] Nur ein solcher Wert kann von Belang werden, dem eine Anlage entspricht.

Setzt man, wie Kerschensteiner, das grundsätzliche Interesse des Einzelnen an der Arbeit voraus, so bedeutet das, daß die Grundtugenden der Arbeit von ihm auch erworben werden können und müssen, also »Fleiß, Sorgfalt, Gewissenhaftigkeit, Beharrlichkeit, Aufmerksamkeit, Ehrlichkeit, Geduld, Selbstbeherrschung, Hingabe an ein festes, außer uns liegendes Ziel«.

Diese bilden für Kerschensteiner auch die »Grundlagen der wichtigsten bürgerlichen Tugenden«;[16] Körperertüchtigung kann ihre Ausprägung fördern. Kerschensteiner verbindet damit die soziale und staatsbürgerliche Erziehung: »Soziale Gesinnung erwirbt man weder im theoretischen, noch auch im manuellen Lernen. Soziale Gesinnung und damit vaterländische Gesinnung erwächst dem Einzelnen nur im praktischen Dienst einer Gemeinschaft ... Nichts aber ist geeigneter zu solchem Dienste als frühzeitig einsetzende gemeinsame praktische Arbeit.«[17]

Charakterbildung durch Arbeit wird somit zugleich zur Grundlage einer politischen Bildung, die sich im Leben in der und für die Gemeinschaft realisiert. Um diese »unerläßliche Voraussetzung«[18] in der Schule zu fördern, sind allerdings organisatorische Maßnahmen nötig, zum Beispiel die Bildung von Arbeitsgemeinschaften statt Einzelarbeit. Ergänzt wird dieses Grundkonzept durch eine musische Bildung, die sich vor allem im Arbeitsunterricht über das Zeichnen realisieren läßt.

Organisatorische Folgerungen · Kerschensteiner hat 1916 – gegen Ende seiner Amtszeit als Münchner Stadtschulrat – eine zusammenfassende Darstellung seines organisatorischen Konzepts vorgelegt.[19] Die Grundkonzeption ist die einer Einheitsschule, die sich ausdifferenziert, um den verschiedenen Interessen und Fähigkeiten der Kinder gerecht werden zu können. Sie ist die Konsequenz aus der Überzeugung von der sozialen und letztlich politischen Bedeutung der Bildung. Kerschensteiner vertritt so die Notwendigkeit einer gemeinsamen Schule für alle und ist ein entschiedener Gegner des Privatschulwesens vor allem im Elementarbereich. Dabei verkennt er nicht, daß bestimmte vor allem religiöse Gruppierungen einen berechtigten Anspruch auf eine Erziehung in ihrem Sinne erheben und fordert deshalb, daß der Staat oder die Stadt Schulen dieser verschiedenen Ausrichtungen – auch der Freidenker – bei sonst gleichem Lehrplan ermöglichen; aber er wehrt sich vehement gegen besondere Einrichtungen aus ständischen Erwägungen: Höhere Stände und vermögende Schichten sollen aus den oben erwähnten sozialen und politischen und auch aus entwicklungspsychologischen Gründen[20] kein Recht haben, ihre Kinder von den öffentlichen Schulen fernzuhalten.

Die Schulpflicht soll mit dem sechsten Lebensjahr beginnen, und die Kinder müssen die Elementarschulen die ersten vier bis sechs Jahre gemeinsam besuchen. Eine Ausdifferenzierung soll nur aufgrund der sich unterschiedlich entwickelnden Interessen möglich sein. Theoretisch Interessierte können nach dem vierten oder fünften Schuljahr in die ›Gelehrtenschule‹ übertreten, die sich nach drei gemeinsamen Jahren in zwei Hauptzweige unterteilt und nach weiteren drei Jahren noch einmal neu gliedert. Nach der sechsten Klasse der Elementarschule wird ein weiterer Teil der Schüler zur Mittelschule überwechseln und von dort aus nach zwei oder drei Jahren in Fortbildungsschulen für »komplizierte Gewerbe« und »kaufmännische Berufe«[21] beziehungsweise in die höheren ›Technischen Fachschulen‹ übertreten.

Die Elementarschule, die der größte Teil der Jugend weiterhin besucht, wird ab dem fünften Schuljahr zunehmend nach praktischen Interessen differenziert, es gibt »Werkstätten, Schulküchen und Schulgärten«.[22] Besondere Begabungen sollen in Sonderklassen gefördert werden, ohne daß diese als Mittelschulen von der allgemeinen Volksschule getrennt würden, selbst wenn sie über die allgemeine Volksschulpflicht hinaus noch ein oder zwei Jahre fortbestehen sollten. Mit der Beendigung des achten Schuljahres treten die Schüler, die eine entschiedene Neigung für einen Beruf entwickelt haben, in die Lehre und die damit verbundenen Fortbildungsschulen der verschiedenen Zweige über. Für die übrigen denkt Kerschensteiner an ein neuntes oder zehntes Schuljahr, das vor allem der weiteren Hilfe bei der Berufsfindung dienen soll, das aber »auch in ausgiebigem Maße auf die Pflege der praktischen Interessen vor allem auch der praktischen Interessen der Teilnahme gerichtet ist«,[23] also der sozialen und politischen Bildung dient, und deshalb durch Einrichtungen der Jugendpflege ergänzt wird.

Daneben ist Kerschensteiner gegenüber einer simultanen Differenzierung auf freiwilliger Basis durchaus offen. Übergangsmöglichkeiten will er nicht streng regeln, und er erwägt eine wenigstens teilweise Durchlässigkeit der einzelnen Zweige. Er stellt dabei nur eine Bedingung:

»Für mich ist jede simultane Differenzierung zulässig, welche das Gemeinsamkeitsgefühl nicht zerstört, den Geist der Arbeitsgemeinschaft entwickelt läßt und gegenseitige Hilfe und Teilnahme nicht ausschließt.«[24]

Kerschensteiner geht also von einer gleich langen Schulzeit für alle Kinder aus, sei es nun auf der ›Gelehrtenschule‹ oder in der Fortbildungsschule. Diesen Gedanken begründet er schon 1905:

»Es ist gar nicht einzusehen, weshalb der Staat die großen Massen der geistig und moralisch schwächer Beschützten früher dem Zufall der Lebenserziehung preisgibt als die kleine Anzahl geistig gut Begabter, die zumeist noch im Schatten eines geordneten Familienlebens aufwachsen. So muß die Kluft zwischen allen gleichberechtigten Staatsbürgern eine gewaltige werden, eine so gewaltige, daß sich die beiden Klassen, die doch stets aufeinander angewiesen sind, einander später nicht mehr verstehen. Darum ist ein weiterer Ausbau der Volksschule bis zum 18. Lebensjahr eine unerläßliche Forderung.«[25]

Da diese Schulpflicht für alle mit der Berufsausbildung verbunden sein soll, sind hier ›Pflichtfortbildungsschulen‹ beziehungsweise ›Fachschulen‹[26] gemeint.

Die Realisierung des Konzepts in München

München hatte seit 1803 eine allgemeine Volksschule, deren Besuch kostenlos und verpflichtend war. Sie war wie alle Schulen der Zeit als reine ›Buchschule‹ konzipiert. Die Schüler hatten Religionsunterricht und wurden primär in den einfachen Kulturtechniken – Lesen, Schreiben und Rechnen – unterrichtet. Im Laufe des Jahrhunderts war dann der Lehrplan immer mehr angereichert worden, sodaß eine kaum mehr zu bewältigende Stoffülle den Unterricht belastete. Die Schüler lernten primär auswendig und hatten oft keine Anschauung von dem, womit sie ihr Gedächtnis belasteten.

Werktagsschulen: Lehrplanrevision · Schon vor Kerschensteiners Amtsantritt gab es Reformbestrebungen. Vor allem die Lehrerschaft drängte auf eine Reform des Lehrplans. Hier setzte der neue Schulrat an. Die ersten Jahre seiner Amtszeit nutzte er, um sich in vielen Visitationen über den Stand des Volksschulwesens zu informieren. Zugleich erarbeitete er einen neuen Realienlehrplan für die Werktagsschulen, den er nach ausführlicher Diskussion mit Lehrern in einer Subkommission der ›Lokalschulkommission‹ und in den periodisch stattfindenden Oberlehrerkonferenzen[27] 1898 den Gemeindekollegien zur Genehmigung vorlegte. Trotz sorgfältiger Vorbereitung wurde dieser Plan, den die Regierung im Mai 1898 genehmigte, nicht allgemein gebilligt. Im Gegenteil, Kerschensteiner wurde in den Fachorganen und der Tagespresse heftig angegriffen, – nicht nur von Vertretern anderer pädagogischer Richtungen, sondern auch von konservativen Kreisen.[28] Diese Angriffe verstummten erst, als er im Juni 1901 durch die Schrift ›Die Staatsbürgerliche Erziehung der deutschen Jugend‹ den Preis der ›Königlichen Akademie gemeinnütziger Wissenschaften zu Erfurt‹ erhielt und einige Tage später zum auswärtigen und korrespondierenden Mitglied der Akademie ernannt wurde. Was war nun das Neue dieses Planes, mit dem die Lehrplanreform des Werktagsschulwesens eingeläutet wurde?

Schon in seiner Antrittsrede vor der ›Lokalschulkommission‹ im Oktober 1895[29] wird deutlich, daß er eine Stoffbegrenzung unter dem Gesichtspunkt anstrebte, das zu erhalten, was die Kinder für ihr künftiges Leben wirklich benötigen:

»Darum meine ich, daß wir gut thun werden, in all den Dingen, die der moderne Mensch zur sogenannten Bildung rechnet, den Stoff wohlverstandener Weise zu begrenzen, innerhalb der Grenze aber möglichst selbstthätig verarbeiten zu lassen.«[30]

Das wird dann in dem Lehrplan, der unter der Bezeichnung »Weltkunde« die Fächer Geographie, Geschichte und Naturkunde umfaßt, angestrebt. Der Stoff wird strukturiert, begrenzt, und man versucht, auf die Erfahrungen der Schüler Rücksicht zu nehmen. In der Geographie geht man von der Heimatkunde aus; Erkundungen der nächsten Umgebung, die die Beobachtungsgabe der Schüler fördern, sollen die Voraussetzung sein. Das sittliche Moment will der Plan insofern berücksichtigen, als auf die verändernde Wirkung menschlichen Eingreifens in die Natur ausdrücklich hinzuweisen ist. Auch der Geschichtsunterricht ist auf die Lebenswelt der Kinder zu beziehen, sittlich zu fundieren und auf die vaterländische Gesinnung hin fruchtbar zu machen.

Ähnliches gilt für den Naturkundeunterricht, der kein umfassendes theoretisches, aber auch kein praktisch verwendbares Wissen vermitteln soll, sondern grundsätzliche Erkenntnisse. Wichtige Aspekte von Kerschensteiners Bildungskonzeption klingen hier schon an.

Diese Lehrplanrevision, der mit den ›Betrachtungen zur Theorie des Lehrplans‹[31] gleichsam nachträglich eine Begründung hinzugefügt wurde, war der Anfang einer Entwicklung, die erst 1909 ihren Abschluß finden sollte, und in deren Vollzug man alle Fächer berücksichtigte. Daneben wurden auch die Lehr- und Lesebücher geändert. Daß diese notwendigen Maßnahmen, die meist mit Erprobungszeiten und Berücksichtigung der dabei gemachten Erfahrungen vor ihrer endgültigen Genehmigung verbunden waren, auch Unruhe in die Schule brachten, die zu Reformmüdigkeit und Angriffsmöglichkeiten für die Gegner Kerschensteiners führten, ist nur zu verständlich.

Werktagsschulen: Neuerungen · Diese Neuerungen waren nicht die einzigen, die in Kerschensteiners Amtszeit im Werktagsschulwesen stattfanden. Seit 1900 wurden in den bis dahin freiwilligen achten Klassen für die Buben Schulwerkstätten eingeführt mit Kursen in Holz- und Metallbearbeitung, die den Gedanken der Bildung durch Arbeit schon in die Werktagsschule trugen. Das machte diese Klassen dann so attraktiv, daß ihr Besuch 1906 – auf der Grundlage einer Münchner Verordnung von 1903 – verbindlich gemacht werden konnte. Für den Chemie- und Physikunterricht wurde 1907 beziehungsweise 1911 die Arbeit in Laboratorien in den Oberklassen der Werktagsschulen und den Fortbildungsschulen eingeführt; diese sollte neben dem Lernen durch Tun auch die soziale Erziehung durch die dabei nötigen Arbeitsgemeinschaften fördern.[32] Der Widerstand gegen diese Neuerung war nicht nur durch die großen Kosten, die damit auf die Stadt zukamen, verursacht. Die Lehrer besaßen zum großen Teil keine Vorbildung für einen solchen Unterricht, und es regten sich auch Ängste wegen möglicher Unfälle.[33]

Für die freiwilligen achten Mädchenklassen richtete man verstärkt Schulgärten und Schulküchen ein, um auch diese Klassen attraktiver werden zu lassen und die Mädchen auf ihren ›eigentlichen Beruf‹ als Hausfrauen und Mütter vorzubereiten. 1913 machte man dieses Jahr zum Pflichtjahr. Für die jüngeren Schüler wurden an den Schulen Aquarien und Terrarien eingerichtet. Den Schulgarten ersetzten für diese Kinder Topfpflanzen und Blumenzwiebeln, für die die Stadtverwaltung regelmäßig eine bestimmte Summe im Etat vorsah.

Dem Gedanken der beruflichen Vorbildung, zugleich aber auch der ästhetischen Erziehung diente die Revision und Ausweitung des Zeichenunterrichts. Kerschensteiner bereitete sie durch ausgedehnte Studien vor, die durch die Kunsterziehungsbewegung seiner Zeit angeregt worden waren.[34] Die Ergebnisse veröffentlichte er 1905 in der Monographie ›Die Entwicklung der Zeichnerischen Begabung. Neue Ergebnisse auf grund neuer Untersuchungen‹. Diese Studie rief eine heftige Kontroverse unter anderem mit dem Studienrat Heinrich Morin[35] hervor. Für besonders Begabte wurden Zentralklassen eingerichtet, in denen sie weiter gefördert werden konnten.

Neuerungen für die Werktagsschule waren ab 1904 auch Schülervorstellungen in den Theatern sowie Schülerwanderungen – ab 1895 statt der Maiausflüge –, die der Naturlehre und dem Verständnis für den Naturschutz ebenso dienten wie der Förderung des Gemeinschaftsgefühls und der körperlichen Ertüchtigung. Für die letztere wurden die 1890 ins Leben gerufenen Jugendturnspiele verstärkt gefördert, eine Einrichtung, die nicht nur für alle Pflichtschulen, sondern auch für die Mittelschulen gedacht war. Im Winter richtete man, wann immer es möglich war, auf den Schulhöfen Eisbahnen ein, ab 1903 gab es Schwimmunterricht für Knaben, dann 1913 auch für Mädchen. Der Erziehung zur Körperpflege dienten die Brausebäder in den Schulen, der Gesundheitspflege seit 1907 Schulärzte, die jedes Kind wenigstens bei der Einschulung und bei der Entlassung untersuchten. Die vor allem von den Sozialdemokraten geforderte Einrichtung einer Schulzahnklinik[36] fand dagegen bei Kerschensteiner aus Kostengründen keine Unterstützung. Ebensowenig konnte er sich mit einer grundsätzlichen Lehrmittelfreiheit anfreunden.

Die Protokolle der öffentlichen Sitzungen der beiden Kammern der Stadtverwaltung belegen, daß es Kerschensteiner bei fast allen seinen Anliegen gelungen ist, die Mehrheit von der Notwendigkeit seiner Maßnahmen zu überzeugen. Nur eine Idee hat er nicht realisieren können: Eine grundlegende Umgestaltung der unteren Klassen der Werktagsschule im Sinne seines Arbeitsschulgedankens. Stattdessen wurden ihm mit dem Schuljahr 1910/11 erstmals Versuchsklassen zugestanden.

Kerschensteiners zunehmender internationaler Ruhm hat sicher dazu beigetragen, daß er sich beinahe gegen alle Widerstände – seit 1907 war ihm in dem Lehrer Karl Gutmann ein sachlicher Gegner entstanden – durchsetzen konnte. München wurde ein Mekka für alle pädagogisch Interessierten. Auf der anderen Seite muß man sehen, daß er selber versuchte, die Belastungen, die seine Reformen für die Stadt mit sich brachten, so weit es ihm möglich war in Grenzen zu halten.

Werktagsschulen: Schulhausbau · Das ist besonders deutlich am Schulhausbau zu erkennen, der primär für die Werktagsschulen notwendig wurde. Die Stadt München hat in seiner Amtszeit durchschnittlich einhalb Schulhäuser im Jahr – ab 1902 meistens auf Anleihe – gebaut und dennoch nicht auf Schulbaracken verzichten können. Das geschah auch in der Zeit wachsender sozialer und finanzieller Probleme vor dem Ersten Weltkrieg.

Die Notwendigkeit für diese Bauten beruhte nicht nur auf der Vielzahl der Eingemeindungen in dieser Zeit, sondern auch auf einem vestärkten Zuzug zur Stadt und dem zu dieser Zeit hohen Geburtenüberschuß. Kerschensteiner hat jedes Jahr neu darum gekämpft, die vielen Kinder in noch einigermaßen überschaubaren Klassen unterzubringen. Eine durchschnittliche Schülerzahl von 50 bis 52 galt als vertretbar. Da die Oberklassen kleiner waren, konnte das auch bedeuten, daß bis zu 70 Kinder in einer Anfängerklasse lernten. Außerdem mußten in jedem Jahr viele Klassen in andere Schulhäuser verlegt werden, in denen gerade ein Raum frei war.[37] Das bedeutete aber für die Kinder vielfach heute unvorstellbar weite Wege. Dennoch wußte er, daß er die Finanzkraft der Stadt nicht durch zu viele Forderungen an Bauten und Personal überlasten durfte. Auf bestimmte Grundbedürfnisse, die sich aus seiner pädagogischen Konzeption ergaben, hat er aber nie verzichtet: Auf die Brausebäder, die Schulwerkstätten und -küchen, die Laboratorien und Zeichensäle, auf Turnhallen, ausreichend große Schulhöfe, die zugleich als Spielplätze für die Stadtkinder dienten. Bei den Nebenräumen, wozu nicht die in den Werktagsschulen untergebrachten sozialen Einrichtungen wie Suppenküchen und die Kindergärten zählten, wohl aber Dienstzimmer der Oberlehrer und des anderen Personals, nahm er hingegen Streichungen hin.

Simultanschulen · Aus Anlaß der Schulraumnot entzündete sich in München auch immer wieder ein alter Streit, in dem Kerschensteiner schließlich unterlag. Es ging um die Frage der Simultanschulen.[38] Die Münchner Werktagsschulen waren im Unterschied zu den Mittelschulen grundsätzlich konfessionell gegliedert. Für die wachsende Zahl protestantischer Kinder standen wenige Schulen ihres Bekenntnisses zur Verfügung. Hinzu kamen protestantische Klassen an katholischen Schulen; zum Teil wurden diese Kinder auch – wie die jüdischen – in katholische Klassen eingegliedert. Außerdem bestanden seit 1883 noch zwei zentrale konfessionelle Simultanschulen. Durch alle Jahre von Kerschensteiners Amtszeit läßt sich die Forderung der protestantischen Schulaufsichtsbeamten nach weiteren eigenen Konfessionsschulen[39] verfolgen. Daneben wurde aber auch immer wieder behauptet, daß der Schulraumnot und den weiten Wegen der Kinder durch mehr Bezirks-Simultanschulen abgeholfen werden könne. 1905 brachten die Herren Feierabend, Schenk, Kanzler und Wolfrum den Antrag in den Magistrat ein, zu prüfen, welche Schulen sich als besonders geeignet erweisen könnten, in Simultanschulen umgewandelt zu werden. Kerschensteiner stand diesem Antrag wohlwollend gegenüber, ohne Anhänger allgemeiner Simultanschulen zu sein. Er ließ genaue Zahlen über die Länge der Schulwege der protestantischen Kinder erheben, um die Notwendigkeit solcher Schulen zu belegen.[40] Es gelang auch, eine Mehrheit in beiden Gemeindekollegien für die Umwandlung von sechs Schulen zu gewinnen.[41] Den Gegnern eines solchen Schrittes, vor allem den Kirchen, gelang es aber, das Ministerium des Innern auf ihre Seite zu ziehen. Der Antrag wurde abgelehnt,[42] der Einspruch der Stadt hatte keinen Erfolg.[43]

Auf einen Ausweg aus der Schulraummisere ist Kerschensteiner allerdings nie verfallen: Er hat niemals private Werktagsschulen gefördert. Wo immer Anträge auf ihre Errichtung eingereicht wurden, hat er sie nachdrücklich bekämpft, weil sie – wenn sie nicht für kranke Kinder eingerichtet wurden – seiner Vorstellung von sozialer und politischer Erziehung diametral entgegenstanden.[44]

Sonntags- und Fortbildungschulen: Das Konzept · Mit dem Ende der Werktagsschule hatte das Münchner Kind seiner Schulpflicht noch nicht Genüge getan. Es mußte anschließend die Sonntags- beziehungsweise Fortbildungsschule besuchen. Diese Schulen waren für alle verpflichtend, die die Werktagsschule abgeschlossen hatten. Man kann auch hier also mit Recht von Volksschulen sprechen. Für Mädchen gab es die Sonntagsschule, wobei diese Bezeichnung insofern irreführend ist, als seit dem Schuljahr 1875/76 der Unterricht wenigstens für einzelne Klassen auf den Mittwoch verlegt worden war. Aber erst 1909 hob man den Sonntagsunterricht generell auf.[45] Daneben wurden für Mädchen 1894[46] fakultative Fortbildungsschulen eingerichtet, die im Jahre 1900 neue Satzungen und Lehrpläne bekamen.[47] Für die Buben gab es seit 1876 nur noch die Fortbildungsschulen, die, entsprechend den Lehrberufen, in Zeichen- und Realienklassen aufgeteilt waren. Für die italienischen Ziegeleiarbeiter standen Spezialklassen zur Verfügung. Fachklassen konnten anschließend von denen besucht werden, die nicht mehr der Schulpflicht unterstanden. Die Lehrpläne der Pflichtschulen enthielten bei fünf bis acht Stunden Unterricht neben dem Religionsunterricht primär eine Wiederholung des früheren Stoffes. Diese Schulen waren weder bei den jungen Leuten noch bei ihren Lehrherren beliebt. Eine Revision – schon unter Wilhelm Rohmeder angebahnt – war dringend notwendig. Daß Kerschensteiners Bildungskonzept hier einen Ansatz zur Realisierung fand, liegt auf der Hand.

Die Reorganisation lief mit der der Werktagsschule parallel und überschnitt sich zum Teil sogar mit ihr. So wurde den Schülern, die das achte Werktagsschuljahr freiwillig absolvierten, der Eintritt in die dritte Klasse der Sonntags- bzw. Fortbildungsschule gestattet. Diese Möglichkeit entfiel, als die achten Klassen verbindlich wurden. Für die Mädchen wurde die Sonntagsschule zugunsten der Fortbildungsschule ein Jahr nachdem das achte Schuljahr Pflicht geworden war aufgehoben.

Auch bei dieser Reform suchte sich Kerschensteiner erst einmal mit der Materie gründlich vertraut zu machen, indem er die Gestaltung dieses Schulzweigs im Ausland studierte.[48] Außerdem galt es, die Vertreter der Gewerbe und Innungen, die eigene Fachschulen unterhielten, für seine Pläne zu gewinnen. Das war unabdingbar, nicht nur, weil es ihm nicht möglich gewesen wäre, seine Pläne gegen ihren Widerstand durchzusetzen, sondern auch, weil er den Fachunterricht von Meistern der verschiedenen Gewerbegruppen erteilen lassen wollte. In Zusammenarbeit wurden auch die Lehrpläne konzipiert.

1900 konnte er seinen Plan den städtischen Gremien vorlegen. Er wurde von beiden einstimmig mit Beifall aufgenommen und von der Regierung am 21. November 1900 genehmigt. Er beinhaltete: Die am 1. März 1895 eröffneten fakultativen Fortbildungsschulen für Mädchen – deren Lehrplan und Satzungen, nach der Revision des Lehrplans für die achten Klassen der Werktagsschulen wegen der engen Verflechtung beider geändert werden mußten – bestanden ab 1900 nur noch aus einer hauswirtschaftlichen und einer kaufmännischen Abteilung, während die gewerbliche aufgegeben wurde, bei Bedarf aber wieder errichtet werden konnte. Ziel des Unterrichts war die Vorbildung für den »eigentlichen weiblichen Beruf«. Außerdem sollten sie der Berufsvorbereitung derjenigen Mädchen dienen, die ihren Lebensunterhalt selbst verdienen mußten. Das war für diejenigen, die keine mittleren Bildungsanstalten, also die Frauenarbeitsschule, besuchen konnten, am ehesten mit Handarbeiten beziehungsweise in kaufmännischen Hilfsberufen möglich. Dem entsprachen die Anforderungen des Lehrplans, die vor allem in der kaufmännischen Abteilung zeigen, welch fundierte Kenntnisse erwartet wurden.

Die Fortbildungsschule für Knaben erfuhr eine noch weitergehende Umgestaltung; so wurde die obligatorische Elementarabteilung in fachliche Schulen aufgeteilt. Dafür faßte man die Schüler nach verschiedenen verwandten Berufsgruppen in Klassen zusammen, um ihnen einen ihrem Gewerbe entsprechenden Unterricht zu erteilen: »Fachzeichnen« als »Hauptgegenstand, an den sich aller übrige Unterricht, Geschäftsaufsatz, gewerbliches Rechnen, Technologie und Werkzeugkunde, Gewerbe- und Bürgerkunde und ebenfalls auch praktischer, von Gewerbsmeistern zu erteilender Unterricht so eng wie möglich anschließt«.[49]

Der Unterricht durfte ausnahmsweise noch an den Sonntagen erteilt, aber nicht mehr auf die späten Abendstunden verlegt werden; die Stundenzahl wurde erhöht.

Eine besondere Sorge Kerschensteiners galt hier und auch weiterhin denjenigen, die keiner der Berufsgruppen zugeordnet werden konnten, oder keine Lehrstelle gefunden hatten und sich als Botenjungen, Tagelöhner oder Hilfskräfte verdingten. Sie wurden in Zentralklassen zusammengefaßt; ihr Unterricht diente der Vertiefung allgemeinen Wissens und wurde erst 1906 um Zeichen- und Handfertigkeitsunterricht erweitert.

Sonntags- und Fortbildungsschulen: Realisation · Kerschensteiner hatte mit wenigstens zwei Jahren für die Realisierung seines Planes gerechnet. Aber mit dem Schuljahr 1900/01 nahmen die Kaminkehrer, die Schuhmacher, die Klasse für Bader, Friseure und Perückenmacher neben den Metzgern die Arbeit nach den neuen Plänen auf. 1911/12 waren es 55 Klassen. Der Gedanke der beruflichen Gliederung der Fortbildungsschule fand Gegner vor allem in der Lehrerschaft, die diese bislang im Nebenamt betreut hatte, was sich jetzt nicht mehr realisieren ließ. Nachdem sich erste Erfolge zeigten, da die Ausbildung der jungen Leute sich erheblich verbessert hatte, verstärkte sich auch das Interesse der Gewerbetreibenden an diesen Schulen. So war es ab 1904 möglich, Meisterklassen nach diesem Muster einzurichten, in denen bereits im Beruf Stehende ihre Kenntnisse nach Arbeitsschluß auf freiwilliger Basis vertiefen konnten.

Sonstige Aufgabenbereiche

Werktags- und Fortbildungsschulen kamen dem größten Teil der Münchner Bürger zugute. Sie waren auch die Einrichtungen, bei denen der Stadtschulrat am stärksten umgestaltend eingriff. Daneben galt seine Sorge – wenn auch weniger spektakulär – noch einer Vielzahl anderer Einrichtungen, die wenigstens erwähnt werden müssen.

Vorschulische Einrichtungen · In München gab es 1895 wenigstens fünf von einem privaten Verein getragene Kindergärten als Kinderbewahranstalten, deren Zahl schnell wuchs. Zunächst hatte die Stadt diese Einrichtungen finanziell unterstützt; mit dem Beginn des Jahres 1907 wurde es aber notwendig, diese – es waren inzwischen 23 – zu übernehmen, was die Pflicht nach sich zog, die Kindergärtnerinnen zu bezahlen und auszubilden. Eine ähnliche Entwicklung ist für die seit 1896 bestehenden Horte und Ferienhorte festzustellen, die hauptsächlich dazu dienten, Kindern armer Eltern Beschäftigungsmöglichkeiten unter Aufsicht zu bieten. Auch dafür wurden Bestimmungen und Pläne ausgearbeitet, wenn die Stadt diese Einrichtungen auch erst 1914 übernahm.

Hilfsklassen · Aus sozialer Fürsorge entstanden die sogenannten Hilfsklassen für schwach befähigte Kinder. Für das Schuljahr 1903/04 wurde eine erste eingerichtet, 1911 waren es 23. Langsam differenzierten sie sich auch nach den verschiedenen Behinderungen der Kinder aus. Ab 1905 bot man für sprachkranke Kinder Ferienheilkurse an, 1908 errichtete man eine erste Fortbildungshilfsklasse. Der Förderung schwach Begabter dienten ab 1906 auch die Abschlußklassen der Werktagsschule für die Kinder, die ihrer Schulpflicht im jeweils darauffolgenden Jahr genügt hätten, ohne die Oberklasse zu erreichen. Sie wären ob ihres Alters sonst aus der fünften, sechsten oder siebten Klasse entlassen worden.

In den Bereich der sozialen Fürsorge fallen seine Bestrebungen, die Kinderarbeit einzudämmen. In den Jahren 1900, 1904 und 1905 befaßten sich die städtischen Gremien auf Drängen Kerschensteiners, der gründliche Erhebungen hatte machen lassen, mit diesem Problem und suchten dem Kinderschutz verstärkt Geltung zu verschaffen.[50]

Mittelschulen · Ein weiterer großer Bereich waren die Mittelschulen. Dazu gehörten die städtischen Gewerbeschulen mit einer Elementar- und einer Höheren Abteilung,[51] die Singschule und die städtische Handelsschule für Knaben, die 1899 neue Satzungen und Lehrpläne bekam. Neun Jahre später wurden diese so umgestaltet, daß ihre Absolventen ohne Prüfung, aber mit einer Probezeit, in die siebte Klasse der Oberrealschule übertreten konnten. Zu den Mittelschulen gehörte die privat gegründete ›Riemerschmiedsche Handelsschule für Mädchen‹, die 1897 von der Stadt übernommen wurde und deren Lehrplan und Satzungen in der Amtszeit Kerschensteiners ebenfalls einer grundlegenden Neuerung unterworfen wurden. Dazu zählte schließlich noch die ›Höhere Töchterschule‹,[52] der 1912[53] eine weitere zur Seite gestellt wurde. Die Errichtung dieser Schule war immer wieder zurückgestellt worden, weil neue Richtlinien von der Regierung erwartet wurden und man mit dieser Neugründung eine Reorganisation des gesamten Mädchenschulwesens verbinden wollte. Kerschensteiner dachte vor allem auch daran, den Absolventinnen Berufsmöglichkeiten zu eröffnen und stellte sich eine Regelung vor, bei der auf einen dreijährigen Unterbau mit Lateinunterricht eine gegliederte Oberstufe folgte; diese sollte aus einem Seminar, dessen Absolventinnen Volks- und Mädchenschullehrerinnen werden konnten, einem Gymnasium, einem Kindergärtnerinnenseminar und einem kaufmännischen Kurs mit gegenüber der Handelsschule vermehrtem Sprachunterricht bestehen.[54]

Realisiert wurde mit der Aufnahme des Unterrichts folgendes: Die erste Höhere Mädchenschule an der Luisenstraße wurde Gymnasium, wobei man bis 1914 – erst dann waren die Sprachen zu wählen – zurückstellte, ob neu- oder altsprachlichen Typs. An der zweiten Schule am St. Anna-Platz wurden eine Frauenschule als Grundlage für die weitere Ausbildung zur hauswirtschaftlichen Lehrerin, verbunden mit einer Abteilung für Kindergärtnerinnen und vermehrter fakultativer Handarbeitsunterricht als Grundlage für den Beruf der technischen Lehrerin angeboten. Die Möglichkeit zum weiteren Studium von Fremdsprachen sollte gewährleistet werden, wobei für dessen Ausführung auf den noch zu erstellenden Lehrplan verwiesen wurde. Den an der Annaschule 1913 dann zusätzlich genehmigten Zweig als Realgymnasium nahmen die Schülerinnen gut an.

Einrichtungen des tertiären Bereichs · Im tertiären Bereich gab es schon 1895 einzelne zum Teil vom Volksbildungsverein eingerichtete und von der Stadt unterstützte Einrichtungen[55] wie die Frauenoberschule, die die technischen Lehrerinnen, die beispielsweise Handarbeit unterrichteten, ausbildete, ein Arbeitslehrerinnenseminar, die Lehrerinnenbildungsanstalt, in die man mit 14 Jahren eintreten konnte sowie ein Seminar für weibliche Handelslehrerinnen.[56] Dem 1906 eingebrachten Antrag auf Errichtung einer Lehrerbildungsanstalt in München war trotz städtischer Bemühungen kein Erfolg beschieden. Die für die Lehrer entsprechend den Reformen der einzelnen Schularten notwendigen aber zum Teil freiwilligen Fortbildungskurse wurden dagegen reichlich angeboten.[57] Erfolg hatte die Stadt schließlich mit dem Bemühen um Errichtung einer Handelshochschule, die 1910 mit Kerschensteiner als Präsidenten ihre Pforten öffnete.

Eine abschließende Würdigung Kerschensteiners ist auf der Grundlage des hier Ausgebreiteten nicht möglich. Der vor allem in der DDR erhobene Vorwurf, seine Pädagogik sei militaristisch oder gar nazistisch, wurde schon von Theodor Wilhelm, der Kerschensteiner sicher nicht bedingungslos bewunderte, zurückgewiesen.[58]

Um das Eigenständige an Kerschensteiners Pädagogik herauszuarbeiten, müßte man ihn mit anderen Vertretern der Reformpädagogik, mit denen er in Verbindung stand und mit denen er sich auseinandersetzte, vergleichen. Sicher waren und sind Teilaspekte seines Tuns und Denkens umstritten. Dennoch läßt sich die Ansicht vertreten, daß es für das München der Prinzregentenzeit ein Glücksfall war, daß ein Mann seines Formats die Möglichkeit geboten bekam, so weitgehende Reformen zu realisieren, Reformen, die vor allem die Volksbildung in den Mittelpunkt stellten.

Volksbildung als demokratisches Programm

Von Bernhard Schoßig

Die bis in die Aufklärung zurückreichenden Bemühungen um eine verbesserte Bildung des ganzen Volkes, insbesondere der unteren Schichten, verstärken sich in der zweiten Hälfte des 19. Jahrhunderts. Besondere Beachtung erfährt dabei neben dem allgemeinen Schulwesen die freiwillige Weiterbildung von Erwachsenen und Jugendlichen nach Abschluß der Regelschule: die ›Volksbildung‹.[1]

In München wird das Panorama der Volksbildung am Beginn der Prinzregenten-Epoche vornehmlich von zwei Vereinen bestimmt, die nach der »politischen Nacht der fünfziger Jahre«[2] auf Initiativen aus dem liberalen Bürgertum gegründet wurden: dem ›Arbeiter-Bildungsverein‹ und dem ›Münchner Volksbildungsverein‹.

›Arbeiter-Bildungsverein‹

Der ältere der beiden Vereine, der 1862 gegründete ›Arbeiter-Bildungsverein‹, hatte dabei geringere Bedeutung.[3] Dies dürfte darauf zurückzuführen sein, daß er sich bei den Auseinandersetzungen zwischen den liberalen und den sozialistischen Bestrebungen auf dem Arbeitervereinstag 1868 in Nürnberg für das liberale Lager entschieden und in der Folgezeit die Anhänger der Sozialdemokratie konsequent aus dem Verein gedrängt hatte.[4] Bei diesem Vereinstag, wie bei verschiedenen anderen Anlässen, wurde der Verein von einem Angehörigen des Bürgertums, dem Eigentümer und Verleger der ›Münchner Neuesten Nachrichten‹, Julius Knorr,[5] vertreten; das illustriert die liberale, an den Vorstellungen von Hermann Schulze-Delitzsch orientierte Grundtendenz des Vereins. Dieser Genossenschaftspionier und Abgeordnete der Fortschrittspartei empfahl den Arbeitern, »ihre Situation aus eigener Kraft durch Fleiß, Sparsamkeit und Solidarität [zu, d. Verf.] ändern«.[6]

Der Verein kümmerte sich neben seinen Bildungsinitiativen auch um die Errichtung einer Krankenunterstützungskasse und einer Spar- und Darlehenskasse. Besonders wichtig waren aber seine vielfältigen kulturellen und sportlichen Aktivitäten wie Dramatischer Klub, Musik-Klub, Schützen-Klub, Turner-Klub oder Männergesangsverein;[7] Arbeiterbildungsveranstaltungen, die eigentliche Aufgabe eines so bezeichneten Vereins, traten demgegenüber zurück.

Hatte das Bildungsangebot im Jahre 1886 noch sechs Vorträge sowie Unterricht in den Fächern ›Arithmetik‹, ›Buchführung und Wechsellehre‹, ›Currentschrift‹, ›Deutsche Sprache‹, ›Gesang‹, ›Musik‹, ›Rhetorik‹, ›Stil und Korrespondenz‹, ›Tanz und Anstandslehre‹, ›Zuschneiden für Schneider‹ umfaßt, so war dieses Angebot im Jahr 1908 auf die vier Fächer ›Buchführung mit Wechsellehre‹, ›Stenographie‹, ›Zuschneiden für Schneider‹ und ›Buchführung‹ mit insgesamt 53 Teilnehmern zusammengeschrumpft, also auf rein praktische Dinge. Ähnlich sah die Bilanz drei Jahre später aus.[8] An diesen Entwicklungen wie an den sinkenden Mitgliederzahlen – 1886: 326 Personen; 1911: 199 Personen – läßt sich der Bedeutungsverlust des Vereins ablesen, auch wenn es ihm noch 1898 gelang, ein eigenes Anwesen in der Augsburger Straße 9 als Vereinshaus zu erwerben.[9]

Die Vereinsmitglieder stammten vornehmlich aus dem Handwerk und der Facharbeiterschaft, während breite Kreise der Arbeiterschaft – insbesondere auch wegen der scharfen Abgrenzung gegenüber der Sozialdemokratie – keinen Zugang fanden. Vor allem in den Jahren nach der Jahrhundertwende nahm die Mitgliederzahl ab und die fast nur auf berufliche Qualifikation zielende Bildungstätigkeit ging zurück: Die Vereins- und Festkultur entwickelte sich zum Hauptbetätigungsfeld des Münchner ›Arbeiter-Bildungsvereins‹.[10]

›Münchner Volksbildungsverein‹

Größere Bedeutung als der ›Arbeiter-Bildungsverein‹ erlangte der ›Münchner Volksbildungsverein‹, der am 25. Juli 1871 konstituiert wurde;[11] zu seinen Gründungsmitgliedern gehörte auch der ›Arbeiter-Bildungsverein‹.[12] Angeregt wurde diese Gründung durch die wenige Wochen zuvor in Berlin ins Leben gerufene, liberal inspirierte ›Gesellschaft für Verbreitung von Volksbildung‹, zu der aber die Verbindung bald abriß.[13] Die Aufgaben des ›Münchner Volksbildungsvereins‹ werden im ersten Verwaltungsbericht folgendermaßen beschrieben:

»Gründung und Förderung von Bildungsanstalten, Anlegung von Büchersammlungen, Anregung und Unterstützung der Volksbildung in den umliegenden Orten, Besprechung von Fragen der freiwilligen Volksbildungspflege in öffentlichen Versammlungen und in der Presse, Anstellung von Wanderlehrern und Prämiierung solcher Personen, die sich um die Förderung der Vereinszwecke besonders verdient gemacht haben.«[14]

Im Laufe der Zeit entwickelten sich teilweise sehr umfangreiche Arbeitsgebiete. Dazu gehörten die Errichtung von mehreren Volksbibliotheken in den Jahren 1873, 1876, 1878, 1887, die Entwicklung eines Programms für gewerbliche Fortbildungsschulen 1871/72 und seit 1872 die Veranstaltung volkstümlicher und populärwissenschaftlicher Vorträge. Weiterhin gründete der Verein 1873 eine Frauenarbeitsschule, 1875 ein Arbeitslehrerinnenseminar und 1879 eine kaufmännische Fortbildungsschule. Im Jahr 1887 erfolgte die »Einrichtung von Schülerwerkstätten für erziehliche Knabenhandarbeit« und 1895 wurde eine Haushaltungsschule für schulreife Mädchen eröffnet.[15] Seit 1900 gab es auch »Wissenschaftliche Vorlesungen für Damen«, die für Frauen mit höherer Schulbildung gedacht waren.[16]

Hervorzuheben ist dabei vor allem der Beitrag des ›Volksbildungsvereins‹ zur Entwicklung des Münchner Volksbibliothekswesens, auch wenn die Stadt selbst bereits im Jahr 1873 eine erste Volksbibliothek eröffnet hatte.[17] In der Folgezeit bis zum Ersten Weltkrieg errichtete die Stadt aber, entgegen ursprünglichen Planungen, keine weiteren Bibliotheken; man überließ dieses Feld aus finanziellen Erwägungen dem ›Volksbildungsverein‹, zumal dieser die städtischen Bibliotheksstatuten fast wörtlich für seine Volksbibliotheken übernommen hatte.[18] Aus der Sicht der Stadt waren die Bibliotheken des Vereins Filialen der eigenen Volksbibliothek.[19] Kritisch muß allerdings hinzugefügt werden, daß bis zum Ende des Kaiserreiches sowohl die ›Städtische Volksbibliothek‹ als auch die vom Verein unterhaltenen Volksbibliotheken in ihrer Entwicklung steckenblieben und zu »inhaltlich, technisch und organisatorisch« rückständigen Instituten wurden.[20] Erst mit der Neukonzeption der städtischen Bibliotheken ab 1921 durch Hans Ludwig Held erhielt auch das Münchner Volksbibliothekswesen eine zeitgemäße und zukunftsorientierte Form.[21]

Zwischen dem Verein und der Stadt bestanden von Anfang an enge Kontakte. An der Vereinsgründung waren führende Persönlichkeiten der Stadtverwaltung beteiligt, beispielsweise Bürgermeister Dr. Widenmayer, der zum Ersten Vorsitzenden gewählt wurde und dieses Amt bis zu seinem Tode im Jahr 1893 innehatte.[22] Auch späterhin übernahmen Bürgermeister und leitende Angehörige der Stadtverwaltung Vorstandsmandate.[23] Diese enge personelle Verbindung zwischen Verein und Stadt hatte auch finanzielle Hintergründe: Die Stadt brauchte sich auf Arbeitsfeldern, die der Verein übernahm, nicht selbst zu engagieren und kam mit der Gewährung eines Zuschusses finanziell erheblich günstiger weg, als wenn sie diese Aufgaben in eigener Regie erledigt hätte.[24] Durch die enge personelle Verflechtung war zudem gewährleistet, daß die Arbeit des Vereins mit den Intentionen der Stadt abgestimmt blieb.

›Volks-Hochschul-Verein München‹

Wichtige neue Impulse erhielt die Münchner Volksbildung durch den im Jahr 1896 ins Leben gerufenen ›Volks-Hochschul-Verein München‹.[25] Diese Gründung, an der der Nationalökonom Lujo Brentano[26] maßgeblichen Anteil hatte, gehört in den Zusammenhang einer zuerst in England unter dem Namen ›university extension‹ aufgekommenen Volksbildungsbewegung, die ab 1893 auch im deutschen Sprachraum – erstmals in Wien – Fuß faßte.[27] Die ›Universitätsausdehnungsbewegung‹, wie sie in Deutschland genannt wurde, verfolgte das Ziel, den Wirkungskreis der Universitäten und Hochschulen über die kleine Zahl der Forscher und Studenten auszudehnen und die Erkenntnisse der Wissenschaften breiteren Bevölkerungskreisen zugänglich zu machen. In der »Popularisierung« der Wissenschaften sah man die Chance, einen gewichtigen Beitrag zur Volksbildung zu leisten.[28] Darüber hinaus verstand sich die ›Universitätsausdehnungsbewegung‹ als »eine allgemeine geistige Erneuerungsbewegung«, die der »Gefahr einer immer stärkeren Herauslösung der Universitäten aus dem geistigen Gesamtleben des Volkes entgegenwirken« und die »schroffen Bildungsgegensätze zwischen Hand- und Kopfarbeitern« beseitigen wollte.[29]

Der ›Volks-Hochschul-Verein München‹[30] war ein privater Zusammenschluß von Professoren und Dozenten der Universität und anderer Hochschulen. Neben den lehrenden Mitgliedern hatte der Verein auch fördernde Mitglieder, vornehmlich aus dem Bürgertum, die das Unternehmen ideell und materiell unterstützten.[31] Von seiten des Staates und der Universität erhielt er – anders als die entsprechenden Einrichtungen in Österreich – praktisch keine Unterstützung, sondern stieß, vor allem zu Beginn seiner Tätigkeit, auf sehr viel reservierte Zurückhaltung. So kam man dem Wunsch des Vereins, für seine Veranstaltungen Hörsäle und Einrichtungen der Universität benutzen zu können, nur sehr zögerlich und unter restriktiven Auflagen nach.[32] Entgegenkommender in dieser Frage war die Stadt, die dem Verein bereitwillig städtische Räume überließ.[33] Zwischen Stadt und Verein bestand zudem durch die Mitgliedschaft von Stadtschulrat Georg Kerschensteiner im Vereinsvorstand eine engere Beziehung.[34]

Der Münchner ›Volks-Hochschul-Verein‹ erlebte einen raschen Aufschwung. Besuchten am Beginn seiner Tätigkeit 1440 Hörer zehn Vortragsreihen, so stieg diese Zahl innerhalb von drei Jahren auf über 3000.[35] Auch die Zahl der Veranstaltungen mußte bald ausgeweitet werden: 1901/02 fanden bereits 25 Kurse statt.[36] Die höchste Teilnehmerzahl vor dem Krieg wurde 1906/07 mit 4680 Personen erreicht.[37]

Das Volksbildungsangebot des Vereins bestand vor allem aus Vortragsreihen. In der Regel umfaßten Vortragszyklen sechs Abende, jedoch gab es auch Zyklen, die nur drei, und solche, die bis zu zwölf Abenden dauerten.[38] Die Themen der Vortragsreihen entstammten den Lehr- und Forschungsgebieten der beteiligten Hochschullehrer. Insofern läßt sich auch eine umfassendere inhaltliche Gliederung und Konzeption des Lehrangebotes – etwa im Sinne eines Lehrplanes aus verschiedenen aufeinander bezogenen Elementen und Bausteinen – nicht erkennen.[39] Einen Eindruck von dem volksbildnerischen Angebot des ›Volks-Hochschul-Vereins‹ vermitteln die 26 Veranstaltungen des erfolgreichsten Unterrichtsjahres 1906/07:

Führung im Nationalmuseum (viermal);
Die Troubadours;
Befruchtung und Vererbung im Pflanzenbereich;
Friedrich der Große;
Leben der sozialen Insekten;
Einführung in die Psychologie;

Ruskin und die ästhetische Kultur;
Perspektive nebst Anwendung;
Fortschritte der Chirurgie;
Photographie;
Henrik Ibsen;
Bau des Weltalls;
Untergang der antiken Welt;
Fixsternhimmel;
Beethoven (zweimal);
Raumbehandlung in der bildenden Kunst;
Ernährung Gesunder und Kranker;
Gerhard Hauptmann;
Jean Jacques Rousseau;
Sinnesorgane im Tierreich;
Physik der Kälte;
Buddha und Buddhismus.[40]

Eines der zentralen Motive der ›Universitätsausdehnungsbewegung‹ war das Bestreben, der Arbeiterschaft Bildung zu vermitteln.[41] In München trat daher auch der ›Gewerkschafts-Verein‹ dem ›Volks-Hochschul-Verein‹ als förderndes Mitglied bei und setzte sich in seinem Tätigkeitsbereich für eine Beteiligung der Arbeiterschaft an den Veranstaltungen des ›Volks-Hochschul-Vereins‹ ein.[42] In den ersten Jahren stellte die Arbeiterschaft etwa ein Drittel der Teilnehmer, später wurde dies weniger; in den Kursen kam nun immer stärker das bürgerliche Element zum Tragen.[43] Die Gruppe der Lehrer, Studierenden, Kleingewerbetreibenden, Detaillisten, Subalternbeamten stellte in den Jahren vor dem Ersten Weltkrieg den größten Besucheranteil.[44] Von seiten der sozialdemokratisch beziehungsweise freigewerkschaftlich organisierten Arbeiterschaft wurde der ›Volks-Hochschul-Verein‹, trotz der korporativen Mitgliedschaft des ›Gewerkschafts-Vereins‹, zunehmend »als philantroper Hilfsverein« betrachtet, »der aus verschiedenen Gründen den Bildungsbedürfnissen der Arbeiter ... nicht entsprechen« könne.[45]

Insgesamt läßt sich der ›Volks-Hochschul-Verein München‹ in dem Zeitabschnitt vor dem Ersten Weltkrieg als angesehene, stattliche und fundierte Volksbildungsorganisation mit umfangreicher Lehrtätigkeit und beachtlichen Hörerzahlen bezeichnen. Zugleich und trotz weiterreichender Pläne des Vereins[46] muß aber auch festgehalten werden, daß – ebenso wie in anderen Hochschulorten – in München der Höhepunkt dieser Volksbildungsbewegung bereits vor dem Ersten Weltkrieg überschritten war.[47]

Studentische Arbeiter-Fortbildungskurse

Ebenfalls aus dem universitären Bereich, diesmal jedoch aus studentischer Initiative, stammt ein weiterer bedeutsamer Zweig der Münchner Volksbildung: Nach dem Vorbild Charlottenburger Studenten gründeten 1906 Mitglieder der ›Münchner Freien Studentenschaft‹ die ›Münchner Fortbildungskurse für Arbeiter‹.[48] Vergleichbare Kurse entstanden zu jener Zeit in fast allen Hochschulorten des Deutschen Reiches. Ihre wichtigste Aufgabe war die Erteilung von Elementarunterricht. Arbeiter sollten so die Möglichkeit erhalten, sich die elementaren Kulturtechniken wie Schreiben, Lesen und Rechnen, über die sie aufgrund der Unzulänglichkeiten des Volksschulwesens am Ende des 19. und Beginn des 20. Jahrhunderts nicht oder nur unzureichend verfügten, noch im Erwachsenenalter anzueignen.[49]

Im Januar 1907 nahmen die Münchner Fortbildungskurse ihren Unterrichtsbetrieb auf. Die fast 50 Hörer des ersten Unterrichtssemesters interessierten sich vor allem für Deutsch und Rechnen.[50] Binnen weniger Jahre expandierte das junge Volksbildungsunternehmen beträchtlich. Bereits im Wintersemester 1911/12 wurden 46 Kurse in dreizehn Fächern[51] – einige davon bis zu vier Stufen gegliedert – an fünf Stellen des Stadtgebietes angeboten. Die Statistik registrierte 1000 Hörer mit fast 1900 Anmeldungen, denen 145 Mitarbeiter gegenüberstanden.[52]

Öffentliche Unterstützung erfuhren die Unterrichtskurse nur insofern, als die Stadtgemeinde die Schulräume einschließlich Heizung, Reinigung und Beleuchtung unentgeltlich zur Verfügung stellte.[53] Die notwendigen finanziellen Mittel wurden in erster Linie durch die niedrigen Teilnehmerbeiträge aufgebracht.[54] Städtische Barzuschüsse erhielten die Kurse erstmals während des Ersten Weltkrieges.[55]

Die ursprüngliche Begrenzung des Unterrichtsangebots auf Elementarfächer wurde im Laufe der Zeit aufgelockert. Es kamen verschiedene kaufmännische, berufspraktische und allgemeinbildende Fächer hinzu.[56] Dem entsprach auch eine Erweiterung des Teilnehmerkreises um kleine Angestellte und Beamte, wenngleich der Arbeiteranteil innerhalb der Hörerschaft mit 80 Prozent bestimmend blieb.[57]

Für Beamte der unteren Ränge hatten die Kurse auch berufliche Bedeutung. So wird berichtet, daß »Post und Telefonbehörden ... Wert darauf [legten, d. Verf.], wenn von Stellenbewerbern Zeugnisse über erfolgreichen Besuch der Kurse vorgelegt werden«.[58] Ähnliches galt auch für die Eisenbahnbeamten.[59] Der Frauenanteil unter den Hörern war gering: Er blieb fast durchgängig unter zehn Prozent.[60] Die meisten Hörer befanden sich im Alter von 20 bis 30 Jahren. Auch die Altersgruppen unter 20 Jahren sowie zwischen 30 und 40 Jahren waren gut vertreten. Es gab jedoch so gut wie keine Hörer mit einem Alter von mehr als 40 Jahren.[61]

Die Arbeit dieser Volksbildungsorganisation wurde von zwei Prinzipien geprägt: von Neutralität und sozialer Arbeit.[62] Das Neutralitätsprinzip besagte einmal, daß religiöse und politische Wertfragen keinen Eingang in den Unterricht finden sollten. Zum anderen war der Zugang für Lehrende und Lernende offen, unabhängig von organisatorischen Bindungen. Die Neutralität der Kurse zeigte sich beispielsweise daran, daß sie bei ihrer Werbung alle in München bestehenden Arbeiterorganisationen ansprachen.[63] Die Kurse erfreuten sich aber auch der Wertschätzung dieser Organisationen; so verwiesen sozialdemokratische Verbände Interessenten für Elementarunterricht an die Studentischen Arbeiter-Fortbildungskurse.[64]

Die Unterrichtskurse verstanden sich als soziale Arbeit der Studenten und Akademiker für das Volk; wichtig war ihnen die Begegnung verschiedener sozialer Schichten, die in der damaligen Gesellschaft untereinander kaum Berührungspunkte hatten.[65] So erfolgte die Mitarbeit der Unterrichtenden in den Kursen ausschließlich ehrenamtlich.[66]

Die Begegnungen zwischen Kursbesuchern und Lehrenden – mit anderen Worten: zwischen Arbeitern und Studenten – blieben nicht auf den Unterricht beschränkt, sondern es gab auch gesellige Zusammenkünfte nach dem Unterricht in Gastwirtschaften, die sogenannten Nachkurse, gemeinsame Feste und andere Sonderveranstaltungen wie Museumsführungen, Ausflüge und Musikabende.[67] Bemerkenswert ist aber auch die von den Fortbildungskursen geleistete pädagogische Arbeit selbst, die sich von der ausschließlichen Vortragstätigkeit anderer Volksbildungseinrichtungen deutlich unterscheidet. Der Unterrichtsstoff der einzelnen Stunde wurde zunächst von einem Kursleiter vorgetragen. Daran schlossen sich jedoch praktische Übungen der Teilnehmer an, für die weitere Studenten als Übungsleiter zur Verfügung standen.[68] Durch die Unterrichtsform, aber auch durch einen teilweise über mehrere Semester reichenden Aufbau der Unterrichtsinhalte und durch die Verwendung von Unterrichtsmaterialien gelang es den Fortbildungskursen, ein systematisches, erwachsenen- und speziell arbeitergerechtes Volksbildungsangebot zu verwirklichen.[69]

Der Erfolg der Münchner Kurse schlug sich auch überregional nieder: Bereits 1911 stiegen sie im ›Verband der Akademischen Arbeiter-Unterrichtskurse Deutschlands‹ zur größten und bedeutendsten Lokalorganisation auf.[70] In der Folge übernahm ein Mitarbeiter der Münchner Kurse den Vorsitz, womit auch die Verlagerung der Zentralstelle des Verbandes nach München verbunden war.[71] Die Schriftleitung der seit 1912 erscheinenden Zeitschrift der Arbeiter-Unterrichtskurse befand sich ebenfalls in München.[72]

Während mit dem Ersten Weltkrieg die Existenz der meisten örtlichen Kurse und damit zugleich die der ›Akademischen Arbeiter-Unterrichtskurse‹ als Volksbildungsbewegung endet, verläuft die Entwicklung in München anders. Hier gelingt es nicht nur, die Organisation während des Krieges aufrechtzuerhalten, sondern in den folgenden Jahren auch den ersten Rang in der Münchner Volksbildung einzunehmen. Die Umbenennung der ›Akademischen Arbeiterkurse‹, wie sie sich seit 1919 nannten, in ›Volkshochschule München‹ im Jahr 1923 läßt diesen Prozeß augenfällig werden.[73]

Sozialdemokratische Arbeiterbildung

Daß sich Arbeiterbildung sozialdemokratischer Provenienz zu Beginn der Prinzregentenära nicht nachweisen läßt, überrascht angesichts der von 1878 bis 1890 geltenden Sozialistengesetze nicht. Aber auch in späteren Jahren konnte dieser Zweig der Volksbildung in München nur schwer Fuß fassen, zumal es auch nach Aufhebung dieser Gesetze staatliche Repressionen gegen Vereine gab, die der Sozialdemokratie nahestanden. Der 1892 gegründete ›Bildungsverein für die Frauen und Mädchen in München‹ beispielsweise, der als sozialdemokratisch beeinflußt galt, wurde zum politischen Verein erklärt und auf Beschluß der Polizeidirektion München im Jahr 1894 aufgelöst. Die Grundlage für dieses Vorgehen bot dabei das damals gültige Vereinsrecht, das die Mitgliedschaft von Frauen in politischen Vereinen grundsätzlich untersagte.[74]

Die einzige bedeutsame Gründung auf sozialdemokratischer Seite war der seit 1906 bestehende ›Arbeiterbildungsverein Vorwärts‹, der »die Bildungsorganisation der freien Gewerkschaften und des sozialdemokratischen Vereins Münchens« darstellte.[75] Doch auch dieser Verein hatte in den ersten Jahren seines Bestehens erhebliche Schwierigkeiten, Mitglieder zu rekrutieren und Teilnehmer zu finden – angesichts von rund 50 000 Gewerkschaftsmitgliedern in München eine überraschende Tatsache, die damit erklärt wurde, daß sich Bildungs- und Parteiveranstaltungen häufig überschnitten und die langen Wege einen Besuch der zentral abgehaltenen Lehrveranstaltungen erschwerten.[76]

Dieser Verein legte »das Hauptgewicht auf die Pflege jener Disziplinen, in denen das soziologische Moment besonders vordringlich wird«.[77] Darüber hinaus nahm man jedoch auch Angebote aus anderen Gebieten wie Naturwissenschaften und Ästhetik in das Programm auf.[78] Beispielsweise wurden im Unterrichtsjahr 1910/11 folgende Veranstaltungen abgehalten:[79] Rede- und Diskussionsabende; Kurse über Wirtschafts- und Handelspolitik; Lektionen zur Geschichte des Mittelalters; Praktische Übungen der Volkswirtschaft; Unterricht in Bayerischer Geschichte. Zusätzlich fand in sechs Stadtteilen jeweils ein Zyklus von vier Abenden zum Thema: »Die politisch-parlamentarische Tätigkeit der deutschen Sozialdemokratie seit Gründung des Norddeutschen Bundes« statt.

Ergänzt wurde das Vereinsprogramm durch Einzelvorträge, Rezitationsabende und Museumsführungen. An der Statistik dieses Lehrabschnittes läßt sich ablesen, daß die zentral durchgeführten Vortragsreihen von durchschnittlich 53 Zuhörern, darunter kaum Frauen, besucht wurden. Allerdings schwanken innerhalb eines Kurses die Teilnehmerzahlen an den einzelnen Abenden erheblich, was auf eine größere Fluktuation schließen läßt, und die Zahl derjenigen, die einen Kurs vom ersten bis zum letzten Abend besucht haben, ist auffallend niedrig; sie wird auch vom Veranstalter selbst als unbefriedigend angesehen.

Der ›Arbeiterbildungsverein Vorwärts‹ löste sich im Juli 1912 freiwillig auf, als das sozialdemokratisch-gewerkschaftliche Arbeiterbildungswesen aus Anlaß der Fertigstellung des neuen Gewerkschaftshauses umorganisiert wurde. Seine Funktion übernahm der neugeschaffene ›Bildungsausschuß des Gewerkschaftsvereins München‹.[80] Mitübernommen wurde dabei ein nach wie vor bestehendes Problem: die schwache Beteiligung der Arbeiter an dem Programmangebot.[81]

Weitere Ansätze

Nicht nur die Sozialdemokratie, sondern auch andere Gruppierungen waren bestrebt, nach eigenen Vorstellungen und in eigener Trägerschaft Volksbildung zu gestalten. Auf katholischer Seite übernahm das immer mehr der 1901 gegründete ›Katholische Preßverein für Bayern‹, der seinen Sitz in München hatte. Neben seinem ursprünglichen Zweck, der Förderung des katholischen Pressewesens, weitete dieser Verein sein Tätigkeitsgebiet auf Vorträge und Volksbildungsabende aus und bemühte sich um Lesezirkel, Volksbibliotheken und öffentliche Lesehallen.[82]

Über München hinaus reichte die Bedeutung und der Wirkungskreis des ›Südbayerischen Verbandes für Verbreitung von Volksbildung‹, der 1906 von Stadtschulrat Kerschensteiner ins Leben gerufen wurde[83] und 1914 den Namen ›Bayerischer Volksbildungs-Verband‹ annahm.[84] Sein Ziel war es, »hauptsächlich derjenigen Bevölkerung, welcher durch die Volksschule nur die Grundlagen der Bildung zugänglich gemacht werden, dauernd Bildungsstoff und Bildungsmittel zuzuführen und sie in höherem Maße zu befähigen, ihre beruflichen und staatsbürgerlichen Aufgaben zu verstehen und zu erfüllen«.[85]

Besondere Schwerpunkte der Verbandsarbeit lagen in den ersten Jahren seines Bestehens auf Wanderkunstausstellungen, Theaterabenden sowie in literarischen und musikalischen Unterhaltungsnachmittagen.[86] Auch späterhin standen Kunstpflege und Kunstvermittlung im Vordergrund der Tätigkeit des noch heute bestehenden Verbandes, der von Wolfgang Zorn treffend als »kulturelle Zentralagentur« charakterisiert wird.[87]

München: kein Mekka der Volksbildung

Dieser Überblick über einige der wichtigsten Volksbildungseinrichtungen in München zeigt ein beachtliches Angebot für unterschiedliche Interessen. Im Vergleich mit Städten wie Wien oder Berlin hatte sich aber,[88] auch bei Berücksichtigung der unterschiedlichen Größenverhältnisse, in München das Volksbildungswesen nicht annähernd so differenziert und vielfältig entwickelt. Einer der wesentlichen Gründe hierfür war die reservierte Haltung der Stadt und, noch stärker ausgeprägt, des bayerischen Staates. Die Unterstützung der Stadt für die Volksbildung beschränkte sich vor dem Ersten Weltkrieg auf geringe finanzielle Zuschüsse und die Überlassung von Räumlichkeiten, während der Staat keine nennenswerten Zuschüsse für diesen Bereich leistete.[89] Daß sich die Münchner Volksbildung dennoch in dem beschriebenen Umfang entfalten konnte, ist vor allem volksbildnerischem Idealismus zu danken.

KUNSTSTADT, KUNSTHANDELSSTADT, AUSSTATTUNGSZENTRUM

München – die Kunststadt

Von Peter-Klaus Schuster

Alt und Neu

Der in Thomas Manns berühmter Formel »München leuchtete« verbürgte hell strahlende Glanz der bildenden Künste in München um 1900 ließe sich beschreiben als Folge eines Wandels von Alt zu Neu, von der Hofkunst der Wittelsbacher zur Liberalität bürgerlicher Kunstindustrie. Der zeitgenössisch kaum weniger registrierte Niedergang der bildenden Künste in München um 1900, wie er kurz nach der Jahrhundertwende im Weggang von Lovis Corinth und Max Slevogt nach Berlin vermerkt wurde, wäre demgegenüber ein typisch Münchner Versagen bei der Unterstützung des Neuen, von Secession und Avantgarde, gegenüber dem Alten, den beherrschenden Kräften der Akademie. Alt und Neu, Tradition und Widerspruch, so will es angesichts solch doppelter Wahrheiten scheinen, sind nur sehr bedingt geeignete Beschreibungskategorien für eine Kunstentwicklung, die sich uns immer weniger als gradliniger »Aufbruch zur Moderne« darstellt.[1] Viel deutlicher wird uns hingegen am Ende dieses Jahrhunderts im Rückblick auf dessen Anfänge gerade für das München der Prinzregentenzeit die verwirrende Gleichzeitigkeit des Verschiedenen. Immer auffälliger wird ferner, wie tief das Neue im Alten angesiedelt ist und wie überraschend weit das Alte schon ins Neue reicht.

›Affen als Kunstkritiker‹. Ölgemälde von Gabriel von Max (1889). Bayer. Staatsgemäldesammlungen München, Neue Pinakothek

Höchst vielfältig zeigt sich diese Dialektik zwischen Alt und Neu als Eigenart Münchner Kunst zur Prinzregentenzeit in einem Tierbild des einstigen Erfolgsmalers Gabriel von Max.[2] Bereits im Entstehungsjahr 1889 für die Neue Pinakothek angekauft, gibt die Affenversammlung von Max einen satirischen Bildkommentar zur Kunststadt München im unmittelbaren Anschluß an deren bisher spektakulärstes Ausstellungsereignis. 1888 hatte nämlich im Glaspalast die ›III. Internationale Kunstausstellung‹ stattgefunden.[3] Ursache ihres beispiellosen Erfolges war, daß neben einem internationalen Panorama des zeitgenössischen Kunstschaffens zugleich eine breit ausgreifende Retrospektive Münchner Malerei der letzten hundert Jahre gezeigt wurde, zum Gedenken an die erste Münchner Kunstausstellung von 1788 im Galeriegebäude am Hofgarten. Hatte also die Selbstfeier der Kunst Münchens im Ausstellungsjahr 1888 ihren bislang auch kommerziell größten, historisch abgesicherten Triumph erlebt, so gab Gabriel von Max mit seinem Affenbild von 1889 die aktuelle Antwort. Denn nicht zufällig sitzen die Affen, von Max inschriftlich als »Kränzchen« und wenig später im Pinakothekskatalog als »Kunstrichter« bezeichnet, auf einer Transportkiste, deren Klebezettel rechts unten als Bestimmungsort »München« angibt. Gezielt ist damit auf München als eben jene Ausstellungsmetropole, die im Glaspalast nahe am Hauptbahnhof mitsamt den benachbarten Hotels über ein touristisch hervorragend erschlossenes Messegelände verfügte, wo alljährlich Kunst massenhaft als Ware vorgeführt wurde.

Das von den Affen betrachtete Gemälde dürfen wir uns, eben aus der Transportkiste ausgepackt, als ein solches Wandergut dieses Kunstwarenverkehrs vorstellen, der neben Paris, London und Brüssel im München der Prinzregentenzeit fraglos einen seiner wichtigsten Schnittpunkte hatte. Auf diesen typisch Münchner Zustand von Kunst als Ware, von Kunst als völlig mobilem Ausstellungsgut, bezieht sich bei Gabriel von Max auch das auffällig ins Blickfeld gerückte Etikett des ansonsten unsichtbaren Gemäldes. Es verrät uns, daß dieses Bild die »Nr. 13« einer Ausstellung ist, »Tristan und Isolde« zum Gegenstand hat und sein Preis 100 000 Goldmark beträgt. Nicht uninteressant, daß das Affenbild von Max demgegenüber nur 11 000 Goldmark gekostet hat.

Der hohe Preis für »Tristan und Isolde« erscheint somit als eine gezielte Invektive gegen die traditionelle Wertschätzung des Historienbildes als vornehmster, weil allgemein belehrender Bildgattung. Eine Hochschätzung, wie sie damals auch für die Münchner Akademie fraglos verbindlich war, wo das Historienbild durch Karl von Piloty und nach dessen Tod 1886 durch seine Schüler Julius Diez und Franz von Defregger mit einer für München charakteristischen Wendung ins Genrehafte besonders erfolgreich vertreten war. Auch Gabriel von Max, selbst Piloty-Schüler, hatte seit 1879 eine Professur für Historienmalerei an der Münchner Akademie inne. Er gab diese Professur jedoch 1883 bereits wieder auf, um sich ganz seinem eigenen Werk zu widmen, das – wie sein Affenbild zeigt – gerade auf die Aufhebung der überkommenen Bildgattungen abzielte. Weder Historie noch Genre, noch Porträt, handelt es sich bei dem Affenbild von Max vielmehr um ein Tierstück, die rangniedrigste Bildgattung neben Landschaft und Stilleben. Indem aber die Affenversammlung den zweifelhaften Wert des Historienbildes demonstriert, wird das Tierstück hier zum Genrebild und schließlich gar zum satirischen Gesellschaftsporträt des kunstsinnigen Münchens. Eine geradezu äffische Kunstliebe, so zeigt es Gabriel von Max nicht ohne Ironie, hat das München der Prinzregentenzeit befallen. Dessen florierender Ausstellungsbetrieb verleiht den Kunstwerken eine völlig neue Aura, ihren Ausstellungswert. Sie werden zu schutzlos preisgegebenen Sensationen einer massenhaften Schaulust. Denn wohl kaum eine Versammlung eifernder Kunstkritiker hat Max mit seiner Affenversammlung gegeben, wie dies der spätere Bildtitel nahelegt. Gemäß dem von Max gewählten Titel ›Kränzchen‹ repräsentieren die physiognomisch so differenzierten Affen weit eher einen Verhaltensquerschnitt des kunstkonsumierenden Münchner Ausstellungspublikums. Im Gegensatz zu der auf der Transportkiste angemahnten Vorsicht im Umgang mit Kunst drängelt sich das Affenpublikum mit gegenseitiger Rücksichtslosigkeit vor dem auf das Niveau der Kundschaft herabgebrachten Werk der Kunst.

»Tristan und Isolde« als Gegenstand solch äffischer Kunstliebe ist wohl ebenfalls kaum zufällig gewählt. Am 10. Juni 1865 war Wagners ›Tristan und Isolde‹ auf Wunsch Ludwigs II. in München uraufgeführt worden. Am 10. Dezember des gleichen Jahres mußte Wagner auf breiten öffentlichen Druck München verlassen, da er, so lautete der Vorwurf, Ludwig II. von den Regierungsgeschäften abhalte und die Kabinettskasse übermäßig beanspruche. Dieses für die Kunststadt München nicht eben rühmliche Banausentum lag zwar bereits lange zurück. Erst drei Jahre vor dem Affenbild aber hatte man den Wagnerjünger Ludwig II. für geisteskrank erklärt und seine Regentschaft am 10. Juni 1886 dem Prinzregenten Luitpold übertragen. Wenige Tage später ist Ludwig II. unter mysteriösen Umständen gestorben. Die Prinzregentenzeit war also zunächst einmal weniger die Fortsetzung als die Ablösung des Kunstkönigtums Ludwigs II. durch abwägende Vernünftigkeit, diplomatische Zurückhaltung und ein am ehesten auf Wohlwollen begründetes Verständnis für alle Kunstdinge auf seiten des Prinzregenten. »Tristan und Isolde«, das ist die Welt Ludwigs II., die bei Gabriel von Max nun den kunstsinnigen Affen der Prinzregentenzeit ausgesetzt wird. Max folgte damit aktuellen Zeitstimmungen, haben doch die 1886 erschienenen Nachrufe auf Ludwig II. dessen Tod in unmittelbare Beziehung gesetzt zu den Musikdramen Wagners und insbesondere zu ›Tristan‹, mit dem ja alles angefangen hatte.[4]

So neu, so hellsichtig wie bösartig uns das Affenbild von Max als Bildkommentar zur Kunststadt München auch erscheinen mag, so sollte doch nicht vergessen werden, daß Gabriel von Max selbst völlig zum Establishment dieses Münchner Kunstbetriebes der Prinzregentenzeit gehörte. Bis hin zum persönlichen Adel hat der 1840 in Prag geborene, aus einem bescheidenen Künstlerhaus stammende Max nach kurzer Akademiezeit in Prag und Wien schließlich in München beispielhaft jene glanzvolle Laufbahn eines Erfolgsmalers durchschritten, wie sie damals mit größerem gesellschaftlichen Aufwand ebenso von Lenbach, Kaulbach oder Stuck einer staunenden Öffentlichkeit vorgelebt wurde. Der bildende Künstler in München um 1900, wußte er nur die Aufmerksamkeit des breiten Publikums auf sich zu ziehen, war der von einem Literaten wie Thomas Mann mißgünstig beargwöhnte soziale Aufsteiger schlechthin. Die bildenden Künstler wurden dabei von einem potenten Kunsthandel am Ort ebenso unterstützt wie von der lokalen Kunstindustrie, die mit fortschrittlichster Reproduktionstechnik weltweit für die mediengerechte Vermarktung der Münchner Erfolgsmalerei sorgte. War auch der Rang Münchens als Kunststadt kurz nach 1900 bereits zum Gegenstand heftiger Debatten geworden, so blieb die internationale Bedeutung Münchens als Kunstverlagsstadt und als mechanische Bilderfabrik unbestritten.[5] Auch Gabriel von Max hat selbstverständlich dafür gesorgt, daß seine von der Schauerromantik und der Vorliebe für sensationell geheimnisvolle Effekte angerührten Gemälde mit historischen oder religiösen Themen, aber auch seine Frauen- und Affenbilder, durchweg Lieblingsbilder des Publikums, durch Münchner Vervielfältigungsanstalten wie ›Hanfstaengl‹ zu größter Verbreitung gelangten.

So sehr Max den Münchner Kunstbetrieb karikierte, so sehr war er doch an dessen Erhalt interessiert. Als nach 1888 in der Münchner Künstlerschaft die Diskussion darüber entbrannte, ob zukünftig im Glaspalast jährlich große internationale Kunstausstellungen stattfinden sollten, stellte sich Max sofort auf die Seite jener, die für die Konkurrenz mit dem Ausland als notwendiges Stimulans für das Münchner Kunstleben plädierten. Als Folge dieser Diskussion begründete sich 1892 die ›Secession‹ unter Bruno Piglheim, Fritz von Uhde und Franz von Stuck als fortschrittliche Abspaltung aus der alten ›Münchner Künstlergenossenschaft‹.[6] Daß diese erste ›Secession‹ weniger aus dem Ideal einer neuen Kunst, denn aus dem Streit über die richtigen Strategien des Kunstbetriebs hervorging, ist vielleicht symptomatisch für die Kunststadt München. Erklärlich von daher auch der hohe Anteil Münchner Akademieprofessoren unter diesen zunächst 78 »Secessionisten«. Deren Jahresausstellungen mit höchst gemäßigter moderner ausländischer Beteiligung kehrten freilich bereits 1897 wieder neben die lokalen Ausstellungen der ›Künstlergenossenschaft‹ in den Glaspalast als Hauptort des Münchner Kunstgeschehens zurück. Der Seitenblick auf Wien, auf die dortige ›Secession‹, ihr programmatisches Ausstellungsgebäude und ihr internationales Ausstellungsprogramm zeigt deutlich, welche ›Kunstreligion‹ dort durch die ›Secession‹ ins Leben getreten war. München darf demgegenüber für die Secessionsbewegung nur die Priorität ohne Konsequenz beanspruchen.

Aber auch jener künstlerische Aufbruch, der seit 1896 von München aus unter dem programmatischen Namen ›Jugendstil‹ die neuen künstlerischen Kräfte der Jahrhundertwende zu vereinen schien, war in Wirklichkeit und öfter sogar in Personalunion – Stuck auf seiten der Künstler, Georg Hirth auf seiten der Kunstindustriellen – nur ein weiterer Ableger jenes florierenden Kunst- und Schönheitsbetriebes, dem es einzig darum zu tun sein mußte, München auf der Woge wechselnder Mode im Kunstgeschäft zu halten, ja dieses zu bestimmen. Daß damit für München ein Zwang zum Erfindungsreichtum, zur Qualität, zur Unterhaltsamkeit wie auch zur Toleranz und zum Kompromiß in den Künsten vorgegeben war, ist kaum zu leugnen. Die wirklichen künstlerischen Neuerer im München der Prinzregentenzeit waren jedenfalls nicht mehr Mitglieder der ›Secession‹, noch hatten sie wesentlichen Anteil am Jugendstil. Vielmehr gehörten sie bereits den wenig später gegründeten Künstlergruppierungen wie der ›Phalanx‹, der ›Neuen Künstlervereinigung München‹ und dem Kreis des ›Blauen Reiter‹ an.

Es wäre jedoch völlig verfehlt, wollte man mit dem Blick auf das Affenbild von Max den Münchner Kunstbetrieb zur Prinzregentenzeit als einen einzigen Jahrmarkt der Äußerlichkeiten beschreiben. Denn es gilt ja auch die Kehrseite, daß Kunst, wie geschäftig ergriffen auch immer, im damaligen München einen mächtigen Sitz im Leben hatte. Das Selbstbewußtsein dieser Stadt, etwas Besonderes zu sein, erwuchs ihr nicht zuletzt durch die Kunst und deren anscheinend so selbstverständlich fortwirkenden Traditionen in dieser Stadt. Nicht umsonst rühmte Thomas Mann in seinen ›Bekenntnissen eines Unpolitischen‹, 1915 bis 1918 entstanden, diesem Rechenschaftsbericht eines Außenseiters, am München der Prinzregentenzeit jenen ausgeprägten Bürgersinn für die Kunst. »Das Wichtigste aber ist«, so Thomas Mann, »daß wirklich Künstlertum hier auf alte, echte Weise aus dem Bürgertum erwächst und mit ihm verwachsen bleibt..., und es ist münchnerisch, daß von zwei Brüdern, Träger eines altbürgerlichen Namens, der eine etwa Bäcker oder Brauer (und Mitglied des ›Kunstvereins‹!), der andere ein berühmter Architekt oder Erzgießer ist.«[7] Gemeint waren die Familien Seidl und Sedlmayr, aber auch andere Münchner Namen hätten für den gemeinten Sachverhalt einstehen können. München mit seiner so zahlreichen Künstlergenossenschaft unter dem Regiment diktatorischer Künstlerfürsten wie Lenbach, mit seiner mächtigen Akademie, seiner so gut integrierten ›Secession‹ und seinen ebenso elitären wie amüsanten Schwabinger Zirkeln, nicht zuletzt aber auch die Museumsstadt München mit den Pinakotheken und der Glyptothek, dem National- und dem Völkerkundemuseum sowie seinen dort wirkenden Gelehrten, allen voran der für die Kühnheit seiner Planungen wie Ankäufe schon zu Lebzeiten zur Legende gewordene Hugo von Tschudi als überragender Generaldirektor der Staatlichen Gemäldesammlungen, dieses München der Prinzregentenzeit muß offensichtlich den Eindruck erweckt haben, inmitten einer Welt rapider Industrialisierung, des schieren Nützlichkeitsdenkens und eines zunehmenden Ma-

›Zwei Äffchen‹. Aquarell von Franz Marc (1913), Postkarte an Else Lasker-Schüler. Bayer. Staatsgemäldesammlungen München, Staatsgalerie moderner Kunst, Stiftung Fohn

terialismus eine – oder richtiger – *die* ideale Heimstätte von Kunst und Bildung zu sein.

München als der Ort intakter Kunsttraditionen und höchster Kunstideale, die – paradox formuliert – Rückständigkeit Münchens als einer bloßen Kunststadt, begründete wohl auch sein internationales Ansehen bei der Künstlerjugend. Picasso empfahl 1897, nicht in Barcelona und Paris, sondern in München das Kunststudium zu beginnen. Für Kandinsky und Giorgio de Chirico war ganz selbstverständlich München der entscheidende Ort zur Ausbildung ihres Glaubens an die Kunst als einen entrückten Bereich des rein Geistigen und Metaphysischen. Aber auch Marcel Duchamp und Naum Gabo wurden in ihrer Auffassung von Kunst als etwas vornehmlich Spirituellem durch ihre Bildungserfahrungen im München der Prinzregentenzeit bestärkt.[8] In der Weise, wie diese scheinbar so ländliche Residenzstadt als Idealstadt der Kunst von der vermeintlichen Trivialität des modernen Lebens unberührt erschien, wurde sie, merkwürdig genug, zu einer der entscheidenden Geburtsstätten der Moderne. Und zwar für eine Moderne, die sich in guter Münchner Tradition als eine vor allen Niederungen des bloß Sinnlichen abgehobene Kunst verstand und die sich entweder aus dem geläuterten Bereich idealer Klassik oder der Abstraktion vom Gegenständlichen speiste. Diese Münchner Kunst der Moderne war mithin eine – wieder paradox formuliert – gegen die Äußerlichkeiten des Münchner Kunstbetriebes und doch aus besten Münchner Kunsttraditionen hervorgetretene Ideenkunst, behaftet mit freilich auch allen möglichen Versuchungen und Gefahren des Irrationalen.

Beispielhaft für diese neuerliche Dialektik von Alt und Neu, für diese erstaunliche wie unfreiwillige Aktualität, die der künstlerischen Tradition im München der Prinzregentenzeit zukommen konnte, beispielhaft dafür ist abermals die Affenversammlung von Gabriel von Max. So schonungslos dieses Gemälde das Prosaische des Münchner Kunstbetriebes vor Augen stellt, so sehr ist es in seiner altmeisterlichen Hell-Dunkelmalerei in der Nachfolge Rembrandts doch ein Musterbild jener soliden Maltraditionen, die Münchens Akademie zur Prinzregentenzeit ausgezeichnet hat. Demgegenüber wurden die gleichzeitigen Kunstrichtungen in Paris, der Realismus wie der Impressionismus, als billige Mache ohne jegliche handwerkliche Solidität abgetan. Zur malerischen Sorgfalt kommt als zweites ein poetisches Moment, das den etwaigen Vorwurf entkräften konnte, Max habe die Kunst mit pedantischem Realismus zu einem zoologischen Kabinettstück herabgewürdigt. Das poetisch Anrührende dieses Bildes bemerkt nur, wer sich von den karikierenden Aspekten des ersten Augenscheins wieder befreit. Denn dem genauen Blick erscheinen die Tiere weniger als Menschen, die ins Äffische regrediert sind, denn weit eher als Tiere mit höchst menschlichen Zügen. Die Affen sitzen bei Max ja keineswegs verständnislos vor der Kunst, sondern diese vermag sie wie den Menschen auch zu rühren, zu ängstigen oder zu erfreuen. Aber auch Spötter und Stumpfsinnige gibt es unter ihnen. Diesen Tieren, so scheint es, ist nichts Menschliches fremd.

In solcher Nobilitierung reflektiert sich die andere Seite dieses bürgerlichen Erfolgs- und Salonmalers, eine bei Max auf ausgedehnte prähistorische, ethnographische und zoologische Sammlungen sich gründende wissenschaftliche Erforschung des Menschen und seiner Abstammung. Max war aber nicht nur ein überzeugter Anhänger Darwins, sondern neben der Naturforschung beschäftigte er sich ebenso intensiv mit allem, was den naturwissenschaftlichen Positivismus seiner Zeit überschritt, mit den Geheimnissen der Seelenlehre und dessen Rätselerscheinungen wie Somnambulismus, Hypnotismus und Spiritismus. Wie die Maler Albert von Keller und Carl du Prel gehörte auch Max zu jenem Kreis der Münchner Künstlerschaft, der komplementär zur fortschreitenden Verwissenschaftlichung einer spirituellen Weltsicht anhing, die dem Metaphysischen in allen Schattierungen zwischen Mystik, Seelenlehre und Traumdeutung breiten Raum ließ.⁹ Im doppelten Verweis auf die vom Aberglauben so vorbelastete Zahl »13«, dreizehn Affen vor dem als »Nr. 13« ausgewiesenen Gemälde ›Tristan und Isolde‹, ist diese Dimension eines unwägbaren Tiefsinns auch auf dem Affenbild präsent. Hinzu kommen bei Gabriel von Max rousseauistische Gedanken vom Tier als dem besseren Menschen. So waren dem menschenscheuen Maler bei seinen unermüdlichen Forschungen, hinter die Phänomene ins Geistige vorzudringen, die Affen seine vertrauten Gesellschafter. In seinem Sommerhaus in Ammerland am Starnberger See, wo er sich am liebsten aufhielt, umgaben ihn stets ganze Affenherden in großen Freigehegen.

Tiermalerei im Dienste höherer Wahrheitsideale, die hinter die bloße Erscheinungswelt reichen sollen, damit ist Gabriel von Max, dieser uns meist rührselig und effektheischend erscheinende Erfolgsmaler der Münchner Schule, zwar nicht in seiner Kunst aber doch in der sie begründenden Haltung gar nicht mehr so weit entfernt von Franz Marc, dem einzigen in München geborenen Mitbegründer der Moderne zur Prinzregentenzeit. »Der unfromme Mensch«, so Marc 1915 im Rückblick auf seine Kunst, »erregte meine wahren Gefühle nicht, während das unberührte Lebensgefühl des Tieres alles Gute in mir erklingen ließ. Und vom Tier weg leitete mich ein Instinkt zum Abstrakten, das mich noch mehr erregte, zum zweiten Gesicht, das ganz indisch-unzeitlich ist und in dem das Lebensgefühl ganz rein erklingt.«¹⁰ Zwei fröhlich springende Affen in einer abstrakten Bergkomposition als Vertreter einer besseren Menschheit in arkadischer Natur zeigt denn auch eine Postkarte, die Franz Marc 1913, am Ende der Prinzregentenzeit, an Else Lasker-Schüler geschickt hat. Von der Dichterin war ihm zuvor aus der Kunststadt München berichtet worden, daß die Redaktion des ›Simplicissimus‹, heute meist auf der fortschrittlichen Seite im damaligen München verbucht, energisch gegen den ›Blauen Reiter‹ intrigiere. Franz Marc erläutert seinen Affengruß aus dem oberbayerischen Voralpenland als Tröstung an die Dichterin in der Stadt: »Prinz, nur nicht um meinetwillen grämen! Ich bin die Dummheit der Menschen gewohnt. ... Die Menschen sind uns doch nicht wert, deshalb sitzen wir doch schon in Sindelsdorf.«¹¹

Stadt und Land

Für die Eigenart und Entwicklung der Münchner Kunst zur Prinzregentenzeit ist neben der skizzierten Dialektik von Alt und Neu auch die Wechselbeziehung zwischen Stadt und Land von kaum geringerer Bedeutung. Der erste spektakuläre Rückzug aus der Kunststadt München erfolgte durch Wilhelm Leibl. 1873 verließ er den im gemeinsamen Atelier in der Arcisstraße um ihn gescharten Künstlerkreis, der sich weitgehend isoliert am Vorbild der modernen französischen Malerei eines Courbet und Manet orientierte. Man hat diesen Leibl-Kreis, zu dem Rudolf von Alt, Rudolf Hirth und Johann Sperl, aber auch Karl Schuch, Wilhelm Trübner und Fritz Schider gehörten, häufig als die »erste Münchner Secession« bezeichnet.¹² 1873 war Leibl das Desinteresse des offiziellen München an seiner Malerei leid und zog sich dauerhaft aufs Land zurück, zuerst nach Dachau, dann ins oberbayerische Voralpenland, nach Unterschondorf, Berbling, Aibling und von 1892 bis zu seinem Tod im Jahr 1900 nach Kutterling. Anders als in Paris, wo solche Rückzüge der Künstler aufs Land spätestens seit Gustave Courbet gleichsam zum Ritual großstädtischer Kunsterneuerung gehörten und ihr Ertrag in realistischen Programmbildern vom unverstellten einfachen Leben in freier Natur wieder auf den Pariser Kunstmarkt zurückflossen, im Unterschied hierzu bedeutete Leibls Flucht aufs Land eine permanente Abkehr von München unter dem Vorwurf, dieses sei künstlerische Provinz. Seine Bilder schickte Leibl deshalb aus Oberbayern bevorzugt auf Ausstellungen nach Paris, nicht um ihrer bäuerlichen Sujets willen, sondern um seine Darstellungsmittel, die Virtuosität seiner reinen Malerei dort dem internationalen Vergleich auszusetzen.

Leibls Stadtflucht aus Kunststrenge stand in völligem Kontrast zu jenen ländlichen Exkursionen, die Münchner Maler zahlreich zur Auffrischung ihrer oberbayerischen Bildthemen unternahmen. Nicht zuletzt waren es diese Themen – Kühe, Sennerinnen, Bauern und Berge –, die den Erfolg der Münchner Malerschule mitbegründeten, indem sie die Kunst- und Andenkenbedürfnisse des in München rapide zunehmenden Fremdenverkehrs erfüllten. Der Reiz Münchens für dieses touristische Publikum bestand ja gerade im vermeintlich ländlichen Charme der bayerischen Haupt- und Residenzstadt, ihren unbeschwerten und kommoden Lebensformen. Auch Schwabing mit seinem damals noch weitgehend dörflichen Charakter verdankte diesem Landleben mit leichteren Sitten seine Attraktivität nicht zuletzt bei norddeutschen Künstlern. Die Besonderheit der Kunststadt München lag mithin darin, daß Kunst und Bildung sich hier nicht mit dem hektisch Großstädtischen oder gar Weltstädtischen liierten, sondern sich ungeniert mit dem geruhsam Ländlichen Schwabings paarten zu einem merkwürdig unwirklichen, erheiternden Kunstgebilde. »Ein Paradies ist München, aus dem man nicht vertrieben wird«, hatte Else Lasker-Schüler 1911 in der führenden Berliner Expressionisten-Zeitschrift ›Der Sturm‹ geschrieben, und sie fuhr fort, »aber Berlin ist ein Kassenschrank aus Asphalt. ... Ich muß München immer wieder küssen, schon, weil ich Berlin hinter mir habe; wie von einer langweiligen Kokotte geschieden fühle ich mich. Meine Freunde spielen Harmonika, wir ziehen an Schaufenstern pietätvoller Läden vorbei; Meisterbilder, frommer Schmuck, wilde Waffen aus den Gräbern der Bibelfürsten und überall die blauen König-Ludwig-Augen! Eine Riesenkommode ist München, aus einem bayerischen Alpenknochen gehauen. Man kann so andächtig kramen in München und ausruhen auf gepolsterten Erinnerungen. Hier freut man sich seiner selbst ...«¹³

Dieses Sich-Wohlbefinden in der »schönen und gemächlichen« Kunststadt München hat auch Thomas Mann um 1900 in seiner viel und häufig falsch zitierten Novelle ›Gladius Dei‹ beschrieben.¹⁴ Denn was zunächst überschwengliche Rühmung scheint, ist bittere Ironie. »München leuchtete« bei Thomas Mann im Glanz falscher Bauten. Nur die Barockkirchen sind wirklich barock. Ansonsten erscheint München im schönsten Doppelsinn des Wortes ›Kunststadt‹ als ein einziges Kostümfest der Stile. Es reicht von der Antike der Glyptothek und der Propyläen über die Florentiner Renaissance der Residenz und Feldherrnhalle, den Klassizismus der Ludwigstraße und die Neugotik der Maximilianstraße bis hin zu den neuesten Kunstbauten des Jugendstils »mit bizarrer Ornamentik«. Hinzu kommen die »bürgerlichen« Bauten, die Thomas Mann ausdrücklich als charakteristisch für das Erscheinungsbild der Kunststadt vermerkt.

Unter diese dürften wohl die Gebäude der Brüder Gabriel und Emanuel von Seidl zu rechnen sein. Wie schon zitiert, hat Thomas Mann Gabriel von Seidl ausdrücklich als Vertreter eines typisch münchnerischen bürgerlichen Kunstsinns gerühmt. Durch ihre Rückbesinnung auf süddeutsche Bauformen, Augsburger und Nürnberger Renaissance sowie barocke Traditionen, haben Gabriel und Emanuel von Seidl versucht, im Gegensatz zum hemmungslosen Gründerzeithistorismus in Wien oder Berlin, im Münchner Stadtbild einen süddeutschen Lokalton fortzuführen. Dessen Architekturformen sollten zugleich malerisch und behaglich wirken. Die hervorragendsten Beispiele dieses »neuen« Bauens wurden zwischen 1898 und 1909 jährlich zur Schulung der Phantasie der Architekten und Bauherren in Lichtdrucken veröffentlicht unter dem Titel ›Münchner Bürgerliche Baukunst der Gegenwart‹.¹⁵ Auch Lenbach hat sich etwa bei den Planungen für das Künstlerhaus und das Nationalmuseum, beide von Gabriel von Seidl, mit Nachdruck für diesen süddeutschen Lokalton des Münchner Bauens eingesetzt. Als wesentlicher Anreger für diesen lokalen Historismus könnte seit den späten fünfziger Jahren des 19. Jahrhunderts sehr wohl auch Carl Spitzweg gelten. Auf seinen Studienreisen nach Nürnberg und Rothenburg, aber auch nach Tirol, hat Spitzweg deren altgewachsene Stadtlandschaften zu schätzen gelernt und sie als Architekturkulissen auf seinen in Münchner Künstlerkreisen schon damals begehrten Bildern ins Gemütvolle und Idyllische verklärt, zu Architekturbühnen des Biedersinns, auf denen sich bei Spitzweg höchst spöttisch Kommentiertes ereignen konnte.¹⁶ »Spitzweg als Architekt«, unter dieser Formel ließen sich pittoreske Besonderheiten der Münchner Architektur, ihre Fabulierlust, ihr Behaglichkeitsstreben wie ihre Kompromißbereitschaft weit über die Prinzregentenzeit hinaus zusammenfassen. Verständlich auch, daß solche Bauten in gesucht süddeutscher Anmutung leicht wieder von der Stadt aufs Land transferiert werden konnten. Entsprechend viele Landhäuser haben die Brüder Seidl auch für all jene gebaut, die in den Sommermonaten dem Tourismus in der Stadt entfliehen wollten. Aber auch der Jugendstil mit seinem Streben nach Lebensreform, nach Luft, Sonne und Befreiung von einengenden Gesellschaftskonventionen, war mit zahlreichen Villen an den oberbayerischen Seen bemerkenswert rasch vertreten.

Für Thomas Mann, daran kann kein Zweifel sein, war dieser hier skizzierte Stilpluralismus im Erscheinungsbild der Kunststadt München höchst verdächtig. Für Ludwig I. und seine Zeit konnte Stilvielfalt als Ausweitung des Museumsgedankens ins Architektonische mit höchsten Bildungs- und Menschheitsidealen verbunden sein.¹⁷ Für das München nach 1871, nach der Eingliederung Bayerns ins Reich, war Stilpluralismus in süddeutschen Grundformen dagegen Artikulationsform verbliebener Autonomiebedürfnisse und gegenüber der internationalen Konkurrenz im Kunst- und Dekorationshandwerk ein sichtbares Manifest deutsch-nationaler Interessen.¹⁸ Für Thomas Mann jedoch, diesen konservativen Modernen, war das kumulierende Stilpotpourri Münchens zur Jahrhundertwende allenfalls unter dem Blickpunkt einer bürgerlichen Befindlichkeit von wohltuender Bequemlichkeit. Mit dem Renaissancepalast seiner Schwiegereltern Pringsheim in der Arcisstraße sowie mit seinem eigenen, 1913 erbauten Haus in der Poschingerstraße in verhalten neobarocken und neoklassizistischen Formen hatte Thomas Mann ja selbst an dieser historisch ausgerichteten Wohnkultur durchaus Anteil.¹⁹ Unter dem Gesichtspunkt des Künstlerischen war der beschriebene Maskenball der Stile im München um 1900 für Thomas Mann dagegen anschaulicher Ausdruck einer Falschmünzerei, die – wie in ›Gladius Dei‹ ironisch beschrieben – recht eigentlich nichts von der Strenge der Kunst wußte, sondern nur von ihrer gefälligen Imitation und dekorativen Anwendung lebte.

Entsprechend ist es in ›Gladius Dei‹ auch kein Original, sondern nur die »mit äußerstem Geschmack in Altgold« gerahmte große, »rötlichbraune Photographie« eines Madonnenbildes, eine Reproduktion also, die am Odeonsplatz im »Schönheitsgeschäft Blüthenzweig«, wohl eine Invektive gegen die renommierte Münchner Reproduktionsanstalt ›Hanfstaengl‹, bei Thomas Mann den Zorn des Jünglings Hieronymus aufs Äußerste erregte. Diesen hat Thomas Mann, höchst passend zu seiner Verspottung Münchens als Renaissancekopie, dem Florentiner Bußprediger Savonarola angeglichen. Welches erotisch gefärbte Madonnenbild der neueren Münchner Schule den heiligen Zorn dieses selbsternannten Bußpredigers erregt hat, ließ sich bisher nicht genauer feststellen. Sowohl Madonnenbilder von Gabriel von Max wie von Hermann Kaulbach und anderen kämen in Frage. Die Bemerkung, die Pinakothek habe das Bild gekauft, das von einem berühmten aufstrebenden Münchner Maler stamme, der schon zweimal zur Tafel des Prinzregenten gebeten worden sei, ein Bild, das aber nach Hieronymus weniger die Madonna als »die entblößte Wollust« darstelle, all diese Umstände machen es sehr wahrscheinlich, daß es sich bei Thomas Manns Skandalbild recht eigentlich um das in der Tat von der Pinakothek erworbene und von ›Hanfstaengl‹ zahllos reproduzierte Gemälde ›Die Sünde‹ von Franz von Stuck handeln dürfte, um jenes Altarbild des Lasters, zu dem die künstlerische Jugend Münchens seit 1893 wahre Wallfahrten unternommen hatte.²⁰

Vor solcher Sakralisierung der Sinnenlust fühlte sich Thomas Manns Hieronymus wie einst Savonarola als erwähltes Werkzeug eines göttlichen Strafgerichtes, als »Gladius Dei«. Bestärkt hatte ihn der Anblick des Hl. Michael mit Schwert auf dem Altarfresko von Cornelius in der Ludwigskirche. Als einen Kämpfer für das Ideale und gegen alles Niedrige und Gemeine in der Kunst sah bereits Peter von Cornelius seinen Hl. Michael. Von diesem Vorbild innerlich erhoben, wird auch Hieronymus zum neuerlichen Verteidiger einer idealen Kunst – »die Kunst ist das göttliche Feuer, das an die Welt gelegt werde, damit sie aufflamme und zergehe ...«. Erfüllt von solch nazarenischer Kunstgesinnung, wagt Hieronymus seine Forderung in der Kunsthandlung Blüthenzweig vorzutragen, man solle das unsittliche Bild entfernen. Als er daraufhin aus dem Laden geworfen wird, imaginiert sich Thomas Manns neuer Savonarola in ohnmächtiger Wut vor den Loggien der Feldherrnhalle einen lodernden Scheiterhaufen, auf dem alle Eitelkeiten der Münchner Kunst um 1900 verbrennen sollten. »München leuchtete«, das ist am Ende dieser Novelle der lodernde Widerschein eines freilich nur vorgestellten göttlichen Strafgerichtes gegen die Kunststadt München um 1900 und ihren so leichtfertigen, so wenig ernsthaften Umgang mit der Kunst.

Der imaginierte Scheiterhaufen vor den Loggien der Feldherrnhalle war, obzwar im ironischen Bild kläglicher Ohnmacht, Thomas Manns Abrechnung mit dem Münchner Renaissancekult des Fin de siècle, mit der erschlichenen Altmeisterlichkeit von Lenbach und von Stuck. Der präraffaelitische Renaissancetraum des Letzteren war ja nur die am Jahrhundertende unter dem Einfluß von Nietzsches dionysischer Lebensphilosophie ins Heroische und Morbide aktualisierte Fortsetzung jener epigonalen Kulissenwelt nach Tizian, Veronese, Rembrandt und Velazquez, in die sich Lenbach mit aristokratischem Habitus schon früher völlig hineingelebt hatte. Mit seiner 1887 begonnenen Renaissancevilla und entsprechend historischem Hausrat gelang es Lenbach, seine Kunstwelt weit über München hinaus zum Geschmacksideal tragender Kreise zu machen, gestützt auf eine inflationäre Bildnisproduktion mit altmeisterlichem dunklen Verputz, vager Körperlichkeit und effektvoll psychologisierender Pinselführung, meist nach photographischen Vorlagen der Dargestellten, das Ganze veredelt durch dunkle oder goldene schwere Rahmen.[21] Eben dieser Münchner Renaissance-Ästhetizismus, genau beschrieben auch in Heinrich Manns Roman ›Die Göttinnen‹ von 1902, einem nach Venedig verlegten Schlüsselroman zur Welt Lenbachs, hatte als dionysische Kraftmeierei in der Kunst Thomas Manns entschiedensten Widerwillen provoziert. Die »hysterische Renaissance«, eine Worterfindung von Heinrich Manns Maler Jacobus Halm, der Lenbach nachgestaltet war, die »hysterische Renaissance«, so Thomas Mann in seinen ›Betrachtungen eines Unpolitischen‹ im Rückblick auf seine frühen Münchner Jahre, »hatte ich ... rings um mich zu verachten«.[22] Und deutlicher noch gegen die heidnische Kraftnatur Stuck, von Julius Meier-Graefe 1904 als »die größte Leistung Münchener Faschingsrenaissance« bezeichnet, und natürlich auch gegen Heinrich Mann gerichtet heißt es bei Thomas Mann:

»Es ist der Augenblick, bekennend festzustellen, daß ich mit diesem unzweifelhaft auf Nietzsche's ›Lebens‹-Romantik zurückgehenden Ästhetizismus, welcher zur Zeit meiner Anfänge in Blüte stand, niemals, mit zwanzig Jahren sowenig wie mit vierzig, das Geringste zu schaffen gehabt habe, – womit nicht gesagt ist, daß er mir nichts ›zu schaffen gemacht‹ hätte. Das hatte sich damals mit hinlänglicher Ruchlosigkeit den Sinnen ergeben, das schwärmte für dick vergoldete Renaissance-Plafonds und fette Weiber, das lag mir in den Ohren mit dem ›starken und schönen Leben‹ und mit Sätzen etwa des Inhalts: ›Nur Menschen mit starken, brutalen Instinkten können große Werke schaffen!‹«[23]

Das Hilfsmittel, »das ich sofort als Symbol für eine ganze Welt, *meine Welt*, eine nordisch-moralistisch-protestantische, id est *deutsche* und jenem Ruchlosigkeits-Ästhetizismus strikt entgegengesetzte Welt erfaßte«, so Thomas Mann, das war der »Dürer'sche ›Ritter, Tod und Teufel‹«, die nicht weniger von Nietzsche beeinflußte Vorstellung des Künstlers als einem einsamen christlichen Ritter und – wie der neue Savonarola in ›Gladius Dei‹ – als ein asketischer Kämpfer für ein strenges höheres Ziel der Kunst.[24]

Der von Thomas Mann als so aufgesetzt wie verlogen empfundene Renaissance-Ästhetizismus von Lenbach und Stuck war um so mehr geliehen, als beide aus einfachsten, ländlich-bayerischen Verhältnissen zu den ersten Malerfürsten Münchens aufgestiegen waren. Lenbach war Sohn eines Baumeisters aus Schrobenhausen, Stuck Müllerssohn aus Tettenweiß. Obschon durch eine Generation voneinander getrennt, brillierten beide in ihren Anfängen durch eine ungewöhnlich fortschrittliche, ganz auf Sonne und Licht hell abgestimmte Freilichtmalerei, die sich bei Lenbach durch seine schockartigen Erfahrungen mit dem Weimarer Hofleben[25] und bei Stuck wohl durch das Vorbild Lenbach, bei beiden also im Verfolg ihrer öffentlichen Karriere zu rivalisierenden und letztlich doch komplementären Malerfürsten der Kunststadt München abtönte ins Dunkle, Bedeutende, Kostbare und Raffinierte. Das eigentliche Opfer dieser Verdunkelung der Kunststadt München war Leibl, der von der Eifersucht Lenbachs, an der Akademie einst sein Mitschüler bei Piloty, für immer aufs Land vertrieben wurde. Wilhelm Trübner hat diese Dialektik zwischen Stadt und Land im Münchner Kunstbetrieb am Schicksal Leibls sehr trefflich beschrieben: »Die wirklichen Bauern, die mit ihm die Akademie besuchten, wurden, wie sie es sicher auch verdienten, in den Adelsstand erhoben, und den in seiner Gesinnung und in seiner Kunst vornehmsten von allen, schalten sie einen Bauern.«[26]

Leibls radikale Stadtflucht hat im München der Prinzregentenzeit erst wieder beim ›Blauen Reiter‹, bei Franz Marc und weniger drastisch bei Kandinsky und Gabriele Münter, eine Fortsetzung gefunden. Marc, 1880 als Sohn eines Juristen und späteren Malers in München geboren, begann sei-

›*Die Sünde*‹. Ölgemälde von Franz von Stuck (1893). Bayer. Staatsgemäldesammlungen München, Neue Pinakothek

ne Künstlerlaufbahn 1900 an der Akademie. Nach einer Parisreise, die ihn 1902 erstmals mit der Malerei der Impressionisten bekannt gemacht hatte, verzichtete Marc jedoch auf eine weitere Akademieausbildung. Er betrieb nun eine farbig aufgehellte, pastose Freilichtmalerei, die mit Freunden der Künstlergruppe ›Scholle‹, die dem Jugendstil nahestand, bei Malausflügen nach Dachau und in das Voralpenland erprobt wurde. Bei seiner zweiten Parisreise entdeckte Marc 1907 den antizivilisatorischen Flügel der Moderne, das Werk von Gauguin und van Gogh. Ihr Vorbild führte ihn zu einer intensiveren Farbigkeit bei zunehmender Vereinfachung des Gegenständlichen. 1908 gab Marc endgültig sein Schwabinger Atelier auf und zog aufs Land, zuerst nach Sindelsdorf und dann nach Ried bei Kochel, wo er 1914 ein Haus erwarb. Im nahegelegenen Murnau hatten Kandinsky und Gabriele Münter 1909 ein ursprünglich zur Vermietung an Touristen erbautes kleines Haus gekauft, das sie wechselweise mit ihrem Schwabinger Atelier in der Ainmillerstraße bewohnten.

Was Marc zur Flucht aufs Land bewog, verdeutlicht seine Affenkarte an Else Lasker-Schüler ebenso wie sein bereits zitiertes Bekenntnis zum Tier als bevorzugtem Bildgegenstand, da es reiner und elementarer sei als der Mensch. Der Kunstbetrieb Münchens, dessen Gezänk und leere Geschäftigkeit, aber auch dessen Gemütlichkeitssinn waren ihm zuwider. Wie schon bei Leibl und gleichzeitig bei Kandinsky korrespondierte diesem Rückzug bei Marc jedoch eine ausgreifende Orientierung am internationalen Kunstgeschehen. Wiederholte Reisen nach Paris und Berlin informierten Marc über die neuesten Richtungen wie Kubismus, Orphismus, Futurismus und den Expressionismus der Berliner ›Brücke‹-Künstler. Kandinsky hielt intensiven Kontakt mit Moskau und der russischen Avantgarde. Literarisch versiert, betätigten sich sowohl Marc wie Kandinsky als Kunstschriftsteller. Gemeinsam planten sie seit 1911 die Herausgabe eines Almanachs zur modernen Kunst unter dem Titel ›Der Blaue Reiter‹. Gemeinsam organisierten sie auch, nachdem ein abstraktes Bild Kandinskys von der ›Neuen Künstlervereinigung München‹ ausjuriert wurde, höchst zielstrebig im Dezember 1911 eine Gegenausstellung ihrer Werke und der ihrer Freunde im In- und Ausland, darunter Arbeiten von August Macke, Alexej von Jawlensky, Marianne von Werefkin, Gabriele Münter, Robert Delaunay, Albert Bloch, der Brüder Burliuk und Arnold Schönberg. Diese Ausstellung fand wie die der ›Neuen Künstlervereinigung München‹ in der führenden Galerie Thannhauser statt und trug nach dem geplanten Almanach den Namen ›Der Blaue Reiter‹.[27]

Von der Münchner Öffentlichkeit völlig unbeachtet, wurde diese Ausstellung von Marc und Kandinsky auch an andere Städte vermittelt. Eine zweite Ausstellung der Redaktion des ›Blauen Reiter‹, die sich unter vermehrter internationaler Beteiligung auf Arbeiten auf Papier beschränkte, wurde 1912 in der Kunsthandlung von Hans Goltz veranstaltet. Unermüdlich haben Kandinsky und Marc bis zum Ausbruch des Ersten Weltkrieges durch vielfältige internationale Kontakte und Ausstellungsinitiativen, etwa Marcs Beteiligung an der Einrichtung des Ersten Deutschen Herbstsalons 1913 mit dem führenden Berliner Galeristen Herwarth Walden, die Organisation ihrer künstlerischen Interessen von Sindelsdorf, Murnau und Schwabing aus zielstrebig in die Hand genommen. Auf einer Postkarte aus Paris an Franz Marc vom August 1913 hatte Robert Delaunay deshalb nicht München, sondern Sindelsdorf in die Liste der Hauptstädte der modernen Kunst neben Berlin, Paris, New York und Moskau aufgenommen.[28]

Wie schon bei Leibl gilt erneut, daß die eigentlich größten Kunstleistungen Münchens zur Prinzregentenzeit dem Rückzug in oberbayerische Dörfer bei gleichzeitiger internationaler Ausrichtung zu verdanken sind. Aus dieser spannungsreichen Mischung von Nähe und Ferne bezog der ›Blaue Reiter‹ seine Anregungen, und aus solchen Spannungen entwickelte er auch sein enzyklopädisches Kunstprogramm. Kunst erwuchs für Kandinsky wie für Marc nicht aus äußeren Bedürfnissen, sondern – wie es Kandinsky im Almanach ›Der Blaue Reiter‹ formulierte, der im Mai 1912 endlich bei Piper in München erschienen ist – Kunst entsteht aus »innerer Notwendigkeit«. Diese »innere Notwendigkeit« manifestierte sich für Kandinsky und Marc in den Zeugnissen bayerischer Volksfrömmigkeit ebenso wie in der altdeutschen Graphik, der Kinderzeichnung, den sogenannten primitiven Skulpturen des Münchner Völkerkundemuseums wie in den Werken der Avantgarde in Paris, Moskau, Berlin und München. Gemeinsam schien ihnen allen die Teilhabe an einem Kunstwollen, das für Kandinsky und Marc alles bloß Äußerliche hinter sich lassen und ins Geistige als dem Dauerhaften hinüberführen sollte. Zu den Voraussetzungen dieses Kunstprogrammes zählten Nietzsche und der Neuidealismus ebenso wie bei Kandinsky theosophische Erwägungen. Aber auch die modernen Naturwissenschaften, soweit sie dem Materialismus widersprachen, wurden in wichtigen Erkenntnissen wie der Spaltung der Atome oder den Röntgenstrahlen von Kandinsky und Marc ins Feld geführt zur Bestätigung ihrer tiefsten Überzeugung, daß auch die Kunst auf ein Geistiges abzielen und mithin ins Abstrakte geläutert werden müsse.[29] Die Vergeistigung der Kunst durch reine Farben und Formen ohne illustrierende und illusionistische Nebenpflichten, das ist der radikalste, anspruchsvollste und weitreichendste Beitrag Münchens zur Kunst des 20. Jahrhunderts. Kunst sollte nicht mehr, wie sonst so gerne in München, bloße Dekoration sein, sondern Kunst war nun wieder in den Rang des Religiösen erhoben, auch dies durchaus eine ehrwürdige Münchner Vorstellung seit Ludwig I. und seiner despotisch verordneten Kunstfrömmigkeit. Entsprechend bestand denn auch für Franz Marc im Vorwort zum Almanach ›Der Blaue Reiter‹ die Aufgabe der modernen Malerei darin, Bilder zu liefern, »die auf die Altäre der kommenden geistigen Religion gehören«.[30]

Für dieses ideale Kunstprogramm der Münchner Moderne hatte Kandinsky bereits 1909 auf der Mitgliedskarte für die ›Neue Künstlervereinigung München‹ die Figur eines Reiters ersonnen, der eine Frau zu sich aufs Pferd gezogen hat, die gestikulierende Begleitung bleibt links zurück, und der nun mit seiner Erwählten zu einer in freier Landschaft hoch gelegenen Burg hinaufreiten wird als dem Ort, wo sich – wie die Schriftzeile darüber andeutet – die neuen Künstler Münchens wie in einem Gral vereinigen werden. Kunst, das ist für Kandinsky hier schon die Entführung in ein entrücktes, ideales Reich. Als kämpferischer Schutzpatron des ›Blauen Reiter‹ dient dann 1911 ein »Hl. Georg« zu Pferd, den Kandinsky auf Wunsch von Franz Marc nach dem Vorbild oberbayerischer Hinterglasmalerei entworfen hatte. Als Heros des Geistigen in der Kunst tötet der christliche Ritter im Drachen zu seiner Seite das Böse, alles unrein Irdische und bloß Materielle. Rechts vorne die befreite Prinzessin als Sinnbild der zum Geistigen erlösten Menschheit, womit der Bann der Schlange über die Frau auf Stucks ›Sünde‹ hier nun von dem Stuck-Schüler Kandinsky gelöst wird. Im Rückblick bezeichnete Kandinsky die Wahl des Namens ›Der Blaue Reiter‹ als einen schönen Zufall: »Den Namen ›Der Blaue Reiter‹ erfanden wir am Kaffeetisch in der Gartenlaube in Sindelsdorf; beide liebten wir Blau, Marc – Pferde, ich – Reiter. So kam der Name von selbst.«[31] Ungeklärt erscheint auch die Wahl des hl. Georg als Schutzpatron

234

Endgültiger Entwurf für den Umschlag des Almanachs ›Der Blaue Reiter‹. Aquarell von Wassily Kandinsky (1911). Städtische Galerie im Lenbachhaus, München

des ›Blauen Reiter‹. Zwar stand der hl. Georg als kämpferischer Drachentöter und damit als Siegbringer des Geistes bereits seit 1908 auf einem hohen Pylon vor dem Erweiterungsbau der Münchner Universität. Auch Thomas Mann hatte sich ja mit Dürers ›Ritter, Tod und Teufel‹, wie erinnerlich, einen christlichen Ritter als Weggefährten für seine strenge Kunstgesinnung gegen die leichtlebigen Verlockungen der Kunststadt München erwählt.

Zur Erklärung für die Wahl des Ritterheiligen Georg als Schutzpatron des ›Blauen Reiter‹ wurde, von Kandinskys zahlreichen früheren Bildvariationen auf den Heiligen abgesehen, bisher nur auf die Lokaltradition verwiesen, daß der hl. Georg auch Schutzpatron von Murnau sei.[32] Demgegenüber sollte mit aller notwendigen Vorsicht auch die Möglichkeit erwogen werden, ob die so poetische Einkleidung eines künstlerischen Freundeskreises unter dem Namen ›Der Blaue Reiter‹ und weiterhin dessen Gleichsetzung mit dem, im Holzschnitt zunächst ganz in Blau und Weiß gegebenen Ritterheiligen Georg nicht auch als diskrete Referenz an jenen bereits legendären Ritter der Kunst gemeint sein könnte, den schon Else Lasker-Schüler 1911 in ihrem Lob auf München als Lokalheiligen der Kunststadt beschworen hatte, der aber doch eher als ein erster Flüchtling aus dem Kunstbetrieb Münchens vermerkt werden muß – nämlich Ludwig II. Franz Marcs Vater, Wilhelm Marc, war ja als Maler einst an der Ausgestaltung von Ludwigs Schlössern beteiligt und hat seinem Sohn später von den überraschenden Auftritten des Märchenkönigs erzählt.[33] Ludwig II., dessen absolutistischer Königstraum sich nur noch fernab von München in den Gesamtkunstwerken seiner entlegenen Schlösser und Burgen verwirklichen ließ, er hatte mit großer Prachtentfaltung den ursprünglichen Hausorden der Wittelsbacher, den ›Sankt Georgs-Orden‹, wieder in seine einstige Bedeutung eingesetzt. Die Ritter des von Ludwig II. erneuerten Ordens trugen bei ihren Ordensfesten tiefblaue Mäntel. Auch Ludwig II. hat sich als Großmeister des Ordens in blauem Hermelinmantel mit Schwert in der Rolle eines kampfbereiten ›Hl. Georg‹ malen lassen. Auf dessen Bedeutung als Drachentöter war ohnehin in den Prunkpokalen und anderen Gerätschaften bei den Ordensversammlungen des ›Georgi-Ritterordens‹ unübersehbar hingewiesen. Nach zeitgenössischen Darstellungen dürfen wir uns diese Versammlungen solchermaßen als eine Tafelrunde blauer Ritter unter dem Schutzpatronat des zu Pferd gegen den Drachen kämpfenden hl. Georg vorstellen, der in dieser Runde seinen höchsten irdischen Vertreter wiederum im Ordens-Großmeister Ludwig II. als kampfbereitem blauen Georgsritter hatte.[34]

Als Hauptaufgaben des von ihm erneuerten ›St. Georgs-Ritterordens‹ hatte Ludwig II. die »Verteidigung des christ-katholischen Glaubens und die Ausübung der Werke der Barmherzigkeit« festgelegt.[35] Ludwig II. selbst kämpfte freilich für sein ideales Kunstkönigreich gegen die Philister und Pedanten der ihm verhaßten Kunststadt München. Mit dem Georgsritter Ludwig II. zieht sich die Kunst beispielhaft aus einem vorzüglich materialistisch gesonnenen Leben zurück. Ludwigs Tagebuch zierte deshalb nicht zufällig die Architekturphantasie des entrückten Gralsbaues in freier Landschaft, zu dem, ganz ähnlich wie auf Kandinskys Mitgliedskarte, auserlesene Ritter emporreiten. Das Ende dieses Kunstkönigtraums, der Tod Ludwigs II., wurde 1886 in einem Gedicht des französischen Symbolisten Paul Verlaine in der ›Revue Wagnérienne‹ keineswegs als Befreiung von einem verspäteten Absolutismus gefeiert. Ganz im Gegenteil rühmte Verlaine Ludwig II. als letzten wahrhaft königlichen Monarchen und als Märtyrer einer Künstlerreligion, welcher vergeblich gegen die prosaische Vernunft der Zeit angekämpft habe.[36] An eben diese Konstellation, an die Erneuerung der Vorstellung von der Kunst als eines reinen Höchsten mit religiöser Aura, schließt auch der in Sindelsdorf, mitten auf dem Land, im Protest gegen den Kunstbetrieb Münchens 1911 gegründete ›Blaue Reiter‹ mit seinem kämpferisch elitären Rollenbild vom Künstler als einem weiß-blauen Georgsritter sehr unmittelbar wieder an. An solchen Vergleichsmöglichkeiten wird hinreichend deutlich, wie sehr im München zur Prinzregentenzeit Alt und Neu, ländliche Idylle, Residenzstadt und internationale Moderne, kunstindustrielle Mittelmäßigkeit und elitäre Kunstreligion, untrennbar miteinander verwoben sind.

Die traditionellen Kräfte des Kunstgewerbes

Von Norbert Götz

Stilentscheidungen

In zweierlei Hinsicht blieb die große ›Deutschnationale Kunstgewerbeausstellung‹ des Jahres 1876 in der Geschichte des Bayerischen Kunstgewerbevereins in guter Erinnerung: Zum einen konnte ein erheblicher finanzieller Gewinn verbucht werden. Zum anderen war die mit dieser Ausstellung vollzogene Hinwendung zur ›Deutschen Renaissance‹ für das gesamte deutsche Kunstgewerbe überaus folgenreich; die Verbreitung der nationalen Renaissanceformen im nächsten Jahrzehnt konnte an vorderster Stelle mit dem Ausstellungsereignis des Jahres 1876 verbunden werden. Geradezu zum Schlagwort entwickelte sich der Titel der historischen Schau ›Unserer Väter Werke‹, der mit der Ausstellung des Kunstgewerbes der eigenen Zeit verknüpft war.

Als Stiltendenz der ›Deutschnationalen Kunstgewerbeausstellung‹ des Jahres 1888 wurde allgemein die Hinwendung zu Barock und Rokoko konstatiert, die jedoch in der Realität der kunstgewerblichen Produktion längst vollzogen war. Vor allem kam dieser Stil der Hofkunst des 17. und 18. Jahrhunderts im neoabsolutistischen Traum König Ludwigs II. zum Ausdruck und wurde durch dessen Schloßbauten Linderhof und Herrenchiemsee in repräsentativer Weise neu belebt. Die als bürgerlich bis patrizisch empfundene ›Deutschrenaissance‹ spielte dagegen für die künstlerischen Unternehmungen des Königs nur eine sehr untergeordnete Rolle. Die Schloßbauten Ludwigs II. bedeuteten für das bayerische und vor allem für das Münchner Kunstgewerbe einen nicht hoch genug einzuschätzenden Wirtschaftsfaktor. Wenn der Prinzregent 1886 traditionsgemäß in der Nachfolge von Maximilian II. und Ludwig II. um die Übernahme des Protektorats des Kunstgewerbevereins gebeten wurde, so verband sich mit dieser Bitte sicher die Hoffnung auf eine Kontinuität der Aufträge des Königshauses. Auch die Bemühungen um die Kunstgewerbeausstellung des Jahres 1888, die ursprünglich nicht in München stattfinden sollte, sind vor dem Hintergrund einer sich verschlechternden Auftragslage zu sehen.[1]

1883 war auf dem ›Zweiten Kongreß Deutscher Kunstgewerbevereine‹ in München beschlossen worden, innerhalb der nächsten fünf Jahre eine deutsch-österreichische Kunstgewerbeausstellung in der Reichshauptstadt Berlin vorzubereiten und dabei das Programm der Ausstellung von 1876 zugrunde zu legen. Ganz in den damit vorgezeichneten nationalen Dimensionen bewegte sich auf dem Kongreß der Ehrenpräsident des Vereins, Ferdinand von Miller d. Ä., als er in seiner Eröffnungsrede formulierte: »Ich möchte die Namen der deutschen Frauen, die sich nur mit deutschen Arbeiten schmücken, in eine eherne Tafel eingraben ...«[2] Miller spielte damit auf die für das deutsche Kunstgewerbe schon traditionsgemäß lästige Konkurrenz der Franzosen an, also auf eine wiederum vor allem ökonomische Frage.

Für die Schlösser Ludwigs II. und dessen Wohnung in der Residenz hatten Künstler wie Franz Seitz, Franz Widnmann und Franz Brochier, Firmen wie Ferdinand Harrach und Eduard Wollenweber in barocken Formen, vorwiegend nach

»*Bestattungsurne des Herzens Weiland Seiner Majestät König Ludwig II. von Bayern.*« (1886) Entwurf von Franz Brochier

französischen Vorbildern, gearbeitet.³ Selbst die Urne für das Herz des Königs wurde von Brochier in bewegten Formen des Rokoko entworfen.⁴ Um angesichts der schwindenden Aufträge des Hofes einer Verbreitung der Barock- und Rokokoformen auch im bürgerlichen Wohnbereich den Boden zu ebnen, wies man dann auf zwei Umstände besonders hin: Zum einen auf die Möglichkeiten, an formale Vorbilder der deutschen und vor allem der bayerischen Vergangenheit anzuschließen, zum anderen auf die bürgerlichen Ausprägungen dieses Stils, der seit der Mitte des 18. Jahrhunderts nicht zuletzt als Ausdruck höfisch-feudaler Herrschafts- und Repräsentationsformen kritisiert wurde. Winckelmann hatte von »deutschen barbarischen oder französischen Fratzenfiguren«⁵ gesprochen und begründete damit eine Tradition, die im bürgerlichen Milieu bis weit ins 19. Jahrhundert hinein wirksam blieb. Auch 1888 war nicht zu leugnen, daß die ›Deutsche Renaissance‹ eine weit schlüssigere Identifikationsmöglichkeit von zeitgenössischen bürgerlichen Lebensformen mit denen der Vergangenheit bot. Doch waren politisch-moralische Bedenken längst verschwunden, zumal die fließenden Formen des Rokoko auch den funktionalen Gewinn einer größeren Bequemlichkeit versprachen. So heißt es in der ›Chronik der Deutschnationalen Kunstgewerbeausstellung‹:

»Da nirgends ein Zwang für gerade Linien besteht – keine Säule, kein Gebälk uns nöthigt, die Konturen unseres Mobiliars starr und gerade zu bilden, so ist überall gleichsam ein Anschmiegen an die Körperform geboten. In die höchste Begeisterung für die deutsche Renaissance als nationaler Stil hat sich immer der mehr oder minder schalkhafte Hinweis darauf gemischt, welche Gefahr für unsere Knöchel diese Säulen, Verkröpfungen, Giebel und Voluten bildeten . . .«⁶

Mit der großangelegten Rezeption des Barock und Rokoko war ein Prozeß abgeschlossen, der zur Aneignung und Umwertung aller historischen Stile geführt hatte. Auch im einzelnen Werk konnte sich dieser Stilpluralismus abbilden: Auf der Ausstellung des Jahres 1888 zeigte der Münchner Goldschmied Theodor Heiden einen Pokal, der sich in den Sammlungen des Bayerischen Gewerbemuseums in Nürnberg erhalten hat. Mit diesem Pokal bewies er nicht nur, daß er, wie es die Ausstellungschronik formulierte, »in allen Sätteln gerecht«⁷ sei, sondern er schuf ein programmatisches Werk, das ein optimistisches kulturelles Selbstverständnis der Gegenwart über die Stile der Vergangenheit triumphieren ließ. Vom Fuß bis zur Bekrönung des Deckels werden die Stilformen der abendländischen Menschheit zitiert. Beginnend mit Motiven der ägyptischen und griechisch-römischen Antike setzen sich die Formen des Pokals ins Mittelalter fort und bilden die Kuppa im Stil der Renaissance und des Barock aus, während sich die Ornamente des Deckels in Rocaille-Motive auflösen und ein »modern-naturalistischer Blumenstrauß« das Goldschmiedewerk bekrönt. Entsprechend hatte Georg Hirth 1885 sein berühmtes Buch über ›Das deutsche Zimmer der Renaissance‹, so der ursprüngliche Titel, um Kapitel des Mittelalters und des »Barock-, Rokoko- und Zopfstils« erweitert und ließ von Karl Rosner 1899 ein weiteres Kapitel über die Leistungen des eigenen Jahrhunderts bis hin zum Jugendstil anfügen. Den neuen Stil bezog er so gleichberechtigt in die Darstellung ein und sah dessen Formen keineswegs als unbedingten Gegensatz zu denen des Historismus. Im Nachwort bekannte sich Hirth noch einmal ausdrücklich zu einem opulenten Stilpluralismus, dem alles möglich erschien und der damit zugleich alle tatsächlichen Gegensätze überwucherte.⁸

Die Verhältnisse des Kunstgewerbevereins

In Wirklichkeit war das Zeitalter des Historismus jedoch von heftigen Stilstreitigkeiten durchsetzt gewesen. Auch die Überwindung der historischen Formen ging nicht ohne tiefgreifende Auseinandersetzungen vor sich. Allerdings spricht einiges für die Berechtigung der These, daß diese Auseinandersetzungen in der Öffentlichkeit nur gedämpft geführt wurden, um das Bild von der ›Kunststadt München‹ zu wahren. In diesem Zusammenhang muß man sich die spezifische Situation des Münchner Kunsthandwerks vergegenwärtigen. Gemessen an dem immer wieder betonten Ziel der Durchdringung von Kunst und Handwerk verwundert die im allgemeinen Jargon gebräuchliche Unterscheidung von »Künstlern« und »Kunsthandwerkern«, die durchaus auch bei den Kunsthandwerkern selbst üblich war. Im Zeitverständnis genoß die Autonomie des Künstlers und des künstlerischen Gedankens, die sich am ehesten mit der Malerei verband – trotz des Strebens nach gesamtkünstlerischem Zusammenwirken – unbestritten höheres Ansehen als der dem Handwerk verpflichtete Kunsthandwerker, der seine Position auch noch gegenüber der Industrie zu verteidigen hatte. Im Zuge der fortschreitenden Industrialisierung war selbst die Bestimmung von Begriffen wie ›Kunsthandwerk‹, ›Kunstindustrie‹ und ›Kunstgewerbe‹ zunehmend problematisch geworden.⁹ Der Terminus ›Kunstgewerbe‹ als Ausdruck der Versöhnung der Kunst mit der Industrie und dem Wirtschaftsleben ließ sich nicht mehr so problemlos wie in früheren Jahren anwenden: Er mußte nicht nur gegen das künstlerisch minderwertige Industrieprodukt abgehoben werden, sondern zunehmend auch gegen die künstlerisch entworfene Industrieform. Dagegen bemühte sich der Kunstgewerbeverein lange um den traditionsorientierten Rückbezug auf Repräsentationsformen der Zünfte.

In England hatten sich als Folge der Lehren von William Morris ›Gilden‹ als Zusammenschlüsse von Kunsthandwerkern gebildet, die sich vom Historismus zu lösen versuchten.¹⁰ Das Gildewesen, das sich innerhalb der Organisation des ›Bayerischen Kunstgewerbevereins‹ entwickelte, war daran bis zu einem gewissen Grade orientiert, trug jedoch Züge einer ausgesprochenen Rückwärtsgewandtheit, die sich an handwerklichen Gesellschaftsformen und Hierarchien der Vergangenheit ausrichtete. Auffallend ist, daß im Zusammenhang mit der Darlegung dieses Gildewesens eindeutig der Begriff ›Kunsthandwerk‹ gegenüber dem schwerer zu definierenden Begriff ›Kunstgewerbe‹ den Vorzug erhielt. Aufgabe der Gilden, die im Verein in vier Sparten unterteilt waren – die Schlosser, die Goldschmiede, die Schreiner und die Maler – bildete vor allem die Betreuung von Lehrlingen und die Prämierung ihrer Probearbeiten, jedoch auch die Präsentation der Arbeiten der Meister; hier versuchte man jeweils an eine vorindustrielle Vergangenheit anzuknüpfen. Darüber heißt es in der 1884 erschienenen Programmschrift zum Gildewesen: »Auch soll der alten Meister und was sie uns als manch' herrliches Beispiel hinterließen, nicht vergessen werden und somit durch Wort und Vorbild aus der Vergangenheit für die Gegenwart der echte Nutzen gezogen werden.«[11] Verwunderlich ist hier nicht so sehr der altdeutsche Habitus, als vielmehr die zukunftsweisende positive Funktion, die den Verein selbst und andere kunstgewerbliche Institutionen mit den Gilden verband. Im Bericht über den anläßlich der ›Deutschnationalen Kunstgewerbeausstellung‹ des Jahres 1888 veranstalteten Kunstgewerbetag in München wird mit Genugtuung vermerkt, daß bei den Teilnehmern allgemein »... der Eindruck vorwaltete, daß sie [die Gilden, d. Verf.] eine der beachtenswertesten Erscheinungen idealer Einwirkung auf die heranwachsenden kunstgewerblichen Kräfte ...«[12] seien.

Dennoch mußte der Verein 1892 das Gildewesen wieder abschaffen, nachdem dessen Veranstaltungen, mit Ausnahme der Lehrlingsprüfungen, keine Resonanz mehr unter den Mitgliedern fanden.[13] Hinzu kam, daß sich insgesamt die Verhältnisse des Vereins verschlechterten: Die ›Deutschnationale Kunstgewerbeausstellung‹ von 1888 hatte ein Defizit hinterlassen, ebenso die Beteiligung an der Weltausstellung in Chikago 1893. Mit dem Projekt der großzügigen Bebauung der Kohleninsel in der Isar scheiterten, zu Beginn des 20. Jahrhunderts der Plan einer repräsentativen Zentralstelle für das deutsche Kunstgewerbe in München.[14] Lehr- und Versuchswerkstätten, Bibliothek, technologische Sammlungen und natürlich ein Kunstgewerbemuseum hatten nach mehr als drei Jahrzehnten endlich die Scharte eines Prestigeverlustes auswetzen sollen, die dem Münchner Kunstgewerbe durch die Gründung des ›Bayerischen Gewerbemuseums‹ in Nürnberg 1869 zugefügt worden war. Diese Nürnberger Unternehmung war nur durch die großangelegten Stiftungen der ortsansässigen Unternehmer Lothar von Faber und Theodor von Cramer-Klett zustande gekommen. Obwohl die Aufgaben des Museums und seine Situierung prinzipiell auch in München anerkannt wurden, blieb in den folgenden Jahrzehnten allentalben spürbar, daß man das Nürnberger Institut als schwerwiegendes Hindernis und als beträchtliche Störung für die organisatorische Entwicklung des Kunstgewerbes in München und die Gründung eines eigenen Gewerbemuseums empfand.[15]

1901 feierte der ›Bayerische Kunstgewerbeverein‹ mit einem Fest in Schleißheim sein fünfzigjähriges Bestehen. Der Zuschuß von seiten der Stadt war enttäuschend niedrig ausgefallen.[16] Wie wenig angesehen der Verein zu diesem Zeitpunkt bei der Stadt war, mag der Umstand beleuchten, daß er dem Gemeindekollegium in dieser für solche Unternehmen sonst so aufgeschlossenen Zeit nur mit Mühe Mittel für die Gestaltung einer angemessenen Ehrenadresse durch den Dekorationsmaler und Kunstgewerbler Otto Hupp abringen konnte.[17]

»Anmerkung der Redaktion: Wir sind in der Lage, schon jetzt das Plakat für die diesjährige Kunstausstellung der vereinigten Münchener Maler zu veröffentlichen.« Zeichnung von Thomas Theodor Heine. Simplicissimus Jg. 1, Nr. 46, S. 1

Die Position des Kunstgewerbevereins im Richtungsstreit

Das schwierigste Kapitel der Positionsbestimmung des Vereins war jedoch ganz sicher die Klärung des Verhältnisses zu den Modernen und deren Integration in das Münchner Kunstgewerbe, innerhalb dessen der Verein die führende Rolle beanspruchte. Die immer wieder beschworene Harmonie des Nebeneinanders von historistischen und freien Gestaltungsweisen war allzuoft nur ein Mittel, um die tatsächlich bestehenden Konflikte zu verschleiern. Noch bis in die Jahre vor dem Ersten Weltkrieg verbreitete der Kunstgewerbeverein die Version, er habe von Anfang an die Entwicklung der Moderne im Kunstgewerbe unter erheblichen Opfern gefördert. Die Abspaltung der Gruppe ›Kunst im Handwerk‹, dann ›Vereinigung für angewandte Kunst‹, dann ›Münchner Bund‹, sei lediglich erfolgt, weil »... der Rahmen des älteren Vereins mit seinen Verpflichtungen aus der Vergangenheit ... einer schnellen Entwicklung in jugendlichem Sturm hier und da hinderlich sein mußte«.[18]

Tatsächlich stellen sich die Ereignisse der entscheidenden Jahre zwischen 1897 und 1901 etwas anders dar: Mit der Internationalen Kunstausstellung des Jahres 1897 hatte die »Kleinkunst«, vertreten durch eine Gruppe Münchner Kunstgewerbler und Architekten der modernen Richtung, Eingang in den Glaspalast gefunden.[19] Erstaunlicherweise war dieser Gruppe der Weg in den Glaspalast durch den Vorsitzenden der ›Münchner Künstlergenossenschaft‹, Franz von Lenbach, geebnet worden. Sie wurde nach außen durch den Hofrat Dr. Wilhelm von Rolfs vertreten, der sich gewandt für ihre Ziele und ihren Erfolg einsetzte. Rolfs zielte in seiner Argumentation für die Anerkennung des modernen Kunsthandwerks auf den in Deutschland nach wie vor herrschenden Gegensatz zwischen hoher und niederer Kunst, den es mit den neuen kunstgewerblichen Bestrebungen zu überwinden gelte.[20] Außerdem findet sich auch hier das nationale Motiv der Aufwertung des deutschen Kunstgewerbes gegenüber der Konkurrenz des Auslandes.[21] Der Einspruch des Vorstandes des Kunstgewerbevereins, der Architekten Friedrich Thiersch und Carl Hocheder, sowie des Juweliers Paul Merk, gegen die Absichten von Rolfs und der Gruppe ›Kunst im Handwerk‹ – die Architekten Theodor Fischer und Martin Dülfer sowie die Kunstgewerbler Richard Riemerschmid, Hans Eduard von Berlepsch-Valendas und Bernhard Pankok – verdeutlicht, daß es ihm vor allem darum ging, die zentrale Stellung des Kunstgewerbevereins im Kunst- und Gewerbeleben der Stadt zu verteidigen.

Man befürchtete für den Verein, der sich ohnehin zunehmend schwerer behaupten konnte, ähnliche Probleme, wie sie die Trennung der ›Secession‹ von der ›Künstlergenossenschaft‹ nach sich gezogen hatte. Die Tätigkeit von Rolfs, der die Trennung der Neuerer vom Kunstgewerbeverein als Möglichkeit bezeichnet hatte, sah man als Konkurrenz zu den Aufgaben des Vereins an. Ihm wurde angelastet, er verschärfe die vorhandenen Gegensätze.[22]

Vor allem jedoch zog ein Punkt in Rolfs Argumentation für das moderne Kunstgewerbe die Kritik der offiziellen Vertretung des Kunstgewerbevereins auf sich: er betonte die freie künstlerische Komponente bei der Gestaltung der Objekte des neuen Kunstgewerbes. Damit war eine Gefahr für die kunsthandwerkliche Konzeption des Vereins verbunden, die auf einen möglichst breiten Absatzmarkt orientiert war. Das elitäre, zum Kunstwerk gewordene Produkt des Kunstgewerbes mußte diesen Markt irritieren.

Das Vereinskonzept sollte die Vereinigung von Künstlern und Handwerkern bleiben: »In dieser Verbindung und gegenseitigen Anregung besteht das Wesen unseres Vereins und sie trägt allein die Möglichkeit der Hebung des Kunsthandwerkes in sich.«[23]

Daß das Abwandern bestimmter Bereiche des Kunsthandwerks in die Hochkunst tatsächlich einen Nachteil für die wirtschaftliche Situation des Vereins bedeutete, beweist eine Passage im Jahresbericht von 1906 über das Ausstellungswesen in der vom Verein betriebenen Gewerbehalle:

»Dazu haben wir heute schon bestimmte Zweige, welche, der Abgaben halber, die Ausstellung in unserer Halle vermeiden.«[24]

Auch dies macht verständlich, warum dem Kunstgewerbeverein daran gelegen war, seine Position unter keinen Umständen schwächen zu lassen. Folgerichtig versuchte er die Präsentation des Kunstgewerbes in der Glaspalastausstellung des Jahres 1898 an sich zu ziehen, indem er seine Rolle als »Vermittler für kunstgewerbliche Gruppenausstellungen«[25] betonte. Allerdings stieß dieser Versuch auf den erbitterten Widerstand der Gruppe ›Kunst im Handwerk‹, die sich weigerte, »unter« dem Kunstgewerbeverein im Glaspalast auszustellen.

Schließlich wurde die Ausstellung ohne öffentliche Nennung der Namen der beteiligten Gruppen durchgeführt; dennoch verbuchte der Kunstgewerbeverein das Zustandekommen der Präsentation als Ergebnis seiner Bemühungen. Zwar konnte im Verlauf der Vorbereitung der Ausstellung ein Austritt der betreffenden Mitglieder der Gruppe ›Kunst im Handwerk‹ gerade noch verhindert werden,[26] doch war dieser Schritt damit nur vertagt.

1901 intervenierte der Kunstgewerbeverein beim Innenministerium gegen Pläne einer Ausstellung ›Kunst im Handwerk‹ im alten ›Bayerischen Nationalmuseum‹. Ihm allein komme die Verteilerfunktion staatlicher Subventionen zu. Die direkte Unterstützung der Neuerer durch das Ministerium müsse »... in der Öffentlichkeit den Eindruck machen, als habe der Bayer. Kunstgewerbe-Verein das Vertrauen der hohen Staatsregierung verloren, als sei er nicht mehr fähig in der Öffentlichkeit aufzutreten, oder doch wenigstens müde geworden, seinen natürlichen Pflichten nachzukommen«.[27]

Daraufhin schlug das Ministerium vor, der Kunstgewerbeverein solle als Veranstalter der Ausstellung auftreten, wenn schon, wie er behauptet hatte, die Mitglieder des Komitees der Ausstellung ›Kunst im Handwerk‹ gleichzeitig Mitglieder im Kunstgewerbeverein seien. Tatsächlich gehörten jedoch nur drei der sechs Mitglieder dieses Komitees dem Verein an. Ihr Austritt besiegelte eine Spaltung, die schon seit Jahren weit stärker wirkte, als es der Kunstgewerbeverein sich und vor allem der Öffentlichkeit eingestehen wollte.[28]

Damit war den weiteren Entwicklungen die Richtung gewiesen. Prinzipiell änderte der Verein seine Politik nicht. So war gewährleistet, daß dem Münchner Kunstgewerbe eine ausstrahlende konservative Richtung um Fritz von Miller, Theodor Heiden und Anton Seder erhalten blieb. Andererseits suchte ein guter Teil der sich von historischen Formen lösenden Kunstgewerbler weniger die tatsächlich neue Struktur, sondern näherte sich durch gemäßigte Stilisierung den modernen Entwicklungen an und behielt dabei gleichzeitig die Chancen des Marktes im Auge. Dies beschleunigte auch den bald wieder erfolgenden Rückgriff auf historische, insbesondere biedermeierliche und volkskünstlerische Formen.[29]

Der Anbruch der neuen angewandten Kunst

Von Clementine Schack-Simitzis

Aus Quellen und Einzeldarstellungen kennen wir die Geschichte der ›Stilbewegung‹ in München ziemlich genau. Die Schilderungen reichen von der euphorischen Zustimmung des Zeitgenossen bis zur distanziert-abwägenden Sicht des Historikers.[1] Hinlänglich bekannt sind auch die herausragenden Stationen der Bewegung: Zunächst die im Frühjahr 1896 in Littauers Kunstsalon am Odeonsplatz abgehaltene, später nach Berlin und London wandernde Ausstellung der Stickereien Hermann Obrists, die dem einhelligen Presseurteil der Zeit zufolge und auch heutiger Auffassung nach die »Geburtsstunde der neuen angewandten Kunst« einleitete;[2] ebenso bekannt ist der Weg von da bis zur Ausstellung ›München 1908‹, die den Höhepunkt des »modernen Stils« vor dessen Abgleiten in triviale oder historisierende Niederungen bildete, die aber vor allem durch Richard Riemerschmids erstmalig 1906 in Dresden, in München dann abgewandelt gezeigtes Maschinenmöbelprogramm eines Schlaf- und Wohnzimmers für den »weniger Bemittelten«[3] richtungweisend wirkte. Bereits 1898 anläßlich der Gründung der ›Vereinigten Werkstätten‹, die mit der Organisationsform die sozialreformerischen Ideen von William Morris' ›Arts-and-Crafts-Movement‹ übernahmen, hatten Vertreter der Sozialdemokratie der Hoffnung Ausdruck verliehen, »man stünde hier ›vor einer entschieden sozialistischen Tendenz‹«; in der Folgezeit blieb die Gestaltung von »Volkskunst« verbindlich für das Schaffen mehrerer Anhänger dieser Gruppe, insbesondere für Riemerschmid.[4]

Selbstzeugnisse von Künstlern und formalästhetische Untersuchungen haben die ›antihistorischen‹ Eigenschaften des Stils in der Konfrontation zum vorausgegangenen Historismus gezeigt. Dies veranlaßte Friedrich Ahlers-Hestermann 1932 in einem Vortrag vor Kölner Kunststudenten, vom Jugendstil als einem »geistesgeschichtlichen Ereignis« zu sprechen:

»Es handelt sich um einen tiefen Einschnitt, um einen historischen Augenblick, nämlich um die radikale Entthronung der Antike ... Die Generation des Jugendstils stellte sich die Riesenaufgabe, eine Formenwelt zu schaffen. Sie suchte eine neue Tektonik ohne die Behelfe der Antike und eine neue Ausdrucksornamentik von Linie und Farbe, teils abstrakt, teils in Umformung von Naturmotiven.«[5]

Auch die zwei gegensätzlichen, nicht zuletzt durch die verschiedenen Künstlerindividualitäten bedingten Ausprägungen des Stils sind herausgearbeitet worden: Obrist vertritt die floral-lineare, von der Natur inspirierte Richtung, wie eine um 1896 zu datierende, im Umkreis seines großen Wandbehangs mit Blütenbaum entstandene Zeichnung ver-

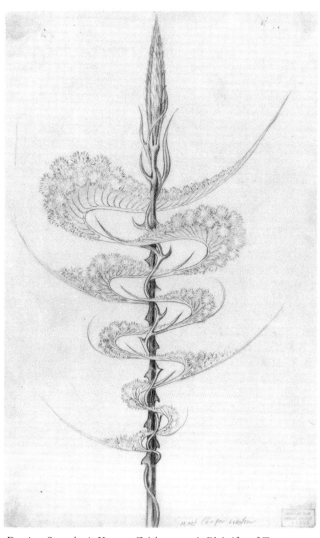

›Dorniger Stengel mit Knospe‹. Zeichnung mit Bleistift auf Transparentpapier von Hermann Obrist (wohl 1896) – Obrist zeigt sich hier als Vertreter der floral-linearen Richtung des Jugendstils. Staatliche Graphische Sammlung München

deutlicht.[6] Bei ihrer Betrachtung stellen sich unwillkürlich Assoziationen an pflanzliche und zoomorphe Vorbilder – Dornenstengel, mimosen- beziehungsweise spitzwegerichähnliche Blüte, Schneckengehäuse – ein, die sicher auch vom Künstler beabsichtigt waren. Aber, folgt man den Aufzeichnungen im Skizzenbuch, ging es Obrist hier vor allem um die Vergegenwärtigung eines Bewegungsmotivs: der Spirale, deren Aufwärtsdrängen der Vertikale entgegengesetzt wird, also eines von ihm so genannten »geistigen Inhalts«.[7]

Stoffentwurf von Richard Riemerschmid (1902). Bleistift und Feder auf Transparentpapier – Riemerschmid abstrahiert im Sinn der ›Wendung zur Sachlichkeit‹ das Naturmotiv; das Muster hat sich verselbständigt und die Dynamik steht im Vordergrund. Architektursammlung der Technischen Universität München

Das gleiche Motiv verwendet Riemerschmid wenige Jahre später in einem seiner frühesten Stoffentwürfe;[8] doch welch ein Wandel der Auffassung, ganz im Sinne der sich allgemein abzeichnenden ›Wendung zur Sachlichkeit‹ und zur Abstraktion: Das Zitat aus der Natur, die Herzblattranke, wirkt beiläufig, wesentlicher ist die dynamische Bewegung und die – auch durch seinen Zweck bedingte – Reihung des Musters an sich, das sich verselbständigt hat.

Der Zusammenprall zwischen Alt und Neu

Ein Fragenkomplex wurde bisher allerdings noch wenig erörtert: Wie wirkte sich dieser Zusammenprall zwischen Alt und Neu, zwischen den traditionsverbundenen Künstlervereinigungen, die das Wittelsbachische Königshaus, die Regierung und die Stadtverwaltung hinter sich wußten, und den in diese Welt einbrechenden Wortführern des Jugendstils aus und zu welchen Mitteln mußten die Abtrünnigen greifen, um ihre künstlerischen und wirtschaftlichen Ziele durchzusetzen? Entstanden wirklich bahnbrechende oder nur vom Kompromiß diktierte Werke? Die Verhältnisse schildert Obrist – zu dieser Zeit zwar ohne kommunale Aufträge, aber im Gegensatz zu manch einem seiner Mitstreiter nicht mittellos – 1901 voller Bitternis:

»Die Kunstgewerbetreibenden, zuerst sehr abwartend, haben sich zwar zum Theil mit fieberhaftem Eifer auf das Moderne geworfen, aber noch immer beschränkt sich die Produktion auf mehr oder minder billige Luxus-Geschmacksartikel. Die Architekten warten ab; sie haben ja ihre bewährten Stile. Der Magistrat wartet ab; er hat ja seine bewährten Architekten und Baugeschäfte. Erst müssen die berücksichtigt werden. Der Hof wartet ab; er hat keine Veranlassung, von seinen bewährten Lieferanten abzugehen. Die Schule wartet ab; sie hat ja ihre bewährten Methoden und bis man weiß, woran man ist mit dem neuen Stil, kann man ja Blümchen nach der Natur zeichnen lassen. So lange das Neue noch klein war, ließen es die offiziell anerkannten Vertreter der Hohen Kunst zur Seitenthüre noch herein …, seit es aber ein großer Junge zu werden verspricht, haben sie die Thore zugemacht.«[9]

Diese Klage erhob sich zur ›Halbzeit‹ des Jugendstils: Die noch ganz von der Aufbruchstimmung der ersten Stunde getragenen Ausstellungen im Glaspalast 1897 und 1898 sowie in der ›Secession‹ 1899 waren im allgemeinen Bewußtsein schon fast vergessen, das Projekt eines Kunstgewerbemuseums auf der Kohleninsel zugunsten des Baus des ›Deutschen Museums‹ gerade zu Fall gebracht, ebenso der Plan einer selbständigen, auch das Deutsche Reich miteinbeziehenden Kunstgewerbeausstellung; die ›Debschitzschule‹ gab es noch nicht. Sie wurde 1902 unter dem weniger eingebürgerten Namen ›Lehr- und Versuch-Ateliers für angewandte und freie Kunst‹ von Obrist und dem Maler Wilhelm von Debschitz gegründet.[10]

In dieses Vakuum, aus mißglückten, offiziellen Planungen entstanden, für die vor allem der Kunstgewerbeverein verantwortlich zeichnete, stieß 1901 eine aus Mitgliedern der ›Vereinigten Werkstätten‹ bestehende Künstlergruppe mit ihrer ›I. Ausstellung für Kunst im Handwerk‹ im alten Nationalmuseum. Diese kam »unter großen Schwierigkeiten zustande« und konnte daher »nicht viel Neues zeigen«, nur »rekapitulieren, was wir in den Jahren seit 1897 gearbeitet haben«, wie Franz August Otto Krüger im Vorwort zum Katalog der Ausstellung schreibt.[11] Die Hintergründe der angesprochenen »unvorhergesehenen Hindernisse«, nämlich die faktische Abspaltung der Gruppe vom Kunstgewerbeverein, deutet er allerdings bloß an. In einem Brief an das Königliche Staatsministerium des Innern sprechen die ›Secessionisten‹ dem Verein ausdrücklich das Recht ab, als ihre Interessenvertretung bei einer Behörde aufzutreten. Zur Bekräftigung erklären »die Herren Hermann Obrist, F. A. O. Krüger und Theo Schmuz-Baudiss … mit dem Heutigen offiziell ihren Austritt aus dem Bayerischen Kunstgewerbeverein.«[12]

Münchner Bund

1905 ergriffen erneut die ›Secessionisten‹ unter dem Dachverband der 1903 gegründeten ›Vereinigung für angewandte Kunst‹ – später ›Münchner Bund‹[13] – die Initiative zu einer kunstgewerblichen Ausstellung. Bei dieser Veranstaltung im Studiengebäude des neuen Nationalmuseums, die ohne Mithilfe des ›ausstellungsmüden‹, mißerfolggeplagten Kunstgewerbevereins zustande kam, kündigt sich die Wende in der öffentlichen Bewertung des Jugendstils an. Zwar lehnte der Prinzregent auf Anraten des Ministerpräsidenten

Clemens von Podewils das Protektorat über die Ausstellung ab, da diese mit der Dresdener Schau von 1906 konkurriere; jedoch setzte er sich für die »unentgeltliche Überlassung« der Räumlichkeiten an die Vereinigung ein. Außerdem unterstützten das Staatsministerium des Königlichen Hauses und des Äußern sowie der Magistrat die Organisatoren mit einem namhaften Betrag, was sich für die Abdeckung des späteren Ausstellungsdefizits als günstig erwies.[14]

Die offizielle Anerkennung schlug sich auch künstlerisch nieder. Ein untrügliches Zeichen für die sich anbahnenden stilistischen Veränderungen setzt Bruno Pauls Ausstellungsplakat mit dem Adler vor der Kulisse eines Sternenhimmels.[15] Dieser Hang zum Ernsten, Feierlichen, Erlesenen – der Chronist spricht von einem »Grundzug ehrlicher Schlichtheit«[16] – offenbart sich ebenso in den ausgestellten, komplett eingerichteten Räumen. Die phantasiefreudigen, »geschmeidigen« Formen eines Bernhard Pankok sind nicht mehr auf der Höhe der Zeit. Dunkle oder gedeckte Farben, »starre Linien«, streng eingegrenzte Flächen, Rechteck und Quadrat herrschen vor, wie sie auch für Bruno Pauls entweder kurz vorher oder sogar im Hinblick auf die Ausstellung geschaffenen, ursprünglich zu einem Schlafzimmer gehörigen Wäscheschrank charakteristisch sind,[17] der sich einem dort gezeigten Musiksalon stilistisch annähert.[18] Mit seinem dreigeschossigen Aufbau, der klaren, geometrisch gegliederten Front, deren Strenge durch den geschwungenen Grundriß und den lebhaften, zwischen Licht und Dunkel spielenden Quadratraster der Füllungen gemildert wird, ebenso mit seiner praktischen, handwerklich ausgeklügelten Durchgestaltung folgt das Möbel geradezu beispielhaft der damals immer drängender werdenden Forderung nach Sachlichkeit, Werk- und Zweckgerechtigkeit.

Der 1905 bereits unterschwellig spürbare Rückgriff auf historisierende Formen, der das allmähliche Absinken des Jugendstils vorausahnen läßt, offenbart sich deutlich 1908[19] und noch unverhohlener auf der Ausstellung des Münchner Kunstgewerbes im Pariser Herbstsalon 1910. Diese Leistungsschau, in Zusammenarbeit mit der ›Union centrale des arts décoratifs‹ und dem ›Münchner Bund‹ zustandegekommen, wurde in der französischen Presse – von einigen nationalistisch gefärbten Verrissen abgesehen – überwiegend anerkennend gewürdigt, in der deutschen dagegen kaum beachtet.[20] Sie spiegelt die tatsächlichen Verflechtungen zwischen den traditionellen Künstlerverbänden und den ortsansässigen Firmen auf der einen und der Anhängerschaft der ›Stilbewegung‹ auf der anderen Seite. Das Ausstellungsunternehmen wurde von den städtischen und staatlichen Gremien wegen der zu erwartenden »wirtschaftlichen günstigen Folgen« für die heimische Industrie wie auch wegen seiner künstlerischen Auswirkungen ausreichend bezuschußt. Es sollte nur das »Allerbeste aus München« bringen und sämtliche Kunstrichtungen angemessen darstellen; entsprechend wirkten im Vorstand und den Künstlerausschüssen des Komitees die Akademieprofessoren neben den Angehörigen des Kunstgewerbevereins und des ›Münchner Bundes‹.[21] Ein ähnliches Bild bietet sich bei den Ausstellern, die einen Querschnitt durch das damalige Gewerbeleben der Stadt liefern: Die ›Nymphenburger Porzellanmanufaktur‹, die Möbelhersteller Anton Pössenbacher und Martin Ballin, die Metallwerkstätte ›Steinicken und Lohr‹, die ›Vereinigten‹ und ›Deutschen Werkstätten‹ mit ihren führenden Entwerfern beteiligten sich ebenso wie die ›Königliche Kunstgewerbeschule‹ oder die privat geführte ›Debschitzschule‹. Nimmt es wunder angesichts solch eines konturlosen Ausstellungsprogramms, daß der Repräsentationsraum von Theodor Veil von Neobiedermeier nur so strotzte, daß selbst eine Büfettwand nach Adalbert Niemeyer nicht frei war von historischen Anleihen und auch das seinerzeit allgemein wohlwollend beurteilte Herrenschlafzimmer von Riemerschmid zwischen Volkskunst und »modernem Stil« angesiedelt werden mußte?[22]

Die Vermittlungsstelle für angewandte Kunst

Die Verfechter der ›Stilbewegung‹ machten aber nicht nur dadurch von sich reden, daß sie Ausstellungen abhielten oder beschickten: Im Anschluß an das große Unternehmen ›München 1908‹ reifte bei den Verantwortlichen des ›Münchner Bundes‹, der sich inzwischen mehr und mehr zu den Gedanken des 1907 gegründeten, eher national ausgerichteten ›Deutschen Werkbundes‹ bekannte,[23] der Plan, die damals geschaffenen Verbindungen zwischen der Künstlerschaft und den Gewerbebetrieben in eine ›Vermittlungsstelle für angewandte Kunst‹ einfließen zu lassen. Sie wurde 1909 gegründet. Ihre Idee war an sich nicht neu, knüpfte sie doch an die Initiative der Gewerbevereine an, die mit der Einrichtung von Zeichensälen nicht nur eine zeichnerische Grundausbildung anbieten, sondern auch eine Kontaktstelle zwischen Entwerfern und Produzenten schaffen wollten.[24] Das Programm der Vermittlungsstelle, das die Handschrift Riemerschmids trägt,[25] wurde allerdings in dem Bewußtsein formuliert, daß sich Ziel und Stilwollen gegenüber dem 19. Jahrhundert wesentlich gewandelt hatten:

»Wir stehen vor der Frage, wie sich künstlerische Gesichtspunkte in die moderne gewerbliche Produktion einführen lassen unter voller Berücksichtigung der Eigenarten dieser Produktion, sogar unter Verwertung dieser Eigenarten für den künstlerischen Zweck.« Die Gestaltung gewerblicher Erzeugnisse könne nur einem »selbständig schaffenden Künstler« übertragen werden, der die nötige Begabung und Vorbildung habe, »gute, neue Formen zu entwickeln ... um sie dann dem Techniker zur Verfügung zu stellen«. Nicht jeder einzelne Massenartikel müsse ein Kunstwerk sein »in der höchsten Bedeutung dieses Wortes. Es handelt sich nur darum, die beste Form für ihn zu finden, eine Form, die zweckmäßig und materialgerecht ist und der Ausführung mit den Mitteln moderner Technik entspricht.«[26]

Die Vermittlungsstelle erhielt vom Magistrat einen regelmäßigen Zuschuß, da sie nicht nach »privatwirtschaftlichen Gesichtspunkten« arbeitete und im Falle einer Vermittlung von Aufträgen nur geringe Gebühren kassierte.²⁷ Die Unterstützung wurde jedoch – nach Anhörung von Gutachten des Direktors der ›Akademie der bildenden Künste‹ und des Schulrats Georg Kerschensteiner – an die Bedingung geknüpft, daß »ohne Rücksicht auf seine Zugehörigkeit zu irgend einer Künstler-Vereinigung ... die Entwürfe eines jeden Künstlers vermittelt [werden, d. Verf.], der in München oder Münchens Umgebung wohnt«. Dies zog eine Nivellierung des durchaus fortschrittlichen Programms der Vermittlungsstelle nach sich. Nur zwei durch ihren Einfluß entstandene Erzeugnisse sind bisher nachweisbar: eine Erinnerungsmedaille zum zweihundertjährigen Bestehen des ›Königlich-Sächsischen Infanterieregiments Nr. 2 Prinzregent Luitpold‹ und eine Schießpreismedaille nach Modellen der Bildhauer Hans Schwegerle und Friedrich Lommel.²⁸

Debschitzschule

Lediglich die bereits genannte Debschitzschule konnte sich im Vergleich zu anderen aus der ›Stilbewegung‹ hervorgegangenen Unternehmen jahrelang verhältnismäßig unbehelligt von der tonangebenden Künstlerschaft entwickeln. Mit ihrem Vorhaben als solchem, der Gründung einer kunstgewerblichen Schule durch private Träger, folgten die Initiatoren, Obrist und Wilhelm von Debschitz, noch der Tradition des 19. Jahrhunderts. Das Prinzip hingegen, den Unterricht in Lehrwerkstätten, die nach Art von Gewerbebetrieben gewinnorientiert wirtschafteten, abzuhalten, wirkte damals pädagogisch bahnbrechend. Es stellte die Schule zudem auf eine gesunde finanzielle Basis. Ihre Bedeutung drang ins allgemeine Bewußtsein, als die Leitung eineinhalb Jahre vor Kriegsausbruch – zu einer Zeit also, als sich der Abstieg allmählich abzeichnete – nun doch um eine existenznotwendige regelmäßige Subvention bei Staat und Magistrat einkam: Es sprachen sich Künstler-Honoratioren, aber auch Bürgermeister Wilhelm von Borscht oder Stadtschulrat Kerschensteiner für das Weiterbestehen des Instituts aus; es sei zu einem Markenzeichen der Stadt geworden und zöge »aus allen Teilen Deutschlands, Österreichs und der Schweiz, ja aus Rußland und Frankreich« Schüler an. Seine große Bedeutung läge darin, daß bei ihm im Gegensatz zu den städtischen Gewerbeschulen und der Kunstgewerbeschule »alle kunstgewerblichen Studien ... sofort am Material vorgenommen werden und daß jedes nur denkbare Gebiet kunstgewerblicher Betätigung dort seine Pflege findet«. Die Schule des Herrn von Debschitz habe sich »die produktive schöpferische Arbeit« zur Aufgabe gestellt.²⁹

Daß es den Schulgründern Obrist und Debschitz vor allem darum ging, die Schöpferkraft bei ihren Schülern zu wecken, beweisen deren Arbeiten. Sie zeigen sich zwar nicht unbeeinflußt von der allgemeinen Entwicklung und die Forderungen der ›Stilbewegung‹, etwa nach Werk- und Zweckgerechtigkeit, werden auch hier kompromißlos befolgt; doch darüber hinaus offenbart sich selbst im bescheidensten Gebrauchsgegenstand ein »geistiger Inhalt«, wie es Obrist nannte, der das Werk von der übrigen Produktion der Zeit abhob. Die Natur galt als Lehrmeisterin, man wollte aber nicht ein Abbild schaffen, sondern die in ihr zum Ausdruck kommenden Lebensrhythmen nachempfinden. Eine der sichtbaren Erscheinungen war für Debschitz das Gesetz des Hängens, der Schwere oder Leichtigkeit.³⁰ Ein Nachhall dieser Gedanken findet sich auf einer von Clara Ruckteschell-Trueb entworfenen Keramikvase.³¹

Die ›Stilbewegung‹ hatte also bald nach 1905 ihren Elan verloren. Einer der Gründe lag sicher darin, daß ihre Vorkämpfer die gegensteuernden gesellschaftlichen Kräfte und den Hang zur Konvention unterschätzten. Auch hatten die bedeutendsten Vertreter – Peter Behrens, Bernhard Pankok, August Endell, Bruno Paul – aus Mangel an Aufträgen der Stadt bald den Rücken gekehrt. Deshalb machte schon kurz nach 1900 das Wort von »Münchens Niedergang als Kunststadt« in den Medien die Runde.³²

Von den Ereignissen unberührt schien allein Riemerschmid zu sein, der jahrelang unbeirrt an seinen Zielen festhielt und als Gutachter selbst von Regierungsseite gehört wurde. Gegen Ende der ›Stilbewegung‹ geriet auch er als deren führender Kopf und in seiner Eigenschaft als Direktor der Kunstgewerbeschule in die Schlagzeilen. So schrieb die ›Münchener Post‹: Die großen Kunstgewerbler »leben herrlich, der Tatsache zu Trotz, daß die Bayerische Gewerbeschau von 1912 ihrer offiziellen Beerdigung verzweifelt ähnlich sah, denn ... wie erschütternd arm kamen uns damals die immer und immer wieder Gefeierten, Riemerschmid und Niemeyer an der Spitze ...«³³

Und bei einer Landtagsdebatte von 1914 über die Kunst ging der sozialdemokratische Abgeordnete Müller zum offenen Angriff über: »Herr Riemerschmid ist zur Zeit Vertreter des Neopurismus, den er als neues künstlerisches Evangelium predigen will.« Sich und seine Unternehmungen stelle er in den Vordergrund und in der Kunstgewerbeschule ließe er seine »Entwürfe poussieren«. Da andere Städte bereits daran seien, »München den Rang abzugewinnen«, müsse man »wieder nach Könnern suchen und nicht nach solchen, die gute Verbindungen haben«. Aber das Kunstgewerbe habe sich ja »gegen die drohende Gefahr eines einseitigen Systems« selbst zu organisieren versucht und auch die Verantwortlichen des Kunstgewerbevereins wären sich der wirtschaftlichen Nöte in ihrer Sparte bewußt. Ins gleiche Horn stieße überdies ein Aufruf des ›Fachverbandes für wirtschaftliche Interessen des Kunstgewerbes‹ mit Sitz in Berlin, in dem »die Stellung des Kunstgewerbes gegen die sich zwischen Konsument und Produzent einschiebenden Entwerfer – in vielen Fällen verkrachte Maler« – beschrieben sei.³⁴ Der Abgeordnete hatte wohl schon vergessen, daß gerade die Vorkämpfer der ›Stilbewegung‹, unter ihnen auch Richard Riemerschmid, auf die Unterschichten abzielende Sozialvorstellungen in ihrem Werk zu verwirklichen suchten.

Das Plakat um 1900
Kunst und Werbung

Von Marie Christine Gräfin Huyn

Die Plakatkunst, die um die Jahrhundertwende bereits höchste Qualität erreichte, hatte sich erst wenige Jahrzehnte vorher aus dem graphischen Gewerbe entwickelt.[1] Die Industrialisierung und die Weiterentwicklung der Lithographie bildeten die Grundlagen dieses Aufschwungs.

Wirtschaftliche und technische Voraussetzungen

Mit der Mobilisierung der Gesellschaft im 19. Jahrhundert verlor sich auch der persönliche Kontakt zwischen Produzent und Konsument. Da das direkte Verkaufsgespräch in den Ballungszentren der schnell wachsenden Städte immer mehr zurücktrat, mußte ein neuer Vermittler zwischen Hersteller und Verbraucher entwickelt werden; das Plakat war dafür das ideale Medium.[2] München blieb jedoch anfangs deutlich hinter Berlin zurück: Ernst Litfaß kaufte sich bereits 1855 von der Stadt Berlin die Erlaubnis, Anschlagflächen auf Plakatsäulen zu vermieten, ein Verfahren, das er in Paris und London kennengelernt hatte.[3] Zum gleichen Zeitpunkt erschöpfte sich Münchens Straßenwerbung in Schriftanschlägen; nur vereinzelt tauchten bildliche Beigaben auf. Diese Abbildungen glichen in ihrer minutiösen Detailtreue jedoch zeitgenössischen topographischen Darstellungen und enthielten keine effektvollen Inszenierungen;[4] ihr Werbecharakter war nur im Text zu erkennen. Dies änderte sich jedoch zwischen 1870 und 1880, als München immer stärker in nationale und internationale Verflechtungen hineinwuchs.

Außer den wirtschaftlichen Veränderungen begünstigte die Lithographie, die der Münchner Alois Senefelder 1796 erfunden hatte, die Entwicklung des Plakats. Im Gegensatz zu Holzschnitt, Radierung oder Kupferstich gestattete die Lithographie das Bedrucken großformatiger Papierflächen, ohne daß man dazu aufwendige Druckstöcke anfertigen mußte.[5] Das Bild des frühen lithographischen Plakats, das bis 1860 schwarz-weiß war, stand dem Text, der noch im Buchdruck gesetzt wurde, gleichwertig gegenüber.[6] Zwar konnte man schon seit der Erfindung der Chromolithographie,[7] also seit 1827, mehrfarbig drucken, dies wurde aber hauptsächlich zur Reproduktion von Gemälden verwendet, in München zum Beispiel von den Druckereibetrieben Hanfstaengl, Piloty und Löhle.[8]

Mehrfarbdruck blieb für Plakate zu teuer, bis man ein Verfahren erfand, die für den Druck nötigen Steinplatten auf ein Zehntel zu reduzieren. Den Anstoß dazu gaben fahrende Schauspieler, die zu ihrer Straßenwerbung immer wieder neue, möglichst billige Anschläge benötigten. Durch die Vereinfachung konnte nun der Druckpreis[9] ebenfalls auf ein Zehntel gesenkt werden.[10] Dies setzte allerdings eine großflächige, mit einfachen Bildelementen konzipierte Vorlage voraus. Die Industrie profitierte von dieser Entwicklung: Sie verwendete Plakate nun zu Reklamezwecken.

Anfänge des Münchner Plakats

Die Herstellung von Plakatentwürfen lag in der Hand gewerblicher Zeichner und Lithographen; sie entwarfen sogenannte Blanko- oder Lagerplakate, die dann von reisenden Vertretern den verschiedenen Firmen angeboten wurden. Freistellen auf diesen Blättern ließen Platz für den Aufdruck des jeweiligen Kunden. So warben oft gleiche Plakate für verschiedene Objekte.[11] Hierbei bedienten sich die Zeichner vornehmlich der Gestalt antiker Jünglinge oder durchsichtig verschleierter Frauengestalten in heroischer Pose, die je nach Bedarf Glühbirnen, Schuhcreme oder Seife in der Hand halten konnten; ein Beispiel dafür bildet das Plakat der ›Allgemeinen Elektrizitätsgesellschaft‹ in Berlin von Cony Schmidt.[12] Ein werbewirksames Markenzeichen bot dieses Plakat jedoch noch nicht.[13]

Gegen Ende des Jahrhunderts begannen die bildenden Künstler, sich mit dem Plakat zu befassen, um für Kunstausstellungen und eigene Veranstaltungen zu werben.[14] Die von ihnen entworfenen Plakate unterschieden sich von den Lithographenblättern der Druckereiangestellten nicht nur durch individuelle und künstlerische Gestaltung; man ordnete das Bildmotiv nun auch dem jeweiligen Werbezweck zu. Das Plakat wurde nur in kleiner Auflage hergestellt und war für einmalige Verwendung gedacht. Diese Gestaltung prägte einen neuen Stil: Georg Jakob Wolf schrieb 1915 in der Zeitschrift des ›Vereins der Plakatfreunde‹,[15] daß nun auch die Geschäftsleute erkannt hätten, daß das Mitwirken eines Künstlers der Werbung Vorteile brächte. Auch entsprach das Kunstplakat dem Stil der Zeit; Inhaber von Luxusgeschäften konnten mit Reklameaufträgen an Künstler als Kunstmäzene sogar ihr gesellschaftliches Prestige heben.[16] Die großbürgerliche Kundenschicht war für ästhetisch ansprechende Reklame empfänglich und die Aura des Künstlerischen steigerte die Effektivität des Plakats.[17] München wurde zum Zentrum des sogenannten Künstlerplakats, eine Stellung, die es bis zum Zweiten Weltkrieg behaupten konnte.[18]

Das Münchner Künstlerplakat

Die ernsthaften Bemühungen bildender Künstler um die Gestaltung des Plakats wurden für die Reklameblätter der Jahrhundertwende maßgebend. Während in München das

Werbeplakat von Ludwig Hohlwein für das Schuhgeschäft Stiller (1910) – Die figürliche, nicht abstrahierte Darstellung zeigt die Münchner Tradition. Münchner Stadtmuseum

›Malerische‹ im Plakat dominierte, entstand in Berlin das Sachplakat, das sich vornehmlich auf das Verkaufsobjekt konzentrierte. Hier hatte sich daher der Beruf des Gebrauchsgraphikers herausgebildet; dieser besaß in den seltensten Fällen künstlerische Vorbildung.[19]

Ein wichtiger Exponent des Berliner Sachplakats war Lucian Bernhard,[20] der Erfinder eines plakativen Telegrammstils; ihm gelang es, mit einem Minimum an Fläche, Farbe und Schrift einprägsame Bildformeln zu schaffen.[21] Ein Beispiel dafür bildet sein 1908 entstandenes Plakat für das Schuhgeschäft ›Stiller‹, auf dem ein einzelner Schuh monumental in die Bildmitte gesetzt wurde, während der Name ›Stiller‹ gleichzeitig Überschrift und Hintergrund bildete. Vergleicht man damit das Werbeblatt des bekannten Münchner Plakatzeichners Ludwig Hohlwein für dasselbe Geschäft, so erkennt man deutlich die Münchner Tradition; das Werbeobjekt wird im Zusammenhang mit Elementen präsentiert, die Assoziationen auslösen sollen: So betont ein Strauß Rosen, in dem eine Visitenkarte mit aufgedruckter Krone steckt, den exklusiven Charakter des Geschäfts; auch die für das Münchner Plakat typische figürliche Darstellung bleibt mit dem Ausschnitt des Beins erhalten, das den Schuh trägt.

Mit einem seiner ersten Plakate für das Sporthaus Scherrer hatte Hohlwein seinen endgültigen Stil schon gefunden.[22] Seine konzentrierte Präsentation des Werbeobjekts war in München neu. Sie existierte vorher nur in den Blättern der englischen ›Brothers Beggarstaff‹, von denen Hohlwein die scharfen Konturen, klar abgesetzten Farben und die Durchdringung des Rahmens übernahm.[23] Ihr Einfluß zeigt sich besonders deutlich am Beispiel des 1910 entstandenen Plakats ›Marco-Polo-Tee‹: Wie auch für viele spätere Hohlwein-Plakate ist hierfür das 1895 entstandene Theaterplakat ›A trip to chinatown‹ in seiner figürlichen Darstellung und Flächenhaftigkeit eindeutig als Prototyp zu erkennen.[24]

Ludwig Hohlwein erwarb sich als Plakatzeichner für die Warenwerbung in München einen so guten Ruf, daß er bald internationale Aufträge erhielt. 1910 war seine Bekanntheit bis nach Amerika gelangt, wo er ein Plakat für den Yellowstone-Park entwarf.[25] Wegen seiner großen Erfolge wurde sein Stil von vielen Münchner Werbegraphikern kopiert, die vereinzelt sogar sein Signet zu plagiieren versuchten,[26] wie beispielsweise Siegmund von Sudocholsky, Carl Moos, Julius Ussy Engelhardt und andere. Die zeitlose Gültigkeit der Plakatentwürfe Hohlweins manifestiert sich in einigen noch heute verwendeten Blättern, so in dem Plakat für den Zoologischen Garten in München oder in dem Schriftzug für die Flaschenetiketten der Firma ›Doornkaat AG‹. In der Darmstädter Zeitschrift ›Kunst und Dekoration‹ wurde er 1909 »zu den Führern und Lehrern« der Plakatkunst gezählt, während das ›Luzerner Tageblatt‹ ihn 1911 den »Münchner Plakatkönig« nannte.[27]

Die Künstler, die Eigenwerbung betrieben, sahen jedoch die Gebrauchsgraphiker der Warenreklame nicht als ebenbürtig an. So erhielt zum Beispiel Hohlwein nie Aufträge für Kunstausstellungsplakate, die ein typisches Thema künstlerischer Eigenwerbung darstellten.[28] Hohlweins Plakat für die Brüsseler Weltausstellung 1910 hingegen[29] sollte weniger den künstlerischen, als den wirtschaftlichen Interessen dienen, daher hatte man den professionellen Plakatzeichner damit beauftragt.

Die plakative künstlerische Eigenwerbung begann in den achtziger Jahren des letzten Jahrhunderts. Es war den Künstlern wichtiger, den Stil einer Kunstausstellung, das Motto eines Festes, den Charakter einer Veranstaltung in ihren Blättern eindeutig wiederzugeben, als auf detaillierte Informationen und gute Lesbarkeit Rücksicht zu nehmen. Die Wirkungsgesetze der Werbung wurden oft absichtlich ignoriert, da sich sowohl Avantgarde[30] wie offizielle Kunst[31] der professionellen Werbung gegenüber ablehnend verhielten,[32] und ihr Niveaulosigkeit vorwarfen.[33] Ein Beispiel für das Künstlerplakat bildet Wassily Kadinskys Blatt von 1901 für die erste Ausstellung der ›Phalanx‹: Die nur von nahem erkennbaren Krieger mit Helmen, Schilden und Speeren verlieren sich in der Fernsicht in ein kleinflächiges Ornament.[34]

Nach dem Vorbild der 1895 in Berlin gegründeten Kunstzeitschrift ›Pan‹[35] wurden 1896 in München, beeinflußt auch durch französische Vorläufer,[36] die Zeitschriften ›Jugend‹ und ›Simplicissimus‹ gegründet. Ihre Verleger Georg Hirth und Albert Langen[37] forderten die junge Generation auf, sich mit aktuellen Fragen des Alltags auseinanderzusetzen: Sie standen damit im Gegensatz zur Akademiekunst, die nur Gemälde und Fresco als künstlerische Aufgaben anerkannte. Die gelungensten Motive der farbigen Titelseiten von ›Jugend‹ und ›Simplicissimus‹ wurden als Plakate verwendet, wie das von Ludwig von Zumbusch entworfene Umschlagblatt für die zwölfte Nummer der ›Jugend‹ im ersten Jahrgang: Zwei Mädchen laufen über eine Wiese und schleifen ein altes Männlein zwischen sich her. Dies soll die Jugend versinnbildlichen, die das Alter in

Schwung bringt.³⁸ Ähnlich programmatische Züge fanden sich auch bei ›Simplicissimus‹-Plakaten, wie die Blätter Bruno Pauls und Thomas Theodor Heines für das Kabarett ›Die Elf Scharfrichter‹ zeigen:³⁹ Darstellungen von Henkern und Teufelsfratzen veranschaulichten die satirisch-aggressive Intention des Kabaretts.

Münchner Werbemethoden

Zu den ersten Künstlern, die sich in München mit der Plakatdarstellung befaßten, gehörte der Akademieprofessor Nikolaus Gysis. Sein 1888 entworfenes Blatt für die ›Dritte Internationale Kunstausstellung‹ in München zeigte durch die Geschlossenheit von Farbe, Darstellung und Aufbau schon erste Ansätze des späteren Plakatstils. Der leuchtendrote Umhang des geflügelten Jünglings wurde zum Blickfang in dem sonst monochromen Bild. Der vom Auftraggeber vorgegebene Text⁴⁰ war jedoch zu ausführlich und in der Fernsicht nicht lesbar. Gysis löste dieses Problem der frühen Plakate, indem er die wichtigste Information durch großformatige Lettern aus dem Rest der Schrift hervorhob.

Besonders gelungene Motive entwickelten sich zu Markenzeichen der jeweiligen Werbeobjekte. Das Plakat, das Franz von Stuck für die erste Ausstellung der ›Münchner Secession‹ entwarf, wurde von einem Oktogon beherrscht, in dem sich eine Darstellung der Minerva, der altrömischen Göttin der Kunst,⁴¹ befand. Das Fehlen plastisch modellierender Binnenzeichnungen in dem wie ein Mosaik gestalteten Bild bedeutete einen weiteren Schritt in der Entwicklung der Plakatkunst. Großbuchstabenschrift und auffällige Farbgestaltung hatten sich inzwischen in der Werbung bewährt und waren feste Bestandteile der Plakatgestaltung geworden.⁴² Der Minervakopf⁴³ wurde in aphoristischer Prägnanz das Markenzeichen der ›Münchner Secession‹ und war auch noch Jahrzehnte später ein gern verwendetes Versatzstück.⁴⁴

Einen anderen gestalterischen Weg ging Stuck; seinem Plakat für die ›Internationale Hygiene-Ausstellung‹ in Dresden 1911 lag ein befremdendes Bildmotiv zugrunde: Ein überdimensional großes Auge bildete den Blickfang, doch war es nicht möglich, den tatsächlichen Werbezweck darin zu erkennen. Nicht die inhaltliche Aussage, sondern die Schockwirkung führte zum Erfolg des Plakats. Das Motiv des Auges wurde auch in späteren Zeiten für Hygieneausstellungen verwendet.⁴⁵ Stuck erfand mit dieser Verfremdung und Übersetzung eines Werbeobjekts, das selbst kein zugkräftiges Bildmotiv anbot,⁴⁶ ein neues Mittel der Werbetechnik. Damit gelang ihm ein richtungsweisender Fortschritt in der Plakatkunst, hatte es doch dieses irreale Element bisher in der Werbung noch nicht gegeben.⁴⁷

Albert Weisgeber schuf mit seinem Bunttukan ein Markenzeichen für die Künstlerkneipe ›Der bunte Vogel‹, das noch heute von diesem Lokal⁴⁸ verwendet wird. Ebenso unlösbar verband sich Thomas Theodor Heines Darstellung der Bulldogge mit der Zeitschrift ›Simplicissimus‹. Die Bulldogge schockierte mit ihrem aggressiven Ausdruck, ihren Reißzähnen und Krallen sowie durch die leuchtend rote Farbe auf schwarzem Grund.⁴⁹ Heine machte damit die Karikatur zu einem für München typischen Mittel der Werbegraphik.⁵⁰ Sein Bulldoggenplakat stand dem Werbeblatt Théophile Alexandre Steinlens für das Kabarett ›Chat Noir‹, das ebenfalls 1896 erschien,⁵¹ in keiner Weise nach. Beide warben mit einem groß in das Plakatzentrum gesetzten Tier, das den Betrachter fixiert. Gegen die brutale Direktheit der roten Bulldogge wirkte Steinlens Katze jedoch fast wie ein stilisiertes Ornament.

Der französische Einfluß zeigte sich auch am Kabarett ›Die Elf Scharfrichter‹,⁵² dessen Vorbild das Pariser ›Chat Noir‹ war. Die Sängerin der ›Scharfrichter‹, Marya Delvard, war Schülerin Yvette Guilberts, der Sängerin im ›Chat Noir‹. Wie die Guilbert in einem Plakat Toulouse-Lautrecs, so wurde die Delvard Mittelpunkt in Thomas Theodor Heines Plakat für ›Die Elf Scharfrichter‹.⁵³ Die satirischen Plakate gipfelten in der rein karikativen Darstellung; ein Beispiel dafür liefert das 1912 von Olaf Gulbransson entworfene Tourneeplakat für den Schauspieler Conrad Dreher,⁵⁴ dessen Portrait sich dem Betrachter kraftvoll karikiert darbot.

Das gefühlvolle Moment, mitverantwortlich für das Münchner Lokalkolorit, repräsentierten die Bierplakate Eugen von Baumgartens und Otto Obermeiers. Gemüt und Witz waren in Illustrationen barocker Putten aufgenommen. Dieser farbenfroh-realistische Plakatstil ist flächig und figürlich-malerisch; auf Bierplakaten wie ›Gerner Bräu‹ von Theodor Weidenschlager, ›Hackerbräu Märzenbier Jubiläums Oktoberfest 1910‹ von Fritz Seck und ›St. Benno Bier Löwenbräu‹ von Otto Obermeier tauchen auch Heiligendarstellungen auf. Emil Pirchan aus Brünn brachte mit leuchtenden Farben und heiter verspieltem Kleinwerk Bilderbuchatmosphäre in das Münchner Straßenbild.⁵⁵

Die Auftraggeber der Plakatkünstler waren größtenteils kleine Privatunternehmer wie Besitzer von Galerien und Lokalen oder Inhaber exklusiver Geschäfte, so des Sporthauses Scherrer oder des Kunstgewerbehauses Wollweber.⁵⁶ Aus diesem Grund fanden die Anschlagblätter, sofern es sich nicht um Zeitschriften-, Zigaretten- oder Konsumgüterplakate handelte, selten überregionale Verbreitung.⁵⁷

Die zeitgenössische Einschätzung des Plakats

Nach einer Zeit des Protests gegen die »marktschreierischen Auswüchse« der Industrie,⁵⁸ die bis in die neunziger Jahre des letzten Jahrhunderts andauerte, wandelte sich die Wertschätzung seit den ersten deutschen Veröffentlichungen über das Plakat.⁵⁹ Die Plakatausstellungen der Folgezeit prägten die Ansicht, die Reklame stelle eine Galerie der Straße dar und sei in der Lage, den Passanten künstlerisch zu bilden.⁶⁰ Erste Vorbehalte gegen diese Idee äußerte Paul Westheim 1908 in einem Artikel der ›Zeitschrift für Ästhetik und allgemeine Kunstwissenschaft‹, in dem er versuchte, den rein kommerziellen Charakter der Reklameblätter nachzuwei-

Plakat von Franz von Stuck für die ›Münchner Secession‹ (1893). Münchner Stadtmuseum

sen:[61] Zweckmäßige Formen der Gestaltung ergäben sich aus der Notwendigkeit, das Werbeobjekt in knapper, prägnanter und eindringlicher Form darzustellen. Bestimmung des Plakats sei die Reklame, die dem Wunsch nach gesteigertem Absatz entspringe. Somit sei die Wahrung der Interessen des Auftraggebers oberstes Gebot und nicht die künstlerische Plakatgestaltung. Diese solle jedoch über die Forderungen in Growalds ›Plakatspiegel‹[62] hinaus den herrschenden sittlichen und ästhetischen Vorstellungen entsprechen,[63] wenn auch das Plakat den erzieherischen Wert eines Kunstwerks nie erreichen könne.

Dennoch kristallisierte sich eine Unterscheidung zwischen der rein kommerziellen Warenwerbung und der künstlerischen Reklame für Ausstellungen und Veranstaltungen heraus, die ein kulturell gebildetes Publikum ansprechen wollte. Paul Westheim schrieb dazu 1908, »... die sachliche Beurteilung eines jeden Plakatentwurfes muß ... aus der innersten Natur des gerade erwünschten Käuferkreises heraus erfolgen«,[64] denn: »Das Plakat ist ästhetisch so wertvoll wie das Publikum, auf das es einwirken soll und auch tatsächlich einwirken kann.«[65]

Diese unterschiedliche Wertung zeigte sich auch an den Preisen, die die Münchner Plakate auf Verkaufsausstellungen erreichten: Die Blätter des ›Jugend‹-Künstlers Angelo Jank erzielten ungefähr den fünfzigfachen Preis eines Plakats des Werbegraphikers Ludwig Hohlwein.[66] Vergleicht man die Plakatpreise mit denen der Jugendstilplastiken aus der Nymphenburger Porzellanmanufaktur,[67] so zeigt sich, daß die Reklameblätter sogar den drei- bis vierfachen Preis einer Porzellanfigur erlangen konnten.

Die Münchner Plakate der Jahrhundertwende lösten die französische Vorherrschaft auf dem Gebiet der Reklame ab und erlangten Weltgeltung. Dem Berliner Sachplakat stellte sich das Künstlerplakat als eigene Gattung entgegen, und auch gegenüber der Wiener Reklame konnten sich die Münchner Künstler behaupten. Die Bedeutung der Münchner Künstlerschaft in der Plakatgestaltung läßt es durchaus gerechtfertigt erscheinen, München als Kunststadt der Jahrhundertwende zu bezeichnen, da diese Kunstsparte eigenständig und richtungweisend geworden war. Die in Darmstadt gegründete Zeitschrift ›Deutsche Kunst und Dekoration‹ war sogar der Ansicht, »... daß durch die Plakatlithographie die Entwicklung der modernen Kunst aufs heftigste beschleunigt wurde ... Das Plakat gab die neuen künstlerischen Möglichkeiten, das große Format akzentuierte die Starkfarbigkeit, die Homogenität der als Fläche gedruckten Farbe, den heftig dekorativen Appell.«[68]

Kunsthandel und Kunstexport
Ein Markt für gehobene Schichten
Von Susanne von Möller

»Wohl an die hundert Kunst- und Antiquitätenhandlungen hat es in München vor dem Ersten Weltkrieg gegeben. München war damals in weitem Abstand die führende Kunsthandelsstadt Deutschlands.«[1]

Johann Keller

Die Expansion des Münchner Kunstmarkts

Während der Prinzregentenzeit, genauer zwischen 1878 und 1900, verdoppelte sich die Zahl der Künstler in München.[2] In gleichem Maße wuchs vor allem auf dem Gebiet der Malerei die Menge der in München produzierten und angebotenen Kunst. In der Akademie,[3] im Kunstverein[4] und im Glaspalast fanden daher auch regelmäßig Gemäldeausstellungen statt.[5] Zur gleichen Zeit nahm die kunstgewerbliche Produktion erheblich zu; Anregungen dafür lieferten die Bewegung für das Kunsthandwerk und für eine gepflegte Wohnkultur, die nach dem Vorbild des englischen ›Arts and Crafts Movement‹ mit dem Ziel einer qualitativen Verbesserung des Kunstgewerbes gegründet worden war, sowie der ›Bayerische Kunstgewerbeverein‹.[6]

Im Zeitalter des Historismus stieg das Interesse an alten kunstgewerblichen Arbeiten. Außerdem entwickelte sich eine neue Käuferschicht: Das in der Gründerzeit zu Wohlstand gelangte Bürgertum befriedigte nun sein Bedürfnis nach Luxus oft durch umfangreiche Kunstsammlungen.[7]

Der Kunsthändler als Mittler zwischen Künstler und Publikum

Diese Situation eines fast unüberschaubaren Angebots einerseits und eines großen, stetig anwachsenden Kreises von Interessenten andererseits ließ eine berufsmäßige Vermittlertätigkeit wichtig und lohnend erscheinen: Dies war die Geburtsstunde des modernen Kunsthandels.[8] Hatten in der ersten Hälfte des 19. Jahrhunderts noch Kunstagenten für ihre fürstlichen oder adeligen Auftraggeber Kunstwerke erworben,[9] so suchte das neue Käuferpublikum die sachkundige Beratung eines hauptberuflichen Kunsthändlers, der entweder den Kontakt zu einem Künstler herstellte oder dessen Werke in seinem Ladengeschäft vorführte.[10]

Der frühe Kunsthandel beschränkte sich im Bilderhandel noch auf den Bereich der Lithographie.[11] Die ersten Kunsthandlungen im heutigen Sinne gingen dann oft aus einer ehemaligen Papier- und Schreibwaren- oder Buchhandlung hervor, in der nebenbei Lithographien verkauft worden waren. Dies trifft etwa auf die Firma ›E. A. Fleischmann‹ zu, die sich, ursprünglich eine Buchhandlung, seit den siebziger Jahren zu einer Kunsthandlung für zeitgenössische Malerei entwickelte.[12]

Antiquitätenhandel gab es in der ersten Jahrhunderthälfte kaum; die in diesem Bereich tätigen Firmen waren noch in keiner Weise spezialisiert, sie präsentierten vielmehr ein buntgemischtes Angebot.[13] Die großen Häuser wie ›Bernheimer‹, ›Julius Böhler‹ und ›A. S. Drey‹ entstanden alle erst später. Wie etwa die Firmengeschichte von ›Bernheimer‹ zeigt, hatten diese ebenfalls bescheiden angefangen: Aus dem ursprünglichen »Confections-Geschäft«[14] entstand in der folgenden Zeit ein »Kaufhaus für Möbelstoffe, Teppiche und Orientalische Luxusartikel«[15] sowie schließlich das weltbekannte Einrichtungshaus und Antiquitätengeschäft. In der Prinzregentenzeit wurden auch Geschäfte gegründet, die sich auf in München neuen Gebieten des Kunsthandels betätigten: Neben dem Handel mit Ölgemälden – repräsentiert durch Geschäfte wie ›Heinemann‹, ›Brakl‹, ›Thannhauser‹ und ›Goltz‹ – ist dabei besonders das Auktionswesen für Ölgemälde und Antiquitäten hervorzuheben. Mit der Gründung der Firma ›Helbing‹ entwickelte sich München zu einem »Kunstauktionsplatz ersten Ranges«, der mit den bisherigen Zentren Köln und Berlin problemlos konkurrieren konnte.[16]

Kunsthändler in München um 1900

Durch die fortschreitende Differenzierung und Spezialisierung des Kunsthandels nahmen die Firmengründungen erheblich zu. Während noch im Jahr 1870 alle 48 Buch-, Kunst- und Musikalien-Händler sowie Antiquare Münchens im städtischen Adreßbuch unter einer Rubrik zusammengefaßt waren, traf man seit den achtziger Jahren eine Unterscheidung zwischen Antiquariaten, Antiquitätenhandlungen, Kunsthandlungen und Kunstverlagen. Die Antiquariate nahmen zwischen 1886 und 1912 um die Hälfte zu; 1886 waren es 27, 1912 schon 41 Geschäfte. Antiquitätengeschäfte existierten im Jahr 1886 bereits 42, 1912 dann 61. Ein weitaus größerer Zuwachs erfolgte bei den Kunsthandlungen und Kunstverlagen, die 1886 mit 65 Geschäften vertreten waren, deren Zahl im Jahr 1912 aber auf 133 gestiegen war. Wie sah nun eine Münchner Kunsthandlung um 1900 aus?

Die typischen Münchner Kunsthändler, so beispielsweise Lehmann und Otto Bernheimer, Theobald Heinemann und Siegfried Drey, waren zumeist jüdischer Abstammung. Dank ihrer kaufmännischen Fähigkeiten brachten sie es zu ansehnlichem Reichtum. Dies zeigt Rudolf Martins ›Jahrbuch des Vermögens und Einkommens der Millionäre in

Bayern‹ von 1914, das eine Reihe Münchner Kunsthändler als Millionäre ausweist.[17] Der Kunsthändler fühlte sich aber nicht nur als Kaufmann, er war auch ein mit Sachkenntnis ausgestatteter Fachmann, dessen Rat die Münchner Museen gerne in Anspruch nahmen. Von Siegfried Drey etwa ist bekannt, daß er in engem Kontakt zum Bayerischen Nationalmuseum und dem Münzkabinett stand,[18] während die Brüder Hermann und Theobald Heinemann gute Beziehungen zur Neuen Pinakothek pflegten.[19]

Etliche Münchner Kunsthändler sammelten selbst Kunstwerke, so Julius Böhler spätgotische Plastiken[20] oder Lehmann Bernheimer alte Textilien;[21] sie hatten daher mehr als nur ein geschäftliches Verhältnis zu den von ihnen gehandelten Objekten, sie waren zugleich wirkliche Liebhaber. Daher engagierten sich viele von ihnen für die Kunstpflege, sei es im ›Münchner Alterthumsverein‹,[22] bei dessen wöchentlich stattfindenden Sitzungen jeweils ein Mitglied ein Stück aus seiner Privatsammlung mitbrachte und darüber referierte, sei es in Vortragsreihen für das kunstinteressierte Publikum. So fand beispielsweise im Winter 1911/12 in den Räumen der ›Modernen Galerie Heinrich Thannhauser‹ ein Vortragszyklus über ›Moderne Kunst‹ statt, in dessen Rahmen der Kunstkritiker Julius Meier-Graefe referierte.[23] Auch die Ausstellungen des Münchner Kunsthandels konnten dem Vergleich mit öffentlichen Präsentationen durchaus standhalten. Dies galt besonders für die ›Galerie Heinemann‹, deren Ausstellungen englischer Malerei des 18. Jahrhunderts ein breites Echo fanden.[24]

Als Herausgeber von Fachzeitschriften bemühten sich vor allem Hugo Helbing und der Antiquar Jacques Rosenthal auch um eine engere Verbindung zwischen Kunsthandel und Wissenschaft, konnte dies doch für den Preis eines Kunstwerkes von großer Bedeutung sein. In ihren ›Monatsberichten‹[25] versuchte die Firma ›Helbing‹ geschäftliche Informationen und wissenschaftliche Kommentare zu verquikken. Rosenthal wiederum hatte sich mit seinen ›Beiträgen‹[26] zum Ziel gesetzt, »historisch und künstlerisch bedeutende Werke ... der Wissenschaft bekanntzugeben«, bevor diese im Buch- und Kunstmarkt verschwanden.[27] Zu diesem Zweck publizierte er aus seinen Antiquariatsbeständen wertvolle Handschriften und Druckwerke, die Fachleute einer wissenschaftlichen Untersuchung unterzogen hatten.

Neben diesen Zeitschriften beanspruchten auch die Kataloge wissenschaftliches Niveau; die regelmäßig von Kunsthistorikern verfaßten Geleitworte sollten deren hohe Qualität unterstreichen.[28] Tatsächlich dienten sie nicht selten als Nachschlagewerke.[29] Ihre aufwendige äußere Gestaltung unterstützte den hohen Anspruch ihrer Herausgeber. Helbing etwa dankte bedeutenden Sammlern für ihren Versteigerungsauftrag, indem er die Kataloge ihrer Sammlungen als »Prachtausgaben« veröffentlichte.[30]

Oft erwarben Kunsthändler auf Auktionen wertvolle Stücke, die sie ohne Gewinn als Schenkungen oder Leihgaben an Museen weitergaben. War der Betreffende als solider und seriöser Geschäftsmann bekannt, so konnte er in der Regel damit rechnen, daß ihm dafür der Titel eines Kommerzien- oder eines Geheimen Kommerzienrates verliehen wurde. Auch wenn einzelne Kunsthändler, wie beispielsweise Theobald Heinemann,[31] dieses Motiv vehement bestritten, so stellte es wohl oft die stärkste Triebfeder für ihr ›selbstloses‹ Verhalten dar.

Die meisten Kunsthandlungen und Antiquariate lagen zwischen ›Stachus‹, Barer- und Brienner Straße. Das zunehmende Geschäftsvolumen zwang jedoch viele Kunsthändler dazu, immer größere Räumlichkeiten anzumieten oder sogar ein eigenes repräsentatives Geschäftshaus zu bauen. Bernheimer etwa expandierte derartig, daß das im Jahre 1889 fertiggestellte Geschäftshaus am Lenbachplatz bereits 1910 durch Anbauten in der Ottostraße erweitert werden mußte. Die oft von renommierten Münchner Architekten wie Friedrich von Thiersch und Gabriel und Emanuel von Seidl zum Beispiel im Stil der italienischen Renaissance entworfenen palastartigen Gebäude der Münchner Kunsthandlungen setzten einen wichtigen städtebaulichen Akzent.

Aber nicht nur das imposante äußere Erscheinungsbild erregte großes Aufsehen, sondern auch das großzügige Interieur, das den Besucher in das »Haus eines Kunstliebhabers«[32] zu versetzen versuchte. So trugen beispielsweise in ›Brakl's Moderner Kunsthandlung‹ oder in der ›Modernen Galerie Heinrich Thannhauser‹ die einzelnen Zimmer Bezeichnungen wie ›Damen-‹, ›Herren-‹, ›Musik-‹ und ›Empfangszimmer‹.[33] Bei Brakl, Drey und Helbing gab es auch einen Oberlichtsaal, der sogar in Geschäftsanzeigen besondere Erwähnung fand.[34] Die Kunsthändler bemühten sich also, ihr Geschäft als »Museum mit wechselndem Bestand« oder als »Verkaufsmuseum«[35] erscheinen zu lassen.

Viele Münchner Kunsthändler der Prinzregentenzeit waren angesehene Vertreter des Großbürgertums; sie verkehrten in den ersten Gesellschaftskreisen und verfügten, wie beispielsweise Bernheimer, über beste Beziehungen zum Hof.[36] Immer mehr große Münchner Kunsthandlungen gründeten auch Zweigniederlassungen in den Kunstmetropolen Europas. Die Firma Drey besaß beispielsweise Filialen in Paris, London, Amsterdam und New York.

Das Angebot

Schon früh begann im Kunsthandel die Spezialisierung. Die Qualität der angebotenen Ware differierte dabei so stark, daß schnell Firmen zu ›Marktführern‹ wurden, die sich neben München auch in Berlin, dem zweiten großen Kunstmarkt Deutschlands, behaupten konnten.

Antiquitäten · Bei Antiquitäten war auf dem Gebiet der deutschen gotischen Plastik Böhler die unangefochtene Nummer eins,[37] während sich italienische Renaissance-Skulpturen bei Böhler und Drey in der gleichen hervorragenden Qualität finden ließen.[38] Für Porzellan, besonders für Meißener Stücke, galt Drey als die erste Adresse.[39] Auch bei Helbing konnte man aus exquisiten Porzellansammlungen besonders schöne Erzeugnisse verschiedener Manufakturen ersteigern.[40] Seit der Versteigerung der Sammlung Georg Hirths im Jahre 1898 galt das Unternehmen auf diesem Gebiet als führend.[41] Für Gobelins war Bernheimer Spezialist;[42] bei Möbeln läßt sich eine eindeutige Überlegenheit einer der großen Firmen nicht ausmachen. Allesamt bewegten sie sich auf hohem Niveau; sie boten überwiegend Stücke der italienischen Renaissance an.[43] Steinharter und Drey zeichneten sich auch allgemein durch ihre guten und umfangreichen Bestände an Edelmetallarbeiten aus.[44] Ostasiatica und alte Textilien kaufte man jedoch nur bei Bernheimer, der hier allen Konkurrenten weit überlegen war.[45]

Vor allem Drey und Böhler, die ihre Geschäfte gleich aufgebaut und ausgerichtet hatten, gaben dem Münchner Antiquitätenhandel auch gegenüber Berlin eine herausragende Bedeutung;[46] der Münchner Kunsthandel war zu internationalem Ansehen gelangt.

Antiquarische Erzeugnisse · Der Handel mit antiquarischen Erzeugnissen, also mit Büchern, Drucken und Handschriften, lag fest in der Hand der Familie Rosenthal.[47] Durch die Gründung von ›Ludwig Rosenthal's Antiquariat‹ entwickelte sich München zum »Hauptplatz für Inkunabeln, seltene Drucke und Handschriften jeder Art«; zuvor waren dies Leipzig und Berlin gewesen.[48] Der Firma des jüngeren Bruders Jacques gelang es schließlich, »eines der damals größten Unternehmen der Welt auf diesem Gebiet« zu werden.[49] Davon legen die in großer Zahl bei Jacques Rosenthal erschienenen Kataloge Zeugnis ab.[50]

Gemälde · Alte Gemälde wurden in erster Linie von Böhler, aber auch von Drey und, soweit es sich um französische, spanische und englische Malerei des 18. Jahrhunderts handelte, von Heinemann verkauft.[51] Außerdem konnte man auf Auktionen der Firma Helbing immer wieder alte Meister erwerben.[52]

Beim Handel mit moderner Malerei spielten die Gemälde Münchner Künstler mit die größte Rolle. Fleischmann und Heinemann hatten das beste Angebot an ›Münchner Schule‹ aus der Zeit von 1870 bis 1890;[53] deren Werke waren aber auch auf Auktionen von Helbing häufig zu finden.[54] Wollte man später entstandene Bilder dieser Provenienz erwerben, so ging man zu Brakl, Thannhauser und Goltz, wobei Brakl die ›Scholle‹,[55] Thannhauser die ›Neue Künstlervereinigung München‹[56] und Goltz den ›Blauen Reiter‹[57] vertrat. Ausländische, insbesondere französische Malerei, vor allem Werke der ›Schule von Barbizon‹, kaufte man bei Fleischmann und Heinemann;[58] Thannhauser hatte sich auf Impressionisten spezialisiert.[59]

Seit Ende der neunziger Jahre wurde Berlin im Bereich des Handels mit modernen Gemälden – vor allem infolge der Gründung der ›Galerie Cassirer‹ – für München ein ernstzunehmender Konkurrent. Unterstützt von dem damaligen Direktor der Berliner Nationalgalerie, Hugo von Tschudi, und in Zusammenarbeit mit dem Pariser Kunsthändler Paul Durand-Ruel, stellte Paul Cassirer bereits ab 1898 regelmäßig Werke französischer Impressionisten aus[60] und trug so seinen Teil dazu bei, daß Berlin schon 1899 als der »bedeutendste Markt nach Paris« auf dem Gebiet der modernen Malerei galt.[61] Erst seit 1912, mit der Förderung der Expressionisten durch Goltz, konnte München hier mithalten.

Die Klientel

Der Staat, der Prinzregent und die heimischen Privatsammler spielten auf dem privaten Münchner Kunstmarkt als Käufer nur eine untergeordnete Rolle; das Hauptgeschäft wurde mit ausländischen Interessenten gemacht.

Staat und Prinzregent · Dem Staat stand erst ab 1890 ein nennenswertes Budget für Neuerwerbungen von Kunstwerken zur Verfügung.[62] Seitdem erhielt der Fonds »zur Ergänzung der Kunstsammlungen des Staates« statt bisher 20000 120000 Mark zugewiesen. Diese Summe – sie war noch immer verhältnismäßig bescheiden – wurde bis 1905 fast ausschließlich für Ankäufe aus dem Glaspalast, also aus den regelmäßigen jährlichen Kunstausstellungen, und den Ausstellungen der ›Münchner Secession‹ eingesetzt.[63]

Erst allmählich änderte sich das Kaufverhalten des Staates. Im Jahre 1904 stellte der Landtag erstmals die bis dahin unbestrittene Stellung des Glaspalastes in Frage: Er gab die Ankaufmittel auch für »Ankäufe hervorragender Werke auf Auktionen, bei Privaten sowie im Kunsthandel« frei.[64] Diese Regelung läßt vermuten, daß im Glaspalast nicht mehr genug qualitätvolle Gemälde ausgestellt wurden und der Staat daher auf andere Erwerbsmöglichkeiten ausweichen mußte. Der Landtagsbeschluß von 1904 erwies sich aber als nicht ausreichend. Bereits 1908 formulierte die Ankaufkommission neue Vorschläge, durch die der Glaspalast faktisch ausgeschaltet werden sollte,[65] war dort doch nach Auffassung der Kommission »das Angebot ... ein so geringes« geworden, daß sie oft Schwierigkeiten hatte, »geeignete Werke zum Ankauf vorzuschlagen«.[66] Statt dessen sollte »das Hauptgewicht auf Ankäufe in Ateliers oder in Sammelausstellungen« verlegt werden, von denen die »verdienstvollen Kollektivausstellungen des Münchner Kunsthandels« besonders hervorgehoben wurden.[67] Dies geschah nun auch in der Folgezeit in zunehmendem Maße, so daß bereits 1908 von 42 neu erworbenen Gemälden 23 aus dem privaten Kunsthandel stammten.[68] Dies zeigt deutlich, daß der private Münchner Kunsthandel beträchtlich von dem Qualitätsverlust des Glaspalastes profitierte.

Das Kunstinteresse des Prinzregenten, dem die Münchner Künstlerschaft 1887 den Titel ›Protektor der Künste‹ verliehen hatte, wird meist überschätzt.[69] Auch die Anekdoten über sein gutes Verhältnis zu den Künstlern Münchens können nicht verdecken, daß er hier eher eine Wittelsbacher Tradition pflegte, als daß ihn eigenes Kunstverständnis und persönliche Liebhaberei zu Ankäufen veranlaßt hätten. Sein Ziel war vor allem eine möglichst gleichmäßig verteilte, breit gestreute Unterstützung der oft notleidenden Künstler, er hatte also ein eher karitatives Motiv für seine Kunstkäufe.

Das spiegelte sich in seiner weder besonders qualitätsvollen noch systematisch aufgebauten Gemäldesammlung wider; dies nahm er auch bewußt in Kauf.[70] Die insgesamt etwa 550 Nummern umfassende Sammlung entstand größtenteils zwischen 1883 und 1912. Meistens kaufte er seine Gemälde in den Ausstellungen des Glaspalastes; insgesamt 150 Bilder stammten aus dieser Quelle. Nahezu ebensoviele Gemälde erstand der Prinzregent in den Ateliers der Künstler, um einiges mehr als im Kunstverein.[71] Aus den Ausstellungen der ›Secession‹ erwarb Luitpold etwa 60 Stücke.[72] Den privaten Kunsthandel hingegen nahm er mit nur vier Erwerbungen so gut wie gar nicht in Anspruch.[73]

Der Münchner Privatsammler · Das letzte Viertel des 19. Jahrhunderts gilt als die bedeutendste Periode bürgerlichen Kunstsammelns. Die im Zuge der fortschreitenden Industrialisierung rasch zu Vermögen gelangten Kaufleute, Industriellen und Bankiers legten große Teile ihres Geldes in Kunst an. Am auffälligsten zeigte sich dieses Phänomen in der Reichshauptstadt Berlin, die die meisten Privatsammlungen Deutschlands beherbergte. So nannte Adolph Donath in seiner ›Psychologie des Kunstsammelns‹ nicht weniger als 89 Berliner, dagegen nur 26 Hamburger, zwölf Frankfurter und fünf Münchner Sammlungen.[74] Da die Industrialisierung in Bayern noch längst nicht so weit fortgeschritten war wie in Preußen, blieb in München diese Gruppe der potentiellen Sammler entsprechend kleiner. So entstanden hier zwar nur wenige Kunstsammlungen großen Stils, jedoch zahlreiche kleinere, qualitativ nicht minder bemerkenswerte.

Einige wichtige Münchner Sammler waren selbst Künstler, an erster Stelle der Malerfürst Lenbach, dessen überladene Villa als vorbildhaft galt,[75] aber auch der volkstümliche Eduard von Grützner brachte in seinem ›Grützenerschlößl‹ eine umfangreiche Sammlung zusammen, die im Gegensatz zu der Lenbachs nur aus Originalen bestand.[76] Auch nahezu alle namhaften Münchner Kunsthändler legten eigene Kollektionen an.[77] Eine weitere Sammlergruppe bildeten Museumsdirektoren, Kunstgelehrte und Verleger wie Jakob von Hefner-Alteneck,[78] Richard Oertel,[79] Martin Schubart,[80] Georg Hirth[81] und Thomas Knorr[82] – bürgerliche Sammler mit viel Kunstverständnis und großem Sammeleifer.

Die Münchner Sammler kauften jedoch nur sehr selten im Kunsthandel, sie wandten sich meist unmittelbar an die Künstler oder an private Besitzer.[83] Die begehrten Objekte fanden sie im Umland, aber auch in Österreich und Frankreich[84] – ohne Vermittlung des Kunsthändlers.

Kunsthandel und Fremdenverkehr

Da München für dort ansässige Kunsthändler kein ausreichend großes Käuferpotential bot, liegt es nahe, daß der Kunsthandel sich auf das immer zahlreicher werdende Fremdenpublikum konzentrierte. Die jährlichen Geschäftsberichte Münchner Kunsthandlungen,[85] insbesondere der Firma Drey,[86] zeigen die mittelbaren Bezüge zwischen Fremdenfrequenz und Jahresbilanz; neben der Anzahl der Fremden spielte dabei jedoch ihre Qualität als Käuferpublikum die entscheidende Rolle.[87]

Der überwiegende Teil der deutschen Touristen kam beispielsweise 1912 aus Berlin und dem übrigen Preußen. An zweiter Stelle stand Sachsen und an dritter Württemberg-Hohenzollern. Von den Ausländern stellten die Österreicher die stärkste Gruppe, gefolgt von Amerikanern und Schweizern.[88] Eine Unterscheidung der Touristen nach ihrer Kaufkraft fiel immer zugunsten der Amerikaner aus. Selbst ein zufriedenstellendes Geschäft mit den deutschen Kunden konnte das Fehlen amerikanischer Käufer nicht ausgleichen. So sprach Drey 1907 trotz guten Inlandsgeschäfts lediglich von einer mäßigen Bilanz, da »die amerikanischen Käufer, die für unsere Branche wichtig sind, fast ganz fehlten«.[89]

Politische und wirtschaftliche Krisen, Epidemien wie beispielsweise die Cholera oder große Ausstellungen in anderen Städten – so die Weltausstellung 1893 in Chicago – verringerten den Touristenstrom und führten zu Geschäftseinbußen.[90] Ein umfangreiches kulturelles Angebot förderte jedoch den Fremdenverkehr und damit auch die Geschäftsabschlüsse.[91] Hier sind insbesondere die Wagner-Festspiele zu nennen, die seit der Eröffnung des Prinzregententheaters im Jahre 1901 jeweils im August und September veranstaltet wurden. Mit ihnen verlagerte sich das Hauptgeschäft der Kunsthandlungen auf Spätsommer und Herbst.

Die Amerikaner als Käufergruppe · In den USA legten erstmals in den achtziger und neunziger Jahren mit geradezu unbegrenzten finanziellen Mitteln ausgestattete Industrielle und Bankiers kostspielige Sammlungen an, für die sie das Doppelte bis Zehnfache der bisher üblichen Preise bezahlten.[92] Sie wurden von wenigen großen Kunsthändlern betreut, unter denen vor allem die New Yorker Firmen ›Knoedler & Co.‹ und ›Duveen Brothers‹ weltweites Ansehen erlangten.[93] Joseph Duveen erfüllte dabei auch ausgefallene Wünsche; neben bedeutenden europäischen Kunstwerken beschaffte er seinen traditionssüchtigen Kunden beispielsweise alte englische Familienbildnisse.[94]

Kunsthändler wie Duveen schockierten die europäische Konkurrenz. Bereits um die Jahrhundertwende sprach man von der »amerikanischen Gefahr«; insbesondere der Direktor der Berliner Museen, Wilhelm von Bode, äußerte hier große Bedenken.[95] Neben ihren aggressiven Methoden warf er den Amerikanern auch vor, ohne jegliches Kunstverständnis den europäischen Kunstmarkt zu ruinieren.[96] In welchem Umfange Amerika alte Niederländer importierte, zeigt eine Statistik aus dem Jahre 1910: Damals befanden sich bereits 70 Werke von Rembrandt in amerikanischem gegenüber 150 in deutschem Besitz, ebenso sieben Werke von Vermeer, von dem Deutschland ebensoviele besaß.[97]

Die starke Präsenz der Amerikaner auf dem europäischen Kunstmarkt ist erstaunlich, da bis 1909 alte Kunstwerke in Amerika mit einem ungewöhnlich hohen Einfuhrzoll belegt wurden. Gemäß der sogenannten MacKinley-Bill betrug dieser in seiner Hochphase um die 30 Prozent;[98] Schwankungen dieses Index, die auf mehr oder weniger amerikanische Kundschaft schließen ließen, wurden auch von den Münchner Kunsthandlungen mit großer Aufmerksamkeit registriert.[99] So ging bereits zwei Jahre nach der Erhöhung des Einfuhrzolls von bisher zehn auf 30 Prozent der Umsatz beispielsweise bei einer Münchner Gemäldegalerie um 50 Prozent zurück.[100] Solche Einbußen hielten bis zur Zollermäßigung 1892 an. Wenig später erfolgte eine völlige Aufhebung, und die Firma Drey stellte erfreut fest, daß »dies für den Antiquitätenhandel sehr förderlich« sei.[101] Als zwischen 1897 und 1909 erneut eine zwanzigprozentige Abgabe erhoben wurde, klagten die Kunsthändler über den sehr reduzierten Amerika-Handel[102] und appellierten an die staatlichen Stellen, auf eine Abschaffung des Zolls hinzuwirken,[103] da Amerika als Absatzgebiet unverzichtbar sei.[104]

Die Münchner Kunsthändler sahen dies also ganz anders als der Museumsmann Bode, hing doch ihre wirtschaftliche Existenz davon ab. Von dem neuen Kunsteinfuhrgesetz des Jahres 1909, das Zollfreiheit für alle Kunstwerke mit einem Alter von mehr als 20 Jahren gewährte, versprach man sich daher »eine neue Stimulation des Geschäftes«.[105] Ganz anders reagierten die Hüter des kulturellen Erbes; sie befürchteten einen nunmehr ungehemmten Vormarsch der Amerikaner. Im ›Cicerone‹ hieß es:

»Mit dem Fortfallen des bisherigen Zolles ... werden amerikanische Milliardäre förmliche Raubzüge in Europa veranstalten, um ihre noch ziemlich leeren Paläste und Schlösser zu füllen.«[106]

Bedenkt man, daß auch heutzutage der internationale Kunstmarkt in der Hauptsache von amerikanischen Käufern gesteuert wird, erscheinen die im Jahre 1909 geäußerten Befürchtungen nicht übertrieben.

Der Münchner Gemälde-Export in die USA · Zwar kauften die Amerikaner in erster Linie in Paris und London,[107] aber auch das Deutsche Reich spielte keine unbedeutende Rolle. Eindrucksvoll zeigen dies die Exportziffern für Ölgemälde,[108] die einen überproportional hohen Anteil des Münchner Kunsthandels an der deutschen Gemäldeausfuhr belegen: Während die in München erzielten Erlöse für die in die USA verkauften Gemälde noch im Jahre 1900 ›nur‹ das dreifache der Berliner Umsätze betrugen,[109] vervielfachte sich dieses Verhältnis – von wenigen kurzen Einbrüchen abgesehen – in den folgenden Jahren. So standen die Verkaufszahlen zu denen Berlins im Jahr 1901 im Verhältnis acht zu eins, 1902 fünf zu eins, 1903 sechs zu eins; 1904 waren sie ausnahmsweise fast gleich, erholten sich aber in den anschließenden Jahren schnell wieder und erreichten 1908 ihren Höhepunkt mit einem Verhältnis von 16 zu eins.[110]

Aufschlußreich ist dabei auch die Quote, mit der München an der Gesamtausfuhr des Deutschen Reiches auf diesem Sektor teilnahm:[111] Im Jahre 1902 betrug sie etwa 60 Prozent, 1903 gut 50 Prozent, 1904 etwa 35 Prozent, 1905 etwas über 40 Prozent und im Jahr 1907 über 75 Prozent. Bemerkenswert ist, daß in dem für München schlechten Jahr 1904 aus dem übrigen Deutschen Reich überdurchschnittlich viel exportiert wurde[112] und Berlin hier mit München nahezu gleichzog.[113] Die Münchner Zahlen des Spitzenjahres 1908 überstiegen jedoch die gesamte Gemäldeausfuhr des übrigen Deutschen Reichs selbst in den Jahren 1904 und 1905.[114] München spielte also für die amerikanischen Käufer auf dem Kunstmarkt eine überragend wichtige Rolle.

Die Bedeutung des Kunsthandels für München

Die große, ständig zunehmende Zahl von Unternehmen, die in München auf dem Gebiet des Kunsthandels tätig waren, trug wesentlich zur Stärkung der Wirtschaftskraft dieser Stadt bei. So erhöhte sich beispielsweise der Anteil der Gemälde- und Antiquitätenausfuhr an der Gesamtausfuhr in die USA kontinuierlich: Im Jahr 1901 betrug er etwas mehr als zwei Prozent, 1908 bereits über drei Prozent und 1912 mehr als sechs Prozent.[115]

Der Kunsthandel hatte aber auch eine stimulierende Wirkung auf den Fremdenverkehr und war eine wichtige Stütze für Münchens Ruf als Kunststadt. Im Zuge der hierüber ab 1901 von Berlin aus entfachten Diskussion nannte man den Kunsthandel einen der Faktoren, die für Münchens Rolle als Kunststadt die größte Bedeutung hatten.[116]

Münchens Kunsthändler, angesehen und wohlhabend, erreichten nicht die Bedeutung und Ausstrahlung eines Paul Cassirer oder Herwarth Walden in Berlin. Thannhauser und Goltz, die diesen noch am ehesten vergleichbar waren, konnten bezeichnenderweise ihre Vorstellungen beim konservativeren Münchner Publikum nicht durchsetzen.

Zwischen Historismus, ›Secession‹ und ›Jugend‹
Georg Hirth, ein Kunstagitator der Jahrhundertwende
Von Clelia Segieth

Der 1841 in Thüringen geborene und 1872 nach München zugezogene Georg Hirth[1] war ein vehementer Verfechter liberaler Grundsätze.[2] Heute wird die Bedeutung Hirths, der sich in erster Linie als Publizist verstand, kaum mehr wahrgenommen; dennoch gehörte er, wie auch Stimmen von Zeitgenossen dokumentieren,[3] zu den Persönlichkeiten der Jahrhundertwende in München, die neuen Strömungen und Entwicklungen auf vielfältige Weise zum Durchbruch verhalfen.

Bereits in seiner Jugend geriet Hirth durch das politische Engagement des Vaters in den Umkreis des Nationalliberalismus, schloß sich der Turnbewegung und Rudolf von Bennigsens ›Deutschem Nationalverein‹ an und meldete sich als Freiwilliger in den Krieg von 1866. Auch seine publizistische Leidenschaft kündigt sich früh an: Als 18jähriger gibt er im Selbstverlag eine Festschrift im Schillerjahr heraus;[4] in den frühen sechziger Jahren veröffentlicht er als promovierter Volkswirtschafter Statistiken und Quellentexte zum Turnwesen.[5] In Berlin arbeitet er am ›Preußischen Statistischen Seminar‹;[6] 1870/71 erscheint das ›Tagebuch des Deutsch-Französischen Krieges‹,[7] überdies schreibt er als Handelsredakteur für die Cotta'sche ›Allgemeine Zeitung‹.

In München schließlich fand Hirth durch seine Einheirat in die Verlegerfamilie Knorr eine ideale Basis für neue Aufgaben. Er festigte die liberale Position der ›Münchner Neuesten‹,[8] die er nach dem Tod seines Schwiegervaters Julius Knorr zusammen mit seinem Schwager Thomas unter dem Titel ›Münchner Neueste Nachrichten‹ leitete und zum Instrument seiner oft radikalen und provozierenden politischen Stellungnahmen machte. Wie später in der 1896 gegründeten Kunst- und Literaturzeitschrift ›Jugend‹ vertrat er hier konsequent eine protestantisch-kulturkämpferische Tradition und den Standpunkt des großdeutschen Alt-Liberalismus gegenüber den sich etablierenden Volksparteien wie Zentrum, Bauernbund und Sozialdemokratie. Durch die exponierte gesellschaftliche Stellung der Familie Knorr innerhalb Münchens – 1864 logierte beispielsweise Richard Wagner im Gartenhaus des Anwesens in der Briennerstraße – kam Hirth schnell mit führenden Persönlichkeiten in Kontakt.

Vom Historisten zum Neuerer

Erste Berührungen mit dem bürgerlichen Kunstbetrieb erfolgten über die ›Gedon-Runde‹ der geselligen Künstlervereinigung ›Allotria‹,[9] zu der Lorenz Gedon, Gabriel von Seidl und Rudolf von Seitz gehörten. Angeregt durch ihr Engagement richtete Hirth auf der epochemachenden ›Deutschen Kunst- und Kunstindustrieausstellung alter und neuerer Meister‹ im Jahr 1876 ein Zimmerkompartiment ein. Auf wirtschaftspolitischem Gebiet resignierte er zunehmend, nicht zuletzt unter dem Eindruck der Bismarckschen Schutzzollpolitik.[10] Bereits 1877 leitete er jedoch mit seinem ›Formenschatz der Renaissance‹[11] eine Reihe von Publikationen ein, die als Rezeptionsgrundlage eine Renaissance des Kunstgewerbes unterstützten und buchkünstlerische Reformbemühungen des Jugendstils vorwegnahmen. So verbindet Hirth in seinem ›Deutschen Zimmer der Renaissance‹,[12] der »ersten, dem ›Interieur‹ als ganzem gewidmeten« deutschen Abhandlung,[13] Grundsätze der englischen Kunstgewerbereform – er ist von Jacob von Falke[14] und Gottfried Semper[15] beeinflußt – mit jenem subjektivistisch-undogmatischen Renaissanceverständnis, das die damaligen Arbeiten Gedons, Seidls und Seitz' charakterisiert.

Im Laufe der achtziger Jahre erweitert Hirth viele seiner Publikationen auf sämtliche Epochen der Kunstgeschichte;[16] in den neunziger Jahren fordert er dann eine zeitgemäße, entwicklungsfähige, »moderne« Kunst und setzt sich lautstark für avantgardistische Bewegungen ein. Diesen radikalen Bruch dokumentieren auch sein Austritt aus dem ›Bayerischen Kunstgewerbeverein‹[17] und die Versteigerung eines Teils seiner berühmten Sammlungen zur finanziellen Stützung der ›Jugend‹.[18] Die Inkonsequenz seines ›Modernismus‹, der das psychologisch fundierte ›Künstlerische‹ in den Mittelpunkt stellt, belegt jedoch seine anhaltende Wertschätzung der Werke Franz von Lenbachs oder Franz von Defreggers. Hirths Frontwechsel von den Historisten zu den Progressiven brachte ihm nicht ganz zu Unrecht den Vorwurf des Kunsthistorikers Hermann Uhde-Bernays ein, er sei für jedes fortschrittliche Anzeichen »wahllos« zu enthusiasmieren.[19]

Bereits in den achtziger Jahren hatte Hirth jedoch durch seine rein nach seinem »subjektiven Kunstgeschmack«[20] zusammengestellte Kunstsammlung neue Maßstäbe gesetzt. Das 1883/84 in der Luisenstraße/Ecke Brienner Straße von Leonhard Romeis im Stil ›Deutscher Renaissance‹ errichtete ›Hirthhaus‹ mit »seinen Sammlungsräumen des ersten Stockwerks, die von schönen Metalldingen, Porzellan, Schnitzereien ... strotzten, so daß man sich in eines der churfürstlichen ... Schlösser versetzt wähnte«,[21] galt in München bald als Vorbild und wurde als »Museum im Kleinen«[22] charakterisiert. Die Villa Hirth mit ihrem Blick auf die Propyläen des Königsplatzes – 1887 wird Lenbach gegenüber Hirth seine Residenz aufschlagen – avancierte überdies zu einem der gesellschaftlichen Mittelpunkte der Stadt. Große Feste und spektakuläre Kulturabende, wie die

Aufführung der englischen Oper ›Der Mikado, ein Tag in Titipu‹ im Jahre 1887 mit Georg Hirth und der zukünftigen Mary Stuck in den Hauptrollen, zu der Bernheimer die japanischen Originalkostüme lieferte,[23] zählten zu den Glanzpunkten des Münchner Gesellschaftslebens. Schriftsteller wie Paul Heyse, Max Halbe, Ludwig Ganghofer, Hermann Sudermann, Sänger und Schauspieler wie Leo Slezak, mit dem Hirth eine enge Freundschaft verband oder Gustav von Waldau, der eine Tochter Hirths heiratete, Kunstschriftsteller wie Richard Muther und Adolf Bayersdorfer, Naturwissenschaftler und bildende Künstler verschiedener Generationen gingen hier aus und ein. 1884 empfing Hirth Kronprinzessin Victoria und ihren Gemahl, den späteren Kaiser Friedrich;[24] 1894 kam Böcklin auf seiner Reise nach Berlin zu Besuch.[25]

Trotz seiner starken gesellschaftlichen Einbindung[26] und seiner Etablierung als Journalist und Verlagsinhaber[27] geriet Hirth nicht in eingefahrene Bahnen. Noch bevor die starre Haltung vieler seiner Altersgenossen die Parole vom ›Niedergang Münchens als Kunststadt‹[28] provozierte, kam Hirth in den neunziger Jahren zu der Einsicht, daß nur der Anschluß an aktuelle internationale Entwicklungen Münchens Image als Kunststadt und damit auch dem volkswirtschaftlich bedeutsamen Kunsthandel förderlich sei. In diesen Zusammenhang gehört sein Engagement für den 1892 gegründeten ›Verein bildender Künstler e.V.‹, der den Beinamen ›Secession‹ erhielt,[29] und für die Kunst- und Literaturzeitschrift ›Jugend‹.

Die ›Secession‹

1891/92 forcierte Hirth den Spaltungsprozeß innerhalb der ›Münchner Künstlergenossenschaft‹, der sich an der Frage entzündete, ob die großen ›Internationalen Jahresausstellungen‹ weiterhin jährlich geplant werden sollten. Eine Majorität der Künstler sprach sich aus finanzieller Konkurrenzangst gegen eine Teilnahme ausländischer Künstler aus und führte das Defizit der Ausstellung des Jahres 1891 als willkommenen Beweis für die Unrentabilität an; dem stellte Hirth in einer Artikelfolge der ›Münchner Neuesten Nachrichten‹ den Vorwurf entgegen, daß nur die miserable Organisation des Ausstellungskomitees der ›Künstlergenossenschaft‹ für den Mißerfolg verantwortlich zu machen sei. Derart provoziert, strengte der Schriftführer der Gruppe, Karl Albert Baur, einen Prozeß gegen Hirth an;[30] der mit Hirth sympathisierende Geschäftsführer Adolf Paulus wurde entlassen. Der Konflikt eskalierte derart, daß sich die kleine Gruppe der Pro-›Internationalen‹, zu der Ludwig Dill, Hugo von Habermann, Gotthard Kuehl, Bruno Piglhein, Franz von Stuck, Fritz von Uhde, Heinrich von Zügel und andere zählten, abspaltete, um eine eigene Ausstellungsvereinigung zu gründen.

Neben seiner publizistischen Schützenhilfe unterstützte Hirth aber auch finanziell die Etablierung des Vereins, um die drohende Abwanderung der ›Secession‹ zu verhindern und für die zukünftigen Eliteausstellungen ein adäquates Forum zu schaffen: Unter anderem finanzierte er offenbar größtenteils das von Paul Pfann errichtete provisorische Ausstellungsgebäude.[31] Hirth realisierte so jedoch letztlich nur seine bereits 1890 entwickelte Vorstellung eines ›Münchner Jahresausstellungsvereins‹. Darüber hinaus beriet Hirth die Gruppe auch bei Eingaben an die Staatsregierung,[32] war ständiger Gast der Gründungssitzungen und wohl auch, obwohl dies schwer nachweisbar ist, an der Namensgebung und an der Konzeption des ›Memorandums‹,[33] der Denkschrift der ›Secession‹, beteiligt. Diese weist in manchen Teilen Parallelen zu seinen Schriften auf. Die ihm angetragene Stimme im Arbeitsausschuß lehnte er ab, wollte er doch den Grundsatz der ›Secession‹ nicht durchbrechen, keine Einmischung von Nicht-Künstlern in Vereinsangelegenheiten zu dulden.[34] Wie auch Hermann Uhde-Bernays[35] sah Hirth die Bedeutung der ›Secessions‹-Gründung vor allem in einer Verjüngung des gesamten Münchner Kulturbetriebes:

»Ich betrachte auch die Münchner Secession nicht als ultima Thule der isarathenischen Kunstentwicklung ... Die anfangs sosehr gefürchteten Spaltungen haben, nachdem die Gemüter sich beruhigt, nicht nur dem kollegialen Geist eine neue, solide Grundlage gegeben, sondern auch den Wetteifer des ›Gewährenlassens‹ des Talents erhöht. Seit der Gründung der Secession ist auch in diejenigen Kreise erhöhte Lebhaftigkeit gekommen, welche ursprünglich als ›anti-modern‹ gelten konnten.«[36]

So München-spezifisch die Entstehung der ›Secession‹ wirkt, ist sie doch Teil einer europäischen Gesamtbewegung, die, von Frankreich ausgehend, in den achtziger und neunziger Jahren in verschiedenen Kunstzentren als Konflikt zwischen Tradition und Moderne sichtbar wird.[37] München war die erste Stadt im deutschen Sprachraum, in der der Sezessions-Gedanke nach anfänglichen Widerständen auch von offizieller Seite Anerkennung fand; dies förderte letztlich nur die schnelle Etablierung der Gruppe, die in den Augen junger Künstler neue Abspaltungsprozesse notwendig machte. Sezessionsgründungen in Berlin und Wien erfolgten erst Ende der neunziger Jahre.[38]

Die ›Jugend‹

Innerhalb dieser Bewegung erhält ein neuer Typus von illustrierter Zeitschrift, »in der Kunstmeinung gemacht, Kunst reproduziert und Kunst illustriert«[39] wird, eine wichtige Funktion; dies zeigt sich besonders deutlich bei ›Ver sacrum‹, dem Organ der Wiener ›Secession‹. Auch zwischen der ›Jugend‹ und der Münchner Gruppe ergaben sich enge Bezüge: zum einen durch ihren Begründer und Herausgeber Hirth, zum anderen durch Mitglieder der ›Secession‹, die in dieser ›Wochenschrift für Kunst und Leben‹ – so ihr bezeichnender Untertitel – veröffentlichen. Zudem finden hier Grundgedanken des Sezessionismus eine konsequente Fortführung: man proklamiert die Öffnung gegenüber internationalen Tendenzen und den pluralistischen Ansatz, der

Titelblatt der ersten Nummer der Zeitschrift ›Jugend‹. Zeichnung von Fritz Erler. Jugend 1896, Nr. 1/2, S. 1

jedem Künstler das Recht auf freie Entfaltung zuerkennt. Die Namensgebung der ›Jugend‹ bringt – vergleichbar mit den Proklamationen Nietzsches und der deutschen Jugendbewegung[40] – den Anspruch zum Ausdruck, Jugend schlechthin als neuen Wert dem historischen Imperativ der Gründerjahre entgegenzustellen. Dementsprechend verstand Hirth seine Zeitschrift als Experimentierfeld für moderne Kunst und Literatur.[41]

Ähnlich wie der ›Simplicissimus‹ konnte die ›Jugend‹ latent vorhandene Kräfte mobilisieren: Im Zeitraum von 1896 bis 1903, der Blütezeit der Zeitschrift, die bis 1940 fortbestand, haben hier nahezu 300 Künstler veröffentlicht. Ihr heterogenes Erscheinungsbild ist bereits in der Konzeption verankert, die weitgehend von Hirth und seinem Redakteur Fritz von Ostini bestimmt wurde; der Verzicht auf ein festgelegtes Programm hatte den Zweck, sich für kommende Entwicklungen offen zu halten.[42] Kunstkarikaturen stellen zudem aus humoristisch-spielerischem Blickwinkel zeitgenössische Kunstrichtungen wie Jugendstil, Symbolismus und Naturalismus, die andererseits zum Repertoire der ›Jugend‹ gehören, in Frage. Die Nachteile dieses liberalistischen, letztlich maßstabs- und richtungslosen Kunstverständnisses sind an der ›Jugend‹ unmittelbar ablesbar: So enthält sie – übrigens auch im literarischen Teil – neben Qualitätvollem etwa von Otto Eckmann, Fritz Erler, Bruno Paul, Ernst Stern, Max Slevogt, den Brüdern Wilke, Julius Diez, Angelo Jank, Adolf Münzer, Lovis Corinth, Ephraim M. Lilien, Ernst Barlach, Peter Behrens, Paul Rieth oder Albert Weisgerber auch viel Mittelmäßiges. Darüber hinaus konnten sich nach anfänglicher Internationalität schnell typisch ›münchnerische‹ Tendenzen durchsetzen: Beiträge und Einflüsse französischer oder englischer Illustrations- und Plakatkunst werden zunehmend durch ›malerische‹ Ausdrucksmittel und durch historistisches Formengut überlagert.

Daß Hirth mit seiner ›Jugend‹ nie einen neuen Stil gründen, sondern eine »freiheitliche Kunstbewegung«[43] fördern wollte, mußte er noch einmal deutlich machen, als man das Organ schon kurz nach seinem Erscheinen für die Überschwemmung des Kunstgewerbes mit Motiven des Jugendstils verantwortlich zu machen suchte.[44] Tatsächlich wird die deutsche Bezeichnung des Art Nouveau von ornamentalen, zumeist buchkünstlerischen, Beiträgen abgeleitet,[45] die jedoch nur einen Teilaspekt der Stilelemente der Zeitschrift ausmachen.

Die überregionale Verbreitung und die hohen Auflageziffern der ›Jugend‹ nutzte Hirth zudem politisch: Seine nationalliberale Gesinnung bestimmte die Inhalte der politischen Karikatur und seiner Essays, die sich mit Leitfiguren wie Bismarck oder Kaiser Friedrich III. befassen; die Kolonialpolitik anderer Staaten konnte seine Stimme zu nationalem Pathos und unangenehmer Aggressivität steigern. Obwohl die ›Jugend‹ anfänglich als Organ einer protestantisch-liberalen Minderheit in Bayern[46] und als Sammelbecken oppositioneller antiwilhelminischer Kräfte gesehen werden muß, nahmen bis zum Ersten Weltkrieg präfaschistische Äußerungen, wie etwa die des rassistischen Kulturphilosophen Houston Stewart Chamberlain, zu.

Die Kunstdiskussion in der ›Jugend‹ führte in erster Linie Hirth, aber auch Künstler wie Hermann Obrist oder Kunstschriftsteller kamen zu Wort. Teils humoristisch, teils radikal zog Hirth mit seinem Blatt gegen die Übergriffe wilheminischer Kunstpolitik auf die Freiheit der Kunst zu Felde, so beispielsweise gegen die ›Lex Heinze‹.[47] Er veröffentlichte nicht nur Stellungnahmen bekannter Persönlichkeiten aus Kultur und Wissenschaft in der ›Jugend‹,[48] die mit ihrem sinnenfreudig-erotischen Ton ohnehin einen Affront gegen bürgerliche Sitte und Moral darstellte, sondern rief zusammen mit Hermann Sudermann, Otto Ernst und anderen Schriftstellern den ›Goethebund‹[49] ins Leben, der bald auch auf Reichsebene in Protestversammlungen das Prinzip einer »freien« Kunst gegenüber Einschränkungen durch »außerkünstlerische« Maßstäbe verteidigte.

Hirths Fortschrittsoptimismus – er besaß das erste Telephon in München und plädierte für Elektrifizierung und Frauenemanzipation – bestimmte auch die höchst modernen Vervielfältigungsmethoden der ›Jugend‹. Diese forderten den Künstlern Lernprozesse ab und beeinflußten die künstlerischen Beiträge: Die in den ersten vier bis fünf Jahrgängen hauptsächlich angewandte Zinkätzung wurde durch Verfahren der Autotypie abgelöst.[50] Die ›Jugend‹ bot aber auch für viele eine regelmäßige Einnahmequelle; überdies vergab Hirth Stipendien[51] und vermittelte in Auktionen Originale aus der ›Jugend‹ an ein breites Publikum.[52]

Betrachtet man die prägende Rolle, die Hirth in den Phasen des späten Historismus und des Sezessionismus gespielt hat, so scheint es berechtigt, ihn unter die großen Anreger der Jahrhundertwende in München einzureihen, wenngleich er den entscheidenden Schritt zum wirklichen Beginn der Moderne nicht mehr vollzogen hat: Von den Künstlern des ›Blauen Reiters‹, von der Generation der Expressionisten und Abstrakten nahm der alternde Hirth keine Notiz mehr; er hatte sich längst in den Bereich der Naturwissenschaft zurückgezogen, wo er medizinischen und psychologischen Fragen seine Arbeitskraft widmete.[53]

Bedeutung, Möglichkeiten, aber auch Grenzen der Hirthschen Persönlichkeit werden am verständlichsten, wenn man, wie Max Halbe, Hirth als »echten Sprößling einer liberalistischen Epoche« begreift:

»Georg Hirths Name bedeutete eine geistige Macht, die schwer ins Gewicht fiel ... Es verstand sich nach den Begriffen des Zeitalters von selbst, daß dieses geistige Gewicht nicht nur für die großen nationalen Ziele, sondern für die individualistischen Ideale der Zeit, für die ethische, künstlerische, kulturelle Freiheit der Einzelpersönlichkeit eingesetzt wurde.«[54]

MODERNE
GROSSSTADTKULTUR

Zwischen Arkadien und Babylon
Münchner Literatur in der Zeit des Prinzregenten Luitpold
Von Wolfgang Frühwald

Böcklin-Fieber

Am 14. Februar 1901 – es war das Jahr, in welchem Münchens Wagnertheater, das Prinzregententheater, eröffnet wurde, und der in München lebende Schriftsteller Thomas Mann, mit dem Roman über den ›Verfall einer Familie‹, den ›Buddenbrooks‹, seinen Ruhm begründete, – trafen sich im neuen Münchner Künstlerhaus Maler, Dichter, Komponisten, Politiker und andere Prominenz zu einer Trauerfeier für Arnold Böcklin. »Von den Trägern der Namen, die heute den Begriff ›Münchner Kunst‹ ausmachen«, so schrieben die ›Münchner Neuesten Nachrichten‹ am 15. Februar, »fehlte wohl Keiner. Auch der Kultusminister Herr v. Landmann hatte sich in Begleitung seines Referenten in Sachen der Kunst, Ministerialraths v. Wehner, eingefunden.«[1] Diese Totenfeier war das machtvolle Bekenntnis deutscher Künstler zum Maler jener erotischen Mythen, in denen sich Zivilisationsflucht und künstlerische Moderne seltsam mischten; aus den Augen von Böcklins Wasserfrauen blickte den Betrachter der der Zeit geläufige und von ihr mystifizierte Typus der Femme fatale an; in sie schien die romantisch-dämonische Venus nun verwandelt zu sein, und in den Wellen der von Böcklin gemalten Lebensfluten schienen sich jene Dékadents zu tummeln, die Nietzsche schon in den Opernfiguren Richard Wagners entdeckt hatte: »Ja, ins Große gerechnet, scheint Wagner sich für keine andern Probleme interessiert zu haben, als die, welche heute die kleinen Pariser décadents interessieren.«[2]

Die Feier im Künstlerhaus begann mit der ›Hymne‹ von Richard Strauss, »von einem unsichtbar aufgestellten Orchester wirkungsvoll vorgetragen«, dann öffnete sich der Samtvorhang und ein Page in venetianischem Kostüm sprach, der von Lorbeer und Blumen umrankten Büste Böcklins zugewandt, Hugo von Hofmannsthals Prolog zum ›Tod des Tizian‹:

»Ich will den Stab dreimal zu Boden stossen
Und dies Gezelt mit Traumgestalten füllen.
Die will ich mit der Last der Traurigkeit
So überbürden, dass sie schwankend gehn,
Damit ein jeder weinen mag und fühlen:
Wie grosse Schwermut allem unsren Thun
Ist beigemengt.«

Der achtzehnjährige Hofmannsthal hatte 1892 das »dramatische Fragment« geschrieben, das nun zu Ehren Böcklins aufgeführt wurde; der junge Dichter hatte in seinem Text Bildzitate Tizians mit solchen Arnold Böcklins vermischt und darin sein Erleben der Dichtung Stefan Georges als die Erweckung wahren, existenzverändernden Kunstgefühles dargestellt: »Im Ganzen kann man sagen, dass die Begegnung von entscheidender Bedeutung war – die Bestätigung dessen was in mir lag ... Diese ganze neue Welt war da – und durch das plötzliche Hervortreten dieses Menschen als eine lebende Welt beglaubigt; ich war bereichert, wie einer der eine sehr große Reise getan hat und ein neues Land als geheime zweite Heimat erkannt hat.«[3] Zwischen der Entstehung des Fragments und seiner Münchner Adaption für Böcklins Trauerfeier lag freilich Hofmannsthals Bruch mit George, und der Prolog der Münchner Fassung wandte sich nicht mehr an den Dichterfreund, welcher Hofmannsthal seinen »Zwillingsbruder« genannt hatte, sondern an den toten Malerfürsten, dessen Werk – darin dem des Tizian vergleichbar – Natur und Leben erst lebendig gemacht habe:

»Und was uns wachend Herrliches umgibt:
Hat seine große Schönheit erst empfangen,
Seit es durch *seine* Seele durchgegangen.«[4]

Arnold Böcklin, so hatte schon Paul Gérardy in den ›Blättern für die Kunst‹ 1894 programmatisch verkündet, stehe mehr noch »als die leuchtende grazie der Prae-rafaëliten und die schmelzende klangeinheit der französischen dichter« im Mittelpunkt der von George und seinem Kreis proklamierten neuen Kunst, der »geistigen Kunst«. Diese jungen, begeisterten Poeten »fühlten sich als spätgeborene brüder des malers und sie begriffen das steile und stolze ziel: durch den klaren und nie entstellten rhythmus ihrer gedichte gleichstrebende träume auszudrücken ... Sie sind keine sittenprediger und lieben nur die schönheit die schönheit die schönheit.«[5] Hugo von Hofmannsthal, der – aus Wien kommend – an der Trauerfeier für Böcklin selbst teilgenommen hat und wohl bei diesem Münchner Aufenthalt im Hause von Karl Wolfskehl auch Stefan George wiederbegegnet ist, hatte sich eine kleine Gruppe von Amateuren als Mitwirkende an seinem Spiel gewünscht. Friedrich Gundolf sollte unter ihnen sein, der aber sogleich abwinkte, Franziska Gräfin zu Reventlow, die von Ludwig Klages eine »heidnische Heilige« genannt wurde, soll auf den Proben die Rolle der Lisa ausgezeichnet gesprochen haben, der Tizianello war (und blieb) dem jungen Schauspieler Gustav Waldau vom Hoftheater zugedacht. Doch die Münchner Sezession, welche die Kunstopposition in feindliche Lager gespalten hatte, bewies sich auch bei der Feier für Arnold Böcklin. Die Dilettanten nämlich, die in Hofmannsthals Stück auftreten sollten, unter ihnen der dreiundzwanzigjährige Rudolf Alexander Schröder und die Böcklin-Enthusiastin Ricarda Huch, wurden schon nach kurzer Probenzeit, auf ein Machtwort

›Meeresstille‹ (1887). Holz parkettiert, von Arnold Böcklin – Die ›Nereide‹ als Typus der ›femme fatale‹. Kunstmuseum Bern

aus der Villa Lenbach hin, durch Berufsschauspieler abgelöst. »Wir traten also zurück«, schrieb Rudolf Alexander Schröder 1948, im Rückblick auf ein längst versunkenes München, »und hatten hernach die fragwürdige Genugtuung, daß man von der Dichtung kein Wort verstand, weil die dem damaligen ›Schauspielhaus‹ entnommenen Kräfte keine Verse sprechen konnten.«[6]

In der hier skizzierten Böcklin-Feier manifestierte sich zu Beginn eines neuen Jahrhunderts in einer von Romantizismen aller Art geprägten Schwellenzeit das Lebensgefühl der Münchner Künstler im zweiten Jahrzehnt der Regentschaft Luitpolds. In einem aus Kunstrausch und Schönheitskult, aus Erotismus und Schwermut, aus Vitalismus und Mystizismus seltsam gemischten Daseinswunsch hat sich – zumal im Süden Deutschlands – die Opposition gegen den offiziell propagierten Kunstgeschmack des kaiserlichen Deutschland wiedererkannt. Seit Kaiser Wilhelm I., nach dem durch Böcklins Bild ›Die Gefilde der Seligen‹ von 1877 ausgelösten Skandal, den weiteren Ankauf von Böcklin-Bildern für die Berliner National-Galerie hatte verbieten lassen, galt Böcklin als der Maler, an dem ein mythischer Kunst- und Schönheitsbegriff gegen die preußische Prüderie Kontur gewinnen konnte. In der Geschichte des europäischen Viktorianismus, die noch nicht geschrieben ist, spielte ja auch das Bayern der Prinzregentenzeit eine bescheidene Eigenrolle. 1894 nämlich sah, nach einem Bericht Christian Morgensterns, die Münchner Glyptothek aus, als habe »ein Orkan in einem Sykomorenwalde gewütet«. Die nackten Antiken der Sammlung waren mit Feigenblättern bedeckt worden; es waren »äußerst geschmackvoll« – so lautet der ironische Kommentar des Augenzeugen – »aus Blech nachgebildete, grün angestrichene und mit unnachahmlichem Takt plazierte Feigenblätter, welche hier den Eindruck der herrlichen Bildwerke erhöhen«.[7] Um die Jahrhundertwende schließlich begann der Kampf gegen die Kunst- und Theaterparagraphen der ›Lex Heinze‹, dem Max Halbe seine ganze Kraft widmete. Der Begriff der Sittlichkeit war im Laufe des 19. Jahrhunderts immer stärker auf bloße Bedeutungen der Sexual- und einer bürgerlich verstandenen Familienmoral eingeengt worden, so daß Kunst und Literatur im Korsett der idealistischen Moralvorstellungen zu ersticken drohten.

Trotz aller Richtungskämpfe innerhalb der künstlerischen Moderne verlief die die Gegensätze der Zeit anzeigende Linie der Barrikaden zwischen der zum Zensurstil verkommenen Dezenz der Darstellung und einem avantgardistisch-emanzipatorischen Kunstverständnis, wie es sich mit den

Programmen des literarischen Naturalismus durchzusetzen begann. Michael Georg Conrad wetterte in der Vorrede zum ersten Jahrgang seiner seit 1885 in München erscheinenden Zeitschrift ›Die Gesellschaft‹ über die »Tyrannei der ›höheren Töchter‹ und der ›alten Weiber beiderlei Geschlechts‹«, seine Zeitschrift wollte »mit jener geist- und freiheitmörderischen Verwechslung von Familie und Kinderstube aufräumen, wie solche durch den journalistischen Industrialismus, der nur auf Abonnentenfang ausgeht, zum größten Schaden unserer nationalen Litteratur und Kunst bei uns landläufig geworden«, und wollte deshalb ganz besondere Aufmerksamkeit »dem schöpferischen Kulturleben der deutschen Völkerstämme des Südens widmen«.[8] Die zu Beginn des neuen Jahrhunderts blühenden und in heftige Auseinandersetzungen mit Literatur, Theater und bildender Kunst verwickelten Sittlichkeitsvereine zeigen die geschlossene Front der Scheinmoral gegen die naturalistische, des sozialistischen Umsturzes verdächtige Kunst ebenso, wie die gegen jenen »gesund-erotischen Geist des neuen Heidentums«, dessen Sieg sich die Gräfin Reventlow vom neuen Jahrhundert zuversichtlich erhoffte.[9] In München erreichte das Böcklinfieber, das mit dieser grundlegenden Konstellation zusammenhing, eine so hohe Temperatur, daß Frank Wedekind 1900 in seinen nach dem Leben aufgezeichneten ›Münchner Szenen‹ – später: ›Der Marquis von Keith‹ – den Fälscher Saranieff Böcklin-Bilder malen läßt.[10] Hatte es doch schon am 18. Mai 1896 in der Kammer der Abgeordneten eine Nuditätendebatte gegeben, in der sich – nach Georg von Vollmars Eindruck – die Einteilung der Kunst in nackte und nichtnackte von ihr dargestellte Gegenstände abzeichnete. In dieser Debatte aber war auch gegen Franz Stucks Bild ›Der Kuß der Sphinx‹ verhandelt worden, so daß sie erhebliche öffentliche Resonanz hatte.[11] Auch die literarischen Götter der Moderne aber, Ibsen, Zola, Flaubert, fielen dieser Frontstellung zum Opfer; sie wurden in den tonangebenden Kreisen um Kaiser Wilhelm II. als »undeutsch« abgelehnt. Ein entfesselter Historismus beherrschte die Bühnen, und neben der national-mythisch mißdeuteten Opernwelt Richard Wagners wurden die Werke Friedrich Hebbels, Ernst von Wildenbruchs, Ludwig Ganghofers und Joseph Lauffs propagiert. Der regierende Kaiser erklärte in einem Aufsehen erregenden Interview, daß Zolas Werke von unmoralischen und zotigen Schilderungen vergiftet seien; er urteilte, wegen des in Frankreich viel gelesenen Zola, streng und abfällig über den Zustand der öffentlichen Moral im Nachbarland.[12] Als Bühnenbildner hatte Kaiser Wilhelm II. selbst an den historischen Dramen Lauffs mitgewirkt, und seine Freundschaft mit Ludwig Ganghofer reizte die Satiriker in Nord und Süd zu immer neuen Ausfällen. Durch Ganghofer, dem Josef Ruederer den Spottnamen »Hofganger« gegeben hatte, reichte die Welle des wilhelminischen Geschmacks tief in den kunstbegeisterten Süden. Ganghofer, dessen Münchner Haus in der Steinsdorfstraße 10 lange Zeit ein beliebter Künstlertreffpunkt gewesen ist,[13] dessen uneigennützige Freundschaft aber auch junge Autoren wie Hugo von Hofmannsthal erfahren haben, figurierte in Führern durch die Münchner Gesellschaft um 1905 als der »Lieblingsschriftsteller« des Kaisers.[14] Die Heimatkunst hatte durch ihn, und nicht nur durch ihn, ein Zentrum in München. Mit ihr teilte die um Böcklin sich scharende Kunstopposition den antinaturalistischen Affekt sowie die Wendung gegen Technik und Zivilisation, jenen Kampfruf »Los von Berlin!«, der sich im Programm der Heimatkunst zur allgemeinen Großstadtfeindlichkeit verdichtete, in den Münchner Künstlerzirkeln aber zunächst nur die Sonderstellung der »Kunststadt München« gegenüber dem technik- und zivilisationsstolzen, kaiserlichen Berlin meinte. Stefan Georges Gedicht ›München‹ verdeutlicht diese, noch in der späten Erinnerungsliteratur herrschende, Vorstellung einer jungen, volksnahen Kunst, ohne daß es in einem engen Sinne stadtfeindlich genannt werden kann. Im Kunstdorf Schwabing entwickelte sich im regen Leben der meist miteinander verfeindeten Gruppen, Zirkel und esoterischen Salons ein Heimatgefühl, welches, anders als Heinrich Heines polemische Konfrontation des tyrannischen Altmünchen mit den heiteren Kunsttempeln Klenzes, das alte und das neue München in einer einzigen wittelsbachischen Kulturschöpfung verbunden sah:

»Mauern wo geister noch zu wandern wagen.
Boden vom doppelgift noch nicht verseucht:
Du stadt von volk und jugend! heimat deucht
Uns erst wo Unsrer Frauen türme ragen.«[15]

Von der Programmatik einer idealen »Höhenkunst« aber, welche die Heimatkunst eng mit der um Carl Muths 1903 gegründete Zeitschrift ›Hochland‹ sich gruppierende katholische Erneuerungsbewegung verband, wurde die Kunstopposition durch eine tief ins Mythische reichende Esoterik geschieden, welche die verlorene Verbindung des Menschen mit seinen Ursprüngen in der Erfahrung von Leiblichkeit und Sexualität wiederzugewinnen suchte und zugleich die erschreckende Entfremdung des Menschen von Natur und Leiblichkeit verkündete. Für diese Künstler galt Böcklin als der Maler des ursprünglichen, naturverbundenen Lebens. Im berühmtesten seiner Bilder (›Triton und Nereide‹, 1875) ist die weibliche Gestalt ganz dem sinnlichen Trieb- und Lebenselement des Wassers hingegeben, während der Triton, nur mit dem Fischleib in dieses Element eingebunden, seinen menschlichen Oberkörper sehnsuchtsvoll dem wolkenverhangenen Himmel zuwendet.[16]

Romantik und Décadence

Seit in Idealismus und Romantik, zugleich mit der Definition des Vernunftsubjektes als frei von den Zwängen der Natur, die Entfremdung des Menschen von der Natur bewußt geworden war und die Kunst versuchte, die reale Entfremdung ästhetisch zu kompensieren,[17] wucherten in Literatur und bildender Kunst die Darstellungen jener Schönheit, für welche die 1820 gefundene Venus von Milo vorbildlich geworden ist. In der Frau sahen die Dichter des 19. Jahrhunderts Natur in viel stärkerem Maße als im Mann verkörpert, so daß die Entfremdung des Menschen von der Natur die Entfremdung der Geschlechter mit sich führte. Ist in den Gedichten und den Erzählungen Joseph von Eichendorffs und seines Bruders Wilhelm himmlische und irdische Kunst noch deutlich in die Gestalten der dämonisch-verführerischen Venus und der tugendhaft-jugendfrischen Maria gespalten, so hat schon Heinrich Heine in der genialen Formel »Unsere liebe Frau von Milo« eine Synthese von Venus- und Maria-Gestalten benannt, die – unter anderem durch die Praeraffaeliten – für das sich entchristlichende Jahrhundert und seinen Kultus von Schönheit und Sinnlichkeit vorbildlich geworden ist. In München hatte die romantisierende Schönheitsverehrung eine Tradition, die zumindest bis König Ludwig I. von Bayern, bis zur Münchner Romantik und zur nazarenischen Malerei zurückreicht, so daß die europäische Décadence in ihrer literarischen und bildkünstlerischen Ausprägung in dieser Stadt Züge einer neuen Romantik annahm. Sie stand im Gegensatz zum Münchner Klassizismus, der noch immer von Paul Heyse, dem »Statthalter Goethes auf Erden«, repräsentiert wurde. Paul Heyse wurde zwar 1910, im Zeitpunkt der Hundertjahrfeier der Gründung der Universität Berlin – maßgeblich auf Empfehlung des Berliner Rektors, des Germanisten Erich Schmidt – mit dem Nobelpreis für Literatur ausgezeichnet, doch galt er seinen Zeitgenossen lange vor dieser Preisverleihung als ein Relikt des maximilianeischen München, das Heyse selbst das »alte München« genannt hat. Heyses Jugenderinnerungen (1900) haben jene Topoi mitgeprägt, von denen der Mythos eines »leuchtenden München« bis zum heutigen Tage lebt. Er beschrieb nicht nur die unliterarische Stadt, die noch Thomas Mann zu erleben meinte, sondern auch die Empfindung des Nord-Süd-Gegensatzes, das heißt München als eine Stadt, in welcher noch Volkslieder und Volkspoeten lebten, in welcher »die demokratisierende Macht des Bieres« die schroffen Ständegrenzen überwinden konnte, und ein »Hauch von fröhlicher, warmer Sinnlichkeit« unter seidenblauem Föhnhimmel die Kunstheimat, Italien, bereits ahnen ließ.[18]

Die romantisierende Décadence, die das Münchner Kunstleben seit jener – auch im Politischen gravierenden – Wende um 1890 immer stärker prägte, bezog sich freilich nicht auf das von Heyse gemeinte »letzte Aufleuchten der romantischen ›mondbeglänzten Zaubernacht‹« in der Zeit Maximilians II., sie verwarf den Idealismus Heyses und seines Freundes Geibel zugleich mit dem der Heimatkunst zustrebenden und ebenfalls gegen Heyse polemisierenden Naturalismus; diese künstlerische Décadence huldigte einem durch Wagner, Nietzsche und die französische Moderne gebrochenen Romantizismus, in dem die Kunst an die Stelle der Religion trat und den Raum der Fiktion programmatisch überschritt. Auch wenn 1905 ›Die Propyläen‹, die von Eduard Engels geleitete Wochenbeilage zur ›Münchner Zeitung‹, Joseph von Eichendorffs Meisternovelle ›Aus dem Leben eines Taugenichts‹ neben anderen Texten der Romantik in Fortsetzungen druckten, wurde in München doch nicht die gleichsam domestizierte Romantik Eichendorffs wiederbelebt, auf die sich Geibel und Heyse als Eichendorffs unmittelbare Schüler noch berufen konnten, sondern die dämonisch-todessehnsüchtige Romantik Clemens Brentanos. Dessen erotische Lyrik wurde im Georgekreis wiederentdeckt und mit nachhaltigem Erfolg publiziert. Die Vorstellung eines Gesamtkunstwerkes im München dieser Jahre meinte – darin Brentanos Utopie einer »poetischen Existenz« sehr nahe – nicht so sehr das gestaltete Werk als vielmehr das zum Kunstwerk gestaltete Leben. So wurden die herkömmlichen Gattungsgrenzen weit überschritten, die Kunstandachten und die Künstlerfeste zur Signatur jenes »selbstvergnügten Capua«, an das sich Thomas Mann noch 1944 in der Verfinsterung der Kriegsjahre erinnerte:

»München mit seinen Wachtparade-Konzerten in der Feldherrnhalle, seinen Kunstläden, Dekorationsgeschäftspalästen und Saison-Ausstellungen, seinen Bauernbällen im Fasching, seiner Märzenbier-Dicktrunkenheit, der wochenlangen Monstre-Kirmes seiner Oktoberwiese, wo eine trotzig-fidele Volkhaftigkeit, korrumpiert ja doch längst von modernem Massenbetrieb, ihre Saturnalien feierte; München mit seiner stehengebliebenen Wagnerei, seinen esoterischen Koterien, die hinter dem Siegestor ästhetische Abendfeiern zelebrierten, seiner in öffentliches Wohlwollen gebetteten und grundbehaglichen Bohème.«[19]

Der Kunstandacht huldigten die jungen Menschen in den Mauern jenes München, das als Kunstwerk auf- und ausgebaut worden war. Im ›Tod des Tizian‹ schreibt eine Regiebemerkung vor, daß sich die Schüler erheben und stehend, das Barett in der Hand, zusehen, wie Tizians »Venus mit den Blumen und das große Bacchanal« vorübergetragen werden,[20] und es ist wie eine Wiederholung dieser Ehrfurchtsgeste der Schönheit gegenüber, wenn sich Hans Carossa noch nach rund 40 Jahren seiner Begegnung mit Franz Stucks Gemälde ›Die Sünde‹ erinnert:

»In seinem breiten, monumentalen Goldrahmen war es auf einer besonderen Staffelei zur Schau gestellt ... Die Hüte hatten wir aus Achtung vor der Kunst ohnehin schon abgenommen ... Es gibt Kunstwerke, die den Sinn für Gemeinschaft in uns kräftigen, und andere, die uns in die Vereinzelung locken; zu diesen gehörte das Gemälde von Stuck. Diese Figur wies jeden auf einen einsamen Weg, wo er früher oder später einer ihrer lebenden Schwestern begegnen mußte.«[21]

Dies ist zumindest eine Erklärung für den Kult der Venus-Madonnen-Malerei und die zahllosen ihr folgenden Szenen in der Münchner Literatur der Prinzregentenzeit, daß der fortschreitenden Vereinzelung des Individuums in einem bürgerlichen Zeitalter die Kunst als eine neue Form der Gemeinschaft gegenüberstand, in der nicht nur frühromantische Liebesideen, sondern auch der frühromantische Gedanke eines Kunstwerkes der Geselligkeit wiederentdeckt wurden. Innerhalb einer solchen Vorstellungswelt ist die soziale Nobilitierung durch Schönheit ebenso möglich wie die durch Besitz und – künstlerische – Leistung. Mythisiert wird dabei in der Aufhebung aller Standesunterschiede nicht der einzelne schöne Mensch, sondern die Idee der Schönheit in allen ihren (männlichen und) meist weiblichen Figurationen. Allenthalben also überschritt die Münchner Moderne den Fiktionsrahmen der Kunst in Richtung auf eine Festkultur, die den Alltag und nicht nur den Feiertag bestimmte, so daß universalpoetische Muster in vielfacher Brechung zu erkennen waren, ehe sie in der vom Schwabinger Anarchismus mitgetragenen bayerischen Revolution von 1918/19 endgültig denunziert wurden. Träger dieses festlichen Lebensgefühles aber – bis tief in kleinbürgerliche Kreise hinein – war das in München besonders rege Vereinsleben, dem sich die vielen Kreise und Künstlergemeinschaften anschlossen. Über wenigstens 150 nachweisbare Vereine verfügte München im Jahre 1850, 1900 waren es bereits über 3000 (auch politisch aktive) Vereine.[22]

Den in großer Zahl nach München strömenden Fremden wurden so in den Reiseführern der Zeit – einer in den Alltag sich fortsetzenden, universalpoetischen Kunstidee entsprechend – nicht nur die Hofgesellschaft vorgestellt, nicht nur die adeligen und die bürgerlichen Salons mit ihren fixen Konversationszeiten, nicht nur die Künstlergemeinschaften (mit einer Liste von weithin bekannten Pseudonymen), sondern auch eine »Lebende Schönheitsgalerie«, die, anders als der belächelte Bilderharem Ludwigs I., die in der Stadt lebenden und bekannten Modelle der Lenbach, Kaulbach, Stuck, Fuks und Kirchner benannte: Lady Blennerhasset, Eugenie Knorr, Lolo von Lenbach, Frau von Stuck, Frau von Poschinger, Emma von Süßkind, Lilli Merk und andere.[23] Der Mythos der Schönheit also zeitigte einen Kult des Modells, das ganz in der Manier der Renaissance zur Königin der Künstlerfeste und zum Lebensbesitz des jeweiligen Malers wurde. In den Madonnenbildern der Zeit kehrte – durch die Darstellung des immer gleichen Modells – vielfach jene Monotonie ein, welche schon Graf Schack an den Bildern von Anselm Feuerbach gerügt hatte.[24] Der Blick des Kunstbetrachters schien häufig geradezu fixiert zu sein, so daß Photos der Gräfin Reventlow mit ihrem Söhnchen, dem sie in überströmender Zärtlichkeit zugetan war, als Bilder der Madonna mit dem Kinde bezeichnet wurden. Franziska zu Reventlow, die Chronistin des von ihr als »Wahnmoching« bezeichneten Schwabing, schien in der Realität jene Venus-Madonna abzubilden, die den Zeitgenossen aus der bildenden Kunst und nun zunehmend auch aus der Literatur bekannt war. »Denn nur beide Seiten miteinander geben das rechte Bild von Franziska zu Reventlow: die tiefe Mütterlichkeit und die maßlose Liebesbesessenheit. Die Abenteurerin im Reich der Liebe besteht neben der fürsorgenden, zärtlichen, liebenden Mutter. Die eine stört die andere nicht.«[25] Den Hof und die Zensur aber beunruhigten solche Kunst- und Lebensformen nur dort, wo die sensiblen Zonen aus der jüngeren wittelsbachischen Geschichte berührt wurden; wenn es Josef Ruederer zum Beispiel in der Satire der Kunststadt wagte, die Gräfin Landsfeld – also Lola Montez, durch welche Ludwig I. seinen Thron verloren hatte – mit der Patrona Bavariae zu vergleichen, oder wenn die Bibelerotik, wie bei Oskar Panizza und dem in dieser Hinsicht beargwöhnten Paul Heyse, fast blasphemische, jedenfalls für den politisch starken, konservativen Katholizismus provokante Züge annahm.[26] Die esoterische Kunstenklave freilich, die in einem sonderbar gespannten Verhältnis zur empirischen Realität stand, wurde nicht nur in solch satirischen und kabarettistischen Provokationen durchbrochen, sondern individuell vor allem in Liebeserfahrungen, welche die duftig-zarten Sehnsuchtsbilder der Geliebten, Vorstellungen wie sie in Thomas Manns ›Tristan‹ oder in Eduard von Keyserlings Erzählung ›Seine Liebeserfahrung‹ ironisiert wurden, in lebensnahe Realität aufzulösen versuchten. In einer stärker aus Traum als aus Leben gewebten »Wirklichkeit« existierten Gestalten, die nicht nur im künstlerischen Werk, sondern auch in der mit Künstleraugen verklärten Realität »von einer kostbaren und wundervoll künstlichen Schönheit« waren, wie Thomas Mann es von Fiore behauptet.[27] Der Ästhetizismus der Jahrhundertwende hat das schon von Kierkegaard gegeißelte Verbrechen des Kunstromantizismus wiederholt, bei dem alle Lebens- und Liebeserfahrungen, auch Verführung und selbst die eheliche Hingabe, nur zum Vorwand für die Verwandlung von Leben in Kunst genommen werden. Die bloße »Augen- und Schaukunst«, von welcher der Prior von San Marco in Thomas Manns Schauspiel ›Fiorenza‹ spricht, zu durchbrechen, die impressionistischen Freuden des bloßen Zuschauens, welche Ricarda Huch gelebt hat, durch den Willen zur ethischen Bindung an das Leben abzulösen, diesem Ziel galt die Absicht des geistig »über ganz Europa verbreiteten Geschlechtes von Schriftstellern ..., die, aus der décadence kommend, zu Chronisten und Analytikern der décadence bestellt, gleichzeitig den emanzipatorischen Willen zur Absage an sie ... im Herzen tragen und mit der Überwindung von Dekadenz und Nihilismus wenigstens experimentieren«.[28]

Eine solche Bindung an das Leben durch die Erfahrung der Liebe war das große Wiedergeburtserlebnis des junge Rilke, der 1896 von Prag nach München übersiedelte. 1897 begegnete der einundzwanzigjährige Student der Philosophie der vierzehn Jahre älteren und als Schriftstellerin im Bannkreis Nietzsches bekannt gewordenen Lou Andreas-Salomé, wobei schon der Altersabstand an romantische Vorbilder erinnert, an die liebeserfahrene Frau, welche dem jungen Mann die Kunst der Liebe lehrt. Im Nachtrag zu ihrem ›Lebensrückblick‹ schrieb, an Rilke gewandt, Lou Andreas-Salomé:

»War ich jahrelang Deine Frau, so deshalb, weil Du mir das erstmalig Wirkliche gewesen bist, Leib und Mensch ununterscheidbar eins, unbezweifelbarer Tatbestand des Lebens selbst. Wortwörtlich hätte ich Dir bekennen können, was Du gesagt hast als Dein Liebesbekenntnis: ›Du allein bist wirklich.‹ Darin wurden wir Gatten, noch ehe wir Freunde geworden, und befreundet wurden wir kaum aus Wahl, sondern aus ebenso untergründlich vollzogenen Vermählungen. Nicht zwei Hälften suchten sich in uns: die überraschte Ganzheit erkannte sich erschauernd an unfaßlicher Ganzheit.«[29]

Eduard von Keyserling, der um 1895 nach München, in den Vorort der deutschen Décadence gekommen war und dort den Traum seiner verlorenen baltischen Heimat und ihrer untergehenden Adelsschicht träumte,[30] hat in seinen, von der Farbenseligkeit, zumal dem Hell-Dunkel-Kontrast und der Rot-Weiß-Symbolik ästhetizistischer Prosa überströmenden Erzählungen den Typus des Dékadents, die »bis zur Lebensunfähigkeit gesteigerte Décadence adliger Familien«, nach dem Motto »Aussterben ist vornehm«,[31] idealtypisch gezeichnet. Er hat Menschen geschaffen, an denen das Leben vorübergeht, Männer, die Nerven statt Sehnen und Muskeln spüren, Menschen, welche »stille sitzen und an hübsche helle Dinge denken«, und dies für Kultur halten.[32] Erst die Erfahrung des Krieges löste bei Keyserling und vielen seiner Zeitgenossen den Bann einer an Nervosität, Zerfall und Schwachheit sich berauschenden ästhetischen Enklave, so daß Keyserlings späte Erzählungen, am deutlichsten 1915 ›Nicky‹, die langsame Abwendung von der ästhetizistischen Verfallskultur belegen. »Die, welche für uns auszogen«, sagt Nicky, mit Bezug auf die in den Krieg ziehenden Soldaten, zu dem Pianisten Enrico Fanoni, der Nicky in seiner Scheinwelt zurückhalten möchte, »die sind wirklich ... Und zu denen will ich gehören. Nein, sprechen Sie nicht, ich kann nicht, ich will nicht mit Ihnen ein – ein Gespenst in Ihrer Geisterwelt sein.«[33]

All dies – Romantizismus und Ästhetizismus, Venus-Madonnen und Augenkunst – gehört zum Umfeld, zur Tradition, zum Anspielungshorizont von Thomas Manns Erzählung ›Gladius Dei‹ (1902), deren berühmter Einleitungssatz einer ganzen Literaturgattung, der erinnerungsfrohen »München-leuchtete-Literatur« nach dem Ersten Weltkrieg, den Namen gegeben hat. In dieser Erzählung, die in der Perspektive vom Siegestor nach Süden (zum Odeonsplatz) mit einer Art von bewegtem Genrebild der Münchner Ludwigstraße beginnt, und darin Renaissancismus und Dekorationskunst der Jahrhundertwende als Ingredienzien eines reproduzierenden Schönheitskultes beschreibt, entwickelt sich an der Photographie eines modernen Venus Madonna-Bildes im Schaufenster »des weitläufigen Schönheitsgeschäftes von M. Blüthenzweig«[34] die ironische Parodie von Savonarolas Verbrennung der Eitelkeiten im mediceischen Florenz. Zitternd hört Hieronymus, die schwächlich-nervöse Kopie des gewaltigen Priors von San Marco – sein 400. Todestag war 1898 in aller Welt gefeiert worden –, die frivolen Kommentare der Betrachter vor dem nicht minder frivolen Bild. »Es war eine Madonna, eine durchaus modern empfundene, von jeder Konvention freie Arbeit. Die Gestalt der heiligen Gebärerin war von berückender Weiblichkeit, entblößt und schön.« Es ist also eine aphrodisische Madonna, die Thomas Mann hier zeichnet, scheinbar einem der lebenden Modelle Münchens nachgebildet, eine »mater amata«, die aber mehr als nur Parodie der Münchner Madonnenmalerei ist, eben Bild der verführerisch-festlichen Kunststadt, in welcher Schönheit, die viel gerühmte Augenkunst, käuflich geworden ist. Auf dem schmalen Grat zwischen Skandal und Amüsement wandelnd, versuchte Thomas Mann den Kunstbetrieb seiner Zeit zu provozieren, und hat dabei so gearbeitet, wie die von ihm um ihren Ruhm und ihren Reichtum beneideten Malerfürsten Münchens. Er hat in der – stilistisch zum Beispiel an der Gestalt des Hieronymus oder der des Savonarola in ›Fiorenza‹ offengelegten – Vorlagentechnik den Kult des Modells in die Wortkunst übernommen und die häufig nur nach Photographien arbeitende Modellkunst der Münchner Maler in der eigenen Schreibtechnik ironisiert.

Auch wenn ›Gladius Dei‹ mit fraternalen Elementen ausgestattet ist, das heißt, wenn die Erzählung im Gespräch mit Heinrich Manns Roman ›Die Göttinnen oder die Leidenschaften der Herzogin von Assy‹ von 1902 den romantischen Bruderdialog wiederholt,[35] so hat Thomas Mann darin doch zunächst die Münchner Kunstszene um die Jahrhundertwende analysiert. In diesem Kunstbetrieb sah er Nietzsches von ihm eifrig studierte Schrift ›Zur Genealogie der Moral‹ bestätigt, wonach der Typus des asketischen Priesters das notwendige Pendant zu dem in der Kunstblüte sich äußernden Vitalismus ist, Figuration eines Selbstwiderspruchs des Lebens, der aus der Freude an der Schönheit auch das Wohlgefallen »am Mißraten, Verkümmern, am Schmerz, am Unfall, am Häßlichen« gebiert.[36] Schon in ›Gerächt‹, der 1899 im ›Simplicissimus‹ erstmals gedruckten Kurzgeschichte, hatte er den üblen Reiz der »unzweideutigen und resoluten Häßlichkeit« beschrieben; nun konnte er Nietzsches Behauptung an einem historischen Fall, eben dem des Savonarola, überprüfen, da von der engen und harten Klosterzelle des Dominikanpriors in Florenz ein »furchtbarer und niederschmetternder Protest gegen das Leben und seinen Triumph« ausgegangen war. Diese mythische, sich in Schwellenzeiten der Geschichte stets wiederholende Urszene sah er in München erneut geboren, in einer Stadt, die nicht nur im Glanze ihrer Kunst leuchtete, sondern auch in den Widerschein der Blitze heraufziehender Ungewitter getaucht war. Thomas Mann konnte Jahrzehnte später, im Exil, mit Recht darauf verweisen, daß er schon früh, inmitten des törichten Festtrubels des »selbstvergnügten Capua«, vor den Gefahren der heraufziehenden Barbarei gewarnt habe, da er in sich selbst, in seinem künstlerischen Werk, jene Gegensätze durchlitten und ausgefochten habe, von denen sein Volk dann moralisch und beinahe auch physisch zerstört worden ist. ›Gladius Dei‹ reiht sich also ein in die Serie der Münchner Erzählungen Thomas Manns, die von »seltsamen Orten« berichten, von »seltsamen Gehirnen, seltsamen Regionen des Geistes, hoch und ärmlich«, wo in schrägen Dachkammern »junge, bleiche Genies, Verbrecher des Traumes, mit verschränkten Armen vor sich hinbrüten« und in billigen Ateliers »empörte und von innen verzehrte Künstler, hungrig und stolz, im Zigarettenqualm mit letzten und wüsten Idealen ringen«.³⁷ Das Bild der verführerischen Madonna aber, das in ›Gladius Dei‹ scheinbar so detailgetreu geschildert wird, daß man es um die Ecke im Schaufenster irgendeiner Galerie wiederzuerkennen meint, ist als Bild nicht existent. Die Vorlage für Thomas Manns Erzählung nämlich hat Hans Rudolf Vaget in einer in der ›Neuen Deutschen Rundschau‹ von 1896 erschienenen Novelle ›Madonna‹ von Max Grad entdeckt.³⁸ Dort wird die Münchner Madonnen-Malerei in der Figur des Franz Xaver Geist, genannt der »Heilige Geist«, zugleich mit der populären Fehldeutung des Dogmas von »Mariae Empfängnis« parodiert. Max Grad nannte sich die in München geborene Schriftstellerin Maria Bernthsen, die mit dem Leiter des Forschungslabors der ›Badischen Anilin- und Sodafabrik‹ verheiratet war und ihr umfangreiches Werk mit Marienerzählungen und -romanen füllte, die in Bayern ein populäres Genre waren. Thomas Mann hat diese, die Volksreligiosität geschmacklos parodierende Erzählung in eine Schlüsselnovelle über das Verhältnis von Bild- und Wortkunst im »unliterarischen« München der Prinzregentenzeit verwandelt. Die Malerei hat er dabei der perhorreszierten Augenkunst zugewiesen, ohne sich mit der Bußpredigt über die Erkenntnistiefe der Kunst ganz zu identifizieren. Seine Erzählung, die nur scheinbar bildende Kunst zitiert, in Wahrheit ihren Stoff aus Literatur gewinnt, ist der neuromantisch-ironisierende Endpunkt einer langen Tradition, der Versuch, das durch Böcklin verlorene Terrain wieder der Literatur zurückzugewinnen, an die Stelle der Kaulbach, Lenbach und Feuerbach die Aschenbachs zu setzen, – wie er den Helden der Erzählung ›Der Tod in Venedig‹ beziehungsvoll genannt hat. Wie stark das Gefühl der Bedrohung durch die in München traditionell bevorzugte soziale Rolle der Maler war, ist in ›Gladius Dei‹ an des Hieronymus, die Schwertvision des Savonarola wiederholendem, Fluch zu erkennen: »›Gladius Dei super terram . . .‹, flüsterten seine dicken Lippen, und in seinem Kapuzenmantel sich höher emporrichtend, mit einem versteckten und krampfigen Schütteln seiner hinabhängenden Faust, murmelte er bebend: ›Cito et velociter!‹«³⁹ Dieser Fluch gilt nicht nur der Stadt und ihrer dionysischen Kunstauffassung, es ist dies auch der ironisch gebrochene Fluch des Schriftstellers, dem es nicht gelingen will, in die soziale Domäne der bildenden Kunst einzudringen und die Schaulust der Menge durch ein neues Kunstgefühl zu ersetzen.

Lulu als Salome

Die Madonna im Schaufenster des Herrn Blüthenzweig, welche den von ihr gebannten und bis in seine Träume verfolgten Hieronymus aus »großen, schwülen Augen ... dunkel umrändert« und mit »delikat und seltsam lächelnden Lippen« anblickt, ist, nach Hans Wanners Beobachtung, der Typus der Venus-Persephone, »der Salome und Herodias, deren Opfer gerade der Heilige und Asket ist«.⁴⁰ Diese alles erzeugende und alles verschlingende Göttin der Natur, der Liebe und des Todes ist im München der Prinzregentenzeit in vielerlei Gestalten allgegenwärtig. In der Kunst der Moderne nämlich blühen die »Phantasmen der Angst vor der Frau«, da das »Vernunftsubjekt . . . insgeheim gespeist [wird] von den Abwehrenergien des Mannes gegen die Frau«,⁴¹ und dem offenbaren Rollenwechsel des Menschen gegenüber der Natur der Wechsel weiblicher Sozialrollen korrespondiert. Als Wirtschaftsfaktor war die Frau zunehmend im Laufe des 19. Jahrhunderts aus dem bürgerlichen Leben ausgeschieden, als Prestigefaktor des Mannes hatte sie an Bedeutung gewonnen; schön und elegant mußte sie deshalb sein, häuslich und tugendhaft, und wurde insgesamt in jene marmorne Kälte entrückt, vor deren Eiseshauch der Mann in die Arme der seit der Romantik mystifizierten Hetäre floh. So entstanden in Vorromantik und Romantik, zugleich mit den Bildern der »fremden« Natur und ihren ästhetischen Kompensationen, die Bilder des Geschlechterkampfes, in dem die Liebe nur als ein kurzer Waffenstillstand zwischen den Geschlechtern erscheint; die Protagonisten des Geschlechterkampfes heißen Brünnhilde, Isolde, Judith, Salome, Herodias, Loreley und Lulu; es sind die Gestalten der nach dem und durch den Liebesgenuß mordenden Frau, figuriert in all jenen mythischen und biblischen Frauen, welche die Nähe von Liebe und Tod verkünden. In diesen dämonisch-starken Frauen wird Natur in Literatur und Kunst wieder als fremd und unheimlich gestaltet, nachdem ein ganzes Jahrhundert ästhetischer Kompensation die lebensvolle Spannung von Vertrautheit und Fremde gegenüber der Natur zerstört hatte.⁴² Die Frau aber stand – Otto Weininger zufolge – deshalb ganz in der Natur, weil sie die Sexualität selbst sein sollte, so daß mit der Frage nach dem Verhältnis des Menschen zur Natur die nach dem Verhältnis der Geschlechter zueinander aufbrach, und die männer-mordenden Frauenfiguren Bild für die freiheitsbedingende Fremdheit des Menschen gegenüber der Natur ebenso wurden wie Bilder der verlockend-zerstörerischen Vertrautheit mit ihr. Wie anders als in seiner Leiblichkeit soll der Mensch der Moderne Natur sonst begegnen?

Daß die genannten Gestalten, daß die Darstellung von Geschlechterkämpfen und das Thema der innigen Verschwisterung von Liebe und Tod im München der Prinzregentenzeit verbreitet waren, ist zunächst Beleg dafür, wie – jenseits des Naturalismus – Moderne und zumal auch moderne Lyrik in der erneuten Zuwendung zu einem idealistisch und klassizistisch denunzierten Themenbereich möglich wurden, und wie stark der Einfluß südlich-italienischer und westlich-französischer Kultur auf dieses München gewesen ist. Doch sind die vielen im Umkreis dieser Thematik entstehenden lyrischen, dramatischen und epischen Totentänze auch Hinweis darauf, daß sich die Kunst der Prinzregentenzeit, im raschen Wandel des zur modernen Großstadt sich entwickelnden München, dessen dorfbachdurchrauschte Stadtidylle sich dem Tempo des 20. Jahrhunderts anzupassen begann, konkreten und nicht nur spielerisch-literarischen Untergängen gegenübersah. Der zumindest bis Schiller zurückreichenden Tradition entsprechend hat Kunst in dieser Situation versucht, Schönheit aus dem Untergang zu gewinnen. Dies ist schon die Dekandenztheorie, welche Schiller gegenüber der griechischen Antike vertreten hat, wonach die griechische Kunstblüte mit dem Niedergang der griechischen Polis korrespondierte; dies war eine Deutung der deutschen Klassik, die vor allem im Kreise der Schwabinger Boheme gepflegt wurde; dies war schließlich die Selbsteinschätzung einer Literatur, die – im europäischen Maßstab betrachtet – durchaus mit der Blütezeit deutscher Literatur um die Wende vom 18. zum 19. Jahrhundert konkurrieren konnte. ›Nänien‹ dichtete zum Beispiel Karl Wolfskehl, deren eine Arnold Böcklin gewidmet ist; in einem »Totentanz der Lust« gelang Frank Wedekind der Anschluß an die Wiener Moderne;[43] in Josef Ruederers novellistischen ›Tragikomödien‹ von 1897 erscheinen die grotesken Motive des Totentanzes; und der geniale Heinrich Lautensack, der zum Kabarett der ›Elf Scharfrichter‹ gehörte, schrieb ein ›Totentanz‹ genanntes Heft mit Gedichten, das erst 1923 (postum) veröffentlicht wurde.

In Frank Wedekinds ›Lulu‹, einer Tragödie, welche die 1895 fertiggestellte ›Büchse der Pandora‹ und das 1898 in Leipzig uraufgeführte Drama ›Der Erdgeist‹ in einem großen fünfaktigen Trauerspiel konzentrierte, sind alle Kriterien der Münchner Literatur in der Zeit des Prinzregenten Luitpold wie in einem Brennspiegel gefaßt. Stärker als andere, gleichzeitige Texte vermittelt dieses Stück jene venerische Aggressivität, die gegen Ende der Prinzregentenzeit aus der Münchner Kunst zu sprechen begann, und die schon Max Klinger 1887 – in seinem Widmungsblatt des Zyklus ›Eine Liebe‹ – an den Bildern Arnold Böcklins bemerkt hatte.[44] Um die Frage einer Aufführung der ›Lulu‹ in München kam es 1913 zu einer heftigen Auseinandersetzung, die zu Thomas Manns Austritt aus dem Münchner Zensurbeirat und dem ›Schutzverband Deutscher Schriftsteller‹ führte.[45] Gerade über den letzten Akt der Tragödie, den der Münchner Polizeipräsident als »brutal« bezeichnet hatte, meinte Thomas Mann in seinem Zensurgutachten, er sei »von so düster-moralischer Wucht, daß, von seiner dramatischen Unentbehrlichkeit ganz zu schweigen, sittliche Gründe zu seiner Beanstandung ... nicht vorliegen«. Und während Josef Hofmiller, Herausgeber der ›Süddeutschen Monatshefte‹, entschieden gegen die Freigabe des Stückes votierte, weil der letzte Akt »künstlerisch tief unter dem rohesten Kino« stehe, seine Aufführung daher »gleichbedeutend mit einem unverantwortlichen Stück Volksverrohung« wäre, meinte Josef Ruederer: »Wer sitzt zu Füßen der Lulu? Das wilde Schwabing und der ahnungslose Fremde. Was sehen die? Eine plumpe Wahrheit, eine Brutalität, die, das muß jeder dem Dichter einräumen, von keiner Lüsternheit verbrämt wird.« Georg Fuchs, dem Direktor des ›Münchner Künstlertheaters‹, wurde am 16. Mai 1913 das Verbot der öffentlichen Aufführung mitgeteilt, wogegen Erich Mühsam, einer der großen Anarchisten Schwabings, bei der Staatsanwaltschaft (vergeblich) Anzeige wegen Mißbrauchs der Amtsgewalt erstattete; am 29. Mai 1913 aber fand dann eine einmalige geschlossene Aufführung im Künstlertheater statt, bei der Tilla Durieux die Titelrolle spielte. »... diese ganz wunderbare, erotisch-triebhafte, schleichend-tückische, berechnend zärtliche, verworfen herzlose und dann wieder harmlos kindliche und schlangenhaft ringelnde Lulu der Durieux«, schrieb der Kritiker der ›Münchener Post‹, habe diesem »Geschlechtstier«, welches »Männer verzehrt wie Bonbons aus der Tüte«, alles Zerebrale genommen. Die Zeitgenossen also haben noch 1913 in Lulu jene männerverschlingende Naturgottheit gesehen, durch welche Wedekind selbst schon in einer ›Erdgeist‹-Aufführung 1903/04 überrascht worden war. »Selbstverständlichkeit, Ursprünglichkeit, Kindlichkeit«, so schrieb er 1911, hätten ihm »bei der Zeichnung der weiblichen Hauptfigur als maßgebende Begriffe vorgeschwebt. Aus geistiger Robustheit, aus unbeugsamer Energie und Rücksichtslosigkeit« habe er sich seinen Weltmann konstruiert. »Und was hatte ich vor Augen? Lulu war raffiniert. Doktor Schön war dekadent. Die Mode von 1904: Lulu war Salome.«[46] Einen Ursprungsmythos in modernem Milieu wollte Wedekind gestalten, die Theater aber inszenierten den entfesselten Geschlechterkampf. Wenn aber Wedekind tatsächlich, wie Ronald Peacock meint, ein Bericht über das Leben einer Loreley seiner Zeit, der Cora Pearl, als Modellfall vorschwebte,[47] so ist diese naheliegende Inszenierungsmode im Text bereits angelegt. Wie sich in diesem Drama Boulevard-Stück, Melodrama, Komödie und Tragödie überschneiden, so ist auch die Titelfigur vieldeutig; Lulu drückt »emotionell beides« aus, »Wedekinds Idealismus *und* seine moralische Verzweiflung«.

Den Ursprungsmythen von Welt, Mensch und Geschlecht neigte die Kunst der Prinzregentenzeit mit ganzer Hingabe zu, so wie in den von München ausgehenden Kunstzeitschriften ›Jugend‹, ›Simplicissimus‹, ›Die Insel‹ ein neuer »Sturm und Drang«, Jugendlichkeit, ein fast religiöses Stilgefühl, Aufbruch und Bewegung verkündet wurden. Die Schwabinger Runde des Kosmiker um Klages, Schuler und Wolfskehl, aus der sich der George-Kreis dann abgespalten hat, huldigte klassizistisch-heidnischen Paradiesesmythen, zu denen aber auch der dort gepflegte Antisemitismus, als Gegenpol gegen die jüdisch-christliche Kulturtradition, gehörte. »Wahnmoching«, schrieb Franziska Gräfin zu Reventlow 1913 in ›Herrn Dames Aufzeichnungen oder Begebenheiten aus einem merkwürdigen Stadtteil‹, dem parodistischen Roman der Schwabinger »Massensiedlung von Sonderlingen«, »ist eine geistige Bewegung, ein Niveau, eine Richtung, ein Protest, ein neuer Kult oder vielmehr der Versuch, aus uralten Kulten wieder neue religiöse Möglichkeiten zu gewinnen.«[48]

Nur in einem süddeutsch-katholischen Milieu konnte sich diese panerotische Esoterik entfalten, da den kultischen Formen des Katholizismus, seiner Fest-, Schau- und Opferkultur, noch jene als antik und heidnisch empfundenen Traditionen anhafteten, die in dem von Madonnendarstellungen aller Art überschwemmten Bayern sinnenfällig zu sein schienen. In der Vorstellung von Alfred Schuler bedeutete der Protestantismus, und damit die deutsche Nordkultur, »den Sieg des jüdisch-christlichen Elementes über den Rest von Heidentum in der katholischen Kirche. ... was überhaupt an diesem Christentum ... in jenen traurigen Zeiten des Niedergangs noch lebendig und glühend war, das ist Rom – das ist die Blutleuchte des Altertums.« Da sich der religiös-politische und der wirtschaftliche Antisemitismus in Bayern mit solch neopaganen Ursprungsmythen mischten, entstand hier eine Keimzelle jener Grausamkeiten, die in der Gegenrevolution 1919 das Jahr 1933 bereits vordeuteten.

So gehören auch die deftigen Bauerngestalten Ludwig Thomas, die Komödien und die Tragödien jener bayerischen »Urbevölkerung«, die während der Regentschaft Luitpolds von der Stadtbevölkerung rapide zurückgedrängt wurde, zu dieser literarischen Suche nach Natur, Ursprünglichkeit und Kraft. In Thomas von einem elementaren Heidentum kündenden Texten ist das Katholische nicht nur ein domestizierendes oder gar sublimierendes Element mythischer Triebkräfte des Menschen, sondern auch der Widerpart, an welchem »Sünde« sich als Sünde erst konturiert, der aus Genuß und Askese raffiniert gemischte Lebensstoff, in dessen Bannkreis der Zölibatär und der Mönch zu Verführern und Verführten zugleich werden. Heinrich Lautensack hat in seinem ›carmen sacerdotale‹ (›Die Pfarrhauskomödie‹) und vor allem in dem schon grotesk-expressionistisch anmutenden Schauspiel ›Das Gelübde‹ die Thematik des Geschlechterkampfes in das Milieu des katholischen Pfarrhauses und des Klosters verlegt und ihr damit nochmals eine skandalträchtige Pointe abgewonnen. Wenn der in die Ehe zurückgekehrte Mönch, dessen totgeglaubte Frau plötzlich wieder aufgetaucht ist, die ehelichen Pflichten seinem Weibe gegenüber nun wohl erfüllen, sie jedoch nicht fordern darf, so ist dies eine hochartifizielle Variante der von Wedekind gestalteten Geschlechterproblematik.[49]

Den Abschiedsgesang auf die Münchner Kunst der Prinzregentenzeit, welche alle Tage Abschied feierte,[50] hat Thomas Mann 1912 in seiner Meisternovelle ›Der Tod in Venedig‹ geschrieben. Gustav von Aschenbach, der zur Ehre der Schulbücher erhobene, vorbildliche Dichter, verfällt in dieser Erzählung der Knabenliebe, der Wollust und der Raserei des Untergangs, aus deren Erfahrung ihm allein noch das künstlerische Werk zu gelingen scheint. Dieser Künstler, dessen esoterisches Leistungsethos, dessen homophiler Ästhetizismus und dessen überfeinerte Erlebnisgier deutlich genug auf die Münchner Kunstszene als den Inbegriff der sich selbst zerstörenden bürgerlichen Kultur verweisen, ist bereit, Untergänge auch herbeizuführen (zumindest: sie nicht zu verhindern), um daraus Schönheit zu gewinnen. Er wird nicht nur an seinem eigenen Tode schuldig, sondern auch an dem des von ferne verzehrend geliebten Tadzio, dem er den Ausbruch der Cholera verschweigt. So hat Thomas Mann in einer autobiographisch akzentuierten, aber auch ironisch distanzierten Schlüsselnovelle, situiert auf den April des Krisenjahres 1911, die Dimensionen von Schuld und Verantwortung gewonnen, die im ästhetizistischen Kunstbetrieb der Prinzregentenzeit oft genug geleugnet worden sind. Im 19. Jahrhundert ereignete sich die Wende der deutschen Romantik, als den Dichtern deutlich wurde, daß sie nicht das Paradies erschufen, sondern am Turm von Babel bauten. Ihre Schüler, ihre Brüder und Schwestern im Geiste, bewahrten allzu lange den ethisch problematischen, freilich große Kunst generierenden Schwebezustand zwischen dem Paradies und Babylon. »München«, so läßt Wedekind den Marquis von Keith sagen, »ist ein Arkadien zugleich und ein Babylon. Der stumme saturnalische Taumel, der sich hier bei jeder Gelegenheit der Seelen bemächtigt, behält auch für den Verwöhntesten seinen Reiz.«[51]

Öffentlichkeit und Zensur
Literatur und Theater als Provokation
Von Roger Engelmann

In der Prinzregentenzeit traten in München die kulturellen Aspekte eines beschleunigten Modernisierungsprozesses deutlich zutage. Die sich verändernde gesellschaftliche Wirklichkeit bedingte eine Erneuerung des Werte- und Normensystems, ein Vorgang, der sich allerdings nicht bruchlos vollzog, sondern harte Konflikte zwischen den ›modernen‹ und den beharrenden Elementen der Gesellschaft mit sich brachte. Es ist nicht verwunderlich, daß gerade in München, das einerseits als Kulturstadt von europäischem Rang Künstler und Literaten aus dem gesamten deutschsprachigen Raum anzuziehen in der Lage war,[1] andererseits aber in ein weitgehend traditionell geprägtes geographisches Umfeld eingebettet blieb, die Auseinandersetzungen auf der kulturellen Ebene zeitweise besonders scharfe Formen annahmen. Auf der einen Seite stand die vorwiegend liberal geprägte Öffentlichkeit der Haupt- und Residenzstadt, in deren Schutz sich die Kultur von vielen Tabus befreien konnte, auf der anderen Seite verstärkte sich das politische Gewicht des in kultureller Hinsicht konservativen Zentrums, das mit seiner Landtagsmehrheit und seinem wachsenden Einfluß auf Hof und Bürokratie den Spielraum der ›Modernen‹ zunehmend einzuschränken versuchte. Diese Grundkonstellation brachte einen Konflikt mit typisch münchnerisch-bayerischem Charakter hervor, der sich etwa von den parallelen Berliner Auseinandersetzungen deutlich abhebt.

Im wilhelminischen Deutschland konnte der Staat mit einem breitgefächerten Instrumentarium auf die kulturellen Prozesse einwirken: Die präventive Theaterzensur sowie Bestimmungen des Strafgesetzbuches und der Gewerbeordnung ermöglichten das Beschneiden allzu gewagter Formen des modernen Kulturlebens. Der Kampf zwischen dem liberalen ›modernen‹ und dem konservativ-katholischen Lager äußerte sich daher sehr häufig in Forderungen an den Staat nach mehr Zurückhaltung oder nach größerer Strenge.

Diese Situation war für die bayerische Bürokratie äußerst problematisch. Aus einer eher liberalen Tradition erwachsen, lag ihr stark restriktives Vorgehen fern, doch wurde sie zunehmend Pressionen von seiten der Landtagsmehrheit ausgesetzt, die ihren Forderungen durch Ausübung des Budgetrechts Nachdruck verleihen konnte. Außerdem gelang es den konservativen Kräften mit der Zeit immer besser, die öffentliche Meinung in ihrem Sinn zu beeinflussen. Der Dominanz der liberalen Presse, Vereine und Initiativen stellten sie ein eigenes Vereinswesen und eigene Publikationen entgegen, deren Hauptanliegen die Bekämpfung ›unsittlicher‹ Produktionen bildete; dies betraf sowohl die künstlerisch-literarische Avantgarde als auch solche Unternehmen, deren Aktivitäten auf reine Vermarktung angelegt waren, die aber gerade deshalb um so mehr das Erscheinungsbild der Großstadtkultur prägten.

Das Auftreten der Moderne

In den neunziger Jahren begann sich in München die ›Moderne‹ in Kunst, Literatur, Theater und Publizistik zu formieren. Der Herausgeber der naturalistischen Zeitschrift ›Die Gesellschaft‹, Michael Georg Conrad, gründete 1890 zusammen mit Julius Schaumberger, Georg Schaumberg, Otto Julius Bierbaum, Hanns von Gumppenberg und Detlev von Liliencron die ›Gesellschaft für modernes Leben‹. Die Vereinigung, zu der sich auch Oskar Panizza gesellte, verstand sich zunächst zwar als ›naturalistisch‹, war aber in Wirklichkeit ein Sammelbecken für Literaten aller modernen Strömungen.[2] Im Jahre 1892 wurde der ›Akademisch-Dramatische Verein‹ von Studenten der Ludwig-Maximilians-Universität ins Leben gerufen, der in der Folgezeit wichtige moderne Dramen, die von den Hoftheatern ignoriert wurden oder von der Zensur betroffen waren, in geschlossener Veranstaltung auf die Bühne brachte. Im selben Jahr kam es im Bereich der bildenden Kunst zur ›Secession‹ von Franz Stuck und Fritz Uhde. Vier Jahre später, 1896, erschienen zum ersten Mal Georg Hirths ›Jugend‹ und Albert Langens ›Simplicissimus‹. Im folgenden Jahr, 1897, eröffneten Georg Stollberg und Cajetan Schmederer das ›Münchner Schauspielhaus‹, das in den kommenden zwei Jahrzehnten allen Angriffen der Zensur und konservativer Kreise zum Trotz die Heimstätte der modernen Dramatik werden sollte. Als im Jahre 1900 im Reichstag die Verabschiedung der sogenannten Lex Heinze mit einem Paragraphen gegen erotische Kunst und Literatur drohte, wurde unter dem Vorsitz von Georg Hirth und Max Halbe der ›Goethebund zum Schutz freier Kunst und Wissenschaft‹ gegründet. Dieser führte die erfolgreiche Kampagne gegen den Gesetzentwurf an.[3] Der Schwung der erfolgreichen Bewegung gegen die ›Lex Heinze‹ spielte dann auch 1901 Geburtshelfer beim ersten Münchner Kabarett ›Die Elf Scharfrichter‹, das unter anderem auch zum Experimentierfeld für Frank Wedekind und Otto Falckenberg werden sollte.[4]

Diese organisatorische Konsolidierung der ›Moderne‹ stand mit einer allgemeinen künstlerischen Richtungsfindung in Verbindung. Die sozialen Themen des Naturalismus, der im Vergleich zu Berlin in München ohnehin keine besonders herausragenden Werke hervorgebracht hatte, wurden weitgehend zugunsten von Auseinandersetzungen mit Kirche, Religion und Sexualität verlassen. Damit mußte man bei konservativ-katholischen Kreisen auf den schärfsten Widerspruch stoßen.

Obwohl die Produktionen, die Monarchie und Staatsautorität berührten, insgesamt eine geringe Rolle spielten, waren die Behörden hier besonders wachsam, war doch die politisch-psychologische Situation nach der ›Königskrise‹ um Ludwig II. zu prekär, als daß sie eine Unterhöhlung der staatlichen Autorität hätten dulden können. Wesentlich ist dabei, daß das monarchische Prinzip in Bayern die Grundlage für die Selbstbehauptung der tendenziell liberalen Bürokratie gegenüber der konservativen parlamentarischen Mehrheit des Zentrums bildete. Diese Situation wurde für die ›Moderne‹ zum Dilemma, da die bestehenden Verhältnisse als das geringere Übel erscheinen mußten: Demokratisierung und Parlamentarisierung drohten mit der Übermacht des Zentrums ihren Handlungsspielraum noch stärker einzuschränken.

Die rechtlichen Möglichkeiten zur Beschränkung der Ausdrucksfreiheit · Ein Edikt König Maximilians II. vom 4. Juli 1848 brachte für Bayern das Ende der präventiven Pressezensur, doch konnten weiterhin Abbildungen und Texte, die nach richterlicher Ansicht gegen das Strafgesetzbuch verstießen, beschlagnahmt und vernichtet werden. Es handelte sich dabei in der Praxis hauptsächlich um folgende Delikte: Majestätsbeleidigung, Volksverhetzung, Verächtlichmachung von Staatseinrichtungen, Gotteslästerung oder Beschimpfung der Einrichtungen einer Religionsgemeinschaft sowie Verbreitung von unzüchtigen Schriften, Abbildungen oder Darstellungen. Durch gerichtliche Würdigung war jedoch eine gewisse Rechtssicherheit gegeben; polizeiliche Beschlagnahmebefugnisse wurden durch das Reichspressegesetz auf ein Minimum beschränkt.[5] Diese Rechtslage unterscheidet sich also nicht grundsätzlich von der heutigen. Anders war die Situation beim sogenannten Kolportageverbot: Auf der Grundlage der Reichsgewerbeordnung konnte die Polizei ohne richterliche Bestätigung den ambulanten Verkauf von Schriften und Abbildungen verbieten, die in Läden frei erhältlich blieben.[6]

Geradezu als obrigkeitsstaatliches Relikt blieb allerdings die Theaterzensur bestehen. Sie wurde für die Haupt- und Residenzstadt von der Polizeidirektion München ausgeübt und betraf öffentliche theatralische Veranstaltungen im weitesten Sinne, von der Zirkusvorstellung bis zur Dichterlesung.[7] Von der polizeilichen Zensur waren nur die Hofbühnen ausgenommen, für die die Generalintendanz die Kontrolle ausübte.[8] Damit die Zensur in jedem Fall schon präventiv wirksam werden konnte, mußte der Theaterunternehmer der Polizeidirektion vor der Aufführung eines neuen Stückes zwei Textexemplare zuschicken, von denen eines gegebenenfalls ›redigiert‹ zurückkam, und einen Beamten zur Generalprobe zulassen. Neben dem Verbot des gesamten Stückes waren Streichungen einzelner Teile und Inszenierungsanordnungen an der Tagesordnung.[9] Der von einer Zensurverfügung Betroffene konnte zunächst Beschwerde bei der Kammer des Innern der Regierung von Oberbayern und in letzter Instanz beim bayerischen Innenministerium einlegen. Dies hatte aber in der Regel keinen Erfolg.[10] Die übergeordneten Behörden neigten dazu, die Entscheidung der Polizeidirektion zu decken, zumal sie zu keiner ausführlichen Behandlung des Falles und keiner inhaltlichen Begründung der Entscheidung verpflichtet waren. Außer diesem bürokratischen Beschwerdeweg gab es in Bayern keine Möglichkeit, eine Zensurentscheidung anzufechten, auch nicht über Rekurs bei einer gerichtlichen Instanz. Hier war die rechtliche Situation deutlich schlechter als in Preußen, wo das Oberverwaltungsgericht wiederholt in spektakulären Fällen das Zensurverbot des Berliner Polizeipräsidiums aufhob.[11]

Die einzige Möglichkeit, die Theaterzensur zu umgehen, bestand darin, ein Stück im Rahmen einer geschlossenen Veranstaltung aufzuführen, eine Praxis, die häufig auch bei schon erfolgtem Zensurverbot geübt wurde. Als Veranstalter trat in diesem Fall meistens einer der Münchner dramatischen Vereine auf. Doch die Polizeidirektion wachte darüber, daß der »Charakter der Geschlossenheit« auch wirklich gegeben war: Jegliche Reklame hatte auszubleiben, und nur Mitglieder des veranstaltenden Vereins oder persönlich geladene Gäste durften anwesend sein.[12] Außerdem wurden in der Regel nur eine, höchstens zwei geschlossene Aufführungen desselben Stückes genehmigt; dies macht deutlich, daß die geschlossene Veranstaltung für Theaterunternehmer keine finanziell rentable Praxis zur Umgehung der Theaterzensur darstellen konnte.

Als Münchner Spezialität wurde im März 1908 bei der Polizeidirektion ein Zensurbeirat eingerichtet, der in dieser Form im deutschsprachigen Raum einzigartig war.[13] Er ist als Reaktion auf die permanente Kritik zu verstehen, die die Zensurentscheidungen der Behörde in der liberalen Öffentlichkeit hervorriefen. Man wollte die Zensurmaßnahmen durch einen Rat von Sachverständigen aus verschiedenen gesellschaftlichen Bereichen absichern und so ihre Legitimität in den Augen der Öffentlichkeit erhöhen. In den Zensurbeirat wurden 24 angesehene Persönlichkeiten aus verschiedenen Berufsgruppen berufen: Mediziner, Geisteswissenschaftler – meistens Philologen –, Pädagogen, Schriftsteller und Theaterleute. Bekannte Mitglieder des Beirats waren der Hygieniker Max Gruber, der Stadtschulrat Georg Kerschensteiner, der ehemalige Generalintendant der Hoftheater Ernst Possart, Max Halbe und für kurze Zeit auch Thomas Mann.[14] Politisch war der Zensurbeirat ebenfalls »ausgewogen« besetzt und nur in Ausnahmefällen zum Fürsprecher eines »gewagten«, avantgardistischen Dramas, so zum Beispiel 1908 bei Wedekinds ›Frühlingserwachen‹.[15] Doch im ganzen gesehen bewirkte er relativ wenig, zumal sein Votum nur beratende Funktion hatte.

›Moderne‹ und Sozialdemokratie – eine verfehlte Verständigung
Die Auseinandersetzungen um die Sozialkritik des Naturalismus spürte man in Berlin wesentlich heftiger als in Mün-

chen. Berlin war mit Hauptmann, Holz, Schlaf und Sudermann das Zentrum des deutschen Naturalismus, und über Bruno Willes Verein ›Freie Volksbühne‹ verband er sich dort mit der Sozialdemokratie. Dieser Verein erfüllte zwei wichtige Aufgaben: Er umging die Theaterzensur, weil seine Aufführungen nur vor Mitgliedern stattfanden und so als ›geschlossen‹ galten, und er führte ein Arbeiterpublikum an das moderne Drama heran, das sonst nur schwerlich den Weg in ein Theater mit literarisch hochstehendem Repertoire gefunden hätte.[16] Für die Münchner Naturalisten wie für die Münchner Sozialdemokraten lag es also nahe, an den Aufbau einer ähnlichen Einrichtung nach Berliner Muster zu denken. Anfangs hatte auch Michael Georg Conrad, der Vorsitzende der ›Gesellschaft für modernes Leben‹ gute Beziehungen zur Münchner Sozialdemokratie: Sozialdemokraten, unter ihnen auch zahlreiche Arbeiter, besuchten die Veranstaltungen der ›Gesellschaft‹,[17] so daß das konservativ-klerikale ›Münchner Fremdenblatt‹ des profilierten katholischen Publizisten Armin Kausen sich veranlaßt sah, von »Sozialismus in Glacéhandschuhen« zu sprechen.[18] Ein gemeinsames Projekt ›Freie Bühne‹ scheiterte jedoch an Conrads letztlich sozialkonservativen Grundeinstellungen.[19] So war die Polizeidirektion einer Sorge enthoben, deren Gewicht man an der minutiösen polizeilichen Dokumentation der Beziehungen zwischen der ›Gesellschaft für modernes Leben‹ und den Sozialdemokraten ablesen kann.[20] Die Behörden fürchteten offensichtlich ein explosives Gemisch von intellektueller Avantgarde und Arbeiterschaft.

Die Gesamttätigkeit der ›Gesellschaft für modernes Leben‹ hatte jedoch keine subversive Tendenz und beschränkte sich weitgehend auf literarische und kulturpolitische Themen. So war es für die Vereinigung charakteristisch, daß sie in München die Initiative im Kampf gegen die ›Lex Heinze‹ ergriff und im Januar 1893 eine Protestversammlung »gegen die Bedrohung der künstlerischen Freiheit« einberief, auf der auch Georg von Vollmar im Namen der sozialdemokratischen Reichstagsfraktion sprach.[21] Hatte sich ein konstruktives Zusammengehen von Münchner ›Moderne‹ und Sozialdemokratie auch als unmöglich erwiesen, so führte wenigstens der gemeinsame Abwehrkampf gegen eine kulturell reaktionäre Gesetzesinitiative die beiden Kräfte punktuell wieder zusammen.

Zaghafte Anfänge des modernen Theaters · Der Fehlschlag des gemeinsamen theatralischen Projekts von ›Moderne‹ und SPD hatte zur Folge, daß in München, anders als in Berlin, das moderne Drama abseits der Arbeiterorganisationen gepflegt wurde. In den siebziger und achtziger Jahren machten die königlichen Hofbühnen einen Anfang, indem sie den Dramen Ibsens in Deutschland den Weg bereiteten. Vor allem das Residenztheater führte fast alle bedeutenden Stücke des norwegischen Dramatikers in deutscher Uraufführung auf:[22] Im Februar 1878 inszenierte es die ›Stützen der Gesellschaft‹, im März 1880 ›Nora‹, im September 1889 den ›Volksfeind‹ und 1891 ›Hedda Gabler‹. Es war dies die Zeit, in der Ibsen in München lebte; seine Bekanntschaft mit Franz Grandauer, dem Dramaturgen am Hoftheater, scheint eine gewisse Rolle bei der Aufnahme seiner Stücke ins Repertoire gespielt zu haben.[23] Allerdings wurden ›anstößige‹ Textstellen gestrichen.[24] Der Zensor war in diesem Fall nicht der Polizeidirektor, sondern der hier zuständige Generalintendant Carl von Perfall, dessen Ausscheiden aus dem Amt im Januar 1893 die Situation des modernen Dramas an den Hofbühnen nicht verbesserte. Im Gegenteil, sein Nachfolger Ernst Possart empfand eine ausgesprochene Abneigung gegenüber der modernen Dramatik und beendete die Phase der vorsichtigen Öffnung, die sein Vorgänger eingeleitet hatte.[25] Da sich zunächst auch kein privater Theaterunternehmer fand, der sich des modernen Dramas angenommen hätte, mußten Vereine dieses für die ›Kunststadt‹ München einigermaßen blamable Defizit ausgleichen.

Schon 1892 war aus der kleinen studentischen ›Gesellschaft der Literaturfreunde‹ der ›Akademisch-Dramatische Verein‹ entstanden, der in der folgenden Zeit die Funktion einer ›freien Bühne‹ übernahm. Im Dezember dieses Jahres führte er zum ersten Mal in München ein Hauptmann-Stück auf: ›Einsame Menschen‹. Im darauffolgenden Jahr brachte er Ibsens ›Gespenster‹, Sudermanns ›Sodoms Ende‹ und Max Halbes ›Jugend‹ in geschlossenen und unzensierten Aufführungen auf die Bühne. Damit wurde der Verein zum Kristallisationspunkt der ›Moderne‹ in München, und seine Arbeit erfuhr zunehmend Unterstützung durch Schriftsteller und Berufsschauspieler, welche immer häufiger an den Vereinsaufführungen mitwirkten.[26]

Trotz der verdienstvollen Tätigkeit des ›Akademisch-Dramatischen Vereins‹ ist allerdings unverkennbar, daß es in München keine Parallele zu den großen politisch-kulturellen Konflikten gab, die in Berlin die Sozialkritik der naturalistischen Dramen auslöste.[27] Hauptmanns ›Weber‹ wurden vom ›Akademisch-Dramatischen Verein‹ erst im Dezember 1894 aufgeführt, das heißt mehr als ein Jahr, nachdem das Stück durch ein Urteil des preußischen Oberverwaltungsgerichts für die öffentliche Aufführung im Berliner ›Deutschen Theater‹ freigegeben worden war. Diese Verspätung, die um so schwerer wiegt, als die Vereinsaufführung in der Westendhalle naturgemäß nur ein relativ kleines Publikum erreichte, ist symptomatisch für die Münchner Situation in den neunziger Jahren, als sich die ›Moderne‹ im theatralischen Bereich noch nicht richtig etabliert hatte und so der Zensurbehörde viel Arbeit erspart blieb. Erst im September 1898 trat hier mit der Gründung des ›Schauspielhauses‹ durch Georg Stollberg eine Wende ein.

Politisches in ›Simplicissimus‹ und Kabarett · Eine ganz andere Situation bestand im Bereich der Publizistik. Schon 1884 erschien als erste Zeitschrift der ›Moderne‹ in Deutschland Conrads ›Gesellschaft‹, die unter anderem auch die frühen Werke von Gerhard Hauptmann, Arno Holz, Johannes Schlaf und Max Halbe veröffentlichte. Georg Hirths ›Jugend‹, die zum Jahresanfang 1896 zum ersten Mal erschien, konzentrierte sich stärker auf die bildende Kunst und setzte hier, auch was die Gestaltung angeht, neue Maßstäbe. Und noch im selben Jahr gründete Albert Langen den ›Simplicissimus‹, der in ganz Deutschland zum Synonym für politische und sittliche Aufsässigkeit wurde. Vor allem ›preußische‹ politische Schwächen wie Hurra-Patriotismus, Weltmachtsgehabe, Militarismus und Autoritarismus waren beliebte Zielscheiben des Blattes.[28] Eine Karikatur von Thomas Theodor Heine auf dem Titelbild der ›Palästina-Nummer‹ und ein mit ›Hieronymos‹ gezeichnetes Gedicht von Frank Wedekind[29] im selben Heft führten 1898 zur Beschlagnahme des Blatts durch die zuständige Leipziger Staatsanwaltschaft. Heine und Wedekind hatten sich satirisch mit der Palästinafahrt Wilhelms II. auseinandergesetzt, was unweigerlich Konsequenzen haben mußte. Erstaunlich war allerdings das Verhalten der Münchner Strafverfolgungsbehörden. Der Vorstand des Amtsgerichts München I distanzierte sich geradezu vom Vorgehen der Leipziger Justiz, der er nur widerwillig Amtshilfe leistete.[30] Die Münchner Polizei ging noch

»Die neuesten Erwerbungen für die Schreckenskammer.« Zeichnung von Eduard Thöny – Die ›Palästina-Nummer‹ des ›Simplicissimus‹ brachte Thomas Theodor Heine und Frank Wedekind ins Gefängnis; der Verleger Albert Langen floh in die Schweiz. Simplicissimus 1898, Nr. 37, S. 292

weiter und ließ Wedekind eine Warnung zukommen, die seine rechtzeitige Flucht in die Schweiz zu Albert Langen ermöglichte;[31] dieser hatte sich schon vorher dem Zugriff der Behörden entzogen. Wedekind stellte sich allerdings später und saß, wie auch Thomas Theodor Heine, seine Gefängnisstrafe ab. Die schlechten Erfahrungen mit den sächsischen Behörden veranlaßten Albert Langen, den Druckort des ›Simplicissimus‹ von Leipzig nach Stuttgart zu verlegen.[32] In der folgenden Zeit fanden die ›Simplicissimus‹-Prozesse daher entweder dort oder in München statt.

Der Stil des ›Simplicissimus‹ beeinflußte das Münchner Kabarett ›Die Elf Scharfrichter‹ nach eigenem Bekunden maßgeblich, doch waren die ausgesprochen politischen Produktionen im Repertoire des Ensembles relativ selten. Einen gewissen Raum nahmen auch hier satirische Angriffe auf die dilettantische und großmäulige Weltmachtpolitik des Reiches ein. Dabei mischten sich in die Darbietungen allerdings auch antienglische und proimperialistische Töne.[33] Das Gros der Beanstandungen des ›Scharfrichter‹-Programms erfolgte jedoch aus »Gründen der Sittlichkeit«.[34] Auch bei anderen Kabaretts, beispielsweise dem ›Intimen Theater‹, wütete der Rotstift des Zensors vor allem dort, wo die Sittlichkeitsbewegung, deren geistliche Führer sowie die Justiz angegriffen wurden.[35]

Insgesamt erschienen der Münchner Zensur satirische Angriffe auf die ›hohe Politik‹ offensichtlich weniger problematisch als solche auf die alltäglichen Gegner der ›Modernen‹: Kirche und Staatsanwalt.

›Der Feldherrnhügel‹ – eine Satire auf das Militär · Zu einem politisch interessanten Theaterzensurverfahren kam es Anfang 1910, als Stollberg die Komödie ›Der Feldherrnhügel‹ von Roda Roda und Karl Rößler in den Spielplan des ›Schauspielhauses‹ aufnahm. Das Stück spielt im österreichischen Offiziersmilieu: Es handelt von einem Oberst, der den Militärdienst gründlich satt hat und pensioniert werden möchte. Um dieses Ziel zu erreichen, macht er während eines Manövers absichtlich haarsträubende Fehler, die der hochadlige Regimentsinhaber, der die meiste Zeit in den Armen einer russischen Malerin verbringt, für die modernste »japanische Taktik« hält. Der Oberst wird deshalb für die Beförderung zum General vorgeschlagen.

Die Komödie war schon dreißigmal in Wien aufgeführt worden, als weitere Aufführungen im Januar 1910 von der niederösterreichischen Statthalterei mit der Begründung untersagt wurden, es seien Bemerkungen von verschiedener Seite gemacht worden, »daß durch die Aufführung dieses Stückes Einrichtungen der k.u.k. Armee und Kommanden derselben herabgesetzt werden«.[36] Kurz darauf wurde der ›Feldherrnhügel‹ mit fast gleichlautender Begründung auch in Berlin verboten.[37] In Leipzig, Dresden und Stuttgart schritten die Zensurbehörden jedoch nicht ein.[38] Die Münchner Polizeidirektion verhielt sich zunächst abwartend und informierte sich umfassend über die Entscheidungsgründe der anderen Behörden. Dann teilte der zuständige

Beamte den Autoren Roda Roda und Karl Rößler mit, das Stück könne für München freigegeben werden, wenn bei der Aufführung »das österreichische Milieu nach Möglichkeit zurückgedrängt« werde und wenn die Inszenierung derart sei, daß es »als lustiger Schwank und nicht als ausfallende Satire« erscheine. Die Polizeidirektion verfügte daher unter anderem die Abänderung aller Personen- und Ortsnamen und die Verwendung von Phantasieuniformen.³⁹ Erst nach der Münchner Freigabe begann das Berliner Polizeipräsidium, seine Entscheidung zu überdenken. Es ließ sich die Münchner Fassung des ›Feldherrnhügels‹ von der Münchner Polizeidirektion schicken und hob auf dieser Grundlage seinerseits das Aufführungsverbot auf.⁴⁰

Die Rekonstruktion dieses Zensurverfahrens ist in zweifacher Hinsicht aufschlußreich. Sie zeigt, wie stark auch bündnispolitische Rücksichten in der Zensurpraxis eine Rolle spielen konnten. Außerdem wird deutlich, daß man in Berlin bei satirischen Angriffen auf das Militär dazu neigte, strenger zu reagieren als in München, während in Sachen ›Sittlichkeit‹ der Berliner Zensor zur gleichen Zeit liberaler verfuhr als seine Münchner Kollegen.

Die ›wunden Punkte‹ des Hauses Wittelsbach – Ludwig II. und Lola Montez

Besondere Beachtung verdienen in München die Eingriffe, die die Behörden vornahmen, wenn sie das Ansehen des Hauses Wittelsbach in Gefahr sahen. Nach der durchaus umstrittenen Weise, in der das bayerische Ministerium 1886 die ›Königskrise‹ gemeistert hatte, war die Bürokratie darauf bedacht, alles zu unterbinden, was geeignet war, Gerüchte und Emotionen in der Bevölkerung zu nähren.⁴¹

Der Tod Ludwigs II. löste eine Welle von meist trivialen Publikationen aus, die darauf spekulierten, aus der unbefriedigten Neugier des Publikums in dieser Sache Kapital zu schlagen. Die Regierung reagierte darauf, indem sie durch »allerhöchste Entschließung« sofort eine genaue Überwachung dieser Drucke und gegebenenfalls eine möglichst weitgehende Be- und Verhinderung ihrer Verbreitung anordnete.⁴² Nur in zwei Fällen gelang der Polizei die gerichtlich genehmigte Beschlagnahme, doch ging es hier weniger um die Ehre der Wittelsbacher, als um die des bayerischen Ministeriums, wie die Urteilsbegründungen erkennen lassen. In allen übrigen Fällen lag kein Straftatbestand vor, und die Münchner Polizei mußte sich damit begnügen, das Kolportageverbot auszusprechen.⁴³ Die Empfindlichkeit der bayerischen Behörden hielt jedoch noch lange an.⁴⁴

Eine der größten Münchner Zensuraffären der Prinzregentenzeit wurde jedoch nicht durch ein Stück über Ludwig II., sondern über seinen Großvater, Ludwig I., ausgelöst. Josef Ruederer verfaßte eine Komödie mit dem Titel ›Morgenröthe‹, zu der die Begebenheiten der Revolution von 1848 in München den Stoff lieferten. Im Zentrum der Handlung steht Lola Montez. Ludwig I. tritt gar nicht auf, ist aber hinter der Handlung gegenwärtig. Auch gilt der Spott des Autors eigentlich nicht ihm, sondern dem spießbürgerlichen Zuschnitt der Münchner ›Bierrevolution‹. Trotzdem wurde die für den Mai 1905 geplante Aufführung des Stückes im ›Münchner Schauspielhaus‹ von der Polizeidirektion ohne weitere Begründung verboten.⁴⁵ Die Direktion des ›Münchner Schauspielhauses‹ beschritt den Beschwerdeweg bis zum Innenministerium, doch ohne Erfolg. Offensichtlich schlossen sich die übergeordneten Stellen der intern geäußerten Meinung der Polizeidirektion an, durch die Komödie würden die für die Staatsordnung fundamentalen monarchischen Gefühle eines großen Teils der Bevölkerung verletzt.⁴⁶

»Josef Ruederers ›Morgenröthe‹ – Jüngst bemächtigte sich der Münchner Censur eine furchtbare Aufregung: Der Geist der Lola Montez spukte in München und bedrohte die Unschuld des bayrischen Löwen. Da die Censur keinen Geist vertragen kann, wurde sofort die Garnison und die Feuerwehr alarmiert, um das Gespenst zu verscheuchen. Lola soll ausgerufen haben: ›Die Leute haben wohl Angst, daß ich à la Duncan tanze?« Zeichnung von Adolf Münzer – 1905 wurde die geplante Aufführung des Stücks ›Morgenröthe‹, das sich mit der Revolution von 1848 beschäftigt, verboten. Jugend 1905, Nr. 47

Als Reaktion auf die unnachgiebige Haltung der Behörde brachte der ›Neue Verein‹, die Nachfolgeorganisation des ›Akademisch-Dramatischen Vereins‹, die ›Morgenröthe‹ in einer außerordentlich erfolgreichen geschlossenen Aufführung auf die Bühne. Doch eine Wiederholung der Vorstellung wurde von der Polizeidirektion untersagt. Als Georg von Vollmar im Landtag die Maßnahme als ungesetzlich bezeichnete,[47] verzichtete Innenminister Max von Feilitzsch auf eine Entgegnung,[48] wahrscheinlich, um die Auseinandersetzung über das Thema ›Morgenröthe‹, die dem Hof nicht sehr angenehm sein konnte, nicht weiter anzuheizen. Zu Lebzeiten des Prinzregenten, dessen Vater ja im Mittelpunkt der Komödie stand, wurde das Stück nicht aufgeführt.[49] Erst nach dem Tode Luitpolds – allerdings schon sechs Wochen danach – kam es im Februar 1913 mit einigen geringfügigen Streichungen und »Milderungen« zur Freigabe der ›Morgenröthe‹.[50]

Im ganzen gesehen erwies sich die Münchner Zensur in diesem Fall als außerordentlich streng. Schon in Nürnberg verfuhr man milder[51] und in Berlin, Wien und Stuttgart wurde das Stück von vornherein freigegeben. Die Affäre ›Lola Montez‹ war in der Prinzregentenzeit noch nicht ›verdaut‹, das Ministerium konnte oder wollte Luitpold die Revolutionskomödie nicht in der Residenzstadt zumuten. Doch ist der Fall ›Morgenröthe‹ nicht als Ausdruck besonderer Illiberalität zu werten. Im Preußen Wilhelms II. wäre die öffentliche Aufführung eines Dramas, das einen für die Hohenzollern ähnlich problematischen Stoff behandelt hätte, vollkommen undenkbar gewesen.[52]

Konfliktfeld Religion und Kirche

Die bayerischen Beamtenregierungen hatten es seit 1869 mit Landtagen zu tun, in denen die ›Patriotenpartei‹ beziehungsweise das Zentrum die Mehrheit der Abgeordneten stellte. Zwar führte Johann von Lutz den Kulturkampf in Bayern bis ins Jahr 1890, während er in Preußen schon Anfang der achtziger Jahre als beigelegt gelten kann, aber sein Nachfolger Friedrich Krafft von Crailsheim war bestrebt, wenigstens den gemäßigten Zentrumsflügel für die Politik des Ministeriums zu gewinnen. So ist vor allem ab 1901 feststellbar, daß die Regierung systematisch gegen antikatholische Angriffe tätig wurde.[53]

Antiklerikale Tendenzen der Münchner ›Moderne‹ · Schon 1891 löste allerdings Gumppenbergs Drama ›Messias‹, das wegen seiner unorthodoxen, realistischen Darstellung in kirchlichen Kreisen auf entschiedene Ablehnung gestoßen war, ein Einschreiten des Staatsanwaltes aus, der das Verfahren jedoch bald einstellte.[54]

Die wahrscheinlich größte literarische Provokation der katholischen Kirche in der modernen deutschen Geschichte ging von einem anderen Mitglied der Münchner ›Gesellschaft für modernes Leben‹ aus: Oskar Panizza. Dieser hatte sich bei den Klerikalen schon durch die Verbindung religiöser und sexueller Themen in einigen Erzählungen und durch das fiktive religiöse Traktat ›Die unbefleckte Empfängnis der Päpste‹ unbeliebt gemacht. Als im Herbst 1894 in Zürich sein ›Liebeskonzil‹ erschien, gab schon eine erste Besprechung des Dramas in der ›Münchener Post‹ den Anstoß zum Strafverfahren wegen »Vergehens wider die Religion«,[55] obwohl es zu diesem Zeitpunkt noch nicht gelungen war, in München auch nur ein einziges Exemplar des Dramas zu beschlagnahmen.[56]

Die Darstellung von Gott-Vater, Jesus und Maria im Dramas ist durchaus gewagt und kann noch heute als blasphemisch empfunden werden – man bedenke, daß es noch 1962 zur Beschlagnahme einer Ausgabe des Dramas kam.[57] So erscheint die heilige Familie in der Satire Panizzas als völlig heruntergekommen, dekadent und mit allen möglichen menschlichen Schwächen behaftet. Das Gericht sah die Tatbestände der Gotteslästerung und der Beschimpfung von Gebräuchen und Einrichtungen der christlichen Kirche als erwiesen an und verurteilte Panizza zu einem Jahr Gefängnis, der strengsten Strafe, die in der wilhelminischen Ära wegen eines literarischen Werks verhängt wurde. Panizza wurde noch im Gerichtssaal verhaftet und saß die volle Strafe in Amberg ab. Nach seiner Entlassung verließ er im Oktober 1896 München und ließ sich zunächst in der Schweiz und dann in Paris nieder. Prozeß und Urteil prägten ihn und sein Bild in der Nachwelt nachdrücklich: Er litt nach der Gefangenschaft zunehmend unter Verfolgungswahn, der 1904 zu seiner Einweisung in eine psychiatrische Anstalt führte; sein Name ist bis heute untrennbar mit dem Werk verbunden, das ihn ins Gefängnis brachte.

Ministerielle Rücksichten auf das Zentrum machen der Bühne zu schaffen · In Panizzas ›Liebeskonzil‹ hatte die antiklerikale Tendenz der Münchner ›Moderne‹ ihren extremsten Ausdruck gefunden, die Justiz war hier exemplarisch hart vorgegangen, wohl um ihre sonst relativ tolerante Haltung nicht zu stark der Kritik auszusetzen. Im Zeichen größerer politischer Rücksichtnahme auf das Zentrum fühlten sich allerdings Justiz- und Innenministerium 1901 bemüßigt, die Staatsanwaltschaften und die Polizeidirektion zu größerer Aufmerksamkeit gegenüber antikatholischen Schriften zu ermahnen;[58] diese scheiterten jedoch meist am Widerstand der bayerischen Justiz.[59]

Wesentlich deutlicher machten sich die politischen Rücksichten der Ministerien Crailsheim und Podewils bei der Theaterzensur bemerkbar, die ja allein im Zuständigkeitsbereich der Exekutive lag. Das Kabarett ›Die Elf Scharfrichter‹ bekam dies im Oktober 1901 zu spüren. Es hatte bis dahin die Zensur erfolgreich umgangen;[60] Anlaß für ein schärferes Vorgehen der Polizei bot dann eine Szene Otto Falckenbergs, ›Geständnis‹, die von der Wirkung der Beichte Lucrezia Borgias auf den Beichtvater handelte. Nach einer Intervention des Innenministers verbot die Polizei jede weitere Aufführung der Satire und forderte Marc Henry als Vertreter des Vereinsvorstandes der ›Elf Scharfrichter‹ auf, unverzüglich eine ordentliche Konzession zu beantragen, die die polizeiliche Vorzensur der Aufführungen nach sich zog.[61]

Es ist eine Ironie der Geschichte, daß der aufsehenerregendste Zensurfall aus religiösen Gründen keinen ›Modernen‹, sondern den von der ›Moderne‹ vielgeschmähten ›Dichterfürsten‹ Paul Heyse traf. Heyse, dessen Stärke nicht im Bereich der Dramatik lag, hatte 1899 das Theaterstück ›Maria von Magdala‹ geschrieben, dessen Verbot für Berlin das preußische Oberverwaltungsgericht im Januar 1903 bestätigte; die Polizeidirektion München schloß sich dieser Begründung an und lehnte Stollbergs Aufführungsantrag ab. Beide Zensoren stießen sich daran, daß das Drama im Gewissenskonflikt der geläuterten Magdalena darüber kulminiert, ob sie den angebeteten Messias durch eine Liebesnacht mit dem Neffen des Pilatus – also durch den Rückfall in die alte Sünde – vor der Kreuzigung retten soll oder nicht. Die geschlossene Aufführung der ›Literarischen Gesellschaft‹ im ›Schauspielhaus‹ fand dann unter der großen Anteilnahme von Presse und Publikum statt.

Bezeichnend ist an diesem Fall, daß im protestantischen Berlin wie im katholischen München die behördliche Rücksichtnahme auf orthodoxe kirchliche Auffassungen zum Verbot eines völlig harmlosen Stücks führten, während es in Bremen, Hamburg, Lübeck, Oldenburg und Nürnberg unbeanstandet über die Bühne gehen durfte.[62] Die Berliner Entscheidung, die ja für die Münchner eine Art Vorreiterrolle gespielt zu haben scheint, liefert dafür den Ansatz einer Erklärung. Sie wertete das Drama als einen Angriff auf die christliche Religion, die »im Preußischen Staate nach seiner geschichtlichen und verfassungsmäßigen Gestaltung einen Teil der öffentlichen Ordnung« bilde.[63] Einem orthodox verstandenen Christentum wird hier die Stellung einer Staatsreligion zugebilligt. Die Staatsräson erfordert daher ein entschiedenes Vorgehen gegen den »zersetzenden« Umgang mit der biblischen Überlieferung. Daß dies 1903 offensichtlich auch wieder für die bayerische Hauptstadt gilt, zeigt, wie weit sich die Bürokratie unter Podewils damals schon von ihrer traditionell liberalen Haltung entfernt hat.

Sind Angriffe auf das Zentrum Vergehen gegen die Religion?
Zwischen ›Simplicissimus‹ und bayerischem Zentrum bestand eine Art Intimfeindschaft, die sich um die Jahreswende 1903/04 zu einer aufsehenerregenden Parlaments-, Presse- und Justizaffäre auswuchs. Den Stein brachte das Zentrum ins Rollen, indem es im Zuge einer großangelegten Landtagskampagne gegen die Münchner ›Unsittlichkeit‹ auch den ›Simplicissimus‹ angriff und den Innenminister aufforderte, ein allgemeines Kolportageverbot für die Zeitschrift zu veranlassen und ansonsten ihren Verkauf auf den Buchhandel zu beschränken.[64] Die ›Simplicissimus‹-Redaktion reagierte hierauf mit einer ›Spezialnummer: das Centrum‹, die an Schärfe und satirischer Qualität nichts zu wünschen übrigließ.[65] Die ›Zentrumsnummer‹ wurde, noch bevor sie richtig in den Handel gelangte, auf Antrag der Münchner Staatsanwaltschaft wegen »Vergehens wider die Religion« beschlagnahmt. Da nun aber die Zuständigkeit der Münchner Gerichte gar nicht eindeutig feststand – Ausgabeort des ›Simplicissimus‹ war ja Stuttgart – kam der Verdacht auf, die bayerische Justiz sei der Landtagsmehrheit zu Gefallen vorgeprescht, was ein aufgeregtes Echo in Presse und Parlament zur Folge hatte.[66] Der gerichtliche Einspruch des verantwortlichen Redakteurs des ›Simplicissimus‹, Julius Linnekogel, gegen die Beschlagnahme hatte keinen Erfolg.[67]

Völlig unerwartet und im Widerspruch zum Tenor der vorangegangenen Urteile führte aber das dritte Verfahren vor dem Landgericht, das den objektiven Tatbestand festzustellen hatte, zur Freigabe der Zeitschrift. Das Gericht konstatierte, daß Ludwig Thomas ›Fastenpredigt‹, die am meisten Anstoß erregt hatte, nicht die »Einrichtung des Priestertums« als solche, sondern höchstens »unter diese Gesamtbezeichnung fallende Personen« beschimpfte, in erster Linie aber gegen den politisierenden Teil der Priesterschaft gerichtet sei. Ein Religionsdelikt sei somit auch objektiv nicht gegeben.[68] Die ›Frankfurter Zeitung‹ jubelte: »Wir haben noch Richter in Bayern!«[69] Die bayerische Justiz hatte ihren liberalen Ruf gewahrt, von einer Willfährigkeit gegenüber den Wünschen des Zentrums, wie die ›Münchner Neuesten Nachrichten‹ geargwöhnt hatten,[70] konnte zuletzt doch keine Rede sein.

Konfliktfeld ›Sittlichkeit‹

Konflikte um die Sittlichkeit in Kunst, Literatur und Theater ziehen sich wie ein roter Faden durch die Geschichte Münchens in der Prinzregentenzeit. Hier traten starke Interes-

»Dies ist das Hundevieh, welches so unsägliches Elend über unser Vaterland gebracht hat und von allen anständigen deutschen Wappentieren verabscheut wird.« Zeichnung von Thomas Theodor Heine. Simplicissimus 1905, Nr. 1

sensgegensätze auf den Plan. Auf der einen Seite war München das Zentrum des bayerischen Katholizismus, der, wie letztlich überall, in sexualfeindlichen Positionen verharrte. Auf der anderen Seite konzentrierten sich hier Künstler, Kunstgewerbe und Tourismus, wodurch eine Kultur entstand, zu deren Charakter untrennbar ein freieres Verhältnis zur Erotik gehörte.

Der Kampf gegen die ›Lex Heinze‹ · Bei der Kampagne gegen die ›Lex Heinze‹ im Jahre 1900 beherrschte diese Gegenkultur geradezu die öffentliche Meinung und zwang die bayerische Regierung zum Einlenken. Auf ihre Initiative hin war in das geplante Reichsgesetz der sogenannte Kunstparagraph eingefügt worden, der die öffentliche Ausstellung von Schriften und Abbildungen unter Strafe stellen sollte, die – so der Wortlaut – »ohne unzüchtig zu sein, das Schamgefühl gröblich verletzen«.[71] Diese eigenartige Formulierung sollte dazu dienen, den bestehenden Paragraphen 184 Reichsstrafgesetzbuch, der bisher nur wirklich ›Unzüchtiges‹, das heißt Obszönes, unter Strafe stellte, auf sehr dehnbare Weise zu erweitern.

Die Sorge, dieses »Gummi elasticum«, wie es Ernst Müller-Meiningen nannte,[72] könnte Gesetz werden, führte im Frühjahr 1900 wiederholt Tausende Münchner in die von Liberalen, Sozialdemokraten, dem ›Comité gegen die Lex Heinze‹ und dem ›Goethebund‹ veranstalteten Protestversammlungen.[73] Wieder einmal wurde die Bedrohung Münchens als ›Kunststadt‹ beschworen. So heißt es in der am 7. März 1900 im Bürgerbräukeller verabschiedeten Resolution an den Reichstag, die Anwesenden lehnten die Vorlage ab, »weil unser München unter der Herrschaft eines solchen Gesetzes bald aufhören würde, ein Mittelpunkt des künstlerischen und geistigen Lebens – überhaupt ›München‹ zu sein«.[74] Es gelang hier hervorragend, die Kunststadtideologie gegen den ›Kunstparagraphen‹ zu mobilisieren.[75]

Die Gesetzesvorlage scheiterte dann im Reichstag durch die Obstruktionstaktik der Sozialdemokraten und Liberalen sowie durch die Kehrtwendung der bayerischen Regierung, die dem ›Kunstparagraphen‹ so plötzlich die Unterstützung entzog, daß der bayerische Gesandte in Berlin, Graf Hugo zu Lerchenfeld, nicht rechtzeitig instruiert werden konnte und es zu einem peinlichen Widerspruch zwischen seinen Erklärungen vor dem Reichstag und den Verlautbarungen des Ministeriums kam.[76] Es steht außer Frage, daß bei diesem Meinungswechsel der Regierung die unmittelbar vorangegangene erfolgreiche Kampagne eine maßgebliche Rolle gespielt hatte. Die liberale Öffentlichkeit der Haupt- und Residenzstadt hatte einen wichtigen Sieg davongetragen. Der ›Kunstparagraph‹ wurde auf eine Jugendschutzbestimmung reduziert, die jedoch die Auslagen des Kunst-, Buch- und Zeitschriftenhandels keiner Reglementierung unterwarf.

Reaktionen auf die ›pornographische Flut‹ · Obwohl die bayerischen Behörden im Sinne des Zentrums verstärkt gegen sittlich anstößige Postkarten vorgingen,[77] registrierte die katholische Presse die erotischen Abbildungen in den Auslagen der Geschäfte und in Zeitschriften mit wachsender Sorge.[78] Doch die Polizei konnte gegen die Aktphotographien oder -studien nur dann einschreiten, wenn darauf die Geschlechtsteile oder wenigstens Schambehaarung sichtbar waren. Ähnlich verhielt es sich bei erotischen Sujets in Zeitschriften: Im Zeitraum von 1901 bis 1903 wurde die Beschlagnahme der ›Jugend‹ elfmal, die des ›Simplicissimus‹ vierzehnmal und die der ›Auster‹ fünfmal von der Staatsanwaltschaft abgelehnt.[79]

Neben Abbildungen und Zeitschriften gerieten auch Bücher in die Schußlinie der Kritik des Zentrums. Doch auch hier erlaubte die Rechtslage in der Regel keine Beschlagnahme, zumal die beanstandeten Titel »mehr« versprachen, als der Inhalt hielt, wie die Polizei feststellen mußte. Von 130 Büchern mit »verfänglichem« Titel, die die Polizeidirektion im Dezember 1903 der Staatsanwaltschaft übermittelte, wurden nur 15 überhaupt einem Ermittlungsverfahren unterzogen. Da man aber vor allem am offenen Ausliegen der erotischen Literatur und Reproduktionen Anstoß nahm, versuchte die Polizei, die Händler zur freiwilligen »Säuberung« ihrer Auslagen zu bewegen. Sie mußte dabei allerdings feststellen, daß die Händler sich von den bloßen Wünschen der »Obrigkeit« nicht mehr beeindrucken ließen. So blieb ein solches Ersuchen in der Mehrzahl der Fälle erfolglos.[80]

Das erotische Kabarett provoziert · ›Erfolgreicher‹ waren aufgrund der rechtlichen Situation die polizeilichen Eingriffe im Theaterbereich. Hier machte sich der Generalangriff stark bemerkbar, den das Zentrum im Herbst 1903 auf der Landtagsbühne gegen die Münchner ›Unsittlichkeit‹ startete. In einer Brandrede geißelte der Zentrumsabgeordnete Franz Xaver Schädler die »pikanten« Vorstellungen der ›Elf Scharfrichter‹ und des ›Akademisch-Dramatischen Vereins‹.[81]

Obwohl alle kritisierten Aufführungen als geschlossene Veranstaltungen ohnehin nicht für die polizeiliche Vorzensur in Frage gekommen wären, ließ die Reaktion der Polizeidirektion nicht auf sich warten. Innerhalb von zehn Tagen wurden vier wichtige Produktionen der ›Elf Scharfrichter‹, darunter der erste Akt des Sturm- und Drang-Trauerspiels ›Die Kindermörderin‹ von Heinrich Leopold Wagner, verboten,[82] was zu einer vollständigen Verstümmelung des ›Scharfrichter‹-Programms führte. Spöttisch bemerkte die ›Münchener Post‹: »Die Macht des Zentrums ist groß, Schädler sein Prophet und die Polizei seine dienende Magd.«[83] Den ›Akademisch-Dramatischen Verein‹ traf die Kampagne noch härter. Am 8. November 1903 wurde er wegen der Aufführung von Schnitzlers ›Reigen‹ vom Senat der Ludwig-Maximilians Universität verboten[84] und mußte sich außerhalb der Universität als ›Neuer Verein‹ wieder konstituieren.

Die Verschärfung der Zensur war eine entscheidende Ursache für Niedergang und Ende der theatergeschichtlich so bedeutsamen ›Scharfrichter‹. Ihr Erbe wurde zunächst von Nachfolgern geringeren Niveaus aufgenommen, die es vulgarisierten, das frivole Element herauskehrten und so die Zensur noch stärker herausforderten. Nicht wenige ehemalige Mitglieder der ›Scharfrichter‹ mußten notgedrungen zu diesen ›Brettlbühnen‹ abwandern, so Heinrich Lautensack, Hans Dorbe, Dora Stratton und auch Frank Wedekind, die in der Folgezeit im ›Intimen Theater‹ des geschäftstüchtigen Kabarettunternehmers Josef Hunkele-Vallé auftraten. Dort wirkten sie unter anderem mit der kessen Soubrette Mary Irber – dem »Star des Münchner Nachtlebens« – an einem außerordentlich erfolgreichen Programm mit, in dem anspruchsvolle, ja sogar zum Teil avantgardistische Beiträge buntgemischt mit seichtester Unterhaltung geboten wurden.[85] Im Sinne des ›gesunden Volksempfindens‹ war allerdings beides nicht. Das ›Bayerische Vaterland‹ wetterte, die Produktionen des Theaters würden vor allem »von Literaturbengeln und Neuhauserstraßenfrequentantinnen gierig aufgesogen« – ansonsten empfinde man nur »Ekel bis zum Überdruß«.[86]

Die Sittlichkeitsbewegung tritt auf den Plan · Das insgesamt freiere Verhältnis zur Sexualität rief eine immer vehementere Gegenreaktion hervor. Im Mai 1906 wurde nach Kölner Vorbild der ›Münchner Männerverein zur Bekämpfung der öffentlichen Unsittlichkeit‹ gegründet, der als Sammlungsorganisation für alle Personen und Gruppen fungieren sollte, die die Gesellschaft von diesem Aspekt der Großstadtkultur bedroht sahen. Die Vereinigung gab sich überparteilich und interkonfessionell, doch dominierten in ihr die Zentrumspartei und die katholische Geistlichkeit. Etwa ein Viertel der Gründungsmitglieder gehörte dem katholischen Klerus an und das bayerische Zentrum war unter anderem durch die Reichstagsabgeordneten Heinrich Osel, Freiherr von Hertling und Freiherr von Freyberg sowie den bayerischen Landtagspräsidenten Georg von Orterer vertreten. Auch einige Angehörige des hohen Adels und des Hofes, hohe Beamte und relativ viele Universitätsprofessoren befanden sich unter den Gründungsmitgliedern. Hoch war auch der Anteil der Lehrer mit 17 Prozent, während Unternehmer, Freie Berufe, Publizisten und Künstler deutlich unterrepräsentiert blieben.[87] Gerade diese Berufsgruppen dominierten bezeichnenderweise im Vereinswesen des ›modernen‹ Lagers.[88] Interkonfessionalität demonstrierte der ›Sittlichkeitsverein‹ durch die gleichzeitige Mitgliedschaft des Erzbischofs Franz Joseph von Stein und des protestantischen Oberkonsistorialpräsidenten Alexander von Schneider; die jüdische Gemeinde war durch den Rabbiner Cossmann Werner vertreten. Nach einem Jahr vereinte die Organisation schon 394 Einzelmitglieder und 13 korporativ beigetretene Vereinigungen mit insgesamt 51 500 Mitgliedern. Motor der Bewegung war der ehemalige Chefredakteur des ›Münchner Fremdenblatts‹ und damalige Herausgeber der ›Allgemeinen Rundschau‹, Armin Kausen, der sich im Kampf gegen die Moderne schon einen Namen gemacht hatte.[89] Ludwig Thoma bezeichnete den Sittlichkeitsverein polemisch als »pfäffisch«: »Verpfaffen will er das Volk; die Freiheit will er uns nehmen. Auf ganz anderen als den sittlichen Gebieten.«[90]

Die Vereinigung war von Anfang an auf unterschiedlichen Gebieten außerordentlich rührig. Sie überschwemmte die Behörden mit Eingaben gegen Prostitution, gegen den Verkauf von Aktphotographien und ›unsittliche‹ Theateraufführungen; außerdem trat sie gegen den Vertrieb von »sexuellen Bedarfsartikeln« und gegen »jugendgefährdende« Auslagen in der Nähe von Schulen auf.[91] Durch die Aktivitäten der Sittlichkeitsbewegung geriet der Staat unter einen nicht unbeträchtlichen Druck. Während sich aber die Justiz dem Versuch grober Einflußnahme entschieden entzog,[92] stand die Polizeidirektion München zunehmend häufiger unter dem Zwang, ihre als zu tolerant empfundene Praxis rechtfertigen zu müssen.[93]

Ganz besonders ins Schußfeld der Sittlichkeitsbewegung gerieten die Kabaretts. Im August 1908 veröffentlichte Armin Kausens ›Allgemeine Rundschau‹ eine Artikelserie gegen die ›Brettlbühnen‹, die sich vor allem gegen Hermann Wagners ›Kleines‹ und Josef Vallés ›Intimes Theater‹ richtete. Einen dieser Artikel schloß der Jurastudent Hans Besold mit den Worten: »Großstadtmilieu, Fäulnisdunst und Pestmoder. ... Wie der Schlamm und Schmutz großstädtischer Gemeinheit und Verderbtheit sich admassiert, gibt zu ernsten Besorgnissen für unser Volk Anlaß.«[94]

Wegen dieses und eines anderen vorangegangenen Artikels[95] strengten Wagner und Vallé unvorsichtigerweise einen Beleidigungsprozeß vor dem Amtsgericht München an. Das Gericht sprach die Angeklagten Kausen und Besold mit einer Urteilsbegründung frei, die einer Verurteilung der Kläger, hauptsächlich des ›Intimen Theaters‹, gleichkam.[96] Der Tenor der Urteilsbegründung war dergestalt, daß sich auch die für die Zensur und Überwachung des ›Intimen Theaters‹ zuständige Polizeidirektion kritisiert fühlen mußte. Wohl um Vorwürfen vorzubeugen, entzog sie dem ›Intimen Theater‹ sofort die Konzession.[97] Eine Beschwerde gegen diese Maßnahme der Polizeidirektion blieb erfolglos,[98] und Vallé mußte mit seinem Theater nach Frankfurt am Main umziehen. Außerdem erhielt die Polizeidirektion wegen ihrer in der Vergangenheit zu toleranten Zensur noch nachträglich einen Rüffel des Innenministeriums;[99] Nachsicht konnten die ›Brettlbühnen‹ von jetzt an nicht mehr erwarten.

Sexualität auf der großen Bühne: Auch Niveau schützt nicht vor Zensur · Nicht nur die leichte Muse hatte mit den Sittlichkeitswächtern zu kämpfen, auch das ernste moderne Drama erregte häufig Anstoß. Schon 1903 hatte der ›Reigenskandal‹ Aufsehen erregt, doch die großen Auseinandersetzungen um die Unsittlichkeit auf der großen Bühne setzten erst mit dem Kampf um die Dramen Frank Wedekinds ein. Ohne Zweifel war Wedekind der Autor, der auf diesem Gebiet den meisten Widerspruch hervorrief.[100] Von den Stücken Wedekinds passierten nur zwei, ›Frühlingserwachen‹ und

›Franziska‹ – allerdings ersteres nicht sofort und beide nicht unbeanstandet –, die Münchner Zensur. Alle übrigen, ›Die Büchse der Pandora‹, ›Totentanz‹, ›Schloß Wetterstein‹, ›Lulu‹ und ›Simson‹, konnten »aus Gründen des öffentlichen Anstands« vor 1918 nicht öffentlich aufgeführt werden. ›Frühlingserwachen‹ war im Juni 1907 nicht zugelassen worden, obwohl das Drama, mit dem Max Reinhardt in München gastieren wollte, von ihm schon in Berlin, Leipzig, Dresden, Hamburg, Breslau, Wien und Budapest auf die Bühne gebracht worden war.[101] Erst nach Einrichtung des Zensurbeirats, der mit einer Gegenstimme dafür plädiert hatte,[102] kam es im Mai 1908 zur Zulassung von ›Frühlingserwachen‹, wenn auch unter verschiedenen Auflagen. In der Regel entschied die Mehrheit des Zensurbeirats jedoch ähnlich restriktiv wie die beamteten Zensoren, und im Fall ›Schloß Wetterstein‹ von 1911 folgte Polizeidirektor von der Heydte einfach nicht dem positiven Mehrheitsvotum des Beirats.[103] Wedekind, der von der Zensur künstlerisch und finanziell hart getroffen wurde, startete verschiedene Angriffe gegen die Polizeidirektion München und den Zensurbeirat, die öffentliche Auseinandersetzungen um das Verbleiben der Schriftstellerkollegen im Beirat nach sich zogen.[104] Für Max Halbe, der im Dezember 1911 austrat, wurde Thomas Mann berufen, der das Amt annahm und sich damit die Feindschaft Wedekinds zuzog, aber die Zensurpraxis auch nicht beeinflussen konnte.[105]

Daß die Münchner Theaterzensur in der späten Prinzregentenzeit vergleichsweise strenger war als anderswo, zumindest wenn die »öffentliche Sittlichkeit« als gefährdet angesehen wurde, zeigt auch die Zensur im Fall von Carl Sternheims ›Die Hose‹.[106] Da der Zensurbeirat ablehnte,[107] kam es in München nur zur geschlossenen Aufführung des Stücks im Oktober 1911, während die Komödie, bei der keineswegs das Frivole, sondern die beißende Satire auf die heuchlerische Moral des Bürgertums das Entscheidende ist, das Wiener und Berliner Publikum in öffentlichen Vorstellungen erfreute.

Resümee

München übte vor allem vor der Jahrhundertwende eine große Anziehung auf Intellektuelle aus dem ganzen deutschsprachigen Raum aus, nicht zuletzt auch durch seine liberale Atmosphäre. Allerdings fiel es den Behörden anfangs auch deshalb leicht, tolerant zu sein, weil hier in den neunziger Jahren, anders als in Berlin, eine Verbindung zwischen moderner Kultur und Arbeiterbewegung ausblieb und es – sieht man von der Förderung Ibsens durch das Hofschauspiel ab – in München zu dieser Zeit kein Theater gab, das das moderne Drama stärker pflegte. Außerdem tendierte die Münchner ›Moderne‹ ohnehin zu anderen Themen und Formen, und sehr bald standen Konflikte um Religion, Kirche und Sexualität im Vordergrund.

Gegenüber der anfänglichen Schwäche des modernen Münchner Theaters entfaltete sich die ›Moderne‹ im Bereich der Publizistik: Der ›Simplicissimus‹ entwickelte sich zur größten und politisch unbequemsten satirischen Zeitschrift Deutschlands, die gerade auch die Exzesse des Wilhelminismus mit Spott und Hohn überschüttete. Hierfür gewährte die bayerische Hauptstadt einen gewissen Schutz. Politisch empfindlich reagierten die Behörden jedoch, wenn ›wunde Punkte‹ aus der jüngeren Geschichte des Hauses Wittelsbach im Spiel waren.

Im Bereich von Religion und Sittlichkeit verstärkte sich unter dem Druck der Landtagsmehrheit des Zentrums die staatliche Repression gegen unliebsame Veröffentlichungen. Die Gründung des ›Sittlichkeitsvereins‹ 1906 bedeutete einen qualitativen Wandel in der Organisierung der öffentlichen Meinung durch das konservativ-katholische Lager. Die Behörden konnten sich dieser ›pressure group‹ nicht entziehen und so verstärkte sich der Zensurdruck: Von einer liberalen Praxis der Münchner Zensurbehörde gegenüber künstlerischen Behandlungen sexueller Themen kann spätestens ab 1906 nicht mehr die Rede sein. Trotz des 1908 eingerichteten Zensurbeirats war hier die Theaterzensur oft härter als anderswo.

Die Prinzregentenzeit bedeutet für das kulturelle Leben Münchens eine Phase des Übergangs: Relative Harmonie, Toleranz und Liberalität schwinden und an ihre Stelle treten immer stärker Polarisierung, Konflikt und Restriktion. Geschmack und Normen des ›antimodernen‹ Lagers und die Dynamik des modernen Kulturprozesses geraten in zunehmenden Widerspruch zueinander. Das politische Erstarken der Konservativen führt aber zunächst nicht zu einer kulturellen Wende, sondern nur zur staatlichen Behinderung und Abdrängung der ›Modernen‹. Vom Land her kommend legt sich ein leichter Nebel auf die Kunststadt, München leuchtet immer blasser, doch hier und da funkelt es grell.

›Die Elf Scharfrichter‹
Ein Kabarett in der ›Kunststadt‹ München
Von Walter Schmitz

> Überbrettl: Es machte einen Winter lang ziemlich viel von sich reden: aber was es eigentlich sein sollte und was es war, läßt sich nicht so genau sagen.
> *Ludwig Thoma*

Städtische ›Moderne‹ in der Perspektive der Provinz

»Lieber Hans, denke Dir, ich habe Lautensack aufgesucht!!!« – teilte während eines Aufenthaltes in München 1901 die »Volksdichterin aus dem Bayerischen Wald«, Emerenz Meier,[1] dem jungen Passauer Literaten Hans Carossa mit:

»Heut noch muß ich lachen, wenn ich an das komische Erlebnis denke. Wir, Mari u. ich, – ich im Kopftuch, gingen den Scharfrichtern auf die Bude. – Etzliche Dämchen, sehr dünne, mit Gänskrägen, waren da, kicherten u. bekamen bei unsrer Frage nach Herr L. rote Nasen, – lange. Herr Heinz kam, Perücke genial hoch, – Zwicker, – dünne, – mein Herrgott, wie dünne Beine, einfach Elfenhaxchen, die so zierlich dahertippten. Und mit einem lautlosen H-h-ch! und einem furchtbaren, ›die Ömerenz?‹ begrüßte er mich. – Ja, u. wir seien jetzt da, sagte ich ihm. Er that sehr erfreut (war aber sehr aufs Maul g'haut, weil er sich vor den Dämchen mit den Gänsechenkrägen sehr schenierte) u. sagte mir gönnerhaft ›Och ja, sei froh, daß de von der eckelhaften Wirtschaft los bist...‹«

Alsbald komplimentierte der »Henkersknecht« und »Jüngling für alles«[2] den peinlichen Besuch hinaus: »Wirst schon verzeihen Hans«, schließt der Brief der Emerenz, »ich habe den possierlichen ›Übermenschen‹, von Anfang an nie ernst nehmen können, ebenso wenig sein ›Schenie‹...«[3] Trotz aller Spöttelei legte diese Schilderung die beiden ernsten Anliegen der ›Elf Scharfrichter‹ offen: die von Nietzsches Verherrlichung des Übermenschen legitimierte Kulturkritik und die Befreiung der Erotik. Dies sind zugleich die Leitthemen jener ästhetischen Opposition der süddeutschen Moderne gegen den Wilhelminismus, die München im Bewußtsein der Zeitgenossen noch immer den Rang einer ›Kunsthauptstadt des deutschen Reiches‹ sicherte;[4] Autoren aus der bayerischen Provinz – wie Heinrich Lautensack, wie Hans Carossa, der seine ›Reise zu den Elf Scharfrichtern‹ in einer berühmten Schilderung festhielt,[5] oder wie Emerenz Meier – konnten im Münchner Kabarett der Welt moderner Literatur begegnen. So führte Lautensack in seiner Prosa die Rolle des Kabarett-Conferenciers in die Kunstform ein[6] und konzipierte 1904 den Einakter ›Medusa‹, der – nach dem Ende des Kabaretts der Münchner Moderne – sein dramatisches Werk eröffnet, als Modell einer Mission

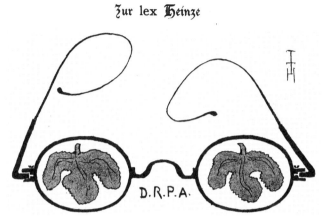

61 »*Schutzbrille für Reichstagsabgeordnete mit leicht erregbarer Sinnlichkeit (Deutsches Reichspatent angemeldet).*« Zeichnung von Thomas Theodor Heine – Das geplante »Sittlichkeitsgesetz« ›Lex Heinze‹ rief den heftigen Protest aller liberalen und antiklerikalen Kreise auf den Plan. Simplicissimus 1899, Nr. 49, S. 391

des fortschrittlichen Dichters in der provinziellen Heimat; die Erlösung der häßlichen Provinz-›Medusa‹ durch modern erotische Poesie scheitert jedoch an der Beharrungskraft des kleinbürgerlich beschränkten Philistertums, das sich im »Kirchengewand«[7] bäuerlich-volkstümlich verkleidet. Dieses Widerspiel von modern erotisierter Poetologie und Bindung an die katholische Heimat wird zum Lebensthema des bayerischen Dichters Lautensack.

Damit führte er den Kampf der ›Elf Scharfrichter‹ für eine freie ›moderne‹ Weltanschauung und gegen Zensur und Klerikalismus fort. Den Anstoß zur Gründung dieses Münchner Kabaretts gab ja die »Protestbewegung«[8] gegen das »Sittlichkeitsgesetz« ›Lex Heinze‹: Ein teils im ›Akademisch-dramatischen Verein‹ organisierter Freundeskreis um Otto Falckenberg, den Sekretär des ›Goethebundes‹, hatte früher im ›Café Dichtelei‹ gelegentlich ›Lumpenabende‹ veranstaltet,[9] in denen man sich als Verbrechergesindel und »Lumpenbohème« gefiel;[10] doch angesichts der Gefährdung der ganzen ›Kunststadt‹ München durch das »volks- und kunstfeindliche, namentlich dem süddeutschen und bayrischen Wesen tief verhaßte Lügengesetz« ›Lex Heinze‹[11] fühlten sich diese aufstrebenden jungen Künstler berufen, mit einem Kabarett ein neues provozierendes Gesamtkunstwerk zu schaffen. Sie gründeten den Verein ›Die Elf Scharfrichter e.V.‹[12] und versuchten seit dem 12. April 1901 im Rückgebäude des Gasthofes ›Zum Goldenen Hirschen‹ in der Türkenstraße 28 »alle Kunstgattungen zugleich in den Dienst der Unterhaltung zu stellen«;[13] mit ihren Namen wie

Dionysius Tod, Kaspar Beil und Hannes Ruch mahnten sie daran, daß sie nicht nur kurzweilig-›herzlich‹, sondern auch ›scharf‹ richten wollten: Mit den Waffen des Geistes attackierten sie eine Ordnung, die der Freiheit der Kunst Gewalt androhte. Ob sie 1903 bei ihrem großen Faschingsfest unter dem Motto ›Aus dem finstersten Deutschland‹ an jene ›Lex Heinze‹-Opposition gegen »pfäffische Zweideutigkeiten und Bemäntelungen« erinnerten,[14] ob Richard Weinhöppel in seiner »Über-Ouverture« ›Also sprach Hannes Ruch‹ das Brettl-Motiv programmatisch gegen das ›Lex Heinze Motiv‹ kämpfen und siegen ließ[15] oder ob in Hanns von Gumppenbergs »Etepetetodrama« ›Die Verlobung‹ eine christliche Familie »Zimperlich« alles grob Körperliche sprachlich zart umschreibt und zuletzt doch die Katastrophe der geplatzten »Unaussprechlichen«, männlicher Beinkleider also, erleiden muß,[16] – stets präsentierten sich die ›Scharfrichter‹ als »kampfbegierige Verhöhner aller Spießbürgerlichkeit und lachende Freibeuter an ihrem Moralbesitz«.[17] Einer der Umschläge zu ihren Programmheften, den Bruno Paul gestaltet hatte, zeigte »eine kniende Schöne, den Jugendstilkörper nur mit Hut und schwarzen Strümpfen bekleidet, um sie herum im Halbkreis des Hintergrunds der Chor lästernder Buckelweiber«:[18] So stellte sich die Konfrontation der Muse dieses Kabaretts mit einer Umwelt dar, die sich in ihrer Physiognomie als provinziell, in ihrer Kleidung – ›katholisch‹ schwarz gehalten – als bigott ausweist. Den ›Scharfrichtern‹ war dabei ihre besondere süddeutsche Tradition selbstverständlich, denn ihr »programmatischer Regionalismus«[19] setzte den Münchner Dualismus zwischen einheimischer und ›Berufenen‹-Kultur voraus; sie führten den traditionellen Kampf der zugewanderten Münchner Künstler gegen den ›Zopf‹ des einheimischen »katholisch-konservativen Philistertums« fort.[20]

Paris – Berlin – München:
Aggressivität und Volkserziehung in der ›angewandten Kunst‹ der ›Moderne‹

»In deutschem Boden wurzelnd«,[21] sollte die moderne Weltanschauung dieses jungen Unternehmens sein, dessen »treibende Kraft« ein Franzose war:[22] Marc Henry, wie sich Achille Georges d'Ailly-Vaucheret seit seiner Übersiedlung nach München nannte, hatte seit 1899 gemeinsam mit J.G. Proudhomme die ›Revue Franco-Allemagne/Deutschfranzösische Rundschau‹ herausgegeben und damit zu den in München zentrierten Bemühungen um eine Aussöhnung Deutschlands mit Frankreich beigetragen.[23] Er wurde zum geschäftsführenden künstlerischen Direktor der ›Elf Scharfrichter‹, seine Lebensgefährtin Marya Delvard zum Münchner Pendant der »Muse von Montmartre«, Yvette Guilbert.[24]

Gewiß hatte man in München längst über die Gründung eines Kabaretts diskutiert. »Der respektlose Simplizissimus [sic] gab das Startzeichen«:[25] Albert Langen, der Verleger dieses ersten »modernen deutschen Witzblattes«,[26] hatte im Sommer 1898 seine erfolgreiche Nachahmung der Pariser illustrierten Blätter durch ein ›Cabaret‹ als weitere deutsche Version französischer Modernität ergänzen wollen;[27] Frank Wedekind wiederum, in Paris mit Langen bekannt geworden, erzählte 1895 Otto Julius Bierbaum – dem »Reklametrompeter«[28] der Münchner Moderne – von dieser Pariser Novität. Die Münchner Gründung nahm dann auch »die äußere Einrichtung glatt von Paris herüber, so wie sie sich an der Seine durch zwanzig Jahre bewährt hatte«.[29]

Das ›Cabaret‹ lebte von der Selbstinszenierung der Pariser Boheme vor der hauptstädtischen Bourgeoisie als Publikum. Das Programm des 1881 gegründeten, weltberühmten ›Chat noir‹ war von angriffslustigem Avantgardebewußtsein durchtränkt; scharf antibürgerliche Chansons und das Spiel mit dem Makabren sollten die materialistische Selbstzufriedenheit des Publikums erschüttern und eine neue, ›moderne‹ Zeit vorbereiten.[30] Keine Distanz zwischen Cabaret-Sänger und Zuhörer herrschte jedoch in den kleineren Bohemekneipen der Pariser Künstlerviertel: die ›poètes-chansonièrs‹ traten ungezwungen aus dem Kreis der Gäste hervor, und der Künstler war – wie Alfred Kerr begeistert berichtete – »kein Diener des Publikums; sondern jemand aus der Mitte, der was zum besten gibt«; diese Cabaret-Poesie sei »ein Volksbesitz«.[31]

Von dem Volksideal der ›Lumpenbohème‹,[32] welche ihr Elend wie ihre Solidarität als repräsentativ und vorbildlich für das ›echte Volk‹ begriff, wandte die erste Kabarett-Gründung in Deutschland, das Berliner ›Überbrettl‹ Ernst von Wolzogens, sich ab und verzichtete daher auf bissige Satire.[33] Wolzogen paßte vielmehr den volkspädagogischen Impuls, der in der naturalistischen ›Moderne‹ Deutschlands stärker als in Frankreich ausgeprägt war, dem Stilwandel der neunziger Jahre an. Das Ziel, den Geschmack des Massenpublikums zu heben, hatte zunächst die Volksbühnenbewegung der Naturalisten in Berlin und München mit dem Bildungsprogramm der Sozialdemokratie geeint:[34] Durch eine ›ästhetische Erziehung‹ im Sinne Schillers wollte man das deutsche »Volk in der strengen, achtunggebietenden Fassung des altehrwürdigen Begriffs« aus der Masse wieder erwecken.[35] Mit dem sozialen Rahmen, wie ihn das bisherige Publikum dem Theater gesteckt hatte, mußte auch der traditionelle Formenkanon gesprengt werden; das »Volkstheater, das nationale Festspiel und schließlich Menschheitsfestspiele werden angestrebt«.[36] Dem Massengeschmack behagten freilich die unkünstlerischen Varietés, die Sensationen des ›Tingeltangel‹, die kommerzialisierte Erotik der Revuen mehr als der klassische oder gar der moderne Kanon des Theaters.[37] Lapidar erklärte es deshalb Lautensack zur Aufgabe des Kabaretts, »Varieté und ernste Kunst, diese scheinbar äußersten Extreme unseres kulturellen Lebens, zu vereinigen«.[38]

Auch Wolzogen vertrat eine ähnliche Auffassung; »die naturalistische Schule«, so erklärte er bald nach seiner Übersiedlung von München nach Berlin, »hat das Volk bei seiner Arbeit aufgesucht – mögen nunmehr wirkliche Dichter das Volk bei seinem Vergnügen aufsuchen, nicht das Volk im Sinne des Pöbels«.[39]

Daß die Kunst für das Volk nicht der Bildung, sondern der Unterhaltung dienen solle, war in der seit 1890 verschärften Debatte innerhalb der ›modernen‹ Kulturbewegung ein gewichtiges Argument der Kritiker des Naturalismus. Die Kulturstädte im Süden des deutschen Sprachraums – Wien und München – behaupteten sich in dieser Diskussion, die freilich auf dem publizistischen Forum Berlins geführt und entschieden wurde, gegen den Anspruch der Reichshauptstadt, das Zentrum des ›modernen‹ Geistes zu sein.

Während er sich noch an den Bemühungen der Münchner Naturalisten um ein ›Volkstheater‹ beteiligte, erhoffte Oskar Panizza vom Varieté bereits die Rettung vor dem traditionellen ›Klassizismus‹ der deutschen Literatur;⁴⁰ er führte diese unfeierliche und respektlose, immer parodistische Kunst auch im ersten ›Lex Heinze‹-Kampf ins Feld: So hatte Panizza die im Varieté obsoleten klassischen Güter des ›Guten, Edlen und Wahren‹ 1894 in seiner »moralischen Komödie« ›Der heilige Staatsanwalt‹⁴¹ als Unterdrückungsnormen demaskiert; ihre Allegorien traten dort im Prozeß gegen die »Wollust« als Helfer einer auf die ›Lex Heinze‹ gestützten Staatsgewalt auf, zuletzt aber rehabilitierte Martin Luther die Angeklagte und zerstörte »die Schranken der Sittlichkeit, welche den Anklage-Raum vom Zuschauer-Platz des Publikums trennen«. Wie von jeher, so wird auch in diesem Modell der Mission Münchner Künstler in der Öffentlichkeit der Protestantismus zum fortschrittlichen Prinzip des Protestierens; alle, die nur zuschauen wollen, werden in den Prozeß des Fortschritts einbezogen, und der ›Protest‹ verhilft dem natürlichen ›Leben‹ zur ›Freiheit‹.

Das Varieté ist die Entfesselung der Natur in der Kunst. Panizza definierte es als⁴²

»die absolute Naivität in der Anwendung der Kunstmittel; ... die unverblümteste, weil gar nicht überdachte, Verwendung von Schminke und Puder, von Lippenrot und Wimpernschwarz, von Bauschröckchen und Trikots – ich rede bildlich – in der Kunst, und das hellste Freude, der kindlichste Enthusiasmus und das reinste Entzücken über den Erfolg – komme er, woher er wolle«.

Nur bildlich war dies freilich nicht gesprochen; Varieté, die Artistik des Körpers, der Tanz, waren kulturelle Schlagworte, die neue Kultfiguren in den Blickkreis der Literaten rückten: so etwa die ›Five Sisters Barrison‹ mit ihren neckisch-erotischen Tänzen im »Bauschröckchen«⁴³ oder die Tänzerin ›Saharet‹, die von Alfred Walter Heymel, dem Mäzen der Münchner Zeitschrift ›Insel‹ als die Muse einer »munteren« Dichtung besungen wurde.⁴⁴ Auch Otto Julius Bierbaum, der Herausgeber der ›Insel‹, forderte im Vorwort zu seinen höchst erfolgreichen ›Deutschen Chansons‹, das »München, im Saharetmonat, September 1900« datiert war, eine »muntere« »angewandte Lyrik«.⁴⁵ Überdies hatte Bierbaum in seinem Schlüsselroman ›Stilpe‹⁴⁶ eine »Renaissance aller Künste und des ganzen Lebens vom Tingeltangel her!« prophezeit – »Wir werden eine neue Kultur herbeitanzen! Wir werden den Übermenschen auf dem Brettl gebären!«

Nietzsches Lehre von der Mission des »Übermenschen«, das ganze »Leben« durch Kunst zu befreien, inspirierte also die modernen Kabaretts in Berlin wie in München.

Als erster Schritt zu weiter gesteckten Zielen galt allen modernen Bühnenreformern ein »Theater für den Alltag«.⁴⁷ Das ›Überbrettl‹ bekannte sich daher – in München wie in Berlin – zur ›Intimen Theater‹-Bewegung. So pflegten die ›Scharfrichter‹ »als Spezialität ... das in szenischem Rahmen und Kostüm gesungene, also zugleich schauspielerisch dargestellte Lied« – die Revue-Nummer mit Kunstanspruch.⁴⁸ In bewußt verfremdendem Zitat will das Kabarett die Formen und Inhalte der herkömmlichen populären und trivialen Unterhaltung für die Moderne erobern. Dabei konnte etwa das Lied vom Soldaten der leichten Kavallerie, dem bayerischen ›Schwalanger‹, das Ludwig Thoma den ›Elf Scharfrichtern‹ überließ, in seiner ironischen Übertreibung populärer werden als das volksmäßige Original,⁴⁹ und auch der Berliner Konkurrenz glückte es, mit Bierbaums ›Lustigem Ehemann‹, den Oskar Strauß vertont hatte, »einen neuen ›modernen‹ Volkslied- und Gassenhauerton zu popularisieren«.⁵⁰

Während aber das gefällige Biedermeier-Kostüm des ›Überbrettls‹ mit dem offiziellen Historismus paktierte, während Wolzogen das Triviale nur veredeln und eine neue Volkskultur schaffen wollte, ohne die alte Gesellschaft zu brüskieren, kultivierten die ›Elf Scharfrichter‹ die gleiche Destruktion und Aggression wie ihre Pariser Vorbilder; sie stellten damit ein echtes, kämpferisch-witziges Boheme-Kabarett der ›Kunststadt‹ München dem nostalgisch-modischen Berliner ›Überbrettl‹ entgegen.⁵¹ Um das Wertvolle und Bleibende unmittelbar und nicht nur indirekt als Maßstab der Satire darzustellen, unternahmen sie den häufig von der Zensur behinderten Versuch,⁵² einen ›anti-klassizistischen‹ Kanon deutscher Literatur von Wieland über Gottfried August Bürger bis zum jungen Goethe zu etablieren, boten neben dem selbst gedichteten »ein klassisches [lyrisches Programm, d. Verf.], das bis zu Hölderlin und Novalis hinaufreichte«,⁵³ und pflegten das deutsche Volkslied; über die französischen Vorbilder hinaus konnte sich dieses Kabarett daher gemäß der deutschen romantischen Tradition als Entdecker des wahren Volkes in der Poesie betätigen.⁵⁴

›Kleinkunst‹ als Gegenkunst · Im Frühjahr 1902 erschien in der Fachzeitschrift ›Das moderne Brettl‹ ein Resümee all dessen, »was den Überbrettln noch fehlt«;⁵⁵ vermißt wurde besonders der »›Simplicissimus‹-Ton«, die Verhöhnung einer »gewissen unmodernen Weltanschauung«: Der anonyme Autor wünschte sich echte ›Überbrettl‹ als »lebendige Witzblätter«. Auch fehle das »Exzentrikkostüm«, und man habe es bislang versäumt, dem Tanz, der zu den Attraktionen des Varietés zähle, eine ›moderne‹ und künstlerische Fassung zu geben. Offenkundig orientierte sich diese Kritik der Berliner ›Überbrettl‹-Mode an dem, was inzwischen die Münchner ›Elf Scharfrichter‹ boten. Denn zur Eröffnung waren die Elf in ihrem wahrhaft exzentrischen roten Scharfrichtergewand, das Haupt in der Gugel mit den schmalen Sehschlitzen, auf die Bühne gezogen und hatten mit tiefen Stimmen zu einem wunderlichen Tanz den ›Scharfrichtermarsch‹ Richard Weinhöppels gesungen:[56]

> »Erbauet ragt der schwarze Block,
> Wir richten scharf und herzlich,
> Blutrotes Herz, blutroter Rock,
> All unsere Lust ist schmerzlich.
> Wer mit dem Tag verfeindet ist,
> Wird blutig exequieret,
> Wer mit dem Tod befreundet ist,
> Mit Sang und Kranz gezieret.
> ...
> Ein Schattentanz, ein Puppenspott!
> Ihr Glücklichen und Glatten,
> Im Himmel lenkt der alte Gott
> Die Puppen und die Schatten.
> Er lenkt zu Leid, er lenkt zu Glück,
> Hoch dampfen die Gebete,
> Doch just im schönsten Augenblick,
> Zerschneiden wir die Drähte.«

Nicht bloß verspotten und verhöhnen, – »exekutieren« wollte man eine »gewisse unmoderne«, »mit dem Tag verfeindete« Weltanschauung: »Hochgradig schlachtreif« nennt Wilhelm Hüsgen noch in seinen Erinnerungen die überkommene Unterhaltungskunst.[57] Diese Aggressionssprache und -motivik der Münchner Moderne gipfelte früh in Josef Ruederes Vision eines Wetteifers von Scharfrichter und Mörder um die richtige Auffassung der »sittlichen Weltordnung«; die gaffende, stumpfsinnige, selbstgefällige und bösartige, nur an Bierkonsum und Oktoberfestrummel interessierte Masse sollte jedenfalls dabei ganz konkret hingerichtet werden.[58] Daß allein der Scharfrichter angemessen das »Wort« des Satirikers in die »Tat« umzusetzen wisse, hatte bereits Heinrich Heine eingestanden.[59] Panizzas ›Varieté‹-Aufsatz hatte auf Heines satirisches Verfahren aufmerksam gemacht, und die ›Elf Scharfrichter‹ nahmen etliche seiner Gedichte in ihr Repertoire auf.[60] Vor allem aber begegnete ihnen im Werk Frank Wedekinds, der bald in die Gruppe der ›Scharfrichter‹ eintrat, die Enthauptung als Strafe für eine lebensfeindliche Gesinnung, welche das Recht auf Erotik und Sinnlichkeit durch selbstquälerische Grübelei aushöhlt; so ist der Geköpfte im Werk Wedekinds die Karikatur des vom »Kopf« bestimmten vollwertigen Menschen.[61] Eine Zusammenarbeit der ›Scharfrichter‹ mit Ruederer, obschon früh erstrebt, kam hingegen nie zustande.[62]

Dem Abwechslungsreichtum eines Varietéprogramms wurden sie auf ihre kunstvolle Weise durch einen Wechsel der Medien gerecht, indem sie sich eine eigene Form politischer Satire schufen, die ihren französischen Vorbildern noch fremd war:[63] Im Eröffnungsprogramm stellte Willy Rath mit Puppen von Waldemar Hecker die europäischen Mächte als ›Eine feine Familie‹ dar; der »alte« volkstümliche »Kasper« mußte dabei »mit'n modernen Kopp« auftreten.

Den politischen Standort, von dem aus hier der Burenkrieg und die Intervention der europäischen Mächte in China beurteilt wurden, bestimmte die Bismarckverehrung des süddeutschen Liberalismus; der Reichskanzler von Bülow paradiert mit seiner Variante der »Realpolitik« als kümmerlicher ›Bis-groschen‹. Während sich der »Aufschlitzerjack« England skrupellos bereichert und ein Bündnis mit dem jüdisch-deutschen Kapitalisten »Levistofeles« eingeht, erbeutet sich der dumme »Michael« unter Bisgroschens Vormundschaft nur einen (chinesischen) »Zopf«. Den ›Zopf‹ abzuschneiden, hatten sich die ›Elf Scharfrichter‹ ja vorgenommen; dennoch verfochten sie hier nicht bloß ein deutsches Recht auf »Weltpolitik«.[64] Vielmehr wird das Spiel der Mächte als »hochoffizielles Puppentheater« karikiert, wo einzig der bayerische Tod – Xaver Beinhuber – Macht über alle hat. Er kann – wie es die Programmhymne der ›Scharfrichter‹ verheißt – »die Drähte zerschneiden«. Das süddeutsche Kabarett stellte sich hier gleichsam als die außer- und überweltliche Instanz vor, die den Mächten der Welt ihren Rang zuweist.

›Kleinkunst‹ als Universalkunst · Mit der Puppenmetaphorik wird in der ›Scharfrichter‹-Hymne die Bildlichkeit der Hinrichtung metaphysisch gewendet. Die Geste des Zerschneidens der Drähte war offenbar aus dem wenige Wochen vor der ersten Münchner »Exekution« an Wolzogens ›Überbrettl‹ uraufgeführten Spiel ›Marionetten‹ von Arthur Schnitzler übernommen:[65] Hier wie dort weitet sich die Szene zum Welttheater, wie es die Erneuerung des Marionettentheaters als Teil der symbolistischen Reform in der europäischen Bühnendichtung[66] erstrebte; der ›Scharfrichter‹ Falckenberg hatte sich ausdrücklich zu deren Exponenten Maeterlinck bekannt.[67]

Durch die »sublime Vereinigung der alten volkstümlichen Überlieferung mit dem hohen künstlerischen Ehrgeiz der Gegenwart«[68] sollte das Puppenspiel die Elemente menschlichen Daseins veranschaulichen: die Rolle, das Spiel, die Abhängigkeit von einem unbekannten Schöpfer – und im Zerrspiegel der Satire die groteske Unkenntnis der menschlichen Puppe von ihrer Situation. So war für ihre Programmatiker diese Kleinkunst keineswegs eine ›kleine Form‹.[69] Vielmehr wollten sie die Totalität des Lebens selbst in der Kunst einfangen und verändern. Weder eine parteipolitische Doktrin noch ein soziales Anliegen lenkten die Angriffe der ›Elf Scharfrichter‹ auf Politik und Gesellschaft: Als Schüler Nietzsches fordern sie die Welt vor das Gericht des ›großen Lebens‹. Deshalb war die kabarettistische Darbietung »ins unmittelbare Leben hineingesetzt«,[70] und ein von Dionysius Tod gedichteter Begrüßungschor[71] versprach den Besuchern der ›Elf Scharfrichter‹ »im kleinsten Spiel das große Leben«: Das Autorpseudonym verkündete vorweg jene »dionysische« Einheit von Tod und Leben, von satirischer »Hinrichtung« und einer wiedergeborenen Lebens-Kunst, die sich auf Friedrich Nietzsche als Propheten des Dionysos berief.

Das literarische Parodietheater stand deshalb im Kabarett gleichberechtigt neben der Gesellschaftkritik – beide als Negativfolie für die positive, volkstümliche, lebenswahre Kunst. Um ihr den Weg zu bahnen, mußten – wie die Münchner wiederum bei Panizza lernen konnten – die »Illusionen«[72] des Gesellschaftslebens durchschaut und ebenso die »Marionetten«[73] der Erfolgskunst entlarvt werden; die Satire weist gleichsam auf die sonst verborgenen ›Drähte‹ hin, die das scheinbar eigenständige Leben der Zeitgenossen bestimmen. Auch geläufige Kunstmittel werden in extremer Verkürzung kenntlich und lächerlich gemacht. So kreierte Hanns von Gumppenberg das »Überdrama« als den kabarettistischen Kommentar zum gängigen Drama: In einem »Exklamationsstenodrama in zwei Verwirrungen und einer Entwirrung« ›Auf der Alm‹ finden sich Wagnerianertum und Preußentum im Herzensbund; das »Schnedderengdeng« und »Bumtsching« des Berliners verschmilzt im Duett mit dem »Wigalaweia« und »Hojotoho« aus Bayreuth.[74]

Denn freilich schwebte der »›Scharfrichter‹-Secession«[75] ein ganz anderes »Gesamtkunstwerk« vor als das im offiziösen Wagnerkult praktizierte. Sie waren mit den ›Secessionisten‹ in den bildenden Künsten,[76] mit den Programmatikern des Jugendstils, die in München wirkten, und mit der ›Phalanx‹, dem ersten Künstlerkreis um Wassily Kandinsky,[77] einig in der »Sehnsucht nach einem Neuwerden in Kunst und Leben«.[78] Die Gebrauchsgraphik ihrer Programmhefte und »Künstlerplakate«[79] – unter anderem von Thomas Theodor Heine, Bruno Paul, Ernst Neumann und Ernst Stern – zeugten von ihrem ausgreifenden Reformwillen. Sobald ihr Anfangserfolg es gestattete, schmiedeten sie Pläne, ihrem Verein eine »belletristische Zeitschrift«, einen »Kunstsalon«, eine »Abteilung für architektonische u. kunstgewerbliche Arbeiten«, einen »Ueberbrettlverlag« anzugliedern und so in allen Organisationsformen der ›Moderne‹ »für die Kunststadt München« zu wirken.[80]

Obschon sie sich diesen ehrgeizigen Zielen nur annähern konnten, vermochten sie in ihrem Bühnenraum mit einer wegweisenden Bühnen- und Beleuchtungstechnik wenigstens die Einheit von Künstler und Publikum, von Kunst und Alltag – wie im französischen Cabaret – zu suggerieren. Für die Aufführungen der ›Elf Scharfrichter‹ galt daher, wie Marc Henry betonte,[81]

»daß ... der Charakter des Zwanglosen, Improvisierten gewahrt bleiben müsse, daß jeder der ›Elf‹ dem Publikum nur das geben dürfe, was er Eigenes zu sagen habe, und daß eine fortwährende enge Fühlung zwischen Darbietenden und Zuhörern die unerläßliche Voraussetzung für glückliches Gelingen sei«.

Während die anerkannte Kunst ihre Rollenposen auf der Bühne so ernstnahm, daß sie angesichts des ›Lebens‹ lächerlich wurde, schlüpfte im Kabarett der Mensch spielerisch bewußt in seine Rolle als Künstler. Marya Delvards Meisterschaft im »Selbstdarstellungschanson«[82] etwa gemahnte die Zeitgenossen an das Vorbild der Guilbert; »sie brachte die echte Pariser Note in die bunten Abende«.[83] Gerade »sezessionistische Frauengestalten«, den hoch stilisierten »Vamptyp«,[84] hatten die Kritiker des deutschen ›Überbrettl‹ auf der deutschen Bühne erhofft. Wenn die Delvard mit der ersten Zeile des Wedekindschen »Dirnenliedes« ›Ilse‹, einem ihrer größten Erfolge, einsetzte: »Ich war ein Kind, ein unschuldvolles Kind« – so verschwamm die Grenze zwischen der Wirklichkeit und der Kunst; ihre Rolle wurde zum Zeichen eines Lebenszusammenhanges, den die Grenzziehungen des Alltags willkürlich zerrissen hatten.

Die Rollenwirklichkeit des Kabaretts überlagerte in Arthur Schnitzlers Einakter ›Der grüne Kakadu‹ von 1898 verwirrend dessen satirisch-aggressiven Anspruch: In einer »Verbrecher«-Künstlerkneipe, die offenbar Aristide Bruants ›Le Mirliton‹ nachgebildet ist,[85] wird gleichzeitig mit dem Ausbruch der Französischen Revolution die ästhetische Aggression so perfekt gemimt, daß diese vollendete Kunst in Wirklichkeit umschlägt und damit das Ästhetische und dessen Träger, das adlige Publikum des ›Cabarets‹, vernichtet. Diese Konsequenz freilich drohte in der ›Kunststadt‹ München nicht: Wenngleich bei den ›Elf Scharfrichtern‹, die ihren Almanach ursprünglich als ›Verbreceralbum der Elf Scharfrichter‹[86] betiteln wollten, die Ästhetik aggressiv genug war, so blieb doch die Aggression gegen die Gesellschaft ästhetisch vermittelt.

Exkurs: Frank Wedekind und das Kabarett · Daß sich spielerische Rollendistanz und existenziell ernster Selbstausdruck im Auftreten des Künstlers verquicken, ist in den »autobiographischen Dramen« Frank Wedekinds ein tragisches Motiv. Nirgends waren ja »Rollenüberlagerung« und »Charaktermaske«[87] deutlicher ausgeprägt als in seinen Auftritten: Er ist »mit Person *und* Namen ›Scharfrichter‹ gewesen«.[88] Nicht zufällig vermißte jene kritische Übersicht, die gleichsam das Programm des Münchner als Mängelliste des Berliner Kabaretts präsentierte, vor allem den Dichter Frank Wedekind auf der Berliner Brettl-Bühne.[89]

Wolzogens Werben um Wedekinds Mitarbeit beim ›Überbrettl‹ blieb vergeblich.[90] Als sich jedoch Willy Rath im Juli 1901 von den ›Elf Scharfrichtern‹ trennte, rückte Wedekind hier nach. Sein Repertoire bestand aus 14 seiner älteren Chansons, mit eigenen Melodien versehen; zumeist waren sie schon zwischen 1891 und 1895 in Paris entstanden.[91] Jetzt machten sie ihn populär.

Die »uralte Erscheinung des Bänkelsängers« schien den Zeitgenossen bei seinen Auftritten »wiederauferstanden in einer höchsten, einmaligen und letzten Gestalt«,[92] und er »trug am meisten dazu bei, diese oft diabolische Stimmung hervorzuzaubern, die an manchen Abenden über dem einfachen Brettl lagerte«:

»Die bebänderte Laute in schwerfälligen Händen, trat vor die schöne Welt jenes ästhetisierenden Zeitabschnitts eine mit allen Wassern gewaschene Erscheinung ... Kleine Schritte, ›ich komme, ihr entgeht mir nicht‹. Untersetzt, ein scharfgeschnittener Kopf mit Cäsarenprofil, die Stirn unheilverheißend gesenkt und von geschorenen Haaren ausgezackt. Augen aber, die anzüglich aufzuckten, unbekannt warum.«

Wedekind hatte den »Cultus des Überbrettls« als »wohlthuenden Nebenberuf pflegen und hegen« wollen,[93] »eine leichte Gelegenheit, den täglichen Unterhalt zu verdienen«, ohne sich »dabei allzusehr zu compromittiren«. Seine Stoßseufzer – »Ich werde Gott danken, wenn die ganze Brettlbewegung abgewirthschaftet hat«[94] – könnten jedoch vergessen lassen, daß Wedekinds schriftstellerische und dramatische Ästhetik die sinnlichen, ›angewandten Künste‹ wie Zirkus und Kabarett voraussetzte, sich am Modell des Kabaretts vollends ausbildete und durch die Erfahrung des Kabarettisten bekräftigt wurde.

Er war sich durchaus des »ungewollt komischen Eindrucks ernster Absicht« bewußt,[95] hatte er sich doch dieses Kunstprinzip des Clowns – wie des Kabarettisten – in einer Zirkuszeitschrift eigens angemerkt. Sein 1901, im Jahr seiner Brettl-Erfolge, entstandenes Stück ›König Nicolo oder So ist das Leben‹, dessen Titelrolle er später oft spielte,[96] zeigt, wie der Mensch sein angeborenes »Königsrecht« einbüßt und sich vor einer feindseligen Öffentlichkeit nur als Schauspieler einer Königsrolle behaupten kann. Der verkannte, geborene Herrscher – »mit Cäsarenprofil« – wird zuletzt zum Hofnarren. Die metaphysische Ordnung des »Lebens« wird grotesk deformiert; eine Welt, in der existenziell erlebte Wirklichkeit und gesellschaftliche Realität so weit auseinanderklaffen, ist nur als Groteske darstellbar, und wenn sich der Mensch diesen ›Leben‹ und ›Gesellschaft‹ trennenden Riß verhehlt, so degeneriert er zur bewußtlosen Marionette.

Schon früh hatte sich Oskar Panizza bei Wedekinds Dramen an »ein Gespräch aufgezogener Puppen« erinnert gefühlt,[97] und Arthur Moeller-Bruck, der Theoretiker des Varietés, sah in ihnen einen »Narrenfratzentanz, den Marionetten... ausführen« – getrieben im Gesamtplan des Lebens-Dramas.[98]

Im Kabarett wird dieses Welt-Schauspiel ›artistisch‹ nachgespielt, um die bewußtlose, konventionell-banale Vorlage zu vernichten: Das Groteske ist deshalb – wie Otto Falckenberg, wiederum auf Wedekind hinweisend, feststellte – hier ein Stilprinzip.[99] Und für Wedekind selbst verwandelte sich wegen jener grotesk verschränkten Rollenwirklichkeit – »halb Tanzboden und halb Totenkammer«, teils artistisches Spiel, teils existenzieller Ernst[100] – das ›Brettl‹ in ein Sinnbild des Welttheaters; jeder seiner Auftritte auf dieser Bühne wurde zum Wedekind-Drama.

Die Pantomime ›Die Kaiserin von Neufundland‹, wohl 1894 abgeschlossen und im März 1902 bei den ›Elf Scharfrichtern‹ uraufgeführt[101] – »eine Sache von größtem Gewicht«, wie Josef Ruederer urteilte[102] – schien dagegen bloß der »Verteidigung und Rechtfertigung körperlicher Kunst gegenüber geistiger Kunst« gewidmet zu sein.[103] Befangen in ihrer Sphäre aber verstrickt und ruiniert sich diese Körperkunst in materieller Gier, und die Utopie der reinen Sinnlichkeit endet im Selbstmord.

So hatte Wedekind nicht nur die Tragik des Grotesken in der kabarettistischen Kunstform erspürt, sondern vorweg auch die Katastrophe einer Kabarett-Bewegung analysiert, die unter dem Diktat des Geldes niemals Sinnlichkeit und Kunst-Ideal vermählen konnte; am Münchner Projekt eines modernen Varieté-Theaters vertiefte er diese Diagnose noch in seiner auch heute noch gespielten Hochstaplerkomödie ›Der Marquis von Keith‹.[104]

Modernität als ›Mode‹:
Das Kabarett in der Kulturindustrie

Gegen ihre kabarettistische ›Hinrichtung‹ zeigte sich die Gesellschaft immun. Schon in Paris war die zunächst spielerische Schockästhetik durch den Erfolg institutionalisiert worden, so daß es zwischen den immer zahlreicheren Cabarets zu einer förmlichen Konkurrenz um das Ausgefallene kam: Im Cabaret ›Coup de gueule‹ etwa wurde der zahlende Gast »von livrierten Dienern empfangen und von einem ›Conducteur‹ auf einer Art Haustramway zu seiner ›Hinrichtung‹ ins Innere kutschiert«.[105]

Wie in Frankreich wurde das Kabarett auch in Deutschland zur – kurzlebigen – Modesache. Im Jahr 1901 schossen in Berlin »diese Institute... wie die Pilze aus dem Boden«,[106] doch schon in der Spielzeit 1902/03 war »die Zeit des Überbrettls... vorbei.« Das Unternehmen der ›Elf Scharfrichter‹ hatte sich zunächst im Konkurrenzkampf behaupten können. Willy Rath, der nach einem Vierteljahr den Verein verlassen hatte, um mit Waldemar Hecker in der Sonnenstraße in einem ›Lyrischen Theater‹ den »goldenen Mittelweg zwischen Scharfrichtern und Wolzogen« zu suchen, resignierte im November 1901;[107] den ›Elf Scharfrichtern‹ hingegen kam zugute, daß bei ihnen von Anfang an nur Tendenzen gebündelt wurden, die das Kulturleben in der Kunststadt München insgesamt bestimmten – dieses Kabarett war eben der Mittelpunkt eines »ganzen geistigen Komplexes, einer besonderen ›Atmosphäre‹«.[108]

Sie durchwehte Künstlerfeste wie die von Wedekinds ›König Nicolo‹ inspirierte »Elendenkirchweih«[109] oder das große »Scharfrichter«-Faschingsfest unter dem ›Simplicissimus‹-Motto ›Aus dem finstersten Deutschland‹. Die ehemalige Kellnerin bei den »Lumpenabenden« in der »Dichtelei«, Kathi Kobus, eröffnete 1903 eine eigene Künstlerkneipe, ›Simplicissimus‹, als Kabarett.[110] Aus dem jungen ›Simplicissimus‹-Kreis um 1912, dem Johannes R. Becher, Heinrich F. S. Bachmair, Emmy Hennings, Hugo Ball, Lotte Pritzel, Alfred Henschke (Klabund) und Marietta di Monaco angehörten, wurde nach Kriegsausbruch das Münchner Boheme-Kabarett ins Züricher Exil exportiert und entfaltete dort die groteske Aggressivität des pazifistischen Dadaismus. Auch das ›Münchner Marionettentheater‹ führte Anregungen aus dem Programm der ›Elf Scharfrichter‹ fort,[111] ebenso die ›Schwabinger Schattenspiele‹, die Alexander von Bernus, Will Vesper und Karl Wolfskehl 1907 gegründet hatten;[112] erst als die ›Schattenspiele‹ 1912 aufgelöst wurden, sei – laut von Bernus – eine Ära, die die ›Elf Scharfrichter‹ eingeleitet hatten, zu Ende gegangen.[113] Doch erinnerten noch 1930, ein Vierteljahrhundert nach ihrem Scheitern, ›Die vier Nachrichter‹ um Helmut Käutner an die Kabarett-Tradition der Münchner Moderne.[114]

Ruiniert hatte ›Die Elf Scharfrichter‹ die Vermarktung ihrer Kunst. Als »elf, an Goldmark arme Teufel«[115] waren sie angetreten und mit dem frühen Erfolg bald zu einem Großunternehmen auf dem Kulturmarkt geworden. Die Zahl der Vorstellungen wurde erhöht, sie gerieten in »Repertoirenot«,[116] ihre Originalität zerschliß sich, der Mitarbeiterstab schwoll an. Neben angeworbene Talente, wie Olly Bernhardi,[117] traten mäßig Begabte; anstelle der Inszenierung der künstlerischen Persönlichkeit war die Präsentation von Stars gefragt.

Damit gelang es nicht mehr wie ursprünglich, »Verstecken mit der Censur«[118] zu spielen. Vielmehr kam es zu einer fatalen Wechselwirkung zwischen finanziell notwendigem Publikumserfolg und Zensurverstoß. Das von Zensurskandalen angereizte Publikum erwartete allmählich bei den ›Elf Scharfrichtern‹ »ungefähr so die Sphäre von Getränken und Verhältnisweibern, die man der Bürgerwelt (etwas bewußt, etwas triumphierend) entgegensetzt...«[119] Als daher »heillose Schulden« im April 1902 die Auflösung des Vereins und den Verkauf an den Geschäftsmann Willy Salzer erzwangen, registrierte Josef Ruederer einen Sieg jener »sittlichen Weltordnung«,[120] die sich dem Scharfrichteramt einst hatte beugen sollen. Tatsächlich nahmen die Kompromisse mit jenem Publikumsgeschmack jetzt – und erst recht nach dem Rückkauf des Unternehmens durch Marc Henry im Juni 1903[121] – fast in dem Grade zu, in dem sie von der Zensur beargwöhnt wurden.

Im Oktober 1903, als unter dem Druck der Zentrums-Mehrheit des im Herbst wieder einberufenen Landtages die Zensurmaßnahmen gegen diese »›versimplicissimuste‹ Gesellschaft« verschärft wurden,[122] brachte man in nicht-öffentlicher »Ehrenexekution« eine Parodie von Gorkis ›Nachtasyl‹ als »Gipfel der Gewagtheit«.[123] Für die nächste öffentliche Vorstellung mußte stattdessen die Szene ›Das süße Mädel‹ aus Schnitzlers ›Reigen‹ angesetzt werden. Zwar unterstützten die ›Scharfrichter‹ damit noch einmal die ›modernen‹ Zwecke des ›Akademisch-dramatischen Vereins‹, doch Marc Henry sah sich veranlaßt, das »meist aus jüngeren Offizieren bestehende«, enttäuschte Publikum mit der Versicherung zu begütigen, auch dies sei »etwas Pikantes«.[124] »Das Publikum«, so folgerte die ›Allgemeine Zeitung‹, »hat sich demaskiert und gezeigt, was es eigentlich dort sucht, und die Direktion hat dieses Verlangen verständnisvoll quittiert.«

Dem künstlerischen Bankrott folgte der geschäftliche; nach der Rückkehr von einem unerwarteten Wiener Gastspiel brachen die ›Scharfrichter‹ die Saison ab. Am 18. Januar 1904 wurde der »Krach bei den Elf Scharfrichtern« durch Briefe an die ›Münchner Neuesten Nachrichten‹ öffentlich.[125] Eine Gruppe um Heinrich Lautensack, die dem bisherigen Direktor Henry Unregelmäßigkeiten in der Geschäftsführung vorwarf, gründete Ende Januar ›Die sieben Tantenmörder‹. Unter der Direktion des ehrgeizigen Josef Vallé trat dieses Unternehmen das Erbe der ›Elf Scharfrichter‹ in München an – ein professionelles Kabarett mit schnell berühmten, bald vergessenen »Cabaret-Königinnen« wie Mary Irber, die mit einem »Schuß anmutigen Kokottentums« die Routine würzte.[126] Eine veränderte Truppe Henrys führte unter dem alten Namen am 7. Februar noch eine »Ehrenexekution« in München durch und ging dann auf Tournee in die Provinz, bis sich in Wien 1905 Marc Henry und der Delvard schließlich die Chance einer Neugründung bot: ›Das Nachtlicht‹, von Henry recht drastisch – bis hin zu einer Schlägerei – gegen Einwände von Karl Kraus verteidigt,[127] wurde dann am 19. Oktober 1907 in die – noch einmal als ein »Cabaret der Secession« geplante und von Peter Altenberg geförderte – ›Fledermaus‹ übernommen.[128] Im Frühjahr 1908 endete Henrys Zeit als Direktor in Wien.

Epilog: Boheme und Volk

»Die entschlossensten Feinde des Überbrettls«, so hatte Alfred Kerr prognostiziert, »werden in Zukunft solche sein, die ihre geringe Wandlungsfähigkeit als Gesundheit ausgeben«.[129] Die Polemik der ›gesunden‹ »Heimatkunst« gegen die Unmoral der »nicht aus dem Volkstum hervorgegangenen« Überbrettl[130] setzte früh ein. Trotz allen Ruhms war das liberale, bildungsbürgerliche Publikum, auf das sich die ›Elf Scharfrichter‹ stützen konnten, klein geblieben,[131] während ihre Gegner, politisch in der Zentrums-Partei organisiert, sich als Sprecher des »eigentlichen Volks« fühlen durften.[132] In dem volkstümlichen Münchner Skandalblatt ›Ratschkathl‹ wurde denn auch schon zur Eröffnung des Kabaretts nach dem Zensor gerufen.[133] Überdies beruhte das ästhetische Verfahren der ›Modernen‹ – die Vorstellung einer traditionell echten ›Volks‹-Kultur und die Karikatur der falschen – auf einer intellektuell souveränen Distanzhaltung zu den ›unteren Schichten‹, die den Betroffenen mißfiel. Die populären Münchner Volkssänger verwahrten sich gegen die anmaßende Konkurrenz,[134] und sie erinnerten ihr Publikum daran, daß sie ja die Typen geschaffen hätten, mit denen sich nun die Witzblätter vom Schlage des ›Simplicissimus‹ brüsteten.[135] Schließlich wurden in dem harmonisierenden Mythos von der ›Volkskultur in der Kunststadt‹, wie ihn die Memoirenliteratur von den zwanziger bis in die fünfziger Jahre verbreitete, auch die ›Elf Scharfrichter‹ vereinnahmt.[136] Wie Lion Feuchtwanger sarkastisch bemerkte, ließ sich bayerische Bodenständigkeit eben auch durch dieses Kabarett nicht erschüttern.[137] In seinem bayerischen Schlüsselroman ›Erfolg. Drei Jahre Geschichte einer Provinz‹ zieht Feuchtwanger 1930 aus seinen, Karl Valentins und Bertolt Brechts Versuchen, den kabarettistischen Impuls der Moderne zu bewahren, endgültig die Bilanz des Scheiterns.

Musikstadt München
Konstanten und Veränderungen

Von Franzpeter Messmer

In die Regierungszeit des Prinzregenten Luitpold fallen zwei wichtige musikgeschichtliche Epochengrenzen: der Anfang der musikalischen ›Moderne‹,[1] die 1889 mit den Uraufführungen von Mahlers Erster Sinfonie und des ›Don Juan‹ von Richard Strauss eingeleitet wurde, und das Ende des 19. Jahrhunderts als musikgeschichtlicher Zeitabschnitt, das 1907 mit dem sprunghaften Traditionsbruch Schönbergs in seinem atonalen George-Lied ›Ich darf nicht dankend an dir niedersinken‹ op. 14,1 sowie mit der Abwendung von der ›Moderne‹, die Strauss nach der ›Elektra‹ betrieb,[2] einsetzte. Waren diese Epochengrenzen, die von der heutigen Musikgeschichtsschreibung[3] festgelegt werden, den Menschen damals bewußt? Zumindest für München ist dies eher zu verneinen. Die wichtigen Uraufführungen zu Beginn der musikalischen ›Moderne‹ fanden nicht hier, sondern zum Beispiel in Weimar, Köln, Frankfurt und Dresden statt. Schönberg entwickelte seine ›Neue Musik‹ in Wien und Berlin. In vieler Hinsicht erscheint deshalb die Prinzregentenzeit für München nur als ein willkürlich von der politischen Geschichte bestimmter Ausschnitt aus einer kontinuierlichen musikalischen Traditionspflege. Dennoch hat die Prinzregentenzeit ihre eigene musikgeschichtliche Physiognomie: In ihr prägten sich die für das 20. Jahrhundert wesentlichen Merkmale des Münchner Musiklebens aus.

Schon damals spielte die rückwärtsgewandte Musikpflege eine zentrale Rolle: Richard Wagners Opern standen im Mittelpunkt des öffentlichen Musikinteresses. Damit entsprach München der allgemein während der neunziger Jahre in Deutschland, aber auch im Ausland ausbrechenden, »epidemischen«[4] Wagner-Begeisterung. Ein anderer Grund für das Fehlen einer engagierten Pflege moderner Musik war sicherlich die Persönlichkeit des Prinzregenten, der sich mehr für bildende Kunst als für Musik interessierte. Nur wenige musikalische Ereignisse jener Zeit stehen in engerer Beziehung zum Prinzregenten: der ›Luitpold-Preis‹ und die Eröffnung des Prinzregententheaters. Die musikalischen Aktivitäten gingen hauptsächlich von den Intendanten der Hofbühnen, Carl Freiherr von Perfall und Ernst von Possart aus, die im Münchner Musikleben eine wichtige Stellung innehatten: Die Intendanz unterstand keinem Ministerium, sondern direkt dem Königshaus.[5]

Dennoch festigte sich während der Prinzregentenzeit in München das Bewußtsein, *die* ›Musikstadt‹ Deutschlands zu sein. Der französische Musikschriftsteller Lazare Ponelle nannte 1913 München »le centre intellectuel de l'Empire«[6] und stellte es dem Norden Deutschlands gegenüber, der von politischen Unruhen geplagt werde, während in München nur »la fièvre artistique« brenne. In einem Zug zählte er Wagner, Lenbach und Böcklin als Götter dieses »Isar-Athens«[7] auf, das er für ein »Ausnahmewesen« hielt: »Gemütlichkeit«, »saines traditions artistiques« und die wichtige Rolle der Musik bildeten für ihn bei einem Besuch 1910 anläßlich der Richard-Strauss-Woche, der Uraufführung von Mahlers Achter Symphonie und der deutsch-französischen Musikwoche ein Erlebnis, das er in dem Satz zusammenfaßte, die Münchner konsumierten in ebenso großen Mengen Musik wie Bier.

Schon lange bevor ein Franzose München als ›Musikstadt‹ anerkannte, hatte sich jedoch ein starkes lokalpatriotisches Selbstbewußtsein gebildet. Manche Münchner gingen so weit, daß sie gegen fast alle nichtmünchnerischen Künstler negative Vorurteile hegten. Die Kritik beurteilte Gastsängerinnen und -sänger besonders streng[8] und wachte über eine stilreine und ernste Wagnerpflege, wie man sie für München in Anspruch nahm.

›*Dr. Richard Strauss*‹. Karikatur von Olaf Gulbransson

Das ›Musikstadt‹-Bewußtsein stützte sich also vor allem auf den Stolz über diese Münchner Wagner-Aufführungen. Es hieß, daß Wagners Opern sonst nirgends »in solcher Vollendung«[9] gehört werden könnten, daß es in München die »weitaus beste Darbietung« des ›Tristan‹[10] gäbe. Doch gänzlich unkritisch wurde dieses Überlegenheitsgefühl auch damals in München nicht gepflegt. Schon 1891 sprach der Musikkritiker Oskar Merz[11] davon, daß München »seinen früheren Nimbus« und seine »international-künstlerische Bedeutung« verloren habe, weil etwa die Werke »des geistsprühenden französischen Componisten« Berlioz hier noch gänzlich unbekannt seien, aber in »anderen deutschen Musikcentren« wie Weimar, Berlin, Dresden und Wien, außerdem in Frankreich, Belgien, von den »Vereinigten Staaten ganz zu schweigen«,[12] längst aufgeführt worden wären. Richard Strauss, der zweimal – 1886 bis 1889 und 1894 bis 1898 – in München als Opernkapellmeister scheiterte, nannte Münchens Musikleben einen »Biersumpf«,[13] die Künstler am Hoftheater eine »Münchner Bande, die mich doch wirklich schmählich behandelt hat«.[14] In seinem »Nichtoperchen«[15] ›Feuersnot‹, deren Libretto der Überbrettl-Dichter Ernst von Wolzogen verfaßte, strebte Strauss nicht nur eine »heitere Persiflage der Wagnerschen Diktion«[16] an, sondern übte auch »eine kleine Rache an der lieben Vaterstadt, wo, wie vor dreißig Jahren der große Richard I., nunmehr auch der kleine Richard III. so wenig erfreuliche Erfahrungen gemacht hatte«.[17] Mit »Richard III.« meinte der ironische Strauss sich selbst. Erst um 1910, etwa bei der »Richard-Strauss-Festwoche« im Juni dieses Jahres, erhielt seine Musik auch in München eine begeisterte Resonanz.[18] Im Verhalten gegenüber Wagner und Strauss zeigt sich ein wesentliches Charakteristikum der ›Musikstadt‹ München: Neue, vom Kodex der Tradition abweichende Musik wurde hier erst aufgeführt, nachdem sie außerhalb der Isar-Stadt anerkannt war.

Wagner- und Mozart-Rezeption

Zweifellos gaben Richard Wagners Musik und sein musikalisches Denken München den entscheidenden Impuls für die Jahre nach 1890. Wagner bestimmte fast ausnahmslos alle Bereiche der Ausübung und des Hörens sogenannter ernster Musik. Dies entsprach der hingebungsvollen Wagner-Begeisterung im Publikum, die so weit führte, daß selbst lange und schwierige Wagneropern wie ›Tristan und Isolde‹ sofort ausverkauft waren und »volkstümlich«[19] wurden.

Wagnerepidemie am Hof- und Nationaltheater · Die musikalische Institution, die sich vornehmlich und natürlicherweise um das Wagnererbe zu kümmern hatte, war das Hof- und Nationaltheater. Dort hatte 1865 die Uraufführung von ›Tristan und Isolde‹ und 1868 die der ›Meistersinger von Nürnberg‹ stattgefunden. Nach dem Weggang der bedeutenden Wagner-Dirigenten Hans von Bülow und Hans Richter, der die gegen Wagners Willen unternommene Zerstückelung des ›Ringes‹ nicht decken wollte,[20] war, wie Ernst Bücken schrieb, die »Entwicklung der Wagnerstadt München«[21] in Frage gestellt. Erst in den neunziger Jahren wurde durch den Intendanten Ernst von Possart und den Hofkapellmeister Hermann Levi Münchens Ruf als Wagnerstadt gefestigt. Waren in den sechziger bis achtziger Jahren Wagnerfragen in München noch ein gefährliches »Wespennest«,[22] so bestimmte nun Richard Wagners Musik unumstritten den Spielplan des Hoftheaters. Die große Leistung des Intendanten und Regisseurs Possart und des Dirigenten Levi bestand darin, die Qualität des Ensembles und des Orchesters in bisher unbekanntem Maße gesteigert zu haben.[23] Possart stellte an sein Personal höchste Anforderungen, was sogar zu Entlassungsgesuchen von Musikern führte.[24]

Dem Zeitgeschmack entsprach die Darstellung des Ideal-Schönen, des Erhabenen, Edlen, Abgeklärten und Märchenhaften. Dies alles verkörperte offenbar der in München sehr beliebte Wagnersänger Heinrich Vogl auf faszinierende Weise.[25] Possart und Levi verstanden es, neben diesem ›Star‹-Sänger ein hervorragendes Ensemble aufzubauen, das fast ohne die zumeist unbeliebten Gäste während der alljährlichen Sommerfestspiele den Kanon der Wagneropern vom ›Fliegenden Holländer‹ bis zum ›Ring des Nibelungen‹ aufführen konnte. Der Regiestil entsprach dem Sängerdarsteller-Ideal. Die Sänger bewegten sich nur maßvoll,[26] wichtig waren die von Wagner in »Oper und Drama«[27] geforderten Gebärden als Sprache des »Unaussprechlichen«[28] und eine »stimmige«, realistische Darstellung: Sogar wenn ›Leda‹ dem Schwan die Federn in der verkehrten Richtung streichelte, wurde dies kritisiert.[29] Die Bühnenbilder und Kostüme folgten einem peinlich genauen Realismus und dem Prinzip, Wirklichkeit abzubilden oder historisch wiedererstehen zu lassen. Besonders stolz waren die Münchner auf die Erfindungen des Königlich Bayerischen Maschineriedirektors Karl Lautenschlager, der unter anderem für die Mozart-Aufführungen eine Drehbühne entwickelte. Aufgrund all dieser Anstrengungen verstand sich die Münchner Oper als ›Musterbühne‹. Dies führte zu der Selbstüberschätzung mancher Münchner Wagnerianer, die die Wagner-Aufführungen ihrer Oper denen der Bayreuther Festspiele als überlegen ansahen.[30] Durch diese Konkurrenzsituation anerkannte Cosima Wagner zwar die Qualität der Münchner Oper, hatte jedoch auch manches zu kritisieren.[31]

Den Impuls zur Mozart-Pflege, dem zweiten wichtigen Traditionsast des Münchner Nationaltheaters, gab ebenfalls Richard Wagner, der in seiner Schrift ›Das Publikum in Zeit und Raum‹[32] gefordert hatte, daß nicht die Werke Mozarts dem heutigen Publikum angepaßt werden sollten, sondern dieses mit »Mozarts Schöpfungen in Übereinstimmung« gebracht werden müsse. Wagner soll geplant haben, im alten markgräflichen Theater von Bayreuth selbst Mozartopern aufzuführen.[33] Diese Idee Wagners wurde in München mit der Neuinszenierung von ›Figaros Hochzeit‹ am 15. Februar 1895 aufgegriffen. Possart und Levi strebten eine Aufführung an, die möglichst genau der Mozartzeit entsprechen sollte. Das damalige Residenztheater, heute nach seinem Erbauer Cuvilliéstheater genannt, hatte die »kleinen Verhältnisse, wie sie die Theatersäle zu Mozarts Zeit aufwiesen«,[34] ermöglichte also den »intimen Charakter der ganzen Darstellung auf einer echten Komödienbühne«. Die Sänger sollten einen »leichten musikalischen Lustspielton«[35] anstreben. Während die Qualität von Possarts Regie in München allgemein anerkannt wurde, stieß die neue musikalische Interpretation durch Richard Strauss auf zum Teil herbe Kritik. Die Wagner-Partei hielt die Tempi für überzogen: »Ein grober Unfug und eine nicht genug zu strafende Rücksichtslosigkeit, wenn Herr Hofkapellmeister Richard Strauss den ›Tamino‹ derart jagt, hetzt und peitscht«,[36] schrieb Paula Reber anläßlich der ›Zauberflöte‹-Neuinszenierung. Doch in dieser Tempowahl zeigte sich ein neues Verhältnis von Musik und Theater: Strauss ging es um dramatische Theateraktion, nicht um den zelebrierenden Vortrag von Sprache, Gesten und Musik wie im bisherigen Wagnertheater.

Von der Münchner Mozart-Renaissance der neunziger Jahre gingen mehrere, für das folgende Jahrzehnt wichtige Impulse aus: Oper wurde hier als Musiktheater und nicht nur als Fest schöner Stimmen aufgefaßt; Mozarts musikalische Komödien dienten als Gegengewicht zu den hehren, mit Mythologie und symphonischem Orchesterklang befrachteten Wagnerdramen; der sogenannte Rokoko-Ton, der nach 1900 als ein Vorbild für Ermanno Wolf-Ferraris musikalische Komödien[37] und 1911 für den ›Rosenkavalier‹[38] von Strauss diente, wurde entdeckt; die Forderung nach historisch getreuen Aufführungen von Musik der Vergangenheit setzte sich durch.

Die Festspiele: Eine schnöde Spekulation? · Possarts »Musteraufführungen« der Opern Mozarts und Wagners waren eng mit dem Festspielgedanken verbunden. Schon im Sommer 1875 hatte der damalige Generalintendant Carl von Perfall »Musteraufführungen« von Wagners Werken angeregt und seitdem – allerdings vergeblich – um ein Festspielhaus für diese Musteraufführungen gekämpft.[39] Elf Jahre zuvor, 1864, wollte König Ludwig II. ein Theater für den ›Ring des Nibelungen‹ bauen, wofür Gottfried Semper Pläne ausarbeitete. Dieses Projekt scheiterte aber aus den verschiedensten Gründen.[40] War aber das 1901 eröffnete Prinzregententheater, »das in edler Schönheit sich als Krone der isarumrauschten Gasteighöhe neu erhebt«, »die Verwirklichung eines Jugendtraumes«? Haben hier »die Söhne, großherziger und weitschauender, opferwillig gutgemacht,« »was die Väter, befangenen Sinnes und beengten Blickes, versäumt«, wie in der Denkschrift zur Eröffnung[41] steht?

Possarts Begründung für die Notwendigkeit des neuen Theaters war eine Profanierung von Wagners Festspielgedanken. Während Cosima Wagner in den neunziger Jahren ein zweites Wagner-Festspielhaus an der Mündung des Mains in den Rhein für »gesamtnationale Spiele«[42] durchsetzen wollte, verwandelten »affenartig«, wie Cosima Wagner schrieb[43] Levi-»Mime« und Possart-»Alberich« »den großen Gedanken, den ich auszuführen nie aufgab, in eine schnöde Spekulation«.

Auch wenn Cosima Wagners Beurteilung sicherlich von Konkurrenzangst geprägt war, so traf sie doch in gewisser Beziehung zu. Als Theaterpragmatiker benötigte Possart einerseits eine bessere Bühne, vor allem mit verdecktem Orchestergraben, andererseits aber auch mehr Einnahmen zur »Anwerbung erster Kräfte, wie sie München verlangt, um als beste Bühne oder wenigstens Berlin und Wien gleichwertige Bühne bestehen zu können«.[44] Der Jahresumsatz von einer Million Mark konnte nur durch die Festspiele auf die Höhe von 1,3 Millionen Mark erhöht werden, Geld, mit dem neue Sänger angeworben wurden.[45] Doch nicht nur der Hofoper, sondern auch der Stadt München sollte das Festspielhaus Gewinn bringen. Nachdem durch die Gotthard-Bahn ein großer Teil des Fremdenverkehrs nach Italien nicht mehr über den Brenner ging, sondern über den St. Gotthard umgeleitet worden war, wollte man mit den Wagner-Festspielen in den Sommermonaten August und September wieder die Fremden anlocken.[46]

Das fertige Prinzregententheater war kein »Festspielhaus für das Volk«, wie es noch 1892 Carl von Perfall gefordert hatte,[47] sondern – zumindest während der sommerlichen Festspielzeit – nur für die gut und teuer zahlenden Fremden gedacht. Zum Vergleich: Eine Festspielkarte kostete einheitlich 20 Mark,[48] dagegen betrug der Einheitspreis für Schauspiele, die während der Wintersaison im Prinzregententheater gezeigt wurden, 2,50 Mark,[49] Karten für die Volkskonzerte kosteten zwischen 30 Pfennigen und einer Mark. Richard Wagners Festspielgedanke »als Freiraum einer den Gesetzen der Marktwirtschaft utopisch entrückten Kunst«[50] wurde dadurch ins Gegenteil verkehrt. So verwundern die Verärgerung Cosima Wagners[51] und die Proteste Bayreuther Wagnerianer[52] nicht.

Dennoch zogen die glanzvollen Festspiele mit Mozartopern im kleinen Residenztheater und Wagneraufführungen im Prinzregententheater jeden Sommer zahlreiche Fremde an. Amerikaner, Engländer und Franzosen bildeten das Publikum. Viele Münchner »erwarteten den Schluß der Vorstellung, um sich das Leben und Treiben anzusehen, und das war auch wirklich der Mühe wert«.[53]

Bis 1914 blieb der internationale Besucherandrang den Sommerfestspielen treu. 1905 erzielte das Unternehmen offenbar erstmals »pekuniären Gewinn«,[54] der freilich – wie manche meinten – teuer erkauft war. Edgar Istel bemängelte 1904 das »Primadonnenwesen«, das nun auch unter den Dirigenten herrsche.[55] 1905 beurteilte Hermann Teibler die Festspiele »in erster Linie« als ein »materiell zu nehmendes Fremdenunternehmen«,[56] das in künstlerischer Hinsicht keineswegs die dafür gebrachten Opfer rechtfertige; denn inzwischen gab es nach seiner Meinung an der Münchner Hofoper »zwei Qualitäten von Wagner-Aufführungen«: »eine geringere in ›einfacher‹ Ausstattung während der Saison für die Einheimischen, eine auf höchsten äußeren Glanz appretierte im Wagnerhaus für die Fremden«.[57] Da die Inszenierungen kaum verändert wurden, bestand zudem die Gefahr künstlerischer Erstarrung.[58] Der Spielplan wies zeitweise eine übermäßige Wagnerlastigkeit auf.[59] 1908 mußte Edgar Istel resignierend feststellen, daß der »rote Absagezettel als chronisches Übel an den Münchner Plakatsäulen« herrsche, die »sommerlichen Festspiele die besten Kräfte« absorbierten und man so im Winter sehen müsse, »was man notdürftig zustande bringt«.[60]

Unter König Ludwig II. und dem von ihm geförderten Einfluß Richard Wagners waren Hoftheater und Hoforchester, die musikalischen Institutionen der Residenzstadt München, für eine kurze Zeitspanne in Deutschland ein Schrittmacher des Neuen. In der Prinzregentenzeit dagegen begann hier eine Traditionspflege, die bis heute Münchens Musikleben prägt. Dabei wurde das Königtum Ludwigs II., dem es um die Verwirklichung künstlerischer Utopien ging,[61] durch eine dem Kapitalismus angepaßte Verbindung von Kunst und Kommerz ersetzt.

Musikleben im Umbruch

In der Prinzregentenzeit veränderte sich das Musikleben Münchens von dem einer Königsresidenz zu dem einer modernen Großstadt. Diese Entwicklung hatte freilich schon in der Mitte des 19. Jahrhunderts eingesetzt. So erinnerte sich der Musikkritiker der ›Neuen Zeitschrift für Musik‹ 1886:

»Vor dreißig Jahren, als ich nach München kam, waren die Concertverhältnisse noch ziemlich einfacher Natur. Die musikalische Akademie gab jährlich in den Wochen vor Weihnachten in der Regel vier Concerte und ebenso viel in der Zeit vor Ostern.«[62]

Hinzu kamen noch einige Quartettsoiréen, ein oder zwei Konzerte des Oratorienvereins und »noch einige Productionen fremder Virtuosen«. Um 1900 explodierte die Zahl der Konzerte so sehr, daß nun immer häufiger von einer »Concertflut«[63] und 1906 sogar von einer Verwischung der Saisongrenzen gesprochen wurde: Weder das Weihnachtsfest noch der Karneval ließen die Konzertflut abebben, vielmehr raste der »wilde Strom durch keinen Ruhepunkt unterbrochen dahin: ›riesengroß – hoffnungslos‹«.[64] Nur noch die Musikalischen Akademien des Hoforchesters hielten sich an die überkommenen Saisongrenzen.

Steigerung des Lebensgefühls: Volkssänger, Fasching, Operette

Wer waren die Träger dieses Wandels? Ein Querschnitt durch das Musikleben während der Prinzregentenzeit zeigt, daß der festen Institution ›Königliches Hof- und Nationaltheater‹ am obersten Punkt der Hierarchie unten die Volkssänger und -schauspieler gegenüberstanden. Obwohl keine feste Institution, sondern eine stets fluktuierende Gruppe von Komikern und Musikern, die teils nebenberuflich, teils aber auch hauptberuflich sehr erfolgreich arbeiteten, waren die Volkssänger nicht am Umbruch des Musiklebens beteiligt, sondern eine Konstante, die ebenso wie die Festspiele Münchens Physiognomie als Musik- und Kunststadt prägt. Hauptsächlich sie schufen die auf Fremde so anziehend wirkende Atmosphäre Münchner Gemütlichkeit. Zum Frühschoppen besuchte man Papa Kern im ›Café Metropol‹, wo nicht nur der Komiker seine Späße trieb, sondern die Gäste, begleitet von den Musikern des Kapellmeisters Zaska, G'stanzln aus dem Bockbierliederbuch[65] sangen; nachmittags konnte man im Hotel Oberpollinger Papa Geis[66] zuhören, wie er in seinen Liedern die Tagesereignisse aufs Korn nahm und abends sich von den komischen Szenen, Liedern und Couplets des Anderl Welsch[67] im Apollotheater unterhalten lassen. Im Münchner Fasching wuchs mancher Musiker der »jahraus jahrein« stattfindenden »Bierkonzerte« über sich hinaus, so der Kapellmeister Karl Maria Schmid: »Und wie weiß er in den Francaisen das Losschreiten der Ketten anzufeuern und das Pianissimo der Dreher schwelgerisch zu dämpfen.«[68] Volkssänger und Fasching verliehen der Kunst- und Musikstadt München »eine Steigerung des Lebensgefühles«, hier konnte »der große Rausch«[69] erlebt werden.

Diese musikalische ›Subkultur‹ fand ihre Institutionalisierung, aber auch ihre Aufwertung im Gärtnerplatztheater, das 1865, im Uraufführungsjahr von Wagners ›Tristan und Isolde‹, in München von einer privaten Aktiengesellschaft eröffnet wurde, freilich bereits 1870 in solche finanzielle Schwierigkeiten geriet, daß ihm die Versteigerung drohte. König Ludwig II. verhinderte diesen Bankrott, indem er das Theater kaufte. Die nun dritte bayerische Hofbühne sollte ein »Volkstheater« im idealen Sinn sein, »erheiternd und bildend zugleich wirken«, »jedermann zur Erholung und Ermunterung zugänglich gemacht werden«.[70] Trotz mancher weiterer finanzieller Krisen wurde das Gärtnerplatztheater zu einer festen Münchner Institution. In den achtziger Jahren spielte man hier mit großem Erfolg die Theaterstücke Ludwig Ganghofers sowie erstmals die Operetten von Offenbach, Millöcker, Johann Strauß, Genée und Heuberger. Dabei entfernte sich das Gärtnerplatztheater immer mehr von der alten Volkstheaterkonzeption. Fremdländisches drang ein, wie die Opéras buffes Offenbachs, die vom Bildungsbürgertum als Operetten »offenbachscher schlimmster Sorte«[71] verurteilt wurden, oder der ›Mikado‹ von William Gilbert und Arthur Sullivan: Als er 1886 bei einem Gastspiel von einer englischen Truppe dargeboten wurde, löste er eine wahre Japan-Euphorie aus. Er wurde dabei so populär, daß man 1889 eine eigene deutschsprachige Inszenierung am Gärtnerplatztheater wagte[72] und im Oktober 1900 eine Neueinstudierung folgte.[73] Als 1898 die Pariser Chansonsängerin Yvette Guilbert im Gärtnerplatztheater[74] gastierte, wurde sogar das alte Vorurteil, daß die Franzosen kein Gemüt hätten, korrigiert.[75] 1899 bis 1915, unter den Direktoren J. Georg Stollberg und Cajetan Schmederer, wurde das Volkstheaterkonzept endgültig aufgegeben und das Gärtnerplatztheater fast zur reinen und im deutschen Sprachraum führenden Operettenbühne[76] entwickelt. Franz Lehár, der beispielsweise im Juli 1907 die 200. Aufführung seiner ›Lustigen Witwe‹ selbst dirigierte,[77] feierte hier große Erfolge. Mit diesen Operetten war aus der Musik der Bierkonzerte und Bälle eine eigenständige, »rassige«, »entzückende« und »pikante« Kunst geworden, wie die Kritiker schrieben.[78] Allerdings hatte sich dabei aus dem Volkstheaterideal König Ludwigs II. nun am Gärtnerplatztheater die Großstadtunterhaltungsindustrie des beginnenden 20. Jahrhunderts entwickelt.

Das Bildungsbürgertum musiziert: Kammer- und Orchestermusik der Dilettanten · Neben den Volkssängern und -musikern bildeten die zahlreichen musikalischen Aktivitäten des Bildungsbürgertums eine weitere, gesellschaftlich höher angesiedelte musikalische Grundschicht. Wie die Musik der Dilettanten in der Prinzregentenzeit gleichsam atmosphärisch zu München gehörte, beschrieb Thomas Mann:[79] Aus den Fenstern »klingt viel Musik auf die Straßen hinaus, Übungen auf dem Klavier, der Geige oder dem Violoncell, redliche und wohlgemeinte dilettantische Bemühungen,« und »junge Leute ... pfeifen das Nothung-Motiv«.

Die Zahl der Quartettvereinigungen, der privaten und halböffentlichen Hauskonzerte war in dieser Zeit überraschend groß. Richard Strauss konnte in seiner Jugend durch das häusliche Musizieren mit seinem Vater, in der Familie Pschorr und bei befreundeten Familien, erste wichtige musikalische Erfahrungen sammeln.[80]

Zwei Dilettantenorchester, die ›Wilde Gung'l‹ und der ›Orchesterverein 1880 e.V.‹, erhielten zeitweise sogar eine wichtige Funktion im Münchner Konzertwesen. Beide Orchester waren aus geselliger Unterhaltung hervorgegangen: Der 1864 gegründete ›Instrumental-Dilletanten-Verein Joseph Gung'l‹ spielte in seinem Stammlokal ›Zu den drei Rosen‹ am Rindermarkt Märsche und Tänze, danach wurde Bier getrunken;[81] der 1879 von Gelehrten, Offizieren, Beamten und bildenden Künstlern gegründete ›Orchesterverein‹ war berühmt für seine Mitwirkung bei Kunstfesten; zu seinen fördernden Mitgliedern gehörten der Dichter Paul Heyse, der Verleger Oldenbourg, der Musikwissenschaftler Heinrich von der Pfordten und sogar Franz von Lenbach.[82] Die beiden Orchester wuchsen bald über diesen gesellschaftlichen Rahmen hinaus. Die ›Wilde Gung'l‹ spielte unter ihrem Dirigenten Franz Strauss nicht nur anspruchsvolle Orchesterwerke des klassischen Repertoires, sondern machte erstmals die Werke seines Sohnes, des jungen Richard Strauss, in München bekannt.[83] Als Geiger sammelte der angehende Komponist und Dirigent während seiner Schulzeit hier erste Orchestererfahrungen. Noch konsequenter war die Zielsetzung des ›Orchestervereins‹. Er »verschaffte sich dadurch eine künstlerische Existenzberechtigung, daß er von Anfang an das Grundprinzip hatte, nur Werke zur Aufführung zu bringen, die in München noch von keinem Berufsorchester geboten wurden«,[84] erinnerte sich eines seiner Mitglieder, der Kontrabaßspieler Dr. Felix Schlagintweit. Der ›Orchesterverein‹ brachte in den neunziger Jahren Bruckners Symphonie Nummer zwei c-Moll, Werke von Hugo Wolf[85] und Münchner Komponisten wie Max Schillings, Ludwig Thuille und Richard Strauss,[86] erstmals zu Gehör. Neben dieser Schrittmacherfunktion bei der Aufführung neuer Musik kümmerte er sich besonders intensiv um vergessene Musik der Vergangenheit, etwa um Bach-Kantaten[87] oder Symphonien von Carl Philipp Emanuel Bach,[88] Dittersdorf[89] und Haydn.[90]

Bevor unter Christian Döbereiner und August Schmidt-Lindner die professionell betriebene historische Aufführung Bachscher Musik einsetzte, wurden im ›Orchesterverein‹ bereits »althistorische Instrumente« wie Blockflöte – damals »Blochflöte« genannt – und Trumbscheit der Öffentlichkeit vorgestellt.[91] Von vorzüglichen Berufsmusikern wie dem Hofpianisten Heinrich Schwartz, dem jungen Kapellmeister Hermann Abendroth oder dem königlich-bayerischen Generalmusikdirektor Felix Mottl geleitet, gab der ›Orchesterverein‹ jungen Solisten die Gelegenheit zu einem ersten Auftritt, stellte die Werke vor allem junger Komponisten vor und machte die Münchner mit neuem Repertoire bekannt.

Chöre leiten die Liszt- und Berlioz-Rezeption ein · Noch bedeutender als die Dilettantenorchester waren die Chöre für das Konzertwesen zur Prinzregentenzeit, zum einen weil, abgesehen von dem relativ kleinen Chor der Hofoper, kein Berufschor zur Verfügung stand, zum anderen weil vor allem in der Zeit vor 1900 die Vokalmusik einen höheren Stellenwert als die Instrumentalmusik besaß. Unter den vielen Chören mit einer primär gesellig-gesellschaftlichen Zielsetzung, wie etwa dem 1840 gegründeten Männerchor ›Bürgersängerzunft‹,[92] traten Vereinigungen mit primär künstlerischem Anspruch hervor: der von Ernst von Perfall gegründete ›Oratorienverein‹ der ›Lehrergesangsverein‹ und der ›Porgessche Chorverein‹. Der letztere hatte in den neunziger Jahren einen entscheidenden Anteil im Kampf gegen ein auf die Werke Richard Wagners und der Wiener Klassiker beschränktes Repertoire. Als Heinrich Porges 1891 mit seinem Chor ›La damnation de Faust‹ von Berlioz aufführte, wurde dies als Ende der »Periode des Stillstandes unseres Concertwesens« und als »Wiederaufschwung unseres Kunstlebens«[93] begrüßt. Tatsächlich begann in München erst in den neunziger Jahren aufgrund der Aufführungen des ›Porgesschen Chorvereines‹ eine ernsthafte Berlioz- und Lisztrezeption. Da manche »bombenfeste«[94] Wagnerianer gegen alle »Concertmusik«, also Instrumentalmusik, eingestellt waren, wurde die Liszt- und Berliozrezeption durch deren Chorwerke eingeleitet, und schon dies war schwierig genug; beispielsweise hob 1887 Oskar Merz ein Konzert des Wagner-Vereines mit Werken von Liszt als etwas Außergewöhnliches hervor: Liszt sei als der »andere der beiden eng befreundeten ›Umstürzler‹ todtgeschwiegen, zu einem guten Theile aber auch – todtmusiziert«[95] worden.

Der Sprung ins Großstadtmusikleben: Das ›Kaim-Orchester‹
Die entscheidenden Impulse zur Entstehung eines Großstadt-Musiklebens gab freilich Hofrat Dr. Franz Kaim. Geschah der Bau des Prinzregententheaters noch unter dem

Protektorat der Königsfamilie, so waren die von ihm organisierten Kaimkonzerte und das von ihm gegründete ›Kaim-Orchester‹ zunächst ein rein privates, dann nur von einigen Mäzenen, später auch von der Stadt München[96] unterstütztes Unternehmen. Wie beim Prinzregententheater vermischte sich auch hier Kommerzdenken und Kunstidealismus. Franz Kaim war von seinem Vater, dem Klavierfabrikanten Kommerzienrat Franz Kaim, 1888 nach München geschickt worden, um dort für den ›Kaim-Flügel‹ zu werben. Der Sohn glaubte, dies am besten durch von ihm veranstaltete Konzerte tun zu können. Die ›Kaim-Konzerte‹ waren anfangs reine Pianisten-Abende, in denen auswärtige, bisher hier unbekannte Künstler auftraten. Damit begann in München das Tourneewesen und die bisher sehr seltene Konzertgattung des Klavierabends, der man zunächst eher reserviert gegenüberstand. Noch 1903 schrieb Walter Niemann, es könne die »Benutzung nur eines Instrumentes, das bei aller Vollkommenheit doch der Ausdrucksfähigkeit der Menschenstimme ungemein nachsteht, an und für sich schon die Gefahr monotoner Gesamtwirkung hervorrufen«.[97]

Doch bereits in diesem Jahr gastierten in München so »berühmte Pianisten der Gegenwart« wie Eugen d'Albert, Frederic Lamond und Conrad Ansorge.[98] War das von Franz Liszt eingeführte Klavierrezital während des 19. Jahrhunderts noch an wenige künstlerische Ausnahmepersönlichkeiten gebunden, so wurde es um 1900 in allen deutschen Großstädten zu einem festen Bestandteil des Musikbetriebes.

Franz Kaim erkannte bald eine weitere Lücke in Münchens Musikleben: Es fehlte ein Konzertorchester. Die ›Musikalischen Akademien‹ des Hoforchesters, des bisher einzigen großen Orchesters in München, waren nicht nur aufgrund des Operndienstes, der Hauptaufgabe dieses Orchesters, zahlenmäßig eingeschränkt, sondern auch in ihrer Programmgestaltung etwas starr, machten bisweilen »Concessionen an den Geschmack des Publikums« und begnügten sich bei moderner Musik oft mit »Pro domo Predigten«.[99] Kaims Begründung für sein neues Orchester, es solle den Solisten der Kaim-Konzerte die Aufführung von Solokonzerten ermöglichen,[100] betraf nur den praktischen Zweck. Tatsächlich entstand nun, neben den wesentlich älteren Wiener Philharmonikern und kurz nach der Gründung der Berliner Philharmoniker, mit dem 1893 gegründeten ›Kaim-Orchester‹ erstmals in München ein Konzertorchester, das Abonnementkonzerte in München, Augsburg, Nürnberg, Frankfurt, Mannheim und Stuttgart durchführte,[101] sowie Tourneen ins Ausland[102] unternahm. Zu den ersten Dirigenten des Orchesters gehörten Hans Winderstein, Hermann Zumpe und Felix Weingartner. Schon 1895 wurde hauptsächlich mit den Mitteln der Familie Kaim die Tonhalle, der ›Kaimsaal‹, Ecke Türken- und Prinz-Ludwig-Straße erbaut, neben dem Odeon nun der zweite große Münchner Konzertsaal. Die Programme des ›Kaim-Orchesters‹ berücksichtigten neben dem klassischen Repertoire vor allem ›Novitäten‹. So begann Richard Strauss mit den zwei von ihm selbst geleiteten Konzerten im Oktober 1899 auch in München anerkannt zu werden.[103] Das ›Kaim-Orchester‹ gab 1900 mit der Münchner Erstaufführung der Zweiten Symphonie den Anstoß zu der beachtlichen, von ihm getragenen Mahlerrezeption während der Prinzregentenzeit, deren Höhepunkt die Uraufführung von Mahlers Achter Symphonie 1910 war. Unter Sigmund von Hausegger veranstaltete das ›Kaim-Orchester‹ »Moderne Abende«, die junge Komponisten der Öffentlichkeit vorstellten.[104]

Mit besonderem Engagement verfolgte Franz Kaim die Idee des »Volkskonzertes«, deren Verwirklichung um 1900 auch in anderen Großstädten auf verschiedenste Weise versucht wurde. Schon 1886 hatte Oskar Merz[105] gefordert, daß in München auch der »kleine Mann«, nicht nur die »oberen Zehntausend«, Konzerte besuchen können sollten, was in den sechziger Jahren in Dresden und Berlin bereits möglich war. 1897 wagte Kaim die »von den einen tollkühn, von den andern genial genannte Neuerung«[106] der Volkskonzerte zu billigen Eintrittspreisen. Sie lösten zumindest im musikalischen Bereich einen »Teil der sozialen Frage«,[107] überwanden den »Riß zwischen den oberen und unteren Klassen«,[108] und führten zu einer Vergrößerung des Publikums, wie es bisher noch nie der Fall gewesen war. In Leipzig waren offenbar 3000 Zuhörer keine Seltenheit.[109] Der Bau einer Musik-Festhalle für die Ausstellung ›München 1910‹ in Form eines Amphitheaters mit 4000 Sitzplätzen und einem Podium für 150 Orchestermitglieder und 800 Chorsänger wurde einerseits mit dem künstlerischen Ziel der »Massenwirkung« des »großen Apparates«, andererseits aber mit der ökonomischen Notwendigkeit eines Massenpublikums zur Finanzierung solcher Veranstaltungen begründet.[110] Mahlers ›Symphonie der Tausend‹, die hier im September 1910 uraufgeführt wurde, war die letzte kompositorische Konsequenz dieser Entwicklung: Aus den Volkskonzerten, die nach einem 1886 formulierten Ideal »auf das Volk im besseren Sinn des Wortes durch gute Musik bildend und veredelnd«[111] einwirken sollten, wurden Massenveranstaltungen des Industriezeitalters.

Das ›Kaim-Orchester‹ war als private Institution freilich lange nicht so stabil wie das Hoforchester. 1908 begann eine künstlerische und finanzielle Krise, die durch die Neugründung als ›Konzertverein München‹ und die Ablösung von Franz Kaim als künstlerischem Leiter überwunden wurde.[112] Franz Kaim, der sich damit von ›seinem‹ Orchester zurückzog, hatte als Einzelpersönlichkeit in München maßgeblich den Umbruch vom Musikleben einer Residenz- zu dem einer Großstadt bewirkt.

München und die Moderne

Mit der Gründung der ›Deutschen Vereinigung für alte Musik‹, deren erstes Konzert im November 1905 stattfand, wurde erstmals von Berufsmusikern alte Musik in »Originalbesetzung«[113] gespielt und über die Pariser ›Société de concerts des instruments anciens‹ hinausgehend die »stilvolle Belebung – nicht der Klangwirkungen alter Instrumente – sondern alter Musik«[114] angestrebt. Hierin zeigte sich aber auch in besonders konsequenter Form die Historisierung des Konzertlebens, die im ersten Jahrzehnt des 20. Jahrhunderts einsetzte, freilich schon durch die Münchner Mozartaufführungen und Dilettantenmusiker vorbereitet war.

Hand in Hand ging damit das Novitätenproblem. 1903 klagte Edgar Istel: »noch nie schmückten unsere Plakatsäulen so reaktionäre Konzertprogramme«;[115] 1905 blieb die Hofoper – »sicherlich erstmals seit ihrem Bestehen«,[116] wie Hermann Teibler schrieb, ohne »eigentliche Premiere«. Was war aus München geworden, von dem noch 1891 Ludwig Hartmann anläßlich der Erstaufführung des ›Cid‹ von Peter Cornelius feststellte, daß es neben Weimar »in streng künstlerischen Dingen den meisten Wagemuth«[117] besitze? Diese Frage bezieht sich nicht allein auf die Anzahl der Novitäten in den Konzertprogrammen, die nach 1905 deutlich abnahm, aber – verglichen mit der Zeit vor Wagners Münchenaufenthalt oder nach 1950 – doch immer noch relativ hoch war, sondern auch auf die Art der aufgeführten neuen Musik. Alle Uraufführungen der Münchner Oper während der Prinzregentenzeit blieben musikgeschichtlich folgenlos. Von den drei 1896 mit dem ›Luitpold-Preis‹ ausgezeichneten Opern – Ludwig Thuilles ›Theuerdank‹, Arthur Könnemanns ›Der tolle Eberstein‹ und Alexander von Zemlinskys ›Sarema‹ – die alle in den folgenden Jahren an der Hofoper uraufgeführt worden waren, konnte keine im Repertoire überleben. Was Oskar Merz 1897 anläßlich der Uraufführung von Thuilles ›Theuerdank‹ schrieb, gilt im wesentlichen für alle damals erfolgreichen Münchner Komponisten:

»Thuilles ›Theuerdank‹ ist zwar gewiß durchaus nicht etwa eine große, epochemachende Schöpfung, keine bahnbrechende, durch Eigenart überraschende Erscheinung im Gebiete der Oper. Aber das Werkchen bedeutet dafür die verständnisvolle Erschließung einer erfreulichen Etappe auf dem Wege unserer neuen Kunst – kein Weiterschreiten, sondern ein behagliches Verweilen.«[118]

Dieses »Verweilen« auf der Höhe der von Wagners Musik erreichten Stufe kennzeichnet auch so verschiedene Komponisten wie Victor Gluth, Max Zenger, Heinrich Vogl, Max von Schillings, Hans Pfitzner, Anton Beer-Waldbrunn, Adolf Sandberger und viele mehr der »Komponisten-Zentrale«[119] München. Als ›Münchner Schule‹[120] bestimmte diese Richtung vor allem über die ›Akademie der Tonkunst‹ Münchens Musikleben bis zum Ende des Zweiten Weltkrieges und darüber hinaus.

Ihr wesentliches Kennzeichen war – ausgehend von Richard Wagner – die Betonung der Harmonik, das Streben nach »harmonischer Farbigkeit« durch »Variierung der bereits in der Neuromantik vorgebildeten Techniken«.[121] Die im folgenden maßgebende ›Harmonielehre‹ von Ludwig Thuille und Rudolf Louis[122] stand »auf der Höhe der Zeit«, indem sie die Neuerungen von Wagner, Bruckner, sogar Richard Strauss theoretisch verarbeitete, hatte aber gleichzeitig einen »konservativen Zug«.[123]

Schon die Komponisten der musikalischen ›Moderne‹ überschritten die »mittlere Linie« der ›Münchner Schule‹. Richard Strauss, der sich noch 1907 zu den »Fortschrittlichen«[124] rechnete, gelang der Durchbruch als Opernkomponist nicht in München, wo bei der Uraufführung des ›Guntram‹ das Orchester wegen dieser »Gottesgeißel« in Streik[125] trat, sondern an der Dresdener Hofbühne, die nun die »Pfadfinderin«[126] des Neuen war: Hier erklangen erstmals ›Feuersnot‹ (1901), ›Salome‹ (1905), ›Elektra‹ (1909) und ›Rosenkavalier‹ (1911). Hier wurde Strauss zuerst als bedeutender Künstler anerkannt.[127] Münchens konservative Gesinnung zeigte sich zum Beispiel auch in der Weigerung des Hoforchesters, die französische Oboe zu blasen, wie es Richard Strauss[128] empfahl und wie es in Dresden schon geschah.[129] Die in München noch eingesetzte alte deutsche Reichenbächer-Oboe hatte zwar einen schöneren, herberen Klang, konnte aber manche Triller und chromatische Tonschritte der modernen Musik nicht ausführen.

Selbst die Kompositionen Max Regers, der vor allem durch seinen Schüler Joseph Haas später auf die ›Münchner Schule‹ einwirkte, stießen während Regers Münchner Zeit zwischen 1901 und 1907 auf die Ablehnung eines musikalischen »Cliquenwesens«,[130] das die Musik eines auf Brahms eingeschworenen Komponisten als zu intellektuell abtat,[131] und Gustav Mahlers Symphonien, von denen die Vierte und Achte vom ›Kaim-Orchester‹ uraufgeführt wurden, trafen etwa bei dem der ›Münchner Schule‹ angehörenden Musiktheoretiker und -kritiker Rudolf Louis auf Unverständnis.[132] Als aber 1908 am Hoftheater erstmals Debussys ›Pelléas et Melisande‹ aufgeführt wurde, schrieb der Kritiker Alexander Dillmann: »Die Salome von Richard Strauss ist ungefähr eine Haydn-Sonate an Einfachheit gegenüber der neuen Oper Debussys!«[133] Dillmann sah hier nur »mathematische Konstruktion« und kam zu dem Schluß, daß »der Eindruck des Abstoßenden, innerlich Fremden, wenigstens für ein gesundes Empfinden, der richtige, wenn auch nicht vielleicht der bleibende ist«.[134]

In der Prinzregentenzeit fehlte eine Persönlichkeit, die gegen den Widerstand der hauptsächlich konservativ gesinnten Münchner Musiker, Kritiker und Musikliebhaber Neues durchgesetzt hätte, wie dies König Ludwig II. für Richard Wagner unternommen hatte. So begann die Abkoppelung Münchens von der ›Neuen Musik‹, deren Zentrum nun Berlin wurde. Die Weigerung der ›Musikstadt‹ München in den Jahren um 1910, den »Traditionsbruch vorwärts«[135] der ›Neuen Musik‹ mitzuvollziehen, spiegelt freilich auch ein weiterhin bestimmendes musikalisches Bewußtsein wider: Historische Musik wird der jeweils zeitgenössischen Musik vorgezogen. München war in der Prinzregentenzeit von einer »Pfadfinderin« der ›Neuen Musik‹ zu einer des modernen Konzertbetriebes geworden. Die in der Prinzregentenzeit herausgebildeten Traditionen der Mozart- und Wagnerpflege, sowie die an ihrem Ende, 1910, einsetzende Richard-Strauss-Pflege bilden noch heute die wesentlichen Münchner Aufführungstraditionen.

IDEOLOGISCHE SCHLAGLICHTER

Schwabingmythos und Bohemealltag. Eine Skizze

Von Marita Krauss

»So geht mir doch mit der Behauptung, die Frau sei monogam! Weil Ihr sie dazu zwingt, ja! Weil Ihr sie Pflicht und Entsagung lehrt, wo Ihr sie Freude und Verlangen lehren solltet! ... Nun, Gott sei Dank, unsere christliche Gesellschaftsmoral hat sich mehr wie gründlich überlebt die letzten Jahrzehnte, die moderne Bewegung hat die junge Generation wieder etwas von der mutigen Freiheit des Heidentums gelehrt. Wir haben angefangen, die alten Gesetzestafeln zu zerbrechen.«

Franziska zu Reventlow[1]

Schwabing um die Jahrhundertwende – tausendfach beschrieben, besungen, beredet – steht heute schon längst nicht mehr für Provokation oder Bürgerschreck: dieses Schwabing hat sich vielmehr zum Abziehbild des künstlerisch überhauchten Idylls, zur Inkarnation der ›guten alten Zeit‹ entwickelt. Unzählige Memoiren und Berichte derjenigen, die damals einige Jahre zu den Schwabingern gehörten und die hier ihre später oft verklärte Zeit der ›jeunesse dorée‹ verbrachten, trugen das ihre zum Schwabing-Mythos bei;[2] der ehrfürchtige Schauer vor dem Ort künstlerischen Schaffens mischt sich dabei mit der Bewunderung für eine bestimmte Lebensform: für die Boheme.

Zweifellos war Schwabing in diesen Jahren ein Ort künstlerischer und geistiger Tätigkeit: In der Kaulbachstraße wurde die satirische Zeitschrift ›Simplicissimus‹ redigiert,[3] in der Türkenstraße trat das Kabarett der ›Elf Scharfrichter‹ auf;[4] Schwabing war Wohnviertel moderner Maler wie Wassily Kandinsky oder Paul Klee,[5] wichtiger Neuerer des Kunstgewerbes wie Wilhelm von Debschitz oder Hermann Obrist,[6] bürgerlicher Literaten wie Thomas Mann oder unbürgerlicher wie Frank Wedekind;[7] es lebten hier aber auch Anarchisten und Revolutionäre wie Erich Mühsam, Ernst Toller – und sogar Lenin.[8] Künstlertreffpunkte wie das ›Café Stefanie‹, das ›Café Leopold‹ oder der ›Simplicissimus‹ der Kathi Kobus gaben ihm sein besonderes Flair.

Vor allem aber galt Schwabing als deutsche Hauptstadt der Boheme, also einer unbürgerlichen oder sogar antibürgerlichen Lebensform, als das Babel der prüden wilhelminischen Gesellschaft. Hier lebte in den Tag hinein, wer es sich dank elterlicher Apanage leisten und durch universitäre oder künstlerische Ambitionen rechtfertigen konnte, hier war die freie Liebe zuhause, ja sogar das ›Hetärentum‹ – »zur Freude der Gottlosen, denen ein Sünder lieber ist wie 99 Gerechte«, wie sich Schwabings wohl berühmteste Chronistin, Franziska zu Reventlow, ausdrückte.[9] Sie wurde zum Inbegriff dieser Schwabinger Boheme: Eine norddeutsche Gräfin, die sich von den Konventionen ihrer Gesellschaftsschicht losgesagt hatte und nur noch ihrer Selbstverwirklichung als liebesfähige Frau und als Mutter eines unehelichen Kindes lebte. Durch ihre Romane, vor allem durch den Schlüsselroman ›Herrn Dames Aufzeichnungen oder Begebenheiten aus einem merkwürdigen Stadtteil‹[10] trug sie wesentlich zu dem Bild bei, das man sich gemeinhin von dem Schwabing dieser Jahre macht. Durch ihre engen Beziehungen zu den Schwabinger ›Größen‹ dieser Zeit, so zu dem Graphologen Ludwig Klages, den Literaten Karl Wolfskehl und Stefan George oder dem Theaterregisseur Otto Falckenberg, war sie in die großen und kleinen Geheimnisse eingeweiht, die hier das Leben bestimmten. Durch sie erhielt Schwabing seine Bezeichnung ›Wahnmoching‹ und Stefan George seinen Spitznamen ›Weihenstefan‹, sie war wesentlich beteiligt an der persiflierenden Zeitung ›Schwabinger Beobachter‹, und sie formulierte auch den ›Schwabing-Mythos‹:

Umschlagzeichnung von Alphons Woelfle (1913).

»Wahnmoching ist eine geistige Bewegung, ein Niveau, eine Richtung, ein Protest, ein neuer Kult oder vielmehr der Versuch, aus uralten Kulten wieder neue religiöse Möglichkeiten zu gewinnen ...«[11]

Diese Anspielung bezog sich auf die hier damals heftig diskutierte Wiederentdeckung des von Johann Jakob Bachofen formulierten und von Karl Wolfskehl neu herausgegebenen Buchs über Mutterrecht und Hetärenkult. Wolfskehl, George, Klages und Alfred Schuler, die ›Enormen‹ von Schwabing, die ›Runde der Kosmiker‹, erstrebten auf dieser Basis eine revolutionäre gesellschaftliche Neugestaltung im Sinne eines modernen Heidentums. 1904 brach diese Runde im heftigen Streit auseinander.[12]

Ein anderes Schwabing, eine Boheme ohne den Nimbus der ›besonnten Vergangenheit‹ zeigen Franziska zu Reventlows Tagebücher:

»Zu Falckenbergs übergesiedelt ... Komme abends in eine wüste und leere Wohnung, bei wahnsinniger Kälte, alles in bodenloser Unordnung, schmutzig und grauslich, das Wasser zugefroren, unheizbare Zimmer. Zu Klages, um Hilfe zu holen. Auch Suchocki kommt ... Badezimmer geheizt, soupieren vor Kälte bebend, sitzen dann noch im Badezimmer und wärmen uns.«[13]

Auch ihr Tagesablauf entspricht nicht unseren Vorstellungen von einem sorgenfreien Bohemeleben:

»In verfrorener Müdigkeit um halb sechs aufstehen, anziehen, heizen, Bübchen baden und füttern ... und dann das Schreiben den ganzen Tag dabei ... Die Wohnung ist kalt und tödlich feucht, jeden Morgen raucht es erst zwei Stunden. Deshalb heiz' ich ganz früh, damit es für Bubi wieder vorbei ist, immer Fenster auf.«[14]

Der ständige Kampf um etwas Geld macht ihr das Leben schwer. Meist arbeitet sie für den Albert Langen-Verlag an Übersetzungen aus dem Französischen; ein Verdienstbeispiel: Für 252 Seiten bekommt sie 192 Mark. Manchmal »frisiert« sie auch Witze für den ›Simplicissimus‹, pro Witz für drei oder fünf Mark; der Langen-Verlag druckt jedoch auch ihre ersten literarischen Arbeiten.[15] Neben ihren sonstigen Lebenskosten muß sie von solchen Geldern ihre Miete bestreiten, die beispielsweise 1897 50 Mark für ein Zimmer mit Mittagessen beträgt[16] – eine durchaus übliche Summe für das teilweise noch dörfliche Schwabing abseits der mondänen Leopoldstraße, in dem auch viele Arbeiter der Lokomotivfabrik ›Maffei‹ wohnten.[17]

Eine andere Einnahmequelle bildet für Franziska zu Reventlow die Gelegenheitsprostitution. Meist nutzt sie nur Chancen, die sich ihr bieten, manchmal geht sie aber auch gezielt auf die Suche oder arbeitet in einem ›Salon‹. Sie sieht das ganz pragmatisch:

»Ach, guter Gott, in Geschichten werfen sich sündige Mütter dann an der Wiege ihres Kindes nieder etc. Ich komme müde heim, bin froh, wenn ich etwas mehr Geld in der Tasche hab' und wieder bei meinem Bübchen bin. Aber daß er mir etwas übelnehmen sollte, wenn er groß wird und einen Einblick in die Abgründe tut, durch die seine Mutter gelegentlich wandelt – er möchte mir's eher übelnehmen, wenn ich ihn und mich verhungern ließe ...«[18]

Dennoch sagt sie selbst, sie betreibe die Sache mit zu viel »Dilettantismus« um einen »großen definitiven Coup zu machen«.[19] Auch lehnt sie es vehement ab, für finanzielle Sicherheit ihre Selbständigkeit aufzugeben und versucht immer, einen gewissen Stil zu wahren:

»Zwei Abende mit gutsituiertem Kavalier à 100 Mark ... die anderen waren recht übel und teils ziemlich erfolglos ... Wenn schon, dann nicht in diesem miesen kleinen Stil ... das ist dann schließlich doch eine Schande.«[20]

Dieser Lebensstil konnte nicht ohne bürgerliche Kritik bleiben. Sie schreibt selbst: »Eine Frau, die eine Vergangenheit und womöglich noch eine Gegenwart hat, ist vor der Gesellschaft gleich dem Manne, der im Zuchthaus gesessen ist.«[21] Von ihrer Familie und ihrem Mann verstoßen lebt sie jedoch ihr Leben ohne Rücksicht auf solche Beschränkungen. Wenn »alte Hausweiber« über ihren Einzug in eine neue Wohnung »krakeelen«, zieht sie sofort wieder aus.[22] Einem »Weib« gegenüber, das sich darüber aufregt, daß sie sich »schlecht, auffallend, bohème anzöge« und einen schlechten Ruf habe, wird sie arrogant[23] und für die Entrüstung des Schriftstellers Max Halbe über ein »Bacchanal« hat sie nur Spott übrig.[24] Sie erfährt jedoch oft auch die selbstverständliche Toleranz und Freundlichkeit der einfachen Münchner, so beispielsweise ihrer ehemaligen Hausmeistersleute, die ihr in Notsituationen beistehen und mit denen sie auch meist Weihnachten feiert.[25]

So sehr Franziska zu Reventlow das Bild von Schwabing prägte: Es gab genug wohlsituierte Privatgelehrte oder arrivierte Schriftsteller, die hier weder so unkonventionell, noch so ärmlich lebten wie sie: Karl Wolfskehl, Ludwig Thoma, Max Halbe und natürlich auch Thomas Mann gehörten zur privilegierten Wohnbevölkerung Münchens.[26] Wolfskehl bezahlte für seine Wohnung an der Leopoldstraße 150 Mark, also fast das Fünffache der Münchner Durchschnittsmiete,[27] ebenso Ludwig Thoma, der 1905, umsorgt von zwei Dienstmädchen, in einer Zehn-Zimmer-Wohnung residierte.[28] Max Halbe und seine Familie lebten in der Wilhelmstraße für 217 Mark;[29] seine beiden Dienstmädchen aber mußten, ebenso wie die Dienstboten im Haushalt von Thomas Mann in der Franz-Joseph-Straße 2, zusammen in einem nur etwas über elf Quadratmeter großen Raum schlafen.[30] Thomas Mann bewohnte mit Frau und Tochter eine Sieben-Zimmer-Wohnung mit Balkon und Badezimmer – im damaligen München höchster Luxus. Sein Biograph beschreibt diese Wohnung, die der reiche Schwiegervater dem jungen Ehepaar nach seinem eigenen Geschmack ausgestattet hatte:

»Professor Pringsheim hatte die Wohnung mit schönen alten Stücken aus dem berühmten Münchner Antiquitätenhaus Bernheimer eingerichtet. Im Salon stand ein neuer Stutzflügel, an dem Thomas Mann, wie Frau Katia sich erinnert, gern saß und ›aus Tristan phantasierte‹. Aus seiner Junggesellenwohnung hatte er außer seinen drei Empire-

293

Fauteuils nichts mitnehmen dürfen ... Der ›Novellist‹ hatte, ehe er sich's versah, einen mit goldenem und rosa Samt bezogenen Lehnstuhl erhalten und einen neuen Schreibtisch. Auf Frau Katias Schreibtisch hingegen stand später eine kleine Bronzeplastik eines Rehs, die er ihr zum Geburtstag geschenkt hatte.«[31]

Diese Welt hatte mit dem Schwabing der Franziska zu Reventlow auch schon gar nichts gemein. Thomas Mann selbst grenzte sich früh deutlich von dieser Boheme ab:

»Ich bin ein Mensch von Erziehung, ich trage saubere Wäsche und einen heilen Anzug und finde schlechterdings keine Lust dabei, mit ungepflegten jungen Leuten an absinthklebrigen Tischen anarchistische Gespräche zu führen.«[32]

Es gab also durchaus eine mehrstufige Gesellschaft im angeblich so klassenlosen intellektuellen Schwabing der Jahrhundertwende. Auf der untersten Ebene dieser Pyramide lebte das ›kreative Proletariat‹: arme Maler und Malerinnen, noch unentdeckte Genies und Dilettanten; sie bezahlten für ihre Atelierräume, die meist aus einem Atelier und einem kleinen Zimmer bestanden, zwischen 30 und 50 Mark Miete monatlich.[33] Ihr Lebensstandard unterschied sich kaum von dem der in Schwabing wohnenden Arbeiter. Etwas mehr besaßen die Studenten der Universität oder der Akademie der bildenden Künste, die einen monatlichen Scheck von zuhause erhielten, der wenigstens ihre laufenden Kosten deckte. Der mittlere Bereich der Verdienenden umfaßte wohl vor allem die bei Verlagen, Zeitungen oder der Universität fest Angestellten. Darüber thronten die Arrivierten wie Thomas Mann oder Max Halbe, die »Spitzen der Gesellschaft«, wie sie Franziska zu Reventlow ironisch bezeichnete.[34] Im Olymp ihrer großen eigenen Häuser, Schwabing weit entrückt, arbeiteten die Malerfürsten Franz von Lenbach oder Franz von Stuck.[35]

›Bohème‹ waren also keineswegs die Bekannten und Berühmten; es war vielmehr die Lebensform einer weitgehend mittellosen Gruppe, die ihr Leben jenseits der Regeln der bürgerlichen Gesellschaft zu leben versuchte. Der Alltag war für sie oft hart. Den Ausgleich bildeten excessive Feste, ausschweifende Fröhlichkeit und intensive geistige Auseinandersetzung mit den neuen Strömungen der Zeit; auf diese Gruppe bezog sich der ursprüngliche Schwabingmythos. Wie ein Ring legte sich um diese unbürgerlichen und künstlerischen Menschen die Heerschar der ›Möchtegern-Bohemiens‹, die dort dabeisein wollten, wo es ›schick‹ ist; sie pflegen den Schwabingmythos bis heute weiter.

»*Sehen Sie, Fräulein, es giebt zwei Arten von Malerinnen: die einen möchten heiraten und die anderen haben auch kein Talent.*« Zeichnung von Bruno Paul. Simplicissimus 1901, Nr. 15, S. 117

›Lebensreform‹ und ›Heimatschutz‹

Von Arne Andersen und Reinhard Falter

Fortschrittsgläubigkeit und Technikbegeisterung erfaßten in den ersten Jahrzehnten nach 1850 weite Teile des Bürgertums. Die Reichsgründung von 1871 etablierte den seit langem erstrebten Nationalstaat und zugleich einen einheitlichen Wirtschaftsraum; die Produktion wuchs, und innerhalb weniger Jahrzehnte war das Kaiserreich zum politisch, militärisch und vor allem wirtschaftlich mächtigsten Staat auf dem Kontinent emporgestiegen, der sich zudem anschickte, sich einen Platz als Weltmacht zu sichern. Die Entwicklung vom Agrar- zum Industriestaat führte zur Bildung industrieller Zentren. Die Zahl der großen Städte über 100 000 Einwohner wuchs von fünf im Jahr 1851 auf 48 im Jahr 1910.

Die Faszination, die neue Techniken und Produktionsverfahren auslösten, war nicht auf Deutschland begrenzt. Die seit 1851 stattfindenden Weltausstellungen demonstrierten Erfindungsgeist und den Willen, sich die Erde mit bisher nicht gekannten Mitteln untertan zu machen. Gleichzeitig griffen die technischen Neuerungen in das tägliche Leben ein und veränderten es entscheidend. Eisenbahnen, Gasbeleuchtung, zentrale Wasserversorgung, Elektrizität stehen für eine Vielzahl technischer Entdeckungen und Erfindungen.

Es gab berechtigten Anlaß, auf das Erreichte stolz zu sein und erwartungsfroh in die Zukunft zu sehen, doch zugleich wurden auch die Schattenseiten der Entwicklung deutlicher: Die Arbeiterschaft meldete ihre Ansprüche auf ein menschenwürdigeres Leben an und gefährdete mit ihrer wachsenden Macht die bürgerliche Ordnung. Traditionelle Wertvorstellungen und Familienformen gingen verloren, die Basis der bürgerlichen Kultur schien in Gefahr. Darüber hinaus machten sich die Spuren der Industrialisierung auch im Landschaftsbild und im Alltagsleben bemerkbar. Die Städte wuchsen – während die Arbeiter vom Land in die Stadt ziehen mußten, flohen diejenigen, die es sich leisten konnten, zumindest am Sonntag hinaus ins Grüne. Das Unbehagen inmitten rauchender Schlote, verschmutzter Flüsse und grauer Mietskasernen wuchs.

Im Bürgertum war die Kombination aus Begeisterung über erreichten Fortschritt und Kritik an dessen Folgen nicht neu. Neuartig war vielmehr – etwa im Gegensatz zur Romantik, für die Industrie und Technik noch kein entscheidendes Thema bildeten – die Auseinandersetzung mit der Industrie und dem mit ihr verbundenen Wirtschaftssystem, das sich in den Jahren ab 1850 durchgesetzt hatte. So gab es hauptsächlich in der bürgerlichen Mittelschicht zahlreiche Skeptiker, die die zunehmende Industrialisierung und die mit ihr einhergehende Zerstörung der bestehenden Landschaft und Natur kritisch betrachteten und die daher versuchten, alte Lebensformen zu bewahren oder neue zu entwickeln. ›Heimatschutz‹ und ›Lebensreform‹ waren die Schlagworte, unter denen sich eine Vielzahl von Bewegungen zusammenfassen läßt. Wenn sie auch um 1900 breiten Kreisen der Bevölkerung geläufig waren, so ist die Bedeutung der einzelnen Reformbestrebungen doch wenig erforscht.[1] Hinzu kommt, daß sich gerade in München unter dem Mantel der ›Lebensreform‹ die unterschiedlichsten Gruppierungen und Personen sammelten, von Impfgegnern bis zur Gartenstadtbewegung, der Aussteiger Karl Wilhelm Diefenbach[2] ebenso wie der Pazifist Ludwig Quidde.[3]

Lag der Schwerpunkt dieser Strömungen vor der Jahrhundertwende im Bereich des Vegetarismus, des Vivisektions- (Tierversuchs-) und Impfgegnertums, der Naturheilkunde, des ›Lichtbadens‹ (FKK) sowie der Wasserkuren und damit vielfach im Streit mit der Schulmedizin sowie deren hygienischer Disziplin, so gewannen nach der Jahrhundertwende die Gartenstadt- und die Bodenreformbewegung an Bedeutung. Diese zweite Phase ist in München wesentlich ausgeprägter, während es bei den Bewegungen der frühen Lebensreform eine im Vergleich zu anderen Städten eher marginale Rolle einnimmt. Die ›Vegetarische Rundschau‹ berichtete immer wieder darüber, wie schwer es beispielsweise Vegetarismus und Antialkoholismus in der ›Bierstadt München‹ hatten. Auch die Freikörperkultur spielte hier bis zum Ersten Weltkrieg keine Rolle; vermutlich waren die Bindungen an den Katholizismus zu ausgeprägt, um der Bewegung zu mehr Erfolg zu verhelfen. Reichsweite Bedeutung erlangten aber die Münchner Vivisektionsgegner unter Quidde und die Impfgegner unter Heinrich Molenaar.[4] Zwei Bewegungen seien hier nun ausführlicher vorgestellt: die Bemühungen um eine Gartenstadt München und der ›Heimatschutz‹.

Die Bemühungen um eine Gartenstadt München

Die Gartenstadtbewegung erwuchs aus der Kritik am Leben in einer modernen Großstadt,[5] bei der hygienische, ästhetische und sozialpolitische Gesichtspunkte eine Rolle spielten. Der erste Vorschlag für ein ›Gartenmünchen‹ tauchte im Mai 1908 in einem Vortrag Max von Grubers über ›Wohnungsnot und Wohnungsreform in München‹ in einer Versammlung des Mietervereins auf.[6] Als möglichen Ort nannte Gruber bereits in den ›Münchner Neuesten Nachrichten‹ vom 1. Juli 1908 den Perlach-Grünwalder Staatsforst. Sein Ziel war nicht ein »Spekulationsunternehmen, das den edlen Namen für ein alltägliches Geschäft bloß stiehlt«, sondern »die Einleitung einer neuen Ära gesunden und glücklichen

Wohnens der breiten Masse unseres Stadtvolks auf einem Boden, der aufgehört hat, das Mittel zur Erpressung mühelosen Gewinns zu sein«.[7] Am 20. März 1909 wurde ›Freiland, Baugenossenschaft für Kleinhäuser‹ gegründet. Die Verbandszeitschrift konnte ein sehr lebendiges Interesse melden, was angesichts der in München herrschenden Wohnungsnot nicht verwunderlich war. Ein Jahr später traten Hans Eduard von Berlepsch-Valendas und Hansen mit ersten Entwürfen an die Münchner Öffentlichkeit. Danach sollten 31 000 Menschen auf 165 Hektar Land angesiedelt werden.[8] Bei der im Plan gezeigten Aufteilung entfielen auf Straßen, Plätze und öffentliche Gebäude rund 40 Prozent, auf mit Kleinwohnungen überbaute Fläche über 14 Prozent und für Gärten etwa 45 Prozent des Gesamtgeländes. Das Gesamtverhältnis von überbauter Fläche zu Gärten – unter Ausschaltung von Straßen, Plätzen und ähnlichem – betrug rund 28 zu 72 Prozent. Jede Familie kam demnach auf einen Gartenanteil zwischen 80 und 150 Quadratmeter.[9] Bei der Aufteilung des Geländes sollte besonders darauf Rücksicht genommen werden, daß die Häuser durch möglichst viele Südwest- und Südfronten reich besonnt wurden. Das Gebiet des Perlacher Staatsforstes sah man deshalb als besonders geeignet an, da es die einzige große zusammenhängende Fläche war, die sich »nicht schon in den Händen von Terraingesellschaften« befand. Insgesamt hielt Hermann Schmidt, einer der Propagandisten der Gartenstadt, die Aussichten für das Projekt und für die Aufnahme der Gartenstadtidee bei den Münchnern für günstig: »Wir haben so schlechte Wohnungsverhältnisse, wie irgendwo, wir haben eine Bevölkerung, die den Sinn für Natur noch keineswegs verloren, wir haben große Gewerbebetriebe, welche ebensogut hinausverlegt werden können ... und nicht zuletzt haben wir auch eine prächtige Umgebung.«[10]

Deshalb sollte die Gartenstadt genossenschaftlich organisiert und ein Eigentumsanteil auch für Arbeiter erschwinglich sein. Allerdings sah auch Schmidt schon voraus, daß die hohen Erschließungskosten und das Fällen eines Teils des kostbaren Baumbestandes zu Hinderungen und Kritik führen würden.

Die Entflechtung großer Städte galt als Chance für ein naturnäheres Leben. Berlepsch-Valendas erwartete, daß die Gartenstadt besonders von Menschen angenommen werden würde, die einer – wie auch immer gearteten – Lebensreform positiv gegenüberstanden: »Der Städter kauft Brot, Gemüse, Blumen, ohne sich Rechenschaft darüber zu geben, welche Prozesse bis zum Gebrauch vorausgingen. Er ist Konsument, Händler. Eine Gartenstadt-Bevölkerung muß wieder Intelligenzen hervorbringen, die der Erde Kraft in wachsendes blühendes Leben umsetzen und unter diesem Bestreben sich selbst veredeln.«[11]

Aus diesem Grund sprach er sich auch gegen eine Schwemmkanalisation aus, die wertvollen Dünger verschenke: »Der hoffentlich in umfangreichem Maße sich entwickelnden Gartenkultur muß die Nutzbarmachung natürlicher Dungstoffe, schon der mageren Erdkrume halber, unbedingt vorbehalten werden. Verpestung der Luft ist nicht zu befürchten, wo Wind und Sonne bei genügend weiter Bauweise ausreichend für Desinfektion und Erneuerung sorgen.«[12]

Dabei stellte er jedoch keineswegs die Schwemmkanalisation als hygienischen Fortschritt in der Stadt grundsätzlich in Frage.

Die Realisierung ließ auf sich warten; dennoch bemühte sich die ›Münchner Gartenstadtgesellschaft‹, in Veranstaltungen bei den Gewerkschaften, dem ›Allgemeinen Münchner Mieterverein‹, dem ›Bund der deutschen Bodenreformer‹ sowie dem ›Bayerischen Landesverein zur Förderung des Wohnungswesens‹ für das Projekt zu werben. Dabei gingen die Gartenstadtverfechter mit der Politik der Stadt scharf ins Gericht: So kritisierte Graf Törring-Jettenbach beim Landesverein, daß die Stadt nicht die notwendigen Grundstücksflächen sichere; sie überlasse vielmehr mögliche Gebiete lieber gewinnorientierten Terraingesellschaften, obwohl sich das Finanzministerium vorläufig bereit erklärt habe, 100 Hektar abzutreten.[13] Die bayerische Regierung, besonders Staatsminister Friedrich von Brettreich, sprach sich von seiten des Staates für eine Förderung der Gartenstadtbewegung aus.[14]

Da mit einer vernünftigen Schnellbahnanbindung beim Projekt Perlach nicht zu rechnen war, wurde als Alternative Forstenried erwogen. Eine bereits projektierte Staatseisenbahnlinie zum Ostufer des Starnberger Sees hätte eine ideale Verbindung zum Stadtzentrum bedeutet. Doch auch hier war die Finanzierung, trotz der Spende eines Unbekannten von 30 000 Mark, 1912 noch lange nicht gesichert. Solange jedoch weder in Perlach noch in Forstenried die Frage der Verkehrsanbindung geklärt war, konnte an einen Baubeginn der Gartenstadt weder hier noch dort gedacht werden, obwohl Reichsrat Theodor Cramer-Klett für den Bau des neuen Stadtviertels 200 000 Mark zur Verfügung stellen wollte. Staat und Gemeinden weigerten sich weiterhin, die hohen Kosten eines Bahnbaus, der nur »einer beschränkten Zahl von Bewohnern einer solchen Gartenstadt zugute kommen würde«,[15] zu übernehmen. An der Zahl könne es doch wohl nicht liegen, vermutete die Gartenstadt-Gesellschaft, denn 30 000 seien doch eine erhebliche Anzahl: »Offenbar stehen hier ganz andere Hindernisse im Weg.«[16] Welche dies gewesen sein könnten, ist nicht mehr ersichtlich, sie wurden auch von den Gartenstadt-Befürwortern nicht benannt.[17]

Schließlich zog im Jahr 1913 Freiherr Cramer-Klett seine versprochene Stiftung wieder zurück mit der Begründung, daß die Verkehrsverwaltung bisher nichts unternommen habe, was die Realisierung des Projektes näherrücken lassen würde.

1914 wurde wieder die Perlacher Version favorisiert, mit einer Station ›Perlacher Forst‹ an der Strecke München-Großhesselohe-Deisenhofen. Wie Max von Gruber mitteilte, hatte Verkehrsminister Lorenz von Seidlein einen geeigneten Fahrplan sicherstellen wollen[18] und König Ludwig III. die Aufhebung des Leibgeheges im Perlach-Grünwalder

Forst angeordnet.¹⁹ Der Kriegsausbruch hat die Ausführung dann jedoch ganz vereitelt.

Damit war die genossenschaftliche Gartenstadt in München gescheitert. Die wirklichen Gründe dafür sind schwer auszumachen, es waren vermutlich die allgemeinen lokalen Bedingungen – in erster Linie ein nicht rasch genug entwickeltes Regionalverkehrsnetz –, die der Durchführung im Wege standen. Die Gartenstadtidee war jedoch prinzipiell als städtebauliche Alternative in das Industriesystem integrierbar, eine grundsätzliche Kritik am industriellen Kapitalismus²⁰ stellte sie – wie viele andere Lebensreformbewegungen – genausowenig dar wie eine politische am damaligen Staat.

›Heimatschutzbewegung‹

Die fortschreitende Zerstörung von Landschaft und Natur durch Industrialisierung und Technisierung führte um die Jahrhundertwende verstärkt zu Bemühungen, die Natur zu erhalten.²¹ Als einer der bedeutendsten Vorkämpfer des Naturschutzgedankens galt Hugo Conwentz. Er war im Anschluß an eine Debatte im Preußischen Abgeordnetenhaus zur ›Errichtung von Nationalparks‹ von der Preußischen Regierung 1898 beauftragt worden, eine Denkschrift über die Erhaltung der Naturdenkmäler zu erstellen.²² Während der eigentliche Begründer der Heimatschutzbewegung, der Musiker Ernst Rudorff, keinen anderen Ausweg für Heimat- und Naturschutz sah als den romantischen Blick zurück in eine feudale und agrarische Gesellschaft,²³ ging es Conwentz von Beginn an um einen Kompromiß mit der Industrie, deren übermächtige und zukunftsweisende Bedeutung er anerkannte. Das Ergebnis war die enge Zusammenarbeit zwischen Heimatschutzbewegung und staatlichen Stellen. Daß sie dennoch zumindest vor dem Ersten Weltkrieg als ›Alternativbewegung‹ anzusehen war, lag an ihrer Kritik am absoluten Fortschrittsglauben und der vorherrschenden Technikbegeisterung.

Als einer der Begründer der bayerischen und der Münchner Heimatschutzbewegung galt Wilhelm Heinrich Riehl. Seine Fortschritts- und Großstadtfeindlichkeit war eng mit einer Agrarromantik gekoppelt, die sich an den Besitzstrukturen des Feudalismus ausrichtete. Schon 1851 trat er mit seiner Zivilisationskritik an die Öffentlichkeit: »Jede Großstadt will eine Weltstadt werden, das heißt uniform allen anderen Großstädten, selbst das unterscheidbare Gepräge der Nationalität abstreifend.«²⁴ Dem setzte er die Idylle des Waldes gegenüber: »Brauchen wir das dürre Holz nicht mehr um unseren äußeren Menschen zu erwärmen, dann wird dem Geschlecht das grüne, in Saft und Trieb stehende zur Erwärmung seines inwendigen Menschen umso nötiger sein ... Der Wald allein läßt uns Culturmenschen noch den Traum einer von der Polizeiaufsicht unberührten persönlichen Freiheit genießen, man kann da doch wenigstens noch in die Kreuz und Quere gehen nach eigenem Gelüsten ... Was helfen den Engländern ihre liberalen Gesetze, da sie nur eingehegte Parks, da sie kaum noch einen freien Wald haben.«²⁵

Die Riehlsche Zivilisationskritik war jedoch nicht mit politischen Vorstellungen verbunden, die eine Änderung der von ihm kritisierten Zustände hätten bewirken können; zu diesem Zeitpunkt zeichnete sich die gesellschaftliche Entwicklung zu einem modernen Industriestaat aber auch erst schemenhaft ab. Die Verwandlung Deutschlands von einem Agrar- in einen Industriestaat verdrängte die ›radikale‹ Linie in der Naturschutzbewegung – ohne daß sie gänzlich aufhörte zu existieren – zugunsten einer anderen, auf Kompromissen aufgebauten.²⁶ Dennoch wuchs das Bewußtsein für die zunehmende Zerstörung von Landschaft und Natur. Einer der führenden Münchner Vertreter des Heimatschutzgedankens, Max Haushofer, Professor an der Technischen Hochschule München, beschrieb diesen Prozeß so: »Auf alle diese Zustände und Erscheinungen konnten die wahren Freunde der Natur erst aufmerksam werden, seit im Laufe des neunzehnten Jahrhunderts der Spielraum des Naturgenusses sich so sehr verengert hat.«²⁷

Im Mittelpunkt der Arbeit der Naturschützer standen um 1900 die Bemühungen, Einzelobjekte, Naturdenkmäler sowie gefährdete Pflanzen und Tiere zu schützen. Eine ökologische Gesamtkonzeption war ebensowenig zu erkennen wie eine deutliche Frontstellung gegen den industriellen Kapitalismus. So entstand 1900 auf einer Versammlung des Alpenvereins in Straßburg mit dem ›Verein zum Schutz und zur Pflege der Alpenpflanzen‹ der erste Naturschutzverband; er setzte sich für die Erhaltung der Alpenflora durch Errichtung von Pflanzschonbezirken und Alpenpflanzgärten ein.²⁸

Der ›Isartalverein‹

Für die Residenzstadt gewann der 1902 durch Gabriel von Seidl gegründete ›Verein zur Erhaltung der landschaftlichen Schönheiten in der Umgebung Münchens, besonders des Isartals‹, der ›Isartalverein‹, entscheidende Bedeutung. Anlaß für seine Gründung waren die Pläne, die Isar im Süden der Stadt, unterhalb der privaten ›Isarwerke‹, zur Stromgewinnung in städtischer Regie zu kanalisieren. Das Wildflußtal der Isar war schon damals ein Hauptanziehungspunkt für Erholungssuchende, Naturfreunde und nicht zuletzt Künstler. In einem ersten Flugblatt des Vereins hieß es dazu: »Durch die mächtig emporstrebende industrielle Entwicklung, durch die gewaltige ungeahnte Entwicklung der Großstadt droht dieser Perle Münchens große Gefahr.«²⁹

Zum Schutz erwarb der Verein 1904 ein größeres Gelände an der Isar bei Großhesselohe, um es von Bebauungen freizuhalten. Die Pläne zur Kanalisierung versuchte der ›Isartalverein‹ zunächst ganz zu Fall zu bringen und nutzte seine guten Beziehungen zum Innenministerium – der Minister war selbst Gründungsmitglied –, um die notwendigen Genehmigungen zu verzögern. Bereits im Sommer 1904 war allerdings die öffentliche Meinung zuungunsten der Bemühungen des ›Isartalvereins‹ umgeschlagen, so daß dieser sich

Ideologische Schlaglichter

Im Isarthal

»Jazt soll mar gar auf dös Sonn- und Feiertagsgsindel a no aufpassen, daß mar eahna d'Naturschönheit'n nöt verbaun! Dö thats freu'n, wenn s' auf an Bod'n rumtapp'n kunnt'n, wo der Quadratschuach 20 Mark kost!« Zeichnung von Josef Benedikt Engl. Beiblatt des Simplicissimus, Jg. 7, Nr. 6

genötigt sah, gegen die Vorwürfe genereller Technikfeindlichkeit und Behinderung städtischer Interessen Stellung zu beziehen.[30] Die Stadt zeigte mit ihrer im November 1904 erlassenen ortspolizeilichen Vorschrift zur ›Erhaltung der landschaftlichen Schönheiten des Isartales‹, die Industriesiedlungen im Flußtal an die Anforderungen der »heimatschützerischen Ästhetik« band, ihre Bereitschaft zum Kompromiß. Demnach waren grundsätzlich Industriesiedlungen und auch das Wasserkraftwerk möglich, es wurden lediglich landschaftspflegerische Maßnahmen verlangt.[31] Der Verein ging auf diesen Kompromiß, der für ihn eher einer Kapitulation gleichkam, ein und konzentrierte sich ab Dezember 1904 auf Detailkorrekturen am Kanalisierungs- und Kraftwerksprojekt. Er konnte so jedoch lediglich eine, dem natürlichen Flußlauf nachempfundene, gekurvte Linienführung der Kanäle durchsetzen. Die Stadtverwaltung hatte, wie ein Briefwechsel zwischen dem Magistratsrat Heinrich Schlicht und Gabriel von Seidl belegt, offenbar erheblichen Druck auf den ›Isartalverein‹ ausgeübt, um ihn von seiner grundsätzlichen Kritik gegenüber dem Kraftwerksprojekt abzubringen; so heißt es dort: »Entweder der Isartalverein geht mit uns und traut uns soviel Verständnis für unsere eigenen Interessen zu, daß wir die Sünden der Isarwerke nicht nachmachen, oder er beharrt auf seinem Standpunkt und wir sagen uns auf das Schärfste von ihm los.«[32]

Leider heißt es im Antwortschreiben Seidls lapidar: »Über alles dieses läßt sich besser mündlich verkehren«, und er fährt einlenkend fort, »daß nicht Widerstand unsere Tätigkeit ist, sondern Anregung und Studium«.[33] Diese nachgiebige Haltung ist verständlich, waren doch der Innenminister und fast die gesamte Stadtspitze Münchens Mitglieder des Vereins. Die Haltung »Landschaft ja, Industrie aber auch« entwickelte sich zur Handlungsmaxime des ›Isartalvereins‹. Der angelegte, aber nicht ausgetragene Konflikt mit der Stadt wurde seitens des Vereins nie aufgearbeitet, der »Kompromiß« als Erfolg verkauft: »Man lade für die Zerstörung des jungfräulichen Zaubers des Isartals nicht einzelnen die Schuld auf, die neue Zeit wollte dort Einzug halten und ihr mußte geöffnet werden.«³⁴ Auf die notwendigen Auseinandersetzungen sowohl mit der Industrie wie mit der Stadtverwaltung hatte der Verein verzichtet; so verspielte er seine Chance, aktiv gegen den menschlichen Mißbrauch der Natur tätig zu werden. Seine eigene Beschreibung zum fünfundzwanzigjährigen Jubiläum im Jahr 1927 verdeutlicht dies: »Der Isartalverein ist, um dies noch einmal zu betonen, kein Kampfverband, er wollte es nie sein.«³⁵ Vom Kampf um die Erhaltung des ursprünglichen Isartales blieb ein Wanderwege anlegender Verschönerungsverein übrig, der Auseinandersetzungen vermied.

Obwohl sich die Stadt darum bemühte, Heimat- und Naturschutz in eine Politik zu integrieren, die sich am wirtschaftlichen und technischen Fortschritt ausrichtete, entsprach dies nicht der Gesamtlinie städtischer und staatlicher Industriepolitik. So hieß es in einer Ministerialentschließung vom März 1914 über die bayerische Naturschutzpolitik: »All diese Bemühungen müssen pfleglicher, nicht polizeilicher Art sein. Das Ziel ist, in den Beteiligten Heimat- und Gemeinsinn zu stärken.« Dabei seien »jeweils auch die wirtschaftlichen Bedürfnisse in tunlichstem Ausgleich der Interessen zu berücksichtigen«.³⁶

Der ›Landesausschuß für Naturpflege‹

Zusammen mit 82 wissenschaftlichen, touristischen und anderen Vereinen hatte die Sektion München des ›Alpenvereins‹ 1904 in einer Eingabe an die zuständigen Ministerien einen weitgehenden gesetzlichen Naturschutz gefordert, der »Naturdenkmäler nötigenfalls zwangsweise in das Eigentum des Staates« stellen sollte.³⁷ Diese Forderung nach Enteignung ging der bayerischen Staatsregierung entschieden zu weit, denn sie war der Meinung, daß die dabei entstehende Entschädigungsfrage nicht zu lösen sei.³⁸ Der zuständige Ministerialrat im Innenministerium, Friedrich Englert, mußte jedoch laut Hugo Conwentz zugeben, daß »seit dem großen, industriellen Aufschwung der siebziger Jahre der Kampf mit der Natur ein heftigerer geworden«³⁹ sei. In einer Referentenbesprechung der beteiligten Ministerien Ende Dezember 1904 einigte man sich darauf, interessierte Organisationen einzuladen, um ein sachverständiges Gremium zu bilden, das der Regierung zur Seite stehen könne.⁴⁰ Gleichzeitig legte man hier den Rahmen fest, in dem sich die Arbeit dieses Gremiums bewegen durfte. Als »zu schützende Gegenstände seien festgestellt worden diejenigen Naturgebilde, deren Erhaltung einem hervorragenden idealen Interesse der Allgemeinheit entspreche. Als solche idealen Interessen seien hauptsächlich wissenschaftliche und künstlerische zu betrachten ... Dabei werde es sich aber keineswegs darum handeln, die wirtschaftlichen Interessen den idealen Bestrebungen aufzuopfern; vielfach werde es sich vielmehr – z. B. durch entsprechende Änderungen von Projekten für gewerbliche Anlagen – ermöglichen lassen, den idealen Interessen ohne Benachteiligung der wirtschaftlichen Zwecke Rechnung zu tragen.«

Damit nahm die Bayerische Staatsregierung eine richtungsweisende Bestimmung des Verhältnisses von Ökonomie zu Ökologie vor, die in Deutschland bis in die sechziger und siebziger Jahre unseres Jahrhunderts Bestand hatte: ›Naturschutz‹ oder ›Heimatschutz‹ habe sich den Interessen der Wirtschaft anzupassen; neue Industrien sollten jedoch danach trachten, die Bauwerke ihrer historischen und landschaftlichen Umgebung anzupassen. Damit hatte man der industriellen Naturvernutzung Tür und Tor geöffnet.⁴¹

Unter dieser Prämisse lud Minister Maximilian von Feilitzsch dann im Februar 1905 neben dem ›Alpenverein‹, dem ›Verein für Naturkunde‹, Vertretern der Künstlervereinigungen und etlicher wissenschaftlicher Gesellschaften auch den ›Verein Deutscher Ingenieure‹ (VDI) zu einer Zusammenkunft im Innenministerium ein. An diesem Treffen und dem daraufhin im Oktober konstituierten ›Landesausschuß für Naturpflege‹ (LAN) ist mehreres bemerkenswert: Zunächst fällt die heterogene Zusammensetzung der beteiligten Organisationen auf. Von keiner Seite wurde die Teilnahme des ohne Zweifel industrienahen ›VDI‹ kritisiert. Sein Vertreter, Dr. Theodor Lechner, bemerkte selber, »es liege ein scheinbarer Widerspruch darin, daß der VDI in der heutigen Besprechung vertreten sei«.⁴² Offenkundig genossen diejenigen, die Fabriken und Maschinen projektierten, nicht den allerbesten Ruf bei den Naturschützern. Diese bemühten sich aber, keinen Widerspruch zwischen Naturerhaltung und industrieller Entwicklung entstehen zu lassen; es galt vielmehr, den universellen Fortschrittsmythos des Industriesystems mit einer unverwechselbaren heimatlichen, deutschen Note zu versehen, um das industriekritische Bildungsbürgertum stärker an sich zu binden.⁴³ Gabriel von Seidl begrüßte die Teilnahme von Ingenieuren bei dem Treffen, denn sie seien notwendig, um beispielsweise Wasserkraftanlagen der Natur einzupassen. Er hatte damit von vornherein vor den Interessen der Energie- und Wasserwirtschaft kapituliert. Naturschutz war auf eine ästhetische Komponente zurückgedrängt worden.

Bei der Zusammenkunft sprachen sich die Ingenieure ganz im Sinne ihrer Arbeitgeber gegen administrative Maßnahmen aus. Auch die Vertreter des ›Architekten- und Ingenieurvereins‹ betonten, daß sich mit gesetzgeberischen Maßnahmen schwerlich etwas erreichen lasse, »vor allem sei es notwendig, daß das Gewissen der Bevölkerung geschärft werde«. Dies war unter allen konsensfähig.⁴⁴ Die Zusammensetzung des ›LAN‹ bedeutete den Kompromiß zwischen den Interessen der Industrie – vertreten durch die Ingenieure – und denen der Naturschützer. Aufgabe der Behörde sei es, so der Regierungsvertreter Englert, zwischen den widerstreitenden Belangen zu vermitteln. War also real der ›LAN‹ schon ein Kompromißorgan, so wollte die Bayerische Staatsregierung zwischen Industrieanliegen und Anliegen des Kompromißorgans ›LAN‹ nochmals einen Kompromiß finden.

Dennoch war in der Namensgebung des ›Landesausschusses für Naturpflege‹ zu erkennen, daß es Kräfte gab, die ein zu enges Verständnis von Naturschutz als Naturdenkmalpflege ablehnten und einen umfassenderen Naturschutz beabsichtigten. Damit grenzte man sich offenbar auch gegen die preußischen Bestrebungen der von Conwentz geleiteten ›Staatlichen Stelle für Naturdenkmalpflege‹ ab. Dieser Begriff »eigne sich zwar für zoologische, botanische, geologische Gebilde, welche das Denken der Menschen an frühere Zeiten anregen; es passe jedoch nicht auf andere Dinge, die man hier im Auge habe, z.B. auf eine schöne Landschaft, die lediglich einen Gegenstand der Beschauung bilde, ohne notwendigerweise Erinnerungen wachzurufen«.[45] Doch auch bei dieser Bestimmung entwickelten der Naturschutz oder die Naturpflege keine gestalterische Kompetenz, die notwendigerweise zu Konflikten mit der Industrie geführt hätten.

Die konkreten Erfolge des ›LAN‹ sind, wie man seinen Jahrbüchern entnehmen kann, gering. So führte man für München und die nähere Umgebung als Erfolg auf:[46]

1907: »Im englischen Garten bei München erfolgte durch die Absenkung des Grundwasserspiegels bei der Isarkorrektion das Absterben einer Anzahl von Bäumen, sie wurden durch Nachpflanzungen ersetzt.« Hingegen gab man zu: »Ein alter Waldbestand beim Bauer in der Au konnte bei vorhandener Windbruchgefahr in Rücksicht auf seinen hohen Wert leider nicht erhalten werden.«

1908: »Bei der Erbauung der elektrischen Eisenbahn Berchtesgaden-Königsee wurde der Landesausschuß erst gehört, als die Bahn schon im Bau und an der Linie nichts mehr zu ändern war, so daß nur kleine Verbesserungen gelangen.«

1909: »Die schönen Bäume am Fürstendamm bei Freising wurden leider ohne Wissen des Ausschusses entfernt, eine Ministerialentschließung hat jedoch Vorsorge getroffen, daß solche unnötigen Schädigungen des Landschaftsbildes durch die Staatsbehörden für die Zukunft unterbleiben.«

Wie sehr der ›LAN‹ Rückzugsgefechte gegen die zunehmende Naturzerstörung führte, zeigt ein Bericht von 1912, der sich mit der geplanten Verlegung einer Zementfabrik bei Schliersee von einem unauffälligen Platz mitten ins Tal auseinandersetzte: »Wir haben uns dagegen ausgesprochen, weil das schöne Landschaftsbild und der Ausblick auf das Gebirge dadurch geschädigt wird! Wir sind durchaus keine Gegner der Industrie, deren Interessen gewichtiger sind als die unseren: aber Fabriken braucht man nicht immer an die landschaftlich schönsten Punkte zu legen!«[47]

Sowohl die Politik des ›LAN‹ als auch die der einzelnen Naturschutzverbände wie des ›Alpenvereins‹ oder des ›Isartalvereins‹ blieben reaktiv. Ihr Naturbegriff war nicht auf ökologische Zusammenhänge ausgerichtet, vielmehr bedeutete die häufig ästhetische Begründung des Naturschutzes einen naturromantischen Rückgriff. Die Zivilisationskritik des Bürgertums schwankte zwischen radikalen, in die Vergangenheit gerichteten Utopien und dem Pragmatismus des Machbaren, dem Kompromiß zwischen industriellem Kapitalismus und ›Lebensreform‹ sowie Naturschutz. Weder die ›Fundamentalisten‹ noch die ›Realpolitiker‹ der Naturschutzbewegung stellten die bürgerliche Gesellschaft oder das Wirtschaftssystem in Frage. So konnten insbesondere die ›Realpolitiker‹ als interessante Facette in das monarchische System integriert werden: Fast alle Vorstandsmitglieder des ›LAN‹ erhielten »in Anerkennung ihrer opferwilligen Tätigkeit und ihrer hervorragenden Verdienste auf dem Gebiete des Heimatschutzes die Prinzregent-Luitpold-Medaille in Silber verliehen«, Hans Grässel, Gabriel von Seidl und Gustav von Kahr hatte außerdem »der Prinzregent für ihre hervorragenden Verdienste, ihre eifrige opferwillige und zielbewußte Tätigkeit auf dem Gebiet des Heimatschutzes die besondere allerhöchste Anerkennung ausgesprochen und diesen Herren sein Bild mit eigenhändiger Unterschrift zugehen lassen«.[48]

Diese Auszeichnungen waren in der Tat verdient. Sie galten der Verwandlung industriekritischer Strömungen Ende des 19. Jahrhunderts innerhalb einer entstehenden Naturschutzbewegung in einen ästhetisierenden, industriekonformen Landschaftsschutz. Bürgerlich-konservative Heimatschützer wandelten sich mehr oder weniger zu Protagonisten eines deutschtümelnden Industrialismus, dessen Kontinuität im Nationalsozialismus nicht mehr verwundern. Die Lebensreformbewegung bewegte sich zwischen antisemitisch-rassistischen Auffassungen und anarchistischen Strömungen. Für die meisten ihrer Anhänger blieb es eine Weltanschauung, die ihr Alltagsleben nur marginal veränderte.[49] Eine Verbindung zwischen ›Lebensreform‹ und ›Heimatschutz‹ fand nicht statt. Die Chance einer antikapitalistischen, alternativen und ökologischen Bewegung hat es in der Prinzregentenzeit mangels konkreter Utopien nicht gegeben. Die Arbeiterbewegung als bedeutendste soziale Bewegung, die als einzige Gegenkraft zum monarchischen System anzusehen war, hatte sich zu sehr auf das Industriesystem festgelegt, als daß von ihr entsprechende Impulse hätten ausgehen können.[50] Eine bewußtseinsbildende Industriekritik entwickelte sich erst wieder im Laufe der siebziger Jahre unseres Jahrhunderts, als die ökologische Krise unübersehbar geworden war.

Bayern – Deutschland – Vaterland
Zur deutschnationalen Literatur nach 1870/71
Von Boris Heczko

»Du Lenker der Schlachten mit mächtiger Hand,
Zu dem Alldeutschland gefleht,
Jungbayern bittet für Herrscher und Land
Und neigt sich fromm ›zum Gebet‹. –
Dein Segen hat einst auf den Vätern geruht:
Echt deutsch sein und bayerisch,
Das steht uns noch gut!«

Diese Verse des Münchner Gymnasiallehrers Christian Adolf Ohly entstanden »zur Feier der Übergabe des Bildnisses Sr. Königl. Hoheit des Prinzregenten am 12. Juli 1912«.[1] Es handelt sich dabei um ein typisches Produkt jener deutschnationalen Propagandaliteratur, die sich seit 1870/71 auch über die bayerischen Lande ergießt. Das nationale Hochgefühl schlägt sich besonders konzentriert in Gelegenheitsdichtungen nieder, also in Festgedichten und Festspielen, wie sie in jener Zeit zu allen erdenklichen öffentlichen Anlässen verfaßt wurden. Sie vermitteln den Eindruck, als hätten Herrscherhaus und Volk die Eingliederung Bayerns in ein (preußisch geführtes) Deutsches Reich in einhelliger Begeisterung begrüßt.[2] Betrachtet man daneben noch Romane, die sich mit dem Verhältnis zwischen Bayern und Deutschland in den vorangegangenen Jahrhunderten beschäftigen, so muß man zu dem Schluß kommen, daß es bereits im Bayern des 16. und 17. Jahrhunderts Verfechter eines ›gesamtdeutschen‹ Nationalbewußtseins gegeben hat.[3]

Gewaltsam wird den Bayern in dieser Literatur ihre reichsdeutsche Identität eingebleut, gewaltsam kleistert man auch die Widersprüche zu, die sich nicht nur bei der Betrachtung des – vom deutschnationalen Standpunkt aus gesehen – äußerst bedenklichen Verlaufs der bayerischen Geschichte ergeben. Denn: Von einmütiger Begeisterung konnte – trotz der ›Prussophilie‹ einiger Bevölkerungsgruppen – weder 1870/71, noch in den Jahrzehnten danach die Rede sein; die mit der Einigung besiegelte Vormachtstellung Preußens erregte in weiten Teilen der bayerischen Bevölkerung einen dauerhaften Unmut.[4] Nur erheblicher Druck aus Berlin hatte König Ludwig II. Ende 1870 dazu bewegt, König Wilhelm die Kaiserkrone anzubieten.[5] Die Zustimmung der beiden Kammern erfolgte erst nachträglich, wobei sich die bayerisch-separatistische Patriotenpartei murrend den vollendeten Tatsachen fügte.[6]

In den neunziger Jahren widersetzten sich die bayerischen Reichstagsabgeordneten hartnäckig der Aufrüstungspolitik.[7] ›Reichsverdrossenheit‹ und Distanz gegenüber dem preußischen Führungsanspruch kamen aber auch in direkten Reaktionen der Bevölkerung zum Ausdruck. So wird die Beflaggung der Münchner Häuser anläßlich des 80. Geburtstags von Kaiser Wilhelm I. in einem Polizeibericht nicht ohne Sympathie als »mißglückt« bezeichnet.[8] Ähnlich reserviert ist die Reaktion auf den Besuch Kaiser Wilhelms II. im Jahre 1906; die ›Münchener Post‹ spricht von einer »etwas eingefrorenen Begeisterung« der Bevölkerung.[9]

In der deutschnational orientierten Literatur, die der politischen Linie des nationalliberalen Bürgertums[10] entspricht, spürt man nichts von solchen Disharmonien. Geschichtsklitterungen, die Bemühtheit, mit der »Deutschtum« und »Bayerntum« stets in einem Atemzuge gefeiert werden, sowie gelegentliche Versuche volkstümelnd-mundartlicher Anbiederung zeigen, wie wenig selbstverständlich die propagierte bayerisch-reichsdeutsche Harmonie gewesen ist.

Der ›Erbfeind‹ Frankreich:
Bayerische Vergangenheitsbewältigung im historischen Roman

Die bayerische Geschichte des 17. und 18. Jahrhunderts war für Autoren historischer Belletristik, die sowohl bayerische wie deutsche Patrioten sein wollten, ein heikles Gebiet: Schließlich hatte Bayern in den vergangenen Jahrhunderten alles andere als eine auf die Einheit des Reiches ausgerichtete Politik betrieben; bayerische Kurfürsten schlossen vielmehr mit Vorliebe Bündnisse mit Frankreich, um auf Kosten Österreichs Bayerns Position zu stärken. Das hieß nach 1870: Bayern hatte mit jener Macht paktiert, die eine offiziöse Propaganda zum »Erbfeind« erklärte, an der man also auch im historischen Rückblick nichts Gutes finden durfte.

Diese historischen ›Fehltritte‹ werden nun aber nicht sorgsam umgangen, sondern immer wieder aufgegriffen: Die reichsdeutsch gesinnten Autoren gehen auf diesem Terrain sogar in die Offensive. Die Resultate der abenteuerlichen Politik der Kurfürsten Max Emanuel[11] und Karl Albrecht[12] machen es ihnen allerdings leicht: Die bayerischen Debakel im Spanischen und Österreichischen Erbfolgekrieg werden in diesen Romanen zu Lehrstücken dafür, daß eine gegen die deutsche Einheit gerichtete Politik Bayern nur Verderben bringen könne.[13] So wird politischen Exponenten des kurfürstlichen Bayern als Protagonisten der jeweiligen Romane ein für damals abwegiges ›gesamtdeutsches‹ Verantwortungsbewußtsein in den Mund gelegt, das eine Art Vorstufe zu einem deutschen Nationalbewußtsein darstellt. In ebenso unhistorischer Weise werden die bayerischen Mißerfolge im Bündnis mit Frankreich in diesen Romanen als Bestätigung der ›Erbfeind‹-These interpretiert.[14]

Diese historischen ›Lernziele‹ werden dem bayerischen Leser immer wieder in programmatischen Statements vorformuliert. So zum Beispiel, wenn in Max Fuchs' Roman ›Fürst und Volk‹ der Rat Ickstatt unmittelbar nach dem Tode Karl Albrechts dem jungen Kurfürsten Max III. Joseph von einer Fortsetzung des Bündnisses mit Frankreich abrät:

»Laßt Euch, durchlauchtigster Herr, von dem französischen Golde nicht blenden, und traut den Versicherungen der falschen Franzosen nicht. Frankreich hat es noch nie ehrlich mit Deutschland gemeint, es sinnt nur darauf, wie es uns schwächen und unter den Fürsten des Reiches Uneinigkeit säen kann«.[15]

Auch wenn in Herman Schmids Roman ›Das Münchener Kindeln‹ Kurfürst Ferdinand Maria eine Kaiserkrönung von Frankreichs Gnaden ablehnt, klingt das so, als wolle er das Credo eines bayerischen Herrschers nach 1870/71 aufsagen: »Ich will lieber im friedlich blühenden deutschen Reich der Zweite sein, als auf Trümmern als der Erste gebieten.«[16]

In diesem Roman empfinden auch die Münchner Bürger bereits so national, daß sie unvermittelt Wendungen wie »Oh, ich versteh' alle Worte, die deutsch sind« einstreuen.[17] Ihr Gegenspieler, der französische Gesandte, der den Kurfürsten zum Bündnis mit Frankreich überreden will, ist eine typische Erfindung des anti-›welschen‹ Chauvinismus: eine eitle und geckenhafte Erscheinung, der die Falschheit buchstäblich im — »aufgedunsenen« — Gesicht geschrieben steht.[18] Damit das bayerische Element nicht zu kurz komme, bemüht der Autor überdies einen volkstümelnden Humor, der nicht mehr mit dem Zaunpfahl winkt, sondern mit dem Prügel zuschlägt: Um ein Zusammentreffen zwischen dem Kurfürsten und dem Gesandten zu verhindern, wird dieser mit bayerischem Bockbier außer Gefecht gesetzt.[19]

»Echt deutsch sein und bayerisch«

Assoziationen aus dem gastronomischen Bereich können sich auch bei der Betrachtung der Festspiele und Festgedichte einstellen, in denen zeitgeschichtliche Ereignisse, Gedenktage, Grundsteinlegungen, Einweihungen und Sportfeste zum Anlaß genommen werden, die Reichseinheit zu preisen. Denn die Autoren dieser Gelegenheitsdichtungen achten darauf, neben dem Deutschtum das Bayerntum und — gegebenenfalls — das münchnerische Element nicht zu vernachlässigen. Die ›Mischung‹ muß stimmen, und daher entspricht die Argumentation in diesen Werken häufig genug dem Geist der ›Speisen-Sprüche‹, mit denen beim Jubiläumsbankett anläßlich des fünfzigjährigen Bestehens der Schwadron der Pappenheimer das Menü angekündigt wird:

»Eine deutsche Suppe, ein bayerischer Fisch, / Ein Münchner Braten kommt auf den Tisch. / Ihr merkt, — es gilt dem Deutschen Reich, / Dem Bayernlande dann sogleich, / Hierauf der Freuden herrlichstem Brünnchen, / Unserm lieben, einzigen, herrlichen München.«[20]

»Echt deutsch sein und bayerisch« — diese Devise gilt zunächst einmal für die bayerischen Herrscher nach 1870/71, jedenfalls nach der Ansicht der deutschnationalen Autoren. Seitdem Ludwig II. 1870 widerstrebend seinen Bündnispflichten nachgekommen war[21] und schließlich auch den ›Kaiserbrief‹ an König Wilhelm geschrieben hatte,[22] riß die Flut von Huldigungsgedichten nicht mehr ab, in denen sich der bayerische König zu seinem Entsetzen[23] als Vorreiter der deutschen Einheit, als »Ludwig der Deutsche« gefeiert sah.[24] Dem ewig zaudernden König wird die markige Entschlossenheit mittelalterlicher Balladenhelden unterstellt:

»Der Bayernkönig, kurz bedacht, / Ein Hort der deutschen Treue, / Abhold der welschen Niedertracht, / Er sprach: ›Es wird mobil gemacht! / Spring an, mein Königsleue!‹«[25]

Ludwigs Engagement für die deutsche Einheit stellt bei manchen Autoren sogar den preußischen König in den Schatten: »So weit deutsche Lieder klingen, / Sollen sie von Ludwig singen, der erst Deutschland machte heil!«[26]

Prinzregent Luitpold, der 1870/71 ebenfalls zu den Gegnern der Reichsgründung gehörte und seinem königlichen Neffen noch wegen des ›Kaiserbriefs‹ Vorhaltungen machte,[27] teilt das Schicksal »Ludwigs des Deutschen«: Immer wieder wird er in den 26 Jahren seiner Regentschaft als Herrscher gefeiert, der gleichermaßen deutsch und bayerisch empfindet.[28] Vier Zeilen von Karl Zettel anläßlich seines 70. Geburtstages 1891 mögen hier für alle anderen stehen:

»Seit das Reich im Waffenwerke neu und fest sich hat gegründet, / Ist der hohe Herr von Bayern diesem Ganzen eng verbündet; / Doch mit unverwandtem Blicke nimmt er auch die Rechte wahr, / Die dem alten Stamm der Bayern wohl gebühren immerdar.«[29]

Was für die bayerischen Herrscher gilt, hat natürlich in gleichem Maße für das ganze Volk zu gelten. Einen willkommenen Anlaß, die »Bayerntreue« auf das gesamte Volk bezogen zu feiern, bieten Gedenktage zum gemeinsam gewonnenen Krieg von 1870/71. Schließlich gab dieser Sieg, wenn er auch unter preußischem Oberkommando erfochten wurde, dem durch die Niederlage von 1866 demoralisierten bayerischen Heer das Selbstvertrauen zurück. Bei Richard Deye preist die Germania die Taten der Bayern:

»Wie Spreu vor Sturmeshauch / Zerstob der stolze Feind, umsonst sein Trotz! / Da war's wo Bayerns Löwe sich den grünsten, / Den unverwelklichsten der Zweige brach / Vom Baum des Ruhms. Wie grimmig stürmte er zum Sieg / Bei Weißenburg und Wörth!«[30]

Doch nicht nur in ihrem Deutschtum, auch in ihrem Bayerntum werden die Bayern von der Germania ermutigt:

»... wenn in fremdem Land / Man euer einen frägt: Woher des Wegs? / Ich bin ein Deutscher! sag' er stolz und frei; / Doch froh gedenk der Heimat, die ihn trug, / Füg' er hinzu in gleich gerechtem Stolz: Ich bin ein Bayer!«[31]

Auf der anderen Seite ruft die Bavaria in einer von Joseph von Schmaedel verfaßten ›Begrüßung der Festgäste‹ bei der Jahresversammlung des Deutschen Museums dazu auf, das Deutschlandlied zu singen: »In brausendem Akkord erschall' es, / In aller Herzen widerhall' es: / Heil Deutschland, Deutschland über Alles!« Während des Gesanges hält sie laut Regieanweisung »wie segnend still«.[32]

Die Mundart als volkstümlicher Integrationsfaktor

Das Pathos einer sich ›klassisch‹ gebenden Sprache entspricht am besten dem Hochgefühl des deutschnational gesinnten Bürgertums. Auf der anderen Seite versucht man sich auch auf der Tastatur des Volkstümlich-Bodenständigen, wohl in der richtigen Erkenntnis, daß sich mit einer hochdeutsch sprechenden Bavaria allein kaum die Skepsis der weniger national empfindenden Teile der Bevölkerung beheben läßt.

So gibt Joseph von Schmaedel der 1912 erschienenen zweibändigen Sammlung seiner Werke den Titel: ›Vom Isarstrand. Bunte Blätter aus der Versmappe eines alten Müncheners.‹[33] Hier finden sich auch Mundartverse, allerdings bezeichnenderweise keine patriotischen, sondern launig-humorige: vom »Seppl, der im Kuahstall schlaft« und ähnliches. Die pathetisch-vaterländische und die ›volkstümliche‹ Sphäre finden bei ihm jedoch nie zusammen. In seinen Gedichten zum ›Deutschen Bundesschießen‹, das 1881 in München stattfand, versucht Schmaedel jedoch indirekt durch ein Nebeneinander beider Bereiche eine Synthese zu erreichen. So wechseln hier Festrufe und Grußansprachen der Bavaria mit mundartlichen Rollengedichten ab, die Altmünchner Typen in den Mund gelegt werden: dem »alten Sepp«, der »aa mal a Schütz g'we'n« ist[34] oder der Kellnerin »Kathel«, die die Ungeduld der Gäste gleichmütig hinnimmt: »Sie stellt Da' Dei' Bier hi' / Und macht ihra G'schau — / Und aus is's mit'm bös' sei', / Dössell' woaß 's genau!«[35] Obwohl er Deutschnational-Patriotisches damit nicht vermengt, ist Schmaedel also bestrebt, das altmünchnerische Element wenigstens indirekt in die bayerisch-deutschnationale Thematik zu integrieren.

Volkstümlich läßt es auch Bernhard Hofmann in dem Festspiel ›Unter Bayern's Panier‹ angehen. In angestrengt humoriger Weise werden Vertreter der bayerischen Stämme miteinander konfrontiert: bieder und ungeschlacht, beschränkt auf den eigenen Dialekt, wissen sie nichts miteinander anzufangen. »Mer verstehe uns all' mitnanner nit! / Wer bringt uns unner een Hut?« ruft schließlich der Pfälzer, und schon teilen sich die »Waldkoulissen« im Hintergrund, und Bavaria steigt herab.[36] Von nun an beschränkt sich der Part des Volkes auf zustimmende Ausrufe. Bavaria behebt die Sprachverwirrung, indem sie auf die alle bayerischen Stämme verbindende Rolle der Hochsprache hinweist:[37]

»Sie war es, die den ersten Grund gelegt, / Den Baugrund Eures Könnens, Eures Lebens. / Sie füllt die Kluft, die Euch nach Stämmen trennt, / Sie wirft die Scheidewand der Mundart nieder / Und einigt Euch in einer edlen Sprache.«

Fazit: Das Deutschtum stiftet die ideelle Einheit der Bayern! Eine eigentliche Synthese findet hier aber nicht statt: Die Vertreter der bayerischen Stämme tauchen in eine anonyme, »Heil« rufende Masse ein, die in den Floskeln der patriotischen Hochsprache akklamiert. Zwischen tumb-biederer Volkstümelei am Anfang und dem programmatischen bayerisch-deutschen Einheitspathos am Ende bleibt eine Kluft bestehen.

Schmaedel wie Hofmann vermeiden also eine plane, unvermittelte Vereinnahmung des bayerisch-›volkstümlichen‹ Elements für die deutschnationale Sache. Solche Zurückhaltung kennt Peter Auzinger nicht. Anläßlich ›Allerhöchsten‹ Besuchs in München verfaßt er 1891 einen »boarischen Gruaß an Kaisa Wilhelm«.[38] Das Rollengedicht hebt mit treuherzig biederer Anrede an: »Grüaß Gott, grüaß Gott, Herr Kaisa, iatz«. Weiter geht es dann allerdings mit »Kehr ein in Freud und Fried«. Unvermittelt bricht hier die Hochsprache durch – in Form einer gängigen alliterierenden Formel, die ursprünglich aus einem – lutherischen! – Kirchenchoral stammt. Der angestrengt naive mundartliche ›Volkston‹ kollidiert auch im folgenden immer wieder mit der nationalistischen Phraseologie: Nach »guter Bayersitt'« will der Sprecher den »jungen Kaisa ehr'n«; heraus kommt dabei aber: »Hoch soll der Kaisa Wilhelm leb'n / Mit deutschem Herz und Sinn«![39]

Das Mißlingen solcher Volkstümelei ist vielleicht das entlarvendste Indiz dafür, wie weit sich die deutschnationale bayerische Literatur von einem Großteil der bayerischen Bevölkerung entfernt hatte; daran änderten auch mühsame Annäherungen nur wenig.

»D' Weißwurscht und 's Bier / Rufen: Heil Kaiser Dir! / Mir san die Symboll'n / Von da Kunstmetropoll'n.« Zeichnung von Olaf Gulbransson – Deutschnationale Anbiederung im Verbund mit bayerischer Volkstümelei kennzeichneten das Verhältnis der nationalen Literatur vor allem zu Wilhelm II. Simplicissimus 1909, Nr. 27, S. 442

Die frühe politische Formierung des Antisemitismus

Von Eva-Maria Tiedemann

Für die Ausbreitung des antisemitischen Gedankenguts in der von den Nationalsozialisten später als ›Hauptstadt der Bewegung‹ bezeichneten Stadt erwiesen sich der Weltkrieg, die Novemberrevolution und die Räterepublik als wichtige Katalysatoren.[1] Wenig bekannt ist jedoch, daß auch hier schon vor 1914 antisemitische Verbände Resonanz fanden.

Die Bildung antisemitischer Organisationen in München zu Beginn der neunziger Jahre muß im Kontext der reichsweiten antisemitischen Bewegung gesehen werden, die Ende der siebziger Jahre von Berlin ausging und zahlreiche Städte und Regionen des Reiches, darunter hauptsächlich Sachsen und Hessen,[2] erfaßte. Mit dem Begriff des ›modernen Antisemitismus‹ bezeichnet die Forschung die antijüdische Bewegung nach Vollendung der Emanzipation, also nach der rechtlichen und staatsbürgerlichen Gleichstellung der Juden[3] durch das Reichsgesetz von 1869.[4] Das Gesetz beendete die über Jahrzehnte kontrovers geführte Debatte über die ›Judenfrage‹. Wenige Jahre darauf stellte der aufkommende Antisemitismus diese wiederum zur Diskussion, nun jedoch mit der Forderung, die offiziell und gesetzlich gleichgestellte jüdische Minderheit erneut zu diskriminieren und gesellschaftlich auszugrenzen. Argumente hierzu lieferte die bereits in den siebziger Jahren weit verbreitete antisemitische Zeitschriften- und Broschürenliteratur.[5] Die oppositionelle konservative und zentrumsnahe Presse griff das Thema auf und verband den Antisemitismus mit ihrer Kampagne gegen die nationalliberale Regierung Bismarcks,[6] die nicht nur die Emanzipation der Juden durchgesetzt, sondern auch die Voraussetzungen für die kapitalistische Wirtschaftsentwicklung geschaffen hatte. Vor allem in Kreisen des ›alten Mittelstandes‹ – der Bauern, Kleinhändler und Handwerker –, die mit der rasanten Entwicklung von Industrie und zentralisiertem Handel nicht Schritt halten konnten, fanden Stimmen Gehör, die deren desolate wirtschaftliche Lage auf den Einfluß der Juden in der Regierungspolitik zurückführten. Als der bekannteste Verfechter dieser Behauptung trat der Berliner Hofprediger Adolf Stöcker hervor. Er entfesselte Ende der siebziger Jahre die antisemitische ›Berliner Bewegung‹ und gründete mit der ›Christlich-Sozialen Partei‹ die erste antisemitische Partei des Reiches, die in der Folgezeit eng mit der politisch bedeutenderen ›Deutsch-Konservativen Partei‹ zusammenarbeitete.[7]

Seit der Wahl von 1890 waren zwei unabhängige antisemitische Parteien mit insgesamt fünf Mandaten im Reichstag vertreten. Die ›Deutsch-Soziale Partei‹ Liebermann von Sonnenbergs stand in der Tradition christlich-konservativer Politik für einen gemäßigten Antisemitismus. Radikalere Forderungen vertrat die ›Antisemitische Volkspartei‹ Otto Böckels, deren Programm auch sozialrevolutionäre und antikonservative Ansätze enthielt.[8] Zu Beginn ihrer politischen Tätigkeit orientierten sich die Münchner Antisemiten an diesen bereits bestehenden Organisationen des Reiches. Durch sie griff die antisemitische Bewegung auf München über, dessen jüdische Gemeinde sich damals strukturell nicht von anderen im Reich unterschied: Zu Ende des 19. Jahrhunderts stieg aufgrund der Landflucht der deutschen Juden und der Einwanderung vor allem osteuropäischer Juden die Zahl der jüdischen Bürger in den Großstädten an.[9] In München wuchs die jüdische Gemeinde von etwa 3500 Bürgern im Jahr 1875 auf über 10000 im Jahr 1905. Damit blieb aber ihr Anteil von circa 1,8 Prozent an der Gesamtbevölkerung Münchens nahezu konstant. 1905 bestand hier die siebtgrößte jüdische Gemeinde des Reiches.[10] Die berufliche und soziale Stellung der Juden in München entsprach der Berufsstruktur der Juden im übrigen Reich: Auch hier überwog der Anteil der im Handel, Bankgeschäft und den freien Berufen beschäftigten jüdischen Bürger.[11]

Die Anfänge der antisemitischen Bewegung in München

Im Dezember 1891 meldete sich mit dem ›Deutsch-Sozialen Verein‹ (DSV) die erste antisemitische Gruppierung bei der Polizeidirektion München an[12] und entfaltete bald darauf mit öffentlichen Versammlungen eine rege politische Agitation; man verteilte Flugschriften und reichte Petitionen an die Behörden der Stadt ein. Über die politische Ausrichtung, den Inhalt und die Ziele der Organisation informierte die programmatische Rede des Redakteurs Viktor Hugo Welcker auf der Versammlung des ›DSV‹ im Februar 1892;[13] größten Raum nahmen dabei die wirtschaftlichen Fragen ein:

»Wir können ... es im Interesse der nationalen Selbsterhaltung nicht dulden, daß unser Volk bis aufs Mark ausgesaugt wird durch die internationale jüdische Börsenpumpe, daß unser Bauern- und Mittelstand, diese hervorragendsten Stützen unseres monarchischen Staatswesens, durch das jüdische Wucher-, Vieh- und Güterhändler-, Hausier-, Abzahlungs-, Ausverkaufs- und Wanderlagerwesen, unterstützt durch die Gesetze der Freizügigkeit und der Gewerbefreiheit, mehr und mehr zugrundegerichtet, proletarisiert, und so der Sozialdemokratie in die Arme getrieben werden.«[14]

Zur Rettung des gewerblichen Mittelstandes forderten die Antisemiten protektionistische Maßnahmen des Staates wie die Beschränkung der Gewerbefreiheit und die Einführung von Befähigungsnachweisen sowie ein Verbot der neuen, die Existenz der ortsansässigen Detailhändler und des heimischen Handwerks bedrohenden Verkaufsformen: der Abzahlungsgeschäfte, Schleuderbazare und Wanderlager. Diesen wurde von seiten des alten Mittelstandes vorgeworfen, ihre niedrigen Preise und Kredite verführten zum unwirtschaftlichen Kauf größtenteils minderwertiger Ware, ein Argument, das man auch gegen die neu aufkommenden Warenhäuser erhob.[15] Wanderlager, die einen Übergang vom Hausierhandel zum seßhaften Gewerbe darstellten, unterlagen zudem in einigen Gebieten noch nicht der örtlichen Gewerbesteuer.[16] Die inländische landwirtschaftliche Produktion wollten die Antisemiten überdies durch die Erhöhung der Schutzzölle auf ausländische Agrarprodukte geschützt sehen.[17] Außerdem setzten sie sich für eine bessere Interessenvertretung der Handwerker- und Bauernschaft nach dem Vorbild der gewerkschaftlichen Verbände ein und forderten daher die Regierung auf, Handwerkerorganisationen zu fördern und Handwerkskammern mit ehrenrechtlichen Befugnissen einzurichten.[18]

Die Vorschläge der Antisemiten zur Verbesserung der sozialen Lage der Arbeiterschaft zielten darauf ab, durch eine gemäßigt sozialreformerische Politik der Sozialdemokratie die Anhängerschaft abzuwerben. Schwerpunkte bildeten hier eine auf der »Basis internationaler Vereinbarungen stehende Arbeiterschutzgesetzgebung«, die Festlegung eines Maximalarbeitstages »nach Maßgabe der einzelnen Betriebe«, eine strenge Kontrolle des Fabrik- und Bergwerkswesens, die Beseitigung der Kinder- und Frauenarbeit und die staatliche Unterstützung »unschuldig Arbeitsloser«.[19]

Wesentlicher Bestandteil sämtlicher antisemitischen Parteiprogramme war der Kampf gegen das »abstrakte« Kapital der Börse und der Aktiengesellschaften; es wurde, insofern es keinen Wert an Waren lieferte, als »jüdisches unproduktives Kapital« dem »deutschen produktiven Kapital« – erwirtschaftet durch Industrie, Handwerk und Landwirtschaft – gegenübergestellt.[20] Die Kritik am »schädlichen jüdischen Kapital« der Börse war zugleich Ausdruck des spezifisch mittelständischen Antikapitalismus, der, ohne die Grundlage der kapitalistischen Wirtschaftsordnung mit dem Recht auf Privateigentum anzugreifen, die Konzentration des Kapitals anprangerte.[21] In diesem Sinne forderten die Antisemiten steuerliche Entlastung der unteren Schichten bei gleichzeitig stärkerer Belastung des Großkapitals, also eine progressive Einkommenssteuer, eine Kapitalrenten- und Erbschaftssteuer sowie die Neugestaltung der Börsensteuer.[22]

Im politischen Teil ihres Programms bekannten sich die Münchner Antisemiten zur konstitutionellen Monarchie, zu Christentum und Deutschtum als den tragenden Pfeilern des nationalen Staatswesens. Der streng monarchistischen Ausrichtung des Vereins entsprach die Ablehnung der Demokratisierung, des Liberalismus und der republikanischen Ideen von 1848.[23] Er sah sich als Gegner des Kulturkampfes und gab vor, sich für konfessionelle Toleranz und die freie Kultusausübung jeder Religionsgemeinschaft einzusetzen.[24] Mit der Betonung deutschen Volkstums, deutscher Sitten und Gebräuche sowie des nationalen Kulturgutes versuchten die Antisemiten vor allem die These eines unveränderlichen deutsch-jüdischen Gegensatzes zu stützen, der sich an den kulturellen Leistungen und weltanschaulichen Grundwerten aufzeigen ließe.[25] Hier werden die Anfänge der völkischen Ideologie erkennbar, die extremen Nationalismus, Rassentheorie und Antisemitismus verband und den in Parteien organisierten Antisemitismus des 19. Jahrhunderts ablöste.[26] Wenngleich auch der Münchner antisemitische Verein Begriffe der Rassentheorie entlehnte,[27] lag der Tenor der Gruppe noch auf den traditionellen Wertvorstellungen des Konservativismus, der den Antisemitismus, im Unterschied zu den Rassentheoretikern in erster Linie als soziale und christliche Frage betrachtete.

In seinen antijüdischen Forderungen war der ›DSV‹ dennoch radikal: Er verlangte die Aufhebung des Emanzipationsgesetzes von 1869, das er als politische Fehlentscheidung wertete.[28] Als konkrete Maßnahmen zur Diskriminierung der jüdischen Minderheit sah der Verein vor: den Ausschluß der Juden aus allen Ämtern und Ehrenämtern, die Reduzierung der Juden im Richter- und Anwaltsstand und die Verminderung der »gemeingefährlichen Einwanderung«, denn »der Nation gehört zweifelsohne die Zukunft in Europa, der es gelingt, sich vom Judentum loszumachen«.[29]

Das Programm der Münchner Antisemiten entsprach in seinem politischen Teil der konservativ-monarchistischen Ausrichtung der gemäßigt antisemitischen ›Deutsch-Sozialen Partei‹ Liebermann von Sonnenbergs. Die radikal antisemitischen Forderungen verwiesen dagegen auf die ›Antisemitische Volkspartei‹ Otto Böckels. Insgesamt betrachtet ließen sich die Münchner Gruppen in diesem Anfangsstadium auf keine der beiden Reichsorganisationen festlegen; man sah sich vielmehr als Teil der Bewegung und wurde auch so gesehen: 1892 traten Reichstagsabgeordnete beider antisemitischen Reichsparteien in München auf, um für das gemeinsame Anliegen zu werben.[30] Nach Auskunft der Polizeidirektion waren bei diesen Veranstaltungen zwischen 350 und 500 Zuhörer anwesend; ein Teil davon gehörte in diesem Zeitraum vermutlich bereits dem ›DSV‹ an, der im Mai 1892 rund 200 Mitglieder zählte.[31] Innerparteiliche und persönliche Auseinandersetzungen führten im Verlauf der folgenden Jahre jedoch immer wieder zur Abspaltung kleinerer oder größerer Gruppen und schwächten damit die Bewegung in München.[32]

Im Januar 1893 beschloß der ›DSV‹ die Änderung seines Namens in ›Antisemitische Volkspartei München‹ (AVP/M).[33] Die Umbenennung signalisierte die Wende der Partei hin zur radikaleren Partei Böckels: Dies äußerte sich im Programm insofern, als sich die ›AVP/M‹ nun für die Ausdehnung des allgemeinen, direkten und geheimen Wahlrechts auf die parlamentarischen Körperschaften der Bundesstaaten einsetzte[34] und sich damit von der bisher verfolgten konservativ-monarchistischen Linie abwandte. Dem Vorstand gehörte – neben dem Privatier Gustav Geisler, dem Versicherungsangestellten Ferdinand Weitemeier und dem Buchhändler Georg Lau – auch erstmals der Kartograph Ludwig Wenng an, der künftig eine führende Rolle in der antisemitischen Bewegung Münchens übernehmen sollte.[35] Wenng gab auch das Parteiorgan der ›AVP/M‹ heraus, das ›Deutsche Volksblatt – bayerische antisemitische Zeitschrift für Stadt und Land‹, das seit November 1892 einmal wöchentlich in München erschien.

Das Zentrum im Bündnis mit den Antisemiten

Im Juni 1893 beteiligte sich die ›AVP/M‹ erstmals an den Wahlen zum Reichstag; sie setzte sich dabei für die Kandidaten des Zentrums, Georg Leib und Ulrich Kortler, ein.[36] Ausschlaggebend für die Bereitschaft des bayerischen Zentrums, mit den Antisemiten zusammenzuarbeiten, war die Krise, in die es durch innerparteiliche Flügelkämpfe geraten war.[37] Die unterschiedlichen Positionen in der Partei manifestierten sich am zentralen Thema dieser Reichstagswahl: der Heeresvorlage der Regierung Caprivi, die eine Verstärkung des Landheeres vorsah. Der demokratische Flügel des bayerischen Zentrums, der sich für eine volksnahe und sozialreformerische Politik aussprach, lehnte ebenso wie die Antisemiten die Heeresvorlage aus antimilitaristischen und aus sozialen Gründen ab.[38] Dagegen votierte der konservative Flügel der Partei für eine Annahme der Vorlage, konnte sich jedoch damit in der Partei nicht durchsetzen. Daraufhin zogen einige konservative Mitglieder ihre Kandidatur zurück.[39] Durch die Auseinandersetzungen in den Wahlaussichten geschwächt, entschloß sich der demokratische Flügel der Partei, mit den Antisemiten zusammenzuarbeiten.

Der ›AVP/M‹, zu dieser Zeit noch im Aufbau begriffen und wenig bekannt, verschaffte das Wahlbündnis mit dem Zentrum nicht nur eine größere Publizität, sondern vor allem ein gewisses Maß an Gesellschaftsfähigkeit in bürgerlichen Kreisen, traten doch Gustav Geisler und Ludwig Wenng als Redner nun auch auf den Versammlungen des Zentrums auf.[40] Neben der Ablehnung der Militärvorlage stimmte das Programm des Zentrums mit den Forderungen der Antisemiten in den sozial- und mittelstandspolitischen Fragen, in der Bemühung um die Reform des Wahlrechts für den Bayerischen Landtag und in der Betonung des föderativen Charakters des Reiches überein. Wenngleich auch im Zentrum verschiedentlich antisemitische Positionen vertreten wurden, lehnte es jedoch die Aufhebung des Emanzipationsgesetzes, wie sie die Antisemiten verlangten, ab.[41]

Der Erfolg blieb den Bündnispartnern jedoch versagt, denn gegenüber der Reichstagswahl 1890 verlor das Zentrum in München an Stimmen.[42] Das Ergebnis der ›AVP/M‹ bei der Münchner Gemeindewahl im Dezember gleichen Jahres, bei der die Antisemiten erstmals unabhängig auftraten, zeigte deutlich, wie gering ihre Anhängerschaft zu dieser Zeit war: Die drei Kandidaten der ›AVP/M‹ erhielten insgesamt 24 von über 11000 abgegebenen gültigen Stimmen.[43] Kein Wunder also, daß das Interesse des Zentrums an einer weiteren Zusammenarbeit vorerst erloschen war.

Bayerischer Partikularismus

Die Militärvorlage der Regierung Caprivi bot auch den Grund für eine Auseinandersetzung der ›AVP/M‹ mit ihrer Schwesterpartei auf Reichsebene, der ›Antisemitischen Volkspartei‹ Otto Böckels. Entgegen seinem früher in München vertretenen Standpunkt hatte sich Böckel im Reichstag aus wahltaktischen Gründen für die Annahme der Vorlage ausgesprochen.[44] Für die Münchner Antisemiten bot dies den Anlaß, sich von der Reichsorganisation loszusagen, um die längst geplante unabhängige bayerische Organisation zu gründen,[45] die sich nun durch die Hervorhebung bayerischer Interessen und partikularistischer Tendenzen von der Reichsbewegung unterscheiden sollte. Den Vorsitz der ›Bayerischen (antisemitischen) Volkspartei‹ (BAVP) führten Gustav Geisler und Ludwig Wenng.[46]

Der Abspaltung der Münchner Gruppe stand auf Reichsebene der Zusammenschluß der beiden im Reichstag vertretenen antisemitischen Parteien gegenüber: Sie vereinigten sich 1894 zur ›Deutsch-Sozialen Reformpartei‹ (DSRP), die fortan das wirtschaftliche Programm in den Vordergrund stellte und weitgehend auf antisemitische Forderungen verzichtete.[47] Die Münchner Antisemiten lehnten diesen moderaten Kurs entschieden ab; sie betonten vielmehr, daß ihre bayerische Organisation als »radikale Volkspartei« in Opposition zu Regierung und Reichstag stehen werde.[48] Diese Haltung, vor allem aber auch die zahlreichen Prozesse, in die die antisemitischen Parteiführer Münchens »durch ihr rücksichtsloses Vorgehen gegen die Semiten« verwickelt waren, brachte ihnen den Ruf ein, »Radaumacher« zu sein, die dem »Ansehen der ganzen Bewegung« schadeten.[49]

So schreckte die ›AVP/M‹ auch nicht davor zurück, den berüchtigtsten Antisemiten des Kaiserreichs, Hermann Ahlwardt, nach München einzuladen. Ahlwardt, der wegen Unterschlagung als Rektor einer Berliner Volksschule entlassen worden war, gehörte seit 1892 dem Reichstag an. Zweimal war er aufgrund falscher Behauptungen und Verleumdungen in seinen antisemitischen Schriften zu Gefängnisstrafen verurteilt worden. Die spektakulären Prozesse hatten zwar seine Popularität bei den Opponenten gegen Justiz und Regierung erhöht,[50] aus der Reichstagsfraktion der ›DSRP‹ war Ahlwardt aber wegen seiner demagogischen Agitation, die auch Äußerungen gegen die Konservativen und die Kirchen enthielt, ausgeschlossen worden.[51]

In München sorgte sein Auftritt für die erste Massenversammlung der ›AVP/M‹: Etwa 5000 Besucher waren im Januar 1895 erschienen, um Ahlwardt zu hören. Nach Angabe der überwachenden Polizeibeamten setzte sich die Zuhörerschaft aus Kaufleuten, Kleingewerbetreibenden, zahlreichen Studenten und Künstlern, 300 bis 400 Sozialdemokraten sowie einigen Zentrumsleuten und Demokraten zusammen. Schwerpunkt der Rede Ahlwardts bildeten sozialpolitische Themen, was zu einer lebhaften Diskussion mit den anwesenden Sozialdemokraten führte, die seinen sozialpolitischen Forderungen zwar im wesentlichen zustimmten, diese jedoch für nicht ausreichend hielten und sich ansonsten entschieden von der antisemitischen Bewegung distanzierten.[52]

Bald nach diesem ersten Öffentlichkeitserfolg der Münchner Antisemiten sagte sich die ›AVP/M‹ von der bayerischen Landesorganisation los, weil diese sich unter Führung Wenngs nun doch der ›DSRP‹ annäherte, was nach Auffassung Geislers und der ›AVP/M‹ gegen die gemeinsame Vereinbarung verstieß, nicht mit der Reichsorganisation zu kooperieren.[53] Wenng gründete daraufhin eine eigene Ortsgruppe, den ›Volksbund München‹.[54] Im Januar 1896 besiegelte die bayerische Landesorganisation mit der Umänderung ihres Namens in ›Bayerische Reformpartei‹ (BRP) ihre Anlehnung an die gemäßigte Partei des Reiches.[55]

Ab 1897 engagierte sich Ludwig Wenng für den 1893 in Berlin gegründeten ›Bund der Landwirte‹ (BdL),[56] einen der mitgliederstärksten und einflußreichsten Interessenverbände der Kaiserzeit, der auch eine extrem antisemitische Agitation betrieb.[57] Im Jahr 1900 übernahm Wenng die Leitung der Münchner Geschäftsstelle des ›BdL‹[58] und gab für die Sektion Bayern das Presseorgan des ›BdL‹ heraus, den ›Bund der Landwirte, Königreich Bayern‹. Sein Einsatz für den »preußischen und protestantischen Bund«, in dem die Vertreter des ostelbischen Großgrundbesitzes dominierten, stieß vor allem in Zentrumskreisen auf heftige Kritik.[59]

Hieran wird deutlich, wie wenig die bayerisch-partikularistische Haltung tatsächlich von der persönlichen Überzeugung der Parteiführer getragen war. Der Entschluß, die Unterstützung der Reichsorganisation wieder zu erlangen und mit den großen antisemitischen Interessenverbänden zusammenzuarbeiten, war aber wohl auch der Versuch, die sehr begrenzte Breitenwirkung einer solch kleinen und wenig bekannten Gruppe, wie sie die Münchner Antisemiten damals darstellten, zu erweitern. Der streng auf die Verfechtung bayerischer Interessen und politischer Unabhängigkeit bedachten Linie folgte somit eine opportunistische Politik, die sich jenen antisemitischen Gruppen anschloß, die sich als erfolgreicher erwiesen hatten.

Bayerisch-österreichische Annäherungen

Während der Parteiantisemitismus seit der Reichstagswahl 1893 nicht nur in München, sondern auch auf Reichsebene durch die innerparteilichen Auseinandersetzungen und die mangelnde Übereinstimmung im politischen Kurs an Bedeutung verlor,[60] gelang in Wien der ›Christlichsozialen Partei‹ und ihrem Vorsitzenden, dem Rechtsanwalt Dr. Karl Lueger, ein rascher Aufstieg.[61] Luegers Partei, die auch antisemitische Forderungen erhob, war aus der führenden christlichen und sozialreformerischen Bewegung Österreichs hervorgegangen.[62] Die von Lueger 1885 für Wien erkämpfte Erweiterung des Wahlrechts[63] hatte erstmals seine Anhängerschaft, die kleinbürgerlichen Schichten, an die Wahlurne geführt und damit den Niedergang der liberalen Vorherrschaft in der Hauptstadt eingeleitet.[64] Seit 1895 besaßen die ›Christlichsozialen‹ die Mehrheit im Wiener Gemeinderat,[65] aber erst 1897 erhielt Lueger die kaiserliche Bestätigung als Erster Bürgermeister der Stadt.[66]

In München bemühten sich die Antisemiten nun um Kontakte zu dieser antisemitischen Partei Österreichs, um an ihrem politischen Erfolg zu partizipieren. Nach wiederholter Einladung durch die ›BRP‹ kam Lueger im August 1896 nach München und sprach dort vor etwa 5000 Zuhörern über den »Kampf der Antisemiten gegen den Judenliberalismus in Österreich-Ungarn«.[67] Die Münchner Antisemiten, nach Kräften bemüht, das Ereignis propagandistisch in Szene zu setzen, hatten Lueger einen überaus herzlichen Empfang bereitet;[68] anläßlich des Besuches eines anderen Österreichers offenbarten sie aber auch ihre brutale Radikalität im Umgang mit dem politischen Gegner: Im März 1900 kam der Wiener Gemeinderat Lucian Brunner nach München, um dort für den liberalen ›Demokratischen Verein‹ des Historikers und Pazifisten Ludwig Quidde eine Rede zu halten. Brunner, von jüdischer Abkunft und sozialdemokratischer Gesinnung, galt als entschiedener Gegner Luegers.[69] Dies war für die Münchner Antisemiten Grund genug, Brunner in der Versammlung erst gar nicht zu Wort kommen zu lassen. Kaum hatte Quidde das Pult betreten, um den Redner vorzustellen, »ging ein wütendes Gejohle und Gepfeife an, unterbrochen von Rufen: … ›Raus mit dem Juden‹, ›Hoch Lueger‹ …«.[70] Es kam zu einer wüsten Schlägerei, der auch der überwachende Polizeibeamte nicht Einhalt gebieten konnte. Brunner und den Mitgliedern des ›Demokratischen Vereins‹ blieb nur die Flucht, um nicht gewaltsam auf die Straße gesetzt zu werden. Vor dem Veranstaltungslokal ›Kreuzbräu‹ brachten die Antisemiten ein Plakat an mit der Aufschrift »Hier werden wegen Kohlenmangels Juden verbrannt«[71] – eine Hetzparole, die nicht erst aus der heutigen Sicht die Menschenverachtung des Antisemitismus bezeugt.

Der Skandal ging durch die gesamte Münchner Presse. Die ›Münchener Post‹ berichtete von einem Strafverfahren wegen Körperverletzung, Sachbeschädigung und grobem Unfug.[72] Der zentrumsnahe ›Bayerische Kurier‹ appellierte an die Katholiken Münchens, solchen Veranstaltungen künftig fern zu bleiben: »Die Centrumspartei in München wird sich mit der antisemitischen Bewegung in keiner Weise verquicken lassen.«[73] Das antisemitische ›Bayerische Vaterland‹ des Politikers und Publizisten Johann Baptist Sigl sprach jedoch von einem »Volksgericht«. Weiter hieß es dort: »Die Majestät des Volkes hat die Lösung der Judenfrage selbst in die Hand genommen und was ein einig Volk zu leisten vermag, davon konnte man sich am Dienstag überzeugen.«[74] Zu ähnlichen Ausschreitungen der Antisemiten kam es zwei Jahre später, im März 1902, anläßlich einer Versammlung des ›Jungliberalen Vereins‹.[75]

Die christlich-soziale Bewegung in München

Auf einer Parteiversammlung im April 1900 löste sich die ›BRP‹ auf, um gleich darauf, mit dem Namen ›Christlich-

Soziale Vereinigung‹ nach dem Wiener Vorbild, erneut ihre Tätigkeit aufzunehmen.[76] Unter dieser neuen Fahne konnten die Antisemiten in München erstmals bei den Wahlen Erfolge erzielen. Hatte ihr Anteil an den Wählerstimmen bei den Gemeindewahlen 1893 und 1896 sowie bei den Reichstagswahlen 1898 unter einem Prozent gelegen, so erlangten sie bei den Gemeindewahlen 1902 mit 970 der etwa 21 000 abgegebenen Stimmzettel 4,6 Prozent der Wählerstimmen.[77] Die Schwerpunkte ihres kommunalpolitischen Programms lagen in der Kritik am »Bureaukratismus und der Selbstherrlichkeit« sowie der »Schuldenwirtschaft« der Münchner Stadtverwaltung. Man forderte Einsparungen, vor allem auf dem Bausektor, aber höhere Entlohnung der unteren Beamten, den Schutz des heimischen Handwerks und Gewerbes sowie die Beschränkung der jüdischen Einwanderung. Ziel der ›Christlich-Sozialen‹ war es, die Liberalen aus dem Rathaus zu verdrängen, weil sie nach Ansicht der Antisemiten geholfen hatten, die »jüdische Herrschaft« in München zu errichten und sie darüber hinaus die mächtigste Stütze der Juden in München seien.[78] Dem Zentrum warf man vor, sich nicht genug gegen die Juden einzusetzen;[79] an anderer Stelle bedauerte Wenng aber auch, daß das Zentrum sich nicht zu einem Bündnis mit den Antisemiten bereit finden konnte.[80]

Nachdem sowohl bei dieser Wahl als auch bei der Reichstagswahl im Jahr darauf[81] das Zentrum feststellen mußte, daß den Antisemiten in München der Einbruch in seine Wählerschaft gelungen war, entschloß es sich dann bei den Gemeindewahlen 1905, mit den ›Christlich-Sozialen‹ zusammenzuarbeiten. Im gemeinsamen Wahlabkommen räumte man den christlich-sozialen Kandidaten acht von zwanzig Wahlbezirken ein, in denen sie von den Zentrumsanhängern unterstützt wurden. Die Antisemiten votierten dafür in den anderen zwölf Wahlbezirken für die Kandidaten des Zentrums.[82] Durch diese für die Antisemiten günstige Vereinbarung gelang es dem Glasermeister Andreas Wagner von der ›Christlich-Sozialen Partei‹, im III. Wahlbezirk die Mehrheit der Stimmen und damit einen Sitz im Gemeindekollegium zu erzielen. Wagners Einzug in die Stadtverwaltung bildete vor 1914 den Höhepunkt der antisemitischen Bewegung in München.

Die Anhängerschaft der Münchner Antisemiten

Nach diesem Erfolg der Münchner Antisemiten erhebt sich die Frage, wer und aus welchen Gründen man zu dieser Zeit die antisemitische Partei wählte. Das zentrumsnahe ›Neue Münchner Tagblatt‹ resümierte nach der Gemeindewahl 1902 über das nicht zustande gekommene Bündnis von Zentrum und Antisemiten:

»Leider unterschätzte man ... das in unserem wirtschaftlichen und politischen Leben tief begründete Erstarken des antisemitischen Instinkts, das heißt jenes Faktors, welcher die christlichen Erwerbsstände zwingt, das Überwuchern des jüdischen Elements im wirtschaftlichen und politischen Leben vom christlichen Standpunkte aus mit allen Mitteln der bürgerlichen Rechte bis aufs Messer zu bekämpfen.«[83]

Daraus wird deutlich, in welcher Berufsschicht man die antisemitische Wählerschaft vermutete: bei den kleinen Kaufleuten und selbständigen Handwerkern, also bei jenem Gewerbestand, dem durch die zunehmende Konzentration im Handel eine übermächtige Konkurrenz erwachsen war. Dies bestätigen auch die Auskünfte der protokollführenden Polizeibeamten über die antisemitischen Versammlungen. Demnach gehörten die Besucher zum überwiegenden Teil den »besseren Ständen« an, womit vor allem Kaufleute, Handwerktreibende und Studenten gemeint waren.[84] Die Resonanz der Münchner Antisemiten in den Kreisen des Mittelstandes erklärt sich aus dem vornehmlich mittelständisch orientierten Engagement der antisemitischen Gruppen, einem Engagement, das jedoch auch aus den beruflichen Erfahrungen der führenden Parteimitglieder selbst resultierte, gehörte von ihnen doch die Mehrheit ebenfalls diesen Berufsgruppen an.[85] Eine wesentliche Voraussetzung für die Ausbreitung dieser Form des Antisemitismus war also, daß Handel und Handwerk durch die industrielle Entwicklung zunehmend aus ihrer traditionell dominierenden Stellung in München verdrängt wurden.

Dagegen war der Antisemitismus der Studentenschaft kein spezifisch münchnerisches Phänomen. Seit den achtziger Jahren stellte er vielmehr einen zentralen Bestandteil der überwiegend deutsch-nationalen und konservativen Weltanschauung der Studenten an den deutschen Hochschulen dar.[86] 1902 berichtete das ›Deutsche Volksblatt‹ triumphierend, daß sämtliche »angesehenen« studentischen Vereine, von den Burschenschaften bis zu den Gesangsvereinen, die Juden von der Mitgliedschaft ausgeschlossen hätten: »Die gesellschaftliche Isolierung des jüdischen Studenten ist heute in der Hauptsache vollzogen.«[87] Vor allem die feindliche Haltung gegenüber den Juden verband daher einen Teil der Münchner Studenten mit den antisemitischen Parteien.

Die politischen Aktionen der Münchner Antisemiten

Sichtbarsten Ausdruck fand die Zentralisierung der Wirtschaft in München in der Zunahme der Warenhäuser, der großen Kreditgeschäfte, Warenlager und Filialgeschäfte: 1909 gab es in München bereits neun große Warenhausbetriebe.[88] Seit Beginn ihrer politischen Tätigkeit hatten sich die Münchner Antisemiten für Maßnahmen gegen diese Entwicklung ausgesprochen. Ihre politische Agitation aber richtete sich in erster Linie gegen die Juden unter den Besitzern dieser Geschäfte, allen voran gegen die Firma Tietz, die seit 1889 das erste, bis 1905 zweimal erweiterte Warenhaus Münchens besaß.[89] Mehrmals unterstellten die Antisemiten der Firma, sie treibe durch die niedrigen Löhne ihre Verkäuferinnen zur Prostitution. Diese Anschuldigungen, die sich vor Gericht in jedem Fall als unhaltbar erwiesen, brachten den Antisemiten mehrere hohe Geldstrafen ein.[90] Die ausschließlich antijüdische Stoßrichtung ihrer Wirtschaftspolitik offenbarte eine andere Initiative der Münchner Antisemiten noch deutlicher: Ab Oktober 1893 wurde im ›Deutschen Volksblatt‹ die von den Antisemiten propagierte Aktion ›Kauft nicht bei Juden‹ von dem Abdruck einer Liste jüdischer Geschäftsinhaber in München begleitet; Ziel dabei war es, den Boykott der jüdischen Geschäfte durch die christlichen Konsumenten zu erreichen.[91]

Ausführlich beschäftigte sich die ›BRP‹ mit der alten Ritualmordbeschuldigung, die 1899 neu auflebte. Anlaß dafür bot der unaufgeklärte Mord an einem Mädchen in der böhmischen Kleinstadt Polna, der dem jüdischen Schustergesellen Leopold Hilsner zur Last gelegt wurde.[92] Allein auf vier Versammlungen bemühte sich Ludwig Wenng zu belegen, daß der Talmud den Mord an Christen zu rituellen Zwecken vorschreibe.[93] Dies sollten auch kommentierte Auszüge aus dem Talmud beweisen, die die ›BRP‹ auf Flugblättern herausgab.[94] Den Höhepunkt der Kampagne bildete eine Veranstaltung im September 1899, auf der die 500 Teilnehmer mit nur zwei Gegenstimmen eine Resolution verabschiedeten, in der sie ihrer Überzeugung Ausdruck gaben, daß die Tradition des Ritualmordes nach wie vor bestehe. Man verlangte eine staatliche Überprüfung des Talmud und »eventuell aufgrund derselben die Ausweisung aller aus Polen, Galizien, Böhmen, Ungarn und Rumänien eingewanderten Juden«.[95] Dem Gesuch des Münchner Rabbiners Dr. Cossmann Werner, die Versammlung zu verbieten, hatte die Polizeidirektion nicht entsprochen[96] – was durchaus charakteristisch für die Haltung war, die die Münchner Behörden den Antisemiten gegenüber einnahmen: Man hegte zwar offensichtlich keine Sympathien für die Antisemiten, fand sich jedoch nicht bemüßigt, den Antisemitismus in seinen Anfängen durch entschiedene Maßnahmen zu bekämpfen.[97]

Die Ritualmord-Affäre war nur einer der Anlässe, den die Münchner Antisemiten dazu benutzten, die Beschränkung der jüdischen Immigration beziehungsweise die Ausweisung aller osteuropäischen Juden zu fordern.[98] Den letzten Vorstoß in diesem zentralen Thema ihres Programms unternahm der neugewählte Gemeindebevollmächtigte Andreas Wagner im Mai 1906. Seinen Antrag, die Einwanderung und Niederlassung fremder, insbesondere russischer Juden zu verhindern oder zu begrenzen, begründete er vor allem mit wirtschaftlichen Argumenten. Die darauf folgende Diskussion im Gemeindekollegium machte deutlich, daß zwar auch einige Mitglieder des Zentrums die Beschränkung der Einwanderung nach München befürworteten, den antijüdischen Wortlaut des Antrages jedoch nicht billigten. Nach dem ablehnenden Votum der sozialdemokratischen und liberalen Mehrheit der Räte ging man daraufhin zur Tagesordnung über.[99]

Der Niedergang des parteipolitischen Antisemitismus in der Vorkriegszeit

Wagner blieb im Gemeindekollegium isoliert; keine einzige seiner Eingaben wurde angenommen, mehr noch, sie wurden schon deshalb abgelehnt, weil sie von den Antisemiten ausgingen, wie Wagner selbst im Rückblick auf seine sechsjährige Amtszeit bekannte.[100] Das Zentrum war künftig nicht mehr bereit, einen für die Antisemiten ähnlich günstigen Wahlkompromiß einzugehen wie bei den Wahlen von 1905. Der Stimmenanteil der Antisemiten sank deshalb auch wieder – bei den Kommunalwahlen 1908 erhielten die ›Christlich-Sozialen‹ 3,6 Prozent, 1911 nur noch 2,7 Prozent der abgegebenen Stimmen.[101] Schon während der Wahlvorbereitungen war deutlich geworden, daß die ›Christlich-Soziale Partei‹ vor großen Problemen stand: Das ›Deutsche Volksblatt‹ hatte im November 1911 berichtet, daß die Antisemiten nur mit Mühe die nötige Anzahl an Kandidaten für die Christlich-Soziale Liste hatten aufbringen können, da viele ihrer Anhänger, vor allem Geschäftsleute, befürchteten, durch offenes Eintreten für die Antisemiten berufliche und geschäftliche Nachteile in Kauf nehmen zu müssen. Weiter stellte man fest, daß die Auflage des Parteiorgans, des ›Deutschen Volksblattes‹, nicht hoch genug sei, um überhaupt größere Kreise mit den Bestrebungen der Partei bekanntmachen zu können.[102]

Es lag daher nahe, daß man die Nachteile einer kleinen Parteiorganisation durch eine Aktionsgemeinschaft mit nahestehenden Gruppen zu mindern suchte: Im Januar 1913 schlossen sich die ›Christlich-Sozialen‹, der ›Landesverband der Bayerischen Konservativen‹ und der ›Bund der Landwirte‹ zur ›Arbeitsgemeinschaft der rechtsstehenden Parteien‹ zusammen.[103] Die Arbeitsgemeinschaft bestand jedoch nur eineinhalb Jahre, denn angesichts der Einberufung ihrer Mitglieder zum Militärdienst bei Kriegsbeginn löste sie sich formlos auf.[104] Die zur Jahreswende 1919/20 neugegründete ›Christlich-Soziale Partei‹[105] schloß sich bereits im April 1921 dem Reichszentrum an.[106]

Resümee

Wie im Reich war der parteipolitische Antisemitismus in München an seinen eigenen Schwächen gescheitert. Als der wesentliche Bestandteil ihres politischen Konzepts war der von den Münchner antisemitischen Parteien vertretene radikale Antisemitismus nicht mehrheitsfähig. Denn obwohl der wirtschaftlich motivierte und auf den christlichen Vorurteilen aufbauende ›gemäßigte‹ Antisemitismus in größeren Teilen der Bevölkerung durchaus Zustimmung fand und auch ein im Grunde liberales Blatt wie der ›Simplicissimus‹ deutlich antisemitische Tendenzen vertrat, war dies nicht Grund genug, eine kleine, radikalantisemitische, extremistische Gruppe zu wählen, die sich zudem durch ihre permanenten innerparteilichen Streitigkeiten als politisch unzuverlässig und unfähig erwies. Die Anlehnung an die ›Christlichsoziale Partei‹ Österreichs verschaffte ihnen zwar vorübergehend größere Zugkraft, verzögerte aber letztlich nur das Scheitern der Partei. Notgedrungen konkurrierten die Münchner Antisemiten mit dem Zentrum um die Anhängerschaft, denn sie boten in ihren Programmen, abgesehen

Gastfreundschaft

»Nehmen Se doch noch a Stück Kuchen, Frau Cohn!« – »Danke schön, ich hab' schon eins gehabt.« – »Se haben zwar schon zwei gehabt, Se derfen aber doch noch aans nehmen.« Zeichnung von Adolf Münzer – Auch im ›Simplicissimus‹, der meist als kritisch und liberal eingeschätzten satirischen Zeitschrift, findet sich deutlicher Antisemitismus. Simplicissimus 1899, Nr. 1, S. 5

von den antisemitischen Forderungen, kaum eine Alternative zu der vom Zentrum propagierten Politik. Vor allem vertrat der linke Flügel des Zentrums ohnehin einen ›gemäßigten‹ Antisemitismus. Dieser entsprach der Stimmung in der Bevölkerung mehr als die radikale Agitation der Antisemiten.

Während die antisemitischen Parteien an Boden verloren, stieg die Bedeutung der berufsspezifischen und politischen Interessenverbände, die, losgelöst von den Parteien, antisemitisches Gedankengut in weitere Teile der Bevölkerung trugen; Beispiele dafür bilden der ›Bund der Landwirte‹, der ›Deutschnationale Handlungsgehilfenverband‹ und der ›Alldeutsche Verband‹.[107] Vor allem letzterer trug durch die Verknüpfung der Ideen der Rassentheorie mit dem extremen Nationalismus zur Ausbildung der deutsch-völkischen Ideologie bei, die den wirtschaftlich und religiös begründeten Parteiantisemitismus ablöste.[108]

Der bayerisch-preußische Gegensatz verhinderte in der Prinzregentenzeit die weitere Ausbreitung der deutsch-nationalen völkischen Gruppierungen. Erst durch den Weltkrieg und die darauffolgenden Ereignisse bekamen die nationalistische Rechte und der deutsch-völkische Antisemitismus rasch Zuwachs, 1919 war er in München bereits zu einer Massenbewegung angewachsen. Im Zentrum der Bewegung stand der ›Deutschvölkische Schutz- und Trutz-Bund‹, dessen Münchner Ortsgruppe im November 1919 bereits 1500 Mitglieder umfaßte, eine Zahl, wie sie die Parteien Wenngs und Geislers nie erreicht hatten.[109] Dennoch trugen auch die antisemitischen Parteien der Prinzregentenzeit dazu bei, die gesellschaftliche Gleichberechtigung der Juden zu verhindern und den jüdischen Mitbürger im allgemeinen Bewußtsein ideologisch zu isolieren; damit haben sie auch der nationalsozialistischen Judenpolitik den Weg bereitet.[110]

Der Verein
Ersatzheimat, Sportgemeinde, Interessengemeinschaft

Von Hans Groß

Das Vereinswesen[1] erlebte in München, wie in anderen deutschen Städten auch,[2] in der Zeit zwischen der deutschen Reichsgründung und dem Ersten Weltkrieg einen beachtlichen Aufschwung. Gab es beispielsweise 1870 erst ungefähr 310 Vereine in der bayerischen Haupt- und Residenzstadt, so stieg ihre Zahl bis zum Jahre 1910 auf rund 4500 Gesellschaften an.[3] Diese Steigerung um fast das 15fache innerhalb von 40 Jahren ist als Folge des wirtschaftlichen, sozialen und politischen Wandels anzusehen, der die bürgerliche Gesellschaft im ausgehenden 19. Jahrhundert grundlegend veränderte. Die Bevölkerungsexplosion, das rapide Wachstum von Handel und Gewerbe, das gewandelte politische Selbstverständnis in Bürgertum und Arbeiterschaft sowie die Entfaltung von Wissenschaft, Kunst und Kultur trugen hierzu vor allem bei. Die konkreten Anlässe für die Entstehung von Vereinen sind nur schwer nachweisbar; im folgenden sollen daher besonders die vielfältigen Erscheinungsformen des Münchner Vereinswesens in größere Gruppen zusammengefaßt und in Beispielen vorgestellt werden.

Die geselligen Vereine

Der älteste und traditionsreichste gesellige Verein ist die ›Gesellschaft Museum‹, deren Geschichte sich bis in das Jahr 1802 zurückverfolgen läßt.[4] Im ›Museum‹ verkehrten neben Prinzregent Luitpold die Spitzen der Münchner Gesellschaft.[5] Der Verein besaß ein eigenes repräsentatives Haus mit Gesellschaftsräumen und einer umfangreichen Bibliothek. Im Jahre 1902 lagen dort beispielsweise fast 200 verschiedensprachige Zeitungen und Zeitschriften auf.[6]

Zu Anfang unseres Jahrhunderts läßt sich allerdings ein Bedeutungsschwund des ›Museums‹ feststellen. So beklagte sich der Verein in einer Werbeschrift:

»Im 19. Jahrhundert, das auch das Jahrhundert der Gesellschaft Museum ist, hat sich in Deutschland ... auch auf dem Gebiete des Vereinslebens eine außerordentliche Entwicklung vollzogen. Eine Entwicklung, die, wenn man die kaum mehr zu überblickende Vielfalt der Vereinsformen und der Vereinszwecke sich vor Augen hält, nicht ganz erfreulich ist ... Die Absplitterung des gesellschaftlichen Lebens, wo es sich nur einigermaßen regt, in Vereine und Vereinchen ist ein Zeichen unserer bewegten, erregten Zeit, die eine unendliche Fülle von Interessen und Sonderinteressen nach jeder Richtung hin hervorbringt.«[7]

Konkurrenz war dem ›Museum‹ vor allem in berufsständischen und stärker wirtschaftlich orientierten geselligen Vereinigungen herangewachsen, von denen das 1832 gegründete ›Kaufmanns-Casino‹ die herausragendste Gesellschaft gewesen sein dürfte.[8] Zu den Mitgliedern des ›Kaufmanns-Casinos‹ zählten viele einflußreiche Persönlichkeiten des Münchner Wirtschaftslebens. So gehörten beispielsweise im Jahre 1891 die Inhaber oder Direktoren von 39 der insgesamt 77 Münchner Großfirmen dem ›Casino‹ an.[9] In der Öffentlichkeit glänzte der Verein durch seine prunkvollen Veranstaltungen. Auch Prinzregent Luitpold und später sein Sohn König Ludwig III. kamen alljährlich zu den Maskenfesten des ›Casinos‹.[10] Vermutlich war es vor allem die Konkurrenz dieses Vereins, die dem ›Museum‹ schadete, schöpften beide doch aus demselben gesellschaftlichen Reservoir.

Eine weitgehend exklusive Vereinsgruppe bildeten die romantisierenden oder historisierenden Vereine, die sich die Zeit der Ritter oder Landsknechte zum Vorbild nahmen.[11] Im Zentrum ihres Wirkens stand dabei allerdings nicht eine historische Rückbesinnung auf die Vergangenheit, sondern die Ausschmückung ihrer geselligen Zusammenkünfte durch Verwendung eines der Zeit des Mittelalters oder der frühen Neuzeit nachempfundenen Komments und durch Verkleidung in entsprechende Kostüme.[12] Charakteristisch für diese Vereinsgattung sind die sehr umfangreichen und in altertümelnder Sprache abgefaßten Satzungen. Sie regelten bis ins einzelne alle Verhaltensweisen der Mitglieder; Verstöße gegen diese Ordnungen wurden durch unheimliche ›Femegerichte‹ geschlichtet.[13] Solche derben Späße konnten die Anziehungskraft der historisierenden Vereine nicht schmälern, ganz im Gegenteil, meist war der Andrang der Aufnahmewilligen größer als es die festgesetzte Höchstzahl, ungefähr 50 Mitglieder, zuließ.[14]

Neben dem gehobenen Bürgertum gründeten aber auch Handwerker und Arbeiter eine Reihe von Rittervereinen, die, wie es beispielsweise die Satzung des ›Ritterordens Runding‹ formulierte, »Förderung und Fortpflanzung des Andenkens an vergangene ruhmreiche Rittergeschlechter, sowie Nachahmung ihrer edlen Tugenden und Gebräuchen«[15] zum Zwecke hatten; hier nahm das Kleinbürgertum das Vorbild großbürgerlicher Gesellschaften begeistert auf.

Den weitaus größten Teil innerhalb der geselligen Vereinigungen in München nahmen die Sparklubs ein,[16] in denen jedoch nicht so sehr das Sparen, sondern die gesellige Unterhaltung im Vordergrund stand. Zwar verpflichteten sich satzungsgemäß alle Mitglieder, regelmäßig in eine gemeinsame Kasse Sparbeiträge einzubringen, die dann gewinnbringend bei einem Bankinstitut angelegt wurden, jedoch dürften allein die Kosten der Wirtshausaufenthalte die Sparsummen bei weitem überschritten haben. Normalerweise bezahlte man die erwirtschafteten Zinsen dann am Ende des Jahres aus. Doch kam es auch vor, daß Sparvereine die

Überschüsse nicht in Geldbeträgen rückerstatteten, sondern »durch Speise, Getränke und gesellige Tanzunterhaltung gleichheitlich« verteilten.[17]

Neben den Sparklubs existierte noch eine Reihe von Vereinigungen, deren Hauptzweck schon satzungsgemäß in der Pflege von Geselligkeit lag; sie trugen so bezeichnende Namen wie ›S'feuchte Eck‹[18], ›Urvicha‹[19] oder etwa ›Mir san mir‹.[20] Hervorgegangen waren diese Gesellschaften zumeist aus Stammtischrunden, die durch die Gründung eines Vereins wohl hauptsächlich die Sperrstunde verlängern wollten. Die Zahl der Mitglieder, die überwiegend aus dem Kleinbürgertum und der Arbeiterschaft stammten, schwankte daher meist zwischen zehn und 25 Personen.[21]

Geselligkeit wurde aber nicht nur bei den ›rein‹ geselligen Vereinen eifrig gepflegt; sie findet sich auch bei allen anderen Vereinstypen, unter denen die Veteranenvereine eine Sonderstellung einnahmen, da sie neben der Kameradschaftspflege häufig auch noch politische und soziale Ziele verfolgten.[22] Ihr Hauptzweck bestand allerdings meist darin, wie es der Chronist des ›Veteranen- und Krieger-Vereins der Königlich Bayerischen Haupt- und Residenzstadt München‹ einmal formulierte, »... sich am Lebensabend jener vergangenen, verhängnisvollen, mühseligen, auch mitunter vergnügten Tage in behaglichem Gefühle zu erinnern«.[23] Ihren größten Aufschwung erlebten sie naturgemäß nach den Kriegen von 1866 und 1870/71.[24] Viele Veteranenvereine schränkten zunächst den Kreis ihrer Mitglieder auf Kriegsteilnehmer ein. Dies führte jedoch im Laufe der Zeit zu einem Rückgang der Mitgliederzahlen, da die ehemaligen Krieger langsam auszusterben drohten.[25] Um nun das Überleben der Gesellschaften zu sichern, nahmen später die meisten Vereine auch ehemalige Soldaten auf, die nicht aktiv an den Kriegen 1866 und 1870/71 teilgenommen hatten. In der Öffentlichkeit traten die Veteranenvereine vor allem bei nationalen Feiertagen in Erscheinung, so beispielsweise am Sedanstag, am Geburts- und Namenstag des bayerischen Herrschers oder des deutschen Kaisers.[26] Insgesamt dürften die Kameradschaftsklubs den höchsten Mitgliederstand unter den geselligen Vereinigungen aufgewiesen haben.

Die Sport- und Schützenvereine

Unter den Sportvereinen können die Schützengesellschaften[27] auf die längste Tradition zurückblicken. Der älteste und auch heute noch bestehende Verein ist die ›Königlich privilegierte Hauptschützengesellschaft‹, die ihre Geschichte bis in das Jahr 1406 zurückverfolgen kann.[28] Bis zur Mitte des 19. Jahrhunderts hatten die ›Hauptschützen‹ eine monopolartige Stellung inne, da nur sie über eine eigene Schießanlage verfügten. Mit dem Aufkommen des kleinkalibrigen Zimmerstutzens, der, wie der Name schon verrät, auch innerhalb geschlossener Räume verwandt werden konnte, wurde das Schießen dann nicht zuletzt wegen der geringeren Munitionskosten zu einem beliebten Volksvergnügen der Münchner.[29]

Erst im ausgehenden 19. Jahrhundert trat an die Stelle der Unterhaltung immer mehr der sportliche Wettkampf; durch das stetige Vordringen des preußischen Militarismus gewann überdies die ›Wehrertüchtigung‹[30] an Bedeutung. Gefördert wurde diese Entwicklung einerseits durch die alljährlichen Oktoberfestpreisschießen und andererseits durch die beiden Bundesschießen, die der ›Deutsche Schützenbund‹ in den Jahren 1881 und 1906 in München veranstaltete.[31]

Im Gegensatz zum Schützenwesen konnten andere Sportarten in München nur zögernd Fuß fassen. So entstand im Jahre 1860, also im Vergleich zu anderen deutschen Städten recht spät, der erste Münchner Turnverein. Da die Turnerschaft anfangs stark von nationalem Gedankengut geprägt war und eines ihrer Ziele in der Stärkung der Wehrkraft lag, lehnte sie die aus dem angelsächsischen Raum kommenden Sportarten Fußball, Tennis oder Boxen zunächst strikt ab. Auf Dauer konnte sie sich jedoch den moderneren Sportarten nicht verschließen, ohne einen gravierenden Schwund der Mitglieder zu riskieren und damit in manchen Fällen sogar ihre Existenz zu gefährden. Nach der Jahrhundertwende gründeten deswegen die meisten Turnvereine eigene Unterabteilungen für die verschiedenen Formen des Sports.[32]

Besonders viele Anhänger im Vergleich zu den übrigen Sportvereinen verzeichneten die Radfahrerklubs, die, gemessen an der Zahl ihrer Mitglieder, sogar die Turner übertrafen.[33] Ihre Ziele lagen unter anderem in der Organisation von gemeinsamen Fahrradausflügen, der Bildung artistischer Radfahrgruppen und der Vertretung ihrer Interessen gegenüber den Polizeibehörden, die seltsamerweise lange Zeit in den Radfahrern eine Gefährdung der öffentlichen Sicherheit sahen.[34] Mit der Verbreitung des Automobils bekamen die Radfahrerklubs Konkurrenz von den Motorfahrzeugvereinigungen, deren Mitglieder nun ihrerseits eine starke Vertretung der Autofahrer gegenüber staatlichen Hemmnissen aufbauten.[35]

Eine gewisse Zwitterstellung nahmen die alpinen Vereinigungen ein, weil sie sich einerseits besonders um die touristische Erschließung des Alpenraumes verdient machten, andererseits mit dem Bergsteigen eine neue Sportart entdeckten, der sie auch zu allgemeiner Anerkennung verhalfen. Den Anstoß dafür gab im Jahr 1869 die Gründung der ersten Sektion des ›Deutschen Alpenvereines‹ in München. Aus diesen Anfängen entwickelte sich die Stadt an der Isar schon sehr bald zu einem wichtigen Zentrum des Bergsteigens.[36] Dazu trug neben wissenschaftlicher oder belletristischer Bergliteratur auch die fortschreitende verkehrstechnische Erschließung des Alpenraumes bei.[37] In den Jahren bis zum Ersten Weltkrieg lagen die Schwerpunkte der Vereinstätigkeit in der Öffentlichkeitsarbeit, im Aufbau einer Lichtbildsammlung, im Bau von Wanderwegen und der Errichtung von Beherbergungshütten. Die bergsteigerische Ausbildung der Alpinisten trat demgegenüber zurück.[38]

Gründung und schnelles Wachstum der Sportvereine wurden hauptsächlich durch organisatorische Notwendigkeiten verursacht, da regelmäßiges Training, das am sinnvollsten im Rahmen eines Vereines verwirklicht werden kann, für die meisten Sportarten Voraussetzung ist. Außerdem erfordert der Bau von Sportstätten enorme Geldmittel, die nur von kapitalkräftigen Vereinen mit vielen Mitgliedern aufzubringen sind.

Die kulturellen Vereinigungen

Neben einer Vielzahl von Gesangsvereinen, unter denen der ›Lehrergesangsverein‹ mit seinen öffentlichen Auftritten anläßlich nationaler Gedenk- und Feierstunden Bedeutung erlangen konnte,[39] existierte eine Reihe von privaten Orchestervereinigungen. In der ›Wilden Gung'l‹, dem künstlerisch wohl bedeutendsten Orchester dieser Art, das Franz Strauss leitete, war sogar für einige Jahre dessen Sohn, der Komponist Richard Strauss, als Geiger tätig. Zur Aufführung kamen, neben kleineren Werken und einigen Erstlingswerken von Richard Strauss, große Symphonien von Haydn, Mozart und Beethoven. Zeitgenössische Musik, die auch damals nicht immer dem Publikumsgeschmack entsprach, stand nur selten auf dem Programm, ein Zug, den die ›Wilde Gung'l‹ durchaus mit dem gehobenen Musikleben der Stadt gemeinsam hatte.[40]

Im Bereich der bildenden Kunst erreichte der ›Münchner Kunstverein‹ eine Spitzenposition. Neben qualitätsvollen Ausstellungen suchte der Verein mit Hilfe von Jahresgaben breitere, nämlich auch weniger vermögende Bevölkerungsschichten für Kunst zu interessieren.[41] Im Jahre 1868 verlor allerdings der ›Münchner Kunstverein‹ mit der Gründung der ›Münchner Künstlergenossenschaft‹ sein bis dahin unbestrittenes Ausstellungsmonopol. Die ›Künstlergenossenschaft‹, die sich vor allem als Vertreterin des Kunstgewerbes verstand, erlebte in den folgenden Jahren einen beachtlichen Aufschwung. Wegen eines Streites um eine geplante Ausstellung spaltete sich 1873 eine Gruppe von Künstlern ab, die ihrer neuen Vereinigung den Namen ›Allotria‹ gaben.[42] Unter der langjährigen Leitung des Malerfürsten Franz von Lenbach avancierte die ›Allotria‹ innerhalb kurzer Zeit zu der gesellschaftlich bedeutendsten Münchner Künstlervereinigung des ausgehenden 19. Jahrhunderts. In ihren Reihen finden sich unter anderem Fritz von Kaulbach, Emanuel Seidl und Franz von Stuck.[43] Bei der Vergabe von öffentlichen und privaten Aufträgen wurden ihre Mitglieder häufig bevorzugt. Damit kam ihr eine Schlüsselstellung innerhalb der Münchner Gesellschaft zu.

Einen weiteren Zweig der kulturellen Vereinigungen bildeten die wissenschaftlichen Vereine, die sich in vielen Fällen nicht an Fachwissenschaftler, sondern an interessierte Laien wandten[44] und dabei das ganze Spektrum der Geistes- und der Naturwissenschaften umfaßten. In ähnlicher Weise versuchten Bildungsvereine den bisher benachteiligten Bevölkerungsschichten Wissen zu vermitteln. Aus dieser Bewegung heraus entstand im Jahre 1871 unter maßgeblicher Beteiligung der Stadt der ›Münchner Volksbildungsverein‹, aus dem sich später die ›Münchner Volkshochschule‹ entwickelte.[45]

Die kulturellen Vereine verfolgten also unterschiedliche Ziele: Eine kleinere Gruppe wollte, wie dies am Beispiel der ›Allotria‹ deutlich wird, durch den Zusammenschluß von Künstlern handfeste ökonomische Vorteile erringen; die überwiegende Mehrheit jedoch bemühte sich um die Vermittlung von Kunst, Kultur und Bildung an eine breite Öffentlichkeit.

Die religiösen Vereinigungen

Obwohl das Hauptbetätigungsfeld der konfessionellen Vereinigungen im karitativ-sozialen Bereich lag, gab es in München auch eine verhältnismäßig kleine, aber doch bedeutende Anzahl von Gesellschaften, die sich im engeren Sinn mit der Glaubensverkündigung und den damit zusammenhängenden innerkirchlichen wie gesellschaftlichen Fragen befaßte.

Schon seit dem Mittelalter existierte in München eine Reihe von Bruderschaften, wie beispielsweise die an der Stadtpfarrei St. Peter beheimatete ›St. Isidor- und St. Notburga-Bruderschaft‹.[46] Ihr wichtigstes Ziel sahen diese religiösen Gemeinschaften in der Verehrung Gottes und der jeweiligen Patronatsheiligen. Von den Mitgliedern wurde ein frommer und sündenfreier Lebenswandel gefordert; außerdem verpflichteten sie sich zur regelmäßigen Teilnahme an Andachten und zum Empfang der Sakramente. Dafür versprach ihnen die katholische Kirche unter gewissen Auflagen einen völligen oder teilweisen Nachlaß ihrer Sünden.[47]

Aber nicht nur auf dem Gebiete der Glaubensverkündigung, sondern auch im Kirchenbau gehörten Vereine zu den wichtigsten Stützen der Kirchen. Bedingt durch das rasche Bevölkerungswachstum der bayerischen Landeshauptstadt hatten sich nämlich die Seelsorgsbezirke der alten Münchner Pfarreien derart vergrößert, daß Kirchenneubauten unumgänglich wurden.[48] Die dafür erforderlichen Mittel stellten jedoch nur zu einem Teil die Kirchen, die Stadt München und der bayerische Staat bereit. Die Hauptlast der Kosten mußten Kirchenbauvereine übernehmen, die durch regelmäßige Sammlungen und durch Lotterien beträchtliche Summen zusammenbrachten.[49] Auch nach dem Bau der jeweiligen Gotteshäuser blieben die meisten dieser Vereine noch eine Zeitlang bestehen, um Mittel für die Innenausstattung der Kirchen aufzubringen.[50]

Die konfessionellen Vereine sahen ihre Hauptaufgaben in gemeinsamer Andacht und in der Schaffung von Gebetsräumen, um einer religiösen Vereinsamung der Großstadtbewohner entgegenzuwirken. Sie leisteten damit auch einen wichtigen Beitrag zur Integration der vielen Neubürger.

Die sozialen und die wohltätigen Vereinigungen

Zur Sicherung des Einzelnen vor Krankheit, Arbeitslosigkeit und zur Versorgung der Angehörigen im Todesfall entstanden schon im ausgehenden 18. Jahrhundert die ersten Münchner Sozialversicherungsvereine.[51] Die Gründungsinitiative ging meist von Arbeitern oder Handwerkern einer Branche aus. Daneben riefen aber auch manche Fabrikbesitzer »aus Fürsorge um das Wohl ihrer Arbeiter«[52] firmeneigene Betriebskrankenkassen ins Leben. Die Höhe der Unterstützungsleistungen richtete sich entweder nach einem festgesetzten Einheitsbetrag oder, wie etwa häufig bei Betriebskrankenkassen, nach der Lohngruppe. Um das Leistungsrisiko zu vermindern, knüpften die meisten Kassen die Auszahlung von Krankengeld an gewisse Bedingungen. In der Satzung des Krankenvereins der Maschinenfabrik ›J.G. Landes‹ heißt es dazu:

»Auf Unterstützung hat aber kein Mitglied Anspruch, so lange dasselbe wirklich Arbeit verrichtet, nur Medizin gebraucht, oder sich Krankheit und Arbeitsunfähigkeit durch Exzeß, Rauferei oder unordentlichen Lebenswandel (durch übermäßiges Trinken oder syphilitische Krankheiten) zugezogen hat.«[53]

Zur Überwachung dieser Vorschriften setzten die Kassen eigene Beauftragte ein, die durch Hausbesuche die Kranken zu kontrollieren hatten.[54]

Wie notwendig die Unterstützungskassen vor der Bismarckschen Sozialgesetzgebung waren, beweisen die vielen Kranken- und Sterbekassen, die man als Zweigvereine bestehender Gesellschaften gründete. Die Aufnahme in diese Organisationen war allerdings immer an die Mitgliedschaft im Hauptverein gebunden. Es ist sogar zu vermuten, daß viele Vereinsbeitritte überhaupt nur wegen der in Aussicht gestellten Unterstützungszahlungen erfolgten. So sah sich beispielsweise der ›Deutsche Altveteranenverein‹ gezwungen, bei den samstäglichen Vereinsabenden Präsenzlisten einzuführen, um »bei Unterstützungen auch genau kontrollieren zu können, welchem Kameraden es ernst um den Verein oder blos lediglich um immerwährende Unterstützung zu thun ist«.[55] In der Tat erreichten die Unterstützungsleistungen dieser privaten Krankenkassen in Einzelfällen beachtliche Höhen.[56] Erst mit der Einführung der Sozialgesetzgebung Bismarcks – 1883 der Krankenversicherung, 1884 der Unfallversicherung und 1889 der Invaliditäts- und Altersversicherung – schwand allmählich die Bedeutung der privaten Unterstützungsvereine, an deren Stelle dann die gesetzliche Sozialversicherung trat.[57]

Die Interessenvereinigungen

Die zunehmende Industrialisierung führte in München zur Gründung vieler berufsspezifischer Fach- oder Gewerkschaftsvereine. Sie stellten sich zur Aufgabe, die Interessen der Arbeiter oder der Handwerker gegenüber der mächtigen Arbeitgeberseite geschlossen zu vertreten. Die Initiative zur Gründung derartiger Vereinigungen ging in fast allen Fällen von ortsansässigen Arbeitern und Handwerkern aus; sie orientierten sich aber stark an schon bestehenden Organisationen in anderen deutschen Städten.

Die Fabrikbesitzer ihrerseits erkannten die Gefahr, die von der organisierten Arbeiterschaft ausging, und versuchten durch subtile Methoden ihr Personal von den Kundgebungen fernzuhalten, wie dies folgender Bericht des ›Münchner Brauervereins‹ zeigt:

»Ein von der Arbeiterschaft schwer empfundener Uebelstand ist der morgens so sehr frühzeitige Anfang in fast allen Brauereien. Die Notwendigkeit des Anfanges um 3½, 4 oder 4½ Uhr morgens läßt sich in keiner Weise begründen ... In den Arbeiterkreisen herrscht die Meinung vor, daß das Festhalten am frühen Beginn der Arbeitszeit dem Bestreben der hiebei maßgebenden Personen entspringt, den Arbeitern die Bethätigung am Vereins- und Versammlungsrecht, die ja vorzugsweise in den Nachtstunden von 8–12 ausgeübt werden kann, möglichst zu erschweren, da ja thatsächlich das Bewußtsein, so sehr früh die Arbeit beginnen zu müssen, viele Arbeiter vom Versammlungsbesuch abhält.«[58]

Seit den neunziger Jahren machte dann die Einrichtung von Tarifverträgen solche Behinderung immer schwieriger.[59]

Neben Arbeitern und Handwerkern waren aber auch Geschäftsinhaber und Fabrikbesitzer überzeugt, sich organisieren zu müssen.[60] Zu Anfang unseres Jahrhunderts hatte daher fast jede Berufsgruppe eine eigene Fachorganisation, um ihre spezifischen Interessen vertreten zu können. So formierten sich auch auf anderen Gebieten des täglichen Lebens Interessenvereinigungen. Ihre Bandbreite reichte von Hobbyzüchter- bis zu Natur- und Umweltschutzvereinigungen.[61] Manche dieser Gesellschaften sind als direkte Vorläufer heutiger Bürgerinitiativen anzusehen.

Die politischen Vereine

Nach dem Bayerischen Vereinsgesetz von 1850 wurden diejenigen »Vereine, deren Zweck sich auf öffentliche Angelegenheiten bezieht«,[62] als politische Vereinigungen eingestuft und unterlagen damit einer besonders strengen polizeilichen Aufsicht. Ihnen durften nur Männer angehören, denn »Frauenspersonen und Minderjährigen« war es weder gestattet, politischen Vereinen beizutreten noch an deren Versammlungen teilzunehmen.[63] Diese Vereinigungen waren außerdem im Gegensatz zu den nichtpolitischen Vereinen[64] verpflichtet, einen Vorstand zu wählen, sich Satzungen zu geben und alle Änderungen sowohl der Statuten als auch der personellen Zusammensetzung der Vorstandschaft innerhalb von drei Tagen der zuständigen Polizeibehörde mitzuteilen. Zudem mußten ihre Versammlungen 24 Stunden vorher angemeldet und genehmigt werden.[65]

Als eine besonders einschneidende Regelung erwies sich das sogenannte Affiliationsverbot, das politischen Vereinen untersagte, sich mit anderen zusammenzuschließen.[66] Durch diese Bestimmung sollten hauptsächlich größere Arbeitervereinigungen verhindert werden, die daher auch keine Ortsvereine bilden durften.[67] Zur Überwachung der gesetzlichen Bestimmungen besaß die Polizei weitgehende Vollmachten. Ihr besonderes Augenmerk richtete sich dabei auf öffentliche Versammlungen politischer Vereinigungen, die sie »bei dringender Gefahr für die öffentliche Ordnung und Sicherheit«[68] präventiv verbieten konnte. Außerdem war es ihr erlaubt, entweder ein oder zwei Beamte in Uniform oder entsprechend gekennzeichnete Beauftragte zu allen öffentlichen Vereinsveranstaltungen abzuordnen. Sie besaßen das Recht, bei Versammlungen, in denen ihrer Meinung nach zu Rechtsverletzungen aufgefordert wurde, sofort einzuschreiten und sie nötigenfalls auch mit Waffengewalt aufzulösen.[69] Dazu stand ihnen in vielen Fällen eine Gendarmeriemannschaft zur Verfügung, die aber nicht am Versammlungsort anwesend sein durfte, sondern sich etwas abseits in Bereitschaft halten mußte.[70]

Weil die Polizei hier einen derart großen Entscheidungsspielraum besaß, sollten für diese Aufgabe nur »Männer von bewährter Einsicht und erprobtem Takte«[71] ausgewählt werden, die genaue Protokolle führen mußten:

»Da die fraglichen Vereine zum großen Theile aus erfahrenen und wohlgeschulten Agitatoren bestehen, so erheischt die Auswahl der in die Versammlungen abzuordnenden Kommissäre angemessene Umsicht. Es ist möglichst darauf zu achten, daß nur solche Beamte und Bedienstete mit der Überwachung der Versammlungen betraut werden, welche mit entsprechendem Takte umfassende Gesetzeskenntnisse, Entschlossenheit, die Gabe rascher Auffassung verbinden. Weniger erfahrenen Kommissären haben die einschlägigen Distriktpolizeibehörden vorgängig die geeigneten Belehrungen und Instruktionen zu ertheilen.«[72]

Wie parteiisch sich jedoch die Münchner Polizeidirektion verhielt, wird am Beispiel des ›Deutschen Flottenvereines‹ deutlich, der kurz nach seiner Gründung 1898 in Berlin auch in München rasch Anhänger gefunden hatte. Er wollte mit Hilfe von Vorträgen zum Themenkreis Flottenrüstung, bekanntermaßen eine Lieblingsidee Kaiser Wilhelms II., »das Verständnis und das Interesse des deutschen Volkes für die Bedeutung und die Aufgaben der Flotte ... wecken, ... pflegen und ... stärken«[73] und war insofern ein Symptom der Militarisierungstendenzen der wilhelminischen Ära. Der ›Deutsche Flottenverein‹ befaßte sich eindeutig mit ›öffentlichen Angelegenheiten‹ und hätte deshalb als politischer Verein eingestuft werden müssen. In einem Gutachten der Münchner Polizeidirektion an das bayerische Innenministerium wurde diese Einordnung jedoch mit folgender Begründung abgelehnt:

»Nun ist es allerdings richtig, daß der Charakter eines Vereins nicht etwa nur nach dem Wortlaute der Statuten, sondern auch nach seiner Tätigkeit beurteilt werden soll ... Auch von diesem Gesichtspunkte aus hatte die königl. Polizeidirektion niemals Veranlassung, die gesetzlichen Bestimmungen über politische Vereine, sei es auf die Ortsgruppe München oder auf den bayerischen Landesverband in Anwendung zu bringen, nachdem gerade diese beiden Vereinigungen unter Berufung auf den Inhalt der Statuten des Hauptvereins stets ... ihre Aufgaben dafür präzisiert haben, daß nicht agitatorisch vorzugehen, sondern anregend, aufklärend und belehrend zu wirken und so das Verständnis für die deutschen Interessen zu fördern sei ...«[74]

Die Obrigkeit war also einerseits bestrebt, den politischen Konsens im Staat zu fördern; andererseits versuchte sie jede Organisation, die diesem Ziel im Wege stand, durch rigoroses Einschreiten zu unterdrücken. Allerdings mußten die Polizeibehörden schließlich erkennen, daß es ihnen auf Dauer nicht möglich war, die politischen Mitsprachewünsche eines großen Teiles der Bevölkerung durch staatliche Zwangsmaßnahmen zu unterdrücken.

Das Vereinswesen in der bürgerlichen Gesellschaft

Ein wesentlicher Grund für die Entstehung des Münchner Vereinswesens ist in der großstädtischen Anonymität zu suchen, mit der die vielen, meist aus ländlichen Regionen Bayerns stammenden Zuwanderer konfrontiert wurden.[75] Die Vereine leisteten mit ihren differenzierten Angeboten einen Ersatz für bisherige soziale Bindungen, die durch die Ansiedlung in der bayerischen Hauptstadt verlorengegangen waren. In diesem Prozeß der Verstädterung erhielten vor allem die Freizeitvereine eine große Bedeutung, weil sich in ihnen recht einfach neue soziale Kontakte knüpfen ließen. Außerdem kamen diese Vereine dem inzwischen gestiegenen Bedürfnis nach einer sinnvollen Gestaltung der immer mehr anwachsenden Freizeit entgegen.[76] Hierdurch wird die große Zahl der Freizeit- und Hobbyvereine erklärlich, zu denen beispielsweise die Spar-, Sport- und Schützenvereine zählen.

Daneben schlüpfen die Vereine immer mehr in die Rolle einer Interessenvertretung für einzelne Bürgergruppen. Die Spannweite dieser Gesellschaften reichte von sozialen Belangen über Kunst, Kultur und Wissenschaften bis zu Wirtschaft und Politik. Ausgelöst wurde diese Entwicklung hauptsächlich durch das gestiegene Selbstbewußtsein innerhalb des Bürgertums und der Arbeiterschaft, die beide im Vereinswesen ein geeignetes Instrument zur Durchsetzung ihrer Wünsche und Ziele entdeckten. Vor allem aus den wirtschaftlichen und sozialen Vereinigungen gingen später vielfach Verbände, Gewerkschaften und Parteien hervor.

Diese Entwicklung wurde auch durch den Ersten Weltkrieg, der innerhalb des Vereinswesens eine lange Phase des Niedergangs einleitete, nicht unterbrochen. So verzeichnete das Münchner Adreßbuch von 1932 rund 1000 Vereine weniger als 1910. Parallel zur Abnahme der Vereinszahlen vollzog sich ein grundlegender Strukturwandel innerhalb des Münchner Vereinswesens. Während sich nämlich die Zahl der geselligen Vereine, die nicht zuletzt durch die Inflation ihre materielle Basis verloren hatten, stark verringerte, erlebten die Interessenvereinigungen viele Neugründungen.[77]

Das Vereinswesen, das ursprünglich überwiegend der Geselligkeitspflege gedient hatte, wurde so zu einem Integrationsfaktor innerhalb der bürgerlichen Gesellschaft und bekam damit eine neue, bis in unsere Tage noch wirksame Aufgabe.

Das München-Bild und seine Vermarktung

Von Heidi Karch

»Es war eine Atmosphäre der Menschlichkeit, des duldsamen Individualismus, der Maskenfreiheit sozusagen; eine Atmosphäre von heiterer Sinnlichkeit, von Künstlertum; eine Stimmung von Lebensfreundlichkeit, Jugend, Volkstümlichkeit, auf deren gesunder derber Krume das Eigentümlichste, Zarteste, Kühnste, exotische Pflanzen manchmal, unter wahrhaft gutmütigen Umständen gedeihen konnte.«[1]

So begeistert beschrieb Thomas Mann aus der nostalgischen Rückschau von 1926 die Zeit um die Jahrhundertwende; sein berühmtes Zitat »München leuchtete«,[2] wurde nachträglich zum Leitmotiv der Prinzregentenzeit.

Stadtbeschreibungen und Reiseführer aus der ersten Hälfte des 19. Jahrhunderts zeigen, daß die Grundzüge dieses München-Bildes schon lange vor der Prinzregentenzeit bestanden. Hatte bereits Ernst von Destouches 1827 die unter König Max I. entstandenen Paläste und Staatsgebäude »im erhabenen Style« bewundert,[3] so begründeten vor allem die Bauten Ludwigs I. Münchens Ruf als Kunststadt; Johann Michael Soeltl schreibt 1837 in seinem München-Führer:

»Unter Ihm erhebt sich München mit solchem Glanze, daß seine Bauten und Anstalten mit Bewunderung durch ganz Europa genannt werden. Die Kunst wurde durch Ihn, den großen Kunstkenner, recht eigentlich wieder erweckt und nahm ihren Sitz in München.«[4]

Auch das Bier und die Gemütlichkeit finden bereits Mitte des Jahrhunderts Erwähnung: Der Münchner liebe seinen Trunk guten Bieres und der Ton in München sei »... ein ziemlich ungenierter, der überhaupt im südlichen Deutschland mehr getroffen wird«.[5] 40 Jahre später hatte sich dieses München-Bild gefestigt. So hieß es 1890 in einem Reiseführer: »München ›Isarathen‹), welches sich zu einem Fremdenplatz ersten Ranges emporgeschwungen, besitzt eine etwas materiell angehauchte, aber biederherzige Bevölkerung, unter der sich vergnügt (und relativ billig) leben läßt.«[6]

Der Fremdenverkehrsverein

Ein Teil der Münchner hatte mittlerweile die finanziellen Vorteile eines regen Fremdenverkehrs erkannt; daher überrascht es nicht, daß 1890 der Hofrat und Schriftsteller Maximilian Schmidt den ›Landesverband zur Hebung des Fremdenverkehrs in Bayern‹ gründete.[7] Das Unternehmen genoß von Anfang an die Unterstützung bedeutender und bekannter Persönlichkeiten des Königreichs; als Präsidenten konnte man Hofmarschall Freiherr von Gise gewinnen. Ziel des Vereins war es nicht nur, für Bayern zu werben, er wollte auch dafür sorgen, daß Unterkunft und Verpflegung der Fremden den »Anforderungen der Neuzeit«[8] entsprachen.

Nach Streitigkeiten löste sich der Landesverband 1892 auf, und es entstand der ›Verein zur Förderung des Fremdenverkehrs in München und im bayerischen Hochland e.V.‹. Er eröffnete ein Auskunftsbureau im Hauptbahnhof und gab 1897 einen ›Offiziellen Führer‹ heraus,[9] war ansonsten aber nicht sonderlich rührig. Zudem trennte man offenbar die privaten Interessen und die des Vereins nicht klar genug, so daß die Vorstandschaft im Jahr 1903 in einer »Vereinsrevolution«, deren Hintergründe leider nicht mehr feststellbar sind, zum Rücktritt gezwungen und der Verein völlig neu organisiert wurde.[10]

Die neue Vereinsleitung wollte neben der Werbung für die Naturschönheiten und Sehenswürdigkeiten des Landes auf die Verbesserung der Unterkunfts- und Verkehrsverhältnisse hinwirken.[11] Auch der Zuzug möglichst zahlungskräftiger Bürger sollte gefördert werden; zu diesem Zweck gab man 1906 einen ›Führer und Ratgeber zur dauernden Ansiedelung‹ heraus. Als hauptamtlicher Generalsekretär wurde der Schriftsteller Maximilian Krauß eingesetzt,[12] der die Geschichte des Vereins nun mitbestimmte.

Trotz vereinzelter Kritik[13] genoß der Verein von Anfang an weitgehend die moralische, wenn auch nicht immer die finanzielle Unterstützung von Stadt, Staat und Hof. Verkehrsminister Heinrich Ritter von Frauendorfer, selbst Mitglied des Vereins, gewährte durch sein Ministerium einen jährlichen Zuschuß von 5000 Mark, und der Magistrat der Stadt München unterstützte den Verein mit immerhin 2000 Mark,[14] ab 1908 sogar mit 3800 Mark pro Jahr.[15] Auch das Königshaus zeigte Interesse; so erschien Prinz Ludwig, der spätere König Ludwig III., zur Generalversammlung 1903 und übernahm im Jahr 1904 das Ehrenprotektorat.[16]

Der Landtag hingegen konnte sich trotz wohlwollender Stellungnahmen letztendlich nicht zu einer größeren finanziellen Unterstützung durchringen, da man den volkswirtschaftlichen Nutzen des Fremdenverkehrs nicht hoch genug einschätzte, um zusätzliche Mittel aus dem Finanzministeriumsbudget locker zu machen.[17] Infolgedessen mußte der Verein seine Werbeschriften und Annoncen größtenteils aus den Beitragszahlungen seiner Mitglieder finanzieren, obwohl er immer betonte, daß seine Aktivitäten dem ganzen Lande zugute kämen und durch den Fremdenverkehr sich auch die Staatseinnahmen erhöhten.[18] Der Verein sah den Fremdenverkehr als eine natürliche Resource an:

»Was die Fremdenverkehrsorganisation und ihre Propaganda dazu tun, ist nichts als die bewußte Ausnützung gegebener Reichtumsquellen in wirtschaftlich nüchternem Sinne, also dasselbe etwa wie der industrielle Abbau eines Edelmetalle, Erze oder Kohle bergenden Gebietes.«[19]

Bayern eigne sich ganz besonders dafür, sei es doch von alters her ein Land der Kunst gewesen und verfüge darüber hinaus in der Kunststadt München und ihrem »genius loci« über einen wichtigen Anziehungspunkt:

»Diesen genius loci dürfen wir ebenfalls zu den Grundlagen unseres Fremdenverkehrs rechnen, ob er sich nun ausdrückt in der fröhlichen, heiteren Lebensauffassung der Münchner, in der Lust am Festefeiern und am Festegestalten, in der Freude am schönen Schmuck und dem Sinn für geschmackvolle Aufmachung rein praktischen Zwecken dienender Dinge (Schaufenster, Läden, Wohnhäuser, Bierhäuser, Kaffees) oder in dem starken Naturempfinden und in der Liebe zur heimatlichen Natur oder in der bewußt und mit Absicht auf das Besondere betonten Ausformung jeglichen anderen Kunstbetriebs (Theater, Musik, Kabarett). Alles das zusammen bewirkt die Eigenart Münchens und des Münchner Lebens, das absolut Bodenständige, das gerade den Fremden fesselt und in oft überraschender Weise schon die nachwachsende Generation in München Angesiedelter amalgamiert.«[20]

Hier zeigt sich eine deutliche Erweiterung des München-Bildes: Die künstlerische, festesfreudige und urwüchsige Atmosphäre tritt immer stärker in den Vordergrund. Dem entspricht nun die Darstellung Münchens in Reise- und Stadtführern, die ab der Jahrhundertwende den »genius loci« zunehmend ausführlicher schildern; in den Publikationen des ›Vereins zur Förderung des Fremdenverkehrs‹ geschieht dies besonders blumig und klischeehaft. Die Elemente dieses neuen München-Klischees finden sich bei Ernst Wilhelm Bredt, einem der Autoren des Fremdenverkehrsvereins, auf engem Raum prägnant zusammengestellt: »Die eigentliche Physiognomie Münchens ist künstlerisch genußfroh. Auch Handel und Industrie leben von dieser Art. Die zwei Pole des Genusses sind Kunst und Bier. Die Achse, die beide Pole verbindet und um die sich in München alles dreht, ist das urtümliche Verlangen, das gesunde Vermögen eines geruhsamen Lebensgenusses.«[21]

München als Kunststadt

Tradition und Moderne standen sich in München, das sich immer mehr zur »Kunststadt« – die Böswilligen nannten es das »Ausstattungszentrum« – des Deutschen Reiches entwickelt hatte, oft krasser gegenüber als anderswo.[22] Das lag zum einen daran, daß es die etablierten Münchner Malerfürsten der ›Moderne‹ schwermachten. Zum anderen führte die ständig wachsende Zahl zuziehender Künstler zu einer schon allein quantitativ problematischen Konkurrenzsituation; es entwickelten sich innerhalb der Künstlerschaft zwei Lager, die sich gegenseitig entweder Traditionalismus oder Modernismus vorwarfen.

Wie berechtigt der Vorwurf eines »Niedergangs Münchens als Kunststadt« immer gewesen sein mag:[23] In den gängigen Stadtbeschreibungen blieb der Kunststadtcharakter Münchens völlig unbestritten, wobei das Lob dafür in erster Linie den Wittelsbachern und darunter vor allem dem »bayerischen Lorenzo de Medici«, Ludwig I., galt.[24] München wird als »unversiegliche Quelle des reichsten Kunstschaffens«[25] dargestellt; die Frage der Stilrepetition aber umging man geschickt: »Neue Probleme der Architektur werden hier nur mit künstlerischer Bedachtsamkeit verfolgt.« Immerhin gesteht man auch fortschrittlicheren Architekten wie Theodor Fischer oder Martin Dülfer zu, »interessante Lösungen neuer Aufgaben« gefunden zu haben.[26]

Während in den älteren Reiseführern München den Namen ›Isarathen‹ vor allem wegen seiner Bauten und Sammlungen verdient, bezog man um die Jahrhundertwende auch das Theater und die Musik stärker mit in die Werbung ein. Der Fremde mußte allerdings fast den Eindruck gewinnen, das Münchner Musikleben drehe sich ausschließlich um Richard Wagner. War 1870 die Idee Ludwigs II. von einem Festtheater noch durch »intrigante Verhetzung und stupiden Widerstand«[27] einiger Leute verhindert worden, so betont man nun, daß der Onkel Ludwigs, der Prinzregent, den Traum seines Neffen durch den großzügigen Bau des Prinzregententheaters erfüllt habe.[28] Dessen Aufführungen, so bemerkt Alexander Dillmann im ›Führer und Rathgeber zur dauernden Ansiedelung‹ etwas euphorisch, seien »in dem orchestralen, solistischen und szenischen Teil den Bayreuther Festspielen ebenbürtig, wenn nicht überlegen«.[29]

Auch sonst scheint die Beziehung zu Bayreuth von Konkurrenzdenken gekennzeichnet gewesen zu sein. Den Vorschlag, die Wagnerfestspiele abwechselnd in Bayreuth und in München anstelle der jährlichen Festspiele in beiden Städten stattfinden zu lassen, wußte der ›Verein zur Förderung des Fremdenverkehrs‹ zu hintertreiben, da sich durch die bisherige Regelung die Saison in München von Juni bis September verlängern ließ.[30] Daß man die Festspiele für einen außerordentlichen Anziehungspunkt hielt, zeigen auch die Überlegungen der Städte Wien und Berlin, dort ähnlich wie in Bayern eine Sommersaison mit Musikfesten zu initiieren.[31]

Neben der Musik wies man auf die Bedeutung des Theaters hin, denn auch auf diesem Gebiet sei München »die wichtigste Festspielstadt Europas und damit zugleich die Ausgangsstätte der großen Kultur- und Erneuerungsbewegung, welche im Bühnenleben unserer Zeit mit immer mächtigerem Erfolge zum Durchbruch kommt«.[32]

Der Münchner und die Kunst · Die künstlerische Atmosphäre der Stadt führte der Fremdenverkehrsverein vor allem auf ihre Bewohner zurück. Schließlich, so bemerkte man stolz, lebe ein Viertel aller deutschen Künstler in Bayern und über die Hälfte davon in München.[33] Bei so viel künstlerischer Präsenz mußte auch der Münchner von der Kunst durchdrungen sein, zumindest in den Augen des Vereins. Den Prinzregenten schloß man ebenfalls in dieses Bild ein; jubelnd bemerkte man: »Unser gütiger Landesherr ist ein Freund der Künstler von ganzem Herzen, der Tag für Tag mit ihnen in Berührung kommt und ganz erfüllt ist von der großen Mission der Verschönerin allen Lebens, der Kunst jeder Art.«[34]

Dem Münchner wurden »inniges Gefühl und Verständnis für Kunst und künstlerischen Geschmack« bescheinigt, Eigenschaften, die sehr oft an ganz unscheinbaren Dingen[35] sichtbar würden. Hier konnte der Verein auch seine Werbung für den Kunsthandel anbringen: Insbesondere auf den Dulten fände der Münchner, dank seines angeborenen Kunstsinns, unter dem Trödel immer etwas, das dem Entdecker »künstlerischen Genuß« bereite.[36] Ob dieses Bild der Realität entsprach, mag bezweifelt werden: Die künstlerische Gesinnung des Münchners ging anscheinend nur selten so weit, für Kunst Geld auszugeben, wie häufige Klagen der in München ansässigen Künstler belegen.[37] Aber auch die Mitgliedschaft im Kunstverein war für Kritiker wie Josef Ruederer nicht unbedingt ein Zeichen für den Kunstsinn des Münchners:

»Ist es Frühling, so werden die neuesten Hüte kritisiert, ging ein Ordensregen hernieder, werden die damit Begnadeten in aufrichtiger Herzlichkeit beglückwünscht, und gabs einen öffentlichen Skandal, wird er hier noch vergrößert. Nebenbei hängen allerdings auch ein paar Bilder an den Wänden herum, die aber nicht weiter stören.«[38]

Tatsächlich äußerte sich der Kunstsinn der Münchner wohl eher im Kunstgewerbe; schon die Aufträge Ludwigs II. hatten einen beträchtlichen Auftrieb für die Entwicklung einer Kunstindustrie gegeben, die durch den Fremdenverkehr und dessen Werbung überdies gefördert wurde.

Als ein weiteres Zeichen für die Kunstfertigkeit der Münchner wertete man die zahlreichen neuen künstlerischen Techniken. München sei nicht zufällig die Geburtsstätte der Lithographie, der neuen Illustration, des Lichtdrucks und der Autotypie, meinte der Fremdenverkehrsverein, und auch Zeitschriften wie die ›Fliegenden Blätter‹ oder Betriebe für angewandte Kunst wie die ›Vereinigten Werkstätten‹ entstünden hier nicht von ungefähr: »Diese Erfindungen, diese Zeitschriften, diese Künstler- und Lehrwerkstätten neuer Art sind ohne die alteingesessene künstlerische Kultur Münchens undenkbar.«[39]

Für den Verband Münchner Hoteliers verbanden sich daher das Straßenbild, der blaue Himmel und die Kunst untrennbar zu einem spezifisch münchnerischen Gesamtkunstwerk.[40]

Kunst und Geld · Wie diese verführerischen Schilderungen zeigen, war man sich durchaus der Bedeutung der Kunst als Wirtschaftsfaktor bewußt. Im Gegensatz etwa zu Berlin, das auf seine Industrie stolz war,[41] weigerten sich diejenigen, die das München-Klischee kreierten und verbreiteten, die Stadt als die Industriestadt zu sehen, die sie inzwischen längst war; rauchende Schornsteine paßten nicht zum Image der Kunst- und Fremdenstadt.[42]

In der Kunstpflege dagegen, einer unversieglichen Quelle des Wohlstands, sah auch Bürgermeister von Borscht die Zukunft Münchens und seine Attraktivität für Fremde.[43]

Den engen Zusammenhang zwischen Kunsthandel und Fremdenverkehr zeigen auch die Zahlen über den Gemäldeexport. So war die Ausfuhr in diejenigen Länder am stärksten, aus denen die meisten Fremden nach München kamen; an erster Stelle stand hier Österreich-Ungarn mit jährlich fast 70 000 Fremden.[44] Daher schlug man vor, den Absatz von Kunstwerken mit Hilfe einer Kunstorganisation zu fördern;[45] dies wurde allerdings nie verwirklicht.

Image verpflichtet · Münchens Kunststadtimage, so hieß es von verschiedenen Seiten, verlange gebieterisch die künstlerische Gestaltung aller Lebensbereiche. Insbesondere der Fremdenverkehrsverein bemühte sich darum, seine Werbeschriften und Plakate durch bekannte Künstler wie beispielsweise Ludwig Hohlwein, Hanns Beatus Wieland oder Ludwig von Zumbusch entwerfen zu lassen, glaubte er doch, das dem Ansehen Münchens als Kunststadt schuldig zu sein.[46] Die dennoch relativ traditionelle Gestaltung solcher Plakate rechtfertigte man dann mit dem Publikumsgeschmack, der leider erfahrungsgemäß der künstlerischen Entwicklung nachhinke.[47]

Trotz dieser Kompromißbereitschaft in künstlerischen Fragen ging manchem der Kitsch bei Postkarten und Souvenirs dann doch zu weit: »Den Gipfel der Geschmacklosigkeit aber bedeuten jene Postkarten, auf denen Kinder in Münchnerkindlmaskerade dargestellt sind, auf einem Bierfasse reitend oder betrunken und katzenjämmerlich neben oder unter diesem liegend.«[48] Auch ein »blöd glotzender Bauer« als Nippes oder die Silhouette eines Dackels als Feuerzeug wurden kritisiert.[49] Stattdessen plädierte man für Glasmalereien oder Kabinettsscheiben als wesentlich geschmackvollere und einer Kunststadt würdigere Souvenirs.[50] Sogar öffentliche[51] und private Bautätigkeit[52] wollte der Fremdenverkehrsverein in die Kunststadtideologie einbezogen wissen: »Der Besitz eines Hauses darf in einer Kunststadt nicht auch zugleich der Freibrief für Geschmacklosigkeit sein.«[53] Die Wirksamkeit solcher Appelle blieb jedoch sicherlich auf solche Bereiche beschränkt, in denen andere öffentliche oder privatwirtschaftliche Interessen ihre Umsetzung sinnvoll erscheinen ließen – allein ausschlaggebend war das Kunststadtargument in diesen Fragen wohl nie.

München – die Stadt des heiteren Lebensgenusses

Dem Fremden wird der Münchner nicht nur als kunstfreudiger, sondern auch als sehr umgänglicher Mensch geschildert. Er sei sowohl phlegmatisch als auch sanguinisch, im allgemeinen »gutmütig, leichtlebig und genußfroh«.[54] In München herrsche, so heißt es in vielen Reiseführern der Epoche, das Motto »Leben und leben lassen«, und jeder Fremde werde mit Herzlichkeit aufgenommen und bald mit »Herr Nachbar« tituliert.[55] Selbst in der eher kritisch eingestellten ›Festschrift zum Parteitag der Deutschen Sozialdemokratie‹ wird den Münchnern Unbefangenheit und Toleranz bescheinigt:

»Im Umgang herrscht ein gewisser demokratischer Zug; die gesellschaftlichen Unterschiede spielen keine große Rolle, und bei Krug und Vergnügen verkehren die Stände und Klassen friedlich miteinander, ohne daß sich der Eine um Beruf und Vermögen des Anderen viel kümmert, Ueberhebung oder Unterwürfigkeit zutage tritt.«[56]

In den Augen des ›Vereins zur Förderung des Fremdenverkehrs‹ verband das Biertrinken alle Schichten des Volkes zu fröhlichem Tun.[57] In der Salvatorzeit finde man Züge »ungeschminkter Volksindividualität und naiver Lustigkeit«,[58] die sich dann in den »lokalpatriotischen Gesängen«[59] der Eingeborenen äußere, beispielsweise im Lied vom »Alten Peter«. Auf den Salvator folge dann der Maibock, angeblich ein »von vielen als Heilmittel gerühmter Nektar«, der in den »Heiligen Hallen des Hofbräuhauses«[60] genossen werde. Die gesamte ›haute voleé‹ komme hier zusammen, um »den braunen Stoff mit wohlgefälligem Schmunzeln« zu prüfen,[61] berichtet der Fremdenverkehrsverein dann weiter aus dem angeblichen Elysium des bayerischen Ureinwohners. Auch in den Bierkellern sehe der Fremde die verschiedensten Leute einträchtig zusammensitzen, »... teils Leute aus besseren Ständen, die ihren Abendtrunk genießen, teils Familien mit ihren Kindern, die gemütlich beim Maßkrug sitzen...«.[62] Als weiteren Höhepunkt des Münchner Bierlebens preist man dann das Oktoberfest an, auf dem in »endlosen Bierbudenreihen« dem Gambrinus[63] geopfert werde. Das Oktoberfest scheint zu dieser Zeit jedoch keine so große Bedeutung wie etwa der Salvator oder der Maibock gehabt zu haben; erst nach der Jahrhundertwende wird es in den Stadtführern ausführlicher beschrieben.

Zweifellos standen hinter diesem Lob der Bierseligkeit die Interessen der Bierindustrie; Brauer und Gastronomen waren daher auch nicht zufällig im Fremdenverkehrsverein überrepräsentiert. Dennoch schätzte man das Image einer reinen Bierstadt keineswegs. Das Bier sei zwar für den Münchner eine wichtige Sache, meint Maximilian Krauß, der Schriftführer des Fremdenverkehrsvereins, trotzdem solle man München nicht als das »Capua derben Lebensgenusses«[64] betrachten, sondern auch die subtileren geistigen und künstlerischen Genüsse würdigen.

Eine weitere Touristenattraktion stellte der Fasching dar, den der ›Verein zur Förderung des Fremdenverkehrs‹ ebenfalls geschickt vermarktete, indem er eine Liste aller Veranstaltungen in europäischen Zeitungen veröffentlichte.[65] Man könne insbesondere auf den Künstlerfesten, »... die innige Verschwisterung des Münchners mit seiner Kunst...«[66] bewundern, hieß es vielversprechend in einem Münchner Führer. Deutlich zog man die Grenze etwa zum rheinischen Karneval. Im Gegensatz zu diesem sei das Wesen des Münchner Faschings nicht närrisch, sondern »orgiastisch«, er wurde sogar mit den römischen Saturnalien verglichen, in denen der Mensch »das goldene Zeitalter naiver Lebensgier und -inbrunst«[67] feierte. Darüber hinaus versprach man dem neugierigen Fremden aber auch ganz ungeniert amouröse Abenteuer:

»Wenn im festlich geschmückten Deutschen Theater Hunderte von Paaren in drangvoll fürchterlicher Enge nach den berauschenden Klängen eines Straußschen Walzers sich drehen, wenn unter der schützenden Larve hervor die leuchtenden, lockenden Augen herrlicher Frauen und lieblicher Mädchen ihre sprühenden Flammen versenden, auf hohem Balkone ein Kranz von Frauenanmut und Frauenschönheit erblüht, dann erfüllt sich die Wahrheit des Wortes von dem unvergleichlichen Zauber des Münchener Lebens...«[68]

Bier, Lebenslust und Fremdenverkehr sind in solchen Schilderungen untrennbar verbunden mit Klischees und Wunschvorstellungen, wie wir sie noch heute in Reiseprospekten finden können.

München - die ›dörfliche‹ Großstadt

Neben der Lebensfreude und der Kunst wurde nach der Jahrhundertwende noch ein drittes Merkmal Münchens besonders in den Vordergrund gestellt, nämlich das Bodenständig-Urwüchsige; vor allem der Fremdenverkehrsverein suggerierte Ruhe, Überschaubarkeit und ›Heile-Welt-Idylle‹ und blendete konsequent die moderne Großstadtwelt, die längst zur Münchner Realität gehörte, aus:

»In unversieglichen Scharen fluten immerwährend die kernigen Bewohner der Berge nach München herein und erneuern, beleben und stärken das städtische Element, das sich nach Stammesart aus heterogensten Ansiedlern zusammensetzt. Sie sind es, die dem Leben der Stadt jene Bodenständigkeit, jene Urwüchsigkeit, jenen ländlich-derben, frohsinnig-heiteren Charakter erhalten, der München auszeichnet, selbst heute noch, wo die Stadt schon längst Großstadt geworden ist.«[69]

Die »Hochländer« sah Maximilian Krauß vor allem zum Oktoberfest nach München strömen. Daher sei die »Wies'n« kein ödes Großstadtfest, sondern eine »naiv-derbe, bodenständige Festlichkeit im Charakter eines ländlichen Jahrmarkts«.[70]

Unter dem Titel ›Alt-München‹ versuchte man auch auf Postkarten diesen (pseudo-)dörflichen Charakter der Stadt zu vermitteln. Paradoxerweise wählte man dazu Ansichten der ärmsten Viertel Münchens, der Vorstädte Au und Giesing, deren Herbergen ein besonders romantisches Bild des ›Malerischen Elends‹ boten. Nur in einem Führer, in der ›Festschrift zum Parteitag der Deutschen Sozialdemokratie‹, wurde auf den wahren Charakter dieser Stadtviertel hingewiesen. Die so pittoresken Herbergen seien »veraltet, vielfach gesundheitlich schädlich und unhaltbar«.[71]

Der ›Verein zur Förderung des Fremdenverkehrs‹ ignorierte natürlich diese Schattenseiten Münchens. Schließlich sah er es als eine seiner wichtigsten Aufgaben an, finanzstarken Bürgern den Umzug nach München schmackhaft zu machen.[72] Daher gab er 1906 den schon erwähnten ›Führer zur dauernden Ansiedelung‹ heraus, der ein Jahr später auch in englischer Sprache erschien. Finanziert wurde dieser Führer bezeichnenderweise von Münchner Terraingesellschaften, die dem Verein nahezu 7000 Mark zur Verfügung stellten, um die Ansiedelung in München zu propagieren.[73] Diese Informationsschriften, die detailliert über die Münchner Verhältnisse aufzuklären suchten – angefangen von den Münchner Attraktionen bis hin zur Vermittlung von Dienstboten –, stießen auf großes Interesse und waren bald vergriffen.

In seinen Werbeschriften bemühte sich der Verein, München als Weltstadt ohne Großstadtprobleme zu zeichnen: »Ein schnurriger Geist des Werdens und Gedeihens« habe München zur Großstadt gemacht, ohne aber »die Unrast in ihre Mauern zu bannen, ohne ihr den ertötenden Merkantilismus ins Mark zu geben«.[74]

Auch auf die sanitären Verhältnisse in München wies man stolz hin. Hatten sich bis 1883 noch viele Stadtbeschreibungen darum bemüht, die Angst des Fremden vor Cholera und Typhus zu zerstreuen,[75] so genoß München nach dem Bau der Quellwasserleitung und der Kanalisation den Ruf, eine der gesündesten Städte Europas zu sein.[76] Man erwähnte ebenfalls die strenge Bauordnung und die nach neuesten hygienischen Erkenntnissen entworfenen Wohnungen.[77]

Auch das vorbildliche Schulwesen der Stadt wurde – sicher mit Recht – gelobt. Die Universität, die Tierärztliche Fakultät und die Kunstakademie fanden ebenfalls in diesem Zusammenhang rühmende Erwähnung.[78] Schließlich, so bemerkte der ›Verein zur Förderung des Fremdenverkehrs‹, sei bei der Ansiedlung für Eltern die Frage nach der Erziehung der Kinder ausschlaggebend.[79]

Die Münchner Lebensqualität beruhte jedoch nicht nur darauf. Das Klima, so schrieb man des öfteren, sei zwar aufgrund der hohen Lage Münchens und der Nähe zum Gebirge etwas rauh, aber besonders wohltuend für zerrüttete Nerven.[80] Auch die Luft trage dazu bei, die »noch einen leisen Duft von ewigem Firnschnee, von Hochwaldtannen und Alpenblumen«[81] mit sich führe.

Im Gegensatz zu diesen blumigen Phantasien führte die Luft in Wirklichkeit vor allem Staub mit sich, und bei 80 Nebeltagen pro Jahr blieb auch der strahlend blaue Himmel häufig verborgen. Im Jahr 1906 wurde daher eine Verordnung gegen die ›Rauchplage‹ erlassen, die ebenfalls zum Ruf Münchens als fortschrittliche Stadt beitrug. Als Grund für den Erlaß nannte man bezeichnenderweise den Fremdenverkehr, denn durch den Ruf Münchens als rauchfreie Stadt hoffte man den Fremdenzuzug und die Ansiedlung wohlhabender Bürger zu fördern.[82]

Ferner wurden die reizvolle Umgebung Münchens, das Dachauer Moos, das vielen Malern Anregungen gebe, das Isartal, die »sonnige Lieblichkeit des Starnberger Sees«[83] angeführt, ebenso die Nähe des Gebirges; hier habe man Gelegenheit zu »stählendem Sport jeder Art«[84] und könne sich »Erquickung und Naturfreude für die ganze Arbeitswoche«[85] holen. Vor allem aber, so betonte man immer wieder, zeichne sich München durch seinen gemächlichen Lebensrhythmus und seine heitere Atmosphäre aus, eben durch die vielbesungene ›Münchner Gemütlichkeit‹.[86]

Mit der Aussicht auf einen friedlichen Lebensabend umwarb man auch, ähnlich wie die Stadt Dresden,[87] ganz bewußt die wohlhabenden Pensionäre, die in München »in Ruhe und Behaglichkeit die Früchte ihres Schaffens«[88] genießen sollten.

Resümee

Insgesamt waren es also vor allem drei Themen, die von den Stadtführern besonders herausgestellt wurden: München als Gesamtkunstwerk, München als Stadt der heiteren Lebensfreude und München als dörfliche Weltstadt. Damit schuf man das Bild einer spezifisch münchnerischen Lebensqualität, betrieb also bewußt Imagepflege; über die wirtschaftlichen Vorteile des Fremdenverkehrs und des Zuzugs finanzkräftiger Personen war man sich ohnehin im klaren. So entstand ein Bild, wie es im Grunde heute noch vermarktet wird. Die Schlagworte von der ›Weltstadt mit Herz‹, vom ›Millionendorf‹ belegen es. Entsprach nun das München-Bild der Prinzregentenzeit auch der Realität? Das Zeugnis vieler Literaten, nicht nur Thomas Manns, sondern auch zum Beispiel Max Halbes, Helene Raffs und vieler anderer läßt darauf schließen, daß zumindest ein Teil der Zeitgenossen die Prinzregentenzeit tatsächlich als eine glanzvolle, heitere und kunstfrohe Epoche erlebt haben.[89] Die Reize der Stadt, ihr ›gewisses Etwas‹, gab (und gibt) es sicherlich, wenn auch die Werbung vieles vereinfachte, übertrieb und Schatten wohlweislich übersah.

Die Beschreibung Josef Ruederers, des ironisch-kritischen Schilderers des ungeschminkten Münchner Lebens, bringt auf feinsinnige Weise den trauten Zusammenklang von Herz und Kommerz auf den Punkt:

»Die schöne Stadt ... liegt in günstigster Lage des Deutschen Reiches, als Knotenpunkt zwischen allen möglichen Haupt- und Lokalbahnlinien, und hat ein Mönchlein mit gelb umsäumtem Lodenmantel im Wappen, das mit der linken Hand einen steinernen Maßkrug als Zeichen der unwandelbaren Gemütlichkeit, mit der rechten einen rot gebundenen Baedeker als Zeichen der heimischen Industrie waagrecht in die Luft streckt. Sollte man Zweifel hegen, welche menschliche Niederlassung am Fuße der Alpen ich damit meine, dann könnte ich mich, nachdem Zweideutigkeiten nicht meine Sache sind, schon präziser ausdrücken, ich will mich aber für heute damit begnügen, weiter festzustellen, daß sich in der so bezeichneten Stadt neben den oben genannten Symbolen das von lokalen Dichtern so oft besungene goldene Herz, das tiefe Gemüt und der Sinn für Humor zu einem köstlichen Gebinde vereinen, das den Fremden, den sehr geehrten Fremden, immer wieder entzückt, wenn er alljährlich als gern gesehener Gast ausgiebige oder – noch begrüßenswerter – ergiebige Einkehr hält.«[90]

ANHANG

Anmerkungen   Seiten 322–369
Glossar   Seiten 370–389
Bibliographie   Seiten 390–414
Abbildungsnachweis Seite 414
Register   Seiten 415–429

Anmerkungen

Die Titel der zitierten Archive und Publikationen werden im Folgenden gekürzt wiedergegeben. Vollständige Angaben bietet die Bibliographie: dort wurden die Archivkürzel unter »ungedruckte Quellen« aufgelöst. »Gedruckte Quellen« sind in den Anmerkungen durch Jahreszahlen in Klammern gekennzeichnet. Für Ausstellungskataloge und Festschriften ohne erkennbaren Autor oder Herausgeber bietet die Bibliographie innerhalb der »gedruckten Quellen« und der »Literatur« unter dem Buchstaben A und F jeweils eine eigene Kategorie.

Annäherung an München
(S. 9–25)

1. *Kolbe*, Heller Zauber
2. *Schutte/Sprengel* (Hrsg.), Die Berliner Moderne, S. 22 f., 100 f. (Zitat Walther Rathenau)
3. *Panizza*, Abschied (1897)
4. *Heimpel*, Die halbe Violine (1958)
5. *v. Müller*, Aus Gärten (1952)
6. Dazu *Karch*, S. 318 f. in der vorliegenden Publikation
7. *Mühsam*, Unpolitische Erinnerungen (1977)
8. *Fisch*, S. 82–89; *Ingenlath*, S. 146–151 in der vorliegenden Publikation
9. Dazu *Kasberger*, S. 75–77 in der vorliegenden Publikation
10. Dazu *Guttmann*, Armenpflege, S. 132–141 in der vorliegenden Publikation
11. *Kühn*, Zeit zum Aufstehn (1975). Zum grundlegenden Wandel der Fabrikarbeit *Döbereiner*, S. 175–180 in der vorliegenden Publikation
12. Vgl. z. B. die scharfe, in weiten Teilen bedenkenswerte Kritik an Münchens Architektur und Kunst bei *Nerdinger*, Die ›Kunststadt‹, S. 91–119; *ders.*, Neue Strömungen
13. *Wingler* (Hrsg.), Das Bauhaus; *Lang*, Das Bauhaus; *Huse*, Neues Bauen; *Nierendorf* (Hrsg.), Das staatliche Bauhaus; *Schmidt*, Lehre und Arbeit; *Miller*, Architektur und Politik
14. *Habermas*, Moderne und Postmoderne, S. 17; vgl. auch *ders.*, Die Moderne, S. 448
15. Dazu *Andersen/Falter*, ›Lebensreform‹ und ›Heimatschutz‹, S. 295–300 in der vorliegenden Publikation
16. Dazu *Andersen/Falter*, Die ›Rauchplage‹, S. 191–194 in der vorliegenden Publikation
17. Dazu *Haertle*, S. 164–174 in der vorliegenden Publikation
18. *Rathenau*, Impressionen (1902), S. 143; zur Modernisierung Berlins um 1900 vgl. *Boberg/Fichter/Gillen*, Exerzierfeld der Moderne
19. *Fisch*, S. 87 f. in der vorliegenden Publikation
20. Dazu *Walter*, ›Altstadt‹, S. 98–106 in der vorliegenden Publikation
21. Dazu *Bäuml-Stosiek*, S. 60–68 in der vorliegenden Publikation
22. *Schutte/Sprengel* (Hrsg.), Die Berliner Moderne, S. 34 f.; *Lange*, Das Wilhelminische Berlin
23. Dazu *Karch*, S. 319 in der vorliegenden Publikation
24. *Angermair*, S. 40–43; *Klein*, S. 91–97; *Hartmann*, S. 107–113; *Dörschel/Kornacher/Stiglbrunner/Staebe*, S. 124–129 in der vorliegenden Publikation
25. Dazu *Fisch*, S. 87–89; *Bäuml-Stosiek*, S. 61 f. in der vorliegenden Publikation
26. Dazu *Hartmann*, S. 107–113; *Bock*, S. 213–219; *Strom*, S. 183–187. Zur Bedeutung einer mehr und mehr autonomen Stadtverwaltung vgl. *Fisch*, S. 89 in der vorliegenden Publikation
27. Dazu *Neumeier*, S. 119–123; *Angermair*, S. 43 in der vorliegenden Publikation
28. Dazu *Guttmann*, Armenpflege, S. 132–141; *Beck*, S. 152–157 in der vorliegenden Publikation
29. Dazu *Leitner*, S. 158–162 in der vorliegenden Publikation
30. Dazu *Strauß*, S. 142–145; *Engelmann*, S. 267–276 in der vorliegenden Publikation
31. Dazu *Groß*, S. 311–315 in der vorliegenden Publikation; vgl. allgemein *Kindt* (Hrsg.), Die Wandervogelzeit (1968)
32. Dazu *Bleek*, S. 69–73 in der vorliegenden Publikation
33. Dazu *Haertle*, S. 166; *Döbereiner*, S. 175–180 in der vorliegenden Publikation
34. *Krätz*, S. 189 in der vorliegenden Publikation
35. Dazu *Strom*, S. 183–187; *Bäuml-Stosiek*, S. 60–68 in der vorliegenden Publikation
36. Die andere Tradition, S. 64–66. Zu Wien vgl. den Katalog Traum und Wirklichkeit, S. 87 ff., 329 ff., 421 ff.
37. Dazu *Neumeier*, S. 121 f.; *Angermair*, S. 41 in der vorliegenden Publikation
38. Dazu *Fisch*, S. 82–89 in der vorliegenden Publikation; *ders.*, Theodor Fischer, S. 255 f.; *Haertle*, S. 169 in der vorliegenden Publikation
39. *Pevsner*, Europäische Architektur, S. 452 f.; *Geisert*, Architektur, S. 224 ff.
40. Dazu *Walter*, Fabrikbau, S. 114–118 in der vorliegenden Publikation
41. Dazu *Huyn*, S. 244–247; *Andersen/Falter*, ›Lebensreform‹ und ›Heimatschutz‹, S. 295–300; *Götz*, S. 236–239; *Schack-Simitzis*, S. 240–243; *Segieth*, S. 253–256, jeweils in der vorliegenden Publikation; außerdem *Nerdinger*, Riemerschmids Weg, S. 13–26. Zum Wiener Jugendstil vgl. den Katalog Traum und Wirklichkeit und *Pabst*, Wiener Grafik
42. Dazu *Andersen/Falter*, ›Lebensreform‹ und ›Heimatschutz‹, S. 295–300 sowie *Dörschel/Kornacher/Stiglbrunner/Staebe*, S. 124–129, beide in der vorliegenden Publikation
43. Dazu *Huyn*, S. 244–247; *Schoßig*, Volksbildung, S. 220–224, jeweils in der vorliegenden Publikation
44. Dazu *v. Möller*, S. 248–252 in der vorliegenden Publikation
45. Dazu *Niehuss*, S. 44–53; *Jüngling*, S. 54–57 in der vorliegenden Publikation
46. Dazu *Nesner*, S. 198–205; *Niehuss*, S. 49–52 in der vorliegenden Publikation
47. Dazu *Angermair*, S. 36–43 in der vorliegenden Publikation
48. Dazu *Maser*, S. 206–212 in der vorliegenden Publikation
49. *Möckl*, Prinzregentenzeit; über die Folgen, die dieser Zustand hatte – bis zum Ausbruch der Revolution am 7. November 1918 vgl. *ders.*, Gesellschaft und Politik, S. 5–36
50. StaatsAM, Pol. Dir. 5107, Polizeibericht vom 18.2. 1884 von den Beerdigungen Sebastian Groll und Joseph Haushofer
51. Vgl. z. B. StaatsAM, Pol. Dir. 5192, Bericht vom 13.6. 1874. Zur Kontrolle der Gaststätten Pol. Dir. 5107, Politische Abteilung, Vollzug des Sozialistengesetzes, Spezialakt der Pol. Dir., 1884. Zum Verbot »sozialdemokratischer« Wirtshäuser für Soldaten *Ingenlath*, S. 150. Vgl. auch *Strauß*, S. 142–145 jeweils in der vorliegenden Publikation
52. Dazu *Strauß*, S. 142–145 und *Angermair*, S. 37 f. in der vorliegenden Publikation; *Albrecht*, Von der Reichsgründung, S. 358 ff.
53. Dazu *Engelmann*, S. 267–276 in der vorliegenden Publikation; *Kolbe*, Heller Zauber, S. 137 ff.
54. Immobilismus – dies ist der Tenor der grundlegenden Untersuchung von *Möckl*, Prinzregentenzeit; *Prinz*, Anmerkungen, S. 418 ff.
55. Geheim. Hausarchiv, Nachlaß Prinzregent Luitpold, Hofstäbe, Oberthofm. 620 vom 10. und 11.11. 1906 (Kaiserbesuch); StaatsAM, Pol. Dir. 3909 und 3941, Sicherheitsmaßnahmen bei Aufenthalt des Prinzregenten in Nymphenburg, 1911. Vgl. auch StaatsAM, RA 57954, Verhalten der Zivil- und Militärbehörden bei Herstellung der öffentlichen Ordnung
56. *v. Müller*, Aus Gärten, S. 123
57. *Ludwig*, Kunst, bes. S. 282 ff., 353 ff.; zu Ludwig I. rigoroser Kunstpolitik, die in *Gollwitzers* Biographie des Königs fast völlig ausgeklammert ist, vgl. zuletzt die kritische Publi-

kation zur Architektur von *Nerdinger* (Hrsg.), Romantik; bes. *ders.*, Weder Hadrian noch Augustus, S. 9–16, und *Lehmbruch*, Seit Nero keiner mehr, S. 17–34
58. *Schutte/Sprengel*, Die Berliner Moderne, S. 571 ff.
59. *Ludwig*, Kunst, S. 236 ff., 355 ff.
60. Über Lenbach zuletzt die kritische Biographie von *Ranke*, Lenbach, und Katalog Franz von Lenbach 1836–1904, bes. die Beiträge von *Ranke, Haus, Eltz*
61. Simplicissimus (Ausstellungskatalog), z. B. S. 72, 151, 172, 179, 339–358
62. Vgl. den Katalog Traum und Wirklichkeit, S. 259 ff.; *Wunberg/Braakenburg* (Hrsg.), Die Wiener Moderne. Zu Lenbachs Förderung des modernen Münchner Kunsthandwerks vgl. *Götz*, S. 239 in der vorliegenden Publikation
63. *Prinz*, Lenbach; Geheimes Hausarchiv, Nachlaß Prinzregent Luitpold 1 vom 28. 11. 1909. Zur Bedeutung der ›Allotria‹ vgl. *Haus*, Gesellschaft, S. 99–128
64. Dazu *Fisch* S. 82–89 in der vorliegenden Publikation sowie *ders.*, Stadtplanung
65. Stenographische Berichte, 20 (1901/02), S. 915
66. *Angermair*, S. 42 in der vorliegenden Publikation
67. Zit. nach *Distl/Englert* (Hrsg.), Franz von Lenbach, S. 58 f.
68. *Schwahn*, Otto I., S. 197 ff.
69. BayHStA, MF 10972, Schreiben des Finanzministers Emil von Riedel vom 16. 6. 1894; dazu *Strom*, S. 185 f. in der vorliegenden Publikation
70. Geheimes Hausarchiv, Nachlaß Prinzregent Luitpold 608, Eröffnung der II. Kraft- und Arbeitsmaschinen-Ausstellung München 1889, und der Allgemeinen Deutschen Sportausstellung München 1899
71. Geheimes Hausarchiv, Nachlaß Prinzregent Luitpold 1, Fach 22 vom 25. 7. 1905, Schreiben Peter von Wiedenmanns an den OB, daß jede Straßenumbenennung der Genehmigung der Geheimenkanzlei bedürfe; ebd., Bericht von Borschts vom 16. 4. 1907 über Gemeindeangelegenheiten, ebenso für 1906
72. *Möckl*, Hof, S. 192; vgl. auch S. 221 ff.
73. Einige Jahre später (1905), stiftete Matthias Pschorr das Denkmal Kaiser Ludwigs des Bayern in der Nähe der Theresienwiese, ein Werk Ferdinand von Millers (d. J.). Dazu *Schwahn*, Otto I., S. 205 ff.
74. *Möckl*, Hof, S. 211 ff.
75. *Möckl*, Prinzregentenzeit, S. 369 ff.
76. *Möckl*, Hof, S. 186 ff., 211 ff.; *Pörtner*, Oskar von Miller
77. Zuletzt thematisiert und vor allem auf die Münchner Kunststadt-Diskussion der zwanziger Jahre und danach bezogen – für diese Epoche sicher mit Recht! – *Kolbe*, Heller Zauber, S. 369–405
78. Ansätze bei *Schneider*, Die populäre Kritik
79. Ein Beispiel für die Kreativität eines polemischen Gesamtklimas ist das Absinken von George Grosz in künstlerische Mittelmäßigkeit, als ihm seit 1933 die Kampfsituation in Berlin gegen den Faschismus entzogen war. Es versteht sich von selbst, daß dies keine Rechtfertigung des NS-Systems – quasi durch die ästhetische Hintertür – bedeutet
80. *Messerer*, Anbruch der Moderne, S. 1194 ff.
81. *Zweite*, Kandinsky, S. 11. Für *Schorske*, Die Retrospektive, S. 13–16, den besten Analytiker Wiens um die Jahrhundertwende, war München »nach dem offiziellen französischen Vorbild zum ersten mitteleuropäischen Kunstzentrum geworden, mit einer vitalen, dominierenden, traditionsverhafteten Akademie und einem Salon, der als der Ausstellungsmittelpunkt und als wichtiger Umschlagplatz für Malerei östlich des Rheins galt«. Vgl. die höchst informativen Beiträge von *Jelavich*, München, S. 17–26, und *Weiss*, Kandinsky, S. 29–84
82. Vgl. *Schuster*, S. 229 in der vorliegenden Publikation
83. Daß kaum mehr als letztlich Aporie herauskommt, wenn man Thomas Manns Vor- und ›Nachurteile‹ gegeneinander auszuspielen versucht, erhellt aus *Kolbe*, Heller Zauber, passim und S. 424 f.
84. Dazu *Tiedemann*, S. 304–310 in der vorliegenden Publikation
85. *Mann*, Kampf um München, S. 11 f.
86. *Nerdinger*, Die ›Kunststadt‹, S. 93–119
87. Vgl. *Schmitz* und *Engelmann* in der vorliegenden Publikation. Zur weiteren Entwicklung *Prinz*, München und die bayerische Intelligenz, S. 35–57
88. Dazu *Haertle*, S. 168 f.; *Guttmann*, Armenpflege, S. 134 f., 139, 144; *Fisch*, S. 88; *Angermair*, S. 42. Darüber als Gesamtphänomen *Krauss*, Banken, S. 26–34. Zu den Selbstmorden: *Guttmann*, Selbstmord, S. 195 f., jeweils in der vorliegenden Publikation
89. *Prinz*, Fronten, S. 204 f.
90. Dazu *Messmer*, S. 284–290 in der vorliegenden Publikation
91. Dazu *Frühwald*, S. 258–266 in der vorliegenden Publikation
92. Zu Schwabing *Krauss*, S. 292–294 in der vorliegenden Publikation
93. *Rothe*, Frank Wedekinds; dazu *Schmitz*, S. 277–283 in der vorliegenden Publikation
94. *Hartl*, Aufbruch, S. 568 ff.
95. Der Blaue Reiter, hrsg. von *Kandinsky/Marc* (1965), S. 326
96. Vgl. z. B. Simplicissimus (1905), S. 177, (1907), S. 213 ff., (1908), S. 873, 888

Banken, Sparer, Spekulanten
(S. 26–34)

1. *Poschinger*, Bankgeschichte (1874), S. 34
2. Dazu bis heute *Pohl*, Gründungsboom, S. 28; zeitgenössisch *Riesser*, Großbanken (1910), S. 40 ff. In München waren damals tätig: ›Bayerische Hypotheken- und Wechselbank‹, ›Bayerische Vereinsbank‹, ›Bayerische Handelsbank‹, ›Süddeutsche Bodencreditbank‹ (ab 1871)
3. Beispiele in *Pohl*, Bankgeschichte; *Achterberg*, Deutsche Hypothekenbank und *Riesser*, Großbanken (1910)
4. *Feis*, Europe, S. 65 ff.
5. *Feis*, Europe, S. 64. Zum Anteil der Auslandsgeschäfte an den deutschen Gesamtinvestitionen *Hentschel*, Wirtschaft, S. 133, Anm. 140
6. Zu Bleichröder *Stern*, Gold und Eisen. Kritisch dazu *v. Klaveren*, Ein Bankier im Halbdunkel, S. 51 ff. Zur Rolle jüdischer Bankiers in dieser Zeit *Prinz*, Juden, S. 180 ff.
7. *Münch*, Hansemann
8. *Achterberg/Müller-Jabusch*, Lebensbilder, S. 181 ff. sowie *Seidenzahl*, Bismarck, S. 27
9. *Riesser*, Großbanken (1910), S. 162 ff., 340 f. sowie die Tabellen S. 651 ff. *Hentschel*, Wirtschaft, S. 127, sieht keine breitgestreute Industriepolitik der Berliner Großbanken
10. *Stiefel*, Österreichische Banken, S. 18 ff.
11. *v. Ohe*, Bayern – ein Entwicklungsland?, S. 169 ff.
12. *Zorn*, Kleine Wirtschafts- und Sozialgeschichte, S. 59
13. Zur ›Bayerischen Hypotheken- und Wechselbank‹ z. B. *Zorn*, Die wirtschaftliche Lage, S. 323 ff.; *Bayerische Hypotheken- und Wechselbank* (Hrsg.), Festschrift Hypo 1985; *dies.*, Sitzungen der Bankadministration (1985). Zur ›Königlichen Bank‹ in Nürnberg u. a. *Poschinger*, Bankgeschichte (1874), S. 2 ff.
14. *Zorn*, Bayerns Gewerbe, S. 807
15. *Zorn*, Bayerns Gewerbe, S. 781
16. Zur Münchner Industrie *Haertle* in der vorliegenden Publikation
17. *Zorn*, Bayerns Gewerbe, S. 820
18. *Stiefel*, Österreichische Banken, S. 19
19. *Böhme*, Preußische Bankpolitik, S. 87
20. *Achterberg*, 50 Jahre Südboden, S. 8; *Hoffmann*, Finck, S. 21 ff.
21. *Zorn*, Bayerns Gewerbe, S. 813
22. *Hoffmann*, Finck, S. 38
23. Z. B. *Pohl*, Bankgeschichte, S. 33 ff.; zur Bedeutung solcher Verflechtungen *Hentschel*, Wirtschaft, S. 130 ff.
24. *Hoffmann*, Finck, S. 109 und 130. Ein Überblick über das Interessenspektrum z. B. ›Darmstädter Bank‹, Geschäftsberichte 1903 und 1905
25. *Zorn*, Bayerns Gewerbe, S. 819
26. Handbuch der süddeutschen Aktiengesellschaften (1912), S. II und VI f.
27. Zur Konzentration der Berliner Großbanken z. B. *Loeb*, Die Berliner Großbanken (1903), S. 81 ff.; außerdem *Hentschel*, Wirtschaft, S. 126 ff. Zur Zweigstellenpolitik z. B. ›Disconto-Gesellschaft‹, Geschäftsbericht für das Jahr 1905 sowie *Disconto-Gesellschaft* (Hrsg.), Die Disconto-Gesellschaft
28. *Zorn*, Bayerns Gewerbe, S. 819; *Riesser*, Großbanken (1910)
29. Z. B. *Rosenberg*, Große Depression, S. 192 ff.
30. *Feis*, Europe, S. 60
31. *Martin*, Jahrbuch der Millionäre in Bayern (1914), S. 9; *Schnorbus*, Arbeit, S. 17, 31
32. Das deutsche Volkseinkommen, S. 30, 102, 126

33. *Schnorbus*, Arbeit, S. 38 f.
34. Dazu *Guttmann*, Armenpflege in der vorliegenden Publikation
35. Dazu z. B. für München *Niehuss* in der vorliegenden Publikation
36. *Strauß* in der vorliegenden Publikation
37. *Guttmann*, Armenpflege, in der vorliegenden Publikation
38. *Jüngling* in der vorliegenden Publikation; zu Münchens Industriestruktur *Haertle* in der vorliegenden Publikation
39. Dazu *Guttmann* in der vorliegenden Publikation sowie demnächst ausführlich in seiner Dissertation (inkl. Statistik für einzelne Berufe)
40. Z. B. *Pohl*, Festigung, S. 223 ff.
41. *Kasberger* in der vorliegenden Publikation
42. *Möckl*, Prinzregentenzeit, S. 437 ff.
43. *Zorn*, Die wirtschaftliche Lage, S. 327
44. *Bayerische Hypotheken- und Wechselbank* (Hrsg.), Festschrift 100 Jahre Bayerische Hypo, S. 14 ff., 29
45. *Spiethoff*, Ungewollt zur Größe, S. 11; *Wysocki*, Untersuchungen
46. *Spiethoff*, Ungewollt zur Größe, S. 17
47. *Deutscher Genossenschaftsverband* (Hrsg.), 100 Jahre; *Krebs*, Die Landwirtschaftliche; *Zorn*, Bayerns Gewerbe, S. 807, 820
48. *Spiethoff*, Ungewollt zur Größe, S. 56, 131
49. *Spiethoff*, Ungewollt zur Größe, S. 76; zu zeitgenössischen Karikaturen über diesen Fall Stadtmuseum München, Graphische Sammlung, Sammlung Proebst
50. *Spiethoff*, Ungewollt zur Größe, S. 77
51. *Zahn*, Deutschlands wirtschaftliche Entwicklung, S. 215
52. Die Frage einer großen Konjunkturwelle 1873/94, 1895/1913 soll hier vernachlässigt werden; dazu z. B. *Rosenberg*, Machteliten, S. 178 sowie konträr *Hentschel*, Wirtschaft, S. 205 ff.
53. *Pohl*, Gründungsboom, S. 24 ff. sowie *Scheffer*, Bankwesen Österreich, S. 35
54. Zum Begriff ›Große Depression‹ für diese Jahre *Rosenberg*, Machteliten, S. 178; konträr *Hentschel*, Wirtschaft, S. 206 ff., der das Wachstum einzelner Branchen dagegensetzt
55. *Hecht*, Hypothekenbanken (1903), Einleitung, bes. S. XVI f. sowie *Feis*, Europe, S. 60
56. *Möckl*, Prinzregentenzeit, S. 435 ff.
57. *Riesser*, Großbanken (1910), S. 73 f.
58. Z. B. Rechenschaftsbericht Hypobank 1880: 1122 Zwangsversteigerungen
59. Rechenschaftsbericht Hypobank 1885: 370 Zwangsversteigerungen
60. Dazu z. B. Rechenschaftsbericht Hypobank 1890
61. *Eckardt*, Industrie und Politik, S. 47 f.
62. *Helfferich*, Der deutsche Geldmarkt, S. 50; *Guttmann*, Selbstmord und *Neumeier* in der vorliegenden Publikation
63. *Eckardt*, Industrie und Politik, S. 47 f.
64. Diese Daten setzen in Bezug zur Bankgeschichte *Riesser*, Großbanken (1910), S. 73 ff. *Rosenberg*, Machteliten, S. 173 ff.
65. *Feldkirchen*, Deutsches Kapital in China, S. 67
66. Rechenschaftsbericht Hypobank 1897
67. Ausführlich *Helfferich*, Der deutsche Geldmarkt, S. 40
68. Dazu *v. Möller* in der vorliegenden Publikation
69. Dazu *v. Möller* in der vorliegenden Publikation
70. *Jüngling* in der vorliegenden Publikation; allgemein Industriekultur in Nürnberg, hrsg. von *Glaser, Neudecker, Ruppert*, sowie *Bott* (Hrsg.), Leben und Arbeiten im Industriezeitalter; *Gömmel*, Wachstum
71. Zum Industriewachstum *Hohorst/Kocka/Ritter*, Sozialgeschichtliches Arbeitsbuch II (1975), S. 78
72. Z. B. *Biensfeld*, Cramer-Klett, S. 82 ff.
73. *Zorn*, Bayerns Gewerbe, S. 820
74. Zum Spektrum der z. B. an der Berliner Börse 1905 gehandelten Werte Statistischer Teil des Bankarchiv 17 (1906), S. 204 ff.; für Bayern *Steffan*, Bayerische Vereinsbank, S. 148 ff.
75. *Zorn*, Bayerns Gewerbe, S. 814 sowie *Hoffmann*, Finck, S. 136 ff.
76. *Schnorbus*, Arbeit, S. 34, setzt dies jedoch zu undifferenziert gleich; zu dieser Frage auch *Hentschel*, Wirtschaft, S. 171. Zur Gesamtthematik *Hesselmann*, Das Wirtschaftsbürgertum, hier S. 78; Literatur S. 36 ff., 380 ff.
77. Zu solchen Fragestellungen *Pohl*, Einführung in die Bankgeschichte I, S. 3; für Österreich *Stiefel*, Österreichische Banken, S. 21
78. Handbuch der süddeutschen Aktiengesellschaften (1912)
79. *Schnorbus*, Arbeit, S. 34; zu Maffei Glossar der vorliegenden Publikation. Zu seinem Vermögen *Martin*, Jahrbuch der Millionare in Bayern (1914), S. 15
80. *Martin*, Jahrbuch der Millionäre in Bayern (1914), S. 23
81. Dies legt eine Überprüfung der Vermögensverhältnisse in *Martin*, Jahrbuch der Millionäre in Bayern (1914) nahe
82. *Schnorbus*, Arbeit, S. 34
83. *Hümmert*, Jüdische Bankiers, S. 38 ff.; *Steffan*, Bayerische Vereinsbank, S. 9; *Selig*, Stadtgestalt; Glossar der vorliegenden Publikation
84. *Selig*, Stadtgestalt
85. Handbuch des in Bayern immatrikulierten Adels, Bd. XI, S. 204 ff., Bd. XV S. 226 ff., Bd. XIV, S. 257
86. Handbuch der süddeutschen Aktiengesellschaften (1912) sowie *Martin*, Jahrbuch der Millionäre in Bayern (1914), S. 23
87. Handbuch der süddeutschen Aktiengesellschaften (1912), S. 11 ff. und 14 ff.
88. *Möckl*, Hof, S. 220
89. *Möckl*, Hof, S. 230
90. *Möckl*, Hof, S. 230
91. *Möckl*, Hof, S. 212
92. *Poschinger*, Bankgeschichte (1874), S. 89; zu Holnstein *Möckl*, Prinzregentenzeit sowie *Hüttl*, Ludwig II; nachweisbare Provisionen flossen ab 1873
93. *Achterberg*, 50 Jahre Südboden, S. 52; Handbuch der süddeutschen Aktiengesellschaften (1912), S. 27
94. Handbuch der süddeutschen Aktiengesellschaften (1912), S. 22
95. *Möckl*, Hof, S. 203
96. *Möckl*, Prinzregentenzeit, S. 101
97. Neben *Stern*, Gold und Eisen, vor allem *v. Klaveren*, Ein Bankier im Halbdunkel, S. 53 ff.
98. Z. B. *Stroell*, Reorganisation (1863), S. 36 ff., 60; zur Bedeutung der Bankdirektoren *Hentschel*, Wirtschaft, S. 132, Anm. 138
99. *Schnorbus*, Arbeit, S. 34
100. *Hoffmann*, Finck, S. 128, 130; Handbuch der süddeutschen Aktiengesellschaften (1912)
101. *Martin*, Jahrbuch der Millionäre in Bayern (1914), S. 137 sowie *Hoffmann*, Finck
102. *Möckl*, Hof, S. 206
103. *Möckl*, Prinzregentenzeit, S. 211
104. *Martin*, Jahrbuch der Millionäre in Bayern (1914), S. 18
105. Dazu *Kasberger*, Berg am Laim, S. 71 sowie *Kasberger* in der vorliegenden Publikation
106. *Hoffmann*, Finck, S. 101
107. *Hoffmann*, Finck, S. 17, 24, 76 ff., 82, 146 ff.
108. Ausführlich *Hoffmann*, Finck
109. *Hoffmann*, Finck, S. 66 f.
110. Dazu *Bäuml-Stosiek* in der vorliegenden Publikation
111. *Hoffmann*, Finck, S. 165; Hoffmann vertritt hier einen völlig unkritischen Standpunkt
112. *Hoffmann*, Finck, S. 157 ff.
113. Dazu ausführlich *Andersen/Falter*, Heimatschutz, in der vorliegenden Publikation; zum beginnenden Umweltbewußtsein in dieser Zeit *Brüggemeier/Rommelspacher* (Hrsg.), Besiegte Natur
114. *Andersen/Falter*, Heimatschutz, in der vorliegenden Publikation
115. *Hoffmann*, Finck, S. 114
116. *Hoffmann*, Finck, S. 106 f., 64
117. *Hoffmann*, Finck, S. 110 f. sowie *Bäuml-Stosiek* in der vorliegenden Publikation
118. *Hoffmann*, Finck, S. 157 ff. sowie *Eckardt*, Industrie und Politik, S. 52 f.
119. *Eckardt*, Industrie und Politik, S. 53; *Grasmann*, Volkswirtschaftliche Bedeutung; *Hübschmann*, Entwicklung; *W. v. Miller*, Oskar von Miller (1932, 1955)
120. *Koch*, Versicherungsplätze, S. 61
121. *Koch*, Versicherungsplätze, S. 56, 63 f.; *Arps*, Wechselvolle Zeiten
122. *Koch*, Versicherungsplätze, S. 56 f.
123. *Koch*, Versicherungsplätze, S. 60; *Bayerische Versicherungsbank* (Hrsg.), 150 Jahre BBV, S. 28 ff.
124. Statuten der Bayerischen Hypobank 1835 (1935)
125. *Bayerische Versicherungsbank* (Hrsg.), 150 Jahre BBV, S. 33, 87; *Bayerische Hypotheken- und Wechselbank* (Hrsg.), Festschrift 100 Jahre Hypobank, S. 57 f.
126. Münchener Gemeindezeitung (1908), S. 754, Verwaltungsratssitzung vom 12. 6. 1908
127. *Koch*, Versicherungsplätze, S. 61

128. *Hoffmann*, Finck, S. 50 f.
129. *Hoffmann*, Finck, S. 51; *Koch*, Versicherungsplätze, S. 61, *Arps*, Wechselvolle Zeiten, S. 4
130. *Arps*, Wechselvolle Zeiten, S. 50, 55
131. *Arps*, Wechselvolle Zeiten, S. 56 f.
132. *Bayerische Versicherungsbank* (Hrsg.), 150 Jahre BBV
133. *Martin*, Jahrbuch der Millionäre in Bayern (1914), S. 8; *Hoffmann*, Finck, S. 58
134. *Hecht*, Die deutschen Hypothekenbanken, S. 54 a
135. *Bayerische Hypotheken- und Wechselbank* (Hrsg.), Festschrift 100 Jahre Hypobank, S. 59
136. *Arps*, Wechselvolle Zeiten, S. 35; zur Gesamtproblematik *Hecht*, Deutsche Hypothekenbanken
137. *Zorn*, Bayerns Gewerbe, S. 820
138. *Achterberg*, 50 Jahre Südboden, S. 28
139. *Poschinger*, Bankgeschichte (1874), S. 15 ff.
140. *Bayerische Hypotheken- und Wechselbank* (Hrsg.), Festschrift 100 Jahre Hypobank, S. 15
141. Z. B. *Achterberg*, Deutsche Hypothekenbank, S. 33
142. Endgültige rechtliche Sicherheit erst durch das Hypothekenbankgesetz von 1899; dazu *Steffan*, Bayerische Vereinsbank, S. 118 f.
143. *Bayerische Hypotheken- und Wechselbank* (Hrsg.), Festschrift 100 Jahre Hypobank, S. 32 ff.
144. Zum Pfandbrief z. B. *Volz*, Das Pfandbriefsystem
145. Rechenschaftsbericht der Hypobank 1836
146. Dazu z. B. *Angermair* in der vorliegenden Publikation
147. *Treue*, Hypothekenbanken, S. 58
148. *Bayerische Hypotheken- und Wechselbank* (Hrsg.), Festschrift 100 Jahre Hypobank, z. B. S. 46 f.
149. *Zorn*, Bayerns Gewerbe, S. 819
150. *Achterberg*, 50 Jahre Südboden, S. 35
151. *Achterberg*, Deutsche Hypothekenbank, S. 40 f.
152. Für München *Maaß*, Die neuere Entwicklung (1903), S. 411 ff.
153. *Dönges*, Beiträge (1910), S. 66 f.; *Schnorbus*, Arbeit, S. 36; außerdem *Fisch* in der vorliegenden Publikation
154. *Bleek* in der vorliegenden Publikation
155. *Treue*, Hypothekenbanken, S. 53
156. *Steffan*, Bayerische Vereinsbank, S. 113
157. *Achterberg*, 50 Jahre Südboden, S. 10 und *Treue*, Hypothekenbanken, S. 57
158. *Möckl*, Prinzregentenzeit, S. 438; *Schnorbus*, Arbeit, S. 22
159. Zit. nach *Achterberg*, 50 Jahre Südboden, S. 37
160. *Jäger*, Die Agrarfrage (1882), 188/9 A
161. *Treue*, Hypothekenbanken, S. 58
162. *Schnorbus*, Arbeit, S. 76 f.; *Möckl*, Prinzregentenzeit, S. 446 f. Ganz anders *Achterberg*, 50 Jahre Südboden, S. 27
163. *Achterberg*, 50 Jahre Südboden, S. 51
164. *Haertle* in der vorliegenden Publikation sowie demnächst in seiner Dissertation

Kommunalpolitik
(S. 36–43)

1. Die staatlichen Regierungsgebäude an der Ecke Marienplatz/Dienerstraße, in denen bis 1808 die Landstände getagt hatten
2. Zu den unterschiedlichen Meinungen in der Frage des Baustils *Nerdinger/Stenger*, Das Münchner Rathaus
3. Zu Begriff und Verlauf des Urbanisierungsprozesses *Reulecke*, Urbanisierung, S. 9–11
4. Statistisches Handbuch der Stadt München (1928), S. 3
5. Dazu *Krabbe*, Kommunale Leistungsverwaltung, S. 374
6. Artikel 1 der Bayerischen Gemeindeordnung von 1869. *v. Kahr* (Hrsg.), Bayerische Gemeindeordnung (1896)
7. *Beichel*, Das Verhältnis zwischen Staat und Gemeinden, S. 108
8. *v. Kahr* (Hrsg.), Bayerische Gemeindeordnung (1896), Art. 70
9. Zu Wahl, Berufung und Bestätigung der Rechtsräte vgl. *v. Kahr*, (Hrsg.), Bayerische Gemeindeordnung (1896), Art. 74, 78, 172, 177 und 195
10. Die für den Zeitraum von 1886 bis 1912 erfaßten Bürgermeister, rechtskundigen oder technischen Magistratsräte waren durchschnittlich 18 Jahre im Amt, einzelne bis zu 35 Jahre
11. Dazu StadtAM, B. u. R. 217–230, Akten über die Wahlen von Rechtsräten
12. StadtAM, B. u. R. 215/4, Erklärung des Gemeindebevollmächtigten Georg Leib vom 28. 9. 1905 und Schreiben von Borscht an das Kollegium der Gemeindebevollmächtigten vom 16. 10. 1905
13. *Schmid*, Die Sozialdemokratie im Münchner Rathaus (1908), S. 108; und (1914), S. 139
14. StadtAM, B. u. R. 1427, Rede zum Amtsabschied 1919
15. Statistisches Handbuch der Stadt München (1928), S. 307, Wahlen der Gemeindebevollmächtigten und ihrer Ersatzmänner 1869–1914
16. Neues Münchner Tagblatt vom 2./3. 5. 1893, S. 2
17. *Steinborn*, Münchner Kommunalpolitik, S. 51
18. Dazu z. B. *Möckl*, Prinzregentenzeit, z. B. S. 543
19. StadtAM, B. u. R. 212/5–212/13, Akten über die Wahlen der bürgerlichen Magistratsräte 1887 bis 1911
20. Statistisches Handbuch der Stadt München (1928), S. 307
21. *v. Kahr* (Hrsg.), Bayerische Gemeindeordnung (1896), Art. 112 und 115
22. StadtAM, B. u. R. 277/1, Bildung der Kumulativkommissionen und permanenten Ausschüsse
23. *v. Kahr* (Hrsg.), Bayerische Gemeindeordnung (1896), Art. 176, 184 und 189
24. Münchner Neueste Nachrichten vom 19. 11. 1905, S. 2 und vom 2. 12. 1905, S. 3
25. Zur Zusammensetzung des Gemeindekollegiums vgl. das Glossar der vorliegenden Publikation
26. Statistisches Handbuch der Stadt München (1928), S. 307
27. Statistisches Handbuch der Stadt München (1928), S. 300–307. Vgl. *Niehuss* in der vorliegenden Publikation
28. Georg Birk gelangte als Vertreter des 15. Wahlbezirkes (Haidhausen) in das Kollegium
29. StadtAM, Wahlamt 396, Gesetz- und Verordnungsblatt für das Königreich Bayern, Nr. 51 vom 19. 8. 1908, Gemeindewahlgesetz vom 15. 8. 1908
30. Münchner Neueste Nachrichten vom 23. 11. 1908, S. 1
31. Münchner Neueste Nachrichten vom 24. 11. 1887, S. 1
32. Zum intensiven Wahlkampf und zur parteipolitischen Auseinandersetzung schon in den siebziger und achtziger Jahren des vorigen Jahrhunderts in gemischtkonfessionellen Wahlkreisen und in Großstädten mit katholischem Übergewicht *Nipperdey*, Die Organisation, S. 40
33. Münchner Neueste Nachrichten vom 20. 11. 1911, S. 4
34. Die Wahlprogramme der liberalen Bürgervereinigungen wurden jeweils wenige Wochen vor der Wahl in den ›Münchner Neuesten Nachrichten‹ veröffentlicht
35. Zu August N. Vecchioni, der die Ansicht vertrat, daß Bayern sich den Luxus mehrerer liberaler Parteien nicht leisten könne Münchner Neueste Nachrichten vom 15. 2. 1908, S. 3, und *Reimann*, Ernst Müller-Meiningen senior, S. 84
36. Erst im Wahlprogramm von 1905 war wieder von einer Vermehrung der Simultanschulen die Rede. Münchner Neueste Nachrichten vom 22. 11. 1905, S. 1
37. Noch das Gemeindewahlprogramm von 1911 sah als Möglichkeit zur Beendigung der Wohnungsmisere nicht den kommunalen Wohnungsbau vor, sondern Maßnahmen, die private Bautätigkeit anzuregen. Münchner Neueste Nachrichten vom 11. 11. 1911, S. 6
38. Münchner Neueste Nachrichten vom 1. 12. 1896, S. 3
39. Die führende Rolle bei den Demokraten spielte der Gemeindebevollmächtigte Dr. Ludwig Quidde. Vgl. *Taube*, Ludwig Quidde
40. Münchner Neueste Nachrichten vom 21. 11. 1905, S. 4 und vom 5. 12. 1905, S. 4
41. Die Wahlprogramme des Zentrums wurden jeweils wenige Wochen vor der Wahl im ›Bayerischen Kurier‹ veröffentlicht
42. StadtAM, Wahlamt 158, Übersicht über das Ergebnis der Gemeindewahl vom 4. 12. 1905. Vgl. auch StadtAM, Wahlamt 399, Erklärung vom 9. 11. 1911 über die Listenverbindung. Dazu auch *Tiedemann* in vorliegender Publikation
43. Münchener Gemeindezeitung, Beilage zu 9

(1908), 5. Sitzung des Kollegiums der Gemeindebevollmächtigten vom 23.1.1908, S. 94. Über die christlich-soziale Rathauspolitik in Wien *Czeike*, Liberale, S. 61–82

44. StadtAM, Wahlamt 158, Übersicht über die Ergebnisse der Gemeindewahlen. Die ersten Mandatsgewinne der SPD 1893 und 1899 erfolgten in Wahlbezirken, in denen zuvor das Zentrum die Mehrheit hatte

45. Die Kandidatur Königbauers erfolgte 1905 in einem aussichtslosen Bezirk als Ersatzmann; Münchner Neueste Nachrichten vom 1.12.1905, S. 6. Erst 1911 wurde er als bürgerlicher Magistratsrat gewählt

46. Die Kommunalwahlprogramme der Sozialdemokraten wurden jeweils wenige Wochen vor der Wahl in der ›Münchener Post‹ veröffentlicht

47. *Schmid*, Die Sozialdemokratie im Münchner Rathaus (1908), S. 27f. Auf anhaltendes Drängen der SPD ermäßigte der Magistrat die Bürgerrechtsgebühr 1905 um 20 Mark in allen Steuerklassen

48. *Schmid*, Die Sozialdemokratie im Münchner Rathaus (1908), S. 90: Adressen von sozialdemokratischen Sparvereinen zum Erwerb des Heimat- und Bürgerrechts. Dieser war Voraussetzung für das Wahlrecht

49. *Rebentisch*, Die deutsche Sozialdemokratie, S. 9

50. Sie bestritten mit beispielsweise 38,7 Prozent im Jahr 1890 und 35,2 Prozent im Jahr 1910 durchgängig den größten Anteil des Steueraufkommens, während das Gewerbesteueraufkommen in den gleichen Jahren 27,2 Prozent und 29,3 Prozent betrug. StadtAM, Kämmerei 237/18 und 237/38, Haushaltspläne 1890 und 1910, S. 174 bzw. S. 98

51. Münchner Neueste Nachrichten vom 29.11.1905, S. 2

52. StadtAM, Wohnungsamt 60, Resolution des Grund- und Hausbesitzervereins in Sachen Verein zur Verbesserung der Wohnungsverhältnisse vom 30.11.1905

53. Dazu ›Bayerischer Kurier‹ vom 15.11. 1911, S. 4 sowie über ähnliche Interessengruppen StadtAM, Wahlamt 396, Bekanntmachung des Stadtmagistrats vom 17.11. 1908, Gemeindewahl 1908 betreffend

54. *Croon*, Das Vordringen der politischen Parteien, S. 38

55. *v. Kahr* (Hrsg.), Bayerische Gemeindeordnung (1896), Art. 86

56. *v. Kahr* (Hrsg.), Bayerische Gemeindeordnung (1896), S. 328/329

57. *Kreitmeier*, Zur Entwicklung der Kommunalpolitik, S. 128. Leider sind die Sitzungsprotokolle der städtischen Haushaltskommissionen, der vorberatenden Ausschüsse also, nicht überliefert

58. StadtAM, Kämmerei 237/14–237/40, Haushaltspläne der Jahre 1886 bis 1912

59. *Spude*, Münchner Versorgungsbetriebe, S. 34f.

60. Münchener Gemeindezeitung, Beilage zu 1 (1886), Sitzung des Kollegiums der Gemeindebevollmächtigten vom 30.12.1885, S. 9

61. StadtAM, Kämmerei 237/28–237/40, Haushaltspläne der Jahre 1900–1912

62. *Schattenhofer* (Hrsg.), 100 Jahre Münchner Straßenbahn, S. 16–19

63. Münchener Gemeindezeitung, Beilage zu 8 (1901), Sitzung des Kollegiums der Gemeindebevollmächtigten vom 24.1.1901, S. 119. Ausführlich dazu *Bäuml-Stosiek* und *Neumeier* in vorliegender Publikation

64. *Heilmann*, Lebenserinnerungen (1921), S. 44f.

65. Münchener Gemeindezeitung, Beilage zu 50 (1901), Sitzung des Kollegiums der Gemeindebevollmächtigten vom 20.6.1901, S. 830f.

66. X. Jahresbericht des Vereins zur Erhaltung der landschaftlichen Schönheiten in der Umgebung Münchens, besonders des Isartals für 1911, S. 3f. Zum ›Isartalverein‹ ausführlich *Andersen/Falter* in der vorliegenden Publikation. Außerdem StadtAM, RP 520, Plenarsitzung des Magistrats vom 21.6. 1904. Vgl. dazu auch den II. und III. Jahresbericht des Vereins für 1903/1904, S. 4–8

67. Münchener Gemeindezeitung, Beilage zu 43 und 44 (1901), Sitzung des Kollegiums der Gemeindebevollmächtigten vom 31.5. 1901, S. 744

68. *Krabbe*, Kommunale Leistungsverwaltung, S. 382–386

69. Bericht über den Stand der Gemeindeangelegenheiten für 1888, I. Teil: Verwaltungsbericht für 1888, S. 6

70. StadtAM, Kämmerei 237/14, Haushaltsplan 1886, S. 3 und 237/40, Haushaltsplan 1912, S. 7

71. Vgl. dazu ausführlich *Bock* in der vorliegenden Publikation

72. Zu Biographie und Schaffen Kerschensteiners vgl. *Bock* in vorliegender Publikation

73. Münchener Gemeindezeitung, Beilage zu 9 (1894), Sitzung des Kollegiums der Gemeindebevollmächtigten vom 24.1.1894, S. 144. Oder Münchener Gemeindezeitung, Beilage zu 9 (1901), Sitzung des Kollegiums der Gemeindebevollmächtigten vom 24.1.1901, S. 140ff.

74. Die Zahl der Simultanschulen blieb bis 1921 auf zwei beschränkt. Vgl. Statistisches Handbuch der Stadt München (1928), S. 258

75. StadtAM, Statistisches Amt 6, *Proebst*, Vergleichende Übersicht des Gemeindehaushalts (1895), S. 136. Zu einem negativen Urteil über das städtische Volksbibliothekswesen kommt auch *Baedecker*, Kulturpflege, S. 122

76. StadtAM, Kämmerei 237/14, Haushaltsplan 1886, S. 71, und 237/40, Haushaltsplan 1912, S. 175. Über die Zahl der Unterstützungsbedürftigen vgl. Statistisches Handbuch der Stadt München (1928), S. 213

77. StadtAM, Statistisches Amt 6, *Proebst*, Vergleichende Übersicht des Gemeindehaushalts (1895), S. 133

78. StadtAM, B. u. R. 1433, Ansprache v. Borscht zum Bau des Sanatoriums Harlaching 1899

79. Verwaltungsbericht für 1907, S. 138

80. Zu erwähnen sind in diesem Zusammenhang überdies die Versicherungsämter für Kranken- und Unfallversicherung, der Gemeindewaisenrat, die Berufsvormundschaft, das Wohnungsamt sowie die Schaffung eines Ausschusses für soziale Fragen. Vgl. dazu auch *Guttmann*, Armenpflege, in vorliegender Publikation

81. Münchener Gemeindezeitung, Beilage zu 104 (1901), Magistratsitzung vom 27.12. 1901, S. 1638

82. StadtAM, Statistisches Amt 18; dagegen *Wolffhügel* in seiner Studie München eine »Peststadt«? (1876)

83. *Haeutle*, 75 Jahre Schlacht- und Viehhof

84. Zur Abschwemmung in die Isar *Loesch*, Chronik der Stadtentwässerung, S. 33f.

85. *Schattenhofer*, Die Münchner Wasserversorgung, S. 22. Vgl. *Spude*, Münchner Versorgungsbetriebe, S. 26f.

86. Zu Ausnahmeregelungen für Herbergsbesitzer in der Au und in Haidhausen Münchener Gemeindezeitung, Beilage zu 63 (1900), Sitzung des Kollegiums der Gemeindebevollmächtigten vom 2.8. 1900, S. 972

87. Münchener Gemeindezeitung, Beilage zu 104 (1901), Magistratssitzung vom 27.12. 1901, S. 1633

88. Fünfzig Jahre Städtische Hausunratabfuhr (Festschrift), S. 9 sowie das Glossar der vorliegenden Publikation

89. Münchener Gemeindezeitung, Beilage zu 62 (1897), Vertrag mit der Gesellschaft ›Hausmüll-Verwertung München GmbH‹ vom 27.7.1897

90. Münchener Gemeindezeitung, Beilage zu 1 (1900), Erster Bürgermeister von Borscht im Rückblick auf die Verwaltungsperiode 1897–1899 in der Magistratssitzung vom 29.12.1899, S. 5

91. Vgl. unter anderem StadtAM, B. u. R. 1433, Reden des Bürgermeisters von Borscht

92. *Baedecker*, Kulturpflege, S. 66ff.

93. StadtAM, Statistisches Amt 6, *Proebst*, Vergleichende Übersicht des Gemeindehaushalts (1895), S. 136

94. Zur sozialdemokratischen Kritik an solchen Aufwendungen Münchener Gemeindezeitung, Beilage zu 104 (1901), Magistratssitzung vom 27.12.1901, S. 1641 und die Antwort von Oberbaurat Schwiening, S. 1646. Auch Zentrumsmitglieder äußerten sich in ähnlicher Weise. Vgl. Münchener Gemeindezeitung, Beilage zu 4 (1892), Sitzung des Kollegiums der Gemeindebevollmächtigten vom 14.1.1892, S. 56f. Zu den öffentlichen Bauten der Stadt vgl. auch *Hartmann* in vorliegender Publikation

95. Verwaltungsbericht für 1901, S. 163. Außerdem dazu *Hartmann*, *Fisch* und *Walter* in der vorliegenden Publikation

96. *Cohen*, München als Industrie- und Handelsstadt (1906), S. 125. Ähnlich kritisch *Heilmann*, Lebenserinnerungen (1921), S. 44

97. Verwaltungsbericht für 1907, S. 132
98. Münchener Gemeindezeitung, Beilage zu 100 (1904), *v. Borscht* Denkschrift und Antrag Ausstellungspark Theresienhöhe
99. Verwaltungsbericht für 1910, S. 162
100. StadtAM, B.u.R. 1433, von Borscht anläßlich der Tagung des Zentralverbandes deutscher Industrieller am 22.5. 1912. Außerdem dazu *Haertle* in der vorliegenden Publikation
101. Das Problem wurde in den Ratskollegien schon frühzeitig erkannt, vgl. Münchener Gemeindezeitung, Beilage zu 93 (1894), (außerordentliche) Magistratssitzung vom 14.11. 1894, S. 1645; es konnte aber von dieser Seite nicht aus eigener Machtvollkommenheit geändert werden. Erst 1912 wurde die allgemeine progressive Einkommensteuer eingeführt
102. *v. Kahr* (Hrsg.), Bayerische Gemeindeordnung (1896), Art. 42–48
103. Münchener Gemeindezeitung, Beilage zu 104 (1901), Magistratssitzung vom 27.12. 1901, S. 1634
104. StadtAM, Kämmerei 211/1, *Singer*, Steuerbelastung Bayerischer Städte (1907), S. 6
105. StadtAM, Statistisches Amt 6, *Proebst*, Vergleichende Übersicht des Gemeindehaushalts (1895), S. 134
106. Münchener Gemeindezeitung, Beilage zu 9 (1894), Sitzung des Kollegiums der Gemeindebevollmächtigten vom 24.1. 1894, S. 141
107. Münchener Gemeindezeitung, Beilage zu 1 (1886), Sitzung des Kollegiums der Gemeindebevollmächtigten vom 30.12. 1885, S. 9
108. StadtAM, Kämmerei 237/38, Haushaltsplan 1910, S. 91
109. Die Tilgungspläne der verschiedenen Anlehen sind den Haushaltsplänen beigefügt. Vgl. StadtAM, Kämmerei 237/14–237/40
110. *Reulecke*, Urbanisierung, S. 111
111. Münchener Gemeindezeitung, Beilage zu 104 (1901), Magistratssitzung vom 27.12. 1901, S. 1631 ff.
112. Verwaltungsbericht für 1892, S. 171
113. StadtAM, Wohnungsamt 4, Bayerisches Staatsministerium des Innern, Ministerielle Entschließung Nr. 17264 vom 30.11. 1888
114. StadtAM, Wohnungsamt 8, Gesetz und Verordnungsblatt für das Königreich Bayern 7 (1901), Verordnung vom 10.2. 1901, die Wohnungsaufsicht betr., S. 73
115. Vgl. *Neumeier* in vorliegender Publikation
116. StadtAM, Wohnungsamt 60, Protokolle über die Sitzungen der Wohnungskommission 1908 und 1909. Ferner Wohnungsamt 8, Beschluß des Magistrats der Königlichen Haupt- und Residenzstadt München vom 11.3. 1911, Allgemeine Bestimmungen für die Hingabe von Darlehen zum Zwecke der Förderung des Kleinwohnungsbaus sowie ebd., Königliche Regierung von Oberbayern, Kammer des Innern, Ortspolizeiliche Vorschriften über die Wohnungsaufsicht vom 4.12. 1909
117. StadtAM, Kämmerei 237/40, Haushaltsplan 1912, S. 33. Vgl. dazu auch *Dörschel/Kornacher/Stiglbrunner/Staebe* in der vorliegenden Publikation
118. *Ziebill*, Geschichte des deutschen Städtetages, S. 20
119. Münchener Gemeindezeitung, Beilage zu 9 (1908), Sitzung vom 24.1. 1908, S. 171
120. *Reulecke*, Urbanisierung, S. 124
121. Beispielsweise StadtAM, Wohnungsamt 23, Stadtmagistrat München, 24.4. 1908, Umfrage bezüglich der Erbauung von Arbeiterwohnhäusern für städtische Arbeiter

Parteien, Wahlen und Arbeiterbewegung
(S. 44–53)

1. Errechnet nach Statistik des Deutschen Reiches, Bd. 107: Berufs- und Gewerbezählung vom 14. Juni 1895. Berufsstatistik der deutschen Großstädte (1897), S. 268, 284 sowie aus *Hohorst/Kocka/Ritter*, Sozialgeschichtliches Arbeitsbuch II (1975), S. 66 f. Berechnet wurde der Anteil der Arbeiter der Wirtschaftssektoren A–C (Landwirtschaft, Industrie und Handel) an der Gesamtzahl aller Erwerbstätigen
2. *Steinborn*, Münchner Kommunalpolitik, S. 25
3. So die Kapitelüberschrift in *Mehring*, Geschichte der deutschen Sozialdemokratie, Bd. 2, S. 692
4. *Schönhoven*, Gewerkschaftliches Organisationsverhalten, S. 403
5. Als Monographie nach wie vor lediglich *Hirschfelder*, Die bayerische Sozialdemokratie. Zur sozialdemokratischen Kommunalpolitik *Kreitmeier*, Zur Entwicklung der Kommunalpolitik, S. 103–136. Zur Entstehungsgeschichte der christlichen Gewerkschaften in München bisher ausschließlich Zeitgenossen. Vgl. aber *Denk*, Die christliche Arbeiterbewegung
6. Vgl. die Darstellung in *Jansen*, Georg von Vollmar
7. Die einzige Quelle hierzu 1906 bei *Michels*, Die Deutsche Sozialdemokratie. I. (1906), S. 506 f.
8. 1894, abgedruckt in *Schade*, Kurt Eisner, S. 25
9. Vgl. auch *Bleek* in der vorliegenden Publikation
10. Vgl. hierzu ausführlicher *Nipperdey*, Die Organisation, S. 315 f.
11. Abgedruckt in: Die Sozialdemokratie im bayerischen Landtag 1893/99 (1899), S. 5 f.
12. Für eine ausführliche Darstellung *Ritter*, unter Mitarbeit von *Niehuss*, Wahlgeschichtliches Arbeitsbuch, S. 26 f., S. 151 f.
13. Bis dahin vertrat er einen sächsischen Wahlkreis im Reichstag und nahm überdies bis 1888 noch ein Mandat im sächsischen Landtag wahr
14. *Thränhardt*, Wahlen, S. 119 f.
15. Vgl. hierzu die amtlichen Veröffentlichungen der Wahlergebnisse in der Zeitschrift des Bayerischen Statistischen Landesamtes (1893), S. 77; (1898), S. 119; (1903), S. 81 ff.; (1907), S. 1 f.; (1912), S. 220 ff.
16. In den Reichstagswahlkreisen wurde jeweils ein Abgeordneter gewählt, in den bayerischen Landtagswahlkreisen ein bis fünf Abgeordnete
17. Vgl. die Beispiele hierzu bei *Thränhardt*, Wahlen, S. 115 f.
18. *Braun*, Die bayerische Wahlkreisgeometrie (1905), S. 138
19. Vgl. für die Landtagswahlergebnisse die Zeitschrift des Bayerischen Statistischen Landesamtes (1893), S. 99 ff.; (1899), S. 101 ff.; (1905), S. 191 ff.
20. Vgl. hierzu *Ritter*, Die Arbeiterbewegung, S. 185 f. Zu taktischen Wahlbündnissen mit dem Zentrum oder den Liberalen für Baden *Schadt*, Die badische Sozialdemokratie, S. 83 f.
21. *Schirmer*, Msgr. Lorenz Huber, S. 149
22. Die Sozialdemokratie im bayerischen Landtag 1893/99 (1899), S. 9
23. Die Sozialdemokratie im bayerischen Landtag 1893/99 (1899), S. 15
24. Vgl. *Jansen*, Georg von Vollmar, S. 63 ff.
25. *Jansen*, Georg von Vollmar, S. 69
26. *Hirschfelder*, Die bayerische Sozialdemokratie, S. 473
27. *Hirschfelder*, Die bayerische Sozialdemokratie, S. 479
28. *Hirsch/Lindemann*, Das Kommunale Wahlrecht (1911), S. 27 ff.
29. *Schmid*, Die Sozialdemokratie im Münchener Rathaus (1914), S. 136 f.
30. Für die Gemeindewahlangaben vgl. *Schmid*, Die Sozialdemokratie im Münchener Rathaus (1914), S. 10; die anderen, ebenfalls gerundeten Angaben aus den bereits zitierten amtlichen Quellen
31. Vgl. Wahlbestimmungen in der Zeitschrift des Bayerischen Statistischen Landesamtes (1909)
32. Vgl. genaue Angaben zu den Wahlen StadtAM, Wahlamt 158, sowie Generalakt 372
33. Das Zentrum im Münchner Rathaus, Rechenschaftsbericht 1902 bis 1905, S. 7 f.
34. *Lenk*, Katholizismus und Liberalismus, S. 403
35. *Misch*, Das Wahlsystem, S. 129
36. Zu Württemberg vgl. *Lindemann*, Proportionalwahl (1906), S. 229, 235. Vgl. auch *Christ-Gmelin*, Die württembergische Sozialdemokratie, S. 109 f.
37. Das neue Gemeindeprogramm in Bayern, in: Kommunale Praxis (1913), S. 868. Vgl. auch die Diskussionen auf den Parteitagen der bayerischen Sozialdemokratie; Protokoll über die Verhandlungen des 6. Parteitags der Sozialdemokratischen Partei (1902), S. 80 ff.
38. *Rost*, Die Gemeindewahlen in Bayern (1910), S. 195
39. Vgl. Die Gemeindewahl in Bayern im Jahre 1908, in: Zeitschrift des Bayerischen Statistischen Landesamtes (1909), S. 602
40. *Schmid*, Die Sozialdemokratie im Münchener Rathaus (1914), S. 122. Vgl. auch *Christ-Gmelin*, Die württembergische Sozialdemokratie, S. 122 und 125

41. Die Gemeindewahlen in den Gemeinden mit städtischer Verfassung in Bayern rechts des Rheins im Jahre 1914, in: Zeitschrift des Bayerischen Statistischen Landesamtes (1915), S. 282
42. Das neue Gemeindeprogramm in Bayern, in: Kommunale Praxis (1913), S. 867
43. *Schmid*, Die Sozialdemokratie im Münchener Rathaus (1914), S. 13–18
44. *Kreitmeier*, Zur Entwicklung der Kommunalpolitik, S. 127; *v. Saldern*, Die Gemeinde, S. 318
45. *Schmid*, Die Sozialdemokratie im Münchener Rathaus (1914), S. 97–103, Zitat S. 100. Vgl. auch die parallele Diskussion im Reichstag um Repräsentationspflichten sozialdemokratischer Abgeordneter
46. *Schade*, Kurt Eisner, S. 31
47. *Mittmann*, Fraktion und Partei, S. 83
48. *Nipperdey*, Die Organisation, S. 272
49. Vgl. *Denk*, Die christliche Arbeiterbewegung, S. 377 ff.
50. *Thränhardt*, Wahlen, S. 81
51. *Mittmann*, Fraktion und Partei, S. 114 ff.
52. So *Anderl*, Die roten Kapläne
53. *Denk*, Die christliche Arbeiterbewegung, S. 108
54. *Berger*, Arbeiterbewegung und Demokratisierung, S. 96
55. Vgl. die Biographie von *Schirmer*, Msgr. Lorenz Huber
56. *Denk*, Die christliche Arbeiterbewegung, S. 109
57. *Schirmer*, Msgr. Lorenz Huber, S. 85 f.
58. *Schirmer*, Msgr. Lorenz Huber, S. 88 f.
59. *Schirmer*, Msgr. Lorenz Huber, S. 91
60. Abgedruckt im christlichen Organ ›Der Arbeiter‹ vom 5. 8. 1893, sowie in *Anderl*, Die roten Kapläne, S. 123
61. *Berger*, Arbeiterbewegung und Demokratisierung, S. 237–239
62. *Schirmer*, Msgr. Lorenz Huber, S. 97
63. *Denk*, Die christliche Arbeiterbewegung, S. 378–383
64. *Denk*, Die christliche Arbeiterbewegung, S. 383
65. *Denk*, Die christliche Arbeiterbewegung, S. 252
66. *Schirmer*, Msgr. Lorenz Huber, S. 180
67. *Denk*, Die christliche Arbeiterbewegung, S. 255
68. Zitiert nach *Denk*, Die christliche Arbeiterbewegung, S. 257
69. *Berger*, Arbeiterbewegung und Demokratisierung, S. 64
70. Vgl. *Gasteiger*, Die christliche Arbeiterbewegung (1908), S. 345 f.
71. *Denk*, Die christliche Arbeiterbewegung, S. 256
72. Vgl. *Berger*, Arbeiterbewegung und Demokratisierung, S. 49 f.
73. Vgl. hierzu *Schneider*, Das Streikverhalten, S. 366
74. *Schneider*, Das Streikverhalten, S. 355
75. Hierzu *Denk*, Die christliche Arbeiterbewegung, S. 264 ff.
76. *Ritter*, Arbeiterbewegung, S. 156
77. *v. Saldern*, Die Gemeinde, S. 225
78. Jahresbericht des Arbeitersekretariats München für 1898. Die Berichte erschienen jährlich. Die Münchner Gewerkschaften wuchsen zwischen Mai 1894 und Dezember 1900 von 4903 auf 17 275 Mitglieder an, das heißt von 7,5 auf 27,4 Prozent der Erwerbstätigen in den organisierten Branchen
79. Die Angaben über den Organisationsgrad sind dabei zwangsläufig ungenau, da der unterschiedliche Zeitpunkt von Berufszählung (1895) und Mitgliederzählung (1899 bzw. 1900) zu viele Schwankungen beinhaltet. Jahresbericht des Arbeitersekretariats für 1899, S. 54 f. Von den genannten großen Münchner Verbänden verfügte vor allem der der Buchdrucker über einen sehr hohen Organisationsgrad, während er innerhalb der einzelnen Branchen des Metallarbeiter- und Holzarbeiterverbandes stark schwankte. Relativ schwach organisiert waren die Maurer und vor allem weibliche Arbeiter
80. Jahresbericht des Arbeitersekretariats für 1899, S. 58
81. *Berger*, Arbeiterbewegung und Demokratisierung, S. 47
82. Jahresbericht des Arbeitersekretariats für 1900, S. 91
83. Dazu die Jahresberichte des Arbeitersekretariats sowie zum Hafnerstreik auch die Broschüre *Christliche Gewerkschaft* (Hrsg.), Bericht über die Ursachen und den Verlauf des Münchner Hafnerstreiks im Frühjahr 1897 (1897). Vgl. zur Streiktätigkeit auch *Jüngling* in der vorliegenden Publikation
84. Jahresbericht des Arbeitersekretariats für 1898, S. 64. Vgl. ausführlicher über die Streikfinanzierung *Ritter*, Die Arbeiterbewegung, S. 151 ff.
85. Die Münchner Bäcker erreichten bereits 1902 einen Tarifvertrag. Dazu *Günther*, Der Tarifvertrag in München (1908), S. 4, 10, 19, 128
86. Jahresbericht des Arbeitersekretariats für 1898, S. 91. Vgl. zum Unterstützungswesen vor allem *Schönhoven*, Selbsthilfe als Form von Solidarität
87. *Kraus*, Arbeitslosigkeit (1910), S. 41 f.
88. Vgl. Jahresbericht des Arbeitersekretariats für 1900, S. 57 ff. Ausführlicher hierzu auch *Hartmann*, Die gemeindliche Arbeitsvermittlung (1900), S. 72 ff.
89. Erster Geschäftsbericht des städtischen Arbeitsamtes München für 1895/96, S. 41
90. Zeitgenössische Autoren unterschieden hierbei zwischen ›Volksbüro‹ und ›Arbeitersekretariat‹. Einzige Erwähnung hierfür *Müller*, Arbeitersekretariat (o. J.), S. 28. Vgl. auch *Böhmer*, Die Arbeitersekretariate, S. 26 ff.; *Schaefer*, Die deutschen Arbeitersekretariate, S. 37
91. *Gasteiger*, Die christliche Arbeiterbewegung (1908), S. 129
92. Vgl. die Jahresbilanz von 1907, abgedruckt in *Schaefer*, Arbeitersekretariate, S. 53
93. *Schirmer*, Msgr. Lorenz Huber, S. 136. Eine Statistik über die Zahl der erteilten Auskünfte findet sich bei *Gasteiger*, Die christliche Arbeiterbewegung (1908), S. 133 f.
94. *Müller*, Arbeitersekretariate (o. J.), S. 14
95. Vgl. zum folgenden Jahresbericht des Arbeitersekretariats für 1898, S. 1 ff.
96. Jahresbericht des Arbeitersekretariats für 1898, S. 7 sowie *Müller*, Arbeitersekretariate, S. 20
97. Dies verweist doch auf den hohen Organisationsgrad in München. In Köln wiesen 1902 im ›Arbeitersekretariat‹ nur 25 Prozent ein Gewerkschaftsmitgliedsbuch vor; *Martiny*, Die politische Bedeutung, S. 171
98. Jahresbericht des Arbeitersekretariats für 1898, S. 12; für 1900, S. 6

Arbeitskämpfe
(S. 54–57)

1. Zitiert nach Münchner Stadtanzeiger, Beilage der Süddeutschen Zeitung vom 3. 10. 1986
2. BayHStA, MArb 253, Bürgermeister von Lambrecht an das Bezirksamt Neustadt a. Hdt. vom 18. 8. 1891
3. *Fischer*, Industrialisierung, S. 251 f., 291 f.
4. StaatsA Neuburg, Nr. 5510
5. *Fischer*, Industrialisierung, S. 252
6. StaatsA Neuburg, Nr. 5510
7. BayHStA, MArb 257, Schreiben der Polizeidirektion München an das Staatsministerium des Innern vom 16. 9. 1900 bzw. 26. 6. 1900. Vgl. auch StaatsAM, Pol. Dir. 5054 bzw. 5058
8. Die Gewerblichen Betriebe Münchens 1907 (1910), S. 63
9. StaatsAM, Pol. Dir. 5038, Streiknachweisung vom 14. 11. 1886
10. StaatsA Neuburg, Reg. 10021, Staatsministerium des Innern an die Regierung von Schwaben und Neuburg vom 28. 4. 1857
11. Vgl. dazu ausführlich *Jüngling*, Streiks, S. 8 ff.
12. *Weber*, Neue Gesetz- und Verordnungen-Sammlung, Bd. 3 (1887), § 152, 153, S. 208. Vgl. dazu auch *Tenfelde/Volkmann* (Hrsg.), Streik, S. 9 ff. sowie *Schnorbus*, Arbeit, S. 145 ff.
13. So z. B. nach den Unruhen beim Augsburger Maureraustand 1899. Die Augsburger Krawall-Prozesse, hrsg. vom *Gewerkschaftsverein München* (1900) sowie in Nürnberg und auf der Maxhütte; *Schnorbus*, Arbeit, S. 215 f. und *Jüngling*, Streiks, S. 108 f., 180 f.
14. *Jüngling*, Streiks, S. 16 ff.
15. Statistisches Jahrbuch des Königreichs Bayern (1898) sowie (1915)
16. *Albrecht*, Fachverein, S. 245
17. StaatsAM, Pol. Dir. 5038, Streiknachweisung vom 14. 11. 1886
18. Außerdem BayHStA, MArb 2541, Polizeidirektion München an das Staatsministerium des Innern vom 24. 4., 6. 5., 21. 5., 17. 6. 1896
19. Deutsche Böttcherzeitung vom 22. 8. 1896
20. Vgl. hierzu ausführlich *Blessing*, Konsumentenboykott, S. 114
21. BayHStA, MArb 258, Polizeidirektion München an das Staatsministerium des Innern vom 26. 6. 1901
22. BayHStA, MArb 258, Polizeidirektion Mün-

chen an das Staatsministerium des Innern vom 23.7.1901
23. Vgl. *Blessing*, Konsumentenboykott, S. 113 ff.
24. Vgl. BayHStA, MArb 254
25. *Blessing*, Konsumentenboykott, S. 115 f.; *Ritter/Tenfelde*, Der Durchbruch, S. 104
26. StaatsAM, Pol. Dir. 5062, Polizeilicher Versammlungsbericht vom 3.8.1901
27. *Ritter/Tenfelde*, Der Durchbruch, S. 84 ff.
28. Reichsstatistik über Tarifgemeinschaften (1908)
29. Vgl. *Jüngling*, Streiks, S. 38–59
30. StaatsAM, Pol. Dir. 5038 und 5044; BayHStA, MArb 254; außerdem *Albrecht*, Fachverein, S. 204, Anm. 92
31. Für die genannten Ausstände BayHStA, MArb 252, diverse Berichte der Polizeidirektion München an das Staatsministerium des Innern
32. BayHStA, MArb 253
33. BayHStA, MArb 255, StaatsAM, Pol. Dir. 5046 bis 5050
34. Bericht Streikleiter Gaßner an die Polizeidirektion München, o. J., StaatsAM, Pol. Dir. 5051, Streiknachweisung vom 29.5.1899
35. BayHStA, MArb 256 Polizeidirektion München an das Staatsministerium des Innern vom 6.3.1899, Streiknachweisung vom 7.4.1899
36. Vgl. *Jüngling*, Streiks, S. 90 f.
37. BayHStA, MArb 256, Polizeidirektion München an das Staatsministerium des Innern vom 23.5.1899 und vom 15.6.1899; Streiknachweisung vom 19.7.1899
38. *Zentralverband der Maurer Deutschlands, Gau München*, Die Maurerbewegung (1906). Vgl. auch *Heller*, Einigungsamt (1913)
39. BayHStA, MArb 307, Polizeidirektion München an das Staatsministerium des Kgl. Hauses und des Äußern vom 27.6., 28.6., 30.6. 1905; *Heller*, Einigungsamt (1913), S. 9 f.
40. BayHStA, MArb 307, Staatsministerium des Kgl. Hauses und des Äußern an die Regierung von Obb. 13.9. 1905
41. BayHStA, MArb 302, Sammelakt Arbeitseinstellungen 1904
42. *Schnorbus*, Arbeit, S. 202 ff.; BayHStA, MArb 861, Die Bayerische Maschinen-Industrie und die Tarifverträge; BayHStA, MArb 303, Sammelakt Arbeitseinstellungen 1905, *Offenbacher*, Der Ausstand (1905)
43. Stenographische Berichte, 220. Sitzung, 26.10.1909, S. 494
44. BayHStA, MArb 859, Das Staatsministerium des Kgl. Hauses und des Äußern an die Regierungen, Kammern des Innern, Fabriken- und Gewerbeinspektoren, Distrikt- und Ortspolizeibehörden, Bergbehörden, veröffentlicht im Amtsblatt des Staatsministeriums des Kgl. Hauses, Nr. 6, 22.3.1905; vgl. auch Anweisung des gleichen Ministeriums vom 4.2.1905 zur Vergabe staatlicher Druckaufträge. Münchener Post vom 27.6.1905
45. Soziale Praxis vom 23.1.1908; vgl. auch *Günther*, Der Tarifvertrag (1908)
46. Vgl. StaatsAM, Pol. Dir. 5038, Streiknachweisung vom 14.11.1886
47. BayHStA, MArb 307, Polizeidirektion München an das Staatsministerium des Kgl. Hauses und des Äußern vom 28.6.1905. Außerdem *Oldenberg*, Arbeitseinstellungen (1909), S. 937, Anm. 1
48. BayHStA, MArb 352, Streiknachweisung der Polizeidirektion München o. J.
49. BayHStA, MArb 352, Streiknachweisung der Polizeidirektion München o. J.
50. Stenographische Berichte, 53. Sitzung, 19.12.1907, S. 412
51. Stenographische Berichte, 220. Sitzung, 16.10.1909, S. 486
52. BayHStA, MInn 66 296, Friedrich von Brettreich an Oberbürgermeister Dr. Ritter v. Schuh, 2.1.1909

Großstadtwachstum und Eingemeindungen
(S. 60–68)

1. Dieses und das folgende Zitat aus den Erinnerungen von Ludwig Thoma. Zitiert nach *Wolf* (Hrsg.), Ein Jahrhundert München (1919), S. 472
2. *Müller*, Art. ›Raumordnung‹, Sp. 2460
3. Bayern und seine Gemeinden unter dem Einfluß der Wanderungen (1912), S. 42*: Tabelle 15 und Übersicht 16
4. *Reulecke*, Urbanisierung, S. 11 (dort auch weiterführende Literatur) sowie *ders.*, Sozioökonomische Bedingungen, S. 271
5. Dazu aus der Sicht des Städtestatistikers *Schott*, Das Wachstum (1904), S. 18–40; *ders.*, Die großstädtischen Agglomerationen (1912). Den Begriff der ›Stadtregion‹ begründete *Dickinson*, City. Übernommen und weiterentwickelt in Deutschland vor allem von *Schöller*, Stadt und Einzugsgebiet, S. 602–612, jetzt auch in: *ders.* (Hrsg.), Zentralitätsforschung, S. 267–291, und *Boustedt*, Die Stadtregion, S. 13–26
6. Zur Unterscheidung zwischen intensiver und extensiver Verstädterung *Mackensen*, Art. ›Verstädterung‹, Sp. 3594. Zur Bevölkerungsentwicklung Münchens auch die Tabelle bei *Boustedt* u. a., Die Wachstumskräfte, Tab. 6, S. 56
7. Münchens topographische und Bevölkerungsentwicklung (1959), S. 268
8. *Kahn*, Münchens Großindustrie (1913), S. 369–375
9. Münchens topographische und Bevölkerungsentwicklung (1959), S. 268
10. Errechnet nach Tabelle 6, in *Boustedt* u. a., Die Wachstumskräfte, S. 56
11. Zum Einfluß des Verkehrsausbaus auf die Siedlungsausdehnung von geographischer Seite *Schöller*, Die deutschen Städte, S. 25; von baugeschichtlicher Seite *Rönnebeck*, Stadterweiterung, und aus stadtgeschichtlicher Perspektive *Engeli*, Stadterweiterungen, S. 51 f. und 60. Zur Unternehmertätigkeit der privaten Trambahngesellschaften und deren Auswirkungen *Krabbe*, Kommunale Leistungsverwaltung, S. 388 f.
12. *Halbe*, Dorf und Weltstadt, zitiert nach *Wolf* (Hrsg.), Ein Jahrhundert München (1919), S. 491
13. *Rönnebeck*, Stadterweiterung, S. 14 und 17; *Mattiesen*, Geschichte der Tarife, S. 215
14. *Busse*, Die Gemeindebetriebe Münchens (1908), S. 47–52
15. *Schneider*, Untersuchungen zur Betriebsgestaltung, S. 83 f. und *Peters*, Personenverkehr, S. 16 f.
16. *Peters*, Personenverkehr, S. 16, Anm. 45 zur Milbertshofener Linie; *Dönges*, Beiträge (1910), S. 48 und 95 ff. zur Pasinger Linie und S. 101 zur Grünwalder Strecke
17. StadtAM, B. u. R. 1362, Steinhauser, Bericht Einverleibung Milbertshofen, 7.12.1911, S. 2
18. StadtAM, B. u. R. 1347, Schreiben eines anonymen Absenders (wohl einer Gruppe von Gemeindebevollmächtigten), an die Regierung von Oberbayern, Kammer des Innern, vom November 1912: »Mißstände in der Verwaltung der Stadtgemeinde Milbertshofen« (Abschrift), S. 5–7
19. Zum Ziegelabbau im Münchner Osten StadtAM, Berg am Laim 260, Steinhauser, Bericht Einverleibung Berg am Laim, 18.11.1911, S. 5; StadtAM, Oberföhring 151, Steinhauser, Bericht Einverleibung Oberföhring, 22.4.1912, S. 2. Vgl. *Kasberger* in der vorliegenden Publikation. Allgemein: Die gewerblichen Betriebe Münchens 1907 (1910), bes. S. 17 und 69–74
20. Verwaltungsbericht für 1890, S. 136; Verwaltungsbericht für 1898, S. 206; zum Bau der Berliner Ringbahn *Escher*, Berlin und sein Umland, S. 229 f.
21. Verwaltungsbericht für 1901, S. 290; Verwaltungsbericht für 1909, S. 122
22. *Heinritz/Lichtenberger*, Wien und München, S. 59
23. Die berufliche Gliederung der Bevölkerung Münchens 1907 (1911), II, S. 163 f.
24. Die berufliche Gliederung der Bevölkerung Münchens 1907 (1911), II, S. 164 sowie dort Tafel 6 im Anhang
25. Die berufliche Gliederung der Bevölkerung Münchens 1907 (1911), II, S. 164
26. StadtAM, B. u. R. 1362, Steinhauser, Bericht Einverleibung Milbertshofen, S. 4. Zur wachsenden Arbeiterzahl in den Ringbahngemeinden Oberföhring, Berg am Laim und Moosach StadtAM, Moosach 123, Steinhauser, Bericht Einverleibung Moosach, 1.3.1912, S. 3 f.; StadtAM, Oberföhring 151, Steinhauser, Bericht Einverleibung Oberföhring, S. 2; StadtAM, Berg am Laim 260, Steinhauser, Bericht Einverleibung Berg am Laim, S. 5 f.
27. *Heinritz/Lichtenberger*, Wien und München, S. 59; *Klingbeil*, Epochen der Stadtgeschichte, S. 92
28. *Lichtenberger*, Wachstumsprobleme, S. 211 f.
29. *Steinhauser* (Hrsg.), Staffelbauordnung (1904); *Lichtenberger*, Wachstumsprobleme, S. 211 f. und 214

30. *Steinhauser*, Staffelbauordnung (1904), S. 66 f.
31. *Steinhauser*, Staffelbauordnung (1904), S. 68, vgl. § 20 der Staffelbauordnung, ebd. S. 93–98; *Wiedenhofer*, Die bauliche Entwicklung Münchens, S. 179 f.
32. Vgl. v. Weichert in der Sitzung des Gemeindebevollmächtigtenkollegiums vom 20.6. 1901, in: Münchener Gemeindezeitung 50 (1901), S. 831
33. *Heilmann*, Lebenserinnerungen (1921), S. 44
34. *Steinhauser*, Staffelbauordnung (1904), in seinem Kommentar zu § 22, S. 97
35. *Steinhauser*, Staffelbauordnung (1904), S. 94: § 22, Abs. 4
36. *Steinhauser*, Staffelbauordnung (1904), S. 96 im Kommentar zu § 22
37. *Heinritz/Lichtenberger*, Wien und München, S. 59; außerdem *Czeike*, Wachstumsprobleme in Wien, S. 271 und 262–269. Zur Wiener Eingemeindungspolitik *Landsberg*, Eingemeindungsfragen (1912), S. 77 f.
38. *Matzerath*, Städtewachstum, S. 67 f., definiert Eingemeindungen als »verschiedene Formen räumlichen Städtewachstums, die in Gebietsveränderungen ihren Abschluß finden«. Zu den ersten Münchner Eingemeindungen vgl. auch *Landsberg*, Eingemeindungsfragen (1912), S. 16
39. Zur Bevölkerungsentwicklung in den einzelnen Vororten und Vorstädten Münchens vgl. auch *Boustedt u.a.*, Wachstumskräfte, Tabelle 6 (vgl. unten) S. 56
   Zum Gebietszuwachs durch Eingemeindungen vgl. Tabelle 1: Eingemeindungen und andere Flächenänderungen, in: Statistisches Handbuch der Stadt München (1928), S. 1
40. Münchens topographische und Bevölkerungsentwicklung (1959), S. 269
41. *Megele*, Atlas (1951), S. 44
42. *Selig*, Münchener Stadterweiterungen, S. 62–71
43. Münchens topographische und Bevölkerungsentwicklung (1959), S. 269
44. *Matzerath*, Städtewachstum, S. 88 und 77 f.
45. *Kahn*, Münchens Großindustrie (1913), S. 127; *Fritz*, München als Industriestadt (1913), S. 108 ff.; *Grad*, Aus Neuhausens Vergangenheit, S. 16; *Megele*, Atlas (1951), S. 44 und 109
46. StadtAM, Neuhausen 102, Schreiben der Gemeindeverwaltung Neuhausen an das Kgl. Bezirksamt München links der Isar vom 20.12.1878 (Abschrift)
47. StadtAM, B.u.R. 163/11, Protokoll der Cumulativ-Commissionssitzung in Betreff der Erweiterung des Burgfriedens vom 15.1.1863
48. StadtAM, B.u.R. 163/12, »Vorstellung von Bürgern, Insassen und Einwohnern von Schwabing, Vereinigung der Gemeinde Schwabing mit der K. Haupt- und Residenzstadt betreffend« an den Münchner Magistrat vom 6.5.1874. Zur Bebauung an den Gemeindegrenzen die Entwicklungspläne 1858–1883 und 1883–1908, Beilagen zu *Megele*, Atlas. Vgl. außerdem *Böddrich*, Der Strukturwandel von München-Schwabing, S. 58
49. Die Quellen des Münchener Wirtschaftslebens (1930), S. 25, Tabelle Einwohnerzahl
50. StaatsAM, LRA 17742, Beschluß der Gemeinde Bogenhausen vom 8.1.1965
51. Verwaltungsbericht für 1891, S. 7
52. Verwaltungsbericht für 1898, S. 2; *Megele*, Atlas (1951), (Entwicklungspläne)
53. Verwaltungsbericht für 1898, S. 2; StadtAM, B.u.R. 1322, Bericht des Referenten Heilgemayr vom 18.4.1898 über die Eingemeindungsverhandlungen mit Nymphenburg, S. 1
54. Münchens topographische und Bevölkerungsentwicklung, S. 272; *Heilmann*, Lebenserinnerungen (1921), S. 37
55. StadtAM, B.u.R. 1322, Heilgemayr, Bericht über die Eingemeindungsverhandlungen mit Nymphenburg, S. 18
56. Vgl. die Rede von Konrad Fischer in der Sitzung des Gemeindebevollmächtigtenkollegiums am 13.3.1890, in: Münchener Gemeindezeitung 22 (1890), S. 350
57. Die berufliche Gliederung der Bevölkerung Münchens 1907 (1911), S. 165; vgl. ebd. Anhang: Tafel 6, Verteilung der Münchner Arbeiterschaft auf die verschiedenen Stadtbezirke. Zum Bau des Rangierbahnhofs in Laim Verwaltungsbericht für 1890, S. 136
58. StadtAM, B.u.R. 1315, Die Einverleibung von Laim, Bericht des magistratischen Referenten, S. 4
59. StadtAM, Laim 100, Gemeindeausschußprotokolle V, Protokoll vom 28.7.1899 betreffend Bauten des ›Bau- und Sparvereins des bayerischen Eisenbahnerverbandes‹ in Laim; vgl. auch die Ausführungen Rechtsrat Steinhausers in der Magistratssitzung vom 20.3.1901, in: Münchener Gemeindezeitung 23 (1901), S. 405
60. StadtAM, Thalkirchen 101, Die Einverleibung von Thalkirchen, Bericht des magistratischen Referenten, S. 8–10; vgl. auch StadtAM, B.u.R. 1343, Vertrag vom 29.2.1896
61. Zur Eingemeindung Thalkirchens nach München vgl. Die Einverleibung Thalkirchens, in: Münchner Neueste Nachrichten vom 24.10.1899, S. 3
62. Beilage 2 zu Münchener Gemeindezeitung 19 (1891) (»Ortsstatut für die Stadt München, das Gewerbegericht und das Verfahren vor dem Bürgermeister betreffend«)

Tabelle 6 (zu Anm. 39)

Gebiet	Eingemeindungsjahr	Volkszählungsjahr						
		1852	1871	1875	1880	1890	1900	1910
Stadtgebiet vor 1854		106 715	141 769	158 014	182 452	245 894	292 587	306 169
Haidhausen	1854	6 273	9 917	14 820	17 990	28 940	53 147	61 555
Au	1854	10 848	13 292	12 691	13 373	16 602	24 580	26 307
Giesing	1854	3 549	4 715	7 296	8 390	13 073	25 218	33 062
Ramersdorf	1864	434	.	.	.	.	.	1 225
Sendling	1877	960	2 892	5 805	7 605	20 590	35 768	47 703
Neuhausen	1890	688	3 893	6 591	8 487	12 057	30 131	48 914
Schwabing	1890	1 593	3 912	6 373	7 260	11 589	25 054	42 300
Bogenhausen	1892	578	972	1 414	1 217	1 570	2 282	5 703
Nymphenburg	1899	1 542	1 789	1 878	1 822	2 603	3 936	8 438
Laim	1900	216	198	253	270	290	2 612	5 559
Thalkirchen	1900	511	492	578	621	1 015	4 152	9 532
Forstenried	1912	445	463	460	475	644	705	783
Milbertshofen	1913	223	298	271	357	432	2 709	4 001
Berg am Laim	1913	428	613	1 092	1 002	1 284	2 037	2 771
Moosach	1913	518	496	507	604	801	1 448	2 515
Oberföhring	1913	246	381	492	423	552	905	1 055

63. StadtAM, Thalkirchen 101, Die Einverleibung von Thalkirchen, Bericht des magistratischen Referenten, S. 1
64. StadtAM, Thalkirchen 101, Die Einverleibung, S. 1
65. StadtAM, RP 515/4, Bericht des Magistratsreferenten Heinrich Schlicht in der Magistratssitzung am 24. 10. 1899, ausgefertigt am 26. 10. 1899, S. 222
66. Zur Parteizugehörigkeit Schlichts *Schmid,* Die Sozialdemokratie im Münchener Rathaus (1908), S. 108
67. StadtAM, RP 515/4, Diskussion um die Eingemeindung Laims und Thalkirchens in der Magistratssitzung vom 24. 10. 1899, S. 222–241
68. StadtAM, B. u. R. 1414, *Schlicht,* Groß-München (1911)
69. Verwaltungsbericht für 1909, S. 24
70. StadtAM, B. u. R. 1414, *Schlicht,* Groß-München (1911), S. 3
71. StadtAM, B. u. R. 1414, S. 6–8; *Landsberg,* Eingemeindungsfragen (1912), S. 83 f.
72. Zweckverbandsgesetz für Groß-Berlin, in: Preußische Gesetzessammlung (1911), Nr. 11132, S. 123–137; vgl. *Landsberg,* Eingemeindungsfragen (1912), S. 83 f.
73. Zweckverbandsgesetz für Groß-Berlin (1911), § 1, S. 123; StadtAM, B. u. R. 1414; *Schlicht,* Groß-München (1911), S. 11–16
74. StadtAM, B. u. R. 1414, *Schlicht,* Groß-München (1911), S. 12; *Landsberg,* Eingemeindungsfragen (1912), S. 85 f.
75. Vgl. die der Denkschrift beiliegende Übersichtskarte in StadtAM, B. u. R. 1414, *Schlicht,* Groß-München (1911)
76. StadtAM, B. u. R. 1414, *Schlicht,* Groß-München (1911), S. 25 f.
77. StadtAM, B. u. R. 1414, *Schlicht,* Groß-München (1911), S. 21
78. StadtAM, B. u. R. 1414, *Schlicht,* Groß-München (1911), S. 26 ff.
79. StadtAM, B. u. R. 1414, *Schlicht,* Groß-München (1911), S. 29
80. StadtAM, B. u. R. 1328, Heinrich Schlicht, Betreff: Einverleibung Forstenried, 6. 11. 1911, S. 6; vgl. zur geringen Entwicklung Forstenrieds in den letzten Jahren und Jahrzehnten ebd., S. 1–3
81. *Matzerath,* Städtewachstum, S. 88
82. *Matzerath,* Städtewachstum, S. 88
83. Vgl. StadtAM, RP 528/4, Magistratsprotokolle, S. 90–108 die Diskussion über die Eingemeindung von Milbertshofen, Moosach, Oberföhring und Berg am Laim im Plenum des Magistrats: Geheime Magistratssitzung vom 3. 7. 1912, bes. S. 90–95 die Ausführungen des Rechtsrates August Steinhauser
84. StadtAM, RP 528/4, Geheime Magistratssitzung vom 3. 7. 1912, bes. die Ausführungen des Rechtsrates Heilgemayr, S. 103 f.
85. Dies war besonders der Fall in der Gemeinde Berg am Laim. Vgl. StadtAM, Berg am Laim 260, Steinhauser, Bericht Einverleibung Berg am Laim, S. 3 f.
86. StadtAM, B. u. R. 1362, Steinhauser, Bericht Einverleibung Milbertshofen, S. 11 und 16; vgl. dazu StadtAM, B. u. R. 1347, Bericht des Vorstandes des Bezirksamtes München, v. Schacky, an den Münchner Magistrat vom Februar 1912
87. StadtAM, B. u. R. 1362, Schreiben Heinrich Schlichts an den Gemeindebevollmächtigten Heigl vom 26. Juni 1911 (Abschrift). Vgl. auch den Artikel ›Das größere München‹ in der Münchener Zeitung vom 17. 5. 1912, S. 3
88. *Dönges,* Beiträge (1910), S. 101
89. StadtAM, B. u. R. 1414, *Schlicht,* Groß-München (1911), S. 41
90. Zu dieser Problematik ausführlicher demnächst meine Dissertation über die Großstadtentwicklung Münchens
91. *Augustin,* Raumlicht, S. 188

Münchens Westend
(S. 69–73)

1. *Kirchner,* Die Schaffung ständiger Ausstellungsgebäude (1902), S. 9 f.
2. Zu diesem Fragenkatalog ausführlich *Bleek,* Quartierbildung
3. *Pitschi,* Das Münchener Westend, S. 31
4. Zur sozialökologischen Schule *Park/Burgess/McKenzie,* The City. Die wohl prägnanteste Wiederaufnahme und Diskussion des Ansatzes der Chicago School im deutschen Sprachraum bei *Hamm,* Die Organisation der städtischen Umwelt
5. Vgl. StadtAM, Plansammlung, Wengg-Plan der königlichen Haupt- und Residenzstadt München. Adreßbuch der Stadt München (1875)
6. *Pitschi,* Westend, S. 28
7. Grundlegend zur Standorttheorie *Weber,* Reine Theorie des Standorts. Zu den sozialökologischen Auswirkungen von Bahnanlagen *Fritzsche,* Mechanismen, S. 155–168
8. StadtAM, Bezirksinspektionen Nr. 207, Landsbergerstraße 1876–1902
9. Münchener Gemeindezeitung (1886), S. 313, Magistratssitzung vom 2. 4. 1886
10. Münchener Gemeindezeitung (1886), S. 313, Magistratssitzung vom 2. 4. 1886
11. Dazu mehrere Debatten in den Kommissionen und im Magistrat um andere belastende Betriebe in diesem Bereich. Münchener Gemeindezeitung (1887), S. 280/81; (1888), S. 1289
12. StaatsAM, Kataster München 12559, 12573
13. StaatsAM, Kataster München 12559, 12573
14. Vgl. hierzu StaatsAM, die Umschreibhefte des Katasters München, Anschriften und Berufe der Hausbesitzer
15. Vgl. StaatsAM, Umschreibhefte des Katasters München und Adreßbuch der Stadt München, die Hausbesitzer im Viertel
16. Landesvermessungsamt München, Katasteraufnahmen 1808/09, 1832, 1854, Klassifikationspläne 1854. Die Pläne verzeichnen die Anschriften der Besitzer, meist Adressen aus der Münchner Altstadt, im Häuserbuch der Stadt München relativ leicht ermittelbar
17. Nähere Angaben zur Preisentwicklung bei *Bleek,* Quartierbildung. Zum Bodenpreisniveau in München *Polensky,* Die Bodenpreise, Karte 3. Die Bodenpreise fallen vom Zentrum zur Peripherie hin stufenweise ab. Das Westend als zentrumsnahes Quartier wies entsprechend relativ hohe Preise auf
18. *Schattenhofer* (Hrsg.), 100 Jahre Münchner Straßenbahn sowie außerdem *Pitschi,* Westend, S. 61
19. Adreßbuch der Stadt München (1875), Straßenverzeichnis, Landsberger Straße, Hadererweg, Holzapfelstraße
20. *Landeshauptstadt München – Referat für Stadtplanung und Bauordnung,* Kommunales Planungsinformations- und Analyse-System. Im Bereich zwischen Westend- und Schwanthalerstraße Werte zwischen 2.19 und 2.22 und zwischen Parkstraße und Gollierstraße Werte zwischen 2.09 und 2.31. Viel niedrigere Blockgeschoßflächenziffern im Viertel am Bavariaring: zwischen 1.22 und 1.52. Im zentrumsnahen Villenviertel in Bogenhausen (nach der Jahrhundertwende bebaut) Ziffern von 0.41 bis 1.18, im Villenbereich entlang des Englischen Gartens Werte zwischen 0.46 und 1.30
21. Mitteilungen des Statistischen Amts der königlichen Haupt- und Residenzstadt München, 14 (1898) und 17 (1902) Zu den Wohnbedingungen im Westend siehe *Bleek,* Quartierbildung
22. Registratur der Münchner Lokalbaukommission, Ministerialentschließung vom 22. 8. 1840. Vgl. *Fisch,* Stadtplanung, S. 164 und 174
23. Registratur der Münchner Lokalbaukommission, Ministerialentschließung vom 21. 4. 1873; Münchener Gemeindezeitung (1873), S. 283; (1879), S. 705
24. *Fisch,* Stadtplanung, S. 174
25. *Fisch,* Stadtplanung, S. 174
26. Münchener Gemeindezeitung (1874), S. 690
27. *Heilmann,* München (1881), S. 17
28. Münchener Gemeindezeitung (1882), S. 129–132
29. Münchener Gemeindezeitung (1881), S. 891
30. Münchener Gemeindezeitung (1884), S. 1242
31. Münchener Gemeindezeitung (1883), S. 119, (1884), S. 628
32. *v. Borscht,* Denkschrift und Antrag, Ausstellungspark Theresienhöhe (1904), S. 1
33. Zur Diskussion um die »Property rights« *Harbrecht,* Zur rationalen Ausgestaltung, S. 303–317. Für München *Fisch,* Stadtplanung, S. 179 f.

Berg am Laim
(S. 74–80)

1. StadtAM, Hochbauamt 176, ›Die Erhaltung des Charakters der Stadt München‹, Vortrag Hans Grässels vom 11. 1. 1917
2. Vgl. dazu *Haertle* in der vorliegenden Publikation
3. Im Wiener Vorort Meidling entstanden gro-

ße Gewerbegebiete, so die Wienerberger Ziegelfabrik. Vgl. dazu außerdem *Czeike,* Wachstumsprobleme in Wien, S. 263
4. StaatsAM, RA 65 148, Schreiben des Magistrats der Stadt München an die Regierung von Oberbayern vom 30.8. 1882
5. StaatsAM, RA 65 148, Schreiben der Staatsministerien der Justiz, des Innern und der Finanzen an die Regierung von Oberbayern vom 19.9. 1884
6. Die Lehmvorkommen in Bayern und ihr Abbau werden in der Forschung kaum gewürdigt, auch nicht im Handbuch der bayerischen Geschichte, hrsg. von *Spindler.* An neueren Arbeiten *Kasberger,* Berg am Laim, z.B. S.66–73; *Barnerssoi/Dilley* (Hrsg.), Ziegelherstellung. Demnächst dazu meine Dissertation über italienische Gastarbeiter
7. *Iglauer,* Ziegel, S. 21
8. Kleinere Ziegelmengen wurden in Feldbrandöfen gebrannt
9. Zum Ringofen vgl. das Glossar der vorliegenden Publikation
10. Dazu *Kreuzer,* Geschichte Berg am Laims, o. S.
11. Archiv der Wienerberger Ziegelfabriks- und Baugesellschaft (AWZB), Akten der Generalversammlungen, 45. Geschäftsbericht 1914
12. Vgl. *Czeike,* Wachstumsprobleme in Wien, S. 249, 261
13. StadtAM, Berg am Laim 288, Chronik: ›Berg am Laim im Osten von München‹, 1910
14. StadtAM, Berg am Laim 344, Gewerbeanmelderegister
15. StaatsAM, RA 58 223, Schreiben des Bezirksamtes an die Regierung von Oberbayern vom 13.12. 1906, ferner vom 11.9. 1906 und vom 14.6. 1901; vgl. dazu auch *Strauß* in der vorliegenden Publikation
16. Dazu *Zorn,* Die Sozialentwicklung, S. 864. Zorn erwähnt für 1907 circa 125 000 ausländische Wanderarbeiter als Saisonarbeiter in Bayern, vorwiegend Italiener und Galizier
17. StadtAM, Berg am Laim 288, Chronik
18. *Iglauer,* Ziegel, S. 39
19. Dazu Hundertfünfzig Jahre Wienerberger (Festschrift), S. 61; ferner *Glettler,* Die Wiener Tschechen, S. 101 ff. Hier sind weder die tschechischen Gastarbeiter noch deren schulpflichtige Kinder erwähnt
20. Dazu z. B. StadtAM, Berg am Laim 12; ferner *Barnerssoi/Dilley* (Hrsg.), Ziegelherstellung, Anlage 3.7/1
21. StadtAM, Berg am Laim 12, Schreiben der Gemeindeverwaltung an das Kgl. Bezirksamt vom 18. Mai 1900
22. AWZB, Protokoll des Verwaltungsrates vom 28.4. 1899
23. Als Grundlage für die Arbeitsordnungen diente der § 105 der Reichsgewerbeordnung
24. StaatsAM, Pol. Dir. 793, Schreiben des Kgl. Bezirksamtes vom 22.3. 1882, Betreff: Beschäftigung jugendlicher Arbeiter in Ziegeleien
25. AWZB, Protokoll des Verwaltungsrates vom 4.12. 1888
26. AWZB, Beilage zum Protokoll des Verwaltungsrates vom 30.4. 1901. Resolution vom 26.4. 1901; vgl. auch »Memorandum« vom April/Mai 1904, Beilage zum Protokoll des Verwaltungsrates vom 10.5. 1904
27. StaatsAM, Pol. Dir. 793, Schreiben des Kgl. Bezirksamtes vom 22.3. 1882
28. StadtAM, Berg am Laim 112, Schreiben der Gendarmerie-Station Berg am Laim an das Kgl. Bezirksamt München vom 13.6. 1908
29. StadtAM, Berg am Laim 12, Schreiben der Gemeindeverwaltung an das Kgl. Bezirksamt vom 18.5. 1900
30. Bericht eines Fabrikinspektors für Oberbayern, 1895. Zitiert nach *Barnerssoi/Dilley* (Hrsg.), Ziegelherstellung, Anlage 3.4
31. Interview mit Frau Summer aus Berg am Laim; im Speicher des ehemaligen Amtmannhauses hatten noch italienische Ziegelarbeiter geschlafen
32. Vgl. *Barnerssoi/Dilley* (Hrsg.), Ziegelherstellung, Anlage 2.6/3
33. StadtAM, Berg am Laim 12, Schreiben der Gemeindeverwaltung an das Kgl. Bezirksamt München vom 29.4. 1902 gemäß Auftrag vom 14.3. 1902
34. Berg am Laim 29, Schreiben des Kgl. Bezirksamtes München an den Bürgermeister von Berg am Laim vom 22.7. 1907
35. *Adler,* Die Lage der Ziegelarbeiter, zit. nach *Iglauer,* Ziegel, S. 187 ff.
36. *Adler,* Die Lage der Ziegelarbeiter, zit. nach *Iglauer,* Ziegel, S. 188
37. StadtAM, Berg am Laim 304, Abschrift des Gendarmerieberichts vom 6.8. 1906
38. *Schoenlank,* Zur Lage der arbeitenden Klasse (1887), S. 8
39. AWZB, Akten der Generalversammlungen, 16. Geschäftsbericht 1885
40. AWZB, 14. Geschäftsbericht 1883
41. AWZB, Akten der Generalversammlungen, 32. Geschäftsbericht 1901
42. StaatsAM, Pol. Dir. 794
43. StadtAM, Berg am Laim 14 und 288
44. StadtAM, Berg am Laim 245 und 344
45. Vgl. dazu *Bäuml-Stosiek, Neumeier* und *Fisch* in der vorliegenden Publikation
46. StadtAM, Berg am Laim 245
47. StadtAM, Berg am Laim 288, Bericht betr. die Einverleibung der Gemeinde Berg am Laim, S. 4
48. StadtAM, Verkehr 48, Klagebeantwortung des Rechtsanwalts Riegel gegen den Eisenbahnfiskus vom 22.11. 1907
49. Dazu Verkehrsmuseum Nürnberg, Archiv Nr. 10 230, Schreiben des Magistrats der Stadt München an das Staatsministerium für Verkehrsangelegenheiten vom 8.10. 1907
50. StadtAM, Verkehr 48, Klagebeantwortung des Rechtsanwalts Riegel gegen den Eisenbahnfiskus vom 22.11. 1907
51. StadtAM, Verkehr 48, Urteil des Oberlandesgerichts München vom 26.5. 1913 in der Streitsache des Ziegeleibesitzers Bonifaz Hartl gegen den Bayerischen Eisenbahnfiskus
52. StadtAM, Verkehr 48, Urteil vom 26.5. 1913, handschriftliche Beilage
53. StadtAM, Verkehr 48, Urteil vom 26.5. 1913
54. StadtAM, Städtischer Grundbesitz 1538, Prozeß des Landgerichts München I vom 15.11. 1909, ferner Schreiben des Magistrats der Stadt München vom 17.1. 1912
55. StadtAM, Verkehr 14, Schreiben der Gemeindeverwaltung Freimann an den Magistrat der Stadt München vom 4.3. 1906, ferner Schreiben der Gemeindeverwaltung Freimann an die Kammer der Abgeordneten vom 31.3. 1908
56. Verkehrsmuseum Nürnberg, Archiv Nr. 10 230, Schreiben des Verbandes für die Einführung des Personenverkehrs auf der Münchner Ringbahn vom 22.2. 1914
57. StadtAM, Verkehr 11, Schreiben von Georg Pschorr an den Vorsitzenden des Comités für den Bau der Lokalbahn München-Ostbahnhof-Ismaning vom 4.3. 1903
58. StadtAM, Verkehr 14, Schreiben der Generaldirektion der Bayerischen Staatseisenbahn an den Magistrat der Stadt München vom 11.3. 1907 und Übereinkommen zur Sache Grunderwerbung für die Lokalbahn München Ostbahnhof-Ismaning und München-Ostbahnhof-Johanneskirchen-Schwabing vom 14.3. 1906
59. Vgl. *Kreuzer,* Geschichte Berg am Laims, o. S.
60. StadtAM, Städtischer Grundbesitz 1538, Grunderwerbungen in Berg am Laim, Gesetzentwurf von 1905
61. *v. Drechsel,* Die Reichsräte der Krone Bayerns, S. 21
62. StadtAM, Städtischer Grundbesitz 1538
63. Verkehrsmuseum Nürnberg, Archiv Nr. 10 770, Schreiben der Eisenbahndirektion vom 3.8. 1908: Bemerkungen zum Schreiben des Arbeitersekretariats München vom 31.7. 1908

Prinzregentenstraße
(S. 82–89)

1. Vgl. *Stolleis,* Die bayerische Gesetzgebung, S. 240–272
2. *Hederer,* Die Ludwigstraße. Kritisch zur Rolle Ludwigs I. *Nerdinger,* Weder Hadrian noch Augustus, S. 9–16 sowie *Lehmbruch,* Seit Nero keiner mehr, S. 17–34
3. *Heilmann,* München (1881); sein Planprojekt von 1889 in StadtAM, Planungsreferat, Abgabe 90/2a, Nr. 65
4. Dazu *Fisch,* Joseph Stübben, S. 89–113
5. Münchner Neueste Nachrichten vom 19.1. 1893, S. 3, ›Vorgeschichte der Prinzregentenstraße‹
6. StaatsAM, Finanzamt 7706, Vertragswerk vom 5.9. 1890, Teil A zwischen Stadt München und Staatsärar, Teil B zwischen Staatsärar und dem Käufer, Herrn von Brandl
7. StaatsAM, RA 58 531, Genehmigung des Bezirksamts München I (ohne Pläne); Straßenplan dieser Zeit für ganz Bogenhausen als Zeichenvorlage für das Nivellement zum 1.1. 1897 im Verwaltungsbericht für 1896, Beilage 13

8. Vgl. *Collins/Collins*, Camillo Sitte. Allgemein zum Umbruch im Städtebau am Ende des 19. Jahrhunderts *Fisch*, Stadtplanung, S. 99–147
9. Zum Wettbewerb vgl. *Fisch*, Stadtplanung, S. 204–214; aus der Sicht des Stadtplaners *Albers*, Theodor Fischer, S. 127–156
10. Vgl. *Bleicher*, Franz Adickes; *Eberstadt*, Berliner Communalreform (1892), S. 577–610, Begriff S. 590
11. Johannes von Widenmayer vor dem Magistrat; Bericht der Münchener Gemeindezeitung (1888), S. 826
12. Zur Baugeschichte vgl. *Lübbecke*, Das Bayerische Nationalmuseum, S. 223–234, zum Forum bes. S. 227–230
13. Theodor Fischer im Verwaltungsbericht für 1895, S. 82
14. Der Neubau des Bayerischen Nationalmuseums (1902), S. 20
15. Vgl. zum Siegesdenkmal, dann Friedensengel *Hardtwig*, Urbanisierungsprozeß
16. Theodor Fischer im Verwaltungsbericht für 1895, S. 82; ähnlich sein Gutachten vom 22. 8. 1896 in StadtAM, Lokalbaukommission 205/II
17. Skizze Theodor Fischers in StadtAM, Planungsreferat, Abgabe 90/2 a, Nr. 75
18. Allgemein zur Staffelbauordnung *Fisch*, Stadtplanung, S. 255–270 sowie *ders.*, Neue Aspekte
19. Vgl. die auf den Berichten der Münchner Neuesten Nachrichten beruhende Darstellung der Abläufe bei *Möckl*, Prinzregentenzeit, S. 373–376
20. So unter Verwendung der Formel des Kaufvertrags von 1887 ein Grundstückstauschvertrag vom 26. 2. 1891, der in Abschrift im StadtAM, Lokalbaukommission 205/I, liegt
21. Mit Ausnahme der gekürzten Plädoyers vollständig abgedruckt in den Münchner Neuesten Nachrichten vom 26. 6. 1893, S. 9–16
22. StaatsAM, RA 58 531, Bericht der Lokalbaukommission an die Regierung von Oberbayern vom 19. 10. 1889 sowie RA 58 550, Verweis auf Ministerial-Entschließungen vom 21. 7. 1827 und 19. 3. 1828 in einem Schreiben der Finanzkammer an die Kammer des Innern der Regierung vom 23. 11. 1885
23. Mit Ausnahme von StadtAM, Lokalbaukommission 205/I, Abschrift des Grundstückskaufvertrags vom 26. 2. 1891 kein weiteres Material im StadtAM
24. StaatsAM, RA 58 550, Mitteilung der Finanzkammer der Regierung von Oberbayern vom 19. 5. 1888
25. *Möckl*, Prinzregentenzeit, S. 374, faßt dies fälschlich schon als Entscheidung auf, nicht als eine Stellungnahme unter vielen
26. Alle vorangehenden Zitate aus StaatsAM, RA 58 531, Baulinien an der Langer-/Ismaninger Straße; die Entscheidungsabläufe im Ministerium sind nicht mehr zu verfolgen
27. StaatsAM, RA 58 531, Zitat aus der Abschrift eines Schreibens des Privatfamilienfideikommisses von König Maximilian II. an den Oberhofmeisterstab vom 2. 4. 1890, die der Ministerialentschließung vom 10. 5. 1890 an die Regierung von Oberbayern beigefügt war
28. Verkehrsmuseum Nürnberg, Archiv, Nr. 5309, Eingabe Herzog Carls vom 4. 10. 1897; Schreiben des Außenministers von Crailsheim an den Prinzregenten vom 19. 11. 1897 nach einem Gutachten der Generaldirektion der Verkehrsanstalten vom 28. 10. 1897; Signat Prinzregent Luitpolds vom 10. 12. 1897
29. Zu den Terraingesellschaften *Fisch*, Grundbesitz
30. *Dönges*, Beiträge (1910), S. 52
31. Das Prinzregententheater 1901–1983 (Ausstellungskatalog), S. 9
32. StadtAM, Lokalbaukommission 205/I, Antrag vom 31. 7. 1898 (dabei auch Pläne vom 3. 8. 1898)
33. StadtAM, Lokalbaukommission 205/I, Gutachten Fischers vom 20. 9. 1898
34. *Goering*, Dreißig Jahre München (1904), S. 188, 217
35. Notiz in Süddeutsche Bauzeitung 10 (1900), S. 156
36. Vgl. Die Störungen im deutschen Wirtschaftsleben, Bd. 7: *Hecht*, Die Immobiliengesellschaften (1903) und *Maaß*, Die neuere Entwicklung (1903), sowie *Fisch*, Grundbesitz
37. StaatsAM, RA 59 306, Akten zur Automobilremise an der Maria-Theresia-Straße 32, 9. 5. 1906–14. 9. 1907
38. StaatsAM, RA 58 444
39. StadtAM, Lokalbaukommission 205/I, Gutachten Fischers vom 14. 7. 1896
40. StadtAM, Lokalbaukommission 205/I, Schreiben des Magistrats vom 28. 6. 1899 unter Mitteilung der Ministerialentschließung vom 26. 11. 1898; Zustimmung der ›Heilmann'schen Immobiliengesellschaft‹ vom 4. 8. 1899
41. Vgl. zum Ablauf StaatsAM, RA 58 642, sowie BayHStA, OBB 12 794
42. Auszählung der im BayHStA, OBB 12 794 erhaltenen Genehmigungsunterlagen aus der Zeit zwischen 25. 5. 1908 und 15. 2. 1911
43. BayHStA, OBB 12 757 (Baupolizei Prinzregentenstr.), Bericht des Finanzministeriums vom 4. 12. 1897 mit Anlage vom 21. 7. 1897, Schriftwechsel zur Genehmigung zwischen Innenministerium und Prinzregent vom 15./16. 12. 1897
44. *Schumacher*, Architektonische Aufgaben, Bd. 1, S. 46 f.

Bürgerliches Bauen
(S. 90–97)

1. *Riezler*, Münchner Baukunst (1908), S. 175. Fischer lebte von 1782 bis 1820, Klenze von 1784 bis 1864, Gärtner von 1792 bis 1847, Förster von 1797 bis 1863
2. Hauberrisser (1841–1922) baute ein Schloß in Santa Fé; *Lehmbruch*, Georg Josef Ritter v. Hauberrisser, S. 130. Eduard von Riedel (1813–1885) entwarf eine Kathedrale für Minnesota; *Vollmer* (Hrsg.), Lexikon der Bildenden Künstler, Bd. 28, S. 316. German Bestelmeyer (1874–1942) schuf einen Museumsbau für die Harvard University, Cambridge/Mass; *Thiersch*, German Bestelmeyer, S. 57. Der Kaiserpalast in Siam wird Otto Lasne (geb. 1854) zugeschrieben; *Stanglmaier*, Hundert Jahre Schule in Neuhausen (Festschrift), o. S. In den Städten Tirols, Vorarlbergs und Salzburgs gibt es Arbeiten von aus München stammenden oder dort ausgebildeten Architekten. Dazu *Klein*, Stadtplanung, S. 423 und *ders.*, Einflüsse der Münchner Schule, S. 1155 ff.
3. Zuerst von Carl Hocheder in der Columbusschule und in der Stieler-Schule am Bavariaring (ab 1897); abgebildet in *Bay. Arch.- u. Ing.-Verein* (Hrsg.), München und seine Bauten (1912), S. 614
4. *Thieme/Becker* (Hrsg.), Lexikon der bildenden Künstler, Bd. 12, S. 137. Förster lebte von 1797 bis 1863
5. *Lübke*, Architektur, Bd. II (1886), S. 524
6. *Bößl*, Gabriel von Seidl, S. 10
7. Gottfried von Neureuther (1811–1887) (Ausstellungskatalog)
8. *Wurm-Arnkreuz*, 7 Bücher über Stil und Mode (1913), Vorwort
9. *Schumacher*, Stufen des Lebens, S. 143 ff.
10. *Bößl*, Gabriel von Seidl, S. 20. Lorenz Gedon lebte von 1843 bis 1883. Freundlicher Hinweis von Frau Sibylle Seidl-Obermayer: Der Entwurf des ›Deutschen Zimmers‹ erfolgte demnach durch Gabriels älteren Bruder Anton Seidl
11. *Schmädel*, Zum fünfzigjährigen Jubiläum des Münchner Kunstvereins (1873?) (Festschrift), o. S. Der Verein war 1823 gegründet worden; außerdem *Langenstein*, Der Münchner Kunstverein
12. *Bößl*, Gabriel von Seidl, S. 98
13. ›Ansitz‹ werden in Tirol schloßartige Familiensitze genannt
14. *Selig*, Stadtgestalt, S. 17
15. *Selig*, Stadtgestalt, S. 38 ff.
16. *Selig*, Stadtgestalt, S. 45, 130
17. *Dönges*, Beiträge (1910), S. 66 ff.
18. *Dönges*, Beiträge (1910), S. 77 ff., 94 ff., 101
19. *Bertsch*, Stadterweiterung (1912), S. 706 ff.
20. *Selig*, Stadtgestalt, S. 15; »Berliner Zimmer« mit ungenügender Belichtung gab es in München nur als Dielen in Luxuswohnungen
21. *Loos*, Heimatkunst, S. 332 und 339
22. 1895/96 von Emil Schmid erbaut; Bauinschrift im nördlichen Teil der Attika zur Faulhaberstraße
23. *Bößl*, Gabriel von Seidl, S. 95
24. Zu August Zeh Süddeutsche Bauzeitung (1906), S. 17, 25, 33 ff.
25. Zu Franz Zell *Vollmer* (Hrsg.), Lexikon der bildenden Künstler, Bd. 36, S. 447
26. *Klein*, Dülfer, S. 38. StadtAM, Bauamt, Bauakte Franz-Joseph-Straße 7, 9, 11, 13
27. *Habel/Merten/Petzet/v. Quast*, Münchner Fassaden, Abb. 186, 198, 250 ff. Vgl. Süddeutsche Bauzeitung (1894), S. 420

28. *Selig,* Stadtgestalt, S. 165
29. *Schumacher,* Münchner Architekten (1898), S. 188
30. Deutsche Bauhütte (1901), S. 337, 375
31. Emanuel Seidl lebte von 1856 bis 1919; dazu *Vollmer* (Hrsg.), Lexikon der bildenden Künstler, Bd. 30, S. 475
32. Max Littmann lebte von 1862 bis 1931; dazu *Vollmer* (Hrsg.), Lexikon der bildenden Künstler, Bd. 23, S. 291; Heilmann & Littmann, Süddeutsche Bauzeitung (1911), S. 328. Weitere Theater entstanden u.a. in Berlin, Posen, Weimar, Stuttgart, Bad Kissingen, Hildesheim und Bozen
33. Zu Georg Hauberisser *Vollmer* (Hrsg.), Lexikon der bildenden Künstler, Bd. 16, S. 122
34. Vgl. *Gurlitt,* Geschichte des Barockstils in Italien (1887); Geschichte des Barockstils in Belgien, Holland, Frankreich und England (1888); Geschichte des Barockstils in Deutschland (1889)
35. *Klein,* Dülfer, S. 25
36. Blätter für Architektur und Kunsthandwerk (1893), S. 2. Wenige Jahre später übernahm man für den Büropalast der New York-Versicherungsgesellschaft in Budapest eine ähnliche Fassadenkonzeption; in diesem Bau befindet sich das berühmte Café Hungaria
37. *Nerdinger,* Thiersch, S. 17
38. *Nerdinger,* Thiersch, S. 75, 85 ff., 121 ff., 139 ff.
39. *Klein,* Das Deutsche Theater; Thiersch hatte bei Leins in Stuttgart studiert
40. Hocheder lebte 1854 bis 1917; *Vollmer* (Hrsg.), Lexikon der bildenden Künstler, Bd. 17, S. 165; zu Hocheder demnächst die Dissertation von *Hartmann*
41. *Walter,* Umbau; Deutsche Bauzeitung (1891), S. 477 ff.
42. *Klein,* Dülfer, S. 46 ff.
43. *Henrici,* Über die Wahrheit (1911), S. 234 ff.; *Klein,* Dülfer, S. 45
44. *Nerdinger,* Die ›Kunststadt‹, S. 94
45. *Rolfs,* Alte Gleise – Neue Pfade (1897), S. 11; *Klaiber/Hahn-Woernle,* Bernhard Pankok, S. 256; *Klein,* Dülfer, S. 10
46. *Streiter,* Moderne Kunstbestrebungen (1898/99), S. 162 ff.
47. *Hansen,* August Endell
48. *Pfister,* Theodor Fischer
49. StadtAM, Bauamt, Bauakt Maria Theresiastraße 27 und Von-der-Tann-Straße 15; *Klein,* Dülfer, S. 109 ff.
50. *Schumacher,* Münchner Architekten (1898), S. 188
51. *Dedreux,* Fassadenmalerei (1914), S. 279
52. *Anonym,* Von unseren Meistern (1901), o. S.
53. *Haack,* Die Kunst des 19. Jahrhunderts, S. 328
54. Deutsche Bauzeitung (1898), S. 637; Deutsche Bauhütte (1901), S. 261; A priv Rank, *J. R. Rank,* Geschichte eines Hauses (Tagebuch)
55. StadtAM, Polizeimeldebögen; Helbig wurde 1873 geboren, Haiger 1874. Das Haus in der Ainmillerstraße war 1898 erbaut worden, das in der Römerstraße 1899
56. *Vogel,* Richardsons Bedeutung (1905), S. 21 ff.; Richardson lebte von 1855 bis 1924.

Sherman, Louis H. Sullivan; Sullivan lebte von 1855 bis 1924
57. *Nerdinger* (Hrsg.), Richard Riemerschmid, Abb. 153
58. *Nerdinger* (Hrsg.), Richard Riemerschmid, S. 386 ff. und 25
59. *Wangerin/Weiß,* Heinrich Tessenow
60. August Exter lebte von 1858 bis 1933
61. Horta lebte von 1861 bis 1947, van de Velde von 1863 bis 1957
62. *Nerdinger* (Hrsg.), Richard Riemerschmid, S. 15
63. *Nerdinger,* Thiersch, S. 17
64. Vgl. dazu *Hartmann* und *Walter* in der vorliegenden Publikation
65. Troost lebte von 1878 bis 1934; *Thieme/Becker* (Hrsg.), Lexikon der bildenden Künstler, Bd. 33, S. 427
66. *Pevsner,* Wegbereiter moderner Formengebung, S. 114. Die Wohnung wird dort irrtümlicherweise nach Berlin verlegt. Vgl. *Meier-Graefe,* Ein modernes Milieu (1901), S. 250 ff.
67. Das gilt für Katalonien (Antoni Gaudi) ebenso wie für Schottland (Charles R. Mackintosh), für Ungarn (Ödön Lechner), Polen (Stanisław Wyspiański) oder für Finnland (Gesellius, Lindgren, Saarinen)
68. *Roth,* Aus den Anfängen, S. 236 ff.
69. *Roth,* Aus den Anfängen, S. 236 ff. Der Verein baute z.B. in Zusammenarbeit mit erstklassigen Architekten aus Österreich und Bayern Zirl nach dem großen Dorfbrand wieder auf. Vgl. hierzu *Achleitner,* Österreichische Architektur, Bd. I, S. 351
70. Kurz wurde 1881 geboren, von Henbert sind bisher keine Lebensdaten bekannt
71. Der Begriff ›Münchner Regionalromantik‹ wurde von Friedrich Achleitner geprägt
72. Werkverzeichnis der Gebrüder Rank. *Gebrüder Rank* (Hrsg.) (1915) und *dies.* (Hrsg.), Hundert Jahre Gebrüder Rank
73. Die Ausstellung München 1908 – eine Denkschrift (1908)
74. Freundlicher Hinweis von Professor Johannes Ludwig und von Frau Baring, geb. Ludwig
75. *Fuchs,* Angewandte Kunst (1899), S. 1 ff. Theodor Fischer zum Beispiel wurde auf den Lehrstuhl für Baukunde nach Stuttgart berufen, Martin Dülfer auf den Lehrstuhl für Entwerfen nach Dresden
76. *Nerdinger,* Die ›Kunststadt‹, S. 97
77. *Nerdinger,* Die ›Kunststadt‹, S. 94
78. *Geiger,* Das Straßenbild (1908), S. 178 ff., 220. Zitiert in *Habel/Merten/Petzet/v. Quast,* Münchner Fassaden, bei Abb. 251
79. *Nerdinger,* Die ›Kunststadt‹, S. 96

›Altstadt‹ oder ›City‹
(S. 98–106)

1. Verwaltungsbericht für 1894, S. 64
2. Zu Arrondierungen durch den Abbruch von säkularisiertem Klosterbesitz *Nerdinger* (Hrsg.), Klassizismus

3. Vgl. *Aufleger/Trautmann,* Alt-München (1897), Abb. 54
4. Dieser Begriff nach *Schilling,* Innere Stadterweiterungen (1915); sinngemäß schon bei *Baumeister,* Stadt-Erweiterungen (1876), S. 32
5. *Muckenthaler,* Wert-Tabellen (1908)
6. Vgl. auch für das folgende *Walter,* Der Umbau
7. Vgl. Registratur Baureferat – Lokalbaukommission, Generalakt Herzog-Wilhelmstraße, Plan der Lokalbaukommission vom 9.7. 1864
8. *Meyer,* Zur Fertigstellung (1865)
9. Zum Anteil der mittelalterlichen Bauten um 1850 Stadtmodell von Johann Baptist Seitz im Bayerischen Nationalmuseum
10. Stattdessen wurde die Fingergasse (später Maffeistraße) erweitert. Registratur Baureferat – Lokalbaukommission, Generalakt Maffeistraße, Plan der Lokalbaukommission, genehmigt am 26.2. 1874
11. Der bauliche Zustand vor den Abbruchmaßnahmen bei *Bauer,* Das alte München, S. 36–39
12. Auch der Prinzregent spendete 10 000 Mark; StadtAM, Städtischer Grundbesitz 451
13. *Henle,* Die Zwangsenteignung (1911), S. 52
14. *Borscht* (Hrsg.), Bauordnung (1896), S. 33
15. Ein Beispiel in StadtAM, Städtischer Grundbesitz 451, Gutachten einer Schätzungskommission vom 17.7. 1888
16. Zu Wien vgl. *Kortz,* Wien (1905), S. 75
17. So bei der Dultstraße oder der Schleckergasse am Übergang vom Marienplatz zum Rindermarkt (erst 1897 bzw. 1912 verbreitert)
18. *Stübben,* Städtebau (1890), S. 45
19. *Stübben,* Städtebau (1890), S. 240
20. Zum Stadterweiterungswettbewerb *Selig,* Stadtgestalt, S. 98–127
21. *Weber,* München (1893), S. 305–308, 329–331, 341–346, 389–391, 401–404
22. Er verlief vom damaligen Polizeigebäude in der Weinstraße über die Löwengrube und den Augustinerstock zum Färbergraben und von dort aus durch das Rosental zum Viktualienmarkt
23. *Sitte,* Der Städtebau (1909), S. 53
24. *Henrici,* Preisgekrönter Konkurrenz-Entwurf (1893), S. 1–3
25. Registratur Baureferat – Lokalbaukommission, Generalakt Pettenbeckstraße, Schreiben des Komitees an den Magistrat vom 10.2. 1892
26. Die beiden Projekte sind veröffentlicht in der Süddeutschen Bauzeitung (1893), S. 430–435
27. Vgl. Münchener Gemeindezeitung (1894), S. 962
28. Münchener Gemeindezeitung (1893), S. 1561; (1894), S. 958 und 1121
29. Zu zwei von Rettig angefertigten, damals aufsehenerregenden aquarellierten Ansichten des Platzes Süddeutsche Bauzeitung (1893), S. 425–426. Eines der Originale im Gemäldebestand des Stadtmuseums; veröffentlicht im Centralblatt der Bauverwaltung (1894), S. 9–13

30. StadtAM, Großmarkthalle 73, Äußerung des Referates IV zu dem Antrage des Herrn Oberbaurat Rettig betr. Erbauung einer Markthalle vom 1.6.1893
31. Münchener Gemeindezeitung (1894), S. 960
32. StadtAM, Städtischer Grundbesitz 525, Petition an den Magistrat vom 20.4.1894, unterzeichnet von ca. 230 Anliegern
33. StadtAM, Bauamt/Hochbau 1034, Schreiben von Bertsch an Schwiening vom 14.4.1902
34. StadtAM, Städtischer Grundbesitz 493, Plan des Stadterweiterungsbüros (Fischer) vom 23.4.1898; *Rank,* Ein Vorschlag (1911), S. 658–661
35. Vgl. *Nerdinger* (Hrsg.), Klassizismus, S. 203, Anm. 10. Auch im Stadtplan von *Lebschée,* Malerische Topographie (1830), ist der Durchbruch bereits schematisch eingetragen
36. Münchner Stadtmuseum, Graphische Sammlung, Slg. Proebst Nr. 63
37. StadtAM, Lokalbaukommission 111; die Entwürfe im Akt
38. StadtAM, Lokalbaukommission 111, Plan des Stadtbauamtes vom 15.11.1893
39. StadtAM, Lokalbaukommission 111, Schreiben von Rettig und Fischer vom 20.11.1893
40. StadtAM, Lokalbaukommission 111, Die Kostenvoranschläge des Stadtbauamtes vom 15./16.9.1893
41. BayHStA, OBB 12 734
42. *Lasne,* Ein Vorschlag (1894)
43. Zum Neubau des Hypobankgebäudes 1895/96 nach Plänen von Emil Schmidt (Berlin) die Süddeutsche Bauzeitung (1900), S. 97 und *Streiter,* Aus München (1896), S. 38f.
44. Frühe Belege für die Forderung einer Domfreiheit bei Joh. Paul Stimmelmaier und Lorenz von Westenrieder, ebenso in dem Kgl. Reskript vom 25.8.1810. Vgl. *Grobe,* Die Entfestigung, S. 387
45. Registratur Baureferat – Lokalbaukommission, Generalakt Liebfrauenstraße, *Geist,* Projekt über den Ausbau der Domfreiheit (o. J.)
46. StadtAM, Städtischer Grundbesitz 325/3, Plan des Stadterweiterungsbüros (Fischer) vom 1.5.1896
47. Handschreiben vom 1. und 13.11.1901, abgedruckt in der Süddeutschen Bauzeitung (1901), S. 404
48. *Stierstorfer,* Augustinerstock (o. J.–1902)
49. *Stierstorfer,* Augustinerstock (o. J.–1902), S. 3
50. Zur Erweiterung des Denkmalbegriffs Ministerialentschließung vom 1.1.1904 betr. Denkmalpflege. Vgl. *Weber,* Neue Gesetz- und Verordnungen-Sammlung, Bd. 32 (1906), S. 641–643
51. *Seidl,* Denkschrift Augustinerkirche (o. J. – 1905)
52. StadtAM, Städtischer Grundbesitz 325, Bestimmungen für den Wettbewerb zur Erlangung von Entwürfen für ein neues Polizeigebäude in München
53. Preisrichter waren Coluzzi, v.d. Heydte, Englert, v. Hildebrand, Reuter, Schachner, v. Schmidt, Littmann, v. Seidl, Hocheder (alle München) sowie Hoffmann (Berlin), Hofmann (Darmstadt), Ohmann (Wien) und Wallot (Dresden). Vgl. Münchner Neueste Nachrichten vom 30.6.1909
54. Münchner Neueste Nachrichten vom 2./3.7. und 7.7.1909
55. Vgl. *Baumeister/Classen/Stübben,* Die Umlegung (1897)
56. Münchener Gemeindezeitung (1894), S. 878, Oberbaurat Rettig in der Magistratssitzung vom 29.5.1894 nach dem Scheitern des Prannerstraßendurchbruchs
57. StadtAM, Personalakt 5512a, Eingabe an den Magistrat vom 22.10.1894
58. BayHStA, OBB 12 734, Gutachten von Theodor Fischer zu einem Baulinienprojekt an der Theatinerstraße vom 18.10.1913

Zweckbau
(S. 107–113)

1. *Breitling,* Die großstädtische Entwicklung Münchens, S. 187
2. Vgl. *Habel,* Späte Phasen, S. 32
3. Bericht über den Stand der Gemeindeangelegenheiten für 1875, S. 191
4. StadtAM, Hochbauamt 151, Sitzung des Magistrats vom 22. Februar 1889; vgl. Bay. Arch.- u. Ing.-Verein (Hrsg.), München und seine Bauten (1912), S. 679
5. Die Entwicklung Münchens unter dem Einflusse der Naturwissenschaften (1899), S. 30
6. StadtAM, Hochbauamt 151, Geschäftsordnungen für das Stadtbauamt 1882 und 1887
7. StadtAM, Hochbauamt 151, Geschäftsordnungen für das Stadtbauamt 1867, 1882, 1887 und 1889: Hochbau (18–20 Prozent), Tiefbau (41–49 Prozent)
8. Dazu StadtAM, Hochbauamt 151, Arnold von Zenetti an das Direktorium A vom 14.2.1889 und Geschäftsordnung für das Stadtbauamt vom 11.10.1889, außerdem Münchener Gemeindezeitung (1890), S. 414
9. Dazu StadtAM, Hochbauamt 151, Geschäftsordnungen für das Stadtbauamt 1882, 1887 und 1889 und Münchener Gemeindezeitung (1897), S. 791
10. StadtAM, Hochbauamt 151, Geschäftsordnung für das Stadtbauamt vom 11.10.1889
11. StadtAM, Hochbauamt 145/III, Antrag Dr. Kleitner vom 10. Mai 1894; siehe auch Münchener Gemeindezeitung (1888), Sitzungsprotokolle S. 341 ff.; (1894), S. 788 ff.; (1899), S. 242
12. Münchener Gemeindezeitung (1899), Sitzungsprotokolle, S. 1101
13. Dazu Münchener Gemeindezeitung (1898), Sitzungsprotokolle S. 809 und (1899), S. 437 ff., 502, 906, 1099 sowie *Hartmann,* Das Müller'sche Volksbad, S. 53
14. StadtAM, Hochbauamt 151, Gesuch einer Anzahl Münchner Privatarchitekten an den Magistrat vom Januar 1896, S. 5
15. *Paul,* Das ›Neue Rathaus‹, S. 56f. sowie *Schumacher,* Strömungen, S. 73
16. *Nerdinger/Stenger,* Das Münchner Rathaus, S. 153–155
17. *Blössner,* Verhandlungen, S. 138
18. Münchener Gemeindezeitung (1888), Sitzungsprotokolle S. 869, 898; (1894), S. 1345; (1898), S. 808; (1899), S. 906
19. StadtAM, Hochbauamt 151, Vormerkung zur Eingabe der Baumeister-Innung und der 41 Architekten dahier vom 19. Februar 1896
20. Dazu Münchener Gemeindezeitung (1888), Sitzungsprotokolle S. 669; (1892), S. 722; (1895), S. 680; (1896), S. 128
21. Münchener Gemeindezeitung (1888), Sitzungsprotokolle S. 1221; (1892), S. 722; (1895), S. 680; (1896), S. 128
22. Münchener Gemeindezeitung (1890), Sitzungsprotokolle S. 1311 und 1563; (1899), S. 542
23. Münchener Gemeindezeitung (1890), Sitzungsprotokolle S. 1311–1313, 1561–1564
24. *Breitling,* Die großstädtische Entwicklung Münchens, S. 179
25. Das kostete etwa 26 Millionen Mark (1886–1912). Dazu Berichte über die gesamten Rechnungs-Ergebnisse (Teil der Verwaltungsberichte) 1886–1912, siehe jeweils ›Neubauten und Neuherstellungen‹ sowie ›Anlehensaufnahme und -verwendung‹
26. Bay. Arch.- u. Ing.-Verein (Hrsg.), München und seine Bauten (1912), S. 603
27. Münchener Gemeindezeitung (1889), Sitzungsprotokolle S. 359, 744 ff.; (1897), S. 1222
28. *Gebele,* Das Schulwesen (1896), S. 193
29. Das erste Schulbrausebad 1888 in der Schule an der Amalienstraße; dazu Münchener Gemeindezeitung (1887), Sitzungsprotokolle S. 214, 388; (1889), Beilage zu Nr. 21, S. 1
30. Beispiele sind hier die Schulen an der Blumen-, Gabelsberger-, Frauen-, Türken-, Wittelsbacher- und Schwanthalerstraße; dazu Münchener Gemeindezeitung (1891), Sitzungsprotokolle S. 570; (1896), S. 575; (1897), S. 1391; (1898), S. 809, 1183; (1899), S. 1239
31. Münchener Gemeindezeitung (1890), Sitzungsprotokolle S. 559–601; (1891), S. 643
32. Münchener Gemeindezeitung (1892), Sitzungsprotokolle, S. 706
33. *Gebele,* Münchener Volksschule (1903), S. 188
34. *Gebele,* Münchener Volksschule (1903), S. 188f., 192f.
35. *Gebele,* Münchener Volksschule (1903), S. 200
36. *Gebele,* Münchener Volksschule (1903), S. 203f.
37. Die ersten Schulküchen bereits 1896 für die Schulen an der Gabelsberger- und Columbusstraße; dazu Münchener Gemeindezeitung (1896), Sitzungsprotokolle S. 575, 602
38. *Gebele,* Münchener Volksschule (1903), S. 202
39. *Gebele,* Münchener Volksschule (1903), S. 203

40. Münchener Gemeindezeitung (1897), Sitzungsprotokolle, S. 220
41. *Gebele,* Münchener Volksschule (1903), S. 152
42. *Steinbach,* Münchener Volksschulhauses (1909), S. 409
43. *Steinbach,* Münchener Volksschulhauses (1909), S. 409 f.
44. *Steinbach,* Münchener Volksschulhauses (1909), S. 412
45. Das neue Schulhaus an der Columbus-Straße No. 36, in: Deutsche Bauzeitung 31 (1897), S. 347
46. *Steinbach,* Münchener Volksschulhauses (1910), S. 115 ff.
47. *Steinbach,* Münchener Volksschulhauses (1909), S. 413
48. Münchener Gemeindezeitung (1898), Sitzungsprotokolle S. 722
49. *Kerschensteiner,* Volksschulorganisation (1912), Lief. 1, o. S.; siehe auch *Knauß,* Zweckbau, S. 315
50. *Kerschensteiner,* Volksschulorganisation (1912), o. S.; siehe auch *Knauß,* Zweckbau, S. 318
51. *Kerschensteiner,* Volksschulorganisation (1912), o. S.; siehe auch *Knauß,* Zweckbau, S. 319 f. und 322
52. Vgl. *Nerdinger,* Neue Strömungen, S. 52; siehe auch *Steinbach,* Münchener Volksschulhauses (1909), S. 409
53. Münchener Gemeindezeitung (1888), Sitzungsprotokolle S. 1521, 1523; (1889), S. 472; (1894), S. 827, 998; (1895), S. 159
54. Die Stadtgemeinde wandte circa 35 Millionen Mark für sanitäre Zweckbauten auf. Dazu Berichte über die gesamten Rechnungs-Ergebnisse 1886–1912
55. Münchener Gemeindezeitung (1896), Sitzungsprotokolle S. 134
56. Münchener Gemeindezeitung (1897), Sitzungsprotokolle S. 780; (1899), S. 475
57. Münchener Gemeindezeitung (1895), Sitzungsprotokolle S. 404 f.; (1897), S. 814
58. Münchener Gemeindezeitung (1897), Sitzungsprotokolle S. 812
59. *Hofmann,* Kommunale Daseinsvorsorge, S. 179 f., 185
60. In Hamburg 1852–55, in Berlin 1855; dazu *v. Simson,* Die Hamburger Wasch- und Badeanstalt, S. 490 ff. und *Meyer/Robertson,* Über öffentliche Badeanstalten (1880), S. 195 ff.
61. Bericht über den Stand der Gemeindeangelegenheiten für 1875, S. 134; für 1876, S. 62
62. *Hartmann,* Das Müller'sche Volksbad, S. 8
63. *Lassar,* Über den Stand der Volksbäder (1901), S. 1123 ff.
64. *Nossig,* Einführung in das Studium (1894), S. 202
65. Dazu Promemoria, hrsg. vom *Provisorischen Comité für Errichtung einer öffentlichen Schwimm- und Badeanstalt mit Sommer- und Winterbetrieb in München* (1883), S. 6
66. StadtAM, Badeanstalten 67, Schreiben Marggraf an Kutzer vom 22. 2. 1894
67. Im Jahre 1888 erwarb die Gemeinde zu diesem Zweck das Anwesen Baaderstraße 56. Dazu die Berichte über den Stand der Gemeindeangelegenheiten für 1888, S. 63; für 1889, S. 96; für 1900, S. 147; für 1891, S. 180
68. Münchener Gemeindezeitung (1889), Sitzungsprotokolle S. 259; (1895), S. 924; (1896), S. 508
69. Die Entwicklung Münchens unter dem Einflusse der Naturwissenschaften (1899), S. 37
70. Die Entwicklung Münchens unter dem Einflusse der Naturwissenschaften (1899), S. 38
71. *Schachner,* Münchens öffentliche Badeanstalten (1905), S. 12
72. *Hartmann,* Das Müller'sche Volksbad, S. 8–10
73. *Hartmann,* Das Müller'sche Volksbad, S. 26–28
74. *Hartmann,* Das Müller'sche Volksbad, S. 32–34, 40 f.
75. *Hartmann,* Das Müller'sche Volksbad, S. 47–49, 53
76. *Hartmann,* Das Müller'sche Volksbad, S. 97 f.
77. Dazu Münchener Gemeindezeitung (1889), Sitzungsprotokolle S. 932 ff., außerdem *Grässel,* Über Friedhofsanlagen (1913), S. 4
78. Münchener Gemeindezeitung (1894), Sitzungsprotokolle S. 623 f., 716 ff.; (1895), S. 1234
79. *Grässel,* Über Friedhofsanlagen (1913), S. 1 ff.
80. *Grässel,* Über Friedhofsanlagen (1913), S. 3 und *Bay. Arch.- u. Ing.-Verein* (Hrsg.), München und seine Bauten (1912), S. 682
81. Die Stadtgemeinde wandte nur circa 11 Millionen Mark für diesen Zweck auf, davon allein über 7 Millionen für die Rathauserweiterung. Dazu Berichte über die gesamten Rechnungs-Ergebnisse (1886–1912)
82. Dazu *Bay. Arch.- u. Ing.-Verein* (Hrsg.), München und seine Bauten (1912), S. 590 f.
83. *Nerdinger/Stenger,* Das Münchner Rathaus, S. 153
84. *Nerdinger/Stenger,* Das Münchner Rathaus, S. 158–165
85. Münchener Gemeindezeitung (1897), Sitzungsprotokolle S. 290
86. Münchener Gemeindezeitung (1898), Sitzungsprotokolle S. 446
87. *Bay. Arch.- u. Ing.-Verein* (Hrsg.), München und seine Bauten (1912), S. 590 f.
88. Für die Bauten der Wohlfahrtspflege stellte die Stadt nur 8 Millionen Mark zur Verfügung, davon stammten 5,5 Millionen aus Stiftungsmitteln der Hl. Geist Stiftung, des Waisenhausfonds und der Stiftung Dall'Armi. Dazu Berichte über die gesamten Rechnungsergebnisse (1886–1912)
89. Zu Armenversorgungshäusern vgl. Glossar der vorliegenden Publikation
90. Münchener Gemeindezeitung (1889), Sitzungsprotokolle S. 332 f., 953
91. Münchener Gemeindezeitung (1889), Sitzungsprotokolle S. 822; (1894), S. 1505
92. *Bay. Arch.- u. Ing.-Verein* (Hrsg.), München und seine Bauten (1912), S. 648, 650
93. Münchener Gemeindezeitung (1892), Sitzungsprotokolle S. 220, 222
94. Dazu *Bay. Arch.- u. Ing.-Verein* (Hrsg.), München und seine Bauten (1912), S. 647
95. *Schattenhofer,* Von Kirchen, S. 107
96. Münchener Gemeindezeitung (1899), Sitzungsprotokolle S. 158, 161
97. Münchener Gemeindezeitung (1899), Sitzungsprotokolle S. 164, 246
98. Münchener Gemeindezeitung (1899), Sitzungsprotokolle S. 162 f.
99. Zur Ausstattung *Bay. Arch.- u. Ing.-Verein* (Hrsg.), München und seine Bauten (1912), S. 649–651
100. Münchener Gemeindezeitung (1896), Sitzungsprotokolle S. 628, 664; (1899), S. 158; vgl. *Hofmann,* Kommunale Daseinsvorsorge, S. 194. Das Waisenhaus wurde 1896–1899 gebaut
101. Münchener Gemeindezeitung (1899), Sitzungsprotokolle S. 160–164, 243–245
102. Münchener Gemeindezeitung (1890), Sitzungsprotokolle S. 1408–1411; (1892), S. 864 f.; (1894), S. 648 ff.; (1895), S. 1385 ff.
103. Münchener Gemeindezeitung (1890), Sitzungsprotokolle S. 1409; (1895), S. 1386 (1896), S. 965
104. *Hofmann,* Kommunale Daseinsvorsorge, S. 168 f., 185
105. Münchener Gemeindezeitung (1896), Sitzungsprotokolle S. 819 f., 965 ff.
106. Dieses war zum Beispiel beim Bürgerheim und beim Müller'schen Volksbad der Fall
107. Der Bau entstand auf Grundbesitz der Hl. Geist Stiftung und sollte nach seiner vollständigen Amortisation in deren Besitz übergehen. Dazu Münchener Gemeindezeitung (1894), Sitzungsprotokolle S. 656
108. Münchener Gemeindezeitung (1895), Sitzungsprotokolle S. 1384; (1896), S. 819
109. *Schattenhofer,* Von Kirchen, S. 117
110. Münchener Gemeindezeitung (1889), Sitzungsprotokolle S. 332 f., 817
111. Münchener Gemeindezeitung (1893), Sitzungsprotokolle S. 58
112. Münchener Gemeindezeitung (1891), Sitzungsprotokolle S. 230–236
113. Münchener Gemeindezeitung (1891), Sitzungsprotokolle S. 165, 230 f., 235, 240 f.
114. *Bay. Arch.- u. Ing.-Verein* (Hrsg.), München und seine Bauten (1912), S. 652 f.
115. *Hofmann,* Kommunale Daseinsvorsorge, S. 189
116. Dazu Münchener Gemeindezeitung (1888), Sitzungsprotokolle S. 1462 f.; (1889), S. 744; (1892), S. 225; (1895), S. 404; (1896), S. 12; (1897), S. 1220 f.; (1898), S. 1183; (1899), S. 881 f. Zur Schulhausplanung Münchener Gemeindezeitung (1889), Sitzungsprotokolle S. 359, 467, 996 f.; (1890), S. 559; (1895), S. 1198; (1896), S. 600; (1897), S. 1221; (1898), S. 722, 1010
117. Münchener Gemeindezeitung (1894), Sitzungsprotokolle S. 621 ff.; (1896), S. 197
118. Münchener Gemeindezeitung (1897), Sitzungsprotokolle S. 292 ff.

119. Münchener Gemeindezeitung (1898), Sitzungsprotokolle S. 447 f.
120. Münchener Gemeindezeitung (1898), Sitzungsprotokolle S. 481, 496
121. Münchener Gemeindezeitung (1888), Sitzungsprotokolle S. 1521–23; (1894), S. 828 f., 1005; (1898), S. 1238; (1899), S. 592
122. Münchener Gemeindezeitung (1899), Sitzungsprotokolle S. 1408; vgl. *Sitte,* Der Städtebau (1909), S. 144 f.
123. Münchener Gemeindezeitung (1894), Sitzungsprotokolle S. 1341
124. Münchener Gemeindezeitung (1899), Sitzungsprotokolle S. 1408
125. Münchener Gemeindezeitung (1887), Sitzungsprotokolle S. 182; (1888), S. 580; (1893), S. 383 f., 465; (1894), S. 1341; (1896), S. 1295; (1898), S. 808
126. Münchener Gemeindezeitung (1897), Sitzungsprotokolle S. 595, 911 f.
127. Münchener Gemeindezeitung (1889), Sitzungsprotokolle S. 596 f.; (1891), S. 86 f., 171 f., 1187 f.
128. Vgl. StadtAM, Hochbauamt 151, Rettig an das Referat A vom 4. 6. 1894
129. Vgl. allgemeine Bauordnung der Haupt- und Residenzstadt München vom 2. 10. 1863, § 58 bei *Wiedenhofer,* Die bauliche Entwicklung Münchens (1916), S. 128 und StadtAM, Hochbauamt 154, Bauordnung für die kgl. Haupt- und Residenzstadt München vom 29. 7. 1895, § 83
130. StadtAM, Hochbauamt 151, Rettig an das Referat A vom 4. 6. 1894 sowie Verzeichnis derjenigen Neubauten von Privaten, für welche von dem Unterzeichneten in dienstlicher Eigenschaft Planskizzen angefertigt wurden. München, 11. 2. 1896, Hocheder; München, den 15. 2. 1896, Grässel und Fischer; vgl. Münchener Gemeindezeitung (1896), Sitzungsprotokolle S. 390
131. Münchener Gemeindezeitung (1896), Sitzungsprotokolle S. 310–319
132. Münchener Gemeindezeitung (1896), Sitzungsprotokolle S. 316, 390
133. Münchener Gemeindezeitung (1896), Sitzungsprotokolle S. 389; vgl. StadtAM, Hochbauamt 151, Gesuch einer Anzahl Münchner Privatarchitekten an den Magistrat vom 4. 1. 1896, S. 10
134. Münchener Gemeindezeitung (1896), Sitzungsprotokolle S. 391 f.
135. Zur Architekturauffassung Rettigs Münchener Gemeindezeitung (1892), Sitzungsprotokolle S. 225, 1134 ff.
136. Kunstchronik – Neue Folge II (1891), Sp. 387–392
137. *Hocheder,* Mitteilungen aus der Baupraxis (1905), S. 99
138. Münchener Gemeindezeitung (1893), Sitzungsprotokolle S. 815, 944; (1894), S. 998–1007
139. Münchener Gemeindezeitung (1897), Sitzungsprotokolle S. 220 ff.; (1898), S. 744, 804 f., 808; (1899), S. 904 ff.
140. Münchener Gemeindezeitung (1894), Sitzungsprotokolle S. 1342; (1899), S. 438
141. Münchener Gemeindezeitung (1894), Sitzungsprotokolle S. 791
142. Zur Haltung des Magistrats Münchener Gemeindezeitung (1897), Sitzungsprotokolle S. 221 ff.; (1899), S. 1100, 1103
143. StadtAM, Hochbauamt 151, Innung der Bau-, Maurer-, Steinmetz- und Zimmerermeister an den Magistrat vom 6. 2. 1896; Gesuch einer Anzahl Münchner Privatarchitekten an den Magistrat vom Januar 1896, S. 4; vgl. Münchener Gemeindezeitung (1894), Sitzungsprotokolle S. 791 f., 1002, 1483; (1896), S. 312, 314, 316
144. Münchener Gemeindezeitung (1896), Sitzungsprotokolle S. 312
145. StadtAM, Hochbauamt 151, Rettig an das Referat A vom 4. 6. 1894 und Gesuch einer Anzahl Münchner Privatarchitekten an den Magistrat vom Januar 1896, S. 8; vgl. *Grässel,* Die Erhaltung (1913), S. 1 und S. 6 f.
146. *Breitling,* Die großstädtische Entwicklung Münchens, S. 187 und *Friedländer,* Architektur, S. 214
147. Münchener Gemeindezeitung (1896), Sitzungsprotokolle S. 318; vgl. *Schumacher,* Strömungen, S. 71, 83
148. Münchener Gemeindezeitung (1894), Sitzungsprotokolle S. 1483
149. Münchener Gemeindezeitung (1898), Sitzungsprotokolle S. 805, dazu auch 807, 809
150. Vgl. *Waissenberger,* Wiener Nutzbauten, S. 10

Fabrikbau
(S. 114–118)

1. StaatsAM, RA 35 237, Schreiben der Regierung von Oberbayern, Kammer des Innern, vom 4. 2. 1859. Die Literatur zum Industriebau in München ist noch immer nicht sehr reichhaltig. Keines der drei Standardwerke, nämlich *Bay.-Arch.- u. Ing.-Verein* (Hrsg.), München und seine Bauten (1912); *v. Emperger* (Hrsg.), Handbuch für Eisenbetonbau (1907–1909) sowie *Durm/Ende/Schmitt* (Hrsg.), Handbuch der Architektur (1881–1906), enthält auch nur ein Beispiel für München. Erste Angaben gibt es bei *Kahn,* Münchens Großindustrie (1891) (1913), darin auch graphische Ansichten der Firmengebäude; ebenso in Firmenfestschriften in der Bibliothek der IHK München. Zu Firmenbriefköpfen als Bildquelle *Zorn,* Ausstellung ›Briefköpfe süddeutscher Geschäftsbriefe des 19. und frühen 20. Jahrhunderts‹, Staatsarchiv München. Bis dahin hatte nur die Ausstellung und die Publikation *Verein zur Förderung der Industriearchäologie e. V.* (Hrsg.), Vom Glaspalast, auf die Industriebauten aufmerksam gemacht. Die materialreiche Dissertation von *Knauß,* Zweckbau, stellt die baulichen Aspekte in ihrem ideengeschichtlichen Kontext dar
2. Dazu *Haertle* in der vorliegenden Publikation
3. Die Konservenfabrik von Johannes Eckart (heute: Pfanni) befand sich im Anwesen Sebastiansplatz 3, die Arzneimittelfabrik ›Pharmacia‹ (heute: Togal) in einem umgebauten Restaurant in der Ismaninger Straße und die ›Möbelfabrik und Kunstgewerbehandlung Emanuel Weiss‹ in der ehemaligen Schwere-Reiter-Kaserne in der Zweibrückenstraße Nr. 12
4. In Berlin mehrere Großbauten dieses Typs mit jeweils bis zu 30 000 Quadratmeter Fläche für Fabrik- und Lagerräume auf Mietbasis; dazu *Werner,* Der ›Spreehof‹ (1912), S. 33–35. Zum Industriebau in Berlin *Kreidt,* Industriebauten, S. 34–114. Beispiele für Fabrikhöfe in München: Das Anwesen der Firma ›Zettler‹, das von der Holzstraße zur Pestalozzistraße reicht; der sogenannte Fruchthof, Gotzingerstr. 52/54, der als Lager- und Bürogebäude diente; sowie die Bauten der Firmen ›J. Einhorn & Comp.‹ und ›H. & J. Gutmann‹; vgl. *Kahn,* Münchens Großindustrie (1913), S. 242 und 244
5. StadtAM, Lokalbaukommission 8968-2. Das Rückgebäude wurde 1899/1900 errichtet und diente als Lagerhaus und Fabrikationsstätte der Firma ›Hesselberger & Herz‹
6. Vgl. *Müller-Wiener,* Fabrikbau, Sp. 877 und *Rödl,* Fabrikarchitektur, S. 215 f.
7. Vgl. *Koch,* Die späte Frühindustrialisierung, S. 73. Hermann Lotze stellte 1868 die technisch-industrielle Architektur neben die traditionellen Gattungen, weil sie in besonders charakteristischer Weise ihre Ästhetik aus dem Zweck entwickle; *Müller,* Kunst und Industrie, S. 27–29. Allerdings meinte Lotze damit in erster Linie »Ingenieurbauten« wie Eisenbrücken oder Glaspaläste. Vgl. auch *Knauß,* Zweckbau, S. 138–144
8. Die Fabrik stand an der Isartalstr. 45. Das im Jahr 1871 begonnene Gebäude hatte eine Straßenfront von 208 Metern Länge und erinnerte mit dem erhöhten Mittelpavillon an barocke Schloßanlagen. *Trautmann,* Die Handschuhfabrik J. Roeckl (Festschrift), S. 56 f. Zum Typus Fabrikschloß *Bertsch,* Fabrikarchitektur, S. 28 f.
9. Vgl. *Bäuml-Stosiek* und *Haertle* in der vorliegenden Publikation. Noch *Grässel,* Die Erhaltung des Charakters (1917), sah den Kunststadtcharakter Münchens durch die Industriegebiete im Süden und Südosten der Stadt gefährdet
10. Antrag auf Abänderung der bisherigen Münchener Bau-Ordnung vom 3. April 1879 (o. J.), S. 35 und 48 f.
11. *Borscht* (Hrsg.), Bauordnung (1896), S. 271
12. Als »störende Gewerbebetriebe« galten alle Anlagen nach dem § 16 der Reichsgewerbeordnung. »Bevorzugte Wohngebiete« waren Gebiete, in denen nach den Staffeln 5, 8 und 9 gebaut werden sollte. *Renauld,* Beiträge zur Entwicklung (1904), S. 182
13. Für die internationale Verbreitung der Eisenbetontechnik sorgte die Pariser Weltausstellung von 1900, an der François Hennebique wesentlich beteiligt war; *v. Emperger* (Hrsg.), Handbuch I (1908), S. 29

14. *Wiedenhofer*, Die bauliche Entwicklung Münchens, S. 198 f.
15. *v. Emperger* (Hrsg.), Handbuch IV.1 (1909), S. 248–250
16. Ihr »Know-how« wurde auch von den städtischen Architekten in Anspruch genommen. Beim Bau der Großmarkthalle führten die Ingenieure von ›Dyckerhoff & Widmann‹ und ›Wayss & Freytag‹ die statischen Berechnungen durch; *Schachner*, Die neue Großmarkthalle (1912), S. 138. Zur Entwicklung in Karlsruhe und Stuttgart vgl. *Wörner* und *Bongartz*, in: ICOMOS (Hrsg.), Eisenarchitektur
17. *Gebrüder Rank* (Hrsg.), Zum fünfzigjährigen Bestehen (1912), S. 8. Zu den ersten Lizenznehmern gehörten auch die Firmen ›Ed. Züblin‹ und ›Wayss & Freytag‹
18. Beispiele bei *v. Emperger* (Hrsg.), Handbuch I (1908), S. 29 f.
19. Alle genannten Firmen errichteten auch Industriebauten. Die Baufirma Rank hatte sogar eine spezielle Abteilung für Fabrikbau
20. Das erste wissenschaftliche Werk über den Eisenbeton in deutscher Sprache: *Mörsch*, Der Eisenbetonbau (1902). Bis dahin *Wayss* (Hrsg.), Das System Monier (1887); dazu ›*Wayss & Freytag*‹ (Hrsg.), Festschrift aus Anlaß des fünfzigjährigen Bestehens, S. 25. Zur Entwicklung in Deutschland allgemein *v. Emperger* (Hrsg.), Handbuch I (1908), S. 17–26 und 37–41
21. Bay. Arch.- u. Ing.-Verein (Hrsg.), München und seine Bauten (1912), S. 551. Zu anderen Kuppelkonstruktionen im frühen 20. Jahrhundert *v. Emperger* (Hrsg.), Handbuch IV.1 (1909), S. 588–647
22. Die Grünwalder Brücke war die erste Eisenbetonbrücke mit Dreigelenkbogen, die 70 Meter überspannte; Entwurf: Emil Mörsch. Zur Rolle des Eisenbetons im Brückenbau *v. Emperger* (Hrsg.), Handbuch III.3 (1909)
23. *Wolf*, Ingenieur J. Heilmann (1911), S. XXII sowie *Heilmann*, Lebenserinnerungen (1921), S. 54
24. Das Volkstheater befand sich im Rückgebäude des Anwesens Josephspitalstr. 10. Entwurf: Karl Tittrich, Ausführung: Firma Rank, Bauzeit: sechs Monate. Süddeutsche Bauzeitung (1904), S. 154–158
25. Die Gurtbögen mußten deshalb durch eingespannte Zugstangen entlastet werden; ausführende Firma war die ›Eisenbeton-Gesellschaft‹. *v. Emperger* (Hrsg.), Handbuch IV.2 (1909), S. 417–422
26. *Heilmann & Littmann*, Baubeschreibung (1905), S. 47–71
27. Bay. Arch.- u. Ing.-Verein (Hrsg.), München und seine Bauten (1912), S. 769. Zu den verschiedenen Möglichkeiten der Oberflächenbehandlung von Beton *v. Mecenseffy*, Die künstlerische Gestaltung (1911), S. 165–195
28. Bay. Arch.- u. Ing.-Verein (Hrsg.), München und seine Bauten (1912), S. 572
29. Beispiele bieten zwei Wohn- und Geschäftshausbauten der Gebrüder Rank in der Augustenstraße (1906) und in der Angertorstraße (1907); *v. Emperger* (Hrsg.), Handbuch IV.2 (1909), S. 566 f. sowie Bay. Arch.- u. Ing.-Verein (Hrsg.), München und seine Bauten (1912), S. 330
30. Deutsche Bauzeitung. Mitteilungen über Zement, Beton- und Eisenbetonbau (1905), S. 41–43. Ausführende Firma: ›Eisenbeton-Gesellschaft‹
31. Das neue Gerstenhaus der Löwenbrauerei in München, in: Deutsche Bauhütte. Der Betonbau 16 (1912), S. 3. Ausführende Firma: ›Gebrüder Rank‹
32. *Deckel* (Hrsg.), Denkschrift der Firma Deckel, Abb. S. 5 f.
33. *Wollmann*, Neubau G. Zuban (1911), S. 369–373
34. *Gropius*, Sind beim Bau von Industriegebäuden (1912), S. 6
35. Vgl. etwa die Beiträge von *Lux*, Der moderne Fabrikbau (1910), S. 77–83, und von *Schulze*, Die Bauten für Industrie und Technik (1910), S. 35 f.
36. Der sogenannte Lindwurmhof, 1910/1911 gebaut, beherbergte lt. Adreßbuch von 1912 dreizehn Firmen. *Rank*, Erinnerungen (1987), S. 58 f.
37. Die ›Waggonfabrik Rathgeber‹ wurde in den Jahren 1908 bis 1912 von den Gebrüdern Rank errichtet. Weitere Beispiele in *Gebr. Rank* (Hrsg.), Allerlei aus Fabrikbau (o. J.), S. 42 f.
38. Das Konstruktionsprinzip dieser einheitlichen Bauelemente bestimmte auch den Innenraum, wo die Unterzüge und Querverstrebungen sichtbar blieben
39. *Allwang*, Die Neubauten der Waggonfabrik Jos. Rathgeber A.-G., S. 17–19 und 25–29. Eine Luftaufnahme des Werks bei *Bauer/Graf*, Stadt im Überblick, S. 135
40. Der erste Bauabschnitt des Gaswerks an der Dachauer Straße erfolgte 1906 bis 1909 unter Gaswerksdirektor Hans Ries, Baupläne: Robert Rehlen
41. *Ries*, Die Versorgung der königlichen Haupt- und Residenzstadt (1912), S. 39
42. Auch ist der Raumeindruck nur bedingt zu vergleichen: Die Halle für die Ammoniakverarbeitung ist 12,5 Meter breit und ungefähr ebenso hoch, während die drei Haupthallen des Großmarkts jeweils steiler proportioniert waren (ca. 17 Meter breit und ca. 20 Meter hoch)
43. Die Halle III war mit 104 Metern Länge und 27 Metern Breite der größte bis dahin ausgeführte Hallenbau in Eisenbeton. *v. Emperger* (Hrsg.), Handbuch IV.1 (1909), S. 530 f. und 539 f.
44. *Riezler*, Die Ausstellung München 1908, zit. nach *Gaenssler*, Die Architektur des Münchner Ausstellungsparks, S. 44

Königlich-bayerisch Wohnen?
(S. 119–123)

1. *Kurella*, Wohnung und Häuslichkeit (1899), S. 816
2. Ca. 260 000 Personen 1885, rund 600 000 1910; durch Eingemeindungen weitere 30–40 000
3. Kleine Wohnungen: Ein- bis Zwei-Zimmerwohnungen, mittlere Wohnungen: Drei- bis Vier-Zimmerwohnungen
4. Dazu *Wallbrecht*, Münchener Baugewerbes (1897), S. 59
5. 1885–95: 30 000 neue Wohnungen – 125 000 Wohnungssuchende
6. Berechnet nach *Dönges*, Beiträge (1910), S. 16
7. *Dönges*, Beiträge (1910), S. 16
8. *Neumeier*, Wohnverhältnisse, Tabelle 50. Hier die Auswertung der Enquete
9. *Neumeier*, Wohnverhältnisse, Tabelle 50
10. *Neumeier*, Wohnverhältnisse, Tabelle 51; 1905 waren es 3,9 bis 4 Personen pro Wohnung, 1910 lebten in einer Wohnung durchschnittlich 4,3 Personen
11. 1910 lebten in der Altstadt 40 562 Personen, 1905 nur 40 223, während die Zahl der Haushalte nur von 9004 auf 8998 absank; Statistisches Amt der Stadt München (Hrsg.), Einzelveröffentlichungen, Ergebnisse der Volkszählung (1910), S. 1 sowie Verwaltungsbericht München für 1905, S. 11
12. *Kurella*, Wohnung und Häuslichkeit (1899), S. 816 f.
13. Berechnet nach *Wallbrecht*, Münchener Baugewerbes (1897), S. 20 ff.; außerdem dazu *Singer*, Die Wohnungen (1899), S. 20 sowie *Dönges*, Beiträge (1910), S. 16
14. Dazu z. B. Stadtteil Haidhausen, Verwaltungsbericht für 1905, S. 11 und *Maaß*, Die neuere Entwicklung (1903), S. 419
15. Berechnet nach *Dönges*, Beiträge (1910), S. 16
16. Es standen auch viel mehr große als kleine und mittlere Wohnungen leer; Zeitschrift für Wohnungswesen in Bayern 10 (1910), S. 180 f., 192 ff. Eine Ausnahme bildete nur der Zeitraum von 1900 bis 1905, siehe dazu Zeitschrift für Wohnungswesen in Bayern 10 (1905), S. 105 f.
17. In Thalkirchen betrug der jährliche Preisanstieg sogar elf Prozent (rechnerisch durchschnittlicher Preisanstieg pro Jahr); berechnet nach *Renauld*, Beiträge zur Entwicklung (1904), S. 149
18. *Renauld*, Beiträge zur Entwicklung (1904), S. 149
19. *Renauld*, Beiträge zur Entwicklung (1904), S. 145; im Lehel kostete unbebauter Boden etwa 171 Mark, in der Ludwigstraße 114 Mark
20. *Renauld*, Beiträge zur Entwicklung (1904), S. 144
21. *Renauld*, Beiträge zur Entwicklung (1904), S. 144
22. Im Stadtbezirk I (Residenz) (1895–1900): ein Quadratmeter kostet durchschnittlich 611 Mark, im Bezirk II (Viktualienmarkt) 534 Mark und im Bezirk III 593 Mark, *Renauld*, Beiträge zur Entwicklung (1904), S. 144

23. *Renauld*, Beiträge zur Entwicklung (1904), S. 144
24. *Conrad*, Was die Isar rauscht (1899), S. 96
25. Zeitschrift für Wohnungswesen in Bayern 12 (1904), S. 129
26. Zeitschrift für Wohnungswesen in Bayern 12 (1904), S. 131
27. Zeitschrift für Wohnungswesen in Bayern 12 (1904), S. 132
28. Zeitschrift für Wohnungswesen in Bayern 12 (1904), S. 131
29. Beispielsweise wurden überfüllte Wohnungen angeprangert (Erwachsene unter 15 cbm Luftinhalt, Kinder unter 7,5 cbm). Nach diesem Kriterium waren 20,2 Prozent der Zwei-Zimmer-Räume überfüllt; dazu *Singer*, Die Wohnungen (1899), S. 25
30. *Schmid*, Die Sozialdemokratie im Münchener Rathaus (1905), S. 60
31. Nach der Verordnung des Innenministeriums von 10.2. 1901 sollte ein Erwachsener im Schlafzimmer 15 cbm Luftraum haben. Die oberpolizeilichen Vorschriften der Königlichen Regierung von Oberbayern vom 19.1. 1904 sahen eine Bodenfläche von drei Quadratmetern (!) pro Erwachsenen und eineinhalb Quadratmetern (!) pro Kind vor; dazu *Statistisches Amt der Stadt München* (Hrsg.), Einzelschriften, Wohnungsüberfüllung (1914), S. 9
32. Zeitschrift für Wohnungswesen in Bayern 12 (1904), S. 133
33. Zeitschrift für Wohnungswesen in Bayern 12 (1904), S. 134
34. Zeitschrift für Wohnungswesen in Bayern 12 (1904), S. 134
35. Als Mangel wurde beispielsweise ein freiliegendes Rohr bezeichnet
36. *Köllmann*, Schema der Gesellschaftsordnung, S. 19
37. *Neumeier*, Wohnverhältnisse, Tabelle 1 und Tabelle 2: Nach Haushalten: zehn Prozent, nach Personen (incl. Dienstboten) sieben bis acht Prozent; die Altstadt hier etwas überproportional gewichtet
38. *Neumeier*, Wohnverhältnisse, Tabelle 11
39. *Neumeier*, Wohnverhältnisse, Tabelle 5
40. *Neumeier*, Wohnverhältnisse, Tabelle 12
41. In der Altstadt (Bezirke II–IV; für I keine Quellengrundlage) betrug die Wohnfläche pro Person für die Oberschicht ca. 38 Quadratmeter, in Haidhausen etwa 22 Quadratmeter; *Neumeier*, Wohnverhältnisse, Tabelle 11
42. Von der gesamten Oberschicht wohnten fast 30 Prozent in der Altstadt und nur 15 Prozent im viel größeren Ostteil der Stadt; im Westen waren es sogar nur zwei bis drei Prozent; *Neumeier*, Wohnverhältnisse, Tabelle 42
43. *Neumeier*, Wohnverhältnisse, Tabelle 42
44. Altstadt ca. 24 Prozent der Wohnungen, Altstadtnähe 56 Prozent der Wohnungen, Bogenhausen 32 Prozent; im Gegensatz dazu: Westliche Stadtteile vier Prozent; Sendling zwei Prozent; *Neumeier*, Wohnverhältnisse, Tabelle 15
45. *Neumeier*, Wohnverhältnisse, Tabelle 1
46. *Neumeier*, Wohnverhältnisse, Tabelle 10
47. *Neumeier*, Wohnverhältnisse, Tabelle 5
48. *Neumeier*, Wohnverhältnisse, Tabelle 11
49. Handwerker hier auch Handwerksmeister; *Neumeier*, Wohnverhältnisse, Tabelle 5
50. *Neumeier*, Wohnverhältnisse, Tabelle 11
51. *Neumeier*, Wohnverhältnisse, Tabelle 11
52. *Neumeier*, Wohnverhältnisse, Tabelle 1
53. *Neumeier*, Wohnverhältnisse, Tabelle 10
54. *Neumeier*, Wohnverhältnisse, Tabelle 10 sowie Tabelle 43 a, b und d
55. *Neumeier*, Wohnverhältnisse, Tabelle 10 sowie Tabelle 43 a, b und d
56. *Neumeier*, Wohnverhältnisse, Tabelle 43 a bis d
57. Da die Inspektoren sehr große Wohnungen (mehr als fünf Zimmer) nicht mehr vermaßen, waren die absoluten Mietausgaben der Oberschicht um einiges höher
58. *Neumeier*, Wohnverhältnisse, Tabelle 17
59. *Neumeier*, Wohnverhältnisse, Tabelle 17
60. *Neumeier*, Wohnverhältnisse, Tabelle 18
61. Dies ergeben erste vorsichtige Schätzungen und vereinzelte Berechnungen; die Spanne ist relativ groß, doch der Mittelwert könnte bei beiden Schichten um 25 Prozent liegen; *Neumeier*, Wohnverhältnisse, Tabelle 21
62. *Neumeier*, Wohnverhältnisse, Tabelle 18
63. Untervermieten mußte fast jeder fünfte Unter- und Mittelschichthaushalt, dazu *Neumeier*, Wohnverhältnisse, Tabelle 8; Schlafgänger mieteten nur einen Schlafplatz, kein Zimmer
64. *Neumeier*, Wohnverhältnisse, Tabelle 25
65. *Neumeier*, Wohnverhältnisse, Tabelle 8
66. *Neumeier*, Wohnverhältnisse, Tabelle 38
67. Der Durchschnittsmietpreis pro Quadratmeter betrug außerhalb der Altstadt 0,61 Mark (Altstadt 0,66 Mark); für Zimmermieter lag der Preis dagegen bei 1,16 Mark; *Neumeier*, Wohnverhältnisse, Tabelle 16 a, b, c
68. Die Miete pro Quadratmeter betrug 0,54 Mark im Osten der Stadt, 0,72 Mark in Schwabing und 0,85 Mark in Bogenhausen; *Neumeier*, Wohnverhältnisse, Tabelle 16 a, b, c
69. *Neumeier*, Wohnverhältnisse, Tabelle 16 a, b, c
70. Für eine Wohnung in der Altstadt bezahlte ein Unterschichtenhaushalt knapp 20 Mark im Monat, für eine Wohnung im Osten knapp 13 Mark, für eine Wohnung im Westen der Stadt sowie für eine Wohnung in Sendling über 18 Mark! *Neumeier*, Wohnverhältnisse, Tabelle 17; die Trambahn hätte etwa 5 Mark im Monat gekostet
71. *Neumeier*, Wohnverhältnisse, Tabelle 29
72. *Neumeier*, Wohnverhältnisse, Tabelle 52
73. Mitteilungen des Statistischen Amtes der Stadt München 20 (1910), S. 19
74. *Brentano*, Die Arbeiterwohnungsfrage (1909), S. 6
75. *Neumeier*, Wohnverhältnisse, Tabelle 46
76. *Neumeier*, Wohnverhältnisse, Tabelle 45
77. *Neumeier*, Wohnverhältnisse, Tabelle 45
78. *Neumeier*, Wohnverhältnisse, Tabelle 28
79. *Neumeier*, Wohnverhältnisse, Tabelle 28
80. *Neumeier*, Wohnverhältnisse, Tabelle 28
81. *Schirmer*, Das Wohnungselend (1899), S. 13 f.
82. *Neumeier*, Wohnverhältnisse, Tabelle 27
83. Im Durchschnitt zählten diese Familien nur drei Köpfe, waren also vergleichbar mit der Oberschicht; *Neumeier*, Wohnverhältnisse, Tabelle 5
84. In der Altstadt wurde noch in jeder siebten Wohnung gearbeitet
85. *Neumeier*, Wohnverhältnisse, Tabelle 27
86. Dazu StadtAM, Wohnungsamt, Erhebungsbögen, Holzstr. 8 und Jahnstr. 18
87. *Wischermann*, »Familiengerechtes Wohnen«, S. 175
88. *Wischermann*, »Familiengerechtes Wohnen«, S. 174
89. So waren in der Spichernstraße, Lothringerstraße und in der Auerfeldstraße 70 bis 80 Prozent der Wohnungen Teilwohnungen, in der Raintalerstraße sogar 90,3 Prozent; Zeitschrift für Wohnungswesen in Bayern, 6/7 (1906), S. 56
90. In der Altstadt oder in Bogenhausen hatte jedes Haus nur etwa sechs Wohnungen, *Neumeier*, Wohnverhältnisse, Tabelle 37 a
91. Diese 50 Menschen hatten etwa 400 Quadratmeter Platz! *Neumeier*, Wohnverhältnisse, Tabelle 11 und Tabelle 37 b
92. *Neumeier*, Wohnverhältnisse, Tabelle 27
93. *Neumeier*, Wohnverhältnisse, Tabelle 36 b
94. *Neumeier*, Wohnverhältnisse, Tabelle 41
95. *Langewiesche*, Wanderungsbewegungen, S. 9
96. *Neumeier*, Wohnverhältnisse, Tabelle 23 a und b
97. *Wischermann*, Wohnen in Hamburg, S. 232 ff.
98. *Neumeier*, Wohnverhältnisse, Tabelle 24 d
99. *Neumeier*, Wohnverhältnisse, Tabelle 24 d
100. *Neumeier*, Wohnverhältnisse, Tabelle 24 d
101. *Neumeier*, Wohnverhältnisse, Tabelle 24 b, c, e
102. *Neumeier*, Wohnverhältnisse, Tabelle 23 c–f
103. Die Unterschicht blieb knapp drei Jahre in einer Wohnung, die Mittelschicht etwa viereinhalb Jahre und die Oberschicht ca. sechs Jahre; *Neumeier*, Wohnverhältnisse, Tabelle 23 b
104. *Neumeier*, Wohnverhältnisse, Tabelle 23 c und d
105. In den westlichen und östlichen Stadtteilen knapp drei Jahre, in der Altstadt um sechs Jahre; *Neumeier*, Wohnverhältnisse, Tabelle 23 b
106. *Neumeier*, Wohnverhältnisse, Tabelle 24 a
107. In München kamen 1879 und 1895 Bauordnungen heraus, die in den darauffolgenden Jahren erneuert wurden
108. *Singer*, Die Wohnungen (1899), S. 8 f.
109. *Kurella*, Wohnung und Häuslichkeit (1899), S. 817
110. Königliche Verordnung vom 10.2. 1901, § 1, Zeitschrift für Wohnungswesen in Bayern 9/10 (1904), S. 113
111. Zeitschrift für Wohnungswesen in Bayern 10 (1908), S. 117

112. Dieser vom Staat eingesetzten Kommission gehörten Fachleute der verschiedensten Berufszweige an, so zum Beispiel Ärzte und Architekten; Zeitschrift für Wohnungswesen in Bayern 2 (1910), S. 32
113. Zeitschrift für Wohnungswesen in Bayern 8/9 (1905/06), S. 91
114. Dieser Baublock war umschlossen von der Thalkirchner, Wackersberger-, Gaisacher- und Bruderhofstraße; Zeitschrift für Wohnungswesen in Bayern 2/3 (1909), S. 21 ff.
115. Zeitschrift für Wohnungswesen in Bayern 9/10 (1909), S. 88 f.
116. Sozialdemokratischer Verein München, Die Wohnungsnot (1909), S. 2 ff.
117. *v. Humar,* Mietpreissteigerungen (1912), S. 5 ff.
118. *v. Humar,* Mietpreissteigerungen (1912), S. 5 ff.

Wohnreform
(S. 124–129)

1. *Vogt,* Revolutionsarchitektur, S. 30
2. 1844 entwarfen 28 Weber aus Rochedale (England) die Grundsätze der genossenschaftlichen Organisation. Ihr Ziel war der Aufbau einer Konsumgenossenschaft als Grundstock für eine autonome Siedlungsgemeinschaft
3. Festschrift Baugenossenschaft von 1871, S. 5 und 6. Außerdem dazu *Busching,* Die gemeinnützigen Bauvereinigungen, S. 189
4. *Körner,* Die gemeinnützige Bautätigkeit, S. 189
5. *Faust,* Geschichte der Genossenschaftsbewegung, S. 173 ff.
6. *Körner,* Die gemeinnützige Bautätigkeit, S. 109 f.
7. *Koehne,* Die Baugenossenschaften (1912), S. 10
8. *Koehne,* Die Baugenossenschaften (1912), S. 11
9. Festschrift Baugenossenschaft von 1871, S. 7
10. *Koehne,* Die Baugenossenschaften (1912), S. 15 ff.
11. Festschrift Baugenossenschaft von 1871, S. 6; König Ludwig II. gab 3428 Mark
12. Nymphenburger Str. 129–135, seit 1971 Neubau. Festschrift Baugenossenschaft von 1871, S. 9
13. StadtAM, Lokalbaukommission Nr. 13337
14. StadtAM, Lokalbaukommission Nr. 13337
15. StadtAM, Lokalbaukommission Nr. 17286
16. Festschrift zum Jubiläum der Deutschen Reichsversicherung (1910), S. 46
17. *Seydel,* Bayerisches Staatsrecht V (1890), S. 86
18. *Möckl,* Prinzregentenzeit, S. 468
19. *Möckl,* Prinzregentenzeit, S. 469
20. Der Arbeiter vom 13.1. 1899 sowie vom 30.3. 1899
21. Schematismus (1892), Die Katholischen Arbeitervereine in München und Freising; außerdem dazu *Schirmer,* Msgr. Lorenz Huber, S. 29
22. Der Arbeiter vom 19.8. 1898, Rubrik: Lokales
23. Der Arbeiter vom 23.9. 1898, Lokales
24. Festschrift zu Fünfundsiebzig Jahre Wohnungsgenossenschaft München-West, S. 12. *Schirmer,* Msgr. Lorenz Huber, S. 27 und 28
25. Schematismus (1890), S. 270
26. Schematismus (1895), S. 298
27. Festschrift Fünfundsiebzig Jahre München-West, S. 13; vor wenigen Jahren im Zuge der Sanierung abgerissen
28. *Singer,* Die Wohnungen (1899), S. 30–32; außerdem: Schematismus (1896)
29. Der Arbeiter vom 19.8. 1898, Lokales
30. Der Arbeiter vom 21.10. 1898 sowie vom 18.11. 1898, Lokales
31. Der Arbeiter vom 16.12. 1898, Lokales
32. Der Arbeiter vom 25.11. 1898, Lokales; sowie *Schirmer* (Hrsg.), Das Wohnungselend (1899)
33. Die Diskussion hierzu in der Münchener Gemeindezeitung (1898/99)
34. Festschrift zu Fünfundsiebzig Jahre Gemeinnütziger Wohnungsverein München 1899 e.V., S. 7
35. Der Arbeiter vom 19.8. 1898, Die Wohnungsverhältnisse in München
36. Der Arbeiter vom 26.5. 1899
37. Festschrift Fünfundsiebzig Jahre Wohnungsverein, S. 4, 5, 8, 9
38. Zeitschrift für Wohnungswesen in Bayern 9/10 (1903), S. 102; außerdem *Singer,* Die Wohnungen (1899), S. 22 sowie *Dölker,* Das Herbergsrecht
39. Zeitschrift für Wohnungswesen in Bayern 9/10 (1903), S. 104 und *Singer,* Die Wohnungen (1899), S. 1
40. Zeitschrift für Wohnungswesen in Bayern 9/10 (1903), S. 100
41. Dazu *Neumeier,* Die Wohnverhältnisse
42. Zeitschrift für Wohnungswesen in Bayern 1 und 6 (1904)
43. Der Arbeiter vom 28.7. 1899, Lokales
44. *Körner,* Die gemeinnützige Bautätigkeit, S. 77
45. Fünfzehn Jahre Bayerischer Eisenbahnerverband (1912), S. 5–10 sowie *Möckl,* Prinzregentenzeit, S. 471, außerdem *Schirmer,* Msgr. Lorenz Huber, S. 190 f.
46. Der Arbeiter vom 9.6. 1899, Lokales
47. Fünfzehn Jahre Bayerischer Eisenbahnerverband (1912), S. 94
48. Fünfzehn Jahre Bayerischer Eisenbahnerverband (1912), S. 94
49. *Dauer,* Geschichte des Bayerischen Eisenbahnerverbands, S. 90
50. Eine Volkshypothekenbank für Bayern (Teil I–IV) 5 (1903), S. 52; 7 (1903), S. 75; 8 (1903), S. 89; 11 (1904), S. 117
51. Zeitschrift für Wohnungswesen in Bayern 7 (1909), S. 73
52. 1930 wurde das Gemeinnützigkeitsgesetz eingeführt
53. Münchener Post vom 16.2. 1908
54. Zeitschrift für Wohnungswesen in Bayern 2/3 (1909), S. 39, Jahresversammlung des Verbandes bayerischer Haus- und Grundbesitzer
55. Zeitschrift für Wohnungswesen in Bayern 11/12 (1910), S. 203
56. Festschrift Fünfzig Jahre Gemeinnützige Wohnungsgenossenschaft München-Pasing, S. 8
57. Festschrift Fünfzig Jahre Gemeinnützige Wohnungsgenossenschaft München-Pasing, S. 8
58. Zeitschrift für Wohnungswesen in Bayern 7 (1910), S. 171
59. Zeitschrift für Wohnungswesen in Bayern 12 (1909), S. 121 ff.
60. *Gasteiger,* Der Bauverein (1919), S. 49
61. Jahresbericht des Bayerischen Landesvereines zur Förderung des Wohnungswesens für 1911
62. Jahresbericht des Bayer. Landesvereines für 1911
63. Jahresbericht des Bayer. Landesvereines für 1911 sowie *Gasteiger,* Der Bauverein (1919), S. 50
64. Münchener Post ab dem 18.3. 1909; sowie *Möckl,* Prinzregentenzeit, S. 540 ff.
65. Münchener Post vom 18.3. 1909; hier wird erstmals unpolemisch über die Bauplanung einer Genossenschaft berichtet
66. Der Arbeiter vom 28.7. 1899, Lokales
67. Erstmals aus sozialistischer Sicht positiv *Kampffmeyer,* Die Baugenossenschaft (1910)
68. Im Gegensatz zum englischen Ursprung, der Bodenrechtsreform, war hier nur der Aspekt des Wohnens im Grünen verwirklicht
69. *Berlepsch-Valendas,* Die Gartenstadt (1910), S. 5 sowie Stadtbauwelt 73 (1982); *Schubert,* Theodor Fritsch, S. 463 ff.
70. Zeitschrift für Wohnungswesen 11 (1909), S. 115
71. Zu ›Freiland‹ *Oppenheimer,* Freiland in Deutschland (1895) – Oppenheimer forderte den Aufbau von Genossenschaften, um das Bodenmonopol zu brechen – sowie Freiland, Organ des 1888 gegründeten ›Bundes für Bodenbesitzreform‹
72. Zeitschrift für Wohnungswesen in Bayern 11 (1909), S. 115
73. *Nerdinger* (Hrsg.), Richard Riemerschmid, S. 407, 414
74. Festschrift Fünfundsiebzig Jahre München-West, S. 27
75. Festschrift Fünfundsiebzig Jahre München-West, S. 20
76. *Körner,* Die gemeinnützige Bautätigkeit, S. 56
77. *Busching,* Die gemeinnützigen Bauvereinigungen, S. 191
78. *Gasteiger,* Der Bauverein (1919), S. 51
79. *v. Vollmar,* Reden, S. 150 ff. und 182
80. Gefordert vor allem von Paul Kampffmeyer, Friedrich Hofmann und Martin Wagner

Armenpflege und Fürsorge
(S. 132–141)

1. Vgl. dazu *Haertle, Neumeier* und *Krauss,* Banken, in der vorliegenden Publikation
2. Dazu ausführlicher *Sachse/Tennstedt,* Geschichte der Armenfürsorge, S. 214–218. Zur Gesamtthematik demnächst meine Dissertation über Armenpflege in München

3. Gesetz vom 29.4. 1869, die öffentliche Armen- und Krankenpflege betreffend (Armengesetz), in: *Weber* (Hrsg.), Neue Gesetz- und Verordnungensammlung, Bd. 8, S. 34–54
4. Armengesetz, Artikel 10, S. 36; vgl. dazu Satzungen der öffentlichen Armenpflege in München (1907) in: Münchener Gemeindezeitung (1907), Beilage 20, S. 55
5. Armengesetz, Artikel 10 und 12, S. 36
6. *Singer,* Armenstatistik (1908)
7. Armengesetz, Artikel 3, S. 35
8. Die Bedürftigen wurden in München in fünf Unterstützungsklassen eingeteilt; sie erhielten monatlich zwischen 4 und 22 Mark. Dazu Satzungen der öffentlichen Armenpflege, 1907, S. 55. Laut *Singer,* Armenstatistik (1908), S. 21, wurden 3875 Personen mit städtischen Almosen versorgt
9. Armengesetz, Artikel 10
10. StadtAM, Sozialamt 519, Die Armenpflege der Stadt München. Die Verteilung der Geschäfte in den Bezirkspflegekommissionen (1910), Paragraph 5
11. StadtAM, Sozialamt 117/4, Sitzung des Armenpflegschaftsrathes vom 5.9. 1912
12. Münchener Post vom 18.1. 1905
13. Sitzung des Gemeindebevollmächtigtenkollegiums vom 22.1. 1903, Münchener Gemeindezeitung (1903), S. 183
14. Sie ist festgehalten in den jährlich seit 1895 erschienenen Mitteilungen des Statistischen Amtes der Stadt München sowie bei *Singer,* Armenstatistik (1908)
15. Das Amt des Armenpflegers war 1894 fest in der Hand von Vertretern des Mittelstandes (zu über 90 Prozent); Münchener Gemeindezeitung (1894), Beilage S. 18 ff.
16. *Singer,* Armenstatistik (1908), S. 10
17. Mitteilungen des Statistischen Amtes der Stadt München 21 (1910), S. 105
18. Eine Übersicht in den Adreßbüchern der Stadt München
19. Mitteilungen des Statistischen Amtes der Stadt München 19 (1907), S. 81 ff.
20. Z.B. Sitzung des Gemeindebevollmächtigtenkollegiums am 16.1.1899, Münchener Gemeindezeitung (1899), S. 185 ff.
21. Münchener Post vom 20.1. 1904; außerdem Bericht der Münchener Ratsch-Kathl vom 11.4. 1908
22. Satzungen der Münchner Armenpflege (1907), Paragraph 15
23. *Reger* (Hrsg.), Handausgabe (1911), S. 16 f., dazu auch *Weber* (Hrsg.), Neue Gesetz- und Verordnungensammlung, Bd. 18, Art. 6, S. 220
24. Sitzung des Gemeindebevollmächtigtenkollegiums vom 13.1. 1898, Münchener Gemeindezeitung (1898), S. 61
25. Laut *Singer,* Armenstatistik (1908), S. 19, waren 1906 55 Prozent der Unterstützungsempfänger Personen über 60 Jahre, 80 Prozent zumeist verwitwete Frauen
26. Sitzung des Armenpflegschaftsrathes vom 9.11. 1893, Münchener Gemeindezeitung (1893), S. 1518 ff.
27. Sitzung des Armenpflegschaftsrathes vom 9.11. 1893, in: Münchener Gemeindezeitung (1893), S. 1520
28. Sitzung des Armenpflegschaftsrathes vom 3.12. 1890, Münchener Gemeindezeitung (1890), S. 689 f.
29. Verzeichnis der Preise bei Viktualien und sonstigen Gegenständen des täglichen Bedarfs in der königlichen Haupt- und Residenzstadt München. Vom 7. bis 13. Januar 1893, Beilage zur Münchener Gemeindezeitung (1893), S. 35
30. Sitzung des Gemeindebevollmächtigtenkollegiums vom 3.12. 1893, Münchener Gemeindezeitung (1893), S. 1533
31. Sitzung des Armenpflegschaftsrathes vom 9.11. 1893, Münchener Gemeindezeitung (1893), S. 1517
32. Magistratssitzung vom 27.9. 1900, Münchener Gemeindezeitung (1900), S. 1166
33. StadtAM, Wohlfahrtsamt, 700/V, Sitzung des Armenpflegschaftsrathes vom 1.12. 1904
34. Münchener Ratsch-Kathl vom 23.3. 1907
35. So etwa in der Sitzung des Armenpflegschaftsrathes vom 27.10. 1910, Münchener Gemeindezeitung (1910), S. 1701. Zum Mythos des »goldenen Herzens« siehe auch Sitzung des Armenpflegschaftsrathes vom 12.10. 1909, Münchener Gemeindezeitung (1909), S. 1463
36. Augsburger Postzeitung vom 8.1. 1910 sowie die Kommunale Praxis (1906), S. 1906
37. Sitzung des Gemeindebevollmächtigtenkollegiums vom 13.4. 1909, Münchener Gemeindezeitung (1909), S. 345
38. Zur Problematik der für den Bedürftigen oft peinlichen Armenholzvergabe die Münchener Ratsch-Kathl vom 13.12. 1905
39. Zehn Jahre im Dienste der Caritas (Festschrift) (1913)
40. Armengesetz, Artikel 10, Abs. 4
41. Sitzung des Armenpflegschaftsrathes vom 11.8. 1898, StadtAM, Wohlfahrtsamt 2181
42. Süddeutsche Monatshefte (1912) S. 117 ff.
43. Sitzung der Lokalschulkommission vom 28.2. 1912, Münchener Gemeindezeitung (1911), S. 400 ff.
44. BayHStA, MJu 12 200, Jahresbericht der Polizeidirektion München für die Regierung von Oberbayern für 1901
45. So in St. Bonifaz, St. Anna, St. Anton, dem Angerkloster der Armen Schulschwestern, dem Kloster der Servitinnen und St. Joseph, wo nicht selten täglich bis zu 200 Arme gespeist wurden
46. Münchener Post vom 21.1. 1902
47. Münchener Zeitung vom 18.1. 1902
48. Sitzung des Gemeindebevollmächtigtenkollegiums vom 30.1. 1902, Münchener Gemeindezeitung (1902), S. 175
49. Münchner Jahresübersichten (1890), Privatwohlthätigkeits-Vereine und Anstalten, S. 174 ff.
50. Jahresbericht des Vinzenz-Vereins München für 1901, S. 3; Münchner Neueste Nachrichten vom 18.2. 1903
51. Mündliche Auskunft des Bibliothekars von St. Anton in München
52. *Reger,* Handausgabe (1911), S. 195
53. Zur gestiegenen Zahl der Heimatrechtserwerbungen Mitteilungen des Statistischen Amtes der Stadt München 17 (1903), S. 16
54. Mitteilungen des Statistischen Amtes der Stadt München 17 (1903), S. 16
55. Zur detaillierten Aufschlüsselung der Armenausgaben Mitteilungen des Statistischen Amtes der Stadt München 21 (1910), S. 105
56. Sitzung des Gemeindebevollmächtigtenkollegiums vom 9.1. 1901, Münchener Gemeindezeitung (1901), S. 1478; Sitzung des Armenpflegschaftsrathes vom 8.1. 1903, Münchener Gemeindezeitung (1903), S. 59
57. *Singer,* Armenstatistik (1908), S. 4
58. Magistratssitzung vom 27.12. 1901, Münchener Gemeindezeitung (1901), S. 1644
59. Die Zahl der Ausweisungen findet sich in den Jahresberichten der Münchner Polizeidirektion für die Regierung von Oberbayern, BayHStA, MJu 12 199 bis 12 201
60. StadtAM, Sozialamt 1, Beschluß, betreffend die Abänderung einiger Bestimmungen der Gesetze über Heimat, Verehelichung und Aufenthalt und über die öffentliche Armen- und Krankenpflege, München 9.7. 1896
61. BayHStA, MJu 12 199, Jahresbericht der Polizeidirektion München für die Regierung von Oberbayern für 1902
62. StadtAM, Sozialamt 1, Antwortschreiben verschiedener Wohltätigkeitsvereine von 1896
63. A priv. Vinzentinum, Schreiben des Zentralvorstandes des Vinzenz-Vereins an die einzelnen Konferenzen vom 5.10. 1896
64. Jahresbericht des Vereins für freiwillige Armenpflege für 1900, S. 14 (Mitgliederverzeichnis)
65. *Singer,* Armenstatistik (1908), S. 138
66. Münchner Neueste Nachrichten vom 20.8. 1896
67. StadtAM, Sozialamt 1, Schreiben des Magistrats an die Polizeidirektion München vom 24.7. 1896
68. StadtAM, Sozialamt 1, Schreiben der Polizeidirektion München an den Magistrat vom 31.7. 1896
69. BayHStA, MJu 12 199, Jahresberichte der Polizeidirektion München für die Regierung von Oberbayern für 1895–1899
70. *Singer,* Armenstatistik (1908), S. 8
71. Einen Einblick in konjunkturelle Veränderungen vermitteln die Jahresberichte des Arbeitsamtes München für 1894 ff.
72. Mitteilungen des Statistischen Amtes der Stadt München 21 (1910), S. 105
73. Sitzung des Armenpflegschaftsrathes vom 14.11. 1901, Münchener Gemeindezeitung (1901), S. 174
74. Sitzung des Armenpflegschaftsrathes vom 14.11. 1901, Münchener Gemeindezeitung (1901), S. 174
75. StadtAM, Sozialamt 700/V, Schreiben Bürgermeister von Borschts an die Bezirkspflegekommissionen vom 8.5. 1900

76. Jahresberichte des Vinzenz-Vereins für 1900, S. 3 sowie des Vereins für freiwillige Armenpflege für 1900, S. 13; dort zeigt sich, daß die Zahl der vorübergehenden Unterstützungen um 50 Prozent (!) angestiegen war
77. Sitzung des Armenpflegschaftsrathes vom 14. 11. 1901, Münchener Gemeindezeitung (1901), S. 175
78. Münchener Post vom 19. 1. 1898
79. Münchener Post vom 5. 12. 1898
80. Sitzung des Gemeindebevollmächtigtenkollegiums vom 3. 12. 1903, Münchener Gemeindezeitung (1903), S. 1853
81. Dazu Münchener Post vom 11. 1. 1905, Kommentar des Liberalen Michael Berndl
82. Münchener Post vom 23. 11. 1909
83. *Schmid*, Die Sozialdemokratie im Münchener Rathaus (1908), S. 62 ff.
84. Sitzung des Armenpflegschaftsrathes vom 16. 1. 1904, Münchener Gemeindezeitung (1904), S. 156
85. Gemeindeverordnungsblatt Nr. 70 vom 17. 11. 1911, S. 1128 f.
86. StadtAM, Sozialamt 2461, Schreiben des Vereins für Fraueninteressen vom 8. 1. 1903
87. Sitzung des Armenpflegschaftsrathes vom 16. 1. 1904, Münchener Gemeindezeitung (1904), S. 1757
88. StadtAM, Sozialamt 483, Protokoll der Sitzung vom 30. 5. 1906
89. Sitzung des Gemeindebevollmächtigtenkollegiums vom 7. 3. 1908, Münchener Gemeindezeitung (1908), S. 443 f.
90. A priv. Vinzentinum, Protokoll der Sitzung des Zentralvorstandes des Vinzenz-Vereins vom 4. 4. 1907
91. Sitzung des Armenpflegschaftsrathes vom 14. 6. 1911, Münchener Gemeindezeitung (1911), S. 920 f.
92. Sitzung des Armenpflegschaftsrathes vom 12. 10. 1909, Münchener Gemeindezeitung (1909), S. 1463
93. Sitzung des Armenpflegschaftsrathes vom 21. 10. 1909, Münchener Gemeindezeitung (1909), S 1536
94. Sitzung des Gemeindebevollmächtigtenkollegiums vom 28. 10. 1909, Münchener Gemeindezeitung (1909), S. 1566
95. Sitzung des Gemeindebevollmächtigtenkollegiums vom 14. 11. 1907, Münchener Gemeindezeitung (1907), S. 1440, vgl. dazu auch *Schmid*, Die Sozialdemokratie im Münchener Rathaus (1914), S. 66 f.
96. Sitzung des Armenpflegschaftsrathes vom 21. 10. 1909, Münchener Gemeindezeitung (1909), S. 1537
97. Verantwortlich dafür waren die 1907 stark gestiegenen Mieten, die hohe Arbeitslosigkeit im Winter 1908 und das Fehlen billiger Kleinwohnungen
98. StadtAM, Sozialamt 35/1, Protokoll der Ausschußsitzung des Armenpflegschaftsrathes vom 15. 9. 1910 und vom 27. 7. 1910
99. Magistratssitzung vom 5. 10. 1910, Münchener Gemeindezeitung (1910), S. 1466
100. *Schmid*, Die Sozialdemokratie im Münchener Rathaus (1914), S. 78 ff.
101. *Singer*, Die Schaffung eines gemeindlichen Fonds zur Förderung der Arbeitslosenversicherung (Gutachten), (1906), Anhang 5
102. Sitzung des Gemeindebevollmächtigtenkollegiums vom 7. 3. 1912, Münchener Gemeindezeitung (1912), S. 484–501
103. Dazu auch Ludwig Quidde in der Sitzung des Gemeindebevollmächtigtenkollegiums vom 2. 11. 1911, Münchener Gemeindezeitung (1911), S. 1532
104. Magistratssitzung vom 21. 1. 1901, Münchener Gemeindezeitung (1901), S. 125 ff.
105. Münchener Post vom 17. 1. 1905
106. StaatsAM, RA 60004, Schreiben Bürgermeister von Borschts an die Regierung von Oberbayern vom 22. 1. 1905
107. Magistratssitzung vom 18. 11. 1898, Münchener Gemeindezeitung (1898), S. 1245
108. Sitzung des Armenpflegschaftsrathes vom 24. 10. 1912, Münchener Gemeindezeitung (1912), S. 1560
109. Sitzung des Armenpflegschaftsrathes vom 31. 7. 1913, Münchener Gemeindezeitung (1913), S. 1050
110. Sitzung des Armenpflegschaftsrathes vom 31. 7. 1913, Münchener Gemeindezeitung (1913), S. 1050

Aspekte polizeilicher Tätigkeit
(S. 142–145)

1. BayHStA, MA 92812 zur Einführung der Bertillonage; StaatsAM, Pol. Dir. 4126, Jahresbericht der Polizeidirektion für 1911 sowie *Keidel*, Die Handhabung (1911), S. 155 f.
2. StaatsAM, Pol. Dir. 4124, Jahresbericht der Polizeidirektion für 1898
3. StaatsAM, RA 58 113, Jahresbericht der Polizeidirektion für 1914; BayHStA, MInn 72 173, Verordnung vom 2. 8. 1904 sowie Schreiben der Polizeidirektion an das Innenministerium vom 30. 11. 1898
4. StaatsAM, RA 58 222, Schreiben der Gendarmeriekompagnie von Oberbayern an die Regierung von Oberbayern vom 3. 7. 1901
5. Zeitschrift des Bayerischen Statistischen Landesamts 46 (1914), S. 169 f. Verurteilungen wegen Bettelns und Landstreicherei 1 : 50 Einwohner (strafmündige Zivilbevölkerung) im Landgerichtsbezirk München II, 1 : 172 in München I
6. BayHStA, MA 92813, Referat des führenden Münchner Polizeibeamten Theodor Harster auf der Polizeikonferenz am 20./21. 12. 1912 in Berlin
7. *Harster*, Der Erkennungsdienst (1914), S. 357–378
8. *Dillmann*, Zigeunerbuch (1905); zur Zigeunerkonferenz BayHStA, MInn 72575; *Strauß*, Die Zigeunerverfolgung
9. *Reich*, Das bayerische Zigeuner- und Arbeitsscheuengesetz (1927)
10. BayHStA, MA 92813, Protokoll und Referate der ersten deutschen Polizeikonferenz vom 20./21. 12. 1912 in Berlin
11. StaatsAM, Pol. Dir. 4325, Dienstvorschrift für die k. Schutzmannschaft, München 1898, S. 10 f.
12. StaatsAM, RA 58 090, Schreiben der Polizeidirektion an die Regierung von Oberbayern vom 10. 4. 1908
13. StadtAM, Pol. Dir. 48, Tagebuch der Polizeiwache Au 1899–1901; etwa die Hälfte der Eintragungen bezieht sich auf Übertretungen wegen Bettelns, Landstreichens und Arbeitslosigkeit
14. StaatsAM, RA 58 089, Schreiben der Polizeidirektion an die Regierung von Oberbayern vom 13. 7. 1900
15. StaatsAM, Pol. Dir. 187, Schreiben der Polizeidirektion an die Gendarmerie vom 29. 11. 1893
16. StaatsAM, Pol. Dir. 4335, Schreiben der Polizeidirektion an die Gendarmeriekompagnie von München vom 16. 5. 1877
17. Nach den Jahresberichten der Polizeidirektion, soweit überliefert
18. Die Eigentumsdelikte bis 1906: Etwa die Hälfte bis zwei Drittel der angezeigten Delikte. Hierzu die polizeilichen Jahresberichte mit den Anzeigen mit land- und schwurgerichtlicher Kompetenz. Siehe auch *Kraus*, Arbeitslosigkeit (1910)
19. Deutliche Veränderungen lassen sich für die Jahre 1893 und 1910 feststellen. StaatsAM, Pol. Dir. 4123–4126, Jahresberichte der Polizeidirektion für die Jahre 1875–1911
20. StaatsAM, Pol. Dir. 4124, Jahresbericht der Polizeidirektion für 1894; ähnlich StaatsAM, RA 58 222, Schreiben der Gendarmeriebrigade München I an das Bezirksamt München I vom 8. 5. 1892, Überwachung eines sozialdemokratischen Wirts in Höllriegelskreuth
21. Die politische Überwachung nahm das zuständige Referat VI der Polizeidirektion wahr, auch den an sich verbotenen Einsatz von Polizeispitzeln; dazu StadtAM, Nachlaß Dillmann 8, im Oktober 1901; StaatsAM, Pol. Dir. 4126, Jahresbericht der Polizeidirektion für 1910 und folgende
22. StaatsAM, Pol. Dir. 4123, Jahresbericht der Polizeidirektion für 1878; Erlaß der Münchner Polizeidirektion zitiert nach Münchener Post vom 3. 1. 1905
23. Grundlage hierfür war § 361, 8 RStGB
24. Münchener Post vom 18. 1. 1905
25. Münchener Post vom 18. 1. 1905
26. StaatsAM, Pol. Dir. 4124, Jahresbericht der Polizeidirektion für 1895
27. StadtAM, Nachlaß Dillmann 8, S. 370 und 376, März 1902
28. StaatsAM, Pol. Dir. 4125, Jahresbericht der Polizeidirektion für 1903; Asylverein für Obdachlose in München, Jahresberichte 1890–1909, hier Jahresbericht für 1904, S. 6
29. StaatsAM, Pol. Dir. 4125, Jahresbericht für 1907; StadtAM, Sozialamt 2730, Tätigkeitsbericht der Polizeipflegerin
30. StaatsAM, Pol. Dir. 4126, Jahresbericht der Polizeidirektion für 1909
31. Zitiert nach *Stolleis*, Strafrecht und Sozialrecht, S. 126

32. Bayerische Justizstatistik für 1913 (1914), S. XXXIII ff.
33. *v. d. Pfordten*, Zur Bewegung der Kriminalität (1909), S. 401–403; das Verhältnis Gefängnisstrafen zu Geldstrafen betrug 1894: 100 zu 38, 1907: 100 zu 69
34. *Keidel*, Handhabung (1911), S. 135–141, Bekanntmachung des Justiz- und des Innenministeriums vom 5.4. 1901; dieses Verfahren der bedingten Begnadigung wurde seit 1895 praktiziert
35. Z.B. *Bonhoeffer*, Ein Beitrag (1901), S. 1–65; *Seige*, Das Landstreichertum (1912), S. 97–114; *Wilmanns*, Das Landstreicher- und Bettlertum (1911)

Militärdienst in München
(S. 146–151)

1. *Förster*, Der doppelte Militarismus, S. 299, 227
2. Zu diesem Problembereich *Wehler*, Das deutsche Kaiserreich, S. 158 und weiter *Messerschmidt*, Handbuch Bd. IV, 1., S. 277; *Quidde*, Der Militarismus (1977), S. 109. Zum ›Militarismus-Begriff‹ in der Forschung *Ritter*, Das Problem des Militarismus, S. 4 und ein Jahr später *Dehio*, Um den deutschen Militarismus, S. 48
3. *Albrecht*, Von der Reichsgründung, S. 285; die speziellen Reservatrechte im Militärwesen, ebd., S. 289 f.
4. *Kitchen*, The German Officer, S. 12
5. *Möckl*, Prinzregentenzeit, S. 428
6. *Möckl*, Prinzregentenzeit, S. 402 und *Rumschöttel*, Das bayerische Offizierskorps, S. 289 f.
7. Allgemein militärgeschichtliche Belange – auch der bayerischen Armee – für diese Jahre behandeln *Messerschmidt*, Handbuch; *Geyer*, Die Geschichte des deutschen Militärs; *Schmidt-Richberg*, Die Regierungszeit Wilhelms II.
8. In München waren drei Infanterie- und drei Artillerieregimenter stationiert, ein Kavallerieregiment sowie Pionier- und Traintruppen, letztere für Versorgung, Nachschub und Logistik. Zum Truppeneinsatz gegen Umsturzbestrebungen BayHStA KA, MKr 251, Stück 32. Dazu auch BayHStA KA, MKr 2496
9. Chevaulegers: berittene leichte Aufklärungstruppen
10. Dazu *Rumschöttel*, Das bayerische Offizierskorps, S. 69
11. Standort-Vorschrift München (1902), S. 74
12. Einrichtungen zur Verwaltung und Produktion von Armeebedarf
13. Ältere Kasernen: Hofgartenkaserne, Neue-Isar-Kaserne
14. *v. Rauscher*, Unterrichtsbuch (1911), S. 4 f. Bei der Zählung wurden ausdrücklich auch die Zivilbeamten der Militärverwaltung mit berechnet. BayHStA KA, MKr 345, Stück 104. Insgesamt umfaßte aber die Zahl der Zivil- und Militärbeamten beispielsweise 1907 nur 337 Personen; BayHStA KA; MKr 345, Stück 138
15. BayHStA KA, MKr 345, Stück 69, hier: Vorläufiges Zählergebnis für den Aushebungsbezirk Magistrat München (incl. Schwabing, Neuhausen, Bogenhausen). Mit 9269 Soldaten waren es bei einer ortsanwesenden Bevölkerung im gesamten Bezirk von 350 594 Bewohnern genau 2,66 Prozent
16. BayHStA KA, MKr 345, Stück 75; in Landsberg (540 Soldaten) 9,87 Prozent; in Ingolstadt (4296 Soldaten) 24,37 Prozent
17. BayHStA KA, MKr 2625, Stück 109
18. Z.B. beim Besuch Wilhelms II., 13.11. 1906. Dazu StaatsAM, Pol. Dir. 3909
19. StaatsAM, Pol. Dir. 3909, Brief der Königlichen Kommandantur an die Königliche Polizeidirektion vom 6.11. 1906
20. Z.B. beim Infanterie-Leib- und 1. Schwere-Reiter-Regiment 1914
21. StaatsAM, Pol. Dir. 4132, Festprogramm zur 25-Jahr-Erinnerungs-Feier des 1. und 3. Feld-Artillerie-Regimentes am 30.11. und 1./2.12. 1895
22. Einzel-Bestimmungen zur Garnisons-Vorschrift München (1896), S. 45, zu § 28 über den Kirchenbesuch der Truppen
23. Einzel-Bestimmungen zur Garnisonsdienst-Vorschrift München (1896), S. 47
24. Einzel-Bestimmungen zur Garnisonsdienst-Vorschrift München (1896), S. 45
25. Einzel-Bestimmungen zur Garnisonsdienst-Vorschrift München (1896) S. 50
26. Prinzregentenfeiern jeweils zu ›runden Geburtstagen‹ von Luitpold. Zur Illumination StaatsAM, Pol. Dir. 3833
27. Standort-Vorschrift München (1907), S. 77
28. BayHStA KA, MKr 2625, Stück 142
29. BayHStA KA, MKr 2625, Stück 161. 50 Schwere Reiter sollten den Festzug kostümiert begleiten
30. BayHStA KA, MKr 2625, Stück 161
31. Militärdienstgesetzbuch (1914), Wehrordnung § 4, 1
32. Regierungsentwurf: Spätherbst 1867; Inkrafttreten: Januar 1869; *Vogel*, Der Stellenwert des Militärischen, S. 61
33. *v. Seydel*, Bayerisches Staatsrecht (1884 ff.) Bd. VI, 2, S. 492
34. BayHStA KA, MKr 526, Stück 26, Verordnungsblatt vom 11.8. 1893 betreffend des Gesetzes über die Friedenspräsenzstärke des deutschen Heeres sowie Militärdienstgesetzbuch (1914), Wehrordnung, § 6, 3
35. BayHStA KA, MKr 526, Stück 100, Bericht des Hauptmann i.G. Graf von Tattenbach
36. *Vogel*, Der Stellenwert des Militärischen, S. 6
37. BayHStA KA, MKr 526, Stück 99, Studie vom 31.12. 1910
38. Dazu *Heyl*, Militärwesen, S. 352 f.
39. BayHStA KA, MKr 579, Stück 74, Kriegsministerialerlaß Nr. 6737 vom 25.5. 1899
40. Zu den Musterungsbehörden *Heyl*, Militärwesen, S. 353
41. BayHStA KA, MKr 573, Stücke 62 und 63 sowie Militärdienstgesetzbuch (1914), § 27,2 der Wehrordnung. Siehe auch Stück 61
42. Militärdienstgesetzbuch (1914), § 11 Reichsmilitärgesetz
43. BayHStA KA, MKr 573, Stück 82 und MKr 574, Stück 27; nach Militärdienstgesetzbuch (1914), Wehrordnung § 5,2 waren Wehrpflichtige nur bis zum 39. Lebensjahr dienstpflichtig
44. So konnte nach den Satzungen des bayerisch-amerikanischen Vertrages vom 26.5. 1868 Bayern Rückkehrer innerhalb von zwei Jahren ausweisen
45. BayHStA KA, MKr 574, Stück 27, Interpretation des bayerisch-amerikanischen Vertrages; daneben auch MKr 573, Stück 47
46. BayHStA KA, MKr 575, Stücke 45, 99, 100
47. Als Beispiel dafür BayHStA KA, MKr 528, Stücke 36 und 37. Anschaulich ist hier der Fall des Johann Heinrich Boll MKr 528, Stück 51, Brief des Boll, 10.4. 1899
48. Militärdienstgesetzbuch (1914), § 13 Heerordnung
49. BayHStA KA, MKr 528, Stücke 46, 55 und 64
50. Militärdienstgesetzbuch (1914), Wehrordnung § 1,5
51. Militärdienstgesetzbuch, Heerordnung § 2, Abschnitt Rekrutierung
52. Einzel-Bestimmungen Garnisonsdienst-Vorschrift (1896), S. 47
53. *Rumschöttel*, Bayerisches Offizierskorps, S. 69 und vor allem S. 66; zur belletristischen Verarbeitung *Zöllner*, Gärender Wein (1919), S. 35 sowie Münchner Sprüch' (o.J.), S. 14
54. *Schoenberner*, Bekenntnisse (1964), S. 91
55. Münchner Sprüch' (o.J.), S. 14
56. Endliche Klarheit über die Erkrankungen (o.J.), S. 3 sowie Münchner Blut (o.J.), S. 22
57. *Rumschöttel*, Bayerisches Offizierskorps, S. 220
58. *Schlittgen*, Erinnerungen (1947), S. 66; außerdem BayHStA KA, MKr 2323, Stück 82
59. BayHStA KA, MKr 10 322, 10 323, 10 324
60. 12 bis 13 Betten waren der Durchschnitt, vereinzelt auch sechs bis acht Betten. BayHStA KA, MKr 10 323
61. BayHStA KA, MKr 10 323. 1892 z.D. Räume mit 67 Betten (Neue-Isar-Kaserne)
62. Durchschnitt in Luftkubikmetern: 16 bis 19 cbm (repräsentativer Querschnitt)
63. *Schoenberner*, Bekenntnisse (1964), S. 92 und *v. Frauenholz*, Geschichte, S. 136
64. *Rentsch*, In Frack (1958), S. 32; oder ein Soldatenlied in *Rattelmüller*, Dirndl (1977), S. 6; Münchner Sprüch (o.J.), S. 15
65. Häufig Fichtenbretterboden, vereinzelt Parkettfußboden
66. *Schoenberner*, Bekenntnisse (1964), S. 93; *Schlittgen*, Erinnerungen (1947), S. 67
67. BayHStA KA, MKr 2323, Stück 82, »Militärische Beobachtung und Kritik einer Charge.« Brief des Kaufmanns Guggenheimer an das Kriegsministerium 1913

68. BayHStA KA, MKr 10323, Bericht des Stabsarztes des 1. Train-Bataillons vom 1.5.1896
69. BayHStA KA, MKr 10323, Bericht des Oberfeldarztes 2. Klasse und Regimentsarztes im Königlich 1. Feld-Artillerie-Regiment ›Prinz Luitpold‹, Dr. Rotter, vom 1.5.1896
70. BayHStA KA, MKr 10023, Stück 55 und 10323, Bericht Rotter 1.5.1896
71. Neben Pissoirs »Beton-Trog-Closetts« mit periodischer Spülung. Noch 1890 kamen z.B. auf 318 Mann im ersten Stockwerk der Neuen-Isar-Kaserne nur 9 Closetts
72. BayHStA KA, MKr 10023, Stück 36, Kriegsministerialerlaß Nr. 5387 vom 25.9.1902
73. BayHStA KA, MKr 10323, Statistik der Epidemien im ›Leibregiment‹, 1.5.1896

	Schar-lach	Influ-enza	Genick-starre	tot	unge-heilt
Winter 94/95	182	143	–	2	12
Winter 95/96	42	?	2	4	–

74. BayHStA KA, MKr 10323, Nachtrag zu den hygienisch-statistischen Beschreibungen des I. Infanterieregimentes und der Bericht des Schweren-Reiterregimentes, jeweils Abschnitt k
75. BayHStA KA, MKr 10324, Bericht des Abteilungsarztes der Eskadron Jäger zu Pferd von 1898
76. Münchner Sprüch (o. J.), S.15; sowie in treffender und drastischer Weise *Welsch*, Münchner Volksleben, Heft 4 (o. J.), S.50: Couplet »Desweg'n bin i wieder da«
77. BayHStA KA, MKr 238, Stück 34; Verweis auf Kriegsministerialerlaß Nr. 16186 vom 1.12.1882, Verbot des Brotverkaufes
78. BayHStA KA, MKr 238, Stücke 36, 52, 58
79. BayHStA KA, Alter Bestand A XIII 8, Stück 10
80. Münchener Post vom 9. und 10.6.1895
81. BayHStA KA, Alter Bestand A XIII 8, Stück 9; Kündigung von Metzgern wegen Bestechung, März 1896 sowie Alter Bestand A XIII 8, Stück 15
82. *Möckl*, Prinzregentenzeit, S.399
83. BayHStA KA, MKr 10323, Bericht vom 1.5.1896
84. BayHStA KA, MKr 10023, Stück 38
85. *v. Frauenholz*, Geschichte, S.237 und 243
86. BayHStA KA, MKr 526, Stück 26; Verordnungsblatt vom 11.8.1893 betreffend Gesetz über die Friedenspräsenzstärke des deutschen Heeres
87. BayHStA KA, MKr 2524, Stücke 16, 17, 18, 19 sowie MKr 2496, Stück 25
88. *Sinsheimer*, Gelebt im Paradies (1953), S.29
89. BayHStA KA, MKr 2496, Stück 25
90. Beispiele dazu BayHStA KA, MKr 2524, Stücke 10 und 13
91. BayHStA KA, MKr 2920, Einleitung zum Exerzier-Reglement für die Infanterie von 1888, am 2.9. durch Luitpold bestätigt. *Endres*, Struktur des Offizierkorps, S.309

92. *Schulte*, Die deutsche Armee, S.426f.
93. Dazu z.B. BayHStA KA, MKr 10323, Bericht Dr. Rotter 1896 sowie MKr 2323, Stück 31
94. *v. Frauenholz*, Geschichte, S.240 und Standort-Vorschrift München (1902), S.75
95. BayHStA KA, MKr 2524, Stücke 36 und 38 sowie 2524, Stück 40. Zu Verkehrstörungen in Neuhausen 1904, MKr 11542, Stück 21; über nächtliche Ruhestörung Münchner Post vom 30.8.1902
96. *v. Frauenholz*, Geschichte, S.243
97. Münchner Sprüch (o. J.), S.15; außerdem BayHStA KA, MKr 10023, Stück 52
98. *Höhn*, Die Armee, S.30 und 451; zur Wandlung des Begriffs der ›Disziplin‹ vgl. u.a. *Demeter*, Das deutsche Offizierskorps, S.160ff.
99. *v. Rauscher*, Unterrichtsbuch (1911), S.24
100. Beispiele dafür in BayHStA KA, MKr 529, Stücke 69, 88 und 90 sowie Stücke 76 und 98
101. Militärgesetzbuch (1914), Wehrordnung § 7,3. Siehe auch BayHStA KA, MKr 529, Stück 52
102. *Rumschöttel*, Das bayerische Offizierskorps, S.107
103. *v. Rauscher*, Unterrichtsbuch (1911), S.23
104. *Endres*, Struktur des Offizierkorps, S.315. Dazu BayHStA KA, MKr 10911, »Verzeichnisse der Selbstentleibungen im Königlich Bayerischen Heer«, seit 1890. Demnach schieden jährlich zwischen 16 (1891 und 1906) und 34 (1897 und 1900) Soldaten der Armee freiwillig aus dem Leben, 1912 unternahmen allein 39 einen Versuch
105. Eine ausführliche tabellarische und graphische Zusammenstellung und Übersicht zu diesem Thema demnächst in meiner Magisterarbeit. Grundlage ist der Akt BayHStA KA, MKr 11107
106. 60 Soldaten hatten sich im I. Armeekorps aufgrund einer vorschriftswidrigen Behandlung mit Erfolg gemeldet, davon allein 37 in München. Zu diesem Thema außerdem *Bullek*, Der Soldatenschinder (1893); *Anonym*, Nichtgeistliche Leichenrede (1893); *Miller*, Ein Aufschrei (1892), *Anonym*, Die Mißbräuche (o. J., etwa 1895), und *Quidde*, Der Militarismus (1977)
107. Dazu BayHStA KA, MKr 11107, Stück 62
108. Zur Unterscheidung der Strafen nach Rangordnung auch *Quidde*, Der Militarismus (1977), S.88
109. Dazu BayHStA KA, MKr 11107, Stück 102
110. Die Wirkung der Presse darf hier nicht unterschätzt werden. Ein Artikel der ›Neuen freien Volkszeitung‹ vom 1.8.1902 über Soldatenmißhandlungen erschien schon am 2.8.1902 im ›Hamburger Echo‹ und wurde von den dortigen Polizeibehörden an das Münchner Innenministerium geschickt. Dazu BayHStA KA, MKr 11541, Stück 53 sowie *Möckl*, Prinzregentenzeit, S.399
111. Beispiele dafür sind unter vielen anderen BayHStA KA, MKr 11540, Stück 62a, MKr 11543, Stück 64, MKr 11542, Stück 53

112. BayHStA KA, MKr 11540, Stück 70, MKr 11541, Stück 90 und MKr 11543, Stück 21. *Schoenberner*, Bekenntnisse (1964), S.93 berichtet vom 5-Uhr-Wecken, im ›Schweren-Reiter-Lied‹ ist sogar von halb vier Uhr die Rede; dazu *Rattelmüller*, Dirndl (1977), S.72 sowie BayHStA KA, MKr 11543, Stück 113
113. BayHStA KA, MKr 11540, Stück 49
114. *v. Frauenholz*, Geschichte, S.134
115. Münchener Post vom 30.9.1900
116. BayHStA KA, MKr 10095, Stück 3
117. BayHStA KA, MKr 10095 sowie *Höhn*, Kampf des Heeres, S.48
118. BayHStA KA, MKr 10095, Stück 8
119. Bier konnte ja auch zur normalen Truppenverpflegung zählen; vgl. BayHStA KA, MKr 10323, Nachtrag zu den hygienisch-statistischen Beschreibungen des I. Infanterie-Regimentes; hier und im folgenden MKr 10095. Zusammenfassung der Ergebnisse aus den Erhebungen von Oktober 1902 bis September 1905
120. Das Regiment war 1902/03 ›Spitzenreiter‹
121. BayHStA KA, MKr 10095, Stück 32
122. BayHStA KA, MKr 10095, Stück 23, Auswertung des ersten Jahres vom 4. März 1904 sowie MKr 11543, Stück 113
123. BayHStA KA, MKr 2501, Stücke 16, 22, 23, 24, 26 und 27; so wurde am 16.9.1894 der Saal der Salvatorbrauerei nach einer »Bebelversammlung« der Sozialdemokratie für Militär gesperrt; dazu BayHStA KA, MKr 2501, Stücke 29 und 30 sowie ausführlich dazu *Höhn*, Kampf des Heeres, S.181–209
124. BayHStA KA, MKr 2501, Stück 52
125. Dazu *Höhn*, Kampf des Heeres, S.220ff. und 244ff.
126. *Höhn*, Kampf des Heeres, S.176
127. *Höhn*, Kampf des Heeres, S.176. Ein Infanterist besuchte 1909 in Zivil die sozialdemokratische Maifeier im Maximilianskeller. Daraufhin wurde er vom Regimentskommandeur mit der höchsten Disziplinarstrafe von 21 Tagen mittlerer Arrest belegt, was das Kriegsministerium ausdrücklich begrüßte; außerdem S.192f.
128. BayHStA KA, MKr 2501, Stück 57, Schreiben von 1903 und Stück 66, Schreiben vom Januar 1905 sowie Stück 51, Schreiben vom 17.12.1901
129. BayHStA KA, MKr 2501, Stück 52
130. BayHStA KA, MKr 2501, Stück 21, Bericht der Königlichen Polizeidirektion München über die Verkehrsverhältnisse in der Wirtschaft ›Zur Seerose‹ in der Marienstraße, 9.10.1893
131. Dazu BayHStA KA, MKr 2501, Stücke 17, 21 und 22
132. Dazu BayHStA KA, MKr 10102, Stück 22
133. BayHStA KA, MKr 10101, Stück 47
134. BayHStA KA, MKr 10101, Stück 333 sowie Stück 56
135. BayHStA KA, MKr 10023, Stück 52
136. Kriegsministerialerlaß Nr. 14731 vom 18.6.1913. Die Berichte waren bis zum 1.11.

1915 fällig, wurden aber nicht mehr ausgeführt
137. BayHStA KA, MKr 10023, Stück 74
138. Militärdienstgesetzbuch (1914), Wehrordnung § 6,5
139. BayHStA KA, MKr 11543, Stück 64, Artikel der Münchener Post über Frühjahrsübungen
140. *Messerschmidt*, Militär und Politik, S. 139
141. Dazu *Bäuml-Stosiek* in der vorliegenden Publikation
142. *Endres*, Struktur des Offizierskorps, S. 316
143. *v. Rauscher*, Unterrichtsbuch (1911), S. 1
144. *Welsch*, Volksleben (o. J.), S. 37

Dienstboten
(S. 152–157)

1. Beilage zur Münchener Gemeindezeitung (1892), S. 1225
2. Die berufliche Gliederung der Bevölkerung Münchens 1907 (1911), S. 44. 1882 betrug ihr Anteil an der Gesamtbevölkerung noch 6,2 Prozent. Zur Gesamtthematik *Beck*, Dienstboten
3. Zit. nach *Engerer*, Vorgeschichte (1909), S. 75
4. StaatsAM, Pol. Dir. 1012/2, Dienstanweisung der Königlichen Polizeidirektion München zur Ausstellung von Dienstbotenbüchern vom 11.12.1899
5. *Geßler*, Bayerisches Dienstbotenrecht (1908), S. 5
6. Berechnet nach Die berufliche Gliederung der Bevölkerung Münchens 1907 (1911), S. 44
7. Berechnet nach Die berufliche Gliederung der Bevölkerung Münchens 1907 (1911), S. 44: 39 188 weibliche Erwerbstätige 1882, 97 351 im Jahre 1907. In dem stärker von Industrie geprägten Berlin beispielsweise, der Stadt mit der größten absoluten Zahl an Hauspersonal unter den deutschen Großstädten, machten die Dienstmädchen im Jahre 1907 nur noch ein Sechstel der 335 265 weiblichen Berufstätigen aus. Berechnet nach: *Kaiserliches Statistisches Amt* (Hrsg.), Berufs- und Betriebszählung 1907 (1913), S. 236*
8. Haus und Herd vom 22.11.1909, S. 339
9. Berechnet nach Die berufliche Gliederung der Bevölkerung Münchens 1907 (1911) Tab. II, S. 88f.
10. *Müller*, Dienstbare Geister, S. 109
11. *Kesten-Conrad*, Zur Dienstbotenfrage (1910), S. 530; nur 12,3 Prozent stammten demnach aus der Stadt, in der sie dienten
12. Die berufliche Gliederung der Bevölkerung Münchens 1907 (1911), S. 35. Vgl. auch *Bayer. Statistisches Landesamt* (Hrsg.), Bayern und seine Gemeinden unter dem Einfluß der Wanderungen (1912), S. 224*
13. Berechnet nach Die berufliche Gliederung der Bevölkerung Münchens 1907 (1911), Tab. 34, S. 39. Ein ähnliches Ergebnis bei *Kesten-Conrad*, Zur Dienstbotenfrage (1910), S. 530
14. *Christ*, Erinnerungen (1972), S. 38
15. *Müller*, Dienstbare Geister, S. 50
16. Vgl. *Mußner*, Hausdienstboten, S. 41 ff.
17. StadtAM, Wohltätigkeitsstiftungen 149, Bittgesuch der Köchin Klara Wagenhäußer an den Stadtmagistrat München vom 24.12.1906
18. *Mußner*, Hausdienstboten, S. 51
19. *Mußner*, Hausdienstboten, S. 68
20. Rechenschafts-Bericht des Frauenvereins Arbeiterinnenheim e. V. für 1901, S. 12 f.
21. StaatsAM, Pol. Dir. 3553, Beilage, Prospekt von 1911, Punkt 2
22. StaatsAM, Pol. Dir. 3553, Beilage, Prosepkt von 1911, Punkt 4
23. *Stillich*, Die Lage (1902), S. 354
24. Rechenschafts-Bericht des Frauenvereins Arbeiterinnenheim e. V. für 1901, S. 11
25. Berechnet nach den Rechenschafts-Berichten des Frauenvereins Arbeiterinnenheim e. V. bzw. des Vereins für hauswirtschaftliche Frauenbildung e. V. für 1901–1912
26. *Sachs*, Die Einrichtungen (1915), S. 232 sowie *Müller*, Dienstbare Geister, S. 46
27. *Mußner*, Hausdienstboten, S. 78
28. *Mußner*, Hausdienstboten, S. 81 f.
29. *Mußner*, Hausdienstboten, S. 78. *Kesten-Conrad*, Zur Dienstbotenfrage (1910), S. 533
30. *Mußner*, Hausdienstboten, S. 81
31. *Mußner*, Hausdienstboten, S. 84
32. Die Marien-Anstalt für weibliche Dienstboten in München-Warnberg, Festschrift zum fünfzigjährigen Jubiläum (1906), S. 11, 62
33. *Lindhamer*, Die Wohlfahrtseinrichtungen (1908), S. 12
34. *Mußner*, Hausdienstboten, S. 86
35. Statuten der Marien-Anstalt (1883), Tit. IV § 13 Ziff. 7
36. Hausordnung der Marien-Anstalt (1882), § 1
37. Hausordnung der Marien-Anstalt (1882), § 4
38. Vgl. Hausordnung der Marien-Anstalt (1882) § 2 sowie Jahres-Bericht des Maria-Martha-Stifts in München für 1891, S. 5
39. *Fiack*, Dienstboten (1912), S. 14
40. Vgl. Bayerisches Ausführungsgesetz zum Bürgerlichen Gesetzbuch von 1899, Art. 19, in: *Uschold*, Vorschriften (1900), S. 13. Nachweise über die Rechtslage in den verschiedenen deutschen Gesindeordnungen bei *Kähler*, Gesindewesen (1896), S. 146 ff.
41. Haus und Herd vom 22.6.1912, S. 180 f.
42. *Fiack*, Dienstboten (1912), S. 27
43. *Fiack*, Dienstboten (1912), S. 28 ff. Ähnlich *Neher*, Zur Lage (1908), Tab. S. 10
44. *Gordon*, Die Pflichten (1912), S. 19
45. Vgl. Polizeistrafgesetzbuch für das Königreich Bayern von 1871, Art. 106, Ziff. 5 und 8, in: *Uschold*, Vorschriften (1900), S. 67. Nachweise über die Rechtslage in anderen deutschen Gesindeordnungen bei *Kähler*, Gesindewesen (1896), S. 148
46. *Fiack*, Dienstboten (1912), S. 41
47. *Fiack*, Dienstboten (1912), S. 37. Die Stuttgarter Dienstmädchen erhielten zu 72 Prozent Sonntagsausgang: *Neher*, Zur Lage (1908), S. 10; die Berliner nur zu sieben Prozent: *Stillich*, Die Lage (1902), S. 137
48. *Fiack*, Dienstboten (1912), Tab. S. 39
49. Haus und Herd vom 22.10.1908, S. 4
50. *Liese*, Handbuch des Mädchenschutzes (1908), S. 45
51. *Fiack*, Dienstboten (1912), S. 43
52. *Fiack*, Dienstboten (1912), S. 43
53. *Freudenberger*, Die Ernährung (1911), S. 82
54. *Lange/Bäumer* (Hrsg.), Handbuch der Frauenbewegung IV. (1902), S. 144. Vgl. hierzu auch *Zull*, Das Bild, S. 157 ff.
55. Bürgerliches Gesetzbuch von 1896, Art. 618 Abs. 2, in: *Uschold*, Vorschriften (1900), S. 54
56. *Fiack*, Dienstboten (1912), S. 45
57. *Stillich*, Die Lage (1902), S. 200 ff.
58. *Fiack*, Dienstboten (1912), S. 45 f.
59. *Fiack*, Dienstboten (1912), S. 45
60. Zugrundegelegt 23 587 Dienstboten; berechnet nach Die Erhebung der Wohnverhältnisse, Mitteilungen des Statistischen Amts der Stadt München, Heft I/VI (1910), S. 8
61. Die Erhebung der Wohnverhältnisse, Mitteilungen des Statistischen Amts der Stadt München, Heft I/III (1910), S. 11
62. *Schulte*, Dienstmädchen, S. 893
63. *Fiack*, Dienstboten (1912), S. 20 und Tab. III, S. 50
64. *Verein zur Förderung des Fremdenverkehrs in München und im bayerischen Hochland e. V.* (Hrsg.), München (1911), S. 78
65. *Fiack*, Dienstboten (1912), Tab. S. 20. Die Löhne der Stuttgarter Dienstboten waren im Vergleich zu den in München bezahlten Löhnen niedriger. *Neher*, Zur Lage (1908), S. 14. Ebenso in Berlin; *Stillich*, Die Lage (1902), S. 155
66. *Fiack*, Dienstboten (1912), S. 17 und Tab. III S. 50
67. *Fiack*, Dienstboten (1912), S. 22
68. *Fiack*, Dienstboten (1912), S. 21 und Tab. IV, S. 50. Ähnlich ungünstig für Berlin *Stillich*, Die Lage (1902), S. 165
69. *Fiack*, Dienstboten (1912), S. 25
70. *Steinbrecht*, Arbeitsverhältnisse, S. 31
71. Z. B. Haus und Herd vom 22.3.1908, S. 1 und vom 22.4.1910, S. 113 ff. Hierzu auch die von *Walser*, Dienstmädchen, S. 140, Anm. 7, genannte Literatur
72. *Walser*, Dienstmädchen, S. 29
73. Berechnet nach *Hirschhorn*, Die Münchener Sparkasse, Tab. S. 76
74. Vgl. z. B. die Angaben eines Münchner Dienstmädchens über sein Jahresbudget in: Haus und Herd vom 22.7.1908, S. 4
75. StadtAM, Wohltätigkeitsstiftungen 149, Bittgesuch der Kammerjungfer Therese Walter an den Stadtmagistrat München vom 19.8.1901
76. StadtAM, B. u. R. 621, Schreiben des Magistrats an die Gemeindebevollmächtigten vom 25.7.1828; StadtAM, Sozialamt 2873, Schreiben der Gemeindebevollmächtigten an den Magistrat vom 10.11.1828
77. StadtAM, B. u. R. 622/1, Bekanntmachung des Magistrats zu den Dienstbotenpreisen vom 21.4.1829
78. StadtAM, B. u. R. 622/1, Bekanntmachung; vgl. dazu auch den Beitrag von *Guttmann*, Armenpflege, in der vorliegenden Publikation

79. StadtAM, Wohltätigkeitsstiftungen 151, Auszug aus dem Testament der Präsidentenswitwe Sabine von Schmitt vom 31.1.1872, Ziff. 17
80. StadtAM, Sozialamt 2886, Voranschlag der Münchener Dienstboten- und Arbeiterstiftung begründet von A.G. Mascher von 1891, Vorbemerkung
81. StadtAM, Sozialamt 2893, Voranschlag für das Mathilde von Boyen-Vermächtnis von 1907, Vorbemerkung
82. Dazu z.B. die Berichte über die Verteilung der Dienstbotenmedaillen in: Beilage zu Münchner Gemeindezeitung (1892), S. 1225 f. und (1906), S. 1506 f.
83. Statuten der Marien-Anstalt für weibliche Dienstboten, Tit. VI § 15 Ziff. 3
84. *Steinbrecht*, Arbeitsverhältnisse, S. 35
85. *Schulz*, Die Entwicklung, S. 229

Das Sozialprofil der Prostituierten
(S. 158–162)

1. *Wedekind*, Die Tagebücher (1986), S. 94
2. Zum Gesamtthema demnächst meine Dissertation: *Leitner*, Prostitution
3. Dt. Übersetzung nach *Evans*, Prostitution, S. 121
4. *Ostwald*, Das Berliner Dirnentum (o.J.), Bd. 2, S. 11
5. *Lange/Bäumer* (Hrsg.), Handbuch der Frauenbewegung (1902), Bd. 2, S. 174
6. Zit. nach *Bloch*, Das Sexualleben (1907), S. 365
7. *Fischer*, Die sexuellen Probleme (1909), S. 963
8. *Lange/Bäumer*, Handbuch der Frauenbewegung (1902), S. 156
9. *Ströhmberg*, Die Prostitution (1899), S. 66
10. Die Gleichheit 22 (1912), S. 354
11. Zit. nach *Bloch*, Das Sexualleben (1907), S. 365
12. *Hessen*, Die Prostitution (1910), S. 124
13. *Anonym*, Die Geheimnisse von München (1885), S. 12
14. RStGB § 361, Abs. 6; vgl. *Oppenhoff* (Hrsg.), Das Strafgesetzbuch (1896), S. 923
15. StaatsAM, Pol. Dir. 4126/I/1888 ff.
16. StaatsAM, Pol. Dir. 4126/I/1910
17. StaatsAM, Pol. Dir. 4126/I/1910
18. *Flexner*, Die Prostitution in Europa (1921), S. 153
19. StaatsAM, Pol. Dir. 4126/I/1909
20. *Evans*, Prostitution, S. 116
21. *Rupprecht*, Die Prostitution (1913), S. 7 f.
22. *Rupprecht*, Die Prostitution (1913), S. 7 f.
23. *Schwabe*, Einblicke (1874), S. 63
24. StaatsAM, Pol. Dir. 4126/I/1909
25. *Shorter*, Sexual Change, S. 240
26. Der genaue Anteil der (Halb)waisen in Bayern bzw. in München läßt sich für unseren Zeitraum nicht ermitteln; er konnte daher nicht korreliert werden
27. *Rupprecht*, Die Prostitution (1913), S. 4
28. StaatsAM, Pol. Dir. 4126/I/1909
29. *Neher*, Prostitution (1912), S. 159 ff.
30. *Neher*, Prostitution (1912), S. 64
31. *Neher*, Prostitution (1912), S. 174 f.
32. *Neher*, Prostitution (1912), S. 212
33. Vgl. z.B. *Bebel*, Die Frau und der Sozialismus (1919), S. 192 f.
34. StaatsAM, Pol. Dir. 4126/I/1909
35. *Schwabe*, Einblicke (1874), S. 64
36. StaatsAM, Pol. Dir. 4126/I/1909
37. *Terfz*, Das Wirtsgewerbe (1899), S. 190 f.
38. *Schulte*, Sperrbezirke, S. 105
39. *Krumm*, Entwicklung und Strukturwandel
40. *Ellis*, Geschlecht und Gesellschaft (1911), Bd. 2, S. 58
41. *Bloch*, Das Sexualleben (1907), S. 352
42. Zeitschrift für Bekämpfung der Geschlechtskrankheiten 8 (1909), S. 363
43. *Lange/Bäumer*, Handbuch der Frauenbewegung (1902), Bd. 4, S. 213
44. *Ostwald*, Das Berliner Dirnentum (o.J.), Bd. 2 S. 44
45. *Lange/Bäumer*, Handbuch der Frauenbewegung (1902), Bd. 2, S. 173
46. *Schmölder*, Unsere heutige Prostitution (1911), S. 15
47. *Rupprecht*, Die Prostitution (1913), S. 5
48. Vgl. z.B. *Scott/Tilly*, Women's Work, S. 57
49. Münchener Post vom 2.6.1889, S. 4
50. StaatsAM, Pol. Dir. 4126/I/1909
51. Statistisches Jahrbuch der Stadt Berlin (1882), S. 254 f.
52. *Richebächer*, Uns fehlt nur eine Kleinigkeit, S. 28
53. *Frankenstein*, Die Lage der Arbeiterinnen (1888), S. 183
54. *Leitner*, Die Diskussion über Prostitution, S. 99 ff.
55. *Röhr*, Prostitution, S. 65 ff.
56. Zur Beschreibung und Analyse des Münchner Prostitutionsmilieus vgl. demnächst *Leitner*, Großstadtlust

Münchens Industrie
(S. 164–174)

1. *Zorn*, Bayerns Geschichte, S. 51
2. *Kahn*, Münchens Großindustrie (1891), S. III
3. *Rohmeder*, München als Handelsstadt (1905)
4. *Fritz*, München (1913), S. 161
5. *Rohmeder*, München als Handelsstadt (1905), S. 92
6. Prof. Dr. Christian Gruber: *Gruber*, Deutsches Wirtschaftsleben (1902)
7. *Rohmeder*, München als Handelsstadt (1905), S. 31 f.
8. Meyers Konversations-Lexikon (1894–1898), Bd. 12, S. 617. Münchens Industrie wird in 35 Zeilen abgehandelt, die Augsburgs in 26, die Nürnbergs in 21, die Berlins in 62 und diejenige Wiens in 45 Zeilen
9. *Schlier*, Der deutsche Industriekörper, S. 41; *Morgenroth*, München als Industriestadt, S. 271–278 sowie *Kuhlo*, Geschichte und *Schroll*, Bedeutung der Industrie, S. 81
10. *Zorn*, Kleine Wirtschafts- und Sozialgeschichte, S. 49–53
11. Meyers Konversations-Lexikon (1894–1898), Bd. 12, S. 617: »Die Erzgießerei und Glasmalerei stehen auf hoher Stufe. Hierher gehören auch sehr viele Etablissements für Gold-, Silber- und Juwelenschmuckarbeiten, für optische, physikalische, mathematische, chirurgische und musikalische Instrumente, für Bronze- und Zinkguß, für Leder-, Papier-, Blumen- und Tapetenfabrikation, für Seiden- und Stoffstickerei und -Wirkerei, für Waggon- und Wagenbau und -Ausrüstung, für Kunsttischlerei, Dekorationsmalerei, Steinhauerarbeiten, photographische, lithographische, xylographische und typographische Vervielfältigungen, für Herstellung von Kirchengewändern und Kirchenschmuck jeder Art ... [Es; d.Verf.] ragen mehrere Maschinen-, Leder-, Handschuh-, Papier-, Gummiwaren-, Parfümerie-, Kerzen-, Bürsten-, Schirm-, Geldschrank-, Öl-, Spiritus-, Malz-, und Malzkaffeefabriken und ganz besonders die Bierbrauereien hervor, welche meist fabrikmäßig betrieben werden. Ihre Zahl umfaßte Ende 1895: 28 Betriebe mit einer ungefähren Jahreserzeugung von mindestens 66 Mill. hl im Detailverkaufswert von mindestens 66 Mill. Mk., wovon etwas mehr als die Hälfte in M. selbst verbraucht wird.«
12. *Neefe* (Hrsg.), Statistisches Jahrbuch deutscher Städte (1890), S. 122; für Nürnberg waren es genau 738, für Berlin 7527, für Dresden 1507
13. *Zorn*, Bayerns Gewerbe, S. 813 f. Mehr Aufschluß in *Stadt München* (Hrsg.), Das Buch mit den alten Firmen; dies baut festschriftartig auf den Werken von Kahn und Kuhlo auf. Interessanter, wenn auch leider etwas kurz *Verein zur Förderung der Industrie-Archäologie e.V.* (Hrsg.), Vom Glaspalast
14. *Fritz*, München (1913), S. 110, 150, 154, 159
15. Die Quellen des Münchener Wirtschaftslebens (1930), S. 110
16. Als Beispiele *Mauersberg*, Wirtschafts- und Sozialgeschichte, S. 374 und *Rübbert*, Geschichte, S. 85 f. sowie *Stolper*, Deutsche Wirtschaft (kein Hinweis auf München) und *Kellenbenz*, Deutsche Wirtschaftsgeschichte, Bd. II, wie auch *Zorn*, Bayerns Geschichte, S. 31
17. *Verein zur Förderung der Industrie-Archäologie e.V.* (Hrsg.), Vom Glaspalast, S. 3
18. *Verein zur Förderung der Industrie-Archäologie e.V.* (Hrsg.), Vom Glaspalast, S. 3
19. Nach der Firmenkartei des Verfassers
20. *Fritz*, München (1913), S. 104
21. *Kuhlo*, Geschichte, S. 164
22. Die Angaben über die Firmen wurden zusammengestellt aus: *Bott* (Hrsg.), Leben und Arbeiten; *Gutmann*, Bayerns Industrie (1906); *Fritz*, München (1913); *Kahn*, Münchens Großindustrie (1891); *Kuhlo*, Geschichte; *Rohmeder*, München als Handelsstadt (1905); Firmenanzeigen in Zeitungen und Zeitschriften; diese Aufstellung im Besitz des Verfassers

23. Aufstellung d. Verf. über Münchner Firmen
24. Aufstellung d. Verf. über Münchner Firmen
25. Aufstellung d. Verf. über Münchner Firmen
26. Aufstellung d. Verf. über Münchner Firmen
27. Aufstellung d. Verf. über Münchner Firmen
28. Zu den Brauereien Quellen des Münchner Wirtschaftslebens (1930), S. 198 sowie das Glossar der vorliegenden Publikation; außerdem Aufstellung d. Verf. über Münchner Firmen
29. Aufstellung d. Verf. über Münchner Firmen
30. Nach der gewerblichen Betriebszählung von 1907 (1910) gab es in München: Betriebe mit 501–1000 Beschäftigten: 12, mit 201–500: 54, mit 51–200: 326, mit 11–50: 1727, mit 6–10: 2299; dazu Quellen des Münchener Wirtschaftslebens (1930), S. 110
31. *Kuhlo*, Geschichte, S. 166, 404 und *Kahn*, Münchens Großindustrie (1891), S. 25, 28, 36, 40 f.
32. Quellen des Münchener Wirtschaftslebens (1930), S. 83
33. *Verein zur Förderung der Industriearchäologie e. V.* (Hrsg.), Vom Glaspalast, S. 4
34. Aufstellung d. Verf. über Münchner Firmen
35. Aufstellung d. Verf. über Münchner Firmen
36. *Zorn*, Bayerns Geschichte, S. 51 und *Weis*, Bayerns Beitrag, S. 1064 ff.
37. Aufstellung d. Verf. über Münchner Firmen
38. Münchens Gewerbestatistik vom Jahr 1875, in: *Statistisches Amt München* (Hrsg.), Mitteilungen Bd. II (1880). Dazu *Statistisches Amt München* (Hrsg.), Mitteilungen, Bd. XV (Gewerbezählungen 1882, 1895) (1896)
39. Quellen des Münchener Wirtschaftslebens (1930), S. 112
40. *Hentschel*, Wirtschaft, S. 226
41. Quellen des Münchener Wirtschaftslebens (1930), S. 112

Jahr:	Zahl der Fabriken	durchschnittl. Arbeiterzahl
1898	523	26 612
1899	535	27 673
1900	588	30 266
1901	567	29 719
1902	544	26 739
1903	603	29 648
1904	588	28 439
1905	555	29 717
1906	550	31 043
1907	607	36 820
1908	636	39 569
1909	636	37 548
1910	592	36 426
1911	1262	65 342
1912	1361	70 534
1913	1306	68 456
1914	1344	63 980

Der Sprung im Jahr 1911 erklärt sich durch die geänderte Definition: In diese Spalte fällt nun jeder Betrieb mit mehr als 10 Beschäftigten
42. Zum Industriellenverband *Eckardt*, Industrie und Politik; *Hentschel*, Wirtschaft, S. 234 und 252
43. Quellen des Münchener Wirtschaftslebens (1930), S. 206, 230, 364
44. Jahresberichte des Industriellenverbandes für 1903 ff.; hier: Jahresbericht 1905, S. 88–90
45. Jahresbericht des Industriellenverbandes für 1905, S. 90
46. Bayerische Handelszeitung 11 (1905), S. 162–164
47. Jahresbericht des Industriellenverbandes für 1905, S. 91 und Jahresbericht für 1906, S. 126
48. Jahresbericht des Industriellenverbandes für 1908, S. 183
49. Jahresbericht der Handels- und Gewerbekammer für Oberbayern für 1912, S. 9
50. Jahresbericht des Industriellenverbandes für 1906, S. 126
51. *Morgenroth*, München als Industriestadt, S. 278
52. *Brougier*, Gedanken über die fernere Entwicklung (1905), S. 1
53. *Breitling*, Die großstädtische Entwicklung, S. 194
54. Nach dem Gewerbekataster von 1905 (industrielle Großbetriebe mit mindestens 50 Arbeitern) zitiert nach Jahresbericht des Industriellenverbandes für 1906: Bezirk I (Graggenauerviertel, heute Max-Josephs-Platz): 8; II (Angerviertel): 8; III (Hackenviertel, heute Sendlinger Straße): 8; IV (Kreuzviertel, heute Citybezirk): 21; V (Maxvorstadt/Universität): 14; VI (Maxvorstadt/Königsplatz): 8; VII (Maxvorstadt/Josephsplatz): 4; VIII (Marsfeld): 10; IX (Wiesenviertel): 18; X (Isarvorstadt/Schlachthofviertel): 15; XI (Isarvorstadt/Glockenbachviertel): 14; XII (Isarvorstadt/Deutsches Museum): 5; XIII (Lehel): 6; XIV (Haidhausen): 10; XV (Haidhausen-Süd): 11; XVI (Au): 4; XVII (Obergiesing): 3; XVIII (Untergiesing-Harlaching): 7; IXX (Sendling): 10; XX (Schwanthalerhöhe): 7; XXI (Neuhausen-Oberwiesenfeld): 3; XXII (Schwabing-Freimann): 7; XXIII (Neuhausen-Nymphenburg): 9; XXIV (Thalkirchen/Obersendling/Forstenried): 13. Also insgesamt: 219 Betriebe. Die ehemaligen Bezirke I bis IV wurden 1967 zu dem Bezirk 1/Altstadt zusammengefaßt
55. Jahresbericht des Industriellenverbandes für 1906, S. 127
56. *Seiferth/Probst* (Hrsg.), Münchener Jahrbuch (1905), S. 490: § 22. Vgl. dazu auch *Bäuml-Stosiek* in der vorliegenden Publikation. Eine Karte des Staffelbauplanes in *Bay. Arch.- u. Ing.-Verein* (Hrsg.): München und seine Bauten (1912)
57. Jahrbuch der Handels- und Gewerbekammer 1902, S. 36
58. Vgl. dazu auch *Bleek* in der vorliegenden Publikation
59. Jahresbericht des Industriellenverbandes für 1906, S. 35
60. Jährliche Listen der Magistratsräte und Gemeindebevollmächtigten im Münchener Jahrbuch, Kalender für Bureau, Comptoir und Haus (1888 ff.)
61. Im Magistrat von 1913 befanden sich: zwei Privatiers, zwei Rentiers, drei Kaufleute, zwei Ärzte, ein Gewerkschaftssekretär, ein Kupferschmiedmeister, ein Kommerzienrat, ein Ökonomierat, ein Buchdruckereibesitzer, ein Redakteur, ein Arbeitersekretär, der Direktor der Baugenossenschaft München, ein Architekt, ein Gastwirt und ein Hafnermeister; dazu Münchener Jahrbuch (1913), S. 458
62. *Forschungsinstutut des Dt. Museums für die Geschichte der Naturwissenschaften und der Technik,* Der Polytechnische Verein, S. II
63. *Forschunginstitut des Dt. Museums für die Geschichte der Naturwissenschaften und der Technik,* Der Polytechnische Verein, S. I–VI. Dazu *v. Destouches*, Münchener Gewerbegeschichte (1898), S. 452–455
64. *Destouches*, Münchener Gewerbegeschichte (1898), S. 452–455. Dazu *Ausschuß des Polytechnischen Vereins in Bayern* (Hrsg.), 1815–1915, S. 214
65. *Kuhlo*, Jubiläumsdenkschrift, S. 13 f.
66. *Kuhlo*, Jubiläumsdenkschrift, S. 19 f. Dazu Jahresberichte des Industriellenverbandes
67. Jahresberichte des Industriellenverbandes für 1903/04, S. 55 f.; 1905/06, S. 127 f.; 1907/08, S. 130 f.; 1908/09, S. 109
68. Jahresberichte des Industriellenverbandes für 1902/03, S. 30–32; 1903/04, S. 30–38; 1904/05, S. 50 f.; 1905/06, S. 71 f. und S. 105–112; 1907/08, S. 125 ff.
69. Jahresbericht des Industriellenverbandes für 1911/12, S. 114–118 sowie *Kuhlo*, Jubiläumsdenkschrift, S. 70 f.
70. *Rohmeder*, München als Handelsstadt (1905), S. 28
71. Jahrbücher der Handels- und Gewerbekammer München 1902, S. 36; 1907, S. 167; 1900, S. 15
72. Handbuch der Süddeutschen Aktien-Gesellschaften (1912), S. 92
73. Hierüber ausführlich *v. Destouches*, Münchener Gewerbegeschichte (1898)
74. *Rohmeder*, München als Handelsstadt (1905), S. 93–95
75. *v. Destouches*, Münchener Gewerbegeschichte (1898), S. 362–367
76. *Rohmeder*, München als Handelsstadt (1905), S. 29
77. Beilage zur Münchener Gemeindezeitung 100 (1904), *v. Borscht*, Denkschrift und Antrag Theresienhöhe, S. 1–33; außerdem *Döring* (Hrsg.), Handbuch der Messen, S. 104 und S. 30
78. *Döring*, Handbuch der Messen, S. 104
79. *Fritz*, München (1913), S. 47
80. *Fritz*, München (1913), S. 47–61, 130 f.
81. *Fritz*, München (1913), S. 63–84
82. *Allwang*, Metallindustrie, S. 190
83. Zu erwähnen ist hier die ›Bäcker-Kunstmühle der Bäckerinnung‹ (gegründet 1894), die ›Kunstmühle Bavaria‹ (gegründet 1883 als AG), die Kunstmühle ›Tivoli‹ (ehemalige ›Ludwigs-Walzmühle‹, 1872 von einer AG übernommen); weitere Beispiele auf dem Lebensmittelsektor bildeten ›Franz Kathreiner's Nachfolger‹, eine Kaffeesurrogatfabrik, die unter anderem auch Konserven herstellte, die Fruchtsäfte- und Konservenfabrik ›Joh. Eckart‹, aus der sich die späteren ›Pfanni‹-Werke entwickelten, oder die heute be-

kannte ›J.C.Develey, Hoffabrik für Tafelsenfe‹
84. *Fritz*, München (1913), S. 144 f.
85. Quellen des Münchener Wirtschaftslebens (1930), S. 85
86. *Fritz*, München (1913), S. 162
87. Dazu das Glossar der vorliegenden Publikation

Industrielle Arbeitswelt
(S. 175–180)

1. Selbst *Fritz*, München (1913), S. 14 bezeichnete München als Kunstmetropole und Verwaltungszentrum
2. Zur Berufsstruktur Münchens im Vergleich mit anderen Metropolen des Reiches siehe die aufschlußreichen Ergebnisse von *Blotevogel*, Methodische Probleme, S. 256–259; auch *Fritz*, München (1913), S. 7 hebt Münchens Berufevielfalt hervor
3. Für München siehe nun bei *Bleek*, Quartierbildung, S. 64 und Tabelle 9; den Vergleich mit Wien bietet *Banik-Schweitzer*, Urbanisierung, S. 8–11; zum Wachstum der Erwerbstätigenzahlen vgl. Mitteilungen des Statistischen Amtes der Stadt München XXII, 2.1 (1911), S. 45 und Tab. 40, für Einzelbelege vgl. die Tab. S. 122–129
4. Die Entwicklung der Betriebsgrößen wird beschrieben in Mitteilungen des Statistischen Amtes der Stadt München XXII, 2.1 (1911), S. 45; dazu *Bleek*, Stadtviertel, S. 5 u. 8 f.
5. Vgl. die Zahlen in Mitteilungen des Statistischen Amtes der Stadt München XXII, 3 (1910), S. 59 u. d. Tab. 60 u. 61; allg. zur Fabrik als industriellem Produktionsort *Ruppert*, Fabrik, S. 9–20; zum Begriff *Hilger*, Fabrik, S. 239 f.; für München jetzt *Bleek*, Westend, S. 66 f.
6. Vgl. die Ausführungen von *Bleek*, Westend, S. 75 ff.
7. Der Vergleich mit Nürnberg in Beiträge zur Statistik des Königreichs Bayern 82 (1911), 253 ff.
8. Allgemein zur industriellen Arbeitswelt *Sauer*, Der dressierte Arbeiter, S. 14–22; für München in Mitteilungen des Statistischen Amtes der Stadt München XXII, 2.2 (1913), S. 132–150
9. Vgl. die Zahlen in Mitteilungen des Statistischen Amtes der Stadt München XXII, 3 (1910), S. 69–78
10. *Bleek*, Westend, S. 66 f.
11. Die Angaben in Mitteilungen des Statistischen Amtes der Stadt München XXII, 2.1 (1911), S. 128
12. Vgl. z.B. den Situationsplan der Lokomotivfabrik Krauss in: Festschrift Vollendung der Lokomotive Nr. 5000, Anhang Plan 1
13. In Beiträge zur Statistik des Königreichs Bayern 82 (1911), S. 115 ff.
14. Mitteilungen des Statistischen Amtes der Stadt München XXII, 2.2 (1913), S. 142 ff.; *Kustermann*, Eisenindustrie, S. 25 f.; *Hausen*, Technischer Fortschritt, S. 158 f.
15. Vgl. eine Personalliste von 1846 in: *Möhl*, Hundert Jahre Maffei, S. 43 f. mit den Ausführungen von *Landé*, Arbeits- und Lohnverhältnisse, S. 322 f. zur Arbeitsstruktur um 1900
16. *Plößl*, Weibliche Arbeit, S. 149–160; für München vgl. die Angaben in den Jahresberichten der Fabrikinspektoren für 1911, S. 9 u. 1913, S. 12; *Zahn*, Die Frau, S. 593 u. 596
17. Vgl. *Möhl*, Hundert Jahre Maffei, passim
18. Zur Differenzierung von Heimarbeit und Hausgewerbe vgl. Mitteilungen des Statistischen Amtes der Stadt München XXII, 3 (1910), S. 39
19. Vgl. die Ausführungen von *Herzberg*, Arbeitsbedingungen, S. 16 ff. zum Schneiderhandwerk Münchens
20. Dazu die Untersuchung von *Seidl*, Bäckergewerbe Münchens, S. 33
21. Vgl. dazu *Thurneyssen*, Münchener Schreinergewerbe, S. 72 f.
22. *Brachner*, Phasen des technologischen Wandels, 266 ff.
23. Für die Änderungen vom Handwerk zur »Mechanischen Werkstatt« vgl. *Thurneyssen*, Münchener Schreinergewerbe, S. 75–78 und allgemein *Kocka*, Manufaktur (1975)
24. Mitteilungen des Statistischen Amtes der Stadt München XXII, 3 (1910), S. 52 f.; *Thurneyssen*, Münchener Schreinergewerbe, S. 73 f.
25. Vgl. dazu: Hundert Jahre technische Erfindungen und Schöpfungen in Bayern 1815–1915, hrsg. vom Polytechn. Verein Bayern, vor allem die technischen Erläuterungen im Fachblatt des Vereins: Bayerisches Industrie- u. Gewerbeblatt (1869 ff.)
26. *Thurneyssen*, Münchener Schreinergewerbe, S. 1 ff.; außerdem *Renner*, Munchner Typographie
27. Vgl. allg. *Lohr*, Hausindustrie, S. 235 und Mitteilungen des Statistischen Amtes der Stadt München XXII, 3 (1910), S. 39–42
28. *Lohr*, Hausindustrie, S. 236; für Münchens Hausindustrie im Bekleidungsgewerbe vgl. *Herzberg*, Arbeitsbedingungen, S. 8 u. 23 Anm. 1
29. *Lohr*, Hausindustrie, S. 237; *Herzberg*, Arbeitsbedingungen, S. 17 u. 33
30. Das Beispiel des »sweater«-Systems in München bei *Herzberg*, Arbeitsbedingungen, S. 10 f.
31. Beispiele bei *Thurneyssen*, Münchener Schreinergewerbe, S. 44 ff.
32. Vgl. die Struktur der Lokomotivfabriken von Krauss am Hauptbahnhof und Südbahnhof auf den Situationsplänen in d. Festschrift z. Vollendung d. Lokomotive Nr. 5000, Anhang
33. Festschrift z. Vollendung d. Lokomotive Nr. 5000, S. 29; *Kustermann*, Eisenindustrie, S. 71
34. Allg. zu dieser Problematik *Mommertz*, Bohren, S. 116–121
35. *Bauer*, Mechanische Faßfabrikation, S. 72–79; *Kustermann*, Eisenindustrie, S. 61 f. und 65 f. (Gießereien)
36. Vgl. dazu *Hobbing*, Baugewerbe in München, S. 16 ff.; *Wallbrecht*, Entwicklung des Münchener Baugewerbes, S. 77–84 (zur Technik des »Münchener« Bauverfahrens)
37. *Kustermann*, Eisenindustrie, S. 75
38. *Kustermann*, Eisenindustrie, S. 75 (Maschinenpark Maffeis)
39. Allg. vgl. *Mommertz*, Bohren, S. 117; Lohnlisten der Firma Maffei: Maffei-Archiv: Beschäftigten-Verzeichnis (Karteikarten; ab ca. 1905)
40. Allgemein *Sauer*, Der dressierte Arbeiter, S. 75–91; *Fritz*, München (1913), S. 23 ff.
41. Erstellt nach *Kustermann*, Lokomotivindustrie, passim; Maffei-Archiv: Bildarchiv der Produktionsstätten; Maffei-Firmenschrift von 1910
42. *Plößl*, Weibliche Arbeit, S. 158; Mitteilungen des Statistischen Amtes der Stadt München XXII, 3 (1910), S. 38
43. Vgl. *Landé*, Arbeits- und Lohnverhältnisse, S. 324; *Plößl*, Weibliche Arbeit, S. 160 f.; Jahresberichte des Bayerischen Industriellenverbandes für 1905, S. 90
44. Zu ersehen aus der Beschäftigtenliste von Maffei (1905) im Maffei-Archiv; mündliche Auskunft von Archivleiter A. *Auer*; *Möhl*, Hundert Jahre Maffei, S. 7
45. *Möhl*, Hundert Jahre Maffei, S. 17, 34 f.

Konsumgenossenschaften
(S. 181–182)

1. Geschäftsbericht 1914 des Consum-Vereins München von 1864, S. 3 ff. Consum-Verein München von 1864, Festschrift 1864–1924, S. 6 f.
2. *Beck*, Konsumvereine, S. 19
3. Dazu Jahresberichte für 1871 ff. des Consum-Vereins München von 1864
4. Jahresbericht für 1886 des Consum-Vereins München von 1864, S. 8 ff.
5. *Beck*, Konsumvereine, S. 19
6. Konsum-Verein Sendling-München 1886–1926 (Festschrift), S. 32
7. Beispielsweise 1872: 2096 Mitglieder, von denen lediglich 90 in die Kategorien Handwerksgesellen und Fabrikarbeiter, Landwirtschaftliche Gehilfen sowie Dienstmänner und Dienstboten fielen. Jahresbericht für 1872 des Consum-Vereins München von 1864, S. 14. Ähnlich dazu ›Der Consumverein‹, einige Exemplare in: StaatsAM, Pol. Dir. 903
8. Beide Konsumgenossenschaften bezeichneten sich als »Konsumverein«. Gemeint ist in jedem Fall die Rechtsform der Genossenschaft
9. Dazu *Schulte*, Anmerkungen, S. 128 f. sowie *Sywottek*, Genossenschaften, S. 26
10. Einen Überblick gibt *Brandl*, Konsumgenossenschaften, S. 102 ff.
11. Dazu *Brandl*, Konsumgenossenschaften, S. 91 ff.
12. *Beck*, Konsumvereine, S. 141 ff. *Schnorbus*, Arbeit, S. 31
13. *Beck*, Konsumvereine, S. 36 f.

14. Geschäftsbericht 1914 des Consum-Vereins München von 1864, S. 9 f., 22 ff., 43. *Consum-Verein München von 1864*, Festschrift 1864–1924, S. 19
15. *Beck*, Konsumvereine, S. 36 f.
16. Konsum-Verein Sendling-München 1886–1926, S. 43–40
17. Konsum-Verein Sendling-München 1886–1926, S. 38 f. Münchener Post vom 30.10.1910, S. 9. Zur GEG vgl. *Schulte*, Anmerkungen, S. 133 ff.
18. *Brandl*, Konsumgenossenschaften, S. 102 ff.
19. Geschäftsbericht 1906 des Konsum-Vereins Sendling-München (1.1.–30.6. 1906), S. 8. Diese Zahl bezieht sich nur auf den Ladenumsatz. Für die Umsätze im Lieferanten- und Kohlengeschäft wurden nur fünf Prozent Rückvergütung gewährt
20. *Beck*, Konsumvereine, S. 35
21. *Beck*, Konsumvereine, S. 35
22. *Huck*, Arbeiterkonsumverein, S. 215–245. *Fleischmann*, Konsumverein, S. 147 f. *Bimberg*, Hinein, S. 39–59. *Sywottek*, Genossenschaften, S. 298–306, 485 f. *Projektgruppe ›Geschichte Bergischer Genossenschaften‹* (Hrsg.), Vorwärts Befreiung
23. Konsum-Verein Sendling-München 1886–1926, S. 38
24. Vgl. dazu *Huck*, Arbeiterkonsumverein, S. 244 f. *Sywottek*, Genossenschaften, S. 28
25. *Beck*, Konsumvereine, S. 47. Vgl. auch *Weuster*, Theorie, S. 543 ff.
26. Diese Auseinandersetzung war durch überregionale Entwicklungen verschärft worden. Vgl. hierzu *Bimberg*, Hinein, S. 41. Verband Bayerischer Konsumgenossenschaften e.V. 1910–1960, S. 18 und 27. *Verband Süddeutscher Konsumvereine*, Bericht über die Verhandlungen (1904), S. 3 ff. Jahresbericht für 1906 des Konsumvereins Sendling-München, S. 5
27. *Reinkowski*, Die Au, S. 79
28. Vgl. auch *Huck*, Arbeiterkonsumverein, S. 236. *Sywottek*, Genossenschaften, S. 302. Hinweise zur sozialen Zusammensetzung in den Jahresberichten des Konsum-Vereins Sendling-München und in denen des Verbandes süddeutscher Konsumvereine
29. *Reinkowski*, Die Au, S. 79
30. Vgl. dazu *Huck*, Arbeiterkonsumverein, S. 236. *Göhre*, Die deutschen Arbeiter Konsumvereine, S. 524 ff.
31. *Beck*, Konsumvereine, S. 161 f.
32. *Beck*, Konsumvereine, S. 177
33. Konsum-Verein Sendling-München 1886–1926, S. 39 f.
34. Dazu ausführlich *Weuster*, Theorie, S. 525 ff.
35. *Schulte*, Anmerkungen, S. 117. *Plößl*, Weibliche Arbeit, S. 40
36. *Plößl*, Weibliche Arbeit, S. 40 sowie *Beck*, Konsumvereine, S. 151
37. *Huck*, Arbeiterkonsumverein, S. 244 f. *Sywottek*, Genossenschaften, S. 28

Elektrizität, Telephon, Großmarkthalle
(S. 183–187)

1. Bayerische Handelszeitung 15 (1900), S. 298
2. Im Jahre 1894 wurde in München von den Brüdern Hildebrand das erste serienmäßig hergestellte Motorrad der Welt produziert. Dazu *Limpf*, Das Motorrad, S. 12
3. Zum Begriff ›Innovation‹ *Meier/Paesler/Rupprecht/Schaffer* (Hrsg.), Sozialgeographie, S. 93 f.; im folgenden wird eine Mischform zwischen dem in der Technik und dem in der Sozialgeographie üblichen Begriff zugrundegelegt
4. SAA 35/16 Lt 361, 100 Jahre Siemensbeleuchtungstechnik, unveröff. Vortragsmanuskript von Ing. Bolbe vom 15.10.1962, S. 4
5. *Schilling*, Bemerkungen (1882), S. 6 f.
6. *Siemens & Halske; Schuckert AG.* (Hrsg.), Technische Leistungen, o. S.
7. Die Erfindung der Glühlampe ermöglichte die Verwendung des elektrischen Lichts auch in kleineren Räumen.
8. *Alckens*, Münchner Forscher, S. 154
9. *Zell*, Elektrizitätsversorgung, S. 7
10. *Zell*, Elektrizitätsversorgung, S. 7
11. *Lehmhaus*, Von Miesbach-München 1882, S. 8
12. *Siemens & Halske; Schuckert AG.* (Hrsg.), Technische Leistungen, o. S.
13. Zitiert nach Münchner Neueste Nachrichten vom 18.10.1882
14. StaatsAM, RA 4102, Bayerisches Industrie- und Gewerbeblatt 44 (1894) (Festschrift)
15. Vgl. *Zell*, Elektrizitätsversorgung, S. 8
16. *Schilling*, Bemerkungen (1882), S. 9
17. SAA 35/LK 270, ›Die elektrische Beleuchtung der kgl. Theater in München‹
18. *Zell*, Elektrizitätsversorgung, S. 10
19. *Schilling*, Bemerkungen über den gegenwärtigen Stand (1885), S. 11
20. Vgl. *Hoferichter/Strobl*, 150 Jahre Oktoberfest, S. 51
21. StadtAM, Beleuchtungsamt 65, ›Programm einer elektrischen Beleuchtungsanlage für die Stadt München‹, 1886
22. Vgl. StadtAM, Beleuchtungsamt 65, Briefe an den Magistrat oder an die Gemeindebevollmächtigten, betreffs Einführung der elektrischen Straßenbeleuchtung
23. Vgl. Sitzung der Gemeindebevollmächtigten vom 30.12.1885, in: Münchener Gemeindezeitung (1886), S. 19
24. *Zell*, Elektrizitätsversorgung, S. 11
25. *v. Borscht*, Denkschrift und Antrag Beleuchtungswesen (1889), S. 36
26. StadtAM, Beleuchtungsamt 65, Privatakt des I. Bürgermeisters Dr. von Erhardt, betreff der Einführung der elektrischen Beleuchtung in München
27. *Zell*, Elektrizitätsversorgung, S. 13
28. *Bay. Arch.- u. Ing.-Verein* (Hrsg.), München und seine Bauten (1912), S. 775
29. In München wurde das Stromnetz vor der elektrischen Straßenbahn eingeführt. Dazu *Krabbe*, Munizipalsozialismus, S. 273
30. Verwaltungsbericht für 1900, S. 365
31. *Busse*, Gemeindebetriebe (1908), S. 6
32. SAA 35/LK 235, ›Patentbrief vom 14.12.1877‹
33. SAA 35/LK 235, Geschäftskopiebuch der Firma Siemens & Halske (Nr. 82)
34. A IHK M, VII/7, I. Akt, ›Bekanntmachung, die Herstellung eines Telephonnetzes in München betr., vom 1.7.1882‹, hrsg. von der Generaldirektion der kgl. Verkehrsanstalten Abt. für Post und Telegraphie
35. *Hartmann*, Postgeschichte, S. 16
36. *Feudel*, 75 Jahre Teilnehmerwahl, S. 211
37. Vgl. Telephon-Anlage München, Verzeichnis der Sprechstellen Nr. 1 (1883), S. 3
38. Telephon-Anlage München, Verzeichnis der Sprechstellen Nr. 1 (1883), S. 8 ff.
39. Nürnberg und Augsburg erhielten ihre Telephonnetze erst 1885 bzw. 1886
40. *Hartmann*, Postgeschichte, S. 16
41. Bayerische Handelszeitung 8 (1909), S. 97 und A IHK M, VII/7, II. Akt, Schreiben des Magistrats der kgl. Haupt- und Residenzstadt München an die Handelskammer für Oberbayern vom 26.1.1909
42. *Heiden*, Rund um den Fernsprecher, S. 55
43. *Hartmann*, Postgeschichte, S. 19
44. *Klein-Bader*, 75 Jahre Münchner Straßenbahn, S. 11
45. *Hendlmeier*, Von der Pferdeeisenbahn, S. 22
46. *Hendlmeier*, Von der Pferdeeisenbahn, S. 23
47. *Wasil*, Münchner Tram, S. 26
48. *Klein-Bader*, 75 Jahre Münchner Straßenbahn, S. 11 f.
49. *Mattiesen*, Vom Pferdeomnibus, S. 40
50. *Klein-Bader*, 75 Jahre Münchner Straßenbahn, S. 13
51. *Schmid*, Die Sozialdemokratie im Münchner Rathaus (1914), S. 40
52. Verwaltungsbericht für 1911, S. 1, Anlage 3
53. StadtAM, Verkehrsbetriebe 12, Münchner Zeitung vom 22.8.1906. In Berlin fuhren die ersten Motoromnibusse seit dem 19.11.1905
54. StadtAM, Verkehrsbetriebe 12, Korrespondenzen zwischen dem Magistrat und den Firmen Büssing und Gaggenau
55. StadtAM, Verkehrsbetriebe 12, Plenarbeschluß des Stadtmagistrats München vom 19.6.1906
56. Die Metzger verschmutzten mit Schlachtresten und Blut Stadtbäche und Boden
57. Dazu *Busse*, Gemeindebetriebe (1908), S. 8; *Beckh*, Markthallenfrage (1911), S. 1
58. A IHK M, XX/58, I. Akt, Denkschrift über die Errichtung einer Großmarkthalle von Dr. R. Henrich, 1904
59. *Beckh*, Markthallenfrage (1911), S. 2 f.
60. *Beckh*, Markthallenfrage (1911), S. 8
61. A IHK M, XX/58, I. Akt, Denkschrift Großmarkthalle
62. *Beckh*, Markthallenfrage (1911), S. 10 f.
63. *Michler*, Münchner Großmarkthalle, S. 15
64. *Bay. Arch.- u. Ing.-Verein* (Hrsg.), München und seine Bauten (1912), S. 703
65. StadtAM, Großmarkthalle 14, Zeitungsarti-

kel, Die neuen Kühl- und Gefrierräume der Großmarkthalle, o. J.
66. StadtAM, Großmarkthalle 13, Bulletin Commerçial-Organe Hebdomadaire du Bureau Officel de Renseignements commercians, Brüssel 6.7.1912
67. StadtAM, Großmarkthalle 13, Schreiben des Bäckermeisters Hoffmann an den Magistrat vom 8.2.1912 und ein ähnliches Schreiben der Handelshochschule an den Magistrat vom 19.2.1912
68. StadtAM, Großmarkthalle 13, Schreiben des Stadtoberhauptes von Wladikawkas, 2.1.1913
69. StadtAM, Großmarkthalle 13, Schreiben aus Boston vom 29.5.1913
70. StadtAM, Großmarkthalle 14, ›Früchte-Großhändler und Großmarkthalle. Den Einwohnern Münchens zur Aufklärung!‹, verfaßt vom Interessenschutzverband der Früchtegroßhändler zu München e.V., 1913

Selbstmord
(S. 195–196)

1. *Rost*, Moralstatistik (1913), S. 612
2. *Durkheim*, Selbstmord
3. *Baechler*, Tod durch eigene Hand, S. 15
4. *Norgauer*, Selbstmord (1919)
5. StaatsAM, Pol. Dir. 7809–7839 (Selbstmörderverzeichnis 1875–1914)
6. Bei einem Vergleich der Selbstmordhäufigkeiten in den 16 am stärksten besetzten männlichen Berufen stellt sich allerdings das Problem, daß die Durchschnittszahlen der jährlichen Suizide in den einzelnen Erwerbszweigen nicht für jedes Jahr mit den absoluten Zahlen der dort tatsächlich Beschäftigten korreliert werden können; denn es liegen nur für die Jahre 1882, 1895 und 1907 Berufszählungen vor. Da deshalb die Fluktuationsraten in den jeweiligen Erwerbszweigen nicht berücksichtigt werden können, empfiehlt es sich, nur von Trendzahlen, also von niedriger, mittlerer oder hoher Häufigkeit zu sprechen. Berufe, deren Beschäftigtenzahlen eine gewisse Grenze unterschreiten, werden in dieser Untersuchung nicht aufgeführt, da die ermittelten Affinitäten allzuleicht signifikante Werte vortäuschen, für die weniger die Statistik, als der Zufall verantwortlich ist
7. Dieser Untersuchungszeitraum wurde zur Berufszählung von 1885 in Relation gesetzt; zu den Berufszählungen der Jahre 1882, 1895 und 1907: Die berufliche Gliederung der Bevölkerung Münchens 1907 (1911), S. 120ff.
8. Die folgenden Angaben zu den Selbstmordquoten in den einzelnen Erwerbszweigen beziehen sich fortan immer auf 100000 in einem Beruf Beschäftigte. Die mittlere Selbstmordquote beträgt in den 16 untersuchten Branchen im ersten Untersuchungszeitraum 30 Selbstmörder auf 100000 Beschäftigte; davon: Bahn 10, Post 21, Erziehungswesen 21, Schreiner/Tischler 21, Schneider 17, Bäcker 10, Schuhmacher 23, Schlosser 26
9. Studenten 36, Gastronomie 32, Brauer 35
10. Waren- und Produktenhandel 53, Metzger 60, Soldaten 80
11. Dazu *Krauss*, Banken und *Guttmann* in der vorliegenden Publikation
12. Durchschnittliche Selbstmordquote: 25 Selbstmörder pro 100000 Beschäftigte. Waren- und Produktenhandel 60, Schlosser 64, Schneider 53, Studenten 42
13. Maurer 23, Maler 24, Schuhmacher 23
14. Schuhmacher 23, Gastronomie 23, Metzger 21, Bäcker 20
15. Post 0, Bahn 14, Schreiner/Tischler 15, Unterricht und Erziehung 0, Brauereien 8
16. Durchschnittliche Selbstmordrate: 36 pro 100000 Erwerbstätige. Gastronomie 29, Bäckereien 22, Schreiner/Tischler 33, Soldaten 29
17. Schlosser 39, Maurer 50, Maler 61, Metzger 47, Schuhmacher 47, Waren- und Produktenhandel 50, Studenten 45; dagegen: Post 5, Bahn 10, Unterricht und Erziehung 11, Brauereien 10
18. StaatsAM, Pol. Dir. 7910–7917 (Selbstmordversuche 1905–1914)
19. Maler 138, Bahn 15, Post 13
20. Schlosser 103, Schuhmacher 105, Maurer 85
21. Waren- und Produktenhandel 69, Gastronomie 58, Studenten 62, Tischler/Schreiner 66, Soldaten 39
22. Bahn 15, Post 13, Unterricht und Erziehung 17, Brauer 22
23. Waren- und Produktenhandel 14, Gastronomie 17, Schneiderinnen 7, Wäscherinnen 2, Dienstmädchen 45, Näherinnen 39
24. Dienstmädchen 150, Näherinnen 75, Schneiderinnen 4, Gastronomie 4, Wäscherinnen 17, Waren- und Produktenhandel 2
25. Dienstmädchen 195, Näherinnen 114, Gastronomie 21, Schneiderinnen 14, Wäscherinnen 19, Waren- und Produktenhandel 16
26. Dazu ausführlicher *Krauss*, Banken, *Neumeier*, *Haertle* und *Guttmann* in der vorliegenden Publikation
27. Dies bestätigen die Arbeitslosenzählungen der Gewerkschaften (1902 und 1908) und des Magistrats (1904 und 1912); zu den Ergebnissen pro 1902 vgl. Kommunale Praxis (1902), S. 65. Zu den Zählungen 1904 und 1908 vgl. *Kraus*, Arbeitslosigkeit (1910), S. 21. Für 1912: *Statistisches Amt der Stadt München* (Hrsg.) Die Arbeitslosenzählung von 1912, Sonderveröffentlichung (1913), S. 15
28. StaatsAM, Pol. Dir. 7931–7939
29. *Norgauer*, Selbstmord (1919), S. 23
30. *Rost*, Selbstmord in den Städten (1913), S. 49ff.

Oskar von Miller
(S. 188–190)

1. *Heuss*, Oskar von Miller (1950), S. 1
2. *W. v. Miller*, Oskar von Miller (1932); *Nocker*, Oskar von Miller; *Kalkschmidt*, Oskar von Miller
3. *O. v. Miller*, Erinnerungen (1932)
4. *Zenneck*, Oskar von Miller als Ingenieur (1948); ders., Oskar von Miller (1955), S. 377. Außerdem *W. v. Miller*, Oskar von Miller, Pionier (1955)
5. *Ingenieurbüro Oskar von Miller*, Oskar von Miller (1955)
6. *R. v. Miller*, Erzählung über das Deutsche Museum (1986); *Alexander*, Museum Masters, S. 342 sowie außerdem *Osietzki*, Die Gründungsgeschichte des Deutschen Museums, S. 49–75
7. *W. v. Miller*, Oskar von Miller, Pionier (1955), S. 67
8. Mündliche Mitteilung Dr. Alto Brachner, Leiter der Abteilung Physik des Deutschen Museums
9. *W. v. Miller*, Oskar von Miller (1932), S. 90

Die ›Rauchplage‹
(S. 191–194)

1. *Mertens*, Die Lösung der Rauchschaden-Frage (1907)
2. *Hahn*, Über die Ruß- und Rauchplage (1911), S. 96
3. *Hahn*, Über die Ruß- und Rauchplage (1911), S. 98
4. *Finkelnburg*, Über den hygienischen Gegensatz (1882), S. 4–15, 43–54. Vgl. *Rubner*, Über trübe Wintertage (1906)
5. *Liefmann*, Über die Ruß- und Rauchfrage (1908), S. 306
6. Rauch- und Rußbelästigung, in: Gesundheit (1897), S. 83
7. Münchener Gemeindezeitung (1891), S. 119
8. Münchener Gemeindezeitung (1891), S. 119
9. Münchener Gemeindezeitung (1891), S. 119
10. Verwaltungsbericht für 1894, S. 107
11. *Emmerich*, Staub (1897), S. 347
12. *Emmerich*, Staub (1897), S. 342
13. Verwaltungsbericht für 1897, S. 185
14. *Reich*, Leitfaden (1917), S. 272
15. *Reich*, Leitfaden (1917), S. 272
16. Sie erschienen vermutlich den lokalen Behörden angesichts der ortsüblichen Belastung als überflüssig. Mit dieser Begrifflichkeit wurden vor Gerichten Schadensersatzansprüche von Anliegern zurückgewiesen
17. *Hauser*, Rauch- und Rußbekämpfung (1915/16), S. 70ff.
18. *Hauser*, Rauch- und Rußbekämpfung (1915/16), S. 77
19. *Andersen/Ott/Schramm*, Der Freiberger Hüttenrauch, S. 169–200
20. Die Auswirkung auf bestimmte Baumaterialien (Kalksandstein, Marmor) hatte schon Stöckhardt 1850 erwähnt; *Stöckhardt*, Über die Einwirkungen des Rauches (1850), Sp. 263
21. *Sendtner*, Schweflige Säure (1887), S. 10
22. *Sendtner*, Schweflige Säure (1887), S. 1
23. Zit. nach *Sendtner*, Schweflige Säure (1887), S. 15
24. Das Bayerland XXIV (1913), S. 779

25. Zur zeitgenössischen wissenschaftlichen Auseinandersetzung *Emmerich*, Staub (1897), S. 318
26. Vgl. *Andersen/Brüggemeier*, Gase, Rauch und saurer Regen, S. 64–85
27. *Buddeus*, Der Ausweg (1907), S. 4
28. Diese Angabe ist mit Sicherheit zu hoch gegriffen
29. *Buddeus*, Der Ausweg (1907), S. 3
30. *Buddeus*, Der Ausweg (1907), S. 35
31. *Buddeus*, Der Ausweg (1907), S. 6
32. *Glaser*, Wanderbilder (1912), S. FN 19
33. *Buddeus*, Der Ausweg (1907), S. 19
34. *Reich*, Leitfaden (1917), S. 274
35. Zur Diskussion, ob es sinnvoll sei, bestimmte Ortsteile besonders, andere überhaupt nicht durch Industrie zu belasten: Örtliche Lage der Fabriken in Städten. 24. Versammlung der Deutschen Gesellschaft für öffentliche Gesundheitspflege zu Frankfurt (1889), S. 42–70
36. *Liefmann*, Über die Rauch- und Rußfrage (1908), S. 282
37. *Sombart*, Vortrag vom Segen der modernen Kultur (1906/07), S. 165

Die katholische Kirche
(S. 198–205)

1. Zum Verhältnis von Kirche und Staat vgl. *Schmidt-Volkmar*, Der Kulturkampf; *Möckl*, Gesellschaft und Politik, S. 5–36; *Möckl*, Prinzregentenzeit; *Körner*, Staat und Kirche; *Becker*, Der Kulturkampf, S. 422–446
2. *Lenk*, Katholizismus und Liberalismus, S. 375–408
3. Man denke an die Rücknahme der Schulsprengelverordnung vom 29. 8. 1873 im Jahr 1883, an die Ministerialentschließung zur Stellung der Altkatholiken vom 15. 3. 1890 und an den ›Erlaß an den altkatholischen Landesverein‹, auszugsweise abgedruckt in: *Huber/Huber*, Staat und Kirche, Bd. II, S. 720–723, 913–915; *Körner*, Staat und Kirche, S. 17 f.
4. *Hubensteiner*, Kirche und Frömmigkeit S. 5–13; *Grane*, Kirche im 19. Jahrhundert, S. 232 f.
5. *Grane*, Kirche im 19. Jahrhundert, S. 157
6. *Phayer*, Religion und das Gewöhnliche Volk, S. 206 f., 213 f.
7. Seelsorgeberichte für die Giesinger Pfarrei Hl. Kreuz in: *Westenthanner/Seidel*, Hl. Kreuz, S. 17–24
8. *Westenthanner/Seidel*, Hl. Kreuz, S. 23
9. Zur Beerdigung nach katholischem Ritus (bis 1916: 99 Prozent der Katholiken in Bayern, 1920 nur noch 94,2 Prozent) *Krose* (Hrsg.), Kirchliches Handbuch, VII, S. 386, 450 f.; VIII, S. 394, 474 f.; IX, S. 450 f.; zur Feuerbestattung Gesetz- und Verordnungsblatt für das Königreich Bayern (1912), S. 1297–1299; zur Rolle des Sonntags vgl. Protokoll der Pastoralkonferenz der Dompfarrei zu U. L. Frau zur zweiten These aus dem Jahr 1886 (AEM 118 – Pastoralkonferenzen)
10. *v. Müller*, Aus Gärten (1952), S. 145
11. *v. Müller*, Aus Gärten (1952), S. 184 f.
12. *Schwaiger*, Das Erbe des 19. Jahrhunderts, S. 26
13. UniversitätsAM, Littera E Abt. II, Personalakt Joseph Schnitzer; außerdem *Aubert*, Die modernistische Krise, S. 435–500; *Schwaiger* (Hrsg.), Aufbruch ins 20. Jahrhundert; *Trippen* (Hrsg.), Aus dem Tagebuch eines deutschen Modernisten, S. 139–222. *Trippen*, Theologie und Lehramt; *Loome*, Liberal Catholicism; *Weitlauff*, Modernismus als Forschungsproblem, S. 312–344
14. *Gitschner*, Die geistige Haltung der Monatszeitschrift Hochland; *Hüffer*, Karl Muth; *Muth*, Carl Muth; *Gerl*, Romano Guardini
15. *Boehm/Müller* (Hrsg.), Universitäten und Hochschulen, S. 277
16. Zu Ignaz von Döllinger und Johannes Friedrich: Glossar der vorliegenden Publikation
17. *Trippen*, Theologie und Lehramt, S. 187; zur Charakteristik einzelner Professoren der Theologischen Fakultät vgl. *Bernhart*, Lebenserinnerungen (1963/64), S. 153–164 bzw. 72–82
18. Zum Leben und Wirken der genannten Erzbischöfe vgl. *Gatz* (Hrsg.), Die Bischöfe der deutschsprachigen Länder, S. 732–734, 759 f., 735–737, 49 f.; *Nesner*, Das Erzbistum München und Freising
19. Zur Auseinandersetzung Bettingers mit der Bayerischen Lehrerzeitung Kölnische Zeitung Nr. 164 vom 21. 6. 1911
20. *Möckl*, Hof und Hofgesellschaft, S. 214
21. *Möckl*, Hof und Hofgesellschaft, S. 193
22. *Lenk*, Katholizismus und Liberalismus, S. 393
23. Schematismus der Geistlichkeit des Erzbistums München und Freising (1887), S. 190; (1901), S. 231; (1913), S. 277; Schematismus (1901), S. 41, 50, 52; zu Haidhausen vgl. *Schlehhuber*, Geschichte der Pfarrei St. Johann Baptist, S. 16; zu Giesing vgl. *Westenthanner/ Seidel*, Hl. Kreuz, S. 22
24. Zählung ohne die Hofkuratie Nymphenburg; zum Überblick vgl. die Katholischen Pfarreien Münchens in ihrer historischen Entwicklung, bearbeitet von der katholischen Heimatmission München
25. In der Altstadt-Pfarrei Hl. Geist gab es 1883 894 Taufen, 250 Eheschließungen, 741 Sterbefälle, 61 zu betreuende Schulklassen und 300 Erstkommunionen, für 1892 gelten folgende Zahlen: 1370, 417, 1043, 130, 600 (!), vgl. *Huhn*, Hl. Geist (1893), S. 517; an der Schmerzhaften Kapelle bzw. bei St. Anton, zu St. Peter gehörig, wurden 1886 69 000 Kommunionen gespendet, 523 Predigten, sechs Missionen und vier Exerzitien abgehalten, für 1896 gelten folgende Zahlen: 137 000, 1250, 38 und 19 (!), *Eberl*, Schmerzhafte Kapelle und St. Anton (1897), S. 245; zum mentalen Wandel vgl. *Blessing*, Staat und Kirche in der Gesellschaft
26. Schematismus (1891), S. 55. Schematismus (1893), S. 56. Schematismus (1914), S. 41–67. Neu errichtete Pfarreien: St. Benno, 1895 – St. Maximilian, 1903 – St. Maria-Thalkirchen, 1903 – St. Paul, 1905 – St. Rupert, 1906 – St. Maria-Ramersdorf, 1907 und St. Joseph, 1913; eingemeindete Pfarreien: St. Ursula-Schwabing, 1890 – Mariä Himmelfahrt-Neuhausen, 1890 – St. Georg-Bogenhausen, 1892 – St. Martin-Moosach, 1912 – Hl. Kreuz-Forstenried, 1912 – St. Georg-Milbertshofen, 1913 – St. Lorenz-Oberföhring, 1913 und St. Michael-Berg am Laim, 1913
27. Schematismus (1891), S. 55. Schematismus (1914), S. 59 f.
28. *Huhn*, Hl. Geist (1893), S. 517 f.; *Schlehhuber*, Geschichte der Pfarrei St. Johann Baptist, S. 16
29. *Ankenbrand*, St. Joseph, S. 58–72
30. *Habel*, Der Münchener Kirchenbau, S. 31 f.
31. Festschrift zum 70jährigen Kirchenjubiläum, hrsg. vom *Katholischen Pfarramt St. Margaret*
32. St. Anna im Lehel (1887–1892, Architekt: Gabriel von Seidl) – St. Benno (1888–1895, Leonhard Romeis) – Kapelle des Martinspitals in Giesing (1892–1894, Carl Hocheder) – St. Paul (1892–1906, Georg Hauberrisser) – St. Anton (1893–1895, Hans Schurr) – St. Ursula (1894–1897, August Thiersch) – St. Maximilian (1895–1908, Heinrich von Schmidt) – Kapelle des städtischen Waisenhauses in Neuhausen (1896–1899, Hans Grässel) – St. Joseph (1898–1902, Hans Schurr) – St. Rupert (1901–1903, Gabriel von Seidl) – St. Margaret (1901–1913, Michael Dosch/Franz Xaver Boemmel) – St. Johann Baptist in Ismaning (1903/04, Hans Schurr) – St. Johann Baptist in Solln (1904/05, Franz Rank) – Hl. Geist-Spital in Neuhausen (1904–1907, Hans Grässel) – Maria Schutz in Pasing (1905–1909, Hans Schurr) – Kirche des Schwabinger Krankenhauses (1906–1908, Richard Schachner) – Erweiterung der Wallfahrtskirche Maria-Thalkirchen (1907/08, Gabriel von Seidl) – St. Georg in Milbertshofen (1910–1912, Eduard Herbert/Otho Orlando Kurz) und St. Ulrich in Laim (1912, Friedrich von Schmidt) Zum Kirchenbau *Habel*, Münchener Kirchenbau, S. 31–42. *Lieb/Sauermost* (Hrsg.), Münchens Kirchen. *Ramisch/Steiner* (Hrsg.), Katholische Kirchen in München
33. *Abenthum*, Zur Seelsorgslage Münchens im 19. Jahrhundert, S. 195
34. *Witetschek*, Die katholische Kirche seit 1800, S. 936
35. *Hubensteiner*, Kirche und Frömmigkeit, S. 11
36. Zu den Orden im 19. und 20. Jahrhundert *Heimbucher*, Die Orden und Kongregationen; *Hartig*, Die oberbayerischen Stifte; Bayerische Frömmigkeit. 1400 Jahre christliches Bayern (Ausstellungskatalog), S. 87–116; *Wienand/Hasenberg* (Hrsg.), Das Wirken der Orden und Klöster in Deutschland; *Schwaiger*, Zur Geschichte der bayerischen Frauenklöster, S. 60–75
37. BayHStA, MA 93 331, Kultusminister Knilling an Ministerratsvorsitzenden Hertling vom 26. 12. 1913
38. BayHStA, MA 93 318, Erwiderung Knillings auf eine Rede Krafft Graf von Crailsheims vor der Kammer der Reichsräte am 5. 6. 1914

39. BayHStA, MA 93 331, Knilling an Hertling vom 26.12.1913
40. Benediktiner bei St. Bonifaz, 1886: 64; 1900: 81; 1912: 112 Mitglieder, Schematismus (1887), S.98–100; (1901), S.107–110; (1913), S.118–121. Franziskaner bei St. Anna, 1886: 44; 1900: 41, 1912: 91 Mitglieder, Schematismus (1887), S.106f.; (1901), S.113f.; (1913), S.128–131. Kapuziner an der Schmerzhaften Kapelle und bei St. Anton (seit 1895), 1886: 18; 1900: 30; 1912: 34 und bei St. Joseph (seit 1898), 1900: 8, 1912: 17 Mitglieder, Schematismus (1887), S.103f.; (1901), S.117–119; (1913), S.134f.
41. *Lang*, St. Bonifaz, S.53
42. *Schlund*, Die wissenschaftlichen Studien, S.39–52
43. Vertrag zwischen der Gefangenenanstaltsverwaltung Neudeck und dem Guardianat des Kapuzinerklosters St. Anton (Archiv des Provinzialats der Kapuziner XVIII, München). Berichte über die Seelsorge in Stadelheim und Neudeck für die Jahre 1907–1913 (APCap.). *Ankenbrand*, St. Joseph in München; *Eberl*, Schmerzhafte Kapelle und St. Anton (1893)
44. Schematismus (1887), S.110–117 und 143f.; (1901), S.124–133 und 164–170; (1913), S.142–162 und 206–212
45. Schematismus (1912), S.409
46. Niederlassungen der Stern-Schwestern in München, 1886: 1; 1900: 3; 1912: 3, Schematismus (1887), S.141f.; (1901), S.162f.; (1913), S.201f. Niederlassungen der Schwestern vom Allerheiligsten Heiland, 1886: 6; 1900: 11, 1912: 13, Schematismus (1887), S.175–180; (1901), S.214–220; (1913), S.261–269
47. *Winkler*, Maria Ward (Festschrift). 1886 und 1900 existierten je zwei, 1912 3 Niederlassungen – die Zahl der Ordensschwestern und Novizinnen stieg beträchtlich; Schematismus (1887), S.128–131, 133f.; (1901), S.146–150, 152; (1913), S.180–183, 187f.
48. *Ziegler*, Die Armen Schulschwestern; Das Angerkloster in München (Sonderheft der Deutschen illustrierten Rundschau), 1926. Schematismen der Kongregation der Armen Schulschwestern von Unserer Lieben Frau, München (jährlich). Mitglieder in St. Jakob am Anger, 1886: 80 (und 47 Novizinnen), 1900: 82 (74); 1912: 94 (83), Schematismen (1887), S.160–164; (1901), S.191–197; (1913), S.235–242
49. Hundert Jahre Fürsorge an der katholischen weiblichen Jugend, hrsg. von den deutschen Provinzen (1929). 1886: 69 Mitglieder; 1900: 79; 1912: 98, Schematismus (1887), S.151–154; (1901), S.182–185; (1913), S.227–229
50. *Soßna*, Quellen und Literatur über den Serviten-Orden (1910). 1886: 50 Mitglieder; 1900: 48; 1912: 52, Schematismus (1887), S.172f.; (1901), S.210f.; (1913), S.257f.
51. *Nipperdey*, Verein als soziale Struktur, S.8
52. *Schneider*, Die populäre Kritik. *Zorn*, Die Sozialentwicklung, S.871
53. *Nipperdey*, Verein als soziale Struktur, S.4. *Buchheim*, Der deutsche Verbandskatholizismus, S.30–33
54. *Huber*, Deutsche Verfassungsgeschichte, Bd.IV, S.1232–1234; *Denk*, Die christliche Arbeiterbewegung, S.5f.
55. BayHStA, MInn 71 542, Bericht der 4. Generalversammlung des Augsburger Katholikentages am 25.8.1910, S.5 und ›Beschlüsse‹, in: ebd. S.9f.
56. Acta Apostolicae Sedis 2 (1911), S.910; Archiv für katholisches Kirchenrecht 91 (1911), S.325f.
57. *Lenk*, Katholizismus und Liberalismus, S.406
58. 1909 existierten 47 Marianische Kongregationen mit 13 900 Mitgliedern, Amtsblatt der Erzdiözese München und Freising vom 14.7.1909, S.132; von 1909 bis 1916 kamen weitere 132 Kongregationen mit 24 580 Mitgliedern, vor allem Jungfrauen-Kongregationen, hinzu. Schematismen (1912), S.418–420 und (1917), S.428
59. Amtsblatt der Erzdiözese München und Freising vom 9.9.1909, S.173–175
60. *Tornow*, Münchner Vereinswesen, S.158f.
61. Hirtenschreiben Erzbischof Bettingers vom 15.2.1914, in: Amtsblatt der Erzdiözese München und Freising vom 20.2.1914
62. Amtsblätter der Erzdiözese München und Freising vom 16.3.1914, S.58f. und vom 9.5.1914, S.77f.
63. Amtsblatt der Erzdiözese München und Freising vom 17.12.1909, S.6
64. Amtsblatt der Erzdiözese München und Freising vom 17.12.1909, S.6–8
65. Amtsblatt der Erzdiözese München und Freising vom 2.12.1912, S.180
66. *Fritz*, Jahres-Bericht 1927/28 des Katholischen Caritas-Verbandes, 29, Nr.1; *Buchberger*, Kriegs- und Zukunftsaufgaben (1915), S.9–19. *Kröner*, Bayerische Caritas, S.35–77
67. *Riedel* (Hrsg.), Das bayerische Gesetz über öffentliche Armen- und Krankenpflege (1870); *Kühle*, Der Münchner Vinzenzverein; *König*, 90 Jahre Elisabethenverein
68. *Panzer* (Hrsg.), Die ersten Kleinkinderbewahranstalten. Bericht des Vereins ›Lehrlingsschutz‹ (o.J.); 50 Jahre katholischer Fürsorgeverein für Mädchen, Frauen und Kinder e.V.; *Seidl*, 100 Jahre katholischer Verein zur Betreuung gefährdeter Jugend e.V.; *Haibach*, Die Fürsorge, S.78–103. Amtsblätter der Erzdiözese München und Freising vom 3.5.1910, S.79f., vom 22.5.1911, S.101f.; vom 14.5.1915, S.114 und Beilage zum Amtsblatt vom 6.6.1910, S.1–4
69. Schematismus (1911), S.409
70. *Denk*, Christliche Arbeiterbewegung, Tabellen 12–24, S.399–414; *Nesner*, Erzbistum München und Freising, Tabelle V
71. *Onnau* (Bearb.), Das Schrifttum der Görres-Gesellschaft
72. *Nüssler*, Geschichte des Katholischen Preßvereins; *Krose*, Kirchliches Handbuch, II, S.381f. Zur Gesellschaft für christliche Kunst vgl. *Rapp*, Kirche und die Kunst der Zeit, S.55–59; *Streicher*, ›... das freie Schaffen der christlichen Künstler begünstigen!‹, S.60–65
73. *Krose*, Kirchliches Handbuch, II, S.389–391; III, S.381–383; IV, S.383f. und V, S.259f.

Die protestantische Gemeinde
(S.206–212)

1. Nach staatlicher Anordnung: ›protestantisch‹; für den internen Gebrauch (seit 1853): ›evangelisch-lutherisch‹
2. Evangelisches Gemeindeblatt München (1892), S.12; demnach gab es 1885 34 763 und im Jahre 1892 48 104 Protestanten in München
3. *Turtur/Bühler*, Geschichte des Dekanats München; *Heckel* (Hrsg.), Evangelische Diaspora
4. *Maser*, Evangelische Kirche
5. LKA Nürnberg, OM 4359; Die Einweihung der dritten protestantischen Kirche St. Lukas (Festschrift); Evangelisches Gemeindeblatt München (1892), S.2
6. LKA Nürnberg, Pfarrb. Nr.777 und 778, Kirchenrat Glungler, Pfarrbeschreibung 1931, 2 Bde. Evangelisches Gemeindeblatt München (1894), S.98; (1895), S.121; (1896), S.3; (1908), S.8
7. LKA Nürnberg, Pfarrb. Nr.772, Pfarrer Kutter, Pfarrbeschreibung 1941. Evangelisches Gemeindeblatt München (1895), S.85, 129; (1896), S.3 (1899), S.176 (1901), S.17
8. *Schnell*, Kunstführer Nr.1308
9. Festschrift Hundert Jahre Innere Mission in München, S.26. Demnach errichtete die Innere Mission auf der Schwanthaler Höhe ein Gemeindezentrum mit einer Augsburger Diakonissenstation; integriert waren ein Kindergarten und ein Kinderhort. Vgl. Evangelisches Gemeindeblatt München (1895), S.108
10. *Schamari*, Kirche und Staat, S.664–959
11. Festgabe Fünfzig Jahre Evang.-Luth. Gesamtkirchengemeinde München 1920–1970
12. Evangelisches Gemeindeblatt München (1896), S.63
13. Kirchenrat Feez (1819–1900) zum Beispiel wirkte von 1855 bis 1894 bei St. Matthäus. Kirchenrat Glungler (1857–1941) blieb der Vater der Gemeinde bis 1927. Zu Beginn des Jahrhunderts begannen einige junge Pfarrer ihren Dienst in München, so Pfarrer Joch (1865–1945), der von 1904 bis 1931 bei St. Matthäus war, oder Siegfried Kadner (1867–1957), der von 1910 bis 1936 in München wirkte
14. *Veit*, Aus dem Münchner Predigerseminar (1934), S.10
15. Evangelisches Gemeindeblatt München (1912), S.18ff.
16. *Schmerl*, Erinnerungen (1934), S.33; Evangelisches Gemeindeblatt München (1914), S.994
17. *Heckel* (Hrsg.), Evangelische Diaspora, hier Friedrich Langenfaß, Dekan Friedrich Veit; Lebensbilder aus dem Bayerischen Schwaben, Bd.12

18. *Maser*, Karl Buchrucker
19. Personalstand sämtlicher kirchlicher Stellen und Behörden der protestantischen Kirche (1892), S. 7
20. Zu den Kolonie-Pfarreien vgl. Glossar der vorliegenden Publikation
21. *Evang.-Luth. Gesamtkirchengemeinde Ingolstadt*, Evangelisch in Ingolstadt, S. 27 ff. Zur Errichtung der Stelle eines Reisepredigers *Turtur/Bühler*, Geschichte des Dekanats München, S. 267, 286
22. Evangelisches Gemeindeblatt München (1910), S. 145
23. *Baum*, Südbayerns evangelische Diaspora. *Daumiller*, Südbayerns evangelische Diaspora
24. 1912 gehörten neben der Münchner Pfarrei mit ihren sechs Pfarrbezirken zwölf weitere Pfarreien, drei Pfarrvikariate und fünf Reisepredigerstellen zum Dekanat. Im Dekanatsbereich waren 58 Geistliche tätig. Evangelisches Gemeindeblatt München (1913), S. 97 ff.
25. *Daumiller*, Predigerseminar
26. *Daumiller*, Predigerseminar, S. 47, 24
27. Festschrift zum fünfzigjährigen Jubiläum des Münchner Predigerseminars (1884), S. 12
28. *Köberle*, Professor D. Justus Köberle, S. 167 ff.; *Renz/Graf* (Hrsg.), Troeltsch-Studien, S. 60–77
29. Zu Harleß vgl. das Glossar der vorliegenden Publikation
30. *Simon*, Evangelische Kirchengeschichte Bayerns; *Kantzenbach*, Evangelischer Geist, S. 140 ff., 303 ff. *Maser*, Evangelische Kirche, S. 35–45; *Buchner*, Die synodalen und presbyterialen Verfassungsformen
31. *Chroust*, Lebensläufe aus Franken, Bd. II, S. 427 ff.; *Kantzenbach*, Evangelischer Geist, S. 329 ff.
32. *Möckl*, Prinzregentenzeit, S. 321 f. *Schamari*, Kirche und Staat, S. 185, 192, 203
33. Evangelisches Gemeindeblatt München (1909), S. 120 ff.
34. *Rießbeck*, Die Predigt, S. 119 ff. (dort weitere Literatur); *Rittelmeyer*, Aus meinem Leben (1937), *Merz*, Wege und Wandlungen, S. 126 ff.
35. *Seitz*, Bezzel, S. 45 ff.
36. Evangelisches Gemeindeblatt München (1910), S. 67
37. *Merz*, Erinnerungen an Hermann Bezzel (1927), S. 18, zit. nach *Seitz*, Bezzel, S. 53. Evangelisches Gemeindeblatt München (1913), S. 98 ff. sowie zu Bezzel Glossar der vorliegenden Publikation
38. *Maser*, Karl Buchrucker, S. 131 ff.
39. *v. Pölnitz*, Lebensläufe aus Franken, Bd. VI, S. 64 ff.
40. *Veit*, Aus dem Münchner Predigerseminar (1934), S. 19
41. Im Dekanatsgebiet wohnten 109 801 Evangelische (7 Prozent der Gesamtbevölkerung), davon 86 729 in der Stadt München (14 Prozent). Prozentual am meisten Protestanten wurden mit 22,6 Prozent und 18,5 Prozent in den Bezirken der Markuskirche und der Erlöserkirche mit ihren gehobenen Wohnbezirken gezählt. Evangelisches Gemeindeblatt München (1913), S. 97 ff.
42. Das zeigt die Korrespondenz, genauer die Sammlung der Briefe an Buchrucker im LKA Nürnberg; die Münchner Schulstatistik bestätigt außerdem den hohen sozialen Status der Mehrheit der Evangelischen. Im Schuljahr 1893/94 beispielsweise waren bei einem Bevölkerungsanteil von knapp 14 Prozent nur 12,3 Prozent der Volksschüler evangelisch, aber 24 Prozent der Gymnasiasten. Im Realgymnasium waren sogar 45 Prozent, im Maxgymnasium 36 Prozent evangelisch. An der Städtischen Höheren Töchterschule betrug der Anteil der Protestanten 44 Prozent. Evangelisches Gemeindeblatt München (1894), S. 98
43. Neue kirchliche Zeitschrift (1899), S. 372
44. Puckenhofer Blätter (1883), S. 153 ff.
45. *Cyprian*, Innere Mission der Protestanten (1895)
46. Evangelisches Gemeindeblatt München (1902), S. 14 (Wahl Dezember 1901)
47. Evangelisches Gemeindeblatt München (1894), S. 2
48. Zur Sendlinger Gemeinde, allerdings erst nach dem Ersten Weltkrieg *Daumiller*, Geführt im Schatten zweier Kriege (1961), S. 37–51
49. LKA Nürnberg, Pfarrb. Nr. 772, Pfarrer Kutter, Pfarrbeschreibung 1941, S. 352
50. *Huber/Huber*, Staat und Kirche, Bd. III, S. 359 ff. (Canisius Enzyklika) 465 ff. (Borromäus Enzyklika)
51. *Schamari*, Kirche und Staat, S. 307–316
52. Evangelisches Gemeindeblatt München (1897), S. 3, 119, 157; (1902), S. 106; (1904), S. 72; (1910), S. 96
53. *Seitz*, Bezzel, S. 52
54. Evangelisches Gemeindeblatt München (1911), S. 24 f.; *Galling* (Hrsg.), Religion in Geschichte und Gegenwart, Bd. III, Sp. 1248
55. Evangelisches Gemeindeblatt München (1912), S. 142
56. Berichterstattung über die evangelischen Vereine Evangelisches Gemeindeblatt München, Rubrik ›Anstalten und Vereine‹
57. *Wagner*, Der evangelische Handwerkerverein, S. 42 ff.
58. *Wagner*, Der evangelische Handwerkerverein, S. 22, 24 ff., 37, 51
59. Festschrift Hundert Jahre CVJM München (1896), S. 152
60. *Prieser*, Geschichte des Vereins für Innere Mission (1909), S. 21 f.
61. *Kolb* (Hrsg.), Dein Wort ist die Wahrheit
62. Evangelisches Gemeindeblatt München (1892), S. 29, 33, 42, 60, 107 ff.
63. Evangelisches Gemeindeblatt München (1892), S. 20; (1909), S. 154; (1913), S. 76; LKA Nürnberg, Pfarrb. Nr. 772, Pfarrer Kutter, Pfarrbeschreibung 1941, S. 281
64. LKA Nürnberg, Pfarrb. Nr. 777 und 778, Kirchenrat Glungler, Pfarrbeschreibung, S. 442–445
65. Festschriften des Vereins: 25, 50, 100 Jahre
66. Festschrift Innere Mission München (1909), S. 12 f.; *Heimpel*, Die halbe Violine (1965), S. 102 f.; Evangelisches Gemeindeblatt München (1906), S. 145 (Unfalltod der Gräfin Henriette)
67. Festschrift zum Fünfzigjährigen Jubiläum der Inneren Mission 1935, S. 12 f. Der Verein hatte das Glück, ausgezeichnete Vereinsgeistliche zu finden: Karl Ostertag (1849–1921) von 1888–1901, Ernst Sommermeyer (geb. 1868) von 1901–1903 und Karl Prieser (1872–1946) von 1903–1912. Anschließend war Pfarrer Hilmar Schaudig bis 1925 Vereinsgeistlicher
68. Evangelisches Gemeindeblatt München (1911), S. 46, 92 f., 157; (1912), S. 13, 83–93
69. Festschrift Innere Mission München (1909), S. 26 f., 46 f.; Evangelisches Gemeindeblatt München (1898), S. 17 f.; (1913), S. 124
70. Festschrift Innere Mission München (1909), S. 12, 35
71. Zu Instruktionskursen für Frauen (1896 und 1907) Evangelisches Gemeindeblatt München (1896), S. 30, 64, 75, 92; (1907), S. 144, 173 ff.

Pädagogik und Schule
(S. 213–219)

1. *M. Kerschensteiner*, Georg Kerschensteiner; *Fernau-Kerschensteiner*, Georg Kerschensteiner; *Kerschensteiner*, Zwanzig Jahre (1915), S. 97–118; *Kerschensteiner*, Selbstdarstellung (1968), S. 110–149. Es gibt immer noch keine kritische Ausgabe von Kerschensteiners Werken, die zum Teil schwer aufzufinden sind
2. *Englert*, Georg Kerschensteiner
3. Bericht über den Stand der Gemeindeangelegenheiten für 1895, S. 38–40
4. StadtAM, Schulamt 2229. 36 161 Kinder besuchten 1895, 76 007 1913/14 die Werktagsschulen; in den Feiertagsschulen wurden 1895 4983 Knaben und 6518 Mädchen, 1913/14 in den Sonntagsschulen nur noch 6117 Kinder unterrichtet
5. Für weitere Überlegungen zum Gymnasium vgl. *Kerschensteiner*, Die fünf Fundamentalsätze (1912), S. 239–262
6. *Englert*, Georg Kerschensteiner, S. 44 f.
7. *Kerschensteiner*, Zwanzig Jahre (1915), S. 98; zu den Befugnissen der Lokalschulkommission vgl. Bericht über den Stand der Gemeindeangelegenheiten für 1902, S. 102–104. Kerschensteiner war überdies Mitglied der Landesschulkommission
8. StadtAM, Schulamt 1606, Protest vom 11.3.1908; Antwort der Regierung vom 30.6.1908
9. Zur Kontroverse, ob Kerschensteiner seine Theorie im Spätwerk geändert hat *Müllges*, Bildung und Berufsbildung; *Wehle*, Praxis und Theorie; *Wilhelm*, Die Pädagogik Kerschensteiners. Von seinen Werken die früheren Auflagen
10. *Kerschensteiner*, Vorwort zur ersten Aufl., in: Grundfragen der Schulorganisation (1907), S. III
11. *Müllges*, Bildung und Berufsbildung, S. 26

12. *Spranger,* Wilhelm von Humboldt
13. Vgl. Beilage der Münchener Gemeindezeitung (1907 ff.), Sitzungsberichte
14. *Kerschensteiner,* Schulerziehung in Krieg und Frieden (1916), S. 29
15. *Kerschensteiner,* Das Grundaxiom des Bildungsprozesses (1959)
16. *Kerschensteiner,* Staatsbürgerliche Erziehung (1966), S. 35
17. *Kerschensteiner,* Schulerziehung in Krieg und Frieden (1916), S. 60
18. *Kerschensteiner,* Schulerziehung in Krieg und Frieden (1916), S. 90
19. *Kerschensteiner,* Schulerziehung in Krieg und Frieden (1916), S. 181–210
20. *Kerschensteiner,* Schulerziehung in Krieg und Frieden (1916), S. 339
21. *Kerschensteiner,* Schulerziehung in Krieg und Frieden (1916), S. 209
22. *Kerschensteiner,* Schulerziehung in Krieg und Frieden (1916), S. 191
23. *Kerschensteiner,* Schulerziehung in Krieg und Frieden (1916), S. 196
24. *Kerschensteiner,* Schulerziehung in Krieg und Frieden (1916), S. 200 f.
25. *Kerschensteiner,* Der Ausbau der Volksschule (1912), S. 98
26. *Kerschensteiner,* Der Ausbau der Volksschule (1912), S. 99
27. Vgl. Bericht über den Stand der Gemeindeangelegenheiten für 1898, S. 47
28. Vgl. die bei *Wehle* (Hrsg.), Kerschensteiner, abgedruckten Aufsätze. Vgl. zu der Auseinandersetzung Kerschensteiners mit den pädagogischen Grundströmungen seiner Zeit die Einleitung Wehles ebd. und: Beilage der Münchener Gemeindezeitung (1900), Sitzungsberichte S. 843–847
29. Beilage der Münchener Gemeindezeitung (1895), Sitzungsberichte S. 1191–1193
30. Beilage der Münchener Gemeindezeitung (1895), Sitzungsberichte S. 1192
31. *Kerschensteiner,* Betrachtungen zur Theorie (1901)
32. *Kerschensteiner,* Die Schule der Zukunft (1968), S. 35 sowie Anm. 16
33. Beilage der Münchener Gemeindezeitung (1907), Sitzungsberichte S. 73 ff.
34. Vgl. *Kerschensteiner,* Zwanzig Jahre (1915), S. 108
35. Vgl. Beilage der Münchener Gemeindezeitung (1907), Sitzungsberichte S. 365 f.; (1909), S. 350 f.; StadtAM, Schulamt 2276
36. Beilage der Münchener Gemeindezeitung (1910 ff.), Sitzungsberichte
37. Kerschensteiner ließ sich regelmäßig von den Oberlehrern der verschiedenen Schulen Bericht über die Raumnutzung erstatten. Vgl. StadtAM, Schulamt 1861
38. Zur Geschichte dieser Frage vgl. StadtAM, Schulamt 4505 und 4507
39. Vgl. z. B. Beilage der Münchener Gemeindezeitung (1902) (1905), Sitzungsberichte
40. Beilage der Münchener Gemeindezeitung (1906), Sitzungsberichte, S. 960
41. Vgl. Beilage der Münchener Gemeindezeitung (1906), Sitzungsberichte
42. StadtAM, Schulamt 4507, Regierungsentschließung vom 29.8. 1906, eingegangen beim Magistrat am 3.9. 1906
43. StadtAM, Schulamt 4507. Der Beschluß vom 24.1. 1907 wurde dem Magistrat mit Schreiben 23476 vom 6.2. 1907 mitgeteilt
44. Vgl. Beilage der Münchener Gemeindezeitung (1897) (1905), Sitzungsberichte
45. Entschließung der Regierung von Obb. vom 5.8. 1909
46. Bericht über den Stand der Gemeindeangelegenheiten für 1900, S. 143
47. Bericht über den Stand der Gemeindeangelegenheiten für 1900, S. 144–149
48. Vgl. *Kerschensteiner,* Beobachtungen und Vergleiche (1901); er unterrichtete sich über Einrichtungen Österreichs, der Schweiz und des übrigen Deutschlands
49. Bericht über den Stand der Gemeindeangelegenheiten für 1900, S. 152; vgl. auch Beilage der Münchener Gemeindezeitung (1900), Sitzungsberichte S. 526–531
50. Beilage der Münchener Gemeindezeitung (1900), Sitzungsberichte S. 420 f. und Bericht über den Stand der Gemeindeangelegenheiten für 1905, S. 141 f.
51. Nach der Umgestaltung des Fortbildungsschulwesens gab es nur noch eine höhere Abteilung, die den abgeschlossenen Besuch der ersten zur Voraussetzung hatte
52. Bericht über den Stand der Gemeindeangelegenheiten für 1901, S. 129–143
53. Genehmigt am 30.9. 1909
54. Beilage zur Münchener Gemeindezeitung (1907), Sitzungsberichte S. 559–563
55. Auf ihre Entwicklung und die zum Teil komplizierte Zugehörigkeit kann hier nicht eingegangen werden
56. Ab dem Schuljahr 1906/1907 der Riemerschmidschen Handelsschule angegliedert, ab 1908/09 nicht mehr weitergeführt
57. StadtAM, Schulamt 1623 und 1649
58. Dazu *Wilhelm,* Die Pädagogik Kerschensteiners, S. 198 ff.

Volksbildung
(S. 220–224)

1. *Pöggeler* (Hrsg.), Geschichte der Erwachsenenbildung; für das 19. Jahrhundert *Dräger,* Volksbildung
2. *Wachenheim,* Die deutsche Arbeiterbewegung, S. 54
3. Jubiläums-Festbericht Arbeiter-Bildungsverein (1887), S. 5
4. Jubiläums-Festbericht Arbeiter-Bildungsverein (1887), S. 8 ff. *Wachenheim,* Die deutsche Arbeiterbewegung, S. 106 ff.
5. Zu Julius Knorr (1826–1881) *Bosl* (Hrsg.), Bayerische Biographie, S. 429. *Dräger,* Volksbildung, Bd. 2, S. 55. Verwaltungsbericht des Münchner Volksbildungsvereins für 1871–1874, S. 1 und 6
6. *Grebing,* Geschichte der deutschen Arbeiterbewegung, S. 61. Zu Hermann Schultze-Delitzsch vgl. das Glossar der vorliegenden Publikation sowie *Dräger,* Die Gesellschaft, S. 57 ff.
7. Jubiläums-Festbericht Arbeiter-Bildungsverein (1887), S. 8, 11 ff.
8. Jubiläums-Festbericht Arbeiter-Bildungsverein (1887), S. 18 ff.; StadtAM, Stadtchronik 1907, Bd. IV[III] No. 99. *Arbeiter-Bildungsverein München (e. V.),* Bericht zum fünfzigsten Stiftungsfeste (1912), S. 17
9. Jubiläums-Festbericht Arbeiter-Bildungsverein (1887), S. 9
10. Dazu StadtAM, RP 600, geheime Sitzung des Kollegiums der Gemeindebevollmächtigten, 22.2. 1912
11. StadtAM, Stadtchronik 1871, Bd. II, S. 1427, Eintrag vom 25.7. 1871. Die erste Generalversammlung am 25. Oktober 1871. Vgl. ebd., S. 1721 f., Eintrag vom 25. 10. 1871
12. StadtAM, Stadtchronik 1871, S. 1721 f.
13. Ausführlich hierzu *Schoßig,* Die Akademischen Arbeiter-Unterrichtskurse, S. 199, Anmerkung 21
14. Verwaltungsbericht des Münchner Volksbildungsvereins für 1871–1874, S. 1
15. Verwaltungsbericht des Münchner Volksbildungsvereins für 1896, S. 2 sowie *Baedecker,* Kulturpflege, S. 152
16. 43. Verwaltungsbericht des Münchner Volksbildungsvereins 1913/14, S. 9. 1913/14 fanden 23 Kurse mit 966 Hörerinnen statt
17. *Baedecker,* Kulturpflege, S. 119
18. *Baedecker,* Kulturpflege, S. 119 f.
19. *Baedecker,* Kulturpflege, S. 120
20. *Baedecker,* Kulturpflege, S. 122
21. *Baedecker,* Kulturpflege, S. 122–130, 145–149
22. Verwaltungsberichte des Münchner Volksbildungsvereins für 1871–1874, S. 1 und für 1896, S. 2
23. Verwaltungsberichte des Münchner Volksbildungsvereins für 1871–1874, S. 1 und für 1896, S. 2
24. *Baedecker,* Kulturpflege, S. 119 f. sowie *Schoßig,* Volksbildung, S. 161 f. sowie S. 394, Anm. 7 und 16
25. StadtAM, Stadtchronik 1896, Bd. II, S. 2086–2089, Eintrag vom 21.12. 1896. Vgl. Stadtchronik 1896, Bd. III[IV], No. 379–382 (Druckschriften des Volks-Hochschul-Vereins München)
26. *Brentano,* Mein Leben (1931), S. 196 f. Vgl. *Bosl,* Bayerische Biographie, S. 93
27. *Keilhacker,* Das Universitäts-Ausdehnungs-Problem, S. 16 ff. und 30. Vgl. auch *Krüger,* Wissenschaft, S. 19–24
28. *Keilhacker,* Das Universitäts-Ausdehnungs-Problem, S. 1 f.
29. *Keilhacker,* Das Universitäts-Ausdehnungs-Problem, S. 2
30. Zum Begriff vgl. *Keilhacker,* Universitäts-Ausdehnungs-Problem, S. 24
31. Jahresberichte des Volks-Hochschul-Vereins, Verzeichnisse der fördernden Mitglieder
32. Dazu BayHStA, MK 41480. *Brentano,* Mein Leben (1931), S. 197, ›Die Volkshochschule im Parlament‹, in: Mitteilungen über volkstümliche Hochschulkurse 6 (1898), S. 21 f.

33. *Brentano*, Mein Leben (1931), S. 196. Vgl. außerdem BayHStA, MK 41480
34. StadtAM, Stadtchronik 1896, Bd. III^IV, No. 379, Aufruf des Volks-Hochschul-Vereins
35. *Brentano*, Bericht über den Volks-Hochschul-Verein (1896/97), S. 609. Vierter Jahresbericht des Volks-Hochschul-Vereins für 1899/1900, S. 341
36. *Keilhacker*, Das Universitäts-Ausdehnungs-Problem, S. 67
37. *Keilhacker*, Das Universitäts-Ausdehnungs-Problem, S. 86. Elfter Jahresbericht des Volks-Hochschul-Vereins für 1906/07, S. 1
38. Vgl. beispielsweise Elfter Jahresbericht des Volks-Hochschul-Vereins für 1906/07, S. 7
39. *Krüger*, Wissenschaft, S. 23
40. Elfter Jahresbericht des Volks-Hochschul-Vereins für 1906/07, S. 7
41. *Keilhacker*, Das Universitäts-Ausdehnungs-Problem, S. 97
42. *Keilhacker*, Das Universitäts-Ausdehnungs-Problem, S. 67; Zweiter Jahresbericht des Arbeiter-Sekretariats München für 1899 und Geschäfts-Bericht des Gewerkschafts-Vereins München von 1900, S. 41
43. *Keilhacker*, Das Universitäts-Ausdehnungs-Problem, S. 97. Für die Lehrperioden 1912/13 und 1913/14: Anteile der Arbeiter, Handwerkergesellen und Lehrlinge 21,81 beziehungsweise 19,85 Prozent. 1911/12 (incl. Handlungsgehilfen): 37,03 Prozent. Der auffällige Rückgang wohl nicht allein wegen der veränderten Definition. Angaben nach Sechzehnter bis Achtzehnter Jahresbericht des Volks-Hochschul-Vereins München für 1911/12 bis 1913/14
44. Die entsprechenden Zahlen für die Lehrperioden 1911/12, 1912/13 und 1913/14 lauten: 45,97 Prozent. 60,18 Prozent und 55,99 Prozent. Vgl. Sechzehnter bis Achtzehnter Jahresbericht des Volks-Hochschul-Vereins München für 1911/12 bis 1913/14
45. Zentralblatt für Volksbildungswesen (1909), S. 124. *Hausenstein*, Arbeiterbildungswesen (1909), S. 1058
46. Zum Projekt »Pettenkofer-Haus« StadtAM, B.u.R. 1067; StadtAM, Stadtchronik 1909, Bd. III^IV, No. 282; Stadtchronik 1912, Bd. I, S. 567ff.; Stadtchronik 1914, Bd. I, S. 1468ff.; Stadtchronik 1916, Bd. II, S. 2629
47. *Keilhacker*, Das Universitäts-Ausdehnungs-Problem, S. 85f.
48. Zu Wagner *Schoßig*, Die Akademischen Arbeiter-Unterrichtskurse, S. 20ff. und 295ff.
49. Ausführlich bei *Schoßig*, Die Akademischen Arbeiter-Unterrichtskurse sowie *Schoßig* (Hrsg.), Die Studentischen Arbeiter-Unterrichtskurse
50. *Wagner*, Beginn (1908), S. 18
51. Das Programmangebot im Wintersemester 1911/12: Deutsch, Deutsche Literatur, Rechnen, Algebra, Geometrie, Schönschreiben, Technisches Zeichnen, Freihandzeichnen, Heimatkunde, Chemie im tägl. Leben, Staatsbürgerkunde, Stenographie und kaufm. Grundlehren. *Nischler*, Arbeiterkurse 1907–1911 (1912), S. 13
52. *Beck*, Kurzer Überblick (1912), S. 11
53. *Wagner*, Beginn (1908), S. 17. StadtAM, RP 524/4, geh. Magistratssitzung vom 3.11.1908, Hinweis auf die gutachtliche Äußerung der beiden Schulreferate
54. Zu den Gebühren Lehrpläne der Münchner Fortbildungskurse für Arbeiter des 3., 8., 10., 11., 14., 16. Lehrgangs
55. StadtAM, Schulamt 1234/I, Zuschüsse an die Fortbildungskurse ab 1915. Ab 1915 betrug der jährliche Barzuschuß 360 Mark. 1918 wurde er auf 1000 Mark erhöht
56. Zu den bereits genannten Fächern kamen noch hinzu: Der menschliche Körper, Häusliche Kunstpflege, Naturwissenschaftliche Betrachtungen, Haushaltsrechnen. Vgl. Lehrpläne des 14. und des 16. Lehrgangs
57. *v. Stengel*, Die studentischen Arbeiterfortbildungskurse (1913), S. 176
58. Volksbildungsarchiv 3 (1912–13), S. 422
59. *Kahn*, Die akademischen Arbeiterunterrichtskurse (1912), S. 8
60. *v. Stengel*, Die studentischen Arbeiterunterrichtskurse (1913), S. 175
61. *v. Stengel*, Die studentischen Arbeiterfortbildungskurse (1913), S. 175
62. *Schoßig*, Die Akademischen Arbeiter-Unterrichtskurse, S. 145ff.
63. *Wagner*, Beginn (1908), S. 17
64. *Wagner*, Beginn (1908), S. 18. Münchener Post vom 4.10.1910, S. 4f. Dreizehnter Jahres-Bericht des Arbeitersekretariats München und Geschäftsbericht des Gewerkschaftsvereins München pro 1910, S. 87
65. *Sieper*, Studentische Unterrichtskurse (1912), S. 41–46. *Kahn*, Die akademischen Arbeiterunterrichtskurse (1912), S. 5ff.
66. *Anonym*, Arbeiter-Fortbildungskurse (1908), S. 15f.
67. *Freese*, Geselligkeit (1913), S. 57–59. *Ostler*, Mitarbeiter und Hörer (1914), S. 25–26. *Nischler*, Arbeiterkurse 1907–1911 (1912), S. 14
68. *Wagner*, Das Zusammenarbeiten (1913), S. 1–4
69. Vgl. beispielsweise Lehrpläne des 14. und 16. Lehrganges (Sommersemester 1913 bzw. 1914) der Studentischen Arbeiterfortbildungskurse München; Lehrbuch für den deutschen Unterricht, hrsg. von der *Kommission der Arbeiter-Unterrichtskurse an der Universität Berlin* (1908); Rechenbuch für studentische Arbeiter-Unterrichtskurse, hrsg. von den *Akademischen Unterrichtskursen für Arbeiter, E.V. zu Berlin* (1910)
70. Volksbildungsarchiv 2 (1911), S. 476
71. Zeitschrift des Verbandes der Akademischen Arbeiter-Unterrichts-Kurse Deutschlands (1913), S. 20
72. Schriftleiter war Wilhelm Wagner, der in der damals selbständigen Stadt Pasing wohnte. Vgl. Zeitschrift des Verbandes der Akademischen Arbeiter-Unterrichts-Kurse Deutschlands (1912), S. 8
73. Dazu ausführlich *Schoßig*, Die Akademischen Arbeiter-Unterrichtskurse, S. 177ff. und 256ff.
74. StaatsAM, Pol. Dir. 623
75. *Hausenstein*, Arbeiterbildungswesen (1909), S. 1058
76. *Hausenstein*, Arbeiterbildungswesen (1909), S. 1059
77. *Hausenstein*, Arbeiterbildungswesen (1909), S. 1058
78. *Hausenstein*, Arbeiterbildungswesen (1909), S. 1058f.
79. Zum folgenden: Bericht des Arbeiterbildungsvereins Vorwärts, in: Dreizehnter Jahresbericht des Arbeitersekretariats München für 1910, S. 86–90
80. Fünfzehnter Jahresbericht des Arbeitersekretariats München und Geschäfts-Bericht des Gewerkschaftsvereins München pro 1912, S. 71f.
81. Sechzehnter Jahresbericht des Arbeitersekretariats München und Geschäftsbericht des Gewerkschaftsvereins München pro 1913, S. 89
82. *Zorn*, Geschichtliche Entwicklung, S. 8. *Nüßler*, Geschichte des Katholischen Preßvereins, S. 101–105, 178–185
83. StaatsAM, Pol. Dir. 3333
84. Münchner Neueste Nachrichten vom 1.8.1914
85. StaatsAM, Pol. Dir. 3333, § 2 der Verbandssatzung von 1907
86. Volksbildungsarchiv 3 (1912–13), S. 412–416
87. *Zorn*, Geschichtliche Entwicklung, S. 8
88. *Siemering*, Arbeiterbildungswesen in Wien (1911)
89. *Zirnbauer*, Der Aufwand der Stadtgemeinde München, S. 180. Vgl. auch *Süersen*, Das freie Volksbildungswesen, S. 61–113

München – die Kunststadt
(S. 226–235)

1. Grundlegend für die bildenden Künste zur Prinzregentenzeit *Mai*, Akademie, Sezession und Avantgarde, S. 145ff. Vgl. ferner Ausstellungskatalog München 1869–1958. Aufbruch zur modernen Kunst, und *Ludwig*, Kunst
2. Vgl. *Ludwig*, Malerei der Gründerzeit, S. 241ff., ferner *N. Mann*, Gabriel Max (1890), S. 42
3. Vgl. *Grösslein*, Die internationalen Kunstausstellungen, S. 141ff.
4. Vgl. *Mayer*, Außenseiter, S. 247; Zu Ludwig II. und Wagner, ferner *Mayer*, Richard Wagner, S. 102ff. und *Bauer*, Wagner, S. 159ff.
5. Vgl. *Nerdinger*, Die ›Kunststadt‹, S. 74ff. Zu München als »Bilderfabrik« siehe beispielhaft *Gebhardt*, Franz Hanfstaengl
6. Vgl. Ausstellungskatalog Die Münchner Secession und ihre Galerie, und *Grösslein*, Die internationalen Kunstausstellungen, S. 193ff.
7. Th. *Mann*, Betrachtungen eines Unpolitischen (1983), S. 141
8. Zu Picasso und München siehe *Beaucamp*, Picasso-Phantasie, S. 23. Zu de Chirico, Duchamp und Gabo siehe *Schuster*, Luftschlösser, S. 16ff.

9. Vgl. *N. Mann*, Gabriel Max (1890), S. 30 und *du Prel*, Die Psyche (1888)
10. *Marc*, Briefe aus dem Feld, S. 64 f.
11. *Marc – Lasker-Schüler*, Karten und Briefe (1987), S. 121, 151 f.
12. *Ludwig*, Münchner Malerei, S. 45
13. *Marc-Lasker-Schüler*, Karten und Briefe (1987), S. 117
14. Vgl. *Schuster*, »München leuchtete«, S. 29 ff.; dort S. 11 ff.; auch der Abdruck der Novelle ›Gladius Dei‹ von Thomas Mann
15. Münchner Bürgerliche Baukunst der Gegenwart 1898 bis 1909 (1985)
16. Carl Spitzweg, Brief vom 30.7. 1858 über Rothenburg ob der Tauber: »... Rothenburg ist ein mit Ringmauern umgebenes gotisch schwäbisches Nestlein voll Juwelen alter Architektur, die, wenn man sie anders wohin versetzen könnte, mit Millionen bezahlt würden, die Stiftskirche, groß wie die Sebalduskirche in Nürnberg, ein herrliches Rathaus aus der Renaissancezeit und Giebel und Thürmchen und Erker und Thürme ohne Ende und in allen Formen hier durch die Stadt, ...« Zit. nach Ausstellungskatalog Spitzweg, S. 32
17. Vgl. *Brix/Steinhauser*, Geschichte im Dienste der Baukunst, S. 302 ff.
18. Vgl. *Hoh-Slodczyk*, »Kunststadt« und Künstlervilla, S. 113 ff.
19. Vgl. *Kolbe*, Heller Zauber, S. 69 ff., S. 78 ff.
20. Auf Stucks ›Sünde‹ als mögliche Anregung für Thomas Manns Erzählung ›Gladius Dei‹ hat erstmals Wolfdietrich Rasch hingewiesen, vgl. *Schuster*, »München leuchtete«, S. 34, Anm. 16 a. Dort, S. 174 f., die Schilderung Hans Carossas über die Wirkung von Stucks ›Sünde‹ auf das Münchner Ausstellungspublikum von 1893. Vgl. ferner *Frühwald*, »Der christliche Jüngling im Kunstladen«, S. 324 ff., bes. S. 329. Zu einer anderen Interpretation vgl. *Frühwald* in der vorliegenden Publikation
21. Vgl. *Zweite*, Vorwort zu Franz von Lenbach und *Ranke*, Der Maler Franz von Lenbach, S. 9 ff. und 43 ff.
22. *Th. Mann*, Betrachtungen eines Unpolitischen (1983), S. 540 f. Zur »hysterischen Renaissance« bei Heinrich Mann und seiner Auseinandersetzung mit Lenbach vgl. *Ritter-Santini*, Die Verfremdung, S. 297 f. Vgl. ferner *Pikulik*, Thomas Mann, S. 101 ff.
23. *Th. Mann*, Betrachtungen eines Unpolitischen (1983), S. 540, 542. *Meier-Graefe*, Entwicklungsgeschichte der modernen Kunst, Bd. II, Viertes Buch, Die Kunst in Deutschland, München 1904, S. 710
24. *Th. Mann*, Betrachtungen eines Unpolitischen (1983), S. 542. Vgl. *Schuster*, Münchner Bilderstürme der Moderne, S. 57 ff., bes. 69 f.
25. Vgl. *Ranke*, Der Maler Franz von Lenbach, S. 49 ff.
26. Zit. bei *Ludwig*, Münchner Malerei, S. 46
27. Vgl. Ausstellungskatalog Franz Marc 1880–1916; *Zweite* (Hrsg.), Kandinsky und München; Ausstellungskatalog Der Blaue Reiter
28. Ausstellungskatalog Delaunay und Deutschland, Abb. S. 2
29. Der Blaue Reiter, hrsg. von *Kandinsky* (1986), S. 142, 286 ff.; vgl. ferner *Ringbom*, Kandinsky und das Okkulte, S. 85 ff. Zum Verhältnis des ›Blauen Reiter‹ zur modernen Naturwissenschaft *Lankheit*, Franz Marc, S. 130 ff.
30. *Marc*, Die »Wilden« Deutschlands, S. 31
31. Zit. nach Der Blaue Reiter, hrsg. von *Kandinsky* (1986), S. 263
32. Vgl. *Lankheit*, Führer durch das Franz Marc Museum, S. 26. Zu Kandinskys Variationen auf den Hl. Georg vgl. *Weiss*, Kandinsky und München, S. 68 ff. und *Gollek*, Das Münter-Haus in Murnau, S. 27 ff. Zum Hl. Georg als verbreitetem Bildthema in der christlichen Kunst Münchens um 1900 siehe Ausstellungskatalog »München leuchtete«, Kat. Nr. 40, 41, 51
33. Vgl. *Lankheit*, Franz Marc, S. 12
34. Vgl. *Baumgartner*, Der Bayerische Hausritterorden vom Heiligen Georg, bes. S. 33 ff., Farbtafeln 6–9, Kat. Nr. 69–86. Vgl. ferner *Seelig*, Gold, S. 263 ff.
35. Zit. nach *Baumgartner*, Der Bayerische Hausritterorden vom Heiligen Georg, S. 34
36. Vgl. *Mayer*, Außenseiter, S. 247 ff., dort ist auch das Sonett ›A Louis II de Bavière‹ von Verlaine abgedruckt

Die traditionellen Kräfte des Kunstgewerbes
(S. 236–239)

1. BayHStA, MWi 1916, Bericht an die Herren Landtagsabgeordneten des besonderen Ausschusses zur 202. Sitzung der Kammer der Abgeordneten vom 19.12. 1913, München 1913. Außerdem dazu *Klein* und *Segieth* in der vorliegenden Publikation
2. Bayerischer Kunstgewerbeverein (Hrsg.), Bericht über den Zweiten Congress (1883), S. 2
3. *Seelig*, Gold und Silber (1886), S. 102 ff.
4. Zeitschrift des Kunstgewerbe-Vereins in München (1886), S. 64 und Taf. 21
5. *Holtzhauer* (Hrsg.), Winckelmanns Werke, Einleitung S. XX
6. *Luthmer*, Das Rokoko (1888), S. 8
7. *Gmelin*, Die Arbeiten aus Edelmetall (1888), S. 136 f.
8. *Hirth*, Das deutsche Zimmer (1899), Nachwort S. 259
9. Zur Diskussion über den Einsatz von Maschinen auf dem Kunstgewerbetag 1888 *Bayerischer Kunstgewerbeverein* (Hrsg.) Bericht Delegiertentag 1888 (1888), S. 25
10. *Mundt*, Historismus, S. 28
11. BayHStA, MH 14781, Die Gilden des Bayerischen Kunstgewerbe-Vereins in München. Ihr Wesen, ihre Aufgaben, ihre Satzungen, München 1884
12. Bayerischer Kunstgewerbeverein (Hrsg.), Bericht Delegiertentag 1888 (1888), S. 6
13. Beiblatt zur Zeitschrift des Bayerischen Kunstgewerbe-Vereins XLI (1892), S. 37; *Schmoll-Hofmann*, Der Bayerische Kunstgewerbeverein, S. 19
14. *Schmoll-Hofmann*, Der Bayerische Kunstgewerbeverein, S. 16 ff.
15. StadtAM, Kulturamt 1068, Schreiben des Stadtmagistrats München vom 28.5. 1869
16. StadtAM, Kulturamt 662, Schreiben vom 4.12. 1901, Bedauern über den zu niedrigen Zuschuß, den die Stadt höher angesetzt hätte, wenn der wetterbedingte defizitäre Ausgang des Festes hätte vorausgesehen werden können
17. StadtAM, Kulturamt 662, Schreiben des Magistrats an das Gemeindebevollmächtigtenkollegium vom 16.6. 1901; der entsprechende Magistratsbeschluß war nicht durch das Gemeindebevollmächtigtenkollegium bestätigt worden. Erst der Hinweis, auch der Katholische Gesellenverein und der Evangelische Handwerkerverein wären zu ihren Jubiläen entsprechend geehrt worden, führte schließlich zur Zustimmung des Gemeindebevollmächtigtenkollegiums
18. BayHStA, MWi 1916, Bericht an die Landtagsabgeordneten 1913, S. 5
19. Zur Ausstellung: Kunst und Handwerk (1897/98), S. 17–28, 50–58
20. *Rolfs*, Alte und neue Pfade (1897/98), S. 11
21. BayHStA, MWi 1948, Schreiben Rolfs an das Innenministerium vom 6.11. 1897
22. BayHStA, MWi 1948, Gutachtliche Äußerung des Vorstandes des Kunstgewerbevereins vom 21.2. 1898 an das Innenministerium
23. BayHStA, MWi 1948, Kunstgewerbeverein an das Innenministerium, 21.2. 1898
24. BayHStA, MWi 1916, Jahresbericht des Kunstgewerbevereins pro 1906
25. BayHStA, MWi 1948, Schreiben des Vorstandes des Kunstgewerbevereins an das Innenministerium vom 5.3. 1898
26. *Bahns*, Zwischen Historismus und Jugendstil, S. 115. Bahns akribische Analyse der Vereinssituation der Jahre 1897/98 aufgrund der Vereinspublikationen muß unter dem Aspekt gesehen werden, daß diese offizielle Organ der Ereignisse bereits gefiltert spiegelt
27. BayHStA, MWi 1948, Bericht des Vereinsvorstandes an das Innenministerium vom 27.2. 1901
28. BayHStA, MWi 1948, Schreiben des »Comitées für Veranstaltung einer Ausstellung für Kunst im Handwerk zu München 1901« vom 15.3. 1901; Mitglieder waren Hermann Obrist, F.A.O. Krüger und Theo Schmuz-Baudiss, Nichtmitglieder Bernhard Pankok, Bruno Paul und Theodor Gosen
29. Vgl. zu diesem Problem auch *Schack-Simitzis*, Münchner Kunstgewerbe, S. 55 f.

Neue angewandte Kunst
(S. 240–243)

1. Zuletzt *Nerdinger*, Riemerschmids Weg, S. 13–26

2. Staatliche Graphische Sammlung München, Nachlaß Hermann Obrist, Verschiedene Zeitungsartikel sowie Obrist, Ein glückliches Leben, masch., o. J. Die Stickereien von H. Obrist, in: Zeitschrift des Bayerischen Kunstgewerbevereins (1895/96), S. 74, 76. *Fuchs/v. Bode,* Hermann Obrist (1895/96), S. 318–328. The Studio 9 (1897), S. 98 ff. Eine Anfrage in London, Victoria and Albert Museum, ergab lt. Briefen von Santina M. Levey und Linda Parry vom 16.12.1987 und 21.1.1988, daß im Anschluß an die dortige Ausstellung keine Stickereien von Obrist angekauft wurden
3. Kunst und Handwerk 58 (1907/08), S. 339 mit Abb., S. 353–354. *Nerdinger* (Hrsg.), Richard Riemerschmid, Katalog-Nr. 129, 132, 137e
4. *Nerdinger,* Riemerschmids Weg, S. 16, 21
5. Staatliche Graphische Sammlung, Nachlaß Obrist, Ahlers-Hestermann, Der Jugendstil, S. 31 (44) (dort ohne Verfasserangabe). *Ders.,* Stilwende, S. 6, 7
6. *Wichmann/Roth* (Hrsg.), Obrist, Nr. 36 (dort um 1898 datiert), Nr. 66, beide mit Abb. Möglicherweise ist dies eine Vorstudie zum Wandbehang; vgl. Staatliche Graphische Sammlung, Nachlaß Obrist, Münchner Allgemeine Zeitung, März 1896, Eine Stickerei-Ausstellung; Aufschluß wird das in Arbeit befindliche Werkverzeichnis über Obrist von Wichmann geben; dazu Brief vom 14.12.1987
7. Staatliche Graphische Sammlung, Nachlaß Obrist, Vorzeichnung zum abgebildeten Blatt im Skizzenbuch, Nr. 22 oben. *Wichmann/Roth* (Hrsg.), Obrist, Nr. 36
8. Vgl. *Nerdinger* (Hrsg.), Richard Riemerschmid, Nr. 469
9. *Obrist,* Die Antwort (1901), S. 2
10. *Schmoll gen. Eisenwerth,* Die Münchner »Debschitz-Schule«, S. 66 ff.; *Ziegert,* The Debschitz School, S. 28–42
11. Ausst. Kat. I. Ausstellung für Kunst im Handwerk (1901), S. 5, 7. Vgl. auch *Plehn,* 1. Ausstellung für Kunst im Handwerk (1902), S. 65–76
12. BayHStA, MWi 1948, Brief vom 15.3.1901 an das Kgl. Staatsministerium des Innern, Comité für Veranstaltung einer Ausstellung für Kunst im Handwerk zu München 1901. Keine Erwähnung findet die Ausstellung in der Vereinszeitschrift Kunst und Handwerk
13. StadtAM, Kulturamt 187/1, lt. Beschluß vom 28.7.1910 wurde der Name in ›Münchner Bund e.V. Vereinigung für angewandte Kunst‹ umgewandelt
14. BayHStA, MWi 1948, Brief vom 3.12.1904, gez. Frhr. v. Podewils, Kgl. Bayer. Staatsministerium des Kgl. Hauses und des Äußern; Jahresbericht 1904/05 der Münchner Vereinigung für angewandte Kunst. Der Zuschuß betrug von beiden Seiten je M 5000, das Defizit M 11 397,29
15. *Suckale-Redlefsen/Duvigneau,* Plakate, Nr. 121, Abb. S. 19
16. *Gmelin,* Ausstellung (1905/06), S. 15
17. *Günther,* Bruno Paul, Abb. S. 27. Zwei Entwurfs-Varianten im Archiv der Vereinigten Werkstätten, München, Modellzeichnung Nr. 6094 und 6120, für Schlafzimmer Nr. 6 bzw. 36
18. Kunst und Handwerk 56 (1905/06), Abb. S. 12, 14, 15
19. *Schack-Simitzis,* Münchner Kunstgewerbe, S. 50–56
20. BayHStA, MH 9503, Pressenotizen über die Münchner Kunstausstellung 1910 sind im Akt zu finden
21. StadtAM, Kulturamt 896/II, Controll Auszug aus dem Hauptbuch; Kulturamt 187/1, Münchner Ausstellung für angewandte Kunst 1910 in Paris, Bericht der Ausstellungsleitung, S. 2, 3
22. BayHStA, MH 9503, Le Salon d'Automne Paris 1910, Guide officiel, München (o. J.); *v. Pechmann,* Die Münchner Ausstellung (1910/11), S. 145–165, insbesondere Abb. S. 147, 148, 158, 159. *Nerdinger* (Hrsg.), Richard Riemerschmid, Nr. 190
23. StadtAM, Kulturamt 187/1, Jahresbericht 1911 der Münchner Vereinigung für angewandte Kunst
24. Ausst. Kat. 125 Jahre Bayerischer Kunstgewerbeverein, S. 99
25. StadtAM, Kulturamt 187/1, Brief der Vermittlungsstelle vom 16.1.1909 an den Magistrat, unterschrieben von Richard Riemerschmid und Dr. Paul Wenz
26. *v. Pechmann,* Der Künstler (1909); Pechmann war Leiter der Vermittlungsstelle
27. StadtAM, Kulturamt 187/1, Schreiben des Magistrats vom 11.6.1909 und Ausführungen zum Jahresbericht des Münchner Bundes für 1909/10, o. S. (S. 7)
28. Freundliche Hinweise von Gerlind Werner, Münchner Stadtmuseum; Prägung Firma Poellath. Quellen: StadtAM, Kulturamt 187/1, Ausführungen zum Jahresbericht des Münchner Bundes für 1909/10, o. S. (S. 6), Kunst und Handwerk 59 (1908/09), Abb. S. 368; *Bernhart,* Die Münchner Medaillenkunst, Taf. 46, Nr. 334, 334a
29. BayHStA, MWI 1800, Gutachten von Dr. Kerschensteiner vom 5.12.1912
30. *v. Debschitz,* Eine Methode des Kunstunterrichts (1904), S. 213
31. Laut Auskunft der Tochter Ruth v. Bennigsen, Geisenbrunn, vom 5.3.1988 weist die Künstlersignatur »CT« ohne Werkstättenstempel möglicherweise darauf hin, daß es sich um eine nicht für den Verkauf bestimmte Etüde handelt
32. Münchner Neueste Nachrichten vom 25.5.1902, Münchens Niedergang als Kunststadt sowie *Engels* (Hrsg.), Münchens Niedergang (1902)
33. Münchener Post Nr. 264 (1913), Bayerisches Kunstgewerbe und Münchner Bund
34. Münchner Neueste Nachrichten vom 7.5.1914, Bayerischer Landtag. 272. öffentl. Sitzung der Kammer der Abgeordneten, München 6.5.1914, Die Kunst

Das Plakat um 1900
(S. 244–247)

1. *Suckale-Redlefsen/Duvigneau,* Plakate, S. 46
2. *Suckale/Duvigneau,* Plakate, S. 46
3. *Sailer,* Das Plakat, S. 14; *Paneth,* Entwicklung der Reklame, S. 76
4. *Suckale/Duvigneau,* Plakate, S. 48, Blatt für die neueröffnete Eisenbahnlinie München – Augsburg (Kat. Nr. 1). Eine weitere Entwicklung zeigt das Innenplakat des Hotels Leinfelder von 1855 (Kat. Nr. 3). Traditionell Michael Zeno Diemer, Blatt Hotel Peterhof München (Kat. Nr. 110a). Vgl. auch *Müller-Brockmann,* Geschichte des Plakats, S. 115
5. *Paneth,* Entwicklung der Reklame, S. 70 f.; *Hölscher,* Münchens Beitrag, S. 170; *Renner,* Die Anfänge, S. 65
6. *Paneth,* Entwicklung der Reklame, S. 71
7. Hier wurde die photographische Platte in der Lithographie verwendet. Vgl. *Paneth,* Entwicklung der Reklame, S. 72
8. *Sponsel,* Das moderne Plakat (1897), S. 11; *Weber,* Saxa Loquuntur, S. 21
9. *Redlich,* Reklame, S. 49
10. *Redlich,* Reklame, S. 49
11. *Rademacher,* Plakat, S. 51
12. *Rademacher,* Plakat, S. 52: Cony Schmidt, vor 1900
13. *Rademacher,* Plakat, S. 54
14. Siehe *Sponsel,* Das moderne Plakat (1897), S. 231
15. *Wolf,* Münchner Plakatkunst (1915), S. 4 f.
16. *Suckale/Duvigneau,* Plakate, S. 107
17. *Suckale/Duvigneau,* Plakate, S. 11
18. *Suckale/Duvigneau,* Plakate, S. 11
19. *Wolf,* Münchner Plakatkunst (1915), S. 2 (Julius Klinger 1913 im Jahrbuch des deutschen Werkbundes)
20. *Growald,* Über die künstlerische Gestaltung (1912), S. 10
21. *Rademacher,* Plakat, S. 105 f.
22. *Suckale/Duvigneau,* Plakate, S. 71
23. *Duvigneau/Kuh,* Hohlwein, S. 4; ›Brothers Beggarstaff‹: Die englischen Künstler James Pryde und William Nicholson
24. *Suckale/Duvigneau,* Plakate, S. 75
25. *Suckale/Duvigneau,* Plakate, Kat. Nr. 278
26. *Duvigneau/Kuh,* Hohlwein, S. 7 und *Schubert,* Hohlwein, S. 491
27. *Duvigneau/Kuh,* Hohlwein, S. 4
28. *Suckale/Duvigneau,* Plakate, S. 84
29. *Schubert,* Hohlwein, S. 491 und *Suckale/Duvigneau,* Plakate, Kat. Nr. 229
30. Gemeint sind hier Secessionsbewegung und Jugendstil, z.B. Franz von Stuck, Bruno Paul und Thomas Theodor Heine
31. ›Offizielle Kunst‹: akademische Richtung, hauptsächlich von Franz von Lenbach gegen die Avantgarde vertreten
32. *Suckale/Duvigneau,* Plakate, S. 84
33. *Suckale/Duvigneau,* Plakate, S. 55
34. *Suckale/Duvigneau,* Plakate, Kat. Nr. 79
35. Der ›Pan‹ wurde von Otto Julius Bierbaum und Julius Meier-Graefe gegründet. Es erschienen bis Juli 1900 21 Hefte

36. Vor allem ›Gil Blas‹, ›Revue Blanche‹ und ›Assiette au Beurre‹; vergleiche *Suckale/Duvigneau*, Plakate, S. 58
37. *Sailer*, Plakat, S. 70
38. *Suckale/Duvigneau*, Plakate, S. 58
39. *Suckale/Duvigneau*, Plakate, Kat. Nr. 93 und Kat. Nr. 55
40. *Sponsel*, Das moderne Plakat (1897), S. 238 sowie *Suckale/Duvigneau*, Plakate, S. 50
41. *Suckale/Duvigneau*, Plakate, S. 53
42. *Suckale/Duvigneau*, Plakate, S. 51 ff., 85, 89; *Hölscher*, Plakatkunst, S. 173. Vergleiche auch Plakate der Münchener Kunstausstellungen, in: Bayerischer Kurier vom 29.6.1893
43. Auch als Athenakopf bezeichnet. Siehe z. B. *Suckale/Duvigneau*, Plakate und *Rademacher*, Plakat
44. *Suckale/Duvigneau*, Plakate, S. 53
45. *Suckale/Duvigneau*, Plakate, S. 31 sowie *Rademacher*, Plakat, S. 61: Das überdimensionale Auge wurde in einer Zeichnung in den ›Lustigen Blättern‹ Nr. 23, Titelblatt, karikiert. Sie zeigte ein Liebespaar, das sich durch das Riesenauge ständig beobachtet fühlte
46. *Suckale/Duvigneau*, Plakate, S. 31 ff. Dies gilt beispielsweise auch für die Elektrizität; vgl. *Suckale/Duvigneau*, Plakate, Kat. Nr. 322, ein Plakat von Paul Neu 1911
47. *Suckale/Duvigneau*, Plakate, S. 31 ff.
48. Das Lokal befindet sich in der Münchner Herzogstraße
49. *Rademacher*, Plakat, S. 80; vgl. auch *Schindler*, Monographie, S. 95
50. *Suckale/Duvigneau*, Plakate, S. 58; *Rademacher*, Plakat, S. 80
51. Angefertigt wurde es schon 1894
52. *Rademacher*, Plakat, S. 82: Zu den ›Elf Scharfrichtern‹ vgl. *Schmitz* in der vorliegenden Publikation
53. *Schindler*, Monographie, S. 97 ff. und *Suckale/Duvigneau*, Plakate, S. 87 sowie Kat. Nr. 329
54. *Schindler*, Monographie, S. 100; *Rademacher*, Deutsche Plakatkunst, S. 25
55. *Rademacher*, Plakat, S. 127; *Schindler*, Monographie, S. 98
56. *Suckale/Duvigneau*, Plakat, S. 107
57. *Wolf*, Münchner Plakatkunst (1915), S. 3
58. *Paneth*, Entwicklung der Reklame, S. 68 f., *Suckale/Duvigneau*, Plakate, S. 50
59. *Sponsel*, Das moderne Plakat (1897)
60. Z. B. *Brinckmann*, Nachwort Katalog Plakatausstellung, S. 7 f. Ähnliche Qualitätsansprüche bei *Lasser*, Neue Münchener Plakate (1906/07), S. 364, 362 f.
61. *Westheim*, Plakatkunst (1908), S. 120
62. *Growald*, Der Plakatspiegel (1904), S. 26: Ein Plakat soll nicht gefallen, sondern auffallen
63. Rudolph Witzels Animierpaar auf seinem vor 1906 entstandenen Blatt für Lusteck's Weinstube (*Suckale/Duvigneau*, Plakate, Kat. Nr. 153) stieß auf ›moralischen‹ Widerstand
64. *Westheim*, Plakatkunst (1908), S. 127
65. *Westheim*, Plakatkunst (1908), S. 126
66. Offizieller Katalog der II. Plakat-Ausstellung München (1898)
67. *Woecke*, Die Tierplastik, S. 95, Preisliste der Nymphenburger Jugendstilplastiken vom Anfang des Jahrhunderts
68. *Buchheim*, Jugendstilplakate, S. 14

Kunsthandel
(S. 248–252)

1. *Keller*, Der Kunsthandel, S. 13
2. Vglo. *Hoh-Slodczyk*, Das Haus des Künstlers, S. 34 (Tab. 2)
3. *Drey*, Kunstmarkt (1910), S. 11
4. *Langenstein*, Der Münchner Kunstverein
5. *Drey*, Kunstmarkt (1910), S. 11
6. *Schattenhofer*, München unter den Königen, S. 12
7. Vgl. *Sachs*, Sammler und Mäzene, S. 158
8. *Drey*, Kunstmarkt (1910), S. 12
9. *Drey*, Kunstmarkt (1910), S. 12
10. Vgl. *Wellensiek*, Kunsthandeln, S. 10 f.
11. *Wellensiek*, Kunsthandeln, S. 11 f.
12. Vgl. *Christians* (jetzt: v. Möller), Münchner Kunsthandel, S. 46 ff.
13. *Wellensiek*, Kunsthandeln, S. 12 f.
14. Vgl. Anzeige Münchner Neueste Nachrichten vom 28.3.1876
15. *Kahn*, Münchens Großindustrie (1891), S. 180
16. A IHK M, IXB 51, Brief von Georg Hirth an Hugo Helbing vom 14.12.1898 sowie Brief des Antiquars Julius Halle an Hugo Helbing vom 10.12.1898
17. *Martin*, Jahrbuch der Millionäre in Bayern (1914)
18. BayHStA, MWI 3520, Brief von Dr. Habich an die Verwaltung der wissenschaftlichen Sammlung des Staates vom 5.9.1924 sowie Gutachten des Bayerischen Nationalmuseums vom 12.1.1925
19. BayHStA, MWi 3843, Brief des Staatsministeriums des Innern an das Staatsministerium des Königlichen Hauses und des Äußern vom 11.10.1917
20. Ausstellungskatalog Böhler, Deutsche Skulptur der Gotik (1890)
21. *Engel/Kreisel*, Unbekannte Kunstwerke, S. 10
22. Vgl. Mitgliederverzeichnis, in: Zeitschrift des Münchener Alterthumsvereins 9 (1898), S. 36 ff.
23. Vgl. Der Cicerone 3 (1911), S. 892
24. Ausstellungskatalog Galerie Heinemann, Englische Meister des 18. Jahrhunderts (1905 und 1906); Werke Altenglischer Meister (1910)
25. Monatsberichte über Kunstwissenschaft und Kunsthandel, 1900–1903
26. Beiträge Antiquariat Rosenthal (1913–1915), N. F. (1927–1932)
27. Vorbemerkung *Rosenthal*, in: Beiträge Antiquariat Rosenthal 1 (1913)
28. Verfasser bei Helbings Auktionskatalogen u. a. E. Bassermann-Jordan, H. Pallmann, E. Pazautek, F. Wolter, A. Feulner
29. Dazu z. B. *Koch*, Kunstwerke (1915), S. 567
30. *Koch*, Kunstwerke (1915), S. 510 f.: beispielsweise die Kataloge der Sammlungen Pannwitz und Schubart
31. BayHStA, MWI 3844, Brief des Staatsministeriums des Innern an das Staatsministerium des Kgl. Hauses und des Äußern vom 4.12.1908
32. Münchner Illustrierte Zeitung 3 (1910), S. 8
33. Z. B. Münchner Illustrierte Zeitung 3 (1910), S. 8
34. Ausstellungsankündigung in: Monatsberichte Helbing 2 (1902), S. 2 f.
35. Vgl. Der Cicerone 4 (1912), S. 387
36. *Bernheimer*, Familien- und Geschäftschronik (1950), S. 54 ff., 76 f.
37. Zu Böhler *Kahn*, Münchens Großindustrie (1913), S. 298 f.
38. Zu Drey *Christians*, Kunsthandel, S. 19 f.
39. Zu einer Porzellanausstellung der Firma im Bayerischen Nationalmuseum Der Cicerone 4 (1912), S. 388
40. Dazu die Auktionskataloge Helbing, Sammlung Hirth (1898); Sammlung Franckenstein (1901); Sammlung Pannwitz (1905)
41. *Koch*, Kunstwerke (1915), S. 236
42. *Kahn*, Münchens Großindustrie (1891), S. 180
43. Dazu Der Cicerone 4 (1912), S. 388 sowie *Kahn*, Münchens Großindustrie (1891), S. 180
44. Vgl. Der Cicerone 3 (1911), S. 684 und 4 (1912), S. 389
45. Deutsche Städte – München (1922), S. 133
46. Vgl. dazu *Wilm*, Madonnen, S. 191 ff.
47. Weitere Angaben bei *Christians*, Kunsthandel, S. 29 ff.
48. *Bürger*, Fünfzig Jahre antiquarische Tätigkeit (1905), S. 208
49. *Keller*, Der Kunsthandel, S. 107
50. Rosenthal veröffentlichte 1895–1914 mehr als 60 Kataloge
51. *Kahn*, Münchens Großindustrie (1913), S. 298 f. sowie *Christians*, Kunsthandel, S. 19 f.
52. Vgl. Auktionskataloge Helbing, Sammlung Schubart (1899); Sammlung von Oppolzer (1906); Mannheimer Privatbesitz (1909)
53. Zu den hier vertretenen Künstlern Jubiläumsschrift anläßlich des 25-jährigen Bestehens von E. A. Fleischmann (1896) (Festschrift), S. 9 ff.
54. Vgl. Auktionskataloge Helbing, Galerie Henneberg (1903); Sammlung Klopfer (1908); Sammlung Barlow (1911); Sammlung Deutsch (1921); Sammlung de Bouché (1910)
55. Ausstellungen von Werken der Mitglieder der ›Scholle‹: W. Püttner, F. W. Voigt, M. Feldbauer u. a.; angekündigt in Der Cicerone 2 (1911), S. 471; Leo Putz, Der Cicerone 3 (1911), S. 28 f. Max Feldbauer, 1911, Der Cicerone 3 (1911), S. 184
56. Im Dezember 1909 fand die erste Ausstellung der ›Neuen Künstlervereinigung München‹ statt
57. Goltz übernahm ihre Vertretung 1912. Im Dezember 1911 erstmals Ausstellung bei Thannhauser
58. Vgl. Ausst. Kat. Galerie Heinemann, Mei-

ster der Barbizon-Schule und ihre Zeitgenossen (1908)
59. Vgl. Ausst. Kataloge Moderne Galerie Heinrich Thannhauser, Impressionisten-Ausstellung (1909); Edouard Manet. Aus der Sammlung Pellerin (1910); Dezember-Ausstellung (1910); Vincent van Gogh (1910)
60. *Teeuwisse*, Vom Salon, S. 236
61. *Teeuwisse*, Vom Salon, S. 241
62. *Ludwig*, Kunst, S. 139 ff.
63. Vgl. *Christians*, Kunsthandel, S. 82 f.
64. BayHStA, MK 14 278, Brief von v. Wehner an die Kgl. Zentral-Gemälde-Galerie-Direktion vom 7. 1. 1908
65. BayHStA, MK 14 278, Protokoll über die Sitzung der Kommission für Gemälde und Skulpturen neuer Meister vom 13. 1. 1908
66. BayHStA, MK 14 278, Protokoll vom 13. 1. 1908
67. BayHStA, MK 14 278, Protokoll vom 13. 1. 1908
68. Vgl. *Ludwig*, Kunst, S. 206 ff.
69. Als Beispiel *du Moulin-Eckart*, in: Festschrift zum 90. Geburtstag des Prinzregenten (1911), S. 39 ff. sowie *Ludwig*, Kunst
70. Ausst. Kat. Kunstverein, Gemälde des Prinzregenten (1913), S. III
71. Ausst. Kat. Kunstverein, Gemälde des Prinzregenten (1913); im Atelier erwarb er 144 Gemälde, im Kunstverein 115
72. Ausst. Kat. Kunstverein, Gemälde des Prinzregenten (1913); 64 Ankäufe auf den Ausstellungen der Secession
73. Ausstellungskatalog Kunstverein, Gemälde des Prinzregenten (1913); drei Gemälde aus der Galerie Heinemann, eines aus Brakl's Moderner Kunsthandlung
74. *Donath*, Psychologie, S. 108 ff.
75. Vgl. *Bredt*, Die Wohnstätte (1898), S. 107
76. *Feulner*, in: Auktionskatalog Helbing, Sammlung Grützner (1930)
77. *Engel/Kreisel*, Unbekannte Kunstwerke, S. 9 ff.
78. Vgl. Auktionskatalog Helbing, Sammlung von Hefner-Alteneck (1904)
79. *Baum*, Sammlung Oertel (1913), S. 273–283
80. Auktionskatalog Helbing, Sammlung Schubart (1899)
81. Auktionskatalog Helbing, Sammlung Hirth (1898)
82. *v. Ostini*, Die Galerie Thomas Knorr (1901) sowie Galerie Thomas Knorr, Katalog (1906)
83. Hinweise darauf bei *Wilm*, Madonnen, S. 42 f.; *Baum*, Sammlung Oertel (1913), S. 275 und 283; *Feulner*, Sammlung Grützner (1930); *Wolter*, in: Auktionskatalog Helbing, Sammlung Groth (1928)
84. Dazu *Heigenmooser*, Die Antiquitätensammlung ›Franz Greb‹ (1912), S. 20 f.
85. Vgl. A IHK M, Jahresberichte der Handels- und Gewerbekammer für Oberbayern 1880–1913
86. A IHK M, Jahresbericht für 1889, S. 259
87. A IHK M, Jahresbericht für 1888, S. 148
88. Dazu die Statistik aus Münchens Fremdenverkehrsjahr 1912, in: Geschäftsbericht des Vereins zur Förderung des Fremdenverkehrs für 1911/1912
89. A IHK M, Jahresbericht IHK für 1907, S. 415
90. Vgl. A IHK M, Jahresbericht IHK für 1887, S. 152; für 1892, S. 230; für 1893, S. 194
91. Vgl. A IHK M, Jahresbericht IHK für 1906, S. 396
92. *Bode*, Amerikanische Konkurrenz (1902), S. 8
93. Zu Duveen *Behrmann*, Duveen
94. *Behrmann*, Duveen, S. 48
95. *Bode*, Amerikanische Konkurrenz (1902), S. 5–12. *Bode*, Die amerikanische Gefahr (1906), S. 3–6. *Bode*, Paris und Berlin (1909), S. 441–443
96. *Bode*, Amerikanische Konkurrenz (1902), S. 7
97. Statistik über die Auswanderung von Kunstwerken (1910), S. 159 f.
98. Statistik über die Auswanderung von Kunstwerken (1910), S. 159 f.: vor 1882: zehn Prozent, zwischen 1882 und 1892: 30 Prozent, 1892 bis circa 1894: 15 Prozent, 1897–1909: 20 Prozent
99. A IHK M, Jahresberichte für 1884–1910
100. A IHK M, Jahresbericht für 1884, S. 223
101. A IHK M, Jahresbericht für 1895, S. 214
102. A IHK M, Jahresbericht für 1899, S. 293; für 1903, S. 260
103. A IHK M, Jahresbericht für 1901, S. 264; für 1904, S. 257
104. A IHK M, Jahresbericht für 1900, S. 289
105. A IHK M, Jahresbericht für 1909, S. 456
106. Der Cicerone 1 (1909), S. 522 f.
107. Vgl. Statistik über die Einfuhr von Kunstwerken nach Amerika (1908), S. 287
108. Vgl. Statistik über die deutsche Gemäldeausfuhr nach Amerika 1900–1908 (1910), S. 169 (Tab. II)
109. *Drey*, Kunstmarkt (1910), S. 169 (Tab. II): Generalkonsulatsbezirk München: 63 649 Dollar; Generalkonsulatsbezirk Berlin: 23 996 Dollar
110. *Drey*, Kunstmarkt (1910), S. 169 (Tab. II): Generalkonsulatsbezirk München: 355 580 Dollar; Generalkonsulatsbezirk Berlin: 22 471 Dollar
111. *Drey*, Kunstmarkt (1910), S. 169 (Tab. II)
112. *Drey*, Kunstmarkt (1910), S. 169 (Tab. II): Das Deutsche Reich exportierte im Jahr 1904 nach Amerika Gemälde im Wert von 329 412 Dollar; 1902 waren es 211 765 Dollar, 1907 201 882 Dollar
113. *Drey*, Kunstmarkt (1910), S. 169 (Tab. II): Generalkonsulatsbezirk Berlin: 107 329 Dollar; Generalkonsulatsbezirk München: 123 973 Dollar
114. *Drey*, Kunstmarkt (1910), S. 169 (Tab. II): 1904 und 1905 exportierte das Deutsche Reich nach Amerika Gemälde im Wert von jeweils 329 412 Dollar
115. A IHK M, Jahresbericht für 1911, S. 187, Statistik über Bayerns Ausfuhr nach den Vereinigten Staaten von Amerika 1901–1910 sowie A IHK M, Jahresbericht für 1913, S. 189, Statistik über Bayerns direkte Ausfuhr nach den Vereinigten Staaten von Amerika 1903–1912
116. Zur Kunststadt-Diskussion u.a. *Rosenhagen*, Münchens Niedergang I. (1901); *Rosenhagen*, Münchens Niedergang II (1901); *Engels* (Hrsg.), Münchens Niedergang (1902)

Georg Hirth
(S. 253–256)

1. Zur Biographie Hirths: Georg Hirth über sich selbst (1913), S. 178 ff.; *Endres*, Hirth
2. Georg Hirth über sich selbst (1913), S. 178
3. *Thoma*, Erinnerungen (1931), S. 199; außerdem *Uhde-Bernays*, Im Lichte der Freiheit (1947), S. 321. Eine umfangreiche Nachrufsammlung in *Hirth* (Hrsg.), Georg Hirth (1917)
4. *Hirth*, Schiller (1859)
5. Vgl. z. B. *Hirth*, Statistisches Jahrbuch (1863); *ders.*, (Hrsg.), Das gesamte Turnwesen (1865). Hirth war zudem Redakteur der ›Deutschen Turnzeitung‹ und vorübergehend für Ernst Keil, den Herausgeber der ›Gartenlaube‹ tätig
6. Vgl. z. B. *Hirth*, Georg Hirths Parlaments-Almanach (1867 ff.); *ders.*, Annalen (1868 ff.)
7. *Hirth/v. Gosen* (Hrsg.), Tagebuch (1870/71)
8. Die 1848 unter dem Titel ›Neueste Nachrichten aus dem Gebiete der Politik‹ gegründete Zeitung wurde 1862 von Julius Knorr übernommen. Vgl. auch Glossar der vorliegenden Publikation
9. Die Künstlervereinigung ›Allotria‹ wurde 1873 unter der Führung Gedons anläßlich einer Meinungsverschiedenheit innerhalb der ›Münchner Künstlergenossenschaft‹ gegründet
10. Dennoch wurden neu aufgelegt: *Hirth*, Freisinnige Ansichten (1876)
11. *Hirth* (Hrsg.), Der Formenschatz (1877 ff.); vgl. *ders.* (Hrsg.), Kulturgeschichtliches Bilderbuch (1881 ff.); *ders.* (Hrsg.), Liebhaber-Bibliothek (1880 ff.)
12. *Hirth*, Das deutsche Zimmer (1880). Vgl. dazu *Segieth*, Georg Hirth
13. *Muthesius*, Das englische Vorbild, S. 89
14. Nach *Muthesius*, Das englische Vorbild, ist der Österreicher Jacob von Falke (1825–1897), zu dem Hirth Kontakt aufnahm, der »bedeutendste Theoretiker zum Kunstgewerbe im deutschen Sprachraum«. Autographen Nachlaß Alix du Frênes; an dieser Stelle sei Herrn Dr. K. Gritschneder herzlich für die mir gewährte Einsicht gedankt
15. Vgl. *Semper*, Der Stil (1878)
16. Vgl. z. B. *Hirth*, Das deutsche Zimmer, 3. erw. Auflage (1886)
17. Hirth war 1876/77 bis 1892 Mitglied des ›Bayerischen Kunstgewerbevereins‹, verlegte ab 1877 die Vereinszeitschrift, in der er auch als Autor erschien
18. Auktionskatalog Helbing, Sammlung Hirth (1898)
19. *Uhde-Bernays*, Im Lichte der Freiheit (1947), S. 321

20. Auktionskatalog Helbing, Sammlung Hirth (1898), Vorwort, S. V
21. *v. Buerkel*, Vom Rindermarkt, S. 176
22. *Raff*, Blätter vom Lebensbaum (1938), S. 133
23. *Endres*, Hirth, S. 59
24. *Endres*, Hirth, S. 59
25. Hirth hielt den Besuch Böcklins in einer Photographie fest, Jugend 1/2 (1896), S. 13 f.
26. Dazu *Huber*, Das klassische Schwabing, S. 40 ff.
27. In den siebziger Jahren gründete er die Druckanstalt ›Knorr & Hirth‹ und ›Hirth's Verlag‹, in den neunziger Jahren den ›Verlag der Jugend‹
28. Vgl. *Rosenhagen*, Münchens Niedergang I und II (1901); *Engels* (Hrsg.), Münchens Niedergang (1902)
29. Zur Gründungsgeschichte *Heise*, Secession; *Hummel*, Die Anfänge; *Makela*, Secession
30. Vgl. *Hirth*, Berufungsschrift (1892)
31. *Makela*, Secession, S. 230, Anm. 218
32. Nachlaß Alix du Frênes, Schriftführer Dill an Hirth, Brief vom Juni 1892, in dem Hirth gebeten wird, eine »Eingabe« zu prüfen, wohl eines von zwei Gesuchen, die im Juni eingereicht wurden
33. Das ›Memorandum‹ der ›Secession‹ wurde, noch bevor es in anderen Organen erschien, in den ›Münchner Neuesten Nachrichten‹ Nr. 278 (1892), S. 4, veröffentlicht. Sowohl Hirth als auch Paulus, der zusammen mit Dill das ›Memorandum‹ verfaßt haben soll, beanspruchten die Namensgebung für sich. *Heise*, Secession, S. 17
34. Nachlaß Alix du Frênes, Brief von Dill an Hirth vom 26. 3. 1897 mit handschriftlicher Notiz
35. *Uhde-Bernays*, Im Lichte der Freiheit, S. 107 f.
36. *Hirth*, Aphorismen (1918), S. 415
37. Vgl. zur Breite der Bewegung *Wichmann*, Secession
38. Wiener Secession 1897; Berliner Sezession 1898
39. *Bauer*, Kunst in Bayern, S. 188
40. Vgl. *Hepp*, Avantgarde
41. *Hirth*, Die Gründung (1918), S. 306
42. Manifest der ›Jugend‹, Jugend 1/2 (1896), o. S.
43. *Hirth*, Jugendstil (1900), S. 664 f.; *ders.*, Der sogenannte Jugendstil (1918), S. 230 f.
44. Vgl. zur Jugendstildiskussion *Simon*, Sezessionismus, S. 17 ff.
45. *Koreska-Hartmann*, Jugendstil, S. 26 ff.
46. *Gystrow* (= *Hellpach*), Geist des Protestantismus (1903)
47. *Binding*, Lehrbuch (1902), S. 213, § 184, Abs. II A; vgl. dazu auch *Engelmann* in der vorliegenden Publikation
48. »Stimmen zur Lex Heinze« (1900), S. 216 ff.
49. Vgl. StadtAM, Münchner Stadtchronik 1900, Bd. I, S. 568. Die Gründung in München erfolgte bereits 1899. Vgl. *Falckenberg*, Das Buch von der Lex Heinze (1900)
50. *Hirth* (Hrsg.), Dreitausend Kunstblätter (1908), S. V
51. So Albert Weisgerber; vgl. *Ishikawa-Franke*, Albert Weisgerber, S. 34 f.

52. Vgl. Auktionskataloge der München ›Jugend‹, (1899 ff.)
53. Vgl. *Hirth*, Die Lokalisationstheorie (1894); *ders.*, Entropie (1900)
54. *Halbe*, Jahrhundertwende (1935), S. 353

Zwischen Arkadien und Babylon
(S. 258–266)

1. *Hofmannsthal*, Sämtliche Werke III. Dramen 1, hrsg. von *Hübner/Pott/Michel* (1982), S. 749
2. *Nietzsche*, Der Fall Wagner, Werke, Bd. II (1955), S. 922 f.
3. *Hofmannsthal*, Sämtliche Werke III (1982), S. 332. Zu den vorangehenden Zitaten vgl. ebd. S. 749 und 224
4. *Hofmannsthal*, Sämtliche Werke III (1982), S. 48
5. *Gérardy*, Geistige Kunst (1965), S. 19 f.
6. *Hofmannsthal*, Sämtliche Werke III (1982), S. 751
7. Vgl. *Wünsche*, Zur Geschichte der Glyptothek, S. 85 f.
8. *Conrad*, Vorrede zum I. Jahrgang der Zeitschrift ›Die Gesellschaft‹ in: Bayerische Bibliothek (1981), S. 1–3
9. *Reventlow*, Viragines oder Hetären? (1899), S. 8
10. *Wedekind*, Der Marquis von Keith (1965), S. 30. Zu Wedekinds Böcklin-Begeisterung vgl. *Wedekind*, Die Tagebücher (1986), S. 65, 86, 90
11. Vgl. Stenographische Berichte (1895/96), Bd. VIII. 284. Sitzung vom 18. Mai 1896
12. Vgl. *Meinhold*, Wilhelm II. (1912), S. 185–187
13. Vgl. dazu *Pörnbacher*, Ludwig Ganghofer, S. 350 f.
14. München und die Münchener (1905), S. 46
15. *George*, Werke, Bd. I (1958), S. 336
16. Vgl. *Andree*, Arnold Böcklin, Abb. 294
17. Vgl. dazu *Ritter*, Landschaft, S. 18 ff.
18. *Heyse*, Jugenderinnerungen (o. J.), S. 170–177
19. *Th. Mann*, Doktor Faustus (1980), S. 273
20. *Hofmannsthal*, Sämtliche Werke III (1982), S. 47
21. *Carossa*, Das Jahr der schönen Täuschungen (1941), S. 68 f.
22. *Langewiesche*, Liberalismus, S. 35
23. München und die Münchener (1905), S. 72 f.
24. Vgl. Schack-Galerie, Vollständiger Katalog, Textband, bearbeitet von *Ruhmer* mit *Gollek/Heilmann/Kühn/Löwe*, S. 106
25. *Schröder*, Franziska Gräfin zu Reventlow, S. 7
26. Vgl. dazu *Engelmann* in der vorliegenden Publikation. Zu Oskar Panizza vgl. *Bauer*, Oskar Panizza
27. *Th. Mann*, Die Erzählungen, 2. Bd. (1967), S. 754. Zitat aus dem Schauspiel ›Fiorenza‹. Das folgende Zitat ebd. S. 806
28. Das Thomas Mann-Zitat bei *Steinhilber*, Eduard von Keyserling, S. 193

29. Vgl. Rilke 1875. 1975, Ausstellung und Katalog von *Storck* in Zusammenarbeit mit *Dambacher* und *Kußmaul*, S. 58, 60
30. Vgl. *Heilborn* (Hrsg.), Einleitung zu *Keyserling*, Baltische Romane, S. 11
31. *Rasch*, Die literarische Décadence um 1900, S. 227
32. Vgl. *Heilborn* (Hrsg.), Einleitung zu *Keyserling*, Baltische Romane, S. 18 f.
33. Vgl. dazu *Steinhilber*, Eduard von Keyserling, S. 186
34. *Th. Mann*, Die Erzählungen, 1. Bd. (1967), S. 150. Das folgende Zitat ebd. S. 153
35. Vgl. *Wanner*, Individualität, S. 164
36. Vgl. dazu *Frühwald*, »Der christliche Jüngling im Kunstladen«, S. 326 ff.
37. *Th. Mann*, Beim Propheten, in: Erzählungen, 1. Bd. (1967), S. 275
38. Vgl. dazu *Vaget*, Kommentar zu den Erzählungen Thomas Manns, S. 100 f., Die Vorlage: Madonna. Novelle von Max Grad, in: Neue Deutsche Rundschau (Freie Bühne), Drittes und viertes Quartal (1896), S. 988–996. Zu einer anderen Interpretation vgl. *Schuster* in der vorliegenden Publikation
39. *Th. Mann*, Gladius Dei, in: Erzählungen, 1. Bd. (1967), S. 162
40. *Wanner*, Individualität, S. 167
41. *Böhme/Böhme*, Das Andere der Vernunft, S. 474 f.
42. Vgl. *Ritter*, Landschaft, S. 49 f.
43. Vgl. *Vinçon*, Frank Wedekind, S. 222
44. Vgl. *Ranke*, Böcklinmythen, S. 89
45. Vgl. dazu und zu den folgenden Zitaten *Meyer*, Theaterzensur in München 1900–1918, S. 273–295
46. *Rasch*, Die literarische Décadence um 1900, S. 87
47. Vgl. *Peacock*, Zur Problematik der Lulugestalt, S. 348. Zum Folgenden vgl. ebd. S. 354
48. *Reventlow*, Der Geldkomplex, Herrn Dames Aufzeichnungen, Von Paul zu Pedro. Drei Romane. Mit einem Nachwort von *Podszus* (1958), S. 116. Das folgende Zitat ebd. S. 132
49. Vgl. *Lautensack*, Das verstörte Fest. Gesammelte Werke, hrsg. von *Kristl* (1966), S. 259
50. *Reventlow*, Herrn Dames Aufzeichnungen (1958), S. 216
51. *Wedekind*, Der Marquis von Keith (1965), S. 24

Öffentlichkeit und Zensur
(S. 267–276)

1. Vgl. *Huber*, Das klassische Schwabing, S. 206
2. Vgl. *Jelavich*, Theater, S. 77–80
3. Dazu ausführlicher weiter unten
4. *Jelavich*, Theater, S. 274 f.
5. Vgl. Reichspressegesetz, § 24
6. Reichsgewerbeordnung, § 56, Abs. 3, Ziff. 12
7. Bayerisches Polizeistrafgesetzbuch, Art. 32, in: *Weber*, Neue Gesetz- und Verordnungensammlung (1888), Bd. 9, S. 201 f.

ANMERKUNGEN ZU S. 268–274

8. Vgl. StaatsAM, Pol. Dir. 3797, Kompetenzstreit zwischen königlicher Vermögensverwaltung und Polizeidirektion München, Schreiben vom 2.1.1896 und vom 22.1.1896
9. StaatsAM, Pol. Dir. 3797, Polizeilicher Erlaubnisschein für theatralische Aufführungen vom 6.9.1881
10. In den Akten kein einziger Fall der Rücknahme einer negativen Zensurverfügung der Polizeidirektion
11. Leiss, Kunst, S. 117 ff.
12. Vgl. StadtAM, Pol. Dir. 350, Schreiben an die Regierung von Oberbayern vom 20.12.1905
13. Ausführliche Darstellung dieser Einrichtung bei Meyer, Theaterzensur, S. 66–154
14. Siehe auch Lehnert/Segebrecht, Thomas Mann, S. 190–200
15. Vgl. Meyer, Theaterzensur, S. 157–161
16. Dazu z. B. Davies, Theater for the People; Brodbeck, Handbuch der Volksbühnenbewegung
17. StaatsAM, Pol. Dir. 520, Bericht vom 30.1.1891
18. Kausen, Die Sozialdemokratie (1891)
19. Dazu Conrad, Das soziale Kaisertum (1890), S. 476. Zur Auseinandersetzung mit der Sozialdemokratie Jelavich, Theater, S. 95; nach Conrads heftigen Attacken verschwanden die Arbeiter aus seinen Veranstaltungen. Dazu StaatsAM, Pol. Dir. 520, Bericht vom 6.4.1892 und Schreiben der Polizeidirektion an Komm. I. Infanteriebrigade vom 27.4.1891
20. Ein großer Teil der Dokumente im Akt ›Gesellschaft für modernes Leben‹, StaatsAM, Pol. Dir. 520, befaßt sich mit dem Verhältnis der Mitglieder der Vereinigung zur SPD
21. Münchner Neueste Nachrichten vom 4.1.1893
22. Wagner, 200 Jahre Münchner Theaterchronik, S. 31–46
23. Rieger, Henrik Ibsen, S. 68 und 71
24. Sonntags-Post, Beilage zur Münchener Post 15 (1890)
25. Jelavich, Theater, S. 163
26. Handschriften-Abteilung der Stadtbibliothek München, Nachlaß ›Neuer Verein‹, Rückblick von W. Rosenthal, S. 5 f.
27. Vgl. Leiss, Kunst, S. 113–122
28. Vgl. Huber, Das klassische Schwabing, S. 58–72
29. Simplicissimus 31 (1898). Die inkriminierten Teile sind abgedruckt in: Simplicissimus (Ausstellungskatalog), S. 56
30. Huber, Das klassische Schwabing, S. 61
31. Koch, Langen, S. 95
32. Koch, Langen, S. 109
33. Dazu z. B. StaatsAM, Pol. Dir. 2057/1, Zensurbescheid vom 25.1.1902
34. StaatsAM, Pol. Dir. 2057/2, Polizeibericht vom 10.10.1903
35. Als Beispiel hier das Stück die ›Marokko-Konferenz‹. StaatsAM, Pol. Dir. 3809/1, zensierte und unzensierte Fassung im Akt
36. Wiener Fremdenblatt vom 20.1.1910
37. StaatsAM, Pol. Dir. 4591, Abschrift der Verbotsverfügung des Berliner Polizeipräsidiums vom 31.1.1910
38. StaatsAM, Pol. Dir. 4591, Schreiben des Polizeiamts Leipzig vom 11.2.1910; Schreiben der Polizeidirektion Dresden vom 28.2.1910
39. StaatsAM, Pol. Dir. 4591, Verfügung der Polizeidirektion München vom 17.3.1910
40. StaatsAM, Pol. Dir. 4591, Telegramm des Polizeipräsidiums Berlin vom 21.4.1910
41. Möckl, Prinzregentenzeit, S. 121–133
42. StaatsAM, Pol. Dir. 3723, 3724, 3726, 3727, 3728, 3732; Beschlagnahme gelang der Polizei jedoch nur bei der Broschüre ›Von Hohenschwangau bis Schloß Berg‹, StaatsAM, Pol. Dir. 3723, und beim Roman von Clarissa Lohde ›Weltfremd‹, StaatsAM, Pol. Dir. 3732
43. StaatsAM, Pol. Dir. 3726, Liste der betroffenen Publikationen vom 3.12.1886
44. Weitere Fälle dazu in StaatsAM, Pol. Dir. 3735; hier ging es um die Reproduktion eines Gemäldes, auf dem Ludwig II. und sein Leibarzt Gudden miteinander ringen, z. B. Schreiben des Staatsanwalts vom 12.10.1886, Bericht an das Staatsministerium des Innern vom 14.10.1886, Bericht des IV. Polizeibezirks vom 24.8.1888, Erklärung des königlichen Hofsekretariats vom 24.8.1888. Ein anderes Mal ging es um ›lebende Bilder‹, die Ludwig II. im ›ewigen Geheimnis‹ zeigten; StadtAM, Pol. Dir. 388, Polizeibericht vom 28.3.1887 und Verfügung des Polizeidirektors Meixner vom 29.3.1887. Auch das Drama ›Ludwig II.‹ von Ferdinand Bonn wurde in Berlin mit Rücksicht auf München verboten: Berliner Tageblatt vom 19.3.1907; Passage abgedruckt bei Leiss, Kunst, S. 182. Außerdem dazu BayHStA, MJu 17374, I. Staatsanwalt Landgericht Mü I an Staatsministerium der Justiz vom 23.3.1907
45. StadtAM, Pol. Dir. 350, Verfügung vom 1.5.1905
46. StadtAM, Pol. Dir. 350, Zensor Bittinger an die Regierung von Obb. vom 18.5.1905. Zur Begründung dieser Maßnahme auch Schreiben an den Stadtmagistrat Nürnberg vom 23.11.1905
47. Stenographische Berichte 1905/06, Bd. IV, Sitzung vom 20.1.1906
48. Münchener Post vom 3.7.1906
49. Zum Verbot 1911 StadtAM, Pol. Dir. 350, Aktennotiz vom 3.5.1911 sowie Schreiben an Ruederer vom 3.5.1911; für 1912: Antwort des Staatsministeriums des Innern vom 5.7.1912
50. StadtAM, Pol. Dir. 350, Verfügung vom 3.2.1913
51. StadtAM, Pol. Dir. 350, Schreiben an den Stadtmagistrat von Nürnberg vom 23.11.1905
52. Vgl. Houben, Polizei und Zensur, S. 128–131
53. Siehe die Dokumentation in StaatsAM, Pol. Dir. 1047/1 und 2
54. Auslöser war ein denunziatorischer Bericht des Münchener Fremdenblatts vom 2.3.1891; dazu StaatsAM, Pol. Dir. 520, Schreiben der Staatsanwaltschaft Landgericht Mü I vom 10.4.1891
55. Vgl. Bauer, Panizza, S. 282
56. Bauer, Panizza, S. 287–289
57. Jelavich, Theater, S. 131
58. StaatsAM, Pol. Dir. 1047/1, Schreiben des Staatsministeriums des Innern vom 18.4.1901
59. BayHStA, MJu 17393; Oberstaatsanwalt Oberlandesgericht Mü an das Staatsministerium der Justiz vom 24.9.1901
60. Vgl. Jelavich, Theater, S. 293 f.; das Innenministerium hatte die Polizeidirektion zu schärferem Vorgehen aufgefordert; dazu StaatsAM, Pol. Dir. 2057/1, Schreiben von Innenminister Feilitzsch vom 5.10.1901; Überwachungsprotokoll vom 10.10.1901
61. StaatsAM, Pol. Dir. 2057/1, Schreiben an A. d'Ailly-Vaucheret (Marc Henry) vom 12.10.1901
62. StadtAM, Pol. Dir. 349, Telegramme der Polizeibehörden Bremen und Hamburg vom 18.3.1903, Telegramm des Stadtmagistrats Nürnberg und von der Polizei gesammelte Zeitungsausschnitte
63. StadtAM, Pol. Dir. 349, Abschrift des Urteils des preußischen Oberverwaltungsgerichts vom 19.1.1903
64. Besonderen Anstoß nahm der Abgeordnete Franz Xaver Lerno am Verkauf des ›Simplicissimus‹ in Milchläden, da dort Jugendliche und Dienstmägde mit ihm in Kontakt kämen. Stenographische Berichte 1903/04, Bd. XXII, S. 204, Sitzung vom 16.12.1903
65. Simplicissimus 42 (1904)
66. Vgl. Stenographische Berichte 1903/04, Bd. XXII, S. 472–741, Januar/Februar 1904; Münchner Neueste Nachrichten vom 13., 14., 15., 19. und 22.1.1904
67. BayHStA, MJu 17352, Urteil des Landgerichts Mü I vom 11.1.1904 und 23.2.1904 sowie Münchner Neueste Nachrichten vom 19.1. und 17.3.1904
68. BayHStA, MJu 17352, Urteil des Landgerichts Mü I vom 20.4.1904
69. Frankfurter Zeitung vom 23.4.1904
70. Münchner Neueste Nachrichten vom 13.2.1904
71. Stenographische Berichte 1899/1900, Bd. IV, S. 16, Sitzung vom 19.4.1900
72. StaatsAM, Pol. Dir. 5141, Bericht über die Versammlung des ›Goethebundes‹ vom 7.4.1900 (Rede Müller-Meiningens)
73. StaatsAM, Pol. Dir. 5141, Berichte über die verschiedenen Versammlungen im Akt
74. StaatsAM, Pol. Dir. 5141, Handzettel des ›Comité gegen die Lex Heinze‹
75. Dagegen halfen auch die Ausfälle Balthasar Dallers im Landtag nichts; dazu Stenographische Berichte 1899/1900, Bd. IV, S. 16 f., Sitzung vom 19.4.1900
76. Stenographische Berichte 1899/1900, Bd. IV, S. 16 f., Sitzung vom 19.4.1900 und ein

offiziös inspirierter Artikel in der Allgemeinen Zeitung vom 27.3. 1900
77. StaatsAM, Pol. Dir. 1110, Bericht an das Staatsministerium des Innern vom 10.5. 1904. Zwischen 1.10. 1901 und 1.12. 1903 hatte die Polizeidirektion 1402 Postkarten beanstandet, von denen dann auch 940 beschlagnahmt wurden
78. Siehe z.B. Bayerischer Kurier vom 13.8. 1901
79. StaatsAM, Pol. Dir. 1110, Bericht an das Staatsministerium des Innern vom 10.5. 1904; zur ›Auster‹ vgl. auch *Leiss*, Kunst, S. 171–174
80. StaatsAM, Pol. Dir. 1110, Bericht an das Staatsministerium des Innern vom 10.5. 1904
81. Stenographische Berichte 1903/04, Bd. XI, S. 230f., Sitzung vom 20.10. 1903
82. StaatsAM, Pol. Dir. 2057, Verfügungen vom 20., 23. und 29.10. 1903
83. Münchener Post vom 13.11. 1903
84. Handschriften-Abteilung der Stadtbibliothek München, Nachlaß ›Neuer Verein‹, Beschluß des Senats der Ludwig-Maximilans-Universität
85. StadtAM, Pol. Dir. 390, Programm der Sommersaison 1904
86. Bayerisches Vaterland vom 3.8. 1904
87. StaatsAM, Pol. Dir. 4475, Mitgliederverzeichnis des Sittlichkeitsvereins vom 25.5. 1906
88. Vgl. die Mitgliederstruktur des ›Neuen Vereins‹ bei *Jelavich*, Theater, S. 195 f.
89. StaatsAM, Pol. Dir. 4475, Rechenschaftsbericht des Sittlichkeitsvereins für 1906/07
90. Münchner Neueste Nachrichten vom 27.7. 1906
91. StaatsAM, Pol. Dir. 4475, Rechenschaftsbericht des Sittlichkeitsvereins für 1906/07
92. StaatsAM, Pol. Dir. 4475, Bericht Bittingers vom 21.11. 1907
93. StaatsAM, Pol. Dir. 4475, Schreiben Bittingers an A. Kausen vom 29.5. 1907
94. Allgemeine Rundschau vom 12.9. 1908, S. 611
95. Allgemeine Rundschau vom 22.8. 1908, S. 561
96. StaatsAM, Pol. Dir. 3819/3, Urteil des Amtsgerichts Mü I vom 12.1. 1909
97. StaatsAM, Pol. Dir. 3819/3, Verfügung vom 27.1. 1909
98. StaatsAM, Pol. Dir. 3819/3, Bescheid der Regierung von Obb. vom 27.2. 1909
99. StaatsAM, Pol. Dir. 3819/3, Schreiben des Innenministers v. Brettreich an die Regierung von Oberbayern vom 18.10. 1909
100. Zur Wedekind-Zensur *Meyer*, Theaterzensur, S. 155–306, leider ohne die im StadtAM liegenden Zensurakten zu ›Die Büchse der Pandora‹, ›Simson‹ und ›Franziska‹, Pol. Dir. 348, 351, 352
101. Vgl. *Meyer*, Theaterzensur, S. 158 f.
102. *Meyer*, Theaterzensur, S. 163–165; die Polizeidirektion wies auch eine Beschwerde des ›Sittlichkeitsvereins‹ gegen die Freigabe ab. StaatsAM, Pol. Dir. 4475, Aktennotiz vom 11.8. 1908
103. *Meyer*, Theaterzensur, S. 228–233
104. Zu Wedekinds Auseinandersetzung mit der Zensur *Meyer*, Theaterzensur, S. 258 f., 266–271, 342, 345
105. Ausführlich bei *Lehnert/Segebrecht*, Thomas Mann, S. 190 ff.
106. Siehe auch *Deiritz*, Geschichtsbewußtsein, S. 164–168
107. StaatsAM, Pol. Dir. 4594, Gutachten von Arnold, Basil, Graßmann, Schnorr von Carolsfeld, Ruederer und Hofmiller; Verfügung vom 7.10. 1911; zu Sternheims gemilderter Fassung Brief Sternheims an die Polizeidirektion München vom 7.3. 1912

›Die Elf Scharfrichter‹
(S. 277–283)

1. Vgl. *Peinkofer*, Lebensbild Emerenz Meier, S. 10
2. Vgl. *Lautensack* (Hrsg.), Die Elf Scharfrichter (1902)
3. *Katz*, Die sanfte Rebellin; Katz datiert den Brief auf das Jahr 1904; es kommen jedoch nur 1901 oder 1902 in Frage
4. Vgl. dazu das Schlußkapitel in *Schmitz*, Der ästhetische Staat
5. Handschriftenabteilung der Stadtbibliothek München, L 3938, Hüsgen, Schwabing, o. J.; hier ist Carossas Schilderung häufig erwähnt
6. Vgl. *Kristl*, … und morgen steigt ein Licht, S. 26
7. *Lautensack*, Medusa (1966), S. 105; vgl. zuvor S. 91
8. *Falckenberg* (Hrsg.), Das Buch von der Lex Heinze (1900), S. 4. Vgl. weiter *Engelmann* in der vorliegenden Publikation
9. Vgl. Handschriftenabteilung der Stadtbibliothek München, L 3573, Hüsgen, Scharfrichter, o. J. Eine etwas andere Vorgeschichte bei *Lautensack* (Hrsg.), Die Elf Scharfrichter (1902). Vgl. Handschriftenabteilung der Stadtbibliothek München, Brief Falckenbergs an einen unbekannten Adressaten, 10.11. 1900, über den Plan, gemeinsam mit Marc Henry ein ›Brettl‹ zu eröffnen
10. Vgl. *Kreuzer*, Die Boheme, S. 281–284
11. StaatsAM, Pol. Dir. 5141, Resolution der Protestversammlung gegen die Lex Heinze vom 7.3. 1900
12. StaatsAM, Pol. Dir. 2057/1, Vereinsstatuten. Mitglieder waren: Marc Henry – Balthasar Starr; Leo Greiner – Dionysius Tod; Otto Falckenberg – Peter Luft; Richard Weinhöppel – Hannes Ruch; Max Langheinrich – Max Knax; Robert Kothe – Frigidius Strang; Ernst Neumann – Kaspar Beil; Wilhelm Hüsgen – Till Blut; Willy Rath – Willibaldus Rost; Willi Örtel – Serapion Grab; Viktor Frisch – Gottfried Still. Mitglieder des Ensembles, aber nicht des Vereins – sog. Henkersknechte – waren u.a. Waldemar Hecker, Heinrich Lautensack und Reinhard Piper. Wichtigere Memoiren der Beteiligten und Zeitgenossen: *Blei*, Erzählung (1930), S. 341 ff.; *Carossa*, Der Tag des jungen Arztes (1955), S. 558–578; *Delvard* (d.i.: Biller), Extrait des memoires (1931), S. 17–22; dies., Histoire des Onze (1962), S. 106–115; deutsch bei *Keller*, Marya Delvard; *Falckenberg*, Mein Leben (1944), S. 102–138. v. *Gumppenberg*, Lebenserinnerungen (1929), S. 280–297. *Halbe*, Jahrhundertwende (1935), S. 339–346. *Henry*, Trois Villes (1917), S. 152 ff. *Heuss*, Vorspiele (1953), S. 227 f. v. *Hoerschelmann*, Leben ohne Alltag (1947), S. 112 ff. Handschriftenabteilung der Stadtbibliothek München, Nachlaß Hüsgen, Hüsgen, Schwabing, o. J. sowie Hüsgen, Scharfrichter, o. J. und weitere Versionen; *Kothe*, Seitenspiel (1944), S. 70–99. *Kutscher*, Der Theaterprofessor (1960), S. 35 ff. v. *Maassen*, Die elf Scharfrichter (1932); *Mühsam*, Unpolitische Erinnerungen (1927/29), in: dies., Ausgewählte Werke, 475–670, bes. S. 546 f. *P(iper)*, Zeit der Scharfrichter (1921); ders., Vormittag (1947), S. 283–286. *Rath*, Die 11 Scharfrichter (1926), *Sling* (d.i.: Schlesinger), Die 11 Scharfrichter (1925/26), S. 116–123. *Stemplinger*, Ernte (1936), S. 42–48. *Stern*, My Life (1951), S. 27 f. *Wolfskehl*, Die Elf Scharfrichter (1927), S. 4 f. Aus der Unzahl zeitgenössischer Stellungnahmen: *Bierbaum*, Die Yankeedoodle-Fahrt (1910), S. 456 ff. *Engel*, Ein Abend bei den Elf Scharfrichtern (1902). *Mauke*, Die elf Scharfrichter (1901), S. 969–973. »Elf Scharfrichter Nummer« der Zeitschrift Bühne und Brettl vom 2.3. 1903. Programmhefte der Elf Scharfrichter: StaatsAM, Pol. Dir. 2057/1-3, Zensurakten; Bayerische Staatsbibliothek 4 Rar 1997, sowie Stadtbibliothek München, Monacensia-Abteilung 4 Mon 1017 a. Geschichtliche Darstellungen: *Greul*, Bretter, Bd. I; *Hösch*, Kabarett, Bd. I. *Huber*, Das klassische Schwabing, S. 139–146; *Jelavich*, Theatrical Modernism; *Bayerdörfer*, Überbrettl, S. 292–325
13. Handschriftenabteilung der Stadtbibliothek München, L 2924, Zeichnungserklärung der ›Elf Scharfrichter‹
14. *Falckenberg*, Zur Einführung, in: ders. (Hrsg.), Das Buch von der Lex Heinze (1900). Vgl. *Schmitz* (Hrsg.), Die Münchener Moderne
15. Vgl. StaatsAM, Pol Dir. 2057/2, das parodistische Heftchen ›Der Musikführer‹: Schoppen, Also sprach Hannes Ruch (1915)
16. *Jodok* (d.i.: v.Gumppenberg), Überdramen (1902), Bd. I, S. 5–25
17. *Piper*, Zeit der Scharfrichter (1921)
18. *Falckenberg*, Mein Leben (1944), S. 121. Vgl. *Jelavich*, Theatrical Modernism, S. 168
19. *Bayerdörfer*, Überbrettl, S. 292. Vgl. Handschriftenabteilung der Stadtbibliothek München, undatierter Brief von Marc Henry an Hanns von Gumppenberg; Briefkopf

der ›Elf Scharfrichter‹ (»Münchner Künstlerbrettl«), Unterschriftenstempel (»Münchner Künstler«)
20. Zum Zopf vgl. Wilhelm von Kaulbachs Entwurf zu den Fresken der Neuen Pinakothek; am Schandpfahl im Zuschauerraum der ›Elf Scharfrichter‹ war der Zopf angenagelt
21. Handschriftenabteilung der Stadtbibliothek München, L 2924, Zeichnungserklärung der ›Elf Scharfrichter‹
22. *Piper*, Vormittag (1947), S. 284
23. Vgl. die Einleitung von *Schmitz*, Münchener Moderne
24. *Greul*, Bretter, S. 68
25. *Hüsgen*, Schwabing, o. J., S. 1
26. Handschriftenabteilung der Stadtbibliothek München, L 2924, Zeichnungserklärung der ›Elf Scharfrichter‹
27. Vgl. Le Chat Noir – Organe des Interets de Montmartre
28. *Ruederer* (Hrsg.), Panorama der Moderne (1895); *Reder-Feier* (o. J.); vgl. *Kutscher*, Frank Wedekind, Bd. II, S. 79
29. *Ewers*, Das Cabaret (1904), S. 43; vgl. *Kreuzer*, Boheme, S. 230 ff.
30. *Greul*, Bretter, S. 60
31. *Kerr*, Eintagsfliegen (1917), S. 330; vgl. auch S. 344 ff.
32. Vgl. *Kreuzer*, Boheme, z. B. S. 360 f.
33. Vgl. *Wolzogen*, Das Überbrettl (1900), S. 226 f. und 231 f.
34. Vgl. *Brauneck/Müller* (Hrsg.), Manifeste (1987), S. 25 f. und 337
35. *Conrad*, Zukunftstheater (1887), S. 403 f.
36. *Boehe*, Theater und Jugendstil, S. 146
37. Vgl. Münchener Brettl und Überbrettl, in: Münchener Post vom 8. 12. 1901
38. *Lautensack*, Wie die Elf Scharfrichter wurden (1903). Vgl. *Moeller-Bruck*, Das Varieté (1902), S. 224–232
39. *Wolzogen*, Das Überbrettl (1900), S. 222
40. *Panizza*, Klassizismus und Varieté (1896), S. 1252–1274
41. *Panizza*, Der heilige Staatsanwalt (1894), Zitat S. 29
42. *Panizza*, Klassizismus und Varieté (1896)
43. Vgl. *d'Aubecq (Lindner)*, Die Barrisons (1897)
44. *Heymel*, Zeiten (1907), S. 36
45. Vgl. *Bierbaum*, Deutsche Chansons (1900), S. X; vgl. insgesamt *Stankovich*, Otto Julius Bierbaum, S. 155–160
46. *Bierbaum*, Stilpe (1921), S. 448; vgl. *Bierbaum*, Randbemerkungen (1902)
47. *Boehe*, Theater und Jugendstil, S. 146
48. *v. Gumppenberg*, Lebenserinnerungen (1929), S. 290. Vgl. *Kothes*, Die theatralische Revue, S. 22–28
49. Vgl. Münchner Neueste Nachrichten vom 3. 2. 1902 über Thomas ›Der bayerische Chevauxleger‹, gesungen von Hans Dorbe; die Version des Volkssängers Alfons Hönle in: Monacensia-Abteilung der Stadtbibliothek München, Mon 7624, Platzl-Liedertexte, Heft Nr. 15
50. Das moderne Brettl vom 6. 3. 1902. Der Text bei *Bierbaum*, Deutsche Chansons (1900), S. 4 f.
51. Zu Wolzogens Münchner Plan vgl. *Hösch*, Kabarett, Bd. I, S. 55, zu seinem Kontakt mit dem Scharfrichter-Kreis vgl. *Wolzogen*, Das Überbrettl (1900), S. 188 ff., zu deren Konkurrenz mit ihm vgl. Handschriftenabteilung der Stadtbibliothek München, Brief Lautensack an Gumppenberg, 10. 2. 1901; zu Ludwig Thoma *Thoma*, Leute (1923), S. 276 f.
52. Die Szene ›Evchen Humbrecht‹ (1776) von H. L. Wagner beispielsweise wurde im Novemberprogramm 1903 angekündigt und dann mit einem Stempel als »verboten« gekennzeichnet
53. *Falckenberg*, Mein Leben (1944), S. 114; vgl. *Kothe*, Saitenspiel (1944), S. 69 f.
54. Vgl. *Schmitz*, Münchener Moderne sowie: Yvette Guilbert und ihre Lieder, in: Süddeutsche Monatshefte 1 (1911), S. 726–732
55. Was den Überbrettln noch fehlt, in: Das moderne Brettl 5 (1901/02)
56. Zit. nach dem Abdruck im ersten Programmheft, Stadtbibliothek München, Monacensia-Abteilung
57. *Hüsgen*, Schwabing, o. J.
58. Vgl. *Ruederer*, Der strohblonde Augustin (1899), S. 181–256. Vgl. *Hartl*, Moderne, S. 49
59. *Heine*, Deutschland. Ein Wintermärchen (1971), S. 591 f.
60. Vgl. Stadtbibliothek München, Monacensia-Abteilung, die Programme vom November 1901, November 1903 sowie das dort verwahrte Gastspiel-Programm 1904
61. Vgl. die Szene III,7 von *Wedekinds* ›Frühlings Erwachen‹ (1919)
62. Vgl. Handschriftenabteilung der Stadtbibliothek München, die Briefe von Otto Falckenberg an Ruederer vom 30. 6. 1901, vom 14. 8. 1901, vom 1. 9. 1901
63. Vgl. *Greul*, Bretter, S. 62. Die Medien Puppenspiel und Schattenspiel wurden bereits im Pariser ›Chat noir‹ gepflegt. Dazu im Folgenden Die Elf Scharfrichter (1901), Bd. I, S. 50, 75, 69 ff. Zum französischen Vorbild, dem ›Gasthof Europa‹ vgl. *Kerr*, Eintagsfliegen (1917), S. 330
64. So *Jelavich*, Theatrical Modernism, S. 173; vgl. Münchener Brettl und Überbrettl, Münchener Post vom 8. 12. 1901. *Schmitz*, Münchener Moderne
65. Uraufführung am 8. März 1901; später als ›Zum großen Wurstel‹ mit zwei weiteren zu der Szenenfolge ›Marionetten‹ zusammengefaßt; zur Deutung *Bayerdörfer*, Vom Konversationsstück, S. 567–570
66. Vgl. *Bayerdörfer*, Eindringlinge, S. 504–538
67. *Falckenberg*, in: Revue franco-allemande 3 (1900), S. 372
68. *Michel*, Marionetten (1911), S. 144 f.
69. Vgl. *Schnitzler*, Briefe 1875–1912 (1981), S. 471 und 558
70. Zum Wiener Kabarett Fledermaus, zit. nach *Pott*, Die Spiegelung, S. 126
71. Aufgeführt im Sommer 1901, vgl. Stadtbibliothek München, Monacensia-Abteilung, die Programme Mon 1017/3 und 4
72. Vgl. *Panizza*, Der Illusionismus (1895)
73. *v. Gumppenberg*, in: Revue Franco-Allemande 3 (1900), S. 374 f.
74. *v. Gumppenberg*, Überdramen (1902), Bd. I, S. 27–50
75. Handschriftenabteilung der Stadtbibliothek München, Falckenberg an Ruederer, 30. 6. 1901; ähnlich *Wolzogen*, Das Überbrettl (1901), S. 220. Vgl. *Bayerdörfer*, Wege des Mythos, S. 182–201
76. Vgl. *Simon*, Sezessionismus, S. 17–52 und bes. S. 164 f.
77. Vgl. *Weiss*, Kandinsky und München, S. 40 f.
78. *Ahlers-Hestermann*, Stilwende, S. 96
79. *Falckenberg*, Mein Leben (1944), S. 120. Vgl. bes. StaatsAM, Plakatsammlung, Plakat von Bruno Paul, das einen bis auf Gugel und Schurz nackten Scharfrichter mit einer weiblichen Figur zeigt
80. Stadtbibliothek München, Monacensia Abteilung, 4 Mon 4.175, Typoskript aus dem Gumppenberg-Nachlaß
81. *Henry*, in: Bühne und Brettl 4 (1903), S. 3
82. *Ruttkowski*, Reflexion, S. 94
83. *Wolfskehl*, Die Elf Scharfrichter (1927), S. 5
84. *Falckenberg*, Mein Leben (1944), S. 114; zum folgenden wieder: Was den Überbrettln noch fehlt (1901/02)
85. Vgl. *Schnitzler*, Briefe (1981), S. 451
86. Vgl. Handschriftenabteilung der Stadtbibliothek München, Lautensack an Gumppenberg, 10. 2. 1901
87. *Bayerdörfer*, Überbrettl, S. 313. Vgl. *Harris*, Freedom, S. 493–505
88. *Falckenberg*, Mein Leben (1944), S. 116
89. Was den Überbrettln noch fehlt (1901/02). Vgl. außerdem *Panizza*, Klassizismus und Varieté (1896); *Bierbaum*, Deutsche Chansons (1900), S. XIV f. und 187–205, und *Bierbaum*, Stilpe (1921), S. 432 f.
90. Vgl. bes. Wedekind an Martin Zickel, 27. 4. 1901, in: ders., Briefe (1924), Bd. II, S. 67
91. Fünf Hefte von *Wedekinds* Brettlliedern mit Noten von *Weinhöppel* (Verlagsgesellschaft ›Harmonie‹) (1901/02), vier Hefte im Scharfrichter Verlag; eine Sammlung (Drei Masken Verlag) (1920) (Monacensia)
92. *Brandenburg*, München leuchtete (1953), S. 221. Dann *Ruederer*, Die elf Scharfrichter und das lyrische Theater (1901); H. Mann, Erinnerungen an Frank Wedekind (1923), S. 247
93. Brief Wedekinds an Martin Zickel, 6. 8. 1901; in: *Wedekind*, Briefe (1924), S. 77. Dann Brief an Beate Heine, 5. 8. 1902; ebd. S. 91 f.
94. Brief an Carl Heine, 7. 8. 1901, in: *Wedekind*, Briefe (1924), S. 79
95. *Kutscher*, Wedekind, Bd. II, S. 104
96. Vgl. *Seehaus*, Frank Wedekind, S. 480
97. *Panizza*, Wedekind, Frank (1896), S. 693 ff.
98. Vgl. *Moeller-Bruck*, Der Mitmensch (1896), S. 1203; zuvor ders., Frank Wedekind (1895), S. 1682
99. Vgl. *Falckenberg*, Schwarzweiss (1902), S.

646f. Weiter *Bayerdörfer*, Eindringlinge, S. 532
100. *Wedekind*, Der Marquis von Keith (1900), S. 41
101. *Vincon*, Frank Wedekind, S. 74, macht auf den unveröffentlichten Prolog dazu aufmerksam
102. *Ruederer*, Die elf Scharfrichter im Frühlingsgewande (1902)
103. *Wedekind*, Was ich mir dabei dachte (1919), S. 426
104. Vgl. *Jelavich*, Theatrical Modernism, S. 125–136
105. *Greul*, Bretter, S. 72
106. Brief Wedekind an Beate Heine, 21.5.1901, in: *Wedekind*, Briefe (1924), S. 73; dann: Bühne und Brettl 12 (1903/04); vgl. die Karikatur Nr. 1 dieses Jahrgangs IV
107. Vgl. Das moderne Brettl 2 (1901), S. 26. Zitat: Rath an Ruederer, 13.7.1901. Zum Werben Raths vgl. Handschriftenabteilung der Stadtbibliothek München, im Ruederer-Nachlaß Briefwechsel
108. *Piper*, Zeit der Scharfrichter (1921)
109. Vgl. *Prevot*, Seliger Zweiklang, S. 29–32
110. Vgl. *Prosel*, Über den Simpl, S. 15f.; *Pape*, Joachim Ringelnatz, S. 24–32; *Schmitz*, Münchener Moderne
111. Vgl. *Böhmer*, Paul Brann
112. Vgl. *Kluncker*, Die Schwabinger Schattenspiele, S. 326–345
113. Vgl. *v. Bernus*, Meine Begegnung mit Karl Wolfskehl (1966), S. 45. Vgl. über die ›Elf Scharfrichter‹, S. 18ff.
114. Vgl. *Hösch*, Kabarett, S. 304ff.
115. Hüsgen, Schwabing, o. J., S. 38
116. Was nicht auf die Überbrettl gehört, in: Das moderne Brettl 6 (1901/02)
117. Vgl. *Kothe*, Saitenspiel (1944), S. 79ff. Vgl. *Bayerdörfer*, Überbrettl, S. 323
118. Zitat: *Lautensack*, Die Elf Scharfrichter (1902) (zu Marc Henry). Vgl. *Engelmann* in der vorliegenden Publikation
119. *Kerr*, Eintagsfliegen (1917), S. 35
120. *Ruederer*, Die elf Scharfrichter im Frühlingsgewande (1902)
121. Vgl. die Aktenbelege StaatsAM, Pol. Dir. 2057/2-3
122. So der Zentrumsabgeordnete Schädler im Landtag, zit. n. *Jelavich*, Theatrical Modernism, S. 181; dazu *Falckenberg*, in: Münchner Zeitung vom 26.11.1903
123. Münchner Neueste Nachrichten vom 3.10.1903. Vgl. die Polemik gegen diesen Bericht in: Bayerischer Kurier vom 4./5.10.1903
124. StaatsAM, Pol. Dir. 2057/3, Polizeibericht vom 10.10.1903. Dann Allgemeine Zeitung vom 10.10.1903 sowie *Hartl*, Moderne, S. 88ff.
125. Vgl. die weiteren Stellungnahmen in der Münchner Zeitung vom 19.1. und 22.1. 1904 sowie StaatsAM, Pol. Dir. 2507/3
126. *Feuchtwanger*, Münchner Cabarett-Königinnen (1908), zuvor *ders.*, Das Münchener Künstler-Cabaret (1905)
127. Vgl. *Mühsam*, Unpolitische Erinnerungen (1927/29), in: *ders.*, Ausgewählte Werke, S. 576f. *Schmitz*, Münchener Moderne
128. Vgl. *Pott*, Spiegelung, S. 128–155
129. *Kerr*, Eintagsfliegen (1917), S. 334
130. *Storck*, Vom Ueberbrettl (1901), S. 17–23
131. Vgl. zum Publikum: Die Freistatt 4 (1902), S. 775
132. Vgl. zu dieser in der öffentlichen Zensurdebatte gebräuchlichen Formel etwa: Bayerisches Vaterland vom 8.12.1903
133. *Sixtus*, Die elf Scharfrichter (1901)
134. Vgl. *Schneider*, Die populäre Kritik, S. 97
135. Vgl. Monacensia-Abteilung der Stadtbibliothek München, Mon 7624, Platzl-Liedertexte
136. Vgl. Anm. 12
137. *Feuchtwanger*, Gespräche mit dem Ewigen Juden (1920), S. 60

Musikstadt München
(S. 284–290)

1. *Dahlhaus*, Musik, S. 279
2. *Dahlhaus*, Musik, S. 328
3. *Dahlhaus*, Musik, S. 328
4. *Dahlhaus*, Musik, S. 278
5. BayHStA, MInn 72743, Referentenbericht vom 26.1.1917
6. *Ponelle*, A Munich (1913), S. 3
7. *Ponelle*, A Munich (1913), S. 4
8. *Reber*, Korrespondentenbericht (1897), S. 102
9. *Reber*, Korrespondentenbericht (1895), S. 478
10. *Reber*, Korrespondentenbericht (1898), S. 43
11. *Merz*, Korrespondentenbericht (1891), S. 282
12. *Merz*, Korrespondentenbericht (1891), S. 282
13. Brief Richard Strauss an Hans von Bülow vom 17.6.1888, in: *Schuh*, Strauss, S. 134
14. Brief Richard Strauss an seine Mutter vom 10.4.1898, in: *Schuh*, Strauss, S. 491
15. *Strauss*, Tagebuchaufzeichnung (1949), S. 7
16. *Strauss*, Tagebuchaufzeichnung (1949), S. 7
17. *Strauss*, Erinnerungen (1981), S. 223
18. Vgl. *Dillmann*, Richard-Strauß-Woche (1910), S. 3
19. *Reber*, Korrespondentenbericht (1898), S. 43
20. *Bücken*, München, S. 44
21. *Bücken*, München, S. 43
22. *Bücken*, München, S. 40
23. *Reber*, Korrespondentenbericht (1895), S. 466
24. *Reber*, Korrespondentenbericht (1895), S. 492
25. *Reber*, Korrespondentenbericht (1896), S. 571
26. *Reber*, Korrespondentenbericht (1896), S. 571
27. *Wagner*, Dichtkunst und Tonkunst (o. J.), S. 174ff.
28. *Reber*, Korrespondentenbericht (1896), S. 583
29. *Reber*, Korrespondentenbericht (1896), S. 583
30. *Reber*, Korrespondentenbericht (1896), S. 583
31. Vgl. *Wagner*, Das zweite Leben (1980), Brief an Richard Strauss vom 12.10.1889, S. 193
32. *Wagner*, Das Publikum (o. J.), S. 96ff.
33. *Merz*, Figaros, S. 3
34. *Merz*, Figaros, S. 3
35. *Merz*, Figaros, S. 3
36. *Reber*, Korrespondentenbericht (1898), S. 392
37. Vgl. *Lothar*, Ermanno Wolf-Ferrari, S. 253
38. Vgl. Brief Hugo von Hofmannsthals an Richard Strauss vom 18.10.1908, in: *Schuh* (Hrsg.), Briefwechsel Richard Strauss – Hugo von Hofmannsthal, S. 50
39. Vgl. *Köwer*, Prinzregententheater, S. 12
40. *Köwer*, Prinzregententheater, S. 11f.
41. *Braun*, Das Prinzregententheater. Eine Denkschrift (1901), S. 7
42. Brief Cosima Wagners an Fürst zu Hohenlohe-Langenburg vom 7.9.1893, zitiert nach *Köwer*, Prinzregententheater, S. 13
43. *Köwer*, Prinzregententheater, S. 13
44. Protokoll der Konferenz vom 7.1.1895, in: *Schrott*, Prinzregent, S. 171
45. *Schrott*, Prinzregent, S. 171
46. *Schrott*, Prinzregent, S. 171
47. Rede Carl von Perfalls vom 26.3.1892, in: Ein Beitrag zur Geschichte der königlichen Theater in München (1894), S. 257
48. Bericht der Süddeutschen Bauzeitung vom 24.8.1901, zitiert nach *Köwer*, Prinzregententheater, S. 16
49. *Köwer*, Prinzregententheater, S. 22
50. *Borchmeyer*, München, S. 234
51. Vgl. Brief Cosima Wagners an Richard von Chelius vom 1.3.1900, in: *Wagner*, Das zweite Leben (1980), S. 515f.
52. Von der Eröffnung des Prinzregententheaters, in: Münchner Neueste Nachrichten vom 23.8.1901, S. 3
53. Münchner Neueste Nachrichten vom 23.8. 1901, S. 3
54. *Teibler*, Korrespondentenbericht (1905), S. 703
55. *Istel*, Die Wagnerfestspiele (1904), S. 597
56. *Teibler*, Die Wagner- und Mozart-Festspiele (1905), S. 619
57. *Teibler*, Die Wagner- und Mozart-Festspiele (1905), S. 619
58. *Teibler*, Die Wagner- und Mozart-Festspiele (1905), S. 619
59. *Istel*, Korrespondentenbericht (1904), S. 827
60. *Istel*, Korrespondentenbericht (1908), S. 354f.
61. Vgl. *Petzet*, Architektur, S. 56
62. *Merz* (Kürzel ›e‹), Korrespondentenbericht (1886), S. 17
63. *Pottgieser*, Korrespondentenbericht (1906), S. 248
64. *Louis*, Korrespondentenbericht (1906), S. 248
65. *Lutz*, Volkssänger, S. 14
66. *Lutz*, Volkssänger, S. 18
67. *Lutz*, Volkssänger, S. 18
68. *Brandenburg*, Fasching (1910), S. 1
69. *Brandenburg*, Fasching (1910), S. 1
70. *Friess*, Achtzig Jahre, S. 19
71. *Friess*, Achtzig Jahre, S. 22

72. (Kürzel ›e.v.‹), Der Mikado, in: Münchner Neueste Nachrichten vom 2.2.1889, S.1
73. Theater am Gärtnerplatz, in: Münchner Neueste Nachrichten vom 16.10.1900, S.2
74. Repertoire Yvette Guilbert während ihres Gastspiels am Gärtnerplatztheater in München (1898)
75. Yvette Guilbert, in: Münchner Neueste Nachrichten vom 5.3.1898, S.3
76. *Friess*, Achtzig Jahre, S.23f.
77. *Wagner*, 200 Jahre Münchner Theaterchronik, S.84
78. Z.B. *Müller*, Die geschiedene Frau (1910), S.1f.
79. *Mann*, Gladius Dei (1975), S.149
80. *Schuh*, Strauss, S.51
81. *Raff*, »Wilde Gung'l«, o.S.
82. *Orchesterverein*, Festschrift (100 Jahre), S.17
83. *Raff*, »Wilde Gung'l«, o.S.
84. *Orchesterverein*, Festschrift 100 Jahre, S.14
85. *Orchesterverein*, Festschrift 100 Jahre, S.14
86. *Orchesterverein*, Festschrift 100 Jahre, S.15, Konzert am 3.4.1897
87. *Orchesterverein*, Festschrift 100 Jahre, S.26, Konzert am 17.12.1906
88. *Orchesterverein*, Festschrift 100 Jahre, S.16, Konzert am 13.12.1902
89. *Orchesterverein*, Festschrift 100 Jahre, S.13, Konzert am 11.5.1892
90. *Orchesterverein*, Festschrift 100 Jahre, S.18, Konzert am 11.12.1904
91. *Orchesterverein*, Festschrift 100 Jahre, S.34, Konzert am 12.3.1899
92. *Bürgersängerzunft*, Festschrift zum 125jährigen Bestehen
93. *Merz*, Korrespondentenbericht (1891), S.47
94. *Merz*, Korrespondentenbericht (1887), S.47
95. *Merz*, Korrespondentenbericht (1887), S.47
96. *Ott*, Chronik, S.66
97. *Niemann*, Moderne Klavierabende (1903), S.65
98. *Johannes*, Korrespondentenbericht (1903), S.208
99. (Kürzel: »P.von Lind.«), Korrespondentenbericht aus München, in: Neue Zeitschrift für Musik (1892), S.346
100. *Kaim*, Der Begründer (1986), S.16
101. *Kaim*, Der Begründer (1986), S.25
102. *Kaim*, Der Begründer (1986), S.25
103. *Reber*, Korrespondentenbericht (1899), S.485 und 509
104. Moderner Abend, in: Münchner Neueste Nachrichten vom 4.3.1903, S.1f.
105. *Merz*, Korrespondentenbericht (1886), S.17
106. *Kaim*, Begründer, S.25
107. *Kaim*, Begründer, S.26
108. *Heuss*, Volkskonzerte (1903), S.601
109. *Heuss*, Volkskonzerte (1903), S.614
110. Die neue Musik-Festhalle der Ausstellung München 1910, in: Musikalisches Wochenblatt (1909), S.630
111. *Merz*, Korrespondentenbericht (1886), S.17
112. *Ott*, Chronik, S.65f.
113. *Schmitz*, Die Deutsche Vereinigung (1906), S.907
114. *Schmitz*, Die Deutsche Vereinigung (1906), S.907
115. *Istel*, Korrespondentenbericht (1903), S.552
116. *Teibler*, Korrespondentenbericht (1905), S.525
117. *Hartmann*, P.Cornelius' »Cid« (1891), S.205
118. *Merz*, »Theuerdank« (1897), S.3
119. *Bücken*, München, S.67
120. Vgl. *Würz*, Die Münchner Schule, S.327f.
121. *Neumann*, Die Harmonik, S.64
122. *Louis/Thuille*, Harmonielehre (1907)
123. *Louis/Thuille*, Harmonielehre (1907), Vorwort S.IX
124. *Strauss*, Gibt es für die Musik (1907), S.14ff.
125. *Strauss*, Erinnerungen (1981), S.221
126. *Bücken*, München, S.65
127. *Platzbeuker*, Salome (1905), S.1065
128. *Berlioz*, Instrumentationslehre (1904), S.177
129. *Nösselt*, Ein ältest Orchester, S.184
130. *Wirth*, Reger, S.92
131. *Istel*, Korrespondentenbericht (1904), S.827
132. *Louis*, Die Uraufführung (1910), S.1
133. *Dillmann*, Pelleas (1908), S.1
134. *Dillmann*, Pelleas (1908), S.1
135. *Danuser*, Die Musik, S.11

Schwabingmythos und Bohemealltag
(S.292–294)

1. *Reventlow*, Viragines oder Hetären? (1899), S.7
2. Die wohl vollständigste Sammlung dieser Literatur findet sich in Stadtbibliothek München, Monacensia-Sammlung, Systematischer Katalog, Stichwort Schwabing; besonders ergiebig *Mühsam*, Unpolitische Erinnerungen (1977); *Holm*, ich – kleingeschrieben (1932), sowie die Einleitung von *Hoerschelmann* zu dem Privatdruck des ›Schwabinger Beobachters‹. Auch die wissenschaftliche Literatur zum geistigen Schwabing ist umfangreich; hier als Beispiel *Huber*, Das klassische Schwabing; *Schröder*, Franziska Gräfin zu Reventlow. Vgl. außerdem *Nerdinger*, Die ›Kunststadt‹
3. Vgl. *Schneider*, Die populäre Kritik; *Konrad*, Nationale und internationale Tendenzen sowie Simplicissimus (Ausstellungskatalog); auch die illustrierte Zeitschrift Jugend erschien am Rande Schwabings. Vgl. *Segieth* in der vorliegenden Publikation
4. Vgl. *Schmitz* in der vorliegenden Publikation
5. Zu den genauen Wohnungen vgl. *Bäthe*, Wer wohnte wo; Kandinsky: S.163; Klee: S.168
6. *Bäthe*, Wer wohnte wo, S.135 und 184; vgl. *Schack-Simitzis* und Glossar der vorliegenden Publikation
7. Zu Wedekind vgl. *Schmitz* in der vorliegenden Publikation; zu Mann u.a. *Kolbe*, Heller Zauber
8. *Bäthe*, Wer wohnte wo, Mühsam: S.183, Toller: S.207, Lenin: S.173; vgl. außerdem *Mühsam*, Unpolitische Erinnerungen (1977), S.138ff.
9. *Reventlow*, Viragines oder Hetären? (1899), S.2
10. *Reventlow*, Herrn Dames Aufzeichnungen (1913)
11. *Reventlow*, Herrn Dames Aufzeichnungen (1913), S.128. Vgl. *Krauss*, Wehe Dir Schwabing
12. *Schröder*, Franziska Gräfin zu Reventlow, S.21ff.
13. *Reventlow*, Tagebücher 1895–1910 (1976), S.247; Suchocki ist Bogdan Fürst zu Suchokki
14. *Reventlow*, Tagebücher 1895–1910 (1976), S.101
15. *Reventlow*, Tagebücher 1895–1910 (1976), S.86, 84, 480
16. *Reventlow*, Tagebücher 1895–1910 (1976), S.56
17. Zu Schwabing aus der Sicht eines Sozialgeographen *Böddrich*, Der Strukturwandel, hier S.59, 64ff., 74ff.
18. *Reventlow*, Tagebücher 1895–1910 (1976), S.94; andere Belegstellen z.B. S.42, 47f., 49f., 85f., 92ff., 115, 343, 347, 424, 445. Vgl. *Leitner* in der vorliegenden Publikation
19. *Reventlow*, Tagebücher 1895–1910 (1976), S.94f.
20. *Reventlow*, Tagebücher 1895–1910 (1976), S.424
21. *Reventlow*, Viragines oder Hetären? (1899), S.5f.
22. *Reventlow*, Tagebücher 1895–1910 (1976), S.398
23. *Reventlow*, Tagebücher 1895–1910 (1976), S.342
24. *Reventlow*, Tagebücher 1895–1910 (1976), S.122
25. *Reventlow*, Tagebücher 1895–1910 (1976), S.78, 105, 249
26. *Neumeier* in der vorliegenden Publikation
27. StadtAM, Wohnungsamt Erhebungsbögen 473, Leopoldstr.87, II.Stock; er besaß vier Zimmer und zwei Kammern
28. StadtAM, Wohnungsamt Erhebungsbögen 473, Leopoldstr.71, Parterre
29. StadtAM, Wohnungsamt Erhebungsbögen 891, Wilhelmstr.2, III.Stock
30. StadtAM, Wohnungsamt Erhebungsbögen 891 für Halbe (11,9 Quadratmeter) und für Mann Wohnungsamt Erhebungsbögen 196, Franz-Joseph-Str.2, III.Stock (13,9 Quadratmeter)
31. *Mendelssohn*, Der Zauberer, S.633f. Hier auch weitere Informationen über Thomas Mann in seiner Schwabinger Zeit
32. *Kolbe*, Heller Zauber, S.68
33. StadtAM, Wohnungsamt Erhebungsbögen 196, Franz-Joseph-Str.2 im IV.Stock zwei Kunstmalerinnen (50 bzw. 20 Mark Miete); Wohnungsamt Erhebungsbögen 15, Ainmillerstr.72, Paul Klee, 50 Mark Miete; zu Klees Münchner Erlebnissen z.B. Paul Klee (Ausstellungskatalog), S.12ff.; wichtig auch Wohnungsamt Erhebungsbögen 401, Kaulbachstraße; hier auch viele Rückgebäude
34. *Reventlow*, Tagebücher 1895–1910 (1976), S.122

35. Vgl. dazu *Prinz* in der vorliegenden Publikation

›Lebensreform‹ und ›Heimatschutz‹
(S. 295–300)

1. *Krabbe*, Gesellschaftsveränderung, S. 159
2. Zu Karl Wilhelm Diefenbach (1851–1913): Vom Fels zum Meer 1 (1889)
3. Zu Ludwig Quidde (1858–1941) *Taube*, Ludwig Quidde
4. Heinrich Molenaar (geb. 1870) war einer der führenden Repräsentanten der (Pockenschutz-)Impfgegner
5. Die deutsche Gartenstadtbewegung (1911). Zur Gartenstadtbewegung vgl. Glossar der vorliegenden Publikation
6. Die Gartenstadt (1909), S. 44 (Auflage: 5000 Stück)
7. Die Gartenstadt (1909), S. 44
8. *Berlepsch-Valendas*, Die Gartenstadt München-Perlach (1910)
9. Die Gartenstadt (1910), S. 50
10. Die Gartenstadt (1910), S. 50
11. Die Gartenstadt (1910), S. 54
12. Die Gartenstadt (1910), S. 52
13. Die deutsche Gartenstadtbewegung (1911), S. 41
14. Die deutsche Gartenstadtbewegung (1911), S. 107
15. Münchner Neueste Nachrichten vom 18.10.1912
16. Die Gartenstadt (1912), S. 91
17. Die Gartenstadt (1912), S. 91
18. Die Gartenstadt (1914), S. 66 und 117
19. Die Gartenstadt (1914), S. 66 und 117
20. Dazu Die deutsche Gartenstadtbewegung (1911), S. 88 f.
21. Im folgenden werden ›Heimatschutz‹ und ›Naturschutz‹ synonym gebraucht
22. *Conwentz*, Die Gefährdung der Naturdenkmäler (1904). 1906 erhielt er den Auftrag, in Preußen eine ›Staatliche Stelle für Naturdenkmalpflege‹ einzurichten und war somit der erste staatlich angestellte Naturschützer in Deutschland
23. *Rudorff*, Heimatschutz (1904); *Sieferle*, Fortschrittsfeinde, S. 167 ff.
24. *Riehl*, Land (1851), S. 78
25. *Riehl*, Land (1851), S. 46 und 50
26. Vgl. *Andersen*, Heimatschutz, S. 143–157
27. *Haushofer*, Schutz der Natur (1905), S. 57
28. *Eigner*, Der Schutz der Naturdenkmäler (1905), S. 383
29. BayHStA, MK 14474, Flugblatt des Isartalvereins, Mai 1902
30. StadtAM, Tiefbauamt 598 sowie Jahresbericht des Isartalvereins für 1904/1905
31. Münchener Gemeindezeitung (1904), S. 442
32. StadtAM, Tiefbauamt 598, Magistratsrat Heinrich Schlicht an Gabriel von Seidl vom 22.8.1905
33. StadtAM, Tiefbauamt 598, Gabriel von Seidl an Heinrich Schlicht vom 28.8.1905
34. Jahresbericht des Isartalvereins für 1912
35. Fünfundzwanzig Jahre Isartalverein (Festschrift)
36. BayHStA, MA 92392, Ministerialentschließung vom 25.3.1914
37. *Eigner*, Schutz der Naturdenkmäler (1905), S. 428
38. *Englert*, Zum 25jährigen Bestehen des Landesausschusses
39. *Conwentz*, Schutz der natürlichen Landschaft (1907), S. 15
40. BayHStA, MA 92392
41. Vgl. *Linse*, Ökopax und Anarchie, S. 28 ff.
42. Protokoll der Besprechung am 20.2.1905; in: Blätter für Naturschutz und Naturpflege 2 (1930)
43. Ab 1914 stand ein Ingenieur, Werner Lindner, dem Heimatschutzbund vor. Insgesamt ist das Interesse der Industrie an der Heimatschutz-/Naturschutzbewegung bisher nicht erforscht
44. Die beiden ersten Veröffentlichungen des ›Landesausschuß für Naturschutz‹, *Haushofer*, Der Schutz der Natur (1907) und *Welzel*, Einführung (1907), erschienen in hoher Auflage und fanden auch Eingang in die Schule. Seit 1912 gab es bei Lehrerkonferenzen der Volksschulen Vorträge über Naturschutz, 1913 entsprechende Vorträge in der Münchner Gendarmerieschule. Jahresbericht des Landesausschusses für 1927/30, S. 8 f.
45. Jahresbericht des Landesausschusses für 1927/30, S. 8 f. Hoplitschek vermutet, daß die Künstlergruppen einen so verstandenen Naturschutz verankern konnten. *Hoplitschek*, Der Bund, S. 90
46. Jahrbuch für Naturschutz und Naturpflege (1907 ff.); Die Aktenbestände wurden bei einem Bombenangriff vernichtet (BayHStA, MInn 73831)
47. Jahrbuch für Naturschutz und Naturpflege (1912), S. 6 ff.
48. Mitteilungen des Bundes Heimatschutz (1908), S. 47 f.
49. Vgl. *Conti*, Abschied vom Bürgertum, S. 66 ff.
50. Darüber kann auch nicht die (sozialdemokratische) Naturfreundebewegung hinwegtäuschen. Vgl. *Zimmer/Hoffmann*, Wir sind die grüne Garde. Für München *Falter*, Pioniere

Bayern – Deutschland – Vaterland
(S. 301–303)

1. *Ohly*, Vor dem Bilde (1912)
2. Vgl. unten den Absatz »Echt deutsch sein und doch bayerisch«
3. Vgl. unten den Absatz: Der ›Erbfeind‹ Frankreich
4. Vgl. *Schneider*, Die populäre Kritik, S. 302–312, 365–372
5. Vgl. *Hüttl*, Ludwig II., S. 185 f., 188 f.
6. *Hüttl*, Ludwig II., S. 189
7. *Möckl*, Prinzregentenzeit, S. 350 f.
8. *Schneider*, Die populäre Kritik, S. 366
9. *Schneider*, Die populäre Kritik, S. 367
10. *Möckl*, Prinzregentenzeit, S. 351
11. *Kraus*, Bayern, S. 411–472, 435–453
12. Vgl. *Kraus*, Bayern, S. 411 ff. Zu Karl Albrecht und dem Österreichischen Erbfolgekrieg, ebd., S. 457–472
13. *Schmid*, Concordia (1874). Ein direkter Bezug zu der Programmatik des Titels ebd., Band 2, S. 181
14. Zum ›Erbfeind‹-Begriff *Schmid*, Concordia (1874), Bd. 3, S. 79
15. *Fuchs*, Fürst und Volk (1881), S. 26
16. *Schmid*, Das Münchener Kindeln (um 1880), S. 186. Zu den rein pragmatischen Gründen für Ferdinand Marias Verzicht auf die Kaiserkrone vgl. *Kraus*, Bayern, S. 414–417
17. *Schmid*, Das Münchener Kindeln (um 1880), S. 130
18. *Schmid*, Das Münchener Kindeln (um 1880), S. 36
19. *Schmid*, Das Münchener Kindeln (um 1880), S. 39 f.
20. ›Speisen-Sprüche‹, in: Schwadron der Pappenheimer, 1857–1907 (1907)
21. Vgl. *Hüttl*, Ludwig II., S. 189
22. *Hüttl*, Ludwig II., S. 185 f.
23. Vgl. *Hanslik* (Hrsg.), »Auf zur Sonne, Königsschwan! ...« (1986), S. 71–86, 96, 100 f., 119–122
24. *Hüttl*, Ludwig II., S. 191
25. *Hub*, Das Lied vom bayerischen Löwen (1870), s. 78
26. *Gödeke*, König Ludwig II. (1870), S. 72 f.
27. *Hüttl*, Ludwig II., S. 187
28. Dazu Neunzig Jahre ›In Treue fest‹ (1911) (Festschrift). Siehe dort besonders *Hertl*, Dem Prinzregenten (1911), S. 168 und *Nagel*, Ein Frühlingstag (1911), S. 181 f.
29. *Zettel*, Zum 70. Geburtstage (1891), S. 174 f.
30. *Deye*, Zur Friedensfeier (1898), S. 59–65; S. 62
31. *Deye*, Zur Friedensfeier (1898), S. 61
32. *v. Schmaedel*, Begrüßung (1912), S. 107–110; ders. (Hrsg.) Vom Isarstrand (1912)
33. *v. Schmaedel*, Begrüßung (1912), S. 107–110
34. *v. Schmaedel*, Der alte Sepp (1912), S. 138
35. *v. Schmaedel*, D'Kathel beim Schützenfest (1912), S. 139
36. *Hofmann*, Unter Bayerns Panier (1895), S. 11
37. *Hofmann*, Unter Bayerns Panier (1895), S. 13
38. *Auzinger*, Kaisa Wilhelm (1907), S. 83
39. *Auzinger*, Kaisa Wilhelm (1907), S. 83

Antisemitismus
(S. 304–310)

1. Vgl. dazu *Lohalm*, Völkischer Radikalismus, S. 290 f. sowie *Hanke*, Zur Geschichte der Juden, S. 45 f.
2. *Broszat*, Die antisemitische Bewegung, S. 66 f.
3. Dazu *Rürup*, Emanzipation, S. 1–56
4. Das Emanzipationsgesetz war 1871 auch in Bayern eingeführt worden. *Schwarz*, Juden in Bayern, S. 278

5. *Kampmann*, Deutsche und Juden, S. 232–239
6. Dazu *Massing*, Vorgeschichte, S. 21 ff.
7. *Massing*, Vorgeschichte, S. 22 f. sowie *Kampmann*, Deutsche und Juden, S. 225 f.
8. *Broszat*, Die antisemitische Bewegung, S. 64 f.
9. *Segall*, Die Entwicklung, S. 1
10. *Segall*, Die Entwicklung, S. 2; 1875 gab es hier 3467, 1905 10056 jüdische Bürger
11. *Segall*, Die Entwicklung, S. 28 f.
12. StaatsAM, Pol. Dir. 613, Schreiben des Deutsch-Sozialen Vereins an die Polizeidirektion München, 11. 12. 1891
13. StaatsAM, Pol. Dir. 613, Sonderabdruck der Nr. 45 der ›Ulmer Schnellpost‹: Die nationalen und sozialen Aufgaben des Antisemitismus, Vortrag des Herrn Viktor Hugo Welcker, gehalten am 9. 2. 1892
14. StaatsAM, Pol. Dir. 613, Vortrag Welcker, S. 1
15. StaatsAM, Pol. Dir. 613, Vortrag Welcker, S. 3; eine detaillierte Auseinandersetzung mit der damaligen Mittelstandsbewegung und ihren Argumenten bei *Biermer*, Die Mittelstandsbewegung (1908), S. 217–392
16. Zum Begriff der ›Wanderlager‹ Meyers Konversations-Lexikon (1897), Bd. 17, S. 506 f.
17. StaatsAM, Pol. Dir. 613, Vortrag Welcker, S. 3
18. StaatsAM, Pol. Dir. 613, Vortrag Welcker, S. 4
19. StaatsAM, Pol. Dir. 613, Vortrag Welcker, S. 4
20. Zum Vorwurf der Unproduktivität, siehe *Berman*, Produktivierungsmythen
21. Dazu *Massing*, Vorgeschichte, S. 11 f.
22. StaatsAM, Pol. Dir. 613, Vortrag Welcker, S. 3
23. StaatsAM, Pol. Dir. 613, Vortrag Welcker, S. 2
24. StaatsAM, Pol. Dir. 613, Vortrag Welcker, S. 1 f.
25. StaatsAM, Pol. Dir. 613, Vortrag Welcker, S. 2; dazu auch *Gay*, Begegnung, S. 241–311
26. *Lohalm*, Völkischer Radikalismus, S. 68
27. Z. B. StaatsAM, Pol. Dir. 613, Vortrag Welcker, S. 2. Zur Rassentheorie *Kampmann*, Deutsche und Juden, S. 293 ff.
28. StaatsAM, Pol. Dir. 613, Vortrag Welcker, S. 1
29. StaatsAM, Pol. Dir. 613, Vortrag Welcker, S. 4
30. StaatsAM, Pol. Dir. 613, Berichte über die Versammlungen des DSV am 5. 3. 1892 (Liebermann von Sonnenberg); 6. 5. 1892 (Oswald Zimmermann); 7. 7. 1892 (Ludwig Werner); 3. 11. 1892 (Otto Böckel)
31. StaatsAM, Pol. Dir. 613, Bericht über die Versammlung des DSV am 6. 5. 1892
32. Zur Parteiabspaltung StaatsAM, Pol. Dir. 633, Deutsch-soziale (antisemitische) Partei in Bayern
33. StaatsAM, Pol. Dir. 613, Schreiben des DSV an die Polizeidirektion, 10. 1. 1893
34. StaatsAM, Pol. Dir. 4988, Grundsätze der Antisemitischen Volkspartei (undatiert)
35. StaatsAM, Pol. Dir. 613, Schreiben des DSV an die Polizeidirektion, 10. 1. 1893. Zu Wenng Biographischer Katalog der Monacensia-Abteilung der Stadtbibliothek München sowie Glossar der vorliegenden Publikation
36. Neues Münchner Tagblatt vom 16. 7. 1893, S. 4
37. StaatsAM, Pol. Dir. 4989, Reichstagswahl 1893, Bericht des Polizeidirektors Ludwig von Welser (undatiert)
38. Bayerischer Kurier vom 9. 5. 1893 und vom 14. 5. 1893. Zur Entwicklung des Bayerischen Zentrums siehe *Möckl*, Prinzregentenzeit
39. StaatsAM, Pol. Dir. 4989, Reichstagswahl 1893, Wahlbericht Welser
40. StaatsAM, Pol. Dir. 4989, Wahlbericht Welser
41. Bayerischer Kurier vom 24. 5. 1893, ›Wahlaufruf der Centrumsfraktion‹; sowie StaatsAM, Pol. Dir. 4988, Reichstagswahl 1893, Wahlaufruf der Antisemitischen Volkspartei
42. Statistisches Handbuch der Stadt München (1928), S. 300 f.
43. StaatsAM, Pol. Dir. 5023, Gemeindewahl 1893; es waren genau 11553 gültige Stimmen abgegeben worden
44. Zur Haltung Böckels *Broszat*, Die antisemitische Bewegung, S. 88; zur Stellungnahme der Münchner Antisemiten StaatsAM, Pol. Dir. 4988, Reichstagswahl 1893, Wahlaufruf der Antisemitischen Volkspartei
45. Deutsches Volksblatt vom 17. 8. 1893
46. StaatsAM, Pol. Dir. 667, Schreiben der BAVP an die Polizeidirektion, 15. 8. 1893
47. Zum Verzicht auf antisemitische Agitation *Broszat*, Die antisemitische Bewegung, S. 88–93
48. StaatsAM, Pol. Dir. 613, Bericht über die Versammlung der AVP/M am 19. 9. 1894; dazu auch Deutsches Volksblatt vom 4. 11. 1894
49. Deutsches Volksblatt vom 2. 12. 1894. Im Februar 1894 war Wenng vom Landgericht München I zu 180 Mark Strafe verurteilt worden, weil er in einem Artikel des ›Deutschen Volksblattes‹ einem Frankfurter Kaufmann vorgeworfen hatte, dieser treibe durch seine niedrigen Löhne die Verkäuferinnen zur Prostitution. Im Mai gleichen Jahres wurde Geisler zu 210 Mark Strafe verurteilt. Er hatte einem Münchner Bankangestellten betrügerische Geschäfte unterstellt; StaatsAM, Landgericht München I, Nr. 101, Sammlung der II. Instanz Urteile 1894, 1. Teil. Ähnliche Urteile ergingen gegen Ludwig Wenng in den Jahren 1902 StaatsAM, Amtsgericht 16066; 1903 StaatsAM, Amtsgericht 16076, 16077 und 1907 StaatsAM, Amtsgericht 16093
50. Zu Hermann Ahlwardt siehe *Massing*, Vorgeschichte, S. 88 f.
51. *Broszat*, Die antisemitische Bewegung, S. 86 und S. 92
52. StaatsAM, Pol. Dir. 613, Bericht über die Versammlung der AVP/M am 15. 1. 1895
53. Generalanzeiger der Kgl. Haupt- und Residenzstadt München vom 17. 11. 1895
54. Münchner Neueste Nachrichten vom 2. 4. 1896
55. Münchner Neueste Nachrichten vom 29. 1. 1896
56. Wenng warb ab 1897 auf den Versammlungen des ›Bayerischen Bauernbundes‹ (BBB) für den BdL. StaatsAM, RA 57824, Berichte über die Versammlungen des BBB am 17. 6. 1897 in Dietersdorf und am 28. 12. 1897 in Allach
57. Zum Bund der Landwirte *Puhle*, Agrarische Interessenspolitik
58. *Puhle*, Agrarische Interessenspolitik, S. 134
59. Dazu ›Bund der Landwirte, Königreich Bayern‹ vom 10. 6. 1900 und vom 8. 7. 1900; sowie Deutsches Volksblatt vom 10. 12. 1899
60. Dazu *Pulzer*, Die Entstehung, S. 153; sowie *Broszat*, Die antisemitische Bewegung, S. 103 f.
61. Zur Christlichsozialen Partei Österreichs siehe *Pulzer*, Die Entstehung, S. 134 f.; zu Lueger *Skalnik*, Dr. Karl Lueger
62. *Pulzer*, Die Entstehung, S. 134 f.
63. Zur Erweiterung des Wahlrechts *Czeike*, Liberale, S. 19
64. *Csendes*, Dr. Karl Lueger, S. 148
65. *Pulzer*, Die Entstehung, S. 147
66. Das Amt des Bürgermeisters hatte Lueger nach mehrmaliger Wiederwahl bis zu seinem Tod 1910 inne. *Czeike*, Liberale, S. 20
67. StaatsAM, Pol. Dir. 667, Bericht über die Versammlung der BRP am 10. 8. 1896
68. StaatsAM, Pol. Dir. 667, Flugblatt Nr. 15 der Bayerischen Reformpartei
69. Die Vorgänge um das Auftreten Lucian Brunners im Frühjahr 1900 in München sind einziger Inhalt des Aktes StaatsAM, Pol. Dir. 1004
70. Münchner Neueste Nachrichten vom 7. 3. 1900
71. Münchner Neueste Nachrichten vom 7. 3. 1900 sowie Münchener Post vom 8. 3. 1900
72. Münchener Post vom 8. 3. 1900
73. Bayerischer Kurier vom 8. 3. 1900
74. Bayerisches Vaterland vom 9. 3. 1900
75. StaatsAM, RA 57844, Bericht über die Versammlung des Jungliberalen Vereins am 10. 3. 1902; sowie Münchener Post vom 12. 3. 1902
76. Deutsches Volksblatt vom 8. 4. 1900; die Versammlung fand am 3. 4. 1900 statt
77. Bei den Gemeindewahlen 1893 erhielten die Antisemiten 0,2 Prozent der Stimmen. 1896: 141 von 15929 abgegebenen Stimmen (0,8 Prozent). 0,3 Prozent bei der Reichstagswahl 1898. Dazu Statistisches Handbuch der Stadt München (1928), S. 307 und S. 300 f.
78. Bayerisches Vaterland vom 30. 11. 1902, ›Wahlaufruf der Christlich-Sozialen‹
79. Bayerisches Vaterland vom 30. 11. 1902, ›Wahlaufruf‹

80. StaatsAM, Pol.Dir. 5029, Gemeindewahl 1902, Bericht über die Versammlung der Christlich-Sozialen Vereinigung, 25.11.1902
81. Neues Münchner Tagblatt vom 2./3.12.1902; sowie Bayerischer Kurier vom 18.6.1903. Bei der Reichstagswahl 1903 erhielten die Christlich-Sozialen mit insgesamt 2700 Stimmen in beiden Wahlkreisen Münchens 2,8 Prozent; Statistisches Handbuch der Stadt München (1928), S. 300f.
82. Deutsches Volksblatt vom 12.11.1905
83. Neues Münchner Tagblatt vom 4.12.1902
84. StaatsAM, Pol.Dir. 613, Bericht über die Versammlung des DSV am 5.3.1892 und der AVP/M am 27.6.1894; sowie StaatsAM, Pol.Dir. 480, Bericht über die Versammlung des Christlich-Sozialen Zentralvereins am 23.11.1904
85. Die Mehrzahl der Vorstandsmitglieder und Wahlkandidaten der Antisemiten gehörte dem Mittelstand an
86. Dazu *Jochmann*, Struktur, S. 117f.
87. Deutsches Volksblatt vom 9.3.1902; dazu auch Deutsches Volksblatt vom 28.5.1905; sowie Münchener Post vom 8.3.1892
88. *Schneider*, Die populäre Kritik, S. 175
89. *Kahn*, Münchens Großindustrie (1913), S. 371
90. Dazu Deutsches Volksblatt vom 5.11.1893 und 11.9.1898; sowie Sonderabzug des Deutschen Volksblattes vom 21.10.1894
91. Deutsches Volksblatt, 29.10.1893
92. *Lehr*, Antisemitismus, S. 88f.
93. StaatsAM, Pol.Dir. 667, Berichte über die Versammlungen der BRP am 26.9.1899, 21.10.1899, 24.10.1899 und 4.11.1899
94. StaatsAM, Pol.Dir. 667, Bericht über die Versammlung der BRP am 21.10.1899
95. StaatsAM, Pol.Dir. 667, Bericht über die Versammlung der BRP am 26.9.1899
96. StaatsAM, Pol.Dir. 667, Aktennotiz der Polizeidirektion, 25.9.1899
97. BayHStA, MA 92776, Minister von Crailsheim an Graf Lerchenfeld, 24.1.1897
98. Zum Beispiel Neues Münchner Tagblatt vom 23.9.1892
99. Sitzung des Gemeindekollegiums am 3.5.1906, Münchener Gemeindezeitung (1906), S. 715–726
100. StaatsAM, Pol.Dir. 5032, Gemeindewahlen 1911, Bericht über die Versammlung der Christlich-Sozialen Bürgerpartei am 19.10.1911
101. Statistisches Handbuch der Stadt München (1928), S. 307
102. Deutsches Volksblatt vom 12.11.1911
103. StaatsAM, Pol.Dir. 479, Schreiben des Landesverbandes der Bayerischen Konservativen an die Polizeidirektion, 4.3.1913
104. StaatsAM, Pol.Dir. 479, Notiz der Polizeidirektion vom 27.7.1922
105. Allgemeiner Anzeiger vom 22.1.1920
106. Bayerisches Vaterland vom 26.4.1921
107. Vgl. dazu *Pulzer*, Die Entstehung, S. 153
108. Dazu *Lohalm*, Völkischer Radikalismus, S. 68
109. *Lohalm*, Völkischer Radikalismus, S. 292
110. Dazu *Kershaw*, Antisemitismus, S. 281–348

Der Verein
(S. 311–315)

1. *Tornow*, Vereinswesen
2. Die Forschungssituation ist leider bisher noch äußerst unbefriedigend; zu anderen deutschen Städten nur *Meyer*, Das Vereinswesen Nürnberg; *Freudenthal*, Vereine in Hamburg; *Schmitt*, Das Vereinsleben Weinheim; *Großhennrich*, Die Mainzer Fastnachtsvereine
3. Dazu die Münchner Adreßbücher 1870–1910
4. *Tornow*, Vereinswesen, S. 43f.
5. StadtAM, Vereine 2155, Gesellschaft Museum
6. StadtAM, Vereine 2155, Gesellschaft Museum
7. Die Gesellschaft Museum (1911), S. 9
8. *Tornow*, Vereinswesen, S. 51
9. *Rank*, Das Protokoll-Buch Kaufmanns-Casino (o.J.), S. 34f.
10. StadtAM, ZA Kaufmanns-Casino
11. *Dihm*, Pappenheimer, S. 11
12. *Dihm*, Pappenheimer, S. 12
13. *Dihm*, Pappenheimer, S. 17f.
14. *Dihm*, Pappenheimer, S. 19 und *Reichert* (Hrsg.), Das Harbni-Gesetz, S. 5
15. StadtAM, Vereine 1460, Ritterorden Runding
16. Münchner Adreßbuch (1910): etwa 1150 derartige Vereine
17. StadtAM, Vereine 2063, Ludwig II.
18. StadtAM, Vereine 1818, S'feuchte Eck
19. StadtAM, Vereine 1807, Urvicha
20. StadtAM, Vereine 1321, Mir san mir
21. Leider in den Polizeiakten nur sehr wenige Mitgliederlisten
22. Dazu die Abschnitte über die sozialen und politischen Vereinigungen
23. *Uhlmann*, Veteranen (1885), S. 3
24. *Uhlmann*, Veteranen (1885), S. 39, *Werner*, Ein Jahrhundert, S. 17
25. StaatsAM, Pol.Dir. 4379, Bayerischer Veteranenverein (Feldzugssoldaten)
26. *Leick*, Veteranen- und Kriegerverein (1905), S. 29
27. *Groß*, Das ›Winzerer Fähndl‹, S. 51–69 sowie *Hanko*, Die Geschichte, S. 71–158
28. *Tornow*, Vereinswesen, S. 87f.
29. *v. Destouches*, Münchens Schützenwesen (1881), S. 90
30. *Reger*, Münchner Schützenchronik (1925), S. 65
31. *v. Destouches*, Säkularchronik Oktoberfest (1910), S. 22
32. Fünfundzwanzig Jahre FC Bayern (Festschrift), S. 13f.
33. *Rupprecht*, Die Entwicklung der Sportzeitung, S. 15
34. *Kiehl*, 40 Jahre Münchner Radfahrer-Verein, S. 8
35. *Bruckmaier*, Chronik des ADAC Südbayern, S. 8
36. *Dreyer*, Die Stadt des Alpinismus, S. 291f.
37. *Zwickh*, Geschichte der Sektion 1869–99 (1900), S. 29
38. *Erhardt*, Schicksalslinien des Alpenvereins, S. 92f.
39. *Buckler*, Lehrergesangverein München 1878–1938, S. 17f.
40. *Trenner* (Hrsg.), »Wilde Gung'l«, o.S. Siehe dazu auch *Messmer* in der vorliegenden Publikation
41. *Tornow*, Vereinswesen, S. 112f. und *Langenstein*, Der Münchner Kunstverein
42. *Wolf*, Sechzig Jahre Münchner Künstlergenossenschaft, S. 296
43. Mitgliederverzeichnis der Künstlergesellschaft Allotria (1905)
44. *Stetter*, Die Entwicklung, S. 57
45. *Schoßig*, Die Akademischen Arbeiter-Unterrichtskurse
46. *Vogel*, Geschichte der St. Isidor- und St. Notburga-Bruderschaft, S. 50
47. Die Heilig-Geist-Bruderschaft (1890), S. 7
48. *Huhn*, Die St. Maximilians-Kirche (1901), S. 15
49. *Ankenbrand*, St. Joseph, S. 14f.
50. *Ankenbrand*, St. Joseph, S. 30
51. *Tornow*, Vereinswesen, S. 128
52. StaatsAM, Pol.Dir. 4696, Kranken-Unterstützungsverein der Maschinenfabrik ›J.G. Landes‹, München
53. StaatsAM, Pol.Dir. 4696, Kranken-Unterstützungsverein der Maschinenfabrik ›J.G. Landes‹, München
54. StaatsAM, Pol.Dir. 4696, Kranken-Unterstützungsverein der Maschinenfabrik ›J.G. Landes‹, München
55. StaatsAM, Pol.Dir. 3230, Deutscher Altveteranenverein
56. *Leick*, Veteranen- und Kriegerverein (1905), S. 80
57. StadtAM, Vereine 1884, Unterstützungsverein der Gürtlergesellen und StadtAM, Vereine 1968, Unterstützungskassen der Buchdrucker. Beide Vereine nennen explizit die staatlichen Krankenversicherungsgesetze als Grund für ihre Auflösung
58. *Maurer*, Die Lage der Brauerei-Arbeiter (1902), S. 15
59. *Gunther*, Der Tarifvertrag (1908)
60. *Otto*, Die Fachorganisation, S. 25
61. 20. Jahresbericht des Vereins für Vogelzucht und -schutz München, o.S.
62. *Weber* (Hrsg.), Neue Gesetz- und Verordnungensammlung, Bd. 4 (1885), S. 83
63. *Weber* (Hrsg.), Neue Gesetz- und Verordnungensammlung, Bd. 4 (1885), S. 83
64. *Weber* (Hrsg.), Neue Gesetz- und Verordnungensammlung, Bd. 4 (1885), S. 82, Artikel 12 des Bayerischen Vereinsgesetzes
65. *Weber* (Hrsg.), Neue Gesetz- und Verordnungensammlung, Bd. 4 (1885), S. 81
66. *Weber* (Hrsg.), Neue Gesetz- und Verordnungensammlung, Bd. 4 (1885), S. 83
67. StaatsAM, Pol.Dir. 5191, Auf Grund des Sozialistengesetzes verbotene Vereine und Verbindungen
68. *Weber* (Hrsg.), Neue Gesetz- und Verordnungensammlung, Bd. 4 (1885), S. 81

69. *Weber* (Hrsg.), Neue Gesetz- und Verordnungensammlung, Bd. 4 (1885), S. 82
70. StaatsAM, RA 57838, Versammlungen und Vereine 1872–1898
71. *Weber* (Hrsg.), Neue Gesetz- und Verordnungensammlung, Bd. 4 (1885), S. 92
72. StaatsAM, RA 57838, Versammlungen und Vereine 1872–1898
73. StaatsAM, Pol. Dir. 4366, Deutscher Flottenverein (Reichsverband)
74. StaatsAM, Pol. Dir. 4366, Deutscher Flottenverein (Reichsverband). Die Münchner Polizeidirektion folgte damit einer Grundsatzentscheidung eines Berliner Gerichts
75. *Fried*, Die Sozialentwicklung, S. 754
76. *Reulecke*, Urbanisierung, S. 96
77. Siehe dazu das Münchner Adreßbuch (1932)

Das München-Bild
(S. 316–320)

1. *Mann*, Kampf um München (1926)
2. *Mann*, Gladius Dei (1958), S. 147
3. *v. Destouches*, Die Haupt- und Residenzstadt München (1827), S. 10 f.
4. *Soeltl*, München mit seinen Umgebungen (1837), S. 121
5. Neuester Wegweiser durch die königlich bayerische Haupt- und Residenzstadt München (1857), S. 135 f.
6. Neuester Universal-Fremdenführer durch München und seine Umgebung (1890), S. XIX. Tatsächlich hatten sich zumindest nach zeitgenössischen Angaben die Besucherzahlen vom Jahr 1877 (159175 Fremde) bis 1893 (300408 Fremde) nahezu verdoppelt. Vgl. auch *Krauß*, 25 Jahre Fremdenverkehr (1929), S. 19
7. *Schmidt*, Meine Wanderung (1925), S. 227 f.
8. Bayerisch Land und Volk 8 (1890), S. 99
9. Jahresbericht pro 1897 des Vereins zur Förderung des Fremdenverkehrs, S. 9
10. *Krauß*, 25 Jahre Fremdenverkehr (1929) S. 7. Zur Geschichte des Fremdenverkehrsvereins vgl. auch *Lober*, Die Zeitschrift im Dienste
11. *Krauß*, 25 Jahre Fremdenverkehr (1929), S. 7
12. *Krauß*, 25 Jahre Fremdenverkehr (1929), S. 7
13. Zu Befürchtungen bezüglich höherer Lebenshaltungskosten, vgl. *Krauß*, 25 Jahre Fremdenverkehr (1929), S. 10 und zu ›Verletzung der Volkspersönlichkeit‹ Geschäftsbericht für 1908/1909 des Vereins zur Förderung des Fremdenverkehrs, S. 37
14. Jahresbericht für 1903/1904 des Vereins zur Förderung des Fremdenverkehrs, S. 2 f.
15. Jahresbericht für 1907/1908 des Vereins zur Förderung des Fremdenverkehrs, S. 15
16. Geschäftsbericht für 1904/1905 des Vereins zur Förderung des Fremdenverkehrs, S. 4
17. Geschäftsbericht für 1908/1909 des Vereins zur Förderung des Fremdenverkehrs, S. 4 f.; außerdem dazu Stenographische Berichte Bd. XX, S. 839 f., Sitzung vom 26.4.1910
18. Geschäftsbericht für 1908/1909 des Vereins zur Förderung des Fremdenverkehrs, S. 4 f.
19. *Krauß*, Grundlagen (1917), S. 10
20. *Krauß*, Grundlagen (1917), S. 20 f.
21. *Bredt*, München (1911), S. 7
22. *Nerdinger*, Die ›Kunststadt‹, S. 93
23. *Nerdinger*, Die ›Kunststadt‹, S. 93 ff.; außerdem dazu *Engels* (Hrsg.), Münchens Niedergang (1902)
24. *Stahl*, Allerneuester Münchner Stadtführer (1862), S. 8
25. *Krauß*, Volksbücher (1913), S. 8
26. *Bredt*, München (1911), S. 10
27. *Godermann*, München (1870), S. 39
28. Verein zur Förderung des Fremdenverkehrs (Hrsg.), München (1912), S. 6
29. *Dillmann*, München die Musikstadt (1911), S. 34
30. Geschäftsbericht für 1907/08 des Vereins zur Förderung des Fremdenverkehrs, S. 18
31. Mitteilungen des Vereins zur Förderung des Fremdenverkehrs Januar (1911), S. 4
32. *Fuchs*, München als Theaterstadt (1911), S. 40
33. *Krauß*, Grundlagen (1917), S. 17
34. *Bredt*, München (1911), S. 1
35. *Krauß*, Volksbücher (1913), S. 10 f.
36. *Krauß*, Volksbücher (1913), S. 10 f.
37. *Urban*, in: *Engels* (Hrsg.), Münchens Niedergang (1902), S. 44
38. *Ruederer*, München (1907), S. 58
39. *Bredt*, München (1911), S. 9
40. Verband Münchner Hoteliers e. V. (Hrsg.), Offizieller Führer (1911), S. 1 f.
41. *Stern*, Ganz Berlin (1896), S. 51
42. *v. Borscht*, Zukunft Münchens (1911), S. 257. Außerdem dazu *Haertle* in der vorliegenden Publikation
43. *v. Borscht*, Zukunft Münchens (1911), S. 257
44. Vgl. auch *v. Möller* in der vorliegenden Publikation
45. *Brougier*, Gedanken über die fernere Entwicklung (1905), S. 36; vgl. *Krauß*, 25 Jahre Fremdenverkehr (1929), S. 20
46. *Krauß*, 25 Jahre Fremdenverkehr (1929), S. 44
47. *Krauß*, 25 Jahre Fremdenverkehr (1929), S. 44
48. Münchener Rundschau Mai (1910), S. 2
49. Münchener Rundschau Mai (1910), S. 2
50. Münchener Rundschau Mai (1910), S. 2
51. Vgl. auch *Walter* und *Hartmann* in der vorliegenden Publikation
52. Mitteilungen des Vereins zur Förderung des Fremdenverkehrs Juli (1913), S. 50
53. Münchener Rundschau Januar (1908), S. 5
54. Festschrift zum Parteitag der Deutschen Sozialdemokratie (1902), S. 6
55. *Krauß*, Grundlagen (1917), S. 6
56. Festschrift zum Parteitag der Deutschen Sozialdemokratie (1902), S. 6
57. *Krauß*, Grundlagen (1917), S. 28
58. *Woerl*, Illustrierter Führer (1904), S. 6
59. Festschrift zum XIV. Verbandstag des Zentral-Verbandes Deutscher Bäcker-Innungen ›Germania‹ (1905), S. 24
60. Verein zur Förderung des Fremdenverkehrs (Hrsg.), Führer und Ratgeber (1906), S. 14
61. *Krauß*, Grundlagen (1917), S. 31
62. *Sailer*, München (1898), S. 67
63. Festschrift zum 9. Deutschen Fortbildungstag und zur 15. Generalversammlung des Deutschen Vereins für das Fortbildungsschulwesen (1906), S. 47
64. *Krauß*, Grundlagen (1917), S. 26
65. Jahresbericht des Vereins zur Förderung des Fremdenverkehrs für 1903/1904, S. 9
66. Verband Münchner Hoteliers e. V. (Hrsg.), Offizieller Führer durch München (1911), S. 14
67. *Michel*, Der Münchner Fasching (1908)
68. Verein zur Förderung des Fremdenverkehrs (Hrsg.), Führer und Ratgeber (1906), S. 15; außerdem zum Bild der Münchnerin *Brachvogel*, Die Münchnerin (1908)
69. *Krauß*, Grundlagen (1917), S. 4
70. *Krauß*, Grundlagen (1917), S. 4
71. Festschrift zum Parteitag der Deutschen Sozialdemokratie (1902), S. 15
72. Geschäftsbericht für 1907/1908 des Vereins zur Förderung des Fremdenverkehrs, S. 12
73. Geschäftsbericht für 1907/1908 des Vereins zur Förderung des Fremdenverkehrs, S. 12
74. *Queri*, München und das bayerische Hochland (1909), S. 5
75. *Morin*, München im Jahr 1867 (1867), S. 11
76. Karl Stücker's Kunstanstalt (Hrsg.), Gruss aus München (1900), S. 12
77. Verein zur Förderung des Fremdenverkehrs (Hrsg.), Führer und Ratgeber (1911), S. 17 ff.
78. Verein zur Förderung des Fremdenverkehrs (Hrsg.), Führer und Ratgeber (1911), S. 17 ff.
79. Verein zur Förderung des Fremdenverkehrs (Hrsg.), Führer und Ratgeber (1911), S. 17 ff.
80. Verein zur Förderung des Fremdenverkehrs (Hrsg.), Führer und Ratgeber (1911), S. 17 ff.
81. *Krauß*, Grundlagen (1917), S. 1
82. Vgl. dazu *Andersen/Falter* in der vorliegenden Publikation
83. *Krauß*, Grundlagen (1917), S. 24
84. Verein zur Förderung des Fremdenverkehrs (Hrsg.), Führer und Ratgeber (1911), S. 20
85. Verein zur Förderung des Fremdenverkehrs (Hrsg.), Führer und Ratgeber (1911), S. 20
86. *Krauß*, Grundlagen (1917), S. 10 f.
87. *Gebauer*, Dresden (1888), S. 5
88. Verein zur Förderung des Fremdenverkehrs (Hrsg.), Führer und Ratgeber (1906), Vorwort
89. Dazu z. B. *Zentner*, Gastfreundliches München
90. *Ruederer*, Die gastliche Stadt (1914), S. 407

Glossar

bearbeitet von Markus Ingenlath

Etliche für München und die Prinzregentenzeit wichtige Personen und Begriffe, die nicht in jedem Konversationslexikon zu finden sind, konnten im Text nicht näher behandelt werden. Das Glossar soll hierfür eine lexikalische Zusatzinformation bieten.

PERSONENGLOSSAR

ALBERT, DR. EUGEN (Kunstdrucker und Verleger) Geb. 26.5. 1856 Augsburg, gest. 22.6. 1929 München. A. erfand unter anderem die Kollodiumemulsion, das Albertgalvano, die Citochromie und das Reliefklischee. Er gründete 1882 die nach ihm benannte Münchner Verlagsanstalt und 1901 eine Zweigniederlassung in Berlin. 1885 führte er die Heliogravüre ein. Der Verlag gab Kunstbände heraus, beispielsweise über die Schackgalerie und das Böcklin-Werk.
Qu.: *Kahn*, Münchens Großindustrie (1891); *Degener* (Hrsg.), Wer ist's? (1905-) (K.-M.H.)

BERLEPSCH-VALENDAS, HANS EDUARD VON (Architekt und Maler) Geb. 31.12. 1849 St. Gallen, gest. 17.9. 1921 Planegg. Nach Studien in Zürich, unter anderem bei Gottfried Semper, arbeitete er seit 1875 in München. Über Kontakte zu William Morris und Walter Crane fand er zur Kunstgewerbebewegung, der er sich auch in München anschloß. 1897 gehörte er zur Gruppe ›Kunst im Handwerk‹, der es gelang, mit dem modernen Kunsthandwerk in die Glaspalastausstellung einzuziehen.
Lit.: *Melk-Haen*, Eduard von Berlepsch-Valendas (N.G.)

BETTINGER, FRANZISKUS VON (Erzbischof) Geb. 17.9. 1850 Landstuhl/Pfalz, gest. 12.4. 1917 München. Priesterweihe 1873 nach Studien in Innsbruck und Würzburg. Nach 22jähriger Seelsorgstätigkeit als Kaplan und Landpfarrer wurde er 1895 zum Domkapitular ernannt und zum Dompfarrer gewählt, 1909 Erzbischof von München und Freising, 1914 Kardinal. Seine Hauptverdienste lagen auf den Gebieten der Verwaltung, der Seelsorge und des kirchlichen Vereinswesens. Die christlichen Gewerkschaften unterstützte er nachdrücklich, hatte maßgeblichen Anteil am Zustandekommen der bayerischen Kirchengemeindeordnung und führte den Bonifatiusverein in der Erzdiözese ein.
Lit.: *Nesner*, Das Erzbistum (H.-J.N.)

BEZZEL, HERMANN VON (Theologe) Geb. 18.5. 1861 Wald bei Gunzenhausen, gest. 8.6. 1917 München. Nach dem Studium der Philologie und evangelischen Theologie in Erlangen wurde B. 1883 Gymnasiallehrer für alte Sprachen in Regensburg. Von 1891 bis 1909 war er Rektor der Diakonissenanstalten in Neuendettelsau. Als Präsident des protestantischen Oberkonsistoriums von 1909 bis 1917 prägte er die Landeskirche. Er erhielt den persönlichen Adel.
Lit.: *Seitz*, Bezzel (H.M.)

BIERBAUM, OTTO JULIUS (Schriftsteller) Geb. 28.6. 1865 Grüneberg, gest. 1.2. 1910 Dresden. In München und Berlin setzte sich B. – etwa mit dem 1891 begründeten ›Modernen Musen-Almanach‹ – für die Überwindung des Naturalismus ein. Er gab kurzlebige, exklusive Zeitschriften heraus wie ›Pan‹ (1894) und ›Die Insel‹ (1899). Breiten Erfolg hatten seine Gedichte ›Irrgarten der Liebe‹ (1901) und die von ihm herausgegebenen ›Deutschen Chansons‹ (1900), sowie die Schlüsselromane ›Stilpe‹ (1897) und ›Prinz Kuckuck‹ (1907-08).
Lit.: *Stankovich*, Otto Julius Bierbaum (W.S.)

BIRK, GEORG (Gastwirt und Abgeordneter) Geb. 11.10. 1839 Hirschdorf bei Kempten, gest. 23.9. 1924 München. Nach seiner Wanderzeit als Metzgergeselle wurde er 1865 Gastwirt in München. 1901 übernahm er hier den sozialdemokratischen Parteiverlag. 1893 bis 1898 und 1903 bis 1907 war er Abgeordneter im Reichstag für München I, 1899 bis 1907 Abgeordneter im Landtag für München I, 1899 hier erster Sozialdemokrat im Gemeindekollegium (bis 1905).
Lit.: *Hirschfelder*, Die bayerische Sozialdemokratie (M.N.)

BORSCHT, DR. WILHELM VON (Bürgermeister) Geb. 3.4. 1857 Speyer, gest. 30.7. 1943 München. B. studierte Jura in Würzburg und war 1887 bis 1888 Sekretär der ›Deutsch-nationalen Kunstgewerbe-Ausstellung‹ in München. Seit 1888 arbeitete er als Zweiter und seit 1893 als Erster rechtskundiger Bürgermeister in München, seit 1907 als Oberbürgermeister; er war Mitglied der Zentrumspartei, 1919 trat er vom Bürgermeisteramt zurück.
Qu.: *Hübler*, Bürgermeister (1896) (E.A.)

BRENTANO, LUJO (Professor) Geb. 18.12. 1844 Aschaffenburg, gest. 9.9. 1931 München. Nach dem mit Promotion und Habilitation abgeschlossenen Studium der Nationalökonomie hatte B. Professuren in Breslau, Straßburg, Wien, Leipzig und von 1891 bis 1914 in München inne. B. gilt als Vertreter der ›Jüngeren Historischen Schule‹ der deutschen Nationalökonomie. Er gehörte zu den Mitgründern des ›Vereins für Socialpolitik‹ (1873) und des ›Volks-Hochschul-Vereins München‹ (1896).
Lit.: *Sheehan*, Brentano, S.24–39 (B.S.)
Qu.: *Brentano*, Mein Leben (1931)

BROUGIER, ADOLPH (Unternehmer) Geb. 1844 Altenstaig/Württemberg, gest. 1934 Vieznau/Vierwaldstätter See. B. assoziierte 1876 mit Emil Wilhelm, der 1870 die Firma Franz Kathreiner erworben hatte. 1889 wurde er Kommerzienrat, 1892 war er Mitbegründer der Firma ›Kathreiner's Malzkaffeefabriken Wilhelm & Brougier‹. Mit Wilhelm gründete er eine Betriebskrankenkasse und eine Stiftung als Pensionskasse für das Personal. Er verfaßte eine Reihe von Schriften, beispielsweise über Wirtschafts- und Verkehrsfragen.
Lit.: *Degener* (Hrsg.) Wer ist's?; *Barth u.a.*, Kathreiner (K.-M.H.)

BUCHNER, HANS (Professor) Geb. 16.12. 1850 München, gest. 5.4. 1902 München. Nach seiner Promotion war B. ab 1875 zunächst bayerischer Militärarzt. Er bemühte sich um die Einführung von Leibesübungen in möglichst allen gesellschaftlichen Schichten. Nach seiner Habilitation 1880 arbeitete er vor allem auf dem Gebiet der Immunitätslehre. Buchners gesellschaftspolitisches Engagement knüpfte an die Bemühungen Max von Pettenkofers um ein – hygienisch – ›sauberes‹ München an.
Lit.: *Bosl* (Hrsg.), Bayerische Biographie, S. 100 (G.N.)

CONRAD, MICHAEL GEORG (Schriftsteller) Geb. 5.4. 1846 Gnodstadt/Unterfranken, gest. 20.12. 1927 München. C. lebte als Schriftsteller und Journalist in Neapel und Paris. 1884 gründete der Zola-Verehrer in München die naturalistische Zeitschrift ›Die Gesellschaft‹, durch die er zu einem der führenden Köpfe der literarischen Moderne wurde. C. wirkte vor allem als Kritiker und Essayist, konnte sich als Prosa- und Dramenautor aber nicht durchsetzen.
Lit.: *Huber*, Das klassische Schwabing; *Reisinger*, Michael Georg Conrad (R.E.)

CRAMER-KLETT, THEODOR VON sen. (Unternehmer) Geb. Nürnberg 1817, gest. München 5.4. 1884. C. gehörte zu den wichtigsten Industriellen Bayerns im 19. Jahrhundert. Durch Heirat wurde er Besitzer der Maschinenfabrik ›Klett & Co.‹ in Nürnberg, die unter seinem Sohn Theodor C. jun. (geb. 1874, gest. 1938) mit der Augsburger Firma ›Buz‹ zur ›MAN‹ fusionierte. C. war an fast allen großen finanziellen und industriellen Unternehmungen seiner Zeit in Bayern und den angrenzenden Ländern beteiligt.
Lit.: *Biensfeld*, Cramer Klett; *Hoffmann*, Finck (M.K.)

DEFREGGER, FRANZ VON (Maler) Geb. 30.4. 1835 Stronach/Tirol, gest. 2.2. 1921 München. Der Genre- und Historienmaler, ursprünglich als Bildschnitzer ausgebildete Künstler studierte seit 1864 bei Karl Theodor von Piloty in München.

Seit 1878 wirkte er als Professor an der Münchner Akademie; 1883 wurde der durch eine Vielzahl von Medaillen geehrte Bauernsohn geadelt.
Lit.: *Defregger*, Franz von Defregger (C.S.)

DELVARD, MARYA bzw. BILLER, MARIE (Varieté-Künstlerin) Geb. 11.9. 1874 Rechicourt la Chateau/Elsaß, gest. 25.9. 1965 Pullach. Ihre bis in die dreißiger Jahre erfolgreiche Karriere als Diseuse begann D. bei den ›Elf Scharfrichtern‹; auch an den folgenden Kabarettgründungen ihres Lebensgefährten Marc Henry war sie beteiligt.
Qu.: *Delvard*, Histoire des onze (W.S.)

DIEFENBACH, KARL WILHELM (Maler und Lebensreformer) Geb. 21.2. 1851 Hadamar/Nassau, gest. 15.12. 1913 Capri. 1872 absolvierte D. die Kunstakademie München. 1884/85 hielt er in den ›Zentralsälen‹ allsonntägliche Vorträge zur Lebensreform. 1885 bis 1890 hauste D. in einem Steinbruch bei Höllriegelskreuth. 1888 wurde er wegen Unzucht (Nacktbaden) und Verführung Minderjähriger (Gründung einer freien Schule) verurteilt. Zu seinen Schülern gehörte der Maler Fidus; 1891 veranstaltete er eine Ausstellung in der Löwengrube in München. Im Volksmund hieß er ›Kohlrabiapostel‹. 1891 war D. Mitveranstalter des ›Ersten internationalen Friedenskongresses‹ in Wien. Er übersiedelte 1892 zunächst nach Wien, 1909 dann nach Capri.
Lit.: *Frecot/Geist/Kerbs*, Fidus (R.F.)

DIEZ, JULIUS (Maler) Geb. 18.9. 1870 Nürnberg, gest. 13.3. 1957 München. Der Maler, Graphiker und Kunstgewerbler besuchte die Münchner Kunstgewerbeschule und die Akademie. Er begann als Illustrator für die Zeitschrift ›Jugend‹. 1908 malte er das Fresko im Restaurationsgebäude der Ausstellung ›München 1908‹. Seit 1925 war er Professor an der Münchner Akademie und Zweiter Präsident der ›Secession‹.
Lit.: *Braungart*, Julius Diez (C.S.)

DILL, LUDWIG (Maler) Geb. 2.2. 1848 Gernsbach, gest. 31.3. 1940 Karlsruhe. Der Landschaftsmaler studierte an der Münchner Akademie und unternahm ausgedehnte Studienreisen, so nach Venedig. Zusammen mit Adolf Hoelzel und Artur Langhammer gründete er 1897 die Künstlerkolonie ›Neu-Dachau‹. 1894 bis 1899 war er Präsident der Münchner ›Secession‹, seit 1899 Professor an der Akademie in Karlsruhe.
Qu.: *Roeßler*, Neu-Dachau (1905) (C.S.)

DÖLLINGER, JOHANNES JOSEPH IGNAZ (Theologe) Geb. 28.2. 1799 Bamberg, gest. 10.1. 1890 München. 1822 zum Priester geweiht. Zunächst wirkte D. als Professor für Kirchengeschichte und Kirchenrecht in Aschaffenburg, dann von 1826 bis 1890 in München. Neben reger wissenschaftlicher Tätigkeit engagierte er sich, auch unter persönlichen Opfern (Amtsenthebung 1847), im politischen Katholizismus und beim Aufbau des katholischen Vereinswesens. Die Ablehnung des Unfehlbarkeitsdogmas (1870) führte 1871 zur Exkommunikation D.'s. Der entstehenden altkatholischen Kirche trat er nie bei. D. blieb Rektor der Münchner Universität (1872) und Präsident der Bayerischen Akademie der Wissenschaften (1873 bis 1890). Trotz grundsätzlicher Bereitschaft zur Versöhnung starb er als Exkommunizierter.
Lit.: *Schwaiger*, Ignaz von Döllinger, Bd. III, S. 9–43 (H.-J.N.)

DÜLFER, MARTIN (Architekt) Geb. 1.1. 1859 Breslau, gest. 21.12. 1942 Dresden. Studium in Hannover und München, hier bei Friedrich Thiersch. D. war der Hauptmeister der Münchner Jugendstilarchitektur, seine wichtigsten Bauten in München sind das Bernheimer-Haus (Fassade), die Tonhalle, die Wohnhäuser an der Leopold-, Franz-Joseph-, Ohmstraße; außerdem Theaterbauten in Meran, Dortmund, Lübeck, Duisburg, Sofia. 1905 wurde er an die Dresdner TH berufen.
Lit.: *Klein*, Martin Dülfer (D.K.)

ENDELL, AUGUST (Architekt) Geb. 12.4. 1871 Berlin, gest. 15.4. 1925 Berlin. Nach einem Philosophiestudium wechselte E. in seiner Münchner Zeit, 1892 bis 1901, unter Einfluß von Hermann Obrist zur angewandten Kunst über. Weiten Kreisen wurde er bekannt durch das ›Hof-Atelier-Elvira‹, das er im Auftrag zweier Porträtphotografinnen entwarf. In seiner Berliner Zeit 1901 bis 1918 baute er beispielsweise das ›Bunte Theater‹ und die ›Neumann'schen Festsäle‹. Ab 1918 war er Direktor der Breslauer Akademie.
Lit.: *Reichel*, Vom Jugendstil zur Sachlichkeit; Ausst. Kat. August Endell (C.S.-S.)

FALCKENBERG, OTTO (Regisseur und Bühnenautor) Geb. 5.10. 1893 Koblenz, gest. 25.12. 1947 München. F.'s Laufbahn begann im ›Akademisch-dramatischen Verein‹ und bei den ›Elf Scharfrichtern‹. Im Dezember 1914 wurde er an die ›Münchner Kammerspiele‹ berufen, die sich unter seiner Leitung zu einer der führenden modernen Bühnen entwickelten.
Lit.: *Euler*, Der Regisseur (W.S.)

FINCK, WILHELM V. (Bankier) Geb. 6.2. 1848, Vilbel/Hessen, gest. 8.4. 1924 München. Nach einer Ausbildung in Frankfurt a.M. bei der ›Darmstädter Bank‹ wurde F. zuerst Geschäftsführer, später Teilhaber des Münchner Bankhauses ›Merck, Finck & Co.‹ (zuerst ›Merck, Christian & Co.‹), gegr. 1871. Er arbeitete sich zu dem wohl wichtigsten Privatbankier Bayerns empor und gehörte 1912 zu den 20 Reichsten in Bayern. Er war Mitbegründer der ›Münchener Rückversicherung‹, der ›Allianz‹, der ›Isarwerke‹, der ›MAN‹, der ›Bayerischen Stickstoffwerke‹. Ab 1905 gehörte er dem Reichsrat an. Er erhielt den erblichen Adel.
Lit.: *Hoffmann*, Finck (M.K.)

FISCHER, THEODOR (Architekt) Geb. 28.5. 1862 Schweinfurt, gest. 25.12. 1938 München. F. studierte Architektur in München, wurde 1886 von Paul Wallot nach Berlin zum Reichstagsbau berufen, arbeitete dann als freier Architekt in Dresden; 1893 wurde er erster Leiter des Stadterweiterungsbüros der Stadt München, 1901 Honorarprofessor an der TH München, im selben Jahr Lehrstuhlinhaber für Entwerfen an der TH Stuttgart und Begründer der ›Stuttgarter Schule‹. 1908 erhielt er einen Ruf an die TH München (bis 1928); 1926 wurde ihm der Maximiliansorden verliehen.
Lit.: *Fisch*, Stadtplanung, S. 211–74 (S.F.)

FRIEDRICH, JOHANNES (Theologe) Geb. 5.6. 1836 Poxdorf, gest. 19.8. 1917 München. Seit 1862 war F. Privatdozent an der Theologischen Fakultät in München und Bischofssekretär auf dem I. Vatikanum. 1872 wurde er Professor für Kirchengeschichte und -recht, wegen Ablehnung des Unfehlbarkeitsdogmas im gleichen Jahr exkommuniziert und 1882 in die Philosophische Fakultät übernommen. F. war Neuherausgeber der Werke Ignaz Döllingers nach dessen Tod. Er hatte wesentlichen Anteil am Aufbau der altkatholischen Kirche.
Lit.: *Kessler*, Johann Friedrich (H.-J.N.)

GEIS, JAKOB bzw. PAPA GEIS (Volkssänger) Geb. 27.12. 1840 Athen, gest. 3.3. 1908 München. G. war der Sohn eines Hofoffizianten im Dienst von König Ludwig I. Als er 1868 mit seinem Ensemble an die Öffentlichkeit trat, wurde er in München sofort berühmt. Seine Couplets waren geistvoll, nie derb. Er trat in dem vornehmen Hotel Oberpollinger auf und zählte vor allem Bürger zu seinem Publikum.
Lit.: *Lutz*, Volkssänger, S. 19f. (F.M.)

GILG, ALOIS (Pfarrer) Geb. 11.11. 1857 Miesbach, gest. 19.2. 1943 Bad Tölz. G. wurde 1881 in München zum Priester geweiht und war bis 1891 Prediger von St. Peter in München. 1888 gründete er den ›Arbeiterverein München-West‹. 1891 wurde er nach Kolbermoor versetzt, wo er noch im selben Jahr einen Arbeiterverein ins Leben rief. Nach wenigen Jahren wurde ihm die Pfarrei von München-Sendling übertragen, die er bis zum Ende seiner Dienstzeit leitete.
Qu.: Schematismen (1882 ff.) (AG.A.)

GRÄSSEL, HANS (Architekt und Stadtbaudirektor) Geb. 18.8. 1860 Rehau, gest. 10.3. 1939 München. Nach dem Studium der Architektur an der TH München trat er 1890 in das Stadtbauamt ein, dem er bis 1928 als Bauamtmann, Stadtbaurat und Stadtbaudirektor angehörte. Er plante für die Stadt zahlreiche Schul-, Sozial- und Verwaltungsbauten. Überregionale Bedeutung erlangte Grässel als Friedhofsarchitekt. G. erhielt den Ehrendoktor der TH Darmstadt, den Orden ›Pour le mérite‹ und den bayerischen Maximiliansorden.
Lit.: *Thiersch*, Hans Grässel, S. 5 (B.H.)

GRUBER, MAX VON (Hygieniker) Geb. 6.7. 1853 Wien, gest. 16.9. 1927 Berchtesgaden. Nach Medizinstudium in Wien und Lehrtätigkeit in Österreich übernahm er 1902 den Pettenkofer-Lehrstuhl in München. Seine Arbeitsschwerpunkte lagen in der Bakteriologie und der Hygieneforschung. Er wirkte bei der bayerischen Sanitätsgesetzgebung mit und befaßte sich mit Problemen der Erziehung, der Schulhygiene, der Stadtsanierung und der Wohnungsversorgung. Er

war Gründungsmitglied des ›Vereins zur Verbesserung der Wohnungsverhältnisse‹.
Lit.: Geist und Gestalt, Biographische Beiträge (AG.A.)

GULBRANSSON, OLAF (Maler und Karikaturist) Geb. 16.5. 1873 Oslo, gest. 18.9. 1958 Tegernsee. Der in Oslo und Paris ausgebildete Norweger wurde 1902 von Albert Langen zum ›Simplicissimus‹ geholt. G. lebte von 1923 bis 1927 in Norwegen, anschließend auf dem ›Schererhof‹ über dem Tegernsee, wo er sich hauptsächlich der Malerei widmete.
Lit.: *Björnson-Gulbransson,* Gulbransson Buch (C.S.)

GUMPPENBERG, HANNS VON (Schriftsteller und Journalist) Geb. 4.12. 1866 Landshut, gest. 28.3. 1928 München. G. zählte zu den Gründern der ›Gesellschaft für modernes Leben‹. Für die ›Elf Scharfrichter‹ verfaßte er parodistische ›Überdramen‹, ebenso Lyrikparodien in ›Das deutsche Dichterroß‹ (1901). Von 1901 bis 1909 leitete er das Theaterressort der ›Münchner Neuesten Nachrichten‹, 1910 bis 1913 gab er die Zeitschrift ›Licht und Schatten‹ heraus.
Lit.: *Wintzingerode-Knorr,* Gumppenbergs Werk (W.S.)

GYSIS, NIKOLAUS (Maler) Geb. 1.3. 1842 Insel Tynos/Griechenland, gest. 4.1. 1901 München. G. absolvierte das Polytechnikum in Athen und wurde 1865 an der Münchner Akademie Schüler von Karl von Piloty. Eine mehrjährige Reise nach Athen und durch Kleinasien bestimmte G.'s weiteres Schaffen, überwiegend kleinformatige Stilleben und Porträts mit Szenen aus dem griechischen und orientalischen Volksleben. G. wurde 1888 zum Akademie-Professor ernannt.
Lit.: *Wolter,* Das gesellige Leben (M.I.)

HAAS, JOSEPH (Komponist) Geb. 19.3. 1879 Maihingen, gest. 30.3. 1960 München. H. war Schüler von Max Reger, wurde 1911 Kompositionslehrer am Konservatorium Stuttgart und lehrte von 1921 bis 1950 an der Akademie der Tonkunst in München, deren Präsident er ab 1945 war. H. wird gerne als Komponist der ›Münchner Schule‹ bezeichnet. Er komponierte die Opern ›Tobias Wunderlich‹ und ›Die Hochzeit des Jobs‹, zahlreiche Oratorien, Lieder, Klavier- und Kammermusik.
Lit.: *Fellerer* (Hrsg.), Haas: Werkverzeichnis (F.M.)

HALBE, MAX (Schriftsteller und Dramatiker) Geb. 4.10. 1865 Güttland bei Danzig, gest. 30.11. 1944 Burg bei Neuötting. Der promovierte Historiker arbeitete in Berlin und München. Seine frühen Dramen wie ›Jugend‹ (1892) und ›Der Strom‹ (1903) stehen dem Naturalismus nahe. 1892 trat er der Berliner ›Neuen Freien Volksbühne‹ bei.
Lit.: *Hartl,* Aufbruch zur Moderne (C.S.)

HARLESS, ADOLF VON (Präsident des Oberkonsistoriums) Geb. 21.11. 1806 Nürnberg, gest. 5.9. 1879 München. Seit 1836 war H. Professor für evangelische Theologie in Erlangen, Mitbegründer der neulutherischen ›Erlanger Schule‹. 1845 wurde er nach Bayreuth strafversetzt. Er ging nach Sachsen. 1852 rief ihn König Max II. zurück und ernannte ihn zum Präsidenten des Oberkonsistoriums. H.s Neuordnung der Landeskirche stieß auf den Widerstand des liberalen Bürgertums und des Königs. Gegen die Regierung forderte er die Bekenntnisschule. Er erhielt den persönlichen Adel.
Lit.: *Heckel,* Adolf von Harleß (H.M.)

HAUBERRISSER, GEORG VON (Architekt) Geb. 19.3. 1841 Graz, gest. 17.5. 1922 München. H. studierte in Graz, München, Berlin und Wien. 1866 ließ er sich in München nieder, nachdem er den Wettbewerb für das Neue Rathaus gewonnen hatte. H. zählt zu den späten Vertretern der Neogotik und war vor allem im Rathaus- und Kirchenbau tätig. Die TH Graz verlieh ihm die Ehrendoktor-, die Stadt München die Ehrenbürgerwürde. 1901 erhielt er den persönlichen Adel.
Lit.: *Thieme/Becker/Vollmer* (Hrsg.), Lexikon der Bildenden Künstler, Bd. 16, S. 122 f. (B.H.)

HAUSHOFER, MAX (Professor und Schriftsteller) Geb. 23.4. 1840 München, gest. 10.4. 1907 München. Seit 1858 studierte H. in München, vor allem bei Wilhelm Heinrich Riehl; 1864 wurde er außerordentlicher, 1880 ordentlicher Professor der Nationalökonomie und Statistik am Polytechnikum. 1869 gründete er zusammen mit seinem Bruder Karl den ›Deutschen Alpenverein‹. Er schrieb kulturhistorische Aufsätze, utopische Romane – so ›Planetenfeuer‹ (1899), der das München des Jahres 2000 schildert – und das erste Heft des bayerischen ›Landesausschusses für Naturpflege‹: ›Der Schutz der Naturdenkmale‹ (1905).
Lit.: Nachruf *Du Moulin Eckart,* in: Jahresberichte der kgl. TH München für 1906/07 (R.F.)

HEILMANN, JACOB (Architekt und Unternehmer) Geb. 21.8. 1846 Geiselbach/Spessart, gest. 15.2. 1927 München. H. studierte Architektur in München an der Baugewerks- und Polytechnischen Schule, in Zürich am Polytechnikum und in Berlin bei Martin Gropius; seit 1869 führte H. Tiefbauten für die bayerische Staats- und Ostbahn durch, ab 1877 baute er die größte bayerische Hochbaufirma auf (›H. & Littmann‹) und ab 1894 – zusammen mit Wilhelm von Finck – das erste Münchner Elektrizitätswerk, die ›Isarwerke‹.
Qu.: *Heilmann,* Lebenserinnerungen (1921) (S.F.)

HENRICI, KARL (Architekt) Geb. 12.5. 1842 Harste bei Göttingen, gest. 10.11. 1927 Aachen. H. studierte am Polytechnikum in Hannover und bei Conrad Wilhelm Hase. 1870 wurde er Stadtbaumeister in Harburg, 1875 bis 1919 Professor an der TH Aachen. H., vor allem durch seine städtebaulichen Schriften und Entwürfe in der Nachfolge von Camillo Sittes ›malerischem Städtebau‹ bekannt, nahm an Wettbewerben in Köln, Hannover, Dessau, München und Brünn teil.
Lit.: *Curdes/Oehmichen* (Hrsg.), Künstlerischer Städtebau (U.W.)

HENRY, MARC bzw. D'AILLY-VAUCHERET, ACHILLE GEORGES (Schriftsteller) Geb. 1872 Paris. Gemeinsam mit J.P. Proudhomme gab H. von 1899 bis 1901 in München die ›Deutsch-Französische Rundschau/Revue Franco-Allemande‹ heraus. 1901 wurde er (Pseudonym: ›Balthasar Starr‹) zum Leiter der ›Elf Scharfrichter‹. In Wien gründete er 1905 das Kabarett ›Nachtlicht‹, 1907 wurde er dort kurzzeitig Direktor des Secessionskabaretts ›Fledermaus‹.
Qu.: *Delvard,* Histoire (1962) (W.S.)

HEYMEL, ALFRED WALTER (Schriftsteller und Verleger) Geb. 6.3. 1878 Dresden, gest. 26.11. 1914 Berlin. Seit Herbst 1898 prägte der reiche Erbe H. das kulturelle Leben Münchens als Mäzen, zunächst für die Zeitschrift ›Insel‹, seit 1907 für die ›Süddeutschen Monatshefte‹. Zu seinem Kreis zählten Rudolf Alexander Schröder, Hugo von Hofmannsthal und Rudolf Borchardt; in satirischen Schlüsselromanen stellten ihn Heinrich Mann – ›Die Jagd nach Liebe‹ (1903) – und Otto Julius Bierbaum – ›Prinz Kuckuck‹ (1906/07) – dar. 1907 wurde ihm der erbliche Adel verliehen.
Lit.: *Tgahrt u.a.* (Hrsg.), Rudolf Borchardt (W.S.)

HILDEBRAND, ADOLF VON (Bildhauer) Geb. 6.10. 1847 Marburg, gest. 18.1. 1912 München. Nach dem Studium an der Kunstschule in Nürnberg arbeitete er unter anderem im Atelier von Karl von Zumbusch. Für seinen ersten großen Auftrag, den Wittelsbacher Brunnen, zog Hildebrand 1891 von Florenz nach München. Sowohl seine monumental-neoklassizistische Formensprache wie seine literarische Arbeit waren außerordentlich einflußreich. 1903 erhielt er den persönlichen, 1913 den erblichen Adelstitel.
Lit.: *Braunfels,* Adolf von Hildebrand (B.H.)

HOCHEDER, CARL (Architekt) Geb. 7.3. 1854 Weiherhammer, gest. 21.1. 1917 München. Nach dem Studium der Architektur in München arbeitete er als Assistent am Lehrstuhl Thiersch, seit 1889 am Stadtbauamt München. 1898 wurde er ordentlicher Professor an der TH München. H. schuf vor allem am einfachen, süddeutschen Putzbau des 18. Jahrhunderts orientierte Zweckbauten. Er war Träger des bayerischen Michaels- und Maximiliansordens und des preußischen Kronenordens.
Lit.: *Fischer,* Hocheder, S. 86–90 (B.H.)

HOHLWEIN, LUDWIG (Architekt, Maler und Gebrauchsgrafiker) Geb. 27.7. 1874 Wiesbaden, gest. 15.9. 1949 Berchtesgaden. Nach dem Studium der Architektur in München und Dresden ließ sich H. als freischaffender Innenarchitekt in München nieder. Daneben entwarf er Exlibris sowie Geschäftsanzeigen, Einladungskarten und Programmhefte. Nach dem Ersten Weltkrieg konnte H. an seine internationalen Erfolge der Jahre 1906 bis 1914 anknüpfen.
Lit.: Ausst. Kat. Ludwig Hohlwein (M.I)

HUBER, LORENZ (Pfarrer) Geb. 31.3. 1802 München, gest. 7.11. 1910 München. H. wurde 1886 zum Priester geweiht und 1891 zum Präses des ›Verbandes süddeutscher katholischer Arbeiter-

vereine‹ gewählt. Er begründete in München den ›Arbeiterwahlverein für die Zentrumspartei‹ und den ›Verein Arbeiterschutz‹ als Vorläufer christlicher Gewerkschaften. H. war Redakteur des von ihm gegründeten Blattes ›Der Arbeiter‹ und Inhaber eines Verlages. Er trug den Titel Monsignore.
Lit.: *Schirmer,* Msgr. Lorenz Huber (M.N.)

KAHL, ADOLF (Dekan) Geb. 27.11. 1846 Kleinheubach/Unterfranken, gest. 1.6. 1914 München. Nach dem Studium der evangelischen Theologie war K. Erzieher im Hause des Ministers von der Pfordten, von 1874 bis 1896 Gemeindepfarrer; von 1896 bis 1905 leitete er als Dekan den Münchner Kirchenbezirk. Von 1905 bis 1914 wirkte er als Oberkonsistorialrat. Der vielseitig gebildete, energische Mann bewies vor allem auf sozialem Gebiet große organisatorische Begabung. Er gründete 1884 den ›Verein für Arbeiterkolonien in Bayern‹ zur sozialen Integration obdachloser Wanderer.
Qu.: *Hermann Bezzel,* in: Neue theologische Zeitschrift (1914) (H.M.)

KAIM, FRANZ (Dirigent) Geb. 13.5. 1856 Kirchheim/Teck, gest. 17.11. 1935 Kempten. K. war der Sohn eines Klavierfabrikanten, studierte Philologie und Philosophie und ließ sich ab 1888 in München nieder, um durch Konzerte für den ›Kaim-Flügel‹ seines Vaters zu werben. Dazu rief er 1893/94 ein Orchester, das ›Münchner Philharmonische Orchester‹, ins Leben, das er bis 1908 leitete.
Lit.: *Ott* (Hrsg.), Philharmoniker, S. 13 f. (F.M.)

KAUSEN, ARMIN (Publizist und Verleger) Geb. 10.1. 1855 Neuß am Rhein, gest. 15.3. 1913 München. Der profilierte Vertreter des populistischen Zentrumsflügels war Chefredakteur des ›Bayerischen Kuriers‹ und des ›Münchener Fremdenblatts‹, mußte aber 1891 mit dem Abtreten seines Verlegers und politischen Mentors Konrad Fischer ebenfalls das Feld räumen. K. war 1906 einer der Hauptinitiatoren der Münchner Sittlichkeitsbewegung, dessen ›Sprachrohr‹ die von ihm herausgegebene ›Allgemeine Rundschau‹ wurde.
Lit.: *Kosch,* Deutsches Literaturlexikon (R.E.)

KERN, JOHANNES STEFAN bzw. PAPA KERN (Wirt und Volkssänger) Geb. 1845 München, gest. November 1911 München. K. war zunächst als Kellner tätig und eröffnete 1877 im Keller des ›Café Metropol‹ bei der Frauenkirche einen Bockausschank. Hier trat er zusammen mit einer Musikkapelle als singender Wirt auf.
Lit.: *Lutz,* Volkssänger, S. 13 (F.M.)

KLUG, LUDWIG PETER VON (Hofsekretär) Geb. 5.2. 1838 Amberg, gest. 3.6. 1913 München. Seit den siebziger Jahren war K. Theaterkassier am Münchner Nationaltheater, durch Ludwig II. stieg er zu einem der Hofsekretäre und 1886 zum Vorstand der Königlichen Hof- und Kabinettskasse auf und wurde von Prinzregent Luitpold in diesem Amt bestätigt. Nach dessen Tod wurde K. 1913 von Prinzregent Ludwig unter Verleihung des Verdienstordens vom Hl. Michael mit persönlichem Adel in den Ruhestand versetzt.
Qu.: Die Oberpfalz 7 (1913), S. 80, 151 f.
Lit.: *Möckl,* Prinzregentenzeit, S. 371 (S.F.)

KNORR, THOMAS (Verleger) Geb. 9.8. 1851 München, gest. 13.12. 1911 München. K. übernahm nach dem Tod seines Vaters zusammen mit seinem Schwager Georg Hirth die ›Münchner Neuesten Nachrichten‹ und den Verlag ›Knorr & Hirth‹. Sein Haus Brienner Straße 18 war Mittelpunkt Münchner Kulturlebens; hier präsentierte er seine Kunstsammlung, die unter anderem Arbeiten von Lenbach, Böcklin, Leibl, Liebermann, Toulouse-Lautrec und Stuck enthielt.
Qu.: *Knorr,* Die Galerie Th. Knorr (1904) (C.S.)

KOBUS, KATHI (Gastwirtin) Geb. 1854 Traunstein, gest. 7.8. 1929 München. Die Gastwirtstochter K. eröffnete 1897 in der Türkenstraße 57 die Künstlerkneipe ›Dichtelei‹, die 1903 in ›Simplicissimus‹ umgetauft wurde. Zu den Stammgästen zählten Max Halbe, Hans Brandenburg und Oskar Maria Graf; berühmt waren die Auftritte des ›Proletendichters‹ Ludwig Scharf. Als ›Hausdichter‹ gab Joachim Ringelnatz die Broschüre ›Simplicissimus Künstlerkneipe und Kathi Kobus‹ (1909) heraus.
Lit.: *Bauer* (Hrsg.), Zu Gast, S. 240 f. (W.S.)

KRAUSS, GEORG VON (Unternehmer) Geb. 25.12. 1826 Augsburg, gest. 5.11. 1906 München. Ursprünglich Schlosser, gründete er 1866, nach Tätigkeiten bei Maffei, den bayerischen Staatsbahnen und der Schweizerischen Nordbahn, eine Lokomotivfabrik in München. Seit 1887 Aktiengesellschaft, fusionierte sie 1931 mit der Firma Maffei zur ›Krauss-Maffei AG‹. Als Hersteller von Kettenfahrzeugen wurde das Unternehmen wichtiger Rüstungslieferant.
Lit.: *Zorn,* Bayerns Geschichte (E.J.)

KRAUSS, MAXIMILIAN (Schriftsteller und Journalist) Geb. 18.4. 1868 Markfest/Bayern. Ab 1894 war er Redakteur der ›Münchner Neuesten Nachrichten‹, wurde 1900 Direktor der ›Deutschen Verlagsanstalt‹ und 1904 Sekretär des Vereins zur Förderung des Fremdenverkehrs‹. Zu seinen Werken gehören ›Hahnschrei! Weckruf des Modernen‹ (1894), ›Ein Proletarier‹ (1898) und ›München‹ (1913), außerdem Aufsätze über den Fremdenverkehr.
Lit.: *Kosch,* Deutsches Literaturlexikon (H.K.)

KRÜGER, FRANZ AUGUST OTTO (Maler) Geb. 28.2. 1868 Groß-Dedeleben/Sachsen, gest. 1939. K. studierte Malerei in München und stellte zunächst in den Ausstellungen der ›Secession‹ und im Glaspalast aus. Künstlerische Anerkennung fand er erst durch seine Tätigkeit als geschäftsführender Direktor der von ihm mitbegründeten ›Vereinigten Werkstätten‹ die er – ausgenommen 1901/02 – bis 1912 leitete.
Lit.: *Thieme/Becker,* Lexikon der bildenden Künstler, Bd. 21 (C.S.-S.)

LANGEN, ALBERT (Verleger) Geb. 8.7. 1869 Köln, gest. 30.4. 1909 München. L. gründete 1893 in Paris den ›A.L.Verlag‹, den er 1894 nach Leipzig und später nach München verlegte. Von den Pariser satirischen Zeitschriften angeregt, hob er 1896 den ›Simplicissimus‹ aus der Taufe, der ihm 1898 ein Strafverfahren wegen Majestätsbeleidigung einbrachte. Seine verlegerische Tätigkeit widmete er vor allem nordischen Autoren, unter anderen Björn Björnson und Selma Lagerlöf.
Lit.: *Koch,* Langen (R.E.)

LASNE, OTTO (Architekt) Geb. 10.4. 1854 München, gest. 15.9. 1935 München. L. wurde in München durch den Umbau des Luitpold-Blocks von 1886 bis 1888 und des ›Café Luitpold‹ an der Brienner Straße bekannt. Er beteiligte sich am Stadterweiterungswettbewerb von 1892/93. Von ihm stammen einige für die Baugeschichte Münchens wichtige Umbau- und Erweiterungspläne. Ab etwa 1902 war L. vorwiegend im Raum Kufstein tätig. Baulinienpläne fertigte er unter anderem für die Städte Erlangen, Landshut, Pirmasens und Reutte.
Lit.: *Thieme/Becker,* Lexikon der bildenden Künstler, Bd. 22, S. 407 (U.W.)

LAUTENSACK, HEINRICH (Schriftsteller) Geb. 5.7. 1881 Vilshofen, gest. 10.1. 1919 Nervenheilanstalt Eberswalde bei Berlin. L. begann seine literarische Laufbahn beim Kabarett, zunächst 1901 bei den ›Elf Scharfrichtern‹, seit 1904 mit wechselnden Engagements mit seiner damaligen Ehefrau Dora Stratton. 1907 fand L. Anschluß an die Berliner Boheme. Seine bekanntesten Dramen ›Hahnenkampf‹ (1908) und ›Die Pfarrhauskomödie‹ (1911) wurden unterdrückt; seine expressionistisch-ekstatische erotische Lyrik konnte nur verstreut publiziert werden. Seit 1913 boten sich L. Arbeitsmöglichkeiten beim Film. Nach einer schweren Krise am Grab Frank Wedekinds im März 1918 blieben Versuche, L.'s Nervenleiden zu heilen, erfolglos.
Lit.: *Brunner,* Heinrich Lautensack (W.S.)

LEVI, HERMANN (Generalmusikdirektor und Komponist) Geb. 7.11. 1839 Gießen, gest. 13.5. 1900 München. Nach Engagements in Rotterdam und Karlsruhe wirkte L. 1872 bis 1896 als Hofkapellmeister in München. Ab 1870 näherte er sich dem Kreis um Wagner und war 1882 der erste Dirigent des ›Parsifal‹. In München begründete er eine bedeutende Wagnerpflege. Außerdem widmete er sich mit großem Erfolg den Opern Wolfgang Amadeus Mozarts.
Qu.: *Possart,* Erinnerungen (1900) (F.M.)

LINDE, CARL VON (Professor, Ingenieur und Unternehmer) Geb. 11.6. 1842 Berndorf/Oberfranken, gest. 16.11. 1934 München. Hier war er von 1868 bis 1878 Professor an der TH, baute 1878 die erste brauchbare Kühlmaschine und erfand 1895 das Lindeverfahren zur Verflüssigung der Luft. 1879 gründete er die ›Gesellschaft für Linde's Eismaschinen AG‹ in Wiesbaden und 1880 die ›Linde's Eisfabrik in München AG‹.
Qu.: *Linde,* Aus meinem Leben (1916)
Lit.: Linde begründet die Kältetechnik, in: Die Leistung 2 (1959); *Gesellschaft für Linde's Eismaschinen* (Hrsg.), 50 Jahre Kältetechnik (K.-M.H.)

LUDWIG, ALOYS und GUSTAV (Architekten) Geb. 15.5. 1872 bzw. 8.6. 1876 Brünn, gest. 4. 1969 bzw. 19.11. 1953 München. Ausgebildet wurden die Brüder in Wien; A. hatte als Bürochef bei Otto Wagner gearbeitet, während G. über einen längeren Zeitraum in Amerika tätig war. Ihre Münchner Villenbauten sind deutlich von den Nymphenburger Kavaliershäusern beeinflußt, die Südtiroler Bauten stehen eher dem Heimatstil nahe.
Qu.: Freundlicher Hinweis der Verwandten
(D. K.)

MAFFEI, HUGO VON (Fabrikant) Geb. 31.8. 1836 München, gest. 1921 München. Der Neffe und Erbe des Firmengründers Joseph A. Maffei (gest. 1870) führte die 1837 in der Hirschau bei München entstandene Erzgießerei und Lokomotivenfabrik M. fort. M. produzierte auch Straßenwalzen, Dampfmaschinen, Werkzeugmaschinen. M., als einer der wenigen bayerischen Multimillionäre (Vermögen: über 45 Millionen) in vielen Unternehmen aktiv, war unter anderem im Aufsichtsrat der ›Maxhütte‹, der ›Münchener Rückversicherung‹, der ›Allianz‹, der ›Bayerischen Hypotheken- und Wechselbank‹, insgesamt in elf bayerischen Aufsichtsräten, tätig. M. war erblicher Reichsrat.
Qu.: *Martin*, Jahrbuch der Millionäre (1914)
(M. K.)

MEISENBACH, GEORG (Kupferstecher und Graphiker) Geb. 27.5. 1841 Nürnberg, gest. 25.9. 1912 Emmering bei München. M. erfand 1881 die Autotypie (Rasterdruck). Zur Auswertung seiner Erfindung verband er sich mit Josef Ritter von Schmaedel. Durch die Vereinigung der von ihm gegründeten zinkographischen Anstalt, der ersten in München, mit der Berliner Firma ›H. Riffarth & Co.‹ entstanden 1892 die ›Graphischen Kunstanstalten‹.
Qu.: *Kahn*, Münchens Großindustrie (1891)
Lit.: Der Große Brockhaus (1933) (K.-M. H.)

METZELER, ROBERT FRIEDRICH (Unternehmer) Geb. 10.5. 1833 Memmingen, gest. 16.7. 1910 München. Nach der kaufmännischen Lehre und Auslandsaufenthalten zog M. 1863 nach Kempten nach München, wo er eine Gummiwarenhandlung eröffnete. 1870 führte er die Gummiindustrie in Bayern ein, 1888 verlegte und vergrößerte er die Fabrik und nahm die Produktion von Asbest auf. 1901 wurde das Unternehmen in eine Aktiengesellschaft umgewandelt, die neben Reifen, technisch-chirurgischen Artikeln, selbstschmierenden Stopfbüchsenpackungen auch Ballonstoffe herstellte.
Qu.: *Kahn*, Münchens Großindustrie (1891)
Lit.: *Schaffer*, Das Buch (K.-M. H./M. I.)

MILLER, FERDINAND VON, der Jüngere (Erzgießer und Bildhauer) Geb. 8.6. 1842 München, gest. 18.12. 1929 München. M. war von 1900 bis 1918 Direktor der Münchner Akademie. Zu seinen Werken gehören das Armeedenkmal vor der Feldherrnhalle, diverse Reiterstandbilder des Prinzregenten, das Reiterstandbild Wilhelm I. in Metz, der Monumentalbrunnen in Würzburg und viele andere. 1902 wurde er zum lebenslänglichen Reichsrat ernannt.
Qu.: *Degener*, Wer ist's? (1905); *Kahn*, Münchens Großindustrie (1891) (K.-M. H.)

MORIN, HEINRICH (Gymnasiallehrer) Geb. 20.2. 1860 Landshut. M. legte die Lehramtsprüfung im Zeichnen und Modellieren ab, eine zusätzliche Prüfung als Turnlehrer und unterrichtete auch Naturkunde. Von 1887 bis 1921 war er am Luitpold-Gymnasium tätig. 1921 bis 1924 unterrichtete er am ›Neuen Realgymnasium‹. Er erhielt verschiedene Orden. 1907 unternahm er eine Studienreise nach Ostindien und Ceylon.
Qu.: StaatsAM, MK 16660 (I. B.)

MUTH, CARL (Publizist) Geb. 31.1. 1867 Worms, gest. 25.11. 1944 Bad Reichenhall. M. trug maßgeblich zur Erneuerung des Kultur- und Literaturbewußtseins der deutschen Katholiken bei. In dem von ihm 1903 gegründeten und bis 1941 herausgegebenen ›Hochland‹ versuchte M., moderne Kultur und katholischen Glauben in fruchtbare Beziehung zu setzen. Er wandte sich früh gegen den Nationalsozialismus.
Lit.: *Muth*, Carl Muth (H.-J. N.)

NEUREUTHER, GOTTFRIED VON (Architekt) Geb. 22.1. 1811 Mannheim, gest. 12.4. 1887 München. N. studierte bei Friedrich von Gärtner an der Münchner Kunstakademie und entwickelte sich zum Hauptvertreter der italianisierenden Neurenaissance. Seine Hauptwerke sind die Kunstakademie und das Polytechnikum sowie Villenbauten in München, Bozen und Zürich. Zu seinen Schülern gehörten die Gebrüder Seidl, August Exter, Theodor Fischer und Georg Hauberrisser.
Lit.: Ausst. Kat. Gottfried von Neureuther (D. K.)

NIEMEYER, ADALBERT (Maler und Architekt) Geb. 15.4. 1867 Warburg, gest. 21.7. 1932 München. Noch während seines Malereistudiums wurde N. in München ansässig. Anfang des Jahrhunderts schloß er sich der ›Stilbewegung‹ an. Er stellte zusammen mit der Gruppe ›Kunst im Handwerk‹ aus und entwarf lichte, behäbig wirkende Innenausstattungen. Einen eigenen ungegenständlichen Ornamentstil entwickelte er in seinen Keramikentwürfen, insbesondere für die Nymphenburger Porzellanmanufaktur. In diesem Fach unterrichtete er seit 1907 an der Münchner Kunstgewerbeschule.
Lit.: Demnächst *Trabold*, Dissertation über Niemeyer an der Uni Bonn bei Professor Buddensieg (C. S.-S.)

OSTINI, FRITZ VON (Journalist) Geb. 27.7. 1861 München, gest. 1.6. 1927 Pöcking. Nach kurzem Jura- und Malereistudium übernahm O. zunächst die Redaktion des Feuilletons der ›Münchner Neuesten Nachrichten‹, ab 1896 die der Zeitschrift ›Jugend‹. O. ist zudem Verfasser von literarischen Arbeiten, kunstkritischen Artikeln und Künstlermonographien.
Lit.: *Lüdtke* (Hrsg.), Nekrolog zu Kürschners Literaturkalender, Spalte 520. (C. S.)

PANIZZA, DR. OSKAR (Arzt, Psychiater und Schriftsteller) Geb. 12.11. 1853 Bad Kissingen, gest. 30.9. 1921 Bayreuth. P. nahm seit der Gründung der ›Gesellschaft für modernes Leben‹ 1885 an allen Unternehmungen der Münchner Modernen Anteil. Der Prozeß um sein blasphemisches Drama ›Das Liebeskonzil‹ stempelte ihn ab 1895 zum ›Märtyrer‹ der Avantgarde. Er lebte nach Verbüßung einer Haftstrafe im Exil in Zürich und Paris. 1905 wurde P., nachdem er sich freiwillig in eine Nervenheilanstalt begeben hatte, gerichtlich entmündigt.
Lit.: *Bauer*, Oskar Panizza (W. S.)

PANKOK, BERNHARD (Architekt und Maler) Geb. 16.5. 1872 Münster, gest. 5.4. 1943 Baierbrunn bei München. P. kam nach vollendetem Akademiestudium 1892 nach München und stieß dort zur ›Stilbewegung‹. 1898 gründete er mit anderen die ›Vereinigten Werkstätten‹, deren phantasiefreudigster Entwerfer er wurde. P. gestaltete den amtlichen Katalog des Deutschen Reiches für die Pariser Weltausstellung 1900. Seit 1903 leitete er in Stuttgart die ›Lehr- und Versuchswerkstätte‹ und von 1913 bis 1937 die ›Staatliche Kunstgewerbeschule‹ auf dem Weißenhof.
Lit.: *Klaiber/Hahn-Woernle*, Bernhard Pankok (C. S.-S.)

PAUL, BRUNO (Maler, Karikaturist und Architekt) Geb. 19.1. 1874 Seifhennersdorf/Lausitz, gest. 17.8. 1968 Berlin. Einer der vielseitigsten Künstler der ›Stilbewegung‹ war P., der Zeichner der ›Jugend‹ und des ›Simplicissimus‹, der Plakat- und Möbelentwerfer, der Architekt. Nach dem Besuch der Dresdner Kunstgewerbeschule und der Münchner Akademie schloß er sich 1896 dem neuen Stil an, wurde zwei Jahre später Mitbegründer der ›Vereinigten Werkstätten‹, für die er seit 1908 ein Typenmöbelprogramm entwickelte. 1907 wurde er zum Direktor der Berliner Unterrichtsanstalt des Kunstgewerbemuseums berufen. 1924 bis 1932 leitete er die Vereinigte Staatsschule für freie und angewandte Kunst.
Lit.: *Günther*, Bruno Paul, S. 18–45 (C. S.-S.)

PERFALL, CARL VON (Komponist und Generalintendant) Geb. 29.1. 1824 München, gest. 14.1. 1907 München. P. errichtete die Münchner Musikschule, leitete ab 1850 die ›Münchner Liedertafel‹, gründete 1854 den ›Oratorienverein‹, wurde 1865 Hofmusikintendant und leitete von 1867 bis 1893 als Intendant, ab 1872 als Generalintendant, das Königliche Hoftheater. Er regte das dann später von Possart verwirklichte Prinzregententheater an.
Lit.: *Zenger*, Geschichte der Münchner Oper (F. M.)

PETTENKOFER, MAX VON (Hygieniker) Geb. 3.12. 1818 Lichtenheim, gest. 10.2. 1901 München. Nach dem Studium der Medizin und Chemie wirkte er ab 1847 in München als außerordentlicher, ab 1853 als ordentlicher Professor der diätetischen Chemie. Von 1865 bis 1894 bekleidete P. den ersten Lehrstuhl für Hygiene in München. Er gilt als der Begründer der experimentellen Hygiene und als bedeutender Seuchenforscher. 1883 wurde er in den erblichen Adelsstand erhoben.
Qu.: *Pagel*, Lexikon hervorragender Ärzte (1901), Spalte 1282–1285 (B. H.)

Porges, Heinrich (Musikschriftsteller und Chorleiter) Geb. 25.11.1837 Prag, gest. 17.11.1900 München. P. studierte Musik und Philosophie; er trat zunächst als Musikschriftsteller hervor, so auch seit 1880 als Musikkritiker der ›Münchner Neuesten Nachrichten‹. P. wurde vor allem aber als Gründer und Leiter des ›Porges'schen Gesangvereins‹ bekannt, der in München erstmals Werke von Hector Berlioz, Franz Liszt und Anton Bruckner bekannt machte.
Qu.: *Batka,* Gesammelte Blätter (1903) (F.M.)

Possart, Ernst von (Regisseur und Generalintendant) Geb. 11.5.1841 Berlin, gest. 7.4.1921 Berlin. P. war ab 1864 Schauspieler an der Königlichen Hofbühne in München, ab 1872 trat er als Schauspielregisseur hervor, wurde ab 1878 Direktor des Schauspiels, ab 1893 Generaldirektor und von 1895 bis 1905 Generalintendant der Königlichen Hofbühne. Er begründete maßgeblich die Wagnertradition Münchens und war der Initiator des neuerbauten Prinzregententheaters.
Lit.: *Köwer* (Hrsg.), Geschichte des Prinzregententheaters, S. 11 ff. (F.M.)

Quidde, Ludwig (Historiker, Schriftsteller, Politiker) Geb. 23.3.1858 Bremen, gest. 5.3.1941 Genf. Qu. lebte 1890 bis 1933 als Privatgelehrter und Mitarbeiter der Historischen Kommission der Akademie der Wissenschaften in München. Seit 1893 engagierte sich Qu. in der Deutschen Volkspartei. 1894 gründete er die ›Münchner Friedensgesellschaft‹; sein Buch ›Caligula‹ war eine Abrechnung mit dem preußischen Militarismus (1894). 1901 wurde Qu. Präsident des internationalen Friedensbüros. 1902 bis 1911 war er Münchner Gemeindebevollmächtigter, 1907 bis 1918 Abgeordneter im Bayerischen Landtag. 1927 erhielt er den Friedensnobelpreis.
Qu.: *Taube,* Ludwig Quidde (1913) (T.G.)

Rettig, Wilhelm (Architekt und Oberbaurat) Geb. 25.2.1845 Großkarlbach/Pfalz, gest. 2.8.1920 Berlin. R. studierte Architektur in Karlsruhe, war freier Architekt in Berlin und dort seit 1887 unter Paul Wallot beim Reichstagsbau tätig. 1890/91 war R. interimistischer Stadtbaurat in Dresden und von 1891 bis 1894 Leiter des städtischen Bauamts in München. 1894 wurde seine Amtsbestätigung trotz seiner Verdienste um eine moderne Stadtgestaltung verhindert, seitdem lebte er von seinem Schulbank-Patent.
Lit.: *Fisch,* Stadtplanung, S. 213–231 (S.F.)

Riehl, Wilhelm Heinrich (Schriftsteller) Geb. 6.5.1823 Bieberich am Rhein, gest. 6.6.1897 München. R. gilt als ›Vater der Volkskunde‹. Nach dem theologischen Examen 1843 schrieb er Werke wie ›Die bürgerliche Gesellschaft‹ (1851) und ›Land und Leute‹ (1854). König Max II. holte ihn nach München und ernannte ihn 1859 unpromoviert zum Ordinarius für Kulturgeschichte. Er wurde 1885 Direktor des bayerischen Nationalmuseums. Daneben schrieb er zahlreiche Novellen. Um 1900 galt R. als hoffnungslos veralteter Sozialromantiker, nach 1920 gab es eine R.-Renaissance im ›Wandervogel‹ und im Nationalsozialismus.
Lit.: *Rall,* Riehl in neuer Sicht, S. 28 f. (R.F.)

Riemerschmid, Dr. Karl (Unternehmer) Geb. 25.1.1860 München, gest. 21.1.1915 München. R. war der Inhaber der Firma ›Anton Riemerschmid‹, einer der bedeutendsten süddeutschen Essig- und Likörfabriken. Er war fünffacher Aufsichtsrat, zum Beispiel von 1907 bis 1914 in der ›Bayerischen Vereinsbank‹, dazu von 1909 bis 1911 erster stellvertretender Vorsitzender der Handelskammer für München und Oberbayern.
Lit.: *Hesselmann,* Das Wirtschaftsbürgertum (K.-M.H.)

Riemerschmid, Richard (Architekt) Geb. 20.6.1868 München, gest. 13.4.1957 München-Pasing. R. studierte Malerei an der Münchner Akademie und wurde für die Überwindung des Historismus und die Entwicklung der deutschen Wohnkultur bedeutsam. Er war Gründungsmitglied der ›Vereinigten Werkstätten‹ und der ›Deutschen Gartenstadtgesellschaft‹. Hauptwerk ist das Münchner Schauspielhaus.
Lit.: *Nerdinger* (Hrsg.), Richard Riemerschmid (D.K.)

Rodenstock, Joseph (Optiker und Unternehmer) Geb. 11.4.1846 Ershausen, gest. 18.2.1932 Erl bei Kufstein. R. gründete 1879 in Würzburg eine optisch-mechanische Werkstätte, die er 1883 nach München verlegte. Er war bahnbrechend für die Ausbildung des wissenschaftlichen Augenoptikers; seine Firma stellte Brillen, Lorgnetten, Fernrohre, Photoapparate und Operngläser her und exportierte nach Europa und Übersee.
Qu.: *Kahn,* Bayerns Großindustrie (1891)
Lit.: Der Große Brockhaus (1933) (K.-M.H.)

Ruederer, Josef (Schriftsteller) Geb. 15.10.1861 München, gest. 20.10.1915 München. Zunächst Kaufmann, dann Schriftsteller, war R. Mitbegründer des ›Intimen Theaters‹ in München und schrieb naturalistische und satirische Dramen, Romane und Erzählungen aus dem bayerischen Volksleben. Er wurde 1895 mit dem Drama ›Die Fahnenweihe‹ bekannt. Zu seinen Werken gehören ›Die Morgenröte‹ (1905), ›Münchner Satiren‹ (1907).
Qu.: *Zils,* Geistiges und künstlerisches München (1913)
Lit.: *Kosch,* Deutsches Literaturlexikon; *Dirrögl,* Entwicklung Josef Ruederers (H.K.)

Schachner, Richard (Architekt) Geb. 19.6.1873 Straubing, gest. 13.6.1936 München. S. begann seine Laufbahn als Bauamtmann und leitete 1912 als Stadtbaurat die Abteilung II des Hochbauamts. Vor dem Ersten Weltkrieg entwarf er nur wenige größere Bauten, wie etwa die Großmarkthalle oder das Schwabinger Krankenhaus, jedoch auch etliche Trambahnstationen und -wartehallen, Feuerwachen, Bedürfnisanstalten, Brausebäder und Dienstgebäude.
Qu.: *Georges,* Architekturen von Richard Schachner (1910), S. 643–674 (U.W.)

Schirmer, Karl (Schlosser und Abgeordneter) Geb. 10.10.1864 Winterstetten, gest. 3.1.1942 Pasing. S., Schlossergeselle in München und rechte Hand von Lorenz Huber bei der Gründung der christlichen Gewerkschaftsbewegung, war von 1899 bis 1907 Zentrumsabgeordneter im Bayerischen Landtag und von 1907 bis 1928 der erste Arbeiterabgeordnete der Partei im Reichstag. S. war auch als Redakteur und Schriftsteller tätig.
Lit.: *Denk,* Die christliche Arbeiterbewegung (M.N.)

Schlicht, Heinrich (Jurist und Stadtrat) Geb. 8.2.1864 Stadtprozelten, gest. 4.4.1932 München. S. arbeitete nach dem Studium als Staatsanwalt in München. Als Liberaler war er von 1898 bis 1919 rechtskundiger Magistratsrat in München, dann von 1919 bis 1928 berufsmäßiger Stadtrat.
Qu.: StadtAM, Polizeimeldebogen Schlicht (S.F.)

Schmidt, Maximilian genannt ›Waldschmidt‹ (Schriftsteller) Geb. 25.2.1832 Eschlkam/Bayerischer Wald, gest. 8.12.1919 München. S. studierte am Polytechnikum, ging zum Militär. 1884 wurde er Hofrat. 1890 gründete er den ›Landesverband zur Hebung des Fremdenverkehrs in Bayern‹, dem er für ein Jahr vorstand. Zu seinen Werken als Schriftsteller zählen ›Volkserzählungen aus dem bayerischen Walde‹ (4 Bände, 1863 bis 1868), ›Der Schutzgeist von Oberammergau‹ (1880), ›Meine Wanderung durch 70 Jahre‹ (Autobiographie, 1902) und ›Regina‹ (1907).
Lit.: *Hubrich,* Schmidt als Wanderer; *Schmidt,* Schmidt im Spiegel (Dissertation) (H.K.)

Schmaedel, Josef von (Architekt und Schriftsteller) Geb. 10.1.1847 Regensburg, gest. 8.4.1923 Garmisch. Die größte Zeit seines Lebens verbrachte er in München. Im bürgerlichen Beruf Architekt und Teilhaber der ›Autotype-Company‹, wurde er als Autor von Festspielen und Gelegenheitsgedichten bekannt. Er war ein typischer Vertreter der deutschnational gesonnenen Kreise des Münchner Bürgertums. 1912 erschien in München eine zweibändige Sammlung seiner Werke unter dem Titel ›Vom Isarstrand. Bunte Blätter aus der Versmappe eines alten Münchners‹.
Qu.: *Zils* (Hrsg.), Geistiges und Künstlerisches München (1913) (B.Hec.)

Schulze-Delitzsch, Hermann (Genossenschaftsführer) Geb. 29.8.1808 Delitzsch, gest. 29.4.1883 Potsdam. Ursprünglich Richter, kam er 1848 als Demokrat in die preußische Nationalversammlung; er war Mitgründer des ›Deutschen Nationalvereins‹ und der ›Fortschrittspartei‹. S.-D. gilt als ›Vater der deutschen Genossenschaften‹. Im Jahr 1871 übernahm er den Vorsitz der neugegründeten ›Gesellschaft für Verbreitung von Volksbildung‹.
Lit.: *Dräger,* Die Gesellschaft; *Bosl* (Hrsg.), Bayerische Biographie (B.S.)

Schwiening, Adolf (Architekt) Geb. 15.12.1847 Hannover, gest. 26.9.1916 München. Nach dem Studium der Architektur war er ab 1879 am Bauamt in Lübeck tätig. 1895 wechselte S. als Oberbaurat an das Stadtbauamt München. Diese Position bekleidete er bis zu seinem Tod.

Während S. in Lübeck durch zahlreiche Bauten hervortrat, war er in München vor allem mit administrativen Aufgaben befaßt.
Qu.: StadtAM, Personalakt 11 346 (B.H.)

SEDER, ANTON (Goldschmied und Fachschriftsteller) Geb. 11.1. 1850 München, gest. 1.12. 1916 Straßburg. S. war vor allem als Entwerfer für das Kunstgewerbe tätig, besonders für die Münchner Firma Theodor Heiden. Seit 1889 arbeitete er als Leiter der Kunstgewerbeschule in Straßburg, jedoch mit ständiger Verbindung zu München und dem ›Bayerischen Kunstgewerbeverein‹.
Lit.: Ausst. Kat. 125 Jahre Bayerischer Kunstgewerbeverein, S. 448 (N.G.)

SEIDL, EMANUEL (Architekt) Geb. 22.8. 1856 München, gest. 25.12. 1919 München. S. war der jüngere Bruder von Gabriel von S., mit dem er zeitweise ein gemeinsames Büro betrieb. Besonders bedeutsam sind seine Villenbauten im Regionalstil. Im Sinne der Heimatschutzbewegung gestaltete er alle Häuser der Murnauer Marktstraße mit Lüftlmalerei.
Qu.: Laudatio zum 60. Geburtstag, in: Süddeutsche Bauzeitung (1916), S. 101 ff. (D.K.)

SEIDL, GABRIEL VON (Architekt) Geb. 9.12. 1848 München, gest. 27.4. 1913 München. Er studierte Architektur in München und entwickelte nach ersten Bauten im Stil der ›Deutschen Renaissance‹ einen repräsentativen, an der italienischen Renaissance und am Barock orientierten Stil. Gleichzeitig gilt er als Protagonist der malerischen, volkstümlichen Richtung der Münchner Architektur. S. setzte sich nachhaltig für Denkmalschutz – so für die Rettung der Augustinerkirche in München – und für den Naturschutz ein, so als Gründer des ›Isartalvereins‹ gegen die Isarkanalisierung. 1900 wurde ihm der persönliche Adel verliehen. S. war Träger des Ordens ›Pour le mérite‹, des ›Maximiliansordens‹, Ehrendoktor der TH München und Ehrenbürger von Tölz, Speyer und München.
Lit.: Bössel, Gabriel von Seidl, S. 18–37
(B.H./R.F.)

SINGER, KARL (Direktor des Statistischen Amts) Geb. 1861, gest. 19.6. 1908 München (?). S. war Mitbegründer und Vorsitzender des ›Vereins für Verbesserung der Wohnungsverhältnisse in München e.V.‹. Er setzte sich vor allem für eine optimale Raumausnützung in den Kleinwohnungen ein. Seine zahlreichen Artikel in der ›Zeitschrift für Wohnungswesen in Bayern‹ wiesen ihn als Experten auf dem Gebiet der Wohnungsreform aus. Als Direktor des Statistischen Amts bemühte sich S. unermüdlich um gesicherte Fakten zur Wohnungsversorgung in München. Er gehörte zu den energischen Befürwortern der Wohnungsenquete.
Qu.: Zeitschrift für Wohnungswesen in Bayern 1/2 (1908) (G.N.)

SITTE, CAMILLO (Architekt) Geb. 17.4. 1843 Wien, gest. 16.11. 1903 Wien. S. studierte in Wien Architektur und Kunstgeschichte; seit 1875 leitete er die neu gegründete Staatsgewerbeschule in Salzburg und seit 1883 die Staatsgewerbeschule in Wien; S. begründete mit seinem Buch ›Der Städtebau nach seinen künstlerischen Grundsätzen‹ (1889) eine neue, ästhetisch-›romantisch‹ bestimmte ›Städtebaukunst‹.
Lit.: Collins/Collins, Camillo Sitte. (S.F.)

STEICHELE, ANTONIUS VON (Erzbischof) Geb. 22.1. 1816 Mertingen, gest. 9.10. 1889 Freising. Nach der Priesterweihe 1838 und kurzer Tätigkeit als Hauslehrer wurde er als Domvikar nach Augsburg berufen. Am 30.4. 1878 wurde er zum Erzbischof von München und Freising nominiert. Der unpolitische Bischof konzentrierte sich vor allem auf die Verwaltung und die seelsorgerlichen Funktionen. In den Auseinandersetzungen um das Verhältnis von Kirche und Staat zeigte er sich unentschlossen und unterstützte den politischen Katholizismus wenig. Erst eine Mahnung Papst Leos XIII. bewirkte bei S. größeres Engagement, so zum Beispiel die Fortführung der seit 1875 nicht mehr tagenden Freisinger Bischofskonferenz ab 1888.
Lit.: Buxbaum, Antonius von Steichele, S. 85–120 (H.-J.N.)

STOLLBERG, IGNAZ GEORG (Theaterleiter) Geb. 22.2. 1853 Wien, gest. 17.3. 1926 München. S. begann als Schauspieler, inszenierte aber auch schon 1891 in Berlin an der ›Freien Volksbühne‹. Nach einem Intermezzo in Weimar kam er 1895 als Regisseur an das neueröffnete ›Deutsche Theater‹ nach München. Von 1898 bis 1919 leitete er das ›Münchner Schauspielhaus‹ und gab dort dem modernen Drama eine sichere und dramaturgisch niveauvolle Heimstätte.
Lit.: Jelavich, Theater (R.E.)

STUCK, FRANZ VON (Graphiker, Maler und Bildhauer) Geb. 23.2. 1863 Tettenweis/Niederbayern, gest. 30.8. 1928 München. S. besuchte die Münchner Kunstgewerbeschule und die Akademie, an der er selbst seit 1895 als Professor Schüler wie Wassily Kandinsky und Paul Klee unterrichtete. 1889 erhielt er auf der Münchner Jahresausstellung die erste seiner vielen Auszeichnungen. 1897/98 entstand die Konzeption des Gesamtkunstwerkes ›Villa Stuck‹. 1905 wurde der zum ›Künstlerfürsten‹ avancierte Müllerssohn geadelt. S. war zudem Mitglied der Münchner ›Secession‹.
Lit.: Poetter (Hrsg.), Villa Stuck – Franz von Stuck (C.S.)

THIERSCH, FRIEDRICH VON (Architekt) Geb. 18.4. 1852 Marburg, gest. 23.12. 1921 München. T. studierte in Stuttgart und absolvierte sein Praktikum in Frankfurt a.M. Mit 27 Jahren an die Münchner TH berufen, wurde er einer der beliebtesten Lehrer seiner Generation. Zu seinen Schülern zählten Martin Dülfer, Theodor Fischer, Hans Grässel, Martin Gropius, Carl Hocheder und andere. Sein Hauptwerk ist der Münchner Justizpalast.
Lit.: Nerdinger, Kat. Friedrich von Thiersch (D.K.)

VECCHIONI, AUGUST (Journalist und Politiker) Geb. 10.1. 1826 Zweibrücken, gest. 14.2. 1908 München. 1830 übersiedelte seine Familie nach München. Während der Revolution von 1848 engagierte sich V. auf der Seite des liberalen Bürgertums und mußte nach Amerika fliehen. Seit Anfang der sechziger Jahre war er Redakteur bei den ›Münchner Neuesten Nachrichten‹, 1881 Mitbegründer des liberalen Vereins ›Frei-München‹.
Qu.: ›Münchner Neueste Nachrichten‹ vom 15.2. 1908, S. 1 (E.A.)

VOLLMAR, GEORG VON (Beamter und Abgeordneter) Geb. 7.3. 1850 Veltheim bei München, gest. 30.6. 1922 Soiensaß am Walchensee. Er schlug als katholischer Beamtensohn ebenfalls eine Beamtenlaufbahn ein. 1872 war er Parteiredakteur der SPD in Dresden und später Landtagsabgeordneter in Sachsen, 1881 Reichstagsmitglied und seit 1884 für München II. Den Landtagswahlkreis München II vertrat V. als Vorsitzender der bayerischen Sozialdemokratie von 1893 bis 1918. Er war Begründer des süddeutschen Reformkurses.
Lit.: Jansen, Georg von Vollmar (M.N.)

WAGNER, WILHELM (Geschäftsführer des ›Polytechnischen Vereins‹) Geb. 2.7. 1877 Gleiwitz, gest. 2.9. 1940 München. Nach dem Studium und mehreren Assistentenjahren an der TH Charlottenburg wechselte W. 1906 als Verlagsredakteur nach München. Von 1909 bis zur Auflösung 1938 war er Geschäftsführer des ›Polytechnischen Vereins‹ München, danach Abteilungsleiter in der nationalsozialistischen Nachfolgeorganisation. Seit ungefähr 1900 war W. jahrzehntelang in der Volksbildungsarbeit engagiert, unter anderem als Mitgründer und langjähriger Vorsitzender der Studentischen Arbeiterfortbildungskurse München und der Volkshochschule München, deren Ehrenvorsitzender er 1927 wurde.
Lit.: Schoßig, Die Akademischen Arbeiter-Unterrichtskurse (B.S.)

WEINHÖPPEL, HANS RICHARD (Komponist) Geb. 29.9. 1867 München, gest. 10.7. 1928 Köln. Nach einer Tätigkeit als Theaterkapellmeister in New Orleans war W. – Pseudonym: »Hans Ruch« – von 1891 bis 1906 Hauskomponist der ›Elf Scharfrichter‹. Von 1906 bis 1927 lehrte er Sologesang und mimische Gestaltung in Köln.
Lit.: Rösler, Der musikalische Scharfrichter (W.S.)

WEIS, JOSEF (Pfarrer) Geb. 1817 Waldeck/Oberpfalz, gest. 1895 München. 1843 zum Priester geweiht, kam W. 1853 als Stadtpfarrprediger zu Hl. Geist nach München. 1856 gründete er die Marienanstalt für weibliche Dienstboten in München als Asyl, Erziehungs- und Versorgungsanstalt. Auf sein Betreiben hin wurde die Anstalt 1882 eine selbständige Wohltätigkeitsstiftung. Weis wurde 1878 zum Königlichen Geistlichen Rat und 1894 zum päpstlichen Geheimkämmerer ernannt.
Qu.: Die Marien-Anstalt für weibliche Dienstboten (Festschrift) (1906) (B.B.)

WELSCH, ANDERL (Volkssänger) Geb. 1842 Dachauer Gegend, gest. 24.8. 1906 München. W. war einer der bedeutendsten Münchner Volks-

sänger des 19. Jahrhunderts. Nach dem Krieg von 1870 gründete er ein eigenes Ensemble und trat in verschiedenen Gaststätten und Theatern, so im ›Elysium‹ oder im ›Apollotheater‹ auf. Er sammelte komische Szenen, Lieder und Couplets und gab sie unter dem Titel ›Münchner Volksleben in Lied und Wort‹ (1902) heraus.
Lit.: *Lutz*, Volkssänger, S. 16 ff.   (F. M.)

WENNG, LUDWIG (Verleger) Geb. 25. 9. 1853 München, gest. 4. 2. 1921 München. Als Teilhaber der ›Kartographischen Anstalt Wenng & Wild‹ gab W. Münchner Stadtpläne heraus. 1892 übertrug die Stadt diese Aufträge dem Obervermessungsingenieur Loën, dem dazu ein eigenes Vermessungsamt eingerichtet wurde. Möglicherweise liegt in dieser ›Vernichtung eines Geschäftsmannes‹, wie das ›Neue Münchner Tagblatt‹ 1892 schrieb, der Anlaß für W.'s politische Laufbahn. 1894 gründete er den Verlag ›L. W.‹, der das ›Deutsche Volksblatt‹ und ab 1908 die ›Korrespondenz Bavaria‹ herausgab.
Qu.: StadtAM, Polizeimeldebogen Ludwig Wenng; Stadt BM Mon, Biographischer Katalog; ›Neues Münchner Tagblatt‹, 7. 3. 1892 (E.-M. T.)

WERNER, DR. COSSMANN (Rabbiner) Geb. 1854 Breslau, gest. 22. 6. 1918 München. Ordiniert am Breslauer Rabbinerseminar, war W. zunächst als Rabbiner der Gemeinde in Danzig tätig. 1895 übernahm er als Nachfolger Dr. Joseph Perles' das Amt des Rabbiners der Hauptsynagoge an der Herzog-Max-Straße in München, das er bis zu seinem Tode 1918 ausübte. Er widmete sich insbesondere dem Ausbau der verschiedenen gemeindlichen Einrichtungen in München und den organisatorischen Aufgaben der Judenheit Deutschlands, wobei er sich vor allem als hervorragender Redner einen Namen machte.
Lit.: *Baerwald*, Juden und jüdische Gemeinden (E.-M. T.)

WIDNMAYER, DR. JOHANNES VON (Bürgermeister) Geb. 18. 4. 1838 Lindau, gest. 5. 3. 1893 München. W. studierte Jura in Heidelberg und München und war von 1868 bis 1870 rechtskundiger Bürgermeister in Lindau. Seit 1870 arbeitete er in München zunächst als Zweiter, seit 1888 als Erster Bürgermeister. W. war Mitbegründer und langjähriger Vorsitzender des Münchner Volksbildungsvereins.
Qu.: *Hübler*, Lebensgeschichte der Bürgermeister (1896) (E. A.)

ZELL, FRANZ (Architekt) Geb. 28. 6. 1866 München, gest. 10. 8. 1961 München. Über Leben und Ausbildung ist wenig bekannt. Er war Gründungsmitglied des ›Bayerischen Vereins für Volkskunst und Volkskunde‹, Schriftleiter der ›Süddeutschen Bauzeitung‹ und gab ein Buch über die ›Heimische Bauweise in Oberbayern‹ (1905) heraus. Als Hauptwerke sind zwei große Bierkeller in Salzburg und ein Jagdschloß in Ungarn zu betrachten.
Lit.: *Vollmer*, Künstlerlexikon Bd. 36, S. 447 (D. K.)

SACHGLOSSAR

AGGLOMERATIONSBAU Als A.- oder Gruppenbau bezeichnet man eine Form der architektonischen Gestaltung, bei der die Baumassen in einzelne Baukörper aufgegliedert und dann zu einem oft asymmetrischen Komplex geordnet werden. Dabei wird eine abwechslungsreiche, malerische äußere Erscheinung angestrebt. Eines der prägnantesten Beispiele ist das Bayerische Nationalmuseum von Gabriel von Seidl.
Lit.: *Habel*, Späte Phasen   (B. H.)

AKADEMISCH-DRAMATISCHER VEREIN Der A. entwickelte sich aus der seit Ende 1890 bestehenden ›Gesellschaft der Literaturfreunde‹ an der Münchner Universität. Er wurde als ›Freie Bühne‹ 1891 gegründet. Zu den Mitgliedern zählten die Studenten Otto Falckenberg und Arthur Kutscher. Der A. öffnete sich bald für den Kreis der ›Münchner Moderne‹; Michael Georg Conrad, Hanns von Gumppenberg, Josef Ruederer und Ernst von Wolzogen waren ihm verbunden. Indem der A. die Werke der ›Moderne‹ (zunächst vor allem der Naturalisten Hauptmann und Ibsen) zugänglich machte, wollte er eine ›Theaterrevolution‹ bewirken. Nach einem Skandal um die Aufführung von Schnitzlers ›Reigen‹ wurde der A. am 28. 11. 1903 aufgelöst. Seine Aufgaben übernahm der ›Neue Verein‹.
Lit.: *Hartl*, Aufbruch in die Moderne, Teil I, S. 62–116 (W. S.)

AKTIENZIEGELEI MÜNCHEN Die größte damalige Ziegelfabrik Süddeutschlands entstand aus der Firma ›Reinhold Hirschberg & Cie‹, die sich 1867 als Aktiengesellschaft konstituierte. 1873 betrug ihr Kapital schon über eine Million Mark. In der Saison beschäftigte sie etwa 500 Arbeiter, die Rohbauziegel für Münchner Großbauten, aber auch Kanalziegel für den Bau der Münchner Wasserversorgung herstellten.
Qu.: *Kahn*, Münchens Großindustrie (1891) (K.-M. H.)

ALIGNEMENTS In der geometrischen Stadtplanung, auch Rasterschema genannt, sind A. meist parallele, sich rechtwinklig kreuzende Straßen oder Anlagen mit Sternplätzen, von denen die Straßen strahlenförmig abgehen. In München sieht man sie vor allem in der Maxvorstadt, im Gärtnerplatz und Ostbahnhofviertel angewandt.
Lit.: *Selig*, Stadtgestalt   (D. K.)

ALKOHOLMISSBRAUCH BEI DEN MÜNCHNER SOLDATEN Gesamtauswertung der Disziplinar- und Gerichtsstrafen aller drei Armeekorps Oktober 1902 bis September 1905.
Disziplinarstrafen – 1902/03: 37 221, unter Alkohol 5,45 %; 1903/04: 36 893, unter Alkohol 5,66 %; 1904/05: 34 910, unter Alkohol 6,21 %.
Gerichtliche Strafen – 1902/03: 1398, unter Alkohol 11,51 %; 1903/04: 1193, unter Alkohol 13,24 %; 1904/05: 1276, unter Alkohol 14,24 %.
Qu.: BayHStA KA, MKr 10 095   (M. I.)

ALLGEMEINER GEWERBE-VEREIN Der A. wurde 1848/49 von Vertretern verschiedener Handwerkszweige zur Wahrung ihrer geschäftlichen Interessen gegründet. 1889 errichtete er die ›Gewerbehalle‹ für Verkaufsausstellungen und Veranstaltungen. Er pflegte enge Kontakte mit der Industrie; dabei trat er vor allem mit seiner ›Kraft- und Arbeitsmaschinenausstellung München 1888‹ hervor.
Qu.: *v. Destouches*, 50 Jahre Gewerbegeschichte (1898)
Lit.: *Burkard*, Geschichte der bayerischen Gewerbevereine (K.-M. H.)

ALLOTRIA Die A. entstand 1873 durch Abspaltung unzufriedener Künstler von der Münchner Künstlergenossenschaft. Unter der langjährigen Leitung Franz von Lenbachs erreichte die Gesellschaft, zu deren Mitgliedern Karl von Piloty, Franz von Stuck und Friedrich August von Kaulbach gehörten, eine Wirkung weit über die Grenzen Münchens hinaus. In den neunziger Jahren bildete sie den wohl wichtigsten gesellschaftlichen Treffpunkt innerhalb der Münchner Künstlerschaft.
Lit.: *Haus*, Gesellschaft, Geselligkeit, Künstlerfest (H. G.)

ALPENVEREIN bzw. VEREIN ZUM SCHUTZ DER ALPENPFLANZEN Am 9. 5. 1869 als ›Deutscher Alpenverein‹ entstanden, erweiterte sich der A. 1873 zum ›Deutschen und österreichischen A.‹ (›DÖAV‹). Auf seiner Generalversammlung in Straßburg gründete dieser am 28. 7. 1900, als ersten speziellen Naturschutzverein überhaupt, den ›Verein zum Schutz und zur Pflege der Alpenpflanzen‹. Erster Vorsitzender wurde der Bamberger Apotheker Karl Schmolz. Aus seiner Initiative von 1902, den Pflanzenschutz gesetzlich zu verankern, entstand der ›Landesausschuß für Naturpflege‹.
Lit.: *Deutscher Alpenverein*, 1869–1969 (R. F.)

ANREISSER (Anzeichner) Dieser gelernte Fabrikarbeiter markiert anhand der Werkstattzeichnung am vorgefertigten Werkstück mit gehärtetem Reißzeug und Körner die Bearbeitungsstellen, damit der un- oder angelernte Fabrikarbeiter mit der Werkzeugmaschine die nächsten Arbeitsschritte vornehmen kann. (M. D.)

APOLLOTHEATER Das A. befand sich im Münchner Hof in der Dachauer Straße. Es war eine der beliebtesten Volkssängerbühnen in der zweiten Hälfte des 19. Jahrhunderts. Ab 1895 wurde das Theater von Anderl Welsch geleitet.
Lit.: *Lutz*, Volkssänger   (F. M.)

ARBEITERSEKRETARIAT Das erste A. wurde 1894 in Nürnberg gegründet. Das Münchner A. folgte 1898. Es wurde finanziell von den ›Freien Gewerkschaften‹ getragen und beschäftigte zwei Arbeitersekretäre. Sein Zweck war die Werbung für die sozialistische Bewegung, eine umfassende Rechtsberatung der Arbeiter vor allem zu Versicherungsfragen sowie ihre Vertretung vor Gewerbe- und Kaufmannsgerichten. Bis 1914 gab es in fast jeder größeren deutschen Stadt ein A.
Lit.: *Martiny*, Die politische Bedeutung   (M. N.)

ARBEITERWAHLVEREIN DER ZENTRUMSPARTEI Der A. wurde 1891 von Lorenz Huber in München gegründet. Sein Programm lehnte sich eng an die

offizielle kirchliche Stellungnahme zur Sozialpolitik an. Der A. wollte christlich gesinnte Arbeiter als Zentrumswähler gewinnen und als Arbeitnehmerlobby innerhalb des Zentrums wirken. Es gelang dem A., erstmals Arbeiter als Kandidaten für die Partei aufzustellen.
Lit.: *Denk*, Christliche Arbeiterbewegung (M.N.)

ARBEITSAMT MÜNCHEN Das A. begann seine Tätigkeit am 1. Nov. 1895. Vordringlichste Aufgabe war die Stellenvermittlung, die bisher durch die Gewerkschaften, die Arbeitgeber und vor allem durch private Stellenvermittler geschah. Das städtische A. konnte sich in den meisten Branchen schnell durchsetzen, lediglich bei der Vermittlung von Dienstboten blieben noch lange private Vermittlungen bestehen.
Qu.: Erster Geschäftsbericht des städt. Arbeitsamtes München 1895/96 (M.N.)

ARBEITSORDNUNGEN (auch ›Fabrikordnungen‹, ›Fabrikgesetz‹) In den A. regelten die Unternehmer Arbeitszeit, Lohnfragen und betriebliche Herrschaftspraxis. Die Reichsgewerbeordnung von 1871 ließ den Fabrikherren in der Frage des Arbeitsrechts bis zur Novelle zur Reichsgewerbeordnung von 1891 ziemlich freie Hand. Immer wieder monierten die Fabrikinspektoren zahlreiche arbeitsrechtliche Verstöße besonders bei Kinder- und Frauenarbeit und – im Ziegeleigewerbe – bei der Beschäftigung italienischer Gastarbeiter.
Lit.: *Engelhardt*, Menschen nach Maß (E.K.)

ARMENPFLEGSCHAFTSRATH Das Gremium bestand aus den Bürgermeistern, Vertretern des Magistrats und des Gemeindebevollmächtigtenkollegiums sowie sämtlichen Pfarrvorständen Münchens, dem Vorstand der israelitischen Kultusgemeinde, den städtischen Armenräten sowie den Vorständen der größten Wohltätigkeitsvereine. Zu seinem Aufgabenkreis gehörte die Verwaltung und Beaufsichtigung der Armenanstalten, die Prüfung aller Arten von Unterstützungsgesuchen, die Ernennung und Beaufsichtigung der ehrenamtlich tätigen Bezirksarmenpfleger sowie aller Angestellten der städtischen Armenpflege. Dazu kam alljährlich die Aufstellung des Haushaltsplanes der städtischen Armenpflege.
Qu.: Satzungen der Münchner Armenpflege (1907) (T.G.)

ARMENVERSORGUNGSHAUS Die städtischen A. waren Bestandteil der gesetzlichen Armenpflege und dienten der Versorgung mittelloser, erwerbsunfähiger oder über 65 Jahre alter, heimatberechtigter Personen. Für diesen Zweck bestanden in München das Kreuz-, Gasteig-, Martins- und Josephsspital. Diese Anstalten waren alle im Besitz eigener Vermögen, benötigten aber für ihren Betrieb alljährlich Zuschüsse der Armenkasse.
Qu.: *Bay. Arch.- u. Ing.-Verein* (Hrsg.), München und seine Bauten (1912) (B.H.)

ASYLVEREIN FÜR OBDACHLOSE Der A. wurde 1880 unter anderem von Viktoria Gräfin von Butler-Haimhausen nach dem Vorbild ähnlicher großstädtischer Vereine gegründet. Im 1881 erworbenen Heim an der Lothstraße erhielten ›bedürftige Obdachlose ohne Unterschied der Religion und Nationalität‹ bis zu dreimal im Monat Unterkunft und Verpflegung. Der A. hatte 1890: 2580 und 1911: 1078 Mitglieder, er verzeichnete, je nach Konjunkturlage, 20000 bis 30000 Übernachtungen pro Jahr.
Qu.: Jahresberichte des Asylvereins für 1883–1917 (E.S.)

AUSSTELLUNGSPARK THERESIENHÖHE Seit dem letzten Jahrzehnt des vorigen Jahrhunderts wurde der Plan eines Ausstellungsgeländes in München heftig diskutiert. Der A. sollte helfen, die wirtschaftliche Attraktivität Münchens zu erhöhen. Nach langwierigen Planungen wurde der A. im Jahr 1908 eröffnet, zunächst nur mit dem Empfangs- und Restaurationsgebäude und einigen wenigen Hallen. Erst nach dem Zweiten Weltkrieg wurde das Parkgelände nach und nach mit Hallen überbaut.
Qu.: *Borscht*, Denkschrift Theresienhöhe (1904) (S.B.)

BAYERISCHER BAUERNBUND Der B. wurde 1893 gegründet, weil bäuerliche Kreise sich in der Agrarkrise durch die Politik der Zentrumspartei nicht mehr vertreten fühlten. Der B. besaß jedoch kein klares politisches Konzept und seine wenigen Landtagsabgeordneten stimmten meist mit dem Zentrum ab. Der B. verlor erheblich an Zulauf, als das Zentrum sich vermehrt um die bäuerliche Bevölkerung kümmerte.
Lit.: *Hundhammer*, Geschichte (M.N.)

BAYERISCHER KUNSTGEWERBEVEREIN Der 1851 gegründete, nach Wirkung und Mitgliederzahl bedeutendste deutsche Kunstgewerbeverein betrachtete es als seine Hauptaufgabe, die Künste und die Gewerbe zusammenzuführen und die ästhetische Durchbildung von Werken des Kunsthandwerks und der Kunstindustrie zu heben.
Lit.: Ausst. Kat. 125 Jahre Bayerischer Kunstgewerbeverein (N.G.)

BAYERISCHES NATIONALMUSEUM Das B., heute Völkerkundemuseum, errichtet am Maximiliansforum 1858 nach Plänen von Eduard Riedel, nahm seit 1867 die Sammlungen des B. auf. 1899 wurde in der Prinzregentenstraße der von Gabriel von Seidl errichtete Neubau eingeweiht, der die Sammlungen bis heute beherbergt.
Qu.: *Bay. Arch. u. Ing.-Verein* (Hrsg.), München und seine Bauten (1912) (N.G.)

BAYERISCHES VATERLAND Tageszeitung ohne Sonntagsausgabe, die von 1869 bis 1934 unter der verantwortlichen Herausgeberschaft des Juristen und Politikers Dr. Johann Baptist Sigl im Vogt-Verlag erschien. Nach Sigls Tod 1902 waren unter anderem Georg Münsterer und Hermann Sturm seine Nachfolger. Die vier Seiten umfassende Zeitung erreichte eine Auflage von bis zu 40000. Das B. vertrat einen entschieden antipreußischen, großdeutschen Kurs, als katholisches Blatt verteidigte es die Amtskirche während des Kulturkampfes und wetterte gegen die Altkatholiken. Es zeigte eine extrem antisemitische, mitunter rasseantisemitische Tendenz.
Lit.: *Sigl*, Dr. Sigl (E.-M.T.)

BERDUX AG Die Firma B. wurde 1871 in Heilbronn gegründet und zog 1894 nach München. Durch ihre Qualitätsarbeit stieg sie zur größten Pianofabrik Bayerns auf. Bis 1912 umfaßte ihre Produktion 16000 Instrumente, oft speziell den alten Möbeleinrichtungen angepaßt.
Lit.: *Kuhlo*, Geschichte (K.-M.H.)

L. BERNHEIMER (EINRICHTUNGSHAUS UND ANTIQUITÄTENGESCHÄFT) 1864 übernahm Lehmann B. eine Münchner Firma, die er zu einem ›Confections-Geschäft‹ ausbaute. In den achtziger Jahren begann er mit Orientteppichen zu handeln und wurde Hoflieferant für die Schlösser des bayerischen Königshauses. 1889 entstand das ›Haus Bernheimer‹ (Architekt Friedrich von Thiersch) am Lenbachplatz, das dem florierenden Einrichtungshaus mehr Raum bot. Der hochdekorierte Firmengründer nahm ab 1891 seine drei Söhne in die Firma, die den Handel mit Möbeln erweiterten. Die Familie war und ist bis heute kulturell sehr engagiert.
Lit.: *Christians* (v. *Möller*), Kunsthandel (S.v.M./M.K.)

BETTEL UND LANDSTREICHEREI Nach der Gründerkrise stiegen B. und L. sprunghaft an; seit Mitte der achtziger Jahre nahmen sie wieder ab. Dazu die Zahlen der in München aufgegriffenen Bettler und Landstreicher: 1880: 7077; 1886: 5454; im Vergleich dazu 1910: 1752; 1911: 2093; 1912: 2494.
Qu.: StaatsAM, Pol. Dir. 4123 und RA 58113 (E.S./M.K.)

BEVÖLKERUNGSENTWICKLUNG im Vergleich

Jahr	München	Nürnberg	Augsburg
1875	193024	91018	–
1888	230023	114891	65905
1900	411001	195783	81896
1910	596467	333142	123015

Qu.: *Seiferth/Probst* (Hrsg.), Münchener Jahrbuch (1888), (1900), (1912) (M.K.)

BEZIRKSFEUERHÄUSER B. dienten als Wachen der über das gesamte Stadtgebiet verteilten Kompanien der Freiwilligen Feuerwehr. Sie waren teils als selbständige städtische Gebäude, teils als Nebengebäude in den Höfen von Volksschulen oder in Verbindung mit anderen Gemeindeeinrichtungen untergebracht. Ein für München typischer Bau dieser Gattung ist das 1894 nach Plänen Carl Hocheders errichtete Feuerhaus mit Volksbad an der Kirchenstraße.
Qu.: *Bay. Arch.- u. Ing.-Verein* (Hrsg.), München und seine Bauten (1912) (B.H.)

BIERPALAST Dieser Bautyp wurde in München entwickelt, weil hier besonders viele Brauereien um Gäste warben. Neuartig war die Verbindung der Gasträume (Schwemme, Restaurant, Gesellschaftszimmer) mit einem großen Konzertsaal. Erhalten sind das Hofbräuhaus, der Mathäser- und der Salvatorkeller.
Qu.: *Thiersch*, Wirtschaften (1912) (D.K.)

BRAUEREIEN-KONZENTRATION Im Jahre 1879 existierten in München noch 27 Brauereien, 1913 nur noch 17. Der Trend zu Großbetrieben mit ausgedehntem Exportgeschäft brachte einen solchen Konkurrenzkampf mit sich, daß außer neun (Groß-)Brauereien zwischen 1880 und 1892 alle mindestens einmal den Besitzer wechselten. Die ›Aktienbrauerei zum Bayer. Löwen vorm. A. Mathäser‹ ging 1907 an die ›Löwenbrauerei‹, der ›Kapuzinerbräu‹ 1902/03 an die ›Kochelbräu AG‹, die ›Ludwig-Petuel-Brauerei‹ wurde 1889 an die ›Schwabingerbräu AG‹ verkauft und die ›Münchner Kindl-Brauerei‹ mußte 1904 mit der ›Unionsbrauerei Schülein‹ fusionieren.
Qu.: Handbuch der Süddeutschen Aktiengesellschaften (1912)
Lit.: *Kuhlo*, Geschichte; *Vetter*, Die Konzentration (K.-M. H.)

BÜRGERMEISTER DER STADT MÜNCHEN (1870–1924)
Erste Bürgermeister:
1870–1886 Alois v. Erhardt (4.6.–17.1.)
1888–1893 Johannes v. Widenmayer (7.2.–5.3.)
1893–1919 Wilhelm v. Borscht
1919–1924 Eduard Schmid
Zweite Bürgermeister:
1870–1888 Johannes v. Widenmayer (4.6.–7.2.)
1888–1893 Wilhelm v. Borscht
1893–1914 Philipp v. Brunner
1914–1917 Otto Merkt (K.-M. H.)

BÜRGERRECHT Das B. der Stadt konnte durch die Zahlung einer einmaligen Gebühr von allen volljährigen selbständigen Männern erworben werden, die das Heimatrecht besaßen und in der Gemeinde eine direkte Steuer, also Haus- oder Grund-, Gewerbe- oder Einkommenssteuer bezahlten. Nur Inhaber des B. konnten an Gemeindeangelegenheiten mitwirken, dort wählen und gewählt werden.
Qu.: *von Kahr* (Hrsg.), Bayerische Gemeindeordnung (1896) (E. A.)

BÜRGERSÄNGERZUNFT Am 16.9.1840 gründete Karl Stöhr in München die ›Liedertafel des Bürgervereins‹, die sich ab 1842 ›Bürgersängerzunft‹ nannte. Ziel des Vereins war das gemeinsame Singen als neue Form der Unterhaltung. Die Zunftordnung lehnte sich historisch an die der Meistersinger im Mittelalter an. Der Verein hielt Singfeste ab und zeichnete Persönlichkeiten der Ton- und Dichtkunst mit dem Meistersingertitel aus.
Lit.: *Bürgersängerzunft e.V.*, Festschrift zum 125jährigen Bestehen (F. M.)

DEBSCHITZ-SCHULE In bewußtem Gegensatz zu herkömmlichen Einrichtungen gründeten Hermann Obrist und Wilhelm von Debschitz 1902 ein kunstgewerbliches Lehrinstitut unter dem Namen ›Lehr- und Versuch-Ateliers für angewandte und freie Kunst‹. Das später vom Bauhaus aufgegriffene Werkstättenprinzip wurde hier erstmals verwirklicht. Der Ruf der Schule, der sich in sprunghaft ansteigenden Schülerzahlen niederschlug, drang weit über die Landesgrenzen. Der Abstieg zeichnete sich bereits vor 1914 ab. 1929 wurde das sich nur noch durch Subventionen tragende Institut geschlossen.
Lit.: *Schmoll gen. Eisenwerth*, Die Münchner ›Debschitz-Schule‹ (C. S.-S.)

DEMOKRATISCHER VEREIN 1880 unter dem Namen ›Deutscher Volksverein München‹ als Lokalorganisation der linksliberalen ›Deutschen Volkspartei‹ gegründet, forderte der D. unter anderem: umfassende Demokratisierung von Staat und Gesellschaft, föderativen Staatsaufbau, Freiheit von Glauben, Wissenschaft und Unterricht, konsequenten Pazifismus und Selbstbestimmungsrecht der Völker. Ab 1894 gehörte der Historiker Ludwig Quidde dem Vorstand an. 1910 schloß sich der D. mit zwei nahestehenden Verbänden zum ›Fortschrittlichen Volksverein München‹ zusammen.
Qu.: Staats AM, Pol. Dir. 339/1–4 (E.-M. T.)

DEUTSCHE WERKSTÄTTEN Unter dem Einfluß der ›Arts-and-Crafts-Bewegung‹ gründete der Maler Karl Schmidt 1898 die ›Dresdner Werkstätten für Handwerkskunst‹. 1901 fusionierte das Unternehmen mit den ›Werkstätten für Wohnungseinrichtung München‹, 1907 firmierten sie unter dem Namen ›D. W. für Handwerkskunst Dresden und München‹ und 1913 wurden sie zur ›D. W. AG‹ (DEWE). Die Gestaltung der Produktion bestimmte seit etwa 1903 Richard Riemerschmid mit seinem bahnbrechenden Maschinenmöbelprogramm. In den folgenden Jahren konzentrierten sich die Planungen auf die Errichtung der Gartenstadt Hellerau, die den neuen Fabrikanlagen der ›DEWE‹ und Häuser für deren Mitarbeiter aufnehmen sollte.
Lit.: *Wichmann*, Aufbruch zum neuen Wohnen (C. S.-S.)

DEUTSCHES THEATER Der Name wurde programmatisch nach dem D. in Berlin gewählt, das seinerzeit für die Aufführung moderner Dramatiker bekannt war und nach Plänen von Josef Rank, August Bluhm und Karl Stöhr in neubarockem Stil 1894/96 erbaut wurde. Das Auditorium ist als Tanzsaal verwendbar, es besitzt Restaurant, Café, Gesellschaftsräume (darunter den erhaltenen ›Silbersaal‹). Das D. T. wurde von Max Halbe in seinem ›Marquis von Keith‹ literarisch verewigt.
Qu.: Theaterprogramm der Eröffnung (1896)
Lit.: *Pacher*, Festschrift zur Wiedereröffnung; *Klein*, Das Deutsche Theater (D. K.)

JOH DREXLER (Faßfabrik) (›Patent-Drexler-Faß‹) Die spätere größte Bierfaßfabrik Europas wurde 1862 von Johann Drexler (1832 bis 1892) gegründet und 1898 von dessen Sohn Ludwig übernommen. Dieser stellte mit selbstkonstruierten Spezialmaschinen die hydraulisch gepreßten Patentfässer her, die weltweit exportiert wurden, aber auch Lagerfässer und Bottiche für die Brauereien und die chemische Industrie. 1909 errichtete er in Wien die bedeutendste Faßfabrik für Österreich-Ungarn.
Lit.: *Sailer*, Bier-Chronik (K.-M. H.)

A. S. DREY (Antiquitätengeschäft) Die Firma wurde 1839 durch Arnold D. in Würzburg gegründet und 1854 nach München verlegt. Sein Sohn Siegfried D. und Schwiegersohn Adolf Stern führten die Kunsthandlung weiter und gründeten Filialen in Paris, Amsterdam, London, New York. S. D. arbeitete eng – auch als Mäzen – mit den Münchner Museen zusammen. 1910 wurde er Kommerzienrat. Heute existiert noch die New Yorker Filiale.
Qu.: *Kahn*, Münchens Großindustrie (²1913)
Lit.: *Christians (v. Möller)*, Kunsthandel (S. v. M./M. K.)

EINGEMEINDUNGEN ZU MÜNCHEN (Datum und Fläche) Allach (1.12.1938), 957 ha.; Au (1.10.1854), 87 ha.; Aubing (1.4.1942), 288 ha.; Berg am Laim (1.7.1913), 810 ha.; Bogenhausen (1.1.1892), 441 ha.; Daglfing (1.1.1930), 1405 ha.; Feldmoching (1.4.1938), 2992 ha.; Forstenried (1.1.1912), 693 ha.; Freimann (1.10.1931), 1720 ha.; Giesing (1.10.1854), 1286 ha.; Großhadern (1.12.1938), 738 ha.; Haidhausen (1.10.1854), 295 ha., Laim (1.1.1900), 467 ha.; Langwied (1.4.1942), 690 ha.; Lochhausen (zu Langwied); Ludwigsfeld (1.12.1938), 287 ha.; Milbertshofen (1.4.1913), 692 ha.; Moosach (1.7.1913), 1170 ha.; Neuhausen (1.1.1890), 495 ha.; Nymphenburg (1.1.1899), 695 ha.; Oberföhring (1.7.1913), 362 ha.; Obermenzing (1.12.1938), 765 ha.; Pasing (1.4.1938), 1068 ha.; Perlach (1.1.1930), 1771 ha.; Perlacher Forst (Burgfriedensvermarkung vom Jahre 1861); Ramersdorf (1.1.1864), 120 ha.; Schwabing (20.1.1890), 1195 ha.; Sendling (1.1.1877), 1158 ha.; Solln (1.12.1936), 547 ha.; Thalkirchen (1.1.1900), 683 ha.; Trudering (1.4.1932), 1315 ha.; Untermenzing (1.12.1938), 639 ha.
Qu.: *Megele*, Baugeschichtlicher Atlas (1951) (M. K.)

EINRICHTER Der E. ist zumeist ein Maschinenschlosser, der die Werkzeugmaschinen für die nächste Werkstückserie mit den nun nötigen Werkzeugen bestückt und den Vorrichtungsumbau vornimmt. Außerdem muß er selbst die Spezialwerkzeuge herstellen, die Maschinen reparieren und warten. (M. D.)

ERWERBSHAUSGENOSSENSCHAFTEN E. sind Baugenossenschaften, deren Ziel es ist, die von ihnen gebauten Häuser im Laufe der Zeit in das Eigentum der Mitglieder übergehen zu lassen. In München waren die E. Ideal der meisten älteren Baugenossenschaften. Die Privatisierung konnte aber aus Gründen mangelnder Finanzkraft der einzelnen Genossen meist nicht realisiert werden. Erst 1898 nahm die ›Baugenossenschaft des Bayerischen Eisenbahnerverbandes‹ als erste den Grundsatz des gemeinschaftlichen Eigentums in ihre Satzung auf.
Lit.: *Novy*, anders Leben (AG-A.)

ERZBISCHÖFE DER DIÖZESE MÜNCHEN-FREISING (1878–1952)
1878–1889 Antonius v. Steichele (–9.10.)
1889–1897 Antonius v. Thoma (–24.11.)
1898–1909 Franz-Josef v. Stein
1909–1917 Franziskus v. Bettinger (–12.4.)
1917–1952 Michael v. Faulhaber (K.-M. H.)

FABRIKBEAMTER Die später als Angestellte bezeichnete Personengruppe war privilegiert wegen ihrer nicht produktionsorientierten Tätigkeiten im Büro, besonderer Loyalität zum Unternehmer, größerer Arbeitsplatzsicherheit, finanzieller und sozialer Sonderleistungen sowie der Bezahlung in der Form eines Gehalts. Die Bezeichnung F. oder Privatbeamten verweist auf die Nähe zum Staatsbeamten. In der Hochindustrialisierung gestanden die Unternehmer dann nicht mehr jedem Angestellten der anwachsenden Mittel- und Unterschicht den Status eines F. zu.
Lit.: *Kocka,* Angestellter, S. 110–128; *Engelhardt,* Die Privatbeamten, S. 319–326 (M. D.)

FAHRPREISE UM 1900 – EISENBAHN Einfache Fahrt: I. Klasse 8 Pfennig pro Kilometer; II. Klasse 5,3 Pfennig pro Kilometer; III. Klasse 3,4 Pfennig pro Kilometer. Abonnement-Ermäßigungen: für Monatskarte um 40 Prozent; für Jahreskarte um 70 Prozent. Schnellzug-Zuschlag: 1,1 Pfennig pro Kilometer. Vororttarif (in München und Nürnberg, gültig nur für III. Klasse): 2 Pfennig pro Kilometer.

FAHRPREISE – STRASSENBAHN Ein bis zwei Sektionen: 10 Pfennig; dritte und jede weitere Sektion: 5 Pfennig; Abonnement: pro Sektion im Jahr: 30 Mark.
Beispiele: Bayerstraße-Giesing (Ostfriedhof), Linie XII: fünf Sektionen/15 Pfennig; Schwabinger Friedhof-Landsberger Straße, Linie III: 7 Sektionen /30 Pfennig.
Qu.: *Seiferth/Probst* (Hrsg.), Münchener Jahrbuch (1900) (M. K./M. I.)

FLIEGENDE BLÄTTER Die F. erschienen seit dem 7. 11. 1844 in München, gegründet von dem Maler Kaspar Braun und dem Schriftsteller Friedrich Schneider als erste satirische Zeitschrift Deutschlands, zunächst vierteljährlich, später wöchentlich im Verlag ›Braun & Schneider‹. Nach kritischen Anfängen zogen sie sich auf humoristische Gesellschafts- und Menschheitskritik ohne politischen Akzent zurück. 1894 betrug die Auflage 95 000. Nach der Jahrhundertwende setzte sich unter Chefredakteur Julius Schneider sowie der künstlerischen Leitung von Kaspar Braun jun. und Hermann Schneider die Tendenz zum Beharren auf dem Althergebrachten (›Klischeewitz‹) und zu übersteigertem Patriotismus durch. 1928 gingen die F. in den ›Meggendorfer Blättern‹ auf.
Qu.: *Schlittgen,* Erinnerungen
Lit.: *Zahn,* Die Geschichte (M. I.)

FRIEDHÖFE Die Fürsorge für das Bestattungswesen oblag in München für alle Einwohner mit Ausnahme der Israeliten der Gemeinde. Als Ersatz für die nicht mehr erweiterungsfähigen, innerstädtischen Friedhöfe entstanden so nach Plänen Hans Grässels 1894 bis 1900 der östliche, 1896 bis 1899 der nördliche, 1897 bis 1907 der westliche und 1905 bis 1907 der Waldfriedhof mit einer Grundfläche von insgesamt 124,89 Hektar.
Qu.: *Bay. Arch. u. Ing.-Verein* (Hrsg.), München und seine Bauten (1912) (B. H.)

GARTENSTADTBEWEGUNG Die Idee der G. als System autarker Siedlungen wurde in England um 1900 von E. Howard entwickelt. In Deutschland entstand unter völkischen Gesichtspunkten ein ähnliches Konzept (Thomas Fritsch), auf das später der Siedlungsbau im Dritten Reich Bezug nehmen sollte. Die gesellschaftliche Utopie der G., die eine Aufhebung des Gegensatzes Stadt-Land beinhaltete, ist nie als genuin politische Konzeption vertreten worden. So wurde eine Gartenstadt in Deutschland erstmals 1907–13 in Dresden-Hellerau von Richard Riemerschmid realisiert. In München lassen sich in der Villencolonie I und II von August Exter in Pasing und in den nicht verwirklichten Projekten der Baugenossenschaft Freiland in Sendling Ansätze erkennen.
Lit.: *Hartmann,* Gartenstadtbewegung (AG-A.)

GASBELEUCHTUNGSGESELLSCHAFT ZU MÜNCHEN A.G. Die G. verpflichtete sich 1848 vertraglich, als Monopolinhaber die Beleuchtung der öffentlichen Straßen und Plätze zu übernehmen. Sie errichtete ein erstes Gaswerk an der Thalkirchner Straße (1850 bis 1909 in Betrieb; heute Areal der Dermatologischen Klinik), 1883 ein zweites am Kirchstein (1943 abgebrochen). Die Anlagen und Einrichtungen der Gasbeleuchtungsgesellschaft wurden nach Vertragsablauf am 1. 11. 1899 von der Stadt übernommen.
Lit.: *Spude,* Münchner Versorgungsbetriebe (E. A.)

GEMEINDEBEVOLLMÄCHTIGTE 1891–1911 siehe Tabelle S. 381

GEMEINDEBEVOLLMÄCHTIGTEN-KOLLEGIUM Das G. erhielt ebenso wie der Magistrat seine rechtliche Verankerung mit dem Gemeindeedikt 1818. Das Kollegium vertrat die Gemeinde(-bürger) gegenüber dem Magistrat und wählte den Magistrat und die zwei Bürgermeister. Alle Bürger der Gemeinde wählten das G. insgesamt auf neun Jahre, wobei alle drei Jahre ein Drittel ausgetauscht wurde. Bis 1908 war die Wahl indirekt, danach direkt und für München erfolgte sie nach dem Verhältniswahlrecht.
Qu.: Verfassung und Verwaltungsorganisation der Städte; Statistisches Handbuch der Stadt München (1928) (M. N./E. A.)

GENDARMERIE- U. POLIZEISCHULE Die G. existierte seit 1868. Für die Aufnahme zur Münchner Schutzmannschaft war seit 1904 ein drei- bis viermonatiger Vorbereitungskurs in der G. vorgesehen. Eine eigentliche Polizeischule für den Dienst bei der Polizeidirektion München wurde erst 1914 eingerichtet.
Lit.: *Falter,* Chronik des Polizeipräsidiums (E. S.)

GENTER SYSTEM Grundgedanke der 1903 in Gent eingeführten, kommunalen Arbeitslosenversicherung war es, bereits bestehende Arbeitslosenversicherungen zu subventionieren. Ein ›Arbeitslosenfond‹, dessen Grundkapital (10 000 Franc) die Stadt Gent bereitstellte, wurde von Vertretern der Gewerkschaften und der Stadt gleichermaßen verwaltet, um die Unterstützung für die gewerkschaftlich organisierten Arbeitslosen aufzustocken. Den nichtorganisierten Arbeitern sollten Unterstützungen aus einem ›Sparfond‹ gegeben werden, für den der Einzelne zuvor jedoch Beiträge entrichtet haben mußte. Zu den Städten, die bereits in den neunziger Jahren Modelle einer kommunalen Arbeitslosenversicherung praktizierten, zählten Köln, Bern, St. Gallen, Zürich, Basel und Dijon.
Qu.: *Singer,* Schaffung eines gemeindlichen Fonds (1906) S. 5 ff. (T. G.)

DIE GESELLSCHAFT Das Publikationsorgan wurde von Michael Georg Conrad 1884 gegründet und erschien monatlich in kleiner Auflage (ca. 1000 Subskribenten). In Opposition zur konventionellen Dichtung der Zeit stehend trug sie zur programmatischen Selbstfindung des Naturalismus bei. Sie publizierte die Frühwerke von Hauptmann, Holz, Schlaf und Halbe, setzte sich aber schon 1889 von der politisch und literarisch radikaleren ›Berliner‹ Richtung ab.
Lit.: *Jelavich,* Theater; *Slawe,* Literarische Zeitschriften (R. E.)

GESELLSCHAFT FÜR MODERNES LEBEN Die G. wurde von Michael Georg Conrad 1890 mit der Absicht gegründet, der etablierten literarischen Kultur Münchens unter Paul Heyse und dem immer dominanter werdenden Berliner Naturalismus eine Organisation der Münchner Moderne entgegenzustellen. Mitglieder waren unter anderen Hanns von Gumppenberg, Detlev von Liliencron und Oskar Panizza. Nach anfänglich aufsehenerregenden Aktivitäten verlor sie rasch an Bedeutung.
Lit.: *Jelavich,* Theater (R. E.)

GESINDEORDNUNGEN G. regelten seit dem 18. Jahrhundert das Arbeits- und Rechtsverhältnis zwischen Dienstbote und Dienstherr. Auch nach Einführung des Bürgerlichen Gesetzbuchs blieb die Ausgestaltung der G. weitgehend der Landesgesetzgebung überlassen. In Bayern galten neben den Vorschriften des Polizeistrafgesetzbuchs von 1871 das Bayerische Ausführungsgesetz zum Bürgerlichen Gesetzbuch von 1899. Bis 1918 blieb die rechtliche Ausnahmestellung der Dienstboten bestehen.
Lit.: *Vormbaum,* Politik und Gesinderecht (B. B.)

GEWERBEAUFSICHT Die G. oder Fabriken- und Gewerbeinspektion wurde in Bayern am 17.2. 1879 aufgrund des Reichsobligatoriums der Gewerbeordnung vom 17. Juli 1878 eingeführt: Vom Land ernannte Inspektoren sollten die Einhaltung der Arbeiterschutzgesetzgebung kontrollieren. Die wichtigsten Ziele waren Unfallverhütung, Gesundheitsschutz, Hygiene und Aufrechterhaltung der guten Sitten und des Anstands.
Qu.: *Weizenbeck,* Geschichte der Bayerischen Fabriken- und Gewerbe-Inspektion (1909)
Lit.: *Bayerisches Staatsministerium für Wirtschaft* (Hrsg.): 60 Jahre Gewerbeaufsicht (K.-M. H.)

GEWERBEGERICHTE Die Gewerbeordnung des Norddeutschen Bundes – dann Reichsgewerbeordnung – sah ab 1869 zur gewerblichen Schlichtung G. vor. 1890 wurde ihre gleichberechtigte Besetzung durch Arbeiter- und Unter

GEMEINDEBEVOLLMÄCHTIGTE 1891–1911 (OHNE BERÜCKSICHTIGUNG DER WAHL VON 1905)

Wahl-bezirk	Wahlperiode 1891 mit 1899	Wahlperiode 1894 mit 1902	Wahlperiode 1897 mit 1905	Wahlperiode 1900 mit 1908	Wahlperiode 1903 mit 1911
I	Schicker Wolfg., Kunstschreiner	Schwarz Joh., Privatier	Friedrich Ignaz, Privatier	Schöfer Josef, Bäckermeister	Schwarz Joh., Privatier
II	Lang Heinr., Baumeister	Wolfrum Alois, Kaufmann	Renner Fr. X., Baumeister	Barth Konrad, Vergolder	Stierstorfer Karl, Ingenieur
III	Harrach Georg, Fabrikant, k. b. Hoflieferant	Pachmayr Emil, Privatier	Müller Max, Schlossermeister	Krom Gottlieb, Metallgießereibes.	Wörz Friedrich, Kaufmann
IV	Buchner Aug., Kunstgärtner	Schießl Josef, Privatier	v. Miller Ferd., Bildhauer u. Erzgießer	Buchner Aug., Oekonomierat, Kunstgärtner	Ernst Maximin, Buchdruckereibes.
V	Simmerlein Ed., Goldschläger	Pschorr Aug., Großbrauereibesitzer	Reinhard Heinrich, Kaufmann	Henrich Dr. Rudolf, Rechtsanwalt	Pschorr Aug., Großbrauereibes.
VI	Schalk Peter, Privatier	Kellner Philipp, Kaufmann	Bräutigam Johann, Hausbesitzer	Strobl Josef, Faßfabrikant	Kellner Philipp, Kaufmann
VII	Hergl Ant., Hofspänglermeister z. Z. II. Vorstand des Kollegiums	Winterhalter Karl, k. b. Hof-Goldschmied, Juwelier	Würzburger Aug., Kaufmann	Kirchmair Ludwig, Privatier	Aster Ludwig, Restaurateur
VIII	v. Dall-Armi Heinrich, Kaufmann	Dürck Dr. Karl, k. Justizrat und Rechtsanwalt	Weidert Karl, Kommerzienrat	v. Dall-Armi Heinrich, Kaufmann Langmayr Barth., Mühlenbesitzer	Quidde Dr. Ludw., Schriftsteller Glöckle Wilhelm, Architekt
IX	Wacker Wilh., Kunstmühl.-Direktor	Glöckle Wilhelm, Architekt	Zechbauer Josef, Privatier	Fischer Josef, Privatier	Stahl Karl, Brauereidirektor
X	Scherbauer F. X., Privatier	Wagner Josef, Kommerzienrat	Grenzner Karl, Brauereidirektor	Bedall Dr. Karl, Apotheker	Wenzel Johann, Blumenfabrikant
XI	Schregle Joh., Fabrikant	Böhm Gg., Rentner	Stäble Rupert, Kaufmann	v. Pfistermeister Dr. Franz Xaver, Hofrat u. Hofmedikus	Gutmann Karl, Lehrer
XII	Rammelmayr Hip., Baumeister	Schlimbach Georg, Rentner	Heller Josef, Privatier		
XIII	Schmelcher Ad., Rentier	Thäter Herm., Apotheker	Seyboth Friedr., Kommerzienrat z. Z. I. Vorstand des Kollegiums	Schön Ignaz, Buchdruckereibesitzer	Kolber Johann, Schneidermeister
XIV	Werle Martin, Rentier	Stierhof Joh., Kommerzienrat	Kellerer Christian, Bäckermeister	Werle Martin, Privatier	Wacker Dr. Jos., prakt. Arzt
XV	Huber Anton, Hoflithograph	Birk Georg, Gastwirt	Stacheter Jos., Kaminkehrermstr.	Stadlmaier Peter, Gastwirt	Birk Georg, Privatier
XVI	Forster Ant., Wachswarenfabrikant	Selmayr Josef, Gutsbesitzer	Grässel Joh., Maurermeister	Huber Anton, Kommerzienrat, Herz. Bayer. Hoflith. u. Buchbindereibes., z. Z. II. Vorst. d. Kollegiums	Schmid Korbinian, Baumeister
XVII	Hofstetter Johann, Privatier	Oberhummer H., Kommerzienrat	Greinwald Augustin, Möbeltransportgeschäfts-inhaber	Heigl Dr. Josef, prakt. Arzt	Zettel Max, Schriftgießereibesitzer
XVIII	Leib Gg., Kommerzienrat	Babenstuber Karl, Steinmetzmstr.	Herrmann Jos., Glashändler	Leib Georg, Kommerzienrat und Hofzimmermeister	Kolbeck Dr. Jos., prakt. Arzt
XIX	Bauer Otto, Uhrmachermeister	Riggauer Konrad, Vergolder	Pschorr Clement, Tapezierermstr.	Bauer Otto, Uhrmacher	Riggauer Konrad, Vergolder
XX	Pauly Leonh., Kaufmann	Knoll Franz, Privatier	Pauly Andreas, Oekonom	Raith Anton, Verwalter	Tobler Georg, Verwalter

Qu.: *Seiferth/Probst* (Hrsg.) Münchener Jahrbücher 1899 und 1905 (M. K.)

nehmervertreter unter Vorsitz eines Juristen, 1901 ihre Errichtung in Städten mit über 20 000 Einwohnern gesetzlich vorgeschrieben. Verhandlungszwang bestand nur nach Anrufung durch beide Parteien.
Lit.: *Krips*, Einigung und Schlichtung (E. J.)

GLASPALAST 1853/54 nach Plänen des Architekten August von Voit von der Nürnberger Firma Cramer-Klett für die Industrieausstellung des Jahres 1854 errichtet, galt der G. als einer der bedeutendsten frühen Eisenkonstruktionsbauten in Deutschland. 1931 wurde er durch Brandstiftung zerstört. Man nutzte ihn vor allem als Ausstellungsgebäude, auch für die Münchner Jahresausstellungen und die Internationalen Kunstausstellungen.
Lit.: Ausst. Kat. Der Glaspalast (N. G.)

GOETHEBUND Der G. wurde 1899 anläßlich der Auseinandersetzung um die ›Lex Heinze‹ in München gegründet, um Kunst und Wissenschaft gegen Übergriffe wilhelminischer Kulturpolitik zu schützen. Unter dem Vorsitz Georg Hirths, Ludwig Ganghofers und anderer fanden gutbesuchte Protestversammlungen statt, auf denen Politiker und Literaten zu Wort kamen. Die hier präsentierte Einheit verschiedenster Kräfte zersplitterte kurz nach 1900 und verlor so an Schlagkraft.
Qu.: *Falckenberg* (Hrsg.), Das Buch der Lex Heinze (1900) (C. S.)

HACKERBRÄU AKTIENGESELLSCHAFT 1793 kaufte Joseph Pschorr von Peter Paul Hacker das ›Alte Hackerbräuhaus‹. Sein Sohn baute eine neue große Brauerei an der Bayerstraße, der Enkel Matthias wandelte sie 1881 in eine Aktiengesellschaft um, die 1902/03 das Hotel ›Deutscher Hof‹ und 1903/04 den ›Peterhof‹ erwarb. 1914 wies der Hackerbräu einen Bierausstoß von 200 000 Hektolitern auf.
Qu.: *Kirchner*, Hacker-Brauerei (1905); *Kahn*, Münchens Großindustrie (1891)
Lit.: *Sailer*, Bier-Chronik (K.-M. H.)

FRANZ HANFSTAENGL AG (Kunst- und Verlagsanstalt) Der 1833 von Franz H. gegründete Verlag nützte als einer der ersten die Möglichkeiten der Photographie und verlegte sich vor allem auf die Edition von Kunstschätzen aus Museen. Das Unternehmen, das 1899 in eine AG umgewandelt wurde, verdankte seinen Weltruf der Aufnahmebereitschaft für technische Innovationen auf dem graphischen Gebiet, wie etwa für den Lichtdruck oder die Hochdruck-Klischees.
Qu.: *Fritz*, München als Industriestadt (1913); *Kahn*, Münchens Großindustrie (1891)
Lit.: *Gebhardt*, Hanfstaengl (K.-M. H.)

HARRITSCHWAGEN Der H., von einem Giesinger Schmiedemeister erfundener und patentierter zweirädriger Pferdewagen für die Hausunratabfuhr, war seit etwa 1890 in Betrieb. Die Behälter wurden von oben gefüllt, waren aber auch mittels eines Hebelgriffes nach unten zu öffnen und somit leicht und staubfrei zu entleeren. Erst 1947 wurde die städtische Müllabfuhr motorisiert, während andere Städte schon in den zwanziger Jahren Automobile für den Abtransport anschafften.
Lit.: Fünfzig Jahre Städtische Hausunratabfuhr (Festschrift) (E. A.)

HAUPTSCHÜTZENGESELLSCHAFT, KÖNIGLICH PRIVILEGIERTE Gegründet 1406, entwickelte sich die H. zur traditionsreichsten und zugleich mitgliederstärksten Schützengesellschaft (1903: 523 Mitglieder) Münchens. Durch ihre Schießanlage für großkalibrige Waffen besaß sie lange Zeit eine monopolartige Stellung in München. Die Vereinsmitglieder stammten überwiegend aus dem gehobenen Bürgertum.
Lit.: Festschrift 1406–1981. 575 Jahre Kgl. privilegierte Hauptschützengesellschaft (H. G.)

HAUSMÜLLVERWERTUNG MÜNCHEN GMBH Die Private H. mit Sitz in Puchheim schloß 1897 mit der Stadt einen Vertrag über die Übernahme des Münchner Hausunrats. Die H. übernahm den in den Harritschwägen gesammelten und nach Puchheim beförderten Hausunrat und ließ ihn in einer dort errichteten Anlage über ein System von Förderbändern und Siebtrommeln laufen, wo er nach verwertbarem Altmaterial durchsucht wurde. Den Rest verarbeitete man zu landwirtschaftlich verwertbarem Dünger. Das System blieb ungefähr fünf Jahrzehnte in Gebrauch.
Lit.: Fünfzig Jahre Städtische Hausunratabfuhr (Festschrift) (E. A.)

HAUS- UND GRUNDBESITZERVEREIN MÜNCHEN Gegründet 1879 als wirtschaftliche und politische Interessenvertretung und als organisatorischer Zusammenschluß der privaten Haus- und Grundbesitzer, gewährte der H. seinen Mitgliedern in Fragen der Grundstückswirtschaft Beratung und Hilfe. 1908 gründete der H. auf Initiative des damaligen Vorsitzenden Josef Humar die Bank für Haus- und Grundbesitz in München. (E. A.)

HUGO HELBING (KUNSTHANDLUNG, KUNSTANTIQUARIAT, AUKTIONSHAUS) Am 1.11.1885 in der Residenzstraße gegründet, und 1888 um das Geschäft von H.'s Vater Sigmund erweitert, spezialisierte sich die Firma zunächst auf Kupferstiche, Handzeichnungen, Aquarelle und Bücher; seit der Verlegung in die Christophstraße mehrten sich die Auktionen, 1902 nochmals durch einen Neubau in der Wagmüllerstraße. Durch die Versteigerung bedeutender Sammlungen (Georg Hirth, Pannwitz, Oppolzer) mehrte sich H.'s Renommee, es entstanden Filialen in Berlin und Frankfurt a. M. Der angegliederte Verlag gab neben den Auktionskatalogen auch Zeitschriften und Reproduktionen alter Meister heraus.
Lit.: *Christians (v. Möller)*, Kunsthandel (S. v. M./M. K.)

HERBERGE ZUR HEIMAT Im Jahr 1870 errichtete der evangelische ›Handwerkerverein 1848 München‹ im Hause Landwehrstr. 7 eine Herberge zur Heimat für Gesellen auf der ›Walz‹. In den neunziger Jahren zählte sie jährlich 25 000 Übernachtungen. Ihr Betrieb wurde wichtiger aber auch schwieriger, als in steigendem Maß statt wandernder Handwerksgesellen obdachlose und arbeitslose Wanderer die Straßen bevölkerten. Die Herberge mußte 1921 geschlossen werden, als sie in den Nachkriegswirren Schwarzmarktzentrum zu werden drohte.
Lit.: *Wagner*, Der evangelische Handwerkerverein (H. M.)

HOCHQUELLEITUNG München wurde bis 1883 durch elf Brunnenwerke mit Trinkwasser versorgt. Zahlreiche Anwesen waren noch nicht an das Leitungssystem angeschlossen. Um den sanitären Anforderungen und dem Wachstum der Stadt Rechnung zu tragen, begann die Gemeinde 1874 mit den Vorarbeiten für eine moderne Wasserversorgung und entschied sich 1880 für die Erschließung der Quellen des Mangfalltals. Die Hochquelleitung wurde 1881 bis 1883 errichtet und 1897, 1902 und 1912 weiter ausgebaut.
Qu.: Die Entwicklung Münchens unter dem Einflusse der Naturwissenschaften (1899) (B. H.)

HOFBRÄUHAUS, KÖNIGLICHES Das H. wurde 1589 auf Anordnung Herzog Wilhelms V. gebaut. 1881 errichtete man zusätzlich den H.keller an der Wienerstraße und das H. selbst erfuhr 1888 einen grundlegenden Umbau. Das vom Staat betriebene Unternehmen gehörte schon zur Prinzregentenzeit zu den Münchner Fremdenverkehrsattraktionen und produzierte um 1914 etwa 140 000 Hektoliter Bier.
Qu.: *Kahn*, Münchens Großindustrie (1891); *Kronegg*, Hofbräuhaus (1900)
Lit.: *Roeseler*, Das Hofbräuhaus (K.-M. H.)

INDUSTRIESCHULE Sie wurde 1868 durch königliche Verordnung gegründet. Sie sollte einerseits den Technikern der Privatindustrie den Übertritt zum Polytechnikum ermöglichen, andererseits nötige Kenntnisse für den höheren Gewerbe- und Fabrikbetrieb vermitteln. Sie gliederte sich in eine mechanisch-technische, chemisch-technische und bautechnische Abteilung.
Qu.: *v. Destouches*, Münchener Gewerbegeschichte (1898) (K.-M. H.)

INNERE MISSION e.V. Der Verein wurde 1884 vom evangelischen Dekan Karl Buchrucker gegründet. Sein Zweck war, ›den Sinn für die Werke der Barmherzigkeit zu wecken und zu stärken‹. Er förderte bestehende diakonische Werke und griff Großstadtprobleme auf. In den ersten Jahrzehnten bildeten ambulante Krankenpflege, Fürsorge für Kinder, vor allem in Sendling und im Westend, sowie Starthilfe für arbeitsuchende Neuzugezogene Schwerpunkte der Arbeit.
Qu.: Festschrift Hundert Jahre Innere Mission München (H. M.)

INSEL Die literarische Monatsschrift erschien im Verlag ›Schuster & Löffler‹ 1899 bis 1902. Sie wurde von Otto Julius Bierbaum, Alfred Walter Heymel und Rudolf Alexander Schröder herausgegeben. Die I. sollte einen »Sammelpunkt für die künstlerisch wertvollsten Produktionen moderner ... Literatur« bilden und durch die ›würdige‹ Ausstattung »an der neuen Bewegung in den angewandten bildenden Künsten« teilnehmen. Breiter Erfolg blieb ihr versagt. Zu ihren

Mitarbeitern zählten Hugo von Hofmannsthal, Rainer Maria Rilke und Frank Wedekind. Parallel zur Zeitschrift wurde der gleichnamige Buchverlag aufgebaut.
Lit.: *Schöffling*, Die ersten Jahre   (W. S.)

JUGEND. MÜNCHNER ILLUSTRIERTE WOCHENSCHRIFT FÜR KUNST UND LEBEN Die 1896 von Georg Hirth gegründete Wochenschrift vereinigte anfänglich avantgardistische Strömungen aus Kunst und Literatur. Das vielseitige Organ erreichte eine Auflagenhöhe von 100000, war der Namensgeber des ›Jugendstils‹ in Deutschland und ist, aufgrund seiner programmatischen Offenheit für neueste Entwicklungen, ein beredter Spiegel Münchner Kultur und Gesellschaft bis 1940.
Lit.: *Zahn*, Querschnitt   (C. S.)

JUGENDTURNSPIELE Ab 1890 bot man den schulpflichtigen Knaben an schulfreien Nachmittagen, nach dem Nachmittagsunterricht und in den Ferien die Gelegenheit zu beaufsichtigten Spielen auf den Schulhöfen. Ab 1892 wurden Mädchen einbezogen; zwei Jahre später begannen auch die Mittelschulen und Gymnasien, diese Einrichtung zu übernehmen.
Lit.: *Krombholz*, Entwicklung des Schulsports   (I. B.)

KIRCHENSTEUERGESETZ Das Gesetz vom 15.8. 1908 über die ›Kirchensteuer für die protestantischen Kirchen im Königreich Bayern‹ berechtigte die Landeskirche, zur Besteuerung genau umschriebener gesamtkirchlicher Bedürfnisse ab 1910 eine landeskirchliche Steuer von den zu direkten Staatssteuern veranlagten Bekenntnisgenossen zu erheben. Bis dahin verfügte die Landeskirche über keinen eigenen Haushalt. Die Steuer erbrachte 1912 927125,– Mark.
Lit.: *Schamari*, Kirche und Staat   (H. M.)

KOLONIEPFARREIEN Seit 1802 wurde die Besiedlung der oberbayerischen Moore durch überwiegend evangelische Kolonisten, meist aus der Pfalz, in Angriff genommen. Es entstanden protestantische K.: als selbständige Pfarrei Großkarolinenfeld, als Münchner Filialgemeinden Feldkirchen, Perlach, Kemmoden, Oberallershausen, Brunnenreuth. Der großen Armut der Siedler entsprach ihr Kirchenwesen. Die Pfarrer mußten als geringbesoldete Schullehrer Unterricht halten und zusätzlich den Pfarrdienst leisten.
Lit.: *Danmiller*, Südbayerns evangelische Diaspora   (H. M.)

KUNST UND HANDWERK Das offizielle Organ des Bayerischen Kunstgewerbevereins erschien seit 1851, zunächst unter dem Titel ›Zeitschrift des Vereins zur Ausbildung der Gewerbe‹, seit 1869 ›Zeitschrift des Kunstgewerbe-Vereins zu München‹ seit 1877 ›... in München‹, seit 1887 ›Zeitschrift des bayerischen Kunstgewerbe-Vereins in München‹, ›Kunst und Handwerk‹ seit 1897.
Lit.: *Bahns*, Zwischen Historismus und Jugendstil   (N. G.)

KUNSTGEWERBESCHULE, KÖNIGLICHE Die Münchner K. verdankt ihr Entstehen dem Bildungsprogramm der Kunstgewerbereformer des 19. Jahrhunderts. 1868 wurde die kunstgewerbliche Privatschule vom Staat übernommen. Unter dem Direktor Emil Lange (1875 bis 1911) war der Lehrbetrieb am akademischen Vorbild ausgerichtet. Richard Riemerschmid, neuer Leiter seit 1913, versuchte unter Einfluß von Hermann Muthesius Werkbundideale zu verwirklichen, indem er die Entwurfslehre in den Vordergrund rückte und den Werkstättenunterricht einführte.
Lit.: *Mai*, Vom Werkbund zur Kölner Werkschule; *Nerdinger* (Hrsg.), Richard Riemerschmid, S. 50 f.   (C. S.-S.)

KÜNSTLERKOMMISSION Die K. wurde 1885 vom Magistrat berufen, um die Gemeinde in architektonischen Fragen bei der Bebauung der Umgebung der Theresienwiese zu beraten. Sie übernahm dann aber auch Gutachten zu Neubaumaßnahmen an anderen städtebaulich bedeutenden Stellen, hatte jedoch stets nur beratende Funktion. Die K. setzte sich aus Vertretern des Magistrats, der Architektenschaft und des Bauhandwerks zusammen.
Qu.: *Steinhauser*, Staffelbauordnung (1904) S. 11 f.   (B. H.)

J.G. LANDES (Maschinenfabrik) Johann Georg L. gründete 1859 in München die ›J.G. Landes Maschinen- und Kesselfabrik, Eisen- und Metallgießerei‹. Sie stellte Erzeugnisse des Maschinenbaus her und spezialisierte sich später vor allem auf Wasserturbinen, Schleusen- und Wehranlagen. Das Unternehmen war besonders im Kraftwerksbau bis zum Zweiten Weltkrieg tätig.
Lit.: *Kuhlo*, Geschichte   (E. J.)

LANDESKULTURRENTENANSTALT, BAYERISCHE Die L. wurde am 1.7. 1884 gegründet. Die hauptsächlichen Aufgaben bestanden in der Durchführung von landwirtschaftlichen Kulturunternehmungen, wie Be- und Entwässerung, Zusammenlegung von Grundstücken oder in Aufforstungen durch Vergabe von Darlehen. Die Beleihung von Kleinwohnungsbauten erfolgte in München zwar auch schon in den Jahren nach der Jahrhundertwende, größere Bedeutung erlangte die L. hierin aber erst nach dem Ersten Weltkrieg.
Qu.: Münchner Zeitung vom 4./5. 5. 1935 (G. N.)

LEBENSMITTELPREISE IN MÜNCHEN UND NÜRNBERG siehe Tabelle S. 384

LEHRERGESANGVEREIN Gegründet 1878, trat der L. anfangs häufig bei nationalen Gedenkfeiern auf. Ab 1906 gab er zusammen mit der Musikalischen Akademie Festaufführungen, wie Oratorien und Requien, im Odeon, die in der Öffentlichkeit großen Anklang fanden. Der L. entwickelte sich damit zum führenden Oratorienverein in München.
Lit.: *Lutz*, 100 Jahre Lehrergesangverein   (H. G.)

›LEX HEINZE‹ Der Gesetzentwurf ging auf einen Strafprozeß wegen Prostituiertenmords gegen einen Berliner Zuhälter zurück, der großes öffentliches Aufsehen erregt hatte. Die ursprüngliche Fassung, die ausschließlich gegen Zuhälterei und Prostitution gerichtet war, wurde von der bayerischen Regierung um den ›Kunstparagraphen‹ erweitert, der allerdings im Juni 1900 im Reichstag scheiterte.
Qu.: *Falkenberg*, Das Buch von der ›Lex Heinze‹ (1900)   (R. E.)

LÖHEHAUS Das L., Ecke Blutenburgerstraße/ Landshuter Allee, wurde 1911/12 vom ›Verein für Innere Mission München‹ dank großzügiger Spenden durch Pfarrer Karl Prieser erbaut. Das gut ausgestattete Haus beherbergte ein Säuglingsheim, eine Kinderkrippe, einen Kindergarten, einen Kinderhort und ein Knabenwohnheim. 1923 wurde dem L. eine Schule für Säuglingspflegerinnen angegliedert.
Qu.: Evangelisches Gemeindeblatt München (1912), S. 83 ff.   (H. M.)

LÖHNE UND MIETEN Im Jahre 1908 verdiente ein städtischer Arbeiter im Durchschnitt monatlich 127 Mark und gab, bei einer fünfköpfigen Familie, 25 Mark für zwei Zimmer und eine Küche aus, also 20 Prozent des Einkommens. Ein Fabrikarbeiter dagegen erhielt 1,50 bis 3,70 Taglohn (monatlich etwa 40 bis 96 Mark); bei 80 Prozent der vorhandenen Arbeiterwohnungen kostete ein Zimmer 8 bis 10 Mark monatlich.
Qu.: Staatsministerium des Innern (Hrsg.): Jahresberichte der Gewerbeaufsichtsbeamten für 1908; Münchener Gemeindezeitung, Jg. 1908, Beilagen.   (K.-M. H.)

LOKALBAUKOMMISSION Die L. München wurde 1804 als staatlicher Ersatz für die magistratische Gebäudepolizei ins Leben gerufen. Ab 1852 war sie wiederum eine dem Magistrat beigeordnete Gemeindebehörde. Aufgaben der L. waren der Erlaß baupolizeilicher Vorschriften, die Durchführung des Plangenehmigungsverfahrens für alle Neubauten und größeren Baureparaturen und die Überwachung der Bauausführung sowie die Erstellung von Baulinienplänen für das gesamte Stadtgebiet.
Qu.: *Wiedenhofer*, Die bauliche Entwicklung (1916)   (B. H.)

LÖWENBRÄU, AKTIENBRAUEREI Mit einem Ausstoß von 850000 Hektolitern war der Löwenbräu bis 1914 zur größten Aktienbrauerei Europas aufgestiegen, beschäftigte 900 Arbeiter und verbrauchte täglich vier Millionen Liter Wasser. 1818 von Ludwig Brey gekauft, ging er 1872 in den Besitz einer AG über. Schon 1890 exportierte er über 250000 Hektoliter in alle Welt. 1882 wurde der L.keller am Stiglmaierplatz erbaut.
Qu.: Beiträge zur Geschichte der Aktienbrauerei zum Löwenbräu (1897); *Kahn*, Münchens Großindustrie (1891)
Lit.: *Dihm*, Geschichte der Aktienbrauerei zum Löwenbräu   (K.-M. H.)

LUDWIGS-WALZMÜHLE Das Unternehmen wurde im Jahre 1837 von dem hessischen Konsul und Bankier August Christian Erich gegründet und 1838 ›unter dem Schutze König Ludwigs I.‹ eröffnet. 1872 wandelte man sie in die Aktiengesellschaft ›Kunstmühle Tivoli‹ um.
Lit.: *Schaffer*, Das Buch   (K.-M. H.)

Lebensmittelpreise in München und Nürnberg von 1890 bis 1913 im Vergleich
Die Preise beziehen sich in den Spalten 7 und 8 auf 50 kg, in den Spalten 1 bis 6, 9, 10 auf ½ kg, in den Spalten 11 und 12 auf 1 Liter

Jahr	Roggenmehl		Roggenbrot		Kalbfleisch		Kartoffeln		Butter		Sommerbier	
	1	2	3	4	5	6	7	8	9	10	11	12
	Pfennige		Pfennige		Pfennige		Mark		Mark		Pfennige	
	Mü.	Nbg.	Mü.	Nbg.	Mü.	Nbg.	Mü.	Nbg.	Mü.	Nbg.	Mü.	Nbg.
1890	16	17	18	16	76	65	3,35	2,76	1,03	1,01	26	24
1900	15	16	17	16	75	70	3,03	2,88	1,09	0,96	26	24
1910	16	15	17	14	84	80	3,06	3,45	1,41	1,12	29	25
1911	16	15	16	14	87	79	4,63	4,20	1,42	1,24	30	26
1912	16	16	16	14	90	87	4,31	4,41	1,48	1,30	30	26
1913	15	16	16	15	92	91	3,35	2,92	1,41	1,28	30	26

Qu.: *Statistisches Landesamt* (Hrsg.), Bayerns Entwicklung (1915) (K.-M.H.)

MAGISTRAT Das Gemeindeedikt von 1818 verankerte die Befugnisse des Ms. Er verwaltete die Gemeindeangelegenheiten, vertrat die Gemeinde nach außen und führte den Gemeindehaushalt. Der M. wurde durch die Gemeindebevollmächtigten auf sechs Jahre gewählt und alle drei Jahre halbschichtig erneuert.
Qu.: Verfassung und Verwaltungsorganisation (1906) (M.N.)

MAGISTRAT – RECHTSKUNDIGE UND TECHNISCHE RÄTE (1890–1911)
1890
Weber, Max (Ref. 3)
v.Ruppert, Caspar (Ref. 4)
Schrott, Ludwig (Ref. 5)
Steinhäusser, Wilhelm (Ref. 6)
Sickenberger, Franz (Ref. 1)
Brunner, Philipp (Ref. 8)
Schachner, Max (Ref. 9)
Panzer, Alois (Ref. 10)
Pfaff, Paul (Ref. 7)
Alberstötter, Rudolf (Ref. 1 b)
Wolfram, Georg (Ref. 2)
Zenetti, Arnold (Ref. 11)
Dr. Rohmeder, Wilhelm (Ref. 12)
Lokal-Baukommission Voit, August
Heindl, Ernst (Ref. 13)
Gitzentanner, Joh. Jakob
Mayerhofer, Rudolf
Stuhler, Hugo
1899
Steinhäusser, Wilhelm (Ref. 6)
Sickenberger, Franz (Ref. 5)
Panzer, Alois (Ref. 10)
Wolfram, Georg (Ref. 1)
Heindl, Ernst (Ref. 11)
Wölzl, Gotthard (Ref. 8a)
Kutzer, Theodor (Ref. 3)
Beckh, Karl Walther (Ref. 4)
Heilgemayr, Max (Ref. 2)
Dr. Menzinger, Leopold (Ref. 9)
Schöner, Josef (Ref. 7a)
Schlicht, Heinrich (Ref. 2a)
Schwiening, Adolf (Ref. 12)
Frauenholz, Hermann
Dr. Kerschensteiner, Georg (Ref. 8b)
Lokal-Baukommission Voit, August (Ref. 7b)
Mayerhofer, Rudolf
Ziegler, Jakob
1908
Schlicht, Heinrich (Ref. 2a)
Steinhauser, August (Ref. 2)
Dr. Kühles, Karl (Ref. 9)
Frhr. v.Freyberg, Heinrich (Ref. 11)
Dr. Hörburger, Gebhard (Ref. 8a)
Schwiening, Adolf (Ref. 12)
Dr. Kerschensteiner, Georg (Ref. 8b)
Panzer, Alois (Ref. 10a)
Heindl, Ernst (Ref. 5)
Wölzl, Gotthard (Ref. 1)
Beckh, Karl Walther (Ref. 4)
Heilgemayr, Max (Ref. 3)
Dr. Menzinger, Leopold (Ref. 6)
Schöner, Josef (Ref. 7a)
Qu.: *Seiferth/Probst* (Hrsg.), Münchener Jahrbuch (1890; 1899; 1908) (M.K.)

MAGISTRAT – BÜRGERLICHE MAGISTRATSRÄTE (1885–1911)
Wahlperiode: 1885 mit 1890:
Hergl Anton, Hofspänglermeister,
Hutmacher Heinrich, Buchbindermeister,
Schreibmahr Ludwig, Buchbindermeister,
Widmann Alois, Bäckermeister,
Zeller Alois, Privatier,
Wahl Karl, Corsettenfabrikant,
Feurstein Michael, Privatier,
Hemmeter Georg, Rentier,
Friedrich Ignaz, Privatier,
Knoll Franz, Oekonom.
Wahlperiode: 1888 mit 1893:
Biel Georg, Bildhauer und Stukkateur,
Deiglmayr Friedrich, Fabrikbesitzer,
Radspieler Joseph, Privatier,
Krieger Max, Kaufmann,
Lutz Wolfgang, Kaufmann,
Hauber Ludwig, Techniker,
Merkl Johann, Drechslermeister,
Reim J.B., Rauchwarenhändler,
Rasp Peter, jun. Fabrikant,
Schuster Josef, Großhändler.
Wahlperiode: 1894 mit 1899:
Barth Konrad, Vergolder,
Fischer Max, Privatier,
Friedrich Bruno, Privatier,
Goldstein Anton, Kaufmann,
Dr. Bedall Karl, Apotheker,
Merkl Johann, Drechslermstr., k. b. Hofl.,
Nagler Max, Buchbindermeister,
Reim J.B., Großhändler,
Simmerlein Hermann, Privatier,
Vierheilig Josef, Privatier.
Wahlperiode: 1897 mit 1902:
Ansprenger Alois, Baumeister,
Betz Lorenz, Gastwirt,
Heiler Anton, Metzgermstr., k. b. Hofl.,
Heldenberg Konstantin, Baumeister,
Hübler Anton, Privatier,
Imhof Richard, Privatier,
Kanzler Anton, Privatier,
Kirchmair Ludwig, Glasmaler,
Reichenberger B., Kommerzienrat, Privatier,
Wetsch, Friedrich, Kommerzienrat, Kaufmann.
Wahlperiode: 1903 mit 1908:
Ansprenger Alois, Baumeister,
Betz Lorenz, Privatier,
Böhm Georg, Privatier,
Heiler Anton Gabriel, Privatier,
Kanzler Anton, Privatier,
Lebrecht Simon, Kommerzienrat,
Lipp Karl, Kaufmann,
Nagler Max, Kommerzienrat,
Schenk Georg Wilhelm, Privatier,
Wolfrum Alois, Kaufmann.
Wahlperiode: 1906 mit 1911:
Ernst Maximin, Buchdruckereibesitzer,
Feierabend Oskar, Direktor der Baugenossenschaft München,
Glöckle Wilhelm, Architekt,
Harrach Georg, Rentier,
Kotz Heinrich, Privatier,
Loy Friedrich, Apotheker,
Dr. Pachmayr Emil, Rentier,
Pickelmann Ludwig, Kaufmann,
Schmid Eduard, Redakteur,
Vierheilig Joseph, Rentier.
Qu.: *Seiferth/Probst* (Hrsg.), Münchener Jahrbuch (1890, 1899, 1908) (M.K.)

MAYER'SCHE HOFKUNSTANSTALT Gegründet 1847 von Josef Gabriel Mayer befaßte sich die M. vor allem mit der künstlerischen Ausstattung

von Kirchen. Für ihren weltweiten Export errichtete sie 1865 eine Filiale in London und 1888 eine in New York. Grund für den Erfolg war, daß sich bei ihr die gesamte Innenraumgestaltung in einer Hand befand. In ihrer Blütezeit um 1890 beschäftigte sie bis zu 300 Personen.
Qu.: *Fritz*, München (1913); *Kahn*, Münchens Großindustrie (1891) (K.-M.H.)

MIETEN Die durchschnittliche Miete betrug in München 1905/06 etwa 62 Pfennig pro Quadratmeter – 64 Pfennig bei der Oberschicht und 61 Pfennig bei der Unterschicht. Die kleineren Wohnungen waren dabei überproportional teurer. Die durchschnittliche Gesamtmiete machte 30 bis 40 Mark aus.
Lit.: *Neumeier*, Wohnverhältnisse, S. 113 f.
(G.N./M.K.)

MONUMENTALBAUKOMMISSION Die M., eine im Jahr 1901 auf Initiative des Prinzregenten gegründete, gemischte Kommission aus Staatsbeamten, Gemeindevertretern, Künstlern und Architekten, unterstand dem Staatsministerium des Innern. Ursprünglich sollte sie Baubedarf der Staatsbehörden ermitteln. Außerdem mußte die M. bei privaten Bauvorhaben in der Nähe von Staatsgebäuden und anderen Monumentalbauten gehört werden. Die M. vertrat in künstlerischen Fragen oft eine eigene – nicht selten konservative – Richtung. (B.H./U.W.)

MÜNCHEN-DACHAUER AKTIENGESELLSCHAFT FÜR MASCHINENPAPIERFABRIKATION 1862 gegründet, bestand die Firma aus der Seidenpapierfabrik München-Au, der Oberen Papierfabrik Dachau, der Papierfabrik Steinmühle nebst Strohstofffabrik in Dachau, der Schöpfpapierfabrik München-Au und der Holzstoffabrik in Dachau. Sie beschäftigte um 1890 etwa 500 Arbeiter und produzierte täglich bis zu 25 Tonnen Papier. In ihren Anlagen verkörperte sie den Typus des modernen Industrieunternehmens.
Qu.: *Kahn*, Münchens Großindustrie (1891) (K.-M.H.)

MÜNCHENER BUND E.V. VEREINIGUNG FÜR ANGEWANDTE KUNST Der M., ein Interessenverband von Unternehmern und Künstlern, wollte entsprechend dem Werkbundgedanken durch Geschmackserziehung von Produzenten und Käufern die Qualität der gewerblichen Serienerzeugnisse in Bayern heben. 1903 von Künstlern im Umkreis der ›Vereinigten Werkstätten‹ gegründet, zählte er bald darauf 70 Mitglieder. 1933 wurde er auf Anordnung der Nationalsozialisten aufgelöst.
Lit.: Ausst. Kat. 125 Jahre Bayerischer Kunstgewerbeverein, Nr. 26 d (C.S.-S.)

MÜNCHENER POST Diese sozialdemokratische Tageszeitung erschien erstmals 1887 mit dem Untertitel ›Unabhängige Zeitung für Jedermann aus dem Volke‹. Sie wurde von Luis Viereck und ab 1889 von Georg von Vollmar und Georg Johann Birk herausgegeben. 1914 erreichte sie eine Auflage von 30000 Exemplaren. Zu ihren wichtigsten Mitarbeitern zählten Adolf Braun, Kurt Eisner, Paul Kampffmeyer, Erhard Auer und Eduard Schmid. Am 9.3.1933 wurde das Redaktions- und Verlagsgebäude am Altheimer Eck 19 durch bewaffnete SA besetzt und verwüstet.
Lit.: *Koszyk/Eisfeld*, Die Presse (S.L.)

MÜNCHNER HILFSFONDS Konkreter Anlaß für die Gründung war ein schweres Bauunglück im Münchner Maximilianskeller 1897. Der Erlös einer Spendenaktion bildete den Grundstock für den in den folgenden Jahren von Vertretern der Stadt und der Redaktion der ›Münchner Neuesten Nachrichten‹ verwalteten M., dessen Vorsitzender der Erste Bürgermeister war. Neben Spenden erhielt der M. Zuwendungen aus dem Erlös des städtischen Glückshafens auf dem Oktoberfest. Der M. wollte bis zur bürokratischen Regelung durch die Reichsversicherung Unglücksopfern unbürokratisch helfen. Der M. beteiligte sich auch an den Fürsorgeaktionen der Stadt für die Arbeitslosen in den Jahren 1905, 1908 und 1912/13.
Qu.: Sitzung des Magistrats von 18.1.1898, Münchener Gemeindezeitung, S.75 (T.G.)

MÜNCHNER MARIONETTENTHEATER Das M., 1906 von Paul Brann (geb. 1873, gest. 1955) gegründet, wurde nach dem Ersten Weltkrieg bis zur Schließung 1940 als Wanderbühne geführt. Zu den Mitarbeitern zählten Olaf Gulbransson, Ernst Stern und Ignatius Taschner. Das M. bemühte sich, das klassische Repertoire – etwa Poccis Kasperlkomödien – um moderne Dramen von Schnitzler oder Maeterlinck zu erweitern.
Lit.: *Böhmer* (Hrsg.), Paul Brann (W.S.)

MÜNCHNER NEUESTE NACHRICHTEN Die 1848 gegründete Tageszeitung, 1862 bis 1881 von Julius Knorr herausgegeben, entwickelte sich unter Georg Hirth und seinem Schwager Thomas Knorr im Zeitraum von 1881 bis 1916 mit einer Auflage bis zu 150000 Exemplaren zum führenden Blatt Süddeutschlands. Das liberale, antiklerikale und unabhängige Organ geriet seit 1920 – das Verlagserbe ›Knorr & Hirth‹ wurde von Ruhrindustriellen übernommen – zunehmend unter reaktionären Einfluß.
Lit.: *Greiner*, Die Münchner Neuesten Nachrichten (C.S.)

MÜNCHNER RATSCH-KATHL Die seit 1889 von Karl Schreiber herausgegebene Zeitung war nicht nur die älteste, sondern auch die auflagenstärkste (1892: 50000 Exemplare) der ›Münchner Skandalblätter‹ (›Der Grobian‹, ›Kritik‹, ›Der alte Peter‹). Das bis 1920 erschienene, meist im Münchner Dialekt gehaltene Volksblatt war parteipolitisch nicht festgelegt. Eher auf einem traditionellen und monarchischen, aber antibürgerlichen Standpunkt stehend, sprach die in vielen Wirtshäusern und Cafés auliegende M. mit ihren im Alltag angesiedelten Themen primär Leser aus den unteren Volksschichten an.
Lit.: *Schneider*, Die populäre Kritik (T.G.)

MÜNCHNER SCHULE Mit M. wird musikhistorisch im weiten Sinn die in München während des 19. und beginnenden 20. Jahrhunderts komponierte Musik bezeichnet, im engen Sinn dagegen ein Komponistenkreis, der sich um Ludwig Thuille gebildet hatte. Thuille durchdachte in seiner ›Harmonielehre‹ (1907) die harmonischen Neuerungen Richard Wagners theoretisch und hatte als Pädagoge einen großen Schülerkreis. Kennzeichnend für die M. ist das Anknüpfen an der Tradition und eine gemäßigte Moderne.
Lit.: *Neumann*, Die Harmonik (F.M.)

MÜNCHNER TURNVEREIN Der M. entstand 1860 als ›Verein zur körperlichen Ausbildung‹; er wurde 1862 in M. umbenannt und eröffnete schon 1863 die erste Turnhalle in München. Um die Jahrhundertwende bildeten sich neben der eigentlichen Turnerriege Unterabteilungen für andere, meist aus dem angelsächsischen Bereich stammende Sportarten wie Fußball oder Leichtathletik.
Lit.: *Grampp* (Hrsg.), 100 Jahre Turn- und Sportverein (H.G.)

NYMPHENBURGER PORZELLAN-MANUFAKTUR Die 1747 gegründete N. zählte um die Jahrhundertwende zu den Fabrikbetrieben. Ihre Kollergänge, Kugelmühlen, Filterpressen, Membranpumpen, Drehscheiben sowie das Pochwerk und die Masseschlagmaschine wurden damals schon teils elektrisch, teils mit Dampf angetrieben. Sie lieferte Gebrauchsgeschirr für den Handel sowie Kunst- und Luxusgegenstände.
Lit.: *Thoma*, Zweihundert Jahre Nymphenburg; *Hofmann*, Geschichte der Porzellanmanufaktur (K.-M.H.)

OBERPOLLINGER Warenhäuser sind markante Erscheinungen des Industriezeitalters: Großbetriebe, die viel und vor allem schnell viele vielfältige Produkte in speziell dafür errichteten Gebäuden absetzen. Das Münchner Warenhaus O., erbaut nach den Plänen von Max Littmann, wurde am 15.2.1905 eröffnet. Das aus drei Bürgerhäusern bestehende Warenhaus wurde im Architekturstil des 16. Jahrhunderts gestaltet. Heute gehört das Haus zur ›Karstadt AG‹.
Lit.: *Knauß*, Zweckbau (M.S.)

ODEON Das O. wurde 1818 als symmetrische Wiederholung des Leuchtenberg-Palais am (nachmalig sogenannten) Odeonsplatz und als dringend benötigter Raum für Konzerte, Feste und Bälle geplant. Den Bau führte Leo von Klenze aus, die Eröffnung fand zwei Jahre nach der Grundsteinlegung 1828 statt. 1846 wurden die Räume des zweiten Stockes dem neugegründeten ›Königlichen Konservatorium für Musik‹ zugewiesen. Bis zur Zerstörung durch Bomben 1943 war das Odeon der wichtigste Konzertsaal Münchens.
Lit.: *Habel*, Das Odeon (F.M.)

R. OLDENBOURG-VERLAG Die ›R.O.‹, Verlagsbuchhandlung, Buchdruckerei, Buchbinderei, Anstalt für Stereotypie & Galvanoplastik, Papier- und Schreibmaterialienhandlung en gros‹ gehörte um die Jahrhundertwende zu den ersten in Deutschland auf dem Gebiet der Wissenschaft und Forschung, sowie im Schulbuchwesen. 1912 gründeten die beiden damaligen Inhaber Paul und Hans O. die ›Bayerische Staatszeitung GmbH‹.

385

Qu.: *Kahn*, Münchens Großindustrie (1891); *Zils*, München (1913) (K.-M. H.)

ORCHESTERVEREIN MÜNCHEN Der O. wurde 1880 von Dilettantenmusikern gegründet. Sein langjähriger Dirigent war der Akademieprofessor Heinrich Schwartz. Sein Ziel war es, unbekannte Musik des Barock, der Klassik und der Gegenwart aufzuführen. Als Solisten traten auch bekannte professionelle Künstler auf.
Lit.: *Orchesterverein*, Jubiläums-Festschrift zum 100-jährigen (F. M.)

OSTERMAYR – MÜNCHENER KUNSTFILM Die erste bayerische Filmfabrikationsfirma wurde 1907 von dem Kunstphotographen Peter O. gegründet. 1912 stellte er den ersten dramatischen Film ›Die Wahrheit‹ her. 1913 vergrößerte er sein Unternehmen und eröffnete zusätzlich eine Kopieranstalt. Neben Martin Kopp gehörte er zu den Pionieren der bayerischen Filmindustrie. Bis Kriegsende wurde München so nach Berlin zur zweiten Filmmetropole Deutschlands.
Lit.: *Kuhlo*, Geschichte (K.-M. H.)

PALASTBAUSTIL P. ist die abwertende zeitgenössische Bezeichnung für eine architektonische Haltung in der zweiten Hälfte des 19. Jahrhunderts, die bei Zweckbaufassaden Monumentalbauelemente verwandte. Typisch für Bauten des P. ist die Anlehnung an die Architektur italienischer Renaissance-Palazzi und die Imitation von Hausteinfassaden in Putz.
Qu.: *Steinbach*, Münchener Volksschulhauses (1909) (B. H.)

PAVILLON-BAUWEISE Die Vorschrift sah nach zwei bis drei Gebäuden mit bis zu 45 Metern Gesamtlänge die Anlage von zwei nebeneinanderliegenden Einfahrten vor. Erlaubt waren in der Regel Erdgeschoß mit drei Stockwerken. Im Gegensatz dazu stand die ›geschlossene Bauweise‹ mit geschlossener Zeilenbebauung.
Qu.: *Bertsch*, Stadterweiterung (1912) (D. K.)

PERUTZ (TROCKENPLATTENFABRIK) Die Fabrik P. wurde 1871 gegründet. 1881 verlegte Otto P. das Schwergewicht der Fabrikation auf photographische Artikel und produzierte Entwickler, Fixierbäder und sonstige Photochemikalien, sowie Blitzlichter und später auch Filme für die Münchener Filmindustrie. Die Forschungen der Firma führten zu verschiedenen bahnbrechenden und erfolgreichen Plattentypen.
Lit.: *Krätz*, Zur Entwicklung; *Kuhlo*, Geschichte (K.-M. H.)

PFLASTERZOLL Die Stadt München erhob gemäß Gewerbesteuergesetz von 1881 P. für gewerbliche Erzeugnisse, die in der Stadt produziert oder in das Stadtgebiet gebracht wurden. Für einen Zentner Steinkohle zum Beispiel war ein Pfennig zu entrichten; zur Kontrolle standen an den Einfallstraßen eigene Stationen. Diese Art der Besteuerung brachte der Stadt über eine Million Mark jährlich, zugleich aber erschwerte sie die Wettbewerbsfähigkeit von Handel und Industrie.
Qu.: Exemplarisch StaatsAM, RA 65 148 (E. K.)

PHALANX Die Münchner Künstlervereinigung Ph. wurde von Wassily Kandinsky als Forum des Kampfes der Avantgarde gegen den erstarrten Münchner Kulturbetrieb gegründet. Auf einer ersten Ausstellung im August 1901 wurden neben Werken von Kandinsky und Ernst Stern die ›Scharfrichter‹-Masken von Wilhelm Hüsgen und Marionetten von Waldemar Hecker gezeigt. Im folgenden Winter entstand eine Ph.-Kunstschule. Mit einer Ausstellung in Darmstadt 1904 endete die Ph.
Lit.: *Weiss*, Kandinsky, S. 57–72 (W. S.)

POLYTECHNISCHER VEREIN Der P. wurde 1815 zunächst als private Gesellschaft gegründet. Ein Jahr später übernahm er durch königlichen Erlaß auch die Förderung der bayerischen Kunst und des Gewerbes sowie den Transfer von Innovationen und neuen Produktionen. Daher erstellte er auch Gutachten für Gewerbetreibende und Behörden. Veröffentlicht wurden die Ergebnisse in der eigenen Zeitschrift, die nach 1868 unter dem Titel ›Bayerisches Industrie- und Gewerbeblatt‹ erschien.
Lit.: *Pfisterer*, Der Polytechnische Verein (M. S.)

PRINZREGENTENTHEATER Das P. wurde am 20. 8. 1901 eröffnet. Es diente vor allem als Spielstätte der allsommerlichen Richard-Wagner-Festspiele. Sein Bau geht auf einen Plan von Richard Wagner zurück, der allerdings auf ganz andere Weise von dem Intendanten Ernst von Possart verwirklicht wurde: Kommerzielle Aspekte standen im Vordergrund. Die Wagnerfestspiele lockten zahlreiche Touristen in die Isarstadt.
Lit.: *Köwer*, Die Geschichte des Prinzregententheaters, S. 11 ff. (F. M.)

PSCHORR-BRAUEREI Die spätere drittgrößte Brauerei Münchens wurde 1820 von Joseph Pschorr erbaut. Dessen Sohn Georg führte 1854 als erster in München das Flaschenbier ein. Der Enkel des Gründers, Kommerzienrat Georg Pschorr, verlegte 1897 den Betrieb in die Bayerstraße, der 1894 von seinen Söhnen August und Georg Theodor übernommen wurde. Um 1914 lieferte die Brauerei bei 400 Beschäftigten an die 400 000 Hektoliter Bier.
Lit.: *Roth*, Pschorrbräu; *Pschorrbräu AG* (Hrsg.), 150 Jahre Pschorrbräu; *Ragl*, Pschorrbräu (K.-M. H.)

FRANZ RADSPIELER & CIE., (KÖNIGLICH BAYERISCHE HOF-VERGOLDERWAREN- UND MÖBELFABRIK) Die Firma wurde 1840 von Joseph Radspieler und Anton Lippert gegründet. Sie stellte Bilder- und Spiegelrahmen her, stattete luxuriöse Prunk- und Wohnräume aus und restaurierte Kirchen und Repräsentationsbauten wie die Residenz und den alten Rathaussaal in München. Die Firma zählte zu den größten ihres Gebietes in Europa.
Qu.: *Kahn*, Münchens Großindustrie (1891) (K.-M. H.)

RANK (BAUGESCHÄFT) Im Jahr 1899 übernahmen die drei Brüder Josef, Franz und Ludwig R. das Baugeschäft ihres Vaters. In der Folgezeit bestimmte das Unternehmen die architektonische Entwicklung Münchens mit. Für die künstlerische Gestaltung der Bauten zeichnete meist Franz R. verantwortlich, der im Atelier Martin Dülfers gelernt hatte. Das Unternehmen war eines der ersten in Deutschland, das mit Eisenbeton arbeitete. Darüber hinaus hatte sich die Firma auf Fabrik- und Silobauten spezialisiert.
Lit.: *Rank, Gebrüder* (Hrsg.), 125 Jahre Rank (U. W.)

RATHGEBER (WAGGONFABRIK) Joseph R. gründete 1839 in München eine Huf- und Nagelschmiede. 1851 entstand die Fabrik, in der zunächst Straßenfahrzeuge, ab 1855 auch Eisenbahngüterwagen hergestellt wurden. Später kamen Personen- und Luxuswaggons hinzu, 1896 Bei- und Triebwagen für die Münchner Trambahnen. Der Betrieb wurde 1907 bis 1911 nach Moosach verlegt und 1911 in eine AG umgewandelt. Zur Produktion gehörten außerdem Spezialtransportwagen, Militärfahrzeuge, Dachstühle, Treppen und Brücken.
Lit.: *Laturell/Mooseder*, Moosach (K.-M. H./E. J.)

REGIONALSTIL Der Begriff wurde vermutlich vom österreichischen Architekturhistoriker Friedrich Achleitner geprägt. Er bezeichnet eine dem Heimatstil nahestehende Bauweise, die traditionelle Architekturelemente einer bestimmten Architekturlandschaft mit modernen Bauformen verbindet (auch ›Regionalromantik‹ genannt).
Lit.: *Achleitner*, Österreichische Architektur (D. K.)

REISEPREDIGER Als nach der konfessionellen Gleichstellung 1803 sich auch im rein katholischen Oberbayern Evangelische ansiedelten, genehmigte 1849 König Max II. die Anstellung eines eigenen R. Dieser besuchte zum Beispiel 1859 zu Fuß, mit Kutsche, Bahn und Schlitten 1200 Gemeindemitglieder an 155 Orten. Die wachsende Zahl evangelischer Gruppen erforderte von 1860 bis 1908 die Aufteilung des Gebiets auf fünf R.
Lit.: *Daumiller*, Südbayerns evangelische Diaspora (H. M.)

RETTUNGSANSTALT FÜR GEFALLENE MÄDCHEN Im 19. Jahrhundert wurden in allen größeren Städten des Deutschen Reiches Zufluchtsstätten und Zwangserziehungsanstalten vor allem für jugendliche Prostituierte errichtet. Diese Fürsorgetätigkeit lag meist in kirchlichen Händen. Durch Gebet und strenge Arbeitsdisziplin sollten die ›Büßerinnen‹ zu einem geordneten Leben zurückgeführt werden. In München wurde für Katholikinnen das ›Kloster der Frauen zum Guten Hirten‹ im Jahre 1840 und für Protestantinnen das ›Magdalenenasyl‹ im Jahre 1867 gegründet.
Qu.: *Linse*, Handbuch des Mädchenschutzes (1908) (S. L.)

REVISOR (FERTIGUNGSKONTROLLEUR) Ein Beruf, der den neuen Anforderungen der Serien- und Massenfertigung Rechnung trägt. Der R. kontrolliert die hergestellten Werkstücke auf Abmessung und Form und gibt sie für den Zusammenbau frei. Bei der Endkontrolle überprüft er die montierten Maschinen oder Aggregate auf Funktion und saubere Verarbeitung und verfügt die Auslieferung an den Kunden. (M.D.)

RIEMERSCHMID-SCHULE 1862 gründeten Anton Riemerschmid und Matthias Reischle eine private ›Handelslehranstalt für Frauenzimmer‹, die 1898 von der Stadt München übernommen wurde und noch heute besteht. Seit 1931 erteilt sie die Mittlere Reife; 1985 erwarben die ersten Schülerinnen zugleich eine abgeschlossene Berufsausbildung.
Lit.: 125 Jahre Städtische Riemerschmid Wirtschaftsschule (Festschrift) (I.B.)

RINGBAHN Seit 1888 plante der Münchner Magistrat wegen der bevorstehenden Eingemeindungen und der zunehmenden Industrialisierung der Stadt, für den Güterverkehr und für militärische Zwecke eine R. um München anzulegen. Zahlreiche Fabriken verfügten somit über ein eigenes Industriegeleise. Nach über 20jähriger Bauzeit konnten alle Teilstrecken in Betrieb genommen werden.
Qu.: Verkehrsarchiv Nürnberg 10 230; StadtAM z.B. Verkehr 48 (E.K.)

RINGOFEN Der R., wichtigste industrielle Innovation der Ziegelherstellung, beschleunigte in Bayern die Einrichtung von mehr als 4000 Ziegeleien. Der Berliner Baumeister Friedrich Hoffmann entwickelte das R.-System 1859 zur Patentreife. Der R. sparte zwei Drittel des Brennmaterials, steigerte die Produktionszahlen und veränderte auch die gesamte Anlage einer Ziegelei: Die überschüssige Wärme wurde zum rascheren Abtrocknen der noch ungebrannten Ziegel in die kreuzförmig um den Ofen angeordneten Trockenstadel geleitet.
Lit.: Kasberger, Ziegeleien (E.K.)

ROECKL, JAKOB (HANDSCHUHFABRIK) Die Fabrik wurde 1845 von J.R. (geb. 1808, gest. 1874) gegründet und 1867 von dessen Sohn Christian übernommen, der im gleichen Jahr den Export nach England und 1870 nach den USA aufnahm. 1871 bis 1880 erfolgte der Neubau der Fabrik an der Staubstraße (heute Roecklplatz) mit einer Gerberei und Färberei. Um 1890 beschäftigte die Firma über 1400 Personen und produzierte jährlich 50 000 Paar Handschuhe.
Qu.: Kahn, Münchens Großindustrie (1891)
Lit.: Trautmann, 100 Jahre Lederhandschuhfabrik (K.-M.H.)

ROSENTHAL, JACQUES (BUCH- UND KUNSTANTIQUARIAT) 1895 gründete der jüngere Bruder des renommierten Münchner Antiquars Ludwig R. (geb. 1840, gest. 1928) ein eigenes Geschäft, erst in der Karlstraße, später Brienner Straße. R. bemühte sich vor allem um intensive Kontakte zur Kunstwissenschaft und gab etliche profunde Kataloge heraus. Er erhielt vor allem außerhalb Bayerns etliche Auszeichnungen.
Lit.: Christians (v. Möller), Kunsthandel (S.v.M./M.K.)

RUPERTUSHEIM Das R. wurde als Vereinshaus des ›Arbeitervereins München West‹ errichtet und am 8.3.1896 eingeweiht. 1918 wandelte sich der Arbeiterverein in die ›Baugenossenschaft R.‹ um, die 1927 das Vereinshaus als ihr ›Rupertusheim‹ übernahm. Es besaß einen großen Saal für Versammlungen, Fahnenweihen, Hochzeiten oder Theater. 1978/80 wurde es im Zuge der Sanierung des Westends abgerissen.
Lit.: Festschrift zu Fünfundsiebzig Jahre Wohnungsgenossenschaft München-West (AG-A.)

SCHLACHT- UND VIEHHOF Der am 31.8.1878 eröffnete S.- u. V. zählte damals zu den größten seiner Art. Der Bauherr war die Stadt München, den Plan dazu erstellte Arnold Zenetti. Der S.- u. V. umfaßte sechs Schlachthallen, drei Markthallen, eine Kuttlerei, eine Wirtschaft, eine Sanitätsanstalt und Stallungen im Süden der Anlage. Die Lieferung der Tiere erfolgte mit der Bahn oder dem Fuhrwerk. An einem Tag konnten oft bis zu 2900 Tiere geschlachtet werden. Er ist heute noch in Betrieb.
Qu.: Vierheilig, Schlacht- und Viehhof (1906) (M.S.)

SCHLAFGÄNGER S. waren Personen, die nur für die Nacht ein Bett mieteten. In einem Zimmer konnten sich mehrere S. befinden. Die Betten waren teilweise Tag und Nacht – wegen der Schichtarbeit – belegt. Diese Wohnform wurde oft von jungen, ledigen Zuwanderern gebraucht. In der Praxis hatten die S. jedoch meistens das Recht, sich auch tagsüber in der Wohnung des Hauptmieters aufzuhalten.
Qu.: Altenrath, Schlafgängerwesen (1907) (G.N.)

G. SCHNEIDER & SOHN (WEIZENBIERBRAUEREI) Der ehemalige Pächter des ›Königlichen Weißen Bräuhauses‹ Georg Sch. kaufte 1872 das Maderbräuanwesen und richtete dort eine Weißbierbrauerei ein. 1903 wurde im Tal ein Neubau errichtet und 1913 dem Unternehmen die St.Michaelsbrauerei in Berg am Laim angegliedert. Zu den Spezialitäten der Brauerei, die im Sudjahr 1888 etwas über 13 000 Hektoliter herstellte, gehörten der ›St.Aventinus‹, der ›Mai-‹ und ›St.Michaelsbock‹.
Lit.: Sailer, Bier-Chronik; Kuhlo, Geschichte (K.-M.H.)

SCHULAUFSICHT Mit Verordnung vom 3.8.1803 und vom 15.9.1808 wurde die S. in Bayern als staatliche Aufgabe geregelt. Die geistliche S. bestand weiter, wirkte aber im Namen des Staates. 1870 wurden erste Stadtschulratsstellen mit weltlichen pädagogischen Fachkräften eingerichtet. Erst am 1.8.1922 ersetzte man die geistliche S. völlig durch die Fachaufsicht.
Lit.: Reble, Schulwesen (I.B.)

SCHWADRON DER PAPPENHEIMER Gegründet 1857 durch Angehörige der gehobenen Handwerker- und Bürgerschicht, brachte die S. ihre romantisch-historisierenden Vorstellungen in Satzung und Umgang zum Ausdruck: Sie nahm sich die Wallensteinzeit zum Vorbild. Im Vordergrund ihrer Versammlungen stand jedoch nicht eine Rückbesinnung auf die Vergangenheit, sondern die Pflege der Geselligkeit in einem außergewöhnlichen Rahmen.
Lit.: Dihm, Pappenheimer (H.G.)

SCHWEMM-KANALISATION Die S. ist ein unterirdisches Kanalsystem, durch das alle Abwässer und Niederschlagswasser abgeschwemmt und in Flüsse eingeleitet werden. Das dafür in München angelegte Kanalsystem mit dem Hauptauslaßkanal in die Isar wurde 1893 in Betrieb genommen und in den folgenden Jahren weiter ausgebaut.
Qu.: Loesch, Chronik der Stadtentwässerung (E.A.)

SHEDHALLENFABRIK Gegen Ende des 19.Jahrhunderts wurden zunehmend Fabrikbauten, Markthallen und Ausstellungsgebäude mit Shed- oder Sägedächern versehen. Diese bestanden aus einer Aneinanderreihung von Pultdächern mit abwechselnd einer steilen (90 Grad) und einer flacheren (60 bis 70 Grad) Seite. Die nach Norden gewandte Steilfläche war verglast und ermöglichte in den Räumen einen gleichmäßigen und guten Lichteinfall ohne Störung durch Sonnenstrahlen.
Qu.: Das Buch der Erfindungen, Gewerbe und Industrien (1896–1901)
Lit.: Franke (Hrsg.), Lexikon der Technik (K.-M.H.)

JOS. SEDLMAYR, BRAUEREI ZUM FRANZISKANERKELLER (›LEISTBRÄU‹) J.S., der Bruder des Spatenbräubesitzers Gabriel S., kaufte 1842 den Leistbräu und 1861 den Franziskanerkeller. 1875 übergab er die Firma seinem Sohn, dem späteren Geheimen Kommerzienrat Gabriel v.S., der sie 1908 in eine AG umwandelte, deren Kapital um 1910 vier Millionen Mark betrug und die im Sudjahr 1914 über 300 000 Hektoliter Bier herstellte und etwa 500 Beschäftigte zählte.
Qu.: Kahn, Münchens Großindustrie (1891)
Lit.: Sailer, Bier-Chronik (K.-M.H.)

SIMPLICISSIMUS 1896 von Albert Langen gegründet, erreichte die satirische Monatszeitschrift bald mit einer Auflage von 100 000 Exemplaren außerordentliche Verbreitung. Sie übte bissige Kritik an wilhelminischem Obrigkeitsstaat und Militarismus sowie kirchlicher und spießbürgerlicher Scheinheiligkeit, was wiederholt zu ihrer Beschlagnahme führte. Mitarbeiter waren Ludwig Thoma, Frank Wedekind, Thomas Theodor Heine.
Lit.: Ausst. Kat. Simplicissimus (R.E.)

SIMULTANSCHULEN In S. wurden – im Gegensatz zu den Konfessionsschulen – Kinder aller Bekenntnisse von Lehrern aller Bekenntnisse unterrichtet. Lediglich der Religionsunterricht fand getrennt statt. Die von den Liberalen geforderte und unterstützte Einführung der S. mit dem Ziel, die Religion aus dem gesellschaftlich-politischen Bereich zu verdrängen, scheiterte 1883. Die Zahl der S. in München blieb bis 1921 auf zwei beschränkt.
Lit.: Sonnenberger, Der neue ›Kulturkampf‹ (E.A.)

SITTLICHKEITSVEREINE Zur Förderung der Sittlichkeit bildeten sich vor allem ab den achtziger Jahren des 19. Jahrhunderts zahlreiche bürgerliche, inhaltlich und konfessionell unterschiedliche S. Zu ihren bekanntesten Vertretern zählten der Zentrumspolitiker H.Roeren, Pastor L.Wag-

ner, Hanna Bieber-Böhm und Katharina Scheven. Die wichtigsten Münchner S. waren der ›Verein zur Hebung der öffentlichen Sittlichkeit‹, der für die Abschaffung der staatlich reglementierten Prostitution eintrat und der ›Münchener Männerverein zur Bekämpfung der öffentlichen Unsittlichkeit‹, der gegen ›Schmutz und Schund‹ in Wort und Bild kämpfte.
Lit.: *Greven-Aschoff*, Frauenbewegung   (S. L.)

SPATEN-BRAUEREI – GABRIEL SEDLMAYR 1807 kaufte der Kgl. Hofbräumeister G. S. die Brauerei zum Spaten. 1839 übernahmen seine Söhne Josef und Gabriel das Geschäft, das dann in den Alleinbesitz Gabriels überging, der es 1874 an seine Söhne Karl, Johann und Anton übergab. Die zweitgrößte Brauerei Münchens in der Marsstraße produzierte um 1914 mit über 600 Arbeitern insgesamt eine halbe Million Hektoliter Bier, von denen etwa die Hälfte in München abgesetzt wurde.
Lit.: *Schröder* (Hrsg.), Internationale Industriebibliothek, Bd. 28: Spaten-Franziskaner-Leistbräu; *Sedlmayr*, Geschichte der Spatenbrauerei   (K.-M. H.)

STADTBAUAMT München richtete 1867 ein S. ein, dem das gesamte Bauwesen der Gemeinde unterstand und dessen Vorstand technisches Mitglied des Magistrats war. Es umfaßte zunächst drei Abteilungen. 1912 war es auf zehn Abteilungen angewachsen, davon allein vier für Hochbau und Stadterweiterung. Stadtbauräte waren Arnold von Zenetti (1867 bis 1891), Wilhelm Rettig (1891 bis 1895) und ab 1895 Adolf Schwiening.
Qu.: *Bay. Arch. u. Ing.-Verein* (Hrsg.), München und seine Bauten (1912)   (B. H.)

STADTERWEITERUNGSBÜRO (-REFERAT) Nach dem Münchner Stadterweiterungswettbewerb von 1891/93 durch Oberbaurat Wilhelm Rettig gegründet, um aus den vier prämierten Entwürfen einen einheitlichen ›Generalplan‹ zu entwickeln, hatte das S. bis 1901 für den größten Teil Münchens und seiner Vororte eine Rahmenplanung ausgearbeitet, die in die Staffelbauordnung von 1904 einging und noch bis heute das Bild Münchens bestimmt.
Lit.: *Fisch*, Stadtplanung   (S. F.)

SUBMISSIONSWESEN Unter S. versteht man die Vergabe öffentlich ausgebotener Arbeiten oder Materiallieferungen aufgrund schriftlich eingereichter geheimer Angebote. Nach der Aufhebung der Zünfte (in Bayern 1868) erlangte das S. große Bedeutung insbesondere bei der Vergabe staatlicher und städtischer Bauten.
Qu.: *Huber*, Submissionswesen (1885)   (K.-M. H.)

TECHNISCHE HOCHSCHULE (TH) – STUDENTENZAHLEN

Abteilungen	Anzahl
allgemeine	121
Ingenieur	76
Hochbau	85
mechanisch-technische	171
landwirtschaftliche	27
Gesamt	480

Qu.: *Seiferth/Probst* (Hrsg.), Münchener Jahrbuch (1888)   (M. I.)

TERRAINGESELLSCHAFTEN Organisiert als AG oder GmbH, kauften sie in Berlin seit 1870, in München seit 1890 in spekulativer Absicht große unbebaute Areale (Terrains) auf und verkauften sie nach ihrer Erschließung durch Straßenanlage (in Neubaugebieten und den Eignern zu finanzieren) und Parzellierung als Baugrundstücke weiter; durch die ›Immobiliarkrisis‹ seit 1900 mußten weniger solide Gesellschaften bald Konkurs anmelden.
Lit.: *Fisch*, Grundbesitz und Urbanisierung   (S. F.)

HERMANN TIETZ Die Firma wurde 1882 anläßlich der Übernahme eines kleinen Textilgeschäftes in Gera von Oskar T. (geb. 1858 Birnbaum, gest. 1923 München) und dessen Großonkel Hermann T. gegründet. 1889 eröffnete Oskar T. das Warenhaus ›Hermann T.‹ im ›Haus Imperial‹ in München als eines der ersten Warenhäuser des Reiches. Es wurde bis 1905 zweimal erweitert. Die Firma besaß bald zahlreiche Filialen, gemeinsam mit den Firmen A. Wertheim und Leonhard T. war sie während des Kaiserreichs auf dem Sektor der Warenhausbetriebe führend.
Lit.: *Tietz*, Hermann Tietz   (E.-M. T.)

TRANSMISSION Ein Arbeitssystem, das – getrieben von einer zentralen Kraftmaschine (Dampfmaschine; Elektro- oder Dieselmotor) – über die Haupttransmissionswelle durch Räder und die flachen Treibriemen die Stufenscheiben der Werkzeugmaschinen in Bewegung setzt. Drehzahländerungen werden mit der Hilfe eines Vorgeleges erreicht; dieses besteht aus festem und losem Rad, das mit der Welle nicht kraftschlüssig verbunden ist, und aus einer Riemengabel.
Lit.: *Mommertz*, Bohren, S. 166 f.; *Greiner*, Transmission   (M. D.)

UNIVERSITÄT – STUDENTENZAHLEN

Abteilungen	Anzahl	davon Nichtbayern
theologische	137	30
juristische	1144	283
staatswirtschaftliche	117	51
medizinische	1186	678
philosophische		
I. Sektion	324	134
II. Sektion	234	172
Pharmazeuten	225	154
Gesamt	3367	1502

Qu.: *Seiferth/Probst* (Hrsg.), Münchener Jahrbuch (1888)   (M. K.)

VERBRAUCHSSTEUERN UND ZÖLLE IN MÜNCHEN Neben Gebühren, Strafgeldern und Staatszuschüssen wurde der städtische Haushalt von den ›Gefällen‹ getragen. Bis 1912 gehörten zu diesen: der Aufschlag auf Mehl und Mahlgetreide, Fleisch und Wildpret, eine Schrannen- und Hopfendeklarationsgebühr, ein geminderter und allgemeiner Pflasterzoll, ein Viehzoll und der Lokal-, Malz- und Bieraufschlag; letzterer betrug zum Beispiel im Jahre 1888 für den Hektoliter 1,31 Mark.

Qu.: *Seiferth/Probst* (Hrsg.), Münchener Jahrbuch (1888)   (K.-M. H.)

VEREIN ARBEITERSCHUTZ Lorenz Huber gründete den V. 1891 als Vorläufer der christlichen Gewerkschaften in München. Der V. wollte die materiellen Interessen seiner Mitglieder fördern und schützen sowie gegen Mißstände am Arbeitsplatz vorgehen, wobei auch Streiks möglich sein sollten. 1899, mit der Gründung der christlichen Gewerkschaften, löste sich der V. auf.
Lit.: *Denk*, Christliche Arbeiterbewegung,   (M. N.)

VEREIN FÜR FRAUENINTERESSEN Dieser bedeutendste Münchner Frauenverein wurde 1894 als ›Gesellschaft zur Förderung der geistigen Interessen der Frau‹ von Anita Augspurg und Baronesse Elvira von Barth gegründet. Die Mehrzahl der Mitglieder stammte aus der gehobenen Mittelschicht; auch Männer konnten dem V. beitreten. Bis 1912 führte Ika Freudenberg den Vorsitz, anschließend Luise Kiesselbach. Mit Petitionen, Schriften und Vorträgen kämpfte der V. für die Gleichstellung der Frau. Er unterstützte weibliche Erwerbs- und Bildungsbestrebungen und engagierte sich in der bürgerlichen Wohlfahrtspflege.
Lit.: *Bruns*, Weibliche Avantgarde, S. 191–219   (S. L.)

VEREIN FÜR VOLKSKUNST UND VOLKSKUNDE Der V., am 15. 6. 1902 im Münchner Künstlerhaus gegründet, wurde 1916 Landesverein des (seit 1904) reichsweiten ›Bund Heimatschutz‹, 1938 umbenannt in ›Bayerischer Heimatbund e. V. Landesstelle für Volkskunde‹, heute ›Bayerischer Landesverein für Heimatpflege‹. Die erste Satzung nannte als Zweck, ›das Verständnis für das Überkommene wieder zu erwecken‹, 1916 dann ›alle Aufgaben des Heimatschutzes‹. Zu seinen Mitgliedern gehörten August Thiersch, Hans Grässel, Franz Zell, Gustav Kahr, Georg Callwey.
Qu.: Festschrift des V. (1912)   (R. F.)

VEREINIGTE WERKSTÄTTEN FÜR KUNST IM HANDWERK Im Anschluß an die 1897 erstmals im Glaspalast zugelassene Gruppenausstellung des Kunstgewerbes wurden die V. von deren Wortführern, unter ihnen Richard Riemerschmid und Hermann Obrist, 1898 gegründet. Ziel der Gemeinschaft sollte sein, vom Künstler entworfene Innenausstattungen herzustellen und zu vertreiben. Die Leitung des expandierenden Unternehmens mit Niederlassungen in Berlin und Bremen hatte bis 1912 Franz A. O. Krüger inne. Die Produktion war von handwerklichem, gediegenem Zuschnitt, seit 1908 kam ein Typenmöbelprogramm nach Entwürfen von Bruno Paul heraus.
Lit.: *Günther*, Interieurs   (C. S.-S.)

VETERANEN- UND KRIEGER-VEREIN DER KÖNIGLICH BAYERISCHEN HAUPT- UND RESIDENZSTADT MÜNCHEN Der V. entstand aus einem 1835 in der Au gegründeten Kriegerverein. Sein stürmischstes Wachstum erlebte er nach dem deutsch-französischen Krieg 1870/71. Im Vordergrund des Vereinslebens stand die Kamerad-

schaftspflege, politische Manifestationen waren sehr selten und beschränkten sich auf die Teilnahme an Gedenkfeiern wie dem Sedanstag.
Lit.: *Werner*, Ein Jahrhundert (H.G.)

VINZENZ-VEREINE Die ersten V. Münchens wurden 1844 in der Pfarrei St. Ludwig gegründet, weitere Zweigvereine (Konferenzen), folgten. Hauptaufgabe dieses zweitgrößten Münchner privaten Wohltätigkeitsvereines war die Kinder- und Altenpflege, vor allem aber die Versorgung Armer. Die Finanzierung erfolgte durch Spenden, Mitgliedsbeiträge und Renten aus vereinseigenen Stiftungen, sowie dem Glückshafen auf der Auer Dult. V., nach dem Heiligen Vinzenz von Paul, gab es in ganz Europa. Noch heute existieren sie in verschiedenen Münchner Pfarreien.
Lit.: *Kühle*, Münchener Vinzenzverein (T.G.)

VOLKSBÜRO Das V., von Lorenz Huber 1894 in München gegründet, sollte Angehörigen der unteren Schichten Auskünfte in Versicherungs- und Rechtsangelegenheiten erteilen und Schriftsätze anfertigen. Es beschäftigte zwei hauptamtliche Sekretäre und war Vorläufer und Pendant zu den sozialistischen Arbeitersekretariaten.
Qu.: *Gasteiger*, Die christliche Arbeiterbewegung (1908) (M.N.)

VOLKSHYPOTHEKENBANKEN Die Einrichtung von V. als Baubanken zur Finanzierung gemeinnütziger Bauvorhaben wurde ab der Jahrhundertwende in Kreisen der Wohnungsreformer diskutiert. Das Kapital sollte in Form von Baupfandbriefen mit Staatsbürgschaft beschafft werden.
Qu.: Zeitschrift für Wohnungswesen in Bayern (1903) (AG-A.)

WAHLKREIS MÜNCHEN I Der Landtagswahlkreis M. I deckte sich nicht mit dem Reichstagswahlkreis M. I. Letzterer umfaßte 1871 bis 1912 das gesamte Innenstadtgebiet mit 1905 150000 Einwohnern, das einen Abgeordneten wählte. Der Landtagswahlkreis M. I umfaßte bis zur Wahlrechtsänderung 1905 die Bezirke der Stadt links der Isar mit 365000 Einwohnern und wählte fünf Abgeordnete. Noch 1905 wurde die ganze Stadt in 12 Einmannwahlkreise eingeteilt.
(M.N.)

WAHLKREIS MÜNCHEN II Der Reichstagswahlkreis M. II umfaßte 1871 bis 1912 die Arbeitervorstädte Münchens mit 1905 421000 Einwohnern, die einen Abgeordneten wählten. Der Landtagswahlkreis umfaßte im wesentlichen die Stadt München rechts der Isar mit 1905 134000 Einwohnern, die bis zur Wahlrechtsänderung einen Abgeordneten wählten.

Qu.: Zeitschrift des Kgl. bayerischen stat. Bureaus (1905) (M.N.)

WERKSTÄTTENORGANISATION Während in den kleinen Werkstätten ein Endprodukt von einem Arbeiter sukzessive hergestellt wurde, organisierte man die Produktion in großen Werkstätten so, daß man die ursprünglich einheitlichen Arbeitsvorgänge ›am Werkstück‹ zerlegte: Verschiedenen Bearbeitern wurden die jeweiligen Arbeitsgänge zugeteilt und periphere Produktionsabschnitte ausgegliedert. In größeren Betrieben spezialisierte man ganze Säle (Dreherei) und strukturierte Arbeitsgruppen (Montagekolonnen) nach Produktionsobjekten.
Lit.: *Kocka*, Manufaktur, S. 273 f.; *Weber*, Wirtschaft, S. 85 f. (M.D.)

G. ZUBAN (Zigarettenfabrik) Georg Z. gründete 1881 seinen Betrieb in München. Zur Vergrößerung wandelte er ihn 1904 in eine GmbH um und stellte 1905 die ersten Maschinen auf, von denen jede pro Stunde 20000 Zigaretten lieferte. Mit dem Aufstieg zum Großbetrieb produzierte er um 1912 bereits fünf Prozent aller in Deutschland konsumierten Zigaretten.
Qu.: *Fritz*, München (1913)
Lit.: *Kuhlo*, Geschichte (K.-M.H.)

Autoren des Glossars

E. A. (Elisabeth Angermair), AG. A. (Arbeitsgemeinschaft Architektur: Ruth Dörschel, Martin Kornacher, Ursula Stiglbrunner, Sabine Staebe), B. B. (Barbara Beck), S. B. (Stephan Bleek), I. B. (Irmgard Bock), M. D. (Manfred Döbereiner), R. E. (Roger Engelmann), R. F. (Reinhard Falter), S. F. (Stefan Fisch), N. G. (Norbert Götz), H. G. (Hans Groß), T. G. (Thomas Guttmann), K.-M. H. (Karl-Maria Haertle), B. H. (Barbara Hartmann), B. Hec. (Boris Heczko), M. I. (Markus Ingenlath), E. J. (Elisabeth Jüngling), H. K. (Heidi Karch), E. K. (Erich Kasberger), D. K. (Dieter Klein), M. K. (Marita Krauss), S. L. (Sybille Leitner), H. M. (Hugo Maser), F. M. (Franzpeter Messmer), S. v. M. (Susanne von Möller), H.-J. N. (Hans-Jörg Nesner), G. N. (Gerhard Neumeier), M. N. (Merith Niehuss), C. S.-S. (Clementine Schack-Simitzis), W. S. (Walter Schmitz), B. S. (Bernhard Schoßig), C. S. (Clelia Segieth), E. S. (Eva Strauß), M. S. (Martin Strom), E.-M. T. (Eva-Maria Tiedemann), U. W. (Uli Walter)

Bibliographie

Die Bibliographie gliedert sich in:
Ungedruckte Quellen – Gedruckte Quellen – Jahresberichte, Geschäftsberichte – Periodika – Im Rahmen des Projektes entstandene und entstehende Magisterarbeiten und Dissertationen – Verwendete Literatur

Die in den Anmerkungen durch Jahreszahlen in Klammern gekennzeichneten Werke sind unter der Kategorie ›Gedruckte Quellen‹ aufgelöst. Ausstellungskataloge und Festschriften ohne Autor und Herausgeber finden sich innerhalb der ›Gedruckten Quellen‹ und der ›Literatur‹ unter den Buchstaben A und F, andere Werke ohne Herausgeber oder Autor unter dem ersten Substantiv des Titels. Etliche der gedruckten Quellen besitzt nur die Monacensia-Abteilung der Stadtbibliothek München. Artikel aus Tageszeitungen wurden nicht in die Bibliographie aufgenommen.

UNGEDRUCKTE QUELLEN

Bayerisches Hauptstaatsarchiv München (BayHStA), Abt. II
Finanzministerium (MF)
Handelsministerium (MH)
Justizministerium (MJu)
Oberste Baubehörde (OBB)
Staatsministerium des Innern (MInn)
Staatsministerium des Innern für Kirchen- und Schulangelegenheiten (MK)
Staatsministerium des kgl. Hauses und des Äußern (MA)
Staatsministerium für Arbeit (MArb)
Staatsministerium für Wirtschaft (MWi)

Bayerisches Hauptstaatsarchiv München, Abt. III, Geheimes Hausarchiv
Nachlaß des Prinzregenten Luitpold

Bayerisches Hauptstaatsarchiv München, Abt. IV,
Kriegsarchiv (MKr); BayHStA KA alter Bestand
Staatliche Graphische Sammlung München
Nachlaß Hermann Obrist
Staatsarchiv München (StaatsAM)
Akten der Polizeidirektion (Pol. Dir.) und Streiknachweisungen
Akten der Regierung von Oberbayern (RA)
Amtsgericht – Landgericht München I
Finanzamt
Plakatsammlung
Staatsarchiv Neuburg
Stadtarchiv München (StadtAM)
Badeanstalten
Bauamt
Beleuchtungsamt
Berg am Laim
Bezirksinspektoren
Bürgermeister und Rat (B.u.R.)
Großmarkthalle
Hochbauamt
Katasteramt München
Kämmerei
Kulturamt
Laim
Lokalbaukommission
Moosach
Nachlaß Dillmann
Neuhausen
Oberföhring
Plansammlung
Planungsreferat
Polizeidirektion (Pol. Dir.)
Polizeimeldebögen
Ratsprotokolle (RP)
Schulamt
Sozialamt
Stadtchroniken
Statistisches Amt
Städtischer Grundbesitz
Thalkirchen
Tiefbauamt
Vereine
Verkehrsbetriebe, Verkehr
Wahlamt
Wohlfahrtsamt
Wohltätigkeitsstiftungen
Wohnungsamt
Stadtbibliothek München (StadtBMü), Handschriftenabteilung
Einzelne Dichternachlässe
Nachlaß Gumppenberg
Nachlaß »Neuer Verein«
Nachlaß Ruederer
Platzl-Liedertexte
Stadtbibliothek München, Monacensia-Abteilung (Mon)
Programme von Theatern und Kabaretts
Stadt München, Baureferat-Lokalbaukommission, Registratur
Universitätsarchiv München (UniversitätsAM)
Littera
Archiv der Industrie- und Handelskammer München (A IHK Mü)
Jahresberichte der Handels- und Gewerbekammer für Oberbayern 1880–1913
Archiv des Verkehrsmuseums Nürnberg
Volksbildungsarchiv
Maffei-Archiv
Beschäftigtenverzeichnis
Bildarchiv der Produktionsstätten
Siemens-Schuckert-Archiv (SSA)
Archiv der Wienerberger Ziegelfabriks- und Baugesellschaft (AWZB)
Archiv der Bayer. Hypotheken- und Wechselbank
Archiv des Provinzialrats der Kapuziner XVIII, München
Landeskirchliches Archiv (LKA) Nürnberg
Privatarchiv Vinzentium (A. priv. Vinzentium)
Vinzenz-Verein-Protokolle

GEDRUCKTE QUELLEN

Adreßbücher der königlichen Haupt- und Residenzstadt München, München 1875–1913
Ahlers-Hestermann, Friedrich: Stilwende. Aufbruch der Jugend um 1900, Frankfurt a. M. 1981
Akademische Unterrichtskurse für Arbeiter e. V. zu Berlin (Hrsg.): Rechenbuch für studentische Arbeiter-Unterrichtskurse, Berlin ³1910
Die Aktiengesellschaft Paulanerbräu in München, München 1911
Allwang, Hans: Die Neubauten der Waggonfabrik Jos. Rathgeber A.-G. in Moosach bei München, in: Deutsche Bauzeitung. Mitteilungen 12 (1915)
Altenrath: Schlafgängerwesen und seine Reform, Halle 1907
Amt für Statistik und Datenanalyse der Landeshauptstadt München (Hrsg.): 1875–1975, 100 Jahre Städtestatistik in München, München 1975
Anonym: Die Geheimnisse von München, München 1885
Anonym: Die Mißbräuche der militärischen Dienstgewalt und das Beschwerderecht, Stuttgart o. J. (etwa 1895)
Anonym: Nichtgeistliche Leichenrede am Grabe des Soldaten Anton Wickl, München 1893
Arbeiter-Fortbildungskurse. Ein Mahnruf zur sozialen Arbeit, in: Studentisches Taschenbuch Wintersemester 1908/09, München 1908
Die Arbeitslosenzählung von 1912, Sonderveröffentlichung des Statistischen Amtes der Stadt München, München 1913
Aubecq, Pierre d' (d. i.: Lindner, Anton): Die Barrisons – Ein Kunsttraum, Berlin 1897
Aufleger, Otto/Trautmann, Karl: Alt-München in Bild und Wort, München 1897
Auktionskataloge:
– Helbing, Sammlung Deutsch, München 1921
– Helbing, Sammlung Hefner-Alteneck, München 1904
– Helbing, Sammlung Georg Hirth, München 1898
– Helbing, Sammlung Georg Hirth, Deutsch-Tanagra, Porzellanfiguren des 18. Jahrhunderts, München 1898
– Helbing, Gallerie Henneberg, Zürich 1903
– Helbing, Sammlung Klopfer, München 1908
– Helbing, Sammlung Pannwitz, München 1905
– Helbing, Sammlung Martin Schubart, München 1899

- Helbing, Mannheimer Privatbesitz, München 1909
- Münchner ›Jugend‹, München 1899 ff.

Ausstellungskataloge:
- I. Ausstellung für Kunst im Handwerk, München 1901
- Böhler. Deutsche Skulpturen der Gotik, München 1890
- Galerie Heinemann. Englische Meister des 18. Jahrhunderts. Sammlung Ch. Sedelmeyer in Paris, München Februar bis März 1905 bzw. November 1906
- Galerie Heinemann. Altenglische Meister. Sammlung Ch. Sedelmeyer in Paris, München 1910
- Galerie Heinemann. Meister der Barbizon-Schule und ihre Zeitgenossen, München 1908
- Kunstverein München. Ausstellung der Gemälde aus der Privatgalerie weiland seiner Königlichen Hoheit des Prinzregenten von Bayern, München 1913
- offizieller Katalog der II. Plakatausstellung, München 1898
- ›Moderne Galerie Heinrich Thannhauser‹. Edouard Manet. Aus der Sammlung Pellerin, München 1910
- ›Moderne Galerie Heinrich Thannhauser‹. Dezember-Ausstellung 1910. Vincent van Gogh, München 1910
- ›Moderne Galerie Heinrich Thannhauser‹. Impressionisten-Ausstellung, München 1909

Auzinger, Peter: Kaiser Wilhelm II. in München. A boarischa Gruaß an Kaiser Wilhelm, in: *Steuerwald, Wilhelm:* München im Lied, München-Leipzig 1907

Batka, R.: Gesammelte Blätter über Musik, Leipzig 1903

Bauer, J. B.: Die mechanische Fassfabrikation und die I. Münchener Fassfabrik von Jos. Dorn, München 1890

Bauer, Richard: Das alte München. Photographien 1855–1912. Gesammelt von Karl Valentin, München 1982

Ders.: Zu Gast im alten München, München 1982

Bauer, Richard/Graf, Eva: Stadt im Überblick. München im Luftbild 1890–1935, München 1986

Baumeister, Reinhard: Stadt-Erweiterungen in technischer, baupolizeilicher und wirtschaftlicher Beziehung, Berlin 1876

Baumeister, R./Classen, J./Stubben, J.: Die Umlegung städtischer Grundstücke und die Zonenenteignung, Berlin 1897

Bayerischer Architekten- und Ingenieurverein (Hrsg.): München und seine Bauten, München 1912, Neudruck 1979

Bebel, August: Die Frau und der Sozialismus, Stuttgart 1919

Beck, Fritz: Kurzer Überblick über das Wintersemester 1911/12 der Münchner Fortbildungskurse für Arbeiter, in: Zeitschrift des Verbandes der Akademischen Arbeiter-Unterrichts-Kurse Deutschlands 1 (1912)

Beckh, Walter: Die Entwicklung und Lösung der Markthallenfrage in München, München 1911

Ein Beitrag zur Geschichte der königlichen Theater in München, München 1894

Beiträge zur Forschung, Studien und Mitteilungen aus dem Antiquariat Jacques Rosenthal, Erste Folge, München 1913–1915, Neue Folge, München 1927–1932

Bericht des Arbeiterbildungsvereins Vorwärts, in: Dreizehnter Jahresbericht des Arbeitersekretariats, München 1910

Bericht über die Ursachen und den Verlauf des Münchner Hafnerstreiks im Frühjahr 1897, München 1897

Bericht des Vereins »Lehrlingsschutz«, München o. J.

Berlepsch-Valendas, Hans Eduard von: Die Gartenstadt München-Perlach, München 1910

Berlioz, Hector: Instrumentationslehre, ergänzt und revidiert von Richard Strauss, Leipzig 1904 (Neuauflage 1955)

Bernatz, Karoline: Arbeiter-Konsumvereine in Bayern, in: Museum für Arbeiter-Wohlfahrtseinrichtungen in München, Dritter Jahresbericht, München 1903

Bernus, Alexander von: Meine Begegnung mit Karl Wolfskehl, in: *Heuschele, Otto* (Hrsg.): In memoriam Alexander von Bernus, Heidelberg 1966

Bertsch, Wilhelm: Stadterweiterung und Staffelbauordnung, in: Bayerischer Architekten- und Ingenieurverein (Hrsg.): München und seine Bauten, München 1912

Die gewerblichen Betriebe Münchens 1907. Ergebnisse der gewerblichen Betriebszählung vom 12. Juni 1907 (Statistisches Amt der Stadt München. Mitteilungen, Bd. XXII, Heft 3), München 1910

Bibliographisches Institut (Hrsg.): Meyers Konversations-Lexikon, Leipzig-Wien ⁵1894–1898

Bierbaum, Otto Julius: Deutsche Chansons. Brettl-Lieder, Berlin 1900

Ders.: Die Yankeedoodle-Fahrt und andere Reisegeschichten, München ⁴1910

Ders.: Stilpe, in: *ders.:* Gesammelte Werke, München 1921

Biermer, Magnus: Die Mittelstandsbewegung und das Warenhausproblem, in: *ders.:* Sammlung nationalökonomischer Aufsätze und Vorträge, Bd. 1, Heft 5–8, Gießen 1908

Binding, Karl: Lehrbuch des gemeinen deutschen Strafrechts, Leipzig 1902

Blei, Franz: Erzählung eines Lebens, Leipzig 1930

Bloch, Iwan: Das Sexualleben unserer Zeit in seinen Beziehungen zur modernen Kultur, Berlin ³1907

Bode, Wilhelm von: Die Amerikanische Konkurrenz im Kunsthandel und ihre Gefahr für Europa, in: Kunst und Künstler 1 (1902)

Ders.: Die amerikanische Gefahr im Kunsthandel, in: Kunst und Künstler 5 (1906)

Ders.: Paris und Berlin unter dem Gestirn der amerikanischen Kaufwut, in: Der Cicerone 1 (1909)

Bonhoeffer, Carl: Ein Beitrag zur Kenntnis des großstädtischen Bettel- und Vagabundentums, in: Zeitschrift für die gesamte Strafrechtswissenschaft 21 (1901)

Borchmeyer, Dieter: München – eine Wagner-Stadt?, in: *Braun, Alex:* Das Prinzregententheater. Eine Denkschrift, München 1901

Borscht, Wilhelm von (Hrsg.): Bauordnung für die k. Haupt- und Residenzstadt München vom 29. Juli 1895, München 1896

Ders.: Denkschrift und Antrag betreffend die künftige Regelung des Beleuchtungswesens von München mit besonderer Berücksichtigung des Vertragsverhältnisses zwischen Gasbeleuchtungsgesellschaft und Stadtgemeinde, München 1889

Ders.: Denkschrift und Antrag betreffend die Schaffung eines Ausstellungsplatzes auf der Theresienhöhe und die künftige Gestaltung des Ausstellungswesens, München 1904

Ders.: Die Zukunft Münchens, in: Nord und Süd. Deutsche Halbmonatsschrift, 35. Jg., Bd. 35, Heft 424 (1911)

Brachvogel, Carry: Die Münchnerin, in: Illustrierte Zeitung, München und die Ausstellung ›München 1908‹, 130. Bd., Nr. 3389 (1908)

Brandenburg, Hans: München leuchtete. Jugenderinnerungen, München 1953

Braun, Adolf: Die bayerische Wahlkreisgeometrie, in: Die Neue Gesellschaft 1 (1905)

Braun, Alex: Das Prinzregententheater. Eine Denkschrift, München 1901

Bredt, Ernst Wilhelm: Die Wohnstätte eines Maler-Fürsten als Vorbild für Jedermann's Heim, in: Zeitschrift für Innendekoration 9 (1898)

Ders.: München, die künstlerische Stadt, in: *Verein zur Förderung des Fremdenverkehrs in München und im bayerischen Hochland e. V.* (Hrsg.): Ein Führer und Ratgeber zur dauernden Ansiedelung, München 1911

Brentano, Lujo: Bericht über den Volks-Hochschul-Verein München im Studienjahr 1896/97, in: Akademische Revue 3 (1896/97)

Ders.: Die Arbeiterwohnungsfrage in den Städten mit besonderer Berücksichtigung Münchens, München 1909

Ders.: Mein Leben im Kampf um die soziale Entwicklung Deutschlands, Jena 1931

Brougier, Adolf: Gedanken über die fernere Entwicklung Münchens als Kunst- und Industriestadt, München 1905

Das Buch der Erfindungen, Gewerbe und Industrien, Leipzig 1896–1901

Buchberger, Michael: Kriegs- und Zukunftsaufgaben der katholischen Caritas. Mit einem Rückblick auf ihre Geschichte, in: Beilage 2 zum Amtsblatt Nr 29 vom 27.10. 1915

Buddeus, Wilhelm: Der Ausweg aus der Rauchfrage in München, Dießen 1907

Bullek: Der Soldatenschinder und sein Ende. Originalerzählung aus der Gegenwart, in: Unterhaltungsteil der ›Neuen Freien Volkszeitung‹, München 1893

Bürger, Paul: Fünfzig Jahre antiquarische Tätigkeit, in: Antiquitäten-Rundschau 3 (1905)

Busse, Ernst: Die Gemeindebetriebe Münchens (Schriften des Vereins für Socialpolitik 129/I: Gemeindebetriebe 2, 1), Leipzig 1908

Carossa, Hans: Das Jahr der schönen Täuschungen, Leipzig 1941

Ders.: Der Tag des jungen Arztes (1955), in: *ders.:* Sämtliche Werke, Frankfurt a. M. 1962

Christ, Lena: Erinnerungen einer Überflüssigen, München 1972

Cohen, Arthur: München als Industrie- und Handelsstadt, in: Fortschritt. Liberales Wochenblatt 16 (1906)

Conrad, Michael Georg: Zukunftstheater, in: Die Gesellschaft (Juni 1887)

Ders.: Vorrede zum I. Jahrgang der Zeitschrift ›Die Gesellschaft‹, 1. Januar 1885, in: Bayerische Bibliothek. Texte aus zwölf Jahrhunderten, Bd. 5: Die Literatur im 20. Jahrhundert. Ausgewählt und eingeleitet von *Karl Pörnbacher*, München 1981

Ders.: Was die Isar rauscht. Münchner Roman, Berlin 1899

Ders.: Das soziale Kaisertum, in: Die Gesellschaft 6 (1890)

Conwentz, Hugo: Die Gefährdung der Naturdenkmäler und Vorschläge zu ihrer Erhaltung. Denkschrift, dem Herrn Minister der geistl., Unterrichts- und Medizinal-Angelegenheiten überreicht, Berlin 1904

Ders.: Schutz der natürlichen Landschaft, vornehmlich in Bayern, Berlin 1907

Debschitz, Wilhelm von: Eine Methode des Kunstunterrichts, in: Dekorative Kunst 12 (1904)

Dedreux, Oskar: Fassadenmalerei in der modernen Architektur, in: Deutsche Bauhütte (1914)

Degener, Hermann (Hrsg.): Wer ist's?, Leipzig 1905 ff.

Delvard, Marya (d. i.: *Biller, Marie*): Extrait des memoires, in: La Revue des visages 26 (1931)

Dies.: Histoire des Onze, in: Wahlverwandtschaften. Zeugnisse guten Willens, namens der Bayerisch-Französischen Gesellschaft herausgegeben von *Hans K. E. L. Keller*, München 1962

Destouches, Ernst von (sen.): Die Haupt- und Residenzstadt München und ihre Umgebungen. Ein Wegweiser für Fremde und Einheimische, München 1827

Destouches, Ernst von (jun.): Münchens Schützenwesen und Schützenfeste, in: Festzeitung für das 7. deutsche Bundesschießen in München, München 1881

Ders.: 50 Jahre Münchener Gewerbegeschichte 1848–1898, München 1898

Ders.: Säkularchronik des Münchner Oktoberfestes 1810–1910, München 1910

Deutsche Gartenstadt-Gesellschaft (Hrsg.): Die deutsche Gartenstadtbewegung, Berlin 1911

Deye, Richard: Zur Friedensfeier 1896. Huldigung der bayerischen Kinder vor der Germania, in: ders. (Hrsg.): Zu Deutschlands Ehr! Vaterländische Gedichte, München 1898

Dillmann, Alexander: Zigeunerbuch, München 1905

Ders.: München die Musikstadt, in: *Verein zur Förderung des Fremdenverkehrs in München und im bayerischen Hochland e. V.* (Hrsg.): Ein Führer und Ratgeber zur dauernden Ansiedelung, München 1911

Disconto-Gesellschaft (Hrsg.): Die Disconto-Gesellschaft 1851–1901. Denkschrift zum 50jährigen Jubiläum, Berlin 1901

Dönges, Reinhard: Beiträge zur Entwicklung Münchens unter besonderer Berücksichtigung des Grundstücksmarktes, darin: Terraingesellschaften und Banken, München 1910

Drey, Paul: Der Kunstmarkt. Eine Studie über die wirtschaftliche Verwertung des Bildes, Stuttgart 1910

Druckschriften des Volks-Hochschul-Vereins München

Durm, Josef / Ende, Hermann / Schmitt, Eduard (Hrsg.): Handbuch der Architektur, Darmstadt ¹1881–1906

Eberl, Angelicus: Geschichte des Kapuziner-Klosters an der Schmerzhaften Kapelle und bei St. Anton in München von 1847 bis 1897, München 1897

Eberstadt, Rudolf: Berliner Communalreform, in: Preußische Jahrbücher 70 (1892)

Eigner, Gottfried: Der Schutz der Naturdenkmäler insbesondere in Bayern, in: Naturwissenschaftliche Zeitschrift für Land- und Forstwirtschaft (1905)

Die Einweihung der dritten protestantischen Kirche St. Lukas, München 1897

Einzel-Bestimmungen zur Garnisonsdienst-Vorschrift für den Standort München, München 1896

Ellis, Henry Havelock: Geschlecht und Gesellschaft. Grundzüge der Soziologie des Geschlechtslebens, Bd. 2, Würzburg 1911

Emanuel Seidl, Laudatio zum 60. Geburtstag, in: Süddeutsche Bauzeitung (1916)

Emmerich, Rudolf: Über Staub und Stadtnebel nach den Untersuchungen von Professor John Aitken, in: Bayerisches Industrie- und Gewerbeblatt (1897)

Emperger, Fritz von (Hrsg.): Handbuch für Eisenbetonbau, Berlin ¹1907–1909

Engels, Eduard: Ein Abend bei den Elf Scharfrichtern in München, in: Der Sammler (Beilage zur Augsburger Abendzeitung) 11 (1902)

Ders.: Umfrage zu Münchens Niedergang als Kunststadt, München 1902

Ders.: (Hrsg.): Münchens »Niedergang als Kunststadt«, München 1902

Engerer, Carl: Vorgeschichte und Recht des Standes der großstädtischen weiblichen Dienstboten, Diss., München 1909

Die Entwicklung Münchens unter dem Einflusse der Naturwissenschaften, München 1899

Evangel.-Luth. Gesamtkirchengemeinde Ingolstadt, Evangelisch in Ingolstadt, Ingolstadt 1981

Ewers, Hans Heinz: Das Cabaret, Berlin 1904

Falckenberg, Otto: Das Buch der Lex Heinze. Ein Kulturdokument aus dem Anfang des 20. Jahrhunderts, München 1900

Ders.: Schwarzweiss, in: Die Freistatt 4 (1902)

Ders.: Mein Leben – Mein Theater. Nach Gesprächen und Dokumenten aufgezeichnet von Wolfgang Petzet, München 1944

Falter, Josef: Chronik des Polizeipräsidiums München, Manuskript masch., München 1973

Festschriften:
– 100 Jahre *CVJM München 1886–1896*, München 1896
– Festschrift zum XIV. Verbandstag des Zentral-Verbandes *Deutscher Bäcker-Innungen »Germania«*, München 1905
– Festschrift zum Parteitag der *Deutschen Sozialdemokratie*, München 1902
– Festschrift zum 9. Deutschen und zur 15. Generalversammlung des *Deutschen Vereins für das Fortbildungswesen,* München 1906
– Jubiläumsschrift anläßlich des 25-jährigen Bestehens der *E. A. Fleischmann's Hof-Kunsthandlung München,* München 1896
– Jubiläums-Festbericht zur Feier des 25jährigen Bestehens des Münchner Arbeiter-Bildungsvereins, abgehalten am 10. April 1887 im Saale des Katholischen Casino, München 1887
– Die Marien-Anstalt für weibliche Dienstboten in München-Warnberg. Fest-Schrift zum fünfzigjährigen Jubiläum, München 1906
– Festschrift zum fünfzigjährigen Jubiläum des *Münchner Kunstvereins.* Herausgegeben von H. Schmädel, o. O. o. J.
– Festschrift zum fünfzigjährigen Jubiläum des *Münchner Predigerseminars,* München 1884

Feuchtwanger, Lion: Das Münchener Künstler-Cabaret, in: Bühne und Brettl 23 (1905)

Ders.: Münchner Cabarett-Königinnen, in: Die Schaubühne vom 17. 12. 1908

Ders.: Gespräche mit dem Ewigen Juden, in: An den Wassern von Babylon. Ein fast heiteres Judenbüchlein, München 1920

Fiack, A(lbert): Die weiblichen Dienstboten in München. Eine Untersuchung ihrer wirtschaftlichen und sozialen Lage nach den amtlichen Erhebungen vom Jahre 1909 (Einzelschriften des Statistischen Amtes der Stadt München, Bd. 10), München 1912

Finkelnburg, Carl: Über den hygienischen Gegensatz von Stadt und Land, insbesondere in der Rheinprovinz, in: Zentralblatt für allgemeine Gesundheitspflege 1 (1882)

Fischer, Edmund: Die sexuellen Probleme, in: Sozialistische Monatshefte 2 (1909)

Frankenstein, Kuno: Die Lage der Arbeiterinnen in den deutschen Großstädten, in: Jahrbuch für Gesetzgebung, Verwaltung und Volkswirtschaft im Deutschen Reich 12 (1888)

Freese, H.: Geselligkeit in den Arbeiterunterrichtskursen, in: Zeitschrift des Verbandes der Akademischen Arbeiter-Unterrichts-Kurse Deutschlands 2 (1913)

Freudenberger, Josef: Die Ernährung an Tuberkulose kranker und arbeitsunfähiger Mitglieder der Ortskrankenkasse für München, in: Bayerisches Aerztliches Correspondenzblatt 10 (1911)

Fritz, Carl: München als Industriestadt, Berlin 1913

Fuchs, Georg: Angewandte Kunst in der Secession zu München, in: Deutsche Kunst und Dekoration (1899)

Fuchs, Georg: München als Theaterstadt, in: *Verein zur Förderung des Fremdenverkehrs in München und im bayerischen Hochland e. V.* (Hrsg.): Ein Führer und Ratgeber zur dauernden Ansiedelung, München 1911

Fuchs, Max: Fürst und Volk. Historischer Roman aus der Zeit des Kurfürsten Max III. Joseph von Bayern, München 1881

Gasteiger, Michael: Die christliche Arbeiterbewegung in Süddeutschland, München 1908

Ders.: Der Bauverein, München 1919

Gebauer, Heinrich: Dresden und die sächsisch-böhmische Schweiz, Zürich 1888

Gebele, Joseph: Das Schulwesen in München, München 1896

Ders.: 100 Jahre der Münchner Volksschule, München 1903

Geiger, Franz: Das Straßenbild, in: Raumkunst (1908)

Das neue Gemeindeprogramm in Bayern, in: Kommunale Praxis 13 (1913)

Die Gemeindewahl in Bayern im Jahre 1908, in: Zeitschrift des Königlich Bayerischen Statistischen Landesamtes 41 (1909)

Die Gemeindewahl in den Gemeinden mit städtischer Verfassung in Bayern rechts des Rheins im Jahre 1914, in: Zeitschrift des Königlich Bayerischen Statistischen Landesamtes 47 (1915)

Genealogisches Handbuch des in Bayern immatrikulierten Adels, Neustadt a.d. Aisch 1950ff.

Georg Hirth über sich selbst, in: *Zils, Wilhelm* (Hrsg.): Geistiges und künstlerisches Leben in Selbstbiographien, München 1913

George, Stefan: Werke. Ausgabe in zwei Bänden, Bd.I, München und Düsseldorf 1958

Geschäftsberichte der Darmstädter Bank, in: Bank Archiv, Zeitschrift für Bank- und Börsenwesen, Beilage: Für 1903, 10 (1903/04); für 1905, 12 (1904/05)

Geschäftsberichte der Discontо-Gesellschaft, in: Bank Archiv, Zeitschrift für Bank- und Börsenwesen, Beilage: Für 1903, 10 (1903/04); für 1905, 13 (1905/06)

Geßler, Otto: Bayerisches Dienstbotenrecht. Ein Leitfaden vornehmlich für Dienstherrschaften und Dienstboten, München 1908

Gewerbe und Handel in Bayern. Nach der Betriebszählung vom 12. Juni 1907 (Beiträge zur Statistik des Königreichs Bayern, Heft 82), München 1910/11

Die Gewerbebetriebe in München nach den Ergebnissen der Gewerbezählungen 1882 und 1895 in systematischer Anordnung nach Gewerbearten (Statistisches Amt der Stadt München, Mitteilungen, Bd. XXV), München 1896

Gewerkschaftsverein München (Hrsg.): Die Augsburger Krawall-Prozesse, München 1900

Die berufliche Gliederung der Bevölkerung Münchens 1907, 2 Teile. Ergebnisse der Berufszählung vom 12. Juni 1907 (Statistisches Amt der Stadt München. Mitteilungen, Bd. XXII, Heft 2, 1.2.), München 1911 und 1913

Gmelin, Leopold: Die Arbeiten aus Edelmetall, Bronce, Kupfer und Zinn auf der Deutsch-Nationalen Kunstgewerbe-Ausstellung in München 1888, in: *Salvisberg, Paul von* (Hrsg.): Chronik der Deutsch-Nationalen Kunstgewerbe-Ausstellung in München 1888, München 1888

Ders.: Ausstellung für angewandte Kunst München 1905, in: Kunst und Handwerk 56 (1905/06)

Gödeke, Karl: König Ludwig II. (16. Juli 1870), in: *Hanslik, Eduard* (Hrsg.): »Auf zur Sonne, Königsschwan! …«. Ludwig II., König von Bayern, in zeitgenössischen Gedichten und Liedern, München 1986

Godermann, Richard: München in der neuen Zeit, München 1870

Goering, Theodor: Dreißig Jahre München. Kultur- und kunstgeschichtliche Betrachtungen, München 1904

Gordon, Emy: Die Pflichten eines Dienstmädchens oder Das A-B-C des Haushaltes, Donauwörth ¹⁰1912

Grad, Max: Madonna, Novelle in: Neue Deutsche Rundschau (Freie Bühne), 7. Jahrgang, Drittes und viertes Quartal (1896)

Grässel, Hans: Über Friedhofsanlagen und Grabmale, München 1913

Ders.: Die Erhaltung des Charakters der Stadt München, München 1917

Gropius, Walter: Sind beim Bau von Industriegebäuden künstlerische Gesichtspunkte mit praktischen und wirtschaftlichen vereinbar, in: Der Industriebau (1912)

Growald, Ernst: Der Plakatspiegel. Erfahrungssätze für Plakatfreunde und Besteller, Berlin 1904

Ders.: Über die künstlerische Gestaltung der Streckenreklame, in: Die Streckenreklame (1912)

Gumppenberg, Hanns von: Lebenserinnerungen. Aus dem Nachlaß des Dichters, Berlin-Zürich 1929

Günther, Adolf: Der Tarifvertrag in München (Mitteilungen des Statistischen Amts der Stadt München, Heft 7), München 1908

Gurlitt, Cornelius: Geschichte des Barockstils in Italien, 1887; Geschichte des Barockstils in Belgien, Holland, Frankreich und England, 1888; Geschichte des Barockstils in Deutschland, Stuttgart 1889

Gutmann, Adam: Bayerns Industrie und Handel, Nürnberg 1906

Hahn, Martin: Über die Ruß- und Rauchplage in den Großstädten, in: Hygienische Rundschau 21 (1911)

Halbe, Max: Dorf und Weltstadt, in: *Wolf, Georg Jakob* (Hrsg.): Ein Jahrhundert München 1800–1900, Leipzig ³1935

Ders.: Jahrhundertwende. Erinnerungen an eine Epoche (Danzig 1935), München 1976

Hanslik, Eduard (Hrsg.): »Auf zur Sonne, Königsschwan! …«. Ludwig II., König von Bayern, in zeitgenössischen Gedichten und Liedern, München 1986

Hartmann, Karl: Die gemeindliche Arbeitsvermittlung in Bayern. Mit besonderer Berücksichtigung der Verhältnisse bei dem städtischen Arbeitsamte zu München, München 1900

Hartmann, Ludwig: P. Cornelius' »Cid«, in: Neue Zeitschrift für Musik (1891)

Hausenstein, Wilhelm: Arbeiterbildungswesen in Bayern, in: Sozialistische Monatshefte 13 (1909)

Hauser, Karl: Die Rauch- und Rußbekämpfung in München und ihre künftige Ausgestaltung, in: Rauch und Staub (1915/16)

Haushofer, Max: Schutz der Natur, München 1905

Hausordnung der Marien-Anstalt als Erziehungsanstalt. Beilage I zu der unterm 7. Oktober 1882 Allerhöchst bestätigten Stiftungsurkunde der Marienanstalt für weibliche Dienstboten in München vom 8. Januar 1882, München 1882

Hecht, Felix: Einleitung zu Hypothekenbanken. Immobiliarverhältnisse. Baugewerbe, in: Die Störungen im deutschen Wirtschaftsleben während der Jahre 1900ff., Bd.7 (Schriften des Vereins für Socialpolitik, Bd. 111), Leipzig 1903

Ders.: Die Deutschen Hypothekenbanken, Leipzig 1903

Heigenmooser, Josef: Die Antiquitätensammlung »Franz Greb« in München, in: Zeitschrift des Münchner Alterthums-Vereins 12 (1912)

Die Heilig-Geist-Bruderschaft an der Pfarrkirche zum heiligen Geist in München, Regensburg 1890

Heilmann, Jakob: München in seiner baulichen Entwicklung. Ein Blick in deren Vergangenheit, Gegenwart und Zukunft, München 1881

Ders.: Lebenserinnerungen, München 1921

Heimpel, Hermann: Die halbe Violine. Eine Jugend in der Haupt- und Residenzstadt München, Frankfurt a.M. 1958

Heine, Heinrich: Deutschland. Ein Wintermärchen, in: *ders.:* Schriften, Bd.4. Herausgegeben von *Klaus Briegleb,* München 1971

Heller, Jakob: Einigungsamt und Bautarife in München 1904–1912, München 1913

Henle, Wilhelm: Die Zwangsenteignung von Grundeigentum in Bayern, München ²1911

Henrici, Karl: Preisgekrönter Konkurrenz-Entwurf zur Stadterweiterung Münchens, München 1893

Ders.: Über die Wahrheit in der Architektur, in: Süddeutsche Bauzeitung (1911)

Henry, Marc: Trois Villes. Vienne-Munich-Berlin, Paris 1917

Herzberg, Gustav: Arbeitsbedingungen und Lebenshaltung der im Münchener Schneidergewerbe beschäftigten Arbeiter, oec. Diss. München, Stuttgart 1894

Hessen, Robert: Die Prostitution in Deutschland, Leipzig 1910

Heuss, Alfred: Über Volkskonzerte, in: Neue Zeitschrift für Musik (1903)

Heuss, Theodor: Vorspiele des Lebens, Tübingen 1953

Heymel, Alfred Walter: Ein Buch Gedichte, Leipzig 1907

Heyse, Paul: Jugenderinnerungen und Bekenntnisse, in: Paul Heyse. Gesammelte Werke, Dritte Reihe, Bd.I, Stuttgart und Berlin o.J

Hirsch, Paul/Lindemann, Hugo: Das kommunale Wahlrecht, Berlin ²1911

Hirth, Georg: Schiller als Mann des Volkes (Privatdruck), o.O. 1859

Ders.: Statistisches Jahrbuch der Turnvereine Deutschlands, Leipzig 1863

Ders. (Hrsg.): Das gesamte Turnwesen, Leipzig 1865

Ders.: Georg Hirth's Parlaments-Almanach, Berlin 1867ff.

Ders.: Annalen des Norddeutschen Bundes und des Zollvereins, 1868ff., ab 1871 Annalen des Deutschen Reiches für Gesetzgebung, Verwaltung und Statistik

Ders.: Freisinnige Ansichten der Volkswirtschaft und des Staates, Leipzig ³1876
Ders. (Hrsg.): Der Formenschatz der Renaissance. Eine Quelle der Belehrung und Anregung für Künstler und Gewerbetreibende wie für alle Freunde stylvoller Schönheit aus den Werken der Dürer, Holbein ..., München-Leipzig 1877 ff.
Ders.: Das deutsche Zimmer der Renaissance. Anregungen zu häuslicher Kunstpflege, München-Leipzig 1880
Ders. (Hrsg.): Liebhaber-Bibliothek alter Illustratoren in Facsimile-Reproduktionen, München-Leipzig 1880 ff.
Ders. (Hrsg.): Kulturgeschichtliches Bilderbuch aus drei Jahrhunderten, München 1881 ff.
Ders.: Das deutsche Zimmer, 3. erw. Auflage, München-Leipzig 1886
Ders.: Berufungsschrift des Dr. Georg Hirth an das Landgericht München, München 1892
Ders.: Die Lokalisationstheorie angewandt auf psychologische Probleme. Beispiel: Warum sind wir zerstreut?, München 1894
Ders.: Das deutsche Zimmer vom Mittelalter bis zur Gegenwart, München-Leipzig ⁴1899
Ders.: Entropie der Keimsysteme und erbliche Entlastung, München 1900
Ders.: Jugendstil und Goethedenkmal, in: Jugend 39 (1900)
Ders.: (Hrsg.): Dreitausend Kunstblätter der ›Jugend‹, München-Leipzig 1908
Ders.: Aphorismen, in: *ders.:* Wege zur Kunst (Kleinere Schriften, Bd. 1), München ³1918
Ders.: Die Gründung der Münchner ›Jugend‹, in: *ders.:* Wege zur Kunst (Kleinere Schriften, Bd. 1), München ³1918
Ders.: Der sogenannte Jugendstil, in: *ders.:* Wege zur Kunst (Kleinere Schriften, Bd. 1), München ³1918
Hirth, Georg/Gosen, Julius von (Hrsg.): Tagebuch des Deutsch-Französischen Krieges, Berlin 1870/71
Hirth, Walter (Hrsg.): Georg Hirth zur Erinnerung gewidmet, München 1917
Hocheder, Carl: Mitteilungen aus der Baupraxis, in: Der Baumeister 3 (1905)
Hoerschelmann, Rolf von: Leben ohne Alltag, Berlin 1947
Hofmann, Bernhard: Unter Bayerns Panier, Festspiel in einem Aufzuge, München 1895
Hofmannsthal, Hugo von: Sämtliche Werke III, Dramen 1. Herausgegeben von *Götz Eberhard Hübner, Klaus-Gerhard Pott und Christoph Michel,* Frankfurt a. M. 1982
Hohorst, Gerd/Kocka, Jürgen/Ritter, Gerhard A.: Sozialgeschichtliches Arbeitsbuch 2. Materialien zur Statistik des Kaiserreichs 1870–1914, München 1975
Holm, Korfiz: ich – kleingeschrieben. Heitere Erlebnisse eines Verlegers, München 1932
Hub, Ignaz: Das Lied vom bayerischen Löwen, in: *Hanslik, Eduard* (Hrsg.): »Auf zur Sonne, Königsschwan! ...«. Ludwig II., König von Bayern, in zeitgenössischen Gedichten und Liedern, München 1986
Huber, Franz C.: Das Submissionswesen, Tübingen 1885

Hübler, Anton: Abbildungen und kurzgefaßte Lebensgeschichte der Bürgermeister der Königlichen Haupt- und Residenzstadt München, München 1899
Huhn, Adalbert: Geschichte des Spitales, der Kirche und der Pfarrei zum hl. Geist in München, München 1893
Ders.: Die St. Maximilians-Kirche in München, München 1901
Humar, Josef von: Die Mietpreissteigerung in München, München 1912
Istel, Edgar: Korrespondentenbericht aus München, in: Neue Zeitschrift für Musik (1903 und 1904)
Ders.: Die Wagnerfestspiele im Münchner Prinzregententheater, in: Neue Zeitschrift für Musik (1904)
Ders.: Korrespondentenbericht aus München, in: Musikalisches Wochenblatt (1908)
Jäger, Eugen: Die Agrarfrage der Gegenwart. Sozialpolitische Studien, Bd. 1, München 1882
Jaeger, Wilhelm: Werner von Siemens (Männer der Wissenschaft, Heft 5), Leipzig 1906
Jodok (d. i.: *Gumppenberg, Hanns von):* Überdramen, 3 Bde., Berlin 1902
Johannes, Eugen: Korrespondentenbericht aus München, in: Neue Zeitschrift für Musik (1903)
Kähler, Wilhelm: Gesindewesen und Gesinderecht in Deutschland (Sammlung nationalökonomischer Abhandlungen des staatswissenschaftlichen Seminars zu Halle a. S., Bd. 11), Jena 1896
Kahn, Julius: Münchens Großindustrie und Großhandel, München ¹1891 und ²1913
Kahn, Richard: Die akademischen Arbeiterunterrichtskurse Deutschlands, Gautzsch bei Leipzig 1912
Kahr, Gustav von (Hrsg.): Bayerische Gemeindeordnung für die Landestheile diesseits des Rheins, München 1896
Kaim, Franz: Der Begründer hat das Wort, in: *Schmoll gen. Eisenwert, Regina* (Hrsg.): Die Münchner Philharmoniker, München 1986
Kaiserliches Statistisches Amt (Hrsg.): Berufs- und Betriebszählung vom 12. Juni 1907. Die berufliche und soziale Gliederung des Deutschen Volkes, in: Statistik des Deutschen Reiches, Bd. 211, Berlin 1913
Kampffmeyer, Paul: Die Baugenossenschaft im Rahmen eines nationalen Wohnungsreformplanes, Göttingen 1910
Kandinsky, Wassily (Hrsg.). Der Blaue Reiter. Dokumentarische Neuausgabe von *Klaus Lankheit,* München 1986
Karl Stücker's Kunstanstalt (Hrsg.): Gruss aus München, München 1900
Katalog Galerie Thomas Knorr. Einführung von Fritz von Ostini, München 1906
Kausen, Armin: Die Sozialdemokratie im Frack, in: Münchner Fremdenblatt vom 2./3. 2. 1891
Keidel, Josef: Die Handhabung der Vagantenpolizei, Ansbach ²1911
Kerr, Alfred: Eintagsfliegen oder Die Macht der Kritik (Die Welt im Drama, Bd. 4), Berlin 1917
Kerschensteiner, Georg: Beobachtungen und Vergleiche über Einrichtungen für gewerbliche Erziehung außerhalb Bayerns, München 1901
Ders.: Begriff der Arbeitsschule, Leipzig 1912
Ders.: Die fünf Fundamentalsätze für die Organisation höherer Schulen, in: *ders.:* Grundfragen der Schulorganisation. Eine Sammlung von Reden, Aufsätzen und Organisationsbeispielen, Leipzig-Berlin ³1912
Ders.: Einfluß der Volkschulorganisation in München auf den Schulhausbau, in: Münchener städtische Baukunst aus den letzten Jahrzehnten, München 1912
Ders.: Zwanzig Jahre im Schulaufsichtsamt. Ein Rückblick, in: Archiv für Pädagogik 3 (1915)
Ders.: Deutsche Schulerziehung in Krieg und Frieden, Leipzig-Berlin 1916
Ders.: Das Grundaxiom des Bildungsprozesses und seine Folgerungen für die Schulorganisation. Herausgegeben von *Josef Dolch,* München-Düsseldorf-Stuttgart ⁹1959
Ders.: Vorwort zur ersten Auflage, in: *ders.:* Das Grundaxiom des Bildungsprozesses und seine Folgerungen für die Schulorganisation. Herausgegeben von *Josef Dolch,* München-Düsseldorf-Stuttgart ⁹1959
Ders.: Der Ausbau der Volksschule, in: *ders.:* Das Grundaxiom des Bildungsprozesses und seine Folgerungen für die Schulorganisation. Herausgegeben von *Josef Dolch,* München-Düsseldorf-Stuttgart ⁹1959
Ders.: Staatsbürgerliche Erziehung der deutschen Jugend, in: *Wehle, Gerhard* (Hrsg.): Georg Kerschensteiner. Berufsbildung und Berufsschule. Ausgewählte pädagogische Schriften, Bd. 1 und 2, Paderborn 1966
Ders.: Selbstdarstellung, in: *Wehle, Gerhard* (Hrsg.): Georg Kerschensteiner. Texte zum pädagogischen Begriff der Arbeit und zur Arbeitsschule. Ausgewählte pädagogische Schriften, Bd. 2, Paderborn 1968
Kerschensteiner, Marie: Georg Kerschensteiner. Der Lebensweg eines Schulreformers. Herausgegeben von *Josef Dolch,* München-Düsseldorf ³1954
Kesten-Conrad, Else: Zur Dienstbotenfrage. Erhebungen der Arbeiterinnenschutzkommission des Bundes Deutscher Frauenvereine, in: Archiv für Sozialwissenschaft und Sozialpolitik 31 (1910)
Keyserling, Eduard von: Baltische Romane. Herausgegeben und eingeleitet von *Ernst Heilborn,* Berlin o. J.
Kirchner, Josef: Die Schaffung ständiger Ausstellungsgebäude: Kohleninsel oder Theresienhöhe. Eine Münchner Zukunftsstudie, München 1902
Ders.: Geschichtliches zur Entstehung und Entwicklung der Hacker-Brauerei, München 1905
Endliche Klarheit über die Erkrankungen in der Münchner Leibschmerzenkaserne, München o. J.
Koch, Günther: Kunstwerke und Bücher am Markte, Esslingen 1915
Koehne, Carl: Die Baugenossenschaft, Berlin 1912
Kommission der Arbeiter-Unterrichtskurse an der

Universität Berlin (Hrsg.): Lehrbuch für den deutschen Unterricht, Berlin ²1908

Konsum-Verein Sendling-München, 1886–1926. Jubiläums-Schrift anläßlich des 40jährigen Bestehens des Vereins, o.O. o.J. (München 1926)

Kortz, Paul: Wien am Anfang des 20. Jahrhunderts. Ein Führer in technischer und künstlerischer Richtung. Herausgegeben vom *Österreichischen Ing.- und Arch.-Verein*, Wien 1905

Kothe, Robert: Saitenspiel des Lebens. Schicksal und Werk, München 1944

Knorr, Thomas: Die Galerie Th. Knorr, München 1904

Kraus, Johann: Arbeitslosigkeit und Arbeitslosenfürsorge in München 1900–1909, Diss., München 1910

Krauß, Maximilian: Volksbücher der Erdkunde, München-Bielefeld-Leipzig 1913

Ders.: Die Grundlagen des Fremdenverkehrs in München und im bayerischen Hochland. Kleine Beiträge zur Geschichte des Fremdenverkehrs in Bayern, München 1917

Ders.: 25 Jahre Fremdenverkehr. Werkstatterinnerungen und Grundlagen, München 1929

Krauss & Comp. Aktien-Gesellschaft (Hrsg.): Festschrift zur Vollendung der Lokomotive Nr. 5000, München und Linz an der Donau, München 1905

Kronegg, Ferdinand: Das königliche Hofbräuhaus. Wie es war und wie es ist, München um 1900

Kustermann, Franz: Die Entwicklung der Eisenindustrie in München, phil. Diss. Erlangen, München 1914

Kutscher, Arthur: Der Theaterprofessor. Ein Leben für die Wissenschaft vom Theater, München 1960

Landé, Dora: Arbeits- und Lohnverhältnisse in der Berliner Maschinenindustrie zu Beginn des 20. Jahrhunderts (Schriften des Vereins für Socialpolitik, Bd. 134, 2), Leipzig 1910

Landesvorstand der Sozialdemokratischen Partei Bayerns (Hrsg.): Die Sozialdemokratie im bayerischen Landtag 1893–99. Handbuch für Landtagswähler, Nürnberg 1899

Landsberg, Otto: Eingemeindungsfragen (Schriften des Verbandes deutscher Städtestatistiker, Bd. 2), Breslau 1912

Lange, Helene/Bäumer, Gertrud (Hrsg.): Handbuch der Frauenbewegung, Bd. 2 und 4: Die deutsche Frau im Beruf, Berlin 1901/02

Lasne, Otto: Ein Vorschlag zur Durchführung der Prannerstraße in München, München 1894

Lassar, Oskar: Über den Stand der Volksbäder, in: Hygiene-Rundschau 11 (1901)

Lasser, Moritz Otto von: Neue Münchener Plakate, in: Kunst und Handwerk 57 (1906/07)

Lautensack, Heinrich: Die Elf Scharfrichter. Ein Musenalmanach, München 1902

Ders.: Wie die Elf Scharfrichter wurden und was sie sind, in: Bühne und Brettl vom 2.3.1903

Ders.: Das verstörte Fest. Gesammelte Werke. Herausgegeben von *Wilhelm Lukas Kristl*, München 1966

Ders.: Medusa, in: *ders.:* Das verstörte Fest. Gesammelte Werke. Herausgegeben von *Wilhelm Lukas Kristl*, München 1966

Lebschée, Carl: Malerische Topographie des Königreichs Bayern, München 1830, Reprint Leipzig 1985

Leick, Johannes: Der Veteranen- und Kriegerverein der Königlich Bay. Haupt- und Residenzstadt München 1835–1905, München 1905

Lind, P. von: Korrespondentenbericht aus München, in: Neue Zeitschrift für Musik (1892)

Linde, Carl: Aus meinem Leben und von meiner Arbeit, München 1916

Lindemann, Hugo: Versuche und Erfahrungen auf dem Gebiete der Proportionalwahl, in: Sozialistische Monatshefte 1 (1906)

Lindhamer, Hedwig: Die Wohlfahrtseinrichtungen Münchens. Herausgegeben vom *Statistischen Amt der Stadt München unter Mitwirkung des Vereins für Straueninteressen*, München ²1908

Linse, Wilhelm: Handbuch des Mädchenschutzes (Caritas-Schriften, 13. Heft), Freiburg i. B. ²1908

Loeb, Ernst: Die Berliner Großbanken 1895 bis 1902 nach der Krisis der Jahre 1900/01, in: Die Störungen im deutschen Wirtschaftsleben während der Jahre 1900/01, Bd. 6 (Schriften des Vereins für Socialpolitik, Bd. 110), Leipzig 1903

Louis, Rudolf: Korrespondentenbericht aus München, in: Neue Zeitschrift für Musik (1906)

Louis, Rudolf/Thuille, Ludwig: Harmonielehre, München 1907

Lübke, Wilhelm: Geschichte der deutschen Architektur, Bd. 2, Leipzig 1886

Ludwig, Franz: Gewerbsmäßige, kommunale und karitative Gesindevermittlung in Deutschland, Diss., Tübingen 1903

Luthmer, Ferdinand: Das Rokoko in der heutigen Kunst, in: *Salvisberg, Paul von* (Hrsg.): Chronik der Deutsch-Nationalen Kunstgewerbe-Ausstellung in München 1888, München 1888

Lux, Joseph August: Der moderne Fabrikbau, in: Der Industriebau (1910)

Maaß, Ludolf: Die neuere Entwicklung der Bodenverhältnisse unter Berücksichtigung der Krisis der Jahre 1900 und 1901, in: Die Störungen im deutschen Wirtschaftsleben nach dem Jahre 1900, Bd. 7 (Schriften des Vereins für Socialpolitik, Bd. 111), Leipzig 1903

Mackowsky, Hans/Pauly, August/Weigand, Wilhelm (Hrsg): A. Bayersdorfers Leben und Schriften, München 1902

J. A. Maffei, München: Lokomotiven, Dampfmaschinen und Kessel. Dampfstrassenwalzen. Dampfturbinen. Dampfschiffe, Werkzeugmaschinen. Tennen-, Keimgut-, Wender-Anlagen, München 1910 (Prospekt)

Mann, Heinrich: Erinnerungen an Frank Wedekind (1923), in: *ders.:* Essays, Düsseldorf 1976

Mann, Nicolaus: Gabriel Max, Leipzig 1890

Mann, Thomas (Hrsg.): Kampf um München als Kulturzentrum, München 1926 (Heidelberg 1926)

Ders.: Die Erzählungen, Bd. 1 und 2, Frankfurt a. M. 1967

Ders.: Gladius Dei, in: *ders.:* Die Erzählungen, Oldenburg 1958; Frankfurt a. M. 1975

Ders.: Doktor Faustus. Das Leben des deutschen Tonsetzers Adrian Leverkühn erzählt von einem Freunde, in: *ders.:* Gesammelte Werke in Einzelbänden. Frankfurter Ausgabe. Herausgegeben von *Peter de Mendelssohn*, Frankfurt a. M. 1980

Ders.: Betrachtungen eines Unpolitischen (Frankfurter Ausgabe), Frankfurt a. M. 1983

Marc, Franz: Briefe aus dem Feld. Neu herausgegeben von *Klaus Lankheit*, München 1982

Ders.: Die »Wilden« Deutschlands, in: *Kandinsky, Wassily* (Hrsg.): Der Blaue Reiter. Dokumentarische Neuausgabe von *Klaus Lankheit*, München 1986

Marc, Franz/Lasker-Schüler, Else: »Der Blaue Reiter präsentiert Eurer Hoheit sein Blaues Pferd«. Karten und Briefe. Herausgegeben von *Peter-Klaus Schuster*, München 1987

Martin, Rudolf: Jahrbuch des Vermögens und Einkommens der Millionäre in Bayern, Berlin 1914

Matschoss, Conrad: Ferdinand von Miller, der Erzgießer, Berlin 1913

Mauke, Wilhelm: Die elf Scharfrichter. Ein Münchner Künstlerbrettlbrief, in: Das neue Jahrhundert 3 (1901)

Maurer, G.: Die Lage der Brauerei-Arbeiter in München im Jahre 1901, München (1902)

Mecenseffy, Emil von: Die künstlerische Gestaltung der Eisenbetonbauten, Berlin 1911

Megele, Max: Baugeschichtlicher Atlas der Landeshauptstadt München (Neue Schriftenreihe des Stadtarchivs München, Bd. 3), München 1951

Meier, Emerenz: Aus dem Bayerischen Wald. Herausgegeben von *Hans Bleibrunner* und *Alfred Fuchs*, Grafenau 1974

Meier-Graefe, Julius: Ein modernes Mileu, in: Dekorative Kunst (1901)

Ders.: Entwicklungsgeschichte der modernen Kunst, Bd. 2, Viertes Buch: Die Kunst in Deutschland, München 1904

Meinhold, Paul: Wilhelm II. 25 Jahre Kaiser und König, Berlin 1912

Mertens, John H.: Die Lösung der Rauchschaden-Frage, in: Glasers Annalen für Gewerbe und Bauwesen No. 729, 1.11.1907

Merz, Georg: Erinnerungen an Hermann Bezzel, München 1927

Merz, Oskar (Kürzel »e«): Korrespondentenbericht aus München, in: Neue Zeitschrift für Musik (1886, 1887 und 1891)

Meyer, Andreas/Robertson, Henry: Über öffentliche Badeanstalten, in: Deutsche Vierteljahresschrift für öffentliche Gesundheitspflege 12 (1880)

Meyer, Heinrich: Zur Freistellung der Domfaçade. Kurze Darstellung der Verhandlungen bezüglich des Abbruches des Dechanthofes und ihr jetziges Resultat, München 1865

Michel, Wilhelm: Der Münchner Fasching, in: Illustrierte Zeitung, München und die Ausstellung ›München 1908‹, 130. Bd., Nr. 3389 (1908)

Ders.: Marionetten (Die Kunst, Bd. 24), München 1911

Michels, Robert: Die deutsche Sozialdemokratie. I. Parteimitgliedschaft und soziale Zusammensetzung, in: Archiv für Sozialwissenschaft und Sozialpolitik 23 (1906)

Miller, Oskar von: Erinnerungen an die Internationale Elektrizitäts-Ausstellung im Glaspalast zu München im Jahre 1882 (Deutsches Museum. Abhandlungen und Berichte), Berlin 1932

Miller, Rudolph von: Erzählung über das Deutsche Museum in München und seinen Schöpfer Oskar von Miller, gehalten in der Österreichisch-Deutschen Kulturgesellschaft in Wien am 17. Juni 1986, München 1986

Miller, Walther von: Oskar von Miller. Nach eigenen Aufzeichnungen, Reden und Briefen, München 1932

Ders.: Oskar von Miller. Pionier der Energiewirtschaft, Schöpfer des Deutschen Museums, München 1955

Miller: Ein Aufschrei mißhandelter Soldaten, Stuttgart 1892

Mitgliederverzeichnis der Künstlergesellschaft Allotria, München 1905

Mitteilungen des Statistischen Amts der königlichen Haupt- und Residenzstadt München, z. B. Bd. 14 (1898); Bd. 17 (1902)

Moeller-Bruck, Arthur: Wedekind, Frank: »Der Erdgeist«, in: Die Gesellschaft 11 (1895)

Ders.: Der Mitmensch, in: Die Gesellschaft 12 (1896)

Ders.: Das Varieté – eine Kulturdramaturgie, Berlin 1902

Morin, Friedrich: München im Jahre 1867. Neuestes Taschenbuch für Fremde und Einheimische, München 1867

Mörsch, Emil: Der Eisenbetonbau, seine Theorie und Anwendung, Stuttgart 1902

Moulin Eckart, Richard du: Nachruf in: Jahresberichte der kgl. Technischen Hochschule 1906/07, München 1908

Ders.: in: Illustrierte Festschrift zum 90. Geburtstag und 25-jährigem Regierungsjubiläum Sr. Kgl. Hoheit des Prinzregenten Luitpold v. Bayern, München 1911

Muckenthaler, Joseph: Wert-Tabellen zur Berechnung des Grund- und Bodenwertes sowie der Wohngebäude in München, München ²1908

Mühsam, Erich: Namen und Menschen. Unpolitische Erinnerungen, Berlin 1977

Ders.: Unpolitische Erinnerungen (1927/29), in: *ders.:* Namen und Menschen. Unpolitische Erinnerungen, Berlin 1977, sowie in: *ders.:* Ausgewählte Werke. Herausgegeben von *Christlieb Hirte u. a.,* Berlin 1985

Müller, August: Arbeitersekretariate und Arbeiterversicherung in Deutschland, München o. J.

Müller, Karl Alexander von: Aus Gärten der Vergangenheit. Erinnerungen 1882–1914, Stuttgart 1952

München und die Münchener. Leute, Dinge, Sitten, Winke, Karlsruhe 1905

Münchens Fremdenverkehrsjahr 1912 (Endergebnis), in: Geschäftsbericht des Vereins zur Förderung des Fremdenverkehrs in München und im Bayerischen Hochland für das Vereinsjahr 1911/12, o. O. o. J.

Münchens Gewerbestatistik vom Jahre 1875 (Statistisches Amt der Stadt München, Mitteilungen, Bd. 2), München 1880

Münchens topographische und Bevölkerungsentwicklung im letzten Jahrhundert, in: Münchner Statistik (1959)

Münchner Blut. Echt G'scherte und andere humoristische Prosavorträge, München o. J.

Münchner Sprüch'. Mit einem Anhang Soldatensprache, München o. J.

Die neue Musik-Festhalle der Ausstellung München 1910, in: Musikalisches Wochenblatt (1909)

Mußner, Franz: Die weiblichen Hausdienstboten in München. Eine Untersuchung über Herkunft, Ausbildung, Dienstzeit und Stellenwechsel derselben aufgrund einer privaten Erhebung vom März 1914, Diss., München 1918

Neefe, M. (Hrsg.): Statistisches Jahrbuch deutscher Städte, 1. Jg., Breslau 1890

Neher, Anton Otto: Die geheime und öffentliche Prostitution in Stuttgart, Karlsruhe und München mit Berücksichtigung des Prostitutionsgewerbes in Augsburg und Ulm sowie den übrigen größeren Städten Württembergs, Paderborn 1912

Ders.: Zur Lage der weiblichen Dienstboten in Stuttgart, Ellwangen ²1908

Der Neubau des Bayerischen Nationalmuseums in München. Herausgegeben mit Genehmigung des Königlichen Staatsministeriums des Innern für Kirchen- und Schulangelegenheiten, München 1902

Niederschrift der II. öffentlichen Sitzung der Handelskammer in München, in: Bayerische Handelszeitung 8, sowie der XVI. Sitzung vom 14.4. 1900, in: Bayerische Handelszeitung 30, Nr. 15

Niemann, Walter: Moderne Klavierabende und ihre Programme, in: Neue Zeitschrift für Musik (1903)

Nietzsche, Friedrich: Der Fall Wagner, in: *ders.:* Werke in drei Bänden. Herausgegeben von *Karl Schlechta,* Bd. 2, München 1955

Nischler, Karl: Die Münchener Semestralen Arbeiterkurse 1907–1911, in: Soziale Studentenblätter 4 (1912)

Norgauer, Alfons: Selbstmorde und Selbstmordversuche in München, phil. Diss., München 1919

Nossig, Alfred: Einführung in das Studium der sozialen Hygiene. Geschichtliche Entwicklung und Bedeutung der öffentlichen Gesundheitspflege, Stuttgart 1894

Offenbacher, Martin: Der Ausstand und die Aussperrung in der Bayerischen Metallindustrie im Sommer 1905. Im Auftrag des Verbandes Bayerischer Metallindustrieller verfaßt, Nürnberg 1905

Ohly, Christian Adolf: Vor dem Bilde des Prinzregenten. Festspiel zur Feier der Übergabe des Bildnisses Sr. Königl. Hoheit des Prinzregenten am 12. Juli 1912, München 1912

Oldenberg, Karl: Arbeitseinstellungen, in: Handwörterbuch der Staatswissenschaften, Jena ³1909

Oppenheimer, Franz: Freiland in Deutschland, Berlin 1895

Oppenhoff, Theodor (Hrsg.): Das Strafgesetzbuch für das Deutsche Reich, Berlin 1896

Ostini, Fritz von: Die Galerie Thomas Knorr, München 1901

Ostler, Joseph: Mitarbeiter und Hörer, in: Zeitschrift des Verbandes der Akademischen Arbeiter-Unterrichts-Kurse Deutschlands 3 (1914)

Ostwald, Hans: Das Berliner Dirnentum, Bd. 2, Leipzig o. J.

Pagel, Julius: Biographisches Lexikon hervorragender Ärzte des 19. Jahrhunderts, Berlin-Wien 1901

Panizza, Oskar: Abschied von München. Ein Handschlag, Zürich ¹1897

Ders.: Der heilige Staatsanwalt. Eine moralische Komödie, Leipzig 1894

Ders.: Der Illusionismus und Die Rettung der Persönlichkeit. Skizze einer Weltanschauung, Leipzig 1895

Ders.: Der Klassizismus und das Eindringen des Varieté. Eine Studie über den zeitgenössischen Geschmack, in: Die Gesellschaft 12 (1896)

Ders.: Wedekind, Frank: »Der Erdgeist«, in: Die Gesellschaft 12 (1896)

Pechmann, Günther von: Der Künstler und die Industrie, in: Dekorative Kunst, Sonderdruck aus dem Aprilheft 1909

Ders.: Die Münchner Ausstellung angewandter Kunst im Pariser Herbstsalon, in: Kunst und Handwerk 61 (1910/11)

Personalstand sämtlicher kirchlicher Stellen und Behörden der protestantischen Kirche im Königreich Bayern diesseits des Rheins, München ¹⁶1892

Die katholischen Pfarreien Münchens in ihrer historischen Entwicklung, bearbeitet von der katholischen Heimatmission München, München 1935

Pfordten, Theodor von der: »Zur Bewegung der Kriminalität in Bayern«, in: Zeitschrift für Rechtspflege in Bayern 5 (1909)

Piper, Reinhard: Vormittag. Erinnerungen eines Verlegers, München 1947

Platzbeuker, Heinrich: Salome. Uraufführung in Dresden am 9.12. 1905, in: Neue Zeitschrift für Musik (1905)

Plehn, A. L.: 1. Ausstellung für Kunst im Handwerk, München 1901, in: Kunstgewerbeblatt NF 13 (1902)

Ponelle, Lazare: A Munich, Paris 1913

Poschinger, Heinrich von: Bankgeschichte des Königreichs Bayern, Erlangen 1874

Possart, Ernst von: Erinnerungen an Hermann Levi, München 1900

Pottgieser, Karl: Korrespondentenbericht aus München, in: Neue Zeitschrift für Musik (1906)

Prel, Carl du: Die Psyche und das Ewige. Grundriß einer transzendentalen Psychologie (1888), Pforzheim 1971

Prevot, René: Seliger Zweiklang. Schwabing/Montmartre, München 1946

Prieser, Karl: Geschichte des Vereins für Innere Mission in München 1884–1909, München 1909

Proebst, Franz Xaver: Vergleichende Übersicht

des Gemeindehaushalts in zehn deutschen Städten. Ein erster Versuch, München 1895 (StadtAM, Statistisches Amt 6)
Prosel, Theo: Über den Simpl, in: Das literarische Kabarett 1 (1946)
Protokoll über die Verhandlungen des 6. Parteitags der Sozialdemokratischen Partei Bayerns, Nürnberg 1902
Die Quellen des Münchener Wirtschaftslebens. Untersuchungen über die Wirtschaftsverhältnisse der Stadt München und ihre Beziehungen zur allgemeinen Volkswirtschaft (Einzelschriften des Statistischen Amtes der Stadt München, Bd. 14), München 1930
Queri, Georg: München und das bayerische Hochland. Herausgegeben vom *Verein zur Förderung des Fremdenverkehrs in München und im bayerischen Hochland e. V.,* München 1909
Quidde, Ludwig: Der Militarismus im heutigen Deutschen Reich. Eine Anklageschrift, in: *Wehler, Hans-Ulrich* (Hrsg.): Ludwig Quidde, Caligula. Schriften über Militarismus und Pazifismus, Frankfurt a. M. 1977
Raff, Helene: Blätter vom Lebensbaum, München 1938
Rank, Franz: Ein Vorschlag für die künftige Verwendung des sogenannten Angerviertels in München, in: Deutsche Bauzeitung (1911)
Ders.: Erinnerungen, in: *Fa. Rank* (Hrsg.), 125 Jahre Rank, München 1987
Rank, Gebrüder (Hrsg.): Allerlei aus Fabrikbau und Architektur aus den Jahren 1900–1915, Charlottenburg o. J.
Dies. (Hrsg.): Zum 50jährigen Bestehen der Baufirma Rank 1862–1912, München o. J. (1912)
Rank, Max: Das Protokoll-Buch der Privat-Gesellschaft Kaufmanns-Casino 1869–1889, o. O. o. J.
Rathenau, Walther: Impressionen, Leipzig 1902
Rattelmüller, Paul-Ernst: Dirndl, wo hast denn dein Schatz juhe. Bayerische Soldatenlieder und vaterländische Gesänge aus dem 19. Jahrhundert, Rosenheim 1977
Rauch- und Rußbelästigung, in: Gesundheit. Organ des Internationalen Vereins gegen Verunreinigung der Flüsse, des Bodens und der Luft 22 (1897)
Rauscher, Hans Ritter und Edler von: Unterrichtsbuch für Unteroffiziere und Mannschaften des 1. Schweren-Reiter-Regimentes Prinz Karl von Bayern, München 1911
Reber, Paula: Korrespondentenbericht aus München, in: Neue Zeitschrift für Musik (1895, 1896, 1897, 1898 und 1899)
Reger, Anton (Hrsg.): Handausgabe des bayerischen Gesetzes über Heimat, Verehelichung und Aufenthalt vom 16. April 1868 in der Fassung der Bekanntmachung vom 30. Juli 1899, Ansbach 1911
Reich, Albert: Leitfaden für die Rauch- und Rußfrage, München-Berlin 1917
Reich, Hermann: Das bayerische Zigeuner- und Arbeitsscheuengesetz vom 16. Juli 1926, München 1927
Reise zu den Elf Scharfrichtern (Drucke der Trajanus Presse, Bd. 6), Frankfurt a. M. 1953
Renauld, Joseph: Beiträge zur Entwicklung der Grundrente und Wohnungsfrage in München, Leipzig 1904
Rentsch, Rudolf: In Frack und Lederhose, Dachau 1958
Reventlow, Fanny Gräfin zu: Viragines oder Hetären?, in: Zürcher Diskußionen, Zweiter Jahrgang, Nr. 22, Zürich 1899
Dies.: Herrn Dames Aufzeichnungen oder Begebenheiten aus einem merkwürdigen Stadtteil, München 1913
Dies.: Tagebücher 1895–1910. Herausgegeben von Else Reventlow, Frankfurt a. M. 1976
Dies.: Der Geldkomplex. Herrn Dames Aufzeichnungen. Von Paul zu Pedro. Drei Romane. Mit einem Nachwort von *Friedrich Podszus,* München 1958
Riedel, Emil (Hrsg.): Das bayerische Gesetz über öffentliche Armen- und Krankenpflege vom 29. April 1869, Nördlingen 1870
Riehl, Wilhelm Heinrich: Land und Leute, München 1851
Ries, Hans: Die Versorgung der königlichen Haupt- und Residenzstadt München mit Gas seit dem Jahr 1890. Dargestellt im Anschluß an die anläßlich der XXX. Jahresversammlung des Deutschen Vereins von Gas- und Wasserfachmännern 1890 in München herausgegebene Denkschrift, München 1912
Riesser, Jakob: Die deutschen Großbanken und ihre Konzentration im Zusammenhang mit der Entwicklung der Gesamtwirtschaft in Deutschland, Jena [4]1912
Riezler, Walter: Die Ausstellung München 1908, in: *Gaenssler, Michael:* Die Architektur des Münchner Ausstellungsparks, in: *Münchner Messe- und Ausstellungsgesellschaft m. b. H./Münchner Stadtmuseum* (Hrsg.): Vom Ausstellungspark zum internationalen Messeplatz, München 1984
Ders.: Münchner Baukunst der Gegenwart, in: München als Kunststadt (Sonderheft der Zeitschrift Hochland), München 1908
Rittelmeyer, Friedrich: Aus meinem Leben, Stuttgart 1937
Ritter, Gerhard A., unter Mitarbeit von *Merith Niehuss:* Wahlgeschichtliches Arbeitsbuch. Materialien zur Statistik des Kaiserreichs 1871–1918, München 1980
Roeßler, Arthur: Neu-Dachau. Ludwig Dill, A. Hoelzel, Arthur Langhammer, München 1905
Rohmeder, A. F.: München als Handelsstadt in Vergangenheit, Neuzeit und Gegenwart, München 1905
Rolfs, Wilhelm: Alte Gleise – Neue Pfade, in: Kunst und Handwerk (1897)
Roscher, Gustav: Großstadtpolizei, Hamburg 1912
Rosenhagen, Hans: Münchens Niedergang als Kunststadt I, in: Der Tag, Nr. 143, 1901
Ders.: Münchens Niedergang als Kunststadt II, in: Der Tag, Nr. 145, 1901
Rost, Hans: Die Gemeindewahlen in Bayern, in: Kommunalpolitische Blätter 1 (1910)
Ders.: Selbstmord in den deutschen Städten, Köln 1912
Ders.: Zur Moralstatistik der deutschen Städte, in: Festschrift Georg von Hertling zum 70. Geburtstage, Kempten 1913
Rubner, Max: Über trübe Wintertage nebst Untersuchungen zur sogenannten Rauchplage der Großstädte, in: Archiv für Hygiene 57 (1906)
Rudorff, Ernst: Heimatschutz, München-Leipzig [3]1904
Ruederer, Josef (Hrsg.): Panorama der Moderne. Reder-Feier, o. O. 1895
Ders.: Der strohblonde Augustin, der brennrote Kilian und die sittliche Weltordnung, in: *ders.:* Wallfahrer-, Maler- und Mördergeschichten, Berlin 1899
Ders.: München, München 1907
Ders.: Die gastliche Stadt, in: Süddeutsche Monatshefte, Jg. 12, Heft 3 (1914)
Rundfrage zu Münchens Niedergang als Kunststadt, München 1902
Rupprecht, Karl: Die Prostitution jugendlicher Mädchen in München, in: Münchener Medizinische Wochenschrift, Sonderdruck Nr. 1 (1913)
Sachs, Hildegard: Die Einrichtungen zur Ausbildung und Fortbildung der weiblichen häuslichen Angestellten in Deutschland, in: Archiv für Frauenarbeit, Bd 3 (1915)
Sailer, Josef Benno: München wie es ißt, trinkt, wohnt und sich vergnügt. Lokalhumoresken und Münchner Szenen, München 1898
Satzungen für die öffentliche Armenpflege in München vom 24.10. 1907, in: Beilage 20 zum Verwaltungsbericht (Münchener Gemeindezeitung 1907)
Schachner, Richard: Münchens öffentliche Badeanstalten, München 1905
Ders.: Die neue Großmarkthalle in München, in: Der Industriebau (1912)
Schaefer, Cornelius: Die deutschen Arbeitersekretariate, phil. Diss., Bonn 1914
Schematismen der Kongregation der Armen Schulschwestern von Unserer Lieben Frau, München (jährlich)
Schematismen der Geistlichkeit des Erzbistums München und Freising für die Jahre 1885–1914
Schilling, Eugen: Bemerkungen über das elektrische Licht, München 1882
Schilling, Otto: Innere Stadterweiterungen, phil. Diss., Berlin 1915
Schirmer, Carl: Das Wohnungselend der Minderbemittelten in München, Frankfurt a. M. 1899
Schlittgen, Hermann: Erinnerungen, Hamburg 1947
Schmaedel, Joseph von: Begrüßung der Festgäste am 30. September 1908 im Alten Rathaussaale zu München anläßlich der Jahresversammlung des Deutschen Museums, in: *ders.* (Hrsg.): Vom Isarstrand. Bunte Blätter aus der Versmappe eines alten Müncheners, Bd. 1, München 1912
Ders.: D'Kathel beim Schützenfest, in: *ders.* (Hrsg.): Vom Isarstrand. Bunte Blätter aus der Versmappe eines alten Müncheners, Bd. 1, München 1912
Ders.: Der alte Sepp, in: *ders.* (Hrsg.): Vom Isarstrand. Bunte Blätter aus der Versmappe eines alten Müncheners, Bd. 1, München 1912
Schmerl, Sebastian: Erinnerungen an die Zeit im

Münchner Predigerseminar 1902–1904, in: *Daumiller, Oskar* (Hrsg.): Das Predigerseminar in München, München 1934

Schmid, Eduard: Die Sozialdemokratie im Münchener Rathaus. Handbuch für Gemeindewähler. Herausgegeben vom Socialdemokratischen Verein, München 1905 und 1908

Schmid, Hermann: Concordia. Eine deutsche Kaisergeschichte aus Bayern, Roman in fünf Bänden, Leipzig 1874

Ders.: Das Münchener Kindeln. Erzählung aus der Zeit des Kurfürsten Ferdinand Maria, Stuttgart-Berlin-Leipzig o. J. (um 1880)

Schmidt, Maximilian: Meine Wanderung durch 70 Jahre, 2. Teil, Leipzig 1925

Schmitz, Eugen: Die Deutsche Vereinigung für alte Musik, in: Musikalisches Wochenblatt (1906)

Schmölder, Robert: Unsere heutige Prostitution, München 1911

Schnitzler, Arthur: Briefe 1875–1912. Herausgegeben von *Therese Nickl* und *Heinrich Schnitzler*, Frankfurt a. M. 1981

Schoenberner, Franz: Bekenntnisse eines europäischen Intellektuellen. Erinnerungen, Icking 1964

Schoenlank, Bruno: Zur Lage der arbeitenden Klasse in Bayern. Eine volkswirthschaftliche Skizze, Nürnberg 1887, Nachdruck München 1979

Schott, Sigmund: Das Wachstum der deutschen Städte seit 1871, in: Statistisches Jahrbuch deutscher Städte 12 (1904)

Ders.: Die großstädtischen Agglomerationen des Deutschen Reichs 1870–1910 (Schriften des Verbandes deutscher Städtestatistiker, Bd. 1), Breslau 1912

Schuh, Willi (Hrsg.): Briefwechsel Richard Strauss – Hugo von Hofmannsthal, Zürich ^{5}1978 (^{1}1952)

Schulze, Otto: Die Bauten für Industrie und Technik, in: Der Industriebau (1910)

Schumacher Fritz: Münchner Architekten, in: Dekorative Kunst (1898)

Ders.: Architektonische Aufgaben der Städte, in: *Wuttke, Robert* (Hrsg.): Die deutschen Städte. Geschildert nach den Ergebnissen der ersten deutschen Städteausstellung zu Dresden 1903, Leipzig 1904

Schwabe, H.: Einblick in das innere und äußere Leben der Berliner Prostituierten, in: Berliner Städtisches Jahrbuch für Volkswirtschaft und Statistik 1 (1874)

Seelsorgeberichte für die Giesinger Pfarrei Hl. Kreuz für die Jahre 1854–1916, in: *Westenthanner, Markus/Seidel, Christian*: Die Giesinger Pfarrei zum Hl. Kreuz in Geschichte und Gegenwart, München 1978

Segall, Jakob: Die Entwicklung der jüdischen Bevölkerung in München 1875–1905, München-Berlin 1910

Seidl, Anton: Ergebniß der statistischen Erhebungen im Bäckergewerbe Münchens nebst einem kleinen Anhang über die Lage der Conditoren, München 1890

Seidl, Gabriel: Denkschrift über die Erhaltung und die künftige Verwendung der alten Augustinerkirche, nun Mauthalle, in München, München o. J.

Seiferth, Johann/Probst, Wilhelm (Hrsg.): Münchener Jahrbuch. Kalender für Bureau, Comptoir und Haus, München 1888 ff.

Seige, Max: Das Landstreichertum. Seine Ursachen und seine Bekämpfung, in: Groß' Archiv 50 (1912)

Semper, Gottfried: Der Stil in den technischen und tektonischen Künsten oder Praktische Ästhetik, 2 Bde., München ^{2}1878

Sendtner, R.: Schweflige Säure und Schwefelsäure im Schnee, in: Bayerisches Industrie- und Gewerbeblatt (1887)

Seydel, Max von: Bayerisches Staatsrecht, Bde. 1–7, München-Freiburg-Leipzig 1884 ff.

Siemering, Herta: Arbeiterbildungswesen in Wien und Berlin. Eine kritische Untersuchung, Karlsruhe 1911

Sieper, E.: Studentische Unterrichtskurse, ihr Wert und ihre Bedeutung für das Studium und persönliche Leben der Studenten, in: Zeitschrift des Verbandes der Akademischen Arbeiter-Unterrichts-Kurse Deutschlands 1 (1912)

Singer, Karl: Die Wohnungen der Minderbemittelten in München und die Schaffung unkündbarer kleinerer Wohnungen, München 1899

Ders.: Die Schaffung eines gemeindlichen Fonds zur Förderung der Arbeitslosenunterstützung (Mitteilungen des Städtischen Amtes, Bd. 18), München 1906

Ders.: Steuerbelastung Bayerischer Städte in den Jahren 1904 bis 1905, München 1907

Ders.: Armenstatistik Münchens, München 1908

Sinsheimer, Herrmann: Gelebt im Paradies. Erinnerungen und Begegnungen, München 1953

Sitte, Camillo: Der Städtebau nach seinen künstlerischen Grundsätzen, Wien ^{4}1909, Reprint Wiesbaden 1983

Sling (d. i.: Schlesinger, Paul): Die 11 Scharfrichter, in: Uhu 2, 8 (1925/26)

Soeltl, Johann Michael: München mit seinen Umgebungen. Historisch, topographisch, statistisch, München 1837

Sombart, Werner: Vortrag vom Segen der modernen Kultur, in: Blätter für Volksgesundheitspflege 8

Soßna, Max: Quellen und Literatur über den Serviten-Orden, Diss. Breslau 1910

Speisen-Sprüche, in: 1857–1907, Schwadron der Pappenheimer. Jubiläums-Fest-Bankett. Tonhalle in München am 1. Februar 1907

Sponsel, Jean-Louis: Das moderne Plakat, Dresden 1897

Stahl, Emil: Allerneuester Münchner Stadtführer für 1862, München 1862

Standort-Vorschrift München. Einzelbestimmungen zur Garnisonsdienstvorschrift vom 25. Juni 1902, München 1907

Stankovich, Dushan: Otto Julius Bierbaum – eine Werkmonographie, Bern 1971

Statistik über die Auswanderung von Kunstwerken nach Amerika, in: Der Kunstmarkt 7 (1910)

Statistik über Bayerns Ausfuhr nach den Vereinigten Staaten von Amerika 1901–1910, in: IHK Obb, Jahresberichte 1911

Statistik über Bayerns direkte Ausfuhr nach den Vereinigten Staaten von Amerika 1903–1912, in: IHK Obb, Jahresberichte 1913

Statistik des Deutschen Reiches, Bd. 107: Berufs- und Gewerbezählung vom 14. Juni 1895. Berufsstatistik der deutschen Großstädte

Statistik über die Einfuhr von Kunstwerken nach den Vereinigten Staaten von Amerika, in: Der Kunstmarkt 5 (1908)

Statistik über die deutsche Gemäldeausfuhr nach den Vereinigten Staaten von Amerika 1900–1908, in: *Drey, Paul*: Der Kunstmarkt. Eine Studie über die wirtschaftliche Verwertung des Bildes, Stuttgart 1910

Statistisches Amt der Stadt München (Hrsg.): Die Erhebung der Wohnverhältnisse in der Stadt München 1904–1907, Bd. 3: Das Ostend (XIV.–XVIII. Stadtbezirk), in: Mitteilungen des Statistischen Amtes der Stadt München, Bd. 20, Heft I/III, München 1910

Dass. (Hrsg.): Die Erhebung der Wohnverhältnisse in der Stadt München 1904–1907, Bd. 4: Gesamtergebnis, in: Mitteilungen des Statistischen Amtes der Stadt München, Bd. 20, Heft I/VI, München 1910

Dass. (Hrsg.): Statistisches Handbuch der Stadt München, München 1928

Statistisches Jahrbuch der Stadt Berlin, Berlin 1882

Statistisches Jahrbuch des Königreichs Bayern, Jg. 4, 1898, sowie Jg. 13, 1915

Statuten der Bayerischen Hypotheken- und Wechselbank, München 1835

Statuten der Marien-Anstalt für weibliche Dienstboten in München, München 1883

Steinbach, Heinrich: Zur Geschichte des Münchener Volksschulhauses, in: Süddeutsche Bauzeitung (1909)

Steinbrecht, Bruno: Arbeitsverhältnisse und Organisation der häuslichen Dienstboten in Bayern (Beiträge zur Statistik Bayerns, Bd. 94), München 1921

Steinhauser, August: Münchener Staffelbauordnung vom 20. April 1904 mit einer allgemeinen Übersicht über die wichtigsten baupolizeilichen Vorschriften der Kgl. Haupt- und Residenzstadt München, ferner mit Erläuterungen und einem Anhange, München 1904

Stemplinger, Eduard: Ernte aus Altbayern, München 1936

Stengel, Otto von: Die Studentischen Arbeiterfortbildungskurse München, in: Soziale Studentenblätter 5 (1913)

Stenographische Berichte der Verhandlungen der Kammer der Abgeordneten 1886–1913

Stern, Ernst: My Life, My Stage, London 1951

Stern, Gerhard: Ganz Berlin für eine Mark. Die Reichshauptstadt, wie sie wurde und wie sie ist. Schilderungen in Wort und Bild, Berlin 1896

Die Stickereien von H. Obrist, in: Zeitschrift des Bayerischen Kunstgewerbevereins (1895/96)

Stierstorfer, Karl: Der Augustinerstock und seine Beziehung zu Münchens Entwicklung und Ausbau, München o. J.

Stillich, Oscar: Die Lage der weiblichen Dienstboten in Berlin, Berlin-Bern 1902

Stöckhardt, Adolph: Über die Einwirkung des Rauches der Silberhütten auf die benachbarte Vegetation u. s. f., in: Polytechnisches Centralblatt (1850)

Storck, Karl: Vom Überbrettl'. Monatsblätter für deutsche Literatur 6 (1901)

Die Störungen im deutschen Wirtschaftsleben nach dem Jahre 1900, Bd. 7: Hypothekenbanken, Immobiliarverhältnisse, Baugewerbe (Schriften des Vereins für Socialpolitik, Bd. 111), Leipzig 1903

Strauss, Richard: Erinnerungen an die ersten Aufführungen meiner Opern, in: *ders.:* Betrachtungen und Erinnerungen. Herausgegeben von *Willi Schuh,* Zürich ²1981 (¹1949)

Ders.: Gibt es für die Musik eine Fortschrittspartei? (1907), in: *ders.:* Betrachtungen und Erinnerungen. Herausgegeben von *Willi Schuh,* Zürich ²1981 (¹1949)

Ders.: Tagebuchaufzeichnung 1949, in: *Schultz, Klaus/Kohler, Stephan:* Programmheft der Bayerischen Staatsoper, München 1980

Streiter, Richard: Aus München (1896), in: Ausgewählte Schriften zur Aesthetik und Kunst-Geschichte, München 1913

Ders.: Moderne Kunstbestrebungen in Wien, in: Kunst und Handwerk (1898/99)

Stroell, Johann Baptist: Die Bayerische Hypotheken- und Wechsel-Bank, deren Reorganisation und Statutenabänderung, München 1863

Ströhmberg, C.: Die Prostitution. Ein Beitrag zur öffentlichen Sexualhygiene und zur staatlichen Prophylaxe der Geschlechtskrankheiten. Eine sozialmedizinische Studie, Stuttgart 1899

Stübben, Joseph: Der Städtebau, Darmstadt 1890, Reprint Braunschweig-Wiesbaden 1980

Teibler, Hermann: Korrespondentenbericht aus München, in: Musikalisches Wochenblatt (1905)

Ders.: Die Wagner- und Mozart-Festspiele, in: Musikalisches Wochenblatt (1905)

Ders.: Die Wagner-Festspiele im Prinzregententheater, in: Musikalisches Wochenblatt (1905)

Telephon-Anlage München – Verzeichnis der Sprechstellen Nr. 1, ausgegeben am 1. Mai 1883, nachgedruckt 1983

Terfz, Fritz: Das Wirtsgewerbe in München. Eine wirtschaftliche und soziale Studie (Münchner volkswirtschaftliche Studien, Bd. 33), Stuttgart 1899

Thiersch, Friedrich V.: Wirtschaften, Hotels und Cafés, in: *Bayerischer Architekten- und Ingenieurverein* (Hrsg.): München und seine Bauten, München 1912

Thoma, Ludwig: Erinnerungen, München 1931

Ders.: Wie ein Heranwachsender die Stadt sah, in: *Wolf, Georg Jakob* (Hrsg.): Ein Jahrhundert München 1800–1900, Leipzig ³1935

Ders.: Leute, die ich kannte (1923), in: *ders.:* Gesammelte Werke, Bd. 1, München 1968

Thurneyssen, Fritz: Groß- und Kleinbetrieb im Münchener Schreinergewerbe, oec. Diss. München, Stuttgart 1897

Uhlmann, Alphons: Der Veteranen- und Krieger-Verein der Königlich Bayerischen Haupt- und Residenzstadt München 1835–1885, München 1885

Neuester Universal-Fremdenführer durch München und seine Umgebung, München 1890

Uschold, Georg: Die bürgerlich- und öffentlich-rechtlichen Vorschriften in Bezug auf das Dienstbotenwesen im Königreich Bayern, München 1900

Veit, Friedrich: Aus dem Münchner Predigerseminar, München 1884–1900, in: *Daumiller, Oskar* (Hrsg.): Das Predigerseminar in München, München 1934

Verband Münchner Hoteliers e. V. (Hrsg.): Offizieller Führer durch München, München 1911

Verband Süddeutscher Konsumvereine, Bericht über die Verhandlungen des 38. Verbandstages des Verbandes süddeutscher Konsumvereine vom 23. bis 25. April 1904 in Mannheim nebst einer Statistik über die Geschäftsergebnisse von 120 Konsumvereinen für das Rechnungsjahr 1903, Hamburg 1904

Verein zur Förderung des Fremdenverkehrs in München und im bayerischen Hochland (Hrsg.): München. Ein Führer und Ratgeber zur dauernden Ansiedelung, Bd. 1, München ²1911

Ders. (Hrsg.): Führer und Ratgeber zur dauernden Ansiedelung, München 1906

Ders. (Hrsg.): München und das bayerische Hochland, München 1912

Verfassung und Verwaltungsorganisation der Städte, 4 Bde., 4. Heft: Königreich Bayern (Schriften des Vereins für Socialpolitik, Bd. 120), Leipzig 1906

Verlag für Börsen- und Finanzliteratur (Hrsg.): Handbuch der Süddeutschen Aktien-Gesellschaften, Berlin-Leipzig-Hamburg 1912

Vierheilig, Josef: Der Münchner Schlacht- und Viehhof, München 1906

Vogel, Rudolf: Richardsons Bedeutung für die moderne Baukunst, in: Deutsche Bauhütte (1905)

Das deutsche Volkseinkommen vor und nach dem Kriege. Einzelschriften zur Statistik des Deutschen Reiches 24, Berlin 1932

Die Volkshochschule im Parlament, in: Mitteilungen über volkstümliche Hochschulkurse und sinnverwandte Institute. Extra-Beilage zu der Abonnenten-Ausgabe der Hochschul-Nachrichten 6 (Ende März 1898)

Vollmar, Georg von: Reden und Schriften zur Reformpolitik, Berlin-Bonn 1977

Wagner, Cosima: Das zweite Leben, München 1980

Wagner, Richard: Dichtkunst und Tonkunst im Drama der Zukunft, in: *ders.:* Oper und Drama, Sämtliche Schriften und Dichtungen, Volksausgabe, Bd. 4, Leipzig o. J.

Ders.: Das Publikum in Zeit und Raum, in: *ders.:* Sämtliche Schriften und Dichtungen, Volksausgabe, Bd. 10, Leipzig o. J.

Wagner, Wilhelm: Der Beginn der Fortbildungskurse für Arbeiter in München im Winter-Semester 1906/07, in: Comenius-Blätter für Volkserziehung 16 (1908)

Ders.: Das Zusammenarbeiten von Kurs- und Übungsleitern im studentischen Arbeiterunterricht, in: Zeitschrift des Verbandes der Akademischen Arbeiter-Unterrichts-Kurse Deutschlands 2 (1913)

Wallbrecht, Karl: Über die Entwicklung des Münchener Baugewerbes im 19. Jahrhundert. Ein Beitrag zur Kenntnis der baugewerblichen Gesetzgebung, der Bauthätigkeit und der Baubevölkerung in München, München 1897

Was den Überbrettln noch fehlt, in: Das moderne Brettl 5 (1901/02) vom 20. 2. 1902

Was nicht auf die Überbrettl gehört, in: Das moderne Brettl 6 (1901/02) (März 1902)

Wayss, Gustav Adolf (Hrsg.): Das System Monier (Eisengerippe mit Cementumhüllung) in seiner Anwendung auf das gesamte Bauwesen. Unter Mitwirkung namhafter Architekten und Ingenieure, Berlin 1887

Weber, Alfred: Hausindustrielle Gesetzgebung und Sweatingsystem, in: Jahrbuch für Gesetzgebung, Verwaltung und Volkswirtschaft im Deutschen Reich 21 (1897)

Weber, Carl: München und seine Stadterweiterung, in: Deutsche Bauzeitung (1893)

Weber, Karl: Neue Gesetz- und Verordnungensammlung für das Königreich Bayern, Bd. 3 (1869–71) ff., Nördlingen 1887 ff.

Weber, Max: Wirtschaft und Gesellschaft. Grundriß der verstehenden Soziologie. Studienausgabe. Herausgegeben von *Johannes Winckelmann,* 1. Halbband, Köln-Berlin 1964

Wedekind, Frank: Brettllieder mit Noten von Weinhöppel (Verlagsgesellschaft Harmonie), München 1901/02

Ders.: Der Marquis von Keith (1900), in: *ders.:* Gesammelte Werke, Bd. 4, München 1919

Ders.: Was ich mir dabei dachte, in: *ders.:* Gesammelte Werke, Bd. 9, München 1919

Ders.: Briefe. Herausgegeben von *Fritz Strich,* Bd. 2, München 1924

Ders.: Der Marquis von Keith, Berlin 1965

Ders.: Die Tagebücher. Ein erotisches Leben. Herausgegeben von *Gerhard Hay,* Frankfurt a. M. 1986

Neuester Wegweiser durch die königlich bayerische Haupt- und Residenzstadt München. Eine kurzgefaßte Beschreibung der Merkwürdigkeiten und Kunstschätze für Fremde und Einheimische, München ³1857

Weizenbeck, Rudolf: Geschichte der Bayerischen Fabriken- und Gewerbeinspektion, Erlangen 1909

Welsch, Andreas: Münchner Volksleben. Süddeutsche Couplets und Solo-Vorträge, München o. J.

Welzel, Hans: Einführung in die Geschäfte der Naturpflege, München 1907

Wengg, Gustav: Plan der königlichen Haupt- und Residenzstadt München (StadtAM, Plansammlung C 460–462)

Werner, Heinrich: Der ›Spreehof‹ der Berliner Handelsstätten-Gesellschaft, in: Der Industriebau (1912)

Westheim, Paul: Plakatkunst, in: *Dessoir, Max* (Hrsg.): Sonderdruck der Zeitschrift für Ästhetik, Bd. 3, Stuttgart 1908

Wiedenhofer, Joseph: Die bauliche Entwicklung Münchens vom Mittelalter bis in die neueste

Zeit im Lichte der Wandlungen des Baupolizeirechtes. Eine baupolizeiliche Studie, Diss. TH München, München 1916
Willmanns, Karl: Das Landstreicher- und Bettlertum der Gegenwart, Gautsch 1911
Woerl, Leo: Illustrierter Führer, Leipzig 1904
Wolf, Georg Jakob: Ingenieur J. Heilmann und das Baugeschäft Heilmann & Littmann. Ein Rückblick auf 40 Jahre Arbeit, München 1911
Ders.: Münchner Plakatkunst, in: Plakat 1 (1915)
Ders.: (Hrsg.): Ein Jahrhundert München 1800–1900. Zeitgenössische Bilder und Dokumente, Leipzig ³1935 (¹1919)
Wolffhügel, Fritz: München – eine »Peststadt«, Braunschweig 1874
Wolfskehl, Karl: Die Elf Scharfrichter, Süddeutscher Rundfunk 4, 3 (1927)
Wollmann, Stefan: Neubau der kgl. bayer. Hof-Tabak- und Zigarettenfabrik G. Zuban, Kommanditgesellschaft, München, in: Süddeutsche Bauhütte (1911)
Wolzogen, Ernst von: Das Überbrettl (1900), Nachwort in: *ders.:* Ansichten und Aussichten. Ein Erntebuch, Berlin 1908
Wurm-Arnkreuz, Alois: 7 Bücher über Stil und Mode in der Architektur, Wien-Leipzig 1913
Wustmann, G.: Zur Entstehungsgeschichte der Schumannschen Zeitschrift für Musik, Zeitschrift der Internationalen Musikgesellschaft, 8 (1906)
Yvette Guilbert und ihre Lieder, in: Süddeutsche Monatshefte, 8, Bd. 1 (1911)
Zahn, Friedrich: Die Frau im bayerischen Erwerbsleben, in: Die Frau 10 (1909)
Ders.: Deutschlands wirtschaftliche Entwicklung unter besonderer Berücksichtigung der Volkszählung 1905 sowie der Berufs- und Betriebszählung, München-Berlin 1911
Zenneck, Jonathan: Oskar von Miller als Ingenieur, in: VDI-Zeitschrift 90 (1948)
Ders.: Oskar von Miller. Zur 100. Wiederkehr seines Geburtstages, in: VDI-Zeitschrift 97 (1955)
Zentralverband der Maurer Deutschlands, Gau München (Hrsg.): Die Maurerbewegung in München seit dem Jahre 1872 und die Aussperrung 1905 nebst Geschäftsbericht des Zweigvereins sowie Gaues München, München 1906
Zettel, Karl: Zum 70. Geburtstage unseres treugeliebten Prinzregenten 1891, in: *ders.* (Hrsg.): Monacensia. Zeit- und Stimmungsbilder aus Alt- und Jungmünchen, München 1895
Zils, Wilhelm: Geistiges und künstlerisches München in Selbstbiographien, München 1913
Zöllner, Josef: Gärender Wein. Ein Münchner Roman, Leipzig 1919
Zweckverbandsgesetz für Groß-Berlin vom 19.7.1911, in: Preußische Gesetzsammlung 1911, Berlin 1911
Zwickh, Nepomuk: Geschichte der Section von 1869–99, in: Geschichte der Alpenvereinssektion München, München 1900

Jahresberichte, Geschäftsberichte, Rechenschaftsberichte

Jubiläums-Festbericht *Arbeiter-Bildungsverein* für 1887
Jahresberichte des *Arbeitersekretariats München* für 1898 bis 1913
Erster Geschäftsbericht des städtischen *Arbeitsamtes München* für 1895/96
Jahresberichte des *Asylvereins für Obdachlose* für 1883 bis 1917
Rechenschaftsberichte der *Bayerischen Hypotheken- und Wechselbank* für 1836, 1880, 1885, 1890 und 1897
Jahresberichte des *Bayerischen Industriellenverbandes* für 1903 bis 1912
Bayerischer Kunstgewerbeverein (Hrsg.): Bericht über den Zweiten Congress Deutscher Kunstgewerbevereine unter allgemeiner Betheiligung von Vertretern der Kunst, des Kunst-Gewerbes und Freunden desselben vom 2. bis 6. September 1883 zu München, München 1883
Ders. (Hrsg.): Bericht über den dritten Delegiertentag 1888 des Verbandes deutscher Kunstgewerbe-Vereine und den dritten allgemeinen Kunstgewerbe-Tag vom 6. bis 9. August 1888 zu München, München 1888
Jahresbericht des *Bayerischen Landesvereins zur Förderung des Wohnungswesens* für 1911
Geschäftsbericht des *Consum-Vereins München* von *1864 e. G.* für 1914
Jahresberichte des *Consum-Vereins München von 1864 e. G.* für 1871 bis 1886
Jahresbericht der kgl. bayerischen *Fabriken-Inspektoren* für 1911 und 1913
Rechenschafts-Berichte des *Frauenvereins Arbeiterinnenheim e. V.* bzw. des Vereins für hauswirtschaftliche Frauenbildung e. V. für 1901 bis 1912
Geschäfts-Berichte des *Gewerkschafts-Vereins München* für 1900 bis 1913
Jahresberichte der *Handels- und Gewerbekammer für Oberbayern* für 1880 bis 1913 (A IHK Mü)
Jahresberichte des *Isartalvereins* für 1904/05 und 1912
Jahres-Bericht des *Katholischen Caritas-Verbandes der Erzdiözese München-Freising* und Verzeichnis der caritativen Vereine und Anstalten der Erzdiözese München-Freising für 1927/28
Geschäfts-Berichte des *Konsum-Vereins Sendling-München* für 1905 und 1906
Jahresbericht des *Konsum-Vereins Sendling-München* 1906
Monatsberichte über *Kunstwissenschaft und Kunsthandel* für 1900 bis 1903
Jahresbericht des *Landesausschusses für Naturpflege* für 1927/30
Jahresbericht des *Maria-Martha-Stifts in München* für 1891
Jahresberichte der *Münchner Vereinigung für angewandte Kunst* für 1904/05 und 1911 (StadtAM, Kulturamt 187/1)
Verwaltungsberichte des *Münchner Volksbildungsvereins* für 1871 bis 1914

Jahrbuch für *Naturschutz und Naturpflege* für 1907
Jahresberichte bzw. Rechenschaftsberichte der *Polizeidirektion München* für die Regierung von Oberbayern (BayHStA, MJU 12199–12201; StaatsAM, Pol. Dir. 4123–4126; StaatsAM, RA 58113)
Berichte über die Seelsorge in Stadelheim und Neudeck für 1907 bis 1913
Bericht über die Entwicklung des *Verbandes Süddeutscher Konsumvereine* nebst Statistik über die Geschäftsergebnisse von 208 Konsumvereinen für das Rechnungsjahr 1907, Hamburg 1908
Jahresbericht des *Vereins für freiwillige Armenpflege* für 1900
20. Jahresbericht des *Vereins für Vogelzucht und -Schutz München* für 1905
Geschäftsberichte des *Vereins zur Förderung des Fremdenverkehrs in München und im bayerischen Hochland e. V.* für 1904/05, 1907/08 und 1908/09
Jahresberichte des *Vereins zur Förderung des Fremdenverkehrs in München und im bayerischen Hochland e. V.* für 1897, 1903/04 und 1907/08
Verwaltungsberichte für 1886 bis 1913 = Bericht über den Stand der Gemeindeangelegenheiten der kgl. Haupt- und Residenzstadt München 1886 bis 1913, Teil 1: Verwaltungsbericht; Teil 2: Bericht über die gesamten Rechnungsergebnisse
Jahresberichte des *Vinzenz-Vereins München* für 1900 und 1901
Jahresberichte des *Volks-Hochschul-Vereins München* für 1899 bis 1907
Geschäftsberichte der *Wienerberger Ziegelfabriks- und Baugesellschaft* für 1883, 1885 und 1914 (AWZB, Akten der Generalversammlung)
Das *Zentrum im Münchner Rathause*. Rechenschaftsbericht der freien Vereinigung des Zentrums und der Konservativen für 1902 bis 1905

Periodika

Acta Apostolicae Sedis
Allgemeine Rundschau
Allgemeine Zeitung
Amtsblätter für die Erzdiözese München und Freising
Archiv für katholisches Kirchenrecht
Bayerisch Land und Volk
Bayerische Handelszeitung
Bayerischer Kurier
Bayerisches Industrie- und Gewerbeblatt, München
Bayerisches Vaterland
Beiträge zur Kirchengeschichte
Beiträge zur Kulturgeschichte der Münchner Arbeiterbewegung (München)
Berliner Tagblatt
Das moderne Brettl
Bühne und Brettl
Bund der Landwirte, Königreich Bayern
Der Cicerone
Der Consumverein. Organ des Verbandes Süddeutscher Consumvereine

Deutscher Alpenverein
Deutsches Volksblatt
Evangelisches Gemeindeblatt München
Frankfurter Zeitung
Die Freistatt
Die Gartenstadt. Herausgegeben von der *Deutschen Gartenstadt-Gesellschaft*
Generalanzeiger der Kgl. Haupt- und Residenzstadt München
Die Gleichheit. Zeitschrift für die Interessen der Arbeiterin
Hamburger Echo
Haus und Herd. Organ des Verbandes katholischer Dienstmädchen-Vereine
Das neue Jahrhundert
Jugend
Kommunale Praxis
Kunst und Handwerk
Mitteilungen des Bundes Heimatschutz
Mitteilungen des Vereins zur Förderung des Fremdenverkehrs in München und im bayerischen Hochland e. V.
Monatsberichte über Kunstwissenschaft und Kunsthandel (später: Monatsberichte über Kunst und Kunstwissenschaft)
Musikalisches Wochenblatt
Musikalisches Wochenblatt (Leipzig)
Münchener Gemeindezeitung
Münchener Post. Unabhängige Zeitung für Jedermann aus dem Volke
Münchener Ratsch-Kathl
Münchener Rundschau
Münchner Illustrierte Zeitung
Münchner Neueste Nachrichten
Münchner Zeitung
Neue deutsche Hefte
Neue freie Volkszeitung
Neue kirchliche Zeitschrift
Neue Zeitschrift für Musik (Leipzig)
Neues Münchner Tagblatt
Nord und Süd, Deutsche Halbmonatsschrift
Puckenhofer Blätter
Revue franco-allemande
Der Sammler (Beilage zur Augsburger Abendzeitung)
Die Schaubühne
The Studio
Süddeutsche Bauzeitung
Süddeutsche Monatshefte
Süddeutsche Zeitung
Der Tag (Berlin)
Uhu
Volksbildungsarchiv
Die Woche (Berlin)
Zeitschrift des Bayerischen Kunstgewerbe-Vereins in München
Zeitschrift des Kgl. bayerischen statistischen Bureaus
Zeitschrift des Königlich Bayerischen Statistischen Landesamtes
Zeitschrift des Münchener Alterthumsvereins
Zeitschrift des Verbandes der Akademischen Arbeiter-Unterrichts-Kurse Deutschlands
Zeitschrift für Bekämpfung der Geschlechtskrankheiten
Zentralblatt für das Volksbildungswesen
Zeitschrift für Wohnungswesen in Bayern

Im Rahmen des Projektes entstandene und entstehende Magisterarbeiten und Dissertationen

Angermair, Elisabeth: Dissertation über Münchner Kommunalpolitik (demnächst)
Bäuml-Stosiek, Dagmar: Dissertation über Stadterweiterung und Eingemeindungen (demnächst)
Beck, Barbara: Die Dienstboten und ihre Welt in München zur Prinzregentenzeit, Magisterarbeit masch., München 1986
Christians (v. Möller), Susanne: Studien zum Münchner Kunsthandel der Prinzregentenzeit (1886–1912), (Schriften aus dem Institut für Kunstgeschichte der Universität München), Magisterarbeit, München 1989
Falter, Reinhard: Das Walchenseeprojekt, Magisterarbeit (demnächst)
Groß, Hans: Das Münchner Vereinswesen von 1870 bis 1910, Magisterarbeit masch., München 1986
Guttmann, Thomas: Dissertation über Armenpflege in München (demnächst)
Haertle, Karl-Maria: Dissertation über die Münchner Industrie (demnächst)
Hartmann, Barbara: Dissertation über Carl Hocheder (demnächst im Inst. für Kunstgeschichte)
Huyn, Marie-Christine: Das Plakat in der Münchner Prinzregentenzeit (Schriften aus dem Institut für Kunstgeschichte der Universität München, Bd. 28), Magisterarbeit, München 1988
Ingenlath, Markus: Magisterarbeit über Militär in München zur Prinzregentenzeit (demnächst)
Kasberger, Erich: Dissertation über italienische Gastarbeiter in Bayern um 1900 (demnächst)
Neumeier, Gerhard: Die Wohnverhältnisse in München von 1886 bis 1913, Magisterarbeit masch., München 1987
Strauß, Eva: Die Zigeunerverfolgung in Bayern 1885–1926, Magisterarbeit masch., München 1986
Strom, Martin: Dissertation über Innovationen in der Prinzregentenzeit (demnächst)
Tiedemann, Eva-Maria: Antisemitismus in München in der Prinzregentenzeit. Mit einem Ausblick auf Wien (1886–1912), Magisterarbeit masch., München 1987
Walter, Uli: Der Umbau der Münchener Altstadt (1871–1914) (Schriften aus dem Institut für Kunstgeschichte der Universität München, Bd. 24), Magisterarbeit, München 1987

Verwendete Literatur

Abenthum, Karl: Zur Seelsorglage Münchens im 19. Jahrhundert. Ein Beitrag und ein Deutungsversuch zur heutigen Seelsorglage in München, in: *Ziegler, Adolf W.* (Hrsg.): Monachium. Beiträge zur Kirchen und Kulturgeschichte Münchens und Südbayerns anläßlich der 800-Jahrfeier der Stadt München 1958, München 1958

Achleitner, Friedrich: Österreichische Architektur im 20. Jahrhundert, Salzburg-Wien 1980
Achterberg, Erich: Deutsche Hypothekenbank in Meiningen, Meiningen 1962
Ders.: Süddeutsche Bodencreditbank, Frankfurt a. M. 1971
Achterberg, Erich/Müller-Jabusch, Maximilian: Lebensbilder deutscher Bankiers, Frankfurt a. M. 1963
Albers, Gerd: Theodor Fischer und die Münchner Stadtentwicklung bis zur Mitte unseres Jahrhunderts, in: Jahrbuch der Technischen Universität, München 1981
Albrecht, Dieter: Von der Reichsgründung bis zum Ende des Ersten Weltkrieges (1871–1918), in: *Spindler, Max* (Hrsg.): Handbuch der bayerischen Geschichte 4/1, München 1974
Albrecht, Willy: Fachverein – Berufsgewerkschaft – Zentralverband. Organisationsprobleme der deutschen Gewerkschaften, Bonn 1982
Alckens, August: Münchner Forscher und Erfinder des 19. Jahrhunderts, München 1965
Alexander, Edward P.: Museum Masters. Their Museums and their Influence, Nashville (Tennessee) 1983
Allwang, Karl: Metallindustrie in Bayern von 1850–1890, in: Leben und Arbeiten im Industriezeitalter, Nürnberg 1985
Anderl, Ludwig: Die roten Kapläne. Vorkämpfer der katholischen Arbeiterbewegung in Bayern und Süddeutschland, o. O. (München) ²1963
Andersen, Arne: Heimatschutz. Die bürgerliche Umweltschutzbewegung, in: *Brüggemeier, Franz-Josef/Rommelspacher, Thomas* (Hrsg.): Besiegte Natur. Geschichte der Umwelt im 19. und 20. Jahrhundert, München 1987
Andersen, Arne/Brüggemeier, Franz-Josef: Gase, Rauch und Saurer Regen, in: *Brüggemeier, Franz-Josef/Rommelspacher, Thomas* (Hrsg.): Besiegte Natur. Geschichte der Umwelt im 19. und 20. Jahrhundert, München 1987
Andersen, Arne/Ott, René/Schramm, Engelbert: Der Freiberger Hüttenrauch 1849–1865. Umweltauswirkungen, ihre Wahrnehmung und Verarbeitung, in: Technikgeschichte 53 (1986)
Andree, Rolf: Arnold Böcklin. Die Gemälde, Basel-München 1977
Das Angerkloster in München (Sonderheft der Deutschen illustr. Rundschau), München 1926
Ankenbrand, Stephan: St. Joseph in München, München 1932
Arps, Ludwig: Wechselvolle Zeiten. 75 Jahre Allianz-Versicherung 1890–1965, München 1965
Aubert, Roger: Die modernistische Krise, in: *Jedin, Hubert* (Hrsg.): Handbuch der Kirchengeschichte, Bd. 4/2, Freiburg-Basel-Wien 1973
Augustin, Ernst: Raumlicht. Der Fall Evelyne B., Frankfurt a. M. 1981
Ausschuß des Polytechnischen Vereins in Bayern (Hrsg.): 1815–1915. Hundert Jahre technische Erfindungen und Schöpfungen in Bayern, München-Berlin 1922
Ausstellungskataloge:
– 125 Jahre Bayerischer Kunstgewerbeverein, München 1976

Bibliographie

- Bayerische Frömmigkeit. 1400 Jahre christliches Bayern, München 1960
- Der Blaue Reiter, Bern 1986
- Delaunay und Deutschland, München-Köln 1986
- August Endell, München 1977
- Paul Klee 1879–1940, München 1971
- Franz Marc 1880–1916, München 1980
- Der Glaspalast 1854–1931, München 1981
- München 1869–1958. Aufbruch zur modernen Kunst, München 1958
- Die Münchner Schule 1850–1914, München 1979
- Die Münchner Secession und ihre Galerie, München 1975
- Gottfried von Neureuther, München 1978
- Prinzregententheater 1901–1983. München 1983
- Rainer Maria Rilke 1875–1975, München 1975
- Simplicissimus. Eine satirische Zeitschrift, München 1896–1944, München 1978
- Carl Spitzweg, München 1985
- Traum und Wirklichkeit. Wien 1870–1930, Wien 1985

Baechler, Jean: Tod durch eigene Hand, Frankfurt a. M. 1981

Baedecker, Walther: Kulturpflege der Stadt München 1870–1932. Gezeigt an der Geschichte des Stadtarchivs, des Historischen Stadtmuseums, der städtischen Bibliotheken und der städtischen Galerie (Neue Schriftenreihe des Stadtarchivs München, Bd. 6), München 1954

Baerwald, Leo: Juden und jüdische Gemeinden in München vom 12. bis 20. Jahrhundert, in: *Lamm, Hans:* Von Juden in München. Ein Gedenkbuch, München 1958

Bahns, Jörn: Zwischen Historismus und Jugendstil, in: *Schadendorf, Wulf* (Hrsg.): Beiträge zur Rezeption der Kunst des 19. und 20. Jahrhunderts, München 1975

Banik-Schweitzer, Renate: Urbanisierung und Metropolenbildung im 19. Jahrhundert, in: Beiträge zur historischen Sozialkunde 16 (1986)

Barnerssoi, Ulrike/Dilley, Hans (Hrsg.): Ziegelherstellung. Italienische Ziegelarbeiter in Bayern vor dem Ersten Weltkrieg, Manuskript masch., München o. J.

Barth, H., u.a.: Kathreiner 1829–1979, o.O. (München) 1979

Bäthe, Kristian: Wer wohnte wo in Schwabing. Wegweiser für Schwabing-Spaziergänger, München 1965

Bauer, Hermann: Kunst in Bayern, Rosenheim 1985

Ders.: Wagner, der Mythos und die Schlösser Ludwigs II., in: Wege des Mythos in der Moderne. Richard Wagner »Der Ring des Nibelungen«, München 1987

Bauer, Michael: Oskar Panizza. Ein literarisches Porträt, München 1984

Baum, Julius: Die Sammlung Dr. Oertel, in: Der Cicerone 5 (1913)

Baum, Karl: Südbayerns evangelische Diaspora, Leipzig 1935

Baumgartner, Georg: Der Bayerische Hausritterorden vom Heiligen Georg 1729–1979, München 1979

Bayerdörfer, Hans Peter: Vom Konversationsstück zur Wurstlkomödie. Zu Arthur Schnitzlers Einaktern, in: Jahrbuch der deutschen Schiller-Gesellschaft 16 (1972)

Ders.: Eindringlinge, Marionetten, Automaten. Symbolistische Dramatik und die Anfänge des modernen Theaters, in: Jahrbuch der deutschen Schiller-Gesellschaft 20 (1976)

Ders.: Überbrettl und Überdrama. Zum Verhältnis von literarischem Kabarett und Experimentierbühne, in: *ders. u. a.* (Hrsg.): Literatur und Theater im Wilhelminischen Zeitalter, Tübingen 1978

Ders.: Wege des Mythos ins »Theater der Zukunft«. Richard Wagner und die Theaterreformbewegung der Jahrhundertwende, in: *Borchmeyer, Dieter* (Hrsg.): Wege des Mythos in die Moderne, München 1987

Bayerische Versicherungsbank (Hrsg.): 150 Jahre BVB (1835–1985) – eine Chronik der Sicherheit, München o. J. (1985)

Bayerischer Kunstgewerbeverein: Zum 100jährigen Bestehen der kgl. Erzgießerei Ferdinand v. Miller, München 1924

Bayerisches Staatsministerium für Wirtschaft (Hrsg.): 60 Jahre Bayerische Gewerbeaufsicht 1879–1939, München 1939

Beck, Barbara s. Magisterarbeiten

Beck, Hermann: Die Konsumvereine Münchens, staatswiss. Diss., Würzburg 1921

Becker, Winfried: Der Kulturkampf als europäisches und als deutsches Phänomen, in: Historisches Jahrbuch 101 (1981)

Behrmann, Samuel Nathaniel: Duveen und die Millionäre. Zur Soziologie des Kunsthandels in Amerika, Hamburg 1960

Beichel, Klaus: Das Verhältnis zwischen Staat und Gemeinden im rechtsrheinischen Bayern nach den Gemeindegesetzen von 1808 bis 1869, Erlangen 1957

Beiträge zur Geschichte der Aktienbrauerei zum Löwenbräu in München 1383 bis 1921, München 1922

Berger, Michael: Arbeiterbewegung und Demokratisierung. Die wirtschaftliche, politische und gesellschaftliche Gleichberechtigung des Arbeiters im Verständnis der katholischen Arbeiterbewegung im wilhelminischen Deutschland zwischen 1890 und 1914, phil. Diss., Freiburg 1971

Berman, Dagmar T.: Produktivierungsmythen und Antisemitismus. Assimilatorische und zionistische Berufsumschichtungsbestrebungen unter den Juden Deutschlands und Österreichs bis 1938. Eine historisch-soziologische Studie, Diss., München 1971

Bernhart, Joseph: Lebenserinnerungen. Münchener Universität I und II, in: Hochland 56/57 (1963/64)

Bernhart, Max: Die Münchner Medaillenkunst der Gegenwart, München 1917

Bernheimer, Ernst: Familien- und Geschäftschronik der Firma L. Bernheimer K. G., München 1950

Bertsch, Christoph: Fabrikarchitektur. Entwicklung und Bedeutung einer Baugattung anhand Vorarlberger Beispiele des 19. und 20. Jahrhunderts, Braunschweig-Wiesbaden 1981

Bertsch, Wilhelm: Stadterweiterung und Staffelbauordnung, in: *Bayerischer Architekten- und Ingenieurverein* (Hrsg.): München und seine Bauten, München 1912

Biensfeld, Johannes: Freiherr Dr. Theodor von Cramer-Klett, Leipzig-Erlangen 1918

Bimberg, Ulrich: »Hinein in den Konsumverein«. Ein phantastischer Aufstieg ganz aus eigener Kraft, in: *Novy, Klaus, u. a.* (Hrsg.): Anders Leben. Geschichte und Zukunft der Genossenschaftskultur, Berlin-Bonn 1985

Björnson-Gulbransson, D.: Das Olaf Gulbransson Buch, München 1977

Bleek, Stephan: Das Stadtviertel als Sozialraum. Formen und Motive innerstädtischer Mobilität in München 1880–1925, Manuskript masch. (Beitrag zu einem DFG-Kolloquium in München), München 1985

Ders.: Quartierbildung in der Urbanisierung. Das Münchener Westend 1890–1935, Diss. masch., München 1986

Bleicher, Heinrich: Franz Adickes als Kommunalpolitiker, in: Franz Adickes. Sein Leben und sein Werk (Frankfurter Lebensbilder, Bd. 11), Frankfurt a. M. 1929

Blessing, Werner K.: Konsumentenboykott und Arbeitskampf. Vom Bierkrawall zum Bierboykott, in: *Tenfelde, Klaus/Volkmann, Heinrich* (Hrsg.): Streik. Zur Geschichte des Arbeitskampfes in Deutschland während der Industrialisierung, München 1981

Ders.: Staat und Kirche in der Gesellschaft. Institutionelle Autorität und mentaler Wandel in Bayern während des 19. Jahrhunderts (Kritische Studien zur Geschichtswissenschaft, Bd. 51), Göttingen 1982

Blössner, August: Verhandlungen und Planungen zur städtebaulichen Entwicklung der Stadt München von 1871 bis 1933, München 1949

Blotevogel, Hans Heinrich: Methodische Probleme der Erfassung städtischer Funktionen und funktionaler Städtetypen anhand quantitativer Analysen der Berufsstatistik 1907, in: *Ehbrecht, Wilfried* (Hrsg.): Voraussetzungen und Methoden geschichtlicher Städteforschung (Städteforschung. Reihe A: Darstellungen, Bd. 7), Köln-Wien 1979

Blunck, Richard: Justus v. Liebig, Berlin 1938

Boberg, Jochen/Fichter, Tilman/Gillen, Eckhart: Exerzierfeld der Moderne. Industriekultur in Berlin im 19. Jahrhundert, München 1984

Böddrich, Jürgen: Der Strukturwandel von München-Schwabing seit 1850. Eine sozialgeographische Untersuchung, Dissertation, München 1959

Boehe, Jutta: Theater und Jugendstil – Feste des Lebens und der Kunst, in: *Bott, Gerhard* (Hrsg.): Von Morris zum Bauhaus, Hanau 1977

Böhme, Hartmut und Gernot: Das Andere der Vernunft. Zur Entwicklung von Rationalitätsstrukturen am Beispiel Kants, Frankfurt a. M. 1983

Böhme, Helmut: Preußische Bankpolitik 1848–

1853, in: ders.: Probleme der Reichsgründungszeit, 1968

Böhmer, Günter: Paul Brann. Marionetten-Theater Münchner Künstler, Ausstellung der Puppentheatersammlung des Münchner Stadtmuseums, München 1973

Böhmer, Karl: Die Arbeitersekretariate Bayerns mit besonderer Berücksichtigung des Nürnberger, phil. Diss., Erlangen 1915

Bosl, Karl (Hrsg.): Bosls Bayerische Biographie, Regensburg 1983

Bössel, Hans: Gabriel von Seidl (1848–1913), in: Oberbayerisches Archiv 88, München 1966

Bott, Gerhard (Hrsg.): Leben und Arbeiten im Industriezeitalter. Ein Ausstellungskatalog Nürnberg 1985

Boustedt, Olaf: Die Stadtregion. Ein Beitrag zur Abgrenzung städtischer Agglomerationen, in: Allgemeines Statistisches Archiv 37 (1953)

Ders.: Die Wachstumskräfte einer Millionenstadt – dargestellt am Beispiel Münchens, München 1961

Brachner, Alto: Phasen des technologischen Wandels, in: *Bott, Gerhard* (Hrsg.): Leben und Arbeiten im Industriezeitalter, Stuttgart 1985

Brandl, August: Geschichte der Konsumgenossenschaften in Bayern, staatswiss. Diss. Erlangen, Kallmünz 1930

Brauneck, Manfred / Müller, Christine (Hrsg.): Manifeste und Dokumente zur deutschen Literatur 1880–1900, Stuttgart 1987

Braunfels, Wolfgang: Adolf von Hildebrand, Artist of Tranquility, in: Apollo 1971

Braungart, Reinhard: Julius Diez, München 1920

Breitling, Peter: Die großstädtische Entwicklung Münchens, in: *Helmut Jäger* (Hrsg.): Probleme des Städtewesens im industriellen Zeitalter, Köln 1978

Brinckmann, Maria: Nachwort, in: Plakat- und Buchkunst um 1900. Ausstellungskatalog für die Sammlung des Museums für Kunst und Gewerbe in Hamburg, Hamburg 1963

Brix, Michael / Steinhauser, Monika: Geschichte im Dienste der Baukunst. Zur historischen Architektur – Diskussion in Deutschland, in: dies. (Hrsg.): »Geschichte allein ist zeitgemäss«. Historismus in Deutschland, Gießen 1978

Brodbeck, Albert: Handbuch der Volksbühnenbewegung, Berlin 1930

Broszat, Martin: Die antisemitische Bewegung im Wilhelminischen Deutschland, Diss. masch., Köln 1953

Bruckmaier, Hans: Chronik des ADAC Südbayern, in: 75 Jahre ADAC Südbayern, Landshut 1980

Brüggemeier, Franz-Josef / Rommelspacher, Thomas: Besiegte Natur. Geschichte der Umwelt im 19. und 20. Jahrhundert, München 1987

Brunner, Friedrich: Heinrich Lautensack. Eine Einführung in Leben und Werk, Passau 1983

Bruns, Brigitte: Weibliche Avantgarde um 1900, in: Hof-Atelier Elvira 1887–1928. Ästheten, Emanzen, Aristokraten. Herausgegeben von *Rudolf Herz und Brigitte Bruns,* München 1985

Buchheim, Karl: Der deutsche Verbandskatholizismus. Eine Skizze seiner Geschichte, in: *Hanssler, Bernhard* (Hrsg.): Die Kirche in der Gesellschaft. Der deutsche Katholizismus und seine Organisationen im 19. und 20. Jahrhundert, Paderborn 1961

Buchheim, Lothar-Günther: Jugendstilplakate, Feldafing bei München 1969

Buchner, Helmut: Die synodalen und presbyterialen Verfassungsformen in der Protestantischen Kirche des rechtsrheinischen Bayern im 19. Jahrhundert, Berlin 1977

Bücken, Ernst: München als Musikstadt, Leipzig 1923

Buckler, Hans: Lehrergesangverein München 1878–1938, München o. J. (1938)

Buerkel, Luigi von: Vom Rindermarkt zur Leopoldstraße, München 1966

Burkard, Tertulin: Geschichte der bayerischen Gewerbevereine, München 1927

Busching, Paul: Die gemeinnützige Bauvereinigung, in: *Gut, Albert:* Das Wohnungswesen der Stadt München, München 1929

Butry, Walter: München von A bis Z, München 1966

Buxbaum, Engelbert M.: Antonius von Steichele (1816–1889), in: Beiträge zur altbayerischen Kirchengeschichte 32 (1979)

Carl von Linde begründet die Kältetechnik, in: Die Leistung, Jg. 9, Heft 2 (1959)

Christ-Gmelin, Maja: Die württembergische Sozialdemokratie 1890 bis 1914, in: *Schadt, Jörg / Schmierer, Wolfgang* (Hrsg.): Die SPD in Baden-Württemberg und ihre Geschichte. Von den Anfängen der Arbeiterbewegung bis heute, Stuttgart u. a. 1979

Christians, Susanne s. Magisterarbeiten

Chroust, Anton: Lebensläufe aus Franken, Bd. 2, Erlangen 1956

Collins, George Roseborough / Collins, Christiane Crasemann: Camillo Sitte and the Birth of Modern City Planning (Columbia University Studies in Art History and Archaeology, Bd. 3), London 1965 (erweiterte Neuauflage New York 1988 angekündigt)

Conti, Christoph: Abschied vom Bürgertum. Alternative Bewegungen in Deutschland von 1890 bis heute, Reinbek 1984

Croon, Helmuth: Das Vordringen der politischen Parteien im Bereich der kommunalen Selbstverwaltung, in: Kommunale Selbstverwaltung im Zeitalter der Industrialisierung (Schriftenreihe des Vereins für Kommunalwissenschaften e. V. Berlin, Bd. 33), Stuttgart 1971

Csendes, Peter: Dr. Karl Lueger und die Christlichsoziale Partei, in: Traum und Wirklichkeit, Wien 1985

Curdes, Gerhard / Oehmichen, Renate (Hrsg.): Künstlerischer Städtebau um die Jahrhundertwende. Der Beitrag von Karl Henrici, Köln 1981

Czeike, Felix: Liberale, Christlichsoziale und Sozialdemokratische Kommunalpolitik (1861–1934). Dargestellt am Beispiel der Gemeinde Wien (Österreichisches Archiv, Bd. 11), Wien 1962

Ders.: Wachstumsprobleme in Wien im 19. Jahrhundert, in: *Jäger, Helmut* (Hrsg.): Probleme des Städtewesens im industriellen Zeitalter, Köln-Wien 1978

Dahlhaus, Carl: Die Musik des 19. Jahrhunderts. Neues Handbuch der Musikwissenschaft, Bd. 6, Wiesbaden 1980

Danuser, Hermann: Die Musik des 20. Jahrhunderts. Neues Handbuch der Musikwissenschaft, Laaber 1984

Dauer, Franz-Xaver: Geschichte des Bayerischen Eisenbahnerverbands von 1896–1926, München 1927

Daumiller, Oskar: Südbayerns evangelische Diaspora in Geschichte und Gegenwart, München 1955

Ders.: Geführt im Schatten zweier Kriege, München 1961

Davies, Cecil William: Theater for the People. The Story of the Volksbühne, Manchester 1977

Deckel, Friedrich (Hrsg.): Denkschrift der Firma Deckel München. 1903–1928. Zum 25jährigen Bestehen, München 1928

Defregger, Hans-Peter: F. v. Defregger 1835–1921, Rosenheim 1983

Dehio, Ludwig: Um den deutschen Militarismus, in: Historische Zeitschrift 189 (1955)

Deiritz, Karl: Geschichtsbewußtsein, Satire, Zensur. Eine Studie zu Carl Sternheim, Königstein/Taunus 1979

Demeter, Karl: Das deutsche Offizierskorps in Gesellschaft und Staat 1650–1945, Frankfurt a. M. ²1962

Denk, Hans Dieter: Die christliche Arbeiterbewegung in Bayern bis zum Ersten Weltkrieg (Veröffentlichungen der Kommission für Zeitgeschichte, Forschungen, Bd. 29), Mainz 1980

Der Große Brockhaus, Leipzig ¹⁵1933

Deutsche Städte – München, Stuttgart 1922

Dickinson, Robert E.: City, Region and Regionalism, London 1947

Dihm, Hermann: Die Schwadron der Pappenheimer 1857–1957, München 1957

Dirrögl, Michael: Die geistige und künstlerische Entwicklung Josef Ruederers, Diss., München 1949

Distl, Dieter / Englert, Klaus (Hrsg.): Franz von Lenbach. Unbekanntes und Unveröffentlichtes, Pfaffenhofen 1986

Dölker, Wolfgang: Das Herbergsrecht in der Münchener Au (MBM, Bd. 18), München 1969

Donath, Adolph: Psychologie des Kunstsammelns, Berlin 1920

Döring, Wilhelm (Hrsg.): Handbuch der Messen und Ausstellungen, Darmstadt 1956

Dräger, Horst: Die Gesellschaft für Verbreitung von Volksbildung, Stuttgart 1975

Ders.: Volksbildung in Deutschland im 19. Jahrhundert, Bd. 1, Braunschweig 1979, Bd. 2, Bad Heilbrunn/Obb. 1984

Drechsel, Carl August Graf von: Die Reichsräte der Krone Bayern, München 1954

Dreyer, Alois: Die Stadt des Alpinismus, in: Bayerland 35 (1924)

Durkheim, Emile: Der Selbstmord, Neuwied 1973

Duvigneau, Volker / Kuh, Hans: Ludwig Hohlwein. Ein Meister deutscher Plakatkunst, München 1970

Duvigneau, Volker/Suckale-Redlefsen, Gude: Plakate in München, München ²1978

Eckart, Günther: Industrie und Politik in Bayern 1900–1919. Der Bayerische Industriellenverband als Beispiel des Einflusses von Wirtschaftsverbänden (Beiträge zu einer historischen Strukturanalyse Bayerns im Industriezeitalter, Bd. 15), Berlin 1976

Endres, Franz Carl: Die soziologische Struktur des deutschen Offizierskorps und ihre entsprechenden Ideologien vor dem Weltkriege, in: Archiv für Sozialwissenschaft 58 (1927)

Ders.: Georg Hirth. Ein deutscher Publizist, München 1921

Engel, Benno Gereon/Kreisel, Heinrich: Unbekannte Kunstwerke in Münchner Privatbesitz, in: Festschrift zum 90jährigen Bestehen des Münchener Altertumsvereins e.V., München 1954

Engelhardt, Thomas: Menschen nach Maß. Fabrikdisziplin und industrielle Zeitökonomie während der Industrialisierung Bayerns, in: *Gerhard Bott,* Leben und Arbeiten im Industriezeitalter, Stuttgart 1985

Ders.: Die Privatbeamten. Zur Sozialgeschichte der deutschen Industrieangestellten während der Früh- und Hochindustrialisierung, in: *Gerhard Bott,* Leben und Arbeiten im Industriezeitalter, Stuttgart 1985

Engeli, Christian: Stadterweiterungen in Deutschland im 19. Jahrhundert, in: *Rausch, Wilhelm* (Hrsg.): Die Städte Mitteleuropas im 19. Jahrhundert (Beiträge zur Geschichte der Städte Mitteleuropas, Bd. 7), Linz/Donau 1983

Englert, Friedrich: Zum 25jährigen Bestehen des Landesausschusses für Naturpflege in Bayern; Sonderdruck aus: Blätter für Naturschutz und Naturpflege 2 (1930)

Englert, Ludwig: Wie Georg Kerschensteiner Münchner Stadtschulrat wurde. Eine Dokumentation zum 75. Jahrestag der Amtseinführung Georg Kerschensteiners am 13. August 1895. Herausgegeben von *Anton Fingerle,* München-Stuttgart 1970

Erhardt, Karl: Schicksalslinien des Alpenvereins, in: Deutscher Alpenverein 21 (1969)

Escher, Felix: Berlin und sein Umland. Zur Genese der Berliner Stadtlandschaft bis zum Beginn des 20. Jahrhunderts (Einzelveröffentlichungen der Historischen Kommission zu Berlin, Bd. 47: Publikationen der Sektion für die Geschichte Berlins, Bd. 1), Berlin 1985

Euler, Friedericke: Der Regisseur und Schauspielpädagoge Otto Falckenberg (Münchner Beiträge zur Theaterwissenschaft 5), München 1976

Evans, Richard J.: Prostitution, State and Society, in: Past and Present 70 (1976)

Falter, Reinhard: Pioniere des Sozialen Wanderns in ›Empor zum Licht‹, in: Beiträge zur Kulturgeschichte der Münchner Arbeiterbewegung (1987)

Faust, Helmut: Geschichte der Genossenschaftsbewegung, Frankfurt a.M. 1965

Feis, Herbert: Europe, The Worlds Banker 1870–1914. An Account of European Foreign Investment and the Connection of World Finance with Diplomacy before the War, New Haven 1930

Feldkirchen, Winfried: Deutsches Kapital in China vor dem Ersten Weltkrieg, in: Bankhistorisches Archiv 2 (1983)

Femske, Hans: Konservatismus und Rechtsradikalismus in Bayern nach 1918, Bad Homburg-Berlin-Zürich 1969

Fernau-Kerschensteiner, Gabriele: Georg Kerschensteiner oder Die Revolution der Bildung, München-Düsseldorf 1954

Festliche Oper. Herausgegeben vom Freistaat Bayern, München 1964

Festschriften:

– Deutscher *Alpenverein,* 1869–1969 (Deutscher Alpenverein, Jg. 21, Heft 3), München 1969
– Zum 100jährigen Bestehen der *Baugenossenschaft von 1871,* München 1971
– 100 Jahre *Bayerische Hypotheken- und Wechselbank,* München 1935
– 150 Jahre *Bayerische Hypotheken- und Wechselbank,* München 1985
– 125 Jahre *Bayerischer Kunstgewerbeverein,* München 1976
– *Bürgersängerzunft e.V.* Zum 125jährigen Bestehen, München 1965
– 50 Jahre *Evang.-Luther. Gesamtkirchengemeinde München* 1920–1970, München 1970
– 25 Jahre *FC Bayern München,* München 1925
– Hundert Jahre *Fürsorge an der katholischen weiblichen Jugend,* zur Jahrhundertfeier der Kongregation unserer Frau von der Liebe des Guten Hirten (1829–1929). Herausgegeben von den deutschen Provinzen, München 1929
– *Institut der Englischen Fräulein in Nymphenburg* (Hrsg.): Zum Gedächtnis des 300jährigen Bestehens des Instituts der Englischen Fräulein in Bayern, München 1926
– 100 Jahre *Innere Mission* in München, München 1984
– 90 Jahre »*In Treue fest*«. Zum 90. Geburtstage und 25. Regierungsjubiläum des Prinzregenten Luitpold von Bayern, München 1911
– 25 Jahre *Isartalverein,* München 1927
– 50 Jahre *katholischer Fürsorgeverein für Mädchen, Frauen und Kinder e.V.* (1906–1956), München 1956
– 1406–1981. 575 Jahre *Kgl. privilegierte Hauptschützengesellschaft in München,* München 1981
– Sechzig Jahre *Konsumverein München* von 1864, 1864–1924, München 1924
– Die *Marienanstalt für weibliche Dienstboten.* Zum fünfzigjährigen Jubiläum, München 1906
– *Orchesterverein e.V.,* Zum 100-jährigen Bestehen, München 1980
– Zum 70jährigen Kirchenjubiläum der *Pfarrkirche St. Margaret-Sendling.* Herausgegeben vom katholischen Pfarramt St. Margaret, München 1983
– *Pschorrbräu AG* (Hrsg.): 150 Jahre Pschorrbräu, München 1935
– 125 Jahre *Städtische Riemerschmid Wirtschaftsschule* 1862–1987, o.O. o.J.
– *Verband Bayerischer Konsumgenossenschaften e.V. 1910–1960,* o.O. o.J.
– *Wayss & Freytag* (Hrsg.): Festschrift aus Anlaß des 50jährigen Bestehens der Wayss & Freytag A.-G. 1875–1925, Stuttgart 1925
– 150 Jahre *Wienerberger,* 100 Jahre Aktiengesellschaft. Eine Festschrift, Wien 1969
– 75 Jahre *Wohnungsgenossenschaft München-West,* München 1986

Feudel, Willi: 75 Jahre Teilnehmerwahl im Fernsprechortsnetz München, in: Archiv für Postgeschichte in Bayern. Herausgegeben von der *Gesellschaft zur Erforschung der Postgeschichte in Bayern in Verbindung mit der Deutschen Bundespost,* München 1984

Feulner, Adolph: in: Sammlung Eduard von Grützner. Auktionskatalog Helbing, München 1930

Fisch, Stefan: Theodor Fischer in München (1893–1901) – der Stadtplaner auf dem Weg zum Beamten, in: *Ekkehard Mai/Hans Pohl/Stephan Waetzoldt* (Hrsg.), Kunstpolitik und Kunstförderung im Kaiserreich, Berlin 1982

Ders.: Joseph Stübben in Köln und Theodor Fischer in München – Stadtplanung des späten 19. Jahrhunderts im Vergleich, in: Geschichte in Köln 22 (Dezember 1987)

Ders.: Stadtplanung im 19. Jahrhundert. Das Beispiel München bis zur Ära Theodor Fischer, München 1988

Ders.: Grundbesitz und Urbanisierung. Entwicklung und Krise der deutschen Terraingesellschaften 1870 bis 1914, in: Geschichte und Gesellschaft (voraussichtlich 1989)

Ders.: Neue Aspekte der Münchener Stadtplanung zur Zeit Theodor Fischers (1893–1901) im interurbanen Vergleich, in: *Hardtwig, Wolfgang/Tenfelde, Klaus* (Hrsg.): Soziale Räume in der Urbanisierung. Studien zur Geschichte Münchens im Vergleich 1870–1929, München (demnächst)

Fischer, Ilse: Industrialisierung, sozialer Konflikt und politische Willensbildung in der Stadtgemeinde. Ein Beitrag zur Sozialgeschichte Augsburgs 1840–1914, Augsburg 1977

Fischer, Theodor: Karl Hocheder, in: Deutsches Biographisches Jahrbuch, Leipzig 1928

Fleischmann, Peter: Konsumverein, in: *Glaser, Hermann,* u.a. (Hrsg.): Industriekultur in Nürnberg. Eine deutsche Stadt im Maschinenzeitalter, München ²1983

Flexner, Abraham: Die Prostitution in Europa. Veröffentlichungen der Deutschen Gesellschaft zur Bekämpfung der Geschlechtskrankheiten, Berlin 1921

Förster, Stig: Der doppelte Militarismus. Die deutsche Heeresrüstungspolitik zwischen Status-Quo-Sicherung und Aggression 1890–1913, Stuttgart 1985

Franke, Hermann (Hrsg.): Lexikon der Technik, Stuttgart 1966

Frauenholz, Eugen von: Geschichte des Kgl. Bayer. Heeres von 1867 bis 1914, München 1931

Frecot, Janos/Geist, Johann Friedrich/Kerbs, Diethart: Fidus, 1868–1948, München 1972

Freudenthal, Herbert: Vereine in Hamburg, Hamburg 1958

Fried, Pankraz: Die Sozialentwicklung im Bauerntum und Landvolk, in: *Spindler, Max*

(Hrsg.): Handbuch der bayerischen Geschichte, Bd. 4/1, München ²1975

Friedrich-Friedländer, Carola: Architektur als Mittel politischer Selbstdarstellung im 19. Jahrhundert. Die Baupolitik der bayerischen Wittelsbacher, München 1980

Friess, Hermann: Achtzig Jahre Krisen und Erfolge, in: 100 Jahre Theater am Gärtnerplatz, München 1965

Fritzsche, Bruno: Mechanismen der sozialen Segregation, in: *Teuteberg, Hans Jürgen* (Hrsg.): Homo habitans. Zur Sozialgeschichte des ländlichen und städtischen Wohnens in der Neuzeit, Münster 1985

Frühwald, Wolfgang: »Der christliche Jüngling im Kunstladen«. Milieu- und Stilparodie in Thomas Manns Erzählung »Gladius Dei«, in: *Schnitzler, Günter* (Hrsg.): Bild und Gedanke. Festschrift für Gerhart Baumann zum 60. Geburtstag, München 1980

Fuchs, Georg/Bode, Wilhelm von: Hermann Obrist, in: Pan Juni–Juli (1895/96)

Fünfzig Jahre Städtische Hausunratabfuhr, München 1947

Galling, Kurt (Hrsg.): Religion in Geschichte und Gegenwart, Bd. 3, Tübingen ³1959

Gatz, Erwin (Hrsg.): Die Bischöfe der deutschsprachigen Länder 1785/1803 bis 1945. Ein biographisches Lexikon, Berlin 1983

Gay, Peter: Begegnung mit der Moderne. Deutsche Juden und deutsche Kultur, in: *Mosse, Werner E.* (Hrsg.): Juden im Wilhelminischen Deutschland 1890–1914, Tübingen 1976

Gebhardt, Heinz: Franz Hanfstaengl. Von der Lithographie zur Photographie, München 1984

Geisert, Helmut: Architektur der Großstadt, in: Berlin um 1900, Berlin 1984

Geist und Gestalt, Biographische Beiträge zur Geschichte der Bayerischen Akademie der Wissenschaften, München 1959

Georges, August: Architekturen von Richard Schachner, städt. Baurat in München, in: Der Profanbau 6, 23 (1910)

Gérardy, Paul: Geistige Kunst, in: Der George-Kreis. Eine Auswahl. Hrsg. von *Georg Peter Landmann*, Köln-Berlin 1965

Gerl, Hanna-Barbara: Romano Guardini, 1885–1968. Leben und Werk, Mainz ²1985

Gesellschaft für Linde's Eismaschinen (Hrsg.): 50 Jahre Kältetechnik, Wiesbaden 1929

Geyer, Michael: Die Geschichte des deutschen Militärs von 1860–1945. Ein Bericht über die Forschungslage 1945–1975, in: *Wehler, Hans-Ulrich* (Hrsg.): Die moderne deutsche Geschichte in der internationalen Forschung 1945–1975, Sonderheft 4, Göttingen 1978

Gitschner, Jolan: Die geistige Haltung der Monatszeitschrift Hochland in den politischen und sozialen Fragen der Zeit von 1903 bis 1933, München 1952

Glaser, Friedrich: Wanderbilder aus dem Alpenvorland zwischen Isar und Lech, München 1912

Glaser, Hermann, u. a. (Hrsg.): Industriekultur in Nürnberg. Eine deutsche Stadt im Maschinenzeitalter, München ²1983

Glettler, Monika: Die Wiener Tschechen um 1900. Strukturanalyse einer nationalen Minderheit in der Großstadt (Veröffentlichungen des Collegium Carolinum, Bd. 28), München-Wien 1972

Gollek, Rosel: Das Münter-Haus in Murnau, München 1983

Gollwitzer, Heinz: Ludwig I. von Bayern. Königtum im Vormärz. Eine politische Biographie, München 1986

Grad, Andreas: Aus Neuhausens Vergangenheit (Neue Schriftenreihe des Stadtarchivs München, Bd. 8), München 1959

Grampp, Carl (Hrsg.): 100 Jahre Turn- und Sportverein von München 1860, München 1960

Grane, Lei: Die Kirche im 19. Jahrhundert. Europäische Perspektiven, Göttingen 1987

Grasmann, Max: Die volkswirtschaftliche Bedeutung der bayerischen Wasserkräfte und bayerische Energiewirtschaftspolitik, in: *Kuhlo, Alfred:* Geschichte der bayerischen Industrie, München 1926

Grebing, Helga: Geschichte der deutschen Arbeiterbewegung, München 1966

Greiner, Klaus: Die Münchner Neuesten Nachrichten 1918–1933, in: *Stölzl, Christoph* (Hrsg.): Die Zwanziger Jahre in München, München 1979

Greiner, Wilhelm: Die Transmissionen, ihre Konstruktion, Berechnung, Anlage, Montage und Wartung (Bibliothek der gesamten Technik, Bd. 236), Leipzig ³1923

Greul, Heinz: Bretter, die die Zeit bedeuten. Die Kulturgeschichte des Kabaretts, Bd. 1, München ²1971

Greven-Aschoff, Barbara: Die bürgerliche Frauenbewegung in Deutschland 1894–1933, Göttingen 1981

Gritschneder, Otto: Der Strafprozeß gegen Ludwig Thoma, in: *Bayerischer Rundfunk* (Hrsg.): Gehört, gelesen 12 (Dezember 1976)

Grobe, Peter: Die Entfestigung Münchens, phil. Diss. masch., München 1969

Groß, Hans: Das ›Winzerer Fähndl‹ im Umfeld des Münchner Vereinswesens des vorigen Jahrhunderts, in: *Hanko, Helmut* (Hrsg.): Armbrustschützengilde Winzerer Fähndl. Von der Costümgesellschaft zum Sportverein 1887–1987, München 1987

Ders. s. Magisterarbeiten

Großhennrich, Franz-Joseph: Die Mainzer Fastnachtsvereine, Wiesbaden 1980

Grösslein, Andreas: Die internationalen Kunstausstellungen der Münchener Künstlergenossenschaft im Glaspalast in München von 1869 bis 1888 (MBM, Bd. 137), München 1987

Günther, Sonja: Das Werk des Karikaturisten, Möbelentwerfers und Architekten Bruno Paul (1874–1968), in: Stadt, Monatshefte für Wohnungs- und Städtebau, 10 (1982)

Dies.: Interieurs um 1900. Bernhard Pankok, Bruno Paul und Richard Riemerschmid als Mitarbeiter der Vereinigten Werkstätten für Kunst im Handwerk, München 1971

Gurlitt, Willibald (Hrsg.): Riemanns Musiklexikon, Mainz ¹²1959

Haack, Friedrich: Die Kunst des 19. Jahrhunderts und der Gegenwart, Bd. 2: Die moderne Kunstbewegung, Esslingen 1925

Haas, Joseph: Werkverzeichnis. Herausgegeben von *K. G. Fellerer*, Jachenau 1950

Habel, Heinrich: Das Odeon in München, Berlin 1967

Ders.: Späte Phasen und Nachwirkungen des Historismus, in: Bauen in München 1890–1950 (Arbeitshefte des Bayerischen Landesamts für Denkmalpflege, Bd. 7), München 1980

Habel, Heinrich/Merten, Klaus/Petzet, Michael/Quast, Siegfrid von: Münchner Fassaden, München 1974

Habermas, Jürgen: Moderne und Postmoderne, in: Die andere Tradition. Architektur in München von 1800 bis heute, München 1981

Ders.: Die Moderne – ein unvollendetes Produkt, in: Kleine politische Schriften I–IV, Frankfurt 1981

Haeutle, Christian: 75 Jahre Schlacht- und Viehhof München 1878 bis 1953, München 1953

Haibach, Franz: Die Fürsorge für die körperlich und geistig gebrechliche Jugend, in: *Buchberger, Michael* (Hrsg.): Eineinhalb Jahrtausend kirchliche Kulturarbeit in Bayern, München 1950

Hamm, Bernd: Die Organisation der städtischen Umwelt. Ein Beitrag zur sozialökologischen Theorie der Stadt, Frauenfeld-Stuttgart 1977

Hanke, Peter: Zur Geschichte der Juden in München zwischen 1933 und 1945 (MBM, Bd. 3), München 1967

Hanko, Helmut: Die Geschichte der Armbrustschützengilde Winzerer Fähndl, in: *ders.* (Hrsg.): Armbrustschützengilde Winzerer Fähndl. Von der Costümgesellschaft zum Sportverein 1887–1987, München 1987

Hansen, Werner: August Endell (1871–1925), München 1977

Harbrecht, Wolfgang: Zur rationalen Ausgestaltung von Eigentumsrechten am Boden, in: *Neumann, Manfred* (Hrsg.): Ansprüche, Eigentums- und Verfügungsrechte. Arbeitstagung des Vereins für Socialpolitik, Basel 1983

Hardtwig, Wolfgang: Urbanisierungsprozeß und Stadtgestaltung. Leistungsverwaltung, räumliche Ordnung und Architektur in München 1850–1914, in: *Hardtwig, Wolfgang/Tenfelde, Klaus* (Hrsg.): Soziale Räume in der Urbanisierung. Studien zur Geschichte Münchens im Vergleich 1870–1929, München (demnächst)

Harris, Edward P.: Freedom and Degradation Frank Wedekind's Career as Kabarettist, in: *Chapple, Gerald/Schulte, Hans H.* (Hrsg.): The Turn of the Censura. German Litterature and Art, 1890–1915, Bonn ²1983

Hartig, Michael: Die oberbayerischen Stifte. Die großen Heimstätten deutscher Kirchenkunst, 2 Bde., München 1935

Hartl, Rainer: Aufbruch zur Moderne. Naturalistisches Theater in München (Münchner Beiträge zur Theaterwissenschaft, Bd. 6), München 1976

Hartmann, Barbara: Das Müller'sche Volksbad in München, München 1987

Hartmann, Heinrich: Zur Postgeschichte von München, in: Archiv für Postgeschichte in Bayern. Herausgegeben von der *Gesellschaft zur Erforschung der Postgeschichte in Bayern in*

Verbindung mit der Deutschen Bundespost, München 1958

Hartmann, Ludwig: Deutsche Gartenstadtbewegung, München 1976

Haus, Andreas: Gesellschaft, Geselligkeit, Künstlerfest, in: *Gollek, Rosel/Ranke, Winfried* (Hrsg.), Franz von Lenbach 1836–1904, München 1987

Hausen, Karin: Technischer Fortschritt und Frauenarbeit im 19. Jahrhundert. Zur Sozialgeschichte der Nähmaschine, in: Geschichte und Gesellschaft 4 (1978)

Heckel, Theodor (Hrsg.): Evangelische Diaspora in München und Altbayern, München 1959

Ders.: Adolf von Harleß, München 1933

Hederer, Oswald: Die Ludwigstraße in München (Neue Schriftenreihe des Stadtarchivs München, Bd. 1), München 1942

Heiden, Hermann: Rund um den Fernsprecher, Braunschweig 1963

Heilmann & Littmann: Rückblick auf 40 Jahre Arbeit, München 1915

Heimbucher, Max: Die Orden und Kongregationen der Katholischen Kirche, 2 Bde., München-Paderborn-Wien 1965 (Neudruck der 1. Ausgabe: Paderborn 1933)

Heinritz, Günter/Lichtenberger, Elisabeth: Wien und München – Ein stadtgeographischer Vergleich, in: Berichte zur deutschen Landeskunde 58 (1984)

Heise, Renate: Die Münchner Secession und ihre Galerie, München 1975

Hendlmeier, Wolfgang: Von der Pferdeeisenbahn zur Schnell-Straßenbahn, München 1968

Hentschel, Volker: Wirtschaft und Wirtschaftspolitik im Wilhelminischen Deutschland, Stuttgart 1987

Hepp, Carola: Avantgarde. Moderne Kunst, Kulturkritik und Reformbewegungen nach der Jahrhundertwende, München 1987

Hesselmann, Hans: Das Wirtschaftsbürgertum in Bayern 1890–1914, Stuttgart 1985

Heuss, Theodor: Oskar von Miller und der Weg der Technik, München 1950

Heyl, Gerhart: Militärwesen, in: *Volkert, Wilhelm* (Hrsg.): Handbuch der Bayerischen Ämter, Gemeinden und Gerichte 1799–1980, München 1983

Hilger, Dietrich: Fabrik, Fabrikant, in: Geschichtliche Grundbegriffe. Historisches Lexikon zur politisch-sozialen Sprache in Deutschland. Herausgegeben von *Otto Brunner u. a.*, Bd. 2, Stuttgart 1975

Hirschfelder, Heinrich: Die bayerische Sozialdemokratie 1864–1914, 2 Bde., Erlangen 1979

Hirschhorn, Hans: Die Münchener Sparkasse. Entwicklung und heutiger Stand, Diss., München 1921

Hobbing, Hermann: Das Baugewerbe in München seit der Gründung des Reiches bezw. Beginn der Gewerbefreiheit bis zum Jahre 1914, Diss., München 1920

Hoerschelmann, Rolf von: Einleitung, in: Der Schwabinger Beobachter, Privatdruck, München 1944

Hoferichter, Ernst/Strobl, Heinz: 150 Jahre Oktoberfest – 1810–1960, München 1960

Hoffmann, Bernhard: Wilhelm von Finck, 1848–1924. Lebensbild eines deutschen Bankiers, München 1953

Hofmann, Friedrich H.: Geschichte der Porzellanmanufaktur Nymphenburg, Leipzig 1921/23

Hofmann, Wolfgang: Kommunale Daseinsvorsorge, Mittelstand und Städtebau 1871–1918, in: *Mai, Ekkehard/Pohl, Hans/Waetzoldt, Stephan* (Hrsg.): Kunstpolitik und Kunstförderung im Kaiserreich, Berlin 1982

Hoh-Slodczyk, Christine: »Kunststadt« und Künstlervilla, in: Franz von Stuck 1863–1928, Ausstellungskatalog Museum Villa Stuck, München 1984

Dies.: Das Haus des Künstlers im 19. Jahrhundert, München 1985

Höhn, Reinhard: Die Armee als Erziehungsschule der Nation. Das Ende einer Idee, Bad Harzburg 1963

Ders.: Sozialismus und Heer, Bd. 3: Der Kampf des Heeres gegen die Sozialdemokratie, Bad Harzburg 1969

Hölscher, Eberhard: Münchens Beitrag zur deutschen Plakatkunst, in: Festschrift Eberhard Hanfstaengl zum 75. Geburtstag, München 1961

Holtzhauser, Helmut (Hrsg.): Winckelmanns Werke in einem Band, Berlin-Weimar 1969

Hoplitschek, Ernst: Der Bund Naturschutz in Bayern. Traditioneller Naturschutzverband oder Teil der neuen sozialen Bewegungen, Berlin 1984

Hösch, Rudolf: Kabarett von gestern nach zeitgenössischen Berichten, Kritiken und Erinnerungen, Bd. 1: 1900–1933, Berlin (Ost) 1967

Houben, Heinrich Hubert: Polizei und Zensur. Längs- und Querschnitte durch die Geschichte der Buch- und Theaterzensur, Berlin 1926

Hubensteiner, Benno: Kirche und Frömmigkeit im bayerischen 19. Jahrhundert, in: Ostbairische Grenzmarken 14 (1972)

Huber, Ernst Rudolf: Deutsche Verfassungsgeschichte seit 1789, Bd. 4: Struktur und Krisen des Kaiserreichs, Stuttgart u. a. 1969

Huber, Ernst Rudolf/Huber, Wolfgang: Staat und Kirche im 19. und 20. Jahrhundert. Dokumente zur Geschichte des deutschen Staatskirchenrechts, Bd. 2 und 3, Berlin 1976/83

Huber, Gerdi: Das klassische Schwabing. München als Zentrum der intellektuellen Zeit- und Gesellschaftskritik an der Wende des 19. zum 20. Jahrhundert (MBM, Bd. 37), München 1973

Hubrich, Eugen: Max Schmidt als Wanderer durch den bayerischen Wald, in: Bayerwald, 28. Jg. (1929)

Hübschmann, Karl: Die Entwicklung der Wasserkraftausnutzung in Bayern, in: *Kuhlo, Alfred:* Geschichte der bayerischen Industrie, München 1926

Huck, Gerhard: Arbeiterkonsumverein und Verbraucherorganisation. Die Entwicklung der Konsumgenossenschaften im Ruhrgebiet 1860–1914, in: *Reulecke, Jürgen/Weber, Wolfhard* (Hrsg.): Fabrik – Familie – Feierabend. Beiträge zur Sozialgeschichte des Alltags im Industriezeitalter, Wuppertal 1978

Hüffer, Anton Wilhelm: Karl Muth als Literaturkritiker, Münster 1959

Hummel, Rita Regina: Die Anfänge der Münchner Secession. Eine kulturpolitische Studie, Magisterarbeit masch., München 1982

Hümmert, Ludwig: Die finanziellen Beziehungen jüdischer Bankiers und Heereslieferanten zum bayerischen Staat in der 1. Hälfte des 20. Jahrhunderts, Diss., München 1927

Hundhammer, Alois: Geschichte des bayerischen Bauernbundes, München 1924

Huse, Norbert: Neues Bauen 1910–1933, München 1975

Hüttl, Ludwig: Ludwig II., König von Bayern. Eine Biographie, München 1986

Huyn, Marie Christine Gräfin von s. Magisterarbeiten

ICOMOS (Hrsg.): Eisenarchitektur. Die Rolle des Eisens in der historischen Architektur der ersten Hälfte des 20. Jahrhunderts, Mainz 1985

Iglauer, Erika: Ziegel – Brennstoff unseres Lebens (Volkskundliche Veröffentlichungen, Bd. 1), Wien 1974

Ingenieurbüro Oskar von Miller: Oskar von Miller im Dienste der Energiewirtschaft, München 1955

Ishikawa-Franke, Saskia: Albert Weisgerber. Leben und Werk, Diss., Saarbrücken 1978

Jansen, Reinhard: Georg von Vollmar. Eine politische Biographie, Düsseldorf 1958

Jelavich, Peter Charles: Theater in Munich 1890–1914. A Study in the Social Origins of Modernist Culture, Diss. Princeton, Princeton (New Jersey) 1982

Ders.: Munich and Theatrical Modernism. Politics, Playwriting and Performance 1890–1914, Cambridge (Massachusetts) 1985

Jochmann, Werner: Struktur und Funktion des deutschen Antisemitismus 1878–1914, in: *Strauss, Herbert A./Kampe, Norbert* (Hrsg.): Antisemitismus. Von der Judenfeindschaft zum Holocaust, Frankfurt a. M. 1985

Jüngling, Elisabeth: Streiks in Bayern (1889–1914). Arbeitskampf in der Prinzregentenzeit (MBM, Bd. 126), München 1986

Kalkschmidt, Eugen von: Oskar von Miller. Ein Führer deutscher Technik, Stuttgart 1925

Kampmann, Wanda: Deutsche und Juden. Die Geschichte der Juden in Deutschland vom Mittelalter bis zum Beginn des Ersten Weltkrieges, Frankfurt a. M. ²1981

Kantzenbach, Friedrich W.: Evangelischer Geist und Glaube im neuzeitlichen Bayern, München 1980

Kasberger, Erich: Ziegeleien im 19. Jahrhundert, in: *Knauer-Nothaft, Christl/Kasberger, Erich:* Berg am Laim. Von der Hofmark zum Stadtteil Münchens, München 1987

Keilhacker, Martin: Das Universitäts-Ausdehnungs-Problem in Deutschland und Deutsch-Österreich, Stuttgart 1929

Kellenbenz, Hermann: Deutsche Wirtschaftsgeschichte, Bd. 2, München 1981

Keller, Johann: Der Kunsthandel in München einst und jetzt, in: Weltkunst 28 (1958)

Ders.: Der Kunsthandel, in: 800 Jahre München.

Ein deutsches Städtebild der Zeit, München 1958
Kershaw, Ian: Antisemitismus und Volksmeinung. Reaktionen auf die Judenverfolgung, in: *Broszat, Martin/Fröhlich, Elke* (Hrsg.): Bayern in der NS-Zeit, Bd. 2: Herrschaft und Gesellschaft im Konflikt, Teil A, München-Wien 1979
Keßler, Ewald: Johann Friedrich (1836–1917). Ein Beitrag zur Geschichte des Altkatholizismus (MBM, Bd. 55), München 1975
Kiehl, Georg: 40 Jahre Münchner Radfahrer-Verein 1884–1924, München 1924
Kindt, Werner (Hrsg.): Die Wandervogelzeit. Quellenschriften zur deutschen Jugendbewegung 1896–1919 (Dokumentation der Jugendbewegung, Bd. 2), Düsseldorf-Köln ¹1968
Kitchen, Martin: The German Officer Corps 1890–1914, Oxford 1968
Klaiber, Hans / Hahn-Woernle, Birgit: Bernhard Pankok 1872–1943, Stuttgart 1973
Klaveren, Jacob van: Ein Bankier im Halbdunkel zwischen Politik, Finanzen und Geschäft, in: Bankhistorisches Archiv 1 (1979)
Klein, Dieter: Martin Dülfer – Wegbereiter der deutschen Jugendstilarchitektur (Arbeitsheft Nr. 8 des Bayerischen Landesamtes für Denkmalpflege), München 1981
Ders.: Einflüsse der Münchner Schule in Südtirol, in: Der Baumeister (1983)
Ders.: Stadtplanung und Architektur in München seit der Mitte des 19. Jahrhunderts, in: Schönere Heimat 3 (1984)
Ders.: Das Deutsche Theater in München, in: Oberbayerisches Archiv Bd. 109 (1984)
Klein-Bader, Clara: 75 Jahre Münchner Straßenbahn 1876–1951, München 1951
Klingbeil, Detlev: Epochen der Stadtgeschichte und Stadtstrukturentwicklung, in: *Geipel, Robert/Heinritz, Günter* (Hrsg.): München. Ein sozialgeographischer Exkursionsführer (Münchener Geographische Hefte, Bd. 55/56), Regensburg 1987
Kluncker, Karlhans: Die Schwabinger Schattenspiele, in: *Bayerdörfer, Hans Peter* (Hrsg.): Literatur und Theater im Wilhelminischen Zeitalter, Tübingen 1978
Knauß, Hans: Zweckbau-Architektur zwischen Repräsentation und Nutzen – Konzeption und Ästhetik ausgewählter Zweckbauten in der Zeit von ca. 1850–1930 in Bayern, Diss., München 1983
Köberle, Adolf: Professor D. Justus Köberle, in: ZBLG (1986)
Koch, Christian: Die späte Frühindustrialisierung Bayerns – Beispiele des Fabrikbaus vor 1850, in: *Nerdinger, Winfried* (Hrsg.): Romantik und Restauration. Architektur in Bayern zur Zeit Ludwigs I. 1825–1848, München 1987
Koch, Ernestine: Albert Langen. Ein Verleger in München, München 1970
Koch, Peter: Versicherungsplätze in Deutschland: Geschichte als Gegenwart, Wiesbaden 1986
Kocka, Jürgen: Angestellter, in: *Otto Brunner* (Hrsg.), Geschichtliche Grundbegriffe, Stuttgart 1972
Ders.: Von der Manufaktur zur Fabrik. Technik und Werkstattverhältnisse bei Siemens 1847–1873, in: Moderne Technikgeschichte. Herausgegeben von *Karin Hausen, Reinhard Rürup* (Neue Wissenschaftliche Bibliothek, Bd. 81), Köln 1975
Kolb, Hermann (Hrsg.): Dein Wort ist die Wahrheit, Bad Kissingen 1977
Kolbe, Jürgen: Heller Zauber. Thomas Mann in München 1894–1933, Berlin 1987
Köllmann, Wolfgang: Schema der Gesellschaftsordnung und Mobilität in der Hochindustrialisierungsperiode, in: *Aubin, Hermann/Zorn, Wolfgang* (Hrsg.): Handbuch der deutschen Wirtschafts- und Sozialgeschichte, Bd. 2: Das 19. und 20. Jahrhundert, Stuttgart 1976
König, Karl: 90 Jahre Elisabethenverein, in: Münchner Caritasstimme, Heft 1/2 (1933)
Konrad, Ruprecht: Nationale und internationale Tendenzen im ›Simplicissimus‹. Der Wandel künstlerisch-politischer Bewußtseinsstrukturen im Spiegel von Satire und Karikatur in Bayern, Diss., München 1975
Koreska-Hartmann, Linda: Jugendstil – Stil der ›Jugend‹. Auf den Spuren eines alten, neuen Stil- und Lebensgefühls, München 1969
Körner, Albrecht: Die gemeinnützige Bautätigkeit in München, München 1929
Körner, Hans-Michael: Staat und Kirche in Bayern 1886–1918 (Veröffentlichungen der Kommission für Zeitgeschichte, Forschungen, Bd. 20), Mainz 1977
Kosch, Wilhelm: Deutsches Literaturlexikon, Bern-München ³1966
Koszyk, Kurt/Eisfeld, Gerhard: Die Presse der Sozialdemokratie. Eine Bibliographie, Zweite Überarbeitete und erweiterte Auflage Bonn 1980
Kothes, Franz-Peter: Die theatralische Revue in Berlin und Wien. 1900–1938, Wilhelmshaven 1977
Köwer, Karl: Die Geschichte des Prinzregententheaters, in: *Seidel, Klaus Jürgen* (Hrsg.): Das Prinzregententheater in München, Nürnberg 1984
Krabbe, Wolfgang R.: Gesellschaftsveränderung durch Lebensreform. Strukturmerkmale einer sozialreformerischen Bewegung im Deutschland der Industrialisierungsepoche, Göttingen 1974
Ders.: Munizipalsozialismus und Interventionsstaat. Die Ausbreitung der städtischen Leistungsverwaltung im Kaiserreich, in: GWU 30 (1979)
Ders.: Die Entfaltung der kommunalen Leistungsverwaltung in deutschen Städten des späten 19. Jahrhunderts, in: *Teuteberg, Hans-Jürgen* (Hrsg.): Urbanisierung im 19. und 20. Jahrhundert, Köln-Wien 1983
Krätz, Otto: Zur Entwicklung der chemischen Industrie in Bayern, in: *Bott, Gerhard* (Hrsg.): Leben und Arbeiten im Industriezeitalter, Nürnberg 1985
Kraus, Andreas: Bayern im Zeitalter des Absolutismus (1651–1745). Die Kurfürsten Ferdinand Maria, Max II. Emanuel und Karl Albrecht, in: *Spindler, Max* (Hrsg.): Handbuch der bayerischen Geschichte, Bd. 4/2, München ²1979
Krauss, Marita: »Wehe dir, Schwabing – wehe dir Leopoldstraße!« Der ›Schwabinger Beobachter‹ der Gräfin Reventlow, Rundfunkmanuskript Bayern Land und Leute, München 1982
Kreidt, Hermann: Industriebauten, in: *Architekten- und Ingenieur-Verein zu Berlin* (Hrsg.): Berlin und seine Bauten, Teil 9, Berlin-München-Düsseldorf 1971
Kreitmeier, Anneliese: Zur Entwicklung der Kommunalpolitik der bayerischen Sozialdemokratie im Kaiserreich und in der Weimarer Republik unter besonderer Berücksichtigung Münchens, in: Archiv für Sozialgeschichte 25 (1985)
Kreuzer, Anton: Geschichte Berg am Laims, Manuskript masch., München 1977
Kreuzer, Helmut: Die Boheme. Beiträge zu ihrer Beschreibung, Stuttgart 1968
Krips, Ursula: Einigung und Schlichtung vor dem Ersten Weltkrieg, Köln 1958
Kristl, Wilhelm Lukas . . . und morgen steigt ein Licht herab. Vom Leben und Dichten des Heinrich Lautensack, München 1962
Krombholz, Gertrude: Die Entwicklung des Schulsports und der Sportlehrerausbildung in Bayern von den Anfängen bis zum Ende des Zweiten Weltkrieges, Diss., München 1982
Kröner, Philipp: Bayerische Caritas, in: *Buchberger, Michael* (Hrsg.): Eineinhalb Jahrtausend kirchliche Kulturarbeit in Bayern, München 1950
Krüger, Wolfgang: Wissenschaft, Hochschule und Erwachsenenbildung, Braunschweig 1982
Krumm, Susanne M.: Entwicklung und Strukturwandel in der Frauenberufsarbeit während der letzten fünf Jahrzehnte in München und ihre Verflechtung in den Wirtschaftskörper der Stadt, Diss. masch., München 1951
Kuhlo, Alfred: Geschichte der bayerischen Industrie, München 1926
Ders.: Jubiläumsdenkschrift des Bayerischen Industriellenverbandes 1902–1927, München 1927
Kühn, August: Zeit zum Aufstehn. Eine Familienchronik, Frankfurt 1975
Küppers, W.: Altkatholizismus, in: Theologische Realenzyklopädie. Hrsg. von *G. Krause und G. Müller,* Bd. 2, Berlin-New York 1978
Kustermann, Hubert: Die Entwicklung der bayerischen Lokomotivindustrie, Diss., München 1925
Kutscher, Arthur: Frank Wedekind, München 1927
Lang, Hugo: Hundert Jahre St. Bonifaz in München 1850–1950, München 1950
Lang, Lothar: Das Bauhaus 1919–1933. Idee und Wirklichkeit, Berlin 1966
Lange, Annemarie: Das Wilhelminische Berlin, Berlin 1984
Langenfaß, Friedrich: Dekan Friedrich Veit (Lebensbilder aus dem Bayerischen Schwaben, Bd. 12), Stuttgart 1980
Langenstein, York: Der Münchner Kunstverein im 19. Jahrhundert. Ein Beitrag zur Entwick-

lung des Kunstmarktes und des Ausstellungswesens (MBM, Bd. 122), München 1983

Langewiesche, Dieter: Wanderungsbewegung in der Hochindustrialisierungsepoche. Regionale, interstädtische und innerstädtische Mobilität in Deutschland 1880–1914, in: Vierteljahresschrift für Sozial- und Wirtschaftsgeschichte 64 (1977)

Ders.: Liberalismus in Deutschland, Frankfurt a. M. 1988

Lankheit, Klaus: Franz Marc. Sein Leben und sein Werk, Köln 1976

Ders.: Führer durch das Franz Marc Museum, Kochel am See, München 1987

Laturell, Volker/Mooseder, Georg: Moosach. Entstehungs- und Entwicklungsgeschichte eines Münchner Stadtteils, Bd. II München 1985

Lehmbruch, Hans: Georg Josef Ritter v. Hauberisser, Diss. masch., München 1969

Ders.: Seit Nero keiner mehr – Die Ludwigstraße und die Stadtplanung Ludwigs I. für München, in: *Nerdinger, Winfried* (Hrsg.): Romantik und Restauration. Architektur in Bayern zur Zeit Ludwigs I. 1825–1848 München 1987

Lehmhaus, Friedrich: Von Miesbach-München 1882 zum Strom-Verbundnetz (Abhandlungen und Berichte des Deutschen Museums, Bd. 3), München 1983

Lehnert, Herbert/Segebrecht, Wulf: Thomas Mann im Münchner Zensurbeirat (1912/13), in: Jahrbuch der Deutschen Schillergesellschaft (1963)

Lehr, Stefan: Antisemitismus – religiöse Motive im sozialen Vorurteil. Aus der Frühgeschichte des Antisemitismus in Deutschland 1870–1914, München 1974

Leiss, Ludwig: Kunst im Konflikt, Berlin-New York 1971

Leitner, Sybille: Die Diskussion über Prostitution im Kaiserreich, Magisterarbeit masch., München 1984

Dies.: Großstadtlust. Prostitution und Münchner Sittenpolizei um 1900, in: *Hardtwig, Wolfgang/Tenfelde, Klaus* (Hrsg.): Soziale Räume in der Urbanisierung. Studien zur Geschichte Münchens im Vergleich 1870–1929, München (demnächst)

Lenk, Leonhard: Katholizismus und Liberalismus. Zur Auseinandersetzung mit dem Zeitgeist in München 1848–1918, in: Der Mönch im Wappen. Aus Geschichte und Gegenwart des katholischen München, München 1960

Lichtenberger, Elisabeth: Wachstumsprobleme und Planungsstrategien der europäischen Millionenstädte im 19. Jahrhundert – das Beispiel Wien, in: *Jäger, Helmut* (Hrsg.): Probleme des Städtewesens im industriellen Zeitalter (Städteforschung A/5), Köln-Wien 1978

Lieb, Norbert/Sauermost, Heinz Jürgen (Hrsg.): Münchens Kirchen. Mit einem chronologischen Verzeichnis der bestehenden Kirchenbauten, München 1973

Liefmann, Harry: Über die Rauch- und Rußfrage, in: Deutsche Vierteljahrsschrift für öffentliche Gesundheitspflege 40

Limpf, Martin: Das Motorrad – Seine technische und geschichtliche Entwicklung (Abhandlungen und Berichte des Deutschen Museums, Bd. 1), München 1983

Linse, Ulrich: Ökopax und Anarchie. Eine Geschichte der ökologischen Bewegungen in Deutschland, München 1986

Lober, Hermann: Die Zeitschrift im Dienste der Münchener Fremdenverkehrswerbung, Hamburg 1947

Loesch, Otto: Chronik der Stadtentwässerung Münchens, München 1951

Lohalm, Uwe: Völkischer Radikalismus. Die Geschichte des Deutschvölkischen Schutz- und Trutz-Bundes 1919–1923, Hamburg 1970

Lohr, Otto: Hausindustrie, in: *Bott, Gerhard* (Hrsg.): Leben und Arbeiten im Industriezeitalter, Stuttgart 1985

Loome, Thomas M.: Liberal Catholicism, Reform Catholicism, Modernism. A Contribution to a new Orientation in Modernist Research (Tübinger theologische Studien, Bd. 14), Mainz 1979

Loos, Adolf: Heimatkunst, in: *Glück, Franz* (Hrsg.): Sämtliche Schriften, Wien-München 1962

Lorenzen, Hermann (Hrsg.): Die Kunsterziehungsbewegung, Bad Heilbrunn 1966

Lothar, Mark: Ermanno Wolf-Ferrari, in: *ders.* (Hrsg.): Ermanno Wolf-Ferrari. Briefe aus einem Jahrhundert, München 1982

Lübbecke, Wolfram: Das Bayerische Nationalmuseum an der Prinzregentenstraße, in: *Grote, Ludwig* (Hrsg.): Die deutsche Stadt im 19. Jahrhundert. Stadtplanung und Baugestaltung im industriellen Zeitalter (Studien zur Kunst des neunzehnten Jahrhunderts, Bd. 24), München 1974

Lüdtke, Gerhard (Hrsg.): Nekrolog zu Kürschners Literaturkalender 1901–1935, Berlin-Leipzig 1936

Ludwig, Horst: Malerei der Gründerzeit, Bayerische Staatsgemäldesammlung, Neue Pinakothek, Vollständiger Katalog, München 1977

Ders.: Münchner Malerei im 19. Jahrhundert, München 1978

Ders.: Kunst, Geld und Politik um 1900 in München. Formen und Ziele der Kunstfinanzierung und Kunstpolitik während der Prinzregentenära (1886–1912) (Kunst, Kultur und Politik im deutschen Kaiserreich, Bd. 8), Berlin 1986

Lutz, Fritz: 100 Jahre Lehrergesangsverein München 1878–1978, München 1978

Lutz, Joseph Maria: Die Münchner Volkssänger, München 1956

Mackensen, Rainer: Verstädterung, in: Handwörterbuch der Raumforschung und Raumordnung, Bd. 3, Hannover ²1970

Mai, Ekkehard: Akademie, Sezession und Avantgarde. München um 1900, in: *Zacharias, Thomas* (Hrsg.): Tradition und Widerspruch. 175 Jahre Kunstakademie München, München 1985

Ders.: Vom Werkbund zur Kölner Werkschule. Richard Riemerschmid und die Reform der Kunsterziehung im Kunstgewerbe, in: *Nerdinger, Winfried* (Hrsg.): Richard Riemerschmid, München 1982

Maier, Jörg/Paesler, Reinhard/Rupprecht, Karl/Schaffer, Franz (Hrsg.): Sozialgeographie, Braunschweig 1977

Makela, Maria Martha: The Founding and early Years of the Munich Secession, Diss. Stanford University, Stanford (USA) 1986

Martiny, Martin: Die politische Bedeutung der gewerkschaftlichen Arbeitersekretariate vor dem Ersten Weltkrieg, in: *Vetter, Heinz Oskar* (Hrsg.): Vom Sozialistengesetz zur Mitbestimmung. Zum 100. Geburtstag von Hans Böckler, Köln 1975

Maser, Hugo: Evangelische Kirche im demokratischen Staat, München 1983

Ders.: Karl Buchrucker 1824–1899, in: *Leipziger, Karl:* Helfen in Gottes Namen, München 1986

Massing, Paul W.: Vorgeschichte des politischen Antisemitismus, Frankfurt a. M. 1953 (Neuauflage 1986)

Mattiesen, Heinz: Geschichte der Tarife und Fahrscheine, in: *Schattenhofer, Michael* (Hrsg.): Vom Groschenwagen zur Untergrundbahn. 100 Jahre Münchener Stadtverkehrsmittel (Neue Schriftenreihe des Stadtarchivs München, Bd. 60), München 1972

Ders.: Vom Pferdeomnibus bis zur Untergrundbahn, in: *Schattenhofer, Michael* (Hrsg.): 100 Jahre Münchner Straßenbahn, 1876–1976 – Vom Groschenwagen zur Untergrundbahn, München 1976

Matzerath, Horst: Städtewachstum und Eingemeindungen im 19. Jahrhundert, in: *Reulecke, Jürgen* (Hrsg.): Die deutsche Stadt im Industriezeitalter. Beiträge zur modernen deutschen Stadtgeschichte, Wuppertal ²1980

Mauersberg, Hans: Wirtschafts- und Sozialgeschichte zentraleuropäischer Städte in neuerer Zeit, Göttingen 1960

Mayer, Hans: Außenseiter, Frankfurt a. M. 1977

Ders.: Richard Wagner, Hamburg 1980

Mehring, Franz: Geschichte der deutschen Sozialdemokratie, Bd. 2, Berlin (Ost) ²1976

Melk-Haen, Christina: Eduard von Lerpsch-Valendas, phil. Diss. masch., Tübingen 1988

Mendelssohn, Peter de: Der Zauberer. Das Leben des deutschen Schriftstellers Thomas Mann, Erster Teil 1875–1918, Frankfurt a. M. 1975

Merz, Georg: Wege und Wandlungen, München 1961

Messerer, Wilhelm: Anbruch der Moderne, in: *Spindler, Max* (Hrsg.): Handbuch der bayerischen Geschichte 4/2, München 1975

Messerschmidt, Manfred: Handbuch zur deutschen Militärgeschichte 1648–1939, Bd. 4/1: Militärgeschichte im 19. Jahrhundert. 1814–1890, München 1975

Ders.: Militär und Politik in der Bismarckzeit und im Wilhelminischen Deutschland (Erträge der Forschung, Bd. 43), Darmstadt 1975

Meyer, Michael: Theaterzensur in München 1900–1918. Geschichte und Entwicklung der polizeilichen Zensur und des Zensurbeirats unter besonderer Berücksichtigung Frank Wedekinds (MBM, Bd. 111), München 1982

Meyer, Wolfgang: Das Vereinswesen der Stadt Nürnberg im 19. Jahrhundert, Nürnberg 1970

Michler, Hans: Die Geschichte der Münchner Großmarkthalle von der Entstehung bis zum Wiederaufbau, in: Denkschrift »München – Großmarkthalle und Umschlagplatz«. Herausgegeben vom *Kommunal-Referat der Landeshauptstadt München*, Düsseldorf 1959

Miller, Barbara Lane: Architektur und Politik 1918–1945, Braunschweig 1986

Misch, Axel: Das Wahlsystem zwischen Theorie und Taktik. Zur Frage von Mehrheitswahl und Verhältniswahl in der Programmatik der Sozialdemokratie bis 1933, Berlin 1974

Mittmann, Ursula: Fraktion und Partei. Ein Vergleich von Zentrum und Sozialdemokratie im Kaiserreich, Düsseldorf 1976

Möckl, Karl: Gesellschaft und Politik während der Ära des Prinzregenten Luitpold. Ein Beitrag zur Vorgeschichte der Revolution in Bayern, in: *Bosl, Karl* (Hrsg.): Bayern im Umbruch. Die Revolution von 1918, ihre Voraussetzungen, ihr Verlauf und ihre Folgen, München-Wien 1969

Ders.: Die Prinzregentenzeit. Gesellschaft und Politik während der Ära des Prinzregenten Luitpold in Bayern, München-Wien 1972

Ders.: Hof- und Hofgesellschaft in Bayern in der Prinzregentenzeit, in: *Weber, Karl Ferdinand* (Hrsg.): Hof, Kultur und Politik im 19. Jahrhundert (Pariser Historische Studien, Bd. 21), Bonn 1985

Möhl, Friedrich: Hundert Jahre Krauss-Maffei München. 1837–1937, München 1937

Moisy, Sigrid von (Hrsg.): Paul Heyse. Münchner Dichterfürst im Bürgerlichen Zeitalter, München 1981

Molle, Fritz: Wörterbuch der Berufs- und Berufstätigkeitsbezeichnungen, Wolfenbüttel ²1975

Mommertz, Karl Heinz: Bohren, Drehen und Fräsen. Geschichte der Werkzeugmaschinen (Deutsches Museum. Kulturgeschichte der Naturwissenschaften und der Technik), Reinbek 1981

Morgenroth, Wilhelm: München als Industriestadt, in: Das Bayerland 35 (1924)

Müller, Gottfried: Raumordnung, in: Handwörterbuch der Raumforschung und Raumordnung, Bd. 2, Hannover ²1970

Müller, Heidi: Dienstbare Geister. Leben und Arbeitswelt städtischer Dienstboten, Berlin 1981

Müller, Sebastian: Kunst und Industrie. Ideologie und Organisation des Funktionalismus in der Architektur, München 1974

Müller-Brockmann, Josef/Müller-Brockmann, Shizuko: Geschichte des Plakats, Zürich 1971

Müller-Wiener, Wolfgang: Fabrikbau, in: Reallexikon zur deutschen Kunstgeschichte, Bd. 6, München 1973, Sp. 877

Müllges, Udo: Bildung und Berufsbildung. Die theoretische Grundlegung des Berufserziehungsproblems durch Kerschensteiner, Spranger, Fischer und Litt, Ratingen 1967

Münch, Hermann: Adolph von Hansemann, München-Berlin 1932

Münchner Bürgerliche Baukunst der Gegenwart 1898 bis 1909. Mit einem Vorwort von Dr. R. Streiter, Neuausgabe München 1985

Mundt, Barbara: Historismus, Kunstgewerbe zwischen Biedermeier und Jugendstil, München 1981

Muth, Wulfried C.: Carl Muth (1867–1944), in: *Schwaiger, Georg* (Hrsg.): Christenleben im Wandel der Zeit, Bd. 2: Lebensbilder aus der Geschichte des Erzbistums München und Freising, München 1987

Ders.: Carl Muth und das Mittelalterbild des Hochland (MBM, Bd. 43), München 1974

Muthesius, Stefan: Das englische Vorbild. Eine Studie zu den deutschen Reformbewegungen in Architektur, Wohnbau und Kunstgewerbe (Studien zur Kunst des neunzehnten Jahrhunderts. Forschungsunternehmen der Fritz-Thyssen-Stiftung, Bd. 26), München 1974

Nedoluha, Alois: Kulturgeschichte des technischen Zeichnens, Wien 1960

Nerdinger, Winfried: Friedrich von Thiersch – Der Architekt, München 1977

Ders.: Die ›Kunststadt‹ München, in: *Stölzl, Christoph* (Hrsg.): Die Zwanziger Jahre in München, München 1979

Ders.: Neue Strömungen und Reformen zwischen Jugendstil und neuer Sachlichkeit, in: Bauen in München 1890–1950 (Arbeitshefte des Bayerischen Landesamtes für Denkmalpflege, Bd. 7) München 1980

Ders. (Hrsg.): Richard Riemerschmid – Vom Jugendstil zum Werkbund, München 1982

Ders.: Riemerschmids Weg vom Jugendstil zum Werkbund, in: *ders.* (Hrsg.): Richard Riemerschmid – Vom Jugendstil zum Werkbund, München 1982

Ders.: Weder Hadrian noch Augustus – Zur Kunstpolitik Ludwigs I. in München, in: *ders.* (Hrsg.): Romantik und Restauration. Architektur in Bayern zur Zeit Ludwigs I. 1825–1848, München 1987

Nerdinger, Winfried/Stenger, Brigitte: Das Münchner Rathaus. Architektur zwischen Politik, Ergeiz und Intrige, in: *Mai, Ekkehard/Pohl, Hans/Waetzoldt, Stephan* (Hrsg.): Das Rathaus im Kaiserreich, Berlin 1982

Nesner, Hans-Jörg: Das Erzbistum München und Freising zur Zeit des Erzbischofs und Kardinals Franziskus von Bettinger (1909–1917). (Münchner Theologische Studien, Bd. 28), St. Ottilien 1987

Neumann, Claus: Die Harmonik der Münchner Schule um 1900, München 1939

Neumeier, Gerhard s. Magisterarbeiten

Nierendorf, Karl (Hrsg.): Das staatliche Bauhaus zu Weimar 1919–1923, München ²1980

Nipperdey, Thomas: Die Organisation der deutschen Parteien vor 1918, Düsseldorf 1961

Ders.: Verein als soziale Struktur in Deutschland im späten 18. und frühen 19. Jahrhundert (Veröffentlichungen des Max-Planck-Instituts für Geschichte, Bd. 1), Göttingen 1972

Nocker, Ludwig: Oskar von Miller. Gründer des Deutschen Museums von Meisterwerken der Naturwissenschaft und Technik, Stuttgart 1955

Nösselt, Hans-Joachim: Ein ältest Orchester, München 1980

Novy, Klaus, u. a. (Hrsg.): Anders Leben. Geschichte und Zukunft der Genossenschaftskultur, Berlin-Bonn 1985

Nüßler, Karola: Geschichte des Katholischen Preßvereins für Bayern 1901–1934, phil. Diss., München 1954

Obrist, Hermann/Debschitz, Wilhelm von: München 1902–1914 (1920), in: Kunstschulreform 1900–1933, Berlin 1977

Oesterle, Josef: Bayern. Wirtschaft in Wort und Bild, München 1954

Ohe, Werner von: Bayern im 19. Jahrhundert – ein Entwicklungsland?, in: *Bott, Gerhard:* Leben und Arbeiten im Industriezeitalter, München 1985

Onnau, Hans Elmar (Bearb.): Das Schrifttum der Görres-Gesellschaft zur Pflege der Wissenschaft 1876–1976. Eine Bibliographie, Paderborn u. a. 1980

Osietzki, Maria: Die Gründungsgeschichte des Deutschen Museums von Meisterwerken der Naturwissenschaft und Technik in München 1903–1906, in: Technikgeschichte 52 (1985)

Ostini, Fritz von: Fritz Erler, Leipzig 1921

Ott, Alfons (Hrsg.): Die Münchner Philharmoniker, München 1968

Ders.: Chronik des Orchesters bis zum Jahr 1928, in: *Schmoll gen. Eisenwert, Regina* (Hrsg.): Die Münchner Philharmoniker, München 1986

Otto, Hans: Die Fachorganisation als Quelle des Fortschritts, in: Fest- und Erinnerungsschrift anläßlich des 25jährigen Gründungs-Jubiläums der Ebeka Einkaufszentrale Bayer. Kolonialwarenhändler München 1926

Pabst, Michael: Wiener Grafik um 1900, München 1984

Pacher, Maurus: Theaterprogramm der Eröffnung 1896, Festschrift zur Wiedereröffnung 1982

Paneth, Erwin: Die Entwicklung der Reklame vom Altertum bis zur Gegenwart, München-Berlin 1926

Panzer, Adolf (Hrsg.): Die ersten Kleinkinderbewahranstalten in München, München 1918

Pape, Walter: Joachim Ringelnatz, Berlin 1974

Park, Robert E./Burgess, Ernest W./McKenzie, Roderick D.: The City, Chicago 1925

Paul, Jürgen: Das »Neue Rathaus« – eine Bauaufgabe des 19. Jahrhunderts, in: *Mai, Ekkehard/Pohl, Hans/Waetzoldt, Stephan* (Hrsg.): Das Rathaus im Kaiserreich, Berlin 1982

Peacock, Ronald: Zur Problematik der Julugestalt, in: *Schnitzler, Günter* (Hrsg.): Bild und Gedanke. Festschrift für Gerhart Baumann zum 60. Geburtstag, München 1980

Peters, Wolf: Der Personenverkehr zwischen der Stadt München und ihren Vororten seit dem Jahre 1900, Diss. TH München, Kallmünz 1932

Petzet, Michael: Architektur als Kulisse – Die Kunst König Ludwigs II., in: Ludwig II. Die Tragik des ›Märchenkönigs‹, Regensburg 1986

Pevsner, Nikolaus: Wegbereiter moderner Formengebung, New York 1949

Ders.: Europäische Architektur von den Anfängen bis zur Gegenwart, München ⁶1985

Pfister, Rudolf: Theodor Fischer, München 1968

Pfisterer, Herbert: Der Polytechnische Verein und

sein Wirken im vorindustriellen Bayern (1815–1830), München 1973

Phayer, Fintan Michael: Religion und das Gewöhnliche Volk in Bayern in der Zeit von 1750–1850 (MBM, Bd. 21), München 1970

Pikulik, Lothar: Thomas Mann und die Renaissance, in: *Pütz, Peter* (Hrsg.): Thomas Mann und die Tradition, Frankfurt a. M. 1971

Pitschi, Andreas: Das Münchener Westend von seinen Anfängen bis zur Gegenwart. Eine ortsgeschichtliche Studie, München 1936

Plößl, Elisabeth: Weibliche Arbeit in Familie und Betrieb. Bayerische Arbeiterfrauen 1870–1914 (MBM, Bd. 119), München 1983

Poetter, Jochen (Hrsg.): Villa Stuck – Franz von Stuck 1863–1928, Katalog, München 1984

Pöggeler, Franz (Hrsg.): Geschichte der Erwachsenenbildung, Stuttgart-Berlin-Köln-Mainz 1975

Pohl, Hans/Pohl, Manfred: Deutsche Bankgeschichte, Frankfurt a. M. 1982

Pohl, Manfred: Einführung in die Bankgeschichte I, in: Bankhistorisches Archiv 1 (1975)

Ders.: Gründungsboom und Krise, in: Bankhistorisches Archiv 2 (1978)

Ders.: Festigung und Ausdehnung des deutschen Bankwesens zwischen 1870 und 1914, in: *Pohl, Hans/Pohl, Manfred:* Deutsche Bankgeschichte, Frankfurt a. M. 1982

Polensky, Thomas: Die Bodenpreise in Stadt und Region München. Räumliche Strukturen und Prozeßabläufe, Kallmünz/Regensburg 1974

Pölnitz, Sigmund Frh. von: Lebensläufe aus Franken, Bd. 6, Würzburg 1960

Der Polytechnische Verein in Bayern 1815–1945. Ein Katalog seines Archivs (Veröffentlichungen des Forschungsinstituts des Deutschen Museums für die Geschichte der Naturwissenschaften und der Technik), o. O. (München) 1968

Pörnbacher, Karl: Ludwig Ganghofer, »Das Schweigen im Walde«, in: Handbuch der Literatur in Bayern. Vom Frühmittelalter bis zur Gegenwart. Geschichte und Interpretation. Herausgegeben von *Albrecht Weber,* Regensburg 1987

Pott, Gertrud: Die Spiegelung des Sezessionismus im österreichischen Theater, Wien 1976

Prinz, Arthur: Juden im Deutschen Wirtschaftsleben. Soziale und wirtschaftliche Struktur im Wandel 1850–1914. Bearbeitet und herausgegeben von *Avraham Barkai* (Schriftenreihe wissenschaftlicher Abhandlungen des Leo-Baeck-Instituts, Bd. 43), Tübingen 1984

Prinz, Friedrich: Fronten und Dialoge zwischen den Katastrophen. Geist und Macht in München 1918 bis 1933, in: *ders.:* Gestalten und Wege bayerischer Geschichte, München 1982

Ders.: München und die bayerische Intelligenz in den Zwanziger Jahren, in: *Müller-Funk, Wolfgang* (Hrsg.): Jahrmarkt der Gerechtigkeit – Studien zu Lion Feuchtwangers zeitgeschichtlichem Werk, Tübingen 1987

Ders.: Franz von Lenbach, in: Archiv für Kulturgeschichte (im Druck)

Ders.: Anmerkungen zur Prinzregentzeit, in: Festschrift für Andreas Kraus zum 60. Geburtstag, Kallmünz 1982

Projektgruppe »Geschichte Bergischer Genossenschaften« (Hrsg.): Vorwärts Befreiung. Genossenschaftliche Selbsthilfe im Bergischen Land, Essen-München 1984

Puhle, Hans-Jürgen: Agrarische Interessenpolitik und preußischer Konservativismus im wilhelminischen Reich (1893–1914). Ein Beitrag zur Analyse des Nationalismus in Deutschland am Beispiel des Bundes der Landwirte und der Deutsch-Konservativen Partei, Hannover 1967

Pulzer, Peter G. J.: Die Entstehung des politischen Antisemitismus in Deutschland und Österreich 1867–1914, Gütersloh 1966

Rademacher, Hellmut: Deutsche Plakatkunst und ihre Meister, Hanau 1965

Ders.: Das deutsche Plakat. Von den Anfängen bis zur Gegenwart, Dresden 1965

Raff, Hans: Münchner Orchesterverein »Wilde Gung'l«, München 1970

Ragl, Franz Xaver: Pschorrbräu, München 1935

Rall, Hans: Wilhelm Heinrich Riehl in neuer Sicht, in: Unser Bayern. Heimatbeilage der Bayer. Staatszeitung Jg 5, Nr. 4, April 1956

Ramisch, Hans/Steiner, Peter B. (Hrsg.): Katholische Kirchen in München, München 1984

Rank, Gebr. (Baugesellschaft) (Hrsg.): 125 Jahre Rank, München 1987

Ranke, Winfried: Böcklinmythen, in: *Andree, Rolf:* Arnold Böcklin. Die Gemälde, Basel und München 1977

Ders.: Franz von Lenbach. Der Münchner Malerfürst, Köln 1986

Ders.: Der Maler Franz von Lenbach, in: *Gollek, Rosel/Ranke, Winfried* (Hrsg.): Franz von Lenbach 1836–1904, München 1987

Rapp, Urban: Kirche und die Kunst der Zeit 1888–1920. Die »Sektion Kunst« der Katholiken-Tagungen und ihr Urteil über die »Deutsche Gesellschaft für christliche Kunst« in München, in: *Schuster, Peter-Klaus* (Hrsg.): »München leuchtete«. Karl Caspar und die Erneuerung christlicher Kunst in München um 1900, München 1984

Rasch, Wolfdietrich: Die literarische Décadence um 1900, München 1986

Re, del N.: La Curia Romana. Lineamenti storico-giuridici, Rom ³1970

Rebentisch, Dieter: Die deutsche Sozialdemokratie und die kommunale Selbstverwaltung. Ein Überblick über Programmdiskussionen und Organisationsproblematik 1890–1975, in: Archiv für Sozialgeschichte 25 (1985)

Reble, Albert: Das Schulwesen, in: *Spindler, Max* (Hrsg.): Handbuch der bayerischen Geschichte Bd. 4/2, München 1975

Redlich, Fritz: Reklame. Begriff, Geschichte, Technik, Stuttgart 1935

Reger, Max: Münchner Schützenchronik 1325–1925, München 1925

Reichert, Otto von (Hrsg.): Das Harbni-Gesetz, Frankfurt a. M. 1925

Reimann, Joachim: Ernst Müller-Meiningen senior und der Linksliberalismus in seiner Zeit. Zur Biographie eines bayerischen und deutschen Politikers (1866–1944) (MBM, Bd. 11), München 1968

Reinkowski, Martin: Die Au um 1900. Vorstadt zwischen Mittelalter und Moderne, München 1987

Reisinger, Hans: Michael Georg Conrad, phil. Diss., München 1939

Renner, Karl: Zwanzig Jahre Münchener Typographie, München 1920

Renner, Paul: Die Anfänge des Künstlerplakates, in: Zeitschrift für Kunst 2 (1947)

Renz, Horst/Graf, Friedrich (Hrsg.): Troeltsch-Studien, Gütersloh 1982

Reulecke, Jürgen: Sozioökonomische Bedingungen und Folgen der Verstädterung in Deutschland, in: Zeitschrift für Stadtgeschichte, Stadtsoziologie und Denkmalpflege 4 (1977)

Ders.: Geschichte der Urbanisierung in Deutschland, Frankfurt a. M. 1985

Reulecke, Jürgen/Weber, Wolfhard (Hrsg.): Fabrik – Familie – Feierabend. Beiträge zur Sozialgeschichte des Alltags im Industriezeitalter, Wuppertal 1978

Richebächer, Sabine: Uns fehlt nur eine Kleinigkeit. Deutsche proletarische Frauenbewegung 1890–1940, Frankfurt a. M. 1982

Rieger, Gerd Enno: Henrik Ibsen in Selbstzeugnissen und Bilddokumenten, Reinbek 1981

Riesbeck, Friedrich: Die Predigt bei Christian Geyer, phil. Diss., Erlangen 1978

Ringbom, Sixten: Kandinsky und das Okkulte, in: Kandinsky und München. Begegnungen und Wandlungen 1896–1914, München 1982

Ritter, Gerhard A.: Die Arbeiterbewegung im Wilhelminischen Reich. Die Sozialdemokratische Partei und die freien Gewerkschaften 1890–1900, Berlin 1963

Ritter, Gerhard A./Tenfelde, Klaus: Der Durchbruch der Freien Gewerkschaften Deutschlands zur Massenbewegung im letzten Viertel des 19. Jahrhunderts, in: *Vetter, Heinz Oskar* (Hrsg.): Vom Sozialistengesetz zur Mitbestimmung. Zum 100. Geburtstag von Hans Böckler, Köln 1975

Ritter, Gerhard: Das Problem des Militarismus in Deutschland. Herausgegeben von der *Bundeszentrale für Heimatdienst,* Bonn 1954

Ritter, Joachim: Landschaft. Zur Funktion des Ästhetischen in der modernen Gesellschaft, Münster 1963

Ritter-Santini, Lea: Die Verfremdung des optischen Zitats. Anmerkungen zu Heinrich Mann's Roman »Die Göttinnen«, in: Jahrbuch der Deutschen Schillergesellschaft 15 (1971)

Rödl, Volker: Fabrikarchitektur in Frankfurt am Main 1774–1924. Die Geschichte der Industrialisierung im 19. Jahrhundert, Frankfurt a. M. 1984

Roeseler, August: Das Hofbräuhaus, München 1927

Röhr, Dorothea: Prostitution. Eine empirische Untersuchung über abweichendes Sexualverhalten und soziale Diskriminierung, Frankfurt a. M. 1972

Rönnebeck, Thomas: Stadterweiterung und Verkehr im neunzehnten Jahrhundert (Schriftenreihe der Institute für Städtebau der Technischen Hochschulen und Universitäten, Bd. 5), Stuttgart-Bern 1971

Rosenberg, Hans: Große Depression und Bismarckzeit. Wirtschaftsablauf, Gesellschaft und Politik in Mitteleuropa (Veröffentlichungen der Historischen Kommission zu Berlin, Bd. 24), Berlin 1967

Ders.: Machteliten und Wirtschaftskonjunkturen (Studien zur neuen deutschen Sozial- und Wirtschaftsgeschichte), Göttingen 1978

Rösler, Walter: Der musikalische Scharfrichter, in: Melodie und Rhythmus 22 (1967)

Roth, Hans: Aus den Anfängen des bayerischen Vereins für Heimatpflege, in: Schönere Heimat (1972)

Roth, Hermann: Ein Jahrhundert Pschorrbräu 1820–1920, München 1921

Rothe, Friedrich: Frank Wedekinds Dramen. Jugendstil und Lebensphilosophie, Stuttgart 1968

Rübbert, Rudolf: Geschichte der Industrialisierung, München 1972

Rumschöttel, Hermann: Das bayerische Offizierskorps 1866–1914 (Beiträge zu einer historischen Strukturanalyse Bayerns im Industriezeitalter, Bd. 9), Berlin 1973

Ruppert, Wolfgang: Die Fabrik. Geschichte von Arbeit und Industrialisierung in Deutschland, München 1983

Ders. (Hrsg.): Die Arbeiter, München 1986

Rupprecht, Wilhelmine: Die Entwicklung der Sportzeitung in den Münchner Neuesten Nachrichten von 1848 bis 1910, München 1936

Rürup, Reinhard: Emanzipation und Krise. Zur Geschichte der »Judenfrage« in Deutschland vor 1890, in: *Mosse, Werner E.* (Hrsg.): Juden im Wilhelminischen Deutschland 1890–1914, Tübingen 1976

Ruttkowski, Wolfgang: Reflexion über das literarische Chanson, in: Neue deutsche Hefte 10 (1963)

Sachs, Hannelore: Sammler und Mäzene, Leipzig 1971

Sachse, Christian / Tennstedt, Florian: Geschichte der Armenfürsorge in Deutschland. Vom Spätmittelalter bis zum 1. Weltkrieg, Stuttgart 1980

Sailer, Anton: Das Plakat, München 1965

Sailer, Benno Josef: Münchener Bier-Chronik, München 1929

Saldern, Adelheid von: Die Gemeinde in Theorie und Praxis der deutschen Arbeiterorganisationen 1863–1920. Ein Überblick, in: Internationale wissenschaftliche Korrespondenz zur Geschichte der Arbeiterbewegung 12 (1976)

Sauer, Walter: Zur Einführung. Arbeit – Krise und Chance der modernen Gesellschaft, in: *ders.* (Hrsg.): Der dressierte Arbeiter. Geschichte und Gegenwart der industriellen Arbeitswelt, München 1984

Schack-Galerie. Vollständiger Katalog, Textband. Bearbeitet von *Eberhard Ruhmer* mit *Rosel Gollek, Christoph Heilmann, Hermann Kühn* und *Regina Löwe,* München 1969

Schack-Simitzis, Clementine: Münchner Kunstgewerbe auf den Ausstellungen 1908 und 1912 – Ringen um den »modernen« Stil, in: *Münchner Messe- und Ausstellungsgesellschaft und Münchner Stadtmuseum* (Hrsg.): Vom Ausstellungspark zum Internationalen Messeplatz. München 1904 bis 1984, München 1984

Schadt, Jörg: Die badische Sozialdemokratie in den 90er Jahren, in: *ders./Schmierer, Wolfgang* (Hrsg.): Die SPD in Baden-Württemberg und ihre Geschichte. Von den Anfängen der Arbeiterbewegung bis heute, Stuttgart u. a. 1979

Schaffer, Reinhold: Das Buch mit den alten Firmen der Landeshauptstadt, München 1957

Schamari, Horst Peter: Kirche und Staat im Bayerischen Landtag zur Zeit des Prinzregenten Luitpold (1886–1912), phil. Diss. masch., München 1978

Schattenhofer, Michael: Von Kirchen, Kurfürsten und Kaffeesiedern etcetera. Aus Münchens Vergangenheit, München 1974

Ders. (Hrsg.): 100 Jahre Münchner Straßenbahn 1876–1976. Vom Groschenwagen zur Untergrundbahn (Neue Schriftenreihe des Stadtarchivs München, Bd. 60), München 1976

Ders.: Die Münchner Wasserversorgung bis 1883, in: *Stadtwerke München* (Hrsg.): Hundert Jahre Münchner Wasserversorgung, München 1983

Ders.: München unter den Königen Max II. und Ludwig II. (1864–1886), in: Die Münchner Schule 1850–1914, München 1979

Scheffer, Egon: Das Bankwesen in Österreich, Wien 1924

Schindler, Herbert: Monographie des Plakats. Entwicklung, Stil, Design, München 1972

Schirmer, Karl: Msgr. Lorenz Huber und seine Zeit. Aus dem Leben eines sozialen Priesters und Arbeiterführers, München 1931

Schlehuber, Johann: Geschichte der Pfarrei, in: *Fries, Johanna/Ders.* (Bearb.): Festschrift 100 Jahre Pfarrkirche St. Johann Baptist, München-Haidhausen (1879–1979), München 1979

Schlier, Otto: Der deutsche Industriekörper seit 1860, Tübingen 1922

Schlund, Erhard: Die wissenschaftlichen Studien in der neuerrichteten bayerischen Franziskanerprovinz, in: Franziskanische Studien 12 (1925)

Schmidt, Joost: Lehre und Arbeit am Bauhaus 1919–1932, Düsseldorf 1984

Schmidt, Rolf: Maximilian Schmidt im Spiegel der Presse, phil. Diss., München 1955

Schmidt-Richberg, Werner: Die Regierungszeit Wilhelms II., in: *Meier-Welcker, Hans* (Hrsg.): Handbuch zur deutschen Militärgeschichte 1648–1939, Bd. 2/5: Von der Entlassung Bismarcks bis zum Ende des Ersten Weltkrieges (1890–1918), Frankfurt a. M. 1968

Schmidt-Volkmar, Erich: Der Kulturkampf in Deutschland 1871–1890, Göttingen-Berlin 1962

Schmitt, Heinz: Das Vereinsleben der Stadt Weinheim a. d. Bergstraße, Weinheim a. d. Bergstraße 1963

Schmitz, Walter: Der ästhetische Staat. Die Kulturpolitik Ludwigs I. und ihre literarischen Wirkungen (im Druck)

Ders. (Hrsg.): Die Münchener Moderne, Stuttgart 1988 (im Druck)

Schmoll-Hofmann, Helga: Der Bayerische Kunstgewerbeverein und die Kunstgewerbebewegung, in: 125 Jahre Bayerischer Kunstgewerbeverein, München 1976

Schmoll, Helga, gen. Eisenwerth: Die Münchner »Debschitz-Schule« – Lehr- und Versuch-Ateliers für angewandte und freie Kunst. Hermann Obrist und Wilhelm von Debschitz, München 1902–1914 (1920), in: Kunstschulreform 1900–1933, Berlin 1977

Schneider, Ludwig M.: Die populäre Kritik an Staat und Gesellschaft in München (1886–1914). Ein Beitrag zur Vorgeschichte der Münchner Revolution von 1918/19 (MBM, Bd. 61), München 1975

Schneider, Michael: Das Streikverhalten der christlichen Gewerkschaften vor 1914, in: *Mommsen, Wolfgang J./Husung, Hans Gerd* (Hrsg.): Auf dem Wege zur Massengewerkschaft, Stuttgart 1984

Schneider, Victor: Untersuchungen zur Betriebsgestaltung und Tarifpolitik der städtischen Straßenbahnen Münchens. Ein Beitrag zur Entwicklung der städtischen Verkehrsmittel, Diss., München 1928

Schnell, Hugo: Kunstführer Nr. 1308, München 1981

Schnorbus, Axel: Arbeit und Sozialordnung in Bayern vor dem Ersten Weltkrieg (1890–1914) (MBM, Bd. 19), München 1969

Schöffling, Klaus: Die ersten Jahre des Insel Verlags 1899–1902, Frankfurt a. M. 1981

Schöller, Peter: Stadt und Einzugsgebiet. Ein geographisches Forschungsproblem und seine Bedeutung für Landeskunde, Geschichte und Kulturraumforschung, in: Studium Generale 10 (1957)

Ders.: Die deutschen Städte (Erdkundliches Wissen, Bd. 17), Wiesbaden 1967

Ders. (Hrsg.): Zentralitätsforschung (Wege der Forschung, Bd. 301), Darmstadt 1972

Schönhoven, Klaus: Gewerkschaftliches Organisationsverhalten im Wilhelminischen Deutschland, in: *Conze, Werner/Engelhardt, Ulrich* (Hrsg.): Arbeiter im Industrialisierungsprozeß. Herkunft, Lage und Verhalten, Stuttgart 1979

Ders.: Selbsthilfe als Form von Solidarität. Das gewerkschaftliche Unterstützungswesen im Deutschen Kaiserreich bis 1914, in: Archiv für Sozialgeschichte 20 (1980)

Schorske, Carl E.: Die Retrospektive im kulturgeschichtlichen Zusammenhang – eine neue Tendenz, in: *Zweite, Armin* (Hrsg.): Kandinsky und München 1896–1914, München 1982

Schoßig, Bernhard: Volksbildung. Modernität aus Tradition, in: *Prinz, Friedrich* (Hrsg.): Trümmerzeit in München. Kultur und Gesellschaft einer deutschen Großstadt im Aufbruch 1945–1948/49, München 1984

Ders.: Die Akademischen Arbeiter-Unterrichtskurse in Deutschland unter besonderer Berücksichtigung der Entwicklung in München, München 1985

Ders.: Die Studentischen Arbeiter-Unterrichtskurse (Dokumentation zur Geschichte der Erwachsenenbildung), Bad Heilbrunn/Obb. 1987

Schröder, Hans Eggert: Franziska Gräfin zu Reventlow. Schwabing um die Jahrhundertwende, in: Marbacher Magazin 8 (1978)

Schröder, Max (Hrsg.): Internationale Industriebibliothek, Bd. 28: Spaten-Franziskaner-Leistbräu, Berlin 1933

Schroll, Franz: Die Bedeutung der Industrie im Wirtschaftskörper Münchens, Speyer 1938

Schrott, Ludwig: Der Prinzregent, München 1962

Schubert, Dirk: Theodor Fritsch und die völkische Version der Gartenstadt, in: Stadtbauwelt 73 (1982)

Schubert, Walter F.: Ludwig Hohlwein, in: Die Reklame 18 (1925)

Schulte, Bernd F.: Die deutsche Armee 1900–1914. Zwischen Beharren und Verändern, Düsseldorf 1977

Schulte, Matthias: Anmerkungen zur Genese der Konsumgenossenschaften in Deutschland (Arbeitspapiere des Fachbereichs Wirtschaftswissenschaft der Gesamthochschule Wuppertal, Nr. 47), Wuppertal 1980

Schulte, Regina: Dienstmädchen im herrschaftlichen Haushalt. Zur Genese ihrer Sozialpsychologie, in: Zeitschrift für Bayerische Landesgeschichte 41 (1978)

Dies.: Sperrbezirke. Tugendhaftigkeit und Prostitution in der bürgerlichen Welt, Frankfurt a. M. 1979

Schulz, Selke: Die Entwicklung der Hausgehilfinnen-Organisation in Deutschland, Diss., Tübingen 1961

Schumacher, Fritz: Stufen des Lebens, Stuttgart 1935

Ders.: Strömungen in der deutschen Baukunst seit 1800, Köln ²1955

Schuster, Peter-Klaus: »München leuchtete«. Die Erneuerung christlicher Kunst in München um 1900, in: *Ders.* (Hrsg.): »München leuchtete«. Karl Caspar und die Erneuerung christlicher Kunst in München um 1900, München 1984

Ders.: Münchner Bilderstürme der Moderne, in: Kritische Berichte 14, Heft 4 (1986)

Ders.: Luftschlösser. München und die Moderne, in: München Fokus 88, München 1988

Schuster, Peter-Klaus / Buddensieg, Tilmann: Peter Behrens und Nürnberg, München 1980

Schutte, Jürgen/Sprengel, Peter (Hrsg.): Die Berliner Moderne 1885–1914, Stuttgart 1987

Schwahn, Britta-R.: Otto I. von Wittelsbach – ein politisches Denkmal im Münchner Hofgarten, in: *Mai, Ekkehard/Waetzoldt, Stephan* (Hrsg.): Kunstverwaltung, Bau- und Denkmalspolitik, Berlin 1981

Schwaiger, Georg: Zur Geschichte der bayerischen Frauenklöster nach der Säkularisation, in: Münchener Theologische Zeitschrift 14 (1963)

Ders.: Ignaz von Döllinger (1799–1890), in: *Fries, Heinrich / Schwaiger, Georg* (Hrsg.): Katholische Theologen Deutschlands im 19. Jahrhundert, Bd. 3, München 1975

Ders. (Hrsg.): Aufbruch ins 20. Jahrhundert. Zum Streit um Reformkatholizismus und Modernismus (Studien zur Theologie und Geistesgeschichte, Bd. 23), Göttingen 1976

Ders.: Das Erbe des 19. Jahrhunderts in der katholischen Kirche Bayerns, in: *ders.* (Hrsg.): Das Erzbistum München und Freising in der Zeit der nationalsozialistischen Herrschaft, 2 Bde., München-Zürich 1984

Ders.: Kardinal Michael Faulhaber, Erzbischof von München und Freising (1917–1952), in: *ders.* (Hrsg.): Christenleben im Wandel der Zeit, Bd. 2: Lebensbilder aus der Geschichte des Erzbistums München und Freising, München 1987

Schwarz, Stefan: Juden in Bayern im Wandel der Zeit, München 1980

Scott, Joan W./Tilly, Louise A.: Women's Work and the Family in Nineteenth-Century Europe, in: Comparative Studies in Society and History 17 (1975)

Sedlmayr, Fritz: Die Geschichte der Spatenbrauerei, Nürnberg 1951

Seehaus, Günter: Frank Wedekind und das Theater, München 1964

Seelig, Lorenz: Gold und Silber, Bronze und Zink – zur Metallkunst unter Ludwig II., in: *Hojer, Gerhard* (Hrsg.): König Ludwig II., München 1986

Ders.: König Ludwig II., München 1986

Segieth, Clelia: Georg Hirth und die deutsche Neurenaissance. ›Das deutsche Zimmer der Renaissance‹ als Beitrag zur Charakterisierung der deutschen Neurenaissance in München, Magisterarbeit masch., München 1984

Seidenzahl, Fritz: Bismarck und die Gründung der Darmstädter Bank, in: Tradition 6 (1961)

Seidl, Georg: 100 Jahre kath. Verein zur Betreuung gefährdeter Jugend e. V., München 1952

Seitz, Manfred: Hermann Bezzel, München 1960

Selig, Heinz Jürgen: Münchener Stadterweiterungen von 1860–1910. Stadtgestalt und Stadtbaukunst, Diss., München 1978

Ders.: Stadtgestalt und Stadtbaukunst in München. 1860 bis 1910, München 1983

Sheehan, J.J.: Lujo Brentano, in: *Wehler, Hans Ulrich* (Hrsg.): Deutsche Historiker Bd. 8, Göttingen 1982

Sherman, Paul: Louis H. Sullivan, Frankfurt a. M. – Wien 1963

Shorter, Edward: Sexual Change and Illegitimacy. The European Experience, in: *Bezucha, Robert J.:* Modern European Social History, Lexington 1972

Sieferle, Rudolf Peter: Fortschrittsfeinde, München 1984

Siemens & Halske/Schuckert AG. (Hrsg.): Technische Leistungen – Wirtschaftliche Ereignisse 1847–1937, o. O. ²o. J.

Sigl, Rupert: Dr. Sigl. Ein Leben für das Bayerische Vaterland, Rosenheim 1977

Simmen, Jeannot: Zeichnungen und Druckgraphiken von O. Eckmann. Der Bestand in der Kunstbibliothek Berlin, Berlin 1982

Simon, Hans-Ulrich: Sezessionismus. Kunstgewerbe in literarischer und bildender Kunst, Stuttgart 1976

Simon, Matthias: Evangelische Kirchengeschichte Bayerns, München 1942

Simson, John von: Die Hamburger Wasch- und Badeanstalt auf dem Schweinemarkt, in: Festschrift für Otto von Simon zum 65. Geburtstag, Frankfurt a. M. 1977

Skalnik, Kurt: Dr. Karl Lueger. Der Mann zwischen den Zeiten, Wien-München 1954

Slawe, Fritz: Literarische Zeitschriften, Stuttgart 1969

Sonnenberger, Franz: Der neue ›Kulturkampf‹. Die Gemeinschaftsschule und ihre historische Entwicklung, in: *Broszat, Martin/Fröhlich, Elke* (Hrsg.): Bayern in der NS-Zeit, Bd. 3, München-Wien 1981

Spiethoff, Bodo: Ungewollt zur Größe. Die Geschichte der bayerischen Sparkassen, München 1958

Spindler, Max (Hrsg.): Handbuch der bayerischen Geschichte, München ²1974 ff.

Spirig-Lausecker, Sylvia: Von der Handarbeit zur Mechanisierung. Die technologische Basis der Industrieproduktion, in: *Walter Sauer* (Hrsg.): Der dressierte Arbeiter. Geschichte und Gegenwart der industriellen Arbeitswelt, München 1984

Spranger, Eduard: Wilhelm von Humboldt und die Humanitätsidee, Berlin ²1928

Spude, Hans-Jürgen: Entwicklung und Bedeutung der Münchner Versorgungsbetriebe, phil. Diss., München 1957

Stanglmaier, Hans: Festschrift 100 Jahre Schule in Neuhausen, München 1980

Steffan, Franz: Bayerische Vereinsbank 1869–1969. Eine Regionalbank im Wandel eines Jahrhunderts, München 1969

Steinborn, Peter: Grundlagen und Grundzüge Münchner Kommunalpolitik in den Jahren der Weimarer Republik. Zur Geschichte der bayerischen Landeshauptstadt im 20. Jahrhundert (MBM, Bd. 5), München 1968

Steinhilber, Rudolf: Eduard von Keyserling. Sprachskepsis und Zeitkritik in seinem Werk, Darmstadt 1977

Stern, Fritz: Gold und Eisen. Bismarck, Bleichröder und die Entstehung des Deutschen Reiches, Frankfurt a. M. 1978

Stetter, Gertrud: Die Entwicklung der Historischen Vereine in Bayern bis zur Mitte des 19. Jahrhunderts, Diss., München 1963

Stiefel, Dieter: Die österreichischen Banken am Höhepunkt von Macht und Einfluß, in: Bankhistorisches Archiv 1 (1984)

Stolleis, Michael: Die bayerische Gesetzgebung zur Herstellung eines frei verfügbaren Grundeigentums, in: *Coing, Helmut/Wilhelm, Walter* (Hrsg.): Wissenschaft und Kodifikation des Privatrechts im 19. Jahrhundert, Bd. 3: Die rechtliche und wirtschaftliche Entwicklung des Grundeigentums und Grundkredits (Studien zur Rechtswissenschaft des neunzehnten Jahrhunderts, Bd. 3), Frankfurt a. M. 1976

Ders.: Strafrecht und Sozialrecht, in: *Lüddersen, Klaus/Sack, Fritz* (Hrsg.): Seminar: Abweichendes Verhalten IV, Kriminalpolitik und Strafrecht, Frankfurt a. M. 1980

Stolper, Gustav: Deutsche Wirtschaft 1870–1940, Stuttgart 1950

Strauß, Eva s. Magisterarbeiten

Streicher, Gebhard: »... das freie Schaffen der christlichen Künstler begünstigen!« Zur Wirksamkeit der »Deutschen Gesellschaft für christliche Kunst« zwischen 1893 und 1912/13, in: *Schuster, Peter-Klaus* (Hrsg.): »München leuchtete«. Karl Caspar und die Erneuerung christlicher Kunst in München um 1900, München 1984

Strube, Irene: Justus von Liebig, Leipzig 1973

Suckale-Redlefsen, Gude/Duvigneau, Volker: Plakate in München 1840–1940. Eine Dokumentation zu Geschichte und Wesen des Plakates in München aus den Beständen der Plakatsammlung des Münchner Stadtmuseums, München 1975

Süersen, Elisabeth: Das freie Volksbildungswesen im Haushaltsplan der Gemeinden. Mit einem Nachwort von R.v.Erdberg, in: Volksbildungsarchiv 6 (1918/19)

Sywottek, Arnold: Genossenschaften oder Die konkrete Utopie der »Kleinen Leute«, in: *Haupt, Heinz-Gerhard* (Hrsg.): Jahrbuch Arbeiterbewegung Geschichte und Theorie 1982: Selbstverwaltung und Arbeiterbewegung, Frankfurt a. M. 1982

Taube, Utz-Friedebert: Ludwig Quidde. Ein Beitrag zur Geschichte des demokratischen Gedankens in Deutschland, Kallmünz 1913; (Münchner Historische Studien, Bd. 5), Kallmünz 1963

Teeuwisse, Nicolaas: Vom Salon zur Secession. Berliner Kunstleben zwischen Tradition und Aufbruch zur Moderne 1871–1900, Berlin 1985

Tenfelde, Klaus/Volkmann, Heinrich (Hrsg.): Streik. Zur Geschichte des Arbeitskampfes in Deutschland während der Industrialisierung, München 1981

Tgahrt, Reinhart, u.a. (Hrsg.): Rudolf Borchardt, Alfred Walter Heymel, Rudolf Alexander Schröder, Marbach 1978

Thieme/Becker/Vollmer (Hrsg.): Lexikon der Bildenden Künstler, Bd. 1 Leipzig 1906 ff.

Thiersch, Heinz: Hans Grässel. 100 Jahre, München 1960

Ders.: German Bestelmeyer, München 1961

Thoma, Hans: Zweihundert Jahre Nymphenburg (1747–1947), München 1954

Thränhardt, Dietrich: Wahlen und politische Strukturen in Bayern 1848–1953. Historisch-soziologische Untersuchungen zum Entstehen und zur Neueinrichtung eines Parteiensystems, Düsseldorf 1973

Tiedemann, Eva Maria s. Magisterarbeiten

Tietz, Georg: Hermann Tietz. Geschichte einer Familie und ihrer Warenhäuser, Stuttgart 1965

Tornow, Ingo: Das Münchner Vereinswesen in der ersten Hälfte des 19. Jahrhunderts, mit einem Ausblick auf die zweite Jahrhunderthälfte (MBM, Bd. 75), München 1977

Die andere Tradition: Architektur in München von 1800 bis heute. Herausgegeben von der Bayer. Rückversicherung AG, München ³1986

Trautmann, Karl: Die Handschuhfabrik J. Roeckl. 75 Jahre aus der Geschichte eines Altmünchener Bürger- und Geschäftshauses, München 1920

Ders.: 100 Jahre Lederhandschuhfabrik J. Roeckl 1839–1939, München 1939

Trenner, Franz (Hrsg.): Orchesterverein »Wilde Gung'l« 1864–1964, München 1964

Treue, Wilhelm: Hypothekenbanken, ländlicher und städtischer Grundstücksverkehr gegen Ende des 19. Jahrhunderts, in: Bankhistorisches Archiv 1 (1978)

Trippen, Norbert: Aus dem Tagebuch eines deutschen Modernisten. Aufzeichnungen des Münchener Dogmenhistorikers Joseph Schnitzer aus den Jahren 1901–1913, in: *Schwaiger, Georg* (Hrsg.): Aufbruch ins 20. Jahrhundert. Zum Streit um Reformkatholizismus und Modernisten (Studien zur Theologie und Geistesgeschichte, Bd. 23), Göttingen 1976

Ders.: Theologie und Lehramt im Konflikt. Die kirchlichen Maßnahmen gegen den Modernismus im Jahre 1907 und ihre Auswirkungen in Deutschland, Freiburg-Basel-Wien 1977

Turtur, Ludwig/Bühler, Anne Lore: Geschichte des protestantischen Dekanats und Pfarramts München 1799–1852, Nürnberg 1969

Uhde-Bernays, Hermann: Im Lichte der Freiheit. Erinnerungen aus den Jahren 1880–1914, München 1947

Ders.: Mittler und Meister, München 1948

Vaget, Hans Rudolf: Kommentar zu den Erzählungen Thomas Manns, München 1984

Verein zur Förderung der Industrie-Archäologie e. V. (Hrsg.): Vom Glaspalast zum Gaskessel – Münchens Weg ins Technische Zeitalter, München 1978

Vetter, Theodor: Die Konzentration in der bayerischen Brauindustrie, Diss., Heidelberg 1921/22

Vinçon, Hartmut: Frank Wedekind, Stuttgart 1987

Vogel, Detlef: Der Stellenwert des Militärischen in Bayern (1849–1875). Eine Analyse des militär-zivilen Verhältnisses am Beispiel des Militäretats, der Heeresstärke und des Militärjustizwesens, Boppard 1981

Vogel, Hubert: Geschichte der St. Isidor- und St. Notburga-Bruderschaft in München, in: Beiträge zur altbayerischen Kirchengeschichte 28 (1974)

Vogt, Adolf Max: Russische und französische Revolutionsarchitektur 1789–1917, Köln 1974

Vollmer, Emil: Künstlerlexikon, Leipzig 1947 ff.

Volz, Friedrich: Das Pfandbriefsystem der Bayerischen Hypotheken- und Wechselbank, München 1977

Vormbaum, Thomas: Politik und Gesinderecht im 19. Jahrhundert (vornehmlich in Preußen 1810–1918), Berlin 1980

Wachsheim, Hedwig: Die deutsche Arbeiterbewegung 1844–1914, Köln-Opladen 1967

Wagner, Hans: 200 Jahre Münchner Theaterchronik 1750–1950, München 1958

Wagner, Oskar: Der evangelische Handwerkerverein von 1848 e.V. München, München ²1984

Waissenberger, Robert: Wiener Nutzbauten des 19. Jahrhunderts als Beispiel zukunftsweisenden Bauens, Wien 1977

Walser, Karin: Dienstmädchen. Frauenarbeit und Weiblichkeitsbilder um 1900, Frankfurt a.M. 1985

Walter, Uli s. Magisterarbeiten

Wangerin, Gerda/Weiß, Gerd: Heinrich Tessenow, Essen 1976

Wanner, Hans: Individualität, Identität und Rolle. Das frühe Werk Heinrich Manns und Thomas Manns Erzählungen »Gladius Dei« und »Der Tod in Venedig«, München 1977

Wasil, Heinrich: Münchner Tram. Eine Geschichte der Straßenbahn in München, Düsseldorf 1976

Weber, Alfred: Reine Theorie des Standorts, Tübingen 1922

Weber, Wilhelm: Saxa loquuntur. Steine reden, Geschichte der Lithographie, 2 Bde., Heidelberg-Berlin 1961

Wehle, Gerhard (Hrsg.): Kerschensteiner, Darmstadt 1979

Ders.: Praxis und Theorie im Lebenswerk Georg Kerschensteiners, Weinheim ²1964

Wehler, Hans-Ulrich: Das deutsche Kaiserreich 1871–1918 (Deutsche Geschichte, Bd. 9), Göttingen ⁴1980

Weis, Eberhard: Bayerns Beitrag zur Wissenschaftsentwicklung im 19. und 20. Jahrhundert, in: *Spindler, Max* (Hrsg.): Handbuch der bayerischen Geschichte, Bd. 4/2, München ²1979

Weiss, Peg: Kandinsky und München, in: *Zweite, Armin* (Hrsg.): Kandinsky und München. Begegnungen und Wandlungen 1896–1914, München 1982

Weitlauff, Manfred: Modernismus als Forschungsproblem. Ein Bericht, in: Zeitschrift für Kirchengeschichte 93 (1982)

Wellensiek, Hertha: Kunsthandeln in München. Verkaufsformen im frühen 19. Jahrhundert, in: Katalog der 15. Deutschen Kunst- und Antiquitätenmesse, München 1970

Werner, Max: Ein Jahrhundert Veteranen- und Kriegerverein der Landeshauptstadt München, München 1935

Weuster, Arnulf: Theorie der Konsumgenossenschaftsentwicklung. Die deutschen Konsumgenossenschaften bis zum Ende der Weimarer Zeit, Berlin 1980

Wichmann, Hans: Aufbruch zum neuen Wohnen. Deutsche Werkstätten und WK-Verband (1898–1970), Basel-Stuttgart 1978

Wichmann, Siegfried: Secession. Europäische Kunst um die Jahrhundertwende, München 1964

Wichmann, Siegfried/Roth, Monika: Hermann Obrist. Wegbereiter der Moderne, München 1968

Wienand, Adam/Hasenberg, P.J. (Hrsg.): Das Wirken der Orden und Klöster in Deutschland, Bd. 1: *Wienand, Adam* (Hrsg.): Einzeldarstellungen der Männerorden, Kongregationen und Klöster, Köln 1964

Wilhelm, Theodor: Die Pädagogik Kerschensteiners. Vermächtnis und Verhängnis, Stuttgart 1957

Wilm, Hubert: Madonnen, Engel, Sterne, Wien-Bad Bocklet-Zürich 1952

Wingler, Hans M. (Hrsg.): Das Bauhaus 1919–1933. Weimar-Dessau-Berlin, Köln ⁶1968

Winkler, Theodolinde: Maria Ward und das Institut der Englischen Fräulein in Bayern, München 1926

Wintzingerode-Knorr, Karl von: Hanns von Gumppenbergs künstlerisches Werk, phil. Diss., München 1958

Wirth, Herbert: Reger, Reinbek 1973

Wischermann, Clemens: »Familiengerechtes Wohnen«: Anspruch und Wirklichkeit in Deutschland vor dem Ersten Weltkrieg, in: *Teuteberg, Hans Jürgen* (Hrsg.): Homo habitans. Zur Sozialgeschichte des ländlichen Wohnens in der Neuzeit, Münster 1985

Witetschek, Helmut: Die katholische Kirche seit 1800, in: *Spindler, Max* (Hrsg.): Handbuch der bayerischen Geschichte, Bd. 4/2, München 1978

Woecke, Gerhard: Tierplastik der Nymphenburger Porzellan-Manufaktur, München-Berlin 1978

Wolf, Jakob: Sechzig Jahre Münchner Künstlergenossenschaft, in: Bayerland 39 (1928)

Wolter, Franz: in: Auktionskatalog Helbing, Sammlung Paul von Groth, München 1928

Wolter, Friedrich: Das gesellige Leben der Münchner Künstler, in: Das Bayerland 39 (1928)

Wunberg, Gotthart/Braakenburg, Johannes J. (Hrsg.): Die Wiener Moderne. Literatur, Kunst und Musik zwischen 1890 und 1910, Stuttgart 1982

Wünsche, Raimund: Zur Geschichte der Glyptothek zwischen 1830 und 1948, in: Glyptothek München 1830–1980. Jubiläumsausstellung zur Entstehungs- und Baugeschichte. Herausgegeben von *Klaus Vierneisel und Gottlieb Leinz,* München 1980

Würz, Anton: Die Münchner Schule. Gestalten und Wege, in: *Münster, Robert/Schmid, Hans* (Hrsg.): Musik in Bayern, Tutzing 1972

Zahn, Eva: Facsimile Querschnitt durch die »Jugend«, München-Bern-Wien 1966

Dies.: Die Geschichte der fliegenden Blätter, in: *dies.* (Hrsg.): Facsimile Querschnitt durch die Fliegenden Blätter, München-Bern-Wien 1966

Zell, Clemens: Geschichte der Elektrizitätsversorgung München, München 1949

Zenger, Maximilian: Geschichte der Münchner Oper, München 1923

Zentner, Wilhelm: Gastfreundliches München. Das Antlitz der Stadt im Spiegel ihrer Gäste 1765–1955, München 1962

Ziebill, Otto: Geschichte des deutschen Städtetages, Stuttgart 1955

Ziegler, M. Liobgid: Die Armen Schulschwestern von Unserer Lieben Frau. Ein Beitrag zur bayerischen Bildungsgeschichte, Diss., München 1935

Zimbauer, Josef: Der Aufwand der Stadtgemeinde München für Bildungswesen und Kunst. Eine kommunalpolitische Studie, Diss., München 1922, München 1923

Zimmer, Jochen/Hoffmann, H.: Wir sind die grüne Garde, Essen 1986

Zorn, Wolfgang: Geschichtliche Entwicklung der Erwachsenenbildung in Bayern, Beilage zu Heft 3 der Zeitschrift »Das Forum«, o.O. o.J. (1962)

Ders.: Kleine Wirtschafts- und Sozialgeschichte Bayerns, München 1962

Ders.: Die wirtschaftliche Lage vor 1835 führte zur Gründung der Bayerischen Hypotheken- und Wechsel-Bank, in: Bayerland Sonderheft (1975)

Ders.: Bayerns Gewerbe, Handel und Verkehr 1806–1970, in: *Spindler, Max* (Hrsg.): Handbuch der bayerischen Geschichte, Bd. 4/2, München 1975, ²1979

Ders.: Die Sozialentwicklung der nichtagrarischen Welt (1806–1970), in: *Spindler, Max* (Hrsg.): Handbuch der bayerischen Geschichte, Bd. 4/2, München ²1979

Ders.: Bayerns Geschichte im 20. Jahrhundert, München 1986

Zull, Gertraud: Das Bild vom Dienstmädchen um die Jahrhundertwende. Eine Untersuchung der stereotypen Vorstellungen über den Charakter und die soziale Lage des städtischen weiblichen Hauspersonals (tuduv-Studie. Reihe Kulturwissenschaften, Bd. 11), München 1984

Zweite, Armin (Hrsg.): Kandinsky und München. Begegnungen und Wandlungen 1896–1914, München 1982

Ders.: Kandinsky zwischen Moskau und München, in: *ders.* (Hrsg.): Kandinsky und München 1896–1914, München 1982

Abbildungsnachweis

Architektursammlung der Technischen Universität München: S. 91 (Nachlaß Thiersch), S. 129, S. 207 (Inv. Nr. 82/037), S. 241 (Inv. Nr. 5458)

Bayerische Staatsbibliothek München: S. 84 (Verwaltungsbericht der Stadt München für 1895, Bericht des Stadtbauamtes, S. 112), S. 101 (Süddeutsche Bauzeitung 1893, S. 432), S. 110 (Der Baumeister 1903, Sonderdruck ›Müller'sches Volksbad‹, Tafel II und IV), S. 126 (Zeitschrift für Wohnungswesen in Bayern 1904, S. 64)

Bayerische Staatsgemäldesammlungen, München: S. 226 (Inv. Nr. 7781), S. 229 (Stiftung Fohn, Inv. Nr. 1354), S. 233 (Inv. Nr. 7925)

Deutsches Museum München, Bibliothek: S. 95 (Architektonische Rundschau 1902.8), S. 108 (Architektonische Rundschau 1901, Tafel 12), S. 117 (Mitteilungen über Zement, Beton und Eisenbetonbau, Beilage zur Deutschen Bauzeitung Nr. 4, 1915, S. 29), S. 118 (Ries, Die Versorgung, 1912, S. 21)

Institut für Vergleichende Landesgeschichte, Universität München: S. 169 (erstellt nach *Amt für Statistik und Datenanalyse der Landeshauptstadt München* [Hrsg.], 1875–1975, 1975, S. 85; berechnet nach Gewerbekataster 1905, in: Jahresberichte des Industriellenverbandes für 1906)

Kunstmuseum Bern: S. 259

Münchener Rückversicherungs AG: S. 32

Münchner Stadtmuseum: Titel (Inv. Nr. 35/1349), S. 58/59 (Inv. Nr. Z 234), S. 94 (Photomuseum), S. 97 (Inv. Nr. A1/155), S. 131 (Inv. Nr. 57/484), S. 174 (Buchvorlage), S. 175 (Inv. Nr. 32/513), S. 186 (Die Geißel), S. 200 (Inv. Nr. 37/292), S. 236 (Zeitschrift des Kunstgewerbevereins in München 1886, Tafel 20), S. 245 (Inv. Nr. B 12/26), S. 247 (Inv. Nr. A 1/45), Buchrückseite (Photomontage, o. Nr.)

Privatbesitz: S. 284 (*Gulbransson,* Berühmte Zeitgenossen, 1905, S. 26)

Staatliche Graphische Sammlung München: S. 18 (Inv. Nr. 37953), S. 240 (Inv. Nr. 44421)

Stadtarchiv München: S. 76 (Berg am Laim 8), S. 103 (Lokalbaukommission 111), S. 104 (Städtischer Grundbesitz 325/3)

Städtische Galerie im Lenbachhaus, München: S. 235 (Inv. Nr. GMS 608)

Universitätsbibliothek München: S. 16, 20, 23, 28, 46, 51, 56, 57, 133, 134, 135, 143, 147, 149, 158, 162, 178, 214, 238, 270, 273, 277, 294, 298, 303, 310 (Simplicissimus); S. 37 (Jugend), S. 65 (*Megele,* Baugeschichtlicher Atlas, 1951), S. 88 (*Muckenthaler,* Wert-Tabellen, 1908, S. 90), S. 116 (*Kahn,* Münchens Großindustrie, ²1913, S. 183), S. 171, 187 (*Bayer. Arch.- und Ing. Verein* [Hrsg.], München und seine Bauten, 1912, Beilage), S. 255 (Jugend), S. 271 (Jugend), S. 292 (*Reventlow,* Herrn Dames Aufzeichnungen, 1913)

Verkehrsmuseum Nürnberg, Verkehrsarchiv: S. 78/79 (Nr. 36665)

Abbildung auf der Umschlagvorderseite: Charles Vetter, Äußere Ludwigsbrücke und Museumsinsel mit Ausstellungshalle, 1905

Abbildung auf der Umschlagrückseite: Undatierte Photomontage, wohl Studie zu dem ›Selbstbildnis mit Kappe‹. Rechts Franz von Lenbach vor seinem Bild des Prinzregenten Luitpold

Register

Aus Platzgründen haben wir auf rein formale »Vollständigkeit«, das Ideal jedes Registermachers, von vornherein verzichtet: Personennamen, die nur beiläufig im Text erwähnt sind, wurden nicht aufgenommen; Firmennamen sowie Begriffe erhielten die Priorität. Auch das Glossar ist im Register enthalten: Glossarbegriffe sowie ausführliche Nennungen wurden durch Fettdruck gekennzeichnet. Das Verweissystem von Oberauf Einzelbegriffe erschließt weitere Zugänge. Für Hilfe bei der Registerarbeit gilt besonderer Dank Markus Ingenlath, Manuela Siegl, Ursula Bölter, Florian Beck, Oliver Hochkeppel, Erich Kasberger, Angela Stüber und Stefan Sutor.

Abel, Johann 139
Abendroth, Hermann 288
Abwanderung aus München 24, 97, 226, 230
Adel, -sgesellschaft 21, 29f., 62, 92, 124, 153, 201, 210, 228, 232, 248, 262f., 270, 275, 281, 370–375
Adler, Victor 77
AEG 12, 14, 188
Aengeneydt, Gerhard 83, 85, 102
Agfa-Gevaert GmbH 167
Agglomerationsbau **377**
Ahlwardt, Hermann 306
Akademie der Bildenden Künste 90, 103, 226–229, 232f., 243, 245f., 294, 320, 371f., 374–376
– der Tonkunst 290, 372
Akademiker 38, 44, 120, 223
Akademisch-Dramatischer Verein 167f., 274, 277, 283, 371, **377**
Akkord, -arbeit 176, 180
Akkordanten 75, 77
Aktiengesellschaft(en) (AG) 26, 29–32, 109, 167, 172f., 305, 373, **377**, 382f., 385–388
Aktienziegelei München 84, 166, **377**
Alberstötter, Rudolf 384
Albert & Cie., Dr. Eugen (Münchener Kunst- und Verlagsanstalt) 167, **370**
Alignement 72, 87f., **377**
Alkoholismus 145, 150, 160, 195f., 198, 203, 205, 212, **377**
Allach 65, 379
Allgemeine Elektrizitätsgesellschaft 244
Allgemeine Gesellschaft für Dieselmotoren AG 26, 30
Allgemeine Rundschau 275, 373
Allgemeine Zeitung 94, 253, 283
Allgemeiner Gewerbeverein 172f., **377**
Allianz-Versicherungs-AG **30–32**, 34, 371, 374
Allotria 13, 18, 20, 254, 313, **377**
Alltag 146, 245, 262, 279, 281, 292–295, 300, 385
Almosen 135, 137–140
Alpenverein 297, 299f., 312, 371, **377**

Alpinismus 193f., 312
Alter Peter s. St. Peter
Altersheim 111, 202, 212; -versicherung 156f., 314; -versorgung 13, 132, 156f., 370
Altkatholiken 198f., 371, 378
Altstadt 12, 42, 61, 71, 98–106, 119–123, 168, 183, 201; -nähe 60, 121f.
Amerika s. USA
Amerikanische Architektur 94f.
Anatomie an der Pettenkoferstraße 115
Andreas Salomé, Lou 262
Angerviertel 60, 98, 100–102
Angestellte 95, 121f., 172, 176, 181, 196, 204, 222, 294, 380
Anreißer 176, **377**
Ansprenger, Alois 384
Anstaltsfürsorge 141
Antialkoholismus 295
Antiquariat 248–250
Antiquitäten, -handel 248f., 250, 252
Antisemitische Volkspartei München (AVP-M) 304–307; – Parteien 39, 304–310
Antisemitismus 22, 39, 122, 165f., 300, 304–310, 378
Apollotheater 287, 376, **377**
Der Arbeiter (Zeitung) 50, 125, 373
Arbeiter, -in, -schaft 10–13, 16f., 27f., 36–39, 43–50, 52–57, 62, 64, 66, 71f., 75–77, 92, 110, 120, 123f., 126, 128f., 133, 137, 141, 144f., 147, 149, 152, 161f., 165, 169, 172, 174, 176–182, 190, 198, 203, 211f., 218, 220, 222f., 269, 293, 295f., 305, 311f., 314f., 378, 380, 383, 385, 388; -bewegung 15–17, 25, 44–53, 55, 182, 276, 300; -bildung 220; -bildungsorganisation Vorwärts 125, 223; -bildungsverein 124, 220; -fortbildungskurse München, Studentische 222, 376; -schutz 127, 305, 380; -sekretariat, -sekretär 39, 52f., 126, **377**, 389; -siedlungen, -vorstädte, -viertel 28, 45f., 68f., 72, 93, 110, 121, 123, 137, 142f., 210; -verein München-West 371, 387; -wahlverein für das Zentrum 49f., 125, 373, **377f.**
s.a. Anreißer, Bauarbeiter, Einrichter, Facharbeiter, Gastarbeiter, Katholische Arbeitervereine, Volksbäderwesen
Arbeitsalltag 146–157, 175–180; -amt 27, 41, 50, 53, 111, 142, **378**; -haus 145; Arbeitslosenfürsorge 52, 132–134, 141; -versicherung 140, 380; Arbeitslosigkeit 27f., 132, 134f., 137, 139–141, 144, 162, 168, 182, 195f., 305, 313, 385
s.a. Genter System
Arbeitsmarkt 119, 195f.; -ordnung 75f., 175, **378**; -schule 108, 213f., 216; -unfähigkeit 132; -zeit 75f., 154, 177, 305, 378; -zeitverkürzung 50, 55f.
Architecten- u. Ingenieurverein 173, 299

Architekten 370–377, 381
Architektur 11, 14, 36, 81–129, 238, 240, 249, 281, 317, 375, 378, 386
Armee 146–149, 151, 302, 306; -museum 92, 115
s.a. Militär
Armenarzt 132, 136; -fürsorge 10, 13, 27, 39, 41, 64, 109, 111, 131–141, 156, 204; -pflege, -er 48, 111, 131–141, 143, 145, 378; -pflegschaftsrat 133–136, 138, 141, **378**; -rat 48, 136, 139–141, 378; -referat 132f., 136; -unterstützung 45, 135, 168; -verein 16, 212; -versorgungshaus 111f., **378**
s.a. Gasteig-, Kreuz-, Martinspital
Armut 27, 119, 121, 131–145, 195, 206, 210
Arnold, Karl 178
Art Nouveau 15, 96, 256
Arts-and-Crafts Movement 240, 248, 379
Arzt, Ärzte 120, 132, 136f., 148, 150, 158, 185, 191, 210, 369, 374, 381
s.a. Schulärzte
Ärztliche Versorgung 109, 132, 134, 136
Aster, Ludwig 381
Astronomisch-mathematisches Institut Traugott Ertel & Sohn 165
Asylverein für Obdachlose 145, **378**
Au 12, 17, 47, 62, 65, 102, 121f., 125, 181, 200, 300, 319, 379, 388f.
Aubing 65, 379
Auer, Adolf von 29
–, Erhard 47, 201, 385
Aufsichtsrat, -smitglieder 26, 29f., 32, 88, 374f.
Augsburg 11f., 26, 34, 54, 56, 60, 69, 90f., 164f., 172–176, 191, 200, 202, 209, 231, 289, 370, 376
Augspurg, Anita 388
Augustinerbräu 69, 166
Augustinerkirche 104f., 375; -stock 104–106
Auktion 248–250, 256, 382
Auskunftsstelle für industrielle Fragen 168
– für Wohlthätigkeit 140
Ausschuß zur Förderung der Industrie in München 42, 168
Außenministerium s. Ministerium
Aussperrung 50, 54, 56f.
Ausstellungen 22, 42, 72, 90, 172f., 188f., 227f., 234, 236f., 239–242, 245–251, 253f., 261, 289, 313, 370f., 376f., 378f.
s.a. Industrieausstellungen, Kunstausstellungen
Ausstellungspark auf der Theresienhöhe 42, 72f., 97, 107, 118, 169, 173, **378**
Auswanderung 147
Ausweisung 138, 142, 144f., 147
Automobil 312, 382
Auto-Omnibus 13, 66, 183, 185–187
Autotypie 167, 256, 318, 374
Avantgarde 226, 245, 253, 267–269, 275, 278, 374, 383, 386

415

Register

Babenstuber, Karl 381
Bach, Isidor (Kleiderfabrik) 164
Bachmayr, Emil 381
Bachofen, Johann Jakob 293
Bäcker 148, 175–177, 181, 190, 195f., 228, 381, 384
Bäder 42, 90, 93, 108–110, 122, 127, 148, 216f., 375
  s.a. Volksbadewesen
Bahnhöfe 62, 186
  s.a. Hauptbahnhof, Ostbahnhof
Ballin, Martin (Möbelherstellung) 242
Banken 22, 26–34, 71, 92, 102f., 104, 112, 119, 126, 128, 168, 175, 187, 251, 304, 311; Bank für Haus- und Grundbesitz 382; Bayerische Handelsbank 30; Bayerische Landwirtschaftsbank 33; Bayerische Notenbank 29; Dachauer Bank 27; Darlehenskasse 220; Deutsch-Asiatische Bank 28; Disconto Gesellschaft 26; Österreichische Creditanstalt 30; Pfälzische Bank 30; Pfälzische Hypothekenbank 33; Rothschild-Bank 26; Schaafhausen'scher Bankverein 26
  s.a. Bayerische Hypotheken- und Wechsel-, Bayerische Landeskulturrentenanstalt, Bayerische Vereins-, Bayerische Versicherungs-, Darmstädter – für Handel und Industrie, Deutsche –, Dresdner –, Königliche – Nürnberg, Merck, Finck & Co, Privat-, Sparkassen, Süddeutsche Bodencredit-, Volkshypotheken-
Barth, Konrad 381, 384
Bau, Bauen 29, 60, 73, 75, 77, 79, 81–129, 187, 195, 201, 231, 308; -arbeiter, -gewerbe 44, 52, 55–57, 66, 83, 89, 119, 139, 141, 166, 173, 175f., 196
Bauer, Otto 381
Bauern 27, 33f., 71, 74, 147, 149, 152, 161, 201, 209, 230, 232, 266, 304f., 371, 378, 381, 384
Baugenossenschaft 15, 43, 72, 79, 123–129, 379, 385; – des Bayerischen Eisenbahnerverbandes 379; – Familienheim 1896 125; – Ludwigsvorstadt 128; – München von 1871 124; – München West 129; – Rupertusheim 125, 387; – und Spargenossenschaft Arbeiterheim 124
  s.a. Freiland
Bauhaus 11, 24, 379
Baulinie 67, 72, 99, 102–105, 383
Baum, -sterben 70, 193
Baumeister, Reinhard 83
Baumgarten, Eugen von 186, 246
Bauordnung 99, 112, 114f., 123, 320; -polizei 115, 168f., 383
Baustoffe s. Holzindustrie, Teerpappenfabrik, Ziegelproduktion
Bauunternehmer, -nehmen 115, 166, 179
  s.a. Dyckerhoff & Widmann, Eisenbetongesellschaft, Heilmann & Littmann, Moll, Rank, Stöhr, Tiefbau- und Eisenbetongesellschaft, Walser, Wayss & Freytag, Wienerberger, Zementfabrik
Bayern 18f., 21, 24, 26–28, 30–33, 38, 45, 47f., 52, 54f., 60, 74f., 77, 82, 90f., 97, 99, 115, 124, 132, 142, 145–147, 150, 157, 160, 164, 173, 175, 183, 189, 196, 198, 202f., 208f., 211, 231, 249, 251, 256, 259, 266–268, 272f., 301–303, 307, 315–317, 370f., 374, 378, 380, 385, 387f.

Bayerische Akademie der Wissenschaften 189, 371
– (Antisemitische) Volkspartei (BAVP) 306
– Gartenbaugesellschaft 193
– Gemeindeordnung 36, 38, 43
– Hypotheken- und Wechselbank (Hypobank) 26–30, 32f., 92, 102, 104, 106, 124, 374
– Konservative s. Landesverband
– Landeskulturrentenanstalt 33, 123, 127f., **383**
– Reformpartei (BRP) 307, 309
– Stickstoffwerke AG 29, 371
– Vereinsbank 29f., 375
– Versicherungsbank 31f.
– Wehrordnung 147
Bayerischer Bauernbund 45, 48, 253, **378**
– Industriellenverband 168, 170, 172
– Kunstgewerbeverein 172f., 236–238, 241f., 248, 253, 376, **378**
– Kurier 307, 373
– Landesverein zur Förderung des Wohnungswesen 128, 296
– Landesverein für Heimatpflege 96, 388
– Städtetag 43
– Verein für Volkskunst und Volkskunde 96, 377, **388**
Bayerisches Genossenschaftskartell 128
– Gewerbemuseum 237f.
– Industrie- und Gewerbeblatt 172, 386
– Nationalmuseum 14, 20, 239, 249, **378**
– Vaterland (Zeitung) 275, 307, **378**
Bayernwerk 189
Bayreuth 209, 372
Bayreuth als Wagnerstadt 19, 24, 281, 285f., 317
Beamte, -ntum 13, 36f., 44, 95, 121–123, 142, 156, 161, 169f., 204, 208–210, 222, 275, 288, 308, 315, 380
Bebauungsdichte 64, 71, 83, 87, 89
Becher, Johannes R. 282
Beckh, Karl Walther 384
Bedall, Dr. Karl 381, 384
Bedürfnisanstalten 42, 375
Behrens, Peter 14, 243, 256
Bekenntnisschulen s. Konfessionsschulen
Beleuchtungsamt 184
Bell-Telephone-Company 185
Benediktiner 200, 202
Berdux AG s. Pianofabrik Berdux
Berg am Laim 10, 62, 65–67, 74–80, 379, 387
Bergbau 167, 305
Berlepsch-Valendas, Hans Eduard von 239, 296, **370**
Berlin 9, 12–18, 22, 24–28, 30f., 34, 40, 42, 46, 55f., 62, 66f., 69, 83, 90, 92f., 97, 109, 112, 114f., 146, 155, 158, 161f., 164, 183–186, 188f., 210, 220, 224, 226, 230, 234, 236, 240, 243–245, 247–254, 259f., 264, 267–275, 277, 279, 281f., 284–286, 289f., 301, 304, 306, 315, 317f., 370–376, 379, 382, 383, 386f., 388
Berlioz, Hector 285, 288, 375
Berndl, Richard 96
Bernhard, Lucian 245
Bernheimer, Lehmann und Otto (Gobelingeschäft) 254, 293, **378**
Bernheimer-Haus 93, 371, 378
Bernus, Alexander von 282
Bertillonsche Körpermessung 142

Berufsschule 41, 107, 213
Bettinger, Franziskus von 16, 172, 199, 201, 203f., 370, **379**
Bettler 137f., 142, 144f., **378**
Betz, Lorenz 384
Bevölkerungsentwicklung 12, 36, 60f., 64, 66, 91, 119, 194, 200, **378**
Bezirksamt 75–77, 86; -armenpfleger 139f., 378; -feuerhaus 110, **378**; -inspektion 70; -kommission 140
Bezzel, Hermann 209, 211, **370**
BGB s. Gesetzbuch
Bibliothek 125, 238, 311
Biel, Georg 384
Bier 9f., 21, 24, 34, 55, 57, 133, 150, 166, 174, 246, 261, 271, 280, 284f., 287, 295, 302f., 316f., 319, 379, 382, 386–388; -gärten 72, 90, 130; -keller 69; -palast 60, 90, **378**
Bierbaum, Otto Julius 267, 278f., **370**, 372, 382
Bildende Kunst, – Künstler 17, 94, 226, 228, 260–262, 264, 267, 270, 284, 288, 313
Bildungsbürgertum 198, 207, 209f., 283, 287f., 299
– wesen 108, 111, 197–224
Birk, Georg Johann 17, 38, 45–47, **370**, 381, 385
Bismarck, Otto von 18, 23, 26, 30, 256, 304
Bismarck-Kult 18, 280
Bismarcksche Sozialgesetzgebung 27, 53, 125, 132, 156, 314
Der Blaue Reiter 22, 228, 230, 232, 234f.
Der Blaue Reiter (Almanach) 234f., 250, 256
Bleichröder, Gerson 26, 30
Böckel, Otto 304–306
Böcklin, Arnold 22, 254, 258–260, 264f., 284, 370, 373
Bodenpreise 60, 68, 71, 72, 79, 119
– reform 295
– spekulation 10, 12, 19, 22, 30, 61f., 87f.
Bogenhausen 12, 62, 64f., 84–86, 89, 108, 119–122, 379
Bogenlampe 183f.
Boheme 22, 261, 265, 277–279, 282f., 292–294, 373
Böhler, Julius (Kunsthandlung) 248–250
Böhm, Georg 381, 384
Bordell 160
Borscht, Dr. Wilhelm von 18, 21, 36f., 43, 50, 72, 114f., 120, 126, 138f., 169, 243, 318, **370**, 379
Börse 26
Botanischer Garten 15, 193
Brakl (Kunsthandlung) 248–250
Brann, Paul 385
Brauer, Brauerei 13, 30f., 38, 52, 55, 69, 74, 96, 116, 164, 166, 170, 172–174, 178f., 194–196, 228, 319, 378f., 382, 386, 388; Aktien- zum Bayerischen Löwen vorm. A. Mathäser 379; – zum Franziskanerkeller 387; – zum Spaten 388; – zum Zenger 31; Hakker-Pschorr- 69; Leistbräu 387; Ludwig-Petuel- 379; Kapuzinerbräu 379; Kloster – St.Anna 55; Kochelbräu A.G. 379; Maderbräu 387; Münchner-Kindl-Bräu 91, 379; Salvator- 55; – Schmederer 166; Unions- Schülein 379; Schwabingerbräu A.G. 379; St. Michaels- 387

s. a. Augustinerbräu, Franziskaner-, Hacker-, Hofbräuhaus, Kreuzbräu, Löwenbräu, Pschorr-, Schneider & Sohn, Spaten-
Brauereienkonzentration **379**
Braun, Adolf 385
Braun & Schneider (Verlag) 380
Bräutigam, Johann 137, 381
Brecht, Bertolt 283
Bremen 90, 273, 388
Brentano, Lujo 9, 126, 221, **370**
Brettl 275, 278, 281 f.
s. a. Überbrettl
Brettreich, Friedrich von 57, 128, 296
Brochier, Franz 236 f.
Brougier, Adolph 169, **370**
Bruckner, Anton 288, 290, 375
Bruderschaften 198, 203, 313
Brunner, Philipp von 379, 384
Brüssel 98, 227
Buchantiquar, -iat 16; -handel 175, 248, 273 f., 305
Buchner, August 381
–, Hans 120, **370**
Buchner (Schwefelsäurefabrik) 70
Buchrucker, Karl 208–210, 212, 382
Budapest 90, 92, 276
Buddeus, Wilhelm 193 f.
Bund der Landwirte (BdL) 307, 309 f.
Bünde: Bund der deutschen Bodenreformer 296; – der Industriellen 172; – Heimatschutz 388; Deutsch-Evangelischer Frauen- 211; Deutscher Schützen- 312; Deutschvölkischer Schutz- und Trutz- – 310; Kepler- 210; Willmann- 205
s. a. Bayerischer Bauern-, – der Landwirte, Evangelischer –, Goethe-; Gesellschaften, Verbände, Vereine
Bundesschießen 1906 147, 312
Bürgerbräu-Keller 184, 210, 274
Bürgerheim 111 f.
– meister **379**
– recht, -gebühren 39, 47, 50, **379**
– sängerzunft 288, **379**
Bürgertum, bürgerlich 18, 20 f., 38 f., 45, 48, 61 f., 64, 68, 82, 92, 109, 113, 124, 126, 137, 140 f., 143–145, 153, 162, 181, 188, 198, 200 f., 203, 207 f., 210–212, 214, 220 f., 228, 231, 236 f., 248, 251, 254, 256, 259, 261, 264, 266, 276, 278, 283, 293–295, 300–303, 311, 315, 319 f., 371 f., 375, 382, 387
s. a. Großbürgertum, Wirtschaftsbürgertum
Bürokratie 12, 89, 267 f., 271, 273
Burschenschaft 308
Büssing (Firma) 186
Buz (Firma) 370

Cabaret s. Kabarett
Café Dichtelei 277, 373
– Leopold 292
– Luitpold 373
– Metropol 287, 373
– Stefanie 292
Caritas 137, 203 f.
Carossa, Hans 261, 277
Cassirer (Galerie) 250, 252
Central-Werkstätte der bayerischen Staatsbahn 70

Chat Noir 246, 278
Chemische Industrie 29, 164, 166
s. a. Bayerische Stickstoffwerke, Buchner, Huber
Chirico, Giorgio de 22, 229
Cholera 29, 41, 107, 109, 148, 251, 320
Chorgesang 125, 288
Christ, Lena 152
Christliche Arbeiterbewegung s. Katholische
– Genossenschaftsbewegung 129
– Gewerkschaftsbewegung 44, 50–53, 120, 127, 203, 370, 373, 375, 388
Christlich-soziale Partei 39, 304, 307–309
Christlichsoziale Partei (Wien) 307, 309
Christlich-Soziale-Vereinigung 308
City, -bildung 12, 60 f., 71, 98–106, 119
Comité gegen die Lex Heinze 274
Conrad, Michael Georg 260, 267 f., **370**, 377, 380
Consum-Verein von 1864 181 f.
Conwentz, Hugo 297, 299 f.
Corinth, Lovis 22, 24, 226, 256
Cornelius, Peter von 232, 290
Cottagebauweise s. Villen
Crailsheim, Krafft Graf von 30, 86, 209, 272
Cramer-Klett, Theodor von 21, 26, 30–32, 238, 296, **370**, 382 (Firma)
Cuvilliéstheater 286

Dachau 230, 233, 320
Daglfing 65–67, 379
Daktyloskopie 142
Dall'Armi, Heinrich von 112, 156, 170, 381
Damenkomitee 211 f.
Dampf(tram)bahn 61; -maschine 166, 175, 179, 184
Darmstadt 97, 245, 247, 386
Darmstädter Bank für Handel und Industrie 26, 30, 32, 371
Debschitz, Wilhelm von 241, 243, 292, 379; -schule 241–243, **379**
Deckel Präzisionsmechanik 116
Defregger, Franz von 227, **370**
Deiglmayr, Friedrich 384
Deininger, Karl 140
Dekadenz 260–263, 265
Delvard, Marya (Marie Biller) 246, 278, 281, 283, **371**
Demokratischer Verein 39, 47, 307, **379**
Denkmal; -pflege 100, 105, 107, 376
s. a. Friedensengel, Siegestor
Deutsche Bank 26, 29
– Edison-Gesellschaft 184, 188
– Gartenstadtgesellschaft 128, 375
– Renaissance 90 f., 94, 108, 112, 236 f., 253, 376
– Verlagsanstalt 373
– Volkspartei 375, 379
– Werkstätten für Handwerkskunst 167, 242, **379**
Deutscher Alpenverein s. Alpenverein
– Werkbund 116, 242
Deutsches Museum 13 f., 17, 20, 25, 115, 167, 188–190, 241, 302
– Patentamt 170
– Reich 14, 17 f., 22, 26–30, 32, 44 f., 47 f., 52, 54, 109, 129, 136, 141, 144, 146, 156, 160,
164 f., 168, 184, 190 f., 194 f., 203, 222, 231, 241, 252, 270, 277, 301 f., 304, 306, 317, 320, 374, 386, 388
– Theater 93, 319, 376, **379**
– Volksblatt – bayer. antisemitische Zeitschrift für Stadt und Land 306, 308 f., 377
Deutschnationale Kunstgewerbeausstellung 236, 238, 370
Deutsch-Soziale-Partei 304 f.
Deutsch-Soziale-Reformpartei 306 f.
Deutsch-Sozialer-Verein (DSV) 304
DEWE s. Deutsche Werkstätten
Diebstahl 144 f., 149
Diefenbach, Karl Wilhelm 295, **370**
Dienstboten 13, 53, 62, 119, 131, 152–157, 161, 196, 212, 292, 320, 378, 380; -medaillen, -stiftung 152, 156 f.
Dienstleistungsgewerbe 175
Diesel, Rudolf 88, 212
s. a. Allgemeine Gesellschaft für Dieselmotoren AG
Diez, Julius 97, 227, 256, 371
Dilettantenorchester 288, 290, 386
Dill, Ludwig 254, **371**
Dillmann, Alexander 290, 317
Döllinger, Johannes Joseph Ignaz 199, **371**
Domfreiheit 104 f.
Dorn, Joseph (Münchener Mechanische Faßfabrik) 166
Doornkaat AG 245
Drasche, Heinrich 74
Dresden 95, 97, 101, 112, 164, 240, 242, 270, 276, 284 f., 289 f., 320, 370–372, 375 f., 379
Dresdner Bank 26, 246
– Kunstgewerbeschule 374
Drexler, Johann (Faßfabrik) 166, **379**
Drey, A. S. (Antiquitätengeschäft) 248–252, **379**
Druckereien s. Löhle, Mühlthalers Buch- u. Kunstdruckerei GmbH, Oldenbourg
Druckindustrie, -technik 15, 52, 165, 173, 175, 178, 244, 250, 256, 318, 370, 380
Dülfer, Martin 91–97, 239, 317, **371**, 376, 386
Dümler, Philip (Möbelfabrik und Tapezieretablissement) 165
Düngemittel 29 f.
Dürck, Karl 381
Durieux, Tilla 265
D. W. AG s. Deutsche Werkstätten
Dyck, Walther von 189
Dyckerhoff & Widmann (Baufirma) 115

Ebermayer, Ernst 193
Ebersberger, M. 175
Eckart, Johann (Fruchtsäfte und Conservenfabrik) 166
Eichthal, Carl von 29, 64
Eingemeindung-, -spolitik 12, 60–74, 77, 79, 144, 186, 198, 201, 216, **379**, 387
Einjährig-Freiwillige 147 f., 151
Einkommen 27, 121
Einkaufsstraßen 103–105
Einrichter 177, 179, **379**
Eisenbahn 13, 26 f., 29 f., 47, 61 f., 64 f., 69, 71, 73, 75, 79 f., 83, 85, 127, 142, 165 f., 172, 176, 178, 188, 191, 195 f., 210, 222, 295 f., 300, 320, 373, 380; -fahrpreise 380; -verwaltung 127

Eisenbahnerbaugenossenschaft 127
Eisenbeton s. Stahlbeton
Eisenbetongesellschaft 115
Eisenkonstruktion 93, 114, 382
Elberfelder Modell 132, 212
Elektrifizierung, Elektrizität 13f., 26, 29–31, 40f., 61, 63, 66, 120f., 168, 170, 175, 183–189, 194, 244, 256, 295, 372
s.a. Allgemeine Elektrizitätsgesellschaft
Elektrisches Licht 183f., 187, 194
Elektrizitätsausstellung 183f., 188
– erzeugung s. Allgemeine Elektrizitätsgesellschaft, Bayernwerk, Elektrizitätswerk, Isarwerke, Walchensee-Kraftwerk
– werk 70, 96, 111, 184
Elektrochemische Werke München 167
Elektroindustrie 29, 167
s.a. AEG, Deutsche Edison-Gesellschaft, Elektrochemische Werke München, Gesellschaft für Lindes Eismaschinen, Linde's Eisfabrik in München, Schuckert & Co., Siemens & Halske, Siemens-Schuckert, Therma GmbH
Elf Scharfrichter 25, 246, 265, 267, 270, 272, 274f., 277–283, 292, 371–373, 386
Emmerich, Rudolf 191f.
Endell, August 94, 97, 243, **371**
Energiewirtschaft 21, 194
Engl, Josef Benedikt 133–135, 149, 158, 298
England, Engländer 96, 128, 133, 173, 188, 192, 202, 221, 237, 256, 280, 286f., 297, 319, 380
Englischer Garten 14, 62, 82, 85, 115, 149, 169, 300
Ensembleschutz 105, 112
Enteignung 82, 88, 99, 106, 123, 299
Erhardt, Dr. Alois von 70, 124, 379
Erlangen 82, 209
Erler, Fritz 255 f.
Ernährung 148, 155
Ernst, Maximin 379, 384
Erwerbshausgenossenschaft **379**
Erzbischöfe **379**
Erzgießerei, königliche 165, 170, 374
Erziehungsbeiträge 135, 137
Erziehungswesen s. Schulwesen
Evangelische Erziehungs- und Rettungsanstalt 212
– Kirche, Protestantismus 16, 206–212, 217, 253, 256, 266, 273, 275, 279, 370, 372, 386
Evangelischer Bund 210f.
Evangelisches Arbeiterinnenheim 212
– Vereinswesen 206, 211 f.
Export 16, 29, 252, 318, 375, 387
Expressionismus 230, 234, 250, 256
Exter, August 91, 95, 374, 380

Fabrik, Fabrikanten 38, 44, 62f., 69f., 73–76, 80, 96, 114–117, 124, 161, 164, 166–170, 175–180, 299f., 305, 314, 374f., 377, 381, 382–387; -bau 15, 96, 114–118, 172f., 386f.; -beamte 176, 180, **380**; -inspektion 75f., 376, 380; -schloß 114
s.a. Gewerbeaufsicht
Facharbeiter 179, 220
Fahrpreise 60f., 185, **380**
Fahrräder 177, 179, 312
Falckenberg, Otto 267, 272, 277, 280, 282, 292, **371**, 377

Familie 120–123, 129, 132, 137f., 141, 155, 160, 162, 174, 182, 198, 215, 259f., 295f., 319, 383
Fasching 261, 278, 282, 287, 319
Faschismus 11
Fassade(n) 37, 82, 84, 89, 91–96, 112f., 116f., 124, 190, 207, 371
Faßfabrikation 179
s.a. Deckel, Dorn, Drexler, Schäffler
Faulhaber, Michael von 199, 379
Fäustle, Johann Nepomuk von 30
Feierabend, Oskar 139, 217, 384
Feiertag (kirchl.) 172, 201
Feiertagsschule s. Sonntagsschule
Feilitzsch, Max von 125, 209, 272, 299
Feinmechanische Industrie 166, 173, 177
s.a. Berdux AG, Deckel, Feinmechanisch-optische Werkstätten, Mannhardt'sche Turmuhrenfabrik
Feldbrandöfen 74
Feldmoching 65, 378
Festspiele 285–287, 301–303, 317, 386
Feuchtwanger, Lion 283
Feuerbach, Anselm 262, 264
Feuerschutz, -sicherheit 74, 92, 114f., 123, 184
Feuerung 191–194
– wehr 93, 378
Feurstein, Michael 384
Fikenscher, Konrad 207
Finanzministerium, -minister s. Ministerium
Finck, Wilhelm von 15, 21, **30–32**, 63, 79f., **371**, 372
Fin de siècle 25, 232
Fischer, Josef 381
–, Karl von 90
–, Max 384
–, Theodor 12, 14, 79, 83–85, 87–89, 92, 94, 96f., 102–106, 109, 113, 207, 239, 317, **371**, 374, 376
Flaschenbier 75, 386
Fledermaus (Kabarett) 283, 372
Fleischmann, E.A. (Kunsthandlung) 248, 250
Fliegende Blätter (Zeitschrift) 318, 380
Florenz 107, 263, 372
Forstenried 65, 67, 296, 379
Forster, Anton 381
Förster, Ludwig 90
Fortbildung 211; -schule 108, 213–220
s.a. Münchner Fortbildungskurse für Arbeiter
Fortschritt 299; Fortschrittskritik 198, 295, 297; -mythos 299; -optimismus 14, 25, 31, 106, 167, 256, 295, 297; -partei 220
Franken 9, 46, 54, 208 f.
Frankenstein, Kuno 162
Frankfurt a.M. 69, 83, 187f., 209, 251, 275, 284, 289, 376, 382
Frankreich 90, 96, 106, 173, 188, 236, 243, 245–247, 250f., 254, 256, 260f., 264, 282, 285, 301 f.
Franziskaner 200, 202
Franziskanerbrauerei s. Sedlmayr, Josef
Franzose, französisch 278–281, 284, 286 f.
Franzosenviertel 64, 91
Frauen 75, 121f., 126, 133f., 139, 145, 152–162, 176, 180, 182, 196, 202–205, 211, 219, 221, 223, 236, 260, 264, 266, 281, 292–294, 314, 319, 388; -arbeit 121;

152–157, 161, 176, 305, 377; -arbeitsschule 218, 220; -bewegung, -vereine 13, 162
Frauenhofer, Joseph von 177
Frauenholz, Hermann 384
Frauenkirche 99, 104f., 183
Frauen vom Guten Hirten 202, 386
Freidenker 198f., 214
Freie Bühne 269, 377
Freie Gewerkschaften 44, 49–53, 198, 222f., 377
Freie Vereinigung 139f.
Freie Volksbühne 269, 375
Freikörperkultur 295, 371
Freiland, Baugenossenschaft für Kleinhäuser 128, 296, 380
Freilichtmalerei 233
Freimann 62, 65–67, 79f., 379
Frei-München (liberaler Verein) 38, 376
Freireligiöse Gemeinde 210
Freizeit 63, 67, 150f., 154f., 157, 315
Fremdenverkehr 12, 19, 74, 169, 173f., 194, 230, 251, 262, 286, 316–320, 373, 382, 386
Fremdenverkehrsverein s. Verein zur Förderung des Fremdenverkehrs
Freudenberg, Ika 126, 388
Freyberg, Heinrich von 275, 384
Frieden, Friedenszeit 25, 149, 371, 375
Friedensengel 14, 84 f.
Friedhöfe 42, 67, 109f., 112, 135, 201, 371, **380**
Friedrich, Bruno 384
–, Ignaz 381, 384
–, Johannes 199, 371
Fronleichnamsprozession 200
Fuchs, Georg 265
Führer und Ratgeber zur dauernden Ansiedelung 316f., 319
Fürsorge 131–141, 145

Gaenssler, Albert 29 f.
Gaggenau (Automobilfabrik) 186
Galleria Vittorio Emanuele 104 f.
Ganghofer, Ludwig 254, 260, 287, 382
Garantielinien 61 f.
Gartenstadt, -Idee 15, 63, 95, 122, 128, 295–297, **380**
– Hellerau bei Dresden 95, 128, 379
– Perlach 128
Gärtner, Gärtnerei 69, 77, 79f., 381
Gärtner, Friedrich von 90, 374
Gärtnerplatztheater 287
Gas 40, 74, 83, 96, 111, 117f., 120, 168, 175f., 183f., 192f., 295, 380; -beleuchtungsgesellschaft 184, **380**
Gastarbeiter 10, 27, 75–77, 378
Gasteig-Spital 111, 136, 378
Gaststätten: Der Bunte Vogel 246; Butlerkeller 69; Zu den drei Rosen 288; Deutsches Haus 91; Zum Goldenen Hirschen 277; Zum Kapplerbräu 99; Postfranzl 69; Zur Unterfahrt 55
s.a. Bürgerbräu-Keller, Münchner Kindl
Gautsch, Joseph (Königlich bayerische Hof-Wachswarenfabrik und Wachsbleiche) 167
Gedon, Lorenz 91, 253
Geheimkanzlei des Prinzregenten 21
Geis, Jakob (Papa Geis) 287, **371**
Geisler, Gustav 305 f., 310

Geist, Eugen 104 f.
Geistliche 86, 135, 198–200, 207, 273, 275, 371 f., 383
Gemeindebevollmächtigte, -nkollegium 17, 36, 38, 47 f., 65, 72, 88, 101, 105, 107, 111 f., 113, 120, 133, 137, 139–141, 168, 170, 184, 309, 370, 375, 378, **380**, 384; -kollegien 65, 68 f., 108, 126, 170, 173, 185, 215–217, 238, 308 f.; -haushalt 48, 139 f., 384, 388; -ordnung s. Bayerische; -wahlen s. Kommunalwahlen
Gendarmerie- und Polizeischule **380**
Genossenschaft, genossenschaftlich 124 f., 128, 181 f., 296 f., 375
  s.a. Bau-, Konsum-
Genter System 140, **380**
Geometrische Stadtplanung 79, 82 f., 91, 377
  s.a. Alignement
George, Stefan 25, 258, 260, 284, 292 f.
George-Kreis 258, 261, 265, 293
Georgi-Ritterorden 235
Gericht 137, 142, 144, 149 f., 152, 159, 162, 268, 270 f., 273, 275, 308
Gern 62, 64 f., 210
Geschlossene Bebauung 70, 79, 87, 386
Gesangsvereine 308, 313
  s.a. Lehrer-Gesangverein
Gesellen 156, 179, 211 f.
Geselligkeitsvereine 13, 311, 315
  s.a. Vereine
Die Gesellschaft (Zeitschrift) 260, 267, 269, 370, 380
Gesellschaften: Benediktinus-Missions- 202; Calderon- zur Pflege des Christlichen Theaters 205; Deutsche – für christliche Kunst 205; – zur geistigen Förderung der Frau 388; Görres- zur Pflege der Wissenschaft im katholischen Deutschland 205; Literarische – 273; Münchner Friedens- 375; – für Lindes Eismaschinen 373; – der Literaturfreunde 269, 377; – für modernes Leben 167 f., 272, 372, 374, **380**; – Museum 311; – für Verbreitung von Volksbildung 220, 375
  s.a. Deutsche Gartenstadt-, Königlich privilegierte Hauptschützen-; Bünde, Verbände, Vereine
Gesetzbuch: Bürgerliches – 75, 155, 380; Polizeistraf- 380; Reichsstraf- 159, 274; Straf- 267 f.
Gesetze: Armen- von 1869 132; – über die öffentliche Armen- und Krankenpflege 157; Arbeitsscheuen- 142; Bayerisches Vereins- (1850) 314; Emanzipations- (1869) 304–306; Genossenschafts- 124, 128; Heimat- 132, 137, 143; Lokalbahn- 80; Reichspresse- 268; Reichsvereins- 203; Wehr- (1868) 147; Gesindeordnung **380**
Gesundheitsrat 70, 72; -verhältnisse 149 f.
Gewerbe, -treibende 28, 39, 60, 62 f., 65, 70, 72, 75, 120 f., 142, 152, 158, 160 f., 165, 167, 170, 173–176, 189, 214, 218, 220, 239, 242, 296, 299, 304, 311, 378, 382; -aufsicht 167 f., **380**; -gericht 27, 41, 48–50, 52, 56 f., 66, 377, **380**; -halle 173, 239, 377; -ordnung 267, 380; -schule 107, 218, 243
  s.a. Graphisches –, Kunst-
Gewerkschaft, -liche Vertretung 44, 47, 50–53, 55 f., 76, 125, 141, 182, 296, 305, 315, 378, 380; -kartell 52; -verein 222, 314
  s.a. Freie Gewerkschaften
Giesing 12, 46 f., 62 f., 65, 120–122, 170, 185, 198, 200, 319, 379
Gilbert, William 287
Gildewesen 237
Gilg, Alois 125, 201, **371**
Gitzentanner, Johann Jakob 384
Glaspalast 18, 94, 183, 227 f., 238 f., 241, 248, 250 f., 370, 373, **382**, 388
Glöckle, Wilhelm 381, 384
Gluth, Victor 290
Glyptothek 228, 231, 259
Goethebund zum Schutz freier Kunst und Wissenschaft 256, 267, 274, 277, **382**
Goldstein, Anton 384
Goltz, Hans (Kunsthandlung) 234, 248, 250, 252
Gotteslästerung 268, 272
Grad, Max (Maria Beruthsen) 264
Graf, Oskar Maria 373
Graggenauerviertel 169
Grandauer, Franz 269
Graphische Kunstanstalten s. Albert & Cie., Hanfstaengl, Meisenbach & Cie., Mühltalers Buch- und Kunstdruckerei, Münchens Kunst- u. Verlagsanstalt
Graphisches Gewerbe 165, 173, 244
Graphik 245, 318, 372, 374
Grässel, Hans 74, 96, 109, 111 f., 300, **371**, 376, 380, 388
–, Johann 381
Grathwohl, W.F. (Zigarettenfabrik) 166
Greinwald, Augustin 381
Grenzner, Karl 381
Grillenberger, Karl 45
Gropius, Martin 372, 376
Großbetrieb 164, 166, 168, 173, 175–180
Großbürgertum 14 f., 18 f., 22, 44, 92, 201, 210, 249, 311
Großhadern 65, 67, 379
Großmarkthalle 13 f., 117, 183–187, 375
Großstadt 10, 13, 16, 22, 34, 39, 48, 60–73, 77, 82 f., 85, 92 f., 95, 98, 102, 106–108, 112, 119, 123, 132, 142, 151, 157 f., 160 f., 169, 173, 177, 183–185, 191, 195 f., 200 f., 204, 210, 212, 257, 264, 267, 275, 287–289, 297, 304, 313, 315, 319 f., 378, 382; -bewußtsein 11–14, 22, 141, 230, 275; -kritik 13, 191–195, 230, 260, 295–300
Gruber, Martin 291
Gruber, Max von 15, 126, 267, 295 f., **371**
Gründerjahre, -krise, -zeit 28, 33, 144, 195
Grüne Ideen 11, 15
  s.a. Bayerischer Verein für Volkskunst und Volkskunde, Bodenreform, Freikörperkultur, Gartenstadt, Heimatschutz, Hygiene, Impfgegner, Industriekritik, Isartalverein, Lebensreform, Luftverschmutzung, Rauchplage, Stadtflucht, Vivisektionsgegnertum
Grünflächen 63, 67, 84, 88–90, 98, 173
Grünwald 61, 65, 67 f., 91, 295 f.
Guardini, Romano 199
Guilbert, Yvette 246, 278, 281, 287
Gulbransson, Olaf 25, 56, 246, 284, 303, **372**, 385
Gummiindustrie 70, 164, 168, 373

s.a. Metzeler
Gumppenberg, Hanns von 267, 272, 278, 281, **372**, 377, 380
Güterverkehr 62, 186, 387
Gutmann, Karl 216, 381
Gymnasium 199, 213 f., 219, 383
  s.a. Schulen
Gysis, Nikolaus 246, **372**

Haas, Joseph 290, **372**
Habermann, Hugo von 254
Habsburger Reich 34, 77, 90, 166, 173, 307, 318, 379
  s.a. Österreich
Hackerbrauerei 166, 246, **382**
Haenle, Friedrich 170
–, Leo (Metallpapier- und Bronzewarenfabrik) 165
Hafner, -gewerbe 50 f.
Haidhausen 10, 46, 62 f., 65, 75, 93, 102, 120–122, 206 f., 379
Haiger, Ernst 94
Halbe, Max 25, 254, 256, 259, 267–269, 276, 293 f., **372**, 373, 379, 380
Hamburg 109, 122, 159–161, 164, 186, 251, 273, 276
Handel, Händler, Handelsverträge 28 f., 38, 61, 77, 106 f., 119, 161, 164, 168, 170, 172 f., 175 f., 181 f., 187, 250, 274, 296, 304, 308, 311, 317, 385; -hochschule 219; -schule 107, 213, 218 f.; -- und Gewerbekammer für Oberbayern 164, 168, 170, 172, 184, 375
Handwerk, -er 38 f., 54 f., 57, 69 f., 88, 121 f., 137, 145, 152, 161, 166 f., 175–180, 195 f., 198, 208, 210–212, 220, 237, 242, 304 f., 308, 311, 314, 377, 382, 387; -vereine 16, 212, 382
Hanfstaengl, Franz (Kunst- und Verlagsanstalt) 15, 167, 231, 244, **382**
Harlaching 62, 65
Harleß, Adolf von 208, **372**
Harrach, Ferdinand (Firma) 236
–, Georg 381, 384
Harritschwagen 42, **382**
Hauber, Ludwig 384
Hauberrisser, Georg 36, 72, 83, 85, 93, 102, 104, 111, **372**, 374
Hauptbahnhof 62 f., 64, 69, 85, 93, 170, 184, 193, 227, 316
Hauptmann, Gerhart 25, 269, 377, 380
Hauptschützengesellschaft, Königlich privilegierte 312, 382
Haus für Handel und Gewerbe AG 96, 172
Haushofer, Max 297, **372**
Hausindustrie 121 f., 175–178
Hausmüllverwertung München GmbH **382**
Haus- und Grundbesitzerverein München 38–40, 43, 123, 125, 127, **382**
Haydn, Josef 288, 313
Heckel, Josef von (Königlich bayerische Hofblumenfabrik) 165
Hecker, Waldemar 280, 282, 386
Heeresvorlage 306
Hefner-Alteneck, Eduard von 251
Heiden, Theodor 237, 239, 376
Heigl, Dr. Josef 381
Heiler, Anton Gabriel 384

Heilgemayr, Max 384
Heiliggeistkirche 101, 376
Heilig Geist-Spital 111, 136, 157
Heilmann, Jakob 19, 21, 31, 63, 66, 68, 72 f., 82 f., 91–93, **372**
Heilmann & Littmann 19, 41, 61, 64, 66, 93, 95 f., 115, 372
Heilmann'sche Immobiliengesellschaft 61, 88 f., 91
Heim, Georg 19, 46, 125
Heimarbeit s. Hausindustrie
Heimatkunst 260 f., 283
– recht 47, 50, 132, 134, 137 f., 143, 379
– schutz 116, 295–300, 376, 388
– stil 93, 96, 114–118, 374, 386
Heindl, Ernst 100, 384
Heine, Heinrich 260 f., 280
Heine, Thomas Theodor 25, 162, 238, 246, 270, 273, 277, 281, 387
Heinemann, Theodor 248–250
Heirat 152, 155, 162
Heiter, Anton 384
Helbing, Henry 94
Helbing, Hugo (Kunsthandlung, -antiquariat, Auktionshaus) 248–250, **382**
Held, Hans Ludwig 221
Heldenberg, Konstanz 384
Heller, Josef 381
Hemmeter, Georg 384
Henrich, Dr. Rudolf 381
Henrici, Karl 83, 85, 100, **372**
Henry, Marc (d'Ailly-Vaucheret, Achille Georges) 272, 278, 281, 283, 370, **372**
Henschke, Alfred (Klabund) 282
Herbergen 92, 126, 319
Herberge zur Heimat 137, 142, 145, 211 f., **382**, 382
Herbert, Edmund 96
Hergl, Anton 381, 384
Hermann, Josef 381
Hertling, Georg von 46, 199, 275
Herzogpark 86, 91
Hessen 157, 304
Heydte, von der 276
Heymel, Walther Alfred 96, 279, **372**, 382
Heyse, Paul 18 f., 254, 261 f., 273, 288, 380
Hildebrand, Adolf von 19 f., 107, **372**
Hirschberg & Cie., Reinhold (Ziegelfabrik) 377
Hirth, Georg 15, 21, 185, 228, 237, 245, 250 f., 253–256, 267, 269, 373, 382 f., 385
–, Rudolf 230
Historisierende Vereine 311
s. a. Vereine
Historismus 11, 92, 96, 106, 116, 231, 237 f., 240, 242, 248, 253, 256, 260, 279, 290, 375
Hitler, Adolf 9, 24, 25
Hl. Geist 200 f.
Hochbauamt 107
Hocheder, Carl 93, 108–113, 239, **372**, 376, 378
Hochland (Zeitschrift) 199, 260, 374
Hochquell-Wasserleitung 42, 320, **382**
Hochschule s. Universität
Hoelzel, Adolf 371
Hof, -gesellschaft, -kunst 13, 15, 17–22, 30, 49, 73, 82 f., 86, 88 f., 107, 146, 185, 187, 199–201, 207, 210, 226, 232, 236 f., 241, 249, 260, 262, 267 f., 272, 275, 316; -bühnen 103 f., 184, 258, 267–269, 276, 284–288, 290, 373 f.; -garten 100, 158, 227; -orchester 287, 289 f., 375, 383
– bräuhaus, Königliches 93, 98, 166, 318, 378, **382**
Hofmannsthal, Hugo von 258, 260, 372, 383
Hofstetter, Johann 381
Hohlwein, Ludwig 15, 245, 247, 318, **372**
Holnstein, Max Graf von 30
Holste, T. & Cie. (Lederhandschuhfabrik) 166, 175
Holz, Arno 269, 380
Holzarbeiter, -gewerbe 44, 52, 55, 181
Holzer, Karl 135 f.
Holzindustrie 175, 178
Holzwaren und Möbelfabrik München Riesenfeld GmbH 167
Hommel, Fritz 211
Hörburger, Dr. Gebhard 384
Horneffer, August 210
–, Dr. Ernst 210
Hotels: Deutscher Hof 382; Deutscher Kaiser 184; Peterhof 382
s. a. Oberpollinger
Huber, Anton 381
–, Lorenz 49–51, 53, 125, **372**, 375, 377, 388 f.
–, Michael (Farbenfabrik) 165
Hübler, Anton 384
Huch, Ricarda 258, 262
Humar, Josef 123, 382
Hunkele-Vallé, Josef 275, 283
Hüsgen, Wilhelm 280, 386
Hutmacher, Heinrich 384
Hüttenwesen 167
Hygiene 12, 14 f., 36, 41–43, 77, 98 f., 109, 111, 120, 122 f., 129, 136, 148, 186, 246, 295 f., 370 f., 374, 380
Hypobank s. Bayerische
Hypotheken, -banken 27 f., **32–34**, 88, 103, 127 f.

Ibsen, Henrik 25, 260, 269, 276, 377
Imhof, Richard 384
Immobilien, -anleger, -besitz(er) 28, 34, 65, 77, 119
s. a. Terraingesellschaften
Impfgegner 295
Impressionismus 229, 233, 250
Industrialisierung 16, 26, 31, 34, 36, 43, 60, 85, 111, 121, 145, 166 f., 175 f., 178, 187, 191, 194, 198, 208, 228, 237, 244, 251, 295, 297, 314, 387
Industrie, Industrielle 12–14, 19, 22, 26, 28–31, 34, 42 f., 44, 52, 54 f., 57, 60, 62 f., 67, 74 f., 77, 80, 106, 114 f., 120, 124, 128, 163–180, 188 f., 191–193, 203, 237, 242, 244, 246, 251, 275, 289, 295–300, 304 f., 308, 316–318, 320, 370, 377, 379, 382, 385
s. a. Baustoffe, Chemische –, Druck-, Elektro-, Feinmechanische –, Graphische Kunstanstalten, Gummi-, Hüttenwesen, Investitionsgüter-, Konsumgüter-, Kunsthandwerk, Lederverarbeitung, Maschinenbau, Metallverarbeitende –, Möbelfabrikation, Nahrungs- und Genußmittel, Optische –, Papierherstellung, Photo-, Spielwaren-, Textil-, Veredelung-, Verlage, Zigarettenproduktion
Industrieanlagen, -betriebe 69–72, 73, 117, 165, 387; -ausschuß 168; -ausstellungen 20, 42, 170, 173, 377, 382; -gebiet, -revier, -viertel 13, 31, 61–63, 66–69, 85, 115, 168–172, 192; -halle 173; -handwerker 180; -kritik 194, 201, 300; -schule 167, **382**; Industriellenverband siehe Bayerischer
Infrastruktur 82, 107
s. a. Eisenbahn, Energiewirtschaft, Hygiene, Kanalisation, Straßenbau, Verkehr
Ingenieur 114, 170, 176, 188 f., 299
Innenministerium, -minister s. Ministerium
Innenstadt 92, 98, 100, 104, 106, 121, 137, 170, 173, 175
Innere Mission München e. V. 16, 134, 137, 142, 203, 207, 210–212, **382**, 383
Innovationen 13 f., 29–31, 74, 166 f., 177, 183–191, 382, 386 f.
Insel (Zeitschrift) 279, 369, 372, **382 f.**
Interessenvertretung 50 f., 55, 307, 310 f., 314 f., 382
s. a. Vereine
Internationalität 227, 238 f., 246, 254, 256, 382, 387 f.
Intimes Theater 270, 275, 279, 375
Invaliditätsversicherung 156 f., 314
Investitionsgüterindustrie 175 f.
Irber, Mary 275, 283
Isarbrücken 89, 110, 115 f., 120, 189
– regulierung 31, 41, 297 f.
– talverein (Verein zur Erhaltung der landschaftlichen Schönheiten in der Umgebung Münchens, besonders des Isartals) 31, 41, 297–300, 375
– vorstadt 60
– werke 26, 31, 41, 63, 66, 297 f., 371 f.
Istel, Edgar 286 f., 290
Italien, Italiener 75–77, 80, 90, 96, 106, 173, 202, 217, 261, 264, 286

Jäger, Eugen 33, 125
Jesuiten 198, 210
Judentum 217, 248, 265 f., 275, 280, 304–310, 377 f., 380
Jugend (Zeitschrift) 15, 21, 25, 94, 198, 245, 247, 253–256, 267, 269, 274, 371, 374, 383
Jugend, Jugendliche 145, 203–205, 220, 229, 231, 274
– bewegung 13, 15, 194, 211, 255
– stil 11, 15, 22, 25, 91, 93–96, 228, 231, 233, 237, 240–242, 247, 253, 255 f., 278, 281, 371, 383
– turnspiele **383**
Justiz 137, 142, 144, 210, 270, 272 f., 275
s. a. Gesetze, Recht
– ministerium, -minister s. Ministerium
– palast 92 f., 376

Kabarett 24 f., 246, 262, 265, 267, 269 f., 272, 274 f., 277–283, 292, 317, 370, 372 f.; Kleines Theater 275; Lyrisches Theater 282; Münchner Künstlertheater 265; Nachtlicht 283; Sieben Tantenmörder 283; Vier Nachrichter 282
s. a. Brettl, Chat Noir, Elf Scharfrichter, Fledermaus, Freie Bühne, Freie Volksbühne, Intimes Theater
Kaempf, Johannes 30

Kahl, Adolf 207, 209, **373**
Kahr, Gustav von 300, 388
Kaim, Dr. Franz 288f., **373**
Kaim-Orchester 288–290, 373
Kaimsaal s. Tonhalle
Kampffmeyer, Hans 128
–, Paul 385
Kanalisation 36, 42, 64, 82, 107, 109, 148, 183, 186, 320
s.a. Schwemmkanalisation
Kanalisierung s. Isarregulierung
Kandinsky, Wassily 22, 24, 229, 232, 235, 245, 281, 292, 376, 386
Kanzler, Anton 217, 384
Kapuziner 137, 200–202
Karlsruhe 82, 97, 115, 160, 373, 375
Kasernen 64, 114, 146, 148–151, 190
Katholische Arbeitervereine 49–51, 53, 125, 128, 203f.; – Kirche, Katholizismus 16, 41, 48f., 125, 153, 198–206, 208, 210, 212f., 217, 224, 262, 265–269, 272, 274, 276, 278, 295, 313, 371, 374, 376–378
s.a. Vereine; – Presse s. Zentrumspresse
Katholischer Caritasverband s. Caritas; – Preßverein für Bayern zur Förderung des Katholischen Zeitungswesens 205, 224
Katholisches Vereinswesen 198, 203f., 370f.
Kathreiner's Malzkaffeefabriken Wilhelm & Brougier 169, 370
s.a. Brougier
Kaufhaus s. Warenhaus
Kaufleute 70, 121, 208, 210, 218f., 222, 248f., 251, 306, 308, 374f., 384f.
s.a. Vereine
Kaufmannsgericht 41, 48, 377
Kaulbach, Friedrich August von 17f., 228, 231, 262, 264, 313, 377
Kausen, Armin 269, 275, **373**
Käutner, Helmut 282
Kelber, Julius 207, 209
Keller, Albert von 229
Kellerer, Christian 381
Kellner, Philipp 381
Kern, Johannes Stefan (Papa Kern) 287, **373**
Kerr, Alfred 278, 283
Kerschensteiner, Dr. Georg 13, 41, 107–109, 211, 213–219, 221, 224, 243, 268, 384
Keyserling, Eduard von 262f.
Kinder 75, 112, 121–123, 135, 137, 141, 154, 160f., 191, 204, 210, 212–219, 234, 292f., 319f., 382; -arbeit 76, 218, 305, 377; -bewahranstalt 212; -gärten 41, 108, 204, 212f., 217–219, 383
Kirche, -n 16, 27, 38f., 83, 99, 105, 146f., 153, 165, 172, 197–212, 270, 272, 276, 306, 375, 378, 384
s.a. Evangelische –, Katholische –
Kirchenbau 16, 200f., 205, 313, 372; -bauvereine 201, 207, 313
– gebäude: Christuskirche 207; Erlöser- 207; Herzogspital- 202; Johannes- 207; Ludwigs- 232; Lukas- 207; Matthäus- 206; Pauls- 93; St. Margaret 115; St. Martin 111; Theatiner- 100; Wies- 99
s.a. Augustiner-, Frauen-, Heiliggeist-, Markus-, St. Michaels-Hof-, St. Peter; Kloster, Pfarreien

Kirchensteuer, -gesetz 201, 207, **383**
Kirchmair, Ludwig 381, 384
Klages, Ludwig 258, 265, 292f.
Klee, Paul 24, 292, 376
Kleinbürger, -tum 44, 70, 111, 207, 262, 277, 307, 311f.
Kleingewerbe 161, 174–177, 222, 306; -wohnungsbau 33f., 39, 43, 71, 119, 121–123, 125, 127–130, 296, 375, 383; -wohnungsbaugenossenschaft Pasing 127, 129
Klett & Co 26, 370
Kloster 137, 202, 205, 266, 387
s.a. Orden, St. Anna, St. Anton, St. Bonifaz, St. Jakob am Anger, St. Joseph
Klug, Ludwig Peter von 21, 30, 85–87, 89, **373**
Knilling, Eugen von 202
Knoll, Franz 381, 384
Knöpfler, Alois 199
Knorr & Hirth 373, 385
Knorr, Julius 220, 253, 385
–, Thomas 21, 251, 253, **373**, 385
Kobus, Kathi 282, 292, **373**
Kohleninsel 189f., 238, 241
Kolbeck, Dr. Josef 381
Kolber, Johann 381
Köln 82, 192, 240, 248, 275, 284, 372
Koloniepfarrei 208, **383**
Kolportageverbot 268, 271, 273
Kommunale Leistungsverwaltung 13, 36, 43, 65f., 68
Kommunalpolitik 36–43, 308; -wahlen 38, 47f., 102, 139, 306, 308f.
Konfessionsschulen 39, 41, 217, 372
Königbauer, Heinrich 39
Königliche Bank Nürnberg 26, 30
– Kunstgewerbeschule s. Kunstgewerbeschule
Königliches Konservatorium für Musik 385
Konjunktur 27f., 77, 79, 89, 119, 122, 124, 132, 134, 139, 144, 165–168, 195f.
Konsumentenboykott 55, 57
Konsumgenossenschaft 124, 181f.
– güterindustrie 165–167, 175f., 195
Konsum-Verein Sendling-München 181f.
Konzentrationsprozeß 27, 33f., 175, 194, 308
s.a. Brauereienkonzentration
Konzertbetrieb 24, 158, 286, 288–290
Kopp, Martin (Filmfabrik) 167, 386
Kortler, Ulrich 306
Kostkinder 137, 141
Kotz, Heinrich 384
Kraftwerk 194, 298
Krankenhaus 36, 41, 109, 136–138, 202, 204, 212; – links der Isar 109, 202
s.a. Ärztliche Versorgung, Cholera, Seuchen
Krankenkassen, -unterstützung, -versicherungen 51–53, 66, 125, 157, 211, 220, 314; Betriebs- 314, 370
s.a. Vereine, Versicherungen
Krankenpflege 212
Krankheit 132, 157: Tuberkulose 186; Typhus 148, 320
Krauss & Co 26, 31, 56, 64, 70, 165f., 178, 180, 373
–, Georg von 64, 189, 373
Krauß, Maximilian 316, 319, **373**
Kreuzbräu 55, 307
– spital 136, 378

– viertel 119
Krieg, -sindustrie 14, 25, 28, 42, 129, 304
Krieg von 1866 147, 312
– von 1870/71 146f., 151, 253, 263, 302, 312, 388
– von 1914–1918 14, 25, 304
Krieger, Max 384
Kriegsministerium 55, 123, 146–150, 190
Kriminalität 144, 198
Krise 1900/01 24, 27f., 33, 42, 52, 54, 77, 88, 119, 134f., 139, 144, 168f., 196, 388
s.a. Wirtschaftskrisen
Krom, Gottlieb 381
Krüger, Franz August Otto 241, **373**, 388
Kühles, Dr. Karl 384
Kühltechnik 187
s.a. Linde's Eisfabrik
Kulturkampf 38, 198, 202, 208–210, 212, 253, 272, 305, 378
Kultusministerium, -minister s. Ministerium des Innern für Kirchen- und Schulangelegenheiten
Kunst 9f., 19, 22, 42, 87, 95, 107, 113, 169, 175, 189, 205, 224–235, 237, 240, 243–245, 248, 250f., 254–256, 258–264, 264f., 267, 273, 278, 280–282, 299, 311, 313, 315–319; -akademie s. Akademie der Bildenden Künste; -ausstellung 94, 227f., 238f., 244–246, 248, 251, 253f., 382; -betrieb 228f., 232f., 235, 263; -erziehungsbewegung 216; -gewerbe, -handwerk 11f., 18, 42, 94f., 165–167, 173, 236–243, 253, 256, 274, 281, 292, 313, 318, 370f., 376, 378, 388
s.a. Deutsche Werkstätten, Dümler, Gautsch, Haenle, Harrach, Heckel, Mayer'sche Hofkunstanstalt, Möbel, Nymphenburger Porzellanmanufaktur, Pfister, Radspieler, Vereinigten Werkstätten, Zettler
Kunstgewerbebewegung s. Stilbewegung; -gewerbereform 253, 383; -gewerbeschule 241–243, 374, 376, **383**; -gewerbeverein s. Bayerischer
– handel 16, 29, 225–235, 248–252, 254, 274, 318, 382
s.a. Bernheimer, Brakl, Cassirer, Drey A.S., Fleischmann, Goltz, Helbing, Rosenthal, Wollweber
– im Handwerk s. Münchener Bund
– industrie 166, 168, 226, 228, 237, 282, 318, 378
Künstlerhaus 231, 258, -kolonie Neu-Dachau 371; -kommission 112, **383**; -plakat 244f., 247, 281; -vereinigungen 228, 241–243, 253, 299, 313
s.a. Der Blaue Reiter, Luitpoldgruppe, Münchener Bund, Münchner Künstlergenossenschaft, Neue Künstlervereinigung München, Phalanx, Scholle; Vereine
Kunstmühle Tivoli 383
Kunstsammlungen 250f., 253, 373; -stadt, -diskussion, -frage 9–11, 22, 24, 36, 42, 74, 90, 93, 97, 107, 112, 114, 132, 165, 168–170, 173f., 185, 193, 225–235, 237, 243, 247, 252, 254, 260, 262f., 267, 269, 274, 276f., 279, 281–283, 287, 316f., 318
– und Handwerk (Zeitschrift) 94, 96, **383**
– verein s. Münchner

Kurz Otto Orlando 96
Kutscher, Arthur 377
Kutzer, Theodor 384

Laim 61 f., 65 f., 70, 91, 119, 121, 127, 144, 194, 379
Land 45 f., 48, 60, 67, 75, 92, 108, 119, 123, 138, 141 f., 152, 161, 165, 175, 192, 195, 198, 209 f., 230–233, 235, 276, 295, 304, 315, 319, 380; -bevölkerung 46, 152
J.G. Landes (Maschinen- und Kesselfabrik, Eisen- und Metallgießerei) 166, 314, **383**
–, Johann G. 170, 382
Landesausschuß für Naturpflege (LAN) 299 f., 372, 377
– kulturrentenanstalt s. Bayerische
– verband der Bayerischen Konservativen 309
– verband zur Hebung des Fremdenverkehrs 316, 375
Landmann, Robert von 29, 207, 258
Landtag, -swahlen 16, 19, 38, 45–50, 57, 79, 150, 170, 184, 201, 207, 210, 243, 250, 260, 267, 272–276, 283, 316, 370, 375 f.; -wahlkreise München 389
Landwirtschaft 28, 33, 62, 127, 152, 193, 202, 305, 383
Lange, Emil 383
Langen, Albert (Verlag) 245, 267, 270, 278, 293, 372, **373**, 387
Langhammer, Artur 371
Langmayr, Bartholomäus 381
Langwied 65, 379
Lasker-Schüler, Else 229 f., 233, 235
Lasne, Otto 103, **373**
Lau, Georg 306
Lauff, Joseph 260
Laug, Heinrich 381
Lautensack, Heinrich 265 f., 275, 277 f., 283, **373**
Lautenschlager, Karl 285
Lavale, Jakob von 21
Lebensmittel 136, 140, 166 f., 173, 175 f., 186, **384**
Lebensreform 11, 13, 15, 22, 231, 295–300, 371
Lebrecht, Simon 384
Lederverarbeitung 55 f., 165 f., 173, 175, 178, 387
s.a. Holste, Roeckl
Lehel 20, 119, 200
Lehm 74 f., 79 f.
Lehrer 62, 66, 153, 210, 215–219, 222, 275, 374, 383; -gesangverein 288, 313, **383**
Lehrling 177, 211, 236
Lehrmittelfreiheit 135, 216
Lehr- und Versuch-Ateliers für angewandte und freie Kunst s. Debschitzschule
Leib, Georg 306, 381
–, Wolfgang 381
Leibl, Wilhelm 18, 230, 232–234, 373
Leipzig 186, 250, 270, 276, 289, 370, 373
Lenbach, Franz von **17–19**, 21, 185, 228, 231 f., 239, 251, 253, 259, 284, 288, 294, 313, 373, 377
Lenin, Wladimir Iljitsch 25, 292
Lerchenfeld, Graf Hugo zu 274
Levi, Hermann 285 f., **373**
Lex Heinze 256, 259, 267 f., 274, 277–279, 382, **383**

Liberale, – Parteien, – Vereine 36–43, 45, 48, 66, 85, 120, 185, 273 f., 308, 375 f., 387
Liberalismus, liberale Politik 10, 12, 14–17, 19, 21, 27, 36–43, 46, 112, 120, 135, 139, 144 f., 188 f., 201, 203, 208 f., 213, 220, 253, 256, 267 f., 273, 280, 283, 305, 307, 385
Lichtbaden (FKK) s. Freikörperkultur
Liebig, Justus von 167
Likörproduktion 165
Liliencron, Detlef von 267, 380
Linde, Carl von 167, 177, 189, 212, **373**
Linde's Eisfabrik in München AG 167, 187, 373
Linderhof (Schloß) 165, 236
Linnekogel, Julius 273
Lipp, Karl 384
Lippert, Anton 386
Liszt, Franz von 145, 288 f., 375
Literatur 24 f., 158, 198, 255, 258–283, 292
Litfaß, Ernst 244
Lithographie 244, 248, 318
Littmann, Max 14, 19, 88, 91–93, 115, 385
s.a. Heilmann & Littmann
Lochhausen 65, 379
Löhe, Johann 212
Löhehaus 212, **383**
Löhle (Druckerei) 244
Löhne 50, 52, 55 f., 76 f., 139, 150, 152 f., 156, 162, 176–178, 377, **383**
Lokalbahn 62, 80
– baukommission 70, 102, 114, **383**
– schulkommission 213, 215
Lokomotive, -n 70, 165, 169, 178–180, 189, 373 f.
London 69, 73, 98, 165, 183, 189, 191, 227, 240, 244, 249, 252, 379, 385
Loos, Adolf 14, 92
Löwenbräu 55, 115 f., 166, 379, **383**
Loy, Friedrich 384
Ludwig, Aloys 97, **374**
–, Gustav 97, **374**
Ludwig I., König von Bayern 17 f., 69, 73, 82, 87, 90, 113, 165, 188, 208, 231, 234, 261 f., 271, 316 f., 371, 383
– II., König von Bayern 30, 85, 124, 166, 209, 227, 235 f., 268, 271, 286–288, 290, 301 f., 317 f., 373
– III., König von Bayern 42, 72, 172 f., 188, 201, 296, 311, 316
– -Maximilians-Universität s. Universität
Ludwigsfeld 65, 379
– vorstadt 60–62, 91
– -Walzmühle 165, **383**
Lueger, Karl 39, 307
Luftverschmutzung 15, 63, 70, 168, 191 f., 194, 320
s.a. Rauchplage
Luitpold, Prinz von Bayern, Prinzregent 9, 17–21, 25, 29, 42, 85–87, 89 f., 105, 132, 149, 172, 185–190, 199 f., 206 f., 209, 227, 231, 236, 241, 249 f., 258 f., 265 f., 272, 284, 300–302, 311, 317, 373 f., 385
– preis 284, 290
– gruppe 94
Lutz, Johann von 16, 209, 272
–, Wolfgang 384

Macke, August 234

Mädchenbildung 107 f., 202, 213, 216–221, 223
J.A. Maffei (Lokomotivfabrik) 14, 26, 31, 56, 62, 164–166, 169, 176, 178–180, 293, 373
–, Hugo von 29, 32, 74, 76, 124, 169, **374**
Magdalenenasyl 386
Magistrat 36–43, 47, 61, 63, 65–68, 70, 72, 82, 99–103, 106 f., 110–112, 120, 126, 138 f., 141, 149, 164, 168–170, 172 f., 183–187, 191, 200, 217, 241–243, 298, 316, 375, 378, 380, 383, **384**, 387 f.
Mahler, Gustav 284, 289 f.
Maillinger-Sammlung 42
Majestätsbeleidigung 268, 373
Maler, Malerei 107, 229–233, 237 f., 243, 248–250, 258–261, 263 f., 292, 294, 320, 370–376, 379
Malerischer Städtebau 91 f., 96, 100, 104 f., 112, 117 f., 372
Malsen, Ludwig Frh. von 29
MAN (Maschinenfabrik Augsburg-Nürnberg) 26, 30, 370 f.
Manchesterliberalismus 10, 17, 39
Mann, Heinrich 25, 232, 263, 372
–, Thomas 9, 21 f., 25, 226, 228, 230–232, 258, 261–266, 268, 276, 288, 292–294, 316, 320
Mannhardt, Johann 177
Mannhardt'sche Turmuhrenfabrik 165
Manufaktur 175
Marc, Franz 25, 229 f., 232–235
Marianische Kongregation 198, 203 f.
Maria-Martha-Stift 212
Marienanstalt für weibliche Dienstboten in München 153, 376
Marietta di Monaco 282
Marionetten 281 f.
Markt 83, 101, 119, 186
– halle 101 f., 106, 183, 186 f., 387
s.a. Schrannenhalle, Viktualienmarkt
Markuskirche 206, 210–212
Martinsspital 113, 136, 141, 378
Maschine, Maschinisierung 175–180, 299, 377, 379, 386, 388 f.
s.a. Maschinenbau, Nähmaschine
Maschinen- und Fahrzeugbau 38, 166 f., 175–177, 383
s.a. Allgemeine Gesellschaft für Dieselmotoren AG, Büssing, Buz, Gaggenau, Krauss, Landes, Maffei, Maschinenwerke Sendling, Neuhöfer, Rathgeber, Ungerer
Maschinenmöbel 240, 379
– werke Sendling 54
Maurer 52, 54, 56, 114, 195 f., 381
Max, Gabriel von 226–231
Max-Gymnasium 211
Maxhütte 57, 374
Maximilian I. Joseph, König von Bayern 102, 146
– II., König von Bayern 90, 113, 167, 236, 261, 268, 372, 375, 386
Maximilian, Herzog in Bayern 124
Maximilianeum 106, 184, 206
Maxvorstadt 60, 93, 102, 377
Mayer'sche Hofkunstanstalt, Königliche 165, **384**
Mayrhofer, Rudolf 384
Mechanische Werkstätten 176 f.
Medizin 109, 145, 295, 374

Meier, Emerenz 277
Meier-Graefe, Julius 232, 249
Meisenbach & Cie., Georg (Kunstanstalt für Autotypie, Zinkographie, Chromotypie, Photolithographie und Metallätzerei) 167, 374
Menzinger, Dr. Leopold 384
Merck, Finck & Co (Merck, Christian & Co) 26, 29f., 32, 371
Merkl, Johann 384
Merkt, Otto 379
Merz, Oskar 285, 288f.
Messen s. Ausstellungen
Metallarbeiter, -gewerbe 44, 50, 52, 54, 56, 165f., 175, 196
Metallverarbeitende Industrie 165
  s.a. Erzgießerei, Haenle, Steinicken & Lohr, Sugg & Comp.
Metzeler, Robert Friedrich (Gummifabrik) 70, 164, 170, **374**
Metzger 177, 190, 195f., 218, 370
Michaelskirche s. St. Michaels-Hofkirche
Miete 119–122, 127, 129, 132, 134, 136, 140, 293, **385**
Mieterschutz 126; -verein 127f., 295
Mietshäuser 66, 69–73, 87f., 94, 112, 114, 119f., 122, 129, 295
Milbertshofen 61f., 65–68, 379
Militär, -technik 14, 80, 146–151, 166, 190, 207, 270f., 309, 387
Militarismus 270, 312, 315, 375, 387
Miller, Ferdinand von d. Ältere 236
– d. Jüngere, 21, 111, 170, 188, **374**, 381
–, Fritz von 239
–, Oskar von 21, 31, 183f., 188–190
Ministerium der Finanzen 20, 82, 209, 296, 316
– des Innern 31, 43, 54, 57, 67, 74, 86, 88, 99, 103, 105, 120, 125, 128, 189f., 208, 213, 217, 239, 241, 268, 271–273, 275, 297–299, **385**
– des Innern für Kirchen- und Schulangelegenheiten 17, 29, 172, 202, 258
– der Justiz 30, 104, 138, 272
– des Königlichen Hauses und des Äußern 54, 56, 86, 242
– für Verkehr 92f., 296, 316
– für Wirtschaft 172
Mittelschulen 213, 217–219, 383
Mittelstand 27, 38f., 62, 87, 111, 114, 120–123, 134, 161, 166, 181, 211, 295, 304f., 308, 380, 388
Möbel, -fabrikation 165–167, 170, 173, 178, 237, 242, 248, 250, 374, 378
  s.a. Ballin, Dümler, Holzwaren- und Möbelfabrik München-Riesenfeld, Maschinenmöbel, Pfister, Pössenbacher, Radspieler, Vereinigte Werkstätten, Wachter
Moderne 94f., 116, 226, 228f., 233, 238, 241, 256, 258–261, 264f., 267–270, 275–284, 289f., 317, 370, 380, 385
Modernismus 10–12, 24, 199, 253, 317
Molenaar, Heinrich 295
Moll, Leonhard (Baugeschäft) 115
Monarchie, monarchisch 10, 17, 19, 21, 25, 82f., 85, 87, 89, 113, 129, 151, 190, 200f., 211, 235, 241, 268, 271, 300, 304f., 385
Monatsalmosen 41, 134, 136, 140f.
Montez, Lola 262, 271f.
Monumentalbaukommission 42, 105, **385**

Moosach 65f., 117, 379, 386
Die Morgenröthe (Theaterstück) 271f.
Morin, Heinrich **374**
Morris, William 96, 237, 240, 370
Mottl, Felix 288
Moy, Ernst Graf von 29
Mozart, Wolfgang Amadeus 285f., 290, 313, 373
Mühlthalers Buch- und Kunstdruckerei GmbH 167
Mühsam, Erich 10, 265, 292
Müllbeseitigung 42, 65, 382
Müller, Adolf 46f., 243
–, Karl Alexander von 10, 17, 198
–, Max 381
Müller'sches Volksbad 13f., 93, 110
München 1908 (Ausstellung) 42, 97, 173, 240, 242, 371
München-Dachauer A.G. für Maschinenpapierfabrikation 165, **385**
München -Klischee 9f., 12, 34, 316–320
– -Kritik, -Lob 9, 22, 97, 230f., 243
›München leuchtete‹-Topos 9, 21, 226, 231f., 261, 263, 316
Münchener Bund e.V. Vereinigung für angewandte Kunst 238f., 241f., 370, 374, **385**
– Post (Zeitung) 38, 128, 139, 144, 150, 162, 201, 243, 265, 272, 274, 301, 307, **385**
– Ratsch-Kathl (Zeitung) 283, **385**
– Rückversicherung 30–32, 34, 79, 371, 374
– Trambahn AG 20, 30f., 40, 185
Münchner Fremdenblatt 269, 275, 373
– Gartenstadtgesellschaft 296
– Hilfsfonds 141, **385**
– Kammerspiele 371
– Kindlkeller 91, 96
– Künstlergenossenschaft 17–19, 94, 228, 239, 254, 313, 377
– Kunstverein 96, 248, 251, 313, 318
– Männerverein zur Bekämpfung der öffentlichen Unsittlichkeit 275, 388
– Marionettentheater 280, 282, **385**
– Moderne 234, 262, 272, 377
– Neueste Nachrichten (Zeitung) 15, 21, 38, 85, 96, 138, 220, 253f., 258, 273, 283, 295, 372–376, **385**
– Philharmonisches Orchester s. Kaimorchester
– Schauspielhaus 267, 271
– Schule (Musik) 290, 372, **385**
– Schulhaus 90, 93, 108f.
– Stadtmuseum 42
– Turnverein **385**
– Volksbildungsverein 220, 313
– Volkshochschule s. Volkshochschule München
– Zeitung 137, 261
– Ziegeleiverein 77
Münter, Gabriele 232–234
Münzer, Adolf 256, 271, 310
Museen 22, 84, 189f., 223, 228, 231, 238, 249, 251, 253, 379, 382
Musik 24, 284–290, 317, 372, 385
Musikalische Akademie s. Hoforchester
Muth, Carl 199, 260, **374**
Muthesius, Hermann 96, 383

Nagler, Max 384
Nähmaschine 176–178

Nahrungs- und Genußmittelindustrie 166
  s.a. Brauereien, Dornkaat AG, Eckart, Likörproduktion, Kathreiner's Malzkaffeefabriken, Riemerschmid, Zigarettenproduktion
Nationalliberalismus 253, 256, 301, 304
– museum 92, 189f., 228, 231, 241, 375, 377f.
– ökonomie 370, 372
– sozialismus 11, 15, 300, 304, 310, 374f., 379
– theater s. Hofbühnen
Naturalismus 25, 255, 260f., 264, 267–269, 278f., 370, 372, 380
Naturheilkunde 295
– schutz 41, 216, 297, 299, 300, 314, 375, 377
  s.a. Prinzregent-Luitpold-Medaille
Neostile (Neobarock, Neogotik, Neoklassizismus) 11, 36, 90f., 93f., 96, 99, 231, 236f., 242, 372, 379
Neue Künstlervereinigung München 228, 234, 250
Neuer Verein 271, 274, 377
Neues Rathaus 36, 60, 83, 93, 107, 111f., 165, 184, 372
Neuhausen 61f., 64f., 70, 119, 201, 206f., 210, 212, 379
J. Neuhöfer (Werkzeugmaschinenfabrik) 166
Neumann, Ernst 281
Neureuther, Gottfried von 90, 93, 374
New York 165, 234, 249, 379, 385
Niederbayern 152
Niemeyer, Adalbert 242, **374**
Nietzsche, Friedrich 210, 232, 256, 258, 261f., 277, 279f.
Nimmerfall, Hans 127
Nürnberg 11f., 26f., 29, 34, 42, 44f., 54–57, 60, 91, 164f., 172–176, 183, 185, 187, 192, 209, 220, 231, 237, 239, 272f., 289, 370–372, 377, 382, 384
Nymphenburg 15, 17, 61f., 64f., 111, 119, 202, 210, 374, 379
Nymphenburger Porzellanmanufaktur 165, 242, 247, 374, 385

Oberbayern 152, 208, 386
Oberföhring 65–67, 379
Oberhummer, Hans 381
Oberkonsistorium 208f., 275, 370, 373
Obermenzing 65, 379
Oberpfalz 152
Oberpollinger (Hotel) 287, 371
– (Warenhaus) 61, 96, 115, 184, **385**
Oberschicht 109, 120–123, 198, 209, 385
Obdachlosigkeit 141, 144, 212; Obdachlosenasyl 137, 140, 142
Obrist, Hermann 94, 240–242, 256, 292, 371, 379, 388
Odeon 184, 289, **385**
Öffentliche Verkehrsmittel 85, 186f.
Öffentlicher Dienst 181
Offiziere 146–150, 156, 283, 288
Oktoberfest 10, 174, 184, 261, 280, 312, 319
R. Oldenbourg (Verlagsbuchhandlung) 165, **385**
Oldenburg 273, 288
Oppenheimer, Dr. Karl 137
Oppolzer (Sammlung) 382
Optische Industrie 164–166, 173, 177
  s.a. Astronomisch-mathematisches Institut Traugott Ertel & Sohn, Rodenstock

Optisches und astronomisches Institut C. A. Steinheil Söhne 166, 177
Oratorienverein 287f., 374
Orchesterverein München 1880 e.V. 288, **385**
Orden 198, 200–202: Arme Schulschwestern von unserer lieben Frau 202; Barmherzige Schwestern 202; Englische Fräulein 202; Mallersdorfer Schwestern 202; Redemptoristen 209; Schwestern vom Allerheiligsten Heiland 202; Servitinnen 202
 s.a. Benediktiner, Franziskaner, Frauen vom Guten Hirten, Jesuiten, Kapuziner; Kloster
Orterer, Georg von 46, 275
Ostbahn 29, 371; -hof 62–64, 79f., 85, 165, 377
Ostend 62, 64, 155
Ostermayr, Peter (Filmfabrikationsfirma Münchener Kunstfilm) 167, **386**
Österreich 26, 221, 243, 251, 270f., 301, 307, 309, 318, 371
Ostini, Fritz von 255, **374**
Otto I., König von Bayern 29, 146
Owen, Robert 124

Pachmayr, Emil 384
Palastbaustil 108, 113, **386**
Pan (Zeitschrift) 245, 370
Panizza, Oskar 10, 17, 267, 272, 279–282, **374**, 380
Pankok, Bernhard 94, 239, 242f., **374**
Panzer, Alois 384
Papierherstellung 164f.
 s.a. München-Dachauer Aktien-Gesellschaft für Maschinenpapierfabrikation, Seidenpapierfabrik München-Au, Steinmühle
Paris 82, 90, 98, 102, 112, 115, 183, 186, 188f., 204, 227, 229f., 233f., 242, 246, 249–252, 258, 272, 278f., 281f., 287, 370, 372–374, 379
Park 72f., 88, 91, 193, 297
 s.a. Grünflächen, Herzogpark
Parteien 36–53, 304-310, 315
Pasing 61, 65, 91, 95, 127, 194, 375, 380
Patriotenpartei 272, 301
Paul, Bruno 16, 20, 28, 46, 57, 94, 96f., 242f., 246, 256, 278, 281, 294, **374**, 388
Paulus, Adolf 254
Pauly, Andreas 381
–, Leonhard 381
Pavillonbauweise 71, 92, **386**
Pazifismus 282, 295, 379
Pemsel, Hermann von 30f.
Pensberger (Bürstenfabrik) 164
Perfall, Carl von 269, 284, 286, 288, **374**
Perlach 65–67, 208, 295f., 379
Perles, Dr. Joseph 377
Perutz, Otto (Trockenplattenfabrik) 167, **386**
Pettenkofer, Max von 14, 41f., 70, 98, 120, 370f., **374**
Pfaff, Hermann 209, 384
Pfalz 54, 303, 383
Pfandbriefe **32–34**
Pfanni-Werk s. Eckart
Pfarreien 200f., 205–212, 313, 389: Dompfarrei zu Unserer Lieben Frau 200; Hl. Kreuz 200; Mariahilf 200; St. Benedikt 202; St. Rupert 202; St. Ursula 201
 s.a. Hl. Geist, St. Anna, St. Bonifaz, St. Johann Baptist, St. Josef, St. Ludwig, St. Margaret; Kirchen
Pferdebahn 61, 64, 185
Pfeufer, Siegmund von 86
Pfister, Gebrüder (Königlich bayerische Hof-Marmorwarenfabrik) 165
Pfistermeister, Dr. Franz von 381
Pflasterzoll 74, 172, **386**, 388
Pfordten, Heinrich von der 288, 373
Phalanx 228, 245, 281, **386**
Photoatelier Elvira 94, 371
– industrie und Filmproduktion 167
 s.a. Agfa-Gevaert GmbH, Kopp, Ostermayr, Perutz, Rietzschel
Pianofabrik Berdux AG 173, **378**
Pickelmann, Ludwig 47, 384
Piglheim, Bruno 228, 254
Piloty, Karl von 17, 227, 232, 244, 371f., 377
Pinakothek 227f., 231, 249
Piper (Verlag) 234
Pirchan, Emil 246
Plakatkunst 15, 244–247, 256, 318, 374
Platzgestaltung 82–84, 88, 91, 97f., 102f.
Plätze: Forum vor dem Nationalmuseum 83f., 89, 146; Frauen- 98f., 100, 104f.; Gärtner- 91, 377; Platzl 92; Prinzregenten- 83–85, 87, 89, 92; Promenade- 61f., 99, 104f., 127, 185f.; Königs- 103, 106, 253; Lenbach- 61, 92f., 119, 249, 378; Marien- 100f., 112, 144, 158; Max-Joseph- – 61, 99, 102, 146; Odeons- 184, 186, 240, 263, 385; Sebastians- 101; Sendlinger-Tor- 93, 184f.; Stachus 61, 206, 249; St. Jakobs- 101
Podewils, Clemens von 56, 242, 272f.
Politische Vereine 49, 314f.
Polizei 13, 17, 27, 54f., 64, 70, 74f., 137f., 140, 142–145, 150, 159–161, 191, 195f., 268–274, 297f., 306, 308, 312, 314f., 380; -direktion 50, 54, 57, 105, 137f., 145, 152, 195, 268–276, 304f., 309, 315, 380
Polygraphisches Gewerbe 44, 168, 176
Polytechnikum 90, 167, 188
Polytechnischer Verein 170, 172f., 183f., 191, 376, **386**
Porges, Heinrich **375**
Porges'scher Chorverein 288, 375
Porzellan 247, 249, 253
Possart, Ernst von 19, 88, 268f., 284–286, **375**, 386
Pössenbacher (Möbelherstellung) 242
Post 176, 187, 196, 210, 222
Prankh, Siegmund von 147
Preise, Preissteigerung 80, 139, 382
Prenner, Max 56
Preußen 18, 124, 146, 150, 172, 198, 251, 259, 268, 270, 272f., 281, 300–302, 310
Presse 36, 38, 49f., 105, 125, 137, 149f., 159, 175, 198f., 220, 223, 240, 242, 267f., 273, 307; -zensur 17, 268
 s.a. Sozialdemokratische-, Zentrums-, Zeitschriften, Zeitungen
Prieser, Karl 383
Pringsheim (Familie) 231, 293
Prinz-Carl-Palais 82
Prinzing, Gustav 209
Prinzregent s. Luitpold, Ludwig III.
Prinzregentenplatz-Aktiengesellschaft 61, 88, 91
– theater 12, 14, 19f., 88f., 93, 251, 258, 284, 286, 288f., 317, 375, **386**
Prinzregent-Luitpold-Medaille 300
Pritzel, Lotte 282
Privatbanken, -bankier 26, 30, 371
Privatier 169f., 210, 305, 381, 384
Propyläen 231, 261
Prostitution 13, 150, 158–162, 195, 205, 212, 275, 293, 308, 383, 386, 388
Protestantische Kirche s. Evangelische
Proudhomme, J. G. 278, 372
Pschorr (Familie) 24, 288, **386**
–, August 381, 386
–, Georg (jun.) 128, 386
–, Joseph (sen.) 21, 382, 386
–, Klement 381
–, Matthias 72
– brauerei 80, 166, **386**
Psychiatrische Klinik an der Nußbaumstraße 115
Pullach 65, 67
Putzbaustil 93f., 109, 112f., 117, 372

Quidde, Ludwig 139, 295, 307, **375**, 379f.

Radspieler, Franz & Cie. (Königlich bayerische Hof-Vergolderwaren- und Möbelfabrik) 165, 172, **386**
–, Joseph 170, 200, 282, 386
Raiffeisen, Friedrich 27
Raith, Anton 140, 381
Ramersdorf 62, 65, 74, 379
Randgruppe(n) 13, 16, 131, 145
 s.a. Zigeuner
Rangieranlagen, -bahnhof 61, 65, 70, 77, 79f.
Rank, Franz 94, 96, 102, **386**
–, Gebrüder (Baufirma) 115, 117, **386**
–, Josef 93, 96, 379, 386
Rasp, Peter 384
Rath, Willy 280–282
Rathenau, Walther 10, 12
Rathgeber, Joseph (Waggonfabrik) 54, 56, 70, 117, 166, **386**
Rauchplage 70, 80, 191–194, 320
Raumordnung, -spolitik 60, 63, 66–68, 70
Reber, Paula 286
Recht: Arbeits- 75; Armen- 132; Genossenschafts- 132, 181; Straf- 145; Vereins- 125, 211
 s.a. Bürgerrecht
Rechtsschutz 52
Reformkleidung s. Lebensreform
Reger, Max 212, 290, 372
Regierung von Oberbayern 86, 114, 172, 190, 213, 268
Regionalstil 376, **386**
Reichenberger, B. 384
Reichsgewerbeordnung 54, 74, 172, 268, 377, 380; -militärstrafgerichtsordnung (1898) 146; -rat, -räte 29–31, 80, 169f., 190, 209, 296, 371, 373; -tag, -swahlen 38, 43, 45, 47–49, 126, 269, 274f., 277, 301, 304–308, 370, 375f., 383, 389; -versicherungsordnung 157
Reim, J. B. 284
Reinhard, Heinrich 381
–, Max 276
Reiseprediger 208, **386**
Renner, Franz Xaver 381

Reservatrechte 146
Residenz 73, 82, 86, 149, 231, 386; -theater 184, 269, 288
Rettig, Wilhelm 83, 93, 101–103, 106, 112, **375**, 388
Rettungsanstalt für gefallene Mädchen 159, **386**
Reventlow, Franziska Gräfin zu 25, 258, 260, 262, 265, 292–294
Revisor **386**
Revolution 1918/19 21 f., 24 f., 190, 209, 262, 271, 304
Revue Franco-Allemagne 278, 372
Riedel, Emil von 20, 209
Riedl, Eduard 378
Riefler, Siegmund 170
Riehl, Wilhelm Heinrich 297, 372, **375**
Riemerschmid, Anton (Likörfabrik) 375, 387
–, Dr. Karl 375
–, Richard 15, 94–96, 128 f., 172, 239–243, **375**, 380, 383, 388
Riemerschmidsche Handelsschule für Mädchen 41, 219, **387**
Rietzschel, A. Heinrich (Photoapparatfabrik) 167
Riggauer, Konrad 381
Rilke, Rainer Maria 25, 262, 383
Ringbahn 14, 62 f., 68, 79 f., 82, 86 f., 115, 172, **387**
Ringofen 74, 77, **387**
Ringstraße (Wien) 90, 93
Ringstraßen 82 f., 85
Roda Roda, Alexander 270 f.
Rodenstock, Joseph (Optische Werke) 173, 177, **375**
Roeckl, Jakob (Handschuhfabrik) 55, 114, 166, 178, **387**
Roentgen, Wilhelm Conrad 167, 189, 211
Rohmeder, Wilhelm 108, 164, 217, 384
Rolfs, Dr. Wilhelm von 239
Romeis, Leonhard 253
Rosenthal, Jacques (Buch- und Kunstantiquariat) 249 f., **387**
–, Ludwig 250, 387
Rößler, Karl 270 f.
Rote Kapläne 49, 125
Rückgebäude 71, 87, 114, 116, 124, 127
Rudorff, Ernst 297
Ruederer, Josef 72, 260, 262, 265, 271, 280, 282 f., 318, 320, **375**, 377
Ruffinihäuser 92, 102
Ruhmeshalle 69, 71 f., 82
Rupertusheim 125, **387**
Ruppert, Caspar von 384
Rupprecht, Prinz von Bayern 17

Sachlichkeit 93, 118, 241 f.
Sachsen 109, 251, 304, 372, 377
Saharet (Tänzerin) 279
Salzer, Willy 283
Sanatorium Harlaching 109
Sanitäre Anlagen 109, 122, 148
– Verhältnisse 101, 107, 120
Sanierung 98–100
Saurer Regen 193 f.
Schachner, Max 384
–, Richard 14, 117, 187, **375**
Schack, Adolf Friedrich von 18, 262
Schack-Galerie 14, 370

Schädler, Franz Xaver 274
Schadstoffausstoß 68, 70, 74, 192
Schäffler 54 f., 57
Schalk, Peter 381
Schaumberg, Georg 267
Schaumberger, Julius 267
Schauspielhaus 95, 259, 270, 273, 375 f.
Schenk, Georg Wilhelm 217, 384
Scherbauer, Franz Xaver 381
Scherer (Sporthaus) 245 f.
Schicker, Wolfgang 381
Schießl, Josef 381
Schillings, Max von 288, 290
Schirmer, Karl 46, 49 f., 125–127, **375**
Schlacht- und Viehhof 41 f., 73, 183 f., 186, **387**
Schlafgänger 121, **387**
Schlicht, Heinrich 66–68, 298, **375**, 384
Schlimbach, Georg 381
Schmaedel, Joseph von 302 f., 374, **375**
Schmederer, Cajetan 267, 287
Schmelcher, Adolf 381
Schmid, Eduard 38, 47, 57, 379, 384 f.
–, Herman 302
–, Korbinian 381
–, Moritz 50
–, Paul von 29
Schmidt, Maximilian (Waldschmidt) 316, **375**
Schmitt, Franz 46 f.
Schnebel, C. 51
Schneider, Alexander von 209, 275
Schneider (Kaufhaus) 94
Schneider & Sohn, Georg (Weißbierbrauerei) 166, **387**
Schnitzer, Joseph 199
Schnitzler, Arthur 24, 274, 280 f., 283, 377, 385
Schoenlank, Bruno 17, 77
Schöfer, Josef 381
Scholle (Künstlervereinigung) 233
Schön, Ignaz 381
Schönberg, Arnold 234, 284
Schöner, Josef 384
Schönfelder, Joseph Dr. 200
Schrannenhalle 101 f., 186
Schregle, Johannes 381
Schreibmahr, Ludwig 384
Schriftsteller 254, 258, 268, 276, 293
Schröder, Rudolf Alexander 96, 258 f., 372, 382
Schrott, Ludwig 384
Schuckert & Co. 183 f.
Schularzt 191, 216; -aufsicht 198 f., 213, **387**; -bau, -wesen 13, 38 f., 41, 43, 47, 64, 66, 74, 83, 90, 107–109, 112, 153, 164, 195–224, 243, 275, 320, 371; -gärten 108, 215–219; -küche 90, 108 f., 135, 137, 215–219; -pflicht 214–218; -reform 213–219
Schulen: Schule an der Columbusstraße 108; – an der Guldeinstraße 113; – an der Haimhauser Straße 108, 113; – an der Luisenstraße 113; – an der Stielerstraße 109; – an der Weilerstraße 109; s. a. Arbeitsschule, Berufsschule, Frauenarbeitsschule, Gymnasium, Konfessionsschulen, Mittelschulen, Simultanschulen, Volksschulen
Schuler, Alfred 265 f., 293
Schul-Wandtafelfabrik 165
Schulz, Wilhelm 23
Schulze-Delitzsch, Hermann 27, 124, 220, **375**

Schumacher, Fritz 83, 89, 97
Schuster, Josef 384
Schuster und Löffler (Verlag) 382
Schützenverein 312, 315, 382
 s. a. Vereine
Schwaben 9, 152
Schwabing 21, 25, 61 f., 64 f., 71, 73, 80, 96, 119, 121, 170, 172, 185, 201, 206 f., 210, 228, 230, 233 f., 260, 262, 265, 292–294, 379
Schwabinger Krankenhaus 41, 375
– Schattenspiele 282
Schwadron der Pappenheimer 302, **387**
Schwaiger's Wwe, Josef (Mechanische Hanf- und Drahtseilfabrik) 167
Schwartz, Heinrich 288, 384
Schwarz, Johannes 381
Schwefeldioxyd 192–194
Schweiz 243, 271, 272
Schwemmkanalisation 42, 122, 296, **387**
 s. a. Kanalisation
Schwiening, Adolf **375**, 384, 388
Secession 15, 17 f., 22, 94, 96 f., 226, 228, 230, 239, 241, 246 f., 250 f., 253 f., 267, 281, 371, 373, 376
Seck, Fritz 246
Seder, Anton 239, **376**
Sedlmayr (Familie) 228, 387 f.
 s. a. Brauereien (Sedlmayr; Spaten)
–, Gabriel 170, 172, 387 f.
–, Gabriel von 387
–, Josef – Franziskanerbrauerei (Brauerei zum Franziskanerkeller, Leistbräu) 55, 166, **387**
–, Karl 170, 388
Seidenpapierfabrik München-Au 385
Seidl, Emanuel 93, 231, 249, 313, 374, **376**
–, Gabriel von 20, 73, 90–94, 96, 102, 105, 113, 190, 228, 231, 249, 253, 297–300, 374, **376**–378
Seitz, Rudolf von 253
Selbstmord, -versuche 24, 28, 149, 195 f.
Selmayr, Josef 381
Semper, Gottfried 253, 286, 370
Sendling 61–65, 69, 71, 115, 121, 172, 181, 200 f., 207, 210, 212, 371, 380, 382
Sendlinger Oberfeld 31, 62 f., 66, 70, 72, 170
Senefelder, Alois 244
Seuchen 109, 148, 251, 320, 374
 s. a. Ärztliche Versorgung, Cholera, Krankheiten
Seyboth, Friedrich 381
Shedhallenfabriken 174, **387**
Sickenberger, Franz 384
Siedlungsentwicklung 61 f., 64, 68
Siegestor 60, 92
Siemens, Werner von 18, 183, 185
Siemens & Halske 12, 184
Siemens-Schuckert AG 33
Sigl, Johann Baptist 307, 378
Simmerlein, Eduard 381
–, Hermann 384
Simplicissimus 10, 16, 18, 20, 23, 25, 28, 46, 51, 56 f., 133–135, 143, 147, 149, 158, 162, 178, 214, 230, 238, 245 f., 255, 263, 265, 267, 270, 273 f., 276–279, 282 f., 292–294, 298, 303, 309 f., 372, 373 f., 387
Simultanschulen 39, 41, 217, **387**
Singer, Karl 126, 138, 140, **376**

Sinnlichkeit 259–262, 265, 277, 280, 282
Sitte, Camillo 83–85, 89, 104, 112, 372, **376**
Sittenpolizei 159–162
Sittlichkeit 122f., 154f., 205, 259, 265, 267f., 270f., 273, 275f., 279f., 386; -sbewegung 270, 275, 373; -sverein 260, 275f., **387**
Slevogt, Max 24, 226, 256
Slezak, Leo 254
Soldaten 17, 45, 55, 146–151, 195f., 208, 263, 279, 312, 377; -mißhandlung 149
s.a. Alkoholismus
Solln 65, 67, 379
Sommerfeld, Arnold 167
Sonnenberg, Liebermann von 304f.
Sonntagsschule 213, 217f.
Sozialdemokratie, Sozialdemokraten, Sozialdemokratische Partei Deutschlands (SPD) 10, 17, 27, 37–53, 57, 120, 123, 125–129, 134f., 139f., 144f., 150, 162, 170, 182, 185, 198, 201, 211, 213, 216, 220, 222–224, 240, 243, 253, 268f., 274, 278, 301, 304–307, 309, 318f., 370, 376
Sozialdemokratische Presse 128, 150, 385
Soziale Frage 12, 16, 50, 129, 144f.; Sozialer Wohnungsbau 12f., 112, 127, 129, 371; Sozialetat 132, 140, 211; -fürsorge 27, 111, 132–141; -gesetzgebung s. Bismarcksche Sozialgesetzgebung; -politik 13, 16, 27, 39–41, 48, 50, 52, 132, 136f., 141, 145, 157, 295, 306, 378; -referent 136, 138–141; -reform 82, 128, 240, 305, 307; -struktur 62, 158–162, 195
Sozialismus, Sozialisten 77, 124f., 128f., 139, 144f., 181, 199, 203f., 208, 220, 240, 260, 377; Sozialistengesetze 17, 44, 54f., 125, 142, 144, 150, 223; -verfolgung s. Wirtshausverbote
Sparen 156, 203
Sparkassen 27, 33f., 111f., 150, 156, 211, 220
– klub 311f.
Spaten-Brauerei-Gabriel Sedlmayr **388**
Spekulation 21, 28f., 33, 70f., 74, 79f., 82, 87, 89, 92f., 120, 123, 127, 286, 295
Spielwarenindustrie 176
Spital 111, 134, 136, 156; Herzog- 137; Josephs- 378; Nocker- 111
s.a. Gasteig-, Heilig Geist-, Kreuz-, Martins-
Spitzeder, Adele 27
Spitzweg, Carl 231
Sport 311–313, 320; -vereine 13, 312, 315
s.a. Vereine

Staat 13, 17, 26f., 30–32, 34, 39, 42–44, 48, 56, 62, 76, 80, 82, 89, 105, 107, 109, 111f., 119, 123, 127, 129, 138–142, 145, 147, 172, 185, 188, 196, 198–200, 206–209, 211, 213–215, 221, 224, 228, 239, 250, 252, 254, 267f., 273, 275, 296f., 299f., 304f., 313, 315f., 376, 380, 382f.
Staatliche Stelle für Naturdenkmalpflege 300
Staatsanwaltschaft 138, 265, 270, 272–274, 279
– ministerien s. Ministerien
Stäble, Ruppert 381
Stacheler, Josef 381
Stadlmaier, Peter 381
Stadtbäche 98f.; -bauamt 36, 83, 102, 107, 109, 111–113, 192, 371f., 375, **388**; -entwicklung 10, 12, 69, 71, 73, 91, 107, 297, 371; -erweiterung, -sgebiet 61f., 66, 72, 74, 90f., 98, 100, 184, **388**; -erweiterungsbüro, -referat 82–84, 88f., 103, 105–107, 371, **388**; -erweiterungswettbewerb 1891/93 83, 85, 100, 102, 104–106, 373, **388**; -flucht 230, 232–234; -haushalt 40, 42; -mauer 98; -planung 12–14, 40, 62, 83f., 87, 89f., 102, 106, 187, 373, 375; -rand 42, 60, 62f., 74f., 80, 114, 117, 121, 142f., 176; -schulrat s. Kerschensteiner; -tore: Angertor 98; Isartor 190; Kosttor 99; Sendlinger Tor 98, 184; -verwaltung 10, 12f., 17, 36, 40–42, 73, 89, 99, 120, 144, 168f., 184, 187, 194, 206, 216, 221, 241, 298f., 308
Städtebau 40, 60, 83–85, 92, 98–101, 103f., 169, 186, 194, 249, 372, 376
– vergleich 10f., 13–15, 22, 42, 83, 90f., 97, 119, 146f., 160, 165f., 172f., 192, 209, 234, 249, 273, 276, 289, 297
s.a. Altona, Augsburg, Berlin, Bremen, Breslau, Budapest, Darmstadt, Dresden, Erlangen, Florenz, Frankfurt a.M., Hamburg, Karlsruhe, Köln, Leipzig, London, Nürnberg, Paris, Stuttgart, Wien, Zürich
Staffelbauordnung 14, 62, 68, 85, 87, 115, 169–172, **388**
Stahl, Karl 381
Stahlbeton 11, 14, 115–117, 179, 386
Stählin, Adolf 208f.
St. Anna 200, 202
St.-Anna-Vorstadt 60
St. Anton 137, 202
Staub 122, 191f.
St. Bonifaz 200, 202
Stegerwald, Adam 52
Steichele, Antonius von 199, 203f., **376**, 379
Stein, Franz-Joseph von 199, 275, 379
Steinhauser, August 67, 384
Steinhäusser, Wilhelm 136, 139, 384
Steinheil, Carl A. 166, 177
Steinicken und Lohr (Metallwerkstätte) 242
Steinmühle (Papierfabrik) 385
Stengel, Heinrich 96
Stern, Adolf 379
–, Ernst 256, 281, 385f.
Sternheim, Carl 276
Sternwarte 85, 87–89, 190
Steuern 40, 42, 45, 47, 64, 66, 68, 89, 99, 123, 127, 136, 168, 201, 305, 379, 383, 386, **388**
s.a. Pflasterzoll, Verbrauchssteuern
Stierhof, Johann 381
Stierstorfer, Karl 105, 381
Stiftungen 107, 111f., 153, 156f., 189, 206, 208, 370, 376, 389
St. Jakob am Anger 202
St. Johann Baptist 200f.
St. Joseph 201f.
Stilbewegung 240, 242f., 370, 374
Stiller (Schuhgeschäft) 245
St. Ludwig 200, 202, 389
St. Margaret 200f.
St. Michaels-Hofkirche 100, 104, 147
Stöcker, Adolf 211, 304
Stöhr, Karl (Baufirma) 115, 379
Stollberg, Ignaz Georg 267, 270, 273, 287, **376**
St. Peter 99, 125, 192, 200, 202, 313, 371
Strahtmann, Carl 130

Straßen 87, 91, 98, 105: Altheimer Eck 99; Brienner- 249, 254, 387; Hochbrücken- 98; Kaufinger- 61, 99f., 105; Landsberger- 170; Leopold- 293, 371; Ludwig- 19f., 47, 82, 89, 231, 263; Maximilian- 19, 146, 231; Neuhauser- 61, 103f., 146, 158; Neuturm- 98; Pranner- 102f., 106; Prinzregenten- 14, 19, 21, 64, 82–89, 92, 100, 378; Promenade- 99f., 102; Residenz- 102f; Rindermarkt 61, 92, 100–102; Rosen- 101f.; Rosental 61, 101; Sendlinger- 60, 99f.; Tal 99, 101, 387; Theatiner- 61, 100, 102f., 105; Wein- 61; -bau 64f., 82–89, 98–100, 102f., 106; -beleuchtung 40, 65, 183f., 188; -reinigung 42
Straßenbahn 13f., 20, 30f., 36, 40, 61f., 68, 71, 83, 85, 91, 121, 146, 166, 172, 183–187, 210, 375, 380, 386; -Fahrpreise 185, 380
Stratton, Dora 275, 373
Strauss, Franz 288, 313
–, Richard 24, 258, 284–286, 288–290, 313
Streik 50–52, 54–57, 144, 180f., 388
Strobel, Josef 381
Strom, -erzeugung, -versorgung 31, 41, 63, 184, 297
Stübben, Joseph 83, 100
Stuck, Franz von 17, 228, 231–234, 246f., 254, 260–262, 267, 294, 313, 373, **376**, 378
–, Mary 254, 262
Studenten 109, 149, 195f., 204, 220, 222f., 267, 294, 306, 308
Stuhler, Hugo 384
Stuttgart 160, 270, 272f., 289, 371f., 374, 376
Submissionswesen 172, **388**
Süddeutsche Bauzeitung 92, 377
– Bodencreditbank 26, 30, 32
– Monatshefte 25, 265, 372
Sudermann, Hermann 254, 256
Sugg & Comp. (Eisengießerei) 165
Sweater 178
Syphilis 150, 314

Taglöhner 55, 62, 69, 120f., 133, 161, 176, 196, 198, 204, 217
Tarifverträge 52, 55f., 182, 314
Technik, -begeisterung, -feindlichkeit, -kritik 11, 13–15, 29, 31, 167, 183–194, 242, 244, 260, 295–300
Technische Hochschule 93, 166, 189, 297, 371–373, 376, **388**
Teerpappenfabrik 70
Teibler, Hermann 286, 290
Teilwohnungssystem 122
Telephon 14, 184–188, 192, 194, 256
Terraingesellschaften 12, 15, 19, 33, 61f., 79, 88, 91, 296, 319, **388**: Bayerische Terrain-A.-G. 87; – Herzogpark-Gern 91; Immobilien- und Baugesellschaft München 61; – München-Friedenheim 61, 71; München-Pasinger – 91; Pasinger Terrain-Aktiengesellschaft 61; – Neu-Westend 61; Petuel'sche – 61
s.a. Heilmann'sche Immobiliengesellschaft, Prinzregenten-Aktiengesellschaft
Textilarbeiter, –industrie 44, 54, 161, 164, 173, 175–178
Thalkirchen 47, 61f., 65f., 119, 144, 379
Thannhauser (Galerie) 234, 248–250, 252
Thäter, Hermann 381

Theater 9, 12, 24 f., 42, 88, 93, 184, 187, 216, 224, 245, 260, 267–269, 273 f., 275 f., 278, 280, 282, 286 f., 292, 317, 371, 387; -zensur 13, 267–270, 272, 276
Thelemann, Heinrich von 30
Theresienhöhe 69, 71, 73, 107, 118; -wiese 13, 21, 72, 112, 383
s. a. Ausstellungspark
Therma GmbH (Fabrik von elektrischen Heiz- und Kochapparaten) 167
Thieme, Carl 32
Thiersch, August 96, 185, 388
–, Friedrich von 91, 93, 95 f., 239, 249, 371 f., **376**, 377
Thoma, Antonius von 199, 379
–, Ludwig 17, 24 f., 60, 266, 273, 275, 277, 279, 293, 387
Thöny, Eduard 25, 147
Thuille, Ludwig 288, 290, 385
Tiefbau- und Eisenbetongesellschaft 115
Tietz, Hermann (Warenhaus) 61, 96, 115, 184, 308, 388
Timm, Johannes 47
Tirol 90–92, 97, 231
Tobler, Georg 381
Toller, Ernst 292
Tonhalle (Kaimsaal) 289, 371
Törring-Jettenbach, Hans Graf zu 30, 296
Toulouse-Lautrec, Henri de 246, 373
Tradition, traditionell 11, 14–17, 24, 27, 36, 74, 82 f., 93, 96, 115 f., 118, 126, 146, 164, 166, 177, 206, 226–229, 231, 237, 241, 243, 250, 253 f., 263–265, 267, 278 f., 284 f., 287, 290, 295, 317 f., 385
Trambahn s. Straßenbahn
Transmission 175, **388**
Troost, Paul Ludwig 96
Trost, Ludwig 200
Trübner, Wilhelm 230, 232
Trudering 65, 379
Tschudi, Hugo von 17, 228, 250
Türk, Jakob von 199
Turnbewegung 13, 211, 216, 253, 312, 370; -saal 90, 108 f., 217
s. a. Münchner Turnverein

U-Bahn-Pläne 14
Überbrettl 277–283, 285
Uhde, Fritz von 228, 254, 267
Uhde-Bernays, Hermann 253 f.
Umweltschutz s. Naturschutz
Unfallversicherung 157, 314
Unfehlbarkeitsdogma 371
J. Ungerer (Maschinenfabrik) 177
Universität 47, 92, 109, 149, 165, 173, 199, 202, 221 f., 235, 261, 267, 274 f., 293, 320, 371, 377, **388**
Universitätsausdehnungsbewegung 221 f., -gegend, -viertel 62, 119
Unold, Johann Dr. 216
Unterföhring 74, 79
Unterklassen, -schicht 69–71, 111, 120–123, 132, 136, 143, 145, 161, 209, 212, 220, 243, 283, 380, 389
Untermenzing 65, 379
Untermieter 120 f.
Unterschicht 305, 379, 385

Untervermietung 121, 123
Urbanisierung 36, 43, 60, 74, 79, 82, 85, 89, 124, 142, 144 f., 186, 315
USA 10, 16, 24, 28 f., 32, 90, 95, 173, 180, 187 f., 245, 251 f., 285 f., 374, 387

Valentin, Karl 283
Vallé s. Hunkele-Vallé
Varieté 278–280, 282, 371
Vecchioni, August N. 38, **376**
Vegetarismus 295
Veit, Friedrich 207
Verbände 44, 51 f., 55 f., 128, 168, 170, 172 f., 315: Alldeutscher Verband 310; Bayerischer Gastwirte- 150; Bayerischer Volksbildungs- – 124; Christlicher Holzarbeiter- für Deutschland 52; Deutschnationaler Handlungsgehilfen- 310; Revisions- der Baugenossenschaften des Bayerischen Verkehrspersonals 128; Schutz- deutscher Schriftsteller 265; Südbayerischer – für Verbreitung von Volksbildung 224; Süddeutscher Eisenbahner- 50; – Bayerischer Metallindustrieller 56; – Münchner Hoteliers 318; – der Akademischen Arbeiter-Unterrichtskurse Deutschlands 223; – süddeutscher katholischer Arbeitervereine 372
s. a. Bayerischer Industriellen-, Landes- der Bayerischen Konservativen, Landes- zur Hebung des Fremdenverkehrs; Bünde, Gesellschaften, Vereine
Verbrauchssteuern **388**
Veredelungsindustrie 165
Vereine 13, 16, 44, 125, 137, 153, 157, 172, 181, 198, 200, 202–204, 207, 211 f., 220 f., 223, 238 f., 262, 267–269, 275, 277, 283, 297–299, 305, 308, 311–316, 320, 379, 382: Albertus-Magnus-Verein zur Unterstützung bedürftiger Studenten 205; Allgemeiner Münchner Mieter- 296; Arbeitergesang- 49; Arbeiterspar- 39; Arbeiter- Kolbermoor 371; Bau- und Spar- des bayerischen Eisenbahnerverbandes 66; Bayerischer Priester- für die Diaspora e.V. 203; Bildungsausschuß des Gewerkschafts- München 223; Bildungs- für Frauen und Mädchen in München 223; Blau-Kreuz- – 212; Bögner Club 50; Bonifazius- 369; Die Brücke 234; Christlicher – junger Männer (CVJM) 211; Deutscher Altveteranen- 314; Deutscher Flotten- 315; Deutscher National- 253; Deutsche Vereinigung für alte Musik 289; Deutscher – für öffentliche Gesundheitspflege 191; Deutscher Volks- München 379; Dienstmädchen- 204; Evangelischer Handwerker- in München 211; Evangelischer Jungfrauen- 211; Evangelischer Waisenhaus- 212; Fortschrittlicher Volks- München 379; Gesellen- 203; Gustav-Adolf- 211; Handwerker- 1848 München 382; Jungliberaler – 307; Katholischer Arbeiter- München-West 125; Katholischer Jugendfürsorge- 204; Kaufmanns-Casino 311; Kirchenbau- Sendling 201; Krankenunterstützungs- Friedenheim 125; Ludwig-Missions- 203; Magdalenen- 212; Mäßigkeits- 205; Mir san Mir 312; Münchner Alterthums- 249; Münchner Brauer- 314; Münchener Handels- 172; Protestantischer Armen- München 212; Protestantischer Kirchenbau- 212; Protestantischer Krankenpflege- München-Ost 212; Radfahrerklub 312; Ritterorden Runding 311; S' feuchte Eck 312; Sozialversicherungs- 314; Spar- 315; St. Bonifazius- 203; St. Elisabethen-– 204; St. Korbinians- 204; Unterstützungs- 138; Urvicha 312; – Arbeiterschutz 49–51, 125, 373, **388**; – bildender Künstler e.V. 254; – der Freundinnen junger Mädchen 211; – der heiligen Kindheit Jesu 203; – der Mineralwasserfabrikanten 172; – der Plakatfreunde 244; – deutscher Ingenieure (VDI) 189, 299; – für Arbeiterkolonien in Bayern 373; – für Brennmaterialien 136; – für christliche Erziehungswissenschaft 205; – für Fraueninteressen 126, 140, **388**; – für freiwillige Armenpflege 134, 137; – für Kleiderfabrikanten 173; – für Naturkunde 299; – für Sozialpolitik 9, 370; – Fürsorge für Mädchen, Frauen und Kinder e.V. 204; – für Volkskunst und Volkskunde s. Bayerischer; – katholischer Handelsgehilfinnen und Beamtinnen Maria-Stella 204; – zum Schutz und zur Pflege der Alpenpflanzen 297, 377; – zur Betreuung gefährdeter Jugend e.V. 204; – zur Förderung des Fremdenverkehrs 316–320, 373; – zur Hebung der öffentlichen Sittlichkeit 388; – zur Verbesserung der Wohnungsverhältnisse 126, 372, 376; Veteranen- und Krieger-– der Königlich Bayerischen Haupt- und Residenzstadt München 312, **388**
s. a. Akademisch-Dramatischer –, Allgemeiner Gewerbe –, Allotria, Alpen-, Arbeiterbildungs-, Arbeiter – München-West, Arbeiterwahl- für das Zentrum, Architecten- und Ingenieur-, Armen-, Asyl- für Obdachlose, Bayerischer Kunstgewerbe-, Bayerischer Landes- zur Förderung des Wohnungswesen, Bayerischer Landes- für Heimatpflege, Bayerischer – für Volkskunst und Volkskunde, Der Blaue Reiter, Bürgersängerzunft, Caritas, Consum- von 1864, Frei-München, Gesangsvereine, Geselligkeitsvereine, Gewerkschafts-, Haus- und Grundbesitzer- München, Innere Mission, Isartal-, Katholische Arbeitervereine, Katholischer Preß- für Bayern, Kirchenbauvereine, Konsum-Verein Sendling, Künstlervereinigungen, Lehrergesang-, Liberale Vereine, Marianische Kongregation, Mieter-, Münchner Künstlergenossenschaft, Münchner Kunst-, Münchner Männerverein zur Bekämpfung der öffentlichen Unsittlichkeit, Münchner Turn-, Münchner Volksbildungs-, Neue Künstlervereinigung München, Neuer –, Oratorien-, Orchester- München 1880, Phalanx, Politische Vereine, Polytechnischer –, Porges'scher Chor-, Rupertusheim, Scholle, Schützen-, Schwadron der Pappenheimer, Sittlichkeits-, Sparklub, Sportvereine, Vinzenzvereine, Volkshochschul-, Wahl-, Wilde Gung'l, Wohltätigkeitsvereine, Wohnungsvereine; Bünde, Gesellschaften, Verbände
Vereinigte Staaten s. USA
Vereinigte Werkstätten 240–242, 318, 373–375, 385, **388**
Verlage, Verleger 22, 165 f., 175, 251, 281, 294, 370, 373, 382

Verlage, Verleger
s.a. Braun & Schneider, Deutsche Verlagsanstalt, Knorr & Hirth, Oldenbourg, Piper, Schuster & Löffler
Verkehr, -sausbau 13f., 20, 36, 39f., 60–62, 64, 66–68, 71, 82–86, 98–100, 103–106, 142, 164, 168, 172, 175f., 185, 296f., 316; -sanstalt, Königliche 185; -sministerium, -sminister s. Ministerium
Vermittlungsstelle für angewandte Kunst 242f.
Vermögensverwalter des Königlichen Hauses 21, 29f., 86
Versicherungen 29, 31f., 34, 36, 43, 125, 139, 305, 377, 389: Aachener-Münchener-Feuerversicherungs-Gesellschaft 31; Feuerversicherung 31; Landesversicherungsanstalt 127; Reichssozialversicherung 141; Reichsversicherungen 211; Sozialversicherung 43; Thuringia-Versicherung 32
s.a. Allianz-Versicherungs-AG, Alters-, Invaliditäts-, Krankenkassen, Münchener Rück-, Unfall-
Versorgungsbetriebe 13, 39–41, 74, 79, 107, 186, 188f.
Verstädterung s. Urbanisierung
Verwaltungsbauten 107, 111f., 117, 371
Vesper, Will 282
Veteranen 146, 312, 389
Vierheilig, Josef 384
Viktualienmarkt 99–102, 106
Villen, -bauweise 69, 85, 87, 94f., 117, 127f., 165, 169, 173, 231, 374, 376; -kolonie 62, 64, 72, 86, 88, 95, 380
Vinzenz-Verein (Vincentius Verein) 134, 137f., 140, 204, **389**
Vivisektions- (Tierversuchs-) Gegnertum 295
Vogl, Heinrich 285, 290
Völkerkundemuseum 228, 234
Volksbad, Volksbadewesen, Volksbrausebäder 109, 111; -bibliotheken 41, 220f., 224; -bildung, -gsvereine 15f., 41, 52, 205, 219–224, 376f.; -bühne 278, 372; Volksbund München (Partei) 307; Volksbüro 53, **389**; -hochschule München 223, 313, 376; -Hochschulverein München 221f.; -hypothekenbank 127, **389**; -kultur 260, 278–280, 283; -sänger 25, 287f., 371, 373, 376f.; -schule 41, 107–109, 153, 202, 214, 217, 222, 378; -theater 115, 278f., 287f.
Volkstümlichkeit 277, 301–303, 305
Vollmar, Georg von 39, 44–47, 53, 129, 260, 268, 272, **376**, 385
Vorort, -stadt 60–68, 74, 80, 108, 133, 142, 181, 198, 201, 388

Wachter, Johann (Bauschreinerei, Meubel- und Parquett-Fabrik) 165
Wacker, Dr. Josef 381
–, Wilhelm 381
Wagenhäußer, Klara 153
Wagner, Andreas 308f.
–, Cosima 285f.
–, Hermann 275
–, Josef 381
–, Otto 14, 317, 374
–, Richard 227, 253, 258, 260f., 284f., 290, 373, 385f.

–, Wilhelm **376**
Wagner-Festspiele, -Kreis, -Kult 12, 18f., 235, 251, 281, 284–287, 290, 373, 375, 386
Wahl, Karl 384
Wahlen 36, 38f., 44–53, 102, 306, 308f., 380
Wahlberechtigung 45; -kreis, -einteilung, -geometrie 45–53, 308, **389**; -recht, -sreform 38f., 45–48, 135, 305–307, 380, 389; -verein 38, 44
Waisenhaus 111; Waisenpflege 139f.
Walchensee-Kraftwerk 31, 189, 194
Waldau, Gustav von 254, 258
Walden, Herwarth 234
Wallot, Paul 83, 371, 374
Walser, Martin (Gyps- und Zementfabrik, Mahl- und Sägemühle) 166
Wanderbewegung 13, 194, 312, 375
Wanderlagerwesen 304f.
Warenhaus, -bau 14, 61, 96, 115, 181, 183f., 248, 305, 308, **385**, 388
s.a. Oberpollinger, Scherer, Schneider, Stiller, Tietz, Wertheim
Wäscherinnen 121, 161, 196
Wasserkraft, -ausnutzung 30f., 41, 63, 183, 188f., 297–299; Wasserversorgung 14, 36, 65, 70, 82, 86, 107, 109, 111, 148, 184, 186, 295, 377, 382
s.a. Hochquellwasserleitung
Wayss & Freytag A.-G. 115
Weber, Max 384
Wedekind, Frank 25, 158, 260, 265–268, 270, 275f., 278, 280–282, 292, 373, 383, 387
Wehrpflicht 146–148
Weidenschlager, Theodor 246
Weidert, Karl 381
Weimar 284f., 290, 376
Weimarer Republik 11, 22
Weingartner, Felix 289
Weinhöppel, Richard 278, 280, **376**
Weis, Josef 153, **376**
Weisgerber, Albert 246, 256
Welcker, Viktor Hugo 304
Welsch, Anderl 287, **376**, 377
Weltausstellung 238, 245, 251, 295, 374
Wenng, Ludwig 69, 79, 306–310, **377**
Wenng & Wild (Kartographische Anstalt) 377
Wenzel, Johann 381
Werbung 244–247, 316, 320
Werefkin, Marianne von 234
Werkbund 97, 383, 385
Werkstätten 90, 108f., 117, 122, 177–179, 215, 379, 383, 389; -organisation 178f., **388**
Werktagsschulen 213, 215–218
Werle, Martin 381
Werner, Cossmann 275, 309, **377**
A. Wertheim (Warenhaus) 388
Westend 13, 33, 47, 62, 69–73, 93, 119, 121, 128, 207, 210, 212, 382, 387
Westheim, Paul 246f.
Wetsch, Friedrich 384
Wettbewerbe 107, 111, 190, 372
Widenmayer, Johannes von 37, 72, 83, 152, 173, 183, 191, 221, **377**, 379
Widmann, Alois 384
Wiedenmann, Peter von 21, 209
Wieland, Hans Beatus 15, 279, 318
Wien 10, 14f., 18, 24, 28, 30, 39, 62, 67, 74–77,

82f., 90, 92f., 96f., 99, 136, 139, 141, 186, 221, 224, 228, 231, 246, 254, 258, 265, 270, 272, 276, 278f., 283–286, 288f., 307f., 317, 370–374, 376, 379
Wienerberger Ziegelfabrik- und Baugesellschaft 74, 77
Wilde Gung'l 288, 313
Wilhelm I., (König von Preußen) Deutscher Kaiser 301f., 374
Wilhelm II., Deutscher Kaiser 17f., 27, 49, 189f., 260, 270, 272, 301, 303, 312, 315
Wilhelminismus 24, 256, 260, 267, 272, 276f., 292, 315, 382, 387
Wilke, Rudolf 214, 256
Willstätter, Richard 167
Winderstein, Hans 289
Winterhalter, Karl 381
Wirtschaft 13f., 20, 22, 26–34, 38, 43f., 52, 60, 64, 66, 68, 119, 124, 132, 139, 141, 144, 161, 164–170, 172, 174f., 195, 205, 236f., 241, 244f., 252f., 264, 295, 299f., 304–306, 308f., 311, 315f., 318, 370, 378; -sbürgertum 16, 18f., 21, 29–31, 38, 120, 184; -skrise 24, 27f., 33, 42, 52, 77, 119, 123, 132, 139–141, 144, 167, 196, 251, 315; -sministerium s. Ministerium
Wirtshausverbot 17, 150
Wissenschaft 137, 145, 167, 170, 175, 188–190, 199, 202, 205, 208, 220, 223, 229, 234, 249, 254, 256, 268, 299, 311–313, 315, 371, 375, 382, 385f.
Wittelsbach (Haus) 271, 276, 317
Wittelsbacher Brunnen 107, 372
Woelfle Alphons 292
Wohltätigkeit 16, 41, 107, 111, 132, 134, 137–140, 202, 204
s.a. Armenpflege, Sozialfürsorge, Vereine
Wohltätigkeitsverein 134, 137–140, 211, 378, 389
Wohnen 60, 62f., 67, 77, 81, 85, 89, 92, 101, 111, 119–124, 152, 169, 181, 293, 296, 317
Wohnqualität 71f., 88, 116, 120–123, 126, 136, 148, 155, 160, 169, 296; -reform, -er 15, 122, 124–129, 295, 376, 389
Wohnungsamt 43, 123; -bau 39, 43, 72, 96, 119, 123f., 128f., 320; -enquete 12, 14, 16, 43, 120, 122f., 376; -not 16, 112, 119, 124–126, 141, 195, 295f., 376; -verein 126–128, -versorgung 12, 40, 43, 119f., 123–125, 127, 129, 212, 371, 376
Wolf, Hugo 288
Wolf-Ferrari, Ermanno 286
Wolfrum, Alois 217, 381, 384
–, Georg 384
Wolfskehl, Karl 25, 258, 265f., 282, 292f.
Wollenweber, Eduard (Firma) 236
Wollmann, Stefan 116
Wollweber (Kunstgewerbehaus) 246
Wölzl, Gotthard 384
Wolzogen, Ernst von 278–282, 285, 377
Wörz, Friedrich 381
Würzburger, August 381

Zaska 287
Zechbauer, Josef 381
Zeh, August 92
Zeichensaal 109, 217, 242

Zeitschriften 249, 254, 256, 260, 265, 274, 279, 281, 304, 311, 318, 370, 373, 380, 382, 386, 387: Auster 274; Blätter für die Kunst 258; Bund der Landwirte, Königreich Bayern 307; Deutsche Böttcherzeitung 55; Deutsche Kunst und Dekoration 247; Die Geißel 186; Gesundheit 191; Kunst und Dekoration 245; Licht und Schatten 372; Meggendorfer Blätter 379; Das moderne Brettl 279; Neue Deutsche Rundschau 264; Neue Zeitschrift für Musik 287; Der Sturm 230; Vegetarische Rundschau 295; Ver Sacrum 254; Zeitschrift für Ästhetik und allgemeine Kunstwissenschaft 246; Zeitschrift für das Wohnungswesen 126–128, 376
s. a. Bayerisches Industrie- und Gewerbeblatt, Deutsches Volksblatt, Fliegende Blätter, Die Gesellschaft, Hochland, Insel, Jugend, Kunst und Handwerk, Pan, Revue Franco-Allemagne/Deutsch-Französische Rundschau, Simplicissimus, Süddeutsche Bauzeitung, Süddeutsche Monatshefte

Zeitungen 294, 311: Frankfurter Zeitung 273; Korrespondenz Bavaria 377; Luzerner Tagblatt 245; Neues Münchner Tagblatt 308, 377
s. a. Allgemeine Rundschau, Allgemeine Zeitung, Der Arbeiter, Bayerischer Kurier, Bayerisches Vaterland, Deutsches Volksblatt, Münchner Fremdenblatt, Münchner Neueste Nachrichten, Münchener Post, Münchener Ratsch-Kathl, Münchner Zeitung

Zell, Franz 92, 96, **377**, 388
Zeller, Alois 384
Zementfabrik 300
Zenetti, Arnold von 83, 98, 384, 387
Zenger, Max 290
Zensur 24, 259, 262, 265, 267–283; -beirat 265, 268, 276
s. a. Pressezensur, Theaterzensur

Zentrumspartei 19, 24, 33, 37–40, 43, 45–48, 50, 53, 120, 125–129, 139, 170, 252, 267f., 272–276, 283, 306–310, 370, 373, 375, 377f., 387; -presse 49, 125, 274, 304, 307f.
s. a. Der Arbeiter

Zettel, Max 381

Zettler, Franz Xaver (Königlich bayerische Hofglasmalerei) 165
Ziegelei, -arbeiter 10, 27, 62, 64, 74–80, 87, 143, 217, 377, 387
s. a. Münchner Ziegeleiverein
Ziegelproduktion s. a. Aktienziegelei München, Hirschberg & Cie., Wienerberger
Ziegler, Jakob 384
Zigarettenproduktion 166, 173
s. a. Grathwohl, Zuban
Zigeuner 13, 142, 145
Zoll 28, 186f., 252, 305, **388**
Zopfstil 92, 237
Zuban, Georg (Zigarettenfabrik) 116, 173, **389**
Zumbusch, Ludwig von 15, 245, 318
Zumpe, Hermann 289
Zunft 177, 237
Zürich 272, 282
Zuzug 138f., 142f., 145, 165, 210, 216, 315, 319f.
Zwangsversteigerungen 27f., 33
Zweckarchitektur, -bau 14, 107–113, 372, 386

Zum Thema ›München um 1900‹ liegt weiterhin vor:

Richard Bauer
Prinzregentenzeit
München und die Münchner in Fotografien

Mitarbeit: Elisabeth Angermair, Eva Graf, Marita Krauss

1988. 328 Seiten mit 369 Abbildungen. Format 24 × 27 cm. Leinen

Darstellungen der neueren Stadtgeschichte Münchens sind selten geschrieben worden, und eine Bilddokumentation einer ihrer wichtigsten Phasen – der Prinzregentenzeit – fehlte bisher überhaupt. Sie wurde möglich durch das großartige und fast unbekannte Fotomaterial des Münchner Stadtarchivs, dessen erst seit wenigen Jahren systematisch erschlossene Fotobestände hier durch ebenso beeindruckende Aufnahmen aus Privatsammlungen und Firmenarchiven ergänzt werden.

In nahezu 370 Bildern eingefangen und durch begleitende Texte erläutert wird Münchens Stadtgeschichte in der Zeit zwischen der Regentschaftsübernahme Luitpolds von Bayern im Jahr 1886 und dem Ausbruch des Ersten Weltkriegs ausgebreitet. Zunächst ist der Person des greisen Regenten ein eigenes Kapitel eingeräumt. In selten gesehener Deutlichkeit entfaltet sich dann die von Thomas Mann so gerne beschworene »Perspektivenschönheit« der Kunst- und Fremdenstadt München. Dieses glanzvolle Erscheinungsbild wäre allerdings nur Blendwerk gewesen ohne die zahlreichen Maßnahmen einer vorausschauenden Stadtverwaltung, auf deren Modernisierungs- und Sanierungsmaßnahmen München in vielen Bereichen noch heute gründet. Es folgen Bildsequenzen über die »festliche« Stadt, über die für München als Garnisonsstadt unvermeidliche Präsenz des Militärischen und über die, für eine Handels- und Industriestadt typische, z. T. bedrückende Arbeitswelt der kleinbürgerlichen und proletarischen Schichten.

Meister- und Amateurfotografen haben darüber hinaus alle Lebensstationen der Münchner »von der Wiege bis zur Bahre« festgehalten. Neben diesen alltäglichen Wirklichkeiten stehen die – nicht zuletzt als Fremdenattraktion gedachte – »Kunstszene« und ihre Vertreter, die Münchner Maler, Dichter, Schauspieler und Musiker.

Am Beispiel Münchens werden so Glanz und Elend, Selbstbewußtsein und Eitelkeit einer faszinierenden Epoche heraufbeschworen, mit deren Ende nicht nur die »goldenen Jahre« dieser Stadt, sondern auch die gesellschaftliche und kulturelle Einheit des alten Europa unwiederbringlich dahingingen.

Verlag C. H. Beck München